2019（总第17期）
FUZHOU NIANJIAN

抚州年鉴

《抚州年鉴》编辑委员会　编

方志出版社
Publishing House of Local Records

图书在版编目（CIP）数据

抚州年鉴. 2019 / 《抚州年鉴》编辑委员会编.--
北京：方志出版社，2020.5
ISBN 978-7-5144-4212-0

Ⅰ. ①抚… Ⅱ. ①抚… Ⅲ. ①抚州—2019—年鉴
Ⅳ. ①Z525.63

中国版本图书馆CIP数据核字（2020）第094183号

抚州年鉴（2019）

编　　者：《抚州年鉴》编辑委员会
责任编辑：李志瑜

出 版 者：方志出版社
地址　北京市朝阳区潘家园东里9号（国家方志馆4层）
邮编　100021
网址　http://www.fzph.org

发　　行：方志出版社图书经销中心
电话（010）67110500

经　　销：各地新华书店

印　　刷：湖南省越来越好印务有限公司

装帧设计：斯盛文化

开　　本：889×1194　1/16

印　　张：27.5

字　　数：1000千字

版　　次：2020年5月第1版　2020年5月第1次印刷

印　　数：0001～1000册

ISBN 978-7-5144-4212-0　定价：168.00元

《抚州年鉴（2019）》编辑委员会

《抚州年鉴》编辑部

《抚州年鉴》撰稿单位主审（分管）领导及县（区）编辑室负责人

（大体按栏目顺序排列）

市直单位主审（分管）领导

市委办	赵　立
市人大办	罗海清
市政府办	王　武
市政协办	刘海滨
市纪委监委	赵荣贵
抚州军分区	杨秀伟
组织部	温　勤
宣传部	陈　勇
文明办	乔保安
统战部	张全明
政法委	王　俊
政研室	王云生
保密机要局	黄文彪
机关事务管理局	黄凡元
市接待办	申进东
直属工委	鄢新员
信访局	高晓英
党史办	陈志平
老干局	张　敏
台办	陈克胜
党校	周泽南
档案馆	吴建新
民族宗教局	刘凤林
人力资源和社会保障局	徐能华
政务服务管理局	严水泉
编办	邹常鸣
公共资源交易管理办公室	李　亮
无线电管理局	李　明
民革	黄港清
民盟	章克敏
民建	姜东兴
民进	邵　沉
农工党	赵卫平
九三学社	邱志萍
工商联	姚光辉
总工会	聂平太
团市委	符　伟
妇联	付晓红
文联	梁　芳
社科联	陈菊莲
科协	杨正荣
台联	艾志群
残联	丁　涛
侨联	郑宇乐
红十字会	娄红玲
人防办	黄文如
武警支队	王　健
消防救援支队	彭旭辉
公安局	周祥兴
检察院	白　洋
法院	胡嘉金
司法局	王敏妍
农业农村局	蔡晓东
林业局	杨书斌
水利局	李忠东
廖坊水利枢纽管理局	陈　霞
廖坊水电厂	熊亚萍
农机局	黄志辉
扶贫办	廖　燕
工信局	蓝师龙
国资局	纪　远
供电公司	姚　刚
交通局	陈　峰

公路局　刘其昌
市政务信息办　侯智军
邮政公司　李捷平
邮政管理局　梁明昌
电信局　沈蔚锋
移动公司　张辉霞
联通公司　何昌盛
商务局　尧水平
供销社　曾庆华
盐业公司　吴鲁江
烟草局　邓　雄
中石化抚州分公司　王建平
住建局　郭向阳
规划局　李金龙
房管局　陈　菁
城市管理局　胥保华
园林绿化局　付和平
财政局　艾文茂
税务局　车　勇
发改委　翁福达
市农投　曾腊如
应急管理局　邹节华
市场监督管理局　陈建平
自然资源局　罗光华
统计局　唐永文
调查队　吴美珍
审计局　杨心灵
金融办　刘龙飞
住房公积金管理中心　肖乐阳

人民银行　杜正琦
银保监分局　王来平
农发行　孙　凯
工商银行　陈红根
农业银行　许小勇
中国银行　刘瑞明
建设银行　饶会东
抚州农商银行　苏海东
邮政储蓄银行　彭华彬
九江银行　许　操
上饶银行　曹　平
寿保公司　严济锋
人保公司　吴志华
生态环境局　黄达友
气象局　周永辉
水文局　田承伟
教体局　刘小奇
文广新旅局　彭晓建
抚州日报社　黄乐程
江西新华发行集团抚州市公司　张　文
科技局　史晓全
卫健委　程细街
民政局　涂建国
防震减灾局　吴华根
抚州海关　江望锦
市投资公司　刘海泉
市工创投　许　贤

县（区）分管领导

临川区　杜晓良
东乡区　李彩梅
南城县　张沥泉
黎川县　张春明
南丰县　伍　珊
崇仁县　肖　明
乐安县　覃　鹏
宜黄县　余　娜
金溪县　饶源中
资溪县　张明春
广昌县　魏学渊
高新区　吴真发
东临新区　艾鹏华

县（区）编辑室负责人

临川区地方志办　魏会华
东乡区地方志办　陈思东
南城县地方志办　熊春玲
黎川县地方志办　江　源
南丰县地方志办　黄应国
崇仁县地方志办　谢晓红
乐安县地方志办　袁加勤
宜黄县地方志办　彭洪江
金溪县地方志办　李山冕
资溪县地方志办　帅建忠
广昌县地方志办　钟立新

编辑说明

一、《抚州年鉴（2019）》以马克思列宁主义、毛泽东思想、邓小平理论、“三个代表”重要思想、科学发展观、习近平新时代中国特色社会主义思想为指导，坚持辩证唯物主义和历史唯物主义的立场、观点和方法，实事求是，全面、客观、系统记录抚州市 2018 年经济和社会发展的基本情况，旨在发挥“存史、资政、育人”的作用。

二、《抚州年鉴》由《抚州年鉴》编辑委员会组织编辑，市委党史办、市地方志办具体承编，由市直各单位、各县区、中央和省属驻抚州单位撰稿，一年一鉴。

三、本年鉴设类目、分目和条目。条目为基本记述单元。

四、本年鉴基本内容分为综合情况、动态信息和辅助资料三大部分。综合情况设特载、大事记、年度关注、概览等 4 个类目。动态信息设中国共产党抚州市委员会、抚州市人民代表大会、抚州市人民政府、政协抚州市委员会、中共抚州市纪律检查委员会·抚州市监察委员会、民主党派、社会团体、军事、法治、农·林·水、工业、工业园区·高新技术产业园区、交通运输、信息产业、贸易、市场建设·招商引资、财政·税收、金融·保险、经济管理与监督、城乡建设与管理、环境保护·防灾减灾、教育·体育、文化·旅游·新闻媒体、科技·卫生、民政、县区概况、人物·荣誉等 28 个类目。辅助资料包括主要统计资料和穿插于其他类目的相关资料。条目中涉及有关抚州经济和社会发展数据，以统计部门公布的数据为准。

五、本年鉴结构层次设置是为方便分类编辑和读者系统阅读，不反映严格的科学分类体系，机关、企事业单位等排序和层次并不表示其地位和规格。所载新任市领导指 2018 年新任市委、市人大常委会、市政府、市政协领导人。县区主要领导名录和市直单位领导名录列于相关类（分）目末尾，便于查找。

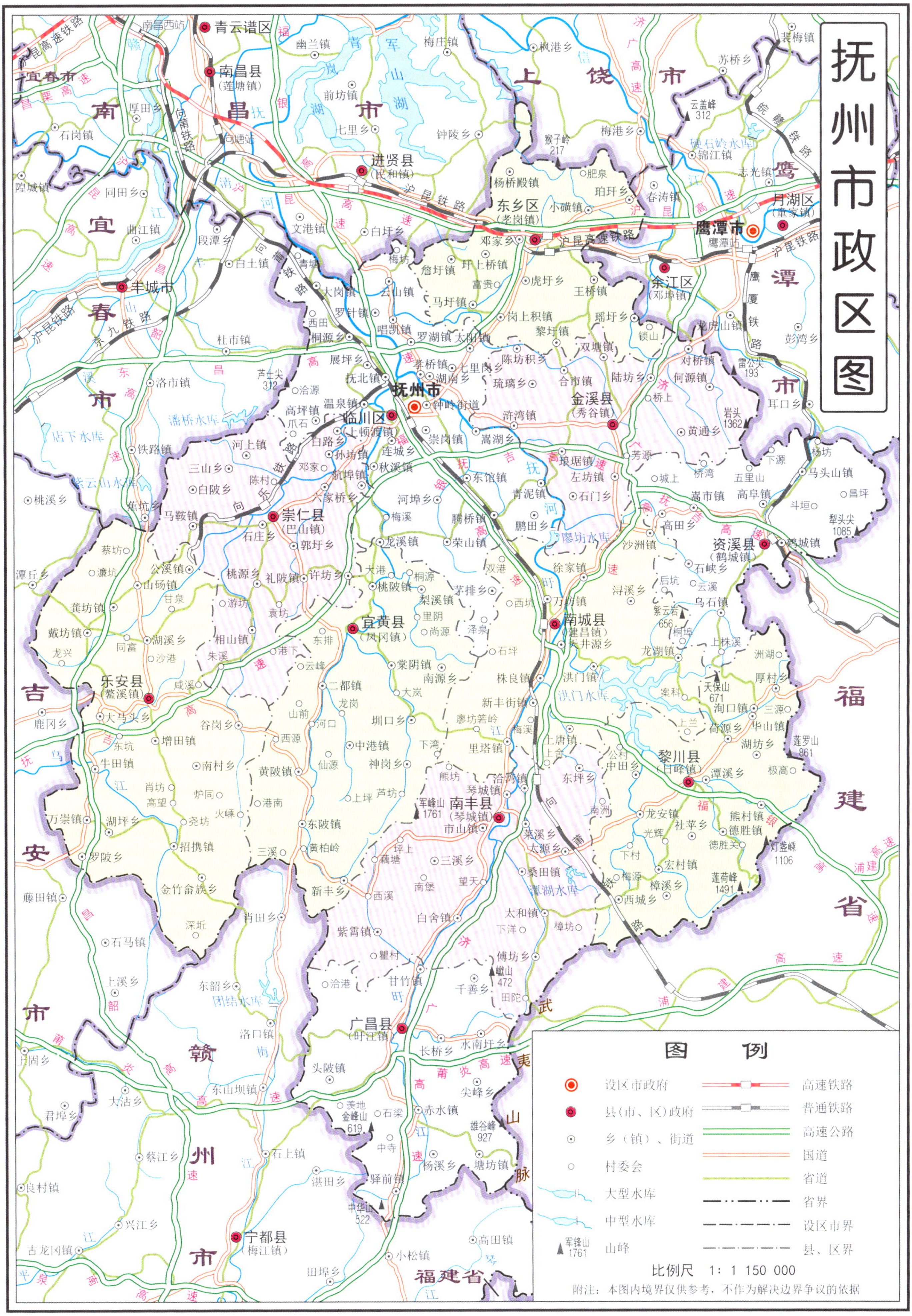

审图号：赣S（2019）038号

江西省测绘成果资料档案馆编制

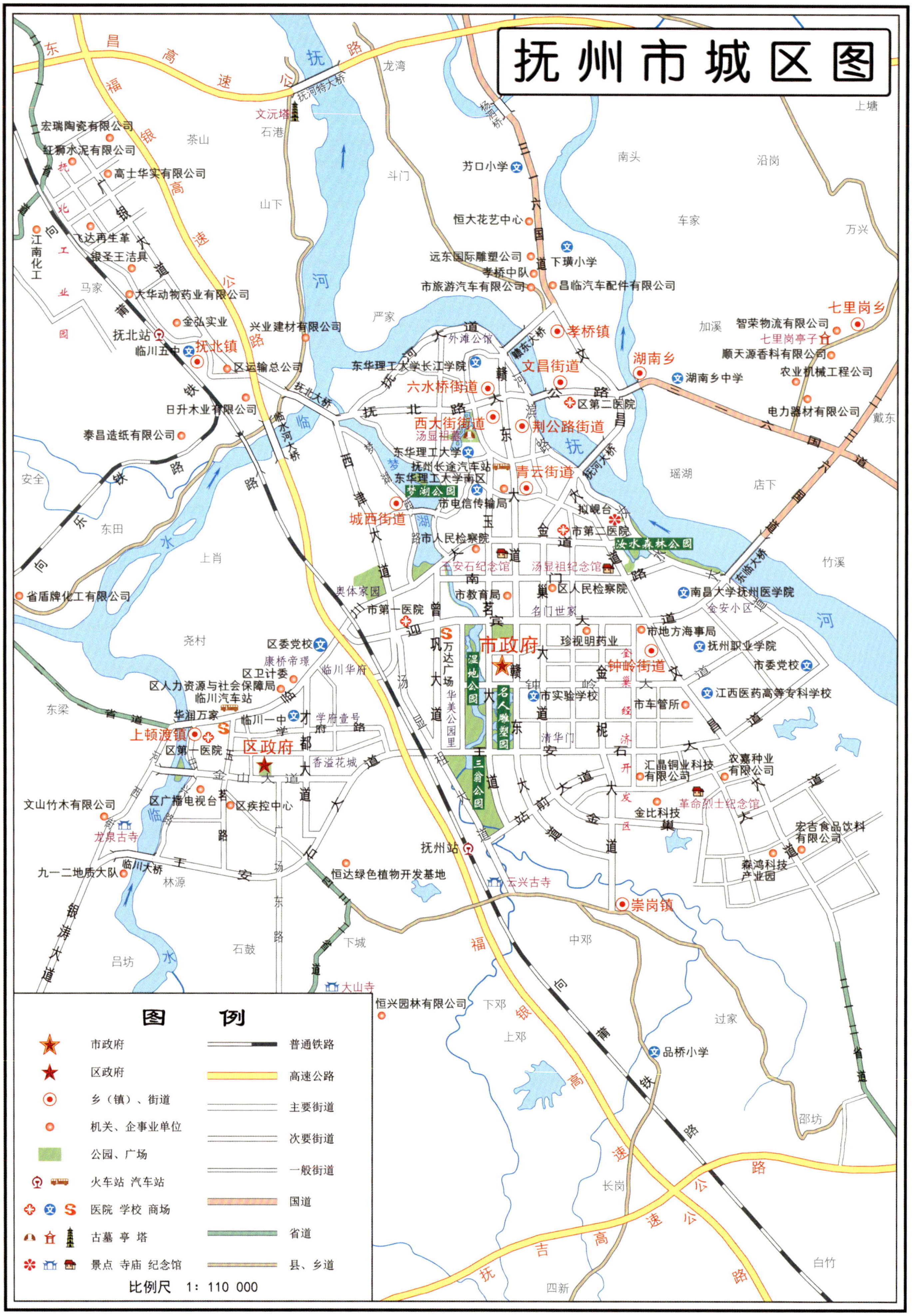

审图号：赣S（2019）038号
江西省测绘成果资料档案馆编制

抚州市旅游发展总体规划

(2013—2025)

2018 抚州数字

●2018 年抚州市辖 9 县 2 区和东临新区以及 1 个国家高新技术产业开发区，总面积 1.88 万平方千米。

●全市实现生产总值 1382.40 亿元，三次产业比由 2017 年的 15.7 ：41.7 ：42.6 调整为 14.4 ：41.0 ：44.6；人均生产总值 34226 元；规模以上工业增加值增长 9.0%；外贸出口总额 131.08 亿元；城镇化率 49.81%。

●全年完成财政总收入 200.70 亿元。公共财政预算收入 124.21 亿元；全年公共财政预算支出 404.21 亿元。

●全市粮食生产实现“十五连丰”，粮食总产量达 277.67 万吨。

●全市共安排 2739 个新农村建设村点的整治建设，“七改三网”全面完成的村点占全部任务的 97.06%。

●全市工业园区开发面积 50 平方千米，完成主营业务收入 1396.4 亿元，增长 10.58%，投产工业企业 914 家。

●全市完成固定资产投资增长 10.7%，工业投资增长 12.1%，基础设施建设投资增长 40.3%。

●全市社会消费品零售总额 544.14 亿元。

●全市进出口总值 141.33 亿元，实际利用外商直接投资 3.85 亿美元。

●全年交通运输、仓储和邮政业实现增加值 86.75 亿元。境内建成通车高速公路 9 条，通车总里程 715 千米，高速公路里程数占全省比重 12.9%，形成三横四纵高速路网格局。

●全市共接待游客 5350 万人次，实现旅游收入 486 亿元。

●全市共创评6家国家AAAA级旅游景区、2家全省AAAAA级乡村旅游点、1家省级全域旅游示范区、2家全省工业旅游示范基地、2家省级旅游风情小镇。承办2018年度全省旅游产业发展大会。

●年末，全市金融机构人民币各项存款余额2067.27亿元，金融机构人民币各项贷款余额1608.78亿元。

●全市教育项目投资53.9亿元。全年普通高中在校生8.17万人，初中在校生17.46万人，小学在校生34.83万人，特殊教育在校生2601人，幼儿园在园幼儿11.54万人。高考43人录取北大清华。

●聘请26名院士、科技领军人才为市政府科技顾问，新组建院士工作站3家。796家规模以上工业企业与188所高校、科研院所开展战略合作，71家市直单位与92所高校、科研院所（智库）建立合作关系。新增高新技术企业104家，总数达239家，新增国家科技型中小企业236家。

●全市共有各类医疗卫生机构2297个（含村卫生所、诊所、防保站），卫生技术人员15866人，医院实有床位数11028张，卫生院实有床位数3279张。全市累计建立居民电子健康档案323.62万份，建档率达80.69%。

●年末，全市常住人口为404.72万人，全年出生人口5.53万人，死亡人口2.44万人，自然增长率为7.63‰。

●全市城镇居民人均可支配收入31976元，增长8.5%；农村居民人均可支配收入14767元，增长8.9%。城镇居民人均消费性支出为18362元，增长8.1%；农村居民人均生活消费支出9484元，增长9.9%。全年居民消费价格总指数（CPI）上涨2.1%。

●实现1.91万贫困人口脱贫、68个贫困村退出，省政府批复同意广昌县退出贫困县，全市贫困户降至11443户27474人，贫困发生率由年初的1.3%下降至0.83%。

●全市生态环境状况为优，生态系统保持稳定，森林覆盖率66.1%，有各类国家级、省级自然保护区、风景名胜区、森林公园、湿地公园和其他生态功能区等52处，占全市国土总面积16.9%。生态保护红线面积占国土面积27.3%。年内新创建省级生态乡镇8个、省级生态村9个，市级生态村21个。

俯瞰抚州名人雕塑园　陈源茂 摄

经济总量

Econmic Aggregate

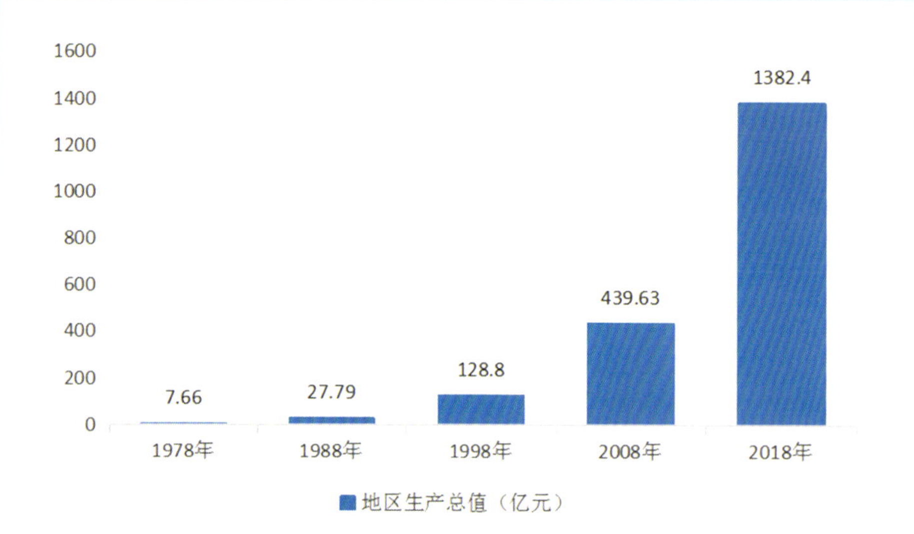

■ 地区生产总值（亿元）

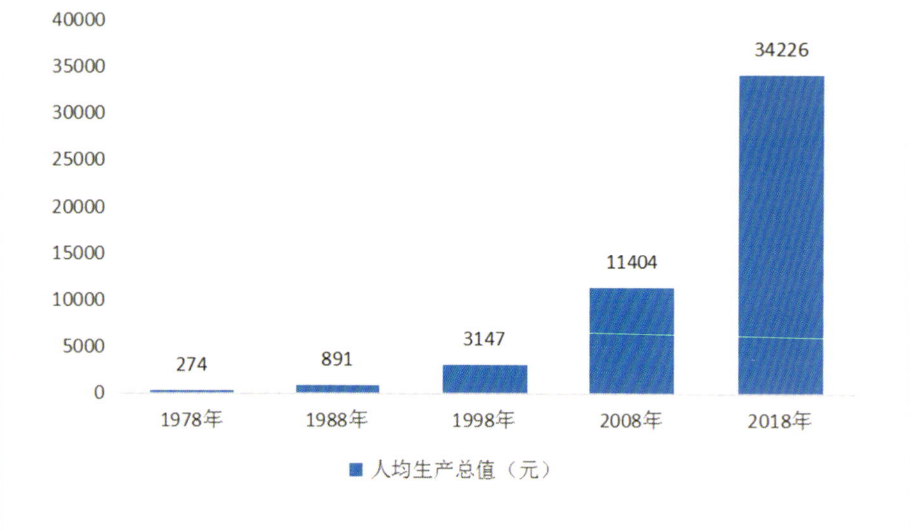

■ 人均生产总值（元）

经济建设

Econmic Construction

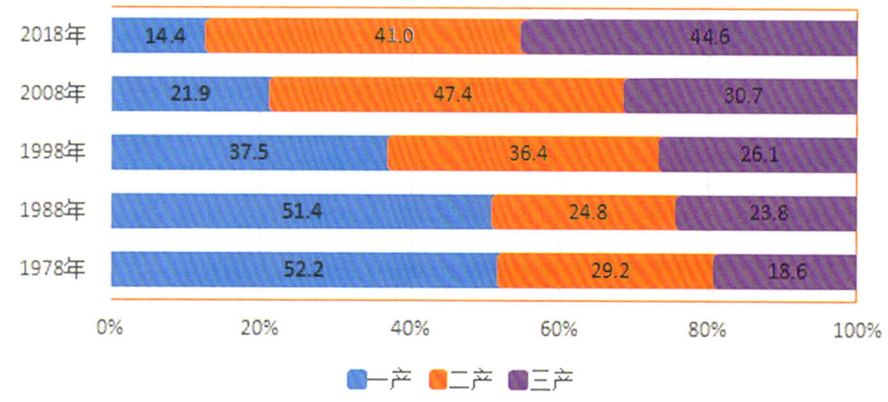

■ 三次产业结构

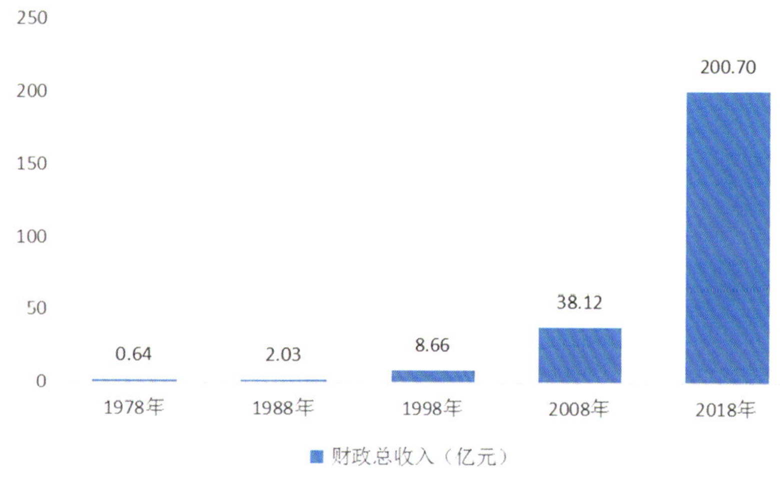

■ 财政总收入（亿元）

人民生活

Peopleis Livelihood

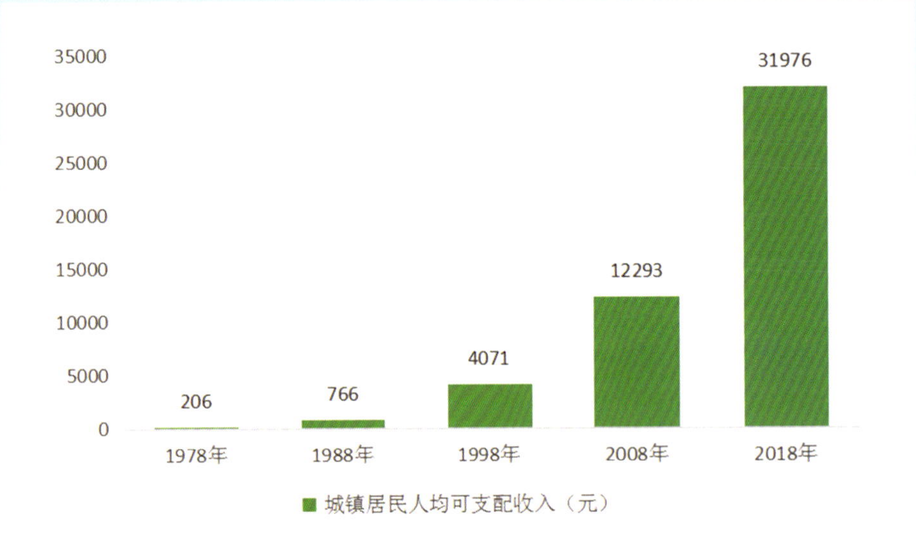

■ 城镇居民人均可支配收入（元）

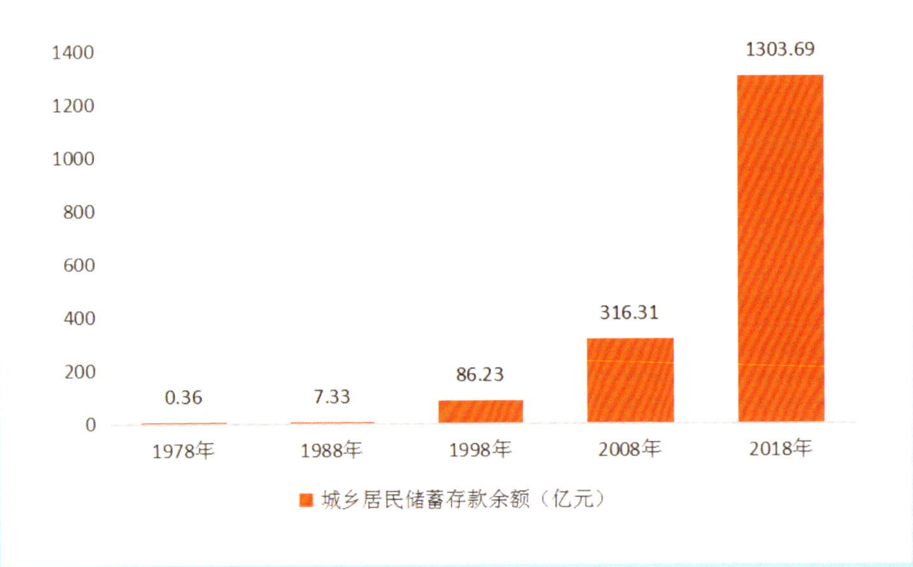

■ 城乡居民储蓄存款余额（亿元）

对外开放

Opening to the outside world

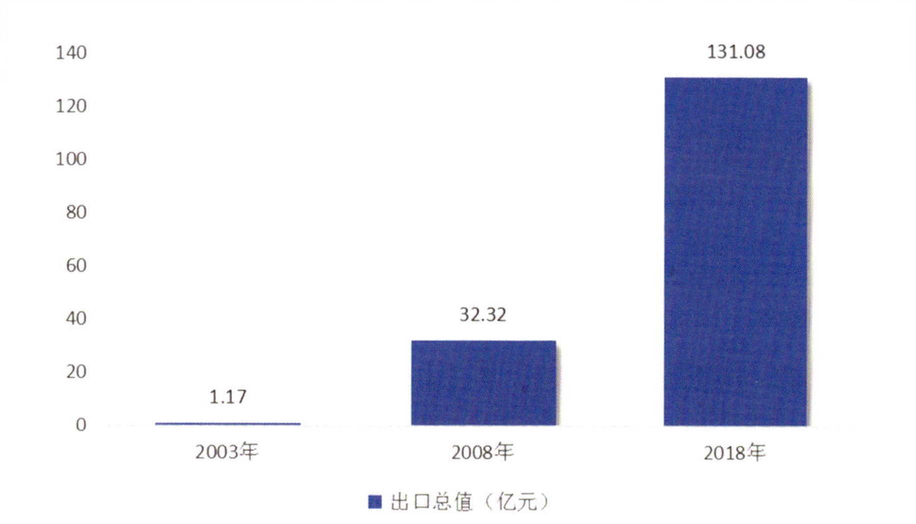

■ 出口总值（亿元）

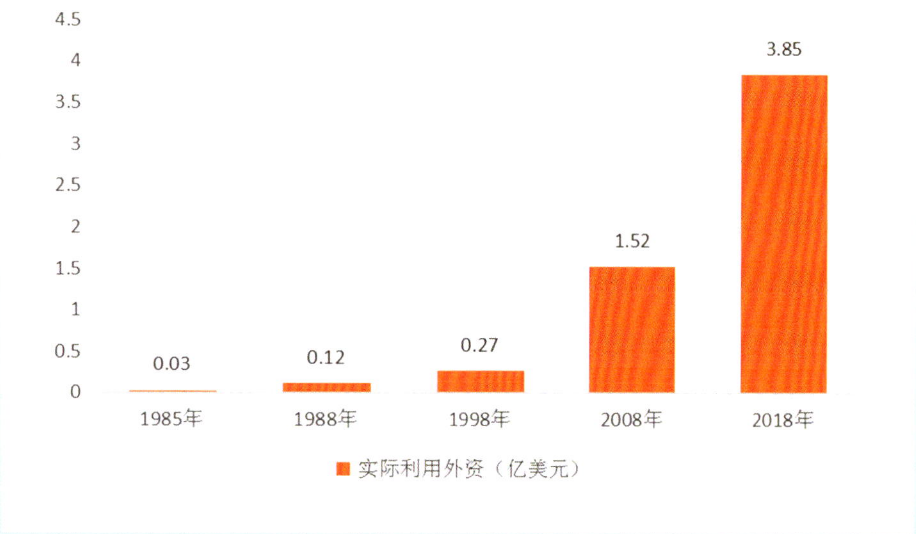

■ 实际利用外资（亿美元）

社会事业

Social undertakings

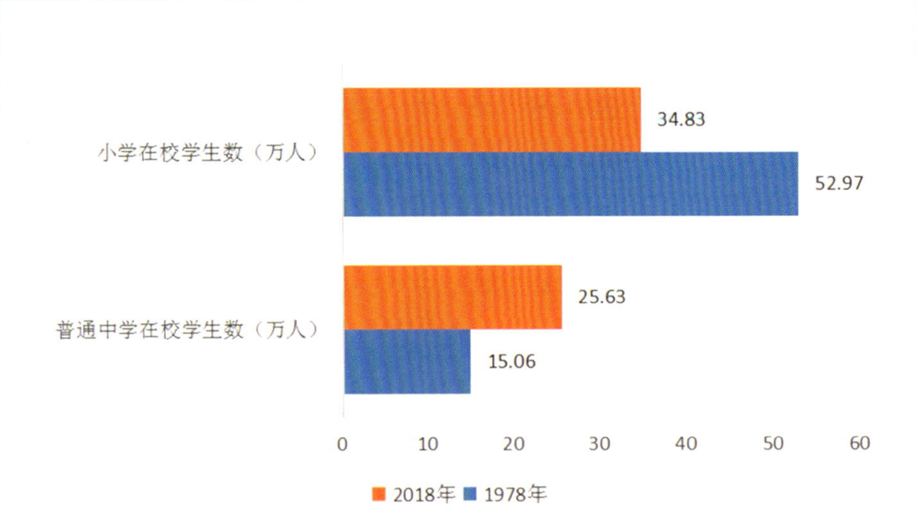

■ 普通中学、小学在校学生数（万人）

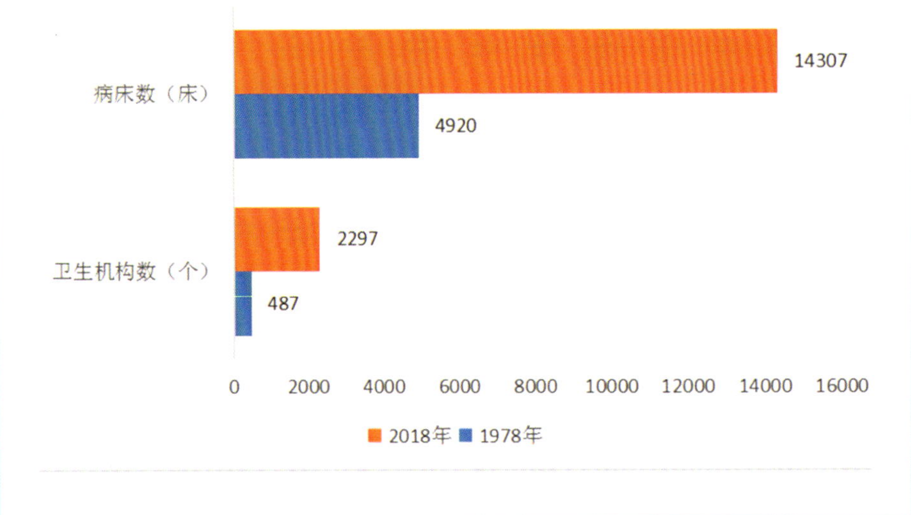

■ 卫生机构、病床数（个、床）

重要会议

中共抚州市委四届四次全体会议

江西省政协副主席、市委书记肖毅主持市委四届四次全体会议

市委副书记、市长张鸿星总结2017年经济工作，部署2018年经济工作

2018年1月3日，中共抚州市委四届四次全体会议在市行政会议中心召开。会议的主要任务是深入学习贯彻中共十九大精神、中央经济工作会议精神和省委十四届五次全会精神，听取和审议市委常委会工作报告，研究部署深入学习贯彻十九大精神和2018年全市经济工作

以上图片均由陈源茂　摄

市四届人大三次会议

市人大常委会主任魏建锋作市人大常委会工作报告

人大代表举手表决　　陈源茂　摄

2018年1月8日至10日，抚州市第四届人民代表大会第三次会议在市行政会议中心召开，图为会议现场　　陈源茂　摄

市政协四届三次会议

市政协主席黄晓波作市政协常委会工作报告

政协委员接受记者采访

2018年1月7日至9日，中国人民政治协商会议抚州市第四届委员会第三次会议在市行政会议中心召开，图为会议现场

以上图片均由陈源茂　摄

市纪委四届四次全会

市委常委、市纪委书记、市监察委员会主任刘海滨作工作报告

与会人员认真听取报告

2019年1月21日，中共抚州市第四届纪律检查委员会第四次全体会议在市行政会议中心举行

陈源茂　摄

领导视察

2019 年 9 月 18 日，市委常委、市委副书记王宏安到抚州轻纺城调研指导创卫工作

2018 年 7 月 27 日，市委常委、政法委书记李建林到乐安工业园区调研“降成本、优环境”促进实体经济发展情况

2018 年 10 月 18 日，市委常委、军分区政委李兰贵到崇仁县郭圩乡陂下村看望帮扶对象

2019 年 8 月 17 日，市委常委、常务副市长、市委秘书长谭小平到抚州高新区企业调研

2018 年 9 月 11 日，市委常委、统战部部长韦萍到广昌县驿前镇横路村脱贫攻坚结对帮扶贫困户赖建军家走访并帮其剥莲子

2018 年 7 月 31 日，市委常委、宣传部部长傅云到电动车暂扣点察看电动车整治情况

陈源茂　摄

2018年江西省旅发大会

金溪手摇狮

国际友人参加旅发会

沉浸式实景演出《寻梦牡丹亭》

《寻梦牡丹亭》剧照

建昌帮中药切片工艺

以上图片均由陈源茂 摄

汤显祖戏剧节

西班牙舞蹈《卡门》

盱河高腔《牡丹亭》

开幕式结束之际，演员们集体亮相

美国歌剧《歌剧魅影》

中国功夫《少年中国》

朝鲜长鼓舞《阿里郎》

以上图片均由陈源茂 摄

征兵宣传

老人用剪纸喜迎新春

幸福抚州

抚州至彼尔姆果蔬班列开通

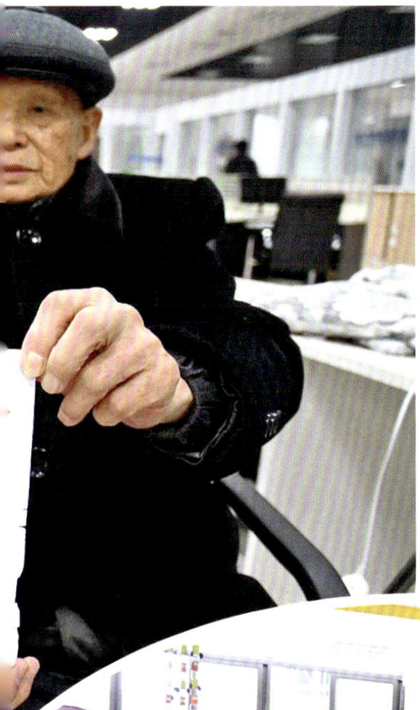

村民舞龙庆祝丰收

市保育院孩子和家长共同表演童话剧庆祝儿童节

运动员进行水上训练

以上图片均由陈源茂 摄

抚州骑行整装待发

综治宣传

江西大乘汽车科技产业园竣工投产

江西通航学院项目意向性协议签约仪式

以上图片均由陈源茂 摄

文化创意产业勃兴

新型农民培训

农民生活丰富多彩

目 录

特 载

在市委四届六次全体（扩大）会议上的讲话
肖 毅 1
抚州市人民代表大会常务委员会工作报告
——在抚州市第四届人民代表大会第四次会议上
魏建锋 9
政府工作报告
——在抚州市第四届人民代表大会第四次会议上
张鸿星 14
政协抚州市第四届委员会常务委员会工作报告
——在政协抚州市第四届委员会第四次会议上
黄晓波 21

大事记

1 月 26
2 月 27
3 月 27
4 月 27
5 月 28
6 月 29
7 月 29
8 月 30
9 月 31
10 月 32
11 月 33
12 月 33

年度关注

2018 年江西省旅游产业发展大会在抚州市召开 35

概 览

经济社会发展综述 38
自然环境 38
地理 38
土地资源 39
矿产资源 39
能源资源 39
水资源 39
植物资源 40
动物资源 40
历史简况 40
汉代以前 40
魏晋南北朝 41
隋唐五代 42
宋代 43
元代 44
明代 45
清代 45
民国时期 46
中华人民共和国时期 47

气候概况 49
概况 49
全年气温偏高，降水、日照略偏少 49
年初、年末受强冷空气影响出现低温雨雪冰冻天气 49
春季晴多雨少、气温明显偏高，高温开始早 49
汛期旱涝交替，局部阶段性降水强度大 49
盛夏多持续性高温天气，旱情发展、蔓延 49
秋季多阴雨寡照天气，11 月下旬出现持续性大雾天气 49
环境质量状况 50
水环境质量稳中有升 50
环境空气质量大幅改善 50
声环境质量稳定 50
人口发展状况 50
概况 50
人口加速向城镇集聚 50
国民经济和社会发展状况 50
概况 50
粮食生产实现“十五连丰” 51
新农村建设顺利开展 52
工业和建筑业稳步发展 52
固定资产投资快速增长 53
市场销售平稳增长 53
对外经济持续发展 54
交通邮电业平稳发展 54
旅游业快速发展 54
强力推进城市建设 54
金融保险稳步发展 54
教育事业稳定发展 54
加大科技创新力度 54
文化卫生和体育事业稳步发展 54
民生持续改善 55
生态环境优势提升 55

中国共产党抚州市委员会

综　述 56
市委领导名录 58
市委重要会议 58
市委全会 58
市委常委会 58
市委重要决策 61
深入学习贯彻十九大精神 61
实施乡村振兴战略 61
推进防灾减灾救灾体制机制改革 61
加大城镇贫困群众脱贫解困力度 61
激励广大干部新时代新担当新作为 61
部署打赢脱贫攻坚战三年行动 62
全面加强生态环境保护 62
发展壮大农村集体经济 62
进一步加强山长制工作 62
开展长江经济带“共抓大保护”攻坚行动 62
加快推进殡葬改革促进殡葬事业发展 62
全面实施湖长制 63
全面实施林长制 63
推进创新型城市建设 63
市委办工作 63
概况 63
增强政治意识 63
自觉用习近平新时代中国特色社会主义思想武装头脑 63
倡导以绩立身的实干作风 64
倾力参谋辅政，综合调研出新出彩 64
着力当好“耳目”，信息报送全省领先 64
坚持真督实查，督查工作有力有效 64
注重严谨细致，办文办会高效圆满 64
以高效精准的服务保障大局 64
以严格完备的制度规范工作 64
以周到细致的后勤支撑政务 65
压实全面从严治党责任 65
严肃党内政治文化生活 65
加强干部队伍建设 65
驻南城县株良镇城上村从事“四进四联四帮”工作 65
市委办公室领导名录 65
保密机要工作 65
概况 65
深入开展保密宣传教育 66
加强保密安全监督检查 66
市委保密机要局领导名录 66
机关事务管理 66
概况 66

持续加强公务用车管理 66
积极深化公共机构节能管理 66
严格规范党政机关办公用房管理 67
巩固和拓展精神文明建设成果 67
着力提升保障服务水平 67
加强干部队伍建设 67
持续营造风清气正政治生态 67
市机关事务管理局领导名录 68
接待工作 68
概况 68
突出四个特色，做好接待工作 68
市接待办领导名录 68
组织工作 68
概况 68
“两学一做”学习教育常态化制度化 69
加强领导班子和干部队伍建设 69
加强基层组织建设 69
推进党员队伍建设 70
推进基层党建品牌创建 70
人才优先发展 70
加强自身建设 71
市委组织部领导名录 71
宣传工作 71
概况 71
落实工作责任意识形态坚强有力 72
聚焦主题主线理论武装深入扎实 72
强化内外宣传新闻舆论持续壮大 72
文明创建公民思想道德不断提升 73
文化事业和文化产业繁荣兴盛 73
市委宣传部领导名录 74
精神文明建设 74
概况 74
《抚州市文明行为促进条例》正式实施 74
开展道德“红黑榜”试点并推广 74
碳普惠（绿宝）改革经验纳入省级改革计划 74
开展系列群众强素质活动 75
启动全国文明城市创建 75
好人文化蔚然成风 75
志愿服务开展有序 75
公益广告征集活动显成效 75
少儿原创作品再创佳绩 75
市精神文明办领导名录 75
统战工作 75
概况 75
推进党领导的多党合作 76
促进民族地区经济发展 76
促进非公经济发展 76
加强海外联谊 76
加强自身建设 77
持续开展“双返双创”活动 77
举办第三届全国知名商会原中央苏区（抚州）行活动 77
开展第二届“孝满才乡”评选表彰活动 77
市委统战部领导名录 77
政策研究 77
概况 77
坚守主阵地，服务决策迈出新步伐 77
唱响主旋律，深化改革凸显新亮点 78
投身主战场，中心工作展示新作为 78
打好主动仗，队伍建设展现新风貌 78
市委政研室（改革办）领导名录 78
农村工作 78
概况 78
现代农业高质量发展 79
农业基础设施逐渐完善 79
生态文明建设成效显著 79
全力打好脱贫攻坚战 79
秀美乡村建设深化拓展 79
农村环境整治全域覆盖 80
农业农村改革稳步实施 80
市委农村工作部（农办）领导名录 80
机关党建 80
概况 80
举办党务干部能力素质提升班 81
做好基层党组织换届选举 82
抓好党组织书记述职 82
党员社区报到实行积分制管理 82
市直机关工委领导名录 82
巡察工作 82
概况 82
四届市委第三轮巡察 82
四届市委第四轮巡察 82
四届市委第五轮巡察 82

四届市委第六轮巡察 82
上下联动开展脱贫攻坚专项巡察 83
全力抓好巡察“后半篇文章” 83
深化中央、省委巡视反馈问题整改 83
全面加强巡察队伍建设 83
市委巡察机构领导名录 83
信访工作 83
概况 83
信访干部树牢“四个意识” 84
领导重视信访工作 84
持续深化矛盾排查化解 84
访情疏导力度加大 84
机制建设效果更好 85
队伍建设措施更实 85
市信访局领导名录 85
老干部工作 85
概况 85
举办全市离退休干部党组织书记示范培训班 86
明确市直单位离退休干部党组书记等工作补贴 86
着力创新组织设置 86
加快推进老年教育事业发展 86
市委老干部局领导名录 86
涉台工作 86
概况 86
举办2018抚州台商迎春联谊会 86
2018海峡两岸投资贸易对接会暨江西抚州（厦门）产业招商推介会 86
张鸿星会见台湾嘉义市议会副议长郭明宾 86
张鸿星会见中国国民党前副主席蒋孝严 86
肖承贵会见台湾嘉义县民众服务社荣誉理事长黄文章 87
举行抚州市台湾同胞投资企业协会换届典礼暨2018“台商入抚”旅游推介会 87
全国台企联第四届福建、江西区第六次会长会议在抚州召开 87
肖承贵率团赴台湾开展经贸交流考察 87
海峡两岸（抚州）秀美乡村建设交流论坛成功举行 87
组团参加第十六届赣台（南昌）经贸文化合作交流大会 87
肖承贵在“赣台新能源及智能汽车产业对接会”上推介抚州产业 87
海峡两岸中医药合作发展论坛在抚州市举行 87
“台湾媒体禅宗文化江西行”参访团在抚开展交流活动 87
市委台办领导名录 87
史志工作 87
概况 87
《回望峥嵘读初心——发生在抚州红土地上的100个经典革命故事》出版 88
推进党史基本著作编纂 88
开展红色文化调查研究 88
多举措推进县区综合年鉴工作 88
抓好《乐安县志》编纂工作 88
参与专志编纂 88
大力开展史志宣传 88
开展纪念场馆建设 89
全市首个乡镇方志馆开馆迎客 89
市委党史（地方志）办领导名录 89
党校工作 89
概况 89
构建科学教学体系 89
以资政为重点开展科研 89
学员管理规范 89
队伍建设有成效 89
校园建设换新颜 90
加强县区党校业务指导 90
加强苏区红色文化研究 90
市委党校领导名录 90
档案工作 90
概况 90
重大活动档案 90
围绕“6·9国际档案日”开展宣传 90
依托网络纸质媒体进行宣传 90
强力推进依法治档工作 90
新馆建设深入推进 91
馆藏资源不断丰富 91
安全体系更加完善 91
档案规范管理有成效 91
档案编研成果丰富 91
档案信息化体系建设有亮点 91
强化档案业务培训提能力 91
密切党群干群关系树新风 91
市档案局领导名录 91

抚州市人民代表大会

综　述　92
市四届人大常委会领导名录　93
市四届人大专门委员会领导名录　93
市人大常委会工作部门领导名录　93
人大会议及常务委员会会议　93
市四届人大三次会议　93
市四届人大常委会第九次会议　93
市四届人大常委会第十次会议　94
市四届人大常委会第十一次会议　94
市四届人大常委会第十二次会议　94
市四届人大常委会第十三次会议　94
市四届人大常委会第十四次会议　94
市四届人大常委会第十五次会议　95
监督工作　95
听取和审议专项工作报告　95
执法检查　95
代表视察和专题调研　95
环保抚河行活动　95
加大信访督办力度　95
加强规范性文件备案审查　95
讨论决定重大事项和选举任免　95
讨论决定重大事项　95
依法行使选举、人事任免权　96
办理人大代表建议和意见　96
办理建议和意见　96
加大建议督办工作力度　96

抚州市人民政府

综　述　97
市政府领导名录　99
市政府常务会议和市长办公会议　99
概况　99
施政纪略　101
取消一批行政许可事项中介服务和证明材料　101
加强基层民政能力建设　101
加强重大政策、重大项目信号对接落实　101
取消和调整一批行政权力事项　101
加快绿色建筑发展　102
推进节能减排　102
深化税收征管体制改革　102
推进仿制药质量和疗效一致性评价工作　102
实施抚河流域（抚州市段）水环境综合治理与可持续发展试点　102
发展“二特一游”产业工程推进农业结构调整　102
修改和废止一批涉及著名商标制度的规范性文件　102
实施一批民生项目　102
推动慈善事业健康发展　102
推进土壤污染防治工作　102
加强历史文化街区和历史建筑保护　103
规范市本级土地出让金收缴管理　103
加快发展绿色金融　103
制定重大决策出台前向市人大及其常委会报告制度　103
促进开发区改革和创新发展　103
公布抚州市第二批历史建筑保护名单　103
实施政务信息资源共享　103
确立东临新区财政体制　103
发布征兵命令加强国防建设　104
推动烟花爆竹生产企业整体退出　104
提升金融服务实体经济水平和能力　104
加快推进企业上市（挂牌）　104
大力实施奖励科技创新　104
规范设定的证明事项目录　104
实施知识产权战略　104
办理人大建议和政协提案　104
概况　104
市政府办公室工作　105
概况　105
规范办文办会，提升工作效能　105
以文辅政，当好参谋助手　105
督查督办，推动工作落实　105
加强应急管理　106
推进法治政府建设　106
推进金融改革创新　106
加强外事侨务工作　107
市政府办公室领导名录　107
市政府驻北京联络处　107
概况　107

宣传推介抚州 107
搭建平台抓招商 107
双返双创深入推进 107
市政府驻京联络处领导名录 107
市政府驻上海联络处 107
概况 107
瞄准长三角开展招商引资 108
召开资溪旅游招商推介会 108
扶智助学 108
开展健康扶贫公益活动 108
市政府驻上海联络处领导名录 108
市政府驻广东办事处 108
概况 108
惠州市抚州商会成立 108
围绕主导产业发展需要开展招商 108
市政府驻广东办事处领导名录 109
市政府驻闽浙办事处 109
概况 109
精准对接，持之以恒招商 109
创立抚州市人民政府厦门招商服务中心平台 109
指导商会发展 109
做好会务承接 109
市政府驻闽浙办事处领导名录 109
市政府驻南昌办事处 109
概况 109
积极开展招商引资 109
市政府驻南昌办事处领导名录 110
行政服务 110
概况 110
推进事项办理便捷化 110
解决群众办事百项堵点 110
推进政务服务事项标准化 110
开展“减证便民”专项行动 110
推进工程建设项目审批制度改革 110
实现不动产交易“一窗式”办理 110
市行政服务中心管委会领导名录 110
民族和宗教工作 110
概况 110
少数民族经济社会事业加速发展 110
宗教事务管理法治化水平提升 111
市民宗局领导名录 111
体制改革 111
概况 111
降成本优环境 111
落实公平竞争审查制度 111
加快推进电力体制改革 111
深化区域合作加快发展 111
创新开发区改革发展机制 111
继续深化招投标改革 111
制定加强个人诚信体系建设实施方案 112
推进生态文明先行示范市建设体制机制创新 112
推进国家生态产品价值实现机制试点 112
开展流域水环境综合治理与可持续发展试点 112
外事、侨务、港澳事务 113
概况 113
加强因公出国管理 113
做好外事接待 113
开拓友城工作 113
为企业提供外事服务 113
受理港澳台居民居住证业务 113
落实侨务政策 113
侨务捐赠帮扶 113
市外事侨务办公室领导名录 114
政府财政预决算 114
全市总预算执行情况 114
市本级预算执行情况 114
人力资源和社会保障 115
概况 115
就业创业局势稳定 115
社会保障扩大覆盖 115
人才人事激发活力 115
劳动维权协调关系 116
优化便民服务 116
市人社局领导名录 116
机构编制管理 116
概况 116
编制高新区全链审批赋权清单 116
县区编制经济发达镇的赋权清单 117
统筹部署党政机构改革工作 117
调整市纪委市监委派驻（出）机构设置及人员编制 117
加快推进事业单位改革 117
完善实名制信息系统 117

规范事业单位登记管理 117
市编办领导名录 117
招投标管理 117
概况 117
服务措施不断完善 117
农村产权交易初显成效 117
场内交易行为不断规范 117
市公共资源交易中心领导名录 118
无线电管理 118
概况 118
无线电执法 118
服务经济社会发展 118
市无线电管理局领导名录 118

政协抚州市委员会

综　述 119
市政协领导名录 121
市政协办公室和专委会领导名录 121
重要会议和活动 121
市政协四届三次会议 121
市政协四届七次常委会议 121
市政协四届八次常委会议 121
市政协四届九次常委会议 121
市政协四届十次常委会议 121
市政协四届十一次常委会议 121
市政协四届十二次常委会议 121
市政协党组召开2017年度专题民主生活会 121
全市政协系统学习宣讲习总书记关于加强和改进人民政协工作的重要思想视频会议 122
召开习总书记关于加强和改人民政协工作的重要思想理论研讨 122
开展“重温入党誓词，诵读红色家书”主题活动 122
市政协党组召开专题民主生活会 122
各界人士中秋座谈会 122
举行中共党员委员工作站挂牌仪式 122
“界别活动月”活动 122
专门委员会工作 122
提案委员会工作 122
经济委员会工作 122
教科文卫体委员会工作 123
人口资源环境委员会工作 123
社会和法制委员会工作 123
港澳台侨外事和民族宗教委员会工作 123
文史委员会工作 123

中共抚州市纪律检查委员会
抚州市监察委员会

综　述 124
市纪委、市监委领导名录 125
市纪委、市监委部门领导名录 125
重要会议 125
举办纪检监察政治业务培训班 125
市监察委员会成立大会 125
机关工作务虚会 126
市纪委四届三次全会 126
市委第三轮巡察工作动员部署会 126
全市扶贫领域暨扫黑除恶专项斗争监督执纪问责工作推进会 126
派驻（派出）机构工作会 126
学习习近平总书记重要讲话精神和全国“两会”精神专题会 126
中心组集中（扩大）学习“宪法、监察法”报告会 126
全市纪检监察工作调度会 126
市委第四轮巡察工作动员部署会 127
全市纪检监察工作半年分析会 127
全市执纪审查及安全监管业务培训班 127
市委第五轮巡察工作动员部署会 127
学习《中国共产党纪律处分条例》辅导报告会 127
全市扶贫领域、扫黑除恶、环保领域监督执纪问责暨乡镇纪委标准化规范化建设工作推进会 127
纪检体制改革任务完成情况汇报会 127
市委第六轮巡察工作动员部署会 128
全市扫黑除恶专项斗争监督执纪问责和监督调查处置工作推进会 128
县区纪委书记年终工作座谈会 128
党风廉政建设 128
运用熊晓华严重违纪案件开展“三会一书两公开”警示教育 128

完善“两个责任”监管系统　128
探索同级监督有效方式　128
推进纪检监察体制改革　128
从严教育管理监督纪检监察干部队伍　128
典型案例选介　129
马某生严重违纪违法案件　129
市人社局贯彻执行上级要求打折扣、做选择、搞变通问题被问责案件　129

民主党派

民革抚州市委员会　130
概况　130
思想建设　130
组织建设　130
参政议政　130
社会服务　130
祖国统一工作　131
民革市委会领导名录　131
民盟抚州市委员会　131
概况　131
思想建设　131
组织建设　131
参政议政，建言献策　131
社会服务　132
民主监督　132
民盟市委会领导名录　132
民建抚州市委员会　132
概况　132
思想建设　132
参政议政　132
组织建设　132
聚焦民生　133
民建市委会领导名录　133
民进抚州市工作委员会　133
概况　133
思想建设　133
组织建设　133
参政议政　133
社会服务　133
民进市委会领导名录　134
农工党抚州市委员会　134
概况　134
思想建设　134
宣传和信息工作　134
参政议政　134
社会服务　135
党派建设　135
农工党市委会领导名录　135
九三学社抚州市委员会　135
概况　135
思想建设　135
组织建设　136
参政议政　136
社会服务　136
九三学社抚州市委会领导名录　136

社会团体

抚州市总工会　137
概况　137
把握政治方向　137
引导职工建功立业　137
开展维权服务　138
实施精准帮扶　138
强基固本　138
改革创新　138
从严治会　139
市总工会领导名录　139
共青团抚州市委员会　139
概况　139
加强思想引领　139
投身三大攻坚　140
服务四大升级战　140
全力服务市委、市政府大型活动　140
维护青少年合法权益　140
关爱困难青少年群体　140
服务青年婚恋交友　140
全力推进改革落地　141
从严治团　141

团市委领导名录　141
抚州市妇女联合会　141
概况　141
突出政治引领　141
围绕中心服务大局　141
家庭文明建设　142
关爱妇女儿童　142
深化妇联改革创新　142
市妇联领导名录　142
抚州市科学技术协会　142
概况　142
院士、专家抚州行　142
“海智计划”工作站建设　143
科技服务产品应用推广　143
开展科普教育　143
科普阵地建设　143
科技助力精准扶贫　143
市科协领导名录　143
抚州市归国华侨联合会　143
概况　143
强化政治引领　143
拓展联络联谊渠道　144
服务经济社会发展　144
基层组织建设　144
扶贫攻坚　144
市归国华侨联合会领导名录　144
抚州市台胞台属联谊会　144
概况　144
台湾新华劳动党主席韩云洁参访抚州　144
抚州台籍同胞代表参加第十三届全国人民代表大会代表协商选举会议　144
举办春节返乡陆配回娘家座谈会　145
香港台湾妇女协会会长欧阳珍女士回乡探亲祭祖　145
省台联会长徐友洪赴金溪县走访调研台资企业　145
台湾农业农村专家学者一行考察抚州秀美乡村建设　145
抚州市首张台湾居民居住证发放　145
市台联会长周琪一行前往金溪县调研台联工作　145
抚州市 99 岁去台老兵陈竹生回故乡认祖归宗　145
市农商银行与市台协签署战略合作协议　145
市台胞台属联谊会领导名录　145
抚州市工商联　145
概况　145
深化非公有制经济人士思想政治引领　145
推动非公有制经济实现新发展　146
服务经济社会平稳健康发展　146
夯实工商联事业发展根基　146
市工商联领导名录　146
抚州市文学艺术界联合会　146
概况　146
举办“名家写抚州”文学笔会　147
中国舞协、中国摄协深入抚州采风创作　147
深化内部改革　147
创作成果　147
市文联领导名录　147
抚州市残疾人联合会　147
概况　147
康复服务　147
教就扶贫　147
宣传文体　148
组织建设　148
动态数据更新　148
维权保障　148
市残联领导名录　148
抚州市红十字会　148
概况　148
召开市红十字会二届二次理事会　149
基层组织建设　149
组织宣传　149
文化建设　149
党风廉政建设　149
市红十字会第二届领导名录　149

军　事

抚州军分区　150
概况　150
组织全省民兵情报信息、应急维稳专业干部骨干集训　151
防汛应急救援演练　151
空军对口支援民兵通信保障分队专业训练　151
召开市民兵应急营成立暨点验大会　151

民兵应急营干部骨干集训 151
年度军事训练考核 151
组织“条令学习月”活动 151
迎接国防动员系统安全大检查 151
重特大事故风险评估 151
开展“贯彻落实新条令，塑造军队好样子”活动 152
开展“百日安全活动” 152
组织大学生征兵巡回宣讲 152
完善优抚优待措施 152
规范基层武装建设 152
兵役服务站建设和运行 152
预定新兵役前训练 152
开展国防动员潜力调查 153
贯彻落实军委主席负责制 153
开展“和平积弊大起底、大扫除”活动 153
清除“郭、徐、房、张”流毒影响 153
召开抚州市委人民武装委员会全体会议 153
纠治形式主义和官僚主义 154
召开党委扩大会议 154
开展党委巡察活动 154
“三个一线”建设 154
打好脱贫攻坚战 154
落实全区职工编制注册 154
保障业务集训 154
组织召开挂点社区“三城同创”工作调度会 154
规范老营院管理 155
抚州军分区领导名录 155
武警部队 155
概况 155
加强安全保卫 156
开展军地共建 156
抚州武警支队领导名录 156
人民防空 156
概况 156
全省人防工程标识标牌设置现场会在抚州召开 157
创新人防宣传 157
举办人民防空警报试鸣活动并召开市人民防空指挥部联席会议 157
帮扶村成功脱贫 157
人防易地建设费顺利通过市人大审计整改测评 157
市人防办（民防局）领导名录 157

法　治

综　述 158
政法和综治工作 158
概况 158
维护社会稳定 158
推进扫黑除恶专项斗争 158
创新“枫桥经验” 159
推广一户一位“法律明白人” 159
落实司法领域改革 159
服务经济社会发展 159
表彰政法队伍先进 160
落实督察巡查机制 160
市委政法委及综治办、610办、维稳办领导名录 160
法治政府建设 160
概况 160
夯实法治建设基础 160
深化审批制度改革 160
提高制度建设质量 160
推进科学民主决策 161
规范行政权力运行 161
依法化解矛盾纠纷 161
公　安 161
概况 161
维护社会稳定 161
打击刑事犯罪 162
扫黑除恶 162
社会治安防控管理 162
公共安全管理 162
公安改革势头强劲 163
规范执法质效 163
智慧公安信息化 163
典型案例 163
7.12专案 163
破获“3·09”跨国特大网络赌博案 164
市公安局领导名录 164
消防救援 164
概况 164
火灾隐患排查整治 164
灭火战斗与应急救援 164

经费保障与基础建设　164
消防工作社会化　165
市消防支队领导名录　165
检　察　165
概况　165
维护经济发展环境　165
突出生态司法保护　165
保障民生民利　165
保障维护执法司法公正　165
推进司法改革　166
履行公益诉讼职能　166
市检察院领导名录　166
法　院　166
概况　166
举行全国文明单位授牌仪式　167
审理全省首例由检察机关起诉的生态环境资源公益诉讼案件　167
最高法院三巡调研组调研抚州法院工作　167
葛晓燕调研抚州两级法院工作　167
市中级人民法院获评全国法院文化建设先进单位　168
浙闽赣皖四省九地司法协作会议在抚州召开　168
参展江西省互联网大会　168
市中级人民法院获评全国法院审判管理优秀业务单位　168
市中级人民法院领导名录　168
司法行政　168
概况　168
首次组织国家统一法律职业资格考试　169
在全省率先成立律师行业党委　169
抚州农村“法律明白人”培养工作经验在全省总结推广　169
抚州2018年法治建设工作考评获全省第二　169
市司法局领导名录　169

农·林·水

综　述　170
农　业　171
概况　171
加快科技兴农步伐　171
现代农业高质量发展　172
农业品牌创建全省前列　172
开通江西省首列中俄友城果蔬班列　172
“两特一游”产业工程全面推进　172
崇仁麻鸡入选中国第二批特色农产品优势区　173
南丰县入选2018年全国一、二、三产业融合发展先导区创建县　173
南城县评为全国渔业健康养殖示范县　173
南城麻姑米获省级重点支持稻米区域公用品牌　173
市农产品质量安全检验检测中心获得“双认证”　173
农业产品标准化建设　173
抚州市被授予全省农产品质量安全监管先进市　173
农业综合执法行动效果显著　174
抚州农业产业化联合体在全国作典型发言　174
培育产业推动脱贫攻坚　174
市农业局荣获全省重大动物疫病防控延伸绩效管理考核先进单位　174
创建休闲农业与乡村旅游品牌　174
农业招商引资　174
农业龙头企业参加全国比赛获得佳绩　175
一村一品工作进入全国第一方阵　175
规范生猪定点屠宰　175
市农业局领导名录　175
林　业　175
概况　175
林业改革持续深入　175
林业三防扎实推进　176
项目建设稳步推进　176
加快林下经济发展　176
林业普法广泛进行　176
市林业局领导名录　177
水　利　177
概况　177
河湖长制“统全局、创示范”　177
防汛抗旱　177
水利工程建设与管理　178
水生态修复　178
水资源管理　178
加大水行政改革力度　178
全力做好各项中心工作　179
党风政风建设　179

市水利局领导名录　179
廖坊水利枢纽管理　179
概况　179
廖坊灌区二期工程建设　179
廖坊国家湿地公园创建　179
水库、灌区安全防范调度　180
廖坊水利枢纽管理局领导名录　180
农业机械　180
概况　180
农作物综合机械化水平提升　180
临川区被农业部授予水稻全程机械化集成试验示范基地　180
农机购置补贴　180
秸秆机械化还田　181
崇仁县被农业部授予全国“平安农机”示范县　181
市农业机械化管理局领导名录　181
农业综合开发　181
概况　181
第一批土地治理项目资金计划获批　181
第一批农业综合开发产业化发展财政补助项目计划获批　181
第二批农业综合开发产业化发展财政补助项目计划获批　181
第二批资金土地治理项目计划获批　181
世行贷款可持续发展农业项目获批　182
市农业综合开发办领导名录　182
扶贫和移民工作　182
概况　182
狠抓产业就业扶贫增加贫困群众收入　182
狠抓综合保障扶贫减少贫困群众支出　182
队伍建设　182
社会扶贫　182
移民工作　182
市扶贫和移民局领导名录　182
农业发展投资　182
概况　182
成立农投品牌营销策划有限公司　183
抚州市现代农业科技示范园工程　183
抚州市信宇贸易有限公司　183
抚州市环宇农业科技有限公司（控股）　183
江西罗山峰生态科技有限公司　183
“一带一路”建设及运输代理　183
其他项目　183
市农业发展投资有限公司领导名录　183

工　业

综述　184
工业创新投资　185
概况　185
资产经营管理　185
创新融资授信　185
发挥产业“造血”功能　185
市工创投公司领导名录　185
支柱产业及骨干企业　185
概况　185
生物医药　186
电子信息　186
机电汽车　186
食品加工　186
化工建材　186
有色金属加工　186
特色产业与重点企业　186
特色产业　186
重点企业效益　186
木材工业　186
概况　186
木材加工　186
竹材加工　186
林产化工　186
企业选介　186
电力工业　187
概况　187
安全生产　187
提质提效　187
经营管理　187
提升服务　188
改革工作　188
队伍建设　188
国网抚州供电公司领导名录　188
大唐发电　188

概况　188
安全生产　188
节能减排　188
盈利攻坚　188
科技创新　188
队伍建设　189
融入地方　189
大唐国际抚州发电公司领导名录　189
国家电投集团江西电力有限公司廖坊水电厂　189
概况　189
江西省能源局督查廖坊水电厂防汛工作　189
防汛工作准备　189
三项制度改革　189
安健环 (HSE) 体系内审评价　189
国家电投集团江西电力有限公司廖坊水电厂领导名录　189

工业园区·高新技术产业园区

综　述　190
抚州高新技术产业开发区　190
江西抚北工业园区　190
江西东乡经济开发区　191
南城县工业园区　192
黎川县工业园区　192
南丰县工业园区　192
崇仁县工业园区　193
乐安工业园区　193
宜黄工业园区　194
江西金溪工业园区　195
资溪县工业园区　195
广昌县工业园区　196

交通运输

综　述　197
地方交通管理　198
概况　198
签订战略合作框架协议加强科技合作交流　198
多渠道融资加快农村公路建设　198
交通升级推进全域旅游向纵深发展　198
梨温高速东乡收费站启用移动支付平台　198
抚州市升级智能交通系统迎全省互联网大会　199
文昌公交首末站开工兴建　199
市交通运输局领导名录　199
公路建设与管理　199
概况　199
出台《普通国省干线公路路网命名编号调整工作实施细则》　199
整治公路安全隐患保障出行安全　200
G316 资溪花山界至南城黄狮渡公路改建工程完工　200
G322 宜黄黄陂至乐安鳌溪段（宜黄境内）新建工程完工　200
G322 宜黄黄陂至乐安鳌溪（乐安境内）新建工程及升级改造项目完工　200
S227 乐安招携至漳灌段公路改建工程开工　200
Y528 乐安县招携至高望公路 (招携绕镇段) 改建工程开工　200
G206 罗家桥危桥拆除重建　200
G316 黄狮渡桥危桥拆除重建　200
G322 茶亭桥危桥拆除重建　200
G322 龙安桥危桥拆除重建　200
G206 内块塘桥危桥拆除重建　200
S312 许坊桥危桥拆除重建　201
G206 威汕线上堡二桥危桥重建　201
临川区才子大桥开工建设　201
G316 资南公路庙子坳隧道贯通　201
G206 威汕线金溪境内陆坊至下肖段灾毁重建完工　201
G236 芜汕线临川区境内大修完工　201
市公路局领导名录　201
市交通建设投资有限公司领导名录　201
高速公路路政管理　201
概况　201
综合整治扫雷清零行动　201
公路执法服务大走访　202
“三基三化”建设　202
公务用车改革　202
第七大队倾情帮扶暖人心　202
联勤联动保畅通　202
抚州高速公路路政管理支队领导名录　202

公路运输与安全生产 203
概况 203
BRT 公交开通试运行 203
长运公司运输生产平稳 203
抚州长运在改革中探索转型新路子 203
客运中心投入运营 203
抚州开通城区至崇仁城际公交 204
公交旅游 1 路试运营 204
宜黄县城至曹山寺开通公交专线 204
抚州市发出全省首张“无车承运”道路运输经营许可证 204
抚州佳斌现代物流园有限公司落户金溪 204
金溪客运枢纽站一期工程竣工投入使用 204
南城县开通城乡公交 205
公交总公司划转移交市投资发展（集团）有限公司 205
公交总公司组建首支女子公交车队 205
道路客运车辆 4G 视频安装圆满完成 205
高考期间考生免费乘坐市区公交车 205
千余辆私家车参与“爱心助考” 205
万玉峰入选江西“最美道路运输人” 205
市公路运输管理处领导名录 206
抚州长运有限公司领导名录 206
水路运输与安全管理 206
概况 206
严把船员证照关 206
抚河夜游展美景 206
抚河航道复航正式启动 206
抚州港航局（地方海事局、船检局）领导名录 206
铁路运输 206
概况 206
抚州市与江西省铁投集团举行项目对接会 206
首趟抚州至汉堡中欧班列开行 206
江西省首列中俄友城果蔬班列开行 207
抚州火车站开展消防应急演练活动 207
崇仁县开展爱路护路宣传 207

信息产业

综　述 208
市工信委领导名录 208
基础建设和技术应用 208
政务信息化 209
概况 209
推进数据资源整合共享 209
推进“互联网 + 政务服务”，提升信息惠民服务水平 209
再次成功举办全省互联网大会 209
政企强强联手推动成果落地 210
网信工作 210
概况 210
加强网络管理，营造清朗网络空间 210
强化责任意识，筑牢网络安全防线 210
市网信办领导名录 210
邮政管理 210
概况 210
行业发展态势快速良好 210
行业发展环境不断改善 211
行业服务能力明显增强 211
行业安全水平提升，寄递渠道平稳运行 211
市邮政管理局领导名录 211
邮　政 211
概况 211
“1+5”站点建设显成效 212
寄递改革显优势 212
改革创新打造“抚邮优势” 212
服务能力彰显“抚邮特色” 212
基础能力进一步增强 212
市邮政公司领导名录 212
电　信 212
概况 212
贯彻网络强国战略，加快精品网建设 212
勇挑央企担当，让通信安全惠民 213
履行社会责任，扎实开展扶贫攻坚 213
全面依法治企，推进企业改革发展 213
推动企业有效益的规模发展 213
党建持续提升，凝心聚力保发展 213
中国电信抚州分公司领导名录 214
移动通信 214
概况 214
助力社会信息化建设 214
基础设施不断完善 214

提速降费扎实推进　214
扶贫帮建尽职尽责　214
服务质量保持领先　214
市移动通信公司领导名录　214
联合通信　214
概况　214
创新发展，打造全渠道互联网化　215
聚焦互联网+，助力智慧城市建设　215
坚持市场导向，逐步铸造网络创新运营和支撑能力　215
坚持党建引领，激发发展动能　215
市联通公司领导名录　215

贸　易

综　述　216
国内贸易　216
概况　216
做好电商扶贫　216
加强行业监管　216
对外贸易　216
概况　216
组织企业参加首届进口博览会　216
引导企业开拓市场　217
出口商品结构　217
进口商品结构　217
出口商品市场　217
进口商品市场　218
对外经济合作　218
口岸平台　218
市商务局领导名录　218
供销合作　218
概况　218
融入乡村振兴　218
精准扶贫　218
农资供应　219
化解历史遗留问题　219
市供销社领导名录　219
粮油贸易　219
概况　219
粮食项目建设进展快　219
产业发展大幅提升　219
行业改革不断深化　219
市粮食局领导名录　219
烟草专卖　219
概况　219
专卖管理　219
卷烟营销　220
品牌培育　220
烟叶生产　220
规范经营　220
夯实基础管理　220
市烟草专卖局（公司）领导名录　221
食盐经营　221
概况　221
依规管理　221
建设食盐物流配送中心　221
江西省抚州江盐华康盐业有限公司领导名录　221
石油经营　221
概况　221
提高经营总量　222
提升管理水平　222
夯实安全环保基础　222
加快网络发展　222
加速党建经营融合　222
中石化抚州分公司领导名录　222

市场建设·招商引资

综　述　223
商品市场　223
电子商务　223
文化市场　223
概况　223
加强市场监管　223
开展法律法规宣传教育　223
“扫黄打非”工作进基层　223
打击网上网下侵权盗版　223
技术监管和移动执法应用　224
提高执法队伍综合素质　224

深化文化综合执法交流协作 224
人力资源市场 224
概况 224
服务园区企业用工 224
就业援助月 224
开展“春风行动” 224
开展应届未就业高校毕业生实名制调查 224
就业精准扶贫 224
创建充分就业社区 224
推进创业促就业 224
率先启动失业保险服务 e 平台 225
确保失业人员基本生活 225
落实降费率政策 225
援企稳岗护航 225
落实参保职工提升技能补贴政策 225
赣东人才市场 225
概况 225
“只跑一次”落实到位 225
搭建人才招聘公益平台 225
创新人才培养方式 225
打造温馨型流动党员服务站 225
土地市场 226
概况 226
保障性住房用地供应 226
土地出让收入 226
房地产市场 226
招商引资 226
概况 226
专题招商 226
高位推动招商引资 226
对外经济合作 226

财政税收

财政管理 227
概况 227
服务发展 227
民生福祉改善 227
风险防控 227
财政监管 227
财政改革 228
市财政局领导名录 228
税　收 228
概况 228
机构改出新效能 228
站位跃向新高度 228
服务优至新层次 228
党建提升新水平 229
税务展现新风貌 229
市国家税务局领导名录（任至 6 月） 229
市地方税务局领导名录（任至 6 月） 229
市国家税务局、地方税务局联合党委领导名录（6—10 月） 229
市税务局领导名录（行政职务 6 月任，党委职务 10 月任） 229

金融・保险

综　述 230
市金融办领导名录 231
中国人民银行抚州市中心支行 231
概况 231
科学实践“双支柱”调控管理 231
全面提升普惠金融工作水平 231
优化小微企业金融服务体系 232
保障金融市场健康有序发展 232
全面推进中小企业和农村信用体系建设 232
加强风险监测 232
加强金融监管 232
加强外汇监管 233
加强内控管理 233
落实存款保险各项工作 233
深入推进“两权”抵押贷款试点 233
积极实施新金融统计制度 233
优化企业开户服务 234
建设移动支付便民工程 234
规范国库和货币发行管理与服务 234
营造良好涉外经济环境 234
优化服务促进贸易投资便利化 234
市人民银行领导名录 235

中国银行保险监管会抚州监管分局　235
概况　235
守牢底线，打好金融风险防控攻坚战　235
落实责任，提升服务实体经济水平　235
强化督促，规范公司治理及股权管理　235
顺应形势，提升监管质效　235
银保监会抚州监管分局领导名录　235
中国农业发展银行抚州市分行　235
概况　235
坚持“夯根基”，聚集保障国家粮食安全　235
坚持“补短板”，聚焦服务脱贫攻坚做到四个突出　236
坚持“抓重点”，聚焦服务乡村振兴　236
坚持“破瓶颈”，聚焦低成本资金营销　236
“四融合”落实党建引领发展　236
“三共建”促进党建业务交流　236
“三规范”夯实党建基础工作　236
“两加强”营造浓厚党建氛围　237
工团活动丰富多彩　237
走访慰问温暖人心　237
农发行抚州市分行领导名录　237
中国工商银行抚州分行　237
概况　237
渠道建设水平领先，提升服务水平　237
紧盯市场支持实体经济　237
“大零售发展”形成经验　237
党建引领发展　237
加强内部管理　238
市工行领导名录　238
中国农业银行抚州分行　238
概况　238
扩户提质抓存款　238
做多做小增贷款　238
重点产品促中收　238
党建做实功求实效　238
机制建设出实招强管理　238
在从严治行上动真格控风险　238
市农行领导名录　238
中国银行抚州市分行　238
概况　238
支持重大项目和基础设施建设　239
助力中小微企业做大做强　239
服务外向型经济发展　239
普惠金融助力精准扶贫　239
市中行领导名录　239
中国建设银行抚州市分行　239
概况　239
提升实体经济服务能力　239
扎实做好金融扶贫工作　239
优化经营管理　239
优化管理队伍　239
丰富企业文化　240
增强内控管理　240
加强党建工作　240
市建行领导名录　240
抚州农商银行　240
概况　240
经营质效持续向好　240
结构调整持续推进　240
社会贡献持续提升　240
新兴业务持续提速　240
风险指标持续优化　240
作风建设持续加强　240
抚州农商银行领导名录　241
中国邮政储蓄银行抚州市分行　241
概况　241
经济效益超预期　241
助力精准扶贫　241
合规建设显实效　241
案防管理　241
企业管理上台阶　241
基建工程进展顺利　241
品牌形象日益彰显　242
党建工作　242
群团工作　242
市邮储银行领导名录　242
九江银行抚州分行　242
概况　242
强化内控管理机制　242
提升服务管理水平　243
推广零售业务　243
助力普惠金融　243
提升服务质效　243

党风廉政建设 243
企业文化建设 243
履行社会责任 244
九江银行抚州分行领导名录 244
上饶银行抚州分行 244
概况 244
抓营销促发展 244
服务实体经济 244
突破行业应用 244
健全各项管理制度 245
加大风险管控力度 245
加强内控管理 245
践行社会责任 245
党务建设 245
上饶银行抚州分行领导名录 245
中国人寿保险股份有限公司抚州分公司 245
概况 245
持续开展增值服务 246
保险职能再提升 246
积极参与脱贫攻坚战 246
支持地方发展护航实体经济 246
利用科技力量提升服务 246
中国人寿抚州分公司领导名录 246
中国人民财产保险股份有限公司抚州市分公司 246
概况 246
三农保险深入推进 246
精准扶贫成效显著 247
服务品质有效提升 247
队伍建设明显增强 247
党建工作全面加强 247
人保财险抚州市分司领导名录 247

经济管理与监督

综合管理与宏观调控 248
概况 248
重大项目建设稳中提质 248
创新驱动高质量发展 248
统筹城乡发展，提升区域协调开放水平 249
生态文明先行示范市建设 249
各项改革促发展活力动力加速释放 249
社会信用体系建设 250
国资国企改革 250
加强民生保障 250
社会事业蓬勃发展 250
市发改委领导名录 250
国有资产管理 250
概况 250
行政事业性国有资产增加 251
国有自然资源资产明晰 251
国资监管指向更加精准 251
市公交总公司、市供水公司划转移交市投资公司 252
市国资委领导名录 252
安全生产监管 252
概况 252
强化安全生产 252
专项整治行动 252
夯实安全基础 252
市安监局领导名录 253
价格管理 253
概况 253
价格改革 253
减负降费 253
化解价费矛盾 253
价格认定 253
国土资源管理 253
概况 253
实行严格的耕地保护制度 253
土地节约集约利用 253
土地开发整理和高标准农田建设 254
地质矿山环境治理 254
土地经营管理 254
不动产登记 254
国土、农房调查、登记 254
地质灾害防治 254
市国土资源局领导名录 255
市场监督管理 255
概况 255
深化商事制度改革 255
严格事中事后监管 255
加强市场服务 255

加强质量强市建设　255
实施品牌战略　255
东乡萝卜获国家认证　255
标准引领绿色发展　256
中医药战略创新发展　256
把好食品安全关　256
发放食品小作坊登记证　256
防范药品安全风险　256
特种设备安全　257
产品质量安全　257
消费者权益保护　257
市市场和质量监督管理局领导名录　257
市食品药品监督管理局领导名录　257
统计管理　257
概况　257
经济普查　257
改革创新　257
市统计局领导名录　258
统计调查　258
概况　258
地方政府和部门委托的调查　258
抚州调查队领导名录　258
审计监督　258
概况　258
国家重大政策措施落实情况跟踪审计　258
财政审计　258
经济责任审计　258
领导干部自然资源资产审计　258
固定资产投资审计　258
民生资金（项目）审计　258
金融审计　258
外资运用审计　259
专项资金审计　259
内部审计　259
市审计局领导名录　259
海关管理　259
概况　259
发展沿革　259
通关提效率、降成本　259
保障国门安全　260
保障进出口商品质量和食品安全　260
完成柑橘应对国外技术性贸易措施的对策研究　260
抚州海关领导名录　260

城乡建设与管理

综　述　261
市建设局领导名录　261
城市规划　262
概况　262
强化服务规范管理　262
申创国家历史文化名城　262
市城市规划局领导名录　262
城市建设　262
供水管理　262
污水处理监管　262
燃气安全　263
村镇规划与建设　263
农村危房改造　263
传统村落保护　263
建设生态文明先行示范区　263
重点工程建设　263
项目计划情况　263
项目完成情况　264
建筑业　264
概况　264
走出去方面显成效　264
打造绿色建筑产业　265
推进装配式建筑发展　265
房地产业　265
概况　265
重点项目建设　265
房产市场平稳向好　265
住房租赁市场活跃　265
保障性住房管理有序　265
跑项争资显成效　266
市房管局领导名录　266
城市管理　266
概况　266
重点市政工程建设　266
开展环境污染清爽行动　266

提升城市功能品质 266
信访解决民众诉求 266
市城管局领导名录 266
城市园林 266
概况 266
“两会两节”绿化景观增光添彩 266
全力抓好重点项目 266
跑项争资有成效 267
省级风景名胜区全省排名第一 267
“放管服”改革 267
三城同创 267
市园林绿化局领导名录 267
城市投资发展 267
概况 267
便捷公共交通 267
完善道路建设 267
优化城区环境 267
加强住房保障 267
助推公共事业 267
市投资（集团）公司领导名录 267

环境保护·防灾减灾

综　述 268
市环保局领导名录 269
环境监测 269
地表水质量监测 269
城市空气质量监测 270
市城区声环境质量监测 270
污染防治 270
土壤污染治理 270
固体废物管理 270
水质监测管理 270
噪声污染监测 271
辐射安全监管 271
生态保护 271
概述 271
生态文明创建 271
规范生态保护红线 271
自然保护区监管 271
气象工作 271
概况 271
气象现代化 272
防灾减灾 272
市气象局领导名录 272
水文工作 272
概况 272
雨水情信息报送 272
中小河流水文监测系统建设 272
水资源监测 272
应对突发性水事件 272
水资源调查与评价 272
市水文局领导名录 272
防震减灾 273
概况 273
监测预报 273
震害防御 273
应急救援 273
市防震减灾局领导名录 273

教育·体育

综述 274
市教育局领导名录 275
基础教育 275
开展“一乡一园”建设摸底 275
征集幼儿本土资源开发与利用案例 275
幼儿园结对帮扶 275
学前教育宣传月 275
全市幼儿园园长家园共育专题培训 275
省级示范园评估复评推荐 275
做好中小学生德育工作 275
推进研学实践教育 275
组织开展科技大赛 275
“红色、绿色、古色”文化教育 275
集中整治校外培训机构 276
严格执行招生政策 276
高考成绩保持领先 276
特殊教育课堂教学改革 276
职业技术教育与成人教育 278

教育质量提升 278
产教融合发展情况调研 278
以赛促学 279
职业教育技能培训 279
学校后勤与产业管理 279
实践场所建设 279
提升服务水平 279
构建平安校园 279
学生食品安全 279
东华理工大学 279
概况 279
育人机制 280
教学成果 280
招生就业 280
创新创业 280
文化育人 281
师德建设 281
强化师资 281
平台建设 281
科研品质 281
学科建设 281
成果转化 281
社会服务 281
校友合作 281
国际合作 282
资源配备 282
东华理工大学领导名录 282
南昌大学抚州医学院 282
概况 282
就业质量稳步提升 282
加强德育教育 283
管理模式特色鲜明 283
南昌大学抚州医学院领导名录 283
江西中医药高等专科学校 283
概况 283
“建院升本”稳步推进 283
人才培养特色 283
招生就业 283
师资队伍 284
教学研究 284
校园文化 284
校园安全 284
合作交流 284
江西中医药高等专科学校领导名录 285
抚州广播电视大学 285
概况 285
教学基础设施 285
专业设置 285
师资建设 286
系统建设 286
多渠道办学 286
社会效益 286
抚州广播电视大学（高等职业技术教育中心）领导名录 286
抚州幼儿师范高等专科学校 286
概况 286
教育教学 287
思想建设 287
社会实践 287
招生就业 287
抚州幼儿师范高等专科学校领导名录 287
抚州职业技术学院 287
概况 287
教学科研 288
师资建设 288
学院管理 288
党建工作 288
服务地方 289
合作办学 289
校园面貌 289
业绩亮点 289
抚州职业技术学院领导名录 289
体　育 290
概况 290
省运会金牌翻番 290
开展健身指导 290
国际赛事连创佳绩 290
其他赛事活动频繁 290
体育管理规范 290
跑项争资有成效 290
大力开展品牌创建 290
体彩销售历史纪录 290

电子竞技比赛举行 290
中国围棋甲级联赛（抚州站）比赛 290
抚州市全民健身技能展示大会 290
环鄱阳湖国际自行车大赛（抚州梦湖站）比赛 291
抚州市围棋锦标赛开赛 291
抚州首届汽车越野场地赛 291
江西省第十五届运动会群众比赛项目（社会部）马术比赛 291
江西省互联网大会人工智能围棋展示及人机大战活动 291
市体育局领导名录 291

文化艺术·旅游·新闻出版管理

综　述 293
市文化广电新闻出版旅游局领导名录 293
艺术创作和演出 293
概况 293
汤显祖文化品牌焕发活力 293
“茶香中国”首届全国采茶戏汇演魅力绽放 294
盱河高腔登上央视新年戏曲晚会 294
抚州采茶戏经典唱段录制启动 294
《戏痴》入选文化和旅游部戏曲剧本孵化计划 294
复排、新创采茶小戏《县官下乡》 294
持续开展地方戏曲人才培养工作 294
文化交流日趋活跃 294
社会文化 294
概况 294
文化惠民活动丰富多彩 294
提升公共文化服务水平 294
全面实施无线数字化覆盖工程 294
万人经典诵读 294
临川文化研究与开发 294
概况 294
出台《抚州市加强非物质文化遗产保护的实施意见》 295
举办首届文昌里非遗大展演 295
抚州“非遗”文化走出去 295
黎川油画之乡获评省级民间文化艺术之乡 295
举办“全民阅读·书香抚州”暨“诵读红色家书”演讲比赛 295
文化市场 295
概况 295
市场监管效能提升 295
开展文化市场法律法规宣传教育 295
推进“扫黄打非”工作进基层 295
严厉打击网上网下侵权盗版 295
全面推进技术监管和移动执法应用 296
提高执法队伍综合素质 296
深化文化综合执法交流协作 296
图书馆藏 296
概况 296
公共图书馆评估定级成绩喜人 296
图书“七进”服务惠及全民 296
数字阅读让读者乐享知识 296
建设全民阅读网上数字平台 296
为“两会”提供信息咨询“云端服务” 296
文物博物 296
概况 296
加强城乡开发建设中历史文化遗产保护工作 297
进一步完善博物馆场馆建设 297
推进博物馆免费对外开放 297
积极创建历史文化名城 297
做好革命旧址的保护利用工作 297
开展第六批省级文物保护单位基础性保护工作 297
新闻出版管理 297
概况 297
开展版权宣传 297
加强版权执法 297
完成记者站清理整顿及记者证办理工作 297
全力推进全市软件正版化工作 297
农家书屋出版物补充更新情况 297
文化产业 297
概况 297
数字文创产业发展突飞猛进 297
文化创意项目取得突破 298
抚州市社会科学界联合会 298
概况 298
深化社科联机构改革 298
编印《决策参考》 298
规划课题取得新突破 298

临川文化研究成果丰硕　299
社科管理规范　299
基地建设　299
2018 年度省级社科规划地区基金项目立项名单　299
市社科联领导名录　299
电影发行放映　299
概况　299
电影《浴血广昌》获得多方支持　299
温泉景区　299
概况　299
特色小镇建设　300
土地征地储备工作　300
民生工程建设　300
临川温泉景区主要领导名录　300
旅游管理　300
全省旅游产业发展大会召开　300
开启智慧旅游新体验市游客集散中心基本建设完工　300
全力推进旅游厕所革命　301
文昌里再现昔日胜景　301
灵谷峰景区改造完工　301
临川仙盖山景区打造乡村 AAAAA 级景点　301

新闻媒体

广播电视　302
概况　302
主题性新闻宣传　302
省外宣传　302
重大活动宣传　302
专题类栏目宣传　302
新媒体宣传　302
播出安全　302
抚州广播电视台领导名录　303
抚州日报　303
概况　303
重大活动宣传报道　303
特色宣传　303
自选新闻　303
队伍建设　303
拓展经营　303
抚州日报社领导名录　303
抚州市全媒体中心（临川晚报社）　303
概况　303
守正创新　304
融合传播　304
占领新媒体阵地　305
抚州市全媒体中心领导名录　305
图书发行　305
概况　305
一般图书销售　305
招投标工作　305
创新教育服务方式　306
全民阅读活动　306
“网上书城”建设　306
公益活动　306
江西新华社发行集团抚州市分公司领导名录　306

科技 · 卫生

科学技术　307
概况　307
全社会科研投入增大　307
培育科技型企业　307
搭建科技创新平台　307
科技成果转移转化　307
科技合作　307
优化科技创新政策环境　308
调整科技局内设机构职能　308
加大科技创新考核权重　308
改革科技创新奖励制度　308
富民强县工程　308
国家知识产权试点城市建设　308
市科技局领导名录　308
卫　生　308
概况　308
公立医院可持续发展　308
卫生健康服务　309
智慧医疗建设　309
改善群众看病就医体验　309

减轻群众就医负担 309
推进医养结合 310
实施中医药强市发展战略 310
公共卫生保障 310
疾控保障 310
妇幼健康服务 310
国家卫生城市创建 310
人口和计划生育 311
概况 311
落实全面两孩政策配套措施 311
完善出生人口监测预警机制 311
妇幼健康服务能力建设 311
市卫计委领导名录 311

民　政

综　述 312
社会救助 313
概况 313
社会救助兜底保障脱贫 313
实施城镇贫困群众脱贫解困 313
抓好贫困群众精准识别 313
提升特困供养人员管理服务水平 313
社会福利 313
概况 313
养老产业招商 314
养老项目建设 314
居家养老 314
医养结合 314
信息化建设 314
专业人才建设 314
福彩事业 314
慈善事业 314
概况 314
打造“四季沐爱”慈善新品牌 314
提升抚州慈善新形象 314
殡葬改革 315
概况 315
高位推动殡葬改革 315
资金保障有力 315
整治行动推进平稳 315
婚　姻 315
概况 315
临川加强婚姻登记处硬件建设 315
全省婚姻登记员培训班在临川举办 315
实施婚姻登记信息共享 315
社会组织管理 315
概况 315
社会组织体制改革 315
行业协会商会专项检查 315
社会组织日常管理 315
社会组织公益创投 316
指导社会组织党建 316
基层政权和社区建设 316
概况 316
第十届村（社区）“两委”换届选举圆满完成 316
村（居）协商民主规范化建设 316
提升城乡社区治理水平 316
绿色社区创建 316
区划、地名和边界管理 316
概况 316
边界管理 316
市民政局领导名录 316

县区概况

综　述 317
临川区 317
概况 317
产业全面升级 317
招商引资 318
助力返乡创业 318
着力扫黑除恶 318
打造绿色生态 318
“牡丹亭—白浒窑国际诗歌与艺术展”在英国剑桥开幕 318
临川区主要领导名录 318
东乡区 319
概况 319
增设金峰街道办事处 319

鼓励扶持企业科技创新　319
打造电商产业新高地　319
农村产权制度改革　319
东乡一医药企业研发国家级新药品取得新突破　319
脱贫攻坚成效显著　320
优化发展环境　320
创建“东乡智慧党建”平台　320
推进绿色殡葬改革　320
拓展服务职工新模式　320
佛岭国际公园被评为国家 AAAA 级旅游景区　320
王新年荣获农村电商致富带头人称号　321
东乡书法文化交流月活动开幕　321
传承弘扬优良好家风　321
东乡区主要领导名录　321
南城县　321
概况　321
启动“智慧乡村”建设　321
立足当地产业促扶贫　321
非遗展示馆建成　322
挖掘地标品牌优势价值　322
多举措推进空气质量有效提升　322
发展优质麻姑米产业　323
生态文明建设　323
发展建昌药业　323
做活旅游文章　324
获评“农业农村部渔业健康养殖示范县”　324
南城县主要领导名录　324
黎川县　324
概况　324
工业经济强劲增长　325
农业产业化持续发力　325
第三产业健康平稳发展　325
社会事业全面进步　325
黎川县举办首个“中国农民丰收节”　326
“中国·黎川文化扶贫论坛”在黎川举办　326
黎川古城景区再获一项国家级荣誉　326
黎川县主要领导名录　326
南丰县　326
概况　326
促进民生　327
脱贫攻坚　327
入选全国农村一、二、三产业融合发展先导区创建名单　327
发展绿色生态农业　327
实施蜜橘精品示范园“四三三工程”　328
全省农业局局长座谈会在南丰召开　328
中国农发行助推南丰县产业扶贫招商引资对接推进会召开　328
中国（南丰）生态板产业发展研讨会举行　329
纪录片《遇见·橘子红了》在南丰举行首映式　329
抚州市首届中国农民丰收节活动在南丰举行　329
南丰县旅游综合收入突破 35 亿元　329
智慧医疗远程在线问诊惠民　329
南丰入选省级文化历史名城　330
南丰县检察院被授予全国模范检察院称号　330
县法院民事审判第一庭获全国法院家事审判工作先进集体称号　330
太和镇入选全国农业产业强镇示范建设名单　330
全省首个甲鱼品质安全追溯体系在南丰建成　330
琴湖公园被授予省级湿地公园　330
全省第二届安全生产监察执法现场比武在南丰举行　330
南丰附小入选全国中小学优秀文化艺术传承学校　330
子固小学入选全国青少年校园篮球特色学校　331
南丰县主要领导名录　331
崇仁县　331
概况　331
北京崇仁商会成立　331
崇仁获全省首批创新型建设试点县称号　331
举办第二届中部地区变电设备产业高峰论坛　332
崇仁麻鸡产业化联合体在全国研讨会上介绍经验　332
崇仁荣获全国平安农机示范县称号　332
崇仁获批筹建“全国知名品牌创建示范区”　332
崇仁县消防大队荣获江西省十大法治人物（集体）称号　333
崇仁麻鸡入选中国第二批特色农产品优势区　333
首个院士工作站成立　333
崇仁县主要领导名录　333
乐安县　333
概况　333
流坑村入选全国生态文化村　333
首次发现罕见南方红豆杉变种——黄豆杉　334

公共自行车正式投入使用 334
脱贫攻坚 334
全省首个“深贫保”项目落地乐安 334
金竹飞瀑景区被批准为国家 AAAA 级景区 334
金竹畲族乡被认定为江西省旅游风情小镇 334
红色文化读物《乐安民国风云》出版 334
农村生活污水治理 334
推行环卫工作市场化 334
谷岗乡发现红军时期“列宁室” 335
乐安县主要领导名录 335
宜黄县 335
概况 335
承办全国第二届中医文化大会曹山分论坛 335
曹山景区成为省级低碳旅游示范景区、水利风景区 335
承办省第十五届运动会群众项目马术比赛 336
参加第十一届中国绿色食品博览会获丰收 336
国内主流媒体聚焦宜黄新时代好人发布 336
宜黄院士工作站取得新成绩 336
近百家媒体推介《江山多娇·宜黄》 336
重点项目集中开工 336
扫黑除恶专项斗争警示教育 337
宜黄禾杠舞多次获奖 337
孙国华入选“中国好人榜” 337
宜黄县主要领导名录 337
金溪县 337
概况 337
文旅产业提速发展 337
徐坊村获评全国民主法治示范村 338
金溪企业荣获省科学技术进步一等奖 338
推行乡镇民生实事项目人大代表票决制 338
香谷小镇入选省旅游风情小镇 338
金溪获批省级生态文明示范县 338
特色林果业助力“生态脱贫” 338
全省旅发大会金溪分会场活动 338
万花道田园综合体获评省级现代农业示范园 339
“拯救老屋行动”整县推进项目正式启动 339
金溪县主要领导名录 339
资溪县 339
概况 339
承办省、市旅游产业发展大会 339
资溪获评全国森林旅游示范县 340
“世界最长蛋糕”吉尼斯世界纪录诞生 340
真相乡村旅游带入选江西省 AAAAA 级乡村旅游点 340
大觉溪旅游评为全省首个“省级乡村旅游综合发展示范区” 340
建成全省首个竹科技产业园 340
资溪获评全省森林防火工作先进单位 341
大觉山景区获中国森林体验基地称号 341
举办第三届资溪白茶文化节 341
资溪县主要领导名录 341
广昌县 341
概况 341
茶薪菇产业成为脱贫攻坚一大支柱产业 342
投资 4 亿元的一站式家居建材交易中心落户广昌 342
举行“联慈医疗扶贫工程示范县”授牌暨健康扶贫设备与资金捐赠仪式 342
全省首例非法生产制毒物品污染环境刑事附带民事公益诉讼案开庭 342
广昌县新增 9 处省级文物保护单位 342
“神州大舞台”走进“魅力广昌”暨最美莲乡人颁奖晚会举行 343
做优做强白莲品牌 343
中国莲花景区列入《农业农村部推介发布 100 个休闲农业和乡村旅游精品景点线路》 343
广昌首例人体器官无偿捐献成功 343
广昌“菜刀帮”涉黑案终审宣判 343
广昌传统莲作文化系统入选国家级重要主题展 344
广昌县主要领导名录 344
抚州高新技术产业开发区 344
概况 344
综合排名跻身全国百强 344
获批国家创新型产业集群试点 344
入选首批省级“双创”示范基地 344
江西最大锂离子电池铜箔生产基地铜博科技正式投产 344
重大项目集中开工 344
荣获非公有制经济发展特别贡献奖 344
江西海利 30 万吨不锈钢冷轧板项目正式投产 344
江西大乘汽车科技产业园竣工投产整车下线 344
高新技术产业开发区主要领导名录 345

东临新区 345
概况 345
新区党政领导班子正式到任 345
东临新区正式挂牌成立 345
毛伟明考察调研东临新区规划建设 346
高质量完成基本规划 346
高效率推进基础工作 346
招商引资工作有效开展 346
社会保持和谐稳定 346
积极推动乡风文明建设 346
东临新区领导名录 346

人 物

2018 年新任市领导 347
刘海滨 347
谭小平 347
刘苍牧 347
张 朋 348
胡领高 348

主要统计资料

2018 年抚州市土地面积与乡镇名称 350
抚州市生产总值及构成 351
抚州市国民经济主要指标 352
主要年份生产总值 358
2018 年抚州市规模以上工业企业单位数、总产值和增加值 359
2018 年抚州市主要工业产品产量 360
抚州市主要农作物产量 364
抚州市农林牧渔业总产值（按现行价格计算） 366
抚州市畜牧业生产情况 369
抚州市渔业生产情况 370
抚州市全社会固定资产投资 371
抚州市金融机构信贷收支情况 373
抚州市财政收入 374
抚州市财政支出 375
2018 年抚州市各级各类学校基本情况 376
2018 年抚州市各级各类学校教师基本情况 376

特　　载

在市委四届六次全体（扩大）会议上的讲话

江西省政协副主席、抚州市委书记　肖　毅

（2019年1月3日）

经市委常委会研究决定，今天召开市委四届六次全体（扩大）会议。会议的主要任务是深入学习贯彻习近平新时代中国特色社会主义思想和党的十九大精神，传达学习贯彻中央经济工作会议和省委十四届七次全会精神，报告2018年市委常委会主要工作，研究部署2019年全市经济工作，动员全市上下奋进新时代、担当新使命、展示新作为，全力推进抚州高质量、跨越式发展，为全面建成小康新抚州打下坚实基础，以优异成绩庆祝新中国成立70周年。

一、2018年市委常委会主要工作

2018年，市委常委会坚持以习近平新时代中国特色社会主义思想和党的十九大精神为指导，从更高层次贯彻落实习近平总书记对江西工作的重要要求，全面落实省委、省政府决策部署特别是省委十四届六次全会精神，坚持用新发展理念谋划发展、用生态文明建设统领发展，团结带领全市干部群众推进三项攻坚、打好四大升级战，努力朝着经济发展和生态文明水平提高相辅相成、相得益彰的新路阔步前行，全市经济社会发展取得明显成效，党的建设得到进一步加强。

1. 狠抓政治引领，党的建设展现新气象。始终把学习贯彻习近平新时代中国特色社会主义思想和党的十九大精神作为首要政治任务，深入学习了《习近平谈治国理政(第一、二卷)》《习近平新时代中国特色社会主义思想三十讲》等系列重要文献和重要讲话，重温了习近平总书记对江西工作的重要要求，开展了"访民情、解民忧、惠民生、聚民心"实践活动，发挥"四进四联四帮"连心小分队、新时代文明实践中心作用，按照"不漏一村、不漏一户"的要求进村入户进行宣讲，教育引导各级党员干部树牢"四个意识"、增强"四个自信"、坚定"两个维护"。开展了"读《红色家书》、忆先烈情怀"活动，进一步坚定党员干部理想信念。推进思想再解放，通过"请进来"和"走出去"，邀请了专家学者来抚州授课，组织领导干部赴浙江、上海、贵州等地学习考察生态文明建设、"放管服"改革、大数据产业等，使各级干部开阔了视野、提升了境界。全面落实"五必到、五必访"制度，以"党员社区报到"为载体，密切党群干群关系。严格落实意识形态工作责任制，坚持正确政治方向和舆论导向，加强网络安全和信息化管理，大力推进文化事业繁荣发展，两幅图片及一部视频入选"伟大的变革——庆祝改革开放40周年大型展览"。切实强化阵地意识，依法管理宗教，涌现了东乡"教堂变讲堂"等一批典型。

2. 狠抓创新驱动，经济发展释放新动能。市委切实加强对经济工作的领导，充分发挥把方向、管大局、保落实的作用，把推动高质量发展摆在更加重要的位置，贯彻新理念，落实新要求，做到以深化改革激活力、增动力，统筹推进稳增长、促改革、调结构、优生态、惠民生、防风险各项工作。积极融入全省区域发展新格局，在"一圈、两轴、三区"中找方位、定坐标，在"六大突破、三大提升"中抢机遇、抓发展，提出重点推进"两完善、两加快"工作要求，即完善国土空间规划、完善分类考核体系，加快融入大南昌都市圈、加快对接海西经济区，丰富了"一核两带四区"战略布局，完善了发展思路。坚持改革与创新并进，深入推进"放管服"、农村宅基地管理、农村"两权"抵押贷款等195项改革，持续开展"双返双创"活动，聘请26名院士为市科技顾问，共建院士工作站13家；796家规模以上工业企业与188所高校、科研院所开展战略合作，58家市直单位与92所高

校、科研院所（智库）签订合作协议。在全省科学技术奖励大会上，我市4个项目获科技进步奖一等奖，占全省的28.6%；作为第一完成人，抚州获一等奖2项，占全省的50%。深入实施百亿企业培育和智能制造“千百十个”工程，博雅生物、金品铜科、大乘汽车、海利科技、自立环保等一批高新技术企业正向百亿目标冲刺，全市应用智能制造技术和生产智能产品企业达95家。以“两特一游”为重点，推动乡村产业振兴，新增高标准农田37.2万亩、特色种养27万亩，设施蔬菜7.2万亩，中药材40万亩，临川大健康食品产业园、昌抚牡丹田园综合体、东乡万亩猕猴桃、乐安绿能等一批现代农业项目积极推进。大力推进互联网应用和产业发展，具有国际T3+标准的卓朗大数据中心，获得省和国家数据运营许可证；创世纪超算中心14万台服务器全面运行，新型高速节能服务器制造开始起步；曙光政务云计算中心投入运营，崇仁县北斗变电大数据中心试运行。以互联网为代表的新兴服务业蓬勃发展，对服务业贡献率达50.3%。承办了全国中医药文化大会、中部地区变电设备产业高峰论坛，连续两年承办全省互联网大会，系列会议推动了招商、带动了产业发展。2018年，预计全市生产总值增长8.8%、固定资产投资增长11%、规模以上工业增加值增长9%、社会消费品零售总额增长11%，全市财政总收入将首次突破200亿元、增长9.3%。

3.狠抓环境保护，生态抚州焕发新活力。坚决打好污染防治攻坚战，全面推进中央环保督察“回头看”和省环保督察问题整改。深入开展城乡环境整治，在全省率先实现农村生活垃圾第三方治理全覆盖。加快推进抚河流域生态保护与综合治理生态修复工程，一、二期共实施项目69个，抚河流域生态文化旅游公路前期工作进展顺利，三翁戏曲、科技金融、温泉养生等特色小镇加快推进，温泉生态文明样板区初具雏形。在全省率先上线运行“生态云”平台。全面推行河长制、湖长制、林长制，实施国土空间规划分类考核、水资源生态补偿、领导干部自然资源资产离任审计试点等。扎实推进生态产品价值实现机制、水环境综合治理与可持续发展两个国家级试点，全国水环境综合治理与可持续发展试点工作现场会在我市召开，抚州经验得到与会代表的一致好评；基本完成全市生态价值核算，实施全国首个VCS国际标准碳汇项目，开创中国林业碳汇先河。正式颁布实施《抚州市文明行为促进条例》，大力推广“绿宝”碳普惠机制，绿色生活新风尚正在形成。

4.狠抓融合发展，文化旅游实现新突破。坚持以汤显祖戏曲文化为引领，推动文化旅游朝产业化、市场化方向发展。成功承办全省旅游发展大会，连续三年举办汤显祖国际戏剧交流月活动，“我在牡丹亭等你”“抚州，一个有梦有戏的地方”品牌大步走向世界。加大红色、古色、绿色文化挖掘力度，弘扬抚州红色文化的革命战争题材电影《浴血广昌》在全国院线成功上映；65个村落进入第五批中国传统村落名录，总数达96个。文昌里历史文化街区业态日益丰富，成为市民和游客的“乡愁栖息地”；大型实景剧《寻梦牡丹亭》成功商演；三翁花园、大觉溪田园综合体、麻姑山景区、曹山农禅景区、香谷小镇、竹桥文化体验区等一批重大旅游景区投入运行，全市已拥有国家AAAAA级景区1个、国家AAAA级景区16个，打造全域旅游目的地已初见成效。2018年，全市接待游客5350万人次、实现旅游收入486亿元，分别增长34%和35%；预计文化产业主营业务收入460亿元，实现增加值74.6亿元，分别增长19.6%和14.9%。

5.狠抓脱贫攻坚，民生福祉得到新提升。始终把打好脱贫攻坚战作为重大政治任务、第一民生工程。围绕“两不愁三保障”和“三率一度”，实施十大扶贫工程，广昌县实现脱贫摘帽，乐安县和非贫困县脱贫攻坚稳步推进，城镇贫困群众脱贫解困工作全面开展。大力实施智慧“百乡千村”健康医养扶贫工程，在6个试点县（区）及市中心城区建立智慧医疗服务平台和第四代智慧健康小屋。以健康管理、健康养老为导向，推动乡镇敬老院、卫生院“两院”融合提升，引进上海亲和源、中科院国科健康等企业，建设一批医养结合项目，积极探索县乡村农村养老新模式。坚持教育优先发展，持续擦亮抚州教育品牌，高考成绩继续保持领先，43人录取北大清华，新增学位2.8万个，教育投入预计达78亿元。加强和创新社会治理，“一户一位法律明白人”在全省推广，打造“人在网中走、事在格中办”等社会治理新方式。弘扬社会主义核心价值观和文明新风，全面启动“三城同创”，开展第二届“孝满才乡”评选活动，在1745个行政村推行道德“红黑榜”。落实安全生产责任，强化风险管控，推动烟花爆竹生产企业关停退出等工作，全市安全生产形势持续平稳。

6.狠抓从严治党，作风建设取得新成效。坚决落实全面从严治党的政治责任，全面彻底肃清苏荣案余毒，持续建设风清气正的政治生态。推进国家监察体制改革，顺利完成市监委组建。始终保持高压反腐态势，开展扶贫领域专项巡察、巡察督查和“回头看”，完成四轮巡察。全市纪委监委部门共处置反映问题线索3956件，立案审查1478件，党纪政务处分1407人，移送司法机关34人。扫黑除恶专项斗争取得阶段性胜利，全市共破获各类刑事案件9784起，刑拘5784人，侦办宜黄陈氏兄弟涉黑涉恶犯罪集团，深挖彻查“保护伞”，严肃查处党员干部涉黑涉恶问题80件、处理67人，其中涉嫌充当黑恶势力“保护伞”13人。强化廉政教育，先后以吴建春案、宜黄涉黑案和部分典型腐败案为戒，在全市开展2次警示教育，教育引导各级领导干部警钟长鸣。深入开展“进一步解放思想、深入调查研究、切实改进干部作风”活动，持续整治“怕、慢、假、庸、散”作风顽疾，大力整治形式主义、官僚主义，评出“服务最差窗口”，全市查处干部作风问题609起1160人，其中查处违反中央八项规定精神问题152起247人，纪律处分151人。

一年来，市委常委会坚持加强自身建设，注重发挥带头示范作用。不断加强政治建设，坚持以习近平新时代中国特色社会主义思想武装头脑，把学习新思想、领悟新思想、践行新思想与抚州实践紧密结合，不折不扣贯彻落实党中央和省委各项决策部署。严肃党内政治生活，严格执行民主集中制，严守党的政治纪律和政治规矩，先后召开2次专题民主生活会，深刻开展批评和自我批评。市委班子成员认真落实中央八项规定精神，深入调查研究，改进工作作风，围绕“怕、慢、假、庸、散”和形式主义、官僚主义进行自我查摆，围绕党的建设、产业发展、脱贫攻坚、环境保护、文化旅游、实体经济等方面开展专题调研。市委坚持总揽全局、协调各方，凝聚起齐心协力干事创业的合力。支持市人大及其常委会做好地方立法工作，制定《抚州市立法条例》《抚州市文明行为促进条例》等地方性法规。全面加强政协系统党建工作，率先在全省出台《关于切实加强新时代人民政协党的建设工作的实施意见》。加强党外代表人士队伍建设，积极做好党外知识分子和新的社会阶层人士统战工作，多党合作事业不断发展，新时代爱国统一战线日益壮大。依法做好新形势下民族宗教工作。深入推进群团组织改革，工会、共青团、妇联、残联圆满完成换届，群团组织作用进一步发挥。全面深化法治抚州建设，扎实推进“七五”普法，支持法检“两院”依法独立行使审判权、检察权，法治政府建设得到加强。认真履行新形势下党管武装工作职责，推动军民融合深度发展，国防后备力量建设开创新局面。

一年来，我们解放思想、深化改革、攻坚克难、真抓实干，推动抚州发展迈上了新台阶。特别是我们花三年时间挤干财政收入水分，既提高了经济质量、保持了较高增速，又坚持了实事求是的思想路线，三次产业比调优为15.2∶41.7∶43.1，许多重点难点工作破题开局和高标起步。实践充分证明，抚州发展思路完全符合中央和省委精神，完全符合抚州实际。实践昭示我们，只要坚定信心，保持定力，沿着既定的道路毫不动摇地走下去，久久为功，必有大成。

二、在新起点上全力推进抚州高质量、跨越式发展

2019年是新中国成立70周年，是全面建成小康社会关键之年。今年我市经济工作的总体要求是以习近平新时代中国特色社会主义思想为指导，全面贯彻党的十九大、十九届二中、三中全会精神，从更高层次贯彻落实习近平总书记对江西工作的重要要求，深入贯彻中央经济工作会议和省委十四届六次、七次全会精神，坚持稳中求进工作总基调，坚持高质量跨越式发展首要战略，坚持以供给侧结构性改革为主线，坚持用新发展理念谋划发展、用生态文明建设统领发展，在经济发展和生态文明水平提高相辅相成、相得益彰的发展新路上大胆试、大胆闯，积极探索“绿水青山就是金山银山”的实现路径，为全面建成小康新抚州打下坚实基础，为建设富裕美丽幸福现代化江西、共绘新时代江西物华天宝人杰地灵新画卷增光添彩。

一方面，要认清形势，在应对复杂局面中抢抓机遇。前不久召开的中央经济工作会议，深入分析了当前形势，对2019年经济工作进行了全面部署。各地各部门要深刻领会中央经济工作会议精神，在复杂多变的形势中审时度势，抢抓机遇。要在对规律性认识的领悟中抢抓机遇。中央经济工作会议总结了做好新形势下经济工作的规律性认识，归结起来就是“五个必须”：必须坚持党中央集中统一领导，必须从长期大势认识当前形势，必须精准把握宏观调控的度，必须及时回应社会关切，必须充分调动各方面积极性。我们要善于在总结经验中深化思想认识，善于在探索规律中找到机遇，增强忧患意识，坚定必胜信心，保持战略定力，打开工作局面。要在对发展变局的把握中抢抓机遇。当前，世界面临百年未有之大变局，国内外形势发生深刻变化，但我国发展仍处于并将长期处于重要战略机遇期的研判没有改变，我们要深刻理解、切实把握战略机遇期的新内涵，直面加快经济结构优化升级带来的新机遇、提升科技创新能力带来的新机遇、深化改革开放带来的新机遇、加快绿色发展带来的新机遇、参与全球经济治理体系变革带来的新机遇，在迎接和战胜挑战中化危为机，变压力为加快推动经济高质量发展的动力。要在对宏观政策措施的对接中抢抓机遇。中央经济工作会议明确指出，坚持稳中求进的工作总基调，以供给侧结构性改革为主线，在“巩固、增强、提升、畅通”上下功夫，继续打好三大攻坚战，统筹推进稳增长、促改革、调结构、惠民生、防风险工作，进一步稳就业、稳金融、稳外贸、稳外资、稳投资、稳预期，提出今年要抓好七项重点工作。这些政策措施，涉及经济社会发展的方方面面，有很高的含金量，各地各部门要紧跟政策导向，逐项研究对接，从中找机遇、找项目、找资金，主动作为，攻坚克难，切实把思想和行动统一到中央经济工作会议精神上来，推动抚州经济社会持续健康发展。

另一方面，要把握大势，在融入全省大局中找准定位。省委十四届七次全会深入贯彻中央经济工作会议精神，深化了省委十四届六次全会精神，对全省经济工作作出重要部署，必将迅速掀起新一轮比学赶超的热潮。特别是针对各设区市的定位逐一提出明确要求，其中要求抚州“加快培育生物医药、绿色农业等产业，突出文化、旅游和生态特色，打造大南昌都市圈的后花园”。对抚州而言，就是要按照省委部署，坚定不移在“一圈、两轴、三区”中找方位、定坐标，在“六大突破、三大提升”中抢机遇、抓发展，加快推进“两完善、两加快”，全力打造大南昌都市圈重要支撑。这是一项艰巨而光荣的使命。当前，我们许多工作才刚刚破题，比如我

市作为全省生态文明先行示范市，生态文明建设与“先行先试”的定位还有较大差距，生态环境还存在不少突出问题，优美的大生态掩盖了很多局部环境问题，特别是在打通“绿水青山”向“金山银山”转化的通道上办法不多；我们提出把抚州打造成为全域旅游目的地，但全市景区、景点基础设施建设还不完善，旅游服务水平还不高，缺乏经营主体和市场运作，旅游线路还没有经营起来，旅游机制还没有建立起来，文化旅游走向产业化、市场化、标准化还要下大功夫；我们用13个月建成了大乘汽车科技产业园，并实现了首辆整车下线，圆了抚州人民的“汽车梦”，但不能表明我市的汽车产业就起来了，对照中央经济工作会议提出的“要提升产业链水平，注重利用技术创新和规模效应形成新的竞争优势，培育和发展新的产业集群”要求，还需要我们付出更多更大努力。我市中医药、大健康、互联网经济等战略性新兴产业虽然谋划早，取得了一定成效，但由于抓得不紧不实，正在滑入“醒得早、起得晚”的尴尬境地，等等。各地各部门要充分认识差距，认真分析原因，狠抓工作落实，在全省发展大局中争取应有地位，推动更多工作在全省走在前列、争创一流。

习近平总书记在庆祝改革开放40周年大会上深刻指出：“实现中华民族伟大复兴，是一场接力跑，我们要一棒接着一棒跑下去，每一代人都要为下一代人跑出一个好成绩。”抚州的高质量、跨越式发展，同样是一场接力跑。全市各级领导干部要以“功成不必在我、功成必定有我”的胸襟和气魄，履职尽责，敬业奉献，以坚如磐石的信心、只争朝夕的劲头、坚韧不拔的毅力，努力奔跑，奋力跑好不辜负历史、不辜负人民、不辜负时代、不辜负抚州的属于自己的这一棒。

三、突出重点，狠抓落实，向全面建成小康新抚州宏伟目标奋力冲刺

做好今年工作，为全面建成小康社会收官打下坚实基础，必须突出重点、狠抓落实，鼓足拼劲、奋勇冲刺，推动关键领域工作取得新突破。具体要“突出六大重点”。

1. 突出县域经济，着力激发进位赶超加速度。县域经济薄弱是抚州的短板，加快县域经济发展迫在眉睫、刻不容缓。县区活则抚州活，县区富则抚州富，县区强则抚州强。各县区要立足区位条件，发挥特色优势，实施重点突破，加快进位赶超，在坚持求真务实的前提下，各尽所能、各展所长，能发展多快就发展多快，争取用三年时间在全省排位前移5~10位。

一要理清发展思路。在坚持分类考核的前提下，开展全市县域经济发展竞赛评比。要把项目特别是产业项目作为考核的重点，以项目多、项目大、项目好为标准，开展大比拼、大比武。重点发展区临川、东乡、崇仁、南城、金溪、高新区6个县区，要承担起全市经济发展特别是现代工业发展任务，其中高新区要当好全市现代工业发展的龙头。生态功能区南丰、广昌、宜黄、乐安、黎川、资溪6个县，要按照生态文明建设要求，践行“绿水青山就是金山银山”理念，发展新经济、新业态。东临新区要坚持“生态经济样板区”定位不动摇，高标准规划建设，重点发展高新技术产业，建成高铁经济新区。各县区要全面贯彻新发展理念，紧跟省委和市委工作布局，结合本地实际，进一步理清和完善发展思路，努力开创县域经济特色发展、错位发展、竞相发展的新局面，促进县域经济强势崛起。

二要明确主攻方向。各县区要根据资源禀赋、基础条件、发展要求，明确主攻方向和重点，坚决防止“东一榔头西一棒”、盲目跟风。基础设施不完善的县区，要下决心加快道路、电力、通信、环保等基础建设，特别是要扎实推进平台建设，着力打造高质量工业园区。要树立“项目为王”理念，坚持“亩产论英雄”，加大腾笼换鸟力度，切实解决我市工业园区层次低、小而分散的问题。要通过新兴工业地产等方式，利用社会资本大力兴建标准厂房，今年全市继续建设500万平方米标准厂房。主导产业不明晰的县区，要围绕生物医药、汽车及零配件、新能源新材料、现代信息四大主导产业和文化旅游、中医药、大健康、互联网经济四大战略性新兴产业，从本地实际出发确定产业主攻方向，特别是要把现代信息产业作为重点，抓住沿海电子信息产业大转移浪潮，通过做强平台、做优服务，吸引电子信息企业乃至产业链落户。向莆经济带要建成电子信息产业带。

三要坚持绿色发展。各县区要科学把握经济发展和生态文明的关系。一方面，生态文明建设不是不要发展。乐安通过优化营商环境，无中生有，引进做强车联网产业。这说明，生态文明建设不是走传统的老路，而是要用新理念去谋划发展，就能找到生态文明与经济发展相适应的路径。另一方面，生态功能区也能发展主导产业。资溪通过发展文化旅游提升知名度，带来了人流、物流和信息流，生态旅游、食品加工、毛竹加工渐渐成为主导产业，全县产业结构正在发生根本性变化。这说明，只要选准路径，生态文明建设与产业发展完全可以相互促进。

市直各单位要全力支持县区发展，以机构改革为契机，进一步加大放权松绑力度，为县域经济发展创造良好条件。要发挥部门职能作用，积极主动给予指导，帮助县区谋划项目、争取资金，不断增添县域经济发展活力。市直单位支持县域经济发展工作也要列入考核。

2. 突出绿色产业，加快推动生态经济上规模。围绕建设现代化经济体系，全面构建绿色产业体系，促进生态经济提质增效。

一是大力发展优质高效现代农业。要冲破单打独斗、小而全的传统农业束缚，努力在产业结构调整、经营模式转变、生产技术提升等方面取得突破，推动农业产业规模化、标准化、市场化发展，真正发挥“接二连三”的产业链价值。要围绕“两特一游”，在全市大力发展优质水稻、高品质蔬菜、食用菌、中药材、

高效林果业和生态环保水产等主导产业。对县区来说，不能面面俱到，但要有针对性地选择和确定两至三个特色鲜明、带动力强的主导产业，集中力量培植壮大，加快发展。要把高标准农田建设作为发展现代农业主抓手，带动农业产业结构调整，为大南昌都市圈后花园奠定基础。要做好山上文章，结合低质林改造，积极推动“抚州香柚”高标准起步、科学化发展。要推广新型农业经营模式，加大农业招商力度，引进龙头企业，推行“公司＋合作社＋农户”模式。村集体经济要在这种经营模式中，通过提供服务增加收入，力争用两年时间消灭“空壳村”。要把这项工作作为农业农村工作、基层组织建设的重点任务，列入考核。

二是坚定不移推动产业走向中高端。围绕生物医药、汽车及零配件、新能源新材料、现代信息四大主导产业，继续大力实施百亿企业培育工程，力争博雅生物、海利科技、自立环保、金品铜科、大乘汽车等企业2020年前实现100亿元目标。高新区要加快推进创世纪数字装备制造企业的落户，主动推动中泽文化集团军民融合产业示范园建设。要坚定不移培育壮大文化旅游、中医药、大健康、互联网经济四大战略性新兴产业。

推动文化旅游产业化。要坚持“两手抓”：一手抓机制完善，市、县区要尽快把旅游公司运营起来，不仅立足本地，而且走出抚州，与全省、全国乃至海外景区相连，使有效资源与国内外市场充分结合；一手抓产品营销，加大文化推介力度，把戏曲、禅宗、麻姑养生、古村落等抚州优秀传统文化推向世界，加强旅游战略合作，与国内外旅行社对接，搭起抚州旅游通向世界的桥梁。要以两岸文化交流为纽带，使《牡丹亭》唱响港澳台，使更多境内外游客走进文昌里。要组织曹山寺禅宗赴日本、韩国、东南亚地区宣传，把文化传播出去，把游客吸引进来。要着力加强以影视、动漫为主要内容的中英文化交流平台建设，带动戏曲、围棋、书画、太极拳等文体赛事发展，丰富旅游产品。市文旅投要积极对接中泽文化集团，组建合作公司，成为全市文化产业龙头企业，推动文化产业发展和中英文化交流。要做好策划，找准红色、古色、绿色的目标定位，精心打造好文化旅游精品线路。要推动文化与生态深度融合，全面挖掘古村落资源，打造抚州乡村休闲游品牌。要办好汤显祖国际戏剧交流、曾巩诞辰1000周年纪念等活动。通过一系列举措，倒逼文化旅游设施完善、服务提升，推动文化旅游产业化发展。

推动大健康产业化。利用抚州丰富的自然资源，依托国家级医养结合试点，做强大健康产业。既要面向高端，通过引进知名企业，与旅游结合起来，发展健康养生养老产业；更要面向百姓，通过多种模式，推进智慧医养体系建设。市、县区中心城区既要有居家养老的设施和服务，也要有集中养老的场所，解决好护工、医疗的难题，特别是失能和半失能老人的养老问题。要以产业化思维发展大健康，通过养老设施建设带动医疗设备、医护用品等相关产品，不断完善产业链，赋予大健康产业强大的生命力。

推动中医药产业化。依托“建昌帮”和“盱江医学”，推进中医药事业产业融合发展，打造更具影响力的全国中医药传承创新基地，把“老字号”变成“国字号”。要规范中药材种植，明确重点，做强品牌，形成规模效应。要抓好深加工，南城要把中药材加工作为主导产业，推进仓储加工科研一体化；高新区要加快推动建昌帮药谷一期项目动工；资溪热敏灸基地要抓紧实施；抚州中医药高专要打造成为“盱江医学”“建昌帮”的研发中心和传承、教学基地；发展中医药的县区都要培育一至两个中药材加工龙头企业。要下决心建好中药材交易平台，建设检验检测机构，推动创建全国区域性中药材大宗交易中心和物流基地。

推动互联网经济产业化。要抓住互联网经济发展机遇，以市数字经济投资发展有限公司、市星河大数据产业公司为平台，吸引更多大数据企业入驻，推动云计算、大数据、物联网、人工智能等新一代信息技术跨界融合，实现产业化、规模化。要积极跟进全省互联网大会签约项目，推动与中国移动、中国联通江西分公司等企业的战略合作。要围绕曙光政务云计算中心、卓朗大数据中心的应用和创世纪超算中心服务器制造，推动大数据装备制造业尽快落户，补齐产业链，全力打造全国大数据产业基地。

三是积极培育壮大现代服务业。加快发展现代金融，一方面要坚持开展政银企对接活动，市、县都要建立和完善每月一调度的银企对接联系制度，在工业园区设立金融服务站，解决好企业与金融机构信息不对称的问题，助力实体经济破解融资难题；另一方面要深入推进企业上市“映山红”行动，力争推进一批企业在创业板、新三板、科创板和区域股权市场上市挂牌。加快发展会议会展经济，抓紧规划建设中型会展场馆。要充分认识到，一个会议就是一场招商会。从现在开始，就要积极争取以行业协会为主的会议在抚州召开，每个季度都要推出主题活动，从3月份开始每个月都要承办产业方面的会议、论坛等。要规范有序发展酒店业，提升接待能力和服务水平，坚决防止以酒店名义搞房地产开发。

3. 突出生态文明，全力打造美丽江西样板区。围绕出成效、出经验、出样板，坚持可复制、可推广、可操作，扎实推进生态文明先行示范市建设。

一是坚决抓好污染防治。以中央环保督察“回头看”和省环保督察问题整改为契机，立行立改，举一反三，开展突出环境问题大起底、大排查、大整改，围绕空气、水、土壤三个方面，探索建立污染防治、环境保护长效机制。要特别重视大气污染防治，常态化推进建筑施工与道路扬尘、餐饮油烟、机动车尾气、工业废气四大专项整治行动，杜绝农村秸秆焚烧，不断提高空气质量优良率。要强化饮用水源规范化建设，完善污水治理管网配套，加快实现管网全覆盖。要把好项目准入关、企业环保关，坚决摒弃造成空气、水、土壤污染的生产方式，各地引进项目一定要有环境承载能力的意识。各级领导干部要担当起环保“一岗双责”“党政同责”的政治责任，始终保持对环境保护高度重视、对环境问题决不放过的鲜明态度和果断行动。

二是加快建设生态工程。大力实施抚河流域生态保护与综合治理生态修复工程，重点推进抚河三江湿地公园、生态文化旅游公路、温泉生态文明样板区、“生态云”平台二期、洪门水库生态综合整治等重点项目建设，通过不懈努力，把抚河流域建成生态示范带。结合我市长江经济带生态环境保护和绿色发展项目库，抓紧启动一批前期工作扎实、近期可开工的项目。

三是积极探索生态制度。深入推进生态产品价值实现机制、水环境综合治理与可持续发展两个国家级试点工作，形成在全国推广的经验；积极总结提升水资源生态补偿、“绿宝”碳普惠、生态文明标准体系建设、生态检察、环境资源审判等制度，形成在全省推广的特色经验；进一步完善生态综合执法、农村生活污水处理、“生态云”智慧平台建设等制度，形成区域性经验成果。春节后，组织赴浙江丽水考察学习生态产品价值实现的经验做法，进一步完善我们的思路，通过生态文明制度创新，推动生产方式转变、生态品质提升、生活方式低碳。

4. 突出乡村振兴，统筹推进城乡发展一体化。2018 年 12 月 28 日至 29 日，中央召开农村工作会议，对“三农”工作作出全面部署，习近平总书记作出重要指示。会议要求坚持农业农村优先发展，深入实施乡村振兴战略，对标全面建成小康社会必须完成的硬任务，适应新要求，深化农业供给侧结构性改革，聚力打赢脱贫攻坚战，抓好农村人居环境整治工作，推进新一轮农村改革，加快补齐农村基础设施和公共服务短板，扎实做好乡村规划建设和社会治理各项工作，强化五级书记抓乡村振兴，加强懂农业、爱农村、爱农民农村工作队伍建设，发挥好农民主体作用，提高广大农民获得感、幸福感、安全感，在实现农业农村现代化征程上迈出新的步伐。我们要认真贯彻会议精神，落实好“三农”工作部署，推动抚州“三农”工作上新台阶。特别要抓好以下三项工作。

一是聚力打赢脱贫攻坚战。要按照“两不愁三保障”要求，紧紧围绕“1.92 万贫困人口脱贫、乐安县脱贫摘帽”目标，进一步巩固提升贫困人口脱贫质量和贫困村村庄整治建设水平。要坚持一手抓脱贫、一手抓巩固，以“绣花”功夫做好精准识别、精准施策、精准退出等工作，提升产业扶贫水平，特别是非国定贫困县、非重点贫困村要下力气推进脱贫攻坚，条件好的地方要打造一批小康示范村。要按照中央要求，研究解决收入水平略高于建档立卡贫困户的群体缺乏政策支持等新问题。今年，要像抓农村脱贫攻坚一样，抓好全市 6.9 万名城镇贫困群众脱贫解困工作，使城镇贫困群众享受到改革发展红利，确保小康路上“一个都不少”。要大力开展脱贫攻坚“感恩行动”，教育引导贫困群众知党恩、跟党走。

二是抓好产业振兴这一核心。按照现代农业发展理念，以“两特一游”为抓手，因地制宜发展特色产业。市里要做好顶层设计，尽快出台农业产业规划布局指导性意见；各县区要尽快制定产业振兴发展规划，把农民带到产业中来；有关部门要加强技术指导和培训，帮助农民提高产业发展能力。大力推动资金、人才等要素下乡，激发农民发展产业的内生动力，促进农村一二三产业融合发展。村级党组织要发挥示范引领作用，在培育新型经营主体、带领村民发展产业方面下功夫、出实招。

三是打好环境整治这场硬仗。2019 年是我市农村环境整治“三年扫一遍”最后一年，要学习浙江“千村示范、万村整治”经验，发扬连续作战、啃硬骨头的作风，一鼓作气推进农村环境整治。要注重规划引领、建管并重，依据不同村庄实际编制村庄布局和建设规划，积极构建常态化、长效化管理机制。要大力推广东乡和资溪垃圾分类、乐安“厕所革命”、广昌污水处理等经验做法，有序推进“拆临拆违”全覆盖扫尾，完善农村垃圾第三方治理监督机制。要加强宣传，充分调动群众参与的积极性主动性。要加快推进农村宅基地改革，特别是做好“增减挂”和古建筑保护利用文章。要嫁接农村环境整治做法，推进县城、乡镇集镇环境整治，全力推动城市功能与品质提升三年行动，并与“三城同创”有机结合，把工作重点放在补短板、强功能、提品质上，按照“精心规划、精致建设、精细管理、精美呈现”的要求，实现城市和农村美景交相辉映。

5. 突出改革开放，努力提升抚州发展竞争力。以改革开放 40 周年为新起点，重整行装，攻坚克难，将改革开放进行到底。

持之以恒推进改革攻坚。以供给侧结构性改革为主线，既对标对表中央和省委改革部署，蹄疾步稳完成规定动作；又结合我市实际，推出一批具有抚州特色的自选动作。要坚持服务发展，紧盯生态文明建设、“放管服”改革、农业农村改革、文旅融合发展、科技创新、医养结合、互联网应用等重点领域和关键环节，创新机制体制，使改革创新成为推动发展的强大动力。要坚持问题导向，深入分析研究我市经济社会发展中的困难和问题，以改革的办法破解发展难点、工作堵点、群众痛点。要加快经济体制改革，重点推进“放管服”改革，推进全市“一网通”建设，深入开展“减政便民”行动和“降成本、优环境”专项行动，优化营商环境，支持民营企业发展。要积极稳妥推进市县机构改革，做到思想不乱、工作不断、队伍不散、干劲不减，确保 1 月底前基本到位、3 月底前全面完成。

坚持不懈推进开放提升。充分把握抚州在“一圈、两轴、三区”中的定位，加快推进“融入南昌、对接海西”，积极融入“一带一路”，推进文化、经贸等交流，加快走向世界的步伐。要大力引进一批大型加工贸易企业，主动承接沿海加工贸易企业转移，引导本土加工贸易企业改造升级，拉动进口出口双向增长。要继续鼓励推动我市有实力的企业参与国际产能合作，开拓新兴市场，带动产品出口。要积极推进铁路专用线施工建设，加快海西综合物流园口岸联检大楼扫尾工程建设；进一步推进向莆铁路货运班列、中欧（亚）货运集装箱班列常态化运行。发挥海关等作用，对自营出口企业做好服务工作；发挥外贸服务中心作用，解决外贸出口企业报关、资金、退税等困难，让更多企业不仅在抚州生产，而且在抚州报关出口，今年要扭转出口、外资被动局面。要制定更有吸引力的政策，吸引海内外资本进入抚州。抚州的发展，要靠全社会资本的推动。

6. 突出社会治理，不断增强人民群众获得感。坚持以人民为中心的发展思想，不断提高社会治理能力和水平，着力打造群众安居乐业的良好环境。

加强保障和改善民生。要全力促进就业创业，扎实做好高校毕业生、农村富余劳动力、退役士兵等群体就业创业，农民工返乡创业，就业困难人员帮扶等工作。要深化社会保障改革，继续推进医保健康扶贫、养老保险扶贫，开通贫困人员医药费报销和办理慢性疾病的绿色通道，特别是深入推进智慧“百乡千村”健康医养扶贫工程，力争全覆盖。要坚持教育优先战略，深入实施学前教育普惠、义务教育均衡、职业教育融合、高等教育升级工程，化解城镇学校“大班额”，加快推动东华理工大学抚州新校区建设、南昌大学抚州医学院独立办学和汤显祖艺术传媒职业学院建设，支持中医药高专、抚州幼专、抚州职院升级发展。要构建房地产市场健康发展长效机制，坚持“房子是用来住的、不是用来炒的”定位，积极培育和发展住房租赁市场，切实抓好保障性住房运营管理。

深入推进法治抚州建设。深化全面依法治市，着力推进科学立法、严格执法、公正司法、全民普法守法。要创新和发展新时代“枫桥经验”，全面落实基层综治中心实体化建设，建强网格员队伍，统筹基层治理资源，努力实现大事全网联动、小事一格解决。要巩固和深化一户一位“法律明白人”成果，依托网络打造升级版“法律明白人”。要聚焦打掉黑恶势力的嚣张气焰，聚焦铲除黑恶势力滋生蔓延的土壤，聚焦严查背后“保护伞”“关系网”，纵深推进扫黑除恶专项斗争，与反腐倡廉、“打虎拍蝇”结合起来，坚持农村、城市同步开展，发动群众参与，掀起强大攻势，做到有黑扫黑、无黑除恶、无恶治乱。要严格落实安全生产责任制，抓好信访维稳等工作，确保社会大局和谐稳定。

做好以上六项重点工作，必须狠抓“三大关键”，破解“两大难题”。

“三大关键”：一是狠抓项目建设。要广开思路谋划项目，从上级政策中找项目、从向上对接中争项目、从走访客商中引项目、从群众诉求中定项目。要积极主动争取项目，认真研究国家和省支持的投资方向和产业政策，提高项目谋划的科学性、精准度，争取更多项目列入国家和省重点项目计划。要全力以赴推进项目，落实“一把手”挂帅抓项目机制，落实挂点领导、责任单位、投资方、施工方“四位一体”的项目推进体系，打造敢于攻坚克难、善于破解难题的项目推进队伍。要强化考核，把各县（区）项目投资额、动态项目库建设、市直单位实施项目和服务项目情况列入综合考评，真正形成以项目谋事的导向。二是狠抓招商引资。要突出产业招商，认真研究发达地区产业升级新政策，实现招商由政策引导向产业引导转变，有针对性地开展敲门招商和补链式招商，壮大产业集群。要突出专业招商，选出能力强、水平高、干劲足的人员组成专门招商团队，市、县对招商引资要进行单独考核，对先进单位和招商能手给予奖励、重用。要突出驻点招商，深耕福建、上海、浙江、广东等东南沿海地区，每个县（区）都要选准一个地方驻扎下来，确保招商活动更有针对性、实效性。县（区）委书记、县（区）长要把招商引资作为重点工作，亲自谋划、亲自部署，高位推动、高效落实，形成大招商、招大商的强劲势头。三是狠抓科技创新。深化提升“双返双创”活动，通过“临川才子”结识更多新朋友，不断扩大抚州的“朋友圈”。继续深入推进重大技改“三百计划”、智能制造“千百十个”工程，发挥企业主体作用，建立更多国家级、省级研发平台，以关键技术的突破推动产业向中高端发展。继续推动政府、企事业单位与院校、科研院所、智库等建立合作关系，实现借脑发展、借智崛起。要突出人才引进，大力实施柔性引进人才机制，特别是鼓励引导抚州籍人才总部回迁、项目回移、资金回流、技术回馈。要加大对本地领军人才的培育和使用力度，让各类人才各得其所、才尽其用，进一步形成“科技优先、人才优先、企业优先”的浓厚氛围。

“两大难题”：一是破解资金瓶颈难题。要有充分思想准备，积极应对“资金难”挑战，广开思路，千方百计筹措项目建设资金。中央经济工作会议提出“较大幅度增加地方政府专项债券规模”“保持货币信贷和社会融资规模合理增长”。有关部门要加强政策研究，积极探索降低项目总投资中政府出资比例、稳妥推进 PPP、推进国有资源竞争出让、鼓励开展资产证券化、发行地方政府专项债券等手段和模式，切实发挥好各类投资公司的融资平台作用。要把政府资金用在刀刃上，提高效益。要以营商环境优化，吸引“候鸟型”社会资本进驻。要稳妥处理地方政府债务风险，做到坚定、可控、有序、适度，绝不能盲目举债铺摊子。二是破解干部作风难题。当前，我市一些干部仍然存在作风不严不实特别是形式主义、官僚主义问题。“作风建设永远在路上”，要严格贯彻中央八项规定及其实施细则精神和省委若干意见，坚持靶向治疗，突出整治“怕、慢、假、庸、散”等问题，瞄准机关“小鬼难缠”“中梗阻”抓好作风大扫除，持续开展“服务最差窗口”单位评选，促进干部工作理念、服务态度和能力素质跟上新时代要求。要常念作风整改“紧箍咒”，传导抓作风越往后越紧的导向，推动干部作风大转变。

四、全面加强党的领导，凝聚起加快经济社会发展的磅礴力量

要坚定不移推动全面从严治党向纵深发展，不断提高党建工作的质量和水平，为抚州经济社会发展营造风清气正、海晏河清的政治生态。

1. 坚持把党的政治建设放在首位。以党的政治建设为统领，强化创新理论武装，树牢“四个意识”，坚定“四个自信”，坚决做到“两个维护”，把坚持正确政治方向贯彻到谋划重大战略、制定重大政策、部署重大任务、推进重大工作的具体实践中，推动党中央和省委决策部署在抚州得到不折不扣落实。坚持读原著、学原文、悟原理，在抓深化、抓消化、抓转化上下功夫，学懂、弄通、做实，引导党员干部用习近平新时代中国特色社会主义思想武装头脑、指导实践、推动工作。持续深入开展“读《红色家书》、忆先烈情怀”等活动，进一步传承红色基因，坚定理想信念。深入贯彻新形势下党内政治生活若干准则，严格执行民主集中制，认真落实“三会一课”、党员领导干部双重组织生活、谈心谈话、民主评议党员等制度。认真开展“不忘初心、牢记使命”主题教育。

2. 全面锻造坚强有力的基层战斗堡垒。要认真贯彻落实《中国共产党支部工作条例（试行）》和新修订的《中国共产党农村基层组织工作条例》，推动传统领域和新兴领域基层党建均衡发展，加强农村、社区、机关、国有企业、高校和中小学校等传统领域基层党建工作，加大“两新”组织和互联网企业、新兴精神生产群体等党建工作力度，尤其是加快现代网络信息技术在基层党建工作的运用，为基层党建工作上网上线。要持续整顿软弱涣散党组织，选优配强基层领导班子，着力提升基层党组织政治能力，推进基层党建与生态文明、脱贫攻坚、乡村振兴、“三城同创”、实体经济、扫黑除恶等工作有效衔接。要发展壮大村级集体经济，认真落实好“五必到、五必访”“党员社区报到”等制度，把广大群众紧紧团结在党组织周围。各级党委要履行抓农村基层党组织建设的主体责任，加强基本队伍、基本活动、基本阵地、基本制度、基本保障建设。要加强“四进四联四帮”连心小分队特别是“第一书记”管理，使他们真正沉到基层、融入群众，成为基层组织建设的坚强力量。

3. 牢牢掌握意识形态工作的领导权。严格落实意识形态工作主体责任制，坚持党管宣传、党管意识形态、党管媒体，使各类阵地始终成为传播先进思想文化的坚强阵地。要提高政治鉴别力和政治敏锐性，切实做到守土有责、守土负责、守土尽责。要不断提升防范意识形态风险能力，强化网上舆论斗争能力建设，持续净化社会和网络舆论阵地，提高引导管控能力。要深入推进新时代文明实践中心建设，积极培育和践行社会主义核心价值观，广泛开展志愿服务活动，深入推进家风建设，深化“孝满才乡”“道德红黑榜”等品牌创建，推动移风易俗，培育文明新风。要建立健全党委统一领导、部门齐抓共管的工作运行机制，把意识形态工作纳入党建工作责任制和巡察重要内容。围绕建国70周年、建党100周年，开展红色文化挖掘、整理，革命旧址、遗址修缮，建设红色景区、创作红色作品，补齐红色文化短板。要充分发挥统一战线工作的独特作用，广泛凝聚共识。要高度重视宗教问题，强化阵地意识，掌握宗教政策，提高基层宗教工作水平，加强对宗教组织的管理，引导信教群众依法开展活动。要扎实做好新时代党管武装和双拥工作，深入推进军民融合发展，奋力开创具有抚州亮点、苏区特色的武装工作新局面。

4. 大力建设高素质干部队伍。深入贯彻落实新时代党的组织路线，突出政治品德这个第一标准，做好干部培育、选拔、管理、使用工作，着力建设忠诚干净担当的高素质干部队伍。要深刻把握“公正用人，公在公心、公在事业、公在风气”的丰富内涵，坚决遏制选人用人上的不正之风。要坚持“严管就是厚爱”，加强对干部的从严教育、从严管理、从严监督。要强化干事导向，加强正向激励，大张旗鼓地选拔任用、宣传表彰优秀干部，旗帜鲜明地为敢于担当的干部撑腰鼓劲。要按照“五个一批”的方式，分级分类发现储备和培养选拔优秀年轻干部。要加强干部教育培训，坚持“请进来”“走出去”，使各级干部增强适应新时代发展要求的本领，涵养担当作为的底气和勇气。要强化实践锻炼，优化干部成长路径，进一步完善上挂、下派、横向挂职等制度，补好知识弱项、能力短板、经验盲区。

5. 纵深推进党风廉政建设和反腐败斗争。深刻认识反腐败斗争的长期性复杂性艰巨性，深化标本兼治，坚持破立并举，始终保持惩治腐败高压态势，巩固发展反腐败斗争压倒性胜利。要坚决全面彻底肃清苏荣案余毒，以莫建成、李贻煌、吴建春、马胜生等腐败案件为反面典型，教育引导全市党员干部严以修身、遵纪守法。要贯彻惩前毖后、治病救人方针，精准运用“四种形态”，握紧纪律法律两把尺子，强化不敢腐的震慑、扎牢不能腐的笼子、增强不想腐的自觉。要紧紧围绕重大工程、重点领域、关键岗位，坚决纠正和查处侵害群众利益的不正之风和腐败问题，增强人民群众获得感。要充分利用宜黄“7・12”专案政法干部涉黑充当“保护伞”，人社医保对政府决定选择性、变通执行被中纪委通报，抚州日报重大事故被网民热炒等典型案例的警示作用，广泛开展“为谁执政、为谁执法”专题教育，增强各级干部谋其政、履其责的责任感、使命感。要强化监督，进一步完善纪律、监察、巡察、派驻相结合的大监督格局。要坚持刀刃向内，加强纪检监察队伍自身建设，确保党和人民赋予的权力不被滥用、惩恶扬善的利剑永不蒙尘。

抚州市人民代表大会常务委员会工作报告

在抚州市第四届人民代表大会第四次会议上

市人大常委会主任　魏建锋

（20119 年 1 月 17 日）

过去一年的主要工作

2018 年，市人大常委会在中共抚州市委的坚强领导下，高举习近平新时代中国特色社会主义思想伟大旗帜，深入贯彻落实党的十九大和十九届二中、三中全会精神，紧紧围绕市委提出的“突出三项攻坚、打好四大升级战”要求，凝心聚力，依法履职，探索创新，积极作为，圆满完成了市四届人大三次会议确定的各项任务，有效发挥了地方国家权力机关的作用，为促进“科学发展、绿色崛起，全面建成小康新抚州”做出了积极贡献。

一、聚焦新思想，旗帜鲜明讲政治

毫不动摇坚持党的领导。坚持以习近平新时代中国特色社会主义思想为指导，牢固树立“四个意识”，始终坚定“四个自信”，坚决做到“两个维护”，把党的领导贯穿于人大工作的全过程、体现在人大工作的各方面。认真落实重大事项向市委请示报告制度，切实将市委的决策部署通过人大法定程序成为人民群众的共同意志，将市委推荐的人选通过人大法定程序任命为国家机关工作人员，确保人大工作与市委同心同向。一年来，依法产生了市监察委员会，选举了市监委主任和省十三届人大代表，通过了人大部分专门委员会组成人员；依法选举和补选了市人大代表，任免国家机关工作人员 35 人次，并组织新任职人员向宪法宣誓。

持续强化思想理论武装。高度重视、精心组织、层层开展了“学习、研究、宣传、贯彻习近平总书记关于坚持和完善人民代表大会制度的重要思想”专题活动，以理论大学习、思想大武装，进一步打牢做好新时代人大工作的思想基础。常委会迅速制订了实施意见、成立了领导小组、召开了推进会议、开辟了专版专栏，努力形成专题活动上下联动、整体推进的良好局面。坚持以上率下学，常委会党组充分发挥表率作用，把理论学习作为党组会议、主任会议的第一议题，重点学深悟透“十个坚持”的主要内容，以理论上的清醒保证政治上的坚定和行动上的自觉。坚持全面系统学，通过常委会领导轮流授课、收听收看省“人大讲堂”、发放专题摘编、集中座谈讨论等形式，学原著、读原文、悟原理，进一步增强学习效果。坚持创新形式学，积极开展人大工作理论与实践研究，组织开展知识测试、主题征文、课题研讨、主题党日等活动，引导人大干部把科学理论内化于心、外化于行，努力成为习近平新时代中国特色社会主义思想的坚定信仰者、忠实实践者和积极传播者。

主动参与全市中心工作。紧紧围绕市委决策部署，主动服务改革发展稳定大局，以坚决态度、有力担当、务实行动参与协调推进各项中心工作，发挥人大优势，奏响人大强音。常委会领导先后赴广东、北京等地开展“双返双创”活动，积极开展项目推介，打好招商“组合拳”，扩大抚州“朋友圈”；深入挂点县（区）、园区、企业开展降成本优环境工作调研，协调解决实际问题，加快推进县域经济发展；督促挂点县（区）抓好环保突出问题整改落实，为全市生态文明建设加油助力。按照市委统一安排，积极牵头抓好“三城同创”、中医药产业发展、棚户区改造、重点工程建设等工作，坚持问题导向，狠抓责任落实，确保各项工作顺利推进。

积极助力脱贫攻坚实践。打赢脱贫攻坚战是党对人民的庄严承诺，常委会积极响应市委号召，投身脱贫攻坚主战场。常委会领导带头深入挂点贫困村调研督导，帮助解决实际问题。开展了产业和就业扶贫工作情况调研，推动我市落实各项扶贫政策，确保政策引路、落地见效，走可持续发展的“造血”扶贫之路。扎实推进“脱贫攻坚人大代表在行动”专项活动，充分发动各级人大代表发挥自身优势，将履职担当书写在脱贫攻坚一线，汇聚助推脱贫攻坚的磅礴力量。一年来，全市共有 9400 余名各级人大代表参与脱贫攻坚活动，投入帮扶资金近 6300 万元，为民办实事 1.68 万件。扎实开展“四进四联四帮”活动，进一步巩固扶贫工作成果，帮助机关挂点村脱贫致富。

二、立足新期待，服务发展聚合力

加强宏观经济运行监督。始终坚持发展第一要务，密切关注经济运行态势，听取和审议了《抚州市国民经济和社会发展第十三个五年规划纲要》实施情况中期评估的报告，要求坚持问题导向和目标导向，采取更加有力的对策措施，推进规划纲要各项目标任务落实，奋力推动高质量跨越式发展。围绕年度发展目标，听取和审议了2018年上半年国民经济和社会发展计划执行情况的报告，要求全力以赴稳增长，加快培育新动能，循因施策补短板。

深化财政预决算监督。完善预算审查监督工作机制，出台了《关于预算审查前听取人大代表和社会各界意见建议的办法》，建立了预算审查监督联系代表、预算编制情况通报等制度，增强预算审查的针对性、有效性。加强全口径预算决算审查监督，听取和审议了2017年市本级决算和2018年上半年预算执行情况的报告，审查批准了2017年市本级决算、2018年市本级一般公共预算和政府性基金预算调整方案。开展预算法执法检查，推动政府及有关部门增强预算法治意识，严格预算执行管理，真正管好人民的“钱袋子”。对企业国有资产管理情况进行视察，督促有关部门加快摸清底数，加强企业国有资产管理，做强做优做大国有资本。加大对审计查出问题整改工作的督办力度，在听取和审议审计查出问题整改情况报告的基础上，连续两年就整改工作开展满意度测评，不断促进财政资金的规范管理和有效使用。

助推产业发展升级。实施乡村振兴战略，是党的十九大作出的重大决策部署，是新时代“三农”工作的总抓手。常委会高度关注农村美丽、农业发展和农民富裕，听取和审议了我市农业供给侧结构性改革情况的报告，督促市政府完善农业产业结构体系，加快“两特一游”产业工程实施，推动我市由农业大市向农业强市迈进，力争在全省率先实现农业绿色崛起。开展林下经济发展、粮食收购、农村集体经济壮大发展等情况的视察和调研，为保护生态、富裕农民、建设秀美乡村献计出力。为加快我市旅游产业发展，抓住在我市召开全省旅游产业发展大会契机，对全市重大文化旅游项目建设和旅游强市建设情况进行了视察和调研，听取和审议了我市旅游强市建设情况报告，组织全国、省、市三级人大代表集中视察全域旅游发展情况，督促和支持市政府进一步推动旅游产业发展再上新台阶。

三、彰显新作为，厉行法治促和谐

以良法促发展保善治。常委会坚守立法原则，在彰显特色上下功夫、在有效管用上做文章，不断强化改革发展稳定的法治保障。文明行为事关城市文明形象和社会和谐进步，我市第一部实体性法规、我省第一部文明行为促进专项立法——《抚州市文明行为促进条例》于2018年6月1日正式施行，将治理不文明行为上升到法治高度，为推动我市“三城同创”工作提供了有力的法律支撑。物业管理涉及千家万户的切身利益，历经一年多调研论证并反复修改、备受关注的《抚州市住宅区物业管理条例》于2019年1月1日正式施行，以问题为导向进行制度设计，着力破解物业管理实务中的一些突出问题，受到了各方好评。协助市委召开全市立法工作会议，为做好新时代地方立法工作指明了方向。进一步增强人大立法工作的前瞻性、指导性和计划性，对2019—2021年立法规划项目库进行调整和完善，确保项目库建设符合经济社会发展实际、反映人民群众意愿。聚焦热点难点问题，启动《抚州市抚河流域水污染防治条例》和《抚州市烟花爆竹销售燃放管理条例》立法工作，并对两部条例草案分别进行了常委会第一次、第二次审议。

以监督促公正保稳定。紧扣“让人民群众在每一个司法案件中感受到公平正义”目标，围绕司法工作中的重点问题开展监督，听取和审议了市中级人民法院、市人民检察院关于深化司法体制改革工作情况的报告，督促法院、检察院与时俱进抓好各项改革措施落实，确保全市法院、检察院司法体制改革向纵深发展。组织代表旁听市中级人民法院案件庭审活动，加强对审判工作的监督，促进阳光司法。对律师法贯彻实施情况进行执法检查，督促及时解决法律实施中存在的问题，进一步保障律师依法执业，发挥律师在维护社会公平正义中的积极作用。开展扫黑除恶专项斗争工作视察，督促有关部门持续保持高压态势，健全长效机制，着力提升人民群众的安全感、幸福感。在第五个国家宪法日开展了“尊崇宪法、学习宪法、遵守宪法、维护宪法、运用宪法”宣传教育活动，弘扬宪法精神，增强宪法意识。积极开展“七五”普法宣传教育，切实提高干部群众的法律意识。把受理群众来信来访作为化解民怨、维护民利的重要渠道，全年共接待处理群众来信来访236件次，督促解决群众合理诉求。

加强规范性文件备案审查。积极创新方法，将“一府两院”报备的规范性文件编订成册，征求常委会组成人员、人大代表和行政管理相对人意见，探索建立市人大有关专门委员会或常委会相关工作机构对口审查和联合审查制度，主动对规范性文件的合法性、适当性和程序性进行实质性审查。一年来，对“一府两院”和县（区）人大常委会报送的110件规范性文件进行了审查，向制定机关发送规范性文件审查建议函2件次。

四、展现新担当，关注民生解民忧

推动描绘生态“绿图”。绿色生态是我市最大的财富、优势和品牌，常委会把推进生态文明建设作为依法履职的重要内容，以钉钉子精神担当尽责，助推绿色发展。连续五年听取和审议了全市生态环境状况和环境保护目标完成情况报告，让良好的生态环境成为人民幸福生活的增长点。围绕“打好蓝天保卫战”，对我市贯彻实施大气污染防治法情况进行执法检查，助推我市全力打赢大气污染防治攻坚战。围绕“绿水青山就是金山银山”，开展山长制实施情况调研，指出我市林业“远看青山在、近看无用材”的症结所在，市委、市政府及时批转并责成相关部门认真进行整改。相关部门先后出台了《抚州市山长制升级版示范工程实施方案》，印发了《关于全面实施林长制的意见》，用制度和行动守护抚州的青山绿水。围绕“打好水污染防治攻坚战”，开展以“呵护抚河生态、保障饮水安全”为主题的环保抚河行活动，由常委会主任、副主任带队，省、市人大代表和各级媒体共同参与，对全市集中式饮用水情况开展检查采访和跟踪回访活动。市委常委会听取了环保抚河行活动情况报告，市委、市政府高度重视，要求相关部门认真加以整改，确保人民群众喝上干净水、安全水、放心水。

促进描绘文化“彩图”。常委会高度重视文化延续保护，致力于推动文化传承发展。为策应我市创建国家历史文化名城目标，对我市贯彻实施《江西省非物质文化遗产条例》情况进行执法检查，针对“非遗”传承乏力、开发不当等问题提出审议意见，并跟踪问效，力促保护好优秀的传统文化，不让“非遗”变成“遗憾”。开展古村镇、古民居保护立法项目前期调研，积极探索加强古村镇、古民居保护与利用的举措办法，实现生态效益、文化效益、社会效益、经济效益的统一。

助力描绘民生“蓝图”。坚持把实现好、维护好、发展好最广大人民的根本利益作为人大工作的出发点和落脚点，以实际行动回应人民群众对美好生活的向往。围绕幼有所育，开展学前教育工作情况调研，向政府提出合理化建议，着力解决当前日益突出的优质学前教育供需矛盾，推进我市学前教育健康发展。围绕食有所安，对城区食盐安全监管、非洲猪瘟防控工作情况进行视察和调研，督促政府严字当头，规范市场秩序，确保人民群众食之安心、食之放心。围绕弱有所扶，对残疾人权益保障情况进行调研，为助推我市残疾人事业发展、促进残疾人共享经济社会发展成果发挥了积极作用。

五、着眼新任务，代表履职添活力

以服务为己任，加强履职保障。常委会积极为代表依法履职创造条件、提供服务，支持和引导代表为我市高质量跨越式发展贡献力量。筑牢履职基础，先后组织63名省、市人大代表赴北京、上海和厦门进行学习培训，代表普遍反映学有所获。拓展履职途径，邀请代表列席常委会会议41人次，参加执法检查、视察、调研等活动210人次，畅通了代表知情知政、监督建言的渠道。深化“双联”机制，进一步密切常委会组成人员与代表、代表与群众之间的联系。

以平台为载体，发挥代表作用。继续深化人大代表联络工作站建设，鼓励在代表较多的村（社区）设立联络室，代表联系群众进一步规范化、常态化。经常性开展主题鲜明、形式多样的代表活动，通过集中式接访、入户式走访等方式，延伸体察社情民意的触角，及时反映基层群众的呼声。全年共有7990名各级人大代表进站接待群众30826人次，收集群众反映问题7363件，已解决5386件，参与矛盾调解4859次。去年6月，省人大常委会党组书记、副主任周萌同志来抚调研时，对我市人大代表联络工作站工作给予了充分肯定。

以满意为标准，增强办理效果。加大代表建议督办力度，出台了《抚州市人大常委会关于加强和改进人大代表建议办理工作的意见》，严格办理要求，明确办理责任，追踪督办落实，着力解决代表建议办理“走形式”“被满意”问题，进一步激发代表履职热情。对市四届人大三次会议及闭会期间代表提出的165件建议进行了集中交办，确保事事有回音、件件有落实。按照“主任领衔、市长领办、专工委督办、代表跟踪问效”的联动工作机制，对16件代表意见相对集中、社会关注度较高的建议进行了重点督办，推动一些涉及群众切身利益的热点难点问题得到有效解决。坚持公平公正原则，评选出优秀代表建议16件，激励代表积极建言献策。

以实效为目标，开启乡镇“一年两会”新常态。全面落实乡镇一年召开两次人民代表大会要求，鼓励各县（区）指导乡镇人大在认真做好规定动作的基础上，探索“3+N”模式（听取政府、人大、财政三个报告，选择若干议题作为自选动作），确保会议取得实效。在市、县（区）两级人大常委会的大力推动下，全市各乡镇全部实现了“一年两会”。中共中央政治局常委、全国人大常委会委员长栗战书同志在江西调研座谈时，金溪县陆坊乡人大主席作为全省两个基层代表之一，以“聚焦民生实事、开好代表大会”为主题在会上作了典型发言。

六、落实新要求，强基固本树形象

一以贯之加强政治建设。常委会始终把学习贯彻习近平新时代中国特色社会主义思想和党的十九大精神作为首要政治任务，扎实推进“两学一做”学习教育常态化制度化，开展了“不忘初心、牢记使命”“重温入党誓词、诵读红色家书”等主题活动。加强对人大制度和人大工作的宣传，举办了全市人大系统纪念改革开放40周年书画展，讴歌改革开放40周年取得的伟大成就，讴歌人民代表大会制度的优越性，取得良好反响。认真办好《抚州人大》双月刊，升级完善抚州人大网站，积极用好“抚州人大”微信公众号，传播人大声音，讲好人大故事，进一步扩大人大工作社会影响力。

一抓到底加强作风建设。按照市委统一部署，扎实开展“进一步解放思想、深入调查研究、改进干部作风”活动，围绕“怕、慢、假、庸、散”五种作风顽疾，认真开展自查自纠，列出“负面清单”，严格抓好问题整改。深入开展机关“作风提升年”活动，认真排查形式主义官僚主义突出问题，促进机关干部进一步提升业务能力，转变工作作风。严格落实全面从严治党要求，不折不扣贯彻落实中央八项规定精神和党风廉政建设责任制，自觉接受人民和法律监督，营造风清气正的政治生态。

一腔热情加强沟通联系。自觉接受省人大常委会工作指导，积极配合在抚开展履职活动，承办了省人大常委会外侨民宗工委工作联系会。密切与外地人大的沟通交流，一年来，先后接待了江苏省人大和江苏苏州、广西南宁、浙江湖州等15批市外人大考察团来抚学习考察。加强对基层人大的联系指导，围绕助推脱贫攻坚、改进人大监督等主题，召开了两次县（区）人大常委会主任座谈会，推动工作交流，促进共同提高。

同时，我们也清醒地认识到，常委会的工作与市委的要求、人大的使命、群众的期盼相比，仍存在一些不足，主要表现在：立法精细化水平还需进一步提高，监督工作实效还需进一步增强，代表主体作用还需进一步发挥，常委会自身建设水平还需进一步提升，等等。我们将在今后工作中高度重视，认真研究，努力加以改进。

2019年的主要工作任务

2019年是新中国成立70周年，是全面建成小康社会、实现第一个百年奋斗目标的关键之年。常委会工作的总体要求是：以习近平新时代中国特色社会主义思想为指导，深入贯彻党的十九大和省委十四届七次全会、市委四届六次全会精神，坚持党的领导、人民当家作主、依法治国有机统一，按照市委决策部署，忠实履行宪法、法律赋予的职责，创新实干，主动作为，全力助推抚州高质量跨越式发展，为全面建成小康新抚州打下坚实基础，为建设富裕美丽幸福现代化江西、共绘新时代江西物华天宝人杰地灵新画卷增光添彩。

一、维护核心，更加自觉地坚持党的领导。坚持党的领导是人民代表大会制度的本质特征和最大优势，也是做好新时代人大工作的根本保证和关键所在。常委会将以党的政治建设为统领，进一步树牢“四个意识”，坚定“四个自信”，坚决做到“两个维护”，在思想上政治上行动上同以习近平同志为核心的党中央保持高度一致，确保人大工作正确政治方向。坚持在市委的领导下开展工作，严格执行重大问题、重大事项向市委请示报告制度，立足人大职能优势，找准依法履职的切入点，主动融入中心工作，全力以赴服务大局，充分发挥人大在促进地方经济社会发展和民主法治建设中的积极作用。

二、秉持匠心，更加科学地推进地方立法。弘扬工匠精神，始终把提高立法质量作为重中之重，以专心专注的态度、精益求精的追求和严谨敬业的作风，精雕细琢每一部地方性法规。坚持科学立法、民主立法、依法立法，进一步完善立法工作机制，确保法规立得住、行得通、真管用。今年将继续做好向省人大常委会报请批准和公告公布《抚州市烟花爆竹销售燃放管理条例》的相关工作，继续做好《抚州市抚河流域水污染防治条例（草案）》的调研论证和修改完善、提请市人大常委会第二次审议和向省人大常委会报批等工作。做好《抚州市电动自行车通行管理条例（草案）》起草跟踪工作，以及地名管理若干规定、高层建筑消防安全管理条例、传统建筑保护条例、城乡建设档案管理条例、红色文化遗存保护条例等立法调研项目的前期调研督促工作。加强备案审查制度和能力建设，配合省人大抓好规范性文件备案审查平台建设，依法做好主动审查、专项审查和对审查建议的研究、处理、反馈工作，不断提高备案审查工作水平。

三、围绕中心，更加有效地履行监督职责。坚持正确监督、有效监督，促进“一府一委两院”依法行政、依法监察、公正司法。不断改进监督方式方法，做到敢于监督、善于监督，使监督工作更加富有针对性、实效性。一是加强对经济工作的监督。继续抓好计划、预算决算、债务限额和审计等法定项目的监督，开展审计整改满意度测评，促进经济平稳健康运行。认真贯彻落实中央、省委改革部署，推进人大预算审查监督重点向支出预算和政策拓展，建立市政府向市人大常委会报告国有资产管理情况制度。围绕市委六项重点工作，听取和审议市政府关于招商引资工作、企业国有资产管理情况的专项报告，审议国有资产管理综合报告，对重点项目建设、经济运行情况进行调研和视察。建立市人大预算联网监督系统，开展预算联网监督工作，推进预算审查监督信息化和网络化。围绕市委提出的旅游强市战略，继续开展助推旅游强市建设系列活动，对我市全域旅游和旅游业产业化、市场化情况开展专题调研，推动我市旅游业发展。启动助推乡村振兴常态化监督活动，围绕产业兴旺主题，听取和审议市政府关于设施农业发展情况报告，对农药化肥及塑料薄膜等使用监管、品牌农业推进、高标准农田建设情况开展视察和调研。二是加强对司法工作的监督。听取和审议市中级人民法院关于全市法院基层基础工作情况的报告，开展《中华人民共和国预防未成年人犯罪法》执法检查，对刑事执行检察工作开展视察。组织部分常委会组成人员和市人大代表旁听法院案件审理，助推营造公平正义法治环境。三是加强对民生工作的监督。听取和审议市政府关于我市2018年生态环境状况和环境保护目标完成、深化医药卫生体制改革工作情况的报告，对义务教育法、自然保护区条例、宗教事务条例进行执法检查，对安居扶贫工作、城镇困难群众生活救助、市中心城区公共体育设施的建设管理使用情况进行视察和调研，推动相关民生问题得到有效解决。以“踏石留印、抓铁有痕”的韧劲，继续开展以“饮用水源保护”为主题的环保抚河行活动，抓实抓细监督整改工作，深入开展检查采访和跟踪回访。

四、紧贴民心，更加充分地发挥代表作用。把发挥代表作用作为开展人大工作的重要基础和关键环节，尊重代表主体地位，创新代表工作方法，提升服务保障水平。加强学习培训，有计划地组织代表赴外集训，不断提高代表履职能力。拓宽履职渠道，组织代表开展专题视察和持证视察，常态化邀请代表列席会议和参加活动，保障代表的知情知政权利。强化履职监督，建立代表履职网络平台，督促履行代表义务，确保人大代表始终植根人民、服务人民。深化落实“双联”机制，继续深入开展“脱贫攻坚人大代表在行动”专项活动，巩固和完善代表联络工作站建设，引导广大代表牢记使命、为民尽责。加大代表议案建议办理和督办工作力度，推动办理成果转化为经济社会发展和增进民生福祉的实际成效。

五、不忘初心，更加主动地提升履职能力。深入学习贯彻习近平总书记关于坚持和完善人民代表大会制度的重要思想，精心组织、扎实开展好专题活动，努力将人大及其常委会建设成为全面担负起宪法法律赋予的各项职责的工作机关，成为同人民群众保持密切联系的代表机关。进一步加强学习型机关建设，组织开展学习研讨、课题研究活动，举办全市人大制度和人大工作知识竞赛，大力营造崇尚学习、奋发向上的良好风气。进一步完善制度建设，切实把制度规范落实到日常管理运行的各个环节，不断提高常委会工作制度化规范化科学化水平。严格落实全面从严治党要求，始终把纪律和规矩挺在前面，持续加强和改进作风建设，不断提升人大干部队伍的政治担当、使命担当和责任担当。继续加强对县乡人大工作的指导和支持，推动全市人大工作不断取得新进展。

政府工作报告

在抚州市第四届人民代表大会第四次会议上

市 长 张鸿星

（2019 年 1 月 16 日）

一、2018 年工作回顾

过去一年，在省委、省政府和市委的坚强领导下，全市上下认真贯彻习近平新时代中国特色社会主义思想和党的十九大精神，从更高层次贯彻落实习近平总书记对江西工作的重要要求，坚持稳中求进工作总基调，贯彻新发展理念，落实高质量发展要求，突出推进三项攻坚、打好四大升级战，经济运行总体平稳、稳中提质、稳中向好。全年全市实现地区生产总值 1382.4 亿元，增长 8%；财政总收入完成 200.7 亿元，增长 9.3%；一般公共预算收入完成 124.2 亿元，增长 3.3%；规模以上工业增加值增长 9%；固定资产投资增长 10.7%；社会消费品零售总额增长 10.6%；实际利用外资 3.85 亿美元，增长 9%；出口总值 131.1 亿元，增长 1.2%；城镇居民人均可支配收入 31976 元，增长 8.5%；农村居民人均可支配收入 14767 元，增长 8.9%。以全市财政总收入跨越 200 亿元，市本级一般预算收入跨越 20 亿元，抚州高新区财政收入跨越 20 亿元为标志，经济发展迈上新台阶。社会事业全面进步，经济社会发展取得较好成绩。

一年来，我们迎难而上，奋发有为，着力保持经济发展稳中有进。积极稳定有效投资。安排实施 316 个市重点项目，完成投资 486.1 亿元；108 个省大中型项目完成投资 381.3 亿元；90 个省市县三级联动重大项目完成投资 112.3 亿元。全市当年 2000 万元以上项目实际进资 439.8 亿元，增长 9.8%。积极帮扶实体经济。纵深推进降成本优环境专项行动，降低企业成本 52.72 亿元。整合设立重大工业项目投资引导基金、科技创新产业引导基金、高新技术产业投资引导基金和市担保集团，强化对企业的金融服务支撑，金融业对 GDP 贡献度明显提升。金融深化程度达到 109.2%，比上年提高 8.1 个百分点。积极提升对外开放水平。争取了多年的抚州海关正式批复设立，东临新区正式挂牌。全面参与“一带一路”建设，与俄罗斯彼尔姆边疆区丘索沃伊地区建立友好城市关系，成功开行出口体育用品运动服饰抚州至德国汉堡中欧班列、江西省首列中俄友城（抚州—彼尔姆）果蔬班列，向莆铁路铁海联运集装箱货运班列实现常态化运行。积极防范化解风险。全面开展地方政府债务核查清理，摸清底数，切实整改，确保了全市政府债务风险可控。

一年来，我们主攻产业，提质增效，着力加快经济转型升级步伐。深入实施“百亿企业”培育工程、重大技改“三百计划”、智能制造“千百十个”工程，工业稳中有升。全市规模以上工业增加值增幅连续 6 个季度保持全省第二，工业用电量增长连续 16 个月保持全省第一，博雅生物、金品铜科、海利科技、自立环保等一批高新技术企业正向百亿目标冲刺，应用智能制造技术和生产智能产品企业达 95 家，工业技改投资增长 55.8%。年产 20 万辆 SUV、商用车、新能源汽车产能的大乘汽车产业园经过 13 个月的紧张建设正式投产，创造了“抚州速度”，引领抚州进入了大工业时代。抚州高新区获批“江西省新型工业化产业（数字经济）基地”。着力加强农田水利基础设施和现代农业示范园建设，大力实施“两特一游”工程，农业稳中调优。26 个农业产业园评定为省级现代农业产业园。开工建设高标准农田 45 万亩，实施土地整治补充耕地面积 1.4 万亩。新增绿色稻米种植基地 27 万亩、总数达 100 万亩，新增设施蔬菜 7.2 万亩、总数达 14.7 万亩，新增中药材 10 万亩、总数达 40 万亩，新增稻渔综合种养面积 6.1 万亩、总数达 10.3 万亩，华宸农业蔬菜科技产业园、昌抚牡丹田园综合体、东乡万亩猕猴桃、乐安绿能等一批现代农业项目稳步推进。南丰蜜橘、崇仁麻鸡入选 2018 年中国特色农产品优势区，东乡农村产业融合发展示范园入选全省四个首批国家级示范园之一，南丰县被评为全国农村一、二、三产融合发展先导区创建县。深化供给侧结构性改革，抢抓消费升级和扩大内需机遇，服务业稳中加快。以承办全省旅发大会、举办汤显祖戏剧节暨国际戏剧交流月活动为契机，推动文化旅游加速发展、融合发展。国家 AAAAA 级大觉山景区功能进一步提升；成功创建 6 家国家 AAAA 级旅游景区，总数达 16 家；成功创建 2 家全省 AAAAA 级乡村旅游点。打造了一大批文旅精品项目，文昌里历史文化街区成为市民和游客的“乡愁栖息地”，三翁花园、大觉溪田园综合体、麻姑山景区、曹山农禅景区、香谷小镇、竹桥文化体验区等一批重点旅游景区投入运行。弘扬抚州红色文化的革命战争题材电影《浴血广昌》在全国院线成功上映，大型实景剧《寻梦牡丹亭》开始商演。65个村落进入第五批中国传统村落名录，总数达96个。我市被评为全省旅游产业发展先进设区市，资溪、黎川、南城被评为全省旅游产业发展先进县；我市再次入选中国文化竞争力十佳城市。“抚州，一个有梦有戏的地方”“我在牡丹亭等你”品牌大步走向世界。积极培育新产业新经济新业态，建昌帮药谷一期现代医药物流园、抚州亲和源、南城县康养中心、普亲临川老年养护中心、东乡赤湾东方甩挂物流园、欣盛物流铁路集装箱等一批产业项目落地建设；与中科院共同组建抚州创新研究院，与九次方大数据公司合作成立抚州市星河大数据产业公司。加大企业上市工作力度，全市重点拟上市挂牌企业增至16家，一般后备企业增至64家，新三板挂牌企业增至12家。

一年来，我们深化改革，创新驱动，着力打造加快发展的强劲引擎。抓好重点领域改革。安排、推进改革任务195项。大力推进“放管服”改革,全面实施“41证合一”，实现企业“一照一码走天下”，抚州高新区发出全省首张“不见面审批”营业执照，市本级570项政务服务事项实现“一次不跑”和“只跑一次”。推动市属国有企业市场化实体化转型，圆满完成江铃轻汽混合所有制改革，全市国有企业资产总额突破千亿大关，达1298亿元。扎实推进农村土地“三权分置”改革、农村集体产权制度改革和农村宅基地管理试点。稳步推动绿色殡葬改革。加大科技创新力度。完成全社会研发投入13.68亿元，增长35.4%。聘请了26名院士、科技领军人才为市政府科技顾问，新组建院士工作站3家。796家规上工业企业与188所高校、科研院所开展战略合作，71家市直单位与92所高校、科研院所（智库）建立合作关系。新获批22家国家知识产权示范（优势）企业、3家省级科技协同创新体。获批省级工程技术研究中心9家，博雅生物企业技术中心获批国家级企业技术中心。4个项目获省科技进步奖一等奖；45家企业59个新产品获省级优秀新产品奖。新增高新技术企业104家，总数达239家。新增国家科技型中小企业236家，高新技术产业增加值增长12.6%，战略性新兴产业增加值增长9.5%，科技进步贡献率达57%。抚州高新区跃进全国高新区百强，成为当年全省发展进位最快的国家级高新区。江铃底盘成为全省唯一获认定2018国家技术创新示范企业。崇仁县获批全省创新型县（区）。

一年来，我们建管并重，协调推进，着力打造舒适宜居城乡环境。加强城市环境整治。紧盯民生热点和基础设施短板，安排实施一批城市建设重点项目，完成了一批市老旧小区改造工程、赣东大道人行道等道路及路灯改造工程、市交通畅通工程、凤岗河改造工程等项目建设。关注城市管理重点难点问题，在市城区范围内深度开展了交通秩序集中整治工作和“拂晓”整治行动，持续开展户外广告拆除、垃圾死角清理、占道经营等专项治理，有力消除了城市管理顽疾。推进秀美乡村建设。聚焦农村基础设施和公共服务短板，高质量推进村庄整治建设，全面完成2739个新农村建设村点“七改三网”任务。将环境综合治理从成效明显的17条交通主干道沿线，加快向全市域一般村庄、边远村庄梯次推进，创造了重点村庄“拆得彻底、清得干净、改得美观、管得规范”和一般村庄“干净、整洁、有序”的抚州模式；实现了农村生活垃圾第三方治理全覆盖，8个县（区）实现城乡环卫一体化第三方治理；在12个乡镇集镇、100个村庄试点，探索了不同标准、不同技术的污水处理模式；完成了70%的农村旱厕改造。打造了一批生态优、环境美、风格雅的优美村落。

一年来，我们治山理水，显山露水，着力擦亮高质量发展的生态底色。大力实施生态环境工程。抚河流域生态保护与综合治理一期工程基本完工，二期加快推进，抚河沿岸打造的36个生态村镇示范点基本建成。廖坊水利枢纽灌区二期主体工程基本完成，新增灌溉面积33万亩，廖坊国家湿地公园建设加快推进。市中心城区垃圾焚烧发电厂一期竣工投运，二期加快推进，南丰、崇仁两个区域性垃圾焚烧发电厂项目进展顺利。临川温泉景区建设加快推进，科技金融小镇、温泉度假小镇初具雏形，三翁戏剧小镇基础设施基本建成。积极探索绿色制度创新。国土空间规划分类考核、全市域水资源生态补偿、全市域封山育林、领导干部生态和自然资源资产离任审计等制度顺利实施；完成了全市生态资源价值核算；推进了生态公安、生态法庭、生态公诉机关、生态律师服务团队、生态司法等制度试点；生态产品价值实现机制争取国家试点取得积极进展。全国流域水环境综合治理与可持续发展试点工作交流现场会在我市召开。我市生态文明建设经验在“生态文明贵阳国际论坛”和美国斯坦福大学国际研讨会上推介，受到中外专家和媒体广泛关注。狠抓突出环境问题治理。以中央环保督察“回头看”和省环保督察问题整改为契机，推动解决了一批群众反映强烈的突出环境问题。市建成区燃放烟花爆竹从禁限转入禁止，进入网格化常态管理；东乡北港河流域综合治理工程顺利通过省消灭劣V类水验收；河长制工作纵深推进；河道采砂专项整治取得明显的阶段性成果。饮用水水源水质全部达到或优于Ⅲ类，达标率100%；市中心城区PM2.5浓度均值37微克/立方米，空气质量继续保持全省前列。

一年来，我们以人为本，共建共享，着力增进民生福祉。在财政收支压力加大的情况下，民生支出达326.69亿元，增长13.3%。全力打好脱贫攻坚战。实现1.91万贫困人口脱贫、68个贫困村退出，省政府批复同意广昌县退出贫困县，全市贫困户降至11443户27474人，贫困发生率由年初的1.3%下降至0.83%。乐安县基本达到退出条件。全面启动了城镇贫困群众脱贫解困工作。大力发展民生社会事业。着力推动更高质量和更充分就业，各项就业创业工作超额完成全年目标任务。坚持教育优先发展，教育经费投入达78亿元，新增学位2.8万个，实施了33个教育重点项目，其中市中心城区13个，高新区实验学校、阳光城和名仕家园配建学校投入使用，市示范性综合实践基地建设基本完工，临川教育集团三所实验学校顺利封顶。抚州技师学院创办工作正式启动，过渡期办学正式招生。推进医疗卫生服务能力优化提升，启动了市立医院门急诊医技综合大楼、市疾控中心检验大楼、市急救中心、市中心血站业务大楼、市妇女儿童医院等项目建设，全面推进乡镇卫生院达标建设，深入推进卫生引智工作。优化公共文化服务，加快推进基层综合性文化服务中心达标建设，全面实施无线数字化覆盖工程，大力实施文化惠民工程，以政府购买形式公开采购抚州地方戏为市民免费演出，文化“四进”活动深入开展。群众体育、竞技体育工作扎实推进。国防动员和后备力量建设不断加强，国防教育、民兵基层、兵员征集、“双拥”共建、军民融合等工作取得新的成绩。司法行政、民族宗教、涉台事务、审计、烟草、粮食、统计调查、人民防空、防震减灾、气象、水文、保密、档案、地方志、妇女儿童、老龄、残联、科协、红十字会、驻外联络等工作有了新的提升。着力维护社会和谐稳定。深入推进平安抚州、法治抚州建设，我市培养一户一位“法律明白人”工作经验在全省推广，信访形势总体平稳可控、不断向好，扫黑除恶成效显著、深得民心，安全生产形势保持平稳。

一年来，我们不忘初心，牢记使命，着力加强政府自身建设。扎实开展“五型”政府建设，以政治建设为统领，切实履行全面从严治党主体责任和“一岗双责”，建立实施了市政府党组每月定期集中政治理论学习制度、政府系统违纪违法典型案件警示教育制度、市政府系统党委（党组）定期谈心谈话制度、市政府各部门党委（党组）定期听取派驻纪检监察组对本部门开展监督情况制度、市政府各部门党委（党组）集中政治理论学习制度等“五项制度”，全市政府系统进一步树牢“四个意识”，坚定“四个自信”，坚决做到“两个维护”。以作风建设为抓手，大力整治“怕、慢、假、庸、散”顽疾。自觉接受市人大及其常委会的法律监督和工作监督，主动接受市政协的民主监督，深入推进科学决策、民主决策、依法决策，坚持依法行政、廉洁从政。全市政府系统理解力、执行力、创造力、公信力进一步增强，政府自身建设取得新的成效。

肯定成绩的同时，我们也清醒地看到，全市经济社会发展还存在着不少困难和问题，主要是经济下行压力不断加大，稳增长面临诸多挑战；产业层次不高，结构不优，竞争力不强；财政收入增长后劲不足，财政收支矛盾突出；有效供给不足，消费市场增长乏力；科技创新投入不足，企业创新能力较弱；基础设施欠账较多，补短板任务重；生态环境总体良好，但局部存在一些突出问题和薄弱环节，等等。

由于受外部环境复杂多变和经济结构性矛盾的影响，部分经济指标与2018年年初确定的目标有一定差距，一般公共预算收入完成计划的97%，农村居民人均可支配收入完成计划的99.8%，固定资产投资、社会消费品零售总额低于计划增速1个百分点。

对此，我们将在今后工作中高度重视、认真对待、全力破解，推动经济社会健康平稳较快发展。

二、2019年工作安排

2019年是新中国成立70周年，是全面建成小康社会的关键之年，也是贯彻高质量跨越式发展首要战略的攻坚之年，做好今年各项工作，十分关键、意义重大。

今年政府工作的总体要求是：以习近平新时代中国特色社会主义思想为指导，全面贯彻党的十九大、十九届二中、三中全会精神，从更高层次贯彻落实习近平总书记对江西工作的重要要求，深入贯彻中央经济工作会议和省委十四届六次、七次全会以及市委四届五次、六次全会精神，坚持稳中求进工作总基调，坚持高质量跨越式发展首要战略，坚持以供给侧结构性改革为主线，坚持用新发展理念谋划发展、用生态文明建设统领发展，在经济发展和生态文明水平提高相辅相成、相得益彰的发展新路上大胆试、大胆闯，积极探索“绿水青山就是金山银山”的实现路径，为全面建成小康新抚州打下决定性基础，为建设富裕美丽幸福现代化江西、共绘新时代江西物华天宝人杰地灵新画卷增光添彩。

今年经济社会发展的主要预期目标是：生产总值增长8.5%以上，力争8.7%；财政总收入增长5%以上，力争6%，一般公共预算收入增长4%以上，力争5%；规模以上工业增加值增长8.7%以上，力争9%；固定资产投资增长9%以上，力争10%；社会消费品零售总额增长9.5%以上，力争10.5%；出口实现稳中提质；实际利用外商直接投资增长6%以上，力争8%；城镇居民人均可支配收入增长8%以上，力争8.5%；农村居民人均可支配收入增长8.5%以上，力争8.7%；城镇化率提高1.5个百分点。

上述目标安排，虽然较上年增幅有所下调，但总体略高于全省平均水平。主要考虑到今年经济形势存在不确定因素增多、经济下行压力加大，全省目标制定也更加务实，同时考虑了我市发展的实际情况，结合了全面建成小康社会和实现“十三五”规划的目标需要，体现了加快发展的要求。

完成上述目标任务，必须认真贯彻落实市委四届六次全会精神，突出县域经济、绿色产业、生态文明、乡村振兴、改革开放、社会治理“六大重点”，狠抓项目建设、招商引资、科技创新“三大关键”，破解资金、作风“两大难题”。重点做好以下七个方面工作：

（一）突出夯实全面建成小康社会基础，坚决打好三大攻坚战

坚决打好防范化解重大风险攻坚战。坚决防范和化解地方政府性债务风险。严守政府债务管理的底

线，妥善化解隐性债务存量，坚决遏制隐性债务增量。积极争取政府专项债券规模，大力推行合规的政府与社会资本合作模式，加强基本建设项目管理，清理整改不规范的投资项目，确保地方政府债务安全可控。强化金融风险防控。切实加强对“7+4”类地方金融机构的统一监管，继续抓好互联网金融风险专项整治，严密防范输入性风险。加强防范非法集资宣传，打好非法集资案件风险化解处置攻坚战。坚决守住不发生金融风险的底线。

坚决打好精准脱贫攻坚战。深入实施打赢脱贫攻坚战三年行动，精准实施 17 个专项扶贫行动，确保全年实现 1.92 万贫困人口脱贫。健全稳定脱贫长效机制，加强脱贫攻坚与乡村振兴、扶贫政策与社保制度的衔接，确保遇困不返贫、遇病不返贫、遇灾不返贫。积极推行产业扶贫“五个一”模式，着力构建脱贫利益联结机制；强化就业扶贫、技能扶贫，全方位拓宽贫困群众就业门路；深入开展智志双扶活动，不断激发贫困群众的内生动力。统筹推进城镇贫困群众脱贫解困工作，以当年城镇最低生活保障标准为基准，重点解决好城镇贫困群众就业、医疗、教育、住房、社保等困难，确保全面建成小康社会路上一个都不少。

坚决打好污染防治攻坚战。认真抓好中央环保督察“回头看”、省环保督察反馈问题整改，扎实推进长江经济带“共抓大保护”攻坚行动，切实推动“环保赣江行”“环保抚河行”反馈问题的解决。加大力度推进建筑施工与道路扬尘、餐饮油烟、机动车尾气、工业废气四大专项整治行动，稳步提高空气质量优良率，力争市中心城区空气质量达到国家二级标准，PM2.5 平均浓度降至 35 微克 / 立方米以下。加快推进各地工业园区和城镇污水集中处理设施建设，重点在完善配套管网建设上下功夫，确保正常运行、达标排放；深入推进抚河流域生态环境综合治理，集中开展抚河流域污染源排查整治，确保国控、省控断面水质全部稳定达标；加强全市饮用水水源地保护和管理，确保城乡居民饮用水水质全面达标并不断提升；全面完成市中心城区城市供水应急水源工程建设，强化饮用水安全保障。加强危险废物管理，抓好涉重金属企业监管和重金属污染治理。以过硬的举措，促进全市环境质量持续改善提升。

（二）突出推动制造业高质量发展，扎实开展强攻工业行动

大力实施工业强市战略。推进高质量跨越式发展，必须要有高质量的制造业作为强大支撑。在全市上下进一步掀起强攻工业热潮，以工业经济的突破，带动我市区域经济跨越发展。突出抚州高新区在全市工业的主战场地位，做足“高”“新”两篇文章，将抚州高新区打造成为现代工业发展的龙头，为全市工业经济发展做示范、树标杆；坚定不移地推动临川、东乡、崇仁、南城、金溪等重点发展区承担起全市工业发展的重任；坚定不移地推动南丰、广昌、宜黄、乐安、黎川、资溪等 6 个生态功能区大力发展生态适宜型工业；支持东临新区按照“生态经济样板区”的定位重点发展高新技术产业，建成高铁经济区。

精准开展招商引资。突出招商重点。聚焦各地首位产业和主导产业，加快推进全产业链招商，着力引进综合实力强的“旗舰型”企业、竞争力强的行业龙头企业、细分领域的“隐形冠军”和高科技“独角兽”企业。大力实施集群式项目满园扩园行动，抚州高新区确保引进 3~5 个投资超 50 亿元的工业项目，各省级开发区确保引进 1 个以上投资超 20 亿元或一个产业集群链上 4~5 个投资超 5 亿元、总投资 20 亿元以上的工业项目。创新招商方式。抓好专业化招商，引进和培养一批熟悉产业经济、掌握投资政策、通晓商务惯例、精通项目谈判的专业人才，建立一支高素质、专业化、复合型的招商队伍，提高招商成功率。积极开展以商招商、会展招商、资本招商，深入推进“双返双创”，进一步提升招商引资、招才引智的质量和水平。优化营商环境。强化“安商即招商”理念，把安商摆在更加突出的位置。进一步强化“企业优先、科技优先、人才优先”的氛围，更加深入、精准地开展降成本优环境专项行动，进一步提高政务服务效能，认真处理企业投诉问题，坚决杜绝“新官不理旧账”，真正让企业得实惠、更有获得感，助推企业做大做强。

推动工业提质增效。推进开发区改革和创新发展。抓好抚州国家高新区全链审批赋权清单落实，制定省级开发区全链审批赋权清单。推动园区功能完善提升，加快“新九通一平”建设，打造综合型服务平台。加快实施“两型三化”园区管理提标提档行动，开展智慧园区创建，实现“园区事项园区内办结”。完善工业企业效益综合评价机制，坚持“以亩产论英雄”导向，强化“两率一度”考核；加快清理“僵尸企业”，引导园区外企业向园区集中。深化人事薪酬制度改革，在各项考核中突出项目建设、招商引资等核心内容，防止行政化倾向。大力实施产业集群发展提升行动。全市新建标准厂房 500 万平方米。抚州高新区围绕“千亿园区”目标，重点打造 1 个过 500 亿元的首位产业和 2~3 个 200 亿 ~300 亿元的主导产业；各县（区）开发区（工业园区）重点打造 1 个 100 亿 ~200 亿元的首位产业和 1~2 个过 50 亿元的主导产业。支持推动企业提档升级。深入实施“百亿企业”培育工程，力争到 2020 年培育 5 家百亿企业，推动各地加快培育一批主营业务收入超 50 亿元、30 亿元、20 亿元的企业。深入开展工业企业技术改造行动，力争全市技术改造投资增速达 30% 以上；推动人工智能、大数据等现代信息技术和制造业深度融合，支持企业核心业务和重点设备上云，力争新增云上企业 200 家。大力实施企业上市“映山红”行动，力争志特新材和施美制药年底前上市创业板，江铃底盘境外上市，新增一批企业进入上市后备企业资源库。加大“小升规”培育支持力度，力争新增规上企业 100 户以上。

（三）突出打造发展的强力引擎，加快新旧动能接续转换

坚持向改革要动力。扎实推进机构改革和政府职能转变。加快市县机构改革，同步完成权责清单，确保3月底前完成改革任务。纵深推进“放管服”改革，全面实现市、县、乡直接为企业和群众提供与日常生产生活密切相关事项的办理窗口实行全天候服务；年底前市、县两级依申请类政务服务事项“一次不跑”“只跑一次”办理率达到70%以上，网上可办率不低于70%，市县“一窗式”受理率达到70%以上。推进投资项目审批提质增效改革，上半年实现全市政府投资项目、企业投资项目审批时间分别压减至79个和60个工作日以内。深化商事制度改革，全面推开“证照分离”改革，实行“多证合一、一照一码”，实现企业登记全程电子化。深化国资国企改革。加快实现从管企业向管资本转型，重点管好国企资本、重大决策、重大风险、制度建设、考核奖惩。加快国有投资企业实体化转型改革，完善公司法人治理结构和市场化运营机制。积极推进混合所有制改革，推动国有企业做强做大。深化财政体制改革。扎实推进财政绩效管理，切实提高资金的使用效率，树牢过紧日子的思想。积极稳妥推进绿色殡葬改革。清明节前市县全面建成城市公益性公墓，农村公益性墓地覆盖率达100%。统筹推进养老服务体系改革、医疗卫生体制改革、新型警务管理体制改革等重点改革事项。

坚持向创新要活力。推动科技体制机制创新。扎实开展国家知识产权试点城市工作。积极申报国家创新型试点城市，支持各地申报省级创新型县（区）、省级创新型乡镇。组建全市高新技术企业协会，推动政银企联手组建“科技银行”，全面推动“科贷通”和“知识产权质押融资”等科技金融服务，优化提升科技大市场服务。深入开展研发投入攻坚行动。完善政府研发投入导向机制，增强政府资金带动社会投入的放大效应，着力推动企业成为技术创新、研发投入主体，推动企业、院校、科研机构共同发力，力争R&D支出占GDP比重达到1.2%。建设科技创新平台和载体。大力实施创新驱动“5511”工程，力争新增20个科技创新平台、30个科技创新团队，新增认定40家高新技术企业，全市专利申请量达6500件以上。积极做好“03”专项在我市的示范推广。扎实推进鄱阳湖国家自主创新示范区建设工作。强化创新人才支撑。引培并举建设高水平创新人才队伍，积极对接省高层次人才“双千计划”和省百千万人才工程，加大院士工作站、“海智计划”工作站建站力度。加大政产学研科技合作力度，重点打造“创新聚才”“项目引智”平台，全面提升科技合作水平。加强人力资源服务，力争我市高校毕业生留抚比例达到50%以上。

坚持向开放要潜力。加快融入南昌，全力推进昌抚一体化。紧紧围绕省委、省政府“一圈、两轴、三区”区域发展新格局，积极对接大南昌都市圈“1+5”规划，着力强化抚州在大南昌都市圈中的支撑地位。积极争取昌抚城际铁路尽快立项开工，尽早启动南昌至南丰高速公路建设，全面融入互连互通的1小时经济圈。加快培育生物医药、绿色农业等产业，突出文化、旅游和生态特色，加快推进昌抚合作示范区、温泉生态文明样板区建设，打造大南昌都市圈后花园。积极对接海西，推动向莆经济带发展升级。承接沿海地区产业转移，以高新区、临川、东乡、南城、南丰为重点，将向莆经济带打造成电子信息产业带。加快推进赣闽产业合作示范区基础设施建设，加快抚州海西综合物流园铁路专用线建设，进一步推动向莆铁海联运货运班列常态化运行，着力构建中西部出海大通道。全面融入“一带一路”，加快构建全面开放新格局。推动抚州海关尽早开关运行，进一步加强国际经贸合作。推动中欧货运集装箱班列、中俄友城果蔬班列常态化运行，推动中阳建设、赣东路桥、志特新材料、明正变电等一批有实力的企业“走出去”。稳定外贸出口，发挥外贸发展引导资金作用，支持企业做大做强；强力推动“两转”，力争“两转”出口额达到1亿美元，生产企业出口占比达40%以上。

培育壮大新兴产业。提升发展文化旅游产业。大力支持多元化市场主体参与景区开发建设运营，再打造军峰山、洪门湖、相山等一批新的重点景区。推动国有重点景区市场化运营改革，实行所有权、管理权、经营权分离，引入国有或民营的专业旅游公司、旅游大巴公司等运营主体，加快景区市场化运营步伐，激发旅游市场主体活力。加大文化旅游产品推介力度，加强市场营销，与国内外旅行社全面开展战略合作，精心培育文化旅游精品线路，大力推介盱河高腔《牡丹亭》、大型实景演出《寻梦牡丹亭》等旅游精品。加大市场化办会力度，办好汤显祖国际戏剧节、曾巩诞辰1000周年纪念活动。进一步提升完善旅游基础设施和管理服务水平，使更多国内外游客走入抚州，推动文化旅游产业化发展。振兴发展中医药产业。依托“建昌帮”和“盱江医学”，围绕打造“全国中医药传承创新基地”、把“老字号”变成“国字号”的目标，推进中医药事业产业融合发展。推动道地药材种植规模化、规范化发展。以市场为导向，以企业为龙头，突出优势品种，通过政策支持，做强做大品牌，形成规模效应，力争今年再新增10万亩优质中药材基地。做好中药材深加工文章，下大力气引进一批中药材加工和制药龙头企业，鼓励支持我市现有中医药企业加快发展。抓紧推动建昌帮药谷、南城金控吴中中医药产业园、资溪热敏灸基地、黎川艾草基地等一批中医药产业发展重大项目。建好中药材线上线下交易平台，建设中药材检测检验机构，推进中药材科研加工仓储一体化发展，创建全国区域性中药材交易中心和物流基地。加快发展大健康产业。充分利用抚州绿色、生态、文化、禅宗、温泉等独特资源，以国家级医养结合试点为抓手，推动大健康产业做强做大。一方面，立足高端养老产业需求，引进一批质量品牌过硬、社会信用好的知名企业，与旅游、文化、中医药、教育结合起来，打造一批中医药健康养生养老的名院、名馆、名医、名药，发展健康养生养老产业；另一方面，围绕打造健康城市，面向百姓需求，切实抓好居家养老、社区养老、机构养老服务体系建设，全面提升城市居民的获得感、幸福感。与此同时，通过养老产业发展带动医疗设备制造、医护用品行业发展，不断完善产业链，做强大健康产业。

突破性发展信息经济产业。围绕打造全国大数据产业基地的目标，进一步做强政务云计算中心、卓朗商用云计算中心和创世纪超算中心。以三大中心服务器和装备制造为重点，引进一批大数据装备制造企业。加快与中科院合作的抚州创新研究院、市星河大数据产业公司的建设，吸引一大批大数据应用企业入驻抚州。同时，推进全省科技金融创新试验区建设，加快启动互联网产业园建设，加强与知名电商平台企业的合作，推动大数据、云计算、物联网、人工智能等新一代信息技术与产业的融合发展，全面提升我市互联网经济产业化水平。

（四）突出打造美丽江西“抚州样板”，推动生态文明建设迈上新台阶

持续巩固提升生态优势。加快推进抚河流域生态保护与综合治理二期、生态“云平台”二期、廖坊水利枢纽灌区二期配套工程等项目建设，抓好三江湿地生态修复、抚河生态文化旅游公路、温泉生态文明样板区等重大生态修复工程建设，完成地质矿山环境恢复治理面积210公顷以上，打造一批流域治理的样板工程。

不断加强生态文明制度建设。以国家生态产品价值实现机制试点、抚河流域水环境综合治理与可持续发展国家试点为抓手，积极探索发展生态适宜型工业、绿色有机农业、文化旅游产业、健康养生养老产业，开展生态资产抵押融资、河权到户等改革试点，努力在“绿水青山”转化成“金山银山”的探索上走在全省前列。进一步巩固绿色发展指标考核评价、国土空间规划分类考核、水资源生态补偿、自然资源资产负债表、领导干部自然资源资产离任审计等试点成果，抓紧形成可复制、可借鉴、可推广的制度体系。

全面推行绿色生活方式。深入开展绿色机关、绿色企业、绿色社区、绿色校园、绿色医院创建活动，积极开展国家“两山”理论创新实践基地和国家生态县、生态乡镇、生态村等示范创建活动。加强《抚州市文明行为促进条例》宣传和执行。深化“绿宝”碳普惠制推广，推动市民践行绿色低碳生活方式。倡导垃圾分类、光盘行动，使绿色生活、绿色消费成为全体市民的共同理念。

（五）突出创造优良人居环境，扎实推进城市功能与品质提升三年行动

坚持精心规划。完成新一轮城市总体规划修编，实现市、县中心城区控制性详细规划全覆盖，编制完成“城市双修”“历史文化街区保护修复”等专项规划，加强市、县城区重点区域的城市设计，积极探索“多规合一”改革。

坚持精致建设。一手抓新城区繁荣发展，一手抓老城区改造提升。新城区重点加快建设一批学校、医院、商业、宾馆、酒店、市场超市、社区邻里中心等城市功能设施，注重市民生活配套，加快形成比较成熟的城市形态；老城区重点实施一批老旧社区、城中村、背街小巷、农贸市场、垃圾中转站、公厕改造项目，新建一批城市小游园，增强社区养老和文化体育等公共服务能力。在新老城区建设过程中，坚持以人为本，有机更新，抓好城市雨污管网、综合管廊建设和地下空间利用，着力解决群众衣食住行、安居乐业、生老病死等存在的痛点难点问题。保护好城市历史文化资源，凸显城市特色，努力打造产业兴盛、美丽宜居、和谐活力、特色魅力城市。

坚持精细管理。充分利用我市互联网、大数据基础，有效整合公安、交通、城管、医疗、教育等方面的资源，扎实推进“互联网＋城市管理”。加强住宅小区管理，打造一批物业管理示范小区。加强交通管理，合理规划停车位，持续开展交通整治，切实解决行车难问题。建立“城市体检”机制，对城市建设发展状况、规划实施效果进行定期跟踪检查和评估把脉，切实诊断和解决好“城市病”。

坚持精美呈现。市、县（区）联动，统筹推进“三城同创”，加强城市规划、建设和管理，让全市市容环境、生态环境、人文环境得到明显改善，让律动的城市天际线、协调的城市色调、适宜的空间尺度、独特的城市文化成为抚州城市特有的风景，让抚州“文化之乡”“礼仪之邦”的美誉度进一步彰显。

（六）突出农业农村优先发展，大力实施乡村振兴战略

提升现代农业发展水平。以今年农业“一会一节”为契机，加快建设现代农业强市步伐。加强农田水利设施建设。完成45万亩高标准农田建设任务，切实加大农业结构调整力度，提高高标准农田新增耕地率。严格落实耕地目标保护责任制，确保实现耕地占补平衡、占优补优。推进“两特一游”工程。围绕建设全省重点绿色有机农产品生产供应基地的目标，新增3万亩设施蔬菜基地、10万亩中药材种植面积、3万亩生态特色水果基地、30万亩绿色有机稻米、6万亩稻鱼综合种养，争创省AAAAA级乡村旅游点2个、省AAAA级乡村旅游点2个。大力发展品牌农业、智慧农业。加快促进市农投公司的发展，抓好全市农产品区域公共品牌的建设和运营，鼓励支持农业龙头企业优于区域公共品牌标准打造企业专属品牌。建立优质农产品的质量标准体系和可追溯体系，走品牌农业发展之路。新增无公害农产品30个、绿色（有机）农产品和农产品地理标志登记保护认证产品2个以上。加快市农业大数据平台和农业物联网建设，大力发展农村电商，推动抚州的绿色有机农产品走向全国、走向世界。

建设美丽宜居乡村。按照全市农村人居环境整治三年行动安排，以“干净、整洁、有序”为要求，持续推进农村环境综合治理。进一步完善农村垃圾、污水第三方治理监督机制，大力推进农村“厕所革命”。选择一批经济基础好、适合发展乡村旅游的村庄，按照“拆得彻底、清得干净、改得美观、管得规范”要求进行高标准、特色化打造，进一步提升农村环境整治和秀美乡村建设的水平。

深化农业农村改革。积极推进农村集体产权制度改革，加快推进农村宅基地管理改革，盘活农村有效资产资源，在增加农民财产性收入的同时，探索村级集体经济发展有效路径。按照城乡融合发展要求，推动城市要素下乡，重点探索创新适合农村的金融产品，推广金溪县“两权”抵押试点经验，加大涉农资金整合力度，增加乡村振兴有效投入。在摸清乡村振兴所需人才、自有人才底数的基础上，建立激励人才下乡的体制机制，为大学生回乡、在外能人返乡创新创业提供条件。

（七）突出坚持民生导向，加快推进公共服务均等化

织密织牢民生保障网。积极实施就业优先战略，多渠道促进高校毕业生等青年群体就业，扎实做好农村富余劳动力转移就业、农民工返乡创业、退役士兵和就业困难人员帮扶等工作。继续做好健康扶贫工作，筑牢“五条保障线”，实行一站式同步即时结算。深入实施保障性安居工程，完成棚户区改造8133户，其中市中心城区1295户；市本级建设棚改安置房3862套、保障性住房4869套、社会租赁住房1353套、人才公寓348套。

加快补齐社会事业短板。推动教育高质量发展。深入实施学前教育普惠、义务教育均衡、职业教育融合、高等教育升级工程，加大力度化解城镇学校“大班额”，力争临川教育集团三所实验学校新校区9月份正式投入使用，加快推动东华理工大学抚州新校区建设、南昌大学抚州医学院独立办学、汤显祖艺术传媒职业学院建设，支持中医药高专、抚州幼专、抚州职院高质量发展。加强卫生服务能力建设。完成市立医院门急诊医技综合大楼、市疾控中心检验大楼、市急救中心、市中心血站业务大楼、市精神病人福利院等项目建设，新开工建设市人民医院医疗大楼、市立医院改扩建等重点项目，加快推进临川区第一人民医院新院区、南丰县新区医院二期工程、乐安县新区医院等项目建设。按照标准化、规范化要求加速推进乡镇卫生院建设。全面推进医养结合，实现医养融合发展。繁荣发展文化事业。全面推进新时代文明实践中心建设，统筹推进全市基层综合性文化服务中心建设；加大文化遗产保护力度，实施革命文物遗址保护工程，加强古村落文化的保护和利用；全力抓好千金陂申报“世界灌溉工程遗产”工作。统筹推进其他各项社会事业协调发展。

加强和创新社会治理。强化社会治理制度建设，探索建立全要素、全地域、智能化、大联动网格式社会治理模式。加强信访积案和群体信访化解，严格实行诉访分离制度。抓好普法宣传教育，全面推进法治城市、法治县（区）、法治乡镇、民主法治示范村（社区）“四级同创”。深入实施“法律明白人”工程，全力把矛盾化解在基层。深入推进扫黑除恶专项斗争，着力铲除黑恶势力滋生土壤。持续推进安全生产领域九大专项整治行动。抓好重点产品质量监管。强化食品药品重点领域专项治理。完善突发事件应急处置体系，提升应急管理水平和防灾减灾救灾能力，为人民群众提供更加高效、更加可靠的安全保障。

大力支持国防和军队改革建设，做好国防动员、国防教育、人民防空、军民融合和优抚安置等工作。大力支持工、青、妇、红十字会、侨联等群团组织建设，加强民族宗教工作，扎实做好外事、侨务及其他各项工作。

新的目标任务，对政府自身建设提出了更高要求。我们将不忘初心、牢记使命，勇于担当、履职尽责，着力建设“五型”政府，打造忠诚干净、担当实干、勇于创新、一心为民的高素质干部队伍。一是建设忠诚型政府。坚决维护习近平总书记党中央、全党的核心地位，坚决维护党中央权威和集中统一领导，把对党绝对忠诚贯穿在政府工作的全过程、各方面，确保全市政府工作沿着正确的方向不断前进。二是建设创新型政府。坚持把创新创造作为推进抚州高质量、跨越式发展的第一动力，推动政府治理理念、服务模式、体制机制创新，不断增强政府工作的开拓性和创新性，加快推进政府治理体系和治理能力现代化。三是建设担当型政府。坚持正向激励和反向问责相结合，大力倡导“事事马上办、人人钉钉子、个个敢担当”，大力推行“一线工作法”，以实干立身、凭实绩说话。勇于负责、动真碰硬，一抓到底、务求实效。四是建设服务型政府。坚持以人民为中心的发展思想，建设人民满意的政府。进一步转变政府职能，推进“放管服”改革，着力打造政策最优、成本最低、服务最好、办事最快的“四最”营商环境。主动接受市人大及其常委会的法律监督、工作监督和市政协的民主监督。五是建设过硬型政府。全面加强政府系统党的建设，以政治建设为统领，切实提高政府系统全体干部的政治素质、政治能力。严格落实党风廉政建设责任制，打造廉洁政府。聚焦“怕、慢、假、庸、散”等作风顽疾，重拳整治侵害群众利益的不正之风和腐败问题，着力锻造一支信念过硬、政治过硬、责任过硬、能力过硬、作风过硬的干部队伍。

政协抚州市第四届委员会常务委员会工作报告

在政协抚州市第四届委员会第四次会议上

政协抚州市委员会主席　黄晓波

2019年1月15日

一、2018年工作回顾

2018年，在中共抚州市委的正确领导和市人民政府的大力支持下，市政协坚持以习近平新时代中国特色社会主义思想为指导，以全面加强政协系统党的建设为引领，以不断提高建言资政质量为着力点，充分发挥协商民主重要渠道和专门协商机构作用，建睿智之言、献务实之策、聚磅礴之力，为推进抚州科学发展、绿色崛起，全面建成小康新抚州做出了积极贡献。

（一）深化理论学习，共同思想政治基础更加牢固

一年来，我们按照全国政协和省政协的部署要求，扎实开展好习近平总书记关于加强和改进人民政协工作的重要思想学习研讨活动，理论武装成果丰硕。

高位推动，以上率下。我们及时制定《习近平总书记关于加强和改进人民政协工作的重要思想学习研讨活动实施方案》，并向市委作专题汇报。市委就学习研讨活动下发文件，将其列入中心组学习内容，组织市四套班子成员集中学习。市委书记肖毅同志高度重视学习研讨活动，发挥“头雁”作用，通过视频会议给全市政协委员和机关干部作专题学习辅导报告，并全程参加市政协专题理论研讨会。市政协党组及主席会议成员坚持先学一步、深学一层，先后召开3次党组（扩大）会议，读原著、学原文、悟原理，系统开展了《习近平总书记关于加强和改进人民政协工作的重要思想专题摘编》8个专题的学习，并带头写心得、谈体会、作辅导，形成以上率下的示范带动效应。

多措并举，广泛深入。我们创新学习形式，先后组织市、县（区）两级政协委员和机关干部参加全市政协系统视频会议，人手一册《专题摘编》，同步学习习近平总书记关于加强和改进人民政协工作的重要思想，实现了委员和干部学习“全覆盖”。采取政协领导领学与开展理论研讨、政协机关集中学与委员界别分组学、邀请专家授课与创建互联网“微课堂”、视频会议专题培训与组织理论测试相结合等形式，共组织开展各类专题学习、理论研讨37场次，学习培训3000余人次。

学用结合，注重实效。我们坚持问题导向，市、县（区）两级政协共查摆各类问题55项，通过边学边改、立行立改，目前已整改落实45项。认真总结履职实践中行之有效的做法和经验，形成了30篇具有较高质量的理论研讨文章，上报给省政协理论研讨会。《加强和改进新形势下政协民主监督的实践与思考》、《新时代提案办理要有新作为》等理论文章刊登在省政协《光华时报》上。召开市政协专题理论研讨会，围绕加强和改进政协民主监督、提升履职能力建设、推进提案工作高质量发展等方面进行研讨交流。针对理论研讨提出的政协民主监督工作短板等问题，我们还将制定加强和改进人民政协民主监督工作的具体实施细则，进一步建立健全规范有序开展政协民主监督的制度保障体系。

（二）加强党的领导，政协党建工作开创新局面

一年来，我们按照新时代党的建设总要求，在省政协党组的具体指导和市委的坚强领导下，积极探索，勇于实践，扎实推进全市政协系统党的建设，取得较好成效。

坚持党对政协工作的领导。市委高度重视政协党建工作，把政协党建纳入党委工作总体布局，一体谋划，一同推进。同时，我们积极主动争取市委支持，严格执行重大问题请示报告制度，始终坚持把常委会工作报告、党组工作要点、年度协商计划、重大调研视察课题、重大履职活动等，报经市委批准后实施，确保政协工作与党委同心同向。市委书记肖毅同志高度重视政协党建工作，多次到政协调研并全程指导政协党建文件起草工作，强调要“积极创造政协系统党建工作‘抚州经验’”。正是在市委的高度重视和推动下，我市在全省率先出台《关于切实加强新时代人民政协党的建设工作的实施意见》，为全面加强我市政协系统党的建设提供了重要遵循和坚实保障，省政协主席姚增科同志对此作出批示，予以高度评价。去年12月12日，全省

首次政协系统党的建设工作座谈会在我市召开，我市全面加强政协党建工作的创新做法得到省政协和与会兄弟市政协的一致肯定和好评，《光华时报》《抚州日报》在头版头条作长篇报道，《人民政协报》也作了报道。

积极探索政协党组织建设新途径。市委加强政协党建实施意见，提出14项工作举措，市政协党组认真抓好贯彻落实，及时研究出台实施细则，列出重点工作任务11项，明确责任领导和完成时限，确保各项工作任务落到实处。注重抓工作机构和人员的落实。按照市委文件要求，设立市政协机关党委，下设四个党支部。推动县（区）政协设立机关党组和党总支。积极争取配备相应领导职数和专职党务工作人员，确保政协党建工作有专人抓、有专人管。注重抓党的组织体系建设。经市委同意，在市政协专门委员会设立3个分党组，在有关单位、企业、社区等设立30个中共党员委员工作站。目前，第一批18个（其中：县区11个，市直7个）中共党员委员工作站已挂牌开展工作。注重抓制度机制建设。积极建立党员委员直接联系服务群众制度，党组成员联系界别、党员委员联系党外委员制度，政协重要履职活动设立临时党组织等11项工作制度，确保政协党建工作有制可依，有章可循。

（三）服务发展大局，政协高质量履职成效明显

一年来，我们紧扣党政工作大局，情系百姓群众利益，坚持高质量精准履职，议政建言实效进一步增强。

协商议政谋大事。我们聚焦事关抚州科学发展、绿色崛起的重大问题，利用全委会、常委会等协商平台，积极开展议政建言活动。着力发挥全委会整体协商功能。组织委员围绕人才工作、乡村振兴、工业“智”造、食品安全监管、智慧医疗、古村落保护等问题进行大会发言，市委、市政府主要领导对7篇大会发言现场逐一作出批示，要求相关部门切实抓好落实。认真开展界别联组讨论，以专报形式向市委、市政府报送《关于讨论政府工作报告的意见建议》。着力突出常委会议专题协商功能。举全市政协之力、聚全体常委之智，围绕“唱响抚州戏剧品牌”、“抓好东临新区的科学规划与建设”两个课题开展常委会专题协商，打造高质量的协商议政成果。关于唱响抚州戏剧品牌课题，我们在深入调研，广泛协商的基础上，形成《依托汤翁戏剧品牌，繁荣我市演艺市场的调查报告》，得到市委主要领导的充分肯定和批示。市直有关部门正在梳理文化产业发展的具体问题，逐项研究落实，着力将抚州打造成中国戏曲之都。关于东临新区规划与发展建设课题，我们在深入实地调研，并赴重庆两江新区学习考察的基础上，通过常委会专题协商形成的调研报告，得到市委、市政府的重视和肯定，市政府对东临新区的体制机制、资金筹措、社会事业管理等问题进行了专题研究，政协建言有力助推了东临新区快速发展。

专题调研献良策。市政协专委会注重发挥“专家、专业、专长”的优势，选准调研课题，统筹运用综合调研、蹲点调研、协同调研等方式，着力把问题找准、原因厘清、建议提实，有效提升了调研质量。先后围绕农村面源污染防治、优化企业发展环境、智慧医养扶贫、宗教文化旅游产业发展、乡村产业培植等课题深入调研，建真言，道实情，献良策。《关于我市农村面源污染情况的调研报告》、《关于我市智慧百乡千村健康医养扶贫工程情况的调研报告》、《培植产业是乡村振兴的必由之路——我市实现乡村振兴战略的调查与建议》，市委主要领导给予充分肯定，要求分管领导和相关部门认真研究，对反映的问题拿出措施逐一解决。《持之以恒抓落实，减负增效促发展——关于我市“降成本、优环境、促发展”情况的视察报告》，引起市政府主要领导的高度重视，要求市“优化办”认真吸纳落实，调研成果有力助推了我市工业经济发展环境的改善。

民主监督解民忧。着力推动提案监督。四届三次会议以来，市政协各参加单位和委员共提交提案309件，经审查立案300件，其中教育医疗、民政社保、食品安全、精准扶贫等民生类提案170件，占提案总数的56.7%。截止到去年年底，所有提案已全部办复。为抓好民生类提案的办理工作，市政协采取重点提案督办和同类提案协商办理的方式，将“健全养老服务新体系，助推建成小康新抚州”等21件提案作为市长领办、市政协领导督办、市政协专委会与民主党派联合督办的重点提案，加大督办力度，促进提案有效办理；将17件涉及精准脱贫的提案打包，纳入市政协2018年度协商计划，办理过程中既深入一线调研，又与扶贫、教育、卫生、民政等部门面对面协商，取得了较好的监督效果。进一步拓宽社情民意信息渠道。积极反映基层群众的诉求和呼声，全年共收集各类信息125条，编发《社情民意》38期，多篇重要社情民意信息得到市委、市政府领导批示和职能部门回复，一批涉及城市管理、交通出行、环境保护等方面的问题得到及时解决。充分发挥委员特约监督作用。委派市政协委员参加政府各类听证会，多渠道履行民主监督职能。去年6月，在市委“改进干部作风活动办”开展的市本级“办事最难窗口”评选活动和《作风建设面对面》电视访谈专题节目中，60名市政协委员积极回应百姓关切，履行委员民主监督职责，进行“办事最难窗口”测评，围绕如何提升行政效能、优化办事流程，当面谈

问题、现场提建议，扩大了政协民主监督影响。去年10月26日，省委、省政协《关于加强和改进人民政协民主监督工作的实施意见》专题调研第一片区座谈会在抚州召开，省政协副主席陈俊卿同志对我市加强政协民主监督的务实举措和工作亮点给予了充分肯定。

（四）广泛凝聚共识，政协优势特色充分显现

一年来，我们注重发挥人民政协作为统一战线的组织优势，不断扩大团结面，努力增强包容性，凝聚起推动科学发展、绿色崛起的强大合力。

主动参与中心。市政协班子成员在市委领导下，以饱满的“一线”精神状态和工作干劲，积极投身脱贫攻坚、重点项目建设、企业帮扶、“三城”同创等中心工作，尽政协之责、展政协之长、倾政协之力。根据市委统一部署，市政协班子成员就“降成本优环境促发展”、环保突出问题整改落实、脱贫攻坚等重点工作深入挂点县（区）进行督促检查，推动相关工作落实到位。切实抓好“三城”同创工作。市政协领导深入荆公路街道办事处挂点社区指挥调度，机关干部全员到五皇殿社区做好帮创工作，赢得街办和社区干部群众的称赞。市政协班子成员对牵头负责的市再生资源交易市场建设项目、高新区金巢实验学校改扩建三期工程、市中心城区生活垃圾分类处理项目、燕归路安置点公寓房建设工程、市气象防灾减灾中心、高新区庆丰公园建设项目、崇寿禅院建设工程等重点项目常部署、勤调度，确保项目有序推进。加强与非公有制经济人士沟通联系，举办市非公经济金融研讨会；市政协领导赴上海、杭州、厦门、泉州抚州商会开展“双返双创”工作，积极为招商引资牵线搭桥，进一步做好亲商、安商工作，完成了机关招商引资任务。继续做好“雪莲之花”青少年慈善基金会来抚扶贫助学的服务工作。尽心竭力做好脱贫攻坚工作。多次召开党组会议进行研究，协调解决扶贫项目和资金难题。一年来，市政协机关对挂点村开展各类走访慰问15次，实施扶贫项目10个，协调落实帮扶资金349.6万元，市政协机关及派驻的第一书记连续三年被评为全市“四进四联四帮”活动先进单位和先进个人。

彰显界别特色。为发挥政协界别优势，密切界别委员与所代表群众的联系，去年12月份，我们以“改进调研作风，服务基层群众”为主题，在25个界别深入开展“界别活动月”活动。各界别以专委会为依托，深入基层调研，广泛收集民意，共形成调研和大会发言材料22篇，开展形式多样、各具特色的扶贫济困、捐资助学、送医送药、送教下乡等服务群众活动19场次，惠及城乡群众2500余人，取得良好的社会效果。

加强团结协作。市政协注重发挥政协联系广泛的优势，通过中秋茶话会、乡友恳谈会、闽浙赣皖四省九市政协工作研讨会等平台，与市内外社会各界人士加强联络，交流工作，增进友谊。加强与全国政协和省政协的工作衔接，积极参与做好全国政协和省政协领导来抚参加汤显祖国际戏剧节活动的服务保障工作；配合省政协就乡村振兴和脱贫攻坚产业发展、坚决打赢污染防治攻坚战等重大课题，以及扫黑除恶专项斗争开展情况进行调研视察，召开情况通报会，收集意见建议。加强对县（区）政协工作的指导，并与县（区）政协积极联动，就一些重大课题开展联合调研，切实提升政协系统整体履职水平。

（五）加强自身建设，政协工作效能稳步提升

一年来，我们坚持把加强自身建设作为重要保障，切实抓好政协委员和机关干部两支队伍建设，激发新时代政协创新发展的动力和活力。

加强委员队伍建设。按照“懂政协、会协商、善议政”和“守纪律、讲规矩、重品行”要求，抓好政协委员队伍建设。根据工作需要，增补了10名市政协委员，增添了政协新鲜力量。加大委员学习培训力度，举行常委会专题学习报告会，邀请省委党校常务副校长曾志刚同志作“学习习近平新时代中国特色社会主义思想和品格”专题报告；首次组织50名市政协委员到全国政协青岛培训基地进行集中学习培训，通过精选培训内容，严肃培训纪律，突出培训实效，有效提升政协委员履职能力和水平。加强委员履职管理，建立委员履职档案，定期通报委员履职情况，规范委员履职行为。继续开展优秀市政协委员、优秀履职成果评选活动，强化委员履职意识和责任担当。

推进政协文化建设。注重政协办公场所文化建设，规范机关大楼厅堂陈设，增添党建电子信息化设施，制作党建工作展板，张贴具有政协特色的书画作品，政协办公场所焕然一新，文化氛围更加浓厚。扎实做好文史征编工作，分别以“人文拾踪、汤翁文化（上、下两册）、回首40年”为主题编印4期《抚州文史》，征编出版《乐安民国风云录》和《至德崇仁》，促进抚州文脉延续，文化传承。切实抓好政协宣传工作，全年共在《人民政协报》《中国政协》《光华时报》等报纸杂志发表政协宣传和理论文章115篇，2018年度被省政协评为《光华时报》读报用报先进单位，在全省政协好新闻评选中，荣获一等奖1个、二等奖1个、三等奖2个，有力地宣传了抚州、宣传了我市政协履行职能的各项工作。

强化机关作风建设。认真落实好省委大力推进作风建设和市委“进一步解放思想，深入调查研究，

切实改进干部作风”活动的要求，切实整改机关存在的“怕、慢、假、庸、散”等突出问题，使政协机关严起来、紧起来、实起来。在机关开展“亮身份、作承诺、比贡献、树形象”活动，举办“重温入党誓词，诵读红色家书”活动，机关干部的战斗力、凝聚力进一步增强。持之以恒抓好“党员固定活动日”活动，推动党建活动进农村、进社区、进企业。机关党支部连续多年被评为市直机关党建工作考核先进单位。

在肯定成绩的同时，我们也清醒地看到，常委会工作与市委的要求、形势的发展、各界的期望还有不少差距。主要是：民主监督的力度还不够大，委员主体作用发挥还不够充分，协商平台和机制还有待进一步完善，委员培训工作还不够经常等。对此，我们将认真研究，积极探索实践，在今后的工作中切实加以改进。

二、2019 年主要工作

2019 年是新中国成立 70 周年，也是人民政协成立 70 周年。在新的一年里，市政协工作的总体要求是：以习近平新时代中国特色社会主义思想为指导，深入贯彻落实习近平总书记关于加强和改进人民政协工作的重要思想，牢牢把握新时代人民政协的新方位新使命，紧紧围绕市委、市政府中心工作，全面加强政协系统党的建设，充分发挥协商民主重要渠道和专门协商机构作用，认真履行政治协商、民主监督和参政议政职能，集思广益助发展，凝心聚力促和谐，倾情履职惠民生，为推动抚州高质量、跨越式发展，全面建成小康新抚州贡献智慧和力量。

（一）以理论武装为先导，在政治思想建设上要有新提升

坚持把学习贯彻习近平新时代中国特色社会主义思想和中共十九大精神摆在首要位置，把学习贯彻习近平总书记关于加强和改进人民政协工作的重要思想和最新重要讲话精神作为重中之重，持续在学懂弄通做实上下功夫，努力做新时代中国特色社会主义的坚定信仰者、忠实实践者、自觉推动者。进一步提高政治站位。在树牢“四个意识”、增强“四个自信”上更加自觉，始终做到“两个坚决维护”，严格遵守政治纪律和政治规矩，切实把思想和行动统一到中共中央、省委、市委的决策部署上来。进一步加强理论学习。通过党组中心组引领学、常委会议带头学、机关支部集中学、委员培训定期学，把集中交流、专题研讨、个人自学和培训考察有机结合起来，深入开展好习近平总书记关于加强和改进人民政协工作的重要思想学习研讨活动，不断推进学习全覆盖。进一步强化思想引领。牢牢把握新时代人民政协的新方位新使命，把加强思想政治引领、广泛凝聚共识作为履职工作的中心环节，坚持双向发力，推动人民政协这一具有中国特色的制度安排更加成熟更加定型，充分发挥好专门协商机构作用，广泛团结和引导各党派团体、各族各界人士增进高度的政治认同、思想认同、理论认同、情感认同，坚定不移走中国特色社会主义政治发展道路，夯实团结奋斗的共同思想政治基础。

（二）以制度建设为核心，在加强政协系统党的建设上要有新进展

认真贯彻落实新时代党的建设总要求和中共中央、省委、市委关于加强新时代人民政协党的建设工作的意见精神，发挥好政协党组领导核心作用，按照《学习贯彻〈中共抚州市委关于切实加强新时代人民政协党的建设工作的实施意见〉的实施方案和工作方案》的要求，着力把全市政协系统党的建设 11 项重点工作任务和相关制度落细落小、落到实处。要建立政协党组同参加政协的各民主党派、无党派人士经常性联系制度，政协党组成员联系相关界别党员委员、党员委员联系党外委员制度，政协党组成员联系无党派人士界、宗教界委员制度，通过广交朋友、听取对党和政府、政协工作的意见，宣传党的主张，贯彻党的部署。要在政协全体会议期间和重要视察考察调研、集中学习培训、团组出访等活动中，设立临时党组织，推进党的组织和党的工作全覆盖。要健全完善中共党员委员直接联系服务群众制度，依托中共党员委员工作站，适时成立相关党支部，按照党员委员组织关系一方隶属、参加双重组织生活的要求，自觉接受政协党组织教育管理和参加政协党组织活动，进行党性锻炼，服务基层群众，发挥好基层党组织的战斗堡垒作用和中共党员委员的先锋模范作用。

（三）以服务大局为己任，在高质量履职上要有新作为

深入贯彻落实省委十四届七次全会和市委四届六次全会精神，按照市委提出的“突出六大重点、狠抓三个关键、破解两个难题”的工作要求，聚焦高质量、跨越式发展，全面建成小康新抚州的目标任务，持之以恒加强政治协商、深化民主监督、积极参政议政，以高质量的建言资政成果，支持发展、助推发展、服务发展。今年，我们将围绕破解旅游产业发展难题，着力打造南昌“后花园”；推进县域经济高质量发展；培育壮大园区主导产业，加快工业经济发展；打好生态牌，大力发展绿色食品产业；化解建筑业发展瓶颈，重塑抚州建筑业辉煌；壮大村级集体经济，助推乡村振兴发展等重点协商课题，深入开展协商议政，提高议政建言的精准性和实效性，为市委、市政府科学决策提供参考。同时，以专委会为依托，加大民主监督力度，拓宽民主监督渠道，坚持问题导向，围绕普及学

前三年教育，提升我市教育质量；培育农村主导产业，提高精准扶贫效益；加快推进水生态文明建设等监督性议题，通过委员视察、专项监督、情况通报等方式，真正做到建言建在需要时，议政议在点子上，监督监在关键处，以高质量的履职实效为市委市政府分忧，为改革发展尽责，为人民群众谋利。

（四）以团结民主为主题，在凝心聚力上要有新成效

充分发挥政协大团结大联合的政治优势和作为党委政府联系群众、团结各界的桥梁纽带作用，把加强思想政治引领、广泛凝聚共识贯穿履行职能的全过程和各方面。积极探索各民主党派、工商联、无党派人士在政协开展经常性工作的有效机制，综合运用提案、建议案、大会发言、反映社情民意等方式参政议政，积极主动正面发声，协助党委政府多做解疑释惑、宣传政策、理顺情绪、化解矛盾的工作，汇聚起建设小康新抚州最大正能量。要坚定不移践行以人民为中心的发展思想，围绕苏区红色革命文化保护与利用、打造全域智慧旅游、依法管理宗教事务、全面推进公益诉讼、搞好医疗卫生扶贫等课题，谋利民之策、献安民之计、促惠民之举。要扎实推进"四进四联四帮"活动，积极组织广大政协委员和社会各界人士开展经常性扶贫济困、结对帮扶等社会公益活动，为打赢脱贫攻坚战贡献精诚之力。要加强文史资料征编工作，以"中华人民共和国成立70周年、曾巩诞辰1000年、盱江医学"等为主题编撰好《抚州文史》刊物，出版发行《周文楠与毛泽东家族往事》专辑史料，发挥存史、资政、团结、育人的作用。要充分利用经济、工商联、侨联和台联界别等重要载体和平台，加强与非公有制经济人士、新的社会阶层人士、港澳台同胞、海外侨胞的团结联谊、沟通联络，积极参与"双返双创"等活动，主动做好宣传推介、招商引资、产业升级、科技创新等方面的工作，形成齐心协力谋发展的强大合力。

（五）以强基固本为保障，在增强履职本领上要有新突破

以提高政治把握能力、调查研究能力、联系群众能力、合作共事能力为重点，大力推进政协履职能力现代化建设。要落实全面从严治党的政治责任，严明党的政治纪律和政治规矩，深入贯彻落实习近平总书记关于坚决整治形式主义、官僚主义的一系列重要讲话和批示精神，切实转会风、正话风、改文风，持续推进作风转变，不断提高政协工作质量。要加强委员队伍建设，进一步健全完善委员学习培训机制，强化委员履职管理和考核，深入开展"五个一"履职活动，引导委员认真做好"委员作业"，努力提交合格答卷。要加强专门委员会建设，提升专委会组成人员政治素质和业务能力，提高提案、视察调研、社情民意信息等经常性工作质量，激发专委会工作活力。要加强政协机关建设，深入开展"进一步解放思想、深入调查研究、切实改进干部作风"活动，强化干部队伍思想建设、作风建设、能力建设，努力造就一支政治坚定、学识丰富、业务熟练、清正廉洁、作风优良的高素质政协干部队伍。要增进和密切与县（区）政协的联系互动，更加注重在重大课题上协同调研，在重点工作上协作推进，在重要活动上协调配合，不断巩固发展上下联动、互促共进的良好格局。

本栏编辑　汪志强

大事记

1月

3日，中共抚州市委四届四次全体会议在市行政会议中心召开。市委书记肖毅主持会议，并代表市委常委会作工作报告；市委副书记、市长张鸿星总结部署经济工作。王新有、魏建锋、黄晓波、刘海滨、李建林、谭小平、罗国良、董朝武、韦萍、傅云等市领导和市委委员、候补委员出席会议。

同日，中国医学科学院药物研究所两位博士在东乡经济开发区的江西亿友药业有限公司生产车间，现场指导放样中试生产国家级药物。该药是用于儿童化痰止咳的专科药品，列入全国“十三五”重大品种专项计划之中，填补了中国医药行业的一项空白。

7—9日，政协抚州市第四届委员会第三次会议召开。会议通过了政协抚州市第四届委员会提案委员会关于四届三次会议提案审查情况的报告。听取并赞同市长张鸿星所作的《政府工作报告》及其他报告。会议审议并同意主席黄晓波代表政协抚州市第四届委员会常务委员会所作的工作报告，通过了政协抚州市第四届委员会常务委员会提案工作情况报告，选举政协抚州市第四届委员会副主席1名、常务委员3名。

8—10日，抚州市第四届人民代表大会第三次会议召开。市长张鸿星作政府工作报告，市人大常委会主任魏建锋作人大常委会工作报告，市委书记肖毅在10日下午举行的闭幕大会上作讲话。会议依法选举抚州市出席江西省第十三届人民代表大会代表、抚州市监察委员会主任，增选市人大常委会组成人员，表决通过有关专门委员会人选。会议审议通过关于抚州市人民政府工作报告的决议、关于抚州市2017年国民经济和社会发展计划执行情况与2018年国民经济和社会发展计划的决议、关于抚州市2017年市级总预算执行情况和2018年市级总预算的决议、关于市人大常委会工作报告的决议、关于市中级人民法院工作报告的决议、关于市人民检察院工作报告的决议。

9日，市政府与网易传媒公司举行战略合作框架协议签约仪式。

10日，抚州市公安局与江西省警察学院合作挂牌仪式。

同日晚，抚河流域旅游公路项目工程可行性研究报告汇报会在市行政中心召开。

11日，抚州市监察委员会成立大会在市行政会议中心召开。

同日，东临新区筹建工作领导小组第一次会议在市政府召开。

14日下午，赣抚商会2017年年会暨“双返双创”表彰大会在南昌召开。

15日晚，市长张鸿星在汝水森林宾馆会见芬兰罗瓦涅米市政府副市长兼教育局局长安迪·拉斯拉一行。16日，安迪·拉斯拉一行到江西中医药高等专科学校参观交流。

17日，全市领导干部警示教育大会在市行政会议中心召开。

同日晚，抚州市政府与中科院生态环境研究中心在汝水森林宾馆签订战略合作框架协议。市长张鸿星，中科院生态环境研究中心主任、研究员欧阳志云出席并致辞。

19日，全市2017年度基层党建述职评议会议在市行政会议中心召开。

22—28日，省政协十二届一次会议举行第三次全体会议。由省政协委员肖毅、黄晓波等组成的抚州代表团，积极参政议政，圆满完成各项会议议程。经大会选举，市委书记肖毅当选为省政协副主席。

23—29日，省十三届人大一次会议胜利召开，由省人大代表肖毅、张鸿星、魏建锋等组成的抚州代表团，积极建言献策，圆满完成各项会议议程。

26日，抚州市举行“禁燃烟花爆竹 呵护绿色家园”万人签名活动。

29日，市政府与浪潮集团有限公司举行战略合作签约仪式。市长张鸿星、浪潮集团执行总裁袁谊生致辞。

同日，国家税务总局副局长孙瑞标深入南城县开展环保税开征调研并走访慰问基层税务局及困难职工。

同日下午，抚州市召开市四套班子领导干部会议，第一时间传达贯彻省人大十三届一次会议和省政协十二届一次会议精神。

30日—2月5日，全市县域经济发展大巡察重点巡察工业转型升级、城市基础设施建设、科技创新、新经济新业态、休闲旅游、秀美乡村建设等方面情况。市委书记肖毅，市委副书记、市长张鸿星，市委副书记、组织部部长王新有，市人大常委会主任魏建锋，市政协主席黄晓波等市四套班子领导，各县区、抚州高新区和文昌里历史文化街区党政主要负责同志，以及市委各部门、市直有关单位负责人参加巡察。

2 月

7 日，市长张鸿星与京东集团副总裁、居家生活事业部总裁辛利军一行举行座谈。

8 日，中共抚州市第四届纪律检查委员会第三次全体会议在市行政会议中心举行。

同日，抚州市举行牡丹亭游园灯会开园仪式，省文化产业促进会会长、省政协原党组副书记、副主席刘上洋出席开园仪式。

同日，全市脱贫攻坚工作领导小组会议在市行政中心举行。

9 日，抚州市在汤显祖大剧院举行 2018 春节文艺晚会。

12 日，省政协副主席、市委书记肖毅在乐安县会见回乡过春节的中国科学院院士、清华大学教授陈晔光。省政协常委、港澳台侨和外事委员会主任幸清，市政协主席黄晓波等参加会见。

14 日，市政府与昌河飞机工业（集团）有限责任公司举行江西通航学院项目意向性协议签约仪式。市长张鸿星、昌河飞机工业（集团）有限责任公司总经理徐德朋分别致辞。

22 日，市委召开常委（扩大）会议，学习贯彻习近平总书记看望四川凉山地区群众并主持召开打好精准脱贫攻坚战座谈会时的重要讲话精神，研究部署抚州市 2018 年脱贫攻坚工作。

25 日，《国务院关于支持赣南等原中央苏区振兴发展的若干意见》实施情况咨询评估座谈会在汝水森林宾馆召开。

26 日，江西出入境检验检疫局抚州办事处正式开检，并举行升旗仪式。省政协副主席、市委书记肖毅，省出入境检验检疫局党组书记、局长温珍才为办事处揭牌，市委副书记、市长张鸿星致辞。省商务厅副巡视员杨筱红讲话，省出入境检验检疫局副局长张国清宣读《国家质检总局关于同意设立江西出入境检验检疫局抚州办事处的批复》。市人大常委会主任魏建锋，市政协主席黄晓波等市领导出席仪式。

同日，省政协副主席、市委书记肖毅，市委副书记、市长张鸿星在汝水森林宾馆会见洽谈合作的爱康集团董事长邹承慧一行。

27 日，市政府与联想（北京）信息技术有限公司战略合作框架协议签约仪式在汝水森林宾馆举行。

28 日，全市脱贫攻坚暨乡村振兴发展动员大会在市行政会议中心举行。

同日，市政府与国网信通产业集团战略合作框架协议签约仪式在汝水森林宾馆举行。省政协副主席、市委书记肖毅，国网信通产业集团董事长、党组书记王政涛出席并共同见证签约。

3 月

4 日，全国人大代表、市委副书记、市长张鸿星做客新华网 2018 全国两会特别访谈，与网友在线交流。

7 日，庆祝“三八”国际劳动妇女节 108 周年暨 2017 年度“抚州巾帼扶贫脱贫之星”颁奖仪式在抚州职业技术学院举行。肖毅、王新有、魏建锋等市领导出席并为 2017 年度“抚州巾帼扶贫脱贫之星”颁奖。

同日，副省长、省公安厅厅长秦义到抚州调研公安警务改革工作。

9 日，全市工业暨开放型经济工作会议在市行政会议中心召开。

同日，全市生态文明建设情况汇报会在市行政中心召开。

12 日，副省长吴忠琼率调研组深入抚州市，就文化事业和工业经济发展等情况进行调研。

13 日，省委常委、政法委书记尹建业一行到金溪县调研；

15 日，抚州市与省铁投集团在汝水森林宾馆举行项目对接会。省政协副主席、市委书记肖毅，省铁路投资集团公司董事长、党委书记熊燕斌出席并讲话。

22 日，全市领导干部会议在市行政会议中心举行。市委书记肖毅主持并讲话，市委副书记、市长张鸿星传达全国“两会”精神和全省领导干部会议精神。

22—25 日，第十二届全国人大外事委员会副主任委员赵白鸽率队对抚州市文化旅游产业发展情况进行调研，并就临川温泉景区规划建设与抚州市主要领导进行座谈交流。市委书记肖毅陪同调研，市长张鸿星陪同调研并出席座谈会。

23 日，市委中心组集中（扩大）学习报告会在市行政会议中心举行。第十二届全国人大外事委员会副主任委员赵白鸽博士作专题辅导报告。

3 月，黎川古城获第七批中国传统建筑文化旅游目的地称号。

4 月

2 日，抚州市全省旅发大会筹备工作领导小组第三次会议在市行政中心召开。

3 日，市政府召开南昌大学抚州医学院独立办学事宜调度会。4 月 28 日，举行南昌大学抚州医学院办学改制合作签约仪式。

4 日，2018 年抚州市春季“双返双创”活动座谈会在市行政会议中心举行。

8 日，副省长孙菊生率队到抚州调研经济社会发展工作和落实省政府工作报告涉及工作推进情况并召开座谈会。市委副书记、市长张鸿星出席座谈会并作情况汇报，省教育厅副厅长刘菊娇出席座谈会。

9 日，市政府召开汤显祖艺术传媒职业学院项目选址调度会。

同日，市委书记肖毅主持召开市委常委会议，重温习近平总书记视察江西时的重要讲话精神，传达学习省委书记、省长刘奇在 2018 年第三次省委中心组集体学习时的讲话精神，研究部署生态文明建设和原中央苏区振兴发展等工作。

10 日，共青团抚州市第四次

代表大会在市行政会议中心举行。市委书记肖毅、共青团江西省委书记马健出席会议并讲话。市委副书记、市长张鸿星，市政协主席黄晓波等市领导出席。

同日，市领导与龙浩集团首席战略师李强一行洽谈合作航空产业。

11日，省政协副主席、市委书记肖毅率团赴福建省厦门市参加2018厦门工业博览会暨第22届海峡两岸机械电子商品交易会。

12日，2018海峡两岸投资贸易对接会暨江西抚州（厦门）产业招商推介会在厦门举行。省政协副主席、市委书记肖毅，厦门市副市长李辉跃出席并致辞；海峡两岸关系协会理事会理事、中国机电产品进出口商会台北办事处主任李荣民出席。

12—13日，省政协副主席、市委书记肖毅在厦门开展招商引资活动，先后走访厦门建发集团有限公司、奥佳华智能健康科技集团、中绿集团、美商医药有限公司、协成科技股份有限公司等有意在抚州投资发展的企业，进一步加强双方的沟通和交流，共同推进合作与发展。

15日，省政协副主席、市委书记肖毅在汝水森林宾馆会见英国皇家水彩协会前主席、剑桥康河出版社签约艺术家大卫·帕斯凯特一行。市长张鸿星等参加会见。

17日，省人大常委会副主任冯桃莲到抚州调研。

同日，全国工商联第六联系调研组赴抚州政策宣讲暨座谈会在汝水森林宾馆召开。省政协副主席、市委书记肖毅致辞，全国工商联党组成员、副主席王永庆讲话；全国工商联执委、联络部部长马君，市委副书记、市长张鸿星等市领导出席。

18日，抚州第二届生命健康科学国际高峰论坛在荣誉国际酒店举行。市长张鸿星主持。

同日，抚州市东临新区揭牌仪式正式举行。市委书记肖毅出席并致辞。市长张鸿星、市人大常委会主任魏建锋等出席揭牌仪式。

同日，市领导会见英国剑桥康河出版社到访人员。

19日，市政府召开《抚州市文明行为促进条例》新闻发布会。

23日，市政府召开临川温泉景区整体实质性上收市管工作推进会。

同日，2018年“全民阅读，书香抚州”启动仪式暨“4·23”世界读书日万人经典诵读活动。

28日，全市重大基础设施类项目调度会在市政府常务会议室召开，市长张鸿星主持并讲话，市人大常委会主任魏建锋等市领导出席会议。

5月

1日，市委书记肖毅率队现场视察市中心城区旅游项目，精准指导旅游景点进一步做好扫尾工作，确保大会精致、精美、精彩，把抚州市文化旅游产业发展的蓬勃态势展现在中外嘉宾面前。市长张鸿星、市人大常委会主任魏建锋、市政协主席黄晓波等市四套班子领导参加。

7日，在第三届资溪面包国际旅游文化节上，由160名蛋糕师用鸡蛋4.56万个、白砂糖912千克、面粉1026千克等蛋糕面糊配料，耗时6个小时完成的龙造型、名为“神龙”的蛋糕，“世界最长蛋糕”吉尼斯世界纪录。

7—8日，省委、省政府在抚州召开全省旅游产业发展大会。省委书记、省长刘奇出席大会并为2019年全省旅发大会承办地宜春市授旗。省领导姚增科、殷美根、朱虹、肖毅出席，吴忠琼主持。市委副书记、市长张鸿星作大会发言。同时，作为大会的重要活动，2018资溪面包国际旅游文化节和“江西风景独好”——2018江西旅游推介会在资溪举行。

8—9日，省委书记、省长刘奇到南城、南丰等地调研。省政协副主席、市委书记肖毅，市委副书记、市长张鸿星等陪同。

14日，市委书记肖毅主持召开市委常委会议，传达学习省委书记、省长刘奇，省政协主席姚增科，省人大常委会副主任朱虹在抚州考察调研时的讲话精神，研究部署作风建设等工作。

15日，东部战区陆军司令员秦卫江到乐安调研。

16—18日，中央红色旅游考察团滕文生一行在广昌、南丰和抚州市城区调研。

17日，市委书记肖毅主持召开全市旅游产业发展座谈会。

17—18日，由省政府主办的第十七届赣港经贸合作活动在香港举行，市委副书记、市长张鸿星率团参加。

19日，2018江西抚州（深圳）重点产业招商对接推介会在深圳举行，市委副书记、市长张鸿星致辞。

19—20日，在第十七届赣港经贸合作活动结束后，市长张鸿星便走访深圳赤湾东方物流有限公司、光宝网络通讯（东莞）有限公司、深圳市柔宇科技有限公司等企业，就项目合作相关事宜进行座谈交流。

22—24日，省政协副主席、市委书记肖毅率市党政代表团赴浙江省湖州市和嘉兴市学习考察，学习借鉴两市在生态文明建设、旅游产业、特色小镇建设、环境整治和城市建设与管理等方面的先进经验和做法，深入践行绿水青山就是金山银山理念，追溯红色之源，传承弘扬践行红船精神，进一步解放思想、更新观念、改进作风，不断加快抚州市科学发展、绿色崛起步伐。

26日，抚州市承办全省旅游产业发展大会总结会暨全市旅游产业推动大会在资溪县召开。市委书记肖毅出席并为2019年全市旅发大会承办地宜黄县授旗。市长张鸿星讲话，市政协主席黄晓波等市四套班子领导出席。

28日，副省长吴晓军率调研组到抚州市，专题调研指导工业转型升级和安全生产工作。

29—30日，在贵州省贵阳数博会举办之际，省政协副主席、市委书记肖毅率抚州高新区、市工信委、市商务局、市信息办等部门单位主要负责人赴贵阳，考察调研大数据产业发展和应用情况。

6 月

2 日，全市迎接中央环保督察“回头看”暨环保工作推进会议在市行政会议中心召开。

4 日，市委副书记、市长张鸿星在市政府第二会议室，会见北京银行南昌分行行长王强、副行长刘步来一行，双方就相关合作事宜进行深入交流。

同日，市长张鸿星在市政府第二会议室会见东华理工大学校长柳和生、副校长李德平一行，双方就东华理工大学抚州校区发展等问题进行深入交流。

5 日，2018 年法治抚州建设领导小组会议在市行政中心召开。

6 日，全市香榧产业发展座谈会在黎川县召开。市委书记肖毅出席并讲话。

同日，抚州市工会第四次代表大会在市行政会议中心开幕。市委书记肖毅，省总工会党组书记、常务副主席饶剑明出席大会并讲话。

7 日，省委常委、常务副省长毛伟明深入抚州市，专题调研上半年经济运行、重大项目建设和开发区改革创新等情况，并主持召开座谈会。省政协副主席、市委书记肖毅，市委副书记、市长张鸿星等市领导陪同。

同日，市委副书记、市长张鸿星在市政府第二会议室会见温州市抚州商会筹备组一行，双方就温州市抚州商会筹备工作和“双返双创”进行深入交流。

同日，省人大常委会党组书记、副主任周萌一行在金溪县调研人大代表联络站工作。

8 日，市委副书记、市长张鸿星率队赴南昌，专程拜访省公路局和农发行江西省分行，就有关工作进行衔接沟通，积极争取支持，洽谈深化合作，促进加快发展。

同日，丰城市党政考察团一行在金溪县考察调研。6 月 25 日，靖安县党政考察团一行到金溪县考察学习。

13 日，全市“四进四联四帮”活动年度总结表彰暨第四期选派工作动员会召开。市委书记、市委“四进四联四帮”活动领导小组组长肖毅出席并讲话。

同日，福建省南平市委副书记张国旺，南平市人大常委会副主任、邵武市委书记何光松，南平市政协副主席卓立筑一行到抚州市，就共同推进南昌至福州（厦门）高速铁路建设、深化两地合作交流进行考察对接。省政协副主席、市委书记肖毅出席座谈会并讲话。

同日，上海抚州商会返乡考察团一行到抚州考察。省政协副主席、市委书记肖毅会见考察团一行，并进行座谈交流。

14 日，IFF 国际香料香精有限公司亚太区总监叶德勇一行在金溪县考察香料香精产业发展情况。

23 日，省政协副主席、市委书记肖毅在汝水森林宾馆会见到抚州市考察的美国哈佛大学艺术史系洛克菲勒亚洲艺术史专席终身教授汪悦进一行。

26 日，荷兰欧中现代农业技术研发中心主任朱望钊到抚州，洽谈香料香精产业发展。

29 日，青海省卫计委主任率团到抚州考察。

6 月，东乡区被评为 2018 浙商（省外）最佳投资城市，是全国 6 个获此殊荣的县级城市之一。

7 月

3—4 日，南昌市考察团到抚州考察新农村建设和农村环境综合治理工作。

5 日，广东省惠州市副市长余金富一行到抚州考察。

5 日，国家税务总局抚州市税务局举行挂牌仪式，标志着原抚州市国家税务局、抚州市地方税务局正式合并。省政协副主席、市委书记肖毅和国家税务总局江西省税务局联合党委委员、纪检组长、国家税务总局江西省税务局第 9 联络（督导）组组长姚慧玲共同为新机构揭牌。

11—12 日，省委常委、宣传部部长施小琳率调研组到抚州，就加强宣传思想文化工作、加快媒体融合发展、推动文化强省建设等进行调研。

13 日，2018 年中国广昌国际莲花旅游文化节开幕式暨“最美莲乡人”颁奖晚会。

同日，金溪县秀谷镇徐坊村获第七批全国民主法治示范村称号。

14 日，2018 江西抚州（北京）新兴产业合作对接会在北京举行。省政协副主席、市委书记肖毅致辞，市委副书记、市长张鸿星主持；市领导魏建锋、黄晓波等出席。

14—15 日，省政协副主席、市委书记肖毅，市委副书记、市长张鸿星在北京分别率队走访客商，实地考察企业，进一步加深双方的沟通和交流，助推双方的合作。

18—19 日，省委常委、副省长刘强深入抚州市调研生态环境保护、城建等工作。

19 日，省委常委、组织部部长赵爱明深入抚州市，就“降成本、优环境”工作进行专题调研，并召开座谈会。省政协副主席、市委书记肖毅，市委副书记、市长张鸿星等出席座谈会或陪同调研。

20 日，中国井冈山干部学院与中共抚州市委、抚州市人民政府在汝水森林宾馆举行战略合作协议签约仪式。省政协副主席、市委书记肖毅致辞。

24 日，省政协副主席、市委书记肖毅会见劲旅环境集团董事长于晓霞、运营总裁王传华一行，双方就劲旅环境集团在抚州的产业投资以及抚州市生活垃圾分类系统综合解决方案等相关事宜进行交流和探讨。

25 日，全市绿色殡葬改革工作电视电话会召开，市长张鸿星出席并讲话。

同日，全市县区委书记座谈会召开。

28 日，抚州市在北京人民大会堂举行 2018 年汤显祖国际戏剧交流月活动新闻发布会。副省长吴忠琼出席并讲话。省政协副主席、市委书记肖毅主持。市委副书记、市长张鸿星，省文化厅厅长池红致辞。省委宣传部副部长、省社科联主席吴永明，省外侨办主任赵慧，省旅发委副主任余晓明，省驻京办副主任吴文凯等出席。

同日，革命历史题材影片《浴血广昌》在北京人民大会堂举行首映发布会。省政协副主席、市委书记肖毅致辞；市委副书记、市长张鸿星等出席仪式并共同观影。

8月

1日，市政府与中泽文化集团投资座谈会召开，省政协副主席、市委书记肖毅，市委副书记、市长张鸿星出席并讲话。

2日，省防汛抗旱总指挥部总指挥、副省长胡强深入临川区秋溪镇，实地了解当地农业灌溉用水、水库蓄水、农作物受旱等情况，检查指导防旱抗旱工作。3日，胡强深入宜黄县，就脱贫攻坚、乡村振兴、宗教工作进行调研。

6日，中共抚州市委四届五次全体（扩大）会议召开。市委书记肖毅主持并作市委常委会工作报告；市委副书记、市长张鸿星总结部署经济工作；魏建锋、黄晓波、李建林、李兰贵、谭小平、韦萍、傅云、刘苍牧、张朋等市领导和市委委员、候补委员出席会议。

7—8日，浙江省温州市副市长殷志军率温州市政府考察团，就经济社会发展、科技创新、文化建设等方面到抚州考察。

8日，市长张鸿星主持召开市中心城区规划委员会第三十三次会议，听取高端健康产业园用地选址调整方案、崇岗大道道路工程设计方案、安石大道城市地下综合管廊工程设计方案、赣东汽车城酒店及酒店式公寓设计方案、凤岗河三期凤巢湖城市生态湿地公园及“引廖济凤”工程规划设计方案、市棚改安置房（梦湖家园、钟岭锦园）设计方案、城市新区核心地段城市设计方案。

同日，市政府与农业发展银行江西省分行举行全面战略合作备忘录签订仪式。

同日，召开全市事业单位公务用车制度改革动员部署大会。

8—11日，省政协副主席、市委书记肖毅赴广州、东莞、深圳等地开展招商活动，引领招商引资再掀新高潮，推动抚州高质量跨越式发展。

10日，由英国保护濒临消失的世界基金会、剑桥康河出版社主办，抚州市外事侨务办、抚州市文广新局、白浒窑手工陶瓷工艺传习所协办的“牡丹亭—白浒窑国际诗歌与艺术展”在英国剑桥大学国王学院开幕，临川白浒窑非遗传承人张志刚运用传统工艺柴烧的30件作品在剑桥迈克豪斯艺术厅展出。

13日，抚州市残疾人联合会第二次代表大会。

同日，国家发改委基础产业司副司长马强率国家发改委、中节能集团、国开行、中科院有关人员深入抚州市，就“共抓长江大保护”工作进行专题调研，并召开座谈会。省政协副主席、市委书记肖毅出席座谈会并讲话，市委副书记、市长张鸿星致辞并汇报抚州市“共抓长江大保护”合作项目需求。

15日，2018年市级总河（湖）长会议召开。市委书记、市级总河（湖）长肖毅主持并讲话。

15—18日，市委副书记、市长张鸿星率队赴泉州、厦门等地走访重点招商企业，开展招商引资工作。

17日，2018南城首届麻姑长寿文化节开幕式。

19日，抚州市首个“中国医师节”表彰大会举行。市委书记肖毅、市长张鸿星、市政协主席黄晓波等市四套班子领导出席。

21—22日，省委常委、省委政法委书记尹建业深入抚州市，专题调研扫黑除恶专项斗争。

22日，全市创建全国文明城市、国家卫生城市和国家历史文化名城推进会召开。市委书记肖毅出席并讲话，市长张鸿星主持，市人大常委会主任魏建锋、市政协主席黄晓波等市四套班子领导出席会议。

23日，市政府与新农创投资发展有限公司战略合作框架协议签约仪式在汝水森林宾馆举行。省政协副主席、市委书记肖毅出席并讲话，市委副书记、市长张鸿星出席并致辞。

24日，全市2018年“赣青扶贫 爱心助学”公益活动暨首届“最美时代青年”第三届“最美少年”颁奖大会召开。市委书记肖毅、团省委书记马健出席并讲话。

同日，2018亚布力中国知名企业家论坛夏季高峰会在抚州召开。

27日，江西资溪现代竹产业科技园开园暨竺尚（大庄）竹业举行运营投产仪式。

27—28日，省政协副主席、市委书记肖毅率队，在北京分别拜访中宣部、文化和旅游部、中国人民对外友好协会和中国科学院、国家发改委等有关单位，感谢他们长期以来对抚州的关心与支持，就事关抚州发展的重大战略、项目和政策与他们进行沟通，积极争取更大的支持和帮助，助推抚州高质量、跨越式发展。

28—29日，由住房和城乡建设部副部长黄艳任组长的国务院第十四督查组对抚州贯彻落实党中央、国务院重大决策部署和政策措施情况开展实地督查，并在金溪县召开督查衔接会。市委副书记、市长张鸿星出席会议并讲话，督查组副组长、住房和城乡建设部法规司副司长周韬等出席。

29日，省委副书记、代省长易炼红深入崇仁县的企业和园区考察，并召开座谈会，调研降成本优环境工作。

30日，第十六届赣台（南昌）经贸文化合作交流大会期间，市政府与厦门建发集团投资座谈会召开，双方就深化合作进行广泛而深入交流。市委副书记、市长张鸿星出席并讲话。厦门建发商业公司总经理陈爱国、厦门会展集团副总经理何毅伟等出席座谈会。

同日，市委副书记、市长张鸿星在南昌前湖迎宾馆会见出席第十六届赣台会的中国国民党前副主席蒋孝严一行，双方进行深入交谈。

31日，第十六届赣台（南昌）

经贸文化合作交流大会在南昌开幕。市长张鸿星率抚州市代表团参加。该届赣台会上，抚州签约11个项目，拟投资总额2.05亿美元。

9月

6日，全市生态环境保护暨污染防治攻坚战大会在市行政中心召开。市委书记肖毅出席并讲话，市长张鸿星主持会议，市人大常委会主任魏建锋、市政协主席黄晓波等出席会议。

同日，市妇女第四次代表大会在市行政中心举行。市委书记肖毅，省妇联党组书记、主席王庆出席并讲话。

7日，由中国医疗保健国际交流促进会血液学分会举办的“华佗工程——血液病诊疗下基层”活动首站在抚州市启动。省政协副主席、市委书记肖毅，中国医疗保健国际交流促进会会长、华夏医学科技奖理事会理事长、中国工程院院士韩德民，北京大学血液病研究所所长、北京大学人民医院主任医师黄晓军出席开幕式并致辞。

11日，市政府与江西师范大学、趣店集团举行项目投资座谈会，就共建“江西师范大学趣店足球学院”项目进行深入交流。省政协副主席、市委书记肖毅出席并讲话。市委副书记、市长张鸿星，江西师范大学党委书记田延光、校长梅国平，趣店集团创始人兼CEO罗敏等出席座谈会。

同日，甘肃省庆阳市公安局学习考察组到抚州市公安局学习考察。

18日，“三城同创”第一次联席会议在市行政中心召开。

20日，市长张鸿星率队前往《寻梦牡丹亭》大型实景演出现场，就汤显祖戏剧节暨国际戏剧交流月活动筹备工作进行督导，并观看提质升级后的《寻梦牡丹亭》实景演出。23日，市委书记肖毅观看《寻梦牡丹亭》实景演出，并就进一步提升演出品质主持召开座谈会。

21日，中国农业发展银行助推南丰县产业扶贫招商引资对接推进会在南丰县召开。中国农业发展银行党委委员、副行长、扶贫金融事业部常务副总裁鲍建安出席并讲话，市长张鸿星致辞。

23日，省政协副主席、市委书记肖毅在金溪陪同荷兰文化遗产专家Herbert-Jan Hiep一行考察，就秀谷镇大坊古村保护和开发有关事宜进行沟通和交流。25日，市长张鸿星在金溪县行政中心会见荷兰文化遗产专家一行。

26日，江西省与俄罗斯彼尔姆边疆区在南昌签署进一步深化交流合作备忘录。省委书记刘奇会见彼尔姆边疆区州长雷谢特尼科夫一行，省委副书记、代省长易炼红与雷谢特尼科夫代表双方签署合作备忘录。副省长吴忠琼，省政协副主席、市委书记肖毅，市长张鸿星分别参加有关活动。

同日，俄罗斯彼尔姆边疆区州长雷谢特尼科夫、政府副主席兼工业企业和贸易部部长奇比索夫、政府代副主席克列比科夫一行到抚州。市长张鸿星在汝水森林宾馆会见雷谢特尼科夫一行，省外侨办主任赵慧陪同。

同日，在南昌香格里拉酒店举行的俄罗斯彼尔姆边疆区（江西）友城合作日开幕式上，抚州市与俄罗斯彼尔姆边疆区丘索沃伊正式签署建立友好城市关系协议书。市长张鸿星和丘索沃伊市长别洛夫出席仪式并签约。

同日，俄罗斯柴可夫斯基彼尔姆芭蕾舞与歌剧院经典巨作——芭蕾舞剧《天鹅湖》在抚州汤显祖大剧院起舞。省政协副主席、市委书记肖毅，俄罗斯彼尔姆边疆区州长雷谢特尼科夫，俄罗斯彼尔姆边疆区副主席、工业企业和贸易部部长奇比索夫，俄罗斯彼尔姆边疆区代副主席克列比科夫，以及省检察院检察长田云鹏，省外侨办主任赵慧，省委宣传部副部长、省社联主席吴永明，省人防办主任彭光华，省文化厅副厅长黄晓蓉，赣州市人大常委会副主任、省扶贫第二督导组组长廖长荣和市长张鸿星、市人大常委会主任魏建锋等市四套班子在家领导观看演出。

28日，2018汤显祖戏剧节暨国际戏剧交流月活动拉开帷幕。全国政协副主席刘奇葆出席开幕式并讲话。省委副书记、代省长易炼红致辞。汤加驻华大使陶阿伊卡·乌塔阿图，全国对外友协副会长户思社，省政协副主席、市委书记肖毅，中国戏剧家协会分党组书记季国平，英国驻广州总领事馆代总领事欧安杰，西班牙驻华使馆文化参赞格罗丽亚·明格斯致辞。副省长吴忠琼主持开幕式。斯洛伐克驻华大使杜尚·贝拉，赞比亚驻华使馆代办杰弗里·班达，中国文联副主席赵实，省领导陈俊卿、雷元江、田云鹏出席。

同日，省政协副主席、市委书记肖毅会见到抚州参加2018汤显祖戏剧节暨国际戏剧交流月活动的英国莎士比亚故乡——斯特拉福德区议会主席克里斯托夫·凯特尔一行，赞比亚卢萨卡省卢萨卡区行政长官戴维森·穆伦加一行，以及中国戏曲学院原院长、中国戏曲学会汤显祖研究分会会长周育德一行。

同日，驻华使馆文化官员及外国专家“中国文化行”活动座谈会在荣誉国际酒店召开。市长张鸿星，斯洛伐克驻华大使杜尚·贝拉出席并致辞，全国对外友协文化交流部副主任季伟主持。汤加驻华大使陶阿伊卡·乌塔阿图、赞比亚驻华使馆代办杰弗里·班达、英国驻广州总领事馆代总领事欧安杰、西班牙驻华使馆文化参赞格罗丽亚·明格斯等驻华使领馆文化官员出席。全国对外友协文化交流部副主任贾伶、省外侨办副主任胡志扬等出席。

同日，市长张鸿星会见到抚州参加汤显祖戏剧节暨国际戏剧交流月活动的西人马联合测控（泉州）科技有限公司董事长聂泳忠一行。

28—29日，到抚州市出席2018年汤显祖戏剧节暨国际戏剧交流月活动开幕式的全国政协副主席刘奇葆深入市博物馆、汤显祖纪念馆、王安石纪念馆等地进行考察调研。中国文联副主席赵实，中国戏剧家协会分党组书记季国平，全国政协办公厅外事局副局长王强随同调研；全国政协人口资源环境委员会副主任黄跃金，省政协党组副书记、副主席陈俊卿，省政协副主席、市委书记肖毅，省委副秘书长、省接待办主任梅毅，市委副书记、市长张鸿星，市政协主席黄晓波等陪同调研。

29日，2018年“茶香中国”首届全国采茶戏会演在汤显祖大剧院开幕。省政协副主席、市委书记肖毅出席并宣布会演开幕；文化和旅游部艺术司副司长吕育忠主持开幕式；省委宣传部副部长黎隆武讲话；市委副书记、市长张鸿星，广东省文化厅副厅长杨树分别致辞。省政协教科文卫体委员会副主任肖为群，省文化厅党组书记、厅长池红，福建省文化厅副巡视员赵建宏，省政协办公厅副巡视员崔健，江西日报社总编辑张天清，江西科技师范大学校长左和平，省文化厅副厅长黄小蓉，省新闻出版广电局副局长周世敏，江西文化演艺发展集团副总经理徐光华出席。

30日，2018年全市重大项目集中开工仪式在抚州高新区举行。市委书记肖毅出席并下达开工令；市长张鸿星讲话，市人大常委会主任魏建锋等出席。

同日，抚州市在市烈士陵园举行烈士纪念日公祭活动。市委书记肖毅、市人大常委会主任魏建锋、市政协主席黄晓波等市四套班子在家领导，及驻抚州部队官兵、老同志、烈士亲属、市直部门干部、社会各界群众、少先队员等参加公祭活动。市长张鸿星主持活动。

10月

8日，2018抚州（迪拜）招商推介会在阿联酋迪拜龙腾轩酒店举行。市长张鸿星率团出席。

10日，全市促进非公有制经济发展大会在市行政会议中心举行。

12—13日，省委书记刘奇到东乡区、宜黄县、乐安县调研。省政协副主席、市委书记肖毅等先后陪同。

15日，大南昌都市圈发展规划编制调研组在抚州调研。

16日，以“树立全球视野，共创‘黄金时代’”为主题的第四届中英地方领导人会议在辽宁省大连市召开，200余名中英地方政府领导人与企业家参加会议。省政协副主席、市委书记肖毅受邀出席并致辞。

18日，国家民委副主任、党组副书记刘慧一行到乐安县调研。

20日，市委书记肖毅主持召开市委常委会议，传达学习中央和省委有关会议精神以及省委书记刘奇到抚州考察调研时的讲话精神，研究部署脱贫攻坚、生态环境保护等重点工作。市领导张鸿星、魏建锋、黄晓波、刘海滨、李建林、李兰贵、谭小平、韦萍、傅云、刘苍牧、张朋出席。

同日，市委书记、抚州军分区党委第一书记肖毅主持召开市委常委议军会议，会议传达学习习近平强军思想和上级重要会议精神，听取抚州市武装工作情况汇报，审议抚州市2017年度党管武装和国防动员工作先进单位及优秀个人表彰方案。市委副书记、市长张鸿星，市人大常委会主任魏建锋，市政协主席黄晓波，市委常委刘海滨、李建林、李兰贵、谭小平、韦萍、刘苍牧、张朋，抚州军分区司令员李进伟出席会议。

21日，江西汽车越野联赛（抚州站）暨“汤显祖杯”中国抚州首届汽车场地越野赛在赣东汽车城开幕。国际汽车摩托车联合会副主席、中国汽车摩托车联合会副主席万和平，省体育局局长晏驹腾出席；市委副书记、市长张鸿星宣布开幕。

25日，抚州市与赣南师范大学在汝水森林宾馆举行全面战略合作签约仪式。省政协副主席、市委书记肖毅，赣南师范大学党委书记孙弘安出席并致辞；市委副书记、市长张鸿星与赣南师范大学党委副书记、校长范小林分别代表双方签署战略合作协议。

26日，全市全面深化改革开放工作推进会在市行政中心召开。市委书记、市委全面深化改革领导小组组长肖毅出席并讲话。市长张鸿星主持会议。

27日，市委副书记、市长张鸿星会见中医药文化大会执行主席兼秘书长刘峻杰一行。新加坡爱妮娜控股国际投资集团董事主席维嘉雅·戴维等参加会见。

同日，东临新区空间发展规划编制座谈会在市行政中心召开。

27—28日，到抚州出席第二届中医药文化大会的十二届全国政协副主席马培华深入文昌里历史文化街区和三翁花园等地进行考察调研。副省长孙菊生，省政协原副主席郑小燕随同；省政协副主席、市委书记肖毅，市委副书记、市长张鸿星，市政协主席黄晓波等陪同。

28日，第二届中医药文化大会在汤显祖大剧院举行。第二届中医药文化大会主席、十二届全国政协副主席马培华，九三学社中央副主席、中国工程院院士丛斌，副省长孙菊生，十二届全国政协副秘书长何丕洁，省政协副主席、市委书记肖毅，省政协原副主席郑小燕，《光明日报》社原党委书记、总编辑苟天林，福建省政协原副主席陈绍军，市委副书记、市长张鸿星，国家中医药管理局原副局长、中国中药协会会长房书亭，国家中医药管理局原副局长、中国中医药信息研究会会长吴刚，市政协主席黄晓波以及国医大师、国内部分中医药高校校长、国内部分中医药医院院长、国家相关部门负责人、专家学者、民间名医、国内外大健康领域企业代表等社会各界人士1200余人出席大会。国家中医药管理局原副局长李大宁主持大会。

同日，抚州中医药大健康产业招商对接会召开。市委副书记、市长张鸿星致辞；国家中医药管理局原副局长、中国中药协会会长房书亭出席；中医药文化大会执行主席兼秘书长刘峻杰主持。

29日，国务院参事、国家发改委原副主任杜鹰率国务院参事室调研组到抚州，就乡村振兴人才支撑工作进行调研，并于10月30日上午举行座谈会。国务院原参事、国家信访局原副局长王石奇随同调研；市委副书记、市长张鸿星参加座谈会并讲话。

11 月

1 日，省政协副主席、市委书记肖毅率抚州市党政代表团，赴赣南师范大学开展合作项目对接，深入推进双方战略合作。市委副书记、市长张鸿星等参加；赣南师范大学党委书记孙弘安，赣南师范大学党委副书记、校长范小林，赣南师范大学党委副书记胡龙华等校领导班子成员陪同或参加座谈会。

2 日，省政协副主席、市委书记肖毅率队赴南昌海关走访，南昌海关关长张格萍参加座谈会并讲话；市委副书记、市长张鸿星参加走访并作情况介绍；南昌海关副关长宋军、王宏，南昌海关政治部主任褚碧波等参加座谈会。

3 日，第二届中部地区变电设备产业高峰论坛在抚州市举行。市委副书记、市长张鸿星，中国商业联合会会长姜明、副会长骆毓龙，全国工商联副秘书长、机关党委常务副书记、人事部部长郭孟谦，国网信通产业集团总会计师、党委委员梅仉和，中国电力科学研究院副院长高克利，省政府办公厅副主任徐松柏，省工信委副主任刘煜，省质监局副巡视员欧阳勇，亚洲国际投资商会主席孟德利·鹏潘，赞比亚、尼泊尔、马来西亚、土耳其、泰国、新加坡、加拿大等国际嘉宾，及专家、学者、企业界人士共500余人出席开幕式。

3—6 日，省政协副主席、市委书记肖毅率团赴浙江绍兴、杭州和福建厦门开展招商引资活动。

8 日，省政协副主席、市委书记肖毅在汝水森林宾馆，会见至抚州市投资考察的厦门金日集团总裁李冠华一行。市委副书记、市长张鸿星等参加会见。

9 日，全球首部橘文化主题的旅行美食真人秀纪录片《遇见·橘子红了》在南丰举行首映仪式。该片于 11 月 12—15 日 22：09 连续 4 天在央视纪录频道播出。

13—14 日，省委副书记、省长易炼红到乐安、宜黄、南丰和广昌四县调研。省政协副主席、市委书记肖毅，市委副书记、市长张鸿星等陪同调研。

14 日，全市扫黑除恶专项斗争推进会在市行政中心召开。市委书记肖毅出席并讲话。

15—16 日，以“共享发展机遇，深化互利合作”为主题的 2018 中国国际友好城市大会在湖北省武汉市召开，国家副主席王岐山出席开幕式，乌干达副总统塞坎迪、日本前首相鸠山由纪夫、全国对外友协会长李小林等参加大会活动。市长张鸿星应邀参加开幕式并在大会“高端对话”环节发言。

16 日，2018（第四届）江西省互联网大会在汤显祖大剧院开幕。省委副书记、省长易炼红致贺信。副省长孙菊生讲话，省政协副主席、市委书记肖毅致辞，市委副书记、市长张鸿星宣读贺信；省通信管理局副局长胡素仁，省工业和信息化厅副厅长王亦斌分别致辞。市政协主席黄晓波等市四套班子在家领导，以及发展中世界工程技术科学院院士、中国人工智能学会理事长钟义信教授，国家战略性新兴产业专家委秘书长、国家信息中心原党委书记、常务副主任杜平以及国家有关部委领导、省内外知名互联网企业精英、科研院校的专家学者、全省各设区市和部分省直单位负责人，共计 1000 余人出席，共同探讨江西省互联网行业发展方略，加快推动省数字经济产业发展。省互联网协会理事长袁家义主持开幕式。

同日，2018 江西（抚州）互联网产业招商对接会在汝水宾馆举行。市委副书记、市长张鸿星致辞。

20 日，国家开发银行江西省分行党委书记、行长吴守华及副行长黄志钢一行抚州市调研，市委书记肖毅出席座谈会并致辞。

22 日，抚州市举行“情系老区发展、助力创新驱动”院士专家抚州行座谈会。中国工程院院士吴慰祖、舒兴田、张文海、胡永康、邱定蕃、欧阳平凯、陈芬儿以及胡长平、牛立业等专家出席座谈会。省政协副主席、市委书记肖毅，省委组织部副部长徐忠、省科协主席史可先先后致辞。市委副书记、市长张鸿星主持座谈会。

同日，省政协副主席、市委书记肖毅在市行政中心会见至抚州市调研的以美国北卡罗来纳州格林斯伯勒大学服务中心主任、美国北卡罗来纳州民族艺术节组委会特别顾问多瑞·詹森为组长的美国文化演出工作组一行。

23 日，抚州海利 30 万吨不锈钢冷轧项目正式投产仪式在抚州高新区海利冷轧厂区举行。市委书记肖毅出席并宣布正式投产，市长张鸿星致辞。

26 日，市政府与阿联酋 S.B.K 控股集团项目对接座谈会在市行政中心举行。市长张鸿星出席并致辞。阿布扎比阿勒纳哈扬酋长办公室、S.B.K 控股集团运营总监贾瓦德·威比及财务总监阿楠德·桑塔南，阿联酋乐勇集团董事长王乐勇等出席。

27—28 日，市委书记肖毅率团赴上海开展招商活动，先后走访上海养云安缦酒店、上海申龙客车有限公司等企业以及上海漕河泾开发区，再掀承接上海产业转移热潮。

30 日，市委书记肖毅会见法国驻武汉总领事馆总领事贵永华，法国电力集团副总裁、中国区总裁傅楷德一行。

同日，第五届世界绿色发展投资贸易博览会在南昌开幕，市委副书记、市长张鸿星等分别出席开幕式暨绿色发展主旨论坛、长江经济带发展论坛、开发区对话 500 强等活动。

12 月

6 日，南丰县人民检察院被评为全国模范检察院，成为江西省唯一入选的检察院。

同日，中国人保财险集团股份有限公司党委书记、董事长缪建民深入定点扶贫县——乐安县，调研督导脱贫攻坚工作。市委书记肖毅出席座谈会。中国人保财险江西省分公司党委书记、总经理张道明等陪同调研。

10日，省政协副主席、市委书记肖毅在汝水森林宾馆会见到抚州市考察的保加利亚索菲亚大区区长伊利安·托德洛夫一行。省外办副主任李雨强等参加会见。

11日，全市院士工作站、“海智计划”工作站集中授牌暨工作推进会在汝水森林宾馆召开。市委书记肖毅出席并讲话。中国科学院院士、全国政协委员姚建铨，中国科学院院士谢华安，中国工程院院士蒋剑春，省科协主席史可等出席会议。

同日，在收听收看全国、全省加强非洲猪瘟防控工作电视电话会议后，抚州市紧接着召开全市加强非洲猪瘟防控工作电视电话会议贯彻落实。市委副书记、市长张鸿星出席并讲话。

12日，市委副书记、市长张鸿星在市行政中心会见北京银行南昌分行党委书记唐一鸣一行。

13日，全市领导干部警示教育会议在市行政中心召开。市委书记肖毅主持并讲话。张鸿星、黄晓波等市四套班子在家领导出席；省纪委第三执纪监督室牵头负责人胡文南到会指导。

16日，在广州举行的由国家林业和草原局主办的2018中国森林旅游节，资溪获评全国森林旅游示范县称号。

18日，庆祝改革开放40周年大会在北京人民大会堂隆重举行，中共中央总书记、国家主席、中央军委主席习近平出席大会并发表重要讲话。张鸿星、魏建锋、黄晓波等市四套班子在家领导，在市行政中心集中收听收看大会实况直播。

19日，省委常委、常务副省长毛伟明到抚州调研市县机构改革工作，并主持召开座谈会，听取抚州市机构改革有关情况汇报和意见、建议。市委书记肖毅，市委副书记、市长张鸿星等陪同调研。省政府副秘书长王亚联、省编办主任傅世平、省地方金融监管局局长韦秀长、省发改委副主任李志刚、省林业局党组成员严成等随同调研。

19—20日，全国流域水环境综合治理与可持续发展试点工作交流现场会在抚州市召开。市委书记肖毅出席并致辞；国家发改委地区经济司司长郭兰峰主持并讲话；省发改委副主任、省鄱湖办（省苏区办）常务副主任周光华，国家发改委地区经济司副司长孙广宣，省发改委党组成员、省生态文明办专职副主任刘兵，省鄱湖办副主任赖南京等出席。

23日，庆祝改革开放40周年江西省第三届汤显祖戏剧奖·优秀小戏小品曲艺大展在汤显祖大剧院开幕。市委书记肖毅，省文联副主席、省戏剧家协会主席龙红等出席观看。

24日，市委副书记、市长张鸿星率队赴南昌海关走访，并与南昌海关关长张格萍、副关长朱宏及其他相关负责人座谈。

25日，抚州市第二届“孝满才乡”评选活动总结大会暨颁奖仪式在抚州幼儿师范高专举行。省委常委、统战部部长陈兴超出席并讲话，省政协副主席、市委书记肖毅致辞；市委副书记、市长张鸿星主持，省委宣传部副部长黎隆武和市领导魏建锋、黄晓波等出席。

28日，大乘汽车科技产业园项目竣工投产暨整车下线仪式即将举行的前夕，以“聚焦汽车产业，实现链动发展”为主题的大乘汽车合作伙伴答谢会在荣誉国际酒店举行，省政协副主席、市委书记肖毅出席，市委副书记、市长张鸿星致辞。大乘汽车董事局主席吴建中，江铃汽车集团党委书记、董事长邱天高，大乘汽车董事长吴潇，江铃汽车集团党委副书记、总经理万建荣等出席。

29日，江西大乘汽车科技产业园竣工投产暨整车下线仪式在高新区举行。副省长吴晓军，市委书记肖毅出席并致辞；省政府副秘书长陈敏，省委组织部部务委员、省委人才办专职副主任刘光华，江铃汽车集团党委书记、董事长邱天高，省工信厅副厅长刘煜，省市场监管局副巡视员欧阳勇和市人大常委会主任魏建锋、市政协主席黄晓波等市四套班子在家领导以及大乘汽车董事局主席吴建中、董事长吴潇等出席仪式。市委副书记、市长张鸿星主持。

同日，抚州市消防救援支队举行迎旗授衔和换装仪式。市委书记肖毅出席并讲话。

同年，南城县获农业农村部渔业健康养殖示范县称号。

同年，崇仁县获全国平安农机示范县称号。

本栏编辑　陈志平

年度关注

2018 年江西省旅游产业发展大会在抚州市召开

2018 年 5 月 8 日上午，江西省旅游产业发展大会在抚州市资溪县大觉山酒店隆重召开。抚州市委、市政府按照省委书记、省长刘奇提出的把该届大会办成“精致、精美、精彩”旅游发展盛会的指示要求，精细调度、精心组织，圆满完成 2018 年江西省旅游产业发展大会承办任务，较好地展示抚州市旅游产业发展的新成效、新特点，展示抚州良好的生态环境、深厚的文化底蕴，展示抚州干部群众积极进取、奋发向上的精神风貌，增强全市上下绿色崛起、跨越发展，全面建成小康新抚州的自豪感和自信心。

一、大会基本情况

该次大会由江西省委、省政府主办，省旅游发展委员会和抚州市委、抚州市人民政府承办。江西省委书记、省长刘奇讲话，并为 2019 年旅发大会承办地宜春市授旗。省领导姚增科、殷美根、朱虹、肖毅出席，副省长吴忠琼主持会议。会上对 2017 年度全省旅游产业发展先进单位进行表彰并颁牌。抚州、赣州、上饶、景德镇及省外办、资溪县主要领导进行大会交流发言。2019 年全省旅游发展大会承办地宜春市委主要领导作表态发言。省旅游产业发展领导小组成员单位及省直有关单位主要负责同志，各设区市主要领导、分管领导、旅发委主任，各县（区）党委或政府主要负责人，省内部分旅游景区、旅游企事业单位主要负责人等参加会议。

大会正式召开之前，5 月 6 日至 7 日，与会代表和嘉宾先后观摩考察抚河夜游、文昌里历史文化街区、大型实景演出《寻梦牡丹亭》、三翁花园景区、南城麻姑山景区、金溪香谷旅游风情小镇、宜黄曹山景区、资溪大觉山景区等重点旅游项目。省领导朱虹、吴忠琼、肖毅等，缅甸驻华大使帝林翁、汤加王国驻华大使陶阿伊卡・乌塔阿图、斯洛伐克驻华大使杜尚・贝拉、西班牙驻华大使阿尔韦托・卡内罗等 11 个国家驻华使节、高级外交官、中国—东盟中心秘书长及浙江、广东、北京、上海等 23 个省、市、自治区旅游部门负责人以及江西省有关单位负责人、各设区市有关领导、各县（区）党委或政府主要负责人、国内外知名旅行社负责人、国内外主流媒体记者等 500 多人参加。

会议期间还举办“江西风景独好”——2018 江西旅游推介会、驻华使节参访活动、外国媒体记者江西行活动、境内外旅行商合作座谈会、全域旅游江西经验调研采风活动、2018 资溪面包国际旅游文化节等活动。

二、大会主要特点

主题突出。大会突出“增强优质旅游供给，创建全域旅游品牌”的主题。在观摩考察抚州文化旅游项目中，与会代表、中外嘉宾对“依托深厚的文化底蕴和优美的生态环境，以山水为载体、以文化为灵魂，着力打造全域旅游知名目的地”的做法和成效印象深刻、反响热烈。大家普遍反映，不仅在市中心城区观摩到抚州在短短一年时间里打造的文昌里历史文化街区、大型实景演出《寻梦牡丹亭》、三翁花园、抚河夜话等一批体现文化特色、彰显人文底蕴的景点景区，而且在沿线考察中，南城、宜黄、金溪、资溪等县的旅游项目也把文化和生态优势体现出来，形成百花齐放、百景争艳、全域推进的良好态势。

特色鲜明。大会展现的旅游项目在烘托主题的同时，还体现具有地方特点和文化特质的鲜明风格。文昌里历史文化街区不仅还原抚州老城繁华的商业街区风貌，还把戏曲文化、宗教文化、商帮文化、民俗文化等元素融入其中，业态和内涵都非常丰富。《寻梦牡丹亭》实景演出，应用国际演艺界前沿的制作理念和声光电技术，融入戏剧、舞蹈、武术、杂技等时尚元素，充分挖掘、展示汤翁名著的生死梦幻特点。宜黄的曹山景区、南城的麻姑山景区、资溪的大觉山景区等，不仅积极开发生态观光、休闲康养、山岳体验、乡村静憩、精品民宿等新业态，而且把文化与旅游进行深度融合，进一步提升景区的文化内涵和文化品位。江西电视台《江西卫视新闻联播》5 月 6 日晚头条播发《抚州：以戏为媒 推动文化繁荣》，全面展示抚州文化旅游融合发展的新成效。

影响广泛。大会层次高、规模

大、影响深。与以往不同的是，该次大会除各设区市、各县（区）党委或政府负责人及省直单位主要负责人参会外，还邀请11个国家的驻华使节、国际友人及23个省、市、自治区旅发委领导及近百位境内外旅行商、媒体人、旅游达人等到抚州观摩考察，把抚州旅游、江西旅游进一步推向全世界。国内外50多家媒体100多名记者也齐聚抚州、聚焦抚州，用镜头、笔杆记录抚州旅游产业发展的新变化，记录抚州人民热情好客、豁达大气、开放包容的新形象。5月6日晚，中央电视台《新闻联播》以《江西抚州——文化繁荣织就幸福梦》，对抚州繁荣文化事业、提升群众幸福感进行浓墨重彩报道。

三、主要成效

展示抚州良好形象。一是展示抚州深厚的历史文化。文昌里、曹山寺、麻姑山、竹桥、大觉山等该次大会观摩的景区，通过挖掘临川文化的特质，恢复、还原历史风貌，抚州的才子文化、戏曲文化、禅宗文化、商帮文化的内涵得以体现。西班牙驻华大使阿尔韦托·卡内罗谈起对抚州的第一印象时说："这是一座繁荣的城市，充满文化气息，不仅有青山绿水，还是伟大戏剧家汤显祖的故乡。"二是展示抚州优美的生态环境。通过城乡环境综合整治，抚州的自然生态和优美环境获得代表、嘉宾的一致好评。在宜黄县二都镇帘前村游览参观时，缅甸驻华大使帝林翁对该处的人文特色和美丽风景赞不绝口，连称"OK，OK！""这里风景这么美，请帮我留个影。"在国家级生态县、国家重点生态功能区——资溪县参观时，代表、嘉宾对此处的生态环境赞不绝口，不约而同举起手机拍照留念。三是展示抚州干部良好的精神风貌。大会让与会代表、中外嘉宾亲身感受、领略抚州旅游产业蓬勃发展的良好态势，抚州的办会水平、接待水平、服务水平也给他们留下深刻印象。特别是大会的安保工作、接待工作赢得参会代表和中外嘉宾的赞誉。代表、嘉宾在参观文昌里历史文化街区、金溪竹桥古村景区时，忽降暴雨、电闪雷鸣，但执勤民警、工作人员、志愿者依然坚守岗位、冒雨工作，展示抚州干部群众的良好形象。

提升抚州城市品位。抚州市在前一段全面、集中整治城乡环境的基础上，按照"拆得彻底、清得干净、整得美观、管得有序"的要求，对城乡环境卫生进行再整治、再提升，基本实现街容秩序井然化、楼体路灯亮化、树木花草绿化、街道立面美化、道路地面净化、道路景区彩化、服务设施功能化的"七化"目标。同时，借助于承办全省旅游发展大会之机，对市中心城区和相关县区的道路、绿化、亮化、宣传氛围等进行全面提升，加快城市"双修"步伐，推动全市城市基础设施建设较大改善。正如省委书记、省长刘奇在全省旅游产业发展大会上所指出：抚州市围绕打造"写戏、演戏、唱戏、看戏、评戏"为一体的中国戏都，着眼打造"有梦有戏的地方"，推动旅游与文化、生态深度融合，取得明显成效，"才子之乡""文化之邦""华夏梦都"的声誉越来越响亮。

扩大抚州知名度和影响力。大会吸引国内外50多家知名媒体聚焦抚州。各大媒体纷纷在黄金时段、重要版面，大篇幅报道大会盛况和抚州旅游产业发展新变化。一是境外媒体深深叹服抚州人文自然美景。韩国世界侨网、韩国新华网、加拿大红枫林新闻网、罗马尼亚欧洲侨报网、希腊中希时报网、欧洲侨报手机客户端、一带一路网、金边传媒网、东盟华商在线等外媒均大篇幅报道《寻梦牡丹亭》抚州首演盛况，外媒记者纷纷称赞"恢宏""震撼"。国际在线开辟江西省旅游产业发展大会专页，并采用直播形式带"游客"参观三翁花园。ChinaNews开辟"直观中国"直播，展示抚州风采。欧洲侨报网、国际台匈牙利语脸书先后刊发《江西抚州环境好风景美 令外媒记者"垂涎""陶醉"》等多篇稿件，向世界推介抚州。这些外宣媒体稿件推出后引起强烈反响，大大提升抚州旅游品牌影响力。二是中央、省级主流媒体纷纷点赞抚州旅游产业发展新成效。新华每日电讯4月26日头版重稿刊发《"让沉睡的历史成为改善民生的资源"——江西抚州文昌里改造"圆梦"记》；5月1日，央视《新闻直播间》报道抚州文昌里历史文化街区文化游火爆场面；5月6日，江西日报重稿刊发《抚州全域旅游蓬勃发展》《汤翁的魅力》，江西电视台《江西卫视新闻联播》5月4日单条播发《抚州：发展全域旅游 打造没有围墙的景区》，等等。三是网络媒体积极热推抚州旅游产业发展新变化。大会召开期间，各大网络媒体推送旅游产业发展大会相关报道数百条，人民网、新华网、中国网、中国新闻网、光明网等中央级新闻网站，腾讯、新浪、搜狐、凤凰等商业门户网站刊发、转发省旅发大会以及抚州旅游产业发展新变化相关报道。他们不惜用"五光十色、变幻多姿""气势恢宏、令人震撼""流光溢彩、热闹繁华""五彩缤纷、姹紫嫣红"等优美词语描绘抚州，引发众多网民点赞评论，极大地增强全市干部群众自信心和自豪感。

促进抚州旅游产业快速发展。抚州市以筹办省旅游产业发展大会为契机，立足文化、生态两大优势，坚持用新发展理念谋划抚州，用生态文明建设统领抚州发展，把发展全域旅游、文化旅游作为彰显特色优势的重要途径，着力打造美丽江西"抚州样板"，旅游业呈现出爆发式增长。自2017年始，全市谋划实施重大旅游项目51个，总投资超过430亿元，重点打造文昌里历史文化街区、温泉景区、大觉山景区、麻姑山景区、曹山景区、竹桥古村景区、金溪香谷小镇等一批重大旅游项目，先后建成翡翠酒店、开元名都、大觉山酒店等一批五星级酒店，建成野狼谷、壹秋果、九瀑峡等一批特色鲜明的精品景点。不仅如此，没有列入此次大会观摩考察的其他县区也是全域境推进、全业态打造。如黎川以县城老街创国家AAAA级旅游景区为核心，依托黎川陶瓷、油画等文化产业，打造文创特色小镇，辐射带动玉湖、洲湖、岩泉国家森林公园三个旅游片区；南丰结合蜜橘文化、傩文化，推进军峰山核心景区、南丰古城、曾巩文化园、观必上风景区、潭湖生态养生岛、傩湖景区等项目建设；拥有“千古第一村”“千年古樟林”“千尺飞瀑群”“千仞道仙山”的乐安县，全面加快流坑、牛田古樟林、金竹吓通瀑布、大华山等精品景区建设。截至 2018 年年底，抚州市拥有国家 AAAAA 级旅游景区 1 个、AAAA 级旅游景区 10 个，资溪、南丰被国家旅游局列为全域旅游建设示范创建单位。2017 年，全市接待游客 3990 万人次，实现旅游收入 360 亿元，分别比 2016 年增长 35% 和 40%。2018 年一季度，接待游客 1374 万人次，实现旅游总收入 137 亿元，同比分别增长 35% 和 40%。在该次全省旅游产业发展大会上，抚州被授予“2017 年度全省旅游产业发展先进市”荣誉称号，黎川县、资溪县、南城县获得“2017 年度全省旅游产业发展先进县”称号，市文化旅游投资发展有限责任公司、大觉山景区集团有限责任公司获得“2017 年度全省优秀旅游企业集团”称号。

四、几点经验

大会取得圆满成功得益于省、市领导的高位推动。江西省委、省政府对此次大会高度重视，省委书记、省长刘奇不仅多次对筹办工作作出指示、提出要求，而且亲临大会发表讲话。省领导姚增科、殷美根、朱虹亲临抚州观摩考察重点旅游项目，对抚州工作进行面对面的指导。副省长吴忠琼多次深入抚州调研省旅发大会筹备工作，并亲自协调解决一些重要问题。省政协副主席、抚州市委书记肖毅不仅多次主持召开筹备领导小组工作会议调度推进各项筹备工作，而且经常深入各县区各项目点调研指导旅游项目建设和业态布局等具体工作。省旅发委党组书记、主任欧阳泉华多次深入抚州调研指导筹备工作，加强与抚州工作的“无缝”对接。市委副书记、市长张鸿星定期召开工作推进会和项目调度会，经常不分昼夜到项目建设一线协调指导各项筹备工作。正是各级领导的关心重视和高位推动，为该次全省旅游产业发展大会的成功举办打下坚实的基础。

大会取得圆满成功得益于承办方之间精心组织、密切配合。此次大会由省旅发委与抚州市委、市人民政府共同承办。在筹办过程中，省旅发委与抚州相互沟通、通力协作、密切配合。抚州成立由市委主要领导担任组长、市政府主要领导担任第一副组长、相关市领导任副组长的筹备工作领导小组，省旅发委也成立筹备工作领导小组。两个筹备工作机构在制定总体工作方案、线路考察、项目选择、接待安排、安保维稳、会场布置、住宿用餐、车辆调度等方面及时联系沟通，进行有效对接。尤其在筹备工作进入冲刺阶段，省旅发委在欧阳泉华的率领下，多次深入抚州召开对接会，就考察点安排、氛围营造、智慧旅游、会场布置等工作进行具体指导。在加强与省旅发委对接的同时，抚州紧抓方案制定、活动安排和项目建设。在总体活动方案之下，又细化各小组工作方案，明确各项活动、各个项目的工作任务、完成时间。尤其在筹备工作进入倒计时一个月时，坚持“一周一调度、一天一检查”，确保各项筹办工作有力、有序、有效推进。

大会取得圆满成功得益于相关县区及各相关部门间的相互支持、通力协作。承办该次全省旅游产业发展大会千头万绪、任务十分繁重，既包括 10 多个重点旅游项目的建设任务，又涵盖各个重点旅游项目的业态布置；既要加强市中心城区的环境整治，又要突出相关县考察沿线的农村环境整治；既要负责 200 多名会议代表的接待，又要完成 200 多名中外嘉宾的接待考察；既包含大会、推介会等多场会议的筹办，又有资溪面包国际旅游文化节等多场重大活动的安排。面对这些繁重的考察、会议及大型活动任务，市旅发委、市文旅投、公安（交警）、城管、建设、农工部、林业等 70 多个部门、单位以及文昌里、资溪县、南城县、宜黄县、金溪县等相关县紧密配合、相互支持、及时沟通，形成全市动员、上下齐心的良好氛围，奏响“以敢教日月换新天的精神，坚决打赢旅发大会攻坚战”的大合唱。不仅抚河夜游、文昌里历史文化街区、大型实景演出《寻梦牡丹亭》、三翁花园景区、南城麻姑山景区、金溪香谷旅游风情小镇、宜黄曹山景区、资溪大觉山景区等重点旅游项目赢得与会代表、中外嘉宾的纷纷点赞，而且周到的接待服务、周密的安保维稳、严谨的会务安排也给大家留下深刻的记忆。

大会取得圆满成功得益于全体工作人员的共同参与、无私奉献。筹备工作领导小组各单位以大会召开时间为节点，发扬特别能吃苦、特别能战斗、特别能奉献的优良作风，不畏艰苦、不怕疲劳、连续作战。综合协调组、环境整治组、宣传督查组等 8 个工作小组按照“精心、精细、精准”的工作要求，从 4 月初就进入倒计时工作状态，加班加点，逐项制定方案预案，细化工作职责，切实抓好观摩考察、会务接待、环境整治、交通安保、信访维稳、宣传报道等各项工作的每一个环节、每一个细节，确保整个旅发大会各项活动流程顺畅、衔接有序。市文旅投、文昌里及相关县区在推进重点旅游项目建设中，本着精益求精的工作态度，倒排工期，挂图作战，从县级领导到普通干部，从规划设计者到一线工人，舍小家顾大家，不分节假日，与时间赛跑、同困难比拼，战晴天、斗雨天，科学调度，精准施策，确保各项任务如期全面完成。一些演职员为打造精品节目也付出辛勤的汗水。如《寻梦牡丹亭》实景演出排练期间，100 多名演职员发扬不怕苦、不怕累的精神，每天排练到深夜，甚至很多次排练都是顶着狂风暴雨进行的。正是由于各相关部门和广大干部职工的艰苦努力、无私奉献，才换来大会如期精致、精美、精彩绽放。

（市文旅局）

本栏编辑　熊梓良

概　览

经济社会发展综述

抚州市位于江西省东部，2018年辖9县2区和抚州国家级高新技术开发区、东临新区两个重点开发区。总面积1.88万平方千米；城镇化率49.81%，比2017年提高1.59个百分点。耕地面积24.53万公顷，林业用地面积132.40万公顷，森林覆盖率66.1%。总人口404.7万人，其中城镇人口201.6万人；人口自然增长率7.63‰。2018年地区生产总值1382.40亿元，增长8.0%。其中，第一产业增加值199.28亿元，增长3.1%；第二产业增加值566亿元，增长8.0%；第三产业增加值617.12亿元，增长10.1%。三次产业比由2017年的15.7∶41.7∶42.6调整为14.4∶41.0∶44.6。财政总收入200.7亿元，增长9.3%，人均4959元；其中税收收入170.47亿元，增长12.2%，占财政总收入的84.9%；公共财政预算收入124.21亿元，增长3.3%；全年财政预算支出404.21亿元，增长13.8%。全市全部工业增加值424.94亿元，增长8.5%，占GDP的比重30.7%，其中规模以上工业增加值增长9.0%；社会消费品零售总额544.1亿元，增长10.6%；外贸出口总额131.08亿元，增长1.2%，占GDP的比重9.5%。完成固定资产投资1551.36亿元，增长10.7%；实际利用外资3.85亿美元，增长9.0%；进出口总值141.33亿元，增长5.8%。主要工业产品：化学纤维1.44万吨，饲料48.01万吨，塑料制品19.88万吨，商品混凝土160.51万立方米，人造板60.53万立方米，铝合金61.26万吨。农林牧渔业总产值343.53亿元，增长3.3%。主要农业产品：粮食总产量277.67万吨，油料产量5.45万吨，棉花产量0.26万吨，水果产量180.04万吨，茶叶产量0.28万吨，肉类产量32.58万吨，水产品产量16.34万吨。生猪出栏262.97万头，年末存栏137.28万头；年末家禽数2474.28万羽。全年能源消耗总量504.72万吨标准煤，增长4.8%；万元GDP能耗0.3565吨标准煤，下降3.0%。2018年，全市地表水水质为优良，水质指数为3.9064，全省排名第4。抚河流域21个监测断面水质达到或优于国家《地表水环境质量标准》，（GB3838-2002）Ⅲ类标准的比例为95.2%。市中心城区空气质量优良天数比例为88.5%，提高2.9个百分点。全市城镇居民人均可支配收入31976元，增长8.5%；农村居民人均可支配收入14767元，增长8.9%。城镇居民人均消费性支出为18362元，增长8.1%；农村居民人均生活消费支出9484元，增长9.9%。年末住户储蓄余额1303.7亿元，增长10.2%。

（叶　松）

自然环境

【地理】 区域位置　抚州市地处北纬26°29′～28°30′、东经115°35′～117°18′之间。东邻福建省建宁县、泰宁县、光泽县、邵武市，南接江西省赣州市石城县、宁都县，西连吉安市永丰县、新干县和宜春市的丰城市，北毗鹰潭市的贵溪市、余干县和南昌市进贤县。南北长约222千米，东西宽约169千米，总面积18798平方千米，占全省总面积的11.3%。

地势地貌　市境内东、南、西三面环山，中部丘陵与河谷盆地相间。地势南高北低，渐次向鄱阳湖平原地区倾斜。地貌以丘陵为主，山地、岗地和河谷平原次之。海拔500米以上的山地占总面积的30%，海拔100～500米之间的丘陵占50%，海拔低于100米的岗地和河谷平原占20%。

山脉　市境内山脉集中分布于东部和南部，山体走向为北东—南西向，主要有东部武夷山和南西部雩山，二者在平面上构成北东向斜“川”字形地貌框架。武夷山脉位于抚州市东部，沿赣闽省界向南延伸，为盱江和闽江的分水岭。主要有笔架山、出云峰、昌坪山、杨家岭、会仙峰、九头峰等海拔千米以上的山峰10余座。雩山山脉分布在抚州市西南部，主要有大王山、芙蓉山、相山、血木岭等，其中市内最高峰——军峰山海拔1761米，位于该山脉中。

河流　全市有抚河、信江、赣江三大水系，大小河流470条。水流方向除赣江水系乌江外，均由南向北汇入鄱阳湖。1.抚河水系。抚河古称盱江，又名汝水，贯穿抚州市中南部，是流入鄱阳湖区主要支流之一，为全省仅次于赣江的第二大河流。抚河干流总长348千米，流经境内长271千米，多年平均径流量为78.9亿立方米，流域面积为16439平方千米。抚河主要支流有盱江、临水、黎滩河、东乡水等10余条。2.赣江水系。市内赣江水系主要河流在乐安、广昌两县境内，流域面积为1422平方千米，有青田水、南村水、鳌溪水、潭港水、招携水、牛田水、湖坪水、柯树水。3.信江水系。市内信江水系河流分布在东乡、金溪、资溪三县，流域面积为1560平方千米，有泸溪水、黄通水、旸田水。此外，还有直接流入鄱阳湖的润溪河，其发源于东乡县北部愉怡乡眉毛尖，全长21千米，市内流域面积为116.2平方千米。

气候　抚州境内属南方湿润多雨季风气候区，气候湿润，雨量充沛，光热充足，四季分明，生长期长。全市年平均气温在17.06～18.44℃之间，最热月7月平均气温为27.64～29.85℃之间，最冷月1月平均气温为5.20～6.80℃。历年极端最高气温42.2℃，极端最低气温-13.2℃。年平均降水量1740.7～2003.3毫米，集中雨季在4—6月，年平均降水日为162.6天。年平均日照时数为1585.5小时。风向全年平均以静风为主。由于地形复杂，气候多变，旱涝、风雹、雷电和低温天气常有发生。

【土地资源】　2018年年底，全市土地面积18798平方千米，占全省总面积的11.3%。其中，耕地34.21万公顷，全市人均占有耕地0.088公顷（核）；牧草地0.38万公顷；林地120.39万公顷；居民点及工矿用地7.23万公顷；交通用地2.40万公顷；水域面积9.19万公顷；园地8.53万公顷；未利用土地13.73万公顷。

全市土壤总面积为173.65万公顷，土壤类型分为红壤、黄壤、山地草甸土、紫色土、红黏土、新积土、粗骨土、潮土和水稻土9个土类及15个亚类、65个土属、200个土种。1.红壤。全市红壤面积为132.22万公顷，是全市面积最大的一类土壤。红壤大多数土层深厚，是发展果、茶、桑、油茶以及用材林和经济林的主要土壤资源。2.黄壤。全市除南城、东乡外，其他县区均有分布，总面积为3.5万公顷。有机质丰富，肥力高，是发展主要用材林的重要土壤资源。3.山地草甸土。位于南丰县和宜黄县军峰山、崇仁县相山等海拔1200米以上的高山平坦缓坡地段，面积0.019万公顷。4.紫色土。主要分布于南城、广昌、南丰海拔150米左右的丘陵地区，面积为5万公顷。紫色土适宜喜钾、钙植物的生长。5.红黏土，面积为0.053万公顷。6.新积土。零星分布于全市大小河流主航道两侧的河漫滩，面积为0.02万公顷。7.粗骨土。分布于崇仁县三山乡丘陵地区，面积为3.53万公顷。部分植被较好的地段，表层土较厚，土壤有机质较丰富，是发展油茶生产的良好土壤资源。8.潮土。是近代河流冲积物经人工开垦耕作而形成的一种旱作土壤，分布于抚河及其支流沿岸的河阶地及冲积平原，面积为0.85万公顷。潮土土壤深厚，土质疏松，养分丰富，是各种经济作物、蔬菜、果树，尤其是柑橘种植的良好土壤资源。9.水稻土。广泛分布于全市各县区，尤以抚河平原和丘陵沟谷分布集中，是市内最主要的耕作土壤，面积为31.6万公顷。水稻土复种指数高，生产利用强，是种植水稻、棉花、红薯、西瓜、花生、甘蔗、油菜等多种经济作物的优良土壤。

【矿产资源】　抚州矿产资源丰富，有金属矿产20多种，非金属矿产30多种。主要有有色金属（含贵金属）、稀有金属、黑色金属、稀土矿产、瓷土矿产、建筑材料及冶金辅助矿产等，以稀有金属铀、有色金属铜、瓷土矿和建筑材料矿产为优势。已探明储量的矿床有265处，内有大型矿床3处，中型9处，小型253处。已开采利用的有铜、铀、瓷土、金、钨、煤、稀土、萤石、石墨、建筑材料等。

【能源资源】　抚州能源资源主要有水能、光能、风能等。

水能　抚州水能理论蕴藏量为70.246万千瓦（其中，抚河57.90万千瓦，信江流域5.496万千瓦，赣江流域6.73万千瓦，润溪河0.12万千瓦），占全省水能蕴藏量的10.29%。水能可开发量为49.14万千瓦，折合年可开发电量19.66亿千瓦小时。

光能　抚州全年平均日照总时数为1585.5小时，太阳辐射总量为102.4～112.2千卡/平方厘米，以南丰县为最大，东乡次之，资溪最少。全市属短日照地区，昼夜变化较小，年内太阳辐射总量不低，有利于长短日照作物生长和太阳能的开发利用。

风能　抚州一年内以静风天数最多，年平均风速仅1.1～3.0米/秒，东乡、南城、金溪偏大，为2.2米/秒。南城年均风速达3.2米/秒，为全市最大，可供开发利用。

能源矿　全市有煤炭产地32处，分布在8个县区。主要分布在崇仁相山—礼陂—谙源、东乡刘家岭—小璜—詹墟、乐安濂坑—仲溪—洞口、南城鲲塘—上唐—庄上、南丰池渡和沙岗等地，均为小型规模矿床。累计探明储量为827万吨，仅占全省的0.7%左右。

【水资源】　抚州水资源十分丰富，总量达249.23亿立方米。

地表水资源　地表水资源来自降水，全市年平均降水量322亿立方米，多年年平均降水量在1700毫米左右，资溪县年平均降水量最大，为1900毫米；临川区年平均降水量最小，为1600毫米。4—6月降水量约占全年降水量的50%。降水部分为植物、土壤和地表水蒸发所消耗，部分形成径流。全市地表水资源为181.11亿立方米，人均占有水量6300立方米左右。

地下水资源　全市地下水（浅层）资源可动量初步估算为51.86亿立方米，平均地下流量模数为22.6万立方米/年平方千米。市内地下水类型包括松散岩类孔隙水、碎屑岩裂隙孔隙水、基岩裂隙水。前两类富水性强，水质污染程度低，是生产、生活主要供水源。后类富水性差，水质亦不理想，不宜作供水源。

【植物资源】 抚州植物起源古老，植物资源丰富，种类繁多，可提供物质原料的资源植物生产潜力大。全市有高等植物3000余种，其中，木本植物109科322属1018种（含亚种、变种及少数栽培种）。在木本植物中，有优良速生树种26科55种。有伯乐树、香果树、水杉、南方红豆杉等20种树种被列为国家级保护树种，香榧、江南油杉、罗汉松、赤皮稠、美毛含笑、沉水樟等45种树种被列为省级保护树种。

用材植物 主要有人工栽培和野生两种。人工栽培的有毛竹、杉木、马尾松、火炬松、湿地松、柳杉、池杉、水杉、樟树、橡树、拟赤杨、木荷、苦槠、枫树、杨树、泡桐等。野生的有台湾松、樟树、伯乐树、杜英、重阳木、黄檀、花榈木、红豆树、甜槠、南岭栲、大叶青岗、东南石栎、麻栎、蕈树、枫香、枫杨、黄樟、红楠、楝树、紫树、银鹊树、湘椴、青檀、榆树、香椿、南方红豆杉、香槐、朴树、铁冬青等。

经济植物 木本油料类植物有油茶、油桐、乌桕、梾木、油橄榄、樟树、香桂、山苍子、木姜子、吴茱萸、花椒、柏树、桉树、松树；木本淀粉类植物有板栗、槠类、栎类、茅栗、锥栗；木本纤维类植物有桑、榆、朴、山油麻、椴树、糙叶树、竹类、梧桐、棕榈；食用果类植物有柑橘、橙、柚、桃、李、柿、板栗、枣、梨、杨梅、猕猴桃、山楂、无花果、葡萄等。

观赏植物 主要有柏树、苏铁、银杏、雪松、罗汉松、夹竹桃、黄杨类、蜡梅、杜鹃花类、香榧、绣球、玉兰、含笑、芙蓉、白兰花、合欢、茶花、桂花、石榴、蔷薇花、绣线菊等。

药用植物 市内木本药用植物有160余种，主要有银杏、木通、厚朴、红茴香、肉桂、阴香、杜仲、皂荚、黄檗、木槿、辛夷、元花、五加、常春藤、山茱萸、朱砂根、女贞、络石、紫珠、枸杞、钩藤、忍冬、羊蹄甲等。

【动物资源】 抚州生态条件较好，为野生动物提供了良好的栖息场所。动物资源中有哺乳类、鸟类、两栖类、爬行类、鱼类、软体动物、浮游动物等。全市属国家一类保护动物有7种，分别为华南虎、金钱豹、云豹、梅花鹿、金猫、黄腹角雉、白颈长尾雉。属国家二类保护动物37种，有猕猴、黑熊、豺、大灵猫、小灵猫、水獭、穿山甲、水鹿、鬣羚、大鲵、虎纹蛙、鸳鸯、白尾鹞、白鹇、红腹锦鸡、斑头鸺鹠鸟、雕、普通夜鹰、蓝翅八色束鸟 等。属省级保护动物62种，有狐、貉、果子狸、食蟹獴、黄鼬、豹猫、平胸龟、赤鹿、绿头鸭、灰胸竹鸡、白鹭、火斑鸠、大杜鹃、蓝翡翠、灰喜鹊、红嘴相思鸟、大拟啄木鸟、家燕等。属《濒危野生动植物国际贸易公约》保护的有银环蛇。全省仅抚州市特有的动物有黑熊、红腹锦鸡。

哺乳类 有华南虎、黑熊、豹、鹿、猕猴、大灵猫、小灵猫、金猫、狐、貉、穿山甲、刺猬、豺、水獭、鬣羚、狼、梅花鹿、水鹿、野猪、果子狸、花面狸、食蟹獴、黄喉貂、黄鼬、野兔、花鼠等。

鸟类 有206种，主要有黄腹角雉、白颈长尾雉、白鹇、红隼、苍鹰、凤头鹃隼、松雀鹰、大拟啄木鸟、金腰燕、家燕、黑枕黄鹂、喜鹊、红嘴相思鸟、鹧鸪、凤头麦鸡、八哥、云雀、麻雀、金雕、白鹭等。

两栖类动物 全市有28种，主要有大鲵、蝾螈、崇安髭蟾、中华蟾蜍、中国雨蛙、虎纹蛙、棘胸蛙、日本林蛙、大树蛙、饰纹姬蛙等。

爬行类动物 有42种，主要有银环蛇、眼镜蛇、尖吻蝮、黑肩锦蛇、王锦蛇、灰鼠蛇、乌梢蛇、竹叶青、水蛇、平胸龟、乌龟、中华鳖、壁虎、石龙子、蜥蜴等。

鱼类 有125种，其中鲤科种类最多，计74种。主要经济鱼类有鲤鱼、鲫鱼、草鱼、鳙鱼、鳊鱼、乌鱼、鲶鱼、黄颡（又名黄芽头）、鱼白、鲴鱼、鳜鱼、黄鳝、泥鳅以及引进的罗非鱼、河鳗、河蟹等。

软体及底栖动物 有经济价值的软体及底栖动物抚州主要有三角帆蚌、褶纹冠蚌、椭圆背角无齿蚌，背角无齿蚌，圆田螺、环棱螺等。

（市志办）

历史简况

【汉代以前】 早在新石器晚期抚州就有人类活动，在临川抚北镇磨盘山、上顿渡镇桃子山寨、温泉镇虎形岭、桐源乡翁坊村金钟，乐安鳌溪镇寨上、南村乡破脑上、龚坊镇浯塘甲山、万崇乡成坊排上等地，考古发现石斧、石镞、石锛、石矛、石刀、纺轮、器脚和陶器以及铁质蹄形鼎腿、铁釜和铁剑等残片。在临川上顿渡镇乐家寨、罗家寨，青泥镇脊山；乐安山砀镇山砀村营盘边、鳌溪镇林头湾肖坊坑等地发掘出商、周及至春秋战国时期铁斧、铁口锄、陶器和原始瓷等器物。不少遗址的土城、城墙、城门、城壕遗址尚存，表明在春秋战国时期这里就有人口聚居。

据中国最早的地理著作《禹贡》记载，夏商时期天下分九州，抚州区域属扬州。春秋战国群雄崛起，抚州地域始属吴国，此后，逐步壮大起来的越国于公元前473年灭了吴国，抚州归属于越地。据于今湖南、湖北的楚国不断向东方扩张，于公元前306年楚王熊商又将越国灭了，抚州区域纳入楚国版图。到秦王政二十四年（前223年）时，强大的秦国灭了楚国，抚州区域归属于秦。两年后秦国灭齐，统一中国，分天下为36郡，抚州属九江郡。九江郡治设在今安徽寿县，管辖的范围相当于现在的安徽、河南淮河以南、湖北黄冈以东和江西赣北、赣中、赣南。九江郡下面设有若干个县，其中一个县叫余汗，就是今天上饶市的余干县，抚州属余汗县管辖。

先秦时期，抚州是百越族的活动范围。据《汉书·地理志下》臣瓒注曰：“自交趾至会稽七八千里，百越杂处，各有种姓。”明确指出江南大部分地区在春秋战国之际属于古代越族聚居之地。抚州处于交趾（今越南境内）至会稽（今浙江绍兴）的中段，这里的原住居民是古越族的一支，叫“干越”，干越是众多越族中的一个方国。唐代颜师古注《汉书·货殖列传》曰：“干越，南方越名也。”是活动于江西的古代越族的一支。朱维幹在《福建史稿》中更明确指出：“干越在今天的赣东。”

秦始皇统一中国后，一部分越人逐渐与当地汉人融合，但多数越人则避居山区，成为“山越人”。由于越人已进入农业经济阶段，其中部分越人与汉人交往较多，汉越差别渐少，所以一旦进入汉人占优势的居民中很快就被融合了，这也是史籍中未留下这些越人移民踪迹的原因。“山越人”自东汉以来即被称为“深林远薮、椎髻鸟语之人”（《后汉书·度尚传》）。对山越的酋长，史书称为宗帅、大帅、渠帅、名帅、强宗骁帅（《三国志·吴志》）。他们统率的人数，少则数百人，多则万人。东汉末年孙权据有江南后，不断对山越人进行剿抚，并且毫不例外地将俘虏的山越成年男子编入军队，壮大东吴军事力量。《三国志》卷六十《吴书·贺齐传》记载：建安十八年（213 年）豫章东部民彭材、李玉、王海等又起，有众万余，贺齐率兵镇压，“拣其精健为兵，次充县户”；《三国志》卷五二《吴书·张昭传》记载：建安十八年，“（孙）权征合肥，命昭别讨匡琦。又督领诸将，攻破豫章贼帅周凰等于南城。”“南城”即南城县，“豫章东部”就是现在的临川区域。直到两晋南朝时，山越人才慢慢融合为汉民族，赣东境内的一些少数民族如畲族、瑶族、苗族等都是山越人的后裔。

抚州地区由于土地未得到深度开发，在西汉以前未设县级以上行政机构治理，是个远离封建统治中心的区域。西汉王朝建立以后，才开始设有县级行政机构。汉高祖四年（前 203 年），英布因在楚汉争霸中战功赫赫，受封为淮南王。淮南王国领有衡山、九江、庐江、豫章 4 郡，豫章郡治设在今南昌市，管辖 18 个县，这是江西地区最早设立的一批县，南城县是其中之一。南城县治设在现在南城县东南的，硝石街河对岸，1960 年洪门水库大坝合龙拦洪后，硝石街及南城古县治被淹没，已寻不到踪迹。西汉南城县所辖范围大体包括今南城、资溪、黎川、南丰、广昌、宜黄、崇仁、临川、金溪 9 县之全部及乐安大部、东乡南部、宁都北部。今东乡一部分属馀汗县、乐安一部分属新淦县。后来随着人口的逐步增加，东汉永元八年（96 年），分豫章郡的南昌县南部和南城县西北境，设置临汝县，县治设在今抚州市城西街道办事处附近。临汝县治因临水（宜黄河）和汝水（抚河）环绕，故名临汝县，到隋朝开皇九年（589 年）才正式改名为临川县。南城县管辖今南城、南丰、广昌、黎川、资溪 5 县地域，临汝县管辖今临川、崇仁、宜黄、金溪及乐安、东乡之大部地区。此后，赣东地区两县分治局面维持了 160 余年。

【魏晋南北朝】 三国时，偏居江东的孙吴政权，为加强与曹魏、蜀汉的抗衡，确立了“保江东”“观成败”战略方针，对江东进行全面开发和治理，其中一个重要举措就是将山越人驱逐出山，以增加孙氏政权所控制的人口，即所谓“分部诸将，镇抚山越。”在派兵驱赶山越人出山的同时，大量设置郡县加以治理，并于吴太平二年（257 年）在赣东地区设立临川郡，郡治设在临汝县。

古代地方政权实行州、郡、县三级管理，“郡”相当于现在的设区市。在设立临川郡的同时，分南城县东南部另置东兴、永城、南丰 3 县。分临汝县西南部置西平、新建、西城、宜黄、安浦 5 县。临川郡管辖临汝、西平、新建、西城、宜黄、安浦、南城、东兴、永城、南丰 10 县。县的数量与现在抚州市管辖的县区相差无几，其中临汝（临川）、南城、南丰、宜黄 4 个县名沿用至今。这种情况一直延续到南朝的梁普通三年（522 年），其间县名和辖区虽略有变动，但变化不大。

郡、县行政机构的增设，反映了人口的增加。在生产力发展水平不高的古代社会，人口多寡是一个地区社会经济发展的风向标，“人丁兴旺”折射出经济繁荣，而“人口锐减”则反映了经济的衰败。秦汉时期各级政府即建立人口统计制度，人口数计来源于地方郡县的“上计”。所谓“上计”，是指每年年终下级向上级，地方向中央上报当地的户口、垦田、赋税收入及治安状况，中央通过上计掌握各地情况，并据此对各级官员做出升迁或贬黜处理。现存人口数据历史文献，最早见于西汉平帝元始二年（2 年），但只有全国、州、郡三级数据，缺少县级人口数据。当时豫章郡管辖 18 个县，共有人口 67462 户，351965 口，每县平均 19554 口。而南城县相对于赣中以北地区，土地辽阔，还有相当多的土著居民（主要是越人）尚未纳入国家编户，实际人口当不少于此数据。

随着土地逐步得到开发，尤其是郡县机构的大量设立，北方南来为官任职及征战南方的军士日增，滞留不返的汉人也越来越多，如东汉陈留人廖国祥，桓帝时任临汝知县，任满后定居临川龚溪；三国时庐江安丰人丁奉，曾升任右大司马、左军司，后因得罪吴主孙皓，被徙居于临川，成为临川丁氏鼻祖。即使是居于长江之滨的人也纷纷迁往南方腹地，如晋代武昌人郭翻，为名门之后，其伯父郭讷任广州刺史，父亲郭察任安城太守。郭翻辞州郡之征辟，举家隐居于临川。西晋永嘉之乱后，南方相继建立东晋和宋、齐、梁、陈五个王朝。这些王朝凭借长江“天堑”的屏障，在较长时期内处于相对稳定的局面。然而北方割据政权仍兵祸联结，以至于“中州士女避乱江左者十六七”。据谭其骧《晋永嘉丧乱后之民族迁徙》一文记载，自永嘉至元嘉年间，北人南渡达 90 万人。尽管主要集中迁徙于今江苏、安徽、湖北、四川、山东黄河以南地区，但迁居江东的人也不少，明朝正德《建昌府志》说：“永嘉东迁，衣冠多所卒止，其后文物颇盛”。晋太康初年（280 年）的人口数据正好印证其言不虚，此时临川郡有人口 8500 户，这是抚州首次有确切人口数据的记载。按中国传统一家 5 口人计算，应当在 4.25 万人以上。统计人口是政府行为，摸清人口底数，目的是征粮纳税，分摊徭役。然而，晋代世家豪族隐占人口，避税逃役已成为史学界共识，他们拥有的佃客、部曲、僮仆、奴婢倍于郡县编户。因而官府统计的在籍户口，远低于实际人口。至南朝宋大明八年（464 年），临川郡人口增至 8983 户，64805 人。

梁普通三年（522 年），武帝萧衍将临川郡的新建、西宁、巴山 3 县及豫章郡的丰城县、庐陵郡的兴平县划出，成立巴山郡，郡治设在今乐安县公溪镇古城。这样，抚州地区实行两郡共治。临川郡管辖临汝、南城、西丰、宜黄、安浦、南丰、东兴、永城、定川等 9 县；巴山郡辖新建、西宁、巴山、广丰、新安、兴平、丰城等 7 县。

抚州地区还曾设立过省级行政机构。陈永定元年（557 年），陈霸先废梁敬帝自立，建立陈朝政权后，分江州设立高州，管辖巴山、临川、安成、豫宁 4 个郡，州治设在今乐安县公溪镇古城。“州”相当于省级政权，但高州存在的时间不长，至陈天嘉四年（563）就被废除，仅存在过 7 年，临川、巴山两郡仍然隶属于江州管辖。

隋唐以前，抚州的经济文化发展状况，由于受遗存下来的史料所限，很难确切地描绘其规模状况，但可以大致勾勒发展轮廓。长期生活于此的土著居民——越人，过着饭稻羹鱼、火耕而水耨的生活，以至于“无冻饿之人，亦无千金之家”，而“越人善种稻”，至今东乡县岗上积镇仍保留一片野生稻，南丰县因常产嘉禾，得名嘉禾县。北人南迁带来了先进的农耕技术，尤其是铁农具和耕牛的使用，带动了经济的发展，1986 年乐安县村民在建房取土时发现钱币窖藏，出土自汉至清各代铜钱 86 公斤，约 1 万枚。其中有两汉的五铢 4 枚、剪轮五铢 7 枚、私铸五铢 1 枚，新莽货泉 1 枚。

水利是农业的命脉，东汉时期，江南也开始大规模兴建陂塘闸坝，推广蓄水排灌技术。陈留郡（今河南开封东南陈留镇）人廖国祥，字硕补，延熹年间任临汝知县，建宁二年（169 年）弃官，卜居临川龚溪，捐资拦河筑陂，灌田千顷。不久，所筑之陂被洪水冲溃，他又捐资重修，历时年余始成。临川乡民为纪念建陂之功，立陂王庙祭祀他。据明代谭纶所作的《古陂王庙记》载：龚溪现属宜黄县，此堰叫“巨蛇堰”，堰成见巨蛇横水而渡。农业的发展促进了蚕桑事业的兴盛，抚州地区一年中蚕可四五熟，妇女勤于纺织，有夜浣纱而旦成布者，俗称为“鸡鸣布”。

抚州经济地位的上升和“控带闽越”的特殊地理位置，成为六朝时期尤其是梁陈之际各种政治势力拉拢争取或排斥打压的对象，但不管是拉拢还是打压，均催生了抚州本土雄杰人物以群体的方式登上历史舞台，无不仕至州牧，南城周迪，临川周续、周敷，乐安黄法氍等均在廿四史之一的《陈书》中列有其传，名垂青史。

抚州雄杰人物崛起于南朝梁末侯景之乱。梁正平元年（548 年）八月，侯景在今安徽寿县举兵反梁。梁武帝下诏讨伐，各地纷纷起兵响应。周续起兵临川，周迪筑城于今金溪石门公塘，周敷控制着南城县，黄法氍聚兵于今樟树市，熊昙朗驻兵今乐安公溪。梁承圣元年（552 年），临川内史萧毅攻占南昌，把临川郡让给周续。不久周续部下争权，杀周续归附周迪。周迪出身贫寒，担心难以驾驭部属，转而依附于名门望族周敷，凭借周敷的信任，队伍不断发展壮大。

抚州酋豪为陈霸先建立陈朝基业立下显赫战功，先后剿灭了进犯赣东的湘州（今长沙）刺史王琳，豫章刺史熊昙朗等反陈势力。具有政治眼光的周敷、黄法氍皆入朝接受封赏，唯独周迪不谙封建统治游戏规则，顾恋家乡根据地，不出临川半步，使陈朝统治集团很不放心，将他调出临川，出镇湓城（今九江），令其儿子入朝为人质。周迪大为恐惧，暗中与素有反陈野心的缙州（今浙江金华）刺史留异、闽州（今福州）刺史陈宝应翁婿结成联盟。陈天嘉三年（562 年）春，陈文帝令江州刺史吴明彻与黄法氍、周敷率兵围攻周迪，周迪溃败，妻儿悉被擒获，独身逃到建安（今福建建瓯）求助陈宝应。陈宝应资助他兵众，留异也派儿子留忠臣带兵随他返回赣东。南城、东兴、永城 3 县民众感念当年周迪保境安民有功，积极响应，力量迅速壮大。陈文帝命章昭达为都督率兵攻打周迪。周敷也随军出征，被周迪设计擒杀。为避敌锋芒，周迪遣散部属，游走于山谷间，受到临川百姓的掩护。陈天嘉六年（565 年）七月才被临川太守骆牙俘斩。

抚州酋豪得以善终者只有黄法氍，他一生南征北战，官运亨通，封义阳郡公，官至豫州刺史，坐镇安徽寿县，都督豫、建、光、朔、合、北徐六州军事。黄法氍是南朝时期官位最高、地位最显赫的江西人物，官职仅次于东晋太尉陶侃。

【隋唐五代】 隋朝开皇九年（589 年），隋文帝杨坚平定陈朝，统一中国，洪州总管府杨武通奉命安抚临川士民。隋朝政府为改变以往“民少官多，十羊九牧”的怪状，将东汉末年以来的州、郡、县三级政区制度改为州、县二级政区，废除临川、巴山两郡，设置抚州，取安抚赣东民众之意，“抚州”之名始于此。同时，大量裁撤、合并县级行政机构，由南朝梁时赣东地区 17 个县，缩减为临川、南城、崇仁、邵武 4 个县，抚州管辖范围远至今福建省的光泽、邵武、建宁、泰宁、将乐、顺昌。

隋大业十二年（616 年）十二月，鄱阳操师乞、林士宏起义，攻克南昌城，占领九江至广东番禺大片地域。十三年，林士宏在南康郡城（今赣县）称楚皇帝，抚州属楚政权。但楚政权寿命很短，唐高祖李渊取代隋朝，于武德五年（622 年）平定林士宏，将抚州纳入唐朝版图。鉴于隋朝县域版图过大，治理困难，重新设置县域治理范围，抚州管辖临川、南城、崇仁、宜黄、邵武、永城、东兴、将乐等 8 县，其中永城、东兴均在今黎川县范围内。贞观元年（627 年），唐高宗李世民分天下为十道，抚州属江南道。开元二十一年（733 年），唐玄宗李隆分江南道为江南东、西两道，抚州属江南西道，“江西”之名始于此。

自三国孙吴政权对江南地区进行全面开发，经过400多年的发展，整个南方地区生产力水平逐渐超越北方，国家经济重心也随之南移，对其赋税依赖性越来越强，唐代著名诗人韩愈曾说“当今赋出于天下，江南居十九”。在生产力不发达的古代社会，人力资源就是生产力，唐初武德年间（618—625年），抚州只有7354户，40685人，到天宝年间（742—755年），增加到30605户，176394人，净增3倍多。短短百余年人口自然增长不会这么快，其中有不少是北方南迁之民。唐王朝按户口多寡、事务繁简定州县等级，3万户以上为上州，2万户以上为中州，抚州定为“上州”。上州的管理机构规格高，官员品秩高，地方上为朝廷输送的赋税也多。刺史为从三品，别驾为从四品，长史、司马都是从五品。

唐代中后期，中国历史上经历了安史之乱和黄巢农民起义两次大的社会动荡，加速了北方士人南迁的步伐。“三川北虏乱如麻，四海南奔似永嘉”（李白《永王东巡歌》）、“记得街西邻舍否，投荒南去五千余”（吕融《和峡州冯使君题所居》）。安史之乱对长江以南影响不大，反而成为北方难民南迁的接纳地；黄巢农民起义军席卷长江南北十余省，“只有江西东南部（即上饶以南，赣水以东），侥幸没受黄巢的冲击。于是东晋永嘉以后迁移到河南西南部，江西东中部、北部和安徽南部的客家，到这个时候就有一大部分迁移到上面所说的乐土”（罗常培《临川音系·叙论》）。

唐朝末年中央政权旁落，地方割据势力兴起之时，抚州先后隶属于吴、南唐。当北方地区仍是战火连天之时，治理江南的吴、南唐则采取招抚流散、保境息民、轻徭薄赋、劝励耕织等措施，发展生产。尤其是南城人危全讽任抚州刺史27年，对外结交豪强，保境安民，招徕商旅；对内安抚士民，劝课农桑，修州衙、筑城池，兴儒学、弘佛教，经济文化得到快速发展，使抚州成为远近闻名的鱼米之乡和商贾云集之地。唐人张保和在《抚州罗城记》中写道：“临川古为奥壤，号曰名区，翳野农桑、俯津阛阓，北接江湖之脉，贾货骈肩；南冲岭峤之支，豪华接袂。”刁尚能在《唐南康太守汝南公新创抚州南城县罗城记》中说：南城“人繁土沃，桑耕有秋。学富文清，取舍无误，既状周道，兼贯鲁风。万户鱼鳞，实谓名邑。”抚州呈现出“既完且富，行者如归”的繁荣景象，吸引了大批中原人士竞相投奔，北方世家大族相继南来，定居抚州。如晏殊曾祖晏延昌“徙其籍于临川”；王安石曾祖王永泰“游览山川，慕其地之善，遂徙寓于此，故为临川王氏之祖”；乐史之父乐璋“游仕江左，为抚州临川丞，籍居临川”，后弃官居家，移居于宜黄霍源；临川周氏，原本金陵（今南京）宦族，“唐末由金陵徙临川”。四川阆州人吴守德，娶蜀国主孟知祥之女，封宣城公，孟知祥死后，朝政多由孟知祥旧人把持，骄恣不法，吴守德遂于明德三年（936年）63岁高龄时，带领三个儿子举家东下，定居于临川石井，12年后又带领长子吴纶、三子吴绍再迁南丰县梓口，吴守德“有孙十八人，曾孙七十七人，玄孙三百人”，其孙辈再从南丰扩展至金溪、宜黄等地。金溪陆氏，始迁祖是唐昭宗时宰相陆希声的孙子陆德迁、陆德晟，五代时为避战乱，从吴郡吴县（今江苏）迁徙到金溪县，定居于延福乡青田里（今陆坊乡陆坊村），陆德迁有6个儿子，子孙不断繁衍，成为远近闻名的大族，到南宋时养育出理学大师陆九渊兄弟。乐安流坑董氏祖先，也是在唐末战乱时由安徽皖南迁至宜黄，在宜黄繁衍3代之后，于南唐时期一支北徙鄱阳海口（今属德兴县），一支西迁乐安县流坑村，遂成一大宗族。徐幕贞曾任广东寿州长史，后唐清泰二年（935年），辞职隐居金溪县琉璃乡蒲塘村。广昌揭氏，也是“兄弟遭五季之乱，遂散处诸郡”，先从北方迁袁州（今宜春），再转迁广昌。迁入抚州的士族中，很多都是有一定经济实力的望族，本身就有较高的文化素养和深厚的家学传承，经过数代人的孕育和积淀，终于迎来了两宋人文荟萃、名贤辈出的空前盛况，造就了“临川才子”的千古美名。

【宋代】 宋朝开宝八年（975年），南唐灭亡，赣东之地纳入宋朝版图，赣东地区被抚州和建昌军两个行政机构分而治之。抚州管辖临川、崇仁、宜黄、金溪4县，建昌军管辖南城、南丰2县，尽管元朝改为“路”，明、清两朝改为“府”，但这种分而治之的局面维持近千年，直至封建王朝灭亡。所不同的是，随着人口的增加，经济社会的发展，县级行政机构设置日臻完备：南宋绍兴八年（1138），分南城县东南5个乡另置新城县（今黎川县），分南丰县南部3个乡另置广昌县。绍兴十九年（1149），分崇仁县西南3个乡及吉州永丰县云盖乡另置乐安县。抚州辖临川、崇仁、宜黄、金溪、乐安5县。建昌军辖南城、南丰、新城、广昌4县。

宋代，抚州封建经济文化达到鼎盛。首先是人口繁盛。王安石在《抚州通判厅见山阁记》中说：“抚之为州，……为地千里，而民之男女之万数者五六十，地大人众如此。”当时赣东地区是抚州与建昌军分而治之，“五六十万人”是对抚州所辖5县的概括，不包括建昌军管辖的4县。与王安石同一时期的元丰初年（1078年），官方数据显示，抚州、建昌军有人口27.57万户，52.21万人。但宋代官方人口统计数据有一缺陷，即仅统计交纳赋税和服劳役的男丁，妇女、儿童、老人一概不统计。其次是对丘陵、山地的开垦。从唐、五代到宋朝，垦种范围不断扩大，面积日益增加，垦辟的地点逐步向山区发展。王安石将家乡农民耕种情况概括为“山耕而水莳”。第三是普遍兴修水利工程。北宋嘉祐四年（1059年），临川知县谢卿材重新修筑千金陂等9陂。到南宋淳祐十一年（1251年），抚州知府叶梦得“筑陂长三百丈，浚渠长二十丈”，增强了抚河的防洪灌溉能力。不独官方主持修建水利，民间也有兴修水利之良举，如临川吴贲之女，25岁时丧夫，独居于黄池陂，负责管理陂堰事务，每年都要率领农夫千余人修治堤堰以蓄水灌田，事迹被载入《江西通志·列女传》。在官府、民间的戮力同心下，山塘陂堰遍及四野。第四是改进耕作技术，通过深耕达到增产目的。陆九渊说他的家乡金溪“率多旱田，耕必三犁，秋乃可望常岁。”他比较了别处禾穗“每穗谷多不过八九十粒，少者三五十粒而已。”而金溪禾穗“每穗少者尚百二十粒，多者二百余粒，每一亩所收比他处一亩，不啻数倍。”在种植水稻的同时，抚州知州黄震还在临川大力推广小麦种植。除粮食作物之外，还大力发展经济作物。在文人墨客笔下，临川各地“翳野农桑”“一年蚕四五熟”。著名诗人陆游曾任江南西路茶盐公事，在临川他看到“纤纤女手桑叶绿”“村虚卖茶已成市，林薄打麦唯闻声”。种茶饮茶、种桑养蚕遍及城乡。朝廷主修的《中兴会要》录有抚州所属临川、崇仁、宜黄、金溪4县产茶叶2.17万斤，反映了当时的生产状况。此时，临川的“鸡鸣布”（当晚开机拂晓鸡鸣时织成）名噪全国。宋代中期，临川已种植木棉用来纺纱织布。临川人艾可信曾写《木棉》诗描述家乡妇女纺织木棉布情形：“收来老茧倍三春，匹似真棉白三分。车转轻雷秋纺雪，弓弯半月夜弹云。”临川盛产苎麻，捻麻和织夏布是历代抚州妇女的家务劳动。临川莲花寺尼姑织出的“莲花纱”名满京都，“都人以为暑衣，甚珍重。莲花寺尼四院造此纱，撚织之妙，外人不可得，一岁每院才织近百端，市供尚局”（朱彧《萍洲可谈》卷二），供不应求。

农业多种经营使临川白浒窑和南丰白舍窑瓷器、滑薄纸、牛舌纸、茶杉纸、夏布、棉布、毛笔、花炮等物产成为集市大宗商品，催生了一大批工匠商贾。抚州商贾成为江右（江西）商帮的主力军，一直延续到近代。宋淳熙年间，临川布商陈泰将巨款散贷给崇仁、乐安、金溪乃至吉安等地农民，以定购其夏布产品，该种“订单农业”在当时国内尚无先例。

经济发展为临川文化奠定了坚实的基础。初唐大诗人王勃写下“邺水朱华，光照临川之笔”的名句，但当时临川本土的才子并不多。中唐以后国家经济重心南移，临川在江南西路乃至全国的地位不断上升，加之邻近南昌，交通便利，信息灵通，“人杰地灵”优势初露端倪。晚唐五代大量北方士族迁入，进一步浓化临川人的仕进意识，兴学重教风靡城乡，州县办有官学，民间办有私塾，兴鲁书院、临汝书院、峨峰书院、槐堂书院等知名书院不下10所。临川之地“为父兄者，以其子与弟不文为咎；为母妻者，以其子与夫不学为辱”。于是“地无城乡，家无贫富，诗书之声，尽室皆然。”从此域内便人文荟萃，俊彩星驰。封建时代，科举是人才脱颖的主要渠道。两宋时期抚州地区考取文进士1430名，有状元1名，榜眼4名，探花1名。抚州不但人才众多，而且有杰出成就和深远影响的巨星泰斗交相辉映。宰相有晏殊、王安石2人，副宰相有曾布、陈彭年、元绛、王安礼、邓润甫、吴居厚、董德元、罗点、包恢、陈宗礼10人。在中国文学史上，“临川之笔”是熠熠生辉，两宋期间全国有词人876人，其中抚州籍有46人，晏殊、晏几道父子是构筑宋词大厦的顶梁柱；谢逸、谢薖、汪革、饶节均为“江西诗派”首领，领一代风骚而为后人推崇。在中国医学历史高峰上，抚州人捷足先登。陈自明是中国最早的妇产科专家，所著《妇人大全良方》直到清代仍被视为“妇科圣典”。晋代“书圣”王羲之曾在临川“临池学书，池水尽黑”。其“以精力自致”的进取精神与唐朝抚州刺史颜真卿的书法精神一道，滋润着临川一代代书法英才，以致书林富茂，可言者众。晏殊“元献擅豪翰，其迹杂见《群玉堂帖》中”（《忆史会要》）。王安石书法名播朝野，“荆公书清劲峭拔，飘飘不凡，世谓之横风疾雨”（张邦基《墨庄温录》）。丹青妙手驰名海内，临川陈容以擅画虎著称于世，其传世杰作《九龙图》被清代乾隆皇帝视为奇珍。据《江西古今书目》记载，有宋一代，由临川人著述的经史子集书籍流传至今的有176种，数千卷，不愧为“文献之邦”。

宗教是文化的重要组成部分。南朝宋文帝元嘉八年（431年），谢灵运任临川内史时，在临川兴鲁坊宝应寺设翻经台，与沙门范惠严、顾慧观共同翻译成36卷南本《涅槃经》。宝应寺因谢灵运和《涅槃经》的缘故，历数百年至唐代仍香火旺盛，在此传道弘业者不乏高僧大德。唐大历四年（768年）三月，江西观察使在此主持盛大传戒法会，一大批高僧齐聚宝应寺，前来参加法会的僧尼共357人。唐末五代，临川佛道兴盛，诸宗竞秀，大德纷至，寺院大量涌现。五代时文益受抚州刺史危全讽之请，住持临川崇寿院（院址在今抚州市第一人民医院）。“海参之众，常不减千计”，由此创立法眼宗。德韶在临川拜谒文益，豁然开悟，后为吴越国师。高丽（今朝鲜）僧慧炬得法于文益临川道场，归国后大扬法眼宗风，得赐国师之号。禅宗五叶有曹洞、法眼、云门3个宗派创立于宜黄、临川、金溪，由此，法眼宗被佛教界人士称为“汝水之灯”，抚州被誉为“天下禅河中心”。南城麻姑山、乐安华盖山是宋代道教名山，有5位皇帝颁敕令加封南城麻姑，4位皇帝封华盖山仙神“真君”尊号。此外，抚州地区高道辈出，产生道法精深、开宗立派、名显朝野的著名道士。南丰道士王文卿以天人感应和内外合一为基础，融合内丹与符箓，创立道教“神霄派”。被宋徽宗延聘至京，赐馆于九阳总真宫，任命为凝神殿侍宸，拜受金门羽客，主管天下教门公事，成为统领道教的领袖人物。临川县吏饶洞天创立“天心派”，名闻江湖。

【元代】元代地方行政机构设省、路、州县三级，在抚州地区设抚州路、建昌路两路，升南丰县为南丰州，直属于江西行中书省。抚州路管辖临川、金溪、崇仁、乐安、宜黄5县，建昌路管辖南城、广昌、黎川3县。至元二十七年（1290年），抚州地区有人口32.58万户，

177.45 万人，这是自晋代有人口数据记载以来的最高值。

元初蒙古人入主中原，采取民族歧视政策，汉人受到极大的抑制，南城程钜夫向元世祖忽必烈建议开科选考江南才士，以弥合民族矛盾，得到朝廷采纳，并受命前往江南搜访贤才效力于朝廷。吴澄得以受聘于翰林直学士，被誉不“国之名儒”，与许衡并称“南吴北许”；元代“儒林四杰”之一的虞集，主修《经世大典》880 卷；地理学家朱思本绘制的《舆地图》，精确度“方位不爽毫厘”，是中国制图史上杰出创造；骨科名医危亦林使用乌头、曼陀罗为麻醉药，比日本医圣华冈青州早 450 年，创立的悬吊正骨法比英国达维斯（Daris）早 600 多年；医学家席弘辨穴施针，有起死回生之效，所著《席弘家针灸书》《席弘赋》传于后世。

【明代】 明代地方行政机构设省、府、县三级，抚州地区分抚州、建昌两府治理。经过长期开发利用，到明代抚州地区已是“土狭民稠”，加上土地兼并日趋严重，失地农民纷纷流徙他处。明洪武二十四年（1391 年），抚州地区在籍人数 171.49 万人，比元至元二十七年减少近 6 万，到明正德七年（1512 年）每况愈下，只有在籍户 25.48 万户、81.48 万人。两百年间人口大量减少，并非天灾人祸所致，也不全是豪门大户欺隐户口，而是大量的外流。许多失去土地而无谋生手段的农民流徙于官府统治力量薄弱的地区，终于在临川东北部的东乡酿成人乱。嘉靖《东乡县志》在论述东乡治乱的根源时说：“临川地大民庶，治久乱生。东乡敝民恃远，玩官自作不靖，或逃赋而成风，或盗窃以为业，或凶年而攘谷，或犯罪而拒追。间至公庭多获轻贷。彼知官府畏激变之祸，务姑息之政，愈益骄纵，无复顾忌，转相师效而至于大乱焉。”朝廷不得已，在镇压农民起义的同时，割临川东北部地设立东乡县，万历六年（1578 年）又分南城县东北境都另置泸溪县（今资溪县），至此，抚州市 11 个县的设置固定下来。大多数丧失土地的农民则凭着一两门手艺或少量资本外出谋生。明清时期景德镇瓷业“五府十八帮”中，“抚州府”“抚州帮”人数仅次于景德镇当地人。这些工匠、商人在当时被称为“作客”。抚州作客遍及全国与东南亚。抚州乡贤艾南英曾感慨：“随阳之雁犹不能至，而吾乡之人都成聚于其所”。万历年间，云南官员王士性曾派人到云南全省及周边地区巡视发现，不仅云南省内居民“十有五六”原籍抚州，连缅甸、越南一带部落中酋长、头人也大多抚州人。他不由得惊叹“作客莫如江右（江西），江右莫如抚州”。在贵州，外省商人数量也以抚州为最。他们把家乡棉布、夏布、瓷器、药材、木竹、茶叶、纸张和大米贩销到贵州，又贩购当地水银去四川销售，再从四川采购山货贩运到江浙等地。崇祯年间，云南、贵州两省抚州籍商人多达 3000 余户。

抚州地区经济的发展，促使其成为朱明宗室的封藩之地。明太祖朱元璋为加强中央集权，强化君主专制，吸取唐宋宗藩势微，帝室孤立，危难之时无所藩屏的教训，施行郡县制与分封制相结合的统治体制，既设立官府分治百姓，又建立藩国拱卫朝廷。终明之世，朱明宗室部有两支封藩于抚州地区的南城县。第一支是仁宗朱高炽的第六子朱瞻　封为荆王，宣德四年（1429 年）堈到封地南城。荆王在南城待了 17 年，后被一条大蛇闯进王府给吓跑了，迁往蕲州（今湖北省蕲春县）。第二支是宪宗朱见深的第四子朱祐槟封为益王，弘治八年（1495）来到建昌府。益王后裔在南城经历了七代八王 150 年，是江西宁、淮、益三王府中时间最长，危害最深的一支。但它建立“良医所”，设立“惠民和剂局”，对建昌帮药业的形成产生重大影响，以至于以医药经营四方者与日俱增，基本垄断了福建西北部、江西东南北部地区 40 多个县的中药业市场，持续时间长达 300 年。

经商获利反哺于家族，加快了抚州教育文化的发展，进一步固化了“才子之乡”美名。

有明一代抚州、建昌两府通过科举考试中文进士者 441 人，其中状元、榜眼各两名，“比之两宋，有过之无不及”（李绂《临川县志》序）。陈际泰、罗万藻、章世纯、艾南英博学多才，所作时文风靡一时，是誉满江南的“四大才子”。汤显祖创作“临川四梦”，被誉为“东方的莎士比亚”，联合国教科文组织将其列为 100 位世界文化名人之一，是中华民族文化的骄傲。在哲学领域有启蒙思想先驱罗汝芳、崇仁学派创始人吴与弼，军事方面有主持国家兵事 30 年的抗倭名将谭纶，龚廷贤被万历皇帝赐匾“医林状元”、李梴为江西十大名医之一；诗词、散文名家何乔新、徐良傅，天文学家吴英、吴昊；吴溥是世界最早百科全书——《永乐大典》副总裁；史学家徐奋鹏撰著《古今治统》传至日本，被视为“资治之妙药，兴国之良方”。画家吴宏以擅长画山水竹石名噪海内，是“金陵八大家”之一；明朝开科状元吴伯宗译著的《回回历》成为中国重要的历书，吴英、吴昊父子通天文星数之学，新造浑天仪，经纬度与天象不差毫厘，发展了中国天文观测事业。抚州佛教在明代发展达到高潮，名寺高僧众多，崇仁人宗泐掌管全国佛教事务，南城人行保被列为“天下高僧十一人”，崇仁人慧经在黎川寿昌寺躬耕力田，成为曹洞宗中兴祖师。此外，抚州地区还有一批鲠介之士，刑部尚书舒化上书谏阻皇帝利用厂卫特务对百官罗织罪名，陷害忠良；御史邱兆麟秉性刚直，多次违忤魏忠贤愤而辞官；临川更有一批爱国之士，为了民族利益，虽九死而不悔。朱均旺经商日本，当他得知日本军事统治者丰臣秀吉阴谋侵略朝鲜、中国时，冒着生命危险偷渡回国，将情报送达朝廷，明朝政府及时出兵朝鲜，击败日本侵略军。明末清军入关，揭重熙、傅鼎铨、艾南英、曾亨应等人高举抗清义旗，募兵饷，招兵员，给清军予有力打击，兵败被俘，誓死不降。

【清代】 清代朝廷诏令“以（康熙）五十年（1711 年）丁册为常额，滋生人丁，永不加赋”，进一步刺激了人口增长。到乾隆四十七年（1782年），抚州地区人口达到61.79万户，261.88万人，咸丰元年（1851年）增至66万户，302.95万人，达到封建社会时期抚州人口的顶峰。明朝中后期开始资本主义萌芽，夏布、造纸、药业、酿酒等手工业得到较大发展，为商人队伍的发展壮大创造了货源基础。直至清代中期，湖南、湖北大部地区手工业和商业还十分落后。抚州商人便成群结队去开办作坊，经营店铺，以至当地流传着“无抚（州人）不成市”。在通往福建、广东道路上，抚州商人络绎不绝。广东潮州、惠州所需鱼苗、棉布大多为抚州人贩运过去。在广西，抚州盐商、药商、木材商最为活跃。临川人李宜民在广西经营盐业数十年，成为富甲一方之巨商。金溪商人把书店开到北京、南京、安庆、芜湖、汉中、衡阳、长沙等地，乾隆三十四年（1769）李文藻的《琉璃厂书肆记》中说：书肆除陶、谢为苏州人外，“其余皆江西金溪人也。正阳门东打磨厂，亦有书肆数家，尽金溪人卖新书者也。”河南、河北、山东乃至内蒙古、新疆等北方广大区域也遍布抚州工匠、商人足迹。清代时，“陕西岳州人打鱼，江西抚州人卖鱼”成为当地风俗。

清朝300多年，建立极端专制的封建统治，虽然沿袭科举旧制，但在文化思想上实行严酷的控制，大兴文字狱，许多人把读书入仕视为畏途，给抚州的仕进文化带来消极影响。清代抚州地区考中文进士558名，虽然比明代的443人略有增加，但仅为两宋时期进士的39%。

鸦片战争后，中国开始进入半殖民地半封建社会，人民遭受殖民主义和国内封建统治者双重剥削和压迫。抚州社会经济状况江河日下：土地兼并更为严重，70%以上土地被官僚、地主占有，咸丰五年（1855年）至同治三年（1864年）10年间，太平军与清兵交战于赣东一带。兵灾战乱连年不断，且双方都向百姓“借饷”征粮。地方官府更借“剿贼”之名横征暴敛以肥私。区内除田赋、人头税外，官府摊派还有措捐、借捐、亩捐、米捐、船捐、堤捐等20余种，百姓投诉无门。

【民国时期】 1911年辛亥革命推翻封建帝制，建立中华民国，撤销府的建制，地方行政机构实行省、道、县三级制，原抚州、建昌两府所属11个县均隶属于江西省豫章道。民国16年（1927年）国民党推翻北洋政府，建立国民政府，废除道的建制，由省直隶县，改县公署改为县政府，知事改称县长。体制、名称虽改，社会经济仍无发展，工业空白，农业几无进步，水稻亩产90千克左右，土地仍集中在少数地主、富农手中。据解放初期土地改革时调查，临川县地主人均占有耕地1.02公顷，而贫农仅0.11公顷，雇农则只有0.04公顷，且多为旱地或山排田。在帝国主义、封建主义、官僚资本主义压迫下，社会矛盾日益激化。受五四运动影响，抚州进步青年学生秘密传播马克思主义，于民国15年（1926年）11月在北伐军中的共产党员的指导下，成立第一个党组织——中共临川支部干事会。抚州在共产党的领导下，开展了轰轰烈烈的工农运动，党组织也得到极大的发展，半年时间内，在抚州东北部的临川、东乡、南城、金溪、宜黄共建立26个党支部，有650名党员。当大革命失败以后，在国民党白色恐怖镇压下，抚州东北部党组织艰难发展之时，在红军的帮助下，革命烈火却在南部的乐安、宜黄、南丰、广昌以及东部的黎川、资溪、金溪、东乡等地熊熊燃烧起来，建立了革命根据地。土地革命战争时期，抚州2/3的区域建立了党的组织和苏维埃政权组织，临川、乐安、广昌、资溪等地建立了中心县委，黎川县还建立了中央苏区五省之一的闽赣省委、省苏维埃政府。红军第四次反“围剿”胜利后，抚州党员人数达到9653人。抚州是中央苏区第二、四、五次反“围剿”的主战场，抚州人民为革命的胜利做出重大贡献和牺牲，有姓名可查的革命烈士达9070人。

由于“左”倾路线领导者推行错误的军事路线，致使第五次反“围剿”失败，民国23年（1934年）10月，红军被迫实行战略转移——北上抗日，国民党军对抚州苏区革命群众大肆屠杀。民国24年（1935）年8月，留下坚持斗争的闽北红军独立师分兵向敌后挺进，开辟游击新区。在以资溪为中心的资溪、光泽、贵溪地开展广泛的游击斗争，建立中心区、中心县委，一直坚持到抗日战争第二次国共合作，率领110名游击队战士改编为新四军3支队5团2营，开赴抗日前线。

民国21年（1932年）夏，国民党为便于对江西革命根据地“围剿”统一指挥，将江西省划分为13个行政区，临川、金溪、资溪、东乡及贵溪、余江6县属第七行政区，区长官公署驻临川；南城、黎川、崇仁、南丰、宜黄、乐安6县属第八行政区，区长官公署驻南城；广昌属第十二行政区，区长官公署驻宁都。民国24年（1935年）主力红军退出中央苏区后，全省缩为8个行政区，临川、金溪、资溪、东乡、南城、黎川、崇仁、南丰、宜黄、乐安、光泽11县属第七行政区，区长官公署驻南城。广昌县属第八行政区。

民国30年（1941年）12月7日，日本军政府为摆脱侵略中国而引起的国内政治经济危机，排挤美英等国在太平洋地区的势力，悍然出动大批军舰、飞机，偷袭美国海军基地——珍珠港，重创太平洋舰队，由此爆发太平洋战争。1942年4月18日，美军出动16架B-25轰炸机，从太平洋航空母舰上起飞，轰炸日本本土，然后降落在浙江衢州、丽水和江西玉山等机场整理。美军的穿梭轰炸，使得日本国内民心恐慌，社会骚动。浙江日本侵略军和南昌日本侵略军为解除此威胁，纠集约8个师团兵力，向中国第三战区（指挥部设在上饶）部队发起进攻，企图打通浙赣（杭州—株洲）铁路，摧毁衢州军用机场，进而消灭浙赣铁路沿线中国军队。南昌日本侵略军3万余人于5月下旬分三路南下侵略赣东地区，并于6月上旬侵占东乡、临川、金溪、南城、宜黄、崇仁。驻守湖南株洲、浏阳的第九战区急速调集3个军与第三战区1个军实施赣东会战，经过两个多月的浴血奋战，于8月底将日本侵略军赶出赣东地区。此战使日本侵略军付出死7325人、伤6136人的惨痛代价。

解放战争中，中国人民解放军在取得三大战役胜利后，于1949年4月下旬，解放军第二野战军突破国民党军精心设置的长江防线，于5月先后解放东乡、金溪、临川、南城、资溪、崇仁、宜黄、黎川等县，7月1日，中共抚州分区地方委员会、抚州分区行政督察专员公署成立。8月下旬，解放军第二野战军挺进大西南，抚州地区由第四野战军接管，先后解放南丰、乐安和广昌。抚州各县解放后，立即成立县委、县人民政府，从此，抚州人民在中国共产党的领导下，开创抚州历史新纪元。

民国时期，政权更替，抚州兵连祸结，民不聊生，境内虽有粮油加工、纺织、造纸等小型企业，但大都设备简陋、工艺落后，且动力不足。抚州城区于20年代中期曾由私人办过一家火力发电厂，由于地痞捣乱，政府熟视无睹，不到一年即行倒闭。土布、夏布、黄烟、陶瓷等传统手工业基本以家庭为单位生产，处于农忙务农、农闲务工状态。1949年，工农业总产值才8182万元。

【中华人民共和国时期】 中华人民共和国成立初，抚州为全省9个专区之一，先后称抚州分区、抚州区、抚州专区、抚州地区，辖临川、南城、黎川、南丰、崇仁、乐安、宜黄、金溪、资溪9个县。1968年2月至1983年9月进贤县一度划归抚州管辖，东乡县、广昌县也分别于1968年6月、1983年9月先后划归抚州管辖。2000年10月，抚州撤地设市，改称抚州市。

抚州解放以后，中共抚州地委在域内建立各级人民政权，迅速剿灭土匪，清除国民党残余势力，稳定社会秩序。1952年4月，域内农村全面开展土地改革，农民积极性高涨，生产水平显著提高。当年，全区粮食平均亩产由1949年98.5千克增至114千克；农业总产值由1949年50435万元增至66813万元，增长32.47%。1953—1957年，在过渡时期总路线指引下，稳步对农业、手工业和资本主义工商业实行社会主义改造，广大农民和手工业者走上合作化道路，并开始向农业机械化迈进，社会经济得到初步发展。1957年与1953年比，全区工农业总产值增长45.77%，其中，农业总产值增长36.57%，工业总产值增长45.35%。

1958年“共产风”“大跃进”和浮夸风盛行，农业生产片面强调“以粮为纲”和过度密植，结果事与愿违。当年全区水稻亩产由1957年140千克降至111千克，总产量由1957年753155吨减少至626690吨。尔后又逢三年困难时期，到1962年，全区农业总产值仅69040万元，比1957年减少23.9%。基本建设投资出现大起大落：1960年为3707万元，而1962年减至395万元，仅为1960年的1/9。工业受影响首当其冲，1960年全区工业总产值27354万元，1962年降至13108万元，减少一半多。全区127个工矿企业因资金不足而“下马”（倒闭），工人下放到农村务农。1963—1965年，各级党委、政府汲取教训，在“调整、巩固、充实、提高”方针指引下，实事求是地调整经济发展计划。1965年，全区工农业总产值110894万元，比1962年的82148万元增加28746万元，居民的实际收入相应提高。

“文化大革命”开始后，正常的社会秩序被打乱，经济长期徘徊甚至倒退。由于停工停产踢开党委“闹革命”，1967年工农业总产值为118489万元，比1966年的121339万元下降2.35%，其中工业总产值下降12.9%。文化教育事业倍受摧残，大量珍贵文物被列为“四旧”（旧思想、旧文化、旧风俗、旧习惯）而捣毁；优秀教师被诬为“反动学术权威”或“白专典型”遭受揪斗、下放甚至管制。停课串联结束后，“复课闹革命”师生仍无所适从，教育质量严重下降，各项社会事业停滞不前。

虽几经曲折，但与解放前相比，抚州仍取得很大发展。1978年，全区工农业总产值209047万元，为1949年53190万元的3.93倍，其中工业总产值为1949年的28.92倍。此时，全区有工业企业1295家，包括抚州棉纺织厂、抚州针织厂、抚州印染厂、抚州汽车制造厂等一批大中型企业。从20世纪50年代始，建成洪门水库等18座大、中型水库和近千座小型水库，有效灌溉面积6.67万公顷。先后有13.33万公顷低产田得到不同程度改造，农田复种指数和单位面积产量大幅提高。1950年，全区双季稻田仅0.13万公顷，到70年代已稳定在14万公顷左右。1978年，全区水稻平均亩产219千克，比1949年的110千克增长近1倍。党和政府一直把工业放在发展经济主导地位。70年代至80年代，随着抚州三家棉纺厂及针织厂、印染厂、丙纶厂、抚州造纸厂等相继竣工投产，全区工业出现第二个快速发展期。尤其是纺织业蓬勃发展，成为江西三大纺织业基地之一。造纸、机械、医药、化学工业也有较快发展。科技人员顶住压力开展科技研究，并取得一些成绩。农业科技部门选育成功晚籼中熟组合红优63、红倚优3等组合，南丰蜜橘小果系“杨小2—6”“水南早”“石上[illegible]号”“城果8—0”等株系，百花莲（百瓣莲）、广莲一号新品种以及工业战线成功研制多种型号机床、南丰100—4型稻麦收割机、红星牌HX-490型饲粉碎机。其中，南丰100—4型稻麦收割机获全国科学大会奖，红星牌HX-490型饲粉碎机被机械部列为全国8种饲料粉碎机之一。

中共十一届三中全会开始拨乱反正，全党工作重心转移到抓经济建设上，为抚州经济发展开拓新的前景。改革开放新时期，抚州经济发展总体上可以归纳为三个阶段：

1979—1990年，为计划经济主导下的平稳发展阶段。抚州和全国各地一样，在农村实行家庭联产承包责任制，农村经济开始有了变化。城市经济仍然沿用计划经济发展模式，各项经济工作还是按部就班,平衡、缓慢地向前发展。1990年,全区生产总值33.52亿元，人均生产总值1035元，是1978年的4.38倍和3.78倍。财政收入2.61亿元，人均财政收入81元，分别是1978年的4.1倍和3.55倍。

1991—2000年，为向市场经济过渡的发展波动阶段。这一时期，改革力度不断加大,市场作用显现，粗放型发展和经济结构问题突出。邓小平视察南方讲话发表后，全区经济体制改革向纵深发展，国有企业实施改革改造，民营经济发展较快，市场全面开放，经济增长有所加快。2000年，全市生产总值为139.13亿元，是1990年33.52亿元的4.15倍；2000年人均生产总值为3814元，是1990年1035元的3.69倍。2000年全市财政收入为8.76亿元，现价是1990年2.16亿元的3.36倍；2000年人均财政收入为244元，是1990年80.64元的3倍。

2001—2018年，为新时期跨越式发展阶段。抚州撤地设市之后，随着自主管理职能的变化，历届市委、市政府风雨传承，革故鼎新，大力实施赶超发展战略，以招商引资为总抓手，投资拉动作用日益显现，工业经济贡献不断增强，经济质量不断提高。全市经济社会快速全面协调持续发展。2018年全市实现生产总值1382.40亿元，是2000年139.13亿元的9.94倍；2017年人均生产总值33688元，是2000年3814元的8.83倍。财政收入达200.7亿元,是2000年8.76亿元的22.91倍。

改革开放调动各方积极性、主动性、创造性，解放和发展生产力：一是固定资产投资快速增长，基础设施建设成为全市经济和社会迅速发展的主要动力。其中，2018年全社会固定资产投资达1551.36亿元，是1978年1181万元的13136倍。二是产业结构进一步优化。各地从实际出发，合理调整产业结构。1978年，三大产业比例为52.17 ：29.28 ：18.55，社会仍在为实现温饱而努力。此后，农业生产力迅速提高，农副产品种类和数量大幅增加，物质文化需求强劲，第一产业资金和富余人员向第二、三产业转移。到2018年，三大产业比为14.4 ：41 ：44.6。三是农业经济迅猛发展，农村发生深刻变化。1978年12月，抚州地委、行署在抚州市红雨桥公社（今临川区孝桥镇）进行专业承包、联产计酬生产责任制试点，尔后在全区推广并不断完善家庭承包责任制。80年代后，先后开发50万亩红壤，“三高”农业、特色农业在农业增效中功效日显。南丰蜜橘和特种水产品，广昌白莲、烟叶，东乡生猪、家禽及乳制品，崇仁麻鸡、果蔗，宜黄杂交制种，金溪蚕桑、蜜梨、黄栀子等成为当地农业高效增收主打产品。积极推进社会主义新农村建设，大部分农民都享受到“走平坦路、喝干净水、上卫生厕、住整洁房、用洁净能”的生活，农村人居环境得到切实改观。域内建制镇由90年代初45个增加至2018年的93个，2018年全市城镇人口达到201.6万人。四是工业经济规模迅速壮大，经济效益显著提高。抚州撤地设市以后，积极开展招商引资，坚持主攻工业战略目标，走新型工业化道路，积极调整工业生产力空间布局，加大企业技术改造与自主创新和传统产业升级力度，大力发展新兴产业，加快培育产业集群，形成食品工业、纺织业、医药行业、化工行业、机械类行业、有色金属加工业为主导的六大支柱行业，全市工业呈现持续快速健康发展的良好态势，截至2017年，全市规模以上工业企业共有994户，完成主营业务收入1448.98亿元，工业增加值占GDP比重为30.7%。全市规模以上工业增加值为431亿元，工业结构得到进一步优化，工业综合实力明显提高。五是市场繁荣兴旺，流通渠道拓宽畅通。1987年10月，第一家专业超市——五皇殿布匹市场建成开业后，生意往来遍及全国。不久，各类专业市场、综合市场在市、县、乡镇普遍兴起，个体商业几乎村村皆有。2018年，全市社会消费品零售额为544.1亿元。与此同时，越来越多的人进入流通领域，临川数以万计建筑大军到各大城市承包工程，资溪面包店几乎遍及全国。六是交通运输事业快速发展。抚州是内陆地区，从20世纪初开始，河道淤塞使水运航道逐渐缩短。直到80年代,陆路交通运输仍是“短腿”。90年代初,全区上下形成“若要富，先修路”共识，在各级政府大力支持下，齐心协力抓公路建设。鹰厦、浙赣、向乐、向莆铁路以及杭长高铁穿境而过，福银高速、沪瑞高速、鹰瑞高速、抚吉高速贯通全市，实现县县通高速公路目标；320、316、206国道横穿市境，已形成市境内90分钟经济圈、南昌1小时经济圈、省内4小时经济圈和省际长珠闽地区重要城市6小时～8小时经济圈。2018年，全市高速公路通车总里程715千米，行政村水泥路通达率达到100%。全市全年公路货物周转量5218190万吨千米，旅客周转量168899万人千米。七是城市建设日新月异。从2000年至2018年，抚州市由65个建制镇发展为93个建制镇，全市城镇化率已由2000年22%增至49.81%。随着市中心城区抚河橡胶坝工程、一河两岸改造工程、凤岗河滞洪工程、傅家堤防洪工程项目的建设，新建成抚州文化园、名人雕塑园、梦湖、体育馆、汤显祖大剧院、博物馆、图书馆、拟岘台、汝水森林公园、凤岗河湿地公园、梦园等一批标志性建筑和旅游景区，2017年市中心城区建成区面积扩大到95.85平方千米，形成以市中心城区为核心，以上顿渡、抚北镇、温泉为卫星的“一心三团”城市组团发展态势，城市带动能力增强。成功创建“国家园林城市”“国家森林城市”“省级卫生城市”“省级文明城市”，城市配套功能进一步加强，城市品位进一步提升，抚州的历史文化特色进一步彰显，文化生态的城市风貌已初步形成。

此外，抚州的基础教育优势不

断发扬光大。30 多年中，域内高、中等专业院校数量成倍增加，大、中、小学师资队伍不断壮大，教学手段和教育设施迅速更新，各类成人教育迅猛发展，逐步通过整合资源，优势互补，提升竞争力和影响力。至 2017 年，全市有普通高校 3 所，成人中等专业学校 12 所，普通中学 222 所，职业高中 18 所，小学 708 所，幼儿园 825 所，特殊教育学校 10 所。全市有各级各类学校在校生 71.49 万人。教育质量不断提高，高考成绩连续 14 年保持全省领先。抚州优势教育资源，吸引除台湾、西藏以外的全国各地学生纷纷慕名前往就读。

（陈志平）

气候概况

【概况】 2018 年，抚州市气候总体表现为气温偏高，降水和日照略偏少，气象条件整体较好，但气象灾害时有发生，气候灾害年景评价结果为正常略偏差。年内，全市遭遇 2 次旱灾、1 次雪灾、2 次洪涝灾害、1 次风雹灾害、2 次低温冷冻灾害、1 次台风，其中暴雨洪涝和干旱造成的影响最大，局部反复受灾，造成一些群众紧急转移，部分群众住房倒损，农作物受灾减产，给灾区群众财产造成巨大损失，生产生活造成困难。据市民政局统计，2018 年全市因气象灾害受灾 139.8 万余人，因灾死亡 1 人（洪涝），农作物受灾面积 13.1 万公顷，倒塌房屋 40 户 71 间，直接经济损失 13.9 亿元，其中农业损失 10.2 亿元。

【全年气温偏高，降水、日照略偏少】 2018 年，全市气候特征总体表现为气温偏高，降水、日照略偏少。年平均气温 18.8℃，较常年偏高 0.7℃，排历史第 2 高位，以资溪 17.9℃为最低，南丰 19.3℃为最高，崇仁县平均气温排第 1 高位，2 月、10 月偏低，其中 10 月偏低 1.1℃，其余各月均偏高。

年平均降水量为 1707.5 毫米，较常年偏少 5.6%。上半年降水明显偏少，2—4 月均较常年同期偏少近 50%，下半年降水明显偏多，7 月、11 月、12 月偏多均 80% 以上。

年平均日照 1576.2 小时，与常年基本持平，但广昌县日照排历史第 2 低值，仅次于 2015 年。从每月日照时数看，总体以偏多为主，其中 2–5 月均偏多 20% 以上，3 月偏多 68.3%，但 11—12 月受持续阴雨天气影响，全市日照明显偏少，分别偏少 36.3% 和 75.7%。

【年初、年末受强冷空气影响出现低温雨雪冰冻天气】 2018 年，年初和年末抚州市均频繁受冷空气影响，其中 1 月共有 5 股冷空气影响，低温、雨雪冰冻天气先后登场：4—6 日出现一次降温降雨天气过程；9—13 日受冷空气补充南下影响，全市持续 5 天最低气温低于 0℃，以黎川西城乡零下 6.1℃为最低；25—31 日全市大部分县（区）出现低温雨雪冰冻天气，后期出现冷晴天气，最低气温为零下 6.8℃（资溪，2 月 6 日）。

12 月 4—9 日受两股强冷空气先后南下影响，全市气温骤降，过程平均气温下降 16 ~ 18℃，最高气温下降 23 ~ 24℃，乐安、宜黄、南城部分高海拔地区出现冻雨或冰粒。2018 年 12 月 26 日—2019 年 1 月 1 日受强冷空气影响，出现低温雨雪冰冻天气过程，30—31 日全市普降小到中雪，东乡、金溪、崇仁出现大雪，黎川、广昌出现冻雨，过程降温 10 ~ 11℃，最低气温 -1.7 ~ -0.3℃，为立冬以来最寒冷天气。

【春季晴多雨少、气温明显偏高，高温开始早】 2018 年，抚州市提前 9 天入春，3—5 月各县（区）平均气温偏高 2 ~ 3℃，创历史新高，全市平均气温偏高 2.4℃，排历史第 1 高位；3—5 月全市平均日照时数 402.3 小时，偏多 33%，排历史第 4 高位；全市平均降水量 424 毫米，偏少 40%，排历史第 2 低位，其中崇仁、黎川、广昌降水量创历史新低。5 月 15—18 日全市多县（区）出现连续日最高气温 ≥ 35℃的晴热高温天气，16 日全市气温达到最高，局部极端最高气温突破 40℃。高温天气出现时间之早、范围之广、强度之大均为历年之最。

【汛期旱涝交替，局部阶段性降水强度大】 2018 年，汛期（4—7 月）降水量 833.6 毫米，较常年略偏少，但主汛期（4—6 月）全市平均降水量（570.9 毫米）偏少 30%，排历史第 4 低位，南部降水偏少更为明显，乐安、黎川、广昌降水量偏少超 40%；全市平均气温偏高 1.2℃，为历史同期最高。气温明显偏高、降水明显偏少，地面蒸发量大，导致该市多地出现农业用水紧张，部分地区遭受旱情。7 月 6—7 日出现年内最强暴雨天气过程，主要降水集中在该市东北部，全市平均雨量 171.4 毫米，以东乡区岗上积 330.5 毫米为最大，全市共 30 站出现暴雨，154 站出现大暴雨，32 站出现特大暴雨，日雨量最大为临川区唱凯镇 320.8 毫米。短时雨量大，导致部分地方旱涝急转。

【盛夏多持续性高温天气，旱情发展、蔓延】 7—8 月全市平均气温 29℃，偏高 0.3℃，全市平均高温日数为 32 天，偏多 5.3 天，其中黎川高温日数 40 天为最多。7 月 17—8 月 1 日全市出现持续性晴热高温天气，7 月 26—30 日连续 5 天出现日最高气温 ≥ 37℃高温天气，黎川连续 21 天（7 月 17—8 月 1 日）出现日最高气温 ≥ 35℃高温天气。受持续性高温天气影响，全市旱情进一步发展蔓延，7 月 13—30 日南城持续 18 天无降水。

【秋季多阴雨寡照天气，11 月下旬出现持续性大雾天气】 10 月 10—26 日全市平均降雨量 96.7 毫米，较常年偏多 1.9 倍；全市平均日照时数仅 30.8 小时，偏少 60%，持续 17 天阴雨寡照天气影响该市晚稻产量及蜜橘品质形成。11 月 11—21 日该市再次出现大范围阴雨寡照天气，全市平均日照时数仅 1.5 小时，偏少 40 小时，其中东乡、乐安、崇仁和资溪持续12天无日照，受此影响多地晚稻收割进度偏慢，蜜橘采收也受到较大影响，部分橘园出现浮皮果。11月23—29日连续7天出现大范围区域性大雾，能见度低，交通安全风险等级高，导致多条高速公路关闭，对高速运行和城市交通带来不利影响。

（市气象局）

环境质量状况

【水环境质量稳中有升】 2018年，抚州市地表水水质为优良，水质指数为3.9064，全省排名第4。抚河流域21个监测断面水质达到或优于国家《地表水环境质量标准》（GB3838-2002）Ⅲ类标准的比例为95.2%。市城区饮用水水源水质为优，汝水生态水厂、钟岭水厂和抚北水厂水源水质全部达到《地表水环境质量标准》（GB3838-2002）Ⅱ类标准，比国家要求Ⅲ类水质提升一个类别，达标率100%；12个县级集中式饮用水水源水质全部达到或优于国家《地表水环境质量标准》（GB3838-2002）Ⅲ类标准，达标率100%。

【环境空气质量大幅改善】 市中心城区空气质量优良天数比例为88.5%，比2017年的85.6%提高2.9个百分点。其中，优良天数为323天，轻度污染天数为40天，中度污染天数为2天；轻、中度污染天数比2017年减少8天，重度污染天数比2017年减少3天。主要污染物年均浓度下降，全部达到国家空气质量二级标准。除临川区外，全市其他县区和高新区空气质量全部达到国家空气质量二级标准。在全省110个县区和高新区排名中，抚州市有6个县位列前10名。

【声环境质量稳定】 市城区声环境质量良好，区域声环境平均等效声级56.1分贝（标准60dB），城市道路交通噪声平均等效声级62.8分贝（标准70dB），主城区各类功能区声环境质量昼间和夜间达标率100%。

（市生态环境局）

人口发展状况

【概况】 2018年，人口抽样调查结果显示，抚州市常住人口404.7万人，比2017年增加1.6万人，增长4.0‰，同2010年第六次全国人口普查的391.66万人相比，8年共增加13.0万人。全市人口继续向“低出生、低死亡、低增长”的现代型人口生产方式转变；人口出生率为13.68‰，与2017年相比下降0.22个千分点，与2010年相比，下降0.07个千分点；死亡率为6.05‰，比2017年下降0.05个千分点，与2010年相比下降0.02个千分点；人口自然增长率为7.63‰，与2017年相比下降0.17个千分点，与2010年相比下降0.05个千分点，人口增长保持平稳。

【人口加速向城镇集聚】 2018年，抚州市城镇人口达到201.6万人，占总人口的49.81%，比2015年上升4.84个百分点；比2010年上升12.61个百分点，平均每年提高1.58个百分点。这是一个相当快的速度，这个速度快于前两次人口普查间的增长速度。2000年第五次人口普查与1990年第四次人口普查相比，十年零四个月，抚州城镇人口比重上升8.68个百分点，平均每年提高0.84个百分点；2010年第六次人口普查与2000年第五次人口普查相比，抚州城镇人口比重上升11.59个百分点，平均每年提高1.16个百分点。城镇人口比重的快速上升，表明抚州人口城镇化进程不断加快，也标志着抚州工业化和现代化水平在不断提高，是全市经济社会快速发展的充分体现，是统筹城乡发展取得的重大成就，也为抚州经济社会科学发展提供巨大动力。

（曾　涛）

国民经济和社会发展状况

【概况】 2018年，抚州市实现生产总值1382.40亿元，增长8.0%。其中，第一产业增加值199.28亿元，增长3.1%；第二产业增加值566.00亿元，增长8.0%；第三产业增加值617.12亿元，增长10.1%。三次产业比由2017年的15.7 ： 41.7 ： 42.6调整为14.4 ： 41.0 ： 44.6。人均生产总值34226元，增长7.6%。规模以上工业增加值增长9.0%；外贸出口总额131.08亿元，增长1.2%；城镇化率49.81%，提高1.59个百分点。

全年全市居民消费价格总指数

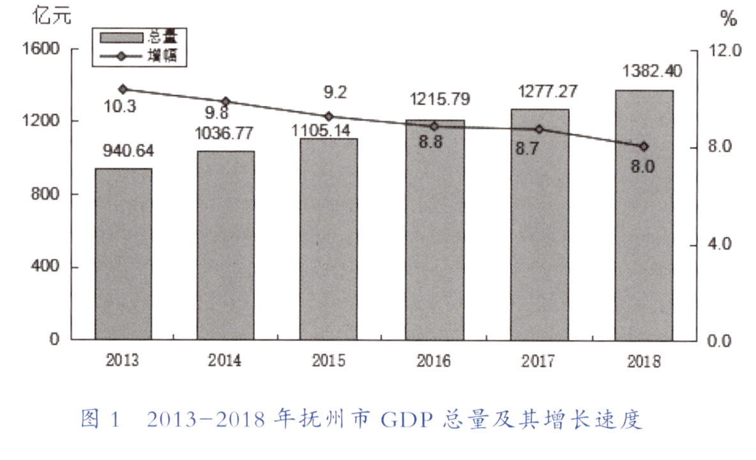

图1　2013-2018年抚州市GDP总量及其增长速度

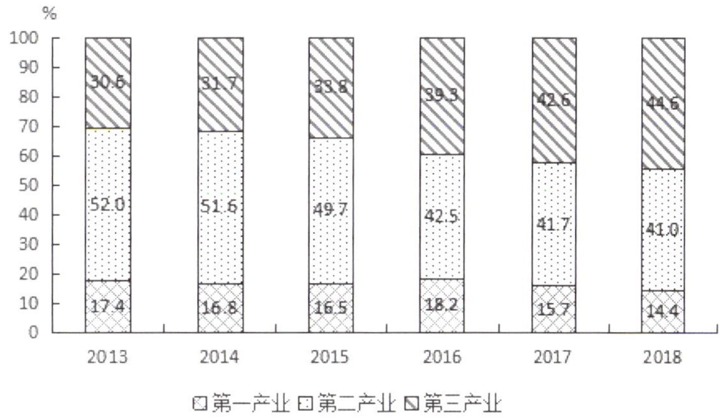

图 2 2013-2018 年抚州市三次产业增加值占生产总值比重

（CPI）上涨 2.1%。八大类消费品价格与 2017 年相比呈现五升三降的趋势。其中，医疗保健类上涨 9.0%，涨幅居首；居住类居次，上涨 2.6%；食品烟酒类上涨 2.1%；教育文化和娱乐类上涨 2.1%；交通和通信类上涨 0.7%。其他用品和服务类下降 0.5%；生活用品及服务类下降 0.8%；衣着类下降全年完成财政总收入 200.70 亿元，增长 9.3%。其中，税收收入 170.47 亿元，增长 12.2%；公共财政预算收入 124.21 亿元，增长 3.3%。

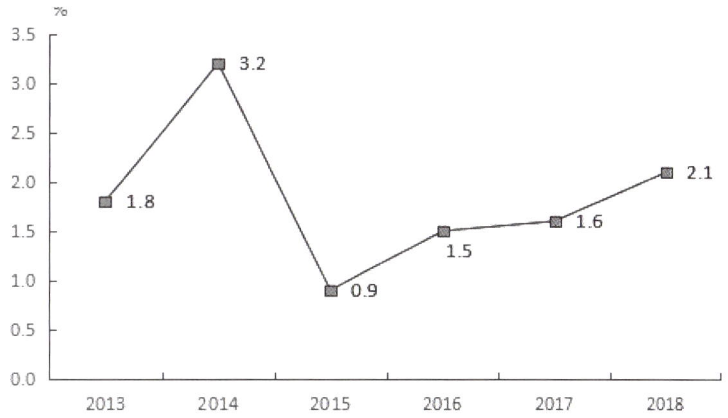

图 3 2013-2018 年抚州市居民消费价格涨跌幅度

全年公共财政预算支出 404.21 亿元，增长 13.8%。坚持公共财政向困难群众倾斜，向基层倾斜，向公共事业倾斜。其中，一般公共服务支出 38.01 亿元，增长 17.1%；公共安全支出 19.17 亿元，增长 11.1%；科学技术支出 10.30 亿元，增长 31.8%；商业服务业等事务支出 4.72 亿元，增长 15.2%；社会保障和就业支出 57.17 亿元，增长 12.5%;教育支出 68.17 亿元，增长 9.5%;医疗卫生支出 49.14 亿元，增长 20.2%;节能环保支出 14.53 亿元，增长 28.1%；农林水事务支出 56.49 亿元，增长 1.4%；城乡社区事务支出 38.60 亿元，增长 61.1%。

【粮食生产实现“十五连丰”】 2018 年全市粮食生产实现“十五

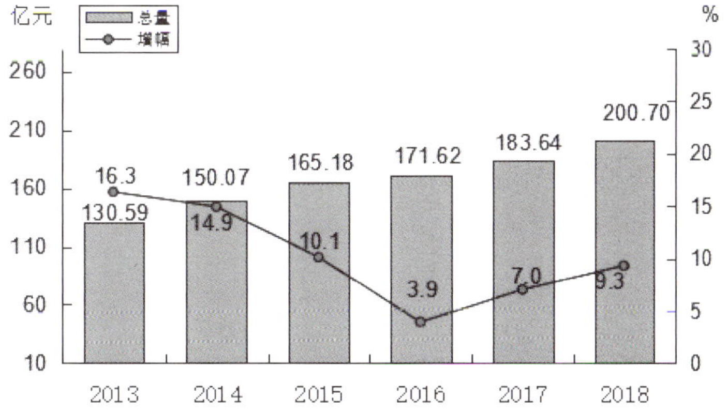

图 4 2013-2018 年抚州市财政总收入及其增长速度

连丰”，粮食总产量达277.67万吨，比2017年增长2.6%。其中，早稻总产量95.86万吨，增长4.3%。甘蔗产量18.36万吨，下降4.2%；油料产量5.45万吨，增长6.6%；蔬菜产量153.64万吨，增长1.2%；水果产量180.04万吨，增长1.0%；茶叶产量0.28万吨，增长1.4%；棉花产量0.26万吨，增长0.7%。猪肉产量21.47万吨，下降2.4%；禽肉产量10.50万吨，增长3.7%。全年水产品产量16.34万吨，下降3.1%。全年粮食作物播种面积41.80万公顷，增长1.7%。甘蔗种植面积0.32万公顷，下降8.7%；油料种植面积2.46万公顷，增长6.8%；蔬菜种植面积6.87万公顷，增长1.6%；棉花种植面积0.18万公顷，下降0.1%。

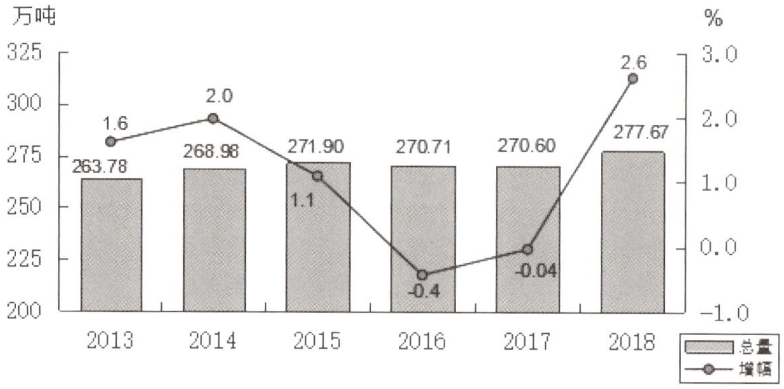

图5 2013-2018年抚州市粮食总产量及其增长速度

【新农村建设顺利开展】 2018年，全市共安排2739个新农村建设村点的整治建设，“七改三网”全面完成的村点占全部任务的97.06%，其中改路到位率97.6%、改水到位率98.3%、改厕到位率97.6%、改沟到位率97.3%、改塘到位率98.2%、改环境到位率97.8%、电网到位率100%、广电网到位率98.9%、互联网到位率98.7%。全市新增拆除“三房”（空心房、破旧房、违章房）657.4万平方米，清理拆除“四场”（养殖场、采石场、采矿场、砖瓦场）123家，恢复植被42.6万平方米，房屋改造提升5.29万栋。

【工业和建筑业稳步发展】 2018年，全市全部工业增加值424.94亿元，增长8.5%，占GDP的比重为30.7%。其中，规模以上工业增加值增长9.0%。规模以上工业总产值1520.10亿元，增长13.6%。其中，国有企业完成总产值1.3亿元，下降29.4%；股份制企业完成总产值661.08亿元，增长6.3%；私营企业完成总产值762.84亿元，增长23.44%。

全市工业园区开发面积50平方千米，工业园区完成主营业务收入1396.4亿元，增长10.58%。全市六大支柱产业主营业务收入为：化工建材197.45亿元、机电汽车288.69亿元、有色金属加工411.75亿元、食品工业83.31亿元、生物医药59.63亿元、电子信息38.35亿元，全市工业园区内投产工业企业914家。

表1-1 2018年抚州市主要工业产品产量及其增长速度

指　标	单　位	产　量	增　长%
饮料酒	千升	77787	-1.2
大米	吨	238197	10.2
饲料	吨	480084	9.8
精制食用植物油	吨	7178	78.0
人造板	立方米	605339	2.4
纸制品	吨	68521	3.1
布	万米	19701	9.4
初级形态塑料	吨	39229	50.9
化学纤维	吨	14360	3.8
水泥	吨	2565524	32.0
塑料制品	吨	198793	11.4
商品混凝土	立方米	1605132	30.0

续上表

指　标	单　位	产　量	增　长 %
铝合金	吨	612553	43.2
铜材	吨	30333	40.3
气体压缩机	台	4825	22.4
电子元件	万只	12783	30.9

2018 年，全市在库建筑业企业 154 家，其中，一级资质以上建筑企业 45 家。全年全市建筑企业实现增加值 141.06 亿元，增长 15.7%。具有资质等级的总承包和专业承包建筑业企业完成总产值 427.09 亿元，增长 5.1%；建筑业劳动生产率 284629 元/人（按建筑业总产值计算），增长 2.3%。

【固定资产投资快速增长】 全年全市固定资产投资增长 10.7%。分产业看，第一产业投资增长 24.1%，占全部投资的 5.4%；第二产业投资增长 9.9%，占全部投资的 47.2%；第三产业投资增长 10.2%，占全部投资的 47.4%。

全年工业投资增长 12.1%。其中，计算机、通信和其他电子设备制造业投资增长 111.8%；汽车制造业投资增长 89.5%；非金属矿物制品业投资增长 82.5%；化学原料及化学制品制造业投资增长 54.9%。全市全年非国有经济投资增长 10.8%，占固定资产投资的 69.5%。其中，民间投资增长 10.8%。

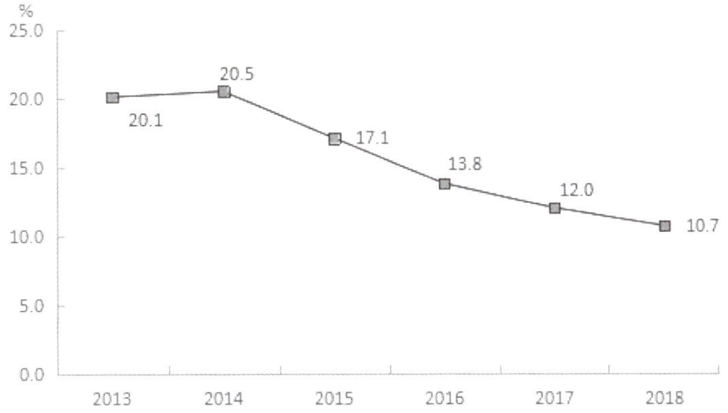

图 6　2013-2018 年抚州市固定资产投资增长速度

全市基础设施建设投资增长 40.3%，占固定资产投资总额的比重为 18.6%。全年房地产开发投资增长 20.4%。房屋施工面积 1805.55 万平方米，增长 10.5%；房屋竣工面积 164.50 万平方米，下降 38.6%；房屋销售建筑面积 467.93 万平方米，下降 15.6%。

【市场销售平稳增长】 2018 年，全市社会消费品零售总额 544.14 亿元，增长 10.6%。分城乡看：城镇消费品市场实现零售额 460.23 亿元，增长 10.5%；乡村消费品市场实现零售额 83.91 亿元，增长 11.1%。分行业看，批发和零售业是社会消费品零售市场的主导力量，实现零售额 501.55 亿元，增长 10.5%，占全市社会消费品零售总额的 92.2%；住宿和餐饮业零售额 42.59 亿元，增长 11.2%。

限额以上批发和零售业零售额中，粮油、食品、饮料、烟酒类同比增长 0.2%；石油及制品类同比增长 18.4%；汽车类同比增长 9.3%。

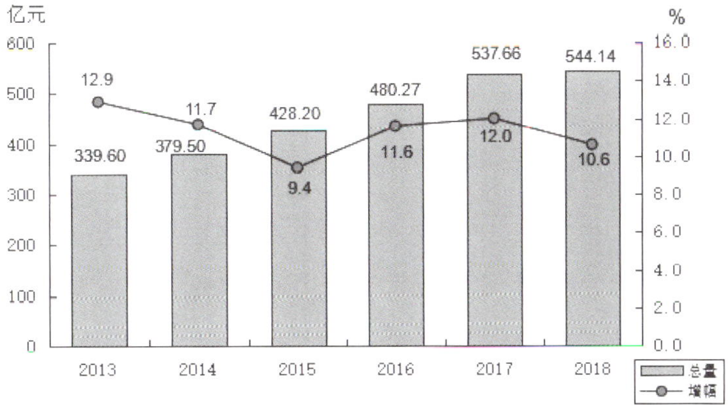

图 7　2013-2018 年抚州市社会消费品零售总额及其增长速度

【对外经济持续发展】 2018年全市进出口总值141.33亿元，增长5.8%。其中，出口总值131.08亿元，增长1.2%。实际利用外商直接投资3.85亿美元，增长9.0%。全市2000万元以上项目累计实际进资522.45亿元，增长7.1%；全市2000万元以上项目开工个数431个，增长16.5%，其中亿元以上项目开工个数205个，下降1.4%。

【交通邮电业平稳发展】 全年交通运输、仓储和邮政业实现增加值86.75亿元，增长6.7%。抚州境内建成通车高速公路9条，通车总里程715千米，高速公路里程数占全省比重12.9%，形成三横四纵高速路网格局。2018年，完成G528龙广线、G238乐安山砀至鳌溪、G322宜黄黄陂至乐安鳌溪等3个项目58.26千米。在建项目G316资溪花山界至南城黄狮渡49.28千米，国省道升级改造项目13个，G322南丰县市山——杉树坳等7个项目完成施工、监理EPC招标，S433崇仁巴山至乐安咸溪段等6个项目完成工可、初设及施工图等前期工作。

全年全市邮政企业和快递服务企业业务收入（不包括邮政储蓄银行直接营业收入）累计6.28亿元，同比增长15.6%；业务总量9.29亿元，同比增长26.3%。全市邮政函件业务累计完成47.72万件，同比下降43.9%；包裹业务累计完成2.69万件，同比下降23.1%；报纸业务累计完成4113.58万份，同比下降1.3%；杂志业务累计完成194.84万份，同比下降7.0%；汇兑业务累计完成6.76万笔，同比下降14.4%。全市快递服务企业业务量累计完成2753.63万件，同比增长38.1%，快递业务收入累计完成2.63亿元，同比增长33.5%。

【旅游业快速发展】 2018年，全市共接待游客5350万人次，实现旅游收入486亿元，分别增长34%和35%。全市共创评6家国家AAAA级旅游景区、2家全省AAAAA级乡村旅游点（资溪真相乡村旅游带、仙盖山农业园）、1家省级全域旅游示范区（资溪县）、2家全省工业旅游示范基地（金溪香谷小镇、广昌致纯食品公司）、2家省级旅游风情小镇（金溪香谷小镇、乐安金竹畲乡风情旅游小镇），顺利承办2018年度全省旅游产业发展大会。

【强力推进城市建设】 全市城镇化率由2017年的48.22%提高到49.81%，上升1.59个百分点。2018年共维修机动车和非机动车道路2.3万余平方米、人行道8000余平方米，更换各类井盖2800余块，维修疏通下水道4726米，更换井座600余座，硬化通道1800余平方米；维修路灯1.3万余盏，市中心城区主干道装灯率100%，路灯亮灯率99%。持续开展户外广告拆除、垃圾死角清理、占道经营、车辆乱停乱放、火车站广场秩序、“六车”整治、“洗城”行动等专项治理工作，拆除各类广告2229处，总面积19313.51平方米；清理卫生死角219处，计184吨；“六车”整治拆除改装三轮车篷布285辆，整治乱停乱放和占道行为1044起，清理“僵尸车”327辆。

【金融保险稳步发展】 年末，全市金融机构人民币各项存款余额2067.27亿元，比2017年末增长8.8%，比年初增加166.53亿元。其中，住户存款1303.69亿元，比2017年年末增长10.2%，比年初增加120.89亿元；非金融企业存款407.79亿元，比年初增加31.45亿元。金融机构人民币各项贷款余额1608.78亿元，比2017年年末增长17.5%，比年初增加240.08亿元。其中，住户贷款887.72亿元，比年初增加141.16亿元；非金融企业及机关团体贷款721.06亿元，比年初增加98.93亿元。

全年全市保险公司实现保费收入41.07亿元，增长4.5%。其中，财产险公司实现保费收入16.91亿元，增长20.2%；人身险公司实现保费收入24.16亿元，下降4.3%。

【教育事业稳定发展】 全年普通高中招生2.78万人，在校生8.17万人，毕业生2.45万人。初中学校招生6.28万人，在校生17.46万人，毕业生4.77万人。普通小学招生5.68万人，在校生34.83万人，毕业生6.2万人。特殊教育在校生2601人，幼儿园在园幼儿11.54万人。高考43人录取北大清华，7人录取空军航空大学，录取一本4400人，本科13673人。全市教育项目投资53.9亿元，安排教育重点项目48个，其中市中心城区14个。

【加大科技创新力度】 抚州聘请26名院士、科技领军人才为市政府科技顾问，新组建院士工作站3家。796家规上工业企业与188所高校、科研院所开展战略合作，71家市直单位与92所高校、科研院所（智库）建立合作关系。新获批22家国家知识产权示范（优势）企业、3家省级科技协同创新体。获批省级工程技术研究中心9家，博雅生物企业技术中心获批国家级企业技术中心。4个项目获省科技进步一等奖；45家企业59个新产品获省级优秀新产品奖。新增高新技术企业104家，总数达239家。新增国家科技型中小企业236家，高新技术产业增加值增长12.6%。

【文化卫生和体育事业稳步发展】 年末，全市共有文化产业单位2358家，增长14.9%。全市乡镇（街道）综合文化站建设达96.3%，达标建设70%；村（社区）基层综合性文化服务中心建设达84.8%，达标建设80.8%。全市1808家农家书屋平均补充更新图书160余册，电子音像制品8张，总价值778万元；市县两级图书馆总分馆制建设完成59个。

全市共有各类医疗卫生机构2297个（含村卫生所、诊所、防保站）。其中，医院、卫生院226个，妇幼保健院（所、站）12个，专治疾病防治院（所、站）7个，卫生监督所（中心）12个。卫生技术人员15866人。其中，执业医师和执业助理医师5854人，注册护士 6855 人。医院实有床位数 11028 张，卫生院实有床位数 3279 张。全市累计建立居民电子健康档案 323.62 万份，建档率达 80.69%；65 岁以上老年人、0~6 岁儿童、孕产妇、高血压患者、糖尿病患者、严重精神障碍患者及结核病患者规范管理人数分别为 22.1 万人、22.88 万人、2.36 万人、18.1 万人、4.78 万人、1.37 万人、0.14 万人。

年末，全市共有城市社区健身路径 202 条，城市社区的体育设施覆盖率达 85%；乡镇农体工程 87 个，行政村农民体育健身工程 1128 个，乡镇、行政村全民健身设施覆盖率达 63%。全年共组织开展各种大、中、小型群众体育比赛或展示 3000 多场（次），参与人数近 100 万人。在国内外大赛中，输送的运动员共获得世界冠军 4 次，亚洲冠军 8 次，全国冠军 10 次。

【民生持续改善】 2018 年，全市城镇居民人均可支配收入 31976 元，增长 8.5%；农村居民人均可支配收入 14767 元，增长 8.9%。城镇居民人均消费性支出为 18362 元，增长 8.1%；农村居民人均生活消费支出 9484 元，增长 9.9%。

2018 年，实现 1.91 万贫困人口脱贫、68 个贫困村退出，省政府批复同意广昌县退出贫困县，全市贫困户降至 11443 户 27474 人，贫困发生率由年初的 1.3% 下降至 0.83%。全市企业职工参保人数达到 63.15 万人，完成目标任务的 100.96%，共计征缴养老保险费 39.83 亿元，完成全年目标任务的 182%。城镇职工基本医疗保险参保人员 379818 人，与 2017 年同期相比增加 2641 人。其中，在职职工 255411 人，占总人数的 67.2%；退休人员 124407 人，占总人数的 32.8%，职工负担系数为 0.5。

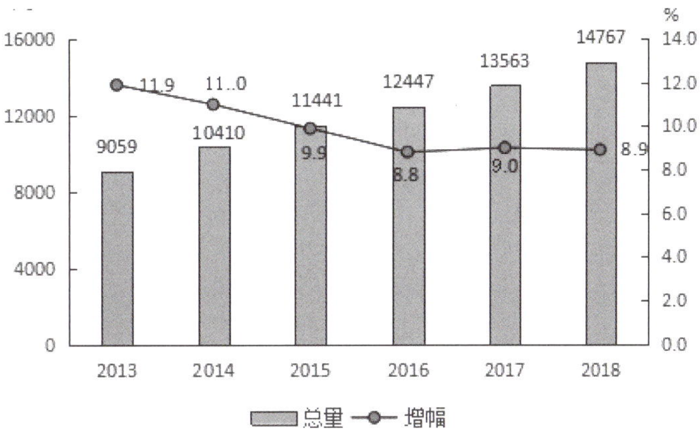

图 8　2013-2018 年抚州市农村居民人均可支配收入及增速

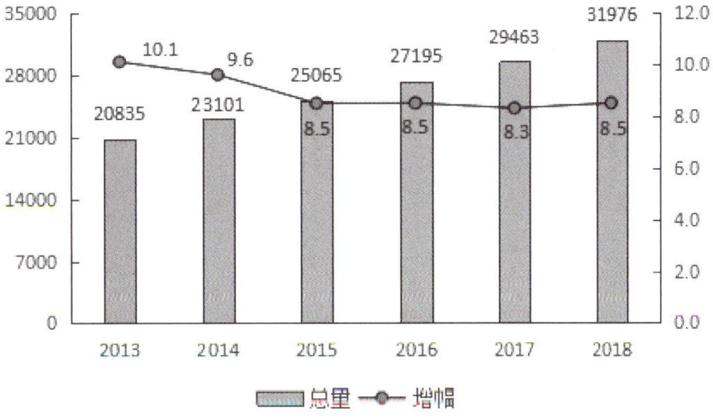

图 9　2013-2018 年抚州市城镇居民人均可支配收入及增速

【生态环境优势提升】 2018 年全市生态环境状况为优，生态系统保持稳定，森林覆盖率 66.1%，有各类国家级、省级自然保护区、风景名胜区、森林公园、湿地公园和其他生态功能区等 52 处，占全市国土总面积 16.9%。生态保护红线面积占国土面积 27.3%；资溪县被授予第一批国家级生态文明示范县；年内新创建省级生态乡镇 8 个、省级生态村 9 个，市级生态村 21 个。

全年能源消耗总量 504.72 万吨标准煤，增长 4.8%；万元 GDP 能耗 0.3565 吨标准煤，下降 3.0%，完成年度万元 GDP 能耗下降目标。规模以上工业综合能源消费量 274.43 万吨标准煤，增长 3.9%；万元规模以上工业增加值能耗下降 5.3%。

（朱永斌）

本栏编辑　鄢春琴

中国共产党抚州市委员会

综　述

2018年，抚州市委坚持以习近平新时代中国特色社会主义思想为指导，从更高层次贯彻落实总书记对江西工作的重要要求，全面落实省委决策部署，坚持用新发展理念指导发展、用生态文明建设统领发展，紧紧围绕“坚持一个指导、突出三项攻坚、打好四大升级战”（即以习近平新时代中国特色社会主义思想为指导，突出精准脱贫、项目建设、环境整治“三项攻坚”，打好区域经济发展、生态文明建设、文化旅游强市、干部作风建设“四大升级战”）的工作思路，统筹推进经济社会发展和党的建设，努力走好经济发展与生态文明水平提高相辅相成、相得益彰的发展新路，各项事业迈出新步伐、取得新成绩。

持续深入学习贯彻习近平新时代中国特色社会主义思想和中共十九大精神，坚决落实中央和省委决策部署。坚持把学习宣传贯彻习近平新时代中国特色社会主义思想和中共十九大精神作为首要政治任务，持续深入掀起学习宣传热潮，用创新理论武装头脑、指导实践、推动工作。市委常委会带头，通过个人自学、中心组学习、研学讨论等方式，推动学习贯彻往实里走、往深里走、往心里走。分级分类加强党员干部教育培训，实现学习教育全覆盖。发挥“四进四联四帮”连心小分队、新时代文明实践站作用，进村入户开展宣讲。集中开展“访民情、解民忧、惠民生、聚民心”实践活动，引导全市干部群众树牢“四个意识”，坚定“四个自信”，坚决做到“两个维护”，确保中央方针、政策、战略部署和省委、省政府工作要求在抚州落地生根。

切实加强对经济工作的领导，全面推动高质量跨越式发展。坚持稳中求进工作总基调，坚定不移落实高质量发展要求，保持经济平稳较快增长。2018年，全市生产总值增长8%、财政总收入增长9.2%、固定资产投资增长10.7%、规模以上工业增加值增长9%、社会消费品零售总额增长10.6%、城镇和农村居民人均可支配收入分别增长8.5%、8.9%。一是产业体系加快迈向中高端。现代工业快速发展，依靠现代科技和现代金融，深入实施百亿企业培育工程、重大技改“三百计划”、智能制造“千百十个”工程，全市工业技改投资增长55.8%，高新技术产业增加值增长12.6%，战略性新兴产业增加值增长9.5%。博雅生物、海利科技、大乘汽车、自立环保、铜博科技、创世纪超算、金品铜科等“百亿培育企业”发展迅速。江铃底盘、迪比科、明恒纺织、荣成机械、联益电子、崇仁变电设备等新增多条智能化生产线。铜博科技2万吨铜箔项目、海利科技三期年产30万吨冷轧板等一批重大项目竣工投产。高品质农业快速发展，以特色种植、特色养殖和休闲旅游为重点的“两特一游”产业扎实推进。临川大健康食品产业园、东乡万亩猕猴桃、乐安绿能等一批现代农业项目入驻，组建了中药材类、白莲类、蜜橘类、蔬菜类等21个农业产业联合体，吸纳300多家企业抱团作战。现代服务业快速发展，以互联网为代表的新兴服务业贡献率达50.3%，同比增长15.1个百分点，拉动服务业增长指数5.2个百分点。积极贯彻落实企业上市“映山红”行动计划，全市重点拟上市挂牌企业增至16家，“新三板”挂牌企业增至12家，江西联合股权交易中心挂牌展示企业达423家。金融业运行稳健，全年金融机构期末存、贷款余额分别增长9.45%、18.33%。二是经济发展新动能加速壮大。大力培育文化旅游、大健康、中医药、现代物流、数字经济等战略性新兴产业。深入推进中医药强市战略，围绕振兴“盱江医学”和“建昌帮”老字号，发展道地中药材种植业，加快建昌帮药谷一期现代医药物流园项目建设，成功举办第二届全国中医药文化大会。大力发展数字经济，连续两年承办全省互联网大会，互联网金融、互联网传媒、共享经济等新技术、新产品、新业态发展迅猛。医养结合再迈大步，智慧“百乡千村”健康医养扶贫工程扎实推进，成功举办第二届生命健康科学国际高峰论坛，积极引导社会资本进入健康养老领域，亲和源老年公寓、中科慧康居家养老中心等医养结合项目推进顺利。三是科技创新驱动力持续增强。持续加大研发投入，全社会研发经费投入达13.68亿元、增长35.4%，全市R&D 1%、较2017年提高0.21个百分点，科技进步贡献率达57%。全市新增高新技术企业102家、达239家，同比增长75.6%；新增专利申请量4847件，同比增长62.1%。建立“不求所有、但求所用”引才机制，柔性引进人才1337人次，聘请26名院士为市科技顾问，已建1家国家重点实验室、1家国家级工程技术中心、32家省级工程技术研究中心、13家院士工作站、4家博士（后）工作站或创新实践基地、8家“海智计划”工作站，创建15个国家级科技创新平台、105个省级平台。全市772家规模以上工业企业与157所高校、科研院所签订合作协议；58家市直单位与92所高校、科研院所（智库）战略合作。在2018年全省科学技术奖励大会上，抚州市4个项目获科学技术进步奖一等奖，位列全省设区市第一，占28.6%，重大科技成果实现历史性突破。

大力推进生态文明示范市建设，积极探索“绿水青山就是金山银山”的实现路径。认真落实“共抓大保护、不搞大开发”决策部署，坚决打好污染防治攻坚战，扎实做好中央环保督察“回头看”、省环保督察反馈问题整改，不断推动生态文明先行示范市建设。深入推进“净空、净水、净土”行动，全市PM2.5平均浓度为36.6微克/立方米，同比下降20%；优良天数比例88.5%。开展市中心城区生活垃圾分类处理试点，建成日处理1200吨的市中心城区垃圾焚烧发电厂并正式运行；深入推进农村环境综合治理，实现全市农村垃圾收集处理城乡一体化。积极推进抚河流域生态保护与综合治理生态修复工程，全年完成投资8.2亿元。廖坊水利枢纽灌区二期主体工程、市城区小流域生态保护与综合治理工程、36个生态村镇示范项目基本完成，“生态云”平台正式上线。温泉景区“三翁”戏曲、科技金融、温泉养生等特色小镇加快建设，一个集文化创意、休闲旅游、健康养生、特色小镇为一体的36平方千米生态文明建设样板区初具雏形。扎实开展生态产品价值实现机制、水环境综合治理与可持续发展两个国家级试点工作，全国水环境综合治理与可持续发展试点工作现场会在抚州市召开，流域水环境治理方面的经验得到肯定和推广。全面实施国土空间规划分类、差异化考核，建立抚州水生态补偿机制，推行领导干部生态和自然资源资产离任审计，开展生态资源统一确权登记、自然资源资产负债表编制试点。乐安县实施全国首个VCS国际标准碳汇项目，减排总量337.7万吨。正式实施《抚州市文明行为促进条例》，重点推广“绿宝”碳普惠制，大力推行机关无纸化办公、节能运行管理和政府绿色采购，积极推进绿色出行，倡导绿色生活风尚。

以承办全省旅发大会和汤显祖戏剧节为契机，致力打造全域文化旅游目的地。积极探索地方实施“中华文化走出去”路径，连续三年成功举办汤显祖国际戏剧交流活动，吸引英国、赞比亚、俄罗斯等国家驻华外交使节、官员等186名外宾参加。与俄罗斯丘索沃伊正式建立友好城市关系，“我在牡丹亭等你”“抚州，一个有梦有戏的地方”成为抚州对外宣传的响亮名片。连续第二年入选中国文化竞争力十佳城市，成功创建省级历史文化名城，65个村落进入第五批中国传统村落名录，革命战争题材电影《浴血广昌》在院线成功上映，大型实景剧《寻梦牡丹亭》成功商演，《传奇中国节·抚州看大戏》《戏说中秋》通过央视全球现场直播，抚州文化魅力蜚声海内外。2018年，全市文化产业主营业务收入460亿元，实现增加值74.6亿元，分别增长19.6%、14.9%。成功承办江西省第五届旅游产业发展大会，推动旅游景区建设提质提速、旅游产业收入快速增长，被评为全省旅游发展先进设区市。文昌里历史文化街区、南城麻姑山景区、宜黄曹山景区、金溪竹桥古村景区等旅游项目投入运行，新增国家AAAA级旅游景区6家、全省AAAAA级乡村旅游点2家、省级旅游风情小镇2家。2018年，全市接待游客5350万人次，实现旅游收入486亿元，分别同比增长34%和35%。

持续加大改革开放力度，不断激发经济社会发展内生动力。紧紧围绕中央、省委深化改革部署，落实改革任务195项，新增国家级改革试点5个、省级改革试点12个。深入推进供给侧结构性改革，全面落实“三去一降一补”，推进农业农村改革，加速开发区转型升级，深化国资国企改革，着力激发高质量发展新活力。深入推进“降成本、优环境”专项行动，毫不动摇支持民营经济发展，全年共为企业降低成本52.72亿元。持续深化“放管服”改革，全面推进“互联网+政务服务”，深入推行“一网通办”“最多跑一次”“只进一扇门”改革，公布“一次不跑”事项97项、“只跑一次”事项473项。积极融入全省“一圈、两轴、三区”区域发展新格局，东临新区挂牌成立，科学确定并完善抚州高新区、东临新区、赣闽产业合作示范区、昌抚合作示范区等各类省级以上开发区的空间布局、产业定位和建设运营模式，推动错位、互补、协同发展，打造高能级开放平台。全方位开展驻点招商、以商招商，打造“双返双创”升级版。积极推进口岸基础设施建设，抚州海关成功获批，海西综合物流园等平台加快推进，向莆铁路铁海联运货运班列、中欧货运集装箱班列常态化运行。

全力增进民生福祉，群众获得感、幸福感、安全感进一步增强。坚持把脱贫攻坚作为重要政治责任和最大民生工程，围绕十大重点扶贫工程，大力开展“春季攻势”“夏季整改”“秋冬会战”行动，呈现“贫困人口大幅减少、贫困县有序摘帽、贫困村全面退出、脱贫质量名列前茅”的可喜局面。全市农村贫困人口由2017年年底的4.3万人减少到2018年年底的2.7万人，广昌县成功脱贫“摘帽”，乐安县脱贫“摘帽”稳步推进，“十三五”时期全市223个贫困村全面退出。全面启动6.9万城镇困难群众脱贫解困工作。稳定推进就业创业，全面发展教育事业，大力提升医疗水平，着力提升城市人居环境，启动“三城同创”和“城市双修”规划编制工作，一批道路建设工程、农贸市场改扩建以及安置房建设项目加快推进，城市宜居功能进一步提升。积极营造文明和谐社会环境，信访形势总体平稳，崇仁“一户一位法律明白人”在全省推广，绿色殡葬改革稳妥推进。积极推进农村精神文明建设，开展“孝满才乡”等系列评选活动，在1745个行政村设置“道德红黑榜”，引导培育文明新风尚。扫黑除恶专项斗争取得阶段性胜利，打掉宜黄二陈为代表的黑社会性质组织案件12件，恶势力犯罪集团41个，恶势力团伙43个，严肃查处党员干部涉黑涉恶问题80件、处理67人，其中涉嫌充当黑恶势力“保护伞”13人。严格落实安全生产责任制，未发生较大及以上安全事故。

认真落实新时代党的建设总要求，积极营造海晏河清的政治生态。坚决扛起全面从严治党政治责任，深入贯彻新时代党的建设总要求，认真落实党建工作责任制，坚决全面彻底肃清苏荣案余毒，推动全面从严治党向纵深发展。牢牢把握意识形态工作领导权，大力宣传党的理论和路线方针政策，扎实推进新时代文明实践中心、县级融媒体等平台建设，依法管网治网，加强主流舆论宣传。积极践行新时代党的组织路线，夯实农村党建、强攻城市党建、抓严机关党建、加强国企党建、巩固“两新党建”、创新中小学党建，全力推进“五必到、五必访”、党员社区报到，推动基层党建质量全面提升。出台《关于进一步激励广大干部新时代新担当新作为加快推进全面建成小康新抚州的实施意见》，注重从急难险重工作第一线培养选拔优秀干部，大力发现储备和选拔培养年轻干部，健全完善容错纠错和保护机制，开展了“百名担当实干人物”评选。聚焦“怕、慢、假、庸、散”和形式主义、官僚主义等问题，深入开展“进一步解放思想，大兴调查研究之风，切实转变干部作风”活动，开展“办事最难窗口”评选，全面推进“干部转作风、群众强素质、社会优环境”。深入推进反腐倡廉建设，始终保持高压反腐态势，开展扶贫领域专项巡察、巡察督查和“回头看”，完成四轮巡察，以实际成效取信于民。

（邓广团）

【市委领导名录】

书　记：肖　毅

副书记：张鸿星
王新有（任至4月）

常　委：刘海滨　李建林
李兰贵　谭小平
罗国良（任至4月）
董朝武（任至4月）
韦　萍　傅　云
刘苍牧（4月任）
张　朋（4月任）

秘书长：谭小平

副秘书长：赵　立　李光荣
高小英　黄亚斌
申进东

市委重要会议

【市委全会】 1月3日，市委召开四届四次全体会议，深入学习贯彻中共十九大、中央经济工作会议精神和省委十四届五次全会精神，听取和审议市委常委会工作报告，研究部署深入学习贯彻十九大精神和2018年全市经济工作。

8月6日，市委召开四届五次全体（扩大）会议，深入学习贯彻习近平新时代中国特色社会主义思想和中共十九大精神，从更高层次贯彻落实习近平总书记对江西工作的重要要求，传达学习贯彻省委十四届六次全体（扩大）会议精神，报告市委常委会主要工作，研究部署下一步工作任务，动员全市上下解放思想、转变作风、突出重点、担当实干，全力推进科学发展、绿色崛起，为共绘新时代江西物华天宝、人杰地灵的新画卷增光添彩。

【市委常委会】 2月3日晚，省政协副主席、市委书记肖毅主持召开四届市委第31次常委会议。会议传达学习中央政法工作会议精神、全国扫黑除恶专项斗争电视电话会议精神、省纪委十四届三次全会精神和全省宣传部长会议精神，研究了贯彻意见；审议《市委常委会2018年工作要点》和《关于设市领导干部自然资源资产离任审计工作领导小组办公室（市经济责任审计工作领导小组办公室）专职副主任职数的请示》；研究人事问题。

2月22日，市委书记肖毅主持召开四届市委第33次常委（扩大）会议。会议传达习近平总书记春节前夕看望四川凉山地区群众并主持召开打好精准脱贫攻坚战座谈会精神，讨论《2018年全市脱贫攻坚实施意见（征求意见稿）》。

2月26日，市委书记肖毅主持召开四届市委第34次常委会议。会议传达学习中共中央关于杨晶同志严重违纪问题及处理情况的通报、全省农村工作会议暨新农村建设现场推进会精神、全省组织部部长会议精神、全省统战部部长会议精神和省统计局《关于认真贯彻〈关于建立领导干部违规干预统计工作记录制度的办法〉的通知》，研究贯彻意见；审议《关于深入贯彻中央八项规定精神进一步改进工作作风的若干意见（送审稿）》《中共抚州市委抚州市人民政府关于实施乡村振兴战略的意见（送审稿）》《抚州市2018年宣传思想文化工作要点》和《四届市委2018年度巡察工作要点》；听取2017年度全市综合考核评价工作情况汇报。

3月2日，市委书记肖毅主持召开四届市委第35次常委（扩大）会议，传达学习中共十九届三中全会精神和省委常委扩大会议精神。

4月9日，市委书记肖毅主持召开四届市委第36次常委会议。会议重温习近平总书记视察江西时的重要讲话精神；传达学习省生态文明建设领导小组会议精神、省赣南等原中央苏区振兴发展工作领导小组第七次会议精神、十四届省委第二轮巡视工作动员部署会暨设区市委巡察办负责人座谈会精神，省委常委、政法委书记尹建业调研抚州扫黑除恶专项斗争工作讲话精神、省委保密委员会全体（扩大）会议和省委密码工作领导小组第十七次全体（扩大）会议精神，中央、全省对台工作会议精神，研究贯彻意见；审议《中共抚州市委统战部2018年工作要点（送审稿）》和《中共抚州市委2018年度政党协商计划（送审稿）》；研究人事问题和有关案件。

4月19日，市委书记肖毅主持召开四届市委第37次常委会会议。会议传达学习省委书记、省长刘奇在省人大、省政协、省纪委、省委组织部、省委宣传部、省委统战部、省委政法委等机关和部门调研时的讲话精神，全省长江经济带“共抓大保护”攻坚行动动员大会、省委政法委员会全体（扩大）会议和全省扫黑除恶专项斗争调度会精神，学习《中央巡视工作规划（2018—2022年）》《十四届省委巡视工作规划》精神，研究贯彻意见；审议《中共抚州市委关于开展“进一步解放思想、深入开展调查研究、切实改进干部作风”活动的实施意见（送审稿）》；研究修订《四届市委巡察工作规划》；听取全市一季度经济社会发展情况汇报、抚州市文化考察团出访俄罗斯的情况报告、2017年度全市意识形态工作责任制考核情况汇报；研究人事问题。

5月14日，市委书记肖毅主持召开四届市委第38次常委会会议。会议传达学习省委书记、省长刘奇，省政协党组书记、主席姚增科，省人大常委会党组副书记、副主任朱虹在抚州考察调研时的讲话精神，研究贯彻意见；传达学习全省作风建设工作会议、全省旅游产业发展大会和全省基层党建工作重点任务推进会议精神，研究了贯彻意见；听取《关于长江经济带生态环保审计问题整改完成情况的报告》；审议《抚州市住宅区物业管理条例（草案，送审稿）》和《关于追授胡学发同志为“全市优秀共产党员”称号的请示》；研究有关案件和人事问题。

6月4日，市委书记肖毅主持召开四届市委第40次常委会会议。会议传达学习省委书记、省长刘奇有关环保工作的重要指示批示精神、全省网络安全和信息化工作会议以及全省维稳工作视频会议精神，研究贯彻意见；审议《2018年度全市综合考核评价工作方案（送审稿）》《关于促进开发区改革和创新发展的实施意见（送审稿）》《关于进一步优化营商环境的实施意见（送审稿）》《“十三五”平安抚州建设规划（送审稿）》《抚州市总工会换届方案（送审稿）》及有关事宜；听取南昌大学抚州医学院独立办学工作情况汇报，抚州市赴香港、深圳等地开展招商引资活动情况汇报和抚州市友好访问文化交流团出访俄罗斯、芬兰情况汇报；研究有关案件。

6月23日，市委书记肖毅主持召开四届市委第41次常委会会议。会议学习习近平总书记对脱贫攻坚工作重要指示精神和中共中央办公厅、国务院办公厅印发的《地方党政领导干部安全生产责任制规定》，研究贯彻意见；听取迎接配合中央环保督察“回头看”工作情况汇报；传达学习省委常委、常务副省长毛伟明在抚州调研时的讲话精神和全省市县机构改革工作会议精神、全省“新时代传习所”建设现场推进会议精神，研究贯彻意见；审议《关于呈报改革先锋拟推荐人选的请示》；研究有关案件和人事问题。

7月26日，市委书记肖毅主持召开四届市委第42次常委会会议。会议传达学习全省促进非公有经济发展表彰电视电话会议精神、全省殡葬改革现场推进会精神和省委常委、组织部部长赵爱明在抚州调研“降成本优环境”的讲话精神、全省追逃追赃工作培训班精神、全省关于进一步健全“五个一批”培养体系加强和改进优秀年轻干部培养选拔工作有关精神，研究贯彻意见；听取全市上半年经济运行情况汇报、上半年全市意识形态工作汇报，研究部署下半年意识形态工作；审议《关于确立东临新区财政管理体制的实施意见（送审稿）》《关于加大城镇贫困群众脱贫解困力度的实施意见（送审稿）》《抚州市国资委以管资本为主推进职能转变方案（送审稿）》《关于建立市旅发委兼职委员会制度的请示》《关于召开市委四届五次全体（扩大）会议工作预案（送审稿）》和《全省县、乡、村三级新时代新担当新作为先进典型推荐人选名单》；研究其他有关事项。

8月2日，市委书记肖毅主持召开四届市委第43次常委会会议。会议传达学习省委十四届六次全体（扩大）会议精神和省委常委、宣传部长施小琳在抚州调研时讲话精神、全国维稳工作会议和全省退役军人工作推进会议精神、全省预防青少年违法犯罪工作会议精神，研究贯彻意见；审议肖毅、张鸿星在四届市委五次全体（扩大）会议上的讲话稿和《关于进一步加强党委联系服务专家人才工作的实施意见（送审稿）》；听取2018年上半年全市纪检监察工作情况汇报；研究有关案件。

8月25日，市委书记肖毅主持召开四届市委第44次常委会会议。会议传达学习习近平总书记对扫黑除恶专项斗争工作的重要指示要求，省委书记刘奇近期对扫黑除恶专项斗争有关指示批示要求，省委常委、省委政法委书记尹建业在抚州市调研扫黑除恶专项斗争工作的讲话精神，通报省委扫黑除恶专项斗争第一督导组关于抚州市督导情况反馈，研究贯彻意见；传达学习全省纪检监察工作座谈会暨设区市纪检监察工作半年报告会精神，研究了贯彻意见；审议《关于将〈抚州市烟花爆竹销售燃放管理条例〉调整为2018年度立法审议项目的报告》和市纪委市监委派驻（出）机构市管干部职务名称变更事项，听取市委、市政府主要领导率队外出招商引资和走访重要客商情况汇报，抚州市经贸考察团赴台招商考察情况汇报和抚州市文化经贸考察团赴俄罗斯、英国友好访问的报告；研究有关案件和人事问题。

9月30日，市委书记肖毅主持召开四届市委第45次常委会会议。会议学习习近平总书记在全国宗教工作会议上的重要讲话精神和有关批示；传达学习省委副书记、代省长易炼红在抚州调研讲话精神，全省全面深化改革开放工作现场推进会精神，《中共中央国务院关于防范化解地方政府隐性债务风险的意见》和《中共中央办公厅国务院办公厅关于印发〈地方政府隐性债务问责办法〉》文件精神，全省组织工作会议精神，全省宣传思想工作会议、全省基层综合性文化服务中心暨基层文明实践中心建设工作推进会、全省宣传思想文化系统年中工作会议暨宣传部部长培训班精神，省委统战工作领导小组宗教专题会议精神和省宗教工作领导小组《关于做好抵御境外利用宗教对高校进行渗透和防范校园传教工作的意见》精神，全省深化扶贫领域腐败和作风问题专项治理工作推进会议精神，研究贯彻意见；审议《关于暂缓实施部分2018年市重点项目的建议》《关于进一步完善市本级招商项目洽谈签约推进机制的意见（送审稿）》《关于调整抚州市关心下一代工作委员会领导成员名单的请示》和《关于建立抚州市关心下一代工作联席会议制度的意见（送审稿）》，中共抚州市国家税务局、地方税务局联合委员会改设中共国家税务总局抚州市税务局委员会的请示、《关于市第一人民医院更名和增设总会计师职数以及抚州市立医院领导职数配备的请示》；听取全市"百名担当实干人物"评选工作情况汇报和全市对中央巡视"回头看"和省委巡视反馈问题整改开展再督查的情况汇报；研究有关案件和人事问题。

10月20日，市委书记肖毅主持召开四届市委第46次常委会会议。会议学习习近平总书记在第五个国家扶贫日时关于脱贫攻坚工作的重要指示、《中国共产党纪律处分条例》（继续原文学习部分章节）和省委、省政府《关于加强作风建设优化发展环境的意见》；传达学习省委书记刘奇在抚州市调研考察时讲话精神、中央第四环境保护督察组对江西省第一轮中央环境保护督察整改情况开展"回头看"反馈会精神、中央第十一巡视组对江西省开展脱贫攻坚专项巡视工作动员会议精神和全省深入推进基层社会治理工作暨综治中心实体化建设现场会精神，研究贯彻意见；通报市委主要领导赴辽宁大连参加第四届中英地方领导人会议情况，市政府主要领导率团赴南非、赞比亚、阿联酋交流访问情况；审议《关于进一步加强信访法治化建设的实施办法（送审稿）》和《关于切实加强新时代人民政协党的建设工作的实施意见（送审稿）》；研究有关案件和人事问题。

11月11日，市委书记肖毅主持召开四届市委第47次常委会会议。会议学习中办关于秦岭北麓违建别墅有关问题的通报、《关于贯彻落实习近平总书记重要批示精神集中整治形式主义官僚主义的实施意见》的通知（赣办发电〔2018〕70号）、《关于对脱贫攻坚中形式主义官僚主义突出问题立行立改的意见》的通知（赣办发电〔2018〕66号）和习近平总书记在民营企业座谈会上的讲话精神、省委书记刘奇在全省民营企业座谈会上讲话要点，研究贯彻意见；传达学习习近平总书记在中国工会第十七次全国代表大会上的讲话及会议精神、习近平总书记在中国妇女第十二次全国代表大会上的讲话及会议精神、全省促进非公经济发展民间投资现场（九江）推进会议精神、全省扫黑除恶专项斗争推进会议精神、全省扫黑除恶专项斗争监督执纪问责和监督调查处置工作推进会议精神、省十三届人大常委会第八次会议精神和全省党委秘书长、办公室主任会议精神，研究贯彻意见；听取抚州市高层次人才引进工作情况汇报；审议《关于对市委常委会及其成员进行党内监督的实施办法（施行）（送审稿）》和《关于2018年对市委常委会及其成员进行党内监督的工作方案（送审稿）》；研究有关案件和人事问题。

12月3日，市委书记肖毅主持召开四届市委第48次常委会会议。会议传达学习习近平总书记近期在中央政治局会议和政治局集体学习时的重要讲话、中纪委有关通知、刘奇在全省设区市委书记座谈会议上的讲话精神，省委副书记、省长易炼红在抚州考察调研时的讲话精神，省委扶贫巡视巡察"回头看"暨扫黑除恶、作风建设专项巡视动员部署会议精神，省纪委省监委留置场所建设工作会精神、全省县级融媒体中心建设现场推进会精神和全省立法工作会议精神，研究贯彻意见；听取抚州高新区关于中信房车补偿款代付及有关问题处置的情况汇报和市人大常委会关于开展2018年环保抚河行活动情况的报告；审议《市人大常委会党组关于市四届人大常委会立法规划（2017—2021年）调整完善方案和2019年度立法计划的请示》和《关于市委党内规范性文件集中清理结果的报告》；继续学习《中国共产党纪律处分条例》；研究有关案件。

12月17日，市委书记肖毅主持召开四届市委第49次常委会会议。会议学习中央近期重要会议和习近平总书记重要讲话精神[12月13日中央政治局会议，习近平总书记在中央政治局第十次（全文）、第十一次集体学习时，党外人士座谈会上的重要讲话精神等]；继续学习《中国共产党纪律处分条例》，传达学习中纪委《关于6起官僚主义、形式主义典型案例的通报》；审议《关于全面加强生态环境保护坚决打好污染防治攻坚战的实施方案（送审稿）》和《抚州市县机构改革方案（送审稿）》。

12月29日，市委书记肖毅主持召开四届市委第50次常委会会议。会议学习中央经济工作会议精神、习近平总书记在中共中央政治局民主生活会上重要讲话精神；传达学习习近平总书记对脱贫攻坚工作新要求，听取2018年度全市脱贫攻坚工作情况汇报，研究部署2019年度脱贫攻坚工作；传达学习省委十四届七次全会精神，研究了贯彻意见；审议《抚州市2019年国民经济和社会发展计划（草案）》《2019年市重点建设项目计划（送审稿）》《市本级2018年预算执行和2019年预算编制情况（送审稿）》《抚州市贯彻落实中央环境保护督察"回头看"及鄱阳湖水环境问题专项督察反馈意见整改方案

（送审稿）》《2019年元旦春节前后市四套班子重大集体活动安排（送审稿）》《关于召开四届市委第六次全体会议工作方案（送审稿）》及肖毅、张鸿星在四届市委第六次全体会议上的讲话稿和《市委常委会2018年工作总结（送审稿）》《关于召开市四届人大四次会议有关事项的请示》《关于召开市政协四届四次会议有关事项的请示》《关于〈抚州市烟花爆竹销售燃放管理条例（草案）〉审议修改情况的报告》和《关于撤销雷建荣全市“百名担当实干人物荣誉称号的请示”》；听取抚州市城市功能与品质提升三年行动工作情况汇报；研究有关案件。

（熊志锋）

市委重要决策

【深入学习贯彻十九大精神】为认真落实《中共江西省委关于深入学习贯彻中共十九大精神奋力谱写新时代中国特色社会主义江西篇章的决定》，决胜全面建成小康社会，奋力开创抚州科学发展、绿色崛起新局面，中共抚州市委印发《关于深入学习贯彻中共十九大精神奋力开创抚州科学发展绿色崛起新局面的意见》。意见要求，坚持以习近平新时代中国特色社会主义思想为指导，不忘初心、牢记使命，按照“五位一体”总体布局、“四个全面”战略布局的要求，深入贯彻新发展理念，统筹推进经济建设、政治建设、文化建设、社会建设和生态文明建设，纵深推进全面从严治党，坚定不移走科学发展、绿色崛起新路，着力打造美丽江西“抚州样板”，决胜全面建成小康社会，加快建设经济繁荣、社会文明、生态宜居、人民幸福的美好新抚州。

【实施乡村振兴战略】 为贯彻落实中共中央、国务院《关于实施乡村振兴战略的意见》和省委、省政府《关于实施乡村振兴战略的意见》，认真抓好全市乡村振兴战略的实施，全力推动农业全面升级、农村全面进步、农民全面发展，中共抚州市委、抚州市人民政府印发《关于实施乡村振兴战略的意见》。《意见》要求，坚持以习近平新时代中国特色社会主义思想为指导，深入贯彻落实中共十九大以及中央和全省农村工作会议精神，牢固树立新发展理念，落实高质量发展的要求，坚持农业农村优先发展，围绕市委、市政府“突出‘三项攻坚’，打好‘四大升级战’”工作部署，紧扣“产业兴旺、生态宜居、乡风文明、治理有效、生活富裕”总要求，统筹推进农村经济、政治、文化、社会和生态“五位一体”建设和党的建设，建立健全城乡发展体制机制和政策体系，加快推进全省生态文明先行示范市建设，深入推进农业供给侧结构性改革，加快推进秀美乡村建设，全力打赢脱贫攻坚战，加强农村基础设施建设，着力保障和改善农村民生，促进农业提质增效、农村美丽宜居、农民富裕文明，持续提升农民的获得感、幸福感和安全感，奋力谱写新时代乡村全面振兴抚州篇章。

【推进防灾减灾救灾体制机制改革】为深入贯彻落实习近平总书记关于防灾减灾救灾工作的重要思想，全面落实《中共江西省委、江西省人民政府关于推进防灾减灾救灾体制机制改革的实施意见》，中共抚州市委、抚州市人民政府印发《关于推进防灾减灾救灾体制机制改革实施意见》。意见要求，深入贯彻习近平新时代中国特色社会主义思想，牢固树立和落实新发展理念，坚持以人民为中心的发展思想，正确处理人和自然、防灾减灾救灾和经济社会发展的“两个关系”，坚持以防为主、防抗救相结合，坚持常态减灾和非常态救灾相统一，努力实现从注重灾后救助向注重灾前预防转变，从应对单一灾种向综合减灾转变，从减少灾害损失向减轻灾害风险转变，完善体制机制、落实责任、整合资源、统筹力量，切实提高防灾减灾救灾工作法治化、规范化、现代化水平，为实现“科学发展、绿色崛起，全面建成小康新抚州”做出应有的贡献。

【加大城镇贫困群众脱贫解困力度】为深入贯彻落实习近平总书记提出的“全面建成小康社会，一个不能少”的重要要求和《中共江西省委、江西省人民政府关于加大城镇贫困群众脱贫解困力度的意见》精神，切实保障城镇贫困群众基本生活，进一步做好全市城镇贫困群众脱贫解困工作，中共抚州市委、抚州市人民政府印发《抚州市加大城镇贫困群众脱贫解困力度的实施意见》。《意见》要求，充分认识做好城镇贫困群众脱贫解困的重大意义，将城镇困难群众脱贫解困工作与农村脱贫攻坚同部署、同落实、同检查、同考核，做到底数要清、吃透精神、严格政策、好事办好，确保城镇贫困群众尽快脱贫解困，与全市人民同步进入小康社会。到2020年，稳定实现城镇贫困群众“两不愁三保障”，确保小康路上一个都不掉队。具体目标为：保障城镇贫困群众基本医疗卫生权益、保障城镇贫困群众家庭适龄子女享受义务教育、保障城镇贫困群众住房安全。

【激励广大干部新时代新担当新作为】 为全面贯彻落实习近平新时代中国特色社会主义思想和十九大精神，建立崇尚实干、带动担当、加油鼓劲的正向激励体系，充分调动和激发干部队伍抓改革谋发展促稳定的积极性主动性创造性，加快推进全面建成小康新抚州，中共抚州市委印发《关于进一步激励广大干部新时代新担当新作为加快推进全面建成小康新抚州的实施意见》。意见要求，认真落实“信念坚定、为民服务、勤政务实、敢于担当、清正廉洁”的好干部标准，建立以德为先、任人唯贤、人事相宜的选拔任用体系。突出信念过硬、政治过硬、责任过硬、能力过硬、作风过硬，把敢于负责、勇于担当、善于作为、实绩突出、清正廉洁的好干部大胆用起来，对不作为的干部坚决调下去。注意从改革创新第一线、产业发展第一线、脱贫攻坚第一线、强攻工业第一线、项目建设第一线、群众工作第一线以及其他急难险重工作第一线培养选拔优秀干部。

【部署打赢脱贫攻坚战三年行动】 为深入贯彻落实习近平新时代中国特色社会主义思想，全面落实省委、省政府“核心是精准、关键在落实、实现高质量、确保可持续”的总要求，确保如期高质量完成脱贫攻坚政治任务，中共抚州市委、抚州市人民政府印发《关于打赢脱贫攻坚战三年行动的实施意见》。《意见》要求，到2020年，确保实现现行标准下农村贫困人口全部脱贫，223个贫困村全部退出，2个贫困县全部摘帽，解决区域性整体贫困，确保绝对贫困问题得到历史性解决。具体有：严格按照“两不愁三保障”要求，确保贫困人口不愁吃、不愁穿；保障贫困家庭孩子接受九年义务教育，确保有学上、上得起学；保障贫困人口基本医疗需求，确保大病和慢性病得到有效救治和保障；保障贫困人口基本居住条件，确保住上安全住房。进一步坚持精准扶贫精准脱贫基本方略，坚持把提高脱贫质量放在首位，坚持扶贫同扶志扶智相结合，坚持开发式扶贫和保障性扶贫相统筹，坚持脱贫攻坚与锤炼作风、锻炼队伍相统一，坚持调动全社会扶贫积极性，确保贫困群众遇困不返贫、遇病不返贫、遇灾不返贫，实现脱真贫、真脱贫。

【全面加强生态环境保护】 为贯彻落实《江西省委、江西省政府关于全面加强生态环境保护坚决打好污染防治攻坚战的实施意见》精神，中共抚州市委、抚州市人民政府印发《关于全面加强生态环境保护坚决打好污染防治攻坚战的实施意见》。《意见》提出，到2020年，全市生态环境质量进一步改善，主要污染物排放总量减少，环境风险得到有效管控，城乡环境面貌明显改善，建成具有抚州特色、系统完整的生态文明制度体系，生态环境保护水平同全面建成小康社会目标相适应。到2035年，节约资源和保护生态环境的空间格局、产业结构、生产方式、生活方式总体形成，生态环境质量根本好转。到21世纪中叶，生态文明全面提升，实现生态环境治理体系和治理能力现代化。

【发展壮大农村集体经济】 为发展壮大农村集体经济，着力提高农村基层党组织引领农村经济社会发展的能力，增强凝聚和服务群众的物质基础，助力乡村振兴，中共抚州市委办公室、抚州市人民政府办公室印发《关于发展壮大农村集体经济的意见》。意见提出，到2020年年底，初步建立村级集体经济收入稳定增长机制，力争村级集体经济实力进一步增强，带动、服务和保障能力显著提高，村级集体经济年收入超过5万元（包括财政一般性转移支付资金、经营收入、发包上交收入、投资收益和其他收入等，不含项目补助和村干部报酬补助）的村达到全市总数的80%以上，农村集体经济总量得到明显提高，基本消除“空壳村”，并培育一批村级集体经济强村。

【进一步加强山长制工作】 为进一步贯彻落实市委、市政府提出的建立“山长制”管理体系，“打造山长制升级版”的目标要求，建立健全森林资源保护管理长效机制，积极推进抚州市生态文明示范市建设，中共抚州市委办公室、抚州市人民政府办公室印发《关于进一步加强“山长制”工作的意见》。意见提出，深入贯彻习近平总书记系列重要讲话特别是对江西工作的重要要求，紧紧围绕全面实现科学发展、绿色崛起、全面建成小康新抚州的目标，坚持生态优先、封造结合、注重培育、两手发力，以“三保、三提、三防、三创”为主要任务，构建西南雩山余脉和东南武夷山脉为主的生态屏障，打造抚河河谷丘陵生态经济走廊，深入实施“生态+”战略，构建责任明确、协调有序、监管严格、保护有力的森林资源保护长效机制，为维护生态安全、实现森林功能永续利用提供制度保障。

【开展长江经济带“共抓大保护”攻坚行动】 为深入贯彻党中央、国务院和省委、省政府关于推动长江经济带发展的重大战略部署，全面落实习近平总书记关于“把修复长江生态环境摆在压倒性位置，共抓大保护、不搞大开发，不断增强共抓大保护的行动自觉”等重要指示精神，牢固树立生态优先，绿色发展理念，以长江经济带发展推动抚州市经济高质量发展，中共抚州市委办公室、抚州市人民政府办公室印发《抚州市长江经济带“共抓大保护”攻坚行动工作方案》。方案提出，到2020年，全市国考断面水质优良率达到75%，力争达到85.3%，重要江河湖泊水功能区水质达标率达到91%以上，抚河水质明显提升，全面消除劣V类水，基本消除县（区）建成区黑臭水体；全市森林覆盖率稳定在66%以上，湿地面积不低于5.1万公顷，生物多样性逐步改善；全市城镇污水处理率达到90%、垃圾无害化处理率达到85%，抚河沿线城镇污水和垃圾实现全收集全处理，敏感地区污水处理全部达到一级A排放标准；万元地区生产总值用水量、主要污染物排放量进一步下降。

【加快推进殡葬改革促进殡葬事业发展】 为深入贯彻落实国务院《殡葬管理条例》、中共中央办公厅、国务院办公厅《关于党员干部带头推动殡葬改革的意见》和省政府办公厅《关于加快推进殡葬改革促进殡葬事业发展的实施意见》的要求，加快推进抚州市殡葬改革，促进殡葬事业发展，中共抚州市委办公室、抚州市人民政府办公室印发《抚州市殡葬改革工作实施办法》。实施办法提出，坚持以习近平新时代中国特色社会主义思想和中共十九大精神为指导，认真贯彻落实中央和省委、省政府决策部署，坚持以人民为中心的发展思想，践行新发展理念，围绕建设惠民、绿色、文明殡葬，以推动殡葬改革为牵引，以满足人民群众殡葬服务需求为导向，以提升殡葬服务能力和水平为保障，推动殡葬改革和殡葬事业更好地保障和改善民生、促进精神文明和生态文明建设，为增进人民福祉、全面建成小康社会做出积极贡献。

【全面实施湖长制】 为深入贯彻《省委办公厅、省政府办公厅印发〈关于在湖泊实施湖长制的工作方案〉的通知》精神，中共抚州市委办公室、抚州市人民政府办公室印发《抚州市湖长制工作实施方案》。方案提出，认真贯彻落实习近平新时代中国特色社会主义思想和中共十九大精神，坚持和践行“绿水青山就是金山银山”的理念，坚持“生态优先、绿色发展，党政领导、部门联动，问题导向、因地制宜，城乡统筹、区域合作，强化监督、严格考核”的基本原则，充分认识在湖泊实施湖长制的重要意义及特殊性，在全面推行河长制的基础上，进一步在湖泊全面实施湖长制，加强湖泊保护管理，改善湖泊生态环境，维护湖泊健康生命，实现湖泊功能永续利用，为建设国家生态文明试验区先行示范市和全面建成小康新抚州提供有力的支持和保障。

【全面实施林长制】 为建立健全森林资源保护管理长效机制，积极推进抚州市生态文明示范市建设，市委、市政府决定在全市全面实施林长制，并印发《关于全面实施林长制的意见》。意见提出，全面贯彻落实中共十九大、十九届一中全会和省委十三届十三次全会精神，深入贯彻习近平总书记系列重要讲话精神以及对江西工作的重要要求，紧紧围绕全面实现科学发展、绿色崛起、全面建成小康新抚州的目标，坚持生态优先、封造结合、注重培育、两手发力，以“三保、三提、三防、三创”为主要任务，构建西南雩山余脉和东南武夷山脉为主的生态屏障，打造抚河河谷丘陵生态经济走廊，深入实施“生态+”战略，构建责任明确、协调有序、监管严格、保护有力的森林资源保护长效机制，为维护生态安全、实现森林功能永续利用提供制度保障。

【推进创新型城市建设】 为贯彻落实创新驱动发展战略，加快创新型城市建设，根据《江西省推进创新型省份建设行动方案（2018—2020年）》要求，中共抚州市委办公室、抚州市人民政府办公室印发《抚州市推进创新型城市建设实施方案（2018—2020年）》。方案要求，深入实施创新驱动发展战略，不断深化科技体制机制改革，推动科技与经济深度融合发展，增强科技创新能力和竞争力，为实现“科学发展、绿色崛起，全面建成小康新抚州”提供有力支撑。以抚州高新区为创建主体，支持抚州高新区新一代信息技术、生物医药、汽车及零部件和新能源新材料等产业集群做大做强。依托国家精细化工高新技术产业化基地，构建生物制药、现代中药、化学原料药、医疗器械、大健康等产业协同发展的生物医药产业体系，致力打造成为国家级生物医药产业基地。重点发展新一代信息技术、新能源、新材料产业，致力打造成为中国中部地区有影响的云计算大数据新能源新材料产业基地。以创建国家创新型试点城市为契机，强化政策供给、加快集聚人才、平台等创新要素，持续加大全社会研发投入，加强协同开放创新，进一步优化创新创业环境，提升全市科技创新综合实力。以创建创新型县区、乡镇为抓手，配合开展县域创新能力监测与评价工作，助推县区创新发展。到2020年，力争抚州市进入国家创新型城市行列，建设1~2个省级创新型县区，15个左右创新型乡镇。

（邹方盛）

市委办工作

【概况】 2018年，抚州市委办公室坚持以习近平新时代中国特色社会主义思想和中共十九大精神为统领，以坚定“两个维护”的认识自觉、理论自觉和行动自觉，切实增强“四个意识”，认真践行“五个坚持”，紧紧围绕中央、省委和市委的决策部署，切实履行参谋服务、统筹协调、督促检查、运行保障等各项职能，塑造忠诚、务实、干净、担当的党办良好形象，为推动抚州高质量、跨越式发展做出积极贡献。先后被评为人民网网民留言办理先进单位、省级文明单位、全省体育工作先进单位、全市绩效管理先进单位、汤显祖戏剧节暨国际戏剧交流月活动先进集体、承办全省旅游产业发展大会优秀集体；市委办党员干部有28人次分别被授予全省体育工作先进个人、全市优秀党务工作者、优秀共产党员、综治工作先进工作者、“四进四联四帮”先进个人、优秀志愿者、承办全省旅游产业发展大会先进个人、汤显祖戏剧节暨国际戏剧交流月活动先进个人等。

【增强政治意识】 2018年，市委办把“两个维护”和确保中央政令畅通作为政治责任，贯穿到文稿起草、调查研究、制发文件、部署工作等各项工作中，保证中央、省委和市委的决策部署迅速有效贯彻执行。尤其在重大原则问题上，坚持党办姓党，坚持以党的旗帜为旗帜、以党的方向为方向、以党的意志为意志，坚定自觉地向中共中央看齐、向习近平总书记看齐。始终把严守政治纪律和政治规矩作为党办干部安身立命的“护身符”，坚决做到“四个服从”，带头落实“五个必须”，深查细照“七个有之”，全面开展肃清苏荣案余毒活动和形式主义、官僚主义作风整治立行立改工作，及时制定并要求各级干部严格执行重要工作和个人重大事项请示报告等制度。

【自觉用习近平新时代中国特色社会主义思想武装头脑】 2018年，市委办深入学习贯彻习近平新时代中国特色社会主义思想和中共十九大精神，牵头组织举办两期学习贯彻习近平新时代中国特色社会主义思想和中共十九大精神专题研讨班，全市1000多名县处级干部参加专题研讨。市委主要领导以市委办第一党支部党员的身份多次深入乡村、企业、社区进行宣讲，示范引领1810支“四进四联四帮”“连心”小分队近万名干部按照“不漏一村、不漏一户”的要求开展“全覆盖”宣讲。全办干部坚持读原著、学原文、悟原理，大力弘扬理论联系实际的学风，把学习宣传贯穿到集体进村宣讲、倡廉特色体验、案例警示教育、民情走访、政治家访等丰富多彩的党员学习教育活动中，使学习宣讲活动接地气、有温度。

【倡导以绩立身的实干作风】2018年，市委办在市直机关率先组织开展学习推广省政协机关作风建设先进经验做法的活动，对照检查、深查细究“怕、慢、假、庸、散”顽疾，以思想大解放、作风大转变推动工作大落实、发展大跨越。正确运用“三个区分开来”，最大限度激励更多担当实干者主动作为。坚持干部评优评先、提拔任用与干部实绩挂钩，旗帜鲜明地肯定、表彰、重用“清廉为官、事业有为”干部，在党办系统形成“有为才能立足、有为才能有位”的良好风气，一批兢兢业业、任劳任怨，在各自岗位默默无闻做出贡献的干部得到提拔重用。

【倾力参谋辅政，综合调研出新出彩】坚持观大势、谋大局，着力提升以文辅政、以谋辅政、以策辅政水平。2018年，市委办着眼于推动抚州高质量、跨越式发展大局，起草《中共抚州市委关于开展“进一步解放思想、深入调查研究、切实改进干部作风”活动的实施意见》，组织开展解放思想大讨论、大调研活动。以节假日“微调研”为平台，动员全市党办系统积极参与调研，出谋划策，推动发展，形成120多篇调研文章。特别是紧紧围绕市委四届四次、五次全会及全市脱贫攻坚、乡村振兴、生态文明建设、承办全省旅发大会、汤显祖戏剧节暨国际戏剧交流月活动、第五届江西省互联网大会等重大会议、重要活动，组织起草200余篇文稿材料，得到市委及市委主要领导肯定，有力推动中央、省委和市委重大决策部署生根落地。

【着力当好“耳目”，信息报送全省领先】紧紧围绕干部群众关注的热点、难点、焦点问题，坚持问题导向，加强分析研判，及时、全面、准确地为各级领导科学决策、民主决策、依法决策提供重要依据。全年共编印《每日动态》250期、《抚州信息》76期、《要情专报》4期、《重要信息》1期《调研信息》2期；上报中央办公厅、省委办公厅信息1067条（篇），完成省委办公厅信息约稿100余篇。1—11月，被中办、省委办信息刊物采用信息225条（篇），累计得分3060分；被中央、省委、市委各级领导批示信息100余条（篇），为中央、省委和市委决策部署提供有力的信息支撑，排位继续保持在全省第一方阵。

【坚持真督实查，督查工作有力有效】把督促检查工作作为落实“两个维护”，确保中央、省委和市委决策部署在抚州落地落实的具体行动。建立完善市委常委会议决策督查、市委书记批示件办理督查、重要会议落实情况督查、重要文件落实情况督查、领导交办重要工作督查“五项督查”体系，践行“马上就办”精神，实现督查全覆盖。围绕贯彻落实十九大精神及环保、脱贫攻坚、扫黑除恶、化解过剩产能等重点工作，开展全过程督促检查。同时，组织开展贯彻习总书记对江西工作要求落实情况、中央巡视“回头看”整改落实情况、贯彻执行中央八项规定精神和省委若干规定情况、农村环境卫生综合治理等12次专项督查，督办核办市委书记各类批示件869件，多次得到市委主要领导的充分肯定。紧紧围绕“听民声、察民情、解民忧”，进一步强化民声通道工作，全年共受理群众反映件740件，办结回复率达100%，真正做到“事事有着落、件件有回音”，被人民日报社人民网评为2018年人民网留言办理工作先进单位。

【注重严谨细致，办文办会高效圆满】市委公文高效运转。从文件处理的收发、印制、传阅、清退、归档、销毁等各个环节入手，市委办严把政策关、时效关、公文体例格式关、文字关和校核关，制定“三审校稿”制度，规范发文行为，控制发文数量，及时遏制“文山会海”反弹。2018年，共印发市委、市委办文件164个，同比下降23.72%，所发文件基本做到格式规范、准确及时。会务接待圆满有序。在会务工作中，坚持提前准备、分工负责、层层把关，做到会场布置整洁庄严，会场服务细致周到，会议材料齐备完善。全年办公室牵头举办各类会议80余次，安排考察调研活动40多次，牵头做好全省旅游产业发展大会、第四届江西省互联网大会、第二届中医药文化大会、2018年汤显祖戏剧节暨国际戏剧交流月活动筹备服务工作等，得到社会各界的一致赞誉。党内规范性文件清理工作全面完成。根据省委办公厅部署，对改革开放以来至2017年年底市委党内规范性文件进行集中清理，集中宣布废止、失效一批党内规范性文件，进一步夯实全市党的制度建设基础。同时，指导督促各县区及市直单位做好清理工作，全市全面完成党内规范性文件清理工作。

【以高效精准的服务保障大局】通过建立市级领导班子秘书长联席会等制度，汇集全市合力贯彻落实中央和省委、市委各项决策部署。2018年，面对重要会议活动多、接待安排嘉宾多以及时间紧、任务重等困难，市委办公室全员参战，积极发挥牵头抓总、统筹协调作用，充分团结调度各地各部门全方位做好组织策划、综合协调、操作实施等工作，大力弘扬吃苦善战的党办系统优良传统，做了大量耐心细致的工作，为会议活动成功举办做出积极贡献。

【以严格完备的制度规范工作】坚持以制度管文，通过建立《规范性文件审查备案工作制》《收发文办理制度》等制度，实现公文处理工作的制度化、规范化、程序化。

坚持以制度管事，通过建立《办公用品管理制度》《车辆管理制度》《市委办公务暨商务接待管理办法》等规章制度，促进市委办日常管理工作不断科学和规范。坚持以制度管人，通过印发《干部职工行为规范“十二不准”》，建立完善党员干部请假报备、值班值守、个人事项报告、保密承诺、公务消费一体化监督、党员干部社区报到、政治家访等制度，确保抓早、抓小，真正用制度和纪律管住干部。同时，积极协助市委抓好市管领导干部外出报备工作。全年共收集汇总报备320期800余人次。

【以周到细致的后勤支撑政务】采取有力措施，完善制度，堵塞漏洞，较好处理多起历史遗留问题。妥善处理机关文印中心承包经营合同，机关文印中心整体划归市机关事务局管理并通过招投标形式进入市场化运作；将市委机关宿舍区曾家园店面经营权依法转让给市工创投，集中进行国有资产经营；统一收回分散在居民中无偿使用的车库，堵塞国有资产管理漏洞。启动清产核资，对办公室所属资产进行全面清查，核定资产280.1万元，核销资产117.3万元，规范国有资产管理。特别是市委办牵头的市直第二招商团队成果丰硕。截至年底，累计签约落户江西正力光能照明科技公司、江西博吉实业公司等12个项目，其中大多为新能源、新技术、新材料工业类项目，实际进资约9亿元，连续四年荣获市直招商引资先进团队。顺利完成专用通信局二级网工程竣工验收，二级网运行稳定，制度日趋完善，有序完成多次重要通信保障工作，保证上级党政领导通过党政专用通信二级网传达的政令、指令到该市安全、畅通。

【压实全面从严治党责任】及时制定《市委办2018年度落实全面从严治党主体责任任务清单》，将责任落实到每个班子成员和科室，并按照任务清单及时填报责任落实情况，促进全面从严治党主体责任落实。精心组织学习《中国共产党廉洁自律准则》《中国共产党纪律处分条例》等文件精神，对省、市纪委监委的每期通报都通过召开会议或印发材料等形式及时传达学习。对照“七个有之”，认真开展作风建设整治活动，查找全办党员干部职工在思想、作风、工作中存在的“四风”突出问题，查漏补缺，整改提高。率先组织领导班子成员及部分科级干部赴“四香戒”教育馆接受优秀廉洁文化教育，通过学习汤显祖“四香戒”精神、体验“走好人生每一步”、观看汤氏家风家训专题片、参观警示教育案例等活动环节，学习和铭记汤翁留赠后世的“四香戒”，努力做一名不忘初心、牢记使命、清廉自守、勤政爱民、勇于担当的干部。积极支持配合驻办纪检组开展工作，坚持重大决策、重点工作和重要人事任免等事务主动征求纪检组的意见，重要会议主动邀请纪检组长列席，及时向纪检组上报党员干部个人基本信息等情况，定期与派驻纪检组交流沟通相关工作，全力支持和配合派驻纪检组履行问责职能。

【严肃党内政治文化生活】2018年，市委办建立一套严格规范的党员固定活动日和党员集中学习日制度，确保党内政治生活能够持续稳定开展。市委主要领导带头以普通党员身份参加所在支部党员生活，带头及时主动上门足额交纳党费，带头讲授专题党课，引领全市党员干部自觉按要求参加组织生活。组织开展《红色家书》朗诵比赛、“与改革开放同行”健步走及无偿献血、扶贫解困等活动。探索开创党办讲堂、倡廉体验、警示教育、民情走访、集体宣讲、政治家访等一系列丰富多彩的党员活动形式，使支部活动接地气、入人心。搭建微交流、微调研、微行动、微载体等“四个微”党建平台，实行各科室轮流组织策划党员固定活动日和集中学习日活动，充分激发全办党员干部的组织热情。

【加强干部队伍建设】适应新形势、新任务和新要求，始终把创“五型”机关摆在突出位置。市委办先后组织全办党员干部到赴市廉政教育基地、南城县株良镇等地，接受现场廉政教育、实地考察新农村建设。始终把吸引、培养和用好人才作为一项重大战略任务狠抓，坚持用事业留人，用感情留人，用适当的待遇留人，真正把办公室打造成为快速成长成材、实现人生价值的最佳舞台。2018年，市委办2名副县级干部被提拔，2名科级干部在办公室内部提拔重用。探索公开招募大学生见习制度，拿出政务科室工作岗位给未就业大学生提升职业能力机会，缓解政务干部紧缺的压力。

【驻南城县株良镇城上村从事“四进四联四帮”工作】2018年，连心小分队紧紧围绕精准脱贫的要求，从产业扶贫、基础设施、文明村创建、基层组织建设四个方面引领该村整村脱贫，贫困户已全部脱贫，正式转入巩固提升阶段。在前期建立“城上村校具产业联盟”、千亩中草药种植基地、光伏合作社等产业扶贫的基础上，2018年又引进客商进行小龙虾养殖，完成1.6公顷示范基地的基础设施建设。全村村容面貌和人居环境得到根本改变。在积极开展精准扶贫工作的同时，小分队还在村级集体经济和基层组织建设上下功夫，指导城上村在各项工作上争先进、走前列，该村先后获得省委组织部授予“2018年全省先进基层党组织”等荣誉称号。

（邹方盛）

【市委办公室领导名录】

主　任：赵　立
副主任：李文庆　付红星
　　　　戴新平（任至6月）
　　　　张云峰
市委督查专员：黄荣泉　曾维东
市委法规室主任：王波华
市专用通信局局长：吴苏贤

保密机要工作

【概况】2018年，抚州市委保密机要局以习近平新时代中国特色社会主义思想为引领，紧贴中心，服务大局，开拓进取，认真履行好保密行政管理和密码通信服务保障的职能，积极创新开展保密宣传教育“五进”活动，把保密宣传教育列入市委宣传部“菜单式”理论宣讲活动内容。充分利用手机报等现代新媒体开设15期抚州保密大讲堂，受众达3万人次。组织开展市纪委市监委机关、市委办和市政府办等7个市级常委部门的进驻式保密检查，圆满地完成全年各项工作任务。荣获全省保密工作优秀集体、全省密码工作优秀达标单位、全市绩效管理优秀优秀单位等荣誉称号。

【深入开展保密宣传教育】 不断扩大保密宣教阵地。创新开展保密宣传教育“五进”（即进党校、进机关、进学校、进社区、进农村）活动，把保密宣传教育列入市委宣传部“菜单式”理论宣讲活动内容，为满足机关单位个性化需求提供“选菜点单”式保密宣传教育服务，进一步提升各级领导干部、保（涉）密人员、公务员和社会公众的保密意识、保密常识。切实加强保密业务培训。组织参加保密局局长培训班，举办全市保密业务培训，进一步提高基层保密干部的履职能力。坚持创新保密宣教方式。充分利用手机报等现代新媒体开设15期抚州保密大讲堂，受众达3万人次，积极向社会公众推荐关注“保密观”微信公众号，组织参加全省“百万网民学法律”保密法知识竞赛和国家工作人员分类学法考法网上考试，做好《保密工作》等保密业务刊物的征订发行、学刊用刊和宣传报道工作，利用国家安全教育日、保密法制宣传月等特定时间，组织保密干部面向社会宣传保密工作知识，不断扩大保密工作的影响力。

【加强保密安全监督检查】 全面深化三大管理。积极开展定密工作培训指导，认真做好全市涉密网络测评审批和保密管理工作，实施全市涉密人员的动态管理。不断强化监督检查。组织开展市纪委市监委机关、市委办和市政府办等7个市级常委部门的进驻式保密检查，取到全覆盖、震慑大、效果显的作用；做好“十三五”时期保密事业发展规划和“七五”保密法治宣传教育贯彻实施情况中期自查督查工作；积极开展机关单位保密自查自评专项督查；配合市国土局进行全市测绘资质巡查和测绘成果保密管理检查；全程参与教育、人事、法律、卫生等各类国家统一考试的保密监督检查；督促指导抚州市智慧城市建设参与单位认真落实保密工作主体责任，完善保密管理措施；加强涉密人员出国境管理，严格涉密人员出国境审批，明确保密要求和保密纪律。努力构建保密技术防线。加快市级保密综合业务信息系统平台建设工作，大力推广保密科技应用，切实强化保密“技防”措施。充分发挥重要涉密单位互联网接入口监测平台和机关单位互联网门户网站保密检查平台的监管作用，及时发现和查处15家机关单位违反保密规定的行为，督促加大整改力度，消除失泄密隐患。

（付明明）

【市委保密机要局领导名录】

局　　长：黄文彪
副 局 长：万志群　翁风兰
专职密码督查员：陈小勇
副调研员：袁械力

机关事务管理

【概况】 2018年，抚州市机关事务管理局以省委“创新引领、改革攻坚、开放提升、绿色崛起、担当实干、兴赣富民”工作方针为指引，紧紧围绕市委“科学发展、绿色崛起，全面建成小康新抚州”战略部署，以“五型政府”建设为抓手，推动机关事务管理工作高质量跨越式发展。稳妥推进全市事业单位公车制度改革，加强对全市公务用车管理和监督检查，健全完善平台车辆用油管理制度和驾驶员管理办法，全年累计出车26602批次，行驶里程300万千米。积极深化公共机构节能管理，2017年抚州市公共机构人均能耗降低率（绿色发展指标）为10.68%，位列全省第一。严格规范党政机关办公用房管理，在市本级行政事业单位开展办公用房普查工作，做好机构改革后新组建部门的办公用房调整工作。抚州市被评为全省公共机构节能工作先进市，机关事务管理局被授予全市社会管理综合治理目标管理先进单位、全市计划生育工作优秀单位、法制抚州建设优秀单位、汤显祖戏剧节暨国际戏剧交流月活动突出贡献单位等称号，由该局牵头的市行政中心文明单位创建被市文明办推荐参评第十五届江西省文明单位，局机关党支部被评为市直机关先进基层党组织。

【持续加强公务用车管理】 稳妥推进全市事业单位公车制度改革。成立了市事业单位车改领导小组办公室，制定全市事业单位车改实施方案，严格按照实施方案时间节点，做好车辆封存、市直单位车改方案审批及取消车辆移交、保留车辆更换号牌和标识化管理工作。扎实做好公务用车管理。认真学习贯彻落实《党政机关公务用车管理办法》《江西省党政机关公务用车管理实施办法》，并着手起草《抚州市党政机关公务用车管理实施细则》。加强对全市公务用车管理和监督检查，出台《关于进一步严格落实党政机关公务用车使用管理有关规定的通知》等文件，健全完善平台车辆用油管理制度和驾驶员管理办法，开展公务用车管理专项整治，指出公车使用管理中存在的问题并督促加强整改。切实提供公务出行保障。进一步完善《平台公务用车绿色通道试行办法》等相关制度，有效保障全市党政机关各类公务出行，全年累计出车26602批次，行驶里程300万千米。

【积极深化公共机构节能管理】 紧紧围绕市委、市政府加快推进抚州市生态文明先行示范区建设的总体部署，深入贯彻绿色发展理念，全面深化全市公共机构节能管理，取得较好成绩，2017年抚州市公共机构人均能耗降低率（绿色发展指标）

为10.68%，位列全省第一。创新方式，提升绿色发展宣传实效。充分利用节能宣传周平台，开展“节能降耗 保卫蓝天”和“垃圾分类你我同行 绿色生活抚州更美”等宣传活动，在市行政中心安置64个室外、109个室内三分类垃圾桶，向市直单位分发垃圾分类宣传手册3000余份，充分发挥公共机构在生态文明示范市建设的表率作用。夯实基础，提升能耗数据质量。加大数据分析研判，对各县区和市直单位2018年度的数据进行全面核查，对发现能耗数据异常的单位和县区，及时示警，限期整改，大大地提高能耗数据的准确性。示范引领，助推生态文明示范市建设。积极开展“绿色机关”建设考评工作，国家级、省级节约型公共机构示范单位、节水型单位创建工作，积极推进市行政中心食堂“光盘行动”、垃圾分类工作，推进节水和资源回收利用，推广运用新能源汽车，进一步加大节能改造力度，积极引进合同能源管理模式，抓紧推进市行政中心办公大楼综合能效提升改造和能耗监测平台建设。

【严格规范党政机关办公用房管理】扎实推进《党政机关办公用房管理办法》《江西省党政机关办公用房管理实施办法》贯彻落实，着手起草《抚州市党政机关办公用房公务用车管理实施细则》，完善抚州市办公用房管理工作，在市本级行政事业单位开展办公用房普查工作，进一步摸清底数、完善资料、建立台账。按照先易后难原则，坚持分类施策，逐步推进办公用房统一规划、统一权属、统一配置、统一处置，建立《市直机关办公用房集中统一管理、维修改造制度》，加强对市本级行政事业单位办公用房管理，实现资源优化配置，提高办公用房使用效益。认真做好市本级机构改革后新组建部门的办公用房调整工作。

【巩固和拓展精神文明建设成果】牵头组织市行政中心各单位开展精神文明创建工作，巩固省级文明单位创建成果。按照省、市文明办要求，牵头做好市行政中心“江西省文明单位创建动态管理系统”资料的收集、整理，全面完成各类材料上传工作，通过江西省第十四届文明单位复评。全力做好汤显祖戏剧节暨国际戏剧交流月等重大活动的服务保障工作，组织干部职工大力开展环境卫生整治，整修大院内的道路、房屋设施，改造市行政中心各大楼的景观灯，高标准营造深厚的活动氛围。在市行政中心范围内开展全国卫生城市创建工作，清理大院内的卫生死角，美化绿化大院环境。

【着力提升保障服务水平】牢固树立“小后勤、大服务”的意识，坚持以人为本，以“领导满意、机关满意、干部职工满意”为目标，进一步改进工作作风，切实推进市行政中心精细化管理服务，努力为干部职工创建优美、舒适的工作生活环境。推进平安机关建设。健全大院立体治安防控体系，修订完善《抚州市行政中心保安处罚与奖励规定（试行）》，进一步强化对保安人员的管理。全年积极配合有关部门有效地控访上访事件184批，涉访人员2858人次，较好维护市行政中心的正常办公秩序。同时，在市行政中心启用车牌识别系统，对市行政中心车辆出入实现科技化、智能化管理，有效的缓解大院停车难、乱停车的问题。打造餐饮品牌服务。10月，开展“弘扬抚州餐饮文化、展示抚州特色美食”暨省管局美食周活动，在省、市行政中心展示11个县区的特色美食，受到省机关事务管理局的高度评价和省、市直单位干部职工的欢迎，大力提升机关食堂特色餐饮服务水平。提升会议服务水平。按照“全天候、无缝隙、零差错”标准，紧扣会前准备、会中服务、会后总结3个环节，优化服务流程，规范服务标准，实现会场安排智能化、会场信息精准化。全年保障各级各类会议110余次，实现会务服务零差错。提高维修保障效能。房屋、水电维修实行24小时值班巡查制度，接到报修电话，第一时间赶赴现场处置，充分利用非工作时间实行无干扰维修服务，并定期进行维修服务满意度回访，保证各种设备完好率、维修服务满意率均达99%以上。着力提升大院环境。结合抚州市“三城同创”，认真做好市行政中心卫生保洁、园林绿化、创卫爱卫、运动场地、周转房环境等服务，在大院内开展环境卫生、绿化美化专项整治活动，有效净化美化大院环境。积极探索后勤服务社会化。采取向市场购买服务形式，将大院消防、电梯、中央空调和监控设施维修保养及绿化养护、卫生保洁、市直集中楼和城市展示中心物业管理等委托给有资质的企业管理，进一步提升后勤服务专业化水平。

【加强干部队伍建设】加强干部职工管理。不断完善用工管理、走访慰问、温馨工程等制度，关心爱护干部职工成长。进一步理清各科室的工作分工和业务职能，建立合理的奖惩机制，形成良好的竞争机制，成立局宣传报道组，加大工作的宣传力度，提高干部的写作水平，充分发掘和培养干部职工的综合能力，让其在合适的岗位上发挥特长，营造风清气正、简明高效的机关工作作风。积极开展学习培训。积极开展网络学习、消防培训、技能竞赛等活动，鼓励和引导干部职工积极参与理论学习与业务技能学习，着力提升管理水平、保障能力和服务质量。推动人才交流。针对人才工作进行长期规划，有目标、有计划的遴选人才到该局工作，着力培养和造就一批爱学习、懂管理、会技能的现代后勤队伍。2018年，推荐一名科级干部赴市总工会挂职副主席，接纳1名退役士兵，进一步改善干部队伍的知识专业结构。

【持续营造风清气正政治生态】制定《市机关事务管理局2018年党风廉政建设工作要点及责任分工》，对重点任务和工作责任分解细化、责任到人，形成横向到边、纵向到底、覆盖完整、责任落实的责任体系。局主要领导与班子成员、班子成员与分管科室负责人签订党风廉政建设责任制承诺书，层层落实目标责任，形成主要领导亲自抓、班子成员分头抓、责任科室具体抓的工作机制，确保反腐倡廉重点工作的全面落实，推动全面从严治党工作深入开展。坚持集体领导。局班子成员始终牢固树立“不抓党风廉政建设就是严重失职”的理念，切实增强从严治党主体意识，充分发挥党组在党风廉政建设中的领导核心作用，把党风廉政建设作为党组的首要责任、直接责任、全面责任，班子成员把落实党风廉政建设的主体责任与分管的业务工作相结合，局党组注重加强对党风廉政建设和反腐败工作重大问题的集体研究、集体决策，组织召开有关党风廉政建设会议，研究部署局党风廉政建设工作。强化工作职责。局主要领导对机关党风廉政建设负总责，始终做到重要工作亲自部署、重大问题亲自过问、重点环节亲自协调，并坚持率先垂范、以身作则，切实管好领导班子成员的党风廉政建设，经常开展检查，督查班子成员廉洁从政。班子其他成员按照各自的工作分工，落实“一岗双责”，既抓好分管范围内的业务工作，又抓好分管范围内的党风廉政建设工作，哪个环节上出问题，就追究谁的责任，形成一级抓一级，一环扣一环的良性互动局面。突出带头作用。充分发挥党员领导干部“头雁效应”，坚持以上率下，研究制定《市机关事务管理局领导班子带头讲规矩守纪律转作风做表率的有关规定》，要求局领导班子成员带头参加学习，带头接受教育，带头廉洁自律，当好表率，并对家庭成员、亲友和身边工作人员严格要求，严格管理，扎实抓好主体责任落实。同时，扎实做好“两个责任”监管系统推广应用，局班子成员积极认领自己的工作任务，严格按照任务分工抓好各项工作的落实。

（周　旋）

【市机关事务管理局领导名录】

局　长：肖越辉

副局长：程冬梅　黄凡元

　　　　黄开文

纪检组长：王健曙

接待工作

【概况】 2018年，抚州市接待办牢固树立和贯彻落实新发展理念，主动适应经济发展新常态，以转变思想观念为基准，以提升接待水平为主线，以整合接待资源为抓手，充分发挥接待“载体”功能和“窗口”“纽带”作用，着力推进公务接待工作转型升级，不断开创接待工作的新局面，为抚州经济社会的快速健康发展做出积极努力。全年共完成各类接待任务452批24157人次，其中国家领导人2批198人次，省部级（部队副军级）领导57批3058人次，厅局级领导255批8151人次，客商128批1720人次，外宾6批108人次，各类大型会议接待4批10922人次，接待人数同比上升13.3%，接待经费持续下降。

【突出四个特色，做好接待工作】 市接待办坚持有利公务、务实节俭的原则，以四个“突出”为切入点，着重凸显临川文化特色和抚州人文历史等，打造抚州接待品牌。突出临川文化特色。充分挖掘临川文化，发挥接待部门“窗口”优势，大力发展“文化接待”，将人文历史、自然风景、发展成就等最能体现抚州特色的临川文化不断融入接待过程当中。突出抚州餐饮特色。大力宣传抚州饮食文化，主打地方特色牌。接待用餐坚持采用本地食材，督促指导宾馆餐饮部门不断推陈出新，粗粮细做、老菜新做，让宾客吃到“绿色、有机、健康”的放心食品；在用餐环境和餐具的摆放设计和寓意上做文章，在摆台上寓创意，在服务上花心思，既彰显地方特色，又不显得过于重形式、讲排场、摆阔气，让来宾们充分感受到抚州人民的真情切意。突出细节服务特色。坚持突出个性化服务，每批任务均要求接待干部事先了解来宾的籍贯、喜好、饮食禁忌等信息，并充分考虑接待对象的民族、职业、文化背景等特点，积极在餐饮、住宿等方面做到兼顾大众与照顾个别、框架式服务与订单式服务相结合，尽可能地为来宾解决工作交流、饮食起居、交通出行等个性化方面的需求，确保每一个环节都符合来宾的身份和意图，尽可能多一点人情关怀，多一点人文氛围。突出部门协调特色。建立健全接待工作体系和应急方案，每批接待任务实行责任倒查制度，明确责任到人。主要领导亲自指挥，分管领导协调调度，确保接待任务的高效完成。尤其是在各类大型活动接待中，市接待办一方面请示有关市领导主持召开接待工作协调会，实行细化分工，责任到部门；另一方面不断加强与兄弟部门的配合，特别是与主办单位及公安、城管、交通和卫生等部门之间的协作联系，形成上下贯通、左右协调、无缝对接的“大接待”格局。

（周环宇）

【市接待办领导名录】

主　任：申进东

副主任：游勇智　邓小华

　　　　徐坤园

组织工作

【概况】 2018年，抚州市委组织部以贯彻中共十九大精神为主线，以严肃党内政治生活和强化党内监督为重点，坚持稳中求进工作总基调，落实全面从严治党要求，强化使命担当，深化改革创新，狠抓工作落实，着力提高新形势下组织工作水平，为全面建成小康新抚州提供坚强组织保证。截至年底，全市中共党员总数为17.67万名，其中女党员3.15万名，占17.8%；少数民族党员453名，占0.2%；大专及以上学历党员6.34万名，占35.7%；35岁及以下党员2.86万名，占16.2%；全市共有党组384个，部门党委128个；基层党组织7847个，其中，基层党委335个、党总支287个、党支部7224个。全年全市共发展党员2791名。

【“两学一做”学习教育常态化制度化】 以党员固定活动日制度为载体，全市各级党组织每月组织党员开展学习、接受党性教育、查摆自身问题、强化整改落实，建立健全“学、做、改”的长效机制。坚持把诵读《红色家书》作为党性教育的必学内容，组织党员加强政治理论学习，接受红色革命传统教育；坚持把“突出三项攻坚”“打好四大升级战”作为学习教育的实践平台，教育引导广大党员立足岗位做贡献，发挥先锋模范作用；坚持把扶贫驻村第一书记胡学发的先进事迹作为党员学习的重要内容，组织广大党员向身边先进典型学习，不断激发广大党员学习先进、尊崇先进、争当先进的内生动力。

【加强领导班子和干部队伍建设】 认真落实新时期好干部标准，对党忠诚选忠诚于党的人，以事业为上选担当干事的人，以扎实作风选作风扎实的人，选优配强各级领导班子，锻造忠诚干净担当的高素质干部队伍。

树立正确导向选人。市委确立“以德才论英雄，看担当定上下，凭实绩论优劣”的鲜明选人用人导向，注意从强攻工业第一线、招商引资第一线、项目建设第一线、群众工作第一线、信访维稳第一线以及其他急难险重工作第一线培养选拔优秀干部，让想干事、会干事、不出事、干成事的干部有舞台。激励和重用艰苦奋斗、埋头苦干、敢于担当的能人，调整只有唱功没有做功、花拳绣腿的庸人，撤换作风散漫、为官不为的懒人。

优化成长路径育人。为加强年轻干部的培养，下发《加强和改进优秀年轻干部发现培养选拔工作2018—2020年行动计划》，开展优秀年轻干部谈心调研，共发现储备优秀年轻干部人选236名，建立优秀年轻干部“成长档案”。突出实践锻炼，通过“上挂”与“下派”相结合，注重选拔优秀年轻干部到改革攻坚前沿、生产发展一线、矛盾问题突出地区接受锻炼，有意识地给他们交任务、压担子，促进他们早日成长成才。注重选派年轻干部参加“四进四连四帮”驻村扶贫工作，让他们在基层一线、扶贫工作中磨炼品质、增长才干、转变作风。2018年，选派6名年轻干部到中央单位、上海和福建实践锻炼，选派13名乡科级年轻干部到县区挂县区长扶贫助理。

完善评价机制考人。开展市管干部谈心调研工作，全方位、多角度、近距离了解掌握班子和干部情况，健全一线考核、平时考核、年度考核、任期考核等考核评价机制，进一步考准考实干部。以一线考察推进中心工作，派出考察组对在城区10个棚改项目的挂点干部，开展一线考察，在项目一线了解干部、考准干部，促进了棚改工作，得到市委主要领导的充分肯定，基层反响良好。8月，在总结完善乐安县戴坊镇乡镇干部绩效考核试点的基础上，进一步扩大乡镇干部绩效考核试点范围，每个县区选一个乡镇试点单位，其中东乡区、乐安县、黎川县全面推开，有效解决乡镇干部“干与不干一个样、干多干少一个样、干好干坏一个样”的问题。

严管厚爱并重激人。出台《关于进一步激励广大干部新时代新担当新作为加快推进全面建成小康新抚州的实施意见》《抚州市国家机关工作人员“为官不为”问责办法（试行）》《容错免责办法》等系列文件，做到严管和厚爱结合、激励和约束并重。向省委组织部推荐6名新时代新担当新作为典型人物，并在全市开展“百名担当实干人物”评选，通过抚州日报社、抚州广播电视台等媒体开辟《新时代新担当新作为》专栏，进行广泛宣传报道。继续抓实县以下机关公务员职务与职级并行制度，打通基层干部上升渠道，全年从“三方面人员”中选拔乡镇（街道）领导干部135人。落实“凡提四必”要求，扎实做好领导干部个人有关事项报告工作，全年共有不如实报告的64名，对56名干部作批评教育、书面检查处理，对8名干部作诫勉处理。严格落实干部监督管理制度，对94名领导亲属提拔任用进行审核，对22名拟提拔重用领导干部进行经济责任审计。对四届市委第三、四、五、六轮巡察共40家被巡察单位同步开展选人用人工作专项检查，进一步匡正选人用人风气。

【加强基层组织建设】 2018年，按照农村和城市两大板块统筹推进、六大领域协调发展、七大建设全面加强的思路，以提升组织力为重点，突出政治功能，采取“夯实农村党建、强攻城市党建、抓严机关党建、加强国企党建、巩固‘两新’党建、创新中小学党建”的举措，认真解决基层党建发展不平衡不充分问题，着力提高基层党建工作质量。

全力推进城市基层党建。按照省委、市委对城市基层党建工作的总体规划，把2018年确定为体制机制构建年，纵向压实市、区、街道、社区四级责任体系，建立市中心城区城市基层党建工作联席会议制度，横向健全市委组织部、市民政局、市直机关工委、市国资委党工委和临川区委、抚州高新区党工委联动体系。印发《关于开展市、区直单位与市中心城区社区党组织结对共建工作的通知》《关于开展市直单位在职党员社区报到工作的通知》，召开市直单位城市基层党建结对共建和在职党员社区报到动员部署暨业务培训会议，各县区迅速行动，市委书记肖毅、市长张鸿星率先垂范到社区报到参加活动，推动社区报到制度全面落实。市、县区直各单位与156个社区结对共建，5.3万名在职党员到居住地（社区居委会）报到，并围绕“三城同创”等广泛开展志愿服务活动，有力促进社区管理水平提升。全面优化社区党组织设置，全市已有52个社区党支部（党总支）升格为党委，占社区党组织总数的27%。市直机关共选派236名党员班子成员兼任社区党组织副书记或委员，基本完成社区大党委设置。2018年，全市有7个县区社区党组织书记报酬达到省委规定的新任公务员工资标准，已规划或完成67个党群服务中心标准化建设。

全力推进党建促脱贫。以村“两委”换届为契机，坚持政治标准，把扫黑除恶专项斗争与加强基层组织建设、建强村级班子紧密结合起来，选优配强村“两委”班子。换届选举共产生村“两委”干部9748人，与上届相比，呈现平均年龄有所下降，文化水平、女性干部覆盖率、交叉任职比例有所提升，整顿提升村党组织数152个。开展第四期“连心”小分队成员选派工作，市县乡三级向全市1810个村均选派第一书记和“连心”小分队，加大排查、督查、问责、整顿力度，各级“连心”小分队开展征求意见、查摆问题工作涉及群众101047人，到访贫困户35543人。组织全市26个发展村级集体经济试点乡村党组织书记赴浙江衢州学习考察，召开全市发展村级集体经济试点乡村工作部署会，在26个试点村中，实现流转土地896.53公顷，引进新型经营主体44个，新成立村级集体经济组织16个。重点总结推广乐安绿能农业发展有限公司“公司基地＋合作社＋农户”模式，通过土地流转、订单农业加快村级集体经济发展步伐，全市13个村正在试行“绿能”模式，土地流转面积达900公顷。

【推进党员队伍建设】 坚持发展党员和党员管理“双严双优”制度，落实发展党员政治审查制度。全面推行发展党员县级组织部门预审制度，把实把严发展党员关口，确保发展党员质量。在乐安县试点乡镇党委设立青年党支部发展优秀青年农民入党的做法，畅通农村外出务工青年入党的“绿色通道”。加强信教党员群众的教育转化工作，开展基层党员干部宗教工作培训7265人次，教育转化信教党员43人、劝退2人。全面规范和加强基层组织生活，全市各基层党支部组织生活正常开展的占94.6%，召开专题组织生活会的比例达95%以上，通过微信群参加组织生活的流动党员8621人。全市各党支部共组织党员学习56562次，上党课20860次，查找问题16754个，完成整改13842个。

【推进基层党建品牌创建】 深化推进中小学校党建创新，探索形成具有抚州特色的中小学校党建“五融入、五引领”模式，初步走出一条中小学校党建工作和教育教学融合发展的新路。2018年9月，中组部调研组一行深入抚州市就中小学校党建工作进行调研，对抚州市创新做法表示肯定。印发《关于在全市各党支部建立“五必到、五必访”制度的通知》，全面开展“五必到五必访”活动，把党的关怀送进千家万户、送到每名党员心中，着力增强和巩固党的基层阵地。全面推行“智慧党建”工作，基本实现“网络发展到哪里，党建工作就覆盖到哪里”，全市有6个县区建成智慧党建平台并投入运行。以村民委员会、村民理事会、以一户一位“法律明白人”、红白理事会、道德“红”“黑”榜为主要载体，积极探索党组织领导下的“四治”（自治、共治、法治、德治）一体化推进的乡村治理新模式。

【人才优先发展】 2018年，以人才引领创新、人才支撑发展这个重点，致力在合力攻坚、双返双创、聚才引智、创新改革、深化合作上打出人才优先发展的“组合拳”，着力打造高素质人才队伍。

市委、市政府主要领导坚持把人才引领创新融入经济发展的主战场，做到亲自推动、研究部署、多次批示、逢会必谈，先后9次对人才工作作出批示，市委常委会4次专题研究部署人才工作，并把落实省委人才工作部署和《抚州市人才强市战略行动计划》列入市委专项督查计划，推动重点任务有序进行、逐项落地，在全市上下凝聚起“人才优先”的发展共识。市县区通过述职整改，合力解决涉及生物医药、大数据、种养加工等产业人才队伍建设中存在的18个问题、人才发展生态环境不够优越的9个问题，帮助企业高管人才解决子女入学、住房等135个问题。

积极做好国家和省级重大人才工程的申报推荐对接，抚州市的胡祥入选第四批“国家万人计划”，徐勇等7人成功入选省“双千计划”。举办“情系老区发展、助力创新驱动”院士专家抚州行活动，聘请16名院士为市科技顾问，走进企业一线开展对接咨询服务6场次，解决难题63个。通过持续开展“双返双创”、组团外出引才，实施赣抚才子“3333”引才计划，举办国际性高峰论坛聚才，刚柔并济引进各类中高端人才2169人，总量达34851人，其中引进抚州籍人才427人、新增高层次人才50人（院士9人、万人计划3人、博士36人、其他2人）。全市共招募“三支一扶”高校毕业生212名，选派4700多名党政人才、118名三区文化人才、258名科技特派员到基层一线开展服务、贡献才智，同时，市县区均建立农民大学生创业创新协会和科技特派员工作站。1100多名知名乡贤才子受邀参加“双返双创”座谈会，达成回乡投资创新创业意向的有63人，涉及乡村振兴产业项目16个。

大力推进校企科技创新合作、人才平台载体组建，新增全国星创天地1家、国家级企业技术中心1家、省级工程技术研究中心9个、省级企业技术中心4家、省级院士工作站3家。全市817家规模以上企业均与高校、科研院所签订合作协议。如：博雅集团委托省中医药大学开设“博雅班”，江西中医药高专开设“盱江医学、建昌帮药业试点班”，在抚州职业技术学院开设“文化戏曲人才班”。2018年9月，在省政府颁布的2017年度江西省科学技术奖励的决定中，抚州市4个项目获科技进步奖一等奖；作为第一完成人，抚州获一等奖2人，均是与高校、科研机构合作项目。

组织62名高层次人才参加健康体检，推行市县区领导访才制度，629名市县区领导直接联系优秀专家人才933人次。组织22名高层次人才及81名企业家人才参加专题培训及国情研修。在高新区生物医药产业园和金溪香精香料产业园设立人才服务中心，为人才提供“保姆式”服务。加强人才工作宣传，在中央媒体上稿5条，在市级媒体开辟《抚州乡贤》专栏，集中宣传人才创新创业事迹。投资2.9亿元启动汝水家园（人才公寓）项目建设,项目总占地面积2.69公顷，规划建设人才公寓386套，已全面开工。对入选市级以上重大人才工程项目，配套落实资助资金3000余万元；对博雅集团引进国外顶尖人才，“特事快议”给予100万元的一次性引才补贴。

【加强自身建设】 围绕全面从严治党、从严治部两条主线，突出政治、能力、文化、作风、廉洁“五项”建设,坚持“五大课堂”学习实践，着眼实现组织工作和自身建设质量“双提升”，统筹推进政治立部、质量强部、人文兴部、从严治部、廉洁塑部，全力锻造讲政治、重公道、业务精、作风好的模范部门和忠诚、干净、担当的过硬队伍。

坚持政治立部,思想更加过硬。始终把政治要求贯穿于自身建设各方面全过程，在推进全局工作、履行“双重职责”中强化政治意识、突出政治功能、提升政治素质。依托“五大课堂”，坚持每月一主题，在抓好学党章、学系列讲话、党员交纳党费、过政治生日、重温入党誓词等“规定动作”基础上，积极开展诵读《红色家书》、组工干部讲故事等活动，并结合自身实际谈心得、谈体会、谈打算，推动支部学习经常化、规范化。落实党员组织生活、党内谈心谈话、民主评议党员等制度，每位部领导与分管科室负责人每月谈心一次以上，每位科室负责人与本科室干部每月谈心一次以上，把“抓在平常、融入经常”的要求落到实处。

坚持质量强部，本领更加高强。出台《市委组织部理论中心组学习制度》，每月开展一次中心组学习。2月，在部机关全面推行OA系统办公，11月，升级为“钉钉”智能化管理，实现“管理更高效、流程更统一、权责更明确”的目标。结合科室（中心）的业务工作，采取“一对一”帮带和互帮互学等形式，开展中层干部述职、组工干部上台讲业务等活动，督促广大干部学岗位知识、练业务技能，争当“工匠”能手。采取安排干部到信访局参加接访、社区报到、“三城同创”、“四进四联四帮”驻村帮扶等方式，让干部在实践中锻炼党性，改进作风，提升素质。2018年，组建由部务委员带队的4名“连心”小分队驻村帮扶，持续巩固脱贫工作成果，截至年底，该村集体经济年收入由2016年的不足2000元增至20万元。

坚持人文兴部,家味更加浓厚。深化部机关家文化建设，倡导“快乐工作、健康生活”的理念，积极发挥机关支部的作用，组织开展丰富多彩的业余文体活动，如组团参加全市体育运动会、趣味运动会、全市纪念改革开放40周年大合唱；各兴趣小组经常性组织开展活动，如“健步走”、登灵谷峰、麻姑山，组织篮球、足球、羽毛球等体育比赛；认真落实健康体检、慰问帮助等人文关怀措施，着力打造阳光健康组工队伍，真正使组织部门这个党员干部的大家、组工干部的小家，有家的气息、家的温暖、家的味道。

坚持从严治部,作风更加严实。把“严”作为自身建设的主基调，从严落实中组部关于组工干部“十严禁”纪律要求，带头执行中央八项规定及实施细则精神。对照“七个有之”“八个本领”和“五个问题”，从修身不严等5个方面，列出24条负面清单，并在全市组织系统推开；制定《部机关“正学风、改作风、树部风”专题教育活动方案》，出台市委组织部关于改进工作作风密切联系群众4个方面30条规定，把部机关作风建设不断引向深入。规范党员干部“8小时”之外行为，紧紧抓住微信这个“8小时”工作之外的重要载体，制定《市委组织部机关党员、干部使用微信“十严禁十不准”行为规范》。大兴调查研究之风，副县级以上干部带头领题赴11个县区调查研究，形成10多篇聚焦党建、干部、人才等问题的调研报告。严格执行财务管理相关制度，规范简化接待工作，积极倡导文明节俭的新风尚。

坚持廉洁塑部，正气更加充盈。严格履行“一岗双责”，部班子成员与科室负责人廉政谈话30多次，对加强党风廉政建设提出明确要求，督促机关党员、干部知边界、受警醒、守规矩。结合岗位职责，每个干部建立健全风险岗位警示内容，明确职责风险，提出防控措施。全年部领导带头上廉政党课5次，组织廉政知识考试2次。组织干部赴上海中共一大旧址、嘉兴南湖红船纪念馆、“四香”馆等地开展党性教育、廉政教育，观看《苏荣案》《荣辱两重天》等警示教育片，以及干部遇有红白喜事、生日庆典、职务升迁，发送廉政短信提醒等方式，促使广大干部懂规矩、慎行事，坚守公道正派、一身正气。

（调研科）

【市委组织部领导名录】

部　长：王新有（任至4月）

常务副部长：温　勤

副部长：郑锦锋　章菊华

宋有志　何　磊

市纪委驻市委组织部纪检组组长：

刘慧敏

部务委员：平六根

宣传工作

【概况】 2018年，抚州市委宣传部坚持以学习宣传贯彻习近平新时代中国特色社会主义思想和中共十九大精神为引领，深入贯彻落实全国、全省宣传思想工作会议精神，自觉承担起举旗帜、聚民心、育新人、兴文化、展形象的使命任务。在市委、市政府的正确领导下，全力以赴抓好宣传思想文化各项工作，坚持内聚力量、外树形象，补齐短板、彰显特色，整体水平在原有工作的基础上实现新的提高，为全市经济社会发展提供坚强的思想和舆论保障。

抚州市以健全落实党委（党组）意识形态工作责任制为统领，不断增强意识形态工作领导权。市委宣传部坚决履行主抓意识形态工作职责，加强市委巡察办、市委组织部的联动，把意识形态作为巡察重要内容，把落实意识形态工作责任制作为拟选拔任用干部内容，征求市委宣传部意见建议。牵头组织对县区委、市直单位党组（党委）及其班子成员进行意识形态专项考核，促进了各级党委（党组）更加重视意识形态工作。充分发挥中心组理论学习示范作用，把理论学习引向深入。强化正面宣传，新闻报道势头良好，全年全市在省级以上主流新闻媒体用稿总数5711篇，其中在中央四报两台用稿522篇，位居全省第五。继续发挥好市全媒体中心的带动作用，推动媒体融合发展提质增效，抚州市新媒体综合传播力继续在全省保持第一。以创新为驱动，走出精神文明建设新路。6月正式颁布实施《抚州市文明行为促进条例》，以法治保障推动人民群众文明素养和道德水平不断提升。深入开展“身边好人”推荐评选活动，全年全市江西好人上榜人数14人，中国好人入围评选11人，上榜7人。围绕文化强市战略目标，不断推动优秀文化创造性转化、创新性发展，抚州市入选2018中国文化竞争力十佳城市。文化品牌形成规模。围绕打造“中国戏曲之都”的生动实践，第3年举办汤显祖戏剧节暨国际戏剧交流月活动，极大提升戏剧节的品牌效应。红色革命题材电影——《浴血广昌》，影片全国票房近亿元。

【落实工作责任意识形态坚强有力】以健全落实党委（党组）意识形态工作责任制为统领，不断增强意识形态工作领导权。市委把意识形态工作纳入常委会工作要点，并先后多次召开常委会，认真学习习近平总书记关于意识形态工作的一系列重要论述，学习全国、全省宣传思想工作会议精神，通过以上率下，为全市各级各单位坚决履行意识形态工作责任做好表率。市委宣传部坚决履行主抓意识形态工作职责，不断加强联动，市委巡察办把意识形态工作作为巡察重要内容，定期为党组织开展政治体检，每轮巡察后，向市委宣传部反馈发现问题并协同做好督促整改。市委组织部在拟选拔任用干部时，均就相应人选落实意识形态工作责任制和执行党的宣传纪律情况征求市委宣传部意见建议，增强工作硬抓手。由市委宣传部牵头组织，对全市11个县区委、高新区党工委及其129名班子成员和83个市直单位党组（党委）及其435名班子成员进行意识形态专项考核。考核结果向市委常委会进行专门报告，并形成专门通报下发。针对考核中发现的问题，给被考核单位下达反馈意见，督促限期整改到位。通过用好考核“指挥棒”，全市各级党委（党组）对抓好意识形态工作更加重视，意识形态工作的基层基础更加夯实。充分利用新时代文明实践中心（所、站）建设载体，着力夯实意识形态工作基层基础。印制《新时代文明实践中心手册》，从操作层面进行细化，不断提高基层各单位推动新时代文明实践中心（所、站）建设的标准化程度。东乡区成功改造利用虎圩乡陈桥村徐家教堂、圩上桥镇陈揭村槎塘教堂等6处违规教堂成为新时代文明实践站，变“教堂”为“讲堂”，该成功经验被中宣部《每日要情》刊用。

【聚焦主题主线理论武装深入扎实】市委宣传部坚决把学习宣传贯彻习近平新时代中国特色社会主义思想、中共十九大精神作为宣传思想工作的重点，高举思想引领旗帜，不断推动学习往深处走、往实里走。理论学习扎实规范。充分发挥中心组理论学习示范作用，先后下发系列文件，推动中心组学习制度化、规范化。认真开展《习近平谈治国理政（第一、二卷）》《习近平新时代中国特色社会主义思想三十讲》《新时代面对面》等理论书籍学习宣传发行工作。在2018年重点通俗理论读物宣传推广工作中，市委宣传部被中宣部学习出版社评选为“成绩显著单位”。在2018年度《党建》杂志学刊用刊工作中，被中宣部办公厅评为先进集体。理论宣传有序深入。省、市全会召开后，迅速组织人员力量，分赴各地和各行业各领域集中宣讲，推动学习效果入脑入心。开展“菜单式”理论宣讲活动，下发专门通知，由市委宣传部、市委讲师团自身宣讲骨干和特约宣讲员组成宣讲队伍，通过“选菜点单”的方式，持续加强学习。在第一批的宣讲中，精选28个课题，根据单位需要进行宣讲，逐步解决理论宣讲形式单一的问题。理论研究取得实效。在全市开展“庆祝改革开放四十周年”理论研讨论文撰写、征集、推荐工作。各地各有关单位党组织，结合重大理论问题、全市改革发展历程等，组织专人撰稿，形成一批高质量的研究文章，帮助广大干部群众及时解答时政难题，增强理论学习兴趣。

【强化内外宣传新闻舆论持续壮大】始终坚持党管媒体原则，把握正确舆论导向，切实提高新闻舆论传播力、引导力、影响力、公信力，在全社会不断形成积极健康、昂扬向上的正能量。强化正面宣传，新闻报道势头良好。2018年，全市在省级以上主流新闻媒体用稿总数5711篇，与2017年同期相比增长1643篇。其中，在中央四报两台用稿522篇，与2017年同期相比增长274篇，位居全省第五，比2017年前进了1位。在央视上稿271篇，同比增长260篇，位居全省第三；在《新华每日电讯》上稿59篇，同比增长24篇，位居全省第四。央视《焦点访谈》以“为了一江清水”为题，浓墨重彩地报道抚州启动长江水源地的综合治理。坚决扩正控负，舆论引导坚强有力。围绕庆祝改革开放40周年等重要时间节点及各类大事要事，精心组织力量做好网上宣传引导。在抚州新闻网、魅力抚州APP开设“壮阔东方潮　奋进新时代——庆祝改革开放40年”专栏，及时转载集纳中央媒体和江西日报、江西广播电视台等省内主要媒体相关稿件。举办“新时代新气象新作为”微视频展播活动，向全市广泛征集纪念改革开放40周年为主题的微视频作品，并择优进行展播。积极参加全省第三届网上微作品征集评选活动，并精心组织34件参选作品。在全市范围内连续开展一系列网络整治行动，持续营造风清气朗的网络空间。建强宣传阵地，媒体融合不断深入。继续发挥好市全媒体中心的带动作用，推动媒体融合发展提质增效，抚州市新媒体综合传播力继续在全省保持第一。抚州发布获“2018地方发布传播力奖”，是全省设区市唯一获此殊荣的微信公众号。抓好县级融媒体中心推进工作，12月上旬，市委宣传部召开全市县级融媒体中心建设工作现场推进会，就工作推进进行再次强调布置，年底前全面完成县级融媒体中心建设任务。围绕中心任务，社会宣传形成规模。推荐的两幅图片及一部视频亮相“伟大的变革——庆祝改革开放40周年大型展览”。组织策划入选图片中的村民开展“我到国博‘看自己’”系列活动，央视《新闻联播》《朝闻天下》、新华每日电讯、人民日报、经济日报等均在重要时段（版面）播（刊）发相关新闻，在中央级重大活动中展示抚州的良好形象。加强先进典型选树学，南丰县太源乡寨俚村原第一书记胡学发入选全省重大宣传典型。

【文明创建公民思想道德不断提升】

围绕培养担当民族复兴大任的时代新人目标，不断强化教育引导、实践养成、制度保障，把社会主义核心价值观融入社会发展各方面。以创新为驱动，走出精神文明建设新路。6月，正式颁布实施《抚州市文明行为促进条例》，以法治保障推动人民群众文明素养和道德水平不断提升。探索推广道德“红黑榜”制度，把文明行为用“红榜”表扬、不文明行为用“黑榜”批评，用道德的力量和社会舆论的影响鞭策陈规陋习、弘扬社会正能量。省委常委、宣传部部长施小琳对抚州市的这一经验做法作出肯定批示。广泛开展“做文明有礼观众”等系列活动，编制《抚州市民礼仪手册》，组建文明礼仪教育队伍，有力推动文明新风养成。以创建为抓手，全面提升社会文明水平。全面启动“三城同创”（创建全国文明城市、国家卫生城市和申报国家历史文化名城）工作，不断提升城市文明卫生水平和内涵。活动中，市委宣传部、市文明办以创建全国文明城市工作为龙头，制订三年提升计划，对创城工作进行全盘谋划部署。先后召开全国文明城市测评体系、创建资料收集等专题培训，并将文明城市创建有关内容纳入党校培训体系。以活动为带动，大力推动群众性精神文明创建。深入开展“身边好人”推荐评选活动，2018年，全市江西好人上榜人数14人，中国好人入围评选11人，上榜7人。连续开展2期“抚州好人”发布仪式，5种类别54名优秀典型上榜，广泛向市民群众宣传道德模范、“身边好人”的感人事迹。持续开展公益广告宣传，加大资金投入力度，市中心城区公益广告宣传覆盖面不断扩大。

【文化事业和文化产业繁荣兴盛】

围绕文化强市战略目标，不断推动优秀文化创造性转化、创新性发展，文化事业和文化产业呈现出蓬勃有序的良好发展态势。抚州市入选2018中国文化竞争力十佳城市。文化品牌形成规模。围绕打造“中国戏曲之都”的生动实践，2018年，以“一带一路”文化交流为主题，第3年举办汤显祖戏剧节暨国际戏剧交流月活动。活动开幕式上，全国政协副主席刘奇葆出席并讲话。开幕式当晚，举行中外经典剧目展演及戏剧巡游活动，3万多名群众现场参与，2200多万人次通过线上观看。此次戏剧节活动，吸引“一带一路”沿线国家驻华外交使节、官员等7批186名外宾到抚州参加，极大提升戏剧节的品牌效应。从9月底开始，持续举办“茶香中国”首届全国采茶戏会演、驻华使馆文化官员中国文化行、江西省第三届汤显祖戏曲奖“小戏小品曲艺”大展、江西省首届文昌里非遗大展演及系列群众性文化活动，不断扩大戏剧节影响力。以戏剧节为纽带，持续开展系列文化交流活动。开幕式期间，著名的俄罗斯彼尔姆边疆区柴可夫斯基歌舞剧院在抚州汤显祖大剧院倾情上演芭蕾舞《天鹅湖》，吸引不少省内外观众慕名前来观看。该次活动吸引全世界的目光，中国日报、人民日报海外版、中新社等诸多媒体赴抚采访报道。34家媒体直播平台及167个微信公众号发布汤显祖戏剧节相关新闻。央视CCTV-1综合频道《新闻联播》《晚间新闻》，央视CCTV-4中文国际频道《中国新闻》均播发新闻，实现同时在央视三档重要新闻工作栏目播出的突破。文化活动精彩纷呈。先后组织开展“争做红色文艺轻骑兵，春节文化进万家”、全市诵读红色家书演讲比赛、“诵读红色家书·讴歌伟大时代”暨庆祝改革开放40周年文艺活动等系列文化活动和戏曲进校园、经典戏剧吟诵比赛、经典戏剧唱段比赛、校园戏曲广播操比赛等系列群众性文化活动。特别是11月30日举办的“诵读红色家书·讴歌伟大时代”暨庆祝改革开放40周年文艺活动，在家市四套班子领导集体参加并与其他同志组成市行政中心代表队排演合唱节目《没有共产党就没有新中国》，现场观演人员1200多人。文化交流持续拓展。加大文化走出去力度，盱河高腔·乡音版短曲《汤翁乡韵》登上2018年全国新年戏曲晚会舞台。盱河高腔·乡音版《牡丹亭》折子戏赴美国斯坦福大学参加2018年自然资本国际研讨会演出，并先后在北京、广州等地展演展示；同时，盱河高腔·乡音版《牡丹亭》“游园”选段和乐安蛋雕赴德国参加“遇见中国——纪念马克思诞辰200周年系列文化展”。中秋节期间，央视CCTV-1和CCTV-4频道《传奇中国节·中秋》第二次走进抚州，15分钟连线抚州的直播现场，对抚州市的人文荟萃进行精彩展现，将抚州“中国戏曲之都”的风采呈现给全国观众。文艺精品不断涌现。拍摄以发生在广昌县的“广昌保卫战”和“高虎脑战役”历史事件为背景的红色革命题材电影——《浴血广昌》，影片全国票房近亿元。围绕汤显祖文化主题，精心创作排演大型实景演出《寻梦牡丹亭》，出版图书《永远的汤显祖》上下册等文化精品，切实有效推动文化事业和文化产业高质量发展。

（付义刚）

【市委宣传部领导名录】

部　长：傅　云

副部长、市社科联党组书记、主席：陈菊莲

副部长：杨瑞春　陈　勇（2月任）

市纪委驻市委宣传部纪检组组长：黄志民

市文明办副主任：乔保安

市委讲师团团长：余晟华

副调研员：黄宜华

市网信办专职副主任：吴雪峰

副调研员、市全媒体中心主任：范　强

精神文明建设

【概况】2018年，抚州市精神文明建设工作在市委、市政府的坚强领导和省文明办及市委宣传部的正确指导下，以弘扬社会主义核心价值观为主线，认真贯彻落实习近平新时代中国特色社会主义思想和中共十九大精神，不断创新工作思路，推动精神文明建设工作取得新成绩新进展新突破。

6月1日，抚州市第一部实体立法和全省第一部文明行为促进专项立法《抚州市文明行为促进条例》正式颁布实施。以道德“红黑榜”为抓手，探索建立道德正向激励和反向约束机制，创新教育引导和道德惩戒模式，借助社会舆论的影响来鞭策陈规陋习、弘扬社会正能量，深入推动移风易俗，打好乡风文明建设升级战。碳普惠（绿宝）改革经验纳入《江西省生态文明地方特色改革计划（2018—2020）》，启动全国文明城市创建，开展“好人”评选活动，全市好人线索共报送27万多条，表彰30万人次，连续6个月稳定在全省前三。全年抚州市江西好人上榜人数14人，中国好人入闱评选11人，上榜7人。依托江西省志愿服务网抚州共招募志愿者30.08万人，建立志愿服务组织（队）3271个，全年全市发起志愿服务项目2729个，总志愿服务时长78.34万小时。

【《抚州市文明行为促进条例》正式实施】6月1日，抚州市第一部实体立法和全省第一部文明行为促进专项立法《抚州市文明行为促进条例》正式颁布实施。市文明办、市公安局交警支队、市公安局特巡警支队联合开展“向不文明行为宣战”现场执法活动，对电动车不按分道行驶、行人或电动车闯红灯等违法行为的当事人进行教育，现场宣传条例内容，并通过媒体进行曝光，市民的交通安全意识得到提高。自条例发布实施后，市城管局等职能部门以及各级文明单位还纷纷组织专题会议，研究学习贯彻条例精神，并相继研究制定工作方案。在文明城市创建中积极发挥条例的突出作用，依据条例惩戒规定，结合文明“红黑榜”发布，对非法张贴小广告、非机动车违反交通行为等创建难题进行集中整治，取得良好效果。

【开展道德“红黑榜”试点并推广】以道德“红黑榜”为抓手，探索建立道德正向激励和反向约束机制，创新教育引导和道德惩戒模式，借助社会舆论的影响来鞭策陈规陋习、弘扬社会正能量，深入推动移风易俗，打好乡风文明建设升级战。道德“红黑榜”先期在广昌进行试点。4月下旬，市文明办深入广昌进行调研，形成《广昌县运用道德“红黑榜”助推乡风文明的调研报告》。6月12日，省委常委、宣传部部长施小琳在第24期《江西省农村“推动移风易俗　促进乡风文明”行动专报》上批示：“对移风易俗、乡风文明的好做法多宣传，多推广。”6月18日，省委宣传部新闻处第22期《宣传提示》要求进一步做好移风易俗、乡风文明经验做法宣传报道，突出报道广昌道德“红黑榜”评议活动好做法。9月4日抚州道德“红黑榜”广昌头陂镇第三期发布会在西港村举行，全市现场直播，近20万人观看直播。市委宣传部、市文明办制定印发《关于在全市农村广泛开展道德“红黑榜”评议活动的实施意见（试行）》文件，在全市全域推行道德“红黑榜”制度，使“好人”形象立得住、行得稳、走得远。截至年底，全市1745个行政村设立道德“红黑榜”，占行政村总数的96%，8300多人上榜。

【碳普惠（绿宝）改革经验纳入省级改革计划】为保证绿色生活、绿色消费与绿色产品平稳安全有序对接，市政府组建数投公司，设计三重保障机制：一是产品可追溯；二是职能部门定点定时检查；三是绿色产品质量安全保险。抚州市建成农产品质量安全可追溯平台和江西省第一家水产品职能管理中心，市民可以通过“我的抚州”APP扫码查询获取农产品质量安全相关信息，促进放心消费。从全市可追溯平台挑选16家农业龙头企业，作为全市“绿宝”平台启动商业激励试点合作伙伴。经北京人保总部审核，5月18日确定9家企业产品符合保险标准并批准入闱。开展“碳普惠制”系列活动。春节期间开展“迎新春，兑碳币，绿宝邀你看电影”活动。与蚂蚁金服合作，3月29日扫码功能正式上线，有效打通可持续市场循环链条，抚州市实现扫码乘公交。在中秋、国庆期间，全市积极探索商业激励和碳币兑换模式，开展“民俗风，绿宝情，迎中秋，庆国庆”主题活动。同时，不断致力实现碳普惠向县区推广延伸。11月7日，南丰县开展“助力环保 共享绿色南丰”碳普惠公益活动暨丰贡牌皇帝家的小蜜橘2018年上市启动仪式活动。11月，“绿宝”参与江西省第四届互联网大会布展，并参与“环保区块链——价值互联 绿色生态创新”高峰论坛。共同探讨如何发挥区块链技术优势，促进包括绿色生态产业在内的各类实体经济发展，推动区块链技术对抚州在经济转型、绿色发展和环境保护等领域的改革与创新，真正实现用技术链接绿色发展，助力抚州迈向高质量发展新阶段。2018年，省发改委将碳普惠（绿宝）改革经验纳入《江西省生态文明地方特色改革计划（2018–2020）》。

【开展系列群众强素质活动】市文明办制定“群众强素质·做文明抚州人”活动的实施方案，广泛开展社会主义核心价值观宣传教育、组织文明礼仪培训、编印《抚州市民礼仪手册》等扎实开展群众文明素质教育，市文明办邀请专家组织开展2次全市文明礼仪培训，通过开展“做文明有礼观众”活动、“文明劝导我参与”活动、“美丽抚州·文明旅游”活动等深入开展公共文明实践，着力推动文明新风养成。

【启动全国文明城市创建】8月，全市“三城同创”工作启动后，市委宣传部、市文明办以创建全国文明城市工作为龙头，细化创全国文明城市责任，把创建工作引向社区基层，制定《抚州市创建全国文明城市工作方案》《抚州市“三城同创”领导包片挂点工作方案》等文件。组织人员对标《全国文明城市测评体系》，先后对市中心城区文明城市创建基本情况、未成年人思想道德建设情况进行摸底调查，基本摸清创建工作底数和短板问题，详细列出社区建设项目清单，提高创建工作针对性。10月、12月先后两次召开迎接公共文明指数测评暨省级文明城市复查工作调度会议，进一步分解测评任务，巩固省级文明城市创建成果。为保障创城工作顺利推进，提高全市机关干部创建工作水平，先后召开全国文明城市测评体系、创建资料收集等专题培训，并将文明城市创建有关内容纳入党校培训体系，扩大创建培训覆盖面，为创建工作聚集更多的工作力量。

【好人文化蔚然成风】2018年，全市好人线索共报送27万多条，表彰30万人次，同比增长275%，连续6个月稳居全省前三。好人上榜数稳步上升，全年全市江西好人上榜人数14人，中国好人入围评选11人，上榜7人。先后举行2期“抚州好人”发布仪式，评选出五类54名优秀典型人物，通过现场展板宣传、节目互动、在线直播等形式向广大市民群众宣传道德模范、“身边好人”的感人事迹；各地先后举办80余场好人学习交流会和好人发布仪式等各类大小现场活动。市文明办、南丰县委宣传部组织撰稿和拍摄的诚实守信类“中国好人”罗会继老人的好人事迹宣传片在6月“中国好人榜”发布现场交流会展播。

【志愿服务开展有序】全市依托江西省志愿服务网共招募志愿者300770人，同比增加53363人，建立志愿服务组织（队）3271个，同比增加512个。2018年，全市发起志愿服务项目2729个，总志愿服务时长783381小时，开展“暖心回家路”“全省旅发大会志愿服务”“汤显祖戏剧节暨国际戏剧交流月活动志愿服务”等系列志愿服务活动。全省旅发大会期间，组织2000余名志愿者开展“文明劝导”活动。“六一”儿童节前夕，组织500多名贫困儿童到越幕影城免费观影。“12·5”国际志愿者日对全市涌现出来的优秀志愿者、志愿服务组织、志愿服务项目和志愿服务社区进行表彰。

【公益广告征集活动显成效】根据省文明办工作安排，抚州市面向全社会开展“讲文明树新风”公益广告作品征集评选活动，共征集推荐视频类、音频类、平面类等各类作品50件，其中音频类作品《我为文明出行代言：遵守交规，文明出行》获得三等奖，平面作品《输入正能量》、视频类作品《环保公益广告（关注篇）》获得优秀奖，市文明办获得组织工作奖、团体优胜奖等荣誉。

【少儿原创作品再创佳绩】继2017年原创童谣作品《月光光》之后，抚州市选送的少儿原创童谣舞蹈《橘乡娃》再次获得原创童谣类作品一等奖，并参演江西省2018唱响中国梦“庆六一”少儿文艺晚会。该节目由梅制科作词、饶兴华作曲、胡蜀等编排，组织南丰县橘都小学学生进行参加排演。《橘乡娃》以“蜜橘”“傩舞”特色文化为核心，通过鲜活的歌舞形式，充分展示“乡村文化”“家园文化”等各类特色文化。

（曹翠红）

【市精神文明办领导名录】

主　任：杨瑞春

副主任：乔保安

统战工作

【概况】2018年，抚州市委统战部认真落实全国、全省统战部长会议工作部署，紧紧围绕市委、市政府“坚持一个指导、突出三项攻坚、打好四大升级战”工作要求和抚州科学发展、绿色崛起大局，充分发挥统一战线的功能和优势，切实抓好各领域的统战工作。多层次、多渠道支持民主党派履行职能，推进多党合作。协助各民主党派召开全委会、扩大会，进一步加强民主党派班子建设。出台扶持政策，健全帮扶机制，深入开展第五轮对口支援少数民族乡、村、组工作，市直32个部门和单位为民族地区落实项目33个、资金555.5万元，向上级争取少数民族发展资金644万元，极大改善少数民族群众生产生活条件。积极做好非公经济考评工作，全市2个单位、10家企业、10名个人获省委、省政府表彰。加大商会组织组建力度，全市市级外埠商会达到22家，县级外埠商会达36家。加强与港澳台、海外华侨华人社团和基金会的联系和沟通，促成市政府与阿联酋S.B.K控股集团签署牡丹亭建设合作备忘录。利用汤显戏剧节暨国际文化交流月活动，邀请赞比亚卢萨卡代表团及阿联酋等代表团参加，促进抚州与世界的交流。继续开展“孝满才乡”评选表彰活动，1300余名孝心人士受到表彰。

【推进党领导的多党合作】 市委统战部多层次、多渠道支持民主党派履行职能，推进多党合作和政治协商工作，有力促进政党关系进一步和谐，凝聚统一战线政治共识。制定下发《市委统战部关于认真学习宣传贯彻党的十九大精神的实施意见》，组织统一战线广大成员认真学习习近平新时代中国特色社会主义思想和中共十九大精神，提升政治素质，进一步增强统一战线广大成员的“四个意识”，坚定“四个自信”，切实做到“两个维护”。制订落实政党协商计划。协助制订下发《中共抚州市委2018年度政党协商计划》，进一步规范政党协商内容、程序等，使政党协商工作更加规范化。在市委常委召开民主生活会期间，市委统战部召开党外人士座谈会征求意见，梳理并反馈给市委相关部门。协助各民主党派开展中国特色社会主义等相关主题学习教育实践活动，协助各民主党派召开2018年全委会、扩大会，协助民进市工委召开二届六次全委会议，补选民进市工委主任委员，增补农工党市委会兼职副主委，进一步加强民主党派的班子建设。整合市社会主义学院教育资源，举办统战（侨联）干部、民主党派成员、党外科级干部等多期培训班，培训学员300余人，并组织到浙江省一带开展现场教学，接受红色革命教育，增强广大学员政治意识。积极开展纪念“五一口号”发布70周年系列活动，开展专题谈心活动。4月22—24日，组织市各民主党派、工商联、知联会、新联会主要负责人赴西柏坡学习考察并开展专题谈心活动，重温多党合作建立初心和历程。协助市委和省委统战部开展共建江西省党外干部实践锻炼基地活动。做好了第二批赴抚州挂职锻炼党外干部的安排工作，两名挂职干部分别在粮食局和科技局担任副局长。市党外知识分子联谊会召开三届二次会议，补选理事会会长、常务副会长、秘书长，为知联会注入新鲜血液。

【促进民族地区经济发展】 出台扶持政策，健全帮扶机制，加大扶持力度，全市民族地区经济呈现良好的发展势头，民族关系进一步和谐。据统计，2018年全市少数民族乡村年人均可支配收入9758元，比2017年增长5.31%。深入开展第五轮对口支援少数民族乡、村、组工作。市直32个部门和单位为民族地区落实项目33个、资金555.5万元，其中完成项目29个、到位资金503.5万元；走访慰问、扶贫助学等资金投入3.5万元，组织农业技术培训500余人次。向上级争取少数民族发展资金644万元（中央资金524万元、省级资金60万元、市级资金60万元），极大地改善少数民族群众生产生活条件。指导乐安金竹、资溪新月开展民族团结进步示范单位创建。在乐安县金竹乡流舍村丰坪组建成“金竹畲族乡民族团结进步创建展览馆”。资溪县新月畲族村党支部书记兰念瑛获2018年全国脱贫攻坚贡献奖。对全市参加高考的19名少数民族考生加分进行资格审查，并报省民宗局备案。

全面落实党的宗教政策，进一步促进宗教关系和谐。召开全市宗教工作会议，加大新修订的《宗教事务条例》和有关宗教法律法规的宣传，发放宣传资料1000余份。举办宗教政策法规培训班，邀请省民宗局领导为第三期县干班、青干班和各县区民宗局局长共200余人专题授课。制定下发《抚州市2018年继续以“学习”为主题开展和谐宗教团体、和谐寺观教堂创建活动的通知》，明确工作目标，落实责任分工，确保“学习年”创建活动顺利地开展。积极稳妥做好重大节假日期间宗教领域稳定工作，有力促进宗教领域的和谐稳定。

【促进非公经济发展】 2018年，市委统战部把促进非公有制经济的健康发展和非公经济人士的健康成长作为重要政治责任，切实加强教育引导，促进非公经济又好又快发展。市工商联（总商会）召开四届三次执委会，选举产生新的工商联主席，及时配齐班子，健全组织。积极做好非公经济考评工作。按照《关于开展江西省发展非公有制经济考评活动的通知》要求，推荐抚州市委统战部、抚州市国税局2个单位为服务非公经济发展先进单位、中阳建设集团有限公司等5家企业为发展升级示范企业、江西博雅生物制药股份有限公司等5家企业为科技创新示范企业、江西恒力电池科技有限公司董事长吴福清等10人为优秀创业者并获省委、省政府表彰。组织开展“千名干部进千企活动月”帮扶活动，深入推进“降成本、优环境”专项行动，引导非公企业适应当前经济发展新常态，大力促进非公企业健康发展。加大商会组织组建力度，指导推动上海抚州商会换届及北京抚州企业商会、贵州抚州企业商会等商会成立，使全市市级外埠商会达到22家，县级外埠商会达36家。配合省评估组做好营商环境和民间投资政策落实情况评估工作，了解当前民营经济发展存在突出问题，并提出针对性的意见建议。市委统战部联合市国税局贯彻落实习总书记在民营企业座谈会上的讲话及省委书记刘奇的指示要求，及时召开市民营企业座谈会，整理上报的《基层反映：民营企业四大发展难题亟待解决》，得到省委常委、统战部部长陈兴超的批示肯定。

【加强海外联谊】 充分发挥海外统战资源优势，在扩大交流、推进祖国和平统一中积极作为，海内外同胞关系进一步和谐。加强侨联组织建设。推动10个县区侨联与统战部合署办公，宜黄、南丰、乐安等7个县区侨联配备编制职数。全市有9个县区新建侨联组织，覆盖率超过90%。加强与港澳台、海外华侨华人社团和基金会的联系和沟通；加强与赞比亚江西同乡会、阿联酋江西商会、澳洲江西青年商会、澳洲赣商联合会、墨尔本抚州籍留学生联合会等的联系与沟通，协助市政府与阿联酋S.B.K控股集团签署牡丹亭建设合作备忘录；协调省、市友好访问团出访赞比亚，代表团受到赞比亚抚州籍华侨华人热情欢迎。利用一年一度的汤显祖戏剧节暨国际文化交流月活动，邀请赞比亚卢萨卡代表团及阿联酋等代表团参加，促进抚州与世界的交流。组织市海联会部分成员参加省海外联谊会赴港专题研讨班学习，深化双方侨社团关系，促进文化交流与发展，扩大抚州的影响力。

【加强自身建设】 组织全体党员干部诵读《红色家书》《回望峥嵘读初心——发生在江西红土地上的100个经典革命故事》，观看《厉害了我的国》《浴血广昌》等电影，“赣东烽火展”等展览，重温红色记忆，传承红色基因，进一步坚定机关干部的理想信念。贯彻落实中央和省委、市委关于坚决全面彻底肃清苏荣案余毒，持续建设风清气正政治生态的部署要求，开好专题民主生活会和组织生活会，对照苏荣案五个方面余毒表现进行全面自查，并坚决抓好问题整改落实。切实转变干部作风。深入贯彻中央八项规定精神、省委和市委有关要求，认真落实党风廉政建设“两个责任”，加强党风廉政建设。建立廉情预警、纪律约谈和节日廉情提醒等制度，以高度的政治敏锐性和责任心，狠抓统战干部队伍作风建设，着力整治好干部队伍中的“怕慢假庸散”突出问题，为推动统一战线事业发展提供坚强有力的作风保障，进一步营造风清气正的机关政治氛围。连续选派年轻干部深入广昌县驿前镇横路村做好驻村“四进四联四帮”工作，助推“脱贫攻坚”，为广昌县顺利脱贫摘帽贡献力量，市委统战部和驻村第一书记双双获得市里表彰。全力推进“三城同创”，拨付资金3.2万元，协调社区办公用房300平方米，解决各类纠纷问题60余件，为全市打赢“三城同创”工作攻坚战夯实基础。

【持续开展“双返双创”活动】 市委统战部围绕科技创新驱动战略，推动校企“联姻”和科企合作；围绕乡村振兴战略，将“双返双创”工作下沉到乡镇，引导乡村能人志士回乡发展产业，回报家乡，助推脱贫攻坚。先后召开浙江省抚州商会年会、上海抚州商会换届大会暨“双返双创”座谈会等，对抚州市进行项目推介。协助市委、市政府召开以“新时代 新跨越 新发展”为主题的市非公有制经济暨“双返双创”代表人士迎春座谈会和2017年度优秀非公有制企业及“双返双创”活动先进个人双创之星评选表彰活动，共有30家企业和30名返乡创业创新人士被评为双创之星。

【举办第三届全国知名商会原中央苏区（抚州）行活动】 自2016年始，抚州市已成功举办两届“全国知名商会原中央苏区（抚州）行”活动，2018年12月14日，第三届全国知名商会原中央苏区（抚州乐安）行在乐安县举办，围绕助推乐安县国定贫困县脱贫攻坚，重点推动安居扶贫和产业扶贫，有针对性地推动行业商会对产业，企业对项目的精准对接。活动共收到扶贫捐款1305万元，其中安居扶贫捐赠款1210.2万元，教育扶贫捐赠资金94.8万元，有力助推抚州苏区振兴发展。

【开展第二届“孝满才乡”评选表彰活动】 继2017年成功举办第一届“孝满才乡”评选表彰活动后，2018年继续创新活动模式，改变评选表彰规格，分市、县、乡（镇、街道）三级评选表彰，市级表彰“孝心人士”100名，县区表彰“孝心人士”不少于300名，乡（镇、街道）表彰“孝心人士”不少于900名，进一步把活动拓展到基层，扩大评选表彰工作的覆盖面，以此激励人们向上向善、孝老爱亲。评选表彰活动中，市、县、乡三级共评选出1300余名孝心人士。召开总结大会暨颁奖仪式，现场邀请至孝、仁孝、尽孝三个表彰等次的100名人士参加，至孝等次的12名人选到台上领奖，现场采访3名至孝人士，并播放他们感人事迹的纪录片，900多名现场观众深受感动。省委常委、省委统战部部长陈兴超出席颁奖会并颁奖。

（张全明　游　咏）

【市委统战部领导名录】
部　长：韦　萍
副部长：张全明　吴茶香

政策研究

【概况】 2018年，抚州市委政研室（改革办）紧紧围绕市委、市政府“坚持一个指导、突出三项攻坚、打好四大升级战”的决策部署，凝心聚力、真抓实干、开拓进取，在服务决策、深化改革、中心工作和队伍建设等方面展现新作为、实现新突破。全年完成调研课题12个，在省市媒体发表理论文章18篇，编发《现代抚州》6期、《抚州改革动态》38期，编辑出版“抚州政研改革丛书”《改革之路》《决策之基》《绿色之潮》，获得全市综合优秀市直单位、绩效管理工作优秀单位、社会治安综合治理目标管理优秀单位、法治抚州建设优秀单位等称号，改革信息宣传工作在全省11个设区市中名列前茅。

【坚守主阵地，服务决策迈出新步伐】 在以研辅政上发力。坚持问题导向，聚焦领导关心、群众关注、干部关切的重点热点难点问题，精心谋划调研课题，深入开展调查研究。先后完成12个专题调研和7个“微调研”，为市委、市政府和有关部门决策提供重要参考和依据。市委、市政府领导对政研室呈送的调研报告多次作出重要批示，不少调研成果已经得到运用和实施，转化为促进全市经济发展、社会进步和民生改善的具体实践。在以文辅政上给力。组织精干力量，竭力做好市委及市委全面深化改革领导小组重要文稿的撰写工作，全年起草市委主要领导会议讲话、署名文章以及市委全面深化改革领导小组重要文件20多篇，高质量完成市委、市政府《关于贯彻落实党的十九大精神坚定不移将改革推向深入奋力开创抚州改革工作新局面的实施意见》等重要文稿的起草工作。同时，编辑出版“抚州政研改革丛书"《改革之路》《决策之基》《绿色之潮》，深入反映近年全市改革开放、调查研究、生态文明建设等方面取得的重要成果和典型经验，提升抚州的知名度和影响力。在以刊辅政上用力。认真办好《现代抚州》和《抚州改革动态》，严格把关定向，创新方式方法，深入宣传抚州市经济社会发展的新成绩、民生改善的新成效、深化改革的新经验。《现代抚州》着力改进栏目设计、内容编排及图片选配，进一步提升办刊质量、扩大影响力。《抚州改革动态》刊发大量富有抚州特色的改革经验、改革典型，成为全市改革工作交流的重要载体。

【唱响主旋律，深化改革凸显新亮点】 紧紧围绕中央、省委和市委改革决策部署，积极抓先行先试、督察督办、领衔领责和落实落地，全市改革工作取得媒体报道多、典型发言多、"全省率先"多、承办会议多等"四多"的良好成绩。全年安排部署改革项目205项，组织审核并提交市委深改领导小组会议审议重要改革文件33个，推动一大批改革热点难点问题得到解决，一大批体制机制改革举措落到实处。《人民日报》、央视《新闻联播》等中央主流媒体宣传报道《抚州探索"林长制"》《江西抚州异地审理化解痼疾"民告官"能见官》等抚州市改革工作中的好经验好做法。抚州市首创的"一户一位法律明白人"等改革工作在全国全省会议上作典型发言，生态文明建设、社会治理、国家知识产权保护、互联网政务服务等方面改革取得显著成效，在全省乃至全国产生重要影响。

【投身主战场，中心工作展示新作为】 狠抓脱贫攻坚。按照全市打赢脱贫攻坚战的部署，派出2名业务骨干到东乡区马圩镇桥西村进行接力帮扶，安排科级以上干部与建档立卡贫困户结对帮扶，大力推进扶贫项目建设、新农村建设和农村环境整治工作，挂点村各项工作取得显著成效，顺利通过省、市、区及第三方评估检查验收，实现脱贫摘帽，被评为2018年度全市"四进四联四帮"工作市直先进单位。积极开展"三城同创"和社区共建。室领导班子成员领头，以普通党员身份到社区报到，带动全室党员干部参与"三城同创"活动。在单位人手紧张、经费紧缺的情况下，定期派出干部到青云峰社区开展"三城同创"活动，挤出6万元工作经费帮扶社区共建，积极组织开展志愿者活动，轮流派出党员干部在责任路段开展宣传、劝导、环境整治等活动，为推进"三城同创"、社区共建做出积极贡献。

【打好主动仗，队伍建设展现新风貌】 切实抓好领导班子自身建设，制定"领导干部带头讲规矩守纪律转作风作表率行为准则"，要求班子成员率先垂范讲规矩、以身作则守纪律、身体力行转作风、争先创优做表率，进一步提升领导班子的凝聚力、号召力和战斗力。切实抓好机关党建工作，严格落实全面从严治党主体责任，不断加强对党员的教育、管理和监督，推动管党治党工作走向严紧实。切实抓好党风廉政建设，认真履行党风廉政建设主体责任和"一岗双责"，坚持把纪律和规矩挺在前面，严格执行中央八项规定及其实施细则，经常开展谈心谈话、节前提醒和警示教育，确保全体党员干部"能干事、不出事"。切实抓好干部作风建设，持续推进"正学风、转作风、改文风"工作，认真开展全员诵读"红色家书"、人人撰写心得体会活动，邀请离休老干部、抗美援朝老战士讲述革命故事，教育激励党员干部不忘初心、牢记使命，促进形式主义官僚主义整治以及"怕慢假庸散"作风问题整改。切实抓好干部培养、推荐、选任工作，认真执行党政领导干部选拔任用的各项规定，严格履行民主推荐、民主测评、公开公示、组织考察、集体研究、任前谈话等程序，推荐一名副主任提拔重用，将一名年轻干部提任为副科长，并通过事业单位招考和接收军转干部正式调进两名同志。通过压担子、"传帮带"等多种途径，促进干部锻炼成长，一批年轻干部正成为政研改革工作的主力军和顶梁柱。2018年度，市政研室一名干部被评为全市"百名担当实干人物"，一名"连心"小分队成员被评为全市"四进四联四帮"先进个人，一名党员被评为全市"优秀共产党员"。

（余辉鹏）

【市委政研室（改革办）领导名录】
主　任：李光荣
副主任：左　锋（任至6月）
　　　　王云生　徐　明

农村工作

【概况】 2018年，抚州市围绕实现"农业提质增效、农村美丽宜居、农民持续增收"目标，以习近平新时代中国特色社会主义思想为指导，以生态文明建设为统领，扎实做好农业农村工作，为全市实施乡村振兴战略打下良好基础，农业农村经济呈现总体平稳、稳中提质、稳中向好的发展态势。全市农林牧渔业总产值343.5亿元，同比增长3.3%；农林牧渔业增加值207.2亿元，同比增长3.4%；农民可支配收入达14767元，同比增长8.9%，高于城镇居民收入0.4%。粮食生产稳步增长。全市粮食播种面积41.83万公顷，同比增长1.7%；粮食总产达277.67万吨，同比增长2.6%，粮食生产实现"十五连丰"。经济作物稳中有增。全市水果产量达180.04万吨，总产值31.66亿元，其中柑橘类产量151.65万吨，产值27亿元。全市蔬菜种植面积6.87万公顷，增长1.6%；蔬菜产量153.64万吨，增长1.2%。茶叶产量0.28万吨，增长1.4%；棉花产量0.26万吨，增长0.7%；甘蔗产量18.36万吨，下降4.2%；油料产量5.45万吨，增长6.6%。新增中药材种植面积0.48万公顷，达2.67万公顷，增长36.5%。畜禽渔业稳定发展。全市肉类总产量35.13万吨，增长0.11%。生猪出栏262万头，减少1%；生猪存栏146万头，减少3.09%；家禽出笼9480万羽，减少0.25%；家禽存笼2955万羽，增长6.11%。广昌、乐安出台政策扶持草地畜牧业，牛出栏5.6万头，增长3.42%；牛存栏25.51万头，增长15.22%。全市水产品总产量16.46万吨，下降3.1%，其中特种水产品产量6.9万吨，增长4.57%。全市新增稻渔综合种养面积0.41万公顷。全市龟鳖总产值20.1亿元，增长136%。全市出口鳗鱼创汇4500万美元。

【现代农业高质量发展】 现代农业示范园不断发展。全市示范园核心区面积达1.03万公顷，累计投入资金37.8亿元，入园农业产业化龙头企业达150家，农民合作社385家，家庭农场157家，种养大户588家。19个省级现代农业示范园实现产值82.59亿元。

农业龙头企业不断做强。全市规模以上龙头企业共计441家（市级352家、省级85家、国家级4家），销售收入207.2亿，同比增长9.3%，出口创汇1.03亿美元，带动农户30.8万户。

绿色农业品牌不断叫响。全市新增“三品一标”认证农产品68个，达598个，其中新增东乡甘蔗、东乡萝卜、黎川草菇3个地理标志农产品（新增数全省第一），达26个，占全省31.2%。江西洪门实业集团有限公司以营业额8.5亿元入围2018农业产业化龙头企业500强排行榜，排全国第429名，全省第21名。南城县被评为农业农村部渔业健康养殖示范县，南城麻姑米被列入省政府重点培育与打造的稻米区域公用品牌，推荐崇仁麻鸡、广昌白莲作为区域公用品牌。推荐崇仁麻鸡、广昌白莲申报中国特色农产品优势区。

农业产业化蓬勃发展。创新农业经营体制机制，以“龙头企业+专业合作社+家庭农场+农户”的农业产业化联合体模式，融入300多家企业，组建以中药材类、竹笋类、特色水产（龟鳖）类、白莲类、麻鸡（家禽）类、绿色有机稻米类，蜜橘（特色果业）类、蔬菜类、食用菌类、白茶类等21个农业产业联合体，让企业抱团发展。南丰县被评为2018年全国农村一、二、三产业融合发展先导区创建县；广昌县盱江镇彭田村（广昌白莲）荣获全国“一村一品”示范村镇；崇仁麻鸡产业化联合体作为全国3个联合体典型代表之一，经验在全国推广。

【农业基础设施逐渐完善】 加快设施农业建设。全市设施农业已建成面积达2316.8公顷，其中钢架大棚1237.13公顷（即5.5米以上连栋大棚面积343.77公顷；5.5米以下连栋大棚面积167.05公顷；普通钢架大棚面积726.32公顷），竹木棚1079.67公顷，设施条件配套到位，水、电、路等基础明显改善，设施农业经营水平进一步提升。

加快高标准农田项目区建设。2017年度高标准农田建设实际完成2.48万公顷，超额0.16万公顷。在全省2017年度高标准农田建设绩效考核前20名中，抚州市获奖总数居全省第一，其中广昌县获一等奖、南城县和乐安县获三等奖，宜黄县获绩效考核先进单位，实现市委、市政府要求高标准农田建设“走在全省前列”的目标。2018年，3万公顷的高标准农田建设全部进入施工阶段。

加快现代农业示范园区建设。各县示范园面积达1.80万公顷，其中设施农业面积1500公顷，标准化、规模化生产面积6000公顷。2018年，新增19个省级农业产业园，名列全省第三。在全省第一个实现县区现代农业园区管委会机构全覆盖，建成11个现代农业示范园核心区和30多个独具特色的现代农业产业园、农旅体验园、田园综合体。

【生态文明建设成效显著】 全市各县区全部完成“三区”规划和地理标注，规模养猪场粪污治理配套设施率96.7%（全省第一），被评为全省畜禽粪污综合利用优秀市。全市测土配方施肥面积47.15万公顷，覆盖率达92.3%；全市有机肥（堆肥+商品有机肥）施用11.5万吨，应用面积达7.27万公顷，化肥利用率从2017年40.3%提高到42%。主要农作物病虫害专业化统防统治覆盖率42.5%，主要农作物病虫害绿色防控覆盖率32.5%，农药利用率从2017年的39.2%提高到42.5%。在全省率先制定《秸秆禁烧与综合利用管理办法》和秸秆机械化收割省级地方标准，全市秸秆综合利用率95.3%，居全省前列。

【全力打好脱贫攻坚战】 2018年，全市实现1.91万贫困人口脱贫、68个贫困村退出，省政府批复同意广昌县退出贫困县，全市贫困户降至11443户27474人，贫困发生率由年初的1.3%下降至0.83%。乐安县基本达到退出条件。

【秀美乡村建设深化拓展】 着力改善人居环境。2018年，全市聚焦农村基础设施和公共服务短板，高质量推进2739个新农村建设村点的“七改三网”和“8+4”建设全面结束，农民的生产生活条件得到较大改善。全市共改路3355千米，改水117739户、改厕117810户。其中，改路到位率97.6%、改水到位率98.3%、改厕到位率97.6%、改沟到位率97.3%、改塘到位率98.2%、改环境到位率97.8%、改电网到位率100%、改广电网到位率98.9%、改互联网到位率98.7%。拆除破旧空心房、附属房、猪牛栏353.59万平方米，改沟1257.13千米，改塘1184口，清理陈年垃圾3.6万吨，植树93.54万株。同时，把新农村建设助推脱贫攻坚作为政治任务狠抓，积极推进扶贫领域作风问题专项治理，扎实开展脱贫攻坚“春季攻势”“夏季整改”和“秋冬会战”三大行动；新增安排的100个市县自建村点全部安排支持乐安县脱贫摘帽；认真落实脱贫攻坚中形式主义和官僚主义立行立改要求，举办专题培训班，加强督查调研等举措，全力推进贫困村庄整治建设。全年637个村点、548个贫困村组整治建设任务全面完成。到2018年年底，全市“十三五”223个贫困村已实现新农村整治建设全覆盖。

重点突出片区打造。按照人口密集区、产业集聚区、资源优势区三种类型，把县域划分为若干片区，以片区为单位，统筹推进“七改三网”和“8+4”建设，加快推进城乡融合，采取EPC建设模式，高标准打造一批融生产、生活、生态于一体的秀美乡村建设样板。2018年年底，全市共建成示范路、片区60个、综合示范村153个、美丽庭院3.81万个，打造临川灵谷峰、南城麻姑山、宜黄曹山寺等景村一体，资溪“真相乡村”、黎川农垦之旅等路村联动，资溪大觉溪、南城麻岭下、广昌姚西等产村融合的特色美丽示范带（区），涌现出广昌县长桥乡上凡村、资溪县鹤城镇上周家、南丰县莱溪乡九联村、宜黄县凤岗镇陈坊村、临川区秋溪镇等一批精品示范村。资溪、南丰、东乡、金溪被省确定为美丽示范县创建单位。

精致化建设。按照精心规划、精致建设、精细管理、精美呈现的要求，高质量推进以改水、改厕、改路、改房、改沟、改塘、改环境为主要内容的村庄整治建设，根据村庄需要完善配套公共服务设施，着力改善农村人居环境。

推进先行试点探索。积极推进黎川县全域规划和重点片区整治建设规划编制，乐安县农村“厕所革命”，广昌县农村生活污水处理，东乡区、资溪县农村生活垃圾分类等试点，试点工作均取得明显的突破与成效，积累了丰富经验和探索路径。

【农村环境整治全域覆盖】　紧盯四项整治。以“干净、整洁、有序”为基本要求，从农村实际出发，确定不同区域环境综合治理内容。对交通主干道沿线、现代农业示范园区及旅游景区周边，按照“拆得彻底、清得干净、改得美观、管得规范”标准，着力抓好环境卫生、乱搭乱建、植被恢复和房屋改造四项整治，打牢乡村振兴发展的基础；对其他区域，全域推进环境卫生和乱搭乱建整治，避免了“一刀切”和“齐步走”。2018年，全市新增拆除“三房”（空心房、破旧房、违章房）683.62万平方米、清理拆除“四场”（养殖场、采石场、采矿场、砖瓦场）125家、恢复植被43.86万平方米，房屋改造提升5.57万平方米。

紧抓长效管理。在全省率先实现农村生活垃圾第三方治理全覆盖，构建“户分类、村收集、乡转运、县处理”的垃圾处理运行体系，其中8个县区实现城乡环卫一体化第三方治理。全市各乡镇均建立综合执法大队，配备专职人员，专门负责环境卫生、农村建房等方面的监管。广昌县在城乡管理一体化省级试点中，率先把城市管理职能向农村延伸，在乡镇组建城乡管理综合执法中队，行使除公安职能外的所有农村公共管理服务职能，把乡村治理水平提高到新水平。探索总结的重点村庄“拆得彻底、清得干净、改得美观、管得规范”和一般村庄“干净、整洁、有序”的整治模式，得到省委、省政府主要领导的充分肯定，并在省政府刊物转发。

紧密搞好结合。坚持把农村环境综合治理与中药材种植、乡村旅游、脱贫攻坚、农村医疗卫生设施、培育发展村级集体经济等有机结合起来，通过做美做优农村环境，使资源变资产、资产变资金，实现生态效益的经济转化。建立以东西走向的抚吉（抚金、资光）高速、南北走向的福银高为重点的中药材种植基地，用秀美乡村风景线、中药材景观带串联起沿线景区、景点，努力打造生态、旅游、健康、富裕的综合示范路。通过以景带村、以路联村、以产促村等模式，打造临川灵谷峰、南城麻姑山、宜黄曹山寺等景村一体，资溪“真相乡村”、黎川“农垦之旅”等路村联动，资溪大觉溪、南城麻岭下、广昌姚西等产村融合的特色打造示范带、示范区。

【农业农村改革稳步实施】　深入推进农业供给侧结构性改革。坚持以市场需求为导向，持续深化农业供给侧结构性改革，推动农业高质量发展。市政府专门制定下发《关于大力发展“二特一游”产业工程推进农业结构调整指导性意见》，组织起草《关于创新体制机制推进农业绿色发展的实施意见》，加快推进农业结构调优调绿。

扎实推进农村土地“三权分置”改革。把金溪县列为全省农村土地“三权分置”试点县，为全市推进农村土地流转、促进农业适度规模经营探索经验做法。金溪县陆坊乡上李村、桥上村，农户采取土地托管的方式，将土地统一流转托管到村委会，由村委会统一对外发包，从而打破农村土地“碎片化”禁锢，实现连片承包经营。

稳步推进农村集体产权制度改革。按照“清资产、定成员、量股份、创实体、建机制”的思路，稳步推进农村集体产权制度改革。市委、市政府制定下发《关于稳步推进农村集体产权制度改革的实施意见》，全面启动改革试点。南城县为农村集体产权制度改革国家试点县，实行整县推进，其他县区各选择3~5个乡镇开展试点。

有序推进农村宅基地管理改革。借鉴余江县经验做法，有序推进抚州市农村宅基地管理试点。东乡区全面铺开试点，其他县区每个乡镇选择3~5个自然村开展试点。

积极推进农村金融创新。破解基层商业银行“两权”抵押贷款权限落地难题，进一步提高银行参与积极性，着力解决新型经营主体缺乏有效抵押物导致的贷款难题。金溪县承包地经营权抵押贷款余额达3.6亿元，比年初新增1.3亿元，贷款余额继续位居全省第一。

（赖峰茂）

【市委农村工作部（农办）领导名录】

部　长、农办主任：徐文勤

副部长、农办副主任：花崇高　陈小华　谢润荣

副调研员：傅宏明

机关党建

【概况】　2018年，抚州市直机关工委以中共十九大精神和习近平新时代中国特色社会主义思想为指导，认真落实新时代党的建设总要求，紧紧围绕市委、市政府中心工作，全面推进机关党的建设，不断

提升机关党建质量，积极推进基层党组织规范化建设，创建机关党建工作品牌，建立机关党建工作长效机制，工作取得较好成效。

扎实推进习近平新时代中国特色社会主义思想和中共十九大精神学习贯彻。以市委办名义下发《关于加强政治学习严防“政治学习走过场”的通知》，要求各单位党组织进行拉网式排查，防止政治学习不到位、走过场。开展教育培训，先后举办全市机关基层党组织书记学习贯彻中共十九大精神示范培训班1期、市直机关事业单位基层党组织书记、普通党员学习贯彻党的十九大精神培训班5期，培训采取课堂教学、现场观摩、唱红歌、看红色电影、朗诵红色家书等多种形式，取得良好效果。同时，在入党积极分子和新党员培训班上专门开设十九大精神学习课程、利用“抚州先锋讲坛”平台，聘请市委党校教师和十九大代表对市直机关党务干部进行专题辅导，推动市直机关对十九大精神的学习向纵深发展。举办市直机关党务干部能力素质提升班。全年先后组织100余名机关党务干部分两期在北京大学接受培训，通过聘请知名专家学者授课、考察先进地区党建工作开展现状、参观全国优秀党建示范点等形式，让学员真切感受到与发达地区工作上存在的差距，切实提高党务干部能力。

夯实党建工作基础，建强基层组织。在市直机关党组织建设上推行“三规范”，即规范党内组织生活、规范党组织活动阵地、规范党建台账管理。从组织设置、组织生活、活动阵地、工作台账、发展党员等方面明确规范要求。明确基层党组织设立和调整程序，印发《关于做好基层党组织设立、撤并、调整的上报审核备案工作的通知》，进一步规范基层党组织设置与调整程序。建立基层党组织换届提醒机制，提前6个月发函督促任期将满的基层党组织进行换届，全年审批完成市直机关基层党组织换届改选65个。确保党员发展质量，按照《中国共产党发展党员工作细则》“控制总量、优化结构、提高质量、发挥作用”的总体要求，强化发展党员程序意识，完善工作流程，严格把好党员发现条件关、程序关、手续关，全年共发展党员178名。

狠抓基本组织制度落实，推进机关党组织活动常态化。在市直机关全面推行“党员固定活动日”。每月固定15日支部开展组织活动，党员在“支部活动日”集体交党费。每季度开展一次党员主题实践活动，结合中心工作、业务工作，组织党员开展志愿服务、社区报到、结对帮扶、劳动竞赛、业务技能比赛、组织红色基地参观等主题实践活动，有效保证党组织活动经常性开展。坚持把“两学一做”学习教育融入日常，抓在经常。在市直单位全面开展“党员过政治生日”和“一回顾三检查”，回顾我的入党历程，重温入党誓词，严肃党内政治生活制度，对党员交纳党费、党员领导干部参加双重组织生活、党支部开展“三会一课”情况进行检查。开展党组织书记述职和民主评议党员工作。3月，在全市机关党的工作会上，市科技局等6个单位的党组（党委）书记进行述职，并接受评议。市直其他单位党组织书记作书面述职。抓好市直机关支部组织生活会，专门下发文件，明确主题；同时做好民主评议党员工作，推荐表彰优秀党员，严肃处置不合格党员。开展党建工作巡察督查，10月组织5个巡察组，对所辖470个党支部进行一次全面巡察，以查找问题为主，着重了解掌握市直各单位召开民主生活会、组织生活会和机关党建工作开展情况，帮助市直机关理清党建工作薄弱环节，督促相关单位根据反馈的意见制定整改工作计划和方案，明确整改内容、整改措施、责任人和完成时间表，逐条逐项进行整改。

深入推进“党建+”工作，打造机关党建工作品牌。市直机关各基层党组织结合自己工作职责，申报党建品牌100多个，打造的党建品牌比较有特色、有影响力的，像市统计局的“数海先锋”、市文广新局的“党建引领文化品牌”、市城管局的“党员示范街”、市第一医院的“医心向前”、市实验学校的“党建+礼廉”等党建品牌，都取得较好效果。以点带面，抓好市直机关党建示范点建设。从市直机关中选取18个党建工作基础较好的单位，作为市直机关党建工作示范点建设单位重点培育。5月中旬，组织召开市直机关党建示范点建设学习观摩现场会，对市直机关党建示范点培育单位逐个现场观摩，促进共同提高。“七一”期间，举办市直机关党建工作成果展，组织机关党员干部观摩党建示范点培育单位的党建工作成果。开展社区报到工作，发挥党员先锋模范作用。号召近万名市直机关在职党员回居住地所在社区党组织报到，对在职党员社区报到情况实行积分制管理，每名报到党员全年积分应满12分。同时，牵头组建专业报到组，探索开展专业化服务。

持续开展机关作风建设，推动机关作风呈现新气象。制定下发《关于规范市直机关干部着装和仪容仪表的通知》，对市直机关事业单位工作人员工作时间着装和仪容仪表进行规范。5月，会同市委督查室、市政府督查室，就市直机关作风建设中存在的问题，特别是省委书记刘奇指出的“怕慢假庸散”5个方面进行督查。推荐市直机关37名敢于担当、实绩突出、作风过硬的干部职工，被市委评选为“百名担当实干人物”，组织市直各媒体广泛宣传市直37名担当实干人物先进事迹。春节前后，组织全市机关党员干部利用节假日开展回乡调研活动，宣传党的政策，了解家乡发展情况，掌握群众对干部改进工作作风的反映，共收到全市各级机关调研文章133篇。3篇调研文章分获全省二等奖和优秀奖，市直机关工委荣获优秀组织奖。

【举办党务干部能力素质提升班】先后组织100余名市直机关党务干部分两期在北京大学接受培训，通过聘请知名专家学者授课、考察先进地区党建工作开展现状、参观全国优秀党建示范点等形式，让学员真切感受到与发达地区工作上存在的差距，切实提高党务干部能力。

【做好基层党组织换届选举】研究印发《关于做好基层党组织设立、撤并、调整的上报审核备案工作的通知》，要求工委直属党组织的下级基层党组织新设立、撤并和调整应及时上报市直机关工委进行审核备案，进一步规范基层党组织设置与调整程序，防止发生任意建立、撤销党的基层组织的现象。全年共审批换届选举基层党组织65个。同时，依托全国党员管理信息系统，加强党员管理，做到党员流动全程留痕，党员组织关系转接更加便捷。

【抓好党组织书记述职】3月，在召开全市机关党的工作会议上，市科技局等6个单位的党组（党委）书记进行述职，并接受评议。市直其他单位党组织书记分别就抓好党建工作作书面述职。

【党员社区报到实行积分制管理】为发挥市直单位在职党员在城市治理中的作用，号召近万名市直机关在职党员回居住地所在社区党组织报到，积极开展政策宣讲、环境卫生整治、交通秩序维护、家居服务、困难群众帮扶等社区有需要、居民有需求、党员能做到的各类服务活动，与此同时，组建专业报到组，探索开展专业化服务。对在职党员社区报到情况实行积分制管理，每名报到党员全年积分应满12分。

（吴水洪）

【市直机关工委领导名录】

第一书记：谭小平
书　　记：鄢新员
副 书 记：郭一如　刘顺科
纪工委书记：杨应庚
调研员：熊仲刚
副调研员：熊　辉
正处级待遇：唐平华

巡察工作

【概况】2018年，抚州市巡察机构坚持以习近平新时代中国特色社会主义思想和十九大精神为指导，深入学习贯彻习近平总书记关于巡视巡察工作的重要论述，全面落实“发现问题、形成震慑，推动改革、促进发展”的巡视巡察工作方针，牢固树立“四个意识”，坚守政治巡察定位，把“两个维护”作为根本政治任务，推动全市巡察工作向纵深发展。

市委巡察机构聚焦“六个围绕、一个加强”政治任务，强化“五个持续”政治效果，年内先后开展4轮政治巡察，巡察市、县单位党组织44个。截至2018年年底，市委巡察市直单位41个，完成全覆盖任务44.1%；县区巡察覆盖单位（乡镇）443个，完成全覆盖任务42.47%。发现党的领导弱化、党的建设缺失、全面从严治党不力方面的突出问题4258个，问题线索移交531个，办理337个，办结率63.5%，其中立案190个，办结112件，党纪政务处分139个，移送司法机关8个。市级巡察机构受理来信、来电、来访572个，县级巡察机构受理来信、来电、来访数量897个；市级巡察组个别谈话4600人次，县级巡察组个别谈话5911人次。

【四届市委第三轮巡察】3月22日至5月12日，市委5个巡察组分别对抚州日报社、市食品药品监管局、市园林绿化局、市民族宗教事务局、市投资公司、市文旅投公司、市房管局、市残联、市政府驻上海联络处、市政府驻闽浙联络处等10个单位党组织开展巡察。巡察发现党的政治建设、思想建设、组织建设、作风建设、纪律建设和反腐败斗争方面的问题232个，违反“六项纪律”问题41个，领导干部问题线索29件，涉及处级干部16人、科级及以下干部13人。

【四届市委第四轮巡察】6月26日至8月10日，市委5个巡察组分别对抚州高新区、崇仁工业园区、东乡经开区、市人力资源和社会保障局、市行政服务中心、市体育局、市侨联、市接待办等8个单位党组织开展常规巡察；；对临川区抚北工业园区、抚州高新区崇岗镇、城西街办、钟岭街办开展提级巡察。巡察发现党的政治建设、思想建设、组织建设、作风建设、纪律建设和反腐败斗争方面的问题133个，违反“六项纪律”问题59个，领导干部问题线索26件，涉及处级干部11人、科级及以下干部15人。

【四届市委第五轮巡察】9月10－30日，抚州市委采取上下联动、提级巡察、交叉巡察结合的方式对全市法院系统展开一次全面“政治体检”。市委派出12个巡察组对市中级人民法院党组开展常规巡察，对11个县区人民法院党组开展提级巡察、交叉巡察。巡察力量从县区成建制抽调，是抚州市创新巡察方式的有益探索，有效破解基层人情关系复杂难题，增强巡察权威性和震慑力，取得显著效果，发现问题系统全面。巡察发现党的政治建设、思想建设、组织建设、作风建设、纪律建设和反腐败斗争方面的问题285个，违反“六项纪律”问题98个，领导干部问题线索50件（涉及处级干部7人、科级及以下干部43人）。《江西巡视参考》刊发抚州市提级交叉巡察的《四统四联 强化全市法院系统巡察监督》典型做法。

【四届市委第六轮巡察】11月7日至12月26日，市委派出5个巡察组对市文广新局、市旅发委、市农业局、市委农工部、市民政局、市防震减灾局、市规划局、市国资委、市市场和质量监督管理局、市科技局等10个单位党组织开展巡察。巡察发现党的政治建设、思想建设、组织建设、作风建设、纪律建设和反腐败斗争方面的问题282个，违反“六项纪律”问题28个，领导干部问题线索28件，涉及处级干部5人、科级及以下干部23人。

【上下联动开展脱贫攻坚专项巡察】2017年年底至2018年年初，市委统筹力量对全市11个县区委、高新区党工委和市直22个涉及专项扶贫行动牵头单位党组织开展扶贫领域专项巡察“回头看”。巡察采取专项调查、抽样调查、随机走访和走村入户等方式，广昌、乐安、临川、崇仁、南丰、金溪、南城、宜黄等县区同步启动，对市委巡察组未巡察的乡村开展巡察。巡察针对脱贫摘帽“三率一度”关键指标，对标“两不愁、三保障”脱贫标准，抽查脱贫攻坚工作成效的真实性、准确性。巡察发现各类问题1157个，立行立改问题864个，占比74.7%，移交问题线索64件。抚州市扶贫领域专项巡察的做法被省委《参阅信息》刊用并送省委领导参阅，被省委巡视办《江西巡视参考》作为经验材料刊登印发给全省巡视巡察机构。中纪委常委、中巡办主任王鸿津一行赴抚州市就扶贫领域专项巡察工作进行专题调研，并给予充分肯定。

【全力抓好巡察“后半篇文章”】2018年，市委巡察办高度重视巡察“后半篇文章”，着力压实市委带头落实主体责任、被巡察党组织整改主体责任、纪检监察机关和组织部门巡察整改日常监督责任、巡察组督促整改责任、巡察办综合协调跟踪督办责任，使成果运用最大化。通过压实巡察整改责任，推动被巡察党组织整改巡察反馈问题3046条，整改率92.6%；巡察期间提出需立行立改问题整改率100%；市县区相关职能部门落实巡察意见建议685条，落实率96%；根据巡察发现共性、倾向性问题，建立和健全制度531项。

【深化中央、省委巡视反馈问题整改】 2018年，为推动中央巡视“回头看”、省委巡视组反馈意见整改工作落实到位，市委巡察办积极配合市委对涉及巡视整改工作12个县区、56个市直单位开展督查。以问题为导向，不打招呼、不设路线，采取实地察看、查阅资料、集体座谈、随机访谈等形式，紧盯责任单位问题整改措施的真实性和有效性，逐条逐项对照检查整改台账和相关佐证材料，针对督查发现的问题提出整改意见和要求，确保督查取得实效。为进一步压实整改责任，推动整改工作全面落实到位，在全面督查的基础上，对存在问题的34个市直单位和各县区进行再次实地督查，按照前期督查反馈要求，逐条逐项对照检查整改台账和相关佐证材料，确保问题条条有整改，件件见成效。为持续深化落实十八大以来中央和省委巡视整改，做好十九届中央第一轮巡视发现问题即知即改、未巡先改，同步推进市委巡察整改工作，制定《关于持续深化落实中央和省委巡视整改的实施方案》和《关于四届市委巡察发现值得重视的问题通报》，督促全市各级党组织强化管党治党政治责任，做到即知即改、未巡先改。

【全面加强巡察队伍建设】 2018年，市、县区委成立巡察工作领导小组，纪委书记担任领导小组组长；设置巡察办，作为党委工作机构；全市批复设置巡察组39个，其中市本级5个；市县区巡察机构编制数（含单列巡察组长编制39个）192个，实有人员175人，到位率91.67%。同时制定出台《领导小组工作规则》《巡察办工作规则》《巡察组工作规则》《巡察工作规划》等，完善巡察期间受到信访件的处理、巡察材料移交、巡察反馈、巡察发现问题线索的分类处理、巡察整改情况公开、巡察回访督查等一系列制度。每轮巡察前邀请有关专家有针对性开展业务培训。市本级开展巡前业务培训12次，培训巡察干部750人次。协助市委邀请省委巡视办肖平学副主任到市委理论学习中心组作巡视巡察专题授课，以视频会议的形式扩大到全市副科级以上干部，使全市各级党员干部进一步深化对巡视巡察工作的认识，为巡察工作有力推进奠定坚实基础。

（熊建星）

【市委巡察机构领导名录】

市委巡察办

主　任：尧宇斌

副主任：熊建文　郭佰生

第一巡察组

组　长：邹建平

副组长：罗永光

副处长级巡察专员：李　锐

第二巡察组

组　长：戴新平

副组长：卓　辉

副处长级巡察专员：黄　忠

第三巡察组

组　长：左　锋

正处长级巡察专员：李　旭

副组长：何志刚

第四巡察组

组　长：朱　靖

副组长：彭跃福

副处长级巡察专员：应晓玲

第五巡察组

组　长：赵　明

副组长：娄国军

副处长级巡察专员：陈长清

信访工作

【概况】 2018年，抚州市信访系统坚持把学习贯彻习近平新时代中国特色社会主义思想和中共十九大精神作为践行“两个维护”的先导性基础性工作抓紧抓实，紧紧围绕市委、市政府工作大局，积极适应新形势新任务新要求，提高政治站位，强化使命担当，锐意进取，积极作为，有力维护群众合法权益，促进社会和谐稳定。

形势愈加平稳。主要表现为“四降一无”，即全市进京非正常上访登记11人次，同比下降88.17%；共发生到国家信访局上访290批369人次，同比下降35.6%；发生赴省上访642批1174人次，同比下降24.3%，其中赴省行政中心非正常上访“零”登记；发生到市里上访1575批10204人次，同比下降15.64%。全年无大规模群体性事件、无极端恶性事件、无因信访问题处置不当引发的负面炒作事件发生。

基础愈加稳固。共收到各类

网上来信来电65046件次（含来信600件），同比上升28.2%。全市各信访部门和责任单位及时受理率、综合办结率、群众对信访部门和责任单位满意率、群众参评率及群众网上信访占比率均位列全省前三。

作风愈加扎实。通过抓实抓细机关工作作风建设和干部队伍建设，全体信访干部的政治品质更优、业务能力更强、群众工作水平更高。年内市信访局副调研员段娅萍和接访科主任科员葛荣明分别获省委、省政府授予的“全省党的十九大维稳安保工作成绩突出的个人”，市信访局获“全省党的十九大维稳安保工作成绩突出的集体”称号。葛荣明还获全市“百名担当实干人物”，受到市委、市政府的表彰。在“人民满意窗口”创建中，市信访局及各县区信访部门坚持在基础设施标准化、基础业务规范化、信访工作队伍专业化上苦下功夫，大幅提升接访工作和服务水平，市人民来访接待中心及7个县区人民来访接待中心均荣获“全省人民满意窗口”表彰。

【信访干部树牢“四个意识”】 全市信访系统始终坚持以不断增强“四个意识”塑造党员干部职工，切实紧密团结在以习近平为核心的党中央周围，自觉在思想上同心同德，政治上同心同向，行动上同心同行，坚定信心、凝聚共识，真正把维护核心放在首位。坚持不懈抓好理论武装，在学习教育中自觉把对党忠诚铸入思想、见之于行，不断巩固强化局各党员干部职工的意识形态思想防线，始终同中共中央保持高度一致，做政治上的明白人。在遇到重大问题、疑难问题、矛盾问题时，进一步加强请示汇报工作，并善于运用集体智慧和组织优势来化解矛盾，决不超越权限办事、开展工作，做党性坚定的正派人。认真汲取各种典型案例通报中的反面教训，并从严强化内部监督管理，敢于较真碰硬，见物见人见细节，从点滴抓起，从具体问题管起，及时发现问题、纠正偏差，做严守规矩的担当者。紧紧围绕市委、市政府中心工作，密切配合服务大局，忠诚履行好部门职责，全面推进使信访工作更贴大局、更接地气、更有成效，做全面建成小康新抚州的推动者。

【领导重视信访工作】 市委常委会多次听取信访工作汇报，并研究部署相关工作。市委书记肖毅逢会必强调信访稳定工作，坚持定期调度全市信访稳定工作，各县区委书记每周通过短信汇报一次本地信访工作情况；坚持亲自拆封每一封群众来信，并对重要信访件做到必批示、必交办、必督查、必结案；3月7日，市委书记肖毅到市人民来访接待中心接待来访群众，听民声、化民怨、解民忧。市长张鸿星坚持推动政府各部门科学决策和解决民生问题，切实从源头上减少信访问题产生，同时亲自包案化解重大信访疑难问题；9月19日，到市人民来访接待中心接待信访群众，为群众排忧解难。市委常委、政法委书记李建林和市政府副市长方百春等分管领导多次组织召开信访工作调度会，协调督促信访工作。其他市领导认真履行信访稳定“一岗双责”，不仅积极督导分管领域和挂点单位的信访稳定工作，还坚持定期到市人民来访接待中心坐班接访和亲自包案化解疑难信访问题。2018年，市级领导共接访59次，接待群众234批次1456人次，落实市级领导包案60件，到期办结率均为100%。另有县区领导2500余人次参与各地的大接访活动，接待群众8000余批2.6万余人次，并落实县级领导包案1100余件。

【持续深化矛盾排查化解】 通过坚持信访矛盾每月一排查，排查各类信访事项161件次，均及时进行交办化解。通过与市综治办、维稳办联合督查3次，个案督查80次，申报特殊疑难信访问题救助资金115.3万元，转交、督办市领导批示件296件（其中接访批示件224件），推动解决一大批重要疑难信访问题。中央巡视组进驻江西后，共收到各类交办件7件，市信访局领导班子成员按挂点包片协调督办，如期办结。在信访矛盾化解攻坚战开展过程中，共办结国家信访局交办件15件、省信访局交办件10件、市信访局交办件38件、各县区信访局自行排查101件。不断规范信访事项办理。先后组织5次业务培训，组织市信访局科（中心）负责人和县信访局主要领导，专程赴九江市和上饶市调研学习，有力提升全市信访基础业务规范化操作水平。2018年，各地信访部门接待群众初访近3.7万余人次，到期办结率达100%，化解率达80%以上，将大部分信访问题解决在基层，将大部信访群众吸附在当地。全面加大法治信访力度。经市委常委会研究通过，印发《关于进一步加强信访法治化建设的实施办法》，全面深化法治抚州建设工作。同时，全市各地进一步加大依法打击力度，打击处置一批不按规定依法信访、意图通过恶意进京非访登记达到非法敛财目的的重点人员，有力维护社会和谐稳定。

【访情疏导力度加大】 市信访局专门安排一名领导班子成员和一名干部负责配合市行政中心其他值班人员及时处置各类访情，并坚持第一时间赶到现场疏导、劝离。通过共同努力，共成功处理群众来访2922人次，同比下降15%，未发生因处置不当引发的极端事件、群体性事件和媒体负面炒作。疏导好到省行政中心的上访。2018年，全市群众单独或与其他设区市群众串联集体到省行政中心非正常上访多次，特别是涉军群体多次到省行政中心集体维权，且呈现出地域广、规模大、劝返难、滞留久等特点。接省信访局信息后，市信访局及时派出分管领导带队，与相关县区、部门工作人员赶赴南昌进行劝返，及时有效处理、提前劝返群众82批205人次，同比大幅下降24%。疏导好赴北京敏感地的上访。通过积极与相关部门协调，及时掌握各类苗头性信息和信访人动态，加强与各县区的联络沟通，及时组织精干力量开展思想疏导、政策解释和劝返接离工作。全年全市信访群众505人次越级进京被提前成功劝返，劝返率97.87%，非正常上访登记11人次，为全省最少，实现了党的十九届三中、全国“两会”期间进京涉访零登记。

【机制建设效果更好】 通过进一步分类梳理各部门的信访事项清单，重点规范信访事项受理办理程序，厘清信访与诉讼、仲裁、行政复议等法定途径的受理范围，有效推进群众依法逐级走访。逢领导接访日，市信访局分管领导坐班接访窗口，积极进行引导分流、分类对口接访和外围分流处置等工作。通过定期编发《抚州市信访情况每日专报》《群众来市行政中心上访通报》《进京非访情况通报》等，及时对各类重点人员和群体信访事项进行点对点交办，充分畅通信访信息渠道，进一步压实各县区、单位的信访工作落实责任。尤其是《抚州市信访情况每日专报》，全年共编发296期，专门通报各地重点访情及领导接访等情况，确保各类重要信访信息均能得到及时有效处理。根据《抚州市信访工作责任制实施细则》，先后对7个乡（镇、街办）实行信访工作重点管理，并督促县区对发生在京重要敏感地区涉访登记的相关县、乡责任人员进行追责问责。

【队伍建设措施更实】 印发《2018年党风廉政建设工作要点》和《2018年全面从严治党工作任务分工表》，对全面从严治党以及机关党风廉政建设和反腐败工作进行认真部署。积极发挥“关键少数”示范带动作用，以认真填报“两个责任”系统为抓手，从严从细抓好节日廉情、谈话提醒、自查自纠、廉政党课以及民主生活会和组织生活会后的整改落实等工作任务，并通过层层“签字背书”、交心谈心等方式，将从严治党主体责任压力传导至每个党员，切实构筑起主要领导抓总、分管领导负责、科（中心）具体落实的落实主体责任机制。全力整治机关不良作风。为有效推进“进一步解放思想、深入调查研究、切实改进干部作风”活动，成立由市信访局主要领导担任组长、其他班子成员担任副组长、各科（中心）负责人为成员的改进干部作风活动领导小组，印发《关于开展“进一步解放思想、深入调查研究、切实改进干部作风”活动的实施方案》《关于印发〈抚州市信访局深度整改负面清单〉的通知》《关于进一步加强政治建设切实履行全面从严治党主体责任和“一岗双责”的通知》等文件，并坚持局内部纪律作风不定期检查督查，期间还组织召开专题学习会、民主生活会、组织生活会4次，撰写心得体会文章118篇，查摆梳理各类作风问题191个问题，基本整改到位，并建立健全一系列针对性较强的制度。扎实开展“五型”机关建设。10月，印发《抚州市信访局关于开展忠诚型创新型担当型服务型过硬型机关建设的实施方案》，全面启动“五型”机关建设活动。活动中，以政治建设为抓手，把制度建设贯彻始终，坚持每月集中政治学习一次、每季度撰写一次学习心得体会文章、局班子成员定期对分管干部开展谈心谈话等，有力推进“五型”机关建设，同时建立健全定期集中政治学习、违纪违法典型案件警示教育、定期谈心谈话、机关工作纪律、干部问责追责等制度，进一步深化信访工作“三快”（受理快、转办快、结案快）建设，做到信访部门“三好”（接待态度好、接访效果好、跟踪落实好）标准。切实强化服务群众能力。通过高标打造“人民满意窗口”，进一步规范安检区、引导区、登记区、候访区、接访区、劝返区、自助区等硬件建设，并优化人民来访接待中心和12345市长便民专线服务中心干部的仪容仪表、文明用语和工作流程等软件建设。通过扎实开展“四进四联四帮”，为帮扶的山塘村提供工作经费3万元，为该村贫困户提供各类物资帮助1万余元，通过驻村小分队协调解决大量群众矛盾纠纷和生产生活问题。

（张爱春）

【市信访局领导名录】

局　长：高晓英

正处长级督查专员：黄　强

副局长：刘　星　王　萍

副调研员：段娅萍　李　坚

老干部工作

【概况】 2018年，抚州市委老干部局坚持稳中求进工作基调，坚持精准服务工作理念，坚持求真务实工作作风，围绕“让党放心、让老干部满意”的工作目标，深入开展“增添正能量，共筑中国梦”主题活动，组织引导广大老同志围绕中心、服务大局发挥积极作用，为党的事业增添正能量。部署开展“传承好家风”活动，举办“传承好家风”征文比赛、“家规家训”征集、“我看改革发展新成就”专题调研等系列活动，其中征文共评选一等奖2篇、二等奖5篇、三等奖11篇、优秀奖19篇，从而使老同志的作用得到更好发挥。开展“助力扶贫攻坚”活动，组织引导广大老同志依托各级关工委和老科协通过技术培训、实地指导、帮扶创建科技示范基地和支助贫困学生等渠道，为助力乡村振兴、精准扶贫做贡献。截至年底，全市关工委累计为2869名贫困学生捐助1345.56万元。组织老干部参与“三城同创”志愿活动，联合市文明办、市城管局印发《关于组织广大老干部参与“三城同创”志愿活动的实施意见》，举办活动启动仪式，散发参与志愿活动倡议书，并创建“老干部参与‘三城同创’志愿活动”微信群，动员各离退休干部党支部组织广大老同志发挥示范带头和民主监督作用，为建设幸福美丽新抚州做出新贡献。广泛开展“我看改革发展新成就”专题调研和“美丽抚州幸福行”参观考察活动，先后组织全市部分离退休干部党组织书记、厅级老干部到县区参观考察，引导老同志点赞发声、建言献策。市委书记肖毅在有关考察调研报告上作出批示，要求转发各地各单位，并请政府分管领导、有关职能部门认真研究借鉴老同志的建议。此外，还积极配合做好省直单位厅级老干部到抚州参观考察的服务保障工作。大力开展“最美老干部”评选推荐活动，选报推荐的崇仁县礼陂镇司法所原所长、法律服务所原所长黄寿孙被授予全省“最美老干部”称号，其先进事迹通过各种媒体广泛宣传，在老同志中引起较大反响，产生良好的正向激励作用。举办改革开放四十周年辉煌成果摄影展，与市老同志摄影协会联合举办“改革开放四十周年辉煌成果摄影展”，市委书记肖毅亲临观看并发表致辞，共展出148幅反映抚州改革发展成就和人物风采的各类精品摄影作品，受到广泛好评。

【举办全市离退休干部党组织书记示范培训班】 6月11—15日，在市委党校举办有100名老同志参加的全市离退休干部党组织书记学习贯彻党的十九大精神示范培训班，精心安排课程，聘请好授课教师，落实好服务保障工作。老同志普遍反映，该次培训规格之高、时间之长、内容之多、对象之广，前所未有，收获很大。

【明确市直单位离退休干部党组书记等工作补贴】 联合市财政局下文明确每月给市直单位的离退休干部党支部书记220元、副书记120元、委员100元的工作补贴。并督促各县区参照制定工作补贴的发放标准，确保全部落实到位。

【着力创新组织设置】 采取联建、单设、“党组织+涉老团体组织”等方式灵活设置离退休干部党组织。全市成立离退休干部党支部499个，其中市直105个，新增6个；抚州老年大学和市老干部活动中心设立离退休干部临时党小组115个，制定临时党小组学习活动制度。黎川县采取成立老干部局党总支，分设老年大学、老年体协、老科协等党支部的做法，加强涉老团体党建工作。

【加快推进老年教育事业发展】 以隆重举办纪念抚州老年大学建校30周年总结大会为契机，进一步提升老年教育的影响力。着力拓宽和改进老年大学的专业设置，抚州老年大学开设10大系、120个班，学员达4100多人次。着力狠抓规范教学、老年教育理论研究和教师队伍建设，推进老年教育向基层延伸。抚州老年大学成立东华理工分校和供电分校，组建“戏都”文化艺术中心，设立四个城区教学实习基地；三部教材被评为全国老年远程教育优秀或特色教材、一篇课题论文获得三等奖。

（张　敏）

【市委老干部局领导名录】

局　长：章菊华

副局长：阙晋林　许劲松

　　　　张　敏

涉台工作

【概况】 2018年，抚州市委台湾工作办公室（以下简称市委台办）认真贯彻中央对台工作方针，牢牢把握和平发展主题，紧紧围绕全市工作重心，积极开展各项对台工作，取得明显成效。服务发展，抚台经贸更富成效。全年共邀请30多批、400多人次台商到抚州考察洽谈。全市新引进台资项目19个，投资总额2.52亿美元，实进台资4462万美元，已落户台资企业增资项目12个，增资额5647万美元。扎实推进，抚台交流更趋热络。全年共接待台胞300余人次，其中参访考察200余人次，旅游探亲100余人次，解决用工、融资、就医、教育等方面遇到的困难和问题60余件，调处涉台纠纷3件。注重实效，对台宣传更加深入。在“华夏经纬网”“才子之乡·魅力抚州”网站上稿110篇（张），日浏览量达千余次。编纂《抚州对台工作简报》10期，“抚州与台湾”微信公众号关注人数突破300人，在《江西对台工作》上稿位居全省前列。宜黄县依托曹山寺禅宗文化优势，承接“台湾媒体禅宗文化”参访团到抚州参访报道，建立起定向联系机制。

【举办2018抚州台商迎春联谊会】 2月8日，“新时代·新征程 新起点·新跨越”2018抚州台商迎春联谊会举行。市委副书记、组织部部长王新有出席并致辞，副市长蔡青等出席活动。王新有对市台商协会和广大台商长期以来为推动抚州经济社会发展所做贡献表示衷心感谢，并向台商朋友提前祝福新春。

【2018海峡两岸投资贸易对接会暨江西抚州（厦门）产业招商推介会】 4月12日，2018海峡两岸投资贸易对接会暨江西抚州（厦门）产业招商推介会在厦门举行。江西省政协副主席、抚州市委书记肖毅，厦门市副市长李辉跃，台湾电子工会副秘书长毛恩洸出席并致辞；中国机电产品进出口商会台北办事处主任李荣民，抚州市领导许爱军、肖承贵、王成兵，以及130余名闽台企业家出席。会上，肖毅介绍了抚州基本市情、发展定位、发展思路和投资环境；肖承贵推介重点产业；中国机电产品进出口商会台北办事处主任李荣民、厦门市台协会长吴家莹、福州市台协会长陈奕廷等进行了互动交流。

【张鸿星会见台湾嘉义市议会副议长郭明宾】 4月14—17日，台湾嘉义市议会副议长郭明宾一行10人到抚州参访，省台办副主任何晞陪同。市委副书记、市长张鸿星会见参访团一行，副市长肖承贵参加会见。张鸿星表示，希望台湾朋友能更多地关注抚州的发展，进一步拓宽合作领域，提升合作层次。在抚州期间，郭明宾一行参观城市规划展示馆、汤显祖纪念馆和名人雕塑园，并赴乐安、宜黄、资溪等地参访交流。

【张鸿星会见中国国民党前副主席蒋孝严】 8月30日，市委副书记、市长张鸿星在南昌前湖迎宾馆会见出席第十六届赣台会的中国国民党前副主席蒋孝严一行，双方进行了亲切交谈。市政府秘书长吴猛强陪同会见。张鸿星向蒋孝严简要介绍抚州的市情和经济社会发展情况，张鸿星表示，抚州与蒋孝严的父亲蒋经国历史渊源颇深，希望蒋孝严能够继续在台湾多推介抚州，多介绍台商到抚州考察，进一步推动两地经济文化交流。

【肖承贵会见台湾嘉义县民众服务社荣誉理事长黄文章】 5月7—11日，台湾嘉义县民众服务社荣誉理事长黄文章一行12人到抚州参访交流。副市长肖承贵会见参访团一行，市台办主任陈克胜等参加会见。在抚州期间，黄文章一行参观城市规划展示馆、汤显祖纪念馆和拟岘台等城市建设，并赴南丰、南城、资溪、金溪、资溪等地参访交流。

【举行抚州市台湾同胞投资企业协会换届典礼暨2018“台商入抚”旅游推介会】 5月22日，市台湾同胞投资企业协会换届典礼暨2018“台商入抚”旅游推介会举行。市委常委韦萍、省台办副主任何晞出席并致辞；市人大常委会副主任、市总工会主席江玉兰，市政协副主席刘忠华出席。泉州、杭州、福州、厦门、无锡等地台协友会约120余名台商参加典礼。会上，韦萍、江玉兰、刘忠华分别为市台协新任会长及创会会长、荣誉会长、监事长授牌；市旅发委有关负责人进行抚州旅游专题推介。

【全国台企联第四届福建、江西区第六次会长会议在抚州召开】 5月23日，全国台企联第四届福建、江西区第六次会长会议在抚州召开。全国台企联副会长杨荣辉等20余位江西、福建两省各地的台协会长出席会议，抚州市台办副主任付高云应邀出席并致辞。会上，上海宇博投资咨询总经理陈宏烈作《碳管理推动企业绿色转型永续经营》主题发言，台商代表还就国台办惠台31条进行热烈的讨论。

【肖承贵率团赴台湾开展经贸交流考察】 7月23—27日，副市长肖承贵率团赴台湾开展经贸考察活动。在台湾期间，肖承贵拜会中国国民党荣誉副主席蒋孝严、嘉义市议会副议长郭明宾、嘉义县民众服务社荣誉理事长黄文章等知名人士，看望江西旅台同乡总会会长黄玠、副会长龚兴生等乡亲，专程回访曾出席抚州市相关招商活动的中国机电产品进出口商会台北办事处，重点考察奇勖科技、光坊科技、圣威光电、一站梦想工厂等台资知名企业。

【海峡两岸（抚州）秀美乡村建设交流论坛成功举行】 8月29日，海峡两岸（抚州）秀美乡村建设交流论坛成功举行。市委常委韦萍出席并致辞。全国台企联副会长杨荣辉、台湾美丽乡村发展协会理事长邱涌忠、台湾大叶大学城乡发展暨产业振兴研究中心教授简惠玲等60余名海峡两岸知名专家学者、农业企业家出席。会上，韦萍介绍抚州基本市情、文化底蕴、生态环境和区位优势；市农办主任徐文勤就抚州秀美乡村建设进行详细的解读；市旅发委主任陈素芳介绍抚州市在秀美乡村建设中的全域旅游开发情况；台湾嘉宾邱涌忠、简惠玲等作主旨演讲。

【组团参加第十六届赣台（南昌）经贸文化合作交流大会】 8月31日，第十六届赣台（南昌）经贸文化合作交流大会在南昌开幕。市委副书记、市长张鸿星，副市长肖承贵率抚州市代表团参加。本届“赣台会”的主题是“携手新时代 推动新融合 共谋新发展”。大会在开幕式后还同时举行5个专题产业对接会和1个专题论坛，以乡村振兴战略、推动赣台优势产业合作等方面为重点，深化赣台更多领域的交流合作，为共谋新发展提供新的平台。会上，抚州共有11个项目成功签约，拟投资总额2.05亿美元；资溪县“大觉溪乡村旅游示范带”被省农业厅、省台办授予“赣台农业产业合作示范园”称号。

【肖承贵在“赣台新能源及智能汽车产业对接会”上推介抚州产业】 8月31日，第十六届赣台会“赣台新能源及智能汽车产业对接会”专题活动在省行政会议中心举行。这是本届赣台会上由抚州市协办的两场对接活动之一，副市长肖承贵出席并代表抚州市向与会嘉宾推介抚州新能源汽车产业发展优势、前景及合作项目。

【海峡两岸中医药合作发展论坛在抚州市举行】 10月29日，海峡两岸中医药合作发展论坛在抚州市举行。中医药文化大会执行主席兼秘书长刘峻杰，台湾海峡两岸医事交流协会理事长、福德健康集团董事长黄松雄，台湾科技大学管理研究所产业专家教授施志明等两岸中医药界知名专家学者、中医药产业经营者80余人参加此次论坛。

【“台湾媒体禅宗文化江西行”参访团在抚开展交流活动】 12月12日，台湾慈济传播人文志业基金会大爱电视副总监林幸惠女士率“台湾媒体禅宗文化江西行”参访团一行8人，赴宜黄县农禅小镇、曹山宝积寺开展交流活动。省台办宣传处处长江雷、市台办主任陈克胜等陪同参访。通过交流，增进台胞对大陆文化的认同感，凝聚两岸宗教文化同根同源的共识，密切两岸宗教文化的联系。

（张　晋）

【市委台办领导名录】

主　　任：陈克胜

副 主 任：毛奇锋　付高云

副调研员：邱晓林

史志工作

【概况】 2018年，抚州市史志工作者认真学习贯彻十九大精神，抱定主业不放松，围绕中心求拓展，改革创新，深化研究，狠抓史志精品，加快成果转化，市本级出版《回望峥嵘读初心——发生在抚州红土地上的100个经典革命故事》，编纂出版2018版《抚州年鉴》。县区“一年一鉴、公开出版”步伐进一步加大，宜黄、广昌、临川出版了新一期年鉴，资溪、东乡、崇仁、黎川、南城、南丰6县区新一期年鉴交付出版社出版。加大党史和地情书籍出版，出版《中国共产党南城历史（第二卷）》以及《南城抗战》《南丰苏区史略》《红色资溪》等书籍。

【《回望峥嵘读初心——发生在抚州红土地上的100个经典革命故事》出版】 为充分发挥江西红色资源优势，传承红色基因，2017年，江西省委要求省委党史研究室和各设区市党史办，积极转化研究成果为党的建设服务，编纂出版《回望峥嵘读初心——发生在红土地上的经典革命故事》，为落实这一部署，讲好抚州红色故事，抚州市委党史办发动各县区党史办编纂了《回望峥嵘读初心——发生在抚州红土地上的100个经典革命故事》，该书以江西省委党史研究室、抚州市党建工作领导小组、抚州市委党史工作办公室名义编著，省政协副主席、市委书记肖毅任编委会主任，省委党史研究室主任俞银先任副主任，2018年12月由江西教育出版社出版。该书分理想信念、人民立场、务实担当、奉献牺牲、纪律规矩、清正廉洁6篇，收录了毛泽东、周恩来、朱德、邓小平、彭德怀、贺龙等老一辈革命家及抚州革命群众100个故事，配图百余幅，彩色印刷，面向全市各级党组织发行，为全市第二批“不忘初心、牢记使命”主题教育提供党史读本、党性教材。

【推进党史基本著作编纂】 市委党史办着力推进《中国共产党抚州历史》（第二卷）的编纂。第二卷记述新中国建立初至1978年中共十一届三中全会召开，党领导抚州人民开展社会主义革命和建设的历史。市委党史办派出业务骨干，深入档案馆查阅档案资料5万多份，形成资料长编150万余字；经过整理编写，反复修改完善补充资料，年底已形成部分初稿。县区党史第二卷也稳步推进。2018年，南城县率先出版第二卷，崇仁、宜黄、临川等县区交付出版，金溪、南丰、黎川、东乡等县区形成初稿正进一步完善，其他县区也在抓紧资料搜集和编写初稿。

【开展红色文化调查研究】 市委党史办积极部署、主动作为，深入开展调研与摸底工作，为市委决策服务。开展全市红色资源保护与利用情况调研。6月，市委党史办领导带领调研组先后深入临川、黎川、资溪、广昌、南城、乐安等县区革命遗址和纪念场馆进行专题调研，召开有文化局、旅游局、党史办等单位人员参加的小型座谈会，听取基层的意见建议，最终形成《重视传承红色基因，助推发展红色旅游》调研报告。开展全市红色资源摸底调查。8月，组织人员对各县区红色资源现状进行全面调查，形成《抚州市红色资源调查情况汇编》。开展红色文化挖掘研究。市委办关于印发《进一步加强新时代抚州原中央苏区红色文化挖掘研究和保护利用工作实施方案》的通知下发后，市委党史办积极参与，牵头承担广泛搜集整理红色文化资料的工作任务，主要领导担任搜集研究组组长，并派出1名副主任带领2名干部驻市委党校开展工作，推动县区开展红色文化资源挖掘研究。

【多举措推进县区综合年鉴工作】 领导高位推动。副省长孙菊生签批的“两全目标”进展情况通报下发后，副市长肖承贵作出批示：“请市地方志办加强工作督导和业务指导，按要求完成好各项任务。”市地方志办立即向各县区下发《关于落实省市领导对“两全目标”进展情况通报和批示的通知》，提出“组织学习增强完成‘两全目标’任务的紧迫感，主动汇报争取政府加大对地方志工作的支持，加强督导确保‘两全目标’如期完成”三条意见。加强督促检查。市地方志办领导分头带领科室人员对各县区“两全目标”，尤其是年鉴工作进行督查。根据存在的问题，有针对性地找县区领导，协调解决人员经费等制约年鉴工作发展的问题；业务骨干深入基层，面对面地指导开展编辑工作。抓进度提质量。对部分年鉴工作经验不足的县区，帮助制定篇目，审改年鉴书稿，顺利推进年鉴工作。

在省、市督促下，各地加大投入，工作进度进一步加快。2018年出版宜黄、广昌、临川3本新一期年鉴，资溪、东乡、崇仁、黎川、南城、南丰6县区新一期年鉴交付出版，金溪县完成新一期年鉴的初稿。至年底，有市本级以及临川、资溪、南城、南丰4县区实现公开出版目标，占任务数的45%，比上年增长18个百分点；“一年一鉴”有市本级以及资溪、南丰2县，占任务数的27%，比上年增长9个百分点。下半年，资溪、宜黄、东乡、黎川等县区启动新一期年鉴编辑工作，努力朝着“一年一鉴”目标迈进。

【抓好《乐安县志》编纂工作】《乐安县志（1986—2016）》是抚州市二轮修志唯一未完成出版任务的志书。市地方志办十分重视该志的编纂，派员直接参与编纂工作，安排两名业务骨干分别负责分纂和总纂两个重要环节的工作，避免少走弯路，加快了工作进度。至年底，《乐安县志》已完成150万字的分纂，占全志篇幅的75%；完成16卷总纂，占总卷数60%。

【参与专志编纂】 市县地方志部门积极参与和指导专志、部门志的编纂，丰富志苑内容。市本级指导《抚州高新区志》的编写；资溪县志办参与AAAAA级风景区《大觉山志》编纂，指导《资溪面包史》的编写；广昌县志办参与《广昌组织志》的编纂出版；金溪县志办指导《金溪教育志》的编写。

【大力开展史志宣传】 市史志办积极开展党史+党建工作，利用新媒体广泛宣传党史、国史，落实意识形态主体责任，坚持正面舆论导向。完善网站、微信公众号等新媒体宣传平台。2018年，史志抚州共推送史志动态、文章100多篇，关注度和转发数不断上升，读者量稳步增长。同时，南城、临川等地也开通史志宣传微信公众号。在《抚州文化大讲堂》开讲党史。市史志办派出业务骨干在抚州电视台《抚州文化大讲堂》栏目宣讲抚州党史，年内先后在该栏目宣讲《八一起义军在抚州》《中华英雄傅烈》《传奇英雄傅大庆》《抗日英烈符竹庭》《抗战名将周建屏》《黄埔将星鲁易》等，共计15堂讲座，并以此讲稿为蓝本，编写《抚州党史讲义》，以抚州重要党史人物、重大党史事件为切入点，全面介绍抚州党的历史。

【开展纪念场馆建设】 各地充分发挥史志资源优势，开展纪念场馆建设。崇仁县史志办牵头负责航埠镇古塘村崇仁县第一个党支部旧址陈列馆布展；南城县史志办完成赵博生烈士纪念馆布馆，2018年4月对外开放，已接待8000余人次。该县还完成黄狮渡大捷指挥部陈列馆提升完善工作，增添许多红色记忆、红色文献资料及实物；广昌县史志办对高虎脑战役纪念馆进行重新布馆。资溪县史志办对乌石镇“真相乡村”旅游项目——人民公社馆、资溪知青馆、新月畲族村史馆进行布展。

【全市首个乡镇方志馆开馆迎客】 临川区东馆镇人大主席徐光明热爱地方志工作，广泛搜集、购买、收藏了一大批志书，并萌生出建方志馆的想法。在临川区地方志办的指导下，徐光明在东馆镇文化站开辟三间100平方米场地，设立抚州市首个乡镇方志馆——临川区东馆镇方志馆，藏书1万余册，2018年9月10日对外开放迎接读者阅览。《江西手机报》《抚州日报》《临川晚报》“魅力抚州”公众号和临川电视台等媒体广泛进行报道。

（熊梓良）

【市委党史（地方志）办领导名录】
主　　任：汪志强
副 主 任：陈志平
副调研员：黄泽书

党校工作

【概况】 2018年，抚州市委党校以习近平新时代中国特色社会主义思想为指导，深入学习贯彻党的十九大精神，坚持党校姓党，聚焦主责主业，服务中心大局，高质量完成建设“具有抚州特色、走在全省前列的一流市级党校”提升年各项目标任务，实现高起点开局、全方位推进，谱写新时代党校事业新篇章。全年举办各类班次近百期，培训学员约15000万人。其中，举办“一校两院”主体班次15期，培训各级干部698人次；举办十九大专题研修班13期，培训干部2974人次；承办国家、省、市有关部门委托培训班60多期，培训11000多人次，培训规模及人次均创历史新高。

【构建科学教学体系】 市委党校构建“以理论教育为中心，以党性教育为关键，以服务抚州发展为主线，以提高能力素质为重点”的教学体系，专题更新率高达79.37%，理论教育和党性教育占总课时比重83%，开设“王安石、汤显祖、曾巩、陆象山、晏殊、晏几道”等为代表的名人文化系列课程5个，高标准建设全国党校系统独一无二的党性教育现场教学点“抚州苏区红色文化长廊”；在主体班实现诵读红色家书活动全覆盖，并与学唱红色歌曲相结合、与讲抚州红色故事相结合，教育引导学员传承红色基因，增强党性修养；通过以老带新，定期开展集体备课、集体试讲、集体评课等教研活动，试点“一课一评”教学评估，出台《中共抚州市委党校教学工作目标考核管理办法（试行）》，开展青年教师教学比赛，不断打磨年轻教师，提高教学质量，提升干部教育培训工作水平。

【以资政为重点开展科研】 坚持把资政科研作为重中之重，切实担负起新时代党校科研资政工作的使命任务。立项各级课题14项，其中全省党校和行政学院系统社科课题5项；公开发表论文35篇，其中中央级媒体《学习时报》5篇，一般省级10篇，市级20篇；论文获奖17项，其中“全省党校行政学院系统学习贯彻党的十九大精神理论研讨会”二等奖4篇、三等奖1篇，全省党校系统庆祝改革开放40周年征文中二等奖2篇、三等奖2篇，全省党校系统第十二次社会科学优秀成果评选二等奖2篇，抚州市庆祝改革开放40周年征文一等奖1篇、二等奖1篇；资政科研成果《调研反映农村演出市场亟须戴上“紧箍咒”》获省委书记刘奇签批，《推行“1+3+N”新模式走好我省“强村之路”的建议—基于抚州市村级集体经济发展的调查研究》获省委常委、常务副省长毛伟明和省政协副主席、市委书记肖毅签批，《抚州苏区红色资源挖掘研究和保护利用的调查与思考》获省政协副主席、市委书记肖毅签批。

【学员管理规范】 拓宽培训渠道，在原有的两条异地培训线路上又新增一条湖南韶山线路，极大地提升学员培训实效；强化过程管理，严格学分量化考核，严抓“三率”：到课率、就餐率、住宿率，做到每天公布考勤汇总情况，公布学员的学分扣分情况；充分发挥临时党支部和班委会作用，开设学员论坛，积极开展各种班务活动，如“学唱红歌《不忘初心》，签订“加强政治能力建设承诺书”等活动。聘请瑜伽教练、网球教练，丰富了学员课余生活。

【队伍建设有成效】 年内接收军队转业干部2人；任命正科级干部2人、副科级干部2名；重用年轻教研室负责人2人，评聘年轻讲师3人；先后选派4名校领导和4名教师到中央党校、2位教师到中央社会主义学院、2位教师到省委党校进行培训，安排1名校领导到香港澳门交流学习、4名年轻教师到省委党校主体班进行为期2个月的跟班学习、3名教研人员到扶贫点挂职锻炼；修改完善《科室管理量化绩效考核办法》《教职工量化绩效考核办法》等一系列管理办法，出台《关于切实加强全校教职工管理的规定》，不断加强干部人事管理，严肃干部人事纪律。

【校园建设换新颜】 市委党校二期工程（增建学员楼）建筑面积约1.2万平方米，投资约7000万元，预计2019年秋季开学投入使用。项目于3月28日正式动工，全年累计完成投资1877.857万元，占年度计划投资117.36%，从8—11月连续4个月在市重点项目建设进展中排名前三。

崇仁县委党校新校区总投资1.29亿元，占地2.73公顷，建筑面积约2.2万平方米，于2017年9月开工建设，计划2019年6月底竣工投入使用；宜黄县委党校新校区总投资约8000万元，占地1.67公顷，建筑面积约1.2万余平方米，于2017年开工建设，计划2019年2月正式投入使用。

【加强县区党校业务指导】 对全市11个县区委党校情况进行调研，完成资政科研成果《关于制约新时代党校事业高质量发展的问题研究》，并被省委党校《领导论坛》采用；召开2次全市党校系统常务副校长座谈会；召开全市党校系统庆祝改革开放40周年理论研讨会；隆重举行“弘扬改革精神、讴歌伟大时代”——全市党校系统庆祝改革开放40周年文艺会演活动。

【加强苏区红色文化研究】 市委党校代市委、市政府起草《进一步加强新时代抚州中央苏区红色文化挖掘研究和保护利用工作实施方案》，经市深改领导小组研究，已下发抚办发电〔2018〕101号；组织红色文化研究专班，基本摸清全市红色革命文化遗址的分布、成因、现状及保护利用等情况，收集整理6大类各种资料397件；组织教研人员阅读各类苏区著作300多本，提炼整理与抚州苏区有关各类有价值的各类资料2200余页。

（肖毅君）

【市委党校领导名录】

常务副校长：黄泽清

副 校 长：周泽南 邹志坚

周军海（10月任）

校委委员：谢国辉 黄国华

档案工作

【概况】 2018年，抚州市各级档案部门认真贯彻落实中央、省、市文件精神，深入开展“进一步解放思想，深入调查研究，切实改进干部作风”活动，聚焦“怕慢假庸散”五种顽疾，以档案服务民生为抓手，全面加强工作作风建设，进一步夯实档案业务基础，档案服务中心工作成效显。按照重点建设项目管理办法有关规定，加强对全市重点建设项目档案的培训、监督、指导、验收、评分工作。对16个省重点建设项目、145个市重点建设项目进行登记。

【重大活动档案】 2018年江西省旅游产业发展大会在抚州召开，全市各级档案部门及时对活动期间产生的各种档案资料收集工作进行指导。指导“汤显祖戏剧节系列活动”档案资料收集整理接收进馆。结合精准扶贫工作，协助各地建立健全贫困户档案资料，制定《抚州市精准扶贫档案收集范围和保管期限表》，协助省档案局在黎川县召开全省精准扶贫档案工作推进会。深入广昌县甘竹镇图石村，就精准扶贫项目档案的收集、整理、保管与利用等情况进行调研指导。积极围绕乡村振兴战略，提前介入指导特色小镇建档工作。开展全市国家综合档案馆馆际间“一站式”查档服务平台，开通市档案局、临川区档案局、广昌县档案局三地“一站式”查档服务。全市共开放档案144888卷（册），新增4099卷，利用网站开放86681卷（册），其中市档案馆已开放档案10633卷（册），利用网站开放56458卷（册），截止11月底，市馆共接待查阅利用986人次，提供档案资料10125卷（册），解决问题290个。市档案局连续8年荣获全省档案系统先进单位称号；连续5年荣获市直机关绩效考评先进单位称号。在新标准评估下，市档案馆在全省率先晋升省一级馆；荣获江西省巾帼建功先进集体称号，精神文明建设、精准扶贫、社会综合治理、节能、计生等工作均获得先进。

【围绕“6·9国际档案日”开展宣传】 以“档案见证改革开放”为主题，走进江西大唐国际抚州发电有限责任公司，开展“不忘初心、牢记使命——档案文化折扇”和抚州市档案编研成果展等一系列宣传活动。通过悬挂宣传横幅、利用企业大型电子屏幕、展示“档案文化折扇”、发放抚州市档案局近5年编研成果300本、“小红的兰台奇遇记”100册、抚州市档案行政执法监督检查工作告知手册150册、家庭建档知识宣传册120册等进行宣传。

【依托网络纸质媒体进行宣传】 依托市档案局官方网站共发布全市档案系统信息动态210条。全市各级档案部门在中国档案报、中国档案杂志、国家档案网、江西新闻网、江西省档案网、抚州日报、现代抚州、抚州政务网等媒体，发表文章264篇，其中市档案局在中国档案报、中国档案网、江西新闻网、江西档案杂志等发表文章三篇，采用各类信息104条，较好地对外宣传抚州档案工作，增强全社会的档案意识。同时利用QQ、微信、App等新媒体手段网上进行宣传，使宣传面覆盖更广，也让市民可以通过多渠道了解档案相关内容，将档案声音传进千家万户。

【强力推进依法治档工作】 完善市本级执法证和执法监督证专家库。制定档案执法监督检查实施方案和计划，通过“江西省双随机一公开监督平台”抽取13家检查对象和3个检查人员，向全市下发“执法监督检查随机抽取通告和挂网公告”，并向被检查单位送达《档案行政执法监督检查通知书》。对被检查单位执法监督中发现的问题，及时反馈《档案行政执法监督检查建议书》。通过“江西省双随机一公开监督平台”，及时向社会公布随机抽查事项清单，实现档案行政执法全程留痕、全程监督、智能监管。最后形成《全市执法检查调研报告》。

根据《关于做好迎接省委改革办“放管服”改革专项督察工作的通知》要求，认真开展“放管服”改革自查，逐一梳理，完成本单位16项政务服务事项清单审核工作。

【新馆建设深入推进】 围绕档案规范化管理综合档案馆建设，市档案局班子成员深入县区开展馆库建设专题调研，对东乡、黎川新馆建设设计图纸初稿进行审查，并对东乡、宜黄、金溪、资溪新馆建设项目进行业务督促和跟踪指导。东乡区档案馆四层主体框架全面竣工，进入功能房砌墙及室内装修阶段；南丰县档案馆新购置LED电子显示屏，馆藏文书档案全面重新整理上架；宜黄县档案馆主体框架建设中；金溪县档案馆与县人防办等单位合建的大楼基础建设已动工；资溪县新馆建设项目选址已确定。

【馆藏资源不断丰富】 各地创新形式，强化指导功能，馆藏档案稳步增长。据不完全统计，截至11月底，全市各级综合档案馆馆藏档案达938219卷（册）、1404045件，新增38140卷（册）、286635件。其中，市档案馆馆藏档案资料339493卷（册）、99590件，新增26072卷（册）、23529件。划归东临新区乡镇场档案顺利移交进馆，档案合计122卷、1788件；东乡区各乡镇、区直单位的档案移交工作有突破，共移交进馆2056卷、2211件。

【安全体系更加完善】 按照《国家档案局关于进一步筑牢安全防线确保档案安全的通知》的要求，加强对重要时间节点的安全监控，印发《关于加强汛期档案实体安全的通知》。市档案局着力对库房消防设施设备进行提升改造，已落实专项经费105万元，用于在库房内安装高压细水雾设施，完善消防标识，畅通消防通道，并添置消防必备的应急设施设备，确保消防系统正常运行。

【档案规范管理有成效】 持续开展机关、企事业单位档案规范化达标评估工作，全年通过档案工作规范化管理考核验收的单位共24个，其中省一级11个，省二级3个，省三级10个，并申报崇仁县、南丰县档案馆档案规范化管理省一级。

【档案编研成果丰富】 全市各级档案部门编研成果共16种，167.2万字。为迎接中华人民共和国建国70周年华诞，市档案局与市委党史办联合编撰《基石——抚州人民政权建设发展历程》，与市政协文史委、东华理工大学联合编纂《明朝民国——地契文书图录》一书。完成约0.4万字的《抚州年鉴2018年版档案工作分目》撰写工作。黎川县档案局编撰《情系黎川》《改革开放四十周年黎川县党史大事记》；广昌结合本地、本单位的工作实践，撰写2篇论文报送中国档案学会，其中李小红《论企业客户资料档案的知识开发》入选优秀论文、黄智超《浅谈县级档案馆馆藏纸质档案数字化服务外包现状——以江西省广昌县档案馆为例》成功入选。

【档案信息化体系建设有亮点】 全市各级档案部门对机关、企事业单位到期档案，做到纸质档案与电子目录同步接收。市档案局已接收16家市直单位到期档案进馆，其中文书档案23539件，职称档案317卷，实物档案（奖牌证书）197件。开发OA电子公文办公系统嵌入档案管理功能，完成《抚州市电子政务协同办公（非涉密）系统数字档案一体化项目建设方案》，开发需求正在修改完善。市档案局完成国家重点档案目录基础体系建设——民国文件级目录采集工作，共采集目录108159条。

【强化档案业务培训提能力】 为加强对市直机关、企事业单位以及各县（区）档案工作的业务指导，市档案局出台《市直单位档案室设施建设指导意见》。深入学校机关、企事业单位，开展市直单位档案业务培训上门授课指导服务，采取上门授课、一对一跟班的方式对中医药专科学校、东临新区、大唐发电厂等15家单位进行授课培训；开展市直单位文书档案目录数据采集工作培训；指导市党校、市人大、市政府办等市直单位建立全宗卷，指导市民政局收集、整理行政区域界线档案，指导市地税局、市市场监督管理局等单位做好机构改革期间档案工作；指导市科技局、市房管局、市信访局等单位修订《机关单位文件材料归档范围和保管期限》。开展企业档案工作学习观摩会，组织市文旅投公司、市投资有限公司等单位赴江西大唐国际抚州发电有限公司进行学习观摩。通过上门授课指导以及集中培训，全市档案干部业务水平明显增强。

【密切党群干群关系树新风】 市档案局扎实推进“四进四联四帮”活动，党员干部走出机关，深入农村，热心为基层群众办实事解民忧。组织党员干部深入挂点村开展帮扶活动，为贫困户捐款捐物。为挂点帮扶村黎川县西城乡余坑村排查矛盾43余起，争取乡村基础设施建设项目6个，资金达133万元，帮助发展产业建设项目1个，投入资金50万元；走访慰问贫困户44人，发放慰问金及物资合计1.1万元左右；资助贫困学生6名，投入资金1万元；积极开展进农家、访农户，与8名贫困户结对，进一步密切了党群、干群关系。

（刘筱川）

【市档案局领导名录】

局　长：吴向红

副局长：吴建新　吴　华

本栏编辑　吴主平

抚州市人民代表大会

综 述

2018年抚州市第四届人民代表大会期间，全市共有各级人民代表大会165个，其中市级人民代表大会1个，县级人民代表大会11个，乡镇人民代表大会153个。截至12月底，共有全国、省、市三级人大代表426人，其中十三届全国人大代表2人，省十三届人大代表51人，市四届人大代表373人。市四届人民代表大会常务委员会实有组成人员40名，其中主任1名，副主任7名，秘书长1名，委员31名。市四届人民代表大会设有内务司法、财政经济、法制、城建环资、教科文卫5个专门委员会，市四届人民代表大会常务委员会下设5个处级工作机构，分别是办公室、选举任免联络工作委员会、外事华侨民族宗教工作委员会、农业和农村工作委员会、法制工作委员会。

2018年，常委会高举习近平新时代中国特色社会主义思想伟大旗帜，深入贯彻落实中共十九大和十九届二中、三中全会精神，紧紧围绕市委提出的“突出三项攻坚、打好四大升级战”要求，凝心聚力，依法履职，探索创新，积极作为，圆满完成市四届人大三次会议确定的各项任务。

一是聚焦新思想，旗帜鲜明讲政治。坚持以习近平新时代中国特色社会主义思想为指导，把党的领导贯穿于人大工作的全过程、体现在人大工作的各方面。一年中，依法产生市监察委员会，选举市监委主任和省十三届人大代表，通过人大部分专门委员会组成人员；依法选举和补选市人大代表，任免国家机关工作人员35人次，并组织新任职人员向宪法宣誓。高度重视、精心组织、层层开展“学习、研究、宣传、贯彻习近平总书记关于坚持和完善人民代表大会制度的重要思想”专题活动，进一步打牢做好新时代人大工作的思想基础。紧紧围绕市委决策部署，主动参与全市中心工作，常委会领导先后赴广东、北京等地开展“双返双创”活动，开展项目推介，深入挂点县区、园区、企业开展降成本优环境工作调研，督促挂点县区抓好环保突出问题整改落实。按照市委统一安排，积极牵头抓好“三城同创”、中医药产业发展、棚户区改造、重点工程建设等工作。常委会领导带头深入挂点贫困村调研督导，帮助解决实际问题。开展产业和就业扶贫工作情况调研，扎实推进“脱贫攻坚人大代表在行动”专项活动和“四进四联四帮”活动。一年中，全市共有9400余名各级人大代表参与脱贫攻坚活动，投入帮扶资金近6300万元，为民办实事1.68万件。

二是立足新期待，服务发展聚合力。听取和审议《抚州市国民经济和社会发展第十三个五年规划纲要》实施情况中期评估、2018年上半年国民经济和社会发展计划执行、2017年市本级决算和2018年上半年预算执行、农业供给侧结构性改革、旅游强市建设的报告，审查批准2017年市本级决算、2018年市本级一般公共预算和政府性基金预算调整方案。出台《关于预算审查前听取人大代表和社会各界意见建议的办法》，建立预算审查监督联系代表、预算编制情况通报等制度，增强预算审查的针对性、有效性。开展预算法执法检查，林下经济发展、粮食收购、农村集体经济壮大发展、企业国有资产管理、全市重大文化旅游项目建设和旅游强市建设等情况的视察和调研，在听取和审议审计查出问题整改情况报告的基础上，连续两年就整改工作开展满意度测评，组织全国、省、市三级人大代表集中视察全域旅游发展情况，督促和支持市政府进一步推动旅游产业发展再上新台阶。

三是彰显新作为，厉行法治促和谐。抚州市第一部实体性法规、江西省第一部文明行为促进专项立法——《抚州市文明行为促进条例》于2018年6月1日正式施行，将治理不文明行为上升到法治高度。对2019—2021年立法规划项目库进行调整和完善，启动《抚州市抚河流域水污染防治条例》和《抚州市烟花爆竹销售燃放管理条例》立法工作，并对两部条例草案分别进行常委会第一次、第二次审议。听取和审议市中级人民法院、市人民检察院关于深化司法体制改革工作情况的报告，对律师法贯彻实施情况进行执法检查，对扫黑除恶专项斗争工作情况进行视察，组织代表旁听市中级人民法院案件庭审活动，在第五个国家宪法日开展“尊崇宪法、学习宪法、遵守宪法、维护宪法、运用宪法”宣传教育活动，开展“七五”普法宣传教育，全年共接待处理群众来信来访236件次，督促解决群众合理诉求。一年中，对“一府两院”和县区人大常委会报送的110件规范性文件进行审查，向制定机关发送规范性文件审查建议函2件次。

四是着眼新任务，代表履职添活力。先后组织63名省、市人大代表赴北京、上海和厦门进行学习培训，邀请代表列席常委会会议41人次，参加执法检查、视察、调研等活动210人次，畅通代表知情知政、监督建言的渠道。继续深化人大代表联络工作站建设，鼓励在代表较多的村（社区）设立联络室，全年共有7990名各级人大代表进站接待群众30826人次，收集群众反映问题7363件，已解决5386件，参与矛盾调解4859次。2018年6月，省人大常委会党组书记、副主任周萌在抚州调研时，对抚州市人大代表联络工作站工作给予充分肯定。出台《抚州市人大常委会关于加强和改进人大代表建议办理工作的意见》，对市四届人大三次会议及闭会期间代表提出的165件建议进行集中交办，确保事事有回音、件件有落实。按照“主任领衔、市长领办、专工委督办、代表跟踪问效”的联动工作机制，对16件代表意见相对集中、社会关注度较高的建议进行重点督办。坚持公平公正原则，评选出优秀代表建议16件。全面落实乡镇一年召开两次人民代表大会要求，鼓励各县区指导乡镇人大在认真做好规定动作的基础上,探索“3+N”模式（听取政府、人大、财政三个报告，选择若干议题作为自选动作），确保会议取得实效。在市、县区两级人大常委会的大力推动下，全市各乡镇全部实现“一年两会”。中共中央政治局常委、全国人大常委会委员长栗战书在江西调研座谈时，金溪县陆坊乡人大主席作为全省两个基层代表之一，以“聚焦民生实事、开好代表大会”为主题在会上作典型发言。

五是落实新要求，强基固本树形象。开展“不忘初心、牢记使命”“重温入党誓词、诵读红色家书”等主题活动，举办全市人大系统纪念改革开放40周年书画展，办好《抚州人大》双月刊，升级完善抚州人大网站，用好“抚州人大”微信公众号。按照市委统一部署，开展“进一步解放思想、深入调查研究、改进干部作风”活动,深入开展机关“作风提升年”活动，严格落实全面从严治党要求，不折不扣贯彻落实中央八项规定精神和党风廉政建设责任制。配合省人大常委会在抚州开展履职活动，承办省人大常委会外侨民宗工委工作联系会。一年中，先后接待江苏省人大和江苏苏州、广西南宁、浙江湖州等15批市外人大考察团到抚州学习考察。围绕助推脱贫攻坚、改进人大监督等主题，召开两次县区人大常委会主任座谈会。

（吴小华　周　卿）

【市四届人大常委会领导名录】

主　任：魏建锋

副主任：江玉兰　余建平

谢祖鹏　段院龙

许中伟　许爱军

宋东方

秘书长：左树青

副秘书长：罗海清

黄伟燕（1月任）

【市四届人大专门委员会领导名录】

内务司法委员会

主任委员：吴　斌

副主任委员：吴贵春

财政经济委员会

主任委员：陈泉顺

法制委员会

主任委员：饶举元

副主任委员：曾喜龙

城乡建设环境与资源保护委员会

主任委员：陈接平（1月任）

教育科学文化卫生委员会

主任委员：吴　辉（1月任）

【市人大常委会工作部门领导名录】

办公室

主　任：罗海清（3月任）

副主任：章卫华

选举任免联络工作委员会

主　任：林琪文

外事华侨民族宗教工作委员会

主　任：许甘泉

农业和农村工作委员会

主　任：徐志华

法制工作委员会

主　任：曾喜龙

副主任：陈　莉

人大会议及常务委员会会议

【市四届人大三次会议】 2018年1月8—10日，会议在市行政会议中心举行。会议听取和审议市人民政府市长张鸿星所作的市人民政府工作报告、市人大常委会主任魏建锋所作的市人大常委会工作报告、市中级人民法院院长赖彩明所作的市中级人民法院工作报告、市人民检察院检察长宋智勇所作的市人民检察院工作报告；审查和批准抚州市2017年国民经济和社会发展计划执行情况与2018年国民经济和社会发展计划草案的报告，批准抚州市2018年国民经济和社会发展计划；审查和批准抚州市2017年市级总预算执行情况与2018年市级总预算草案的报告，批准抚州市2018年市本级预算；选举刘海滨为抚州市监察委员会主任；选举抚州市出席省第十三届人民代表大会代表，个别抚州市第四届人民代表大会常务委员会委员。表决通过抚州市第四届人民代表大会有关专门委员会组成人员人选，政府工作报告、计划报告、预算报告、市人大常委会工作报告、市中级人民法院工作报告、市人民检察院工作报告的决议。新就职国家工作人员向宪法宣誓。市委书记肖毅在大会闭幕时作讲话。

【市四届人大常委会第九次会议】 2018年1月4日，会议在市人大常委会会议室举行。市人大常委会主任魏建锋主持会议并讲话，副主任江玉兰、余建平、谢祖鹏、段院龙、许中伟、许爱军、宋东方及秘书长左树青出席会议；市委常委、副市长罗国良，市中级人民法院院长赖彩明，市人民检察院检察长宋智勇列席会议。会议审议并通过《抚州市第四届人民代表大会第三次会议议程（草案）》《抚州市第四届人民代表大会第三次会议主席团和秘书长名单（草案）》《抚州市人民代表大会常务委员会工作报告（讨论稿）》《抚州市第四届人民代表大会第三次会议列席人员范围（草案）》《抚州市人民代表大会常务委员会关于接受赵荣贵辞去抚州市第四届人民代表大会常务委员会委员职务请求的决定（草案）》《抚州市第四届人民代表大会常务委员会代表资格审查委员会关于部分代表的代表资格审查报告》《抚州市人民代表大会常务委员会关于提请抚州市第四届人民代表大会第三次会议设立抚州市人民代表大会城乡建设环境与资源保护委员会、教育科学文化卫生委员会的议案》以及市人民政府有关人事任免议案和市人大常委会有关人事任命议案。

【市四届人大常委会第十次会议】 1月10日在市人大常委会会议室举行。市人大常委会主任魏建锋主持会议并讲话，副主任江玉兰、余建平、谢祖鹏、许中伟、许爱军、宋东方及秘书长左树青出席会议；市委常委、市纪委书记、市监察委员会主任刘海滨，副市长肖承贵，市中级人民法院院长赖彩明，市人民检察院检察长宋智勇列席会议。会议审议并通过市监察委员会有关人事任命议案，市人民检察院有关法律职务任免议案。新任命人员向宪法进行宣誓。

【市四届人大常委会第十一次会议】 3月20日在市人大常委会会议室举行。市人大常委会主任魏建锋主持会议并讲话，副主任余建平、谢祖鹏、段院龙、许中伟、许爱军及秘书长左树青出席会议；副市长肖承贵，市人民检察院检察长宋智勇列席会议。会议听取并审议市人民政府关于抚州市2017年生态环境状况和环境保护目标完成情况的报告；审议并表决通过市人民政府关于落实市人大常委会对抚州市“河长制”实施情况报告审议意见情况的报告；听取市人大常委会法工委关于2017年度规范性文件备案审查工作的情况；审议并表决通过市人大常委会代表资格审查委员会关于个别代表的代表资格审查报告；审议并表决通过市人民政府有关人事任命议案、市人大常委会有关人事任命议案。新任命人员向宪法进行宣誓。

【市四届人大常委会第十二次会议】 5月29日在市人大常委会会议室举行。市人大常委会主任魏建锋主持会议并讲话，副主任江玉兰、余建平、谢祖鹏、段院龙、许中伟、许爱军、宋东方及秘书长左树青出席；副市长肖承贵、市中级人民法院院长赖彩明列席会议。会议听取并审议市中级人民法院、市人民检察院关于深化司法体制改革工作情况的报告和市人民政府关于“山长制”实施情况的报告；审议并表决通过市中级人民法院关于落实市人大常委会对关于执行工作情况报告审议意见情况的报告、市人民政府关于落实市人大常委会关于开展《中华人民共和国旅游法》和《江西省旅游条例》执法检查情况报告审议意见情况的报告、市人民政府关于落实市人大常委会对2017年环保抚河行活动情况报告审议意见情况的报告；会议听取市人民政府关于人事任命议案情况的说明以及市人民政府副市长拟任人选刘苍牧、张朋的任前表态发言，审议并表决通过市人民政府有关人事任命议案。新任命人员向宪法进行宣誓。

【市四届人大常委会第十三次会议】 7月21日在市人大常委会会议室举行。市人大常委会主任魏建锋主持会议并讲话，副主任江玉兰、余建平、谢祖鹏、段院龙、许中伟、宋东方及秘书长左树青出席；副市长肖承贵、市中级人民法院院长赖彩明、市人民检察院检察长宋智勇列席会议。会议听取并审议市人民政府关于2018年上半年国民经济和社会发展计划执行情况的报告、市人民政府关于2017年市本级决算和2018年上半年预算执行情况的报告、市人民政府关于2017年度市本级预算执行和其他财政收支的审计工作报告、市人大常委会关于开展《江西省非物质文化遗产条例》执法检查情况的报告；审议并表决通过《抚州市人民代表大会常务委员会关于批准2017年市本级决算的决议》、市人民政府关于提请审议《2018年市本级一般公共预算和政府性基金预算调整方案以及2018年地方政府债务限额》的议案、市人民政府关于落实市人大常委会对关于贯彻实施《江西省实施〈中华人民共和国老年人权益保障法〉办法》情况报告审议意见情况的报告、市人民政府关于落实市人大常委会对关于抚州市2017年度环境状况和环境保护目标完成情况报告审议意见情况的报告、《抚州市住宅区物业管理条例（草案二次审议稿）》；审议并表决通过市监察委员会、市中级人民法院有关免职议案。

【市四届人大常委会第十四次会议】 9月21日在市人大常委会会议室举行。市人大常委会主任魏建锋主持会议并讲话，副主任江玉兰、余建平、谢祖鹏、段院龙、许中伟、宋东方及秘书长左树青出席；市委常委、市纪委书记、市监委主任刘海滨，副市长、市公安局局长万凯，市中级人民法院院长赖彩明、市人民检察院检察长宋智勇列席。会议听取并审议市人民政府关于提请审议《抚州市烟花爆竹销售燃放管理条例（草案）》的议案、市人大常委会关于开展《中华人民共和国律师法》执法检查情况的报告、市人民政府关于办理市四届人大三次会议期间代表重点督办建议情况的报告、市人民政府关于抚州市农业供给侧结构性改革工作情况的报告；审议并表决通过市中级人民法院、市人民检察院关于落实市人大常委会对关于深化司法体制改革工作情况报告审议意见情况的报告（书面）、市人民政府关于落实市人大常委会对关于“山长制”实施情况报告审议意见情况的报告（书面）；审议并表决通过市人民政府有关免职议案、市中级人民法院有关法律职务任免议案、市人民检察院有关法律职务免职议案。

【市四届人大常委会第十五次会议】 11月20日在市人大常委会会议室举行。市人大常委会主任魏建锋主持会议并讲话，副主任江玉兰、余建平、谢祖鹏、段院龙、许中伟、宋东方及秘书长左树青出席；市委常委、副市长刘苍牧，副市长肖承贵，市中级人民法院院长赖彩明列席。会议听取并审议市人民政府关于提请审议《抚州市抚河流域水污染防治条例（草案）》的议案、市人民政府关于《抚州市国民经济和社会发展第十三个五年规划纲要》实施情况中期评估的报告、市人民政府关于抚州市旅游强市建设情况的报告、市人大常委会关于开展2018年环保抚河行活动情况的报告；听取并审议市人民政府关于2017年度市本级预算执行和其他财政收支审计查出问题整改情况的报告，并对审议查出问题整改情况开展满意度测评；审议并表决通过市人民政府关于落实市人大常委会对关于贯彻实施《江西省非物质文化遗产条例》情况报告审议意见情况的报告（书面）、《抚州市人民代表大会常务委员会关于召开抚州市第四届人民代表大会第四次会议的决定（草案）》；听取市人民政府关于人事任命议案情况的说明以及市人民政府副市长拟任人选谭小平的任前表态发言，审议并表决通过市人民政府有关任职议案、市监察委员会有关任职议案。新任命人员向宪法进行宣誓。

（吴小华 周 卿）

监督工作

【听取和审议专项工作报告】 2018年，市人大常委会会议听取审议市人民政府关于2017年度生态环境状况和环境保护目标完成、“山长制”实施、办理市四届人大三次会议期间代表重点督办建议、农业供给侧结构性改革、《抚州市国民经济和社会发展第十三个五年规划纲要》实施情况的中期评估、旅游强市建设、2018年上半年国民经济和社会发展计划执行、2017年市本级决算和2018年上半年预算执行、2017年度市本级预算执行和其他财政收支的审计工作、《2018年市本级一般公共预算和政府性基金预算调整方案（草案）以及2018年地方政府债务限额》的议案、2017年度市本级预算执行和其他财政收支审计查出问题整改等情况，市中级人民法院、市人民检察院关于深化司法体制改革工作情况的报告。

【执法检查】 根据省人大常委会的部署，按照上下联动的原则，市人大常委会重点对《中华人民共和国律师法》和《江西省非物质文化遗产条例》在抚州市贯彻实施情况进行检查。针对检查中发现的问题，督促政府及职能部门切实加大执法力度，严格执法责任，确保法律法规全面贯彻执行。配合省人大在抚州市开展有关法律法规的立法调研和执法调研活动。

【代表视察和专题调研】 根据抚州市经济社会发展中的热点、难点和人民群众关注的焦点问题，市人大常委会组织全国、省、市三级人大代表集中对全域旅游发展情况进行视察。围绕古村镇、古民居保护、城区食盐安全监管、产业扶贫、贯彻实施《中华人民共和国人民防空法》、全市重大文化旅游项目建设和旅游强市建设、国有资产管理、学前教育、残疾人权益保障、农村集体经济壮大发展、扫黑除恶、林下经济发展等情况开展视察和调研，形成高质量的视察和调研报告。同时，注重视察和调研成果的转化及运用，督促“一府一委两院”及其部门认真研究处理有关意见和建议，取得良好成效。

【环保抚河行活动】 市人大常委会以“呵护抚河生态，保障饮水安全”为主题，采取明察暗访、突击检查、媒体曝光等手段，深入开展环保抚河行活动，由常委会主任、副主任带队，省、市人大代表和各级媒体共同参与，对全市集中式饮用水情况开展检查采访和跟踪回访活动。市委常委会听取环保抚河行活动情况报告，市委、市政府高度重视，要求相关部门认真加以整改，确保人民群众喝上干净水、安全水、放心水。

【加大信访督办力度】 市人大常委会把受理群众来信来访作为听民声、解民怨、帮民困的重要渠道，抓好重点信访件的督办和落实。全年共受理群众来信来访236件次，较好地维护群众权益，化解社会矛盾。

【加强规范性文件备案审查】 市人大常委会对市人民政府规范性文件22件，市人民检察院规范性文件4件，各县区人大常委会决议、决定等规范性文件111件依法进行备案审查，向省人大常委会报备规范性文件11件。

（吴小华 周 卿）

讨论决定重大事项和选举任免

【讨论决定重大事项】 2018年，市人大及其常委会贯彻《江西省各级人民代表大会常务委员会讨论决定重大事项的规定》，围绕全市经济社会发展和民主法制建设中的重大事项，作出《抚州市第四届人民代表大会第三次会议关于政府工作报告的决议》《抚州市第四届人民代表大会第三次会议关于抚州市2017年国民经济和社会发展计划执行情况与2018年国民经济和社会发展计划的决议》《抚州市第四届人民代表大会第三次会议关于抚州市2017年市级总预算执行情况和2018年市级总预算的决议》《抚州市第四届人民代表大会第三次会议关于抚州市人民代表大会常务委员会工作报告的决议》《抚州市第四届人民代表大会第三次会议关于抚州市中级人民法院工作报告的决议》《抚州市第四届人民代表大会第三次会议关于抚州市人民检察院工作报告的决议》《抚州市人民代表大会常务委员会关于批准2017年市本级决算的决议》《抚州市人民代表大会常务委员会关于批准2018年市本级一般公共预算和政府性基金预算调整方案以及2018年地方政府债务限额的决议》《抚州市人民代表大会常务委员会关于召开抚州市第四届人民代表大会第四次会议的决定》等决议、决定。同时，通过加强跟踪督促检查，确保市人大及其常委会作出的决议、决定得到有效贯彻执行。

【依法行使选举、人事任免权】 市人大常委会坚持党管干部和依法任免相统一的原则，认真做好法律考试、考情通报、任前了解、表态发言、就职宣誓和颁发任命书等环节的工作，不断规范任免程序，提高任免质量，为促进全市经济社会科学发展提供有力的组织保障。

2018年1月10日，市四届人大三次会议选举刘海滨为抚州市监察委员会主任；罗海清、曾喜龙为市第四届人大常委会委员；表决通过李光荣、陈筱华、卢雅芳为市第四届人大法制委员会委员；陈接平为市第四届人大城乡建设环境与资源保护委员会主任委员，许爱珍、李三保、邓虹、黄琴、冯伟坚为市第四届人大城乡建设环境与资源保护委员会委员；吴辉为市第四届人大教育科学文化卫生委员会主任委员，龙剑、邵沉、章克敏、熊福生、黄少华为市第四届人大教育科学文化卫生委员会委员。1月4日，市四届人大常委会第九次会议任命黄伟燕为抚州市人大常委会副秘书长（正处级）、李建明为抚州市体育局局长；免去熊远定的抚州市体育局局长职务。1月10日，市四届人大常委会第十次会议任命黄发高、赵荣贵、罗少韬为抚州市监察委员会副主任；李仲学、钱平、汪月清、游渊为抚州市监察委员会委员；周立军为抚州市人民检察院副检察长、检察委员会委员、检察员，免去李仲学的抚州市人民检察院副检察长职务。3月20日，市四届人大常委会第十一次会议决定任命罗海清为抚州市人大常委会办公室主任；陈振华为抚州市人民代表大会法制委员会委员；李慷为抚州市人民政府办公室主任；胡会华为抚州市商务局局长；决定免去易光亮的抚州市商务局局长职务。5月29日，市四届人大常委会第十二次会议决定任命刘苍牧、张朋为抚州市人民政府副市长。7月31日，市四届人大常委会第十三次会议免去钱平的抚州市监察委员会委员职务；郭增华的抚州市中级人民法院审判委员会委员职务；张望的抚州市中级人民法院审判委员会委员、审判员职务；于蔚的抚州市中级人民法院审判员职务。9月21日，市四届人大常委会第十四次会议任命吴水松为抚州市中级人民法院审判委员会委员；免去张冲林的抚州市建设局局长职务；陈剑波的抚州市中级人民法院审判委员会委员、审判员职务；饶辉华的抚州市中级人民法院立案一庭庭长职务；万家理、童兆兵、胡少群、唐景扬、刘琦的抚州市人民检察院检察员职务。11月20日，市四届人大常委会第十五次会议决定任命谭小平为抚州市人民政府副市长；韩长贤为抚州市监察委员会委员。

一年中，任免“一府一委两院”及市人大常委会工作人员35人次，其中，市人大常委会任命市人大常委会工作人员3人次，任免市政府领导及其工作人员10人次，任免监察委员会成员9人次，任免法官6人次，任免检察官7人次。

（吴小华　周　卿）

办理人大代表建议和意见

【办理建议和意见】 市四届人大三次会议期间，市人大代表共提交建议161件，闭会期间代表提出建议4件。交办过程中，市政府职能部门承办165件建议（含闭会期间4件）。从代表反馈的意见看，代表表示满意和基本满意的165件。

【加大建议督办工作力度】 一是依法及时交办。市四届人大三次会议闭幕后，市人大常委会有关工作机构及时会同市政府办公室召开市人大代表建议交办会，向承办单位统一交办161件建议，常委会分管领导就代表建议办理工作提出办理要求，明确办理责任，落实办理任务。二是强化合力督办。常委会领导分别带队督办建议办理情况，承办建议的各部门采取相应措施落实建议，提出建议的代表分别参与督办活动；市人大常委会有关工作机构逐件收集代表反馈意见表、强力督促办理“大户”、听取审议市政府的报告等一系列的工作，及时掌握各种办理动态和第一手真实信息。三是加强重点督办。2018年，市人大常委会继续采取“主任领衔、市长领办、部门承办、各专工委督办、代表跟踪问效”的督办机制，除“主任领衔”的7件重点督办建议外，又扩大到各专工委分别重点督办1件建议。在9月份召开的市四届人大常委会第十四次会议上，听取审议市人民政府关于市四届人大三次会议期间代表提出的重点督办建议办理情况报告。四是完善办理制度。为切实加强和改进建议办理工作中存在的不规范、不落实、效果差等问题，根据常委会主任会议要求，在做好前期调研和广泛听取意见的基础上，市人大常委会印发《关于加强和改进人大代表建议办理工作意见》，进一步强化办理工作的制度约束，为推动下一步建议办理工作提供遵循。五是建立激励机制。在对165件代表建议的建议质量、督办力度和办理成效综合评估基础上，开展优秀代表建议评选活动，评选出优秀代表建议16件，在市人代会会议期间通报表彰，颁发证书，有力地激发代表建言献策的积极性。六是编印建议汇编。市人大常委会有关工作机构认真梳理市四届三次人大代表建议及各承办单位的建议回复材料，进行整理、核稿、排版、打印成册，分发给每位人大代表，进一步激发代表提出建议的热情，促进代表建议办理质量的提高。

（吴小华　周　卿）

本栏编辑　陈志平

抚州市人民政府

综　述

2018年，抚州市人民政府贯彻习近平新时代中国特色社会主义思想和中共十九大精神，贯彻新发展理念，落实高质量发展要求，突出推进三项攻坚、打好四大升级战，经济运行总体平稳、稳中提质、稳中向好。全年全市实现地区生产总值1382.4亿元，增长8%；财政总收入完成200.7亿元，增长9.3%；一般公共预算收入完成124.2亿元，增长3.3%；规模以上工业增加值增长9%；固定资产投资增长10.7%；社会消费品零售总额增长10.6%；实际利用外资3.85亿美元，增长9%；出口总值131.1亿元，增长1.2%；城镇居民人均可支配收入31976元，增长8.5%；农村居民人均可支配收入14767元，增长8.9%。全市财政总收入超200亿元，市本级一般预算收入超20亿元，抚州高新区财政收入超20亿元，经济发展迈上新台阶。

稳定投资帮扶实体经济。安排实施316个市重点项目，完成投资486.1亿元；108个省大中型项目完成投资381.3亿元；90个省市县三级联动重大项目完成投资112.3亿元。全市当年2000万元以上项目实际进资439.8亿元，增长9.8%。纵深推进降成本优环境专项行动，降低企业成本52.72亿元。整合设立重大工业项目投资引导基金、科技创新产业引导基金、高新技术产业投资引导基金和市担保集团，强化对企业的金融服务支撑，金融业对GDP贡献度明显提升。金融深化程度达到109.2%，比2017年提高8.1个百分点。

主攻工业提质增效。深入实施“百亿企业”培育工程、重大技改“三百计划”、智能制造“千百十个”工程。全市规模以上工业增加值增幅连续6个季度保持全省第二，工业用电量增长连续16个月保持全省第一，博雅生物、金品铜科、海利科技、自立环保等一批高新技术企业正向百亿目标冲刺，应用智能制造技术和生产智能产品企业达95家，工业技改投资增长55.8%。年产20万辆SUV、商用车、新能源汽车产能的大乘汽车产业园经过13个月的紧张建设正式投产，创造出“抚州速度”，引领抚州进入大工业时代。抚州高新区获批“江西省新型工业化产业（数字经济）基地”。

农业发展稳中调优。加强农田水利基础设施和现代农业示范园建设，26个农业产业园评定为省级现代农业产业园。建设高标准农田3万公顷，土地整治补充耕地面积900公顷。新增绿色稻米种植基地1.80万公顷、总数达6.67万公顷，新增设施蔬菜4800公顷、总数达9800公顷，新增中药材6700公顷、总数达2.67万公顷，新增稻渔综合种养面积4100公顷、总数达6900公顷，华宸农业蔬菜科技产业园、昌抚牡丹田园综合体、东乡万亩猕猴桃、乐安绿能等一批现代农业项目稳步推进。南丰蜜橘、崇仁麻鸡入选2018年中国特色农产品优势区，东乡农村产业融合发展示范园入选全省四个首批国家级示范园之一，南丰县被评为全国农村一、二、三产融合发展先导区创建县。

服务业发展稳中加快。深化供给侧结构性改革，抢抓消费升级和扩大内需机遇，以承办全省旅游产业发展大会、举办汤显祖戏剧节暨国际戏剧交流月活动为契机，推动文化旅游加速发展、融合发展。国家AAAAA级大觉山景区功能进一步提升；成功创建6家国家AAAA级旅游景区，总数达16家；成功创建2家全省AAAAA级乡村旅游点。打造一大批文旅精品项目，文昌里历史文化街区成为市民和游客的“乡愁栖息地”，三翁花园、大觉溪田园综合体、麻姑山景区、曹山农禅景区、香谷小镇、竹桥文化体验区等一批重点旅游景区投入运行。弘扬抚州红色文化的革命战争题材电影《浴血广昌》在全国院线成功上映，大型实景剧《寻梦牡丹亭》开始商演。65个村落进入第五批中国传统村落名录，总数达96个。2018年，抚州市被评为全省旅游产业发展先进设区市，资溪、黎川、南城被评为全省旅游产业发展先进县；抚州市再次入选中国文化竞争力十佳城市。“抚州，一个有梦有戏的地方”“我在牡丹亭等你”品牌大步走向世界。积极培育新产业新经济新业态，建昌帮药谷一期现代医药物流园、抚州亲和源、南城县康养中心、普亲临川老年养护中心、东乡赤湾东方甩挂物流园、欣盛物流铁路集装箱等一批产业项目落地建设；与中科院共同组建抚州创新研究院，与九次方大数据公司合作成立抚州市星河大数据产业公司。加大企业上市工作力度，全市重点拟上市挂牌企业增至16家，一般后备企业增至64家，新三板挂牌企业增至12家。

重点领域改革纵深推进。安排、推进改革任务195项。推进“放管服”改革，全面实施“41证合一”，实现企业“一照一码走天下”，抚州高新区发出全省首张“不见面审批”营业执照，市本级570项政务服务事项实现“一次不跑”和“只跑一次”。推动市属国有企业市场化实体化转型，圆满完成江铃轻汽混合所有制改革，全市国有企业资产总额突破千亿大关，达1298亿元。扎实推进农村土地“三权分置”改革、农村集体产权制度改革和农村宅基地管理试点。稳步推动绿色殡葬改革。

创新驱动打造强劲引擎。完成全社会研发投入13.68亿元，增长35.4%。聘请26名院士、科技领军人才为市政府科技顾问，新组建院士工作站3家。796家规模以上工业企业与188所高校、科研院所开展战略合作，71家市直单位与92所高校、科研院所（智库）建立合作关系。新获批22家国家知识产权示范（优势）企业、3家省级科技协同创新体。获批省级工程技术研究中心9家，博雅生物企业技术中心获批国家级企业技术中心。4个项目获省科技进步奖一等奖；45家企业59个新产品获省级优秀新产品奖。新增高新技术企业104家，总数达239家。新增国家科技型中小企业236家，高新技术产业增加值增长12.6%，战略性新兴产业增加值增长9.5%，科技进步贡献率达57%。抚州高新区跃进全国高新区百强，成为当年全省发展进位最快的国家级高新区。江铃底盘成为全省唯一获认定2018国家技术创新示范企业。崇仁县获批全省创新型县（区）。

对外开放步伐加快。全面融入“一带一路”建设，与俄罗斯彼尔姆边疆区丘索沃伊地区建立友好城市关系，与阿联酋迪拜开展智能模板、智能爬架、数字经济产业合作，成功开行出口体育用品运动服饰抚州至汉堡中欧班列、江西省首列中俄友城（抚州—彼尔姆）果蔬班列。推动企业“走出去”，中阳建设集团在赞比亚投资建设3万公顷现代生态农业园；明正变电与赞比亚卢萨卡省签署8500万美元地埋式变电设备采购协议；江西志特产品在新加坡、马来西亚逐步扩大市场份额。昌抚合作示范区建设步伐加快，新落户昌抚牡丹田园综合体、华宸现代农业、态何源立体种养等一批符合产业定位的项目。抚州海关正式批复设立。

城乡环境更为舒适宜居。加强城市环境整治。紧盯民生热点和基础设施短板，安排实施一批城市建设重点项目，市城区完成一批老旧小区改造工程、人行道及路灯改造工程、市交通畅通工程、凤岗河改造工程等项目建设。关注城市管理重点难点问题，在市城区开展交通秩序集中整治工作和“拂晓”整治行动，持续开展户外广告拆除、垃圾死角清理、占道经营等专项治理，有力消除城市管理顽疾。推进秀美乡村建设。聚焦农村基础设施和公共服务短板，高质量推进村庄整治建设，全面完成2739个新农村建设“七改三网”任务。将环境综合治理从成效明显的17条交通主干道沿线加快向全市域一般村庄、边远村庄梯次推进，创造重点村庄“拆得彻底、清得干净、改得美观、管得规范”和一般村庄“干净、整洁、有序”的抚州模式；实现农村生活垃圾第三方治理全覆盖，8个县区实现城乡环卫一体化第三方治理；在12个乡镇集镇、100个村庄试点，探索不同标准、不同技术的污水处理模式；完成70%的农村旱厕改造。打造一批生态优、环境美、风格雅的优美村落。

生态环境工程扎实推进。抚河流域生态保护与综合治理一期工程基本完工，二期加快推进，抚河沿岸打造的36个生态村镇示范点基本建成。廖坊水利枢纽灌区二期主体工程基本完成，新增灌溉面积2.20万公顷，廖坊国家湿地公园建设加快推进。市中心城区垃圾焚烧发电厂一期竣工投运，二期加快推进，南丰、崇仁两个区域性垃圾焚烧发电厂项目进展顺利。临川温泉景区建设加快推进，科技金融小镇、温泉度假小镇初具雏形，三翁戏剧小镇基础设施基本建成。全国流域水环境综合治理与可持续发展试点工作交流现场会在抚州召开，抚州市生态文明建设经验在“生态文明贵阳国际论坛”和美国斯坦福大学国际研讨会上推介，受到中外专家和媒体广泛关注。饮用水水源水质全部达到或优于Ⅲ类，达标率100%；市中心城区PM2.5浓度均值37微克/立方米，空气质量继续保持全省前列。

国土空间规划分类考核、全市域水资源生态补偿、全市域封山育林、领导干部生态和自然资源资产离任审计等制度顺利实施；完成全市生态资源价值核算，达到3460亿元，是GDP的2.9倍；推进生态公安、生态法庭、生态公诉机关、生态律师服务团队、生态司法等制度试点；颁布实施《抚州市文明行为促进条例》，“绿宝”碳普惠制注册用户达20万人。

民生事业持续改善。在财政收支压力加大的情况下，民生支出达326.69亿元，增长13.3%。全力打好脱贫攻坚战。实现1.91万名贫困人口脱贫、68个贫困村退出，省政府批复同意广昌县退出贫困县，全市贫困户降至11443户27474人，贫困发生率由年初的1.3%下降至0.83%。乐安县基本达到退出条件。全面启动城镇贫困群众脱贫解困工作。着力推动更高质量和更充分就业，各项就业创业工作超额完成全年目标任务。坚持教育优先发展，教育经费投入达78亿元，新增学位2.8万个，实施33个教育重点项目，其中市中心城区13个，高新区实验学校、阳光城和名仕家园配建学校投入使用，市示范性综合实践基地建设基本完工，临川教育集团3所实验学校顺利封顶。抚州技师学院创办工作正式启动，过渡期办学正式招生。推进医疗卫生服务能力优化提升，启动市立医院门急诊医技综合大楼、市疾控中心检验大楼、市急救中心、市中心血站业务大楼、市妇女儿童医院等项目建设，全面推进乡镇卫生院达标建设，深入推进卫生引智工作。优化公共文化服务，加快推进基层综合性文化服务中心达标建设，全面实施无线数字化覆盖工程，大力实施文化惠民工程，以政府购买形式公开采购抚州地方戏为市民免费演出，文化“四进”活动深入开展。群众体育、竞技体育工作扎实推进。

（邓为超）

【市政府领导名录】

市　　长：张鸿星
常务副市长：谭小平（11月任）
副 市 长：罗国良（任至4月）
董朝武（任至4月）
刘苍牧（4月任）
张　朋（4月任）
蔡　青　肖承贵
徐国义　王成兵
万　凯　方百春
市长助理：赵大全（任至5月）
秘 书 长：吴猛强
副秘书长：李　慷　万明发
周国旺　张沪玉
黄武平
杨更生（任至2月）
刘俊福　吴守刚

市政府常务会议和市长办公会议

【概况】 2018年，市政府共召开12次市政府常务会议：

1月29日晚，市长张鸿星主持召开市政府四届第20次常务会议。副市长罗国良、董朝武、肖承贵、徐国义、万凯、方百春，秘书长吴猛强出席会议。传达省“两会”精神和全国、全省安全生产电视电话会议精神，研究贯彻意见。

2月26日上午，市长张鸿星主持召开市政府四届第21次常务会议。副市长董朝武、蔡青、肖承贵、王成兵、万凯、方百春，秘书长吴猛强，市政府党组成员黄发高出席会议。传达学习全省农村工作会议精神，研究贯彻落实意见；审议《关于实施乡村振兴战略的意见》《抚州市人民政府2018立法工作计划（草案）》《抚州市人民政府关于加快绿色建筑发展的实施意见》《抚州市市本级政府购买服务管理（暂行）办法》。

4月4日上午，市长张鸿星主持召开市政府四届第22次常务会议。副市长蔡青、王成兵、万凯、方百春，秘书长吴猛强，市政府党组成员黄发高出席会议。学习《政府与社会资本合作（PPP）模式政策及基本操作流程解析》，审议《关于推进安全生产领域改革发展的实施意见》《抚州市推进防灾减灾救灾体制机制改革实施办法》《2018年抚州市民生工程安排方案》《抚州市推进投资建设项目审批提速增效工作方案》《抚州市信息化建设项目管理办法》《关于完善集体林权制度改革的实施意见》《关于进一步加强山长制工作的意见》《抚州市“十三五”结核病防治实施方案》《抚州市遏制与防治艾滋病“十三五”行动计划》《关于落实江西省仿制药质量和疗效一致性评价工作实施方案的意见》《关于借鉴余江试点经验积极推进我市农村宅基地管理试点的实施方案》《关于深入推进农业产业结构调整指导意见》。

5月11日上午，市长张鸿星主持召开市政府四届第23次常务会议。副市长刘苍牧、张朋、蔡青、肖承贵、徐国义、王成兵、万凯，秘书长吴猛强出席会议。审议《关于深入推进降成本优环境专项行动的工作意见（送审稿）》《抚州市土壤污染防治工作方案》《抚州市历史文化街区和历史建筑保护办法》《关于加快推进我市慈善事业健康发展的意见（送审稿）》《关于推荐我市2018年享受政府特殊津贴人选的请示》，听取《关于我市2016–2017年长江经济带生态环境保护审计问题整改完成情况的汇报》。

5月30日上午，市长张鸿星主持召开市政府四届第24次常务会议。副市长刘苍牧、张朋、蔡青、肖承贵、徐国义、王成兵，秘书长吴猛强出席会议。传达学习《中共中央办公厅国务院办公厅关于印发〈地方党政领导干部安全生产责任制规定〉的通知》、省委刘奇书记在《省环保厅关于配合开展全省集中式饮用水水源地环境保护专项行动督查的报告》《省环保厅党组关于配合党中央第四环保督查组进驻我省开展“回头看”工作有关事宜的请示》3个文件上的批示、省纪委书记孙新阳电话指示以及省政府常务副省长毛伟明批示精神；听取《南昌大学抚州医学院独立办学工作情况汇报》《全市扫黑除恶专项斗争情况汇报》；审议《关于进一步优化营商环境的实施意见》《关于促进开发区改革和创新发展的实施意见》《抚州市工业园区企业用工促进暂行办法》《“十三五”平安抚州建设规划》《抚州市第二批历史建筑拟公布名单》。

7月24日上午，市长张鸿星主持召开市政府四届第25次常务会议。副市长蔡青、徐国义、方百春，秘书长吴猛强出席会议。传达学习《国务院办公厅关于加强行政规范性文件制定和监督管理工作的通知》；审议《抚州市政务信息资源共享实施细则》《关于进一步加强领导干部自然资源资产离任审计的实施意见（送审稿）》《关于确立东临新区财政管理体制的实施意见（送审稿）》《抚州市农村人居环境整治三年行动实施方案（送审稿）》《抚州市第一批“只跑一次”和“一次不跑”事项清单》《关于加大城镇贫困群众脱贫解困力度的实施意见》《抚州市绿色殡葬改革实施办法（送审稿）》《关于大力推进林下经济发展的意见（修订稿）》《抚州市推进幸福家庭活动实施意见》《关于建立现代医院管理制度的实施方案》《关于建立市旅发委兼职委员制度的请示》《抚州市城乡公交一体化工作方案》。

9月12日上午，市长张鸿星主持召开市政府四届第26次常务会议。副市长刘苍牧、蔡青、肖承贵、徐国义、王成兵、万凯，秘书长吴猛强出席会议。传达学习全国全省安全生产电视电话会议以及2月8日全省安全生产警示教育电视电话会议精神、中共中央办公厅国务院办公厅《关于推进城市安全发展的意见》，听取《关于2017年度中央、省级、市本级预算执行和市本级及临川区中心城区民生保障资金和惠民项目专项审计调查查出主要问题及初步整改情况的汇报》，审议《抚州市"十三五"深化医药卫生体制改革规划》《抚州市烟花爆竹销售燃放管理条例（草案）》《抚州市烟花爆竹生产企业整体退出工作方案》《抚州市"厕所革命"三年攻坚行动实施方案》《市属国有企业市场化实体化改革的实施意见》《关于进一步完善市本级招商项目洽谈签约推进机制的意见》《抚州市医药公司改制职工安置方案》《抚州市职工生育保险实施办法》，传达学习全省全面深化供销合作社综合改革专题培训班会议精神以及听取《我市全面深化供销合作社综合改革工作情况汇报》。

9月25日下午，市长张鸿星主持召开市政府四届第27次常务会议。副市长刘苍牧、蔡青、肖承贵、王成兵、万凯、方百春，秘书长吴猛强出席会议。会议传达学习省委副书记、代省长易炼红在抚州考察调研时讲话精神和省政府全体会议精神，研究贯彻落实意见；学习《中共中央国务院关于防范化解地方政府隐性债务风险的意见》和《中共中央办公厅国务院办公厅关于印发〈地方政府隐性债务问责办法〉》文件精神，研究《关于暂缓实施部分2018年市重点项目的建议》；学习《水污染防治法》《环境影响评价法》；审议《抚州市进一步深化"放管服"改革推进政务服务便民化若干措施》《抚州市中心城区通信基站专项规划（2017—2030）》《抚州市中心城区中小学及幼儿园布局规划（2017—2030）》《抚州市卫生健康规划（2018—2020年）》《抚河流域（抚州市段）水环境综合治理与可持续发展试点2018年工作计划》《关于推进市与县（区）财政事权和支出责任划分改革的实施方案（送审稿）》。

11月7日下午，市长张鸿星主持召开市政府四届第28次常务会议。副市长刘苍牧、张朋、蔡青、肖承贵、徐国义、王成兵、万凯、方百春，秘书长吴猛强出席会议。会议内容秘密。

11月16日晚，市长张鸿星主持召开市政府四届第29次常务会议。市政府党组副书记谭小平，副市长刘苍牧、张朋、蔡青、肖承贵、徐国义、王成兵、万凯、方百春，秘书长吴猛强出席会议。会议内容秘密。

12月12日上午，市长张鸿星主持召开市政府四届第30次常务会议。常务副市长谭小平，副市长刘苍牧、张朋、蔡青、肖承贵、徐国义、王成兵、万凯、方百春，秘书长吴猛强出席会议。传达学习《关于陕西省委、西安市委在秦岭北麓西安境内违建别墅问题上严重违反政治纪律以及开展违建别墅专项整治情况的通报》文件精神，中央《关于深化统计管理体制改革提高统计数据真实性的意见》和《统计违法责任人处分处理建议办法》《防范和惩治统计造假弄虚作假督察工作规定》文件精神，以及全省安全生产警示教育视频会议精神；审议《关于全面加强生态环境保护坚决打好污染防治攻坚战的实施方案》《抚州市推进创新型城市建设实施方案（2018—2020年）》《抚州市推进创新型城市建设工作机制》《抚州市知识产权战略纲要》《抚州市关于改革完善全科医生培养与使用激励机制的实施方案》《抚州市深化环境监测改革提高环境监测数据质量实施方案》《关于市中心城区部分新扩建道路地名命名的请示》。

12月26日上午，市长张鸿星主持召开市政府四届第31次常务会议。常务副市长谭小平，副市长刘苍牧、张朋、蔡青、肖承贵、徐国义、王成兵、万凯、方百春，秘书长吴猛强出席会议。传达学习习近平总书记对脱贫攻坚工作新要求，听取2018年全市脱贫攻坚工作情况汇报，研究部署2019年全市脱贫攻坚工作；审议《抚州市2019年国民经济和社会发展计划主要指标（草案）》《2019年全市重点建设项目计划安排》《抚州市2018年市级总预算执行情况和2019年市级总预算草案》《抚州市贯彻落实中央环境保护督察"回头看"及鄱阳湖水环境问题专项督察反馈意见整改方案（送审稿）》《抚州市城市功能与品质提升三年行动方案（2019—2021年）》《抚州市市属公立医院总会计师制度实施办法（试行）》《开展质量提升行动建设质量强市的实施方案（送审稿）》。

2018年，市政府共召开10次市长办公会议：

1月29日晚，市政府第20次常务会议结束后，市长张鸿星主持召开市长办公会议。审议《关于江西大乘汽车科技产业园金融贷款支持及产业扶持资金给付的请示》。

2月26日上午，市政府第21次常务会议结束后，市长张鸿星主持召开市长办公会议。传达学习省统计局《关于认真贯彻〈关于建立领导干部违规干预统计工作记录制度的办法〉的通知》；研究《关于恳请审定抚河流域生态保护及综合治理二期项目的请示》《关于全市科技治超建设方案》《关于调整〈寻梦牡丹亭〉大型实景演出项目规划设计费和施工综合费率取费标准》《2017年度市重点建设项目考核结果》《2017年市直单位跑项争资考评情况》。

4月4日上午，市政府第22次常务会议结束后，市长张鸿星主持召开市长办公会议。研究《关于在2018年市中心城区重点建设项目中实施一批装配式建筑项目的通知》。

5月11日上午，市政府第23次常务会议结束后，市长张鸿星主持召开市长办公会议，研究《关于军峰山开发的实施意见》《关于要求明确南丰、崇仁垃圾焚烧发电厂项目投资方的请示》《关于规范抚州市市本级土地出让金收缴管理工作的通知》《抚州市中医院新建项目的情况汇报》《关于调整抚州市人民政府办公室〈关于印发支持中药材种植若干政策的通知〉部分政策和〈关于解决江西广明中药材种植财政贴息的建议〉》。

7月24日上午，市政府第25次常务会议结束后，市长张鸿星主持召开市长办公会议。研究《抚州市国资委以管资本为主推进职能转变方案》。

9月12日上午，市政府第26次常务会议结束后，市长张鸿星主持召开市长办公会议。研究《寻梦牡丹亭大型实景演出项目推进工作协调会会议纪要》。

9月25日下午，市政府第24次常务会议结束后，市长张鸿星主持召开市长办公会议。

11月7日下午，市政府第28次常务会议结束后，市长张鸿星主持召开市长办公会议。会议听取《关于市级产业引导基金有关情况的汇报》，研究《抚州金控融资担保集团有限公司组建方案》。

11月22日下午，市长张鸿星主持召开市长办公会议。研究市领导分工。

12月12日上午，市政府第30次常务会议结束后，市长张鸿星主持召开市长办公会议。研究《抚州市经济责任审计和自然资源资产离任审计结果运用办法》《关于规范市本级投资项目资金管理方式的请示》。

（会议科）

施政纪略

【取消一批行政许可事项中介服务和证明材料】 为深入推进“放管服”改革，进一步提高办事效率、优化服务，1月2日，市政府印发《关于取消66项行政许可事项中介服务和证明材料的决定》。其中，衔接省政府取消的49项行政许可证明材料、衔接国务院审改办等部门取消的11项行政审批中介服务和证明材料、市政府部门提请取消6项行政许可证明材料。通知要求，各地各部门要认真做好取消行政许可事项证明材料和中介服务的衔接落实工作，可结合实际，探索先办理、后核查的“告知承诺制”模式，进一步减少由申请人提供的证明材料，提高办事效率。同时，要求市政府各部门及时调整行政审批中介服务清单，并在江西政务服务网（抚州分厅）发布。要加强事中、事后监管，加快出台配套政策措施，切实做到放管结合、放而不乱。

【加强基层民政能力建设】 为进一步加强基层民政工作，推进现代大爱民政建设，提升民政为民服务能力水平，1月5日，市政府印发《关于进一步加强基层民政能力建设的实施意见》。意见提出以党的十九大精神和习近平新时代中国特色社会主义思想为指引，以强化基层民政服务功能为重点，以优化服务资源配置为手段，以创新服务供给方式为途径，以提高干部能力素质为基础，进一步夯实民政基层基础，推进基层民政能力规范化建设，全面实现全市基层民政能力建设“五有、五化、两提升”的工作目标，即：全面实现全市基层民政工作有机构、有人员、有经费、有场所、有动力，进一步推进民政工作法制化、队伍专业化、服务标准化、程序规范化、手段信息化，提升民政综合服务能力，提升人民群众满意度。

【加强重大政策、重大项目信号对接落实】 为及时掌握国家、省最新投资政策，切实做好各项前期工作，争取在重大项目、重大资金、重大政策、重大改革、重大试点等方面获得国家和省更多更大的支持，1月29日，市政府印发《关于批转市发改委2018年国家、省发改委释放的重大政策、重大项目信号对接落实意见的通知》。要求各地各部门从支持“三农”建设、保障性安居工程等6个方面争取国家层面支持，从加快高标准农田等农村基础设施建设、优化农业供给，抓好一批农村一二三产融合发展试点、全面推进农村产业融合“百县千乡万村”试点示范工程，启动农业经营主体培育工程等22个方面争取省级层面支持。

【取消和调整一批行政权力事项】 为进一步深化行政审批制度改革，加快政府职能转变，2月8日，市政府印发《关于取消和调整一批行政权力事项的决定》。市政府决定取消行政权力事项8项，其中，对应国务院取消的国务院部门行政许可事项，抚州市衔接取消行政许可事项3项，审核转报事项1项；对应国务院取消的中央指定地方实施的行政许可事项，抚州市衔接取消4项。同意将市卫计委承担的市本级医疗机构设置及执业许可、公共场所卫生许可、供水单位卫生许可3个许可事项的审批权限下放至县区实施；同意将农药经营许可新增为市农业局行政许可事项。要求各地各部门认真按照《江西省行政权责清单管理办法》的要求，积极做好取消和调整的行政权力事项的衔接落实工作。对取消的行政权力事项，要落实监管责任，防止监管漏洞；对下放的行政权力事项，要组织业务培训，加强业务指导，确保县区及时衔接到位；对新增的行政权力事项，要公布审批流程图，优化办事流程，精简办事环节，提高服务质量和审批效率。

3月25日，根据《江西省人民政府关于进一步精简省级行政权力事项的决定》精神，市政府印发《关于衔接省政府取消和调整一批行政权力事项的决定》，决定取消和调整行政权力事项147项，其中取消73项、调整74项（含承接下放事项24项、调整事项43项、整合事项7项）。要求各地各部门持续推进“放管服”改革，着力加强服务型政府建设，对取消的行政权力事项，要采取有效措施，落实监管责任；对下放的行政权力事项，要认真做好承接工作；对整合和调整的行政权力事项，要优化办事流程，精简办事环节，进一步提升服务水平，降低制度性交易成本，优化营商环境，形成经济发展的持续内生动力。

《国务院关于取消一批行政许可等事项的决定》下发后，11月1日，市政府印发《关于取消和调整一批行政权力事项的决定》，决定对应取消行政权力事项7项。同时，根据法律法规的立、改、废情况，决定取消和调整市本级行政权力事项12项，其中取消3项，下放6项，新增3项。

【加快绿色建筑发展】 为贯彻落实《江西省民用建筑节能和推进绿色建筑发展办法》（省政府令第217号），加快抚州市绿色建筑发展，3月21日，市政府印发《关于加快绿色建筑发展的实施意见》。提出到2020年，全市绿色建筑占新建建筑比例不低于50%。新建城区按绿色建筑要求进行规划、设计、施工、运行。以下范围的新建项目，全面执行绿色建筑标准：1.政府投资的国家机关、学校、医院、博物馆、科技馆、体育馆等建筑；2.保障性住房项目；3.单体建筑面积超过1万平方米的机场、车站、宾馆、饭店、商场、写字楼等大型公共建筑；4.建筑面积2万平方米以上的住宅小区；5.装配式建筑。

【推进节能减排】 为确保全面完成省下达抚州市各项目标任务，根据《江西省“十三五”节能减排综合工作方案》，4月10日，市政府印发《抚州市“十三五”节能减排综合工作方案》。明确节能减排综合工作的总体要求和目标，要求到2020年全市万元地区生产总值能耗比2015年下降14%，能源消费总量较2015年增量控制在107万吨标准煤以内。全市化学需氧量、氨氮、二氧化硫、氮氧化物排放总量分别控制在6.77万吨、0.64万吨、2.02万吨、2.59万吨以内，比2015年分别下降4.3%、3.8%、0.98%和0.7%，并提出具体措施和举措。

【深化税收征管体制改革】 4月17日，市政府印发《关于批转市国税局市地税局进一步做好当前税收工作意见的通知》。从促进经济税收协调发展、加强国税地税合作、加强涉税信访维稳、加强工作要素保障4个方面对深化税收征管体制改革作出全面部署。要求各级政府、财政部门将税收征管经费纳入各级财政预算，切实解决当前税务部门存在的征管经费不足问题。大力支持税务部门落实“放管服”改革措施，加强共建办税服务厅建设，推进自主办税终端设备网格化铺设。进一步关心爱护基层税务人员，对基层办税大厅服务人员酌情解决公益性岗位，为稳步深化税收征管体制改革提供坚强的保障。

【推进仿制药质量和疗效一致性评价工作】 为贯彻落实《国务院办公厅关于开展仿制药质量和疗效一致性评价的意见》《江西省仿制药质量和疗效一致性评价工作实施方案》文件精神，促进抚州市医药产业升级和结构调整，提升制药行业整体水平，4月18日，市政府印发《关于落实江西省仿制药质量和疗效一致性评价工作实施方案的意见》。意见要求各地各有关部门结合实际，准确把握政策，抓好宣传发动；主动对接企业，抓好落实政策；出台奖励办法，抓好政策带动；加强组织保障，明确工作职责，切实落实好仿制药质量和疗效一致性评价工作。

【实施抚河流域（抚州市段）水环境综合治理与可持续发展试点】 按照国家发展改革委办公厅《关于组织开展流域水环境综合治理与可持续发展试点工作的通知》的要求，4月20日，市政府印发《江西省抚河流域（抚州市段）水环境综合治理与可持续发展试点实施方案》。确定试点范围，分析现状情况和存在主要问题，拟定主要目标和规划思路，确定重点任务和相关项目，并提出相应的实施计划和保障措施，作为抚河流域水环境和水生态保护和区域经济社会可持续发展的总体指导。

【发展“二特一游”产业工程推进农业结构调整】 为贯彻落实《江西省人民政府印发关于加快农业产业结构调整行动计划的通知》精神，实现抚州市现代农业规模化、集约化、品牌化、效益化，推进农业高产高效发展、绿色发展，实施好“二特一游”产业发展工程，4月27日，市政府印发《关于大力发展“二特一游”产业工程推进农业结构调整指导性意见》。要求各地各有关部门按照“农民富、农业强、农村美”的要求，紧紧围绕“稳粮、优供、增效”，大力实施乡村振兴战略，以农业供给侧结构性改革为主线，以“绿色生态、高产高效、特色精品”为目标，以“扩面积、优结构、提质量、创机制、增效益”为路径，遵循“什么赚钱种什么”的原则，形成一批特色高效农业产业带、产业板块，促进设施农业、特色农业、创意农业、休闲农业、体验农业、康养农业等农业新业态发展，实现田园变公园、农区变景区、产品变商品、劳动变运动、农家变店家，推动城乡融合发展。

【修改和废止一批涉及著名商标制度的规范性文件】 为促进市场健康有序发展，维护公平竞争的市场秩序，根据省政府法制办公室、省工商行政管理局《关于开展涉及著名商标制度的政府规章和规范性文件专项清理工作的实施方案》要求，5月14日，市政府印发《关于修改和废止涉及著名商标制度的规范性文件的决定》，对以市政府（含办公室）名义出台的涉及著名商标制度的规范性文件进行清理，其中决定废止2件、修改3件。

【实施一批民生项目】 5月14日，市政府印发《2018年抚州市民生工程安排方案》，决定在连续11年大力实施民生工程的基础上，2018年继续加大民生投入力度，积极筹集财政性资金，着重围绕就业和创业、社会保险等8个方面，集中办好涉及群众切身利益的50件实事。

【推动慈善事业健康发展】 为加强和改进抚州市慈善工作，推动慈善事业健康发展，5月23日，市政府印发《加快推进慈善事业健康发展的实施意见》。要求各地各有关部门，推动形成促进慈善事业发展的良好环境，发挥慈善在助力扶贫济困中的积极作用，促进慈善事业健康发展。

【推进土壤污染防治工作】 为切实加强土壤污染防治工作，逐步改善土壤环境质量，根据《江西省土壤污染防治工作方案》要求，5月31日，市政府印发《抚州市土壤污染防治工作方案》。提出到2020年，全市受污染耕地安全利用率达到93%左右，污染地块安全利用率不低于90%，土壤污染防治体系基本健全，土壤环境质量总体保持稳定，农用地和建设用地土壤环境安全得到基本保障，土壤环境风险得到基本管控。到2030年，全市受污染耕地安全利用率达到95%以上，污染地块安全利用率达到95%以上，土壤环境质量稳中向好，农用地和建设用地土壤环境安全得到有效保障，土壤环境风险得到全面管控。到21世纪中叶，土壤环境质量全面改善，生态系统实现良性循环。

【加强历史文化街区和历史建筑保护】 为加强对抚州市历史文化街区和历史建筑的保护，继承和弘扬优秀历史文化遗产，6月1日，市政府印发《抚州市历史文化街区和历史建筑保护办法》。明确历史文化街区和历史建筑的保护，应当遵循政府主导、社会参与、科学规划、分类管理、有效保护、抢救优先、合理利用、利用服从保护的原则，加强对抚州市市区范围内历史文化街区和历史建筑的确定及其保护管理。

【规范市本级土地出让金收缴管理】 为加强市中心城区土地出让金收缴，确保土地出让金按时足额缴入国库，根据国家土地管理法律政策及土地出让金收缴管理的有关规定，6月1日，市政府印发《关于规范抚州市市本级土地出让金收缴管理工作的通知》，从土地出让、土地出让金收缴、违规责任追究3个方面对市本级土地出让金收缴管理工作进行规范。

【加快发展绿色金融】 为切实贯彻落实《江西省人民政府关于加快绿色金融发展的实施意见》，秉承“创新、协调、绿色、开放、共享”发展理念，积极构建绿色金融体系，优化金融资源配置，以加快绿色金融发展，推进抚州市生态文明建设和经济社会可持续发展，5月31日，市政府下发《关于加快发展绿色金融的实施意见》。要求各地各有关部门坚持改革创新，突出金融服务实体经济，通过创新发展绿色信贷、绿色投资、绿色保险等绿色金融产品体系和服务体系，政策配套体系，设施配套体系等多元化的支持，构建较为完备的绿色金融体系，在提高金融业绿色发展水平的同时，有效推动全市生态文明建设和经济社会协调可持续发展

【制定重大决策出台前向市人大及其常委会报告制度】 为全面推进依法治国，提升科学民主依法决策水平，加快法治政府建设，提高决策的公信力和执行力，6月10日，市政府印发《抚州市人民政府重大决策出台前向市人大及其常委会报告制度》，规定市人民政府在依法出台事关本行政区域内经济社会发展全局、涉及群众切身利益的下列重大决策前，应当向市人大及其常委会报告。具体重大决策包括：宪法和法律法规规定应当由市人民政府向市人大及其常委会报告的事项、重大财政资金安排等8个方面。年内，市人大常委会审查备案市人民政府规范性文件22件。

【促进开发区改革和创新发展】 为贯彻落实《国务院办公厅关于促进开发区改革和创新发展若干意见》、《中共江西省委、江西省人民政府关于促进开发区改革和创新发展的实施意见》和《江西省开发区改革创新工作领导小组关于认真贯彻落实赣发〔2017〕30号文件精神进一步做好开发区改革创新工作的通知》精神，6月15日，市政府印发《关于公布国家级开发区全链审批赋权清单的通知》。共包括《市直部门赋权抚州高新区全链审批事项清单》和《省直部门赋权抚州高新区直报事项清单》两个清单，依照法定程序赋予抚州市的国家级开发区抚州高新区192项（含子项）经济社会管理权限，其中市政府部门赋权137项（含子项）、省直部门赋权直报事项55项（含子项）。

【公布抚州市第二批历史建筑保护名单】 为加强历史建筑的保护与管理、推进历史文化名城申创工作，6月23日，市政府公布《抚州市第二批历史建筑保护名单》，将詹氏试馆等46处历史建筑列为抚州市第二批历史建筑进行保护，并要求各地各部门要根据《历史文化名城名镇名村保护条例》等规定，各司其职，加强对全市历史建筑的保护、管理和宣传，设置保护标志，标明保护范围，落实具体措施，共同做好历史建筑保护管理各项工作。

【实施政务信息资源共享】 为贯彻落实《国务院关于印发政务信息资源共享管理暂行办法的通知》《江西省人民政府关于印发江西省政务信息资源共享管理实施细则的通知》《抚州市人民政府办公室关于印发抚州市政务信息资源共享管理办法的通知》等文件精神，推动抚州市政务信息资源共享，促进政务信息资源的优化配置和有效利用，提高行政效能，8月9日和19日，市政府先后印发《抚州市政务信息资源共享实施细则》《抚州市信息化建设项目管理办法》，要求各单位遵循“共享为原则，不共享为例外”的要求，主动与大数据服务平台对接政务信息资源，并对政务信息资源整合共享采取“负面清单”管理模式。要求各职能部门在市网络安全和信息化领导小组、市信息化工作领导小组统一指挥和协调下，按照各自工作职责，相互配合，共同做好信息化项目的管理工作。

【确立东临新区财政体制】 根据市委、市政府成立抚州市东临新区的战略部署和“分税制”财政管理体制的基本原则，为充分调动东临新区理财的积极性和主动性，结合东临新区实际情况，8月16日，市政府印发《关于确立东临新区财政体制的实施意见》（抚府发〔2018〕

28号），明确对东临新区财政实行“划分税收、核定收支、债务划转、成果共享、分级管理”的分税制财政管理体制。

【发布征兵命令加强国防建设】 根据省政府、省军区《关于2018年征兵的命令》精神，9月25日，市政府、抚州军分区印发《关于2018年征兵的命令》，明确抚州市2018年征兵任务。

【推动烟花爆竹生产企业整体退出】 根据《江西省落后烟花爆竹生产企业整顿退出工作方案》要求，10月8日，市政府印发《抚州市烟花爆竹生产企业整体退出工作方案》（抚府发〔2018〕32号）。要求按照“政府引导、县（区）负责、企业自愿、依法依规、有序平稳”和“公开、公平、公正”的原则，鼓励引导烟花爆竹生产企业原则上在2019年1月25日前有序整体退出，推动全市产业结构优化升级，促进绿色安全和谐幸福抚州建设。

【提升金融服务实体经济水平和能力】 为加快推进金融供给侧结构性改革，提升金融服务实体经济水平和能力，进一步优化营商环境，推动全市经济高质量跨越式发展，10月19日，市政府印发《关于金融支持实体经济发展的若干措施》（抚府发〔2018〕33号），要求各地各相关部门要紧密服务实体经济，提升信贷投放质效；创新金融产品和服务，满足实体企业多样化融资需求；完善风险分担机制，增强企业融资获得感；加强直接融资工作，拓宽企业融资渠道；降低企业融资成本，减轻实体企业经营负担；推进金融生态建设，优化实体企业融资环境。

【加快推进企业上市（挂牌）】 为贯彻落实全省企业上市“映山红”行动，进一步增强上市公司在经济发展中的引领示范作用，营造更加有利于企业上市（挂牌）和直接融资的良好环境，促进全市企业高质量发展，助力全市“科学发展、绿色崛起”，根据《江西省人民政府办公厅关于印发加快推进企业上市若干措施的通知》精神，11月10日，市政府印发《关于加快推进企业上市（挂牌）的实施意见》（抚府发〔2018〕35号）。要求各地各有关部门按照“政府引导、企业主体、分类指导、整体推进”的工作要求，不断强化企业参与多层次资本市场的政策扶持和服务保障，增强企业利用资本市场的主体意识，提升不同发展阶段优质企业对接资本市场的能力，到2020年年末，全市境内外上市公司达到5家，力争达到8家；新增新三板挂牌企业达到17家；新增完成规范化股改企业26家。

【大力实施奖励科技创新】 为落实创新驱动发展战略，调动广大科技工作者的积极性和创造性，鼓励自主创新，全面提升产业创新能力，促进科技创新与经济社会发展的深度融合，加快全市科学技术进步，11月15日，市政府印发《抚州市科技创新奖励办法》（抚府发〔2018〕36号）。明确市科技创新奖每年评审一次，分别设置：1. 科技创新贡献奖，主要奖励优秀科技创新企业和科研事业单位，每年奖励3～5个；2. 科技创新团队奖，主要奖励有突出科研成果的优秀研发团队，每年奖励25个左右，分3个等级，一等奖1～3个，二等奖6～9个，三等奖8～14个；3. 发明专利奖，主要奖励取得重大技术突破或应用转化产生显著经济效益的优秀发明专利的企事业单位，每年奖励3～5个。

【规范设定的证明事项目录】 为贯彻落实中共中央、国务院关于减证便民、优化服务的精神要求，根据《国务院办公厅关于做好证明事项清理工作的通知》和《江西省人民政府办公厅关于做好证明事项清理工作的通知》文件要求，11月14日，市政府印发《关于公布保留和取消市政府设定的证明事项目录的通知》和《关于废止和修改一部分设定证明事项的规范性文件的决定》，对以市政府（含办公室）名义制发的规范性文件设定的证明事项开展清理，共保留证明事项81项、取消证明事项70项，形成《市政府设定的证明事项保留目录》和《市政府设定的证明事项取消目录》。对以市政府（含办公室）名义出台的设定证明事项文件进行清理，共废止1件，修改21件。

【实施知识产权战略】 为加快实施创新驱动发展战略，进一步倡导创新文化，强化知识产权创造、保护、运用，在成功创建国家知识产权试点城市的基础上，加快创建示范城市的步伐，提升全市科技创新能力，12月31日，市政府印发《抚州市知识产权战略纲要》（抚府发〔2018〕40号）。要求各地各有关部门深入实施创新驱动发展战略和知识产权强市战略，按照“激励创造、有效运用、依法保护、科学管理”的方针，加快建立要素齐全、充满活力的知识产权创造和运用体系，全面提升全社会知识产权的创新创造能力、转化运用能力、依法保护能力、科学管理能力，将抚州市建设成为创新环境优良，自主创新能力和转化运用能力较强，知识产权工作体系完善，保护体系和服务体系健全，产业效益显著的国家知识产权示范城市，为抚州科学发展、绿色崛起提供有力支撑。

（郑　强）

办理人大建议和政协提案

【概况】 2018年，市政府各部门交办、督办市四届人大三次会议代表建议165件、政协四届三次会议提案283件，承办省第十三届人大一次会议代表建议21件，其中主办1件、协办20件。代表、委员满意率100%。

（李　晔）

市政府办公室工作

【概况】 2018年市政府办公室在市委、市政府的坚强领导下，以党的十九大及省、市委全会精神为指导，以实现“三个确保、三个提高、三个满意”为目标，以开展“五型政府”建设活动为契机，紧紧围绕市委、市政府中心工作和重大决策部署，开拓创新，真抓实干，较好地完成各项工作任务，为市政府的高效有序运转提供有力保障。

全年共登记签收处理各类来文6500余件，印发市政府、市政府办各类文件1860余件。承办市政府全体会议2次、常务会议12次、市长办公会11次、市政府党组政治理论学习会议3次、各类专题会议160余次。起草完成市政府工作报告、市政府领导讲话稿、综合汇报材料、典型发言材料等各类文字材料200余篇，约110万字。共向国务院办公厅、省政府办公厅报送或转报信息580余条，其中完成国办、省厅约稿59条，被国办综合采用19篇，国务院领导作出批示6条；被省政府办公厅采用24篇，省领导作出批示4条；编辑《每日要情》250期，采用信息1108条。下发督办单48期，督办通知10期，形成市长批示件督办情况报告17期。转办、督办市人大代表建议165件、政协提案283件，承办省人大代表建议21件，代表、委员满意率和基本满意率达到100%。

【规范办文办会，提升工作效能】 严格执行《党政机关公文处理工作条例》和《抚州市人民政府办公室公文处理细则》，严把公文报送传批、草拟、送审签发、复核和印制等关口，对不符合办理程序和要求的文稿退回重办，建立发文情况通报制度，对各科室发文数量和办文时效进行每月通报，确保公文处理准确规范、高效运转。加强对市政府（含办公室）出台的规范性文件的审核，严格会前审核和发文审核，确保程序和内容合法。全年共登记签收处理各类来文6500余件，印发市政府、市政府办各类文件1860余件，未发生一例文件遗失、错发、漏发、秘密文件泄密等问题。

加强对会议室的管理，规范会前准备、会中服务、会后整理等会议服务工作标准和要求，规范会议请假制度，加大对会风会纪的督查力度，提升会议质量。印制《市政府办公室会议记录管理暂行办法》，对会议记录内容、格式进行规范。全年共承办市政府全体会议2次、常务会议12次、市长办公会11次、市政府党组政治理论学习会议3次、各类专题会议160余次，未发生重大差错。

在总结系统试运行经验基础上，全面运行OA系统，优化系统设置，增设两办发文流程。结合工作实际，明确办公室上线运行的文件适用范围，除涉密文件外，收发文全部线上处理，办文效率显著提高。

【以文辅政，当好参谋助手】 精益求精确保文稿质量。主动适应新思路、新变化，在文稿起草中力求优质高效，做到精益求精。从提纲的拟定到文稿起草、修改完善、定稿、印制，秘书长、办公室主任把关，精心推敲。全年共起草完成市政府工作报告、市政府领导讲话稿、综合汇报材料、典型发言材料等各类文字材料200余篇，约110万字。

开展调查研究。着眼新常态下全市经济社会发展的新形势、新任务、新要求，组织开展产业转型升级、生态文明建设、创新驱动发展、打好扶贫攻坚战、加强民生保障等一系列专题调研，形成《关于抚州市大数据产业发展的调查与思考》等重要调研成果，为市委、市政府科学决策提供参考依据。

推进政务公开。规范公开内容和形式，拓展公开范围，提高公开质量和实效，年内，全市主动公开政府信息112237条，其中市政府183条，市政府部门7284条，县区政府104953条。市本级依法办结依申请公开49件，以公开促工作、以公开树形象、以公开赢民心，收到良好的社会效果。

围绕全市中心工作和领导关心的热点难点问题，广泛收集整理政务信息，及时上报抚州市的新做法、新经验，为上级领导科学决策提供优质高效的信息服务。全年共向国务院办公厅、省政府办公厅报送或转报信息580余条，其中完成国办、省厅约稿59条，被国办综合采用19篇，国务院领导作出批示6条；被省政府办公厅采用24篇，省领导作出批示4条；编辑《每日要情》250期，采用信息1108条。各县区被省政府办公厅综合采用或转报国办信息226篇。

【督查督办，推动工作落实】 推动中央方针政策落到实处。全面做好第五次国务院大督查迎检工作，形成《政府工作落实情况汇编》《政府工作典型案例汇编》《党中央、国务院重要文件落实情况汇编》，确保国务院第十四督查组在抚州市顺利开展督查工作。做好中央环保督察组“回头看”信访件交办工作、中央巡视“回头看”反馈意见整改工作等中央检查督查巡视的迎检、办理工作，坚决推动中共中央、国务院的各项决策部署在全市得到不折不扣的全面落实。配合市委督查室做好对习近平总书记重要指示批示贯彻落实情况开展“回头看”，并共同督促全市各地各部门落实好习近平总书记关于长江经济带“共抓大保护、不搞大开发”的讲话要求，做好相关整改工作。

推进省《政府工作报告》落实，及时对省《政府工作报告》决定事项进行细化分解，明确具体责任人和完成时限，全程跟踪督办，适时开展实地督查，有效确保各项目标任务的落实。做好领导交办重点事项跟踪办理工作。落实省委、省政府领导讲话、批示要求，确保省委、省政府领导的各项工作要求得到全面落实。年内，先后完成省长易炼红《关于要求加快推进我省铁路项目建设有关事项》的办理工作，省领导与有关国家部委、单位负责人商谈事项跟踪推进和督办落实工作等。同时，全面做好省级部门督查考核迎检工作。年内先后迎接、陪同省政府督查组对抚州市开展的消灭劣Ⅴ类水工作专项督查、全省城乡环境综合整治情况回访督查等各类督查考核工作以及省环保督察信访件交办工作。

推动市委、市政府决策部署落到实处。按照目标任务、标准要求、关键措施、时间进度、责任人员“五明确”的要求，及时对市《政府工作报告》提出的目标任务进行细化分解，并对主要任务目标落实情况实行“每两月一督查”制度，全程进行跟踪督办，确保各项部署落实到位，不留“死角”。加强对中央、省、市重要会议议定事项的跟踪督办，及时按照市委、市政府领导要求，对会议议定内容进行分解，落实责任部门、责任人，进行跟踪督促检查。狠抓市政府重点工作的落实。将“五型”政府建设、重点项目建设、推进政府系统从严治党等重大事项列入政务督查的重点内容，逐项开展督查，推动工作落实。特别是采取明察暗访相结合的方式，开展“五型”政府建设第一阶段工作专项督查。在督查过程中，不发通知、不打招呼，围绕“五型”政府第一阶段工作内容，采取“查”（查阅相关资料）、“看”（查看干部作风）、“问”（询问干部思想认识）等方式深入各地明察暗访，深入一线真实了解全市“五型”政府建设推进情况。按照《市主要领导交办重点事项落实责任清单制度》，采取逐件登记、迅速转办、限期办理、定期催办、现场督办、回访当事人等措施，做到批则必查、查则必果、果则必报、报则必准。全年共下发督办单48期，督办通知10期，形成市长批示件督办情况报告17期。

【加强应急管理】 做好应急值守、信息报送和综合协调等日常工作。严格落实交接班和重要时段零报告制度，不定期对全市政府系统值班工作进行抽查，按照“迅速、准确、稳妥、保密”的要求报送值班信息。全年共向省政府应急办报送《值班信息》11期，向市政府领导报送《信息快报》207期，传达省、市领导批示56条，没有出现迟报、漏报、瞒报等情况。建立横向到边、纵向到底的应急预案体系，年内共发布市级专项应急预案26件，实行预案备案台账和登记统计制度，向省政府应急办备案市本级专项预案2件，收到县区专项及部门预案备案10余件。启动市政府应急平台搬迁改造工程，完成招投标。按标准组建1支高层建筑火灾灭火救援专业队、1支山岳救援队、2支轻型地震救援队和2支抗洪抢险救援突击队。完成新征召150名政府专职消防员和16名消防文员任务，组建南城县、东乡区、南丰县、高新区4支单编执勤城市政府专职队伍。与宜春市联合举办应急管理专家培训班，各县区应急办负责人及应急专家70余人参加培训。年内，全市共组织开展万达广场拉动演练、全市抗洪抢险拉动演练、高层建筑跨区域拉动演练等各类演练500余次，开设战训大讲堂10余次，开展2次全市范围岗位练兵比武竞赛，3次全市范围综合应急救援战训业务考核，通过业务培训和演练，不断提高应急救援能力。

【推进法治政府建设】 建立市政府重大决策出台前向市人大及其常委会报告制度，不断加大学法力度，全年共安排6次政府常务会议学法活动。制定2018年立法工作计划，推进各项立法任务精准落实。《抚州市烟花爆竹销售燃放管理条例（草案）》《抚州市抚河流域水污染防治条例（草案）》提交市人大常委会审议；《抚州市住宅专项维修资金》《抚州市生态文明建设促进办法》进入审查阶段；《抚州市户外广告设施和招牌设置管理办法》进入调研起草阶段。全面履行政府法治工作职能，当好法律参谋和顾问，为政府提供高质量的法律服务。年内共审查规范性文件草案98件，提出法律意见420余条；审查政府合同及非规范性文件195余份，出具书面审查意见190份；制定《抚州市重大招商引资项目合同示范文本》；开展各类证明事项清理、涉及著名商标制度的规范性文件清理、涉及生态环境保护的规范性文件清理等工作。

加快推进“双随机一公开”行政监管机制，对全市“双随机一公开”执法人员进行业务培训，开展3次“双随机一公开”监管平台使用情况检查，完成“一单两库一细则一计划”的录入工作。推进城乡管理行政执法体制改革，广昌、金溪、崇仁3县在全省率先组建县城乡管理行政执法局，较好地解决城乡管理中存在的多头执法问题。组织开展《行政处罚法》《环境保护法》《预算法》等专题执法检查调研。全面实行行政执法人员持证上岗和资格管理制度，市本级新办行政执法证件362个，在全市范围内核发辅助行政执法证274个。加强行政复议工作，全年共接待群众来访1030余人次，受理行政复议申请174件，审结145件。加强行政调解工作，全市各级行政机关受理行政调解2.1万件，调解成功率达97%。加强信访复查复核案件办理，全年共办理市政府信访事项复查复核案件10件，出具法律意见19条，保证信访工作在法治轨道内规范运行。

【推进金融改革创新】 引导金融机构加大信贷投放力度。出台关于金融支持实体经济发展的20条措施，存贷款保持稳定增长，全市银行业金融机构存款余额2084亿元，较年初增长9.45%，贷款余额1620亿元，较年初增长18.33%。开展全市“百家银行进千企”政银企融资对接活动，成功对接项目478个，金额153.3亿元。加大对重点企业的融资帮扶力度，全市政府性倒贷机制实现县域全覆盖，累计帮扶企业1019户，帮扶金额83.67亿元，累计为全市民营企业降低“过桥成本”逾3亿元。加大对贫困地区特色优势产业、转移就业等脱贫工程建设的信贷投入，全市精准扶贫贷款余额为105.23亿元，同比增长176.12%。进一步完善金融服务体系。温州农商行在南城和东乡两县区各设立一家村镇银行，实现村镇银行县域全覆盖。安信证券抚州营业部顺利开业，江西联合股权交易中心在抚州设立抚州分中心，南城县民间融资服务中心获批开业。

推进金融创新。省政府金融办支持抚州市推进全省科技金融创新试验区建设，温泉科技金融小镇一期工程完工在即。抚州高新区园区金融试点和崇仁县县域金融综合改革试点取得成效，崇仁金融便利店正式设立，“变电设备产业政银担”信贷产品试点推出，在崇仁、乐安、南丰3县启动蚂蚁金服农村普惠金融试点工作。实施企业上市“映山红”行动，从税收返还、财政奖励等方面鼓励企业加快上市挂牌。资本市场融资取得突破，博雅生物定增10亿元成功发行；志特新材与施美制药正在江西证监局辅导备案，全市重点拟上市挂牌企业增至16家，一般后备企业增至64家，全市新三板挂牌企业增至12家，在江西联合股权交易中心挂牌展示企业增至423家。全市实现直接融资78.05亿元，列全省第五位。其中，市投资（集团）公司新发行4.5亿元短期融资券和12亿元中期票据，崇仁县新发行10亿元城投专项债并成功发行私募可转债3900万元。加大对非法集资风险的防控，实现非法集资零发案率的目标，金融生态环境持续向好。

【加强外事侨务工作】 一是严格规范因公出国（境）管理。全年共办理因公出国40批84人次，因公赴港澳12批69人次。与俄罗斯彼尔姆丘索沃伊地区正式签署友好城市协议，开行抚州至彼尔姆友城果蔬班列。友城交流更加密切，抚州采茶戏《牡丹亭》选段“游园惊梦”走进美国斯坦福大学和德国特里尔市演出；促成江西明正变电设备有限公司与赞比亚卢萨卡省电力公司签署8500万美元地埋式变电设备采购协议。较好地完成江西省旅游产业发展大会、汤显祖戏剧节、生命健康科学国际高峰论坛、中医药文化论坛、中部地区变电设备产业高峰论坛等各项外事接待任务，得到外交部和驻华使节团的充分肯定。鼓励引导海内外侨胞支持抚州市慈善事业，争取到美籍华人程济民学资金80万元，帮助贫困学生350余人次。

（李　晔）

【市政府办公室领导名录】

党组书记：吴猛强
党组副书记、主任：李　慷
党组成员（正处级）：万明发
周国旺　张沪玉
党组成员：吴守刚
党组成员、市纪委驻市政府办纪检组组长、正处级纪检员：缪宇峰
党组成员、正处长级督查专员：黄木茂
党组成员、应急办副主任：余克振
党组成员、副主任：王　武
陈　威　王耀华
党组成员、金融办主任：刘龙飞
党组成员、副调研员：黄达生
党组成员、法制办主任：陈振华

市政府驻北京联络处

【概况】 抚州市人民政府驻北京联络处于1991年5月成立。为抚州市政府的派出机构，正处级，编制人员11名。工作职责主要是：承担抚州市人民政府在北京的重大政务、经济、文化、科技活动的组织、联络、协调等工作；负责与中央和国家部委联系工作；招商引资、维护稳定，以及市委、市政府交办的其他工作任务。配合市委、市政府及相关单位在北京召开8场规模大、影响广的推介会，多次陪同市主要领导走访在京国企、央企等大型企业，开展投资洽谈活，为抚州联系签约招商引资项目2个，总投资额1.3亿元。

【宣传推介抚州】 充分发挥“窗口、桥梁、纽带、抓手”作用，配合市委、市政府及相关单位在北京召开规模大、影响广的推介会：2018江西（北京）振兴抚州发展恳谈会；2018北京抚州企业商会成立大会暨精准扶贫座谈会；2018年汤显祖国际戏剧交流月活动新闻发布会及《浴血广昌》首映式；2018江西抚州（北京）战略性新兴产业发展交流座谈会、汤显祖（国际）戏剧交流活动新闻发布会及盱河高腔乡音版《牡丹亭》在北大、清华和保利剧院的3场巡演活动。多次陪同市主要领导走访在京国企、央企等大型企业，开展投资洽谈活动。

【搭建平台抓招商】 开展招商引资对接洽谈活动；发挥抚州在京成功人士、投资客商、经济能人“三支队伍”作用和影响，为全市招商引资搜集投资信息。开展招商引资和横向经济技术合作，以项目带动为抓手，以科技创新为动力，推动汽车、医药、食品、电子信息等产品升级。主动对接中国科学院国有资产经营有限责任公司、中国航天二十三所、中国国际能源控股集团有限公司、中铁十八局等企业。2018年，驻京联络处共为抚州联系签约招商引资项目2个，总投资额1.3亿元人民币。

【双返双创深入推进】 组织开展抚商返乡创业、才子返乡创新“双返双创”活动。陪同市领导走访北京锐捷网络有限公司等企业，拜访在北京工作的抚州知名乡贤中科院院士陈晔光等，为家乡建设建言献策、出资出力。

（樊艳艳）

【市政府驻京联络处领导名录】

主　任：罗　杰
副主任：周战超（正处长级）
刘　军

市政府驻上海联络处

【概况】 驻上海联络处在上海市合作交流办和江西省驻沪办的指导下，围绕两地经济建设和社会发展的中心任务，发挥协调服务、内引外联作用。结合两地特点特色，搭建联络服务平台，以信息交流为基础，以招商引资为抓手，以旅游推广为龙头，促进抚沪两地经济合作。多次陪同抚州市主要领导赴长三角实地考察，引进3家企业投资抚州。举办“2018资溪（上海）旅游招商推介会”，联合上海市有关单位和社会组织赴乐安县开展“呵护心灵，扶智助学”公益行。举行“百

企帮千户”活动，动员上海临川商会会员捐款22.2万元，资助临川一中、临川二中贫困学生。组织上海知名医院专家赴临川区、黎川县举办“抚河情·健康行”健康扶贫走进抚州大型公益活动。

【瞄准长三角开展招商引资】 把招商引资作为驻外机构的主要工作，主动出击，招大引强。多次陪同市主要领导赴长三角实地考察，引进景辉科技有限公司、上海富尔富投资管理有限公司、上海申龙客车有限公司到抚州投资发展。与上海漕河泾新兴技术开发区洽谈东临新区产业园建设和项目合作事宜；与上海东方希望集团洽谈生态有机循环养殖等项目；与伟光汇通旅游产业发展有限公司洽谈文化旅游产业投资项目。陪同杭州宋城集团控股有限公司夏总到抚州考察温泉开发区文化旅游小镇建设项目。上海医药集团股份有限公司王总有意向把上海延安制药有限公司转移至东乡工业园。

【召开资溪旅游招商推介会】 7月18日，在上海静安昆仑酒店举行“2018资溪（上海）旅游招商推介会”，上海市旅游局、长宁区、静安区等相关领导，100多家旅行社、户外联盟、商会企业及媒体参加。联络处对“面包之乡·纯净资溪”的AAAAA级景区大觉山、AAAA级景区御龙湾等优秀旅游资源和旅游招商项目、旅游要素及精品线路进行推介，对景区开发、旅游建设扶持政策及开拓市场奖励办法等进行解答。举行旅游项目合作签约，颁发旅游形象大使证书，表演沙画情景剧等。

【扶智助学】 1月20—23日，联合上海市普陀区妇联、上海市普陀区长风街道、上海绿盒子社会组织、江西省妇联驻沪妇工委等28人赴乐安县，开展“呵护心灵，扶智助学”公益行。邀请国家二级心理咨询师分别为乐安流坑小学、乐安一中师生主讲《让世界因我而美丽》《翎巧记忆法》主题课，针对留守儿童为主的现状，帮助孩子们疏导内心种种情绪，引导孩子们建立积极向上的人生观和价值观，培养胸怀天下的大志。同时，走访、资助22名贫困学生，深入了解孩子们的生活和学习情况。

举行“百企帮千户”活动。8月16日，在上海临川商会召开座谈会，组织“百企帮千户”一对一助学帮扶活动。得知家乡有不少贫困家庭的孩子上学困难时，上海临川商会决定捐资助学，为贫困学子撑起一片蓝天。54名商会会员主动参与，捐款22.2万元，资助临川一中、临川二中贫困学生。8月28日，在上海创业的企业家专程赴临川，举行“不忘初心·回报桑梓”精准助学扶贫活动捐赠仪式，为临川区111名贫困学子每人发放2000元助学金。

【开展健康扶贫公益活动】 4月29日—5月1日，联络处与沪赣医促会抚州工作部、上海临川商会等，组织上海华山医院、中山医院、肿瘤医院、同济医院、肺科医院等多家三甲医院的多学科医学专家27人，赴临川区人民医院举办“抚河情·健康行”在沪抚籍医疗专家健康扶贫走进抚州大型公益活动，为上千名群众义诊。还开展普外、泌外、妇产手术5台，举办健康知识讲座3堂和专业查房、病案讨论，走访精准患病扶贫对象3名，捐赠价值56万元的医疗仪器和5万元的医疗用品等。

9月21—24日，联络处与沪赣医促会抚州工作部、柏万青志愿者工作室、上海黎川商会等，组织在上海各大医院的抚州籍医疗专家、上海知青、志愿者等56人，赴黎川县人民医院和黎川县中医院，举办“抚河情·健康行”健康扶贫走进抚州大型公益活动，开展学术和文化交流。其间，有近两千名患者接受专家们的诊疗，开讲健康大讲堂8课，手术示教5台，病案讨论1个，查房辅导多个，走访精准扶贫对象并问诊3人，联系上海市慈善基金会等捐赠医疗设备5台、血糖仪和试纸等。

（石飞翔）

【市政府驻上海联络处领导名录】
主　任：魏建明
副主任：吴　波

市政府驻广东办事处

【概况】 市政府驻广东省办事扎根特区，发挥“驻外招商、对外宣传、联系商会、服务乡友、政务接待”等作用，履行好“当友好使者，架合作桥梁”职能。走进深圳大型企业，走进抚州籍乡友企业、走进广东籍老板投资抚州的企业。促成惠州市江西抚州商会成立。围绕抚州主导产业发展需要开展招商，引进两个项目，总投资120亿元。

【惠州市抚州商会成立】 9月9日，惠州市江西抚州商会成立庆典大会在惠州市凯宾斯基酒店举行。应邀出席庆典大会的有抚州市政协、市工商联、市政府驻广东省办事处、市商务局以及崇仁、宜黄、金溪、资溪、南丰、乐安、广昌、东乡、黎县、南城等县区工商联的领导和惠州市文化艺术、卫生医疗、教育、金融、工商企业等各界乡贤代表及130位商会会员。惠州市社管局局长邓文汉宣读商会成立批文。饶亮担任会长，陈行飞担任名誉会长，郑建庭担任执行会长。

【围绕主导产业发展需要开展招商】 重点跟踪推进柔宇科技、铭普光磁、广田集团、天珑集团、华盈集团、颐高集团等企业的项目投资信息。深圳力雅体育投资发展有限公司有意向到抚州市温泉景区绿茵小镇投资“赢在未来”全国青少年成长教育基地项目，拉米拉电子商务公司有意向到抚州投资“互联网+产业”孵化园项目。原籍金溪县的广州家和企业集团有限公司董事长熊文辉与临川区签订家和昌抚禅养小镇及家和健康生态智慧城两个项目投资合作协议，两个项目总投资高达120亿元。

（吴雪莹）

【市政府驻广东办事处领导名录】
主　任：吴剑秋
副主任：程　丹

市政府驻闽浙办事处

【概况】 市政府驻闽浙办事处把招商引资和“双返双创”工作摆在突出位置，充分挖掘闽浙两省客商资源。年内共走访客商企业119家，承接赴抚州考察客商50批次，正式签约落户项目3个，合同总金额5亿元，实际到位资金7000万元。利用汤显祖戏剧节暨国际戏剧交流月、第四届江西省互联网大会、第二届中医药文化大会以及在厦门召开的“2018厦门工博会联谊交流会”“2018海峡两岸贸易对接暨江西抚州（厦门）产业招商推介会”等，广泛结交各地商贾，不遗余力宣传抚州，有25批闽浙企业赴抚州考察洽谈，拟签约项目3个、意向项目12个。指导温州抚州商会成立，福建省抚州商会换届。充分发掘和整合闽浙近50万乡友乡贤资源，延伸招商之手，组织“双返双创”座谈会16场、2640人次，组织抚商返乡考察20批、121人次。接待市领导和市直、县区兄弟单位较大规模的考察团赴闽浙两地考察28批次、200多人次。

【精准对接，持之以恒招商】 重点瞄准汽车及零部件、生物医药、新能源新材料、数字经济等抚州市主导产业，以及文化旅游、中医药、健康养生、现代物流等战略性新兴产业，密集走访，推动招商。年内共走访客商企业119家，承接赴抚考察客商50批次。正式签约落户项目3个，合同总金额5亿元，实际到位资金7000万元。对意向项目，办事处不松懈，不气馁，不放弃，持之以恒对接，如客商拟投资26亿元的“灵谷峰田园综合体”项目、20亿元的温泉中医药养生养老项目、15亿元的高端传感器生产等项目。利用汤显祖戏剧节暨国际戏剧交流月、第四届江西省互联网大会、第二届中医药文化大会以及在厦门召开的“2018厦门工博会联谊交流会”“2018海峡两岸贸易对接暨江西抚州（厦门）产业招商推介会”等，广泛结交各地商贾，不遗余力宣传抚州，零距离推介优质项目，精准对接意向项目。共与近300名客商初步接触，与近百名意向客商企业进行深度交流，其中25批闽浙企业赴抚州考察洽谈，拟签约项目3个、意向项目12个。

【创立抚州市人民政府厦门招商服务中心平台】 创立抚州市人民政府厦门招商服务中心，先后举办“闽浙抚籍商会会长、秘书长联席会”“肖毅书记会见在厦抚商代表座谈会”“张鸿星市长会见在厦抚商代表座谈会”等招商推介会8场、座谈会10多次，起到宣传抚州、推介项目、服务客商、招商引资效果。

【指导商会发展】 办事处领导先后4次率队赴温州蹲点，充分征求在温企业家意见，深入发掘人才，召开3次温州抚州商会筹备会议，指导成立筹备小组和商会党支部，获得温州抚州商会正式批文，并于12月16日举行成立庆典。指导福建省江西抚州商会换届，帮助商会搭建组织架构。10月21日举行换届就职典礼，400多位会员和嘉宾出席大会。通过近两年的快速发展，闽浙两地有抚籍商会10家（含县级商会4家），拥有在册会员近2000人。推行财务管理、会员发展、会长轮值制度等，推动商会规范化发展。

充分发掘和整合闽浙近50万乡友乡贤资源，延伸招商之手，开展“双返双创”活动。全年共组织“双返双创”座谈会16场、2640人次，组织抚商返乡考察20批、121人次。

【做好会务承接】 年内，闽浙两地共接待市领导和市直、县区兄弟单位较大规模的考察团有28批次、200多人次，其中市委、市政府主要领导亲自率团6次。福建区域承接市委第五巡查组、高新区、东临新区、温泉景区等考察团，配合南丰县召开蜜橘推介会、招商引资会，资溪县旅游推介会等。4月13日，与市台办共同筹备市委、市政府在厦门召开的“2018厦门工博会联谊交流会”和“2018海峡两岸贸易对接会暨江西抚州（厦门）产业招商推介会”，300多人参加，达成7个意向项目。浙江区域承接市委、市政府主要领导一行3次，以及市人大、市政府、市政协相关领导和市委巡查组、市财政局、市公安局、市妇联、东乡区、南丰县等到浙江考察数字经济、互联网金融、特色小镇建设、养生养老主题共18批党政考察团及专题调研团。

（吴德亮）

【市政府驻闽浙办事处领导名录】
主　任：陈　瑛
副主任：胡应根　艾志强
　　　　吴淑华

市政府驻南昌办事处

【概况】 抚州市人民政府驻南昌办事处（简称驻昌办）成立于1983年，正处级参公管理事业单位，内设业务科、综合科两个科室，下属单位有抚州市政府驻南昌办事处招待所。有在编在岗干部职工11名。省行政中心搬到九龙湖以后，为方便开展工作，2018年8月驻昌办从孺子路37号抚州大厦整体搬迁至南昌市红谷滩新区明园九龙湾9号楼。驻昌办围绕壮大发展抚州实体经济，积极开展招商引资和横向经济技术合作，加快推动传统产业转型升级和发展新经济培育新动能，引进一批对抚州经济发展具有重要支撑和带动作用的重大项目。促成北京大象投资集团投资8亿元在抚州市站前新区创建互联网创业园，协调江西聚安工贸有限公司投资5000万元落户抚州高新区，协调北京博奥晶典生物技术有限公司拟在抚州高新区投资。

【积极开展招商引资】 驻昌办立足省内发展，广泛开展经济协作和经贸交流活动，举办第十七届赣港经贸合作活动暨首届赣深经贸合作交流会。6月，市商务局与北京大象投资集团有限公司互联网创业园项目投资合作签约仪式，该集团拟投资8亿元在抚州市站前新区创建互联网创业园，创业园建立后将引进不少于3家互联网金融企业；电商企业总部将引进慧聪网、中国网库集团等国内知名电商平台；互联网数码城将引进不少于一家拥有30个以上世界知名品牌电子产品代理商直销商。8月，协调江西聚安工贸有限公司总投资5000万元落户抚州高新区，生产高端铝合金门窗。9月，协调北京博奥晶典生物技术有限公司拟在抚州高新区投资，主营业务围绕分子诊断领域和基因芯片技术，生产临床用耳聋芯片、无创产前基因筛查等产品试剂和仪器。

（姚　露）

【市政府驻南昌办事处领导名录】

主　任：吴建国

副主任：文洪启　姚　露

行政服务

【概况】 2018年，抚州市行政服务中心围绕“互联网+政务服务”工作要求，以简政放权、放管结合、优化服务改革工作为重点，认真落实以人民为中心的发展理念，在创新政务服务方式、优化政务服务机制、完善政务服务体系、提升政务服务效能等方面取得成效。至年底，进驻市行政服务中心的窗口部门共38个，窗口工作人员180余人，进驻审批事项379项。市行政服务中心共接待服务对象87万人次，办结609482件（市级中心办结159269件，县区分中心办结450213件），收费11.25亿元（市级中心收费10.47亿元，县区分中心收费0.78亿元）。

【推进事项办理便捷化】 围绕人民群众对政务服务的新需求，分两批次公布全市“只跑一次”“一次不跑”政务服务事项570项，其中“只跑一次”事项473项、“一次不跑”事项97项，切实让群众少跑路，让数据多跑腿。自7月份清单公布到年底，“只跑一次”“一次不跑”事项分别办理14.4万件和79.4万件。设立快递服务专窗，抚州政务专递由政府买单，为群众、企业提供审批结果免费邮递送达服务，全面打通“事前网上申请、事中在线办理、事后快递送达”的全流程服务链，自11月1日全面实行办结证照免费包邮服务后，共邮寄证件1935件。

【解决群众办事百项堵点】 会同市政务信息办，多次召集市直相关部门就堵点问题进行协商沟通，召开全面解决百项堵点工作推进会，全面开展堵点解决核实工作，强化堵点解决工作调度，国家发改委下发的100个堵点中，市本级全部解决。

【推进政务服务事项标准化】 对政务服务事项实行动态管理，及时调整政务服务事项清单。全面完成政务服务事项清单标准化编制工作，做到同一事项全市统一名称、统一标准，确保编制工作的规范性、准确性。7月初全面完成政务服务事项清单标准化编制工作，市本级共编制事项4818项，12个县区共编制事项51306项，对市本级政务服务网“一窗式”综合服务平台进行升级改造，实现事项在线办理。

【开展“减证便民”专项行动】 按照“取消废止一批、告知承诺一批、信用查验一批、证件代替一批、部门核查一批、信息共享一批”原则，取消、调整证明事项218项，解决困扰企业和群众的“办事难”和“奇葩证明”等问题。

【推进工程建设项目审批制度改革】 压缩项目审批时间，项目部门审批时间由法定的344天压缩为政府投资项目32天、企业投资项目26天，压缩审批时限达90%以上。建设工程项目申报材料由原来的228项精简为111项，精简率达51.3%。搭建“抚州网上中介超市”，将入驻的107家中介服务机构信息统一在网上“中介超市”发布，供“买家”自由比选。设置中介机构“红黑榜”，开展中介机构“一事一评”。

【实现不动产交易“一窗式”办理】 10月15日，不动产交易登记“一窗式”综合受理正式实行，一般登记、抵押登记业务办理时限分别压缩为7个工作日和3个工作日，群众“只需提交一套资料，到一个窗口办理，审批结果快递送达”，实现事项办理“只跑一次”。

（冯小丹）

【市行政服务中心管委会领导名录】

党组书记、主　任：张一平

党组成员、副主任：严水泉

刘早发

民族和宗教工作

【概况】 2018年，抚州市共有35个少数民族成分，人口相对集中的是畲族，总数约1.3万人，占全市少数民族人口75%，主要分布在乐安、资溪、宜黄、崇仁、南丰、黎川、广昌、东乡。其他少数民族主要有满族、蒙古族、壮族，约占全市少数民族人口20%。全市有1个畲族乡、8个畲族村、27个畲族村小组和1个回族村小组。截至年底，全市信教群众人数约12.9万人，登记开放的宗教活动场所473处，宗教教职人员531人，市级爱国宗教团体5个，宗教院校2所。

【少数民族经济社会事业加速发展】 年内争取到各级少数民族发展资金644万元。推进第五轮市直单位对口支援工作，到年底，累计为民族地区落实项目28个，资金370.5万元，有力地推动少数民族地区脱贫攻坚步伐。新月畲族村原党支部书记兰念瑛荣获2018年全国脱贫攻坚贡献奖。指导资溪、乐安等县区少数民族乡村组加强传统文化传承发展和特色村寨建设，资溪新月村连续第四年举办畲族民俗文化节，并成功创评AAAAA级乡村旅游景点，乐安县金竹畲族乡吓通村金竹飞瀑成功创评AAAA级景区。创新推进民族团结进步创建，进一步强化中华民族共同体意识。与大连民族大学合作的“畲族语言数字保护及教育终端应用研究”项目投入试用，在资溪新月村建成“畲族村史馆”，在乐安金竹乡丰坪畲族组建成全市首个“民族团结进步创建展览馆”。11月下旬，抚州市组队参加全省第二届少数民族传统体育运动会，获得20个奖项的佳绩。

【宗教事务管理法治化水平提升】全市民宗部门多措并举贯彻落实新修订的《宗教事务条例》，市县两级举办各类宗教工作“三支队伍”培训班20余期、5000多人次，运用新修订《宗教事务条例》处置宗教领域违法违规活动200余起。依法治理乱建宗教活动场所、乱塑大型露天宗教造像和佛教道教商业化、基督教私设聚会点等问题，促进全市宗教事务管理法治化、规范化。配合做好中央、省委宗教专题调研工作。推动国旗、宪法和法律法规、社会主义核心价值观和中国优秀传统文化“四进”宗教活动场所，在400多处重点场所全覆盖。协调推动崇寿禅院和灵谷峰寺项目建设。1月，市民宗局被国家宗教事务局、人力资源和社会保障部联合表彰为全国宗教工作先进集体。

（李　勇）

【市民宗局领导名录】

党组书记、局　长：黄晓红

党组成员、副局长：刘凤林

傅芳群

体制改革

【概况】2018年，抚州市深化区域合作发展，大力实施“融入南昌、对接海西、建设向莆经济带”发展战略，积极融入“一带一路”和长江经济带国家战略，加快建设昌抚合作示范区，推进赣闽产业合作示范区和抚州海西综合物流园建设。着力推进生态文明先行示范市建设，开展流域水环境综合治理与可持续发展，推进国家生态产品价值实现机制试点，抚州市2015年生态产品总价值初步核算为3274.27亿元人民币（按当年价格计算），是当年GDP的2.97倍。继续深化招投标改革，加强个人诚信体系建设，落实公平竞争审查制度，市法制办审查规范性涉及公平竞争内容的文件21件。加快推进电力体制改革，全市266家企业委托售电公司获得参与2018年电力直接交易资格，5—12月预计节约企业用电成本3118.9万元。进一步优化营商环境，直接降低企业税费成本42.51亿元。

【降成本优环境】2018年，市委、市政府印发《关于进一步优化营商环境的实施意见》和《关于深入推进降成本优环境专项行动的意见》，重新调整挂点市领导、市直单位，实现全市工业园区及园区内工业企业领导挂点帮扶全覆盖。帮扶企业APP平台全面建成并运营良好。据测算，年内共降低企业成本52.72亿元，其中直接降低企业税费成本42.51亿元。

【落实公平竞争审查制度】4月16日，以公平竞争审查工作联席会议名义印发《抚州市2018年清理现行排除竞争政策措施的工作方案》，明确清理的时间、重点、范围、步骤和要求。建立公平竞争审查工作台账。年内，市法制办审查规范性文件草案共46件，其中涉及公平竞争内容的文件有21件。

【加快推进电力体制改革】扩大电力直接交易规模，降低用电成本。各县区做好企业用电情况摸底工作。发改部门会同环保、供电等部门，对8家售电公司代理的296家用户申报材料进行审核，主要就是否符合国家产业政策、环保要求及电网安全等方面进行审查，并将符合要求的准入用户名单呈报省能源局。经省能源局审定，江西自立环保科技有限公司、创世纪科技有限公司等266家企业委托售电公司获得参与2018年电力直接交易资格，5—12月全市申报交易电量为19.74亿千瓦时，节约企业用电成本3118.9万元。

【深化区域合作加快发展】全面贯彻落实省政府《关于支持抚州深化区域合作加快发展的若干意见》，大力实施“融入南昌、对接海西、建设向莆经济带”发展战略，积极融入“一带一路”和长江经济带国家战略，加快建设昌抚合作示范区，推进赣闽产业合作示范区和抚州海西综合物流园建设。以重大项目为抓手，带动区域发展升级。抚州机场、昌抚城际、南丰至瑞金城际、鹰潭至抚州城际铁路等重大项目前期工作进展加快。11月21日，市委书记肖毅率队赴南昌市，就加快推进南昌至抚州城际铁路建设、昌抚合作示范区建设、组建昌抚产业发展基金等事宜与南昌市座谈对接，昌抚“1+8”合作协议（教育、宣传、旅游、文化等交流）得到全面落实。

【创新开发区改革发展机制】市委、市政府出台《关于促进开发区改革和创新发展的实施意见》，学习借鉴雄安新区、苏州工业园区等经验，探索创新东临新区规划建设管理体制机制，推动东临新区高品质发展。市发改委与东临新区紧密对接，委托中国国际工程咨询有限公司编制《东临新区产业发展规划》，多次组织专家组深入调研，数次召开座谈会征求意见，形成《东临新区产业发展规划（征求意见稿）》。12月26日晚上，市委常委、常务副市长、市委秘书长谭小平主持召开《东临新区产业发展规划》座谈会，组织中咨公司专家组与市直部门再次座谈沟通，讨论审议《发展规划》，推动东临新区高品质发展。

【继续深化招投标改革】市发改委牵头并推动市公共交易中心完成对

各县分中心、乡镇公共资源交易站和各行政监督管理部门的公共资源交易职能等整合工作。4月，会同市公共资源交易中心配合省发改委完成全省公共资源交易服务平台建设工作，推进项目全流程电子化。市本级房屋市政、水利、公路、政府采购、产权交易等项目全面实行电子化。督促各县区推进整合工作，以市公共资源交易整合领导协调推进小组名义印发《关于对各县区公共资源交易平台整合运行情况的通报》，对各县区公共资源交易保证金系统使用情况和平台整合工作进行通报，并要求限期整改。加强招投标领域规范性文件清理。筛查出市人民政府办公室《转发关于进一步加强政府投资房屋建筑和市政基础设施工程招标投标管理工作的若干规定（试行）》等3个文件存在地方保护主义的相关规定，建议市政府废止。8月30日，市政府正式下发通知废止该文件。对经抚府发〔2016〕7号文件清理后的《抚州市人民政府办公室关于印发抚州市政府投资项目招投标监督等4个管理办法的通知》文件进行清理。经仔细研究和请示省公管办，形成《关于对抚府办发〔2011〕44号文件进行清理的建议（征求意见稿）》，并征求市有关单位意见，清理意见报送市政府法制办。健全交易管理制度，制定出台《中介代理机构场内行为规范及评价运用规定》，切实维护场内交易秩序，规范中介代理机构场内执业行业，为市场营造更加公开、公平、公正的交易环境。《江西省公共资源交易专家评标（审）现场行为规范及评价运用规定》《公共资源交易平台管理暂行办法》《公共资源交易保证金管理办法（暂行）》《抚州市建设工程评标专家“黑名单”制度（试行）》等规范性制度先后出台。开展远程异地评标试点。2018年，市公共资源交易中心及其东乡、崇仁分中心被江西省公管办列为全省远程异地评标系统运行试点市。系统运行后，实现全市专家库和市、县两级的评标设施、场所、监管环境等资源共享，切实解决全市各县一直存在的优质评标专家资源不足的问题，有效提高评标质量。10月25日，印发《抚州市开展公共资源交易领域违法违规违纪行为专项检查行动工作方案》，开展对公共资源交易领域违法违规违纪行为专项检查。

【制定加强个人诚信体系建设实施方案】 根据《抚州市个人玉茗分信用管理办法》，研究制定抚州市个人信用积分框架体系，对抚州年满18周岁且具有民事行为能力的常住户籍人口，开展个人信用积分工作。市公共信用信息平台为全体市民信用画像，把市信用平台归集的有关荣誉表彰、无偿献血、志愿者活动、交通违法、税费缴纳等个人信用数据，与碳普惠平台归集的个人低碳行为数据结合起来，通过计算模型对抚州年满18周岁约320万名常住户籍人口，开展个人信用积分工作。拓展“信易+”惠民便企工作。鼓励各行业各领域主管部门，不断探索实施以信用信息运用为主要手段的信用激励手段，实践更多以“信易+”为主的惠民便企应用场景。进一步拓展联合奖惩应用范围。不断完善联合奖惩的范围和内容，加速开发“信易贷”“银税互动”等信用产品，逐步建立起全市以信用为核心的市场监管体系，形成守信者“处处守信、事事方便”、失信者“一处失信、处处受制”的良好社会信用环境。此项工作获得国家发改委副主任连维良高度肯定。

【推进生态文明先行示范市建设体制机制创新】 开展自然资源资产确权试点工作，严格落实生态保护红线制度，在全省率先出台《抚州市严守生态保护红线的实施意见（试行）》。推进生态产品价值实现机制和国家水环境综合治理与可持续发展试点。完成《抚州市生态产品与资产核算办法》与《评估报告》，核算出全市2015年的生态产品价值3200亿元。12月20日，国家水环境综合治理与可持续发展试点工作现场会在抚州召开。探索流域生态系统保护与修复，抚河流域生态保护及综合治理项目稳步推进。建立多元化生态补偿机制，完善重点流域、森林、湿地等生态补偿制度。构建严格的生态环境保护与监管体系、促进绿色产业发展的制度体系和环境治理、生态保护市场体系、促进绿色共治共享制度和全过程的生态文明绩效考核和责任追究制度。

【推进国家生态产品价值实现机制试点】 抚州是全省试点地区，着力推进国家生态产品价值实现机制试点各项工作，探索实践“绿水青山就是金山银山”的抚州模式和路径。中科院生态环境研究中心牵头的课题组初步完成《抚州市生态产品价值实现机制试点方案（纲要）》（初稿）并组织专家评审。评审通过后，在《纲要》的基础上，进一步细化完成《抚州市生态产品价值实现机制试点方案》。研究制定《抚州市生态资产和生态产品核算办法》，初步完成抚州市生态资产和生态产品价值评估核算工作，编制完成《抚州市生态产品与资产核算评估报告》（初稿），抚州市2015年生态产品总价值初步核算为3274.27亿元人民币（按当年价格计算），是当年GDP的2.97倍。同时，在国家发改委、省发改委支持下，抚州市拟在价值核算的基础上，与国开行探索生态资产抵押贷款。

【开展流域水环境综合治理与可持续发展试点】 在推进绿色发展水流域环境综合治理各项工作中，做到管理机制立体化、治理路径清晰化、项目建设规模化和亲水理念大众化“四化同步”。建立市主要领导高位推动机制，探索实践生态产品核算机制，研究出台水资源补偿机制，大胆创新生态综合执法机制，推广运用智能化管理机制；高度重视水流域生态环境保护工作，探索多管齐下、综合施策的治理路径，实现人水和谐共生发展。

推广运用“碳普惠”制公共服务平台（绿宝），广大市民可通过绿色出行、低碳生活、生活缴费（水费、电费）等行为积累“碳币”，“碳币”可用于餐饮、酒店、影院、大型超市、AAAAA级旅游景区、绿色农副产品直接消费或享受相应折扣，实现“惠民”。出台《抚州市促进公众参与生态文明建设办法》，启动《抚州市水污染防治条例》立法工作，《生态文明建设标准化体系》初步构建，全市生态文明公众参与机制逐步完善，生态文明法治建设步伐不断加快，广大市民生态环境获得感、幸福感和安全感明显增强。抚河流域水环境综合治理与可持续发展试点工作探索出一些发展路径，取得一些成效。

（熊振华）

外事、侨务、港澳事务

【概况】2018年，抚州市外事侨务办围绕中心工作，唱响汤显祖品牌，开展对外交流与合作，做好各项外事侨务港澳工作，取得较好成效。全年全市共办理因公赴港澳12批69人次。在2018赣港经贸周上，全市共签约项目13个，总投资金额8亿美元。抚州市入选由世界城市合作发展组织、香港中国城市竞争力研究会、香港桂强芳全球竞争力研究会评出的2018中国文化竞争力十佳城市。

【加强因公出国管理】2018年，全市外事部门共办理因公出国40批83人次（其中市级领导5批、5人次），占年度计划总量的55%。因公出国管理中，严格执行外事出访纪律，做好出访公示，严格执行任务批件中批准的行程。加强行前教育，完善出访成果报告、跟踪机制。市领导出访回国后在市委常委会报告出访成果，并以市委督查室督办件的形式对出访报告中提及的成果进行跟踪，确保落到实处。

【做好外事接待】5月6—8日，全省旅游产业发展大会在抚州举行。缅甸、汤加、斯洛伐克、西班牙等国驻华大使，英国、克罗地亚、塞尔维亚、新加坡、菲律宾、以色列等国驻华使领馆高级官员和中国—东盟中心秘书长参加会议。省委书记、省长刘奇在资溪县大觉山宾馆会见外宾。

9月24日，江西省政府和全国对外友协在抚州举办“汤显祖戏剧节暨国际戏剧交流月活动开幕式”。全国政协副主席刘奇葆出席开幕式。戏剧节共接待国外嘉宾7批186人，国内嘉宾4批30人，其中重要的国外嘉宾有汤加、斯洛伐克驻华大使，赞比亚驻华使馆代办、西班牙驻华使馆文化参赞、英国驻广州领事馆代总领事，俄罗斯彼尔姆州州长等。

除全省旅游产业发展大会和汤显祖戏剧节暨国际戏剧交流月之外，到抚州市考察、洽谈的外宾日益增多。市外侨办还接待重要外宾团组15批240余人次，如第二届生命健康科学国际高峰论坛、发展中国家反腐败官员研修班、第二届中医药文化论坛、第二届中部地区变电设备产业高峰论坛等。

【开拓友城工作】9月26日，在俄罗斯彼尔姆（江西）友城合作日开幕式上，抚州市与彼尔姆丘索沃伊地区正式签署建立友好城市协议。10月，市委主要领导参加在大连举办的第四届中英地方领导人会议并致辞。11月，市政府主要领导参加2018中国国际友城大会并在“高端对话”环节致辞。抚州市的友城——英国斯特拉福德区获评“对华友好贡献奖”，《当汤显祖遇到莎士比亚》入选全国对外友协纪念改革开放40周年“向世界介绍中国”40个公共外交课题研究项目之一。借助友城平台，推动人文、经贸交流。3月，抚州采茶戏《牡丹亭》选段“游园惊梦”走进美国斯坦福大学，6月走进德国特里尔市，参加“纪念马克思诞辰200周年——在马克思故乡遇见中国”活动。11月28日，开行江西省首列中俄（抚州至彼尔姆）友城果蔬班列。

【为企业提供外事服务】年内，为江西志特和南丰鸿远等公司申办APEC商务旅行卡5张；为红星机械和丰临医用器械等企业办理邀请核实单7批17人次；发出文化、经贸交流邀请函4批155人次。

【受理港澳台居民居住证业务】9月1日起，市公安局启动港澳台居民居住证受理业务，在全市公安机关设置14个受理点。9月12日上午，全市首张港澳台居民居住证发放仪式在临川区荆公路派出所举行，5名港澳台居民代表在首发式上领到居住证，成为抚州的新成员。马顺治是台湾台中人，多年来一直在抚州开展农业事业，拿到证件后他激动地说：“拿到港澳台居住证后对我将非常便利，现在买机票、火车票就可以直接在网上订购了，而且临川是才子之乡，我想等小儿子明年读初中的时候，让他来这边读书。”全市首批受理12张港澳台居民居住证。《港澳台居民居住证申领发放办法》规定，港澳台居民前往内地（大陆）居住半年以上，符合有合法稳定就业、合法稳定住所、连续就读条件之一的，可以申领港澳台居民居住证。未满16周岁的港澳台居民可以由监护人代为申领。公安机关自受理之日起20个工作日内发放证件，首次申领港澳台居民居住证免收证件工本费，居住证的有效期限为5年，换领、补领居住证，应当缴纳证件工本费。

【落实侨务政策】春节走访慰问困难归侨侨眷80户，发放慰问金4万元。将25万元华侨务事业费全部下发各县区，用于贫困归侨侨眷精准扶贫工作。发放老年归侨生活补贴34人，金额总计4.08万元。规范为侨服务流程。制定“华侨、归侨、侨眷学生”证明政务服务标准化流程表，年内共办理“三侨生”证明4人次，华侨回国定居5人次，华侨、归侨、侨眷身份认定5人次。

【侨务捐赠帮扶】2018年美籍华人程济民捐助抚州一中、临川一中、临川二中、临川区十中、临川区荣山镇中学、龙溪镇中学66名贫困中学生24.16万元人民币（下同）。其中28名学生2018年考上大学，捐助标准为录取大学6000元/人，高中学生2000元/人，初中学生

1600元/人。程济民助学基金从2013年开始，至2018年共捐助抚州市贫困中小学生346人次，金额80.16万元。

（曾志红）

【市外事侨务办公室领导名录】
主　任：万　剑

政府财政预决算

【全市总预算执行情况】2018年，抚州市完成财政总收入200.7亿元，同比增长（下同）9.3%。一般公共预算收入124.2亿元，增长3.3%。其中，税收收入94亿元，增长6.2%。税收收入中，增值税39.4亿元，企业所得税9亿元，个人所得税2.7亿元，城市维护建设税6亿元，营业税和环境保护税0.3亿元，房产税、印花税、资源税4.1亿元，城镇土地使用税4.6亿元，土地增值税10亿元，耕地占用税3.6亿元，契税13亿元，车船税0.9亿元，烟叶税0.4亿元。非税收入30.2亿元，减少4.8%。其中，专项收入4.6亿元，行政事业性收费收入13.3亿元，罚没收入7.3亿元，国有资源资产有偿使用收入3.8亿元，政府性住房基金和其他收入等共计1.2亿元。

2018年，全市一般公共预算支出404.2亿元，增长13.8%。其中，一般公共服务支出38亿元，增长17.1%，主要是人员调整工资增支；国防支出0.5亿元，增长3.8%；公共安全支出19.1亿元，增长11%，主要是人员调资和补发公安执勤津贴提标；教育支出68.2亿元，增长9.5%，主要是学校生均公用经费提标增加投入；科学技术支出10.3亿元，增长31.8%，主要是进一步加大科技投入和增加市工创投注册资本金0.8亿元；文化和体育传媒支出5.2亿元，下降5.8%，主要是国家文物保护专项资金减少0.4亿元；社会保障和就业支出57.2亿元，增长12.5%，主要是城乡居民基础养老金财政补助提标；医疗卫生与计划生育支出49.1亿元，增长20.2%，主要是公立医院改革，财政加大投入等因素影响；节能环保支出14.5亿元，增长28.1%，主要是地方加大投入以及中央基建投资和中央林业生态保护资金增加1.4亿元；城乡社区支出38.6亿元，增长61.1%，主要是增加市投资公司资本金3.9亿元；农林水支出56.5亿元，增长1.4%；交通运输支出7.5亿元，下降36.3%，主要是车辆购置税上级专项减少5.7亿元；资源勘探信息等支出12.9亿元，增长20.3%，主要是高新区增加担保中心注册资本金2亿元；商业服务业等事务支出4.7亿元，增长15.2%，主要是承办全省旅发大会，加大对旅游产业投入；国土海洋气象等事务支出3.6亿元，增长12.7%，主要是新增中央财政土地整治专项资金2.3亿元，部分县区已支出；住房保障支出10.2亿元，与2017年基本持平；粮油物资储备支出1.1亿元，增长23%，主要是2018年下达临川区2017年产粮大县奖励资金1368万元；债券付息和发行费用支出6亿元，增长52%；金融支出0.3亿元，下降29.3%；其他支出0.7亿元，下降56%。

2018年全市公共财政预算收入，加上税收收入返还、各项补助等，减去当年支出及结转下年数，实现收支平衡，略有结余。

【市本级预算执行情况】2018年，市本级财政（不含高新区）总收入34.4亿元，增长22.4%。一般公共预算收入21.1亿元，增长22.9%。税收收入13.3亿元，增长31.8%。其中，增值税3.9亿元，营业税0.03亿元，企业所得税2亿元，个人所得税0.6亿元，城市维护建设税0.9亿元，房产税、印花税、城镇土地使用税、土地增值税和资源税共计3.1亿元，车船税0.1亿元，契税2.7亿元。非税收入7.8亿元，增长10.2%。其中，专项收入1.2亿元，行政事业性收费收入2.9亿元，罚没收入1.9亿元，国有资源资产有偿使用收入1.4亿元，政府性住房基金收入0.4亿元。

市本级一般公共预算支出47.1亿元，增长10.6%。其中，一般公共服务支出4.9亿元，增长21.8%，主要是人员工资调资；国防支出0.3亿元，增长26.5%，主要是地方增加人防项目投入；公共安全支出5.6亿元，增长3.3%；教育支出6.8亿元，增长14.4%，主要是学校生均公用经费提标增加投入；科学技术支出1.2亿元，增长24.7%，地方加大对科技投入；文化和体育传媒支出1.5亿元，下降4.6%，主要是汤显祖戏剧节加大市场化运作力度，财政减少对汤显祖戏剧节的投入；社会保障支出4.4亿元，增长14.1%，主要是城乡居民基础养老金财政补助提标；医疗卫生与计划生育支出3.4亿元，增长24.7%，主要是公立医院改革支出提高医院保障水平；节能环保支出0.6亿元，增长56.4%，主要是加大污染防治、减排方面的支出；城乡社区事务支出7.3亿元，增长210.5%，主要是增加市投资公司资本金3.9亿元；农林水事务支出2.3亿元，下降42.2%，主要是廖坊灌区二期工程即将结束，上级水利工程建设专项减少1.6亿元；交通运输支出1.6亿元，下降74.7%，主要是车辆购置税补助减少2.7亿元；资源勘探信息等支出0.5亿元，增长27.2%，主要是承办江西省互联网大会；商业服务业等事务支出1亿元，增长138.9%，主要是地方加大旅游宣传及承办省旅发大会投入；国土海洋气象支出0.6亿元，下降8.6%，主要是国土专项经费减少；住房保障支出2.8亿元，增长92.7%，主要是2018年棚户区改造和公共租赁住房投入增长；粮油物资储备支出0.1亿元，下降10.4%，主要是仓储设施维修及粮食工程等上级补助资金减少76万元；债务付息和发行费用支出2.2亿元，增长20.1%。

2018年，市本级地方一般预算收入，加上税收收入返还、各项补助等，减去当年支出及结转下年数，实现收支平衡，略有结余。

（吴振兴）

人力资源和社会保障

【概况】 2018年，全市人社部门坚持稳中求进的工作总基调，坚守“民生为本、人才优先”的工作主线，围绕建设小康新抚州的中心任务。开展公共就业服务，经济发展创造新增就业岗位，促进和鼓励就业创业，就业形势保持总体稳定。深化以养老保险为重点的社保制度改革，扩大覆盖城乡的社会保障体系。

【就业创业局势稳定】 市、县、乡三级联动，组织举办“就业援助月暨春风行动”“民营企业招聘周”等各类公共就业服务活动，通过开发公益性岗位、现场政策咨询、专场招聘等多种形式，举办各类招聘会293场次，提供5.8万个就业岗位，吸引20余万人次参加，有效扩充就业困难群体获取就业机会的渠道。发展人力资源服务业，2018年度全市共有45家人力资源服务机构，市直新增1家，县区新增8家。其中，综合性公共就业和人才服务机构13家、公共就业服务机构家、人才公共服务机构1家、经营性服务机构30家；就业人员共436人。帮助实现就业和流动人数为3.54万人次，服务用人单位4197家；共举办现场招聘会308场次，提供招聘岗位11.58万个；网络发布岗位3.36万条，发布求职信息0.9万条，求职人员达17.89人次。推进街道（乡镇）、社区（村）充分就业，金溪县秀谷镇金山社区被评为第四批国家级充分就业社区。开展劳动者职业技能培训、园区企业定向培训，建立与园区企业对接机制，由园区企业自主开展岗前技能培训，帮助新招员工掌握岗位所需技能。全市共为园区企业定向培训员工2.66万人。开展高校毕业生创业引领计划。继续开展高校毕业生创业培训实训工作，建立就业见习长效机制，加强就业见习基地建设，促进高校毕业生就业。共为908名困难高校毕业生发放90.8万元一次性求职补贴，发放创业贷款3220万元。招募212名高校毕业生到农村基层从事“三支一扶”工作。开展创新创业平台建设。制定市级创业孵化基地认定条件，认定市级孵化示范基地5个。参与各类创新创业赛事，“虎奶菇栽培新技术”项目获得全省专项赛第一名和“中国创翼”创业创新大赛全国专项赛第八名。全市城镇新增就业人数4.29万人，就业困难人员实现就业0.44万人，分别完成年度目标任务的117.01%和124.29%。新增转移农村劳动力6.15万人，完成全年目标任务的111.33%，零就业家庭就业继续保持动态清零。全市新增发放创业担保贷款10.74亿元，完成全年计划任务的116.78%。

【社会保障扩大覆盖】 稳步推进社会保险制度改革，从4月1日起，将城乡居民基本养老保险缴费标准调整为11个档次。城乡居民退休人员养老金实现按时足额发放，并全面实行城乡居民养老保险费银行代扣代缴。被征地农民参保达到12.45万人；资助建档立卡贫困户，通过政府代缴参加城乡居民养老保险，基本实现建档立卡贫困户应保尽保，整体“应保尽保”的目标正在实现。“助保贷款”全面推进，累计发放贷款3515.23万元，为持续推进新型城镇化建设迈出关键性步伐。稳步推进社会保险待遇提升，企业退休人员养老金实现“14连调”，同时继续执行困企职工参加基本医疗保险的优惠政策，将全市符合条件的困企职工及时纳入医疗保险管理范围。全市统一的医保信息系统实现“五条保障线”的一站式同步即时结算，保证贫困人员慢性病门诊证明审批和医药费报销程序优化到位。推进建筑业参加工伤保险，新增建筑业参保单位595家。全面启用智能审核系统，对医疗机构和各定点零售药店进行不间断的网上监管。稳步推进社会保险维稳护航，承办“江西省失业保险服务e平台”上线启动仪式。及时足额为1907名失业人员发放失业保险金1029.09万元。开展失业保险援企稳岗护航行动。对不裁员、少裁员的企业及时核发稳岗补贴，为136家企业拨付失业保险稳岗补贴334.08万元。稳步推进社会保险费率降低，为贯彻好省、市关于“进一步优化营商环境”的有关要求，继续执行社保费率“降缓补”政策。共为企业减负8745万元；为173家企业拨付失业保险稳岗补贴440.3万元，惠及职工2.09万人。全市城镇职工和城乡居民五项社会保险参保人数达708.35万人，完成年度任务目标。

【人才人事激发活力】 持之以恒地实施人才强市战略，实行更加积极、开放、有效的人事人才政策，充分挖掘人事人才潜力。高层次人才智力引进取得新成效，在全市范围内征集引进博士以上岗位7个，成功引进海外博士1名。牵头组织卫计委、江西中医高专到南昌大学进行卫生人才专场引进，引进高素质人才27名，同时集中引进高素质人才17名。推荐国务院、省政府特殊津贴选拔候选人11名，推荐两家企业申请设立博士后工作站。技能人才培养工作取得新突破，承办2018年江西省“振兴杯”焙烤职业技能大赛暨第十九届全国焙烤职业技能竞赛江西选拔赛。同时指导普通技工院校根据国家职业标准调整教学计划，提高学生职业技能。在天津大学举办“江西省抚州市2018年建筑业高管专题研修班”，共63名建筑业高管、管理人员参训。开展南昌大学抚州医学院大学生职业技能鉴定工作，共有332名学员参加保育员鉴定考核。人事工资管理取得新进展，开展人事考试7次，组织考生2.3万余人次。针对在县乡工作的外地户籍公务员心难安、人难留情况，在市县乡职位中，设置面向本县户籍或生源人员招考职位占县乡招录计划总数的17.3%。加大定向招录“三支一扶、大学生村官、西部志愿者、农村特岗教师”服务期满人员力度，市县乡均设置定向招录计划。基本完成清理规范创建示范活动，规范事业单位人员离岗创业工作，市本级批准办理离岗创业人员6人。计划接收安置营职及以下军转干部46人。高质量完成年度全市公务员工资试调查和机关事业资年报工作，改革国有企业工资决定机制，进行市属国有企业情况摸底，并在全市范围内开展国有企业工资总额监管和执行情况调查；贯彻实施省职业年金基金管理办法，制定抚州市实施方案；推进公立医院薪酬制度改革，形成《关于呈报市级公立医院职工工资总额管理办法（试行）及市级公立医院院长年薪制管理办法（试行）修改稿的报告》。

【劳动维权协调关系】 坚持防范风险，推动和谐稳定劳动关系建立。推进劳动保障监察效能建设。重点开展劳动保障年度书面审查工作，督促用人单位补缴社会保险费900余万元；开展人力资源市场秩序整治工作，全市各级劳动监察机构及时制定清理整顿人力资源市场秩序专项行动实施方案，组成检查组对本地区人力资源市场进行深入检查，涉及职业中介机构61家、其他用人单位381家。推进劳动人事争议仲裁效能建设。指导园区内的基层调解组织开展劳动争议预防与调解工作，引导和帮助企业规范用工。畅通维权渠道，对外公布举报投诉电话，及时处理领导批示、上级转（交）办、群访群诉事件，强化与法院的沟通与配合，提高仲裁处理案件的准确率，促使争议双方服裁息讼。全市共立案处理各类劳动人事争议825件，结案率98%。稳慎推进和谐劳动关系创建，贯彻落实省委、省政府和市委、市政府关于构建和谐劳动关系的意见，拟定“和谐劳动·幸福抚州”三年行动计划并开展政策法规宣讲活动。2018年，抚州市3家企业、1个工业园、2个乡镇荣获第一届江西省模范劳动关系和谐单位。落实拖欠工资失信行为惩戒机制，建立拖欠工资黑名单制度，市人社局联合市发改委等23个部门制定《抚州市关于对严重拖欠工资失信企业及其责任人员实施联合惩戒的备忘录》，并出台《抚州市农民工工资支付“红黑榜”发布制度（试行）的通知》等文件，明确拖欠工资联合惩戒的具体措施和“红黑榜”的具体实行规定。将3家存在拖欠工资问题的用人单位录入企业信用信息公示系统列为“监管预警”单位，在市人社局门户网站公布2起装饰公司重大欠薪案例。全市加强与公安机关的司法联动，共移送涉嫌拒不支付劳动报酬案件5起，依法严厉打击涉嫌拒不支付劳动报酬犯罪行为。全市劳动关系比较平稳，未发生因劳资矛盾纠纷引发的重大群体性事件。

【优化便民服务】 提升窗口人员素质，改善窗口工作作风。推行减证便民和优化办事流程，窗口公布群众办事“一次性告知单”。全面解决涉及人社领域的群众办事难点堵点问题，出台6项优化办事流程的制度，共梳理取消行政权力9项、下放行政权力3项、取消证明事项43项，将原行政审批流程10个步骤优化为5个。加强“信息化”建设，使用“互联网+”技术，努力让“数据多跑路，群众少跑腿”。全市社保卡累计制作325万余张，新增制卡88万张，发放到位299万张，发放率为92%。社保卡补（换）总计29678张，2018年度补（换）卡14447张，比2017年同期增长161.3%。2018年度全市社保卡的新制卡和补换卡全部可以在市、县（区）社保卡窗口即时制卡，为实现社保卡工作的“只跑一次、一次不跑”奠定基础。随着江西人社APP正式上线，抚州社保推动全市参保人员使用“掌上人社”服务，全市参加企业养老保险，在职49万人可以通过手机查询到自己的缴费记录和账户信息，退休19万多人足不出户就能通过APP的人脸识别，完成养老待遇领取资格认证。全市“12333服务热线”共接听来电29.7万人次，比2017年增长185.6%，其中人工语音13.1万人次，比2017年增长263.9%；投诉举报2893件次，市政府网上平台咨询169件次，均为咨询类，全部办结。充分利用市人社局门户网站等平台，公开服务事项流程，使办事群众准确了解办理政务事项的程序和所需材料，争取打通服务群众的“最后一公里”。

（鄢　芸）

【市人社局领导名录】

党组书记、局　长：宋有志
党组成员、副局长：魏　绮
徐能华　傅　强
蔡礼明（兼市社保局局长）
党组成员、市医保局局长：
孔咏春（任至7月）
钱　平（7月任）
党组成员、市就业局局长：
汪长据
党组成员、市人才服务中心主任：
吕　舸

机构编制管理

【概况】 2018年，抚州市机构编制工作部门围绕市委、市政府的战略部署，深化“放管服”改革，统筹推进党政机构改革，完成市县机构改革实施方案初稿拟制，调整市纪委市监委派驻（出）机构设置及人员编制。加快推进事业单位改革，提出第三批30多个市直事业单位类别划分意见。进一步完善“放管服”推进举措、编制高新区全链审批赋权清单，推进国家级开发区内涉企审批扁平化、标准化、便利化。指导县区编制经济发达镇的赋权清单。规范日常机构编制管理和事业单位登记工作，为全市经济社会发展提供有力体制机制保障和机构编制保障。

【编制高新区全链审批赋权清单】 结合高新开发区实际和市本级行政权力清单，制定国家级开发区全链审批赋权清单，赋予国家级开发区全面依法享有设区市级经济管理权限。6月15日，《抚州市人民政府关于公布国家级开发区全链审批赋权清单的通知》正式公布，赋予抚州高新技术产业园区设区市级权限事项192项，其中全链审批赋权137项（含子项）、直报事项赋权55项（含子项），推进国家级开发区内涉企审批扁平化、标准化、便利化。

【县区编制经济发达镇的赋权清单】 市编办配合推进经济发达镇行政管理体制改革，指导县区结合当地实际，编制符合经济发达镇当地的经济社会管理权限清单。在依法依规、能放尽放的前提下，市本级赋予临川区唱凯镇8项市级经济社会管理权限，临川区赋予唱凯镇109项区级经济社会管理权限；南城县、南丰县分别赋予株良镇、白舍镇115项县级经济社会管理权限。

【统筹部署党政机构改革工作】 开展机构编制前期关于人员编制、机构设置等多项调研摸底。按照全省市、县机构改革总体安排，于8月初完成市县机构改革实施方案初稿拟制。11月上中旬和12月初，先后4次召开市县机构改革方案审核会，3次赴省编办汇报改革方案。市委办出台《关于严明我市深化机构改革"六个严守""十三个严禁"纪律要求的通知》，暂停日常机构编制事项的初审研究及涉改单位人员上下编事项。除中央和省有明确要求以外，所有机构编制审批事项一律暂停。

【调整市纪委市监委派驻（出）机构设置及人员编制】 根据省、市委关于深化国家监察体制改革试点工作的具体要求，市监委向市级党和国家机关派驻监察组，与市纪委派驻纪检组合署办公，统一名称为市纪委市监委派驻纪检监察组。批复同意市监委向市直属机关工委派出监察组，与市直属机关纪工委合署办公；市监委向抚州高新技术产业开发区派出监察组，与抚州高新技术产业开发区纪工委合署办公；市监委向市文昌里历史文化街区派出监察组，与市文昌里历史文化街区纪工委合署办公；市监委向市东临新区派出监察组，与市东临新区纪工委合署办公；市监委向市临川温泉景区派出监察组，与市临川温泉景区纪工委合署办公。市纪委市监委共设27家派驻（出）机构。

【加快推进事业单位改革】 提出市级承担行政职能事业单位改革初步意见，提出第三批30多个市直事业单位类别划分意见。年初两办印发《抚州市从事生产经营活动事业单位改革实施方案》，对首批经济效益较好、实行企业化管理、参与市场竞争较为充分的4家经营类事业单位，优先推进转制为企业。

【完善实名制信息系统】 加强完善实名制信息系统建设，搜集整理机构编制批复文件，完成1981–2017年机构编制批复文件上传工作，实现由原始资料翻阅到电子检索方式查阅的转变。根据单位机构编制调整和变动情况，及时维护更新机构实名制信息库，为各用编单位办理相应手续。

【规范事业单位登记管理】 完成571个市本级中文域名注册、282个市本级及党政机关自建网站挂标清理，办结市本级事业单位登记管理业务426项。推行"互联网+"服务，创新事业单位法人登记管理服务，实现年度报告网上申报、审核处理一体化，做到"一次都不跑"。

（熊诗懿）

【市编办领导名录】

主　任：邓久泉

副主任：李建平　邹常鸣

朱辉林

招投标管理

【概况】 2018年，临川区公共资源交易中心人、财、物等整体上划归市公共资源交易中心管理。其他县区公共资源交易中心全部整合为市公共资源交易中心的分支机构，乡镇公共资源交易服务站全部取消。对政府采购询价交易进行全面整合。

年内，全市进场交易项目共6576个，成交总金额484.85亿元，增效节支35.95亿元，增效节支率7.77%。其中，市本级项目共785个，成交总金额176.77亿元，增效节支28.28亿元，增效节支率18.64%。各县区项目共5791个，成交总金额308.08亿元，增效节支7.67亿元，增效节支率2.49%。投资效益显著提高，工程质量明显提升。

【服务措施不断完善】 建立"8+N"小时工作机制。在开标评标场地不足的情况下，利用午休和下班时间连续开评标。对政府重点项目及民生实事工程，主动与建设单位联系与对接，提供政策咨询、场地预约等服务。降低企业成本，开展保证金清退工作，逐步使用银行保函方式代替保证金。接受各类咨询260多次，协调处理各类难点问题80多项。

【农村产权交易初显成效】 市公共资源交易中心与市农业局联合召开全市农村综合产权交易业务培训会，对各县区农业局、农村综合产权交易中心工作人员进行集中统一理论学习和实践操作。学习传达贯彻落实市政府《关于实施乡村振兴战略的意见》《关于完善农村土地所有权承包权经营权分置办法的实施意见》《抚州市人民政府关于完善集体林权制度的实施意见》等文件精神，推动农村综合产权交易与乡村振兴、"三权分置"和集体林权改革相衔接。表彰2017年度全市农村综合产权平台建设先进县区和先进个人，明确2018年度完善农村综合产权交易市场的工作方向。积极推动农村土地承包经营权和国有集体林权交易，鼓励乐安、南丰率先加大力度交易集体林权，支持东乡、南城积极主动流转农村土地承包经营权。

【场内交易行为不断规范】 公共资源交易市场诚信体系日趋完善。积极配合法院执行工作，信用中国、法媒银、信用江西等诚信系统成功嵌入抚州公共资源交易网、抚州招投标网等服务平台。现场核查力度不断加大，全面启动身份证核查机制。在所有全程电子化开标室安装二代身份证读卡器，现场查验项目经理身份。同时，要求各县区参照市区启用身份证检查机制。乐安县利用身份证核查机制查处10余家投标企业涉嫌围标串标，维护了交易市场行为公正性、严肃性和合法性。对中介代理场内管理不断加强，制定出台《中介代理机构场内行为规范及评价运用规定》，规范中介代理机构场内执业行业，为市场营造更加公开、公平、公正的交易环境。市场管理制度不断健全，《江西省公共资源交易专家评标（审）现场行为规范及评价运用规定》《公共资源交易平台管理暂行办法》《公共资源交易保证金管理办法（暂行）》《抚州市建设工程评标专家"黑名单"制度（试行）》等规范性制度先后出台。

2018年，市中心、东乡和崇仁分中心被江西省公管办列为全省远程异地评标系统运行试点市。系统运行后，实现全市专家库和市、县两级的评标设施、场所、监管环境等资源共享，解决抚州市一直存在的优质评标专家资源不足的问题，有效提高评标质量。

（吴俊伟）

【市公共资源交易中心领导名录】

主　任：李　亮

无线电管理

【概况】 2018年，抚州市无线电管理部门坚持无线电管理为经济建设服务，开展无线电监听监测，切实维护好电波秩序。市无线电管理局开展无线电执法检查30次，参加各类考试无线电安全保障17次，查处"黑广播"1起、非法设置移动通信干扰器1起，没收未经型号核准的设备34台，创建和谐有序的电磁环境。

【无线电执法】 市无线电管理局联合公安、广电部门在全市开展打击"伪基站""黑广播"专项行动。2月，在临川上顿渡查处一起非法设置移动通信干扰器，6月底在乐安查处一起播放虚假药品广告的"黑广播"。对市区万达、华润万家等大型商场违规使用对讲机进行检查，共核查对讲机80余台，收缴41台，勒令补交规费1.2万元。联合市市场监督局对市内无线电发射设备销售市场进行整顿，没收未经型号核准的设备34台并罚款，案例入选全国无线电执法十大典型案例评比活动。

【服务经济社会发展】 完成抚州机场预选址电磁环境测试。11月，市无线电管理局完成机场预选址全向信标、仪表着陆系统等多频段电磁环境测试，并对预选址周边非无线电设备电磁辐射进行摸底调查，确保机场建设顺利进行。履行市信息化领导小组成员职责，组织市三大运营公司提供资料数据，为创建"宽带抚州""智慧抚州"和实现全市"村村通"工程提供频率保障。

做好重要时期和重大活动无线电安全保障，突出抓好"春运"、全国"两会"、全省旅发大会、汤显祖国际艺术节、第九届环鄱阳湖国际自行车比赛、中国抚州首届汽车场地越野赛等重大活动无线电通信安全。完成高考、全国法律、会计、医师资格、省公务员、三支一扶、市事业单位招聘等重大考试保障。全年共参加各类考试保障17次，出动人员90人次，车辆49车次，保障考点33个，考场1911个，压制作弊信号5个。

加强民航、铁路频率监听监测。对长杭高铁（东乡段）、向莆铁路GSM-R基站、南丰导航信标电台进行实地测试，全年开展铁路路测1900千米，民航保护性监测800多小时，确保民航、铁路安全运行。

（吴文超）

【市无线电管理局领导名录】

局　长：李　明

本栏编辑　吴根茂

政协抚州市委员会

综　述

2018年，抚州市有各级政协组织12个，其中市政协1个、县政协10个、区政协1个。各级政协委员2334人，其中省政协委员26人、市政协委员355人、县区政协委员1958人。政协抚州市委员会（以下简称市政协）设常务委员会主持会务，下设办公室、提案委员会、文史委员会、经济委员会、人口资源环境委员会、教科文卫体委员会、社会和法制委员会、港澳台侨外事和民族宗教委员会。

年内，在中共抚州市委的正确领导和市人民政府的大力支持下，市政协坚持以习近平新时代中国特色社会主义思想为指导，以全面加强政协系统党的建设为引领，以不断提高建言资政质量为着力点，充分发挥协商民主重要渠道和专门协商机构作用，建睿智之言、献务实之策、聚磅礴之力，为推进抚州科学发展、绿色崛起，全面建成小康新抚州做出积极贡献。

深化理论学习，政协思想政治基础更加牢固。按照全国政协和省政协的部署要求，扎实开展习近平总书记关于加强和改进人民政协工作的重要思想学习研讨活动。市政协及时制定《习近平总书记关于加强和改进人民政协工作的重要思想学习研讨活动实施方案》，市委就学习研讨活动下发文件，将其列入中心组学习内容，组织市四套班子成员集中学习。市委书记肖毅高度重视学习研讨活动，通过视频会议给全市政协委员和机关干部作专题学习辅导报告，并全程参加市政协专题理论研讨会。市政协党组先后召开3次党组（扩大）会议，系统开展《习近平总书记关于加强和改进人民政协工作的重要思想专题摘编》8个专题的学习。共组织开展各类专题学习、理论研讨37场次，学习培训3000余人次。通过边学边改、立行立改，市、县区两级政协共查摆各类问题55项，整改落实45项。总结履职实践中行之有效的做法和经验，形成30篇具有较高质量的理论研讨文章，上报省政协理论研讨会。《加强和改进新形势下政协民主监督的实践与思考》《新时代提案办理要有新作为》等理论文章在省政协《光华时报》上发表。

加强党的领导，政协党建工作开创新局面。按照新时代党的建设总要求，在省政协党组的具体指导和市委的领导下，积极探索，勇于实践，推进全市政协系统党的建设，取得较好成效。市委高度重视政协党建工作，把政协党建纳入党委工作总体布局，一体谋划，一同推进。市政协积极主动争取市委支持，严格执行重大问题请示报告制度，始终坚持把常委会工作报告、党组工作要点、年度协商计划、重大调研视察课题、重大履职活动等，报经市委批准后实施，确保政协工作与党委同心同向。市委书记肖毅高度重视政协党建工作，多次到政协调研并全程指导政协党建文件起草工作，强调要“积极创造政协系统党建工作‘抚州经验’”。抚州市在全省率先出台《关于切实加强新时代人民政协党的建设工作的实施意见》，为全面加强全市政协系统党的建设提供重要遵循和坚实保障，省政协主席姚增科对此作出批示，予以高度评价。根据市委加强政协党建实施意见14项工作举措要求，市政协党组认真抓好贯彻落实，及时研究出台实施细则，列出重点工作任务11项，明确责任领导和完成时限，确保各项工作任务落到实处。设立市政协机关党委，下设4个党支部。推动县区政协设立机关党组和党总支。在市政协专门委员会设立3个分党组，在有关单位、企业、社区等设立30个中共党员委员工作站。建立党员委员直接联系服务群众制度，党组成员联系界别、党员委员联系党外委员制度，政协重要履职活动设立临时党组织等11项工作制度，确保政协党建工作有制可依，有章可循。12月12日，全省首次政协系统党的建设工作座谈会在抚州市召开，抚州市全面加强政协党建工作的创新做法得到省政协和与会兄弟市政协的一致肯定和好评，《光华时报》《抚州日报》在头版头条作长篇报道，《人民政协报》也作了报道。

服务发展大局，政协高质量履职成效明显。市政协紧扣党政工作大局，情系百姓群众利益，坚持高质量精准履职，议政建言实效进一步增强。聚焦事关抚州科学发展、绿色崛起的重大问题，利用全委会、常委会等协商平台开展议政建言活动。组织委员围绕人才工作、乡村振兴、工业“智”造、食品安全监管、智慧医疗、古村落保护等问题进行大会发言，市委、市政府主要领导对7篇大会发言现场逐一作出批示，要求相关部门切实抓好落实。开展界别联组讨论，以专报形式向市委、市政府报送《关于讨论政府工作报告的意见建议》。围绕“唱响抚州戏剧品牌”“抓好东临新区的科学规划与建设”两个课题开展常委会专题协商，打造高质量的协商议政成果。关于唱响抚州戏剧品牌课题，市政协在深入调研，广泛协商的基础上，形成《依托汤翁戏剧品牌，繁荣我市演艺市场的调查报告》，得到市委主要领导的充分肯定和批示。市直有关部门积极梳理文化产业发展的具体问题，逐项研究落实，着力将抚州打造成中国戏曲之都。关于东临新区规划与发展建设课题，市政协在深入实地调研，并赴重庆两江新区学习考察的基础上，通过常委会专题协商形成的调研报告，得到市委、市政府的重视和肯定，市政府对东临新区的体制机制、资金筹措、社会事业管理等问题进行专题研究，政协建言有力助推东临新区快速发展。市政协还注重发挥专委会“专家、专业、专长”的优势，先后围绕农村面源污染防治、优化企业发展环境、智慧医养扶贫、宗教文化旅游产业发展、乡村产业培植等课题深入调研，建真言，道实情，献良策。市政协民主监督工作成效显著。着力抓好民生类提案的办理落实，四届三次会议后，市政协各参加单位和委员共提交提案309件，经审查立案300件，其中教育医疗、民政社保、食品安全、精准扶贫等民生类提案170件，占提案总数的56.7%。截至2018年年底，所有提案全部办复。进一步拓宽社情民意信息渠道。反映基层群众的诉求和呼声，全年共收集各类信息125条，编发《社情民意》38期，多篇重要社情民意信息得到市委、市政府领导批示和职能部门回复，一批涉及城市管理、交通出行、环境保护等方面的问题得到及时解决。充分发挥委员特约监督作用。委派市政协委员参加政府各类听证会，多渠道履行民主监督职能。6月，在市委“改进干部作风活动办”开展的市本级“办事最难窗口”评选活动和《作风建设面对面》电视访谈专题节目中，60名市政协委员积极回应百姓关切，履行委员民主监督职责，扩大政协民主监督影响。10月26日，省委、省政协《关于加强和改进人民政协民主监督工作的实施意见》专题调研第一片区座谈会在抚州召开，省政协副主席陈俊卿对抚州市加强政协民主监督的务实举措和工作亮点给予充分肯定。

广泛凝聚共识，政协优势特色充分显现。市政协注重发挥人民政协作为统一战线的组织优势，不断扩大团结面，努力增强包容性，凝聚起推动科学发展、绿色崛起的强大合力。市政协班子成员积极投身脱贫攻坚、重点项目建设、企业帮扶、“三城”同创等中心工作。市政协班子成员就“降成本优环境促发展”、环保突出问题整改落实、脱贫攻坚等重点工作深入挂点县区进行督促检查，推动相关工作落实到位。抓好“三城”同创工作。市政协领导深入荆公路街道办事处挂点社区指挥调度，机关干部全员到五皇殿社区做好帮创工作，赢得街办和社区干部群众的称赞。市政协班子成员对牵头负责的市再生资源交易市场建设项目、高新区金巢实验学校改扩建三期工程、市中心城区生活垃圾分类处理项目、燕归路安置点公寓房建设工程、市气象防灾减灾中心、高新区庆丰公园建设项目、崇寿禅院建设工程等重点项目常部署、勤调度，确保项目有序推进。加强与非公有制经济人士沟通联系，举办市非公经济金融研讨会；市政协领导赴上海、杭州、厦门、泉州抚州商会开展“双返双创”工作，积极为招商引资牵线搭桥，进一步做好亲商、安商工作，完成机关招商引资任务。继续做好“雪莲之花”青少年慈善基金会至抚州扶贫助学的服务工作。尽心竭力做好脱贫攻坚工作。多次召开党组会议进行研究，协调解决扶贫项目和资金难题。市政协机关对挂点村开展各类走访慰问15次，实施扶贫项目10个，协调落实帮扶资金349.6万元，市政协机关及派驻的第一书记连续三年被评为全市“四进四联四帮”活动先进单位和先进个人。发挥政协界别优势，密切界别委员与所代表群众的联系。12月，市政协以“改进调研作风，服务基层群众”为主题，在25个界别深入开展“界别活动月”活动。各界别以专委会为依托，深入基层调研，广泛收集民意，共形成调研和大会发言材料22篇，开展形式多样、各具特色的扶贫济困、捐资助学、送医送药、送教下乡等服务群众活动19场次，惠及城乡群众2500余人，取得良好的社会效果。市政协注重发挥政协联系广泛的优势，通过中秋茶话会、乡友恳谈会、闽浙赣皖四省九市政协工作研讨会等平台，与市内外社会各界人士加强联络，交流工作，增进友谊。加强与全国政协和省政协的工作衔接，参与做好全国政协和省政协领导至抚州参加汤显祖国际戏剧节活动的服务保障工作；配合省政协就乡村振兴和脱贫攻坚产业发展、坚决打赢污染防治攻坚战等重大课题，以及扫黑除恶专项斗争开展情况进行调研视察，召开情况通报会，收集意见建议。加强对县区政协工作的指导，并与县区政协积极联动，就一些重大课题开展联合调研，提升政协系统整体履职水平。

加强自身建设，政协工作效能稳步提升。市政协坚持把加强自身建设作为重要保障，抓好政协委员和机关干部两支队伍建设，激发新时代政协创新发展的动力和活力。按照“懂政协、会协商、善议政”和“守纪律、讲规矩、重品行”要求，抓好政协委员队伍建设。根据工作需要，增补10名市政协委员，增添政协新鲜力量。加大委员学习培训力度，举行常委会专题学习报告会，邀请省委党校常务副校长曾志刚作“学习习近平新时代中国特色社会主义思想和品格”专题报告；首次组织50名市政协委员到全国政协青岛培训基地集中学习培训，通过精选培训内容，严肃培训纪律，突出培训实效，有效提升政协委员履职能力和水平。加强委员履职管理，建立委员履职档案，定期通报委员履职情况，规范委员履职行为。

继续开展优秀市政协委员、优秀履职成果评选活动，强化委员履职意识和责任担当。注重政协办公场所文化建设，规范机关大楼厅堂陈设，增添党建电子信息化设施，制作党建工作展板，张贴具有政协特色的书画作品，政协办公场所焕然一新，文化氛围更加浓厚。做好文史征编工作，分别以“人文拾踪、汤翁文化（上、下两册）、回首40年”为主题编印4期《抚州文史》，征编出版《乐安民国风云录》和《至德崇仁》，促进抚州文脉延续，文化传承。切实抓好政协宣传工作，全年共在《人民政协报》《中国政协》《光华时报》等报纸杂志发表政协宣传和理论文章115篇，2018年度被省政协评为《光华时报》读报用报先进单位，在全省政协好新闻评选中，荣获一等奖1个、二等奖1个、三等奖2个，有力地宣传抚州、宣传抚州市政协履行职能的各项工作。落实省委推进作风建设和市委“进一步解放思想，深入调查研究，切实改进干部作风”活动的要求，切实整改机关存在的“怕、慢、假、庸、散”等突出问题，使政协机关严起来、紧起来、实起来。在机关开展“亮身份、作承诺、比贡献、树形象”活动，举办“重温入党誓词，诵读红色家书”活动，机关干部的战斗力、凝聚力进一步增强。持之以恒抓好“党员固定活动日”活动，推动党建活动进农村、进社区、进企业。机关党支部连续多年被评为市直机关党建工作考核先进单位。

（吴志贤）

【市政协领导名录】

主　席：黄晓波

副主席：黄耀波　郑友清

徐建辉　柏　林

刘忠华　戴晓文

胡领高（1月任）

秘书长：徐容宁

副秘书长：刘海滨　郑荣钦

【市政协办公室和专委会领导名录】

办公室

主　任：刘海滨

副主任：谢文斌（2月任）

副调研员：谢文斌（任至2月）

提案委员会

主　任：杨利文

文史委员会

主　任：吴　昊

经济委员会

主　任：袁晓明

人口资源环境委员会

主　任：魏志中

副调研员：吴萍香

教科文卫体委员会

主　任：王裕良

副调研员：王新平

社会和法制委员会

主　任：裴　涛（任至7月）

港澳台侨外事和民族宗教委员会

主　任：郑海云

重要会议和活动

【市政协四届三次会议】 中国人民政治协商会议抚州市第四届委员会第三次会议，于2018年1月7—9日在抚州举行。大会应到委员355名，实到332名。市领导出席开幕和闭幕会议，参与联组讨论，与委员互动交流。会议听取并赞同市长张鸿星所作的《政府工作报告》及其他报告。会议审议并同意主席黄晓波代表政协抚州市第四届委员会常务委员会所作的工作报告和副主席柏林代表政协抚州市第四届委员会常务委员会所作的提案工作情况报告。

【市政协四届七次常委会议】 1月6日，召开市政协四届七次常委会议。会议审议通过《政协抚州市第四届委员会常务委员会关于增补委员的决定》《关于同意周付德同志辞去政协抚州市第四届委员会副主席、委员职务的决定》。

【市政协四届八次常委会议】 1月8日，召开市政协四届八次常委会议。会议审议通过政协抚州市第四届委员会第三次会议选举办法（草案）、政协抚州市第四届委员会第三次会议总监票人、监票人名单（草案）；协商审议政协抚州市第四届委员会副主席、常务委员候选人名单（草案）；审议通过政协抚州市第四届委员会第三次会议提案审查报告（草案）、政协抚州市第四届委员会第三次会议决议（草案）。

【市政协四届九次常委会议】 1月9日，召开市政协四届九次常委会议。会上，各组召集人汇报各组委员讨论和审议情况，通过政协抚州市第四届委员会第三次会议选举办法（草案）、政协抚州市第四届委员会第三次会议总监票人、监票人名单（草案）；协商确定政协抚州市第四届委员会副主席、常务委员候选人名单（草案）。

【市政协四届十次常委会议】 4月28日，召开市政协四届十次常委会议专题学习报告会。会议听取省委党校常务副校长曾志刚作题为《学习习近平新时代中国特色社会主义思想和品格》的专题报告；研究有关人事事项。

【市政协四届十一次常委会议】 7月12日，召开市政协四届十一次常委会议，副市长徐国义应邀出席。会议专题协商并审议通过《把抚州戏剧唱起来，让“临川四梦”走出去——关于依托汤翁戏剧品牌，繁荣我市演艺市场的调研报告》，审议通过有关人事事项。

【市政协四届十二次常委会议】 10月12日，召开市政协四届十二次常委会议，市委常委、副市长张朋应邀出席。会议协商并审议通过《高起点规划、高标准建设、高质量发展，把东临新区打造成我市经济发展新的增长极——关于东临新区建设与发展问题的调查报告》。

【市政协党组召开2017年度专题民主生活会】 2月12日，市政协党组召开2017年度民主生活会。市政协党组书记、主席黄晓波主持；市委常委、统战部部长、市政协党组副书记韦萍，市政协党组成员、副主席黄耀波、徐建辉、柏林及秘书长徐容宁参加会议；市政协副主席刘忠华、戴晓文、胡领高及市政协机关党组成员列席会议。

【全市政协系统学习宣讲习总书记关于加强和改进人民政协工作的重要思想视频会议】 7月10日，全市政协系统学习宣讲习近平总书记关于加强和改进人民政协工作的重要思想视频会议在市行政会议中心召开。省政协副主席、市委书记肖毅作宣讲报告。

【召开习总书记关于加强和改人民政协工作的重要思想理论研讨】 7月10日，市政协专题理论研讨会在市政协五楼主席会议室召开。省政协副主席、市委书记肖毅出席并讲话。他强调，开展习近平总书记关于加强和改进人民政协工作的重要思想学习研讨活动，是各级政协的一项重大政治任务，要把学习研讨活动与政协履职实践紧密结合起来，坚持理论联系实际，真学真懂真信真用，推动政协工作高质量发展。会议由市政协主席黄晓波主持；市委常委、统战部长部韦萍，市政协副主席黄耀波、柏林、刘忠华、戴晓文及秘书长徐容宁出席。

【开展“重温入党誓词，诵读红色家书”主题活动】 7月9日，市政协“重温入党誓词，诵读红色家书”主题活动在市政协常委会议室举行。市政协党组书记、主席黄晓波参加活动并讲话，市政协副主席黄耀波、柏林、刘忠华、戴晓文及秘书长徐容宁出席。

【市政协党组召开专题民主生活会】 9月16日，市政协党组召开“坚决全面彻底肃清苏荣案余毒，持续建设风清气正政治生态”专题民主生活会。市政协党组书记、主席黄晓波主持；市委常委、统战部部长、市政协党组副书记韦萍，市政协党组成员、副主席黄耀波、徐建辉、柏林、胡领高及秘书长徐容宁参加会议；市政协副主席郑友清、刘忠华、戴晓文及市政协机关党组成员列席会议。市纪委监委有关人员到会指导。

【各界人士中秋座谈会】 9月20日，市政协举行各界人士迎中秋座谈会。市政协主席黄晓波出席并讲话，副主席刘忠华主持；市政协各界别委员代表，在抚州港澳台胞、侨胞、侨属侨眷代表，各民主党派、工商联、侨联及无党派人士代表，共70余人欢聚一堂，共话团圆，共谋发展。

【举行中共党员委员工作站挂牌仪式】 11月14日，市政协党组在市文化旅游投资发展有限公司举行中共党员委员工作站挂牌仪式，并分别向市红十字会、市实验学校、玉茗建设集团、明恒纺织集团等单位授牌。市政协主席、党组书记黄晓波出席并讲话。

【“界别活动月”活动】 12月，以“改进调研作风，服务基层群众”为主题，在25个界别开展“界别活动月”活动。各界别以专委会为依托，深入基层调研，广泛收集民意，共形成调研和大会发言材料22篇，开展形式多样、各具特色的扶贫济困、捐资助学、送医送药、送教下乡等服务群众活动19场次，惠及城乡群众2500余人，取得良好的社会效果。

（吴志贤）

专门委员会工作

【提案委员会工作】 1月8日，在市政协四届三次会议上，市委书记肖毅、市长张鸿星分别对提案工作作出批示，肖毅批示：“采纳落实、办结的比例不高，要加大督办力度，推动有关部门认真办理政协委员的提案，不能‘一回’了之。”张鸿星批示：“按照职责分工，认真研究，加强协调，积极采纳，真正把委员提案转化成促进抚州经济社会发展的政策措施。”5月7日，参加在萍乡召开的全省设区市政协提案工作座谈会，会上抚州市政协作“学习贯彻政协章程，扎实推进提案工作”经验交流。5月22—25日，配合省政协在抚州开展“重点古村落保护”提案专题调研及办理协商活动。6月27日，组织召开由林翠英等48名委员联名提出的“关于加强小区物业管理财务监管的几点建议”提案办理协商座谈会，形成会议纪要报送市委、市政府，提出“工作重心下沉”等6条有针对性的建议供党委政府决策参考。7月5日，向市委、市政府报送《积极推进抚州至东乡快速通道项目建设的建议》重点提案，供决策参考。7月20日，开展市政协四届三次会议第086号《关于保障二次供水安全的建议》提案办理视察协商活动。9月3日，组织委员就“关于大力运用大数据推进信息与相关产业融合发展”提案开展视察座谈，市政协主要领导参加并讲话，市政府分管领导参加会议听取意见。10月23日，组织召开有关“精准扶贫”提案办理协商座谈会，市各民主党派负责人及相关市政协委员听取市扶贫和移民局、人社局、民政局、教育局、卫计委等部门负责人的情况通报并提出意见建议。会后向市委、市政府报送协商监督成果，针对脱贫攻坚工作中存在的产业效益不高等5个方面的问题，提出4条具体建议供党政部门参考，为全市打赢脱贫攻坚战发挥监督促进作用。11月，与民盟市委会开展联合调研，形成《让千年文脉奔涌不息——推进千金陂申报“世界灌溉工程遗产”》报告。

【经济委员会工作】 3月20日，召开市政协经济委员会全体委员会议。4月8—10日，组织委员就抚州市贯彻落实“降成本优环境促发展”政策情况进行专题视察，并形成专题视察报告报送市委、市政府。该报告得到市党政主要领导的高度重视，市长张鸿星作出“调研报告提出建议很有针对性。请市发改委（优化办）认真吸纳落实”的批示。《现代抚州》杂志全文刊发该视察报告。7—8月，组成调研组深入东临新区和市直相关单位进行专题调研，形成《关于东临新区建设与发展问题的调研报告》，在市政协四届十二次常委会上进行讨论协商。调研报告报送市委、市政府后，得到市党政主要领导的高度重视和充分肯定，省政协副主席、市委书记肖毅进行阅批，在报告内多处画线并作出批示，要求市政府和有关部门就相关问题进行专题研究。《现代抚州》杂志全文刊发该调研报告。9月，组织委员分别就《唱响洪门文化，助力地方发展》《关于我市快速公交项目建设问题的建议》两件重点提案进行督办，推动委员提案进一步落实。11月14日，联合市工商联、市党外知识分子联谊会举办“2018年抚州市非公经济金融研讨会”，邀请100多位民营企业家与银行、金融部门面对面沟通，为破解企业发展难题做出努力。12月，组织委员参与扶贫济困献爱心活动，协调慈善救济款10万元，为东乡区洪亮垦殖场的孤寡老人和贫困学生送去政协组织的关心和温暖。

【教科文卫体委员会工作】 1月，引导委员就“工业‘智’造”主题深入调研，提出15条建议，在市政协四届三次会议上以《拥抱互联网时代，推动我市工业向“智”造迈进》为题作典型发言，市委书记肖毅当场作批示，为抚州“工业‘智’造”的推进提供有益路径。3月以后，围绕繁荣抚州演艺市场，深入部门、企业和基层一线调研，形成《把抚州戏剧唱起来，让“临川四梦”走出去——关于依托汤翁戏剧品牌，繁荣我市演艺市场》的调查报告，并经市政协常委会议协商后报市委市政府，得到省政协副主席、市委书记肖毅的批示：“此报告反映了抚州文化事业、文化产业发展的现状及问题，所提建议值得研究。”市委常委、宣传部部长傅云，副市长徐国义也分别对报告做出批示，要求积极采纳落实。报告的成果得到有效转化，有力地助推汤翁文化品牌的打造。报告还被《现代抚州》转载。5月，以“中医药产业发展”为主题开展“委员活动日”活动，实地考察临川区仙盖山仙草馆、仙药馆、中医馆，江西荣裕集团中药GAP种植基地，提出7条建议供职能部门参考。8月，到南城县上唐镇壹秋果生活农场和建昌镇麻岭下生态村开展视察，督办提案《让乡村旅游“火”起来》。10月，围绕“提升食品检验检测能力，打造食品安全放心城市”课题开展专题视察，与部门面对面协商，提出意见建议，为部门开展食品检验检测工作提供可借鉴思路。有序推动联系界别开展活动，助力委员履职。11月，组织教育界委员开展送教下乡活动，给黎川县日峰镇店前村小学学生送去价值7100元的课外读物和学习用品，并呈上三堂精彩的示范课，带去先进教学理念和鲜活教学形式；组织民进界别委员到市第三医院开展“送温暖、献爱心”活动。

【人口资源环境委员会工作】 10月，围绕培植乡村产业深入东乡、南丰、乐安、广昌等县区进行调研座谈，并赴山东济宁、潍坊、威海等市学习考察，形成《培植产业是乡村振兴的必由之路——关于我市实现乡村振兴战略的调查与建议》。市委书记肖毅对调研报告作出批示：转政府分管领导、农工部、农业局研究落实。市政府全面采纳调研报告的相关意见建议，将推进“两特一游”产业发展、绿色生态农业“十大行动”、现代农业示范园区建设、智慧农业建设等相关内容列入2019年政府工作报告中。《光华时报》《现代抚州》《抚州日报》等报刊对专题调研报告取得的成果进行详细报道，有力推动全市乡村产业振兴发展。

【社会和法制委员会工作】 3月20日，组织委员到黎川县开展“委员活动日”活动。4月8—11日，配合省政协社法委深入乐安县、崇仁县、临川区就“残疾人基本生活兜底保障制度完善与脱贫攻坚工作”开展专题调研。6月，联合市农业局、环保局组成专题调研组深入南城、南丰、崇仁、东乡和临川5个县区，就农村面源污染情况开展调研，形成《关于我市农村面源污染防治工作情况的调查报告》。省政协副主席、抚州市委书记肖毅批示认为政协报告很好，要求政府及相关部门抓好落实。此报告还被《现代抚州》全文转载，8月20日，在北京参加全国政协社法委召开的部分地方政协社会和法制委员会工作座谈会。11月23日，召开“全市扫黑除恶专项斗争情况通报会”，邀请市委政法委领导向委员们通报全市扫黑除恶专项斗争开展情况、存在问题及下一步工作打算，并与委员们进行座谈交流。11月27日，召开委员座谈会，专题听取市政协委员关于扫黑除恶专项斗争的社情民意和意见建议，会后形成报告上报省政协办公厅。

【港澳台侨外事和民族宗教委员会工作】 7月，就“深入挖掘全市宗教文化生态资源”课题开展专题调研，并形成调研报告。10月，就健康扶贫工作开展专题调研，形成《关于我市智慧百乡千村健康医养扶贫工程情况的调研报告》报送市委、市政府。配合省政协开展“全省宗教院校建设情况”专题调研，并按要求形成相关材料报送省政协，一些建议被省政协采纳。

【文史委员会工作】 分别以“人文拾踪”“汤公文化（上下）”“回首40年”为主题编印4期《抚州文史》，与乐安县、崇仁县政协合作公开出版《乐安民国风云录》和《至德崇仁》两本专辑史料，总计征编史料近百万字。10月，组织文史馆员深入南城县视察和采风，激发大家发掘、整理、研究、撰写文史资料的热情，促进文史征编工作。11月，联合民建市委会组织民建界别农业、医药方面的专家委员，深入黎川县日峰镇店前村，开展“送医送药送科技”下乡服务活动，共提供义诊服务500余人次，捐赠8000多元常用药品等，发放卫生及种植、养殖资料2000余份。

（吴志贤）

本栏编辑 陈志平

中共抚州市纪律检查委员会
抚州市监察委员会

综　述

2018年，抚州市纪委、市监委坚持以习近平新时代中国特色社会主义思想为指导，深入学习贯彻中共十九大精神，聚焦主责主业，勇于担当作为，狠抓工作落实，推动全面从严治党取得新成效，为全面建成小康新抚州提供有力保障。

自觉践行“两个维护”。坚持把深入学习习近平新时代中国特色社会主义思想和中共十九大精神作为全市纪检监察系统的首要政治任务，把践行“两个维护”作为纪检监察机关最重要的政治职能，市纪委常委会、市纪委理论学习中心组21次传达学习习近平总书记重要批示指示和讲话精神，学习中央纪委领导在抚州调研期间关于坚决落实“两个维护”的讲话精神，邀请中央纪委有关同志为抚州市纪检监察干部作专题辅导报告，不断提高政治站位和政治觉悟。坚决全面彻底肃清苏荣案余毒，深入开展问题大起底大排查，列出“负面清单”，逐条逐项整改落实。严明政治纪律和政治规矩，全市查处违反政治纪律案件31件33人。

用好问责利器。紧盯各级党委（党组）和党委（党组）第一责任人的履责情况，聚焦推动“三大攻坚战”、落实市委、市政府决策部署、落实管党治党政治责任等不力的党组织和党员干部，全市问责党组织109个、问责领导干部577人，纪律处分74人，失责必问、问责必严成为常态。

深化巡察监督。市委加强对巡察工作的领导，修订《四届市委巡察工作规划》，配齐配强市县巡察机构和人员，先后召开4次市委书记专题会、11次市委巡察工作领导小组会，听取巡察情况汇报，研究解决巡察工作中的重大问题。对29个市直单位党组织开展常规巡察，对4个基层党组织开展提级巡察，对11个县区法院党组织开展提级巡察和交叉巡察，共发现问题1035个，移交问题线索155个。做好巡察整改工作，建立市委、市政府领导分工督办机制，市委巡察工作领导小组组长、副组长带队到被巡察党组织直接反馈问题，提出有针对性的整改要求，高位推动整改落实。强化纪检监察机关对巡视巡察整改的监督检查，推动巡视巡察发现问题再查再改、未巡先改。

优化派驻机构监督。赋予市纪委、市监委派驻机构监察职能，探索建立派驻机构与驻在部门和市纪委对口联系监督室工作联动机制，理顺工作关系，完善运行机制，市纪委市监委23个派驻机构处置问题线索303件，运用监督执纪“四种形态”343人次，立案79件，同比分别增长719%、600%、107%，派驻监督效能明显提升。制定《市纪委市监委派驻（派出）机构执纪监督岗位实战练兵实施方案》，通过市纪委、市监委全面领导、派驻（派出）机构全员实战、执纪监督方式全科运用、对口联系监督室全程指导的方式，混编组建执纪监督组，集中人员、集中时间，以老带新开展2轮各为期半个月的岗位练兵，发现一批问题线索、查处一批违纪案件、锻炼一批执纪能手。

巩固拓展作风建设成果。持之以恒落实中央八项规定及其实施细则精神和省市要求，紧盯“四风”隐形变异问题，部署开展“一桌餐”、“20种饭局”、工作日中餐饮酒等日常检查和集中督查，严防“四风”问题反弹回潮。全市查处违反中

市纪委监委驻水利局纪检监察组对企业采砂相关问题进行实地调研

央八项规定精神问题172起，处理274人，给予党纪政务处分176人，持续释放越往后执纪越严的强烈信号。落实全省作风建设工作会议精神，深入开展“进一步解放思想，大兴调查研究之风，切实转变干部作风”活动，对干部作风问题进行大调研、大排查，开展“办事最难窗口”评选、电视专题访谈、行政审批事项进驻专项督查等活动，全市查处形式主义、官僚主义和“怕、慢、假、庸、散”问题550起，处理781人，给予党纪政务处分221人，通报市人社局贯彻执行上级要求打折扣、做选择、搞变通问题，崇仁县上报中央环保督察组转办件处理情况弄虚作假问题，市水利局上报中央环保督察组调阅材料张冠李戴、照搬照抄等各类典型问题46起。

始终保持反腐败高压态势。强化党委对反腐败工作全过程、常态化领导，修订市委反腐败协调小组工作规则，充分发挥反腐败协调小组职能作用。坚持行贿受贿一起查，“打虎”“拍蝇”双管齐下，全市纪检监察机关受理信访举报6330件次，处置问题线索4307件，立案1558件，给予党纪政务处分1551人，移送司法机关处理37人；市纪委、市监委立案查处县级干部27起30人。全要素试用12种调查措施，对33人采取留置措施，其中涉及县级干部8人，严肃查处马胜生、詹向民、陶英华、杨新、邹奇良、刘军等一批腐败分子。推动纪法贯通、法法衔接，完善信访举报、线索处置、审查调查、案件审理等方面的制度规范，反腐败工作规范化法治化水平不断提高。

精准运用监督执纪“四种形态”。全市纪检监察机关运用监督执纪“四种形态”处理5248人次，同比增长6.6%，其中第一、二、三、四种形态占比分别为69.9%、24.5%、3.2%、2.4%，监督执纪由“惩治极少数”向“管住大多数”拓展。同时，牢固树立“没有安全就没有审查调查”的理念，常态化开展审查调查安全督查，统筹推进全市留置场所和看护队伍规范化建设，全市审查调查安全实现“零事故”。

扶贫、环保领域监督执纪问责。坚持以人民为中心的发展思想，深入开展扶贫领域专项治理，全市查处扶贫领域腐败和作风问题1038件，给予党纪政务处分435人，通报典型案例315起589人。深入推进环保领域监督执纪问责，查处生态环保领域违规违纪违法和失职失责行为142起，处理217人，给予党纪政务处分82人。

扫黑除恶专项斗争监督执纪问责。重拳出击涉黑涉恶腐败和充当“保护伞”问题，建立领导联点包案、线索移送和签字背书机制，合力推进打伞除网工作。全市立案查处涉黑涉恶腐败和“保护伞”问题104起，给予党纪政务处分46人，移送司法机关处理12人。特别是在市委的果断决策和坚强领导下，市纪委、市监委深挖彻查宜黄陈氏兄弟、乐安元氏兄弟等黑社会性质团伙背后的“保护伞”，取得良好的政治、纪法和社会效果，得到省纪委、省监委的充分肯定。坚持惩前毖后、治病救人，出台党员干部和公职人员涉黑涉恶问题限期主动交代处理原则，全市280多名党员干部主动交代问题。

持续强化纪律教育。加强新修订的纪律处分条例的学习宣传贯彻工作，把《条例》作为纪律教育必修课，市纪委班子成员深入挂点县（区）作专题辅导；打造“四香戒”教育馆，组织党员干部接受本地优秀廉洁文化教育；结合抚州市查处的典型案件，编印严重违纪违法人员忏悔录，拍摄警示教育片《荣辱两重天》，在全市各级党组织开展警示教育，让党员干部明底线、知敬畏、守纪律。

（胡志伟）

【市纪委、市监委领导名录】

纪委书记、监委主任：

刘海滨（1月任监委主任）

纪委常务副书记、监委副主任：

黄发高（1月任监委副主任）

纪委副书记、监委副主任：

赵荣贵（1月任监委副主任）

纪委副书记、监委副主任：

罗少韬（1月任监委副主任）

纪委常委（正处长级）、监委委员：

李仲学（1月任监委委员）

纪委常委：艾　华

纪委常委、监委委员：

钱　平（纪委常委任至6月，1月至7月任监委委员）

纪委常委、监委委员：

汪月清（1月任监委委员）

纪委常委、秘书长：艾恒知

监委委员：游　渊（1月任）

韩长贤（11月任）

【市纪委、市监委部门领导名录】

组织部长：陈　萍

宣传部长：陈武光

研究室主任：周文龙

信访室主任：杨　茵（6月任）

第一监督检查室主任：黄初江

第三监督检查室主任：张　俊

第四监督检查室主任：赵四鸣

案件审理室主任：程胜文

纪检监察干部监督室主任：邹　华

重要会议

【举办纪检监察政治业务培训班】1月4日，抚州市纪检监察政治业务培训班在市党风廉政教育中心开班。市委常委、市纪委书记刘海滨出席开班大会，并围绕《不忘初心、牢记使命，推动全面从严治党向纵深发展》主题为全体参训人员讲授党课。他指出，新形势下纪检监察工作的新任务、新要求，需要一支忠诚、干净、担当的高素质纪检监察干部队伍。全市纪检监察机关必须学懂、弄通、做实中共十九大精神，牢固树立政治理想，正确把握政治方向，严格遵守政治纪律，拥抱新时代、践行新思想、实现新作为，不断取得全面从严治党新成效。开班大会前，刘海滨还率全体参训人员重温入党誓词。

【市监察委员会成立大会】1月11日，抚州市监察委员会成立大会在市行政会议中心召开。市委书记、市监改试点工作小组组长肖毅出席并讲话。市委副书记、组织部部长、市监改试点工作小组副组长王新有通报市人大及其常委会选举任命市监委主任、副主任、委员情况；市委常委、市纪委书记、市监察委员会主任、市监改试点工作小组副组长刘海滨主持大会，市委常委、政法委书记李建林，市人大常委会副主任谢祖鹏，市人民检察院检察长宋智勇等出席大会。会前，肖毅、刘海滨共同为市监察委员会揭牌，并与市纪委市监委班子成员合影留念。

【机关工作务虚会】 1月12日，市纪委、市监委召开机关工作务虚会。总结分析2017年工作情况，研究谋划2018年工作思路。市委常委、市纪委书记、市监委主任刘海滨主持会议并讲话。市纪委市监委领导班子出席会议并就各自分管工作发言。各部门负责人汇报2017年工作情况和2018年工作打算。

【市纪委四届三次全会】 2月8日，中共抚州市第四届纪律检查委员会第三次全体会议在市行政会议中心举行。市委书记肖毅出席并讲话。张鸿星、王新有、魏建锋、黄晓波、李建林、李兰贵、谭小平、罗国良、董朝武、韦萍、傅云等市四套班子在家领导出席。市委常委、市纪委书记、市监委主任刘海滨主持并代表市纪委常委会作题为《坚决推动新时代全面从严治党向纵深发展为全面建成小康新抚州提供坚强保证》的工作报告。

【市委第三轮巡察工作动员部署会】 3月20日，四届市委第三轮巡察工作动员部署会召开。市委副书记、组织部长、市委巡察工作领导小组副组长王新有，市委常委、市纪委书记、市监委主任、市委巡察工作领导小组组长刘海滨出席并讲话。刘海滨指出，巡察要坚持把发现问题作为巡察工作的生命线，精准发力，确保巡察工作取得最大实效；要从严从实加强巡察干部纪律教育，严明纪律要求，从严监督，从严管理，坚决防止“灯下黑”。

【全市扶贫领域暨扫黑除恶专项斗争监督执纪问责工作推进会】 3月20日，抚州市扶贫领域暨扫黑除恶专项斗争监督执纪问责工作推进会议召开。市委常委、市纪委书记、市监委主任刘海滨主持会议并讲话。会议要求，全市各级纪检监察机关必须聚焦主责主业，紧盯突出问题，铁面执纪执法，严格责任追究，以“零容忍”的态度坚决惩治扶贫领域腐败问题以及党员干部涉黑涉恶腐败问题，把扶贫领域和扫黑除恶专项斗争监督执纪问责各项工作落实落细。

【派驻（派出）机构工作会】 3月22—23日，市纪委召开派驻（派出）机构工作会。市委常委、市纪委书记、市监委主任刘海滨出席会议并讲话。省纪委派驻省水利厅纪检组长吴信根结合自身工作实际，就派驻工作的沿革、特点和抓手进行授课。会议强调，要紧紧围绕派驻机构职责定位发挥职能作用，切实履行党章赋予的职责。要紧紧围绕监督执纪工作重点发挥派驻权威，做到聚焦聚焦再聚焦。要紧紧围绕营造良好政治生态强化责任担当，通过全面履职尽责推动驻在部门形成良好政治生态。要紧紧围绕提升派驻监督质量改进方式方法，进一步把工作理顺。要紧紧围绕打造坚强战斗集体强化自身建设，打造新时代管党治党“铁军”。

中共抚州市第四届纪律检查委员会第三次全体会议召开

【学习习近平总书记重要讲话精神和全国“两会”精神专题会】 3月26日，市纪委、市监委召开市纪委常委（扩大）会议专题学习习近平总书记重要讲话精神和全国“两会”精神，深入学习全省领导干部会议精神和全市领导干部会议精神等，研究部署贯彻落实意见。市委常委、市纪委书记、市监委主任刘海滨出席会议并讲话。会议强调，要坚决维护以习近平同志为核心的党中央权威和集中统一领导，迅速把思想和行动统一到习近平总书记在全国“两会”期间的重要讲话和“两会”精神上来，牢固树立“四个意识”，坚定“四个自信”，严明政治纪律，严守政治职责，在深化国家监察体制改革、持之以恒正风肃纪等工作中边干边学。

【中心组集中（扩大）学习“宪法、监察法”报告会】 4月9日，市纪委市监委举办中心组集中（扩大）学习“宪法、监察法”报告会。市委常委、市纪委书记、市监委主任刘海滨出席报告会。会议强调，要提高政治站位，将学习宣传《中华人民共和国宪法》《监察法》作为政治任务抓牢抓实。要坚持学深悟透，在系统上下形成学法用法的良好氛围。要强化责任担当，以法治精神将抚州市全面从严治党引向深入。

【全市纪检监察工作调度会】 5月11日，全市纪检监察工作调度会召开。市委常委、市纪委书记、市监委主任刘海滨主持会议并讲话。会议传达贯彻省委书记、省长刘奇在全省作风建设工作会议上的报告精神，通报、分析1—4月份全市执纪审查情况，并就下一阶段各项工作进行部署。会议要求，全市各级纪检监察机关和广大纪检监察干部，要切实行动起来，拿出抓铁有痕、踏石留印的精神，拿出人一之我十之、人十之我百之的劲头，以重点工作的突破，带动全市纪检监察各项工作的全面落实。

【市委第四轮巡察工作动员部署会】 6月21日，四届抚州市委召开动员部署会启动第四轮巡察工作。市委常委、市纪委书记、市监委主任、市委巡察工作领导小组组长刘海滨作巡察动员部署讲话。刘海滨要求，要落实“两个维护”，坚持政治巡察这个“主旋律”。把“两个维护”作为政治巡察的“纲”和“魂”，把“六围绕一加强”作为政治巡察的主线，把解决“怕、慢、假、庸、散”作为政治巡察的重要内容。要提高巡察质量，抓住发现问题这条“生命线”。要强化成果运用，立足解决问题这个“落脚点”。要严明巡察纪律，坚守作风过硬这个“定盘星”。

【全市纪检监察工作半年分析会】 8月9日，全市纪检监察工作半年分析会召开。市委常委、市纪委书记、市监委主任刘海滨主持会议并讲话。刘海滨要求，要坚持精准发力，以走在前列的标准抓好工作。要围绕全省纪检监察工作座谈会暨设区市纪检监察工作半年报告会提出的总体要求，在落实好“两个维护”上精准发力，在减少存量、遏制增量上精准发力，在补齐监督短板上精准发力，在服务抚州发展大局上精准发力，在高标推进监察体制改革试点上精准发力，在锻造新时代“纪律部队”上精准发力。同时严防“灯下黑”，努力建设一支忠诚坚定、担当尽责、遵纪守法、清正廉洁的纪检监察干部队伍。

【全市执纪审查及安全监管业务培训班】 8月30日，市纪委市监委在市委党校举办全市纪检监察系统执纪审查及安全监管业务培训班，市委常委、市纪委书记、市监委主任刘海滨主持开班式并作动员讲话。刘海滨强调，要对照授课内容，查找自身执纪审查谈话突破能力、执纪办案安全管控能力等方面存在的差距，开展深入讨论；要结合学习授课精神，针对执纪审查及安全监管工作中的重点、难点问题，采取多种形式进行业务交流；要结合执纪办案工作实际，采取以案代训、以老带新、案例评析、模拟演练等灵活多样的形式检验培训成果，切实提高各方面能力，真正做到学有所得、学有所获。

【市委第五轮巡察工作动员部署会】 9月7日，四届抚州市委召开动员部署会启动第五轮巡察工作。市委常委、市纪委书记、市监委主任、市委巡察工作领导小组组长刘海滨作巡察动员部署讲话。刘海滨要求，要围绕党的政治建设、党的思想建设、党的组织建设、党的作风建设、党的纪律建设、反腐败斗争，深化政治巡察。要把握好“提级”与“交叉”的关系、政治与业务的关系、个性和共性的关系，强化组合效应。要抓好巡察反馈环节、组织整改环节、整改巡察督查环节，推动整改落实。要学中干、干中学，敢担当、求作为，严管理、严自律，提升队伍素质。

【学习《中国共产党纪律处分条例》辅导报告会】 9月20日，市纪委市监委举行学习《中国共产党纪律处分条例》辅导报告会。市委常委、市纪委书记、市监委主任刘海滨出席报告会。会议强调，全市纪检监察机关要提高政治站位，主动学。准确把握纪律建设的政治性、时代性、针对性，深刻理解完善党内法规制度的重大意义。要结合党内生活，经常学。要经常利用党支部学习会、“固定党日”活动和“三会一课”等形式，经常学、长期学，确保《条例》内容滚瓜烂熟，学通弄懂。各级纪检监察干部要融入业务工作，带头学。要把《条例》的学习、宣传、使用结合起来，将学习转化为具体的实践，体现让制度“长牙”、纪律“带电”。

【全市扶贫领域、扫黑除恶、环保领域监督执纪问责暨乡镇纪委标准化规范化建设工作推进会】 10月9日，全市扶贫领域、扫黑除恶、环保领域监督执纪问责暨乡镇纪委标准化规范化建设工作推进会在东乡区清风苑召开。市委常委、市纪委书记、市监委主任刘海滨主持会议并讲话。会议强调，全市纪检监察机关要以更高的政治站位和政治自觉，在扶贫领域、扫黑除恶、污染防治监督执纪问责工作中精、准、稳发现问题、解决问题，乡镇纪委建设要因地制宜，绝不能借机搞“高大上”。要保持高压态势，集中优势兵力，对相关领域发现的违规违纪违法问题快查快结，对责任不落实或落实不到位，形式主义、官僚主义等问题也要严厉问责。要体现严管厚爱，对那些在脱贫攻坚、扫黑除恶、污染防治等工作一线的干部，受到不实举报的干部，及时为其澄清正名、撑腰鼓劲。要加强警示教育，完善通报曝光机制，用好查处的典型案例，用身边事教育身边人。

【纪检体制改革任务完成情况汇报会】 11月1日，纪律检查体制改革专项小组召开2018年度改革任务完成情况汇报会。会议传达学习全市全面深化改革开放工作推进会、市委全面深化改革领导小组第二十次会议精神，对纪检体制改革任务完成情况进行盘点。市委常委、市纪委书记、市监委主任、纪律检查体制改革专项小组组长刘海滨同志主持会议并讲话。刘海滨强调，要以更实的举措抓好任务落地。按照专项小组预定的时间，加快工作节奏，按时完成改革任务；在落实上级改革精神的前提下，要结合实际，创出改革特色；同时要围绕改革中的难点问题加强调研，谋划好2019年的改革任务。要以更好的成效彰显改革亮点。认真盘点2018年改革工作，逐项梳理改革进展情况，对照年初的任务分工方案，该补课的抓紧时间补课；对照市委改革考核办法，提前做好迎接考核准备工作，并加强与省里对口部门的衔接、沟通和汇报，争取支持。要以更大的决心持续推进改革。坚持稳中求进总基调，把狠抓改革落实作为检验“四个意识”“两个维护”的重要标尺，确保各项改革任务落地生根、开花结果。

【市委第六轮巡察工作动员部署会】 11月7日，四届市委第六轮巡察工作动员部署会召开。市委常委、市纪委书记、市监委主任、市委巡察工作领导小组组长刘海滨作巡察动员部署讲话。刘海滨要求，必须把学习贯彻习近平总书记关于巡视巡察工作的重要论述贯穿巡察工作全过程，增强“四个意识”，紧盯政治担当，突出政治建设，不断深化政治巡察；必须把问题导向贯穿巡察工作全过程，抓住“发现问题是巡察工作的生命线”“被巡察党组织问题整改的牛鼻子”“推动解决问题是巡察工作的落脚点”三个关键点，不断强化巡察效果；必须把加强自身建设贯穿巡察工作全过程，加强巡察干部的政治建设、能力建设、作风建设，不断锻造巡察队伍。

【全市扫黑除恶专项斗争监督执纪问责和监督调查处置工作推进会】 11月15日，全市扫黑除恶专项斗争监督执纪问责和监督调查处置工作推进会在临川区召开。市委书记肖毅提出要求。市委常委、市纪委书记、市监委主任刘海滨出席会议并讲话。肖毅强调，全市各级纪检监察机关要强化使命担当，深挖彻查严惩涉黑涉恶腐败和“保护伞”，坚决做到“三个一律”，持续发力、久久为功。全市各级党委要主动压实责任，切实把专项斗争与反腐、“拍蝇”紧密结合起来，旗帜鲜明、态度坚定地支持“扫黑”“打伞”工作，为纪委监委监督执纪问责和监督调查处置排除阻力、提供有力保障。刘海滨要求，各级纪检监察机关要把深挖彻查“保护伞”作为当前专项斗争的主攻方向，坚定打赢专项斗争这场攻坚战的决心，结合工作实际，聚焦重点突出问题，主动出击筛查线索，攻坚碰硬狠抓办案，拿出切实管用的措施，为打赢脱贫攻坚战提供坚强的纪律保证。

【县区纪委书记年终工作座谈会】 12月14日，市纪委、市监委召开县区纪委书记年终工作座谈会，查找2018年工作中存在的问题和不足，谋划2019年党风廉政建设和反腐败工作思路和举措，听取县区纪委书记对全市纪检监察工作的意见和建议。市委常委、市纪委书记、市监委主任刘海滨主持会议。会议强调，年终临近，各级纪检监察机关不能有歇口气的思想，要紧紧抓住年前这段时间，加强调度，迅速推进，认真细致，迅速收尾，把收官阶段的工作做扎实，为2019年工作打下坚实基础。要在全面回顾2018年工作的基础上，认真总结，仔细分析，提前谋划。把握好当前有利工作局面，保持狠抓落实的担当干劲势头，把步子迈得更大一些，凝心聚力，共同努力，进一步推动全面从严治党纵深发展。

（胡志伟）

党风廉政建设

【运用熊晓华严重违纪案件开展“三会一书两公开”警示教育】 1月11—13日，市纪委、市监委运用熊晓华严重违纪案件在市公安局开展“三会一书两公开”系列警示教育活动，先后召开党支部宣布熊晓华处分决定会、市公安局党委专题民主生活会、抚州市公安局“汲取熊晓华案教训”警示教育大会。市委常委、市纪委书记、市监委主任刘海滨，副市长、市公安局党委书记、局长万凯出席警示教育大会并讲话，市纪委副书记、市监委副主任罗少韬，省纪委驻省公安厅纪检组综合处处长王焱等出席会议。

【完善“两个责任”监管系统】 根据实践需要，升级完善全面从严治党责任落实信息化监管系统，细化责任清单，优化数据采集，推动责任落实更加具体高效。同时，延伸监管范围，在3个县区试点建设面向乡镇和县直单位的监管系统，实现市县互联互通，督促责任落地落实。

【探索同级监督有效方式】 在采取调研评议、提醒谈话等方式监督同级党委落实全面从严治党主体责任的基础上，创新监督方式，全面实行针对同级党政班子成员分管领域存在的问题和个人廉洁自律方面的反映，发出问题提醒单，督促其抓早抓小、防微杜渐；针对审查调查中查处的问题，发出整改抄告单，督促同级党政班子成员抓好责任单位的问题整改落实；各级党政班子成员每年向同级党风廉政建设领导小组报告一次落实全面从严治党责任和廉洁从政情况的“两单一报告”制度，全年市纪委、市监委向市委、市政府班子成员发送问题提醒单60多人次。

【推进纪检监察体制改革】 市县两级党委、纪委主动扛起政治责任，党委书记当好“施工队长”，一体推进全市纪律检查体制改革和国家监察体制改革，全面完成市县两级监委组建和人员转隶。深入开展宪法、监察法的学习宣传贯彻，有效推动纪委监委职能、人员、工作深度融合，实现“形”的重塑、“神”的重铸。探索监察职能向基层延伸的有效途径，县（区）监委向乡镇派出监察办公室，推动监察监督全覆盖。按照有队伍、有制度、有场所、有设备、有经费、有作为“六有”标准，稳步推进全市乡镇纪委标准化规范化建设，为打通监督全覆盖“最后一公里”奠定了扎实基础。

【从严教育管理监督纪检监察干部队伍】 坚持以党的政治建设为统领，出台《关于加强市纪委市监委机关政治建设的意见》，对纪检监察干部严格教育、严格管理、严格监督。市纪委、市监委班子成员带头从严要求自己，严格落实双重组织生活、请示报告等制度，经常开展“五不”调研，认真履行“一岗双责”。全市纪检监察机关领导干部深入开展家访谈心981人次，及时掌握干部思想动态，推动家风建设。加强机关党建工作，定期开展主题党日活动，打造独具纪检监察机关特色的政治文化，积极创建机关“五型党支部”。严格执行监督执纪工作规则，落实重大事项请示报告、打听案情和说情干预登记备案等制度，制定纪检监察干部“五坚持五严禁”纪律规定，做到用制度管人、靠制度管事。强化自我监督，严防“灯下黑”，全市处理纪检监察干部55人。剖析纪检监察干部违纪典型案件，迅速在全系统开展警示教育，督促汲取深刻教训，筑牢拒腐防变的思想防线和纪律防线。

（胡志伟）

典型案例选介

【马某生严重违纪违法案件】 马某生，男，汉族，1963年12月出生，江西省临川区人，大专文化，1998年12月加入中国共产党，1982年10月参加工作，2004年5月任市交警支队直属二大队大队长，2007年4月任市交警支队直属一大队大队长，2007年7月任市交警支队副支队长、直属一大队大队长，2011年3月任市公安局副调研员、市交警支队副支队长。经查，马某生身为党员领导干部，在市交警支队任职期间，违反政治纪律，对抗组织审查。违反中央八项规定精神，收受礼金、礼品及购物卡9.12万元；操办母亲丧事，借机收受下属和管理服务对象礼金0.73万元；接受他人安排的旅游活动并由他人承担0.8万元费用。违反组织纪律，不如实报告个人房产、投资等有关情况，在组织函询期间仍未如实说明个人投资情况。违反廉洁纪律，违规收受礼金4.48万元。违反国家法律法规规定，利用职务上的便利，在工程建设、企业经营、交通事故处理等方面为他人谋取利益，收受他人财物83.5万元，其行为已严重违纪违法。依据《中国共产党纪律处分条例》等有关规定，经市纪委常委会议、市监察委委务会议讨论，并报市委常委会议批准，决定给予马某生开除党籍、开除公职处分；收缴其违纪所得；将其涉嫌犯罪问题移送司法机关依法处理。

【市人社局贯彻执行上级要求打折扣、做选择、搞变通问题被问责案件】 2017年12月，为落实省政府召开的全省健康扶贫“百日行动”现场推进会精神，推进脱贫攻坚工作，市政府决定从2018年开始将城乡居民普通门诊由家庭账户制度调整为门诊统筹制度，主要目的就是减轻城乡居民特别是贫困人员门诊医疗费用负担，并安排市人社局代市政府起草相关文件。市人社局在起草《抚州市城乡居民基本医疗保险门诊制度暂行办法》和《抚州市基本医疗保险支付方式改革实施办法》过程中，站在本部门角度选择性执行文件，自行增减与上级文件不一致的内容，且不报告、不说明。2018年2月，市人社局违反程序自行制定下发《抚州市城乡居民基本医疗保险门诊统筹管理实施细则》。此实施细则的执行，造成群众特别是贫困人员在门诊看病报销完一定限额后只能自费，与市政府推行门诊统筹的决策初衷相违背，在群众中造成不良影响。同时，发现市卫计委存在工作作风不实等问题。经研究，决定对相关单位和责任人员进行严肃问责，给予负有直接责任的市人社局党组成员、医保局局长孔某春记过政务处分，建议调离人社系统；给予负有直接责任的市人社局医疗工伤生育保险科科长胡某警告政务处分；给予负有主要领导责任的市人社局党组成员、副局长徐某华警告政务处分；对市人社局党组书记、局长宋某志和市卫计委党委副书记、主任祝某渊以及市卫计委分管副主任汤某继进行诫勉谈话；责成市人社局党组、市卫计委党委向市委、市政府写出深刻检查，并召开专题民主生活会，进行对照检查和整改。

（胡志伟）

本栏编辑　汪　洋

民主党派

民革抚州市委员会

【概况】 2018年，民革抚州市委会坚持以习近平新时代中国特色社会主义思想为指导，深入学习贯彻中共十九大精神，履行参政党职能，为全面建成小康新抚州做出积极贡献。加强思想建设，选送26名党员参加省、市培训班学习，发展党员4名。积极参政议政，围绕大事建言、紧扣民生献策、聚焦热点议政，形成建言民生10件集体提案提交市政协四届三次全会，组织精干力量进行调研，形成3篇调研成果。组织开展“四下乡”“送温暖”等活动，提升民革“博爱·牵手”品牌影响力，开展走访慰问贫困户、“送医送药送科技”三下乡活动、科技“六送”下乡活动，组织医疗专家参加创建省级慢性病综合防控示范区。市委会被民革省委会授予“民革全省社会服务工作先进集体”称号。

【思想建设】 开展“不忘合作初心，继续携手前进”主题教育活动，组织民革党员学习贯彻中共十九大、十九届三中全会精神，学习习近平总书记讲话精神，把思想和行动统一到中央、省委、市委的决策部署上。参与或组织民革省委会、市委统战部举办的纪念“五一口号”发布70周年、民革成立70周年、改革开放40周年知识答卷、诵读红色家书活动，进一步促进民革党员坚定理想信念。

年内，有8名党员参加江西省社会主义学院全省党外县处级干部学习贯彻十九大精神集中轮训班学习；选送1名党员参加省委统战部在省社会主义学院举办的民主党派中青年骨干培训班学习；选送3名党员参加省社会主义学院民革骨干党员培训班学习；选送8名党员参加市社会主义学院全市“十三五”干训第二期民主党派成员培训班学习；有6名党员参加市社会主义学院第二期党外科级干部培训班学习。

【组织建设】 党员队伍建设进一步加强。发展4名政治素质高、学有专长、业有专攻的优秀人士为民革党员，平均年龄36岁，其中副高职称2名。开展示范支部创建活动工作，促进基层组织建设水平的提升。成立民革江西省企业家联谊会抚州分会，为民革企业家健康成长和履行职责搭建平台。

基层组织活力进一步彰显。区总支参与区政府组织的大型公益活动，有6个支部开展课题调研，提交10篇提案。请进来走出去的交流活动形式得到丰富，市直五支部赴南昌与南昌西湖区总支进行工作交流及学习考察，市职工医疗门诊部支部、市直二支部与省直七支部在抚州进行交友联谊活动，展示基层组织活力。

党内监督工作进一步强化。监督委员会不断强化监督工作，列席对民革市委会领导班子的年度考评，派员出席主委会和全委会，参与对各支部的年度考评工作。

【参政议政】 精心谋划政协大会发言课题。围绕全市人才工作情况进行调研，形成《如何破解我市人才工作瓶颈》课题成果，在市政协四届三次全会上作大会发言，引起市委领导高度重视，并签署落实意见。

精心组织党派提案工作。围绕大事建言、紧扣民生献策、聚焦热点议政，形成建言民生的《关于加强我市米粉行业监管的建议》、聚焦美丽乡村的《关于加大农村空心房处理力度的建议》、关注教育的《关于在中小学校增加编制全面配置专业卫生人员的建议》等10件集体提案提交到市政协四届三次全会上，得到充分运用和采纳。

精心配合对口调研工作。组织精干力量进行调研，形成“打造抚州生态农业样板，提升我市休闲农业质量”“抚州市的农业发展现状及发展方向”“我市中药材种植业发展存在的问题及对策”等3篇统战大调研成果，为促进全市生态农业发展献计出力。

【社会服务】 博爱行动暖民心。组织开展“四下乡”“送温暖”等活动，提升民革“博爱·牵手”品牌影响力。两次到崇仁邹家村走访慰问贫困户，带领医疗专家上门为患病的贫困人员提供诊治服务。到临川区腾桥镇开展“送医送药送科技”三下乡活动，为300余名群众免费体检，并现场发放价值2000余元的药品。到乐安县公溪镇开展科技“六送”下乡活动，通过举办农业技术培训班、义诊、免费发放药品、科普宣传、赠书等形式，帮助群众提高科学文化素质和脱贫致富本领。民革临川区总支组织医疗专家参加创建省级慢性病综合防控示范区启动仪式，为300余名干部群众进行免费体检和健康教育，并发放健康宣传资料和生活保健用品。

参与中心展风采。市委会机关继续派员进驻崇仁县孙坊镇邹家村开展扶贫攻坚工作，认真履行与社区共建之责投入“三城”同创工作，着力做好人防物防技防工作，参与综治维稳，并到广昌开展脱贫攻坚民主监督工作，力助广昌打赢脱贫攻坚战。

【祖国统一工作】 坚持将推动两岸关系和平发展作为民革祖国统一工作的核心内容，通过组织各支部开展专题学习活动，让广大党员熟知中共中央一系列对台方针政策，特别是中共十九大报告和习近平总书记系列重要讲话中对台工作重要论述，把握中央对台方针。鼓励、支持党员通过各自方式增进与台湾、港澳及海外亲友沟通联络，促进情感交流，联络好台湾同胞感情。强化“经缘”关系，加强与市政协港澳台侨外事和民族宗教委员会和市台办的联系，走访调研在抚州市投资的乔治山庄、珍展鞋业、嘉盛精密纺织公司三家台企，与市台商协会进行联谊，了解掌握台企的发展状况，为台资企业的健康发展建言献策，力助台资企业发展壮大。

（艾润恒）

【民革市委会领导名录】

主　　委：刘忠华

专职副主委：黄港清

民盟抚州市委员会

【概况】 2018年，民盟抚州市委会学习贯彻中共十九大、十九届二中、三中全会，民盟十二大和中共江西省委十四届六次全会等重要会议精神，始终树牢“四个意识”、坚定“四个自信”、坚决做到“两个维护”，继承和发扬民盟优良传统，围绕中共抚州市委的决策部署，履行参政党职能，各项工作取得新进步。加强思想建设，有步骤、分阶段、多层次开展“诵读红色家书”“不忘合作初心，继续携手前进”等主题教育，加强对盟工作的宣传报道，在各类新闻媒体上用稿80余篇。选送32位盟员参加省里组织的各类培训班的学习，自身举办新盟员培训班。加强组织建设，发展新盟员16人，有34位盟员分别担任各级人大代表和政协委员。积极参政议政，建言献策，主委章克敏作为江西代表团代表在中国民主同盟第十二次全国代表大会作发言。“两会”期间，盟内人大代表、政协委员共提交建议、提案21篇，向盟省委、市政协、市委统战部上报社情民意38篇。服务社会大众，为广昌县赤水中学援资50万元，用于建设关爱留守儿童帮扶平台。走访扶贫挂点村30户困难家庭，送上慰问金、物资以及援建资金共计63622元。

【思想建设】 市委会有步骤、分阶段、多层次地开展纪念中共中央发布“五一口号”70周年、“纪念改革开放四十周年”、“诵读红色家书”、“不忘合作初心，继续携手前进”等主题教育活动，并召开思想宣传工作暨学习实践活动推进会。年内，民盟市委紧扣参政党工作职能，加强对盟工作的宣传报道，在各类新闻媒体上用稿80余篇。民盟中央网站、光华时报、江西新闻、抚州电视台、抚州日报等媒体多次报道盟市委的相关工作和活动，江西网络电视台专题连续刊登盟市委系列报道。

为提升盟员政治理论水平，提高盟员自身综合素质，民盟市委高度重视盟员培训工作。民盟市委班子成员参加全省县处级党外领导干部学习贯彻十九大精神集中学习，民盟市委主委章克敏代表小组在总结会上作发言。民盟市委主要领导和班子成员参加中共抚州市委“十三五”干训县干班学习，选送32位盟员参加省委统战部组织和民盟江西省委组织的各类培训班的学习，同时，盟市委在中共抚州市委党校举办2018年新盟员培训班。

【组织建设】 年内全市共发展新盟员16人，有34位盟员分别担任省、市、区人大代表和政协委员。民盟抚州临川区总支、民盟抚州职业技术学院支部、书画支部、城建支部、临川小学支部、科技总支先后进行换届，成立新一届支部委员会。完善民盟抚州市委会、财金支部、临川区总支、临川小学支部、临川二中支部和书画支部6个盟员之家，为基层支部和广大盟员提供学习、交流、活动、提升的平台。根据《中国民主同盟章程》，民盟市委召开四届十一次全委会，成立民盟抚州市委会监督委员会，选举产生监督委员会主任、副主任和监督委员会委员。

【参政议政，建言献策】 民盟市委凝聚智慧力量，深入调查研究，建有效之言，献精准之策，履职能力与水平不断提高。参与政治协商，共谋发展大计。主委章克敏作为江西代表团代表出席中国民主同盟第十二次全国代表大会，并作《注重调查研究，倾听基层声音》的发言。市民盟成员还参加省政协、盟省委、中共抚州市委、市人大、市政府、市政协、市委统战部和有关单位召开的各类会议与活动，围绕省、市政治、经济和社会发展中的重大问题调查研究，共谋发展大计。提出许多有价值的意见和建议，并担任各级政府、司法部门特邀职务的盟员，参加各种专项检查工作，履行民主监督职能，在加强行风评议、推进廉政建设中发挥积极作用。

2018年市“两会”期间，盟内人大代表、政协委员共提交建议、提案21篇，其中民盟市委集体提案13篇，提案数量和质量有新突破。多篇提案被列为重点督办提案、市长领办提案、主席督办提案。盟市委共向盟省委、市政协、市委统战部上报社情民意38篇，其中《关于建设抚河文化经济带的建议》《提升耕地质量 确保粮食安全》等多篇社情民意被盟中央、盟省委各级部门采用。聚焦热点难点，精选调研课题。关注社会热点、结合自身实际申报盟省委调研课题，《城镇托幼事业发展与政策建议》《丰富乡村旅游产品业态，推进乡村旅游

"后备箱"工程》等课题获批立项。

【社会服务】 2018年，民盟市委在广昌县赤水镇大禾村开展"农村教育烛光行动"，联合民盟江西省委会、山东中磁视讯股份有限公司为广昌县赤水中学援资50万元，用于建设"助力天使爱心屋"—关爱留守儿童帮扶平台。临川区民盟总支组织15名盟员赴临川区茅排乡中小学开展"农村教育烛光行动"，赠送体育用品并向贫困生捐助助学金。民盟市委领导一行走访扶贫挂点村——崇仁县孙坊邹家村30户困难家庭，送上慰问金、物资以及援助邹家村基础设施建设资金共计63622元。春节前后，民盟市委主委章克敏带队走访广昌县赤水镇大禾村贫困户20户，临川区嵩湖乡下聂村、江下村、付家村、陈油村21户，送上慰问金和物资共计2.57万元，并落实"百企帮百村"工作。

【民主监督】 为贯彻落实中共抚州市委、市政府《关于支持市各民主党派开展脱贫攻坚专项民主监督工作的实施方案》精神，盟市委高度重视对口黎川县脱贫攻坚民主监督工作，主委章克敏率队先后10次赴黎川县开展脱贫攻坚民主监督工作，其间深入潭溪乡三都村、新庄村等14个乡镇19个村进行实地调研和脱贫攻坚民主监督，其中15个省级"十三五"贫困村实现全覆盖。通过考察调研、座谈交流、政策宣讲，充分运用参政议政的各类平台和各种渠道就脱贫攻坚工作反映情况，与中共黎川县委召开反馈和协商会议，形成《民盟抚州市委会对黎川县脱贫攻坚民主监督的调查报告》上报中共抚州市委，中共黎川县委、县政府在接到该调查报告后，要求县扶贫和移民局认真研究工作举措，对照报告提出的建议和意见，逐一进行整改。

（过梦婷）

【民盟市委会领导名录】

主　委：章克敏

副主委：蔡晓东　杨小平

　　　　李淑雯

民建抚州市委员会

【概况】 截至2018年年底，民建市委会有会员306名，设总支1个，支部11个，成员主要是经济界和其他方面的中上层人士，以及非公有制经济的代表性人士，会员平均年龄50岁，大专以上学历257人；中高级职称133人；处级干部4人，科级干部29人；省人大代表1名，市人大常委会副主任1名，市人大常委1名，市人大代表2名；市政协委员14名，其中市政协常委3名；区政协委员19名，其中区政协常委4名。市委会加强组织建设，发展15名会员，选送16名会员参加省、市各类培训班学习。以服务经济发展新常态为主线，以参与统战大调研活动为抓手，围绕市委、市政府的重大决策部署，开展一系列促进经济社会发展的重点课题调研，向市人大提交议案6个，向市政协大会提交大会发言1篇，向区政协大会提交大会发言1篇，市政协集体提案6件，个人提交提案41件，区政协集体提案3件。

【思想建设】 开展"不忘合作初心，继续携手前进"主题教育活动，组织民建会员学习贯彻中共十九大、十九届三中全会精神，学习习近平在看望参加政协会议的民盟、致公党、无党派人士、侨联界委员时的讲话精神，增强民建会员的政治意识、大局意识、核心意识、看齐意识。

组织民建会员参与民建省委会和市委统战部举办的纪念"五一口号"发布70周年座谈、征文、文艺演出等各项活动，并开展诵读红色家书活动，组织各支部主委和企业家代表赴重庆接受革命传统教育，撰写纪念文章。通过组织学习培训、召开座谈会以及鼓励会员及会员企业家参加论坛及对外交流活动等多样的形式，提高思想教育工作的吸引力和有效性。2018年，抚州民建企业家协会组织会员企业家参加民建中央在深圳举办中国风险投资论坛和杭州市人民政府等单位主办，民建浙江省委会协办，民建会员企业浙商创投股份有限公司等承办的首届"西湖—日内瓦湖"金融与科技创新论坛。年内，共出版四期《抚州民建》。多次召开宣传信息工作会议，将宣传信息工作纳入支部年度考核，对宣传信息稿件统一奖励，激励会员撰稿投稿；安排骨干会员参加省委会举办的宣传信息员培训班，进行系统的专业学习，进一步提高宣传信息工作水平，稿件数量质量均有提升。

【参政议政】 市委会以服务经济发展新常态为主线，以参与统战大调研活动为抓手，围绕市委、市政府的重大决策部署，开展一系列促进经济社会发展的重点课题调研，围绕特色小镇建设，一、二、三产融合，农村电商发展等方面深入调研并形成《关于推进抚州特色小镇建设的调查与思考》《南丰蜜橘一、二、三产融合发展的调研报告》《关于抚州农村电商发展的调研报告》等调研报告，分别提交给民建省委会和中共抚州市委统战部。

2018年，市委会有15位市政协委员、6位市人大代表、20位县区政协委员围绕教育资源均衡、城镇化建设、小微企业融资、特色小镇建设、生态文明建设、乡村旅游以及精准扶贫等方面，向市人大提交议案6个，向市政协大会提交大会发言1篇，向区政协大会提交大会发言1篇，市政协集体提案6件，个人提交提案41件，区政协集体提案3件，其中3件提案被定为市政协副主席督办提案。年内，市委会修订"民建抚州市委会反映社情民意信息工作制度"，调整充实信息员队伍，向市政协报送社情民意信息6件，向省民建报送社情民意信息20件，不少社情民意信息被省民建采用。

【组织建设】 2018年，市委会贯彻《民建中央关于进一步做好组织发展工作若干问题的意见》的精神，坚持注意数量、注重质量、保持特色、优化结构的组织发展原则，发展15名政治素质高、学有专长、业有专攻的优秀人士为民建会员，平均年龄35岁，硕士研究生1人，会员结构进一步优化。市委会主委参加省委党校为期2个月的学习班，3名会员参加省社会主义学院全省党外县处级干部学习贯彻十九大精神集中轮训班学习，3名会员参加省委统战部在省社会主义学院举办的民主党派中青年骨干培训班学习，2名会员参加省社会主义学院民建骨干会员培训班学习，7名会员参加市社会主义学院全市“十三五”干训第二期民主党派成员培训班学习。

【聚焦民生】 2018年，市委会机关按照市委“四进四联四帮”活动的要求，负责崇仁县孙坊镇邹家村脱贫攻坚工作，按照国家扶贫政策，不断完善扶贫资料，落实好扶贫政策，推动农村环境整治，解决贫困户困难，切实帮助贫困户提高收入，使邹家村如期顺利脱贫。市委会机关克服人员少的困难，投入“三城”同创工作，履行与社区共建之责；参与综治维稳，做好人防物防技防工作；组织专业人员多次到宜黄、崇仁两县开展脱贫攻坚民主监督工作，通过召开座谈会、实地考察、入户走访等方式，深入脱贫攻坚第一线，了解脱贫攻坚情况，帮助发现问题，提出有益建议，助力宜黄、崇仁两县打赢脱贫攻坚战。

与市政协组织民建界别农业、医药方面的专家委员深入黎川县日峰镇店前村，为500余人次义诊，捐赠价值8000多元的常用药品和农药，发放卫生及种植养殖资料2000余份。

年内，市委会为整合抚州会员企业资源、做大做强会员企业，促进抚州经济社会发展，组织成立江西省民建企业家协会抚州分会，助推会员企业发展。

（汤海棠）

【民建市委会领导名录】

主　　委：段院龙

专职副主委：姜东兴

民进抚州市工作委员会

【概况】 2018年，民进抚州市工委贯彻落实民进省委会和中共抚州市委工作部署，以政治交接作为贯穿各项工作始终的主线，突出参政议政、民主监督和社会服务三个重点，抓好思想建设同心工程、组织建设人才工程、制度建设系统工程、议政监督精品工程和社会服务“1%工程”等工作，不忘初心，牢记使命，担当实干，奋发有为，各项工作取得好成绩。市工委被民进省委会评为市级组织综合工作先进单位，罗亦文被民进中央授予“民进全国宣传思想工作先进个人”称号。

【思想建设】 把深入学习贯彻中共十九大精神，作为抚州民进各级组织首要政治任务。主要领导参加市委统战部举办的纪念中共中央发布“五一口号”70周年座谈会和赴西柏坡谈心活动，6名副县级以上领导干部参加省委统战部举办的中共十九大精神轮训班。

“加强思想政治教育”是2018年全国民进思想建设工作的主题。制订《抚州民进思想政治教育主题年工作实施方案》。市工委还举办“五一口号”发布70周年、中共十九大精神、民进十二大精神、民进会史会章等知识答题活动，参加省委统战部诵读“红色家书”征文，各支部开展《我身边的先进》宣讲，组织会员参加省委统战部举办的“凝心聚力话改革 同心筑梦再启航”活动。

【组织建设】 按照《中国民主促进会章程》要求，召开民进抚州市工作委员会第二届第六次全委会，选举李凌为民进抚州市工委主任委员，完成届中调整主委工作。市直属第一、二、三支部召开第二次会员大会，选举产生新一届支部领导班子。成立民进抚州职业技术学院支部，召开学院支部第一次会员大会，选举产生领导班子。市直属支部共有4个支部。组织发展工作按照民进章程的规定有序开展，2018年发展9名会员，截至年底，市民进共有会员90名。

【参政议政】 市工委发挥民进界别优势，向省委会申报2个课题，通过深入开展调研，形成调研报告，并撰写提案上报省委会。向中共抚州市委上报“2018年大调研”重点课题并结题。联合市政协教科文卫体委员会，以“中医药产业发展”为主题开展调研活动。

在市“两会”期间，以民进市工委和会员名义分别提交的10件集体提案和59件个人提案，均被立案，占总件数25%以上，为市政协25个界别中的提案第一大户。其中，有5件提案和1件社情民意被评为优秀，并入编《抚州市政协四届一次会议以来履职成果集》。年内，市政协共确定21件重点提案，其中民进界别有4件，占重点提案的20%，位居各界别首位。全年报送各种信息15件，于勤执笔的《关于“营改增”后多措并举降低建筑企业税负及成本的建议》被全国政协采用。邵沉执笔的《产业和就业扶贫工作存在的突出问题与建议》等9件被省政协、民进省委会采用，在民进全省市级组织中名列前茅。

【社会服务】 开展社会服务是民主党派的一项重要工作。2018年，市工委开展关心民生、体恤民情、温暖人心等一系列社会服务活动，为助推社会和谐贡献力量。

开展帮扶帮困。协助民进省委会开展“1%工程纵横助学金”活动，为抚州一中、临川二中的10名贫困学生提供每人500元的助学金；为广昌县千善乡中心小学10名贫困学生每人提供“1%工程资助金”1000元，并向学校捐赠书籍和足球。在“1%工程”放飞足球梦想活动中，为崇仁县孙坊镇中学、中心小学，以及黎川县潭溪乡芦陂村小学发放足球80只。

持续开展“十九大精神暖人心”活动。市工委面向困难群众开展捐款捐物慰问活动，年内，捐赠慰问品价值6万多元；慰问市第三医院精神病患者，赠送棉被、衣服等价值1万多元；支部和会员走访市儿童福利院等，赠送价值1万余元的物资。通过参与公益事业，形成民进品牌，树立良好形象，受到社会各界的广泛好评。

坚持民进党派特色，推动“创建全国文明城市”，为展现广大群众积极向上、欢乐祥和、健康文明的精神风貌，市工委举办第六届“铜锣湾杯”广场舞大赛，受到市民热烈欢迎，多家媒体对活动进行报道。

与兄弟民主党派联合组成“连心”小分队，进驻崇仁县孙坊镇邹家村脱贫攻坚，拨出经费1万余元捐给贫困村和困难户，专职副主委作为队长长期在对口帮扶村开展脱贫攻坚工作，撰写出《民进市工委关于脱贫攻坚民主监督情况的汇报》，挂点帮扶工作得到市、县两级表彰。同时，参加“三城同创”、综治维稳工作、人防物防技防等工作。

围绕中共抚州市委脱贫攻坚决策部署，多次深入南丰县开展脱贫攻坚民主监督工作，对乡村建设情况进行实地考察调研，走访多户贫困户，了解他们的生产生活身体状况、医疗报销及享受扶贫政策等情况。主委、专职副主委参加市政协、市委统战部举办的“民主党派脱贫攻坚民主监督工作汇报会”，许多意见和建议得到市领导的肯定，并被市有关部门采纳。

（邵　沉）

【民进市委会领导名录】
主　　委：李　凌
专职副主委：邵　沉
副 主 委：罗亦文　马　颖

农工党抚州市委员会

【概况】 中国农工民主党是由医药卫生、人口资源和生态环境领域高中级知识分子为主，由一部分社会主义劳动者、社会主义事业建设者和拥护社会主义的爱国者组成的政治联盟，是致力于中国特色社会主义事业的参政党。至2018年年底，农工党抚州市委会有成员377人，其中男202人，女175人；在职273人，离退休104人，高级职称144人，中级职称167人。基层组织有总支2个，分别是金溪县总支、临川区总支，工作部2个，分别为市直医药卫生工作部、市直综合工作部，支部24个，党小组1个。界别分布为：医卫界199人，文教104人，科技7人，其他67人。其中，担任省政协常委1人，省政协委员1人；市人大常委1人，市人大代表2人；市政协副主席1人、市政协常委3人、市政协委员11人。

2018年农工党抚州市委会着力加强组织建设，发展党员22名。先后组织24名党员参加省、市举办的培训班学习，自身举办一期80余人参加的骨干培训班。以《抚州农工简讯》、抚州农工微信群为阵地，将抚州农工党的工作动态及时传递出去。加强调查研究，市“两会”期间，提交人大代表建议6件、政协提案19件，报送42篇社情民意信息。围绕乡村振兴战略、助推脱贫攻坚工作，组建医疗扶贫小组、中医药产业扶贫小组、教育扶贫小组、助推法治乡村建设和文明乡风建设小组，免费为群众提供咨询、问诊、体检等服务。

【思想建设】 继续深入学习中共十九大精神和习近平总书记系列重要讲话精神，深入学习贯彻农工党全国第十六次代表大会精神和农工党江西省委会重要会议精神。2018年，市委会组织党员参加省委、市委统战部和农工党江西省委会举办的培训班学习，其中7名副县级以上干部参加省社会主义学院学习中共十九大精神专题研讨班，10名党员先后参加农工党江西省委会和省社会主义学院联合举办的农工党基层组织骨干培训班和新党员培训班学习，并有7名党员参加市社会主义学院党外干部培训班。市委会举办一期党员骨干培训班，参加培训人员80余人。

市委会以“学思想、学精神、学党章、学党史、学知识，讲党课，创建优秀支部，做合格农工党员”为重点，开展“五学一讲一创一做”主题教育活动。开展纪念“五一口号”发布70周年系列活动，深化统一战线和多党合作教育。政协副主席、主委郑友清参加抚州市委统战部组织纪念“五一口号”70周年西柏坡学习考察，在《抚州日报》纪念“五一口号”发布70周年专版发表文章“不忘初心 携手前进 同心共筑中国梦”。市委会和各总支、各支部先后召开学习纪念“五一口号”70周年座谈会22场。

【宣传和信息工作】 着力办好《抚州农工简讯》、抚州农工微信群，将抚州农工党的工作动态及时传递出去。做好《前进论坛》《学习与工作》《江西农工简讯》及《光华时报》等刊物的组稿工作，对抚州农工党的工作进行深度报道。市委会上报农工党中央“不忘合作初心，继续携手前进”主题教育活动征文10篇；上报省委会学习中共十九大文章20篇；纪念“五一口号”70周年征文6篇；学习红色家书体会8篇；上报省委会纪念改革开放40周年“回眸40年、寄语新时代”征文18篇；上报省委统战部庆祝新中国成立69周年“新时代，您好”征文9篇以及省委统战部“携手迈进新时代，同心共筑中国梦”主题征文1篇，有多篇征文获奖。同时，不断拓展宣传平台，在农工党中央网站、农工党省委会微信公众号、市委统战工作微信群、市农工党微信群等新媒体上及时报道市委会的工作动态及党员风采。

【参政议政】 2018年，市委会加强调查研究，参政议政亮点纷呈。1月，市农工党成员向市四届人大三次会议和市政协四届三次会议提交人大代表建议6件、政协提案19件。市委会在政协大会上作《加强食品安全监管，让群众吃得放心安心》的大会发言；各支部引导广大党员密切关注社会动态，加强对社情民意的收集整理和报送。全年报送42篇社情民意信息。在保证一定数量的基础上，不断提高信息报送质量，党员参与率和信息采用率都有所提高；开展统一战线大调研，重点围绕大健康产业、扶贫攻坚和乡村振兴方面，就抚州健康养生养老产业发展、脱贫攻坚政策完善及长效机制建立、农村面源污染防治及农村医疗卫生服务体系建设等课题开展调研，形成4篇高质量的调研报告：《应对人口老龄化 加快医养产业融合发展——关于加快发展抚州健康养生养老产业的调查报告》《巩固提升脱贫攻坚成果 完善扶贫开发长效机制》《关于加强农村面源污染防治，建设生态美丽乡村》《农村医疗卫生服务体系和卫生人才队伍建设》，向农工党江西省委会和市委、市政府提出有针对性的建议，为领导决策提供参考。

【社会服务】 根据《农工党江西省委会助力乡村振兴战略和脱贫攻坚工作三年行动计划》，农工党抚州市委会制定《农工党抚州市委会助力乡村振兴战略和脱贫攻坚工作三年行动计划》，并成立农工党抚州市委会助力乡村振兴战略和脱贫攻坚工作三年行动计划领导小组。组建市委会医疗扶贫小组、中医药产业扶贫小组、教育扶贫小组、助推法治乡村建设和文明乡风建设小组。

推进乡村卫生院帮扶工作。市委会对口帮扶广昌县驿前镇卫生院和崇仁县孙坊镇卫生院，临川区总支对口帮扶临川区三桥卫生院，金溪县总支对口帮扶金溪县陈坊积乡，并跟相关乡镇卫生院开展对接帮扶工作。同时，市委会与市卫计委相关科室就扶持项目进行沟通，为崇仁县孙坊镇卫生院易地重建做好征地工作。通过远程医疗会诊、选派专家下基层进行技术指导、推荐基层医务人员在省级、市级医院进修培训等工作，切实帮助基层医疗卫生机构提升医疗服务能力。配合省委会开展远程医疗会诊1次，选派专家下基层进行技术指导60人次，培训10人次，捐助款物合计3万元。

全力做优同心服务工程。开展送医送教送温暖服务活动，市委会先后到广昌县驿前镇、临川腾桥中学和崇仁县孙坊镇等地开展送医送教送服务温暖活动，免费为群众提供咨询、问诊、体检等服务，受惠群众100多人，送药、送教学用品及慰问金价值超过1万元，走访慰问20户贫困户。全市组织专家下基层进行义诊，义诊群众600多人次，免费赠送药品价值3万多元。到社区进行艾滋病预防知识宣传，义务为贫困群众提供常规体检、疾病咨询、用药指导等系列服务，并现场为贫困群众免费发放常用药品。

开展扶贫活动和脱贫攻坚专项民主监督工作。通过实施杏林春雨、健康教育扶贫、中药材种植加工等系列产业扶贫开发项目，全力帮扶有关县开展脱贫攻坚工作，持续做好挂点帮扶村崇仁县孙坊乡邹家村的帮扶工作。继续做好金溪县和资溪县的脱贫攻坚专项民主监督工作，6月15日，市政协副主席、市农工党主委郑友清率农工党抚州市委会脱贫攻坚专项民主监督工作调研组深入金溪县调研脱贫攻坚工作。市委会脱贫攻坚专项民主监督工作组多次深入金溪县、资溪县调研，形成“开展脱贫攻坚专项民主监督工作情况汇报”上报市委统战部。

【党派建设】 2018年，市委会加强党员发展工作。做好“做大增量、优化质量”两篇文章，在力争党员年净增率达5%的基础上，发展一批高学历、高素质、高层次党员。努力做好“三个一”工作，即“发展一批80后党员，吸收一名博士研究生党员，储备一批处级、科级后备干部”，全年共发展党员22名。

5月4日，农工党抚州市委会召开四届七次全委（扩大）会议，听取和审议2017年度农工党抚州市委会工作报告。做好届中副主委调整、委员增补工作，表彰27位优秀党员和7个先进支部。各位党员立足岗位，建功立业。同时，加强对支部工作的指导和考核力度，表彰先进。对部分党员人数偏少、工作开展不起来的支部进行整合，完善支部委员会。市委会班子新增正县级干部一名。

（潘绍露）

【农工党市委会领导名录】

主　委：郑友清

副主委：王　彬

赵卫平（专职）

黄金玉　罗伍菊

九三学社抚州市委员会

【概况】 九三学社抚州市委会下设市直一支社、市直二支社、卫生支社、临川教育支社、临川区支社等5个支社，以及一个老同志小组。2018年，发展12名新社员，平均年龄39岁，其中硕士3名，优化了社员队伍结构。截至年底，全市九三学社成员总数为134人，成员中担任市人大常委1人，市人大代表4人，区人大常委1人；省政协委员1人，市政协常委4人，市政协委员14人，区政协常委1人，区政协委员6人；社员平均年龄45.9岁，女社员44人，占总数33％，社员大多数有中级以上职称，具有高级职称的40人，占总数30%。

2018年，市委会被社中央评为九三学社全国先进集体，被社省委评为“坚持和发展中国特色社会主义学习实践活动先进集体”和“市级组织考评思想建设先进集体”，并被市委相关部门评为市级文明单位、绩效工作优秀单位、社会综治先进单位、节能工作先进单位和计划生育工作先进单位。

【思想建设】 2018年，社市委会先后召开6次主委会议、3次全委扩大会，带领全市社员深入学习贯彻中共十九大精神，学习贯彻习近平新时代中国特色社会主义思想，深入学习贯彻习近平总书记一系列重要讲话精神，深刻领会习近平总书记关于“新型政党制度”的重要论述和对民主党派参政履职的新要求，通过抓好时政理论学习，带领广大社员提升思想认识，把握正确的政治方向，不断巩固多党合作共同思想政治基础。

社市委会多次选派社员参加省、市安排的学习培训，提高社员的政治责任感和使命感；为提升社员的履职能力，3月11日，社市委会举办参政议政培训班，社内市、区两级人大代表、政协委员和部分青年骨干社员共50余人参加培训；社市委会和各支社先后召开学习纪念“五一口号”70周年座谈会，进行统一战线和多党合作教育；举办“我与改革开放40年——九三学社的故事”征文和“天下·苍生——九三人眼里的改革开放40年”摄影作品征集活动。同时，还参加省委统战部发起的“致敬改革开放40周年微信征文朗诵”和市委统战部组织的“朗读红色家书，汇聚统战力量”活动；10月中旬，组织社员参加九三学社中央在全社举办的“社员之家杯”社章社史知识竞赛活动，取得好成绩。

全年上报社省委和市政协社情民意9篇，宣传稿件44篇，多数被社中央、社省委网站采用；在抚州日报、抚州电视台、抚州新闻网、临川晚报等媒体上多次报道社市委会的活动，扩大九三学社的社会影响。

【组织建设】 2018年，社市委会加强组织建设，优化结构，强化动员能力，增强凝聚力和活力，注重代表人士的发展、培养和使用，为全面履行参政党职能提供人才保障。社市委会围绕社员教育、参政议政、社员管理以及服务社员和上级组织等基层组织四项基本工作，加强基层组织建设。通过表彰先进支社，促使基层组织凝聚力和活力得到加强。根据《九三学社抚州市支社工作考评细则》，对各支社开展年度综合考评，在4月14日召开的四届四次全委扩大会议上授予卫生支社和临川区支社2017年度综合考评先进支社荣誉称号。

各支社利用各种社会力量组织开展丰富多彩的交流活动。市直一支社牵头组织全市社员到进贤县李渡元代烧酒作坊遗址、中国毛笔文化博物馆参观学习；市直二支社组织社员参加东溪村乡村调研考察、音乐会观演等项活动，并举办青年讲座；临川区支社先后赴金溪红色教育基地左坊镇后龚村、竹桥古村、香谷小镇参观学习，到唱凯镇东湖村委会调研农业农村工作；临川教育支社组织社员参加临川一中实验学校初二年级开展的“采贵族马术之风，品临川文化古韵”研学游活动并进行研学实践的调研。

【参政议政】 社市委会履行政治协商、民主监督职能。社市委会领导参加市委、市人大、市政府、市政协和市委统战部召开的协商会、座谈会等活动，建言献策，提出建设性意见。主委唐永文与黄胜和合作的《抚州留住高层次人才的建议》被列入市委常委会讨论议题，市委人才工作领导小组根据该建议出台全市人才工作政策。支持、鼓励社市委会特邀人员参加相关特邀监督工作，年内，有8人分别被省市检察院、市区法院、市人社局和交警支队等单位聘为特邀监督员。

在脱贫攻坚专项民主监督工作中，社市委会通过听取汇报、座谈、实地察看、深入走访等形式，对南城县脱贫攻坚工作情况进行全面了解，形成《关于对南城县开展脱贫攻坚专项民主监督工作的情况报告》的调研报告上交市委统战部。

年内，社各级人大代表、政协委员提交议案、提案20多件，内容涉及经济和社会生活等各个方面。在市政协四届三次大会上，李建明代表社市委会作题为《健全养老服务新体系 助推建成小康新抚州》大会发言，得到市委书记肖毅的批示，受到社会各界关注。社市委会2件提案被评为市政协优秀提案，2件提案被列入市政协重点督办提案。提案、议案受到有关方面的高度重视，所提意见和建议大多被市委、市政府及有关部门采纳。

社市委会上报社省委9个调研课题，有6个调研课题入选社省委2018年度招标课题。还向社省委、市政协等单位报送《棚户区改造政策推高房价之势头应该有效遏制》等9篇社情民意。同时，响应市委统战部的号召，开展统一战线大调研，重点围绕促进抚州市经济发展这个主题，就“增强抚州市经济发展后劲”“降成本 优环境 促进实体经济发展成效”等课题开展调研，形成高质量的调研报告，向市委、市政府提出有针对性的建议，为领导决策提供参考。

【社会服务】 社市委会整合资源，服务百姓，引进社会力量爱心帮扶贫困学生。2018年5月，副主委邱志萍、郑振荣等为湖南乡中心小学贫困学生送去慰问金；8月，由市九三青工委副主任章县高、章军旺、社员章国华等牵头成立的临川区东溪章氏慈善基金会，在临川区东溪村祠堂为大学生发放价值4万元的奖学金；9月，“九三学社抚州市委会临川一中实验学校初三年级贫困助学行活动”在临川一中实验学校体育场举行，10名品学兼优的初三贫困学生获赠总计1万元助学金；4月1日，社市委会主委唐永文带领由分子生物学博士黄胜和等5人组成的考察组赴乐安县牛田镇流坑村和山砀镇草坑村，实地考察在当地发展中草药种植产业的可行性。社市委会还为基层乡镇牵线，引荐适合当地发展的绿色产业扶贫项目。社市委会委员黄胜和博士在秋溪镇章溪村建立“九三学社中草药种植基地”，种植当地药材地锦草。

（黎咏峰）

【九三学社抚州市委会领导名录】

主　委：唐永文

副主委：余庆华

邱志萍（专职）

郑振荣

本栏编辑　范蔚萍

社会团体

抚州市总工会

【概况】 2018年，抚州市总工会突出增“三性”、去“四化”，按照“145”工作思路（即围绕职工群众日益增长的美好生活需要的目标，打好基层基础提升战、维权维稳阵地战、改革创新攻坚战、作风建设持久战“四大战役”，努力打造忠诚之家、有为之家、温暖之家、活力之家、廉洁之家“五家工会”），坚持围绕中心、服务大局，深入推进改革，夯实基层基础，加强党的建设，各项工作取得新进展新成效。以市工人文化宫、市职工教育培训中心为平台，举办全市乒乓球比赛，3100余人次参赛；组织开展太极拳、礼仪、瑜伽、古琴等各类职工技艺培训70余期，培训学员8000余人次。全年共开展各类职工文体活动840余场，参与职工35万余人次。大力弘扬劳模精神、劳动精神和工匠精神。推荐评选全国五一劳动奖章1名、先锋号1个，省五一劳动奖状3家、奖章8名、先锋号3个。表彰市五一劳动奖状15家、市五一劳动奖章60名、先锋号16个，以市政府名义通报表彰10名“赣抚工匠”。组织200名市级劳模和五一劳动奖章获得者赴外地休养，发放劳模“三金”300余万元。以技能培训促就业，培训职工3800余人次。推进工业园区“三师一室”规范化建设，选聘“三师”工作人员125名，协调解决劳动纠纷610余起，为职工维权1000多人次，帮助追讨欠薪3020万元。开展“春风行动”，帮助安置就业3000多人。筹集资金102万元开展“夏送清凉”活动，走访慰问企业98家，工地34家，职工3.6万人。开展困难职工解困脱困，筹集资金1572万元，慰问困难职工1.67万人。做好招商引资工作，引进江西图兰特电源有限公司项目落户高新区，总投资5000万元，实现当年引进，当年投产。市总工会先后荣获全省工会新闻宣传工作先进单位，全省职工广场舞比赛总决赛三等奖，第六届“方大特钢杯”全省百万职工学法、用法知识答题竞赛（线上）优秀组织奖，全省女职工母婴护理职业技能竞赛优秀组织奖，全市高质量发展综合考核评价综合优秀市直单位、绩效管理工作优秀单位、招商引资工作、社会治安综合治理目标管理、公共机构节能、精神文明建设先进单位等奖项。市工人文化宫获“全国职工网民网络素养教育基地”荣誉称号。

【把握政治方向】 市总工会突出政治站位，把握正确政治方向，主动承担起团结引领广大职工听党话、跟党走的政治责任，深入学习贯彻习近平新时代中国特色社会主义思想和中共十九大及中国工会十七大精神，通过召开会议动员学、举办培训辅导学、网络宣传引导学、深入基层宣讲，引导广大干部职工牢固树立“四个意识”，坚决贯彻“两个维护”，自觉在思想上政治上行动上同以习近平为核心的党中央保持高度一致。市总工会班子成员带领机关干部职工到所挂点的县区、园区、企业进行巡回宣讲，把职工的智慧和力量凝聚到落实中共中央决策部署上来。争取党政重视支持。市委常委会多次召开会议，研究部署新形势下的工会改革工作，市政府召开第十三次联席会议，解决全市工会换届工作经费和选树叫响“赣抚工匠”品牌等事关工会发展和职工利益的问题。市四套班子主要领导、市委分管领导、市政府联系工会领导多次出席工会会议、活动并讲话，元旦春节期间，市委书记肖毅、市长张鸿星分别走访慰问一线职工和劳模，把党委、政府的关怀和工会组织的温暖送到他们手中。深化教育引领，充分发挥工会“大学校”作用，深化“中国梦·劳动美”主题教育，推动社会主义核心价值观融入职工文化建设，以市工人文化宫、市职工教育培训中心为平台，举办全市第二届职工乒乓球比赛，全市老年体协、抚州高新区职工乒乓球比赛等文体活动，参赛职工3100余人次；组织开展太极拳、礼仪、瑜伽、古琴等各类职工技艺培训70余期，培训学员8000余人次。全市全年共开展各类职工文体活动840余场，参与职工35万余人次。

【引导职工建功立业】 各级工会突出服务大局，组织引导职工为全面建成小康新抚州建功立业。广泛开展劳动技能竞赛活动。紧扣市委、市政府提出的“坚持一个指导、突出三项攻坚、打好四大升级战”的总体目标，开展“当好主力军·争当排头兵·建功‘十三五’”系列竞赛活动，在市供电公司举办全市供电系统职工技能大赛，江西赣电电气有限公司、国网江西省电力有限公司等15家供电企业参加技能比武竞赛，激发广大职工“学知识、练技术、比技能、创一流”的热情。各县区也分别围绕本地主导产业，举办10余场规模宏大的职业技能大赛，覆盖工种多达上百个，参加职工上万人。在园区企业开展“献一个绝活，攻一个难点，带一名高徒”的“三个一”活动，激发广大职工的积极性和创造性。大力弘扬劳模精神、劳动精神和工匠精神。做好全国、省五一劳动奖章（状）推荐评选工作，推荐评选全国五一奖章1名、先锋号1个，省五一劳动奖状3家、奖章8名、先锋号3个。举行全市庆“五一”劳动奖暨首届“赣抚工匠”颁奖仪式，评选表彰市五一劳动奖状15家、市五一劳动奖章60名、先锋号16个，以市政府名义通报表彰10名“赣抚工匠”。充分发挥市劳模协会的模范带头作用，开展“精准扶贫·劳模在行动”“劳模引领、扬优成势，打造变电设备之都”主题活动，组织引导广大劳模在扶贫攻坚、促进发展中贡献力量。加强劳模管理服务，组织全市200名市级劳模和五一劳动奖章获得者赴外地休养，推动县区工会落实市五一劳动奖章春节慰问金，全市共发放劳模“三金”300余万元，免费给历届劳模购买职工互助保障，进一步营造崇尚劳模、争当工匠的良好社会氛围。提升职工技能素质，开展技能培训促就业工作，培训职工3800余人次。通过聘请知名专家学者，每月免费为广大职工举办公益大讲堂，培训职工1200余人次，“职工公益大讲堂”已成为服务职工的窗口、传授知识的课堂、联系职工的平台。考核命名16家市级劳模创新工作室，进一步完善技能导向和创新绩效导向的激励机制，引导全市广大职工争当高技能人才。开展“安康杯”竞赛活动，参赛单位、班组和职工数均较2017年实现大幅增长，职工安全生产意识和素质得到进一步增强。

【开展维权服务】 各级工会突出维权服务，不断满足职工群众对美好生活的向往。整合社会资源，推进全市园区“三师一室”（律师、劳动关系协调师、健康工程师和劳动争议调解室）规范化建设，选聘“三师”工作人员125名，协调解决劳动纠纷610余起，为职工维权达1000多人次。与人社、建设和信访部门联合开展农民工工资支付专项检查活动，帮助追讨欠薪3020万元。构建和谐劳动关系，推进以工资集体协商为重点的集体合同制建设，全市企业签约率达93%。以职代会、厂务公开为重点，推进民主管理建制行动，职工主人翁地位得到充分体现，全市厂务公开民主管理工作得到省调研组高度评价。

【实施精准帮扶】 全力打好城市困难职工解困脱困攻坚战，做到精准建档、精准施策、精准帮扶。继续擦亮工会“四送”帮扶品牌，通过开展“春风行动”，共帮助安置就业3000多人。筹集资金102万元开展“夏送清凉”活动，各级工会走访慰问企业98家，工地34家，职工3.6万人，并在市行政中心广场开展“绿色环保·健康人生·夏送清凉”慰问演出活动。筹集资金239万元开展“金秋助学·铸魂圆梦”活动，其中市本级发放助学金149万元，并举办革命传统教育培训暨助学金发放仪式，现场开展诵读《红色家书》，赠送红色书籍，让广大青年学子进一步传承红色基因，铸牢理想信念。开展困难职工解困脱困工作，全市筹集困难帮扶和送温暖资金1572万元，慰问困难职工1.67万人。合力推进普惠卡发行，与市建设银行、市邮政银行合作发行“工会龙卡”“职工服务卡”8万余张，让广大职工共享改革发展成果。同时，做好职工互助保障工作，参保职工达10万余名，289名职工获得310余万元理赔金，赔付率同比增长48%，为职工构筑抵御风险的屏障。

【强基固本】 市总工会把“一提升两强化”专项行动作为2018年度“牛鼻子”工程抓紧抓好，制定下发工作方案，召开专项行动动员部署会和推进会。一是提升基层工会规范化建设水平。以物流园区和物流行业为建会重点领域，推动货运司机、快递员、护工护理员、家政服务员、商场信息员、网约送餐员、房产中介员、保安员、创客等“九大员”入会。通过在南城县开展货运物流司机集中入会行动试点工作，以点带面，从线到面，全面铺开，进一步扩大工会覆盖面，全市新增“九大员”入会职工6200余人。加强基层工会规范化建设，以建设“6+N”（即有班子、有章子、有牌子、有房子、有经费、有制度+特色工作）工会为标准，真正使基层工会“建起来”“转起来”“强起来”。二是强化职工服务阵地建设。强力推进县区工人文化宫（职工之家）阵地建设，全市职工活动场所筹集建设资金超过2.7亿元，在建、拟建占地面积6.6万平方米，建筑面积4.8万平方米，初步形成“星罗棋布、众星捧月”的格局。市工人文化宫职工演艺厅项目竣工并投入使用，文化宫游泳馆改造提升工程、职工微电影等项目进入扫尾阶段，完善文化宫服务职工群众主阵地功能。加大户外劳动者服务站点建设，全市共打造“爱心驿站”32个、“爱心妈咪小屋”3家、“劳动者港湾”26家，让广大户外劳动者切身感受城市温度、工会情怀。三是强化网上工会建设。制定出台《抚州市总工会关于积极推进“互联网+工会”建设的实施意见》，推进“互联网+”工会工作新模式，以“抚州工会网”“抚州工会”微信公众号为平台，形成全市工会网上工作平台和信息发布辐射圈。对接省总网上服务平台建设，开发和打造具有抚州本地特色、符合本地行业和职工特点的服务项目。加强对工会组织和工会会员实名制管理，做好信息采集、校核、录入等工作，全市会员信息实名制录入会员43万余名。

【改革创新】 全市各级工会突出问题导向，在推进改革创新中激发生机活力。按照市委统一部署，主动对接省总工会的改革举措，稳步实施《抚州市总工会改革方案》，25

项改革任务基本完成。以召开市第四次工代会为契机，优化班子结构，实行“一挂三兼”制度，从园区、企业、机关等基层选拔优秀劳模、工会工作者和企业负责人共4人担任市总工会挂职、兼职副主席。扩大劳模和一线职工在全市工会代表大会、市总工会全委会和常委会中的比例，分别达到75%、43%、30%。对接省总工会机构职责调整，优化市总工会的机构设置和职能。联合市委组织部出台《关于选派部分优秀年轻干部到市总工会机关挂职锻炼的通知》，遴选5名优秀基层年轻干部到市总工会机关挂职锻炼。同时，指导市教育工会、市女职委完成换届工作。指导推动县区工会改革。坚持以上率下，指导推动各县区总工会贯彻中央、省委、市委关于群团组织改革的决策部署，对县区工会改革方案中“领导机构中职工代表比例”“领导班子中专职与兼挂职比例”等关键问题进行审核把关。指导各县区总工会按照时间节点进行换届。各县区总以改革为契机，全部建立领导班子专兼职相结合的体系，领导班子中挂职、兼职的领导干部占比均不少于50%。工会机构设置和干部人员配备得到进一步优化，上下衔接运转更加高效顺畅，进一步增强基层工会力量。稳步推进产业工人队伍建设改革。市委、市政府印发《抚州市产业工人队伍建设改革方案》，将推进产业工人队伍建设改革纳入全市工会改革的总盘子和总台账，共同谋划、共同部署、共同推进，进一步增强产业工人队伍建设的针对性、实效性。加大对产业工人创新创业扶持力度和职工线上线下培训力度，提高职工技术技能素质和科学文化素质，努力建设一支有理想守信念、懂技术会创新、敢担当讲奉献的产业工人队伍。

【从严治会】 全市各级工会从严治会，在加强自身建设中树立新形象。严格执行中央八项规定精神和党规党纪要求，增强全面从严治党的自觉性和坚定性。落实“一岗双责”，加强对工会干部人事、工会经费、工会资产重点领域、关键环节的审查审计，做到工作职责到哪里，党风廉政建设就延伸到哪里。坚持民主集中制，全面落实“三会一课”、党员领导干部双重组织生活、谈心谈话、民主评议党员等制度。深入开展红色家书诵读，组织机关全体党员到上海中共一大会址、浙江嘉兴南湖接受红色革命传统教育，筑牢初心使命。彰显特色抓教育。抓好《中国共产党章程》《中国共产党纪律处分条例》《中国共产党廉洁自律准则》等规章制度的学习，组织全体党员参加党纪知识考试。利用抚州工会网、微信公众号，及时转发各类廉政教育信息，营造以廉为荣、以贪为耻的良好氛围。驰而不息改作风。开展“进一步解放思想、深入调查研究、切实改进干部作风”活动，通过大兴忠诚老实、实干担当、学习调研、开拓创新、勤政廉洁等“五风”，革除“怕、慢、假、庸、散”五大顽疾，树立工会干部的良好形象。继承和发扬工会密切联系职工群众优良传统，建立健全“一挂一帮三联”等机制（市总班子成员挂点一个县区、帮扶1名困难职工，联系2家企业、2名劳模、3名以上工会会员），推动全市工会党员干部深入基层、深入企业、深入职工，密切与职工群众的血肉联系。

（戴加龙　熊　芝）

【市总工会领导名录】

党组书记、主席：江玉兰

党组副书记、常务副主席：
聂平太

党组成员、副主席：谢晓荣
曾必文
江小波（挂职，6月任）

兼职副主席：王建荣　张建荣
裴恩华（均为6月任）

经审会主任：董立伟

共青团抚州市委员会

【概况】 2018年，共青团抚州市委紧扣市委和团省委工作部署，着力去“四化”、强“三性”，深化共青团改革发展，全面履行团的基本职能，团结带领全市广大团员青年为科学发展、绿色崛起，全面建成小康新抚州奉献青春、智慧和力量。通过专题讲座、报告会、座谈会等形式，广泛开展社会主义核心价值观等宣传教育活动，各级团队组织分层分级开展离队入团仪式196场；注重典型引领示范，评选表彰最美时代青年、最美少年，命名66个年度青年文明号集体。组织开展“扶贫济困献爱心 和谐社会暖人心”义诊活动，“赣青扶贫·爱心助学”公益活动，募集爱心助学鼓励金43万元，资助建档立卡贫困户家庭高考二本以上应届毕业生203名及10名家庭困难的最美少年。开展“国酒茅台”高三贫困学生资助活动，50名应届贫困学生各获资助5000元；举办名校学子返乡看抚州暨校企人才对接座谈会，20多所名校30余名抚州籍学子亲身感受抚州日新月异的变化，了解家乡未来产业发展及人才需求。团市委被评为2018汤显祖戏剧节暨国际戏剧交流月活动先进单位、综合优秀市直单位。

【加强思想引领】 深化理想信念教育。紧扣学习宣传贯彻中共十九大精神和习近平新时代中国特色社会主义思想主线，通过专题讲座、报告会、座谈会等形式，在全市广泛开展社会主义核心价值观、红色文化教育、奋斗的青春最美丽等主题的各类宣传教育活动；五四期间，全市各级团队组织分层分级开展离队入团仪式196场；六一期间，全市中小学少先队组织集中开展“你好，新时代”主题队日活动，共同庆祝六一儿童节；9月，组织开展“争做新时代好队员——集结在星星火炬旗帜下”纪念少先队建队69周年主题队日活动；组织全市少年儿童学习习近平总书记给陕西、北京少年儿童来信的回信及勉励精神；推荐8人参加“我心中的方志敏”第五届红色书画作品创作大赛决赛，2人荣获第二、6人荣获第三的好成绩，组织团市委机关党支部全体党员干部赴金溪左坊后龚村开展“党员活动日”活动，缅怀革命先烈，追溯红色记忆，以实际行动接受党性锻炼和红色精神洗礼。注重典型引领示范作用。评选表彰首届“最美时代青年”、第三届“最美少年”，市委书记肖毅、团省委书记马健等领导出席颁奖大会并讲话；命名66个2017—2018年度青年文明号集体。积极向团中央、团省委推报典型，推荐个人和集体参评全省“两红两优”、全省“最美中学生”“最美中职生”、全省“最美少先队员”“最美少先队辅导员”和全国“优秀少先队员”“优秀少先队辅导员”及“优秀少先队集体”，激励全市广大青少年向先进学习，向榜样看齐。打造共青团信息化平台。推进共青团官方微信、微博、“青年之声”平台建设，加强青年核心网络文明志愿者队伍建设，在全国“两会”、清明节、五四、六一、国庆等节假日或关键时间节点在团属阵地经常开展讨论，在互联网上弘扬“正能量”。积极制作《2018岁月“静”好《月是故乡明》《今天，请给他们一分钟丨清明祭英烈》《高考加油系列》《团团在行动“矿泉水瓶”换“多肉”环保活动开始啦！！》等原创微信，以H5制作十九大知识问答微信，创新十九大的宣传形式，传播量均一日破万，引导效果明显。

【投身三大攻坚】 加快市青少年宫改建工作进度，已进入各项工作扫尾阶段；持续做好挂点帮扶贫困村和干部结对帮扶贫困户工作，年内累计走访结对贫困户40余人次，发放款物合计1万余元；争取100余份老有所衣温暖包（羽绒衣、护膝、护腰、棉袜）发放给结对贫困村的空巢、贫困老人；组织开展“扶贫济困献爱心 和谐社会暖人心”义诊活动，为村民提供身体检测、眼睛检查，免费提供眼药水、老花镜等用品；组织开展“赣青扶贫·爱心助学”公益活动，募集爱心助学鼓励金43万元，资助203名建档立卡贫困户家庭高考二本以上应届毕业生及10名家庭困难的最美少年。开展“国酒茅台”高三贫困学生资助活动，50名应届贫困学生各获资助5000元；组织青联委员深入南丰县白舍镇中和村、鄱阳村开展“爱心入户、宝贝出村”“赣青扶贫”——青联委员爱心助学活动，走访慰问20户贫困户，向受助学生发放款物9000余元；组建绿色殡葬志愿服务队，联合市民政局、市文明办共同举办清明文明祭扫暨“绿色殡葬”建设活动，向广大市民宣传移风易俗、绿色殡葬知识，在全市范围内营造绿色、文明、安全、祥和的清明祭扫氛围；组织青年志愿者开展“栽种雷锋林 环保抚河行”“绿动赣鄱”“我是‘河小青’生态抚州行”等志愿服务活动，助力生态文明先行示范市建设；组建“抚州市捡跑团”，开展捡跑团及“矿泉水瓶”换“多肉”等环保活动，倡导市民共同参与环保行动，助力“三城同创”。

【服务四大升级战】 响应市委提出的“双返双创”及“人才强市”号召，举办名校学子返乡看抚州暨校企人才对接座谈会活动，20多所名校的30余名抚州籍学子亲身感受抚州日新月异的变化，了解家乡未来产业发展及人才需求；创建抚州市青年创业大讲堂，邀请省投资联盟的专家为100余名青年授课并进行交流座谈；助力青年创业，帮助多名创业青年申请青年创业贷款；深化“小火苗”青年志愿服务品牌，组织开展“青春志愿行 温暖回家路”抚州春运“暖冬行动”“青春志愿、学习雷锋、奉献社会”集中志愿服务活动等志愿服务活动，得到社会各界一致好评。

【全力服务市委、市政府大型活动】 以市委、市政府举办（承办）全省旅游产业发展大会、汤显祖戏剧节暨国际戏剧交流月活动、第二届中医药文化大会、第四届全省互联网大会及第二届中部地区变电设备产业高峰论坛为契机，共招募培训600余名“小火苗”青年志愿者，圆满完成活动期间的志愿服务保障工作。他们的无私奉献得到中外嘉宾及市民的称赞认可，被抚州市电视台、抚州日报、临川晚报等多家媒体的宣传报道。

【维护青少年合法权益】 以市委办、政府办名义出台《关于进一步深化预防青少年违法犯罪工作的实施意见》；切实加强六类重点青少年群体教育管理工作，推进重点青少年“专门学校”“阳光班级”创建工作；深化“共青团与人大代表、政协委员面对面”活动，引导青少年有序政治参与、理性表达诉求；组织全市各级团组织集中开展“学习贯彻十九大精神 共建共享 平安家园”法制宣传教育、“弘扬宪法精神 树立宪法信仰”主题宪法宣传及“全民禁毒宣传日”暨法制宣传教育等形式多样的宣传教育活动，服务青少年健康成长；组织开展网络安全宣传周青少年主题团日活动，进一步增强青少年网络安全意识和自我保护意识。

【关爱困难青少年群体】 持续开展“共青团关爱留守儿童工程”“团青心连心·点亮微心愿”“赣青扶贫”等品牌活动，全市各级团组织共实现微心愿4000余个，捐赠款物达50余万元；组织开展关爱环卫工人活动，为50名环卫工人送去围脖、手套等保暖物品；组织结对帮扶贫困村子女11人到抚州市区开展“青春建功新时代、脱贫攻坚我先行”——宝贝出村一日游体验活动；组织市农商银行与乐安县20名贫困青少年结对，圆梦“微心愿”。

【服务青年婚恋交友】 创建抚州市“婚恋交友示范基地”，成功举办“团团有约·农商助力”及“爱在赣鄱 团团有约”青年婚恋交友活动，120余名机关企事业单位青年参加活动；联合市民政局、卫计委、文明办、信息日报等单位共同举办抚州市第五届大型青年相亲交友公益活动，有96对男女牵手成功；推荐3对新人参加全省集体婚礼活动；据不完全统计，全年各级团组织共开展10余场青年婚恋交友活动，吸引1000余名青年参加。倡导0彩礼新风尚，引导青年朋友树立正确的婚姻观和价值观，促进青年之间相互交流、传递爱心。

【全力推进改革落地】一是推进团的组织设置和人员配置改革到位。全面完成市本级、县区、市直机关企事业单位团组织换届工作。市、县两级团代会代表、团市委全委会委员、常委会委员来自基层和一线比例均达到改革要求。将工农青年部更名为青年发展部。二是落实团干部选拔、使用和管理改革到位。按要求配备兼、挂职干部，落实抚州共青团改革的要求。市、县两级团委共配备兼、挂职干部113名。三是夯实基层基础工作改革到位。下发《全市团的基层组织建设规范年活动实施意见》，推进基础团务工作规范化标准化。落实团组织全面覆盖要求，本着“应建尽建”的原则，着力在各机关、企事业单位、各行业推动团组织建设工作，新增成立11个机关企事业单位团组织；严格控制团员发展比例，落实新发展团员“一人一号”制度，逐步降低团青比例。做好村（社区）团组织换届，全市所有村（社区）均已完成团组织换届。全市各级学校团组织100%录入“智慧团建”系统。四是建立“青年议事会”制度。推动市、县区建立并完善“青年议事会”制度，组建核心团队，围绕党政所想、青年所急、社会所需，群策群力，主动作为。同时，指导县区广泛成立青年议事会，并积极开展活动。

【从严治团】扎实推进“走、转、改”“4+1”“1+100”团干部直接联系青年常态化制度化；严格用制度管人，出台《共青团抚州市委对团县（区）委工作考核管理办法》《团市委机关干部考核管理办法》；举办全市团干部学习习近平总书记“7·2”重要讲话暨团十八大精神专题研讨班，从严抓好团干部教育管理工作；严格党员教育、管理和监督，坚持开展党员民主评议工作；严格落实中央“八项规定”，坚持执行重大事项报告、领导干部外出备等制度；严格团员发展程序，按照“十程序、九环节、三公示”发展团员；将落实“三会两制一课”情况作为团组织、团员、团干部评先评优和考核的重要条件，使团员积极参与到团的组织生活中来，为深化共青团改革提供保障。

（吴潇明）

【团市委领导名录】

书　记：邹　俊

副书记：符　伟　唐　津

　　　　黄　懿（挂职，4月任）

抚州市妇女联合会

【概况】2018年，抚州市各级妇联以深化妇联改革为主线，围绕党委、政府工作大局和妇女儿童需求，团结引领全市广大妇女群众积极进取、奋发有为。发挥优秀女性榜样力量，表彰10位“巾帼扶贫脱贫之星”，推荐3名农村妇女参加阿里巴巴集团“魔豆妈妈”创业大赛，组织8名农村女经纪人到义乌参加素质提升班，为贫困妇女争取创业贷款4994万元。在农村广泛开展“清洁庭院示范户”创评活动，评选挂牌“清洁家庭”15104户。推选全国最美家庭2户、五好家庭2户和江西省最美家庭14户、五好家庭14户。创建市级家风家教示范基地11个，省级示范基地4个。实施妇女儿童民生实事项目，争取省妇联妇女儿童民生项目资金253万元，实施“两癌救助”“母亲邮包”等公益项目，争取79万元资助两癌妇女79人，争取省儿基会“99春蕾计划一对一”项目5个受助名额，每人每学年1200元，连续资助三年。成立市、县区婚姻家庭纠纷人民调解委员会，全年接待处理信访案件129件，处理率达100%。

【突出政治引领】市妇联加强思想政治引领，凝聚巾帼力量唱响主旋律。围绕纪念改革开放四十周年主题，举办凝聚巾帼力量文艺会演及纪念建党97周年暨改革开放40周年歌咏会，展示出新时代妇女儿童新风采、新面貌；联合市总工会、团市委、市文明办开展“禁燃烟花爆竹 呵护绿色家园”万人签名活动；组织由三八红旗手、巾帼建功标兵、巾帼文明岗、创新创业女性、最美家庭、最美驻村第一书记等先进典型组成的宣讲队，深入挂点村、“妇女之家”开展“巾帼心向党 建功新时代”宣讲活动；举办“重温入党誓词,诵读红色家书”主题活动。充分发挥优秀女性榜样力量，举办庆祝三八国际劳动妇女节108周年暨2017年度“巾帼扶贫脱贫之星”颁奖仪式,对10位“巾帼扶贫脱贫之星”进行表彰，并同时授予抚州市三八红旗手荣誉称号；开展“姐妹相约 网上过节”活动，依托妇联新媒体平台向广大网友公开征集“身边最美女性”图片及配图故事，在网上形成百万妇女喜迎节日、共度“三八”节的浓厚氛围。

【围绕中心服务大局】聚集精准助力脱贫，通过发展特色种植养殖产业、手工编织、家政服务、电子商务等品牌产业，培树一批创新创业女性典型，帮助建档立卡贫困妇女增强脱贫信心，提高脱贫能力。推荐3名农村妇女参加阿里巴巴集团首届“魔豆妈妈”创业大赛，帮助自强自立的农村困境妇女获得电商创业就业扶持，组织8名农村女经纪人到义乌参加素质提升班；结合实施电商扶贫、金融扶贫等，引导“城归”“雁归”人才留乡创业；重点发展一批妇女手工龙头企业，带动更多贫困妇女实现灵活就业，为贫困妇女争取创业贷款4994万元。兰念瑛获颁全国脱贫攻坚奖贡献奖，女企业家黄美园获全省创新创业大赛一等奖。推进妇女创新创业。以建立市妇联领导走访企业常态化的工作机制为目标，以女企业家农业特色项目基地为平台，打造精准对接服务。东乡区妇女侯云霞的瓜篓子种植基地被评为全市2017年度“双返双创”之星；由蓝天虹创办的江西天势资产管理有限公司下辖的天势科技企业孵化器，“一杯”众创空间、天势智慧农业星创天地，分别获评“国家级众创空间”和“国家级星创天地”。开展乡村振兴“巾帼行动”，以“文明卫生进村入户、健康生活从我做起”为主题，在农村广泛开展“清洁庭院示范户”创评活动，实施“半小时工程”，倡导广大妇女和家庭成员每天抽出半小时的时间打扫单位及家庭内外环境，清洁家庭创建活动实现全覆盖，全市159个乡镇(街道)、1721个村、218个社区均有序推进清洁家庭创建工作。通过群众评、群众议的方式，评选挂牌“清洁家庭”15104户。

【家庭文明建设】 各级妇联深化家庭文明建设，弘扬家风家教取得成效。在城乡社区开展“最美家庭”寻找活动，举办“智慧女性 幸福家庭”女性读书月、家庭教育“微课堂”“书香飘万家”亲子阅读、“红色家书”家庭诵读大赛、“家庭助廉”警示教育等活动，推选出全国最美家庭2户、五好家庭2户和江西省最美家庭14户、五好家庭14户等一大批全国省市县乡级“最美家庭”“五好家庭”，引导家庭弘扬优秀传统文化，树立良好家庭风貌。打造家风家教示范基地，发挥乡村、社区、书院、主题公园等教育场馆的作用，经常性地组织开展各具特色的中华优秀传统文化、红色文化、家风家教家训教育活动，全市共创建市级家风家教示范基地11个，省级示范基地4个。推动实施妇女儿童民生实事项目，通过政府购买服务的项目化运作方式，争取到省妇联的妇女儿童民生项目资金253万元，精心实施“彩虹桥”“好家风成就好未来”“书香飘万家”亲子阅读等留守儿童关爱服务和家庭家风家教建设的公益服务项目，为城乡妇女儿童特别是农村留守妇女儿童提供精准服务；实施“两癌救助”“母亲邮包”等公益项目，争取到79万元资助两癌妇女79人；争取到省儿基会“99春蕾计划一对一”项目5个受助名额，每人每学年1200元，连续资助三年，为贫困女生提供更好的生活保障。

【关爱妇女儿童】 市妇联保障妇女儿童的权益，促进社会和谐。推动实施妇女儿童发展纲要，发挥成员单位作用，推动解决事关妇女儿童现实利益问题。组织相关成员单位开展全市0~3岁婴幼儿照护和早期教育情况专题调研活动，汇总相关问题及建议，形成调研报告，为市委、市政府决策提供依据和参考。出台免费婚检实施方案，将婚检补助由每对夫妻159元提高至240元，并提出“实现免费婚检、婚姻登记场所和工作无缝衔接”的“一站式”服务要求，对婚检场所及婚姻登记场设置点进行整改，督促各县区达到紧邻设置要求。市妇联在巩固建立“抚州市妇女儿童维权中心”和“幸福家庭·美满婚姻指导中心”成功经验的基础上，成立市、县区婚姻家庭纠纷人民调解委员会，组建12支由法律工作者、婚姻家庭咨询师、心理咨询师组成的专业咨询调解队伍；年内，全市妇联组织共接待处理信访案件429件，处理率达100%；开展“建设法治抚州·巾帼在行动”活动，通过举办大型广场法律咨询、发放普法宣传资料以及文艺会演、知识竞赛等立体化宣传模式，营造良好的宣传氛围；全市妇女之家组织活动751场次，妇女群众参与人数4.1万人次，参与志愿者达4290人次；与市中级人民法院等12家单位联合下发《关于建立抚州市家事审判方式和工作机制改革联席会议制度的意见》，灵活运用各方力量合力化解家事纠纷；与市法治办、司法局联合印发《关于充分发挥妇联组织在实施全市农村“法律明白人”培养工程中作用的意见》，参与实施农村“法律明白人”培养工程，为基层妇女群众提供便捷有效的维权服务。

【深化妇联改革创新】 市妇联围绕保持和增强政治性、先进性、群众性，以强基层、促创新为重要内容，上下联动深化妇联改革。优化组织设置。在抚州市妇女第四次代表大会上选配3名兼职副主席，已换届的村“两委”中至少有1名女性成员。组织妇联干部开展“我是妇联执委，我为妇女办实事”活动，建设一个“妇女微家”、开展一次妇女调研、联系一批妇女群众、办好一件妇女实事、参与一些妇女工作、提交一份意见建议。推进网上妇联建设。着力打造“一网两微”新媒体矩阵，市妇联官方网站功能升级，提升服务力；“抚州女性”微信公众号突出原创自主稿件50%以上，传播力和影响力进入全省前列。全市妇联系统建立各类工作群、活动群、联系群近百个，聚集抚州妇女网军1万余人，网上网下的深度融合，使信息沟通更便捷、工作流程更精简、组织管理更高效。

（魏　萍）

【市妇联领导名录】

主　席：熊　璐

调研员：付晓红

副主席：张　丽　赵　玲

抚州市科学技术协会

【概况】 2018年，抚州市科协围绕党委、政府的中心工作，立足“四服务一加强”的职能，发挥桥梁和纽带作用，加强科普建设，创新工作举措，夯实基础，奋力拼搏，各项工作取得成效。重点围绕农业、生物医药、新材料等产业加大院士工作站建立力度，至年底，全市拥有院士工作站13家，引进两院院士14人，引进院士专家团队成员71人。邀请中国工程院院士吴慰祖等9位院士及2位专家深入市内15家企业，开展科技咨询，解疑释惑。在全省率先创新开展市级“海智计划”工作站建设工作，建立6家市级“海智计划”工作站，引进海归、外国专家15人。培训科技创新企业高管和科技人员360余人次，组织选手参加第二届“江西省科普讲解大赛”，3人获荣誉称号。制定《抚州市2018—2020全民科学素质行动工作要点》，提高全民科学素质。

【院士、专家抚州行】 抚州市重点围绕农业生产、生物医药、新材料等行业产业加大建立院士工作站的力度。2018年新增省级院士工作站和市级院士工作站各3家。至年底，抚州共有13家院士工作站，其中省级院士工作站5家。引进两院院士14人,其中中科院院士6人、中国工程院院士8人;引进院士专家团队成员71人。

11月，市科协举办“情系老区发展，助力创新驱动——院士专家抚州行活动”，邀请中国工程院院士吴慰祖等9位院士及胡长平、牛立业2位专家分为5组深入东乡、黎川、金溪和高新区的15家企业，开展科技咨询，现场解答企业在生产技术和研发技术等方面的困惑、疑问110余个。市委书记肖毅、市长张鸿星出席相关活动。市政府聘请吴慰祖、舒兴田等9位院士、专家担任市政府科技顾问并现场颁发聘书。新华社、人民网、中国城市网及省市新闻媒体对抚州招贤纳士、招才引智的做法多次进行专题报道。

【“海智计划”工作站建设】 抚州在全省各设区市中创新开展市级“海智计划”工作站建设工作，制定出台《关于进一步加强“海智计划”工作站建设和管理的通知》，江西科诺生物科技有限公司等6家企业建立首批市级“海智计划”工作站（其中省级3家），建站企业引进印度、马来西亚等国和中国台湾、香港等地的海归、外国专家15人。建站后，博雅生物制药股份有限公司“海智计划”工作站承担省部级项目1项，获得外观专利6项、实用新型专利14项；江西国化实业有限公司工作站创建省级平台1个，突破关键技术5项，实现销售额6000万元；江西铭川科技实业有限公司工作站申请专利10项，培养企业技术骨干10人，转化科技成果4项，帮助企业实现销售685万元。

【科技服务产品应用推广】 全市连续两年共培训科技创新企业高管和科技人员360余人次。2018年新增注册企业50余家，有160余家企业注册专利信息数据库账号。及时跟踪服务企业，江西博雅生物制药集团股份有限公司利用检索专利，对企业现有专利技术进行优化创新，改良提取人纤维蛋白原的制备工艺；江西科诺生物科技有限公司利用检索专利对蜜蜂抗菌肽的提取制备方法进行改良，提高产品纯度和质量，节约企业生产技术成本；江西东华种畜禽有限公司利用检索专利对绿壳蛋产品进行改良，优化产品质量，提高市场竞争力。

【开展科普教育】 2018年上半年，市科协组织选手参加第二届“江西省科普讲解大赛”，1人获得大赛三等奖及“江西省十佳科普使者”荣誉称号、2人获得“江西省科普使者”称号。4月，联合市文明办等6家单位在全国科技工作者日期间，组织开展“科普进社区、进校园、进农村”系列活动；7月，与市教育局共同组织全市10名优秀青少年参加为期一周的“2018年西北工大高校科技营”活动；组织2018年全国科普日活动，市科协、黎川县科协获得全国科普日优秀组织单位，临川区科协获得全国科普日优秀活动单位。

【科普阵地建设】 加强科技馆体系建设。老科技馆升级改造顺利完成，正筹备承接省巡展工作；新科技馆建设项目开始施工；南丰、乐安两县的科技馆建设提上议程。“科普e站”建设暨“科普中国·百城千校万村”行动以黎川县为试验点，设置10台科普大屏。10月，抚州市规划科技馆正式挂牌，并组织市规划展示馆申报成功省级科普教育基地。

【科技助力精准扶贫】 擦亮“科技六送”品牌，面向全市贫困村开展送医、送药、送书、送知识、送技术，送产品活动，以科技切入推动农民尽快脱贫致富。3月，配合“科普之春暨学雷锋科普志愿者服务月”活动，在全市各县区、市直学（协）会中开展科技“六送”活动，为农民群众免费发送科普资料9800余册，参与活动受益者4万余人，植树5000余株。下半年，联合市直多家单位赴南城和资溪、广昌、乐安县等地的4个贫困村开展“科技六送”活动。组织申报“农函大”项目，推动开展贫困地区创业致富带头人帮扶等方面的培训，年内，全市共举办各类培训班80期以上，累计培训学员8000余人，为精准扶贫和农民经济增收起到重要助推作用。

（章翠昇）

【市科协领导名录】
党组书记、主　席：雷东水
党组成员、副主席：邱新明
副主席：杨正荣

抚州市归国华侨联合会

【概况】 2018年，抚州市侨联立足职能定位，把准工作内涵和外延，推进《抚州市侨联改革方案》落地生根。不断拓展联络联谊渠道，加强与阿联酋各界的联系，聘任阿联酋知名侨领、阿联酋江西商会常务副会长王乐勇为海外委员，促成抚州市政府与苏尔坦·布·哈里发酋长办公室签署牡丹亭合作备忘录事宜，助推抚州文化“走出去”。加强与赞比亚各界的联系，邀请海外委员黄向高带领赞比亚卢萨卡省访问团参加抚州市汤显戏剧节暨国际文化交流月活动。加强与海外洪门的联系，邀请加拿大、巴西、俄罗斯等国嘉宾代表团到南城县考察参观，深化对南城洪门史学文化的了解。助力“双返双创”，相继引进在外创业企业家12批50余人次到抚州考察参观，促成部分项目落地投产。联系澳大利亚的魏基成“天籁列车”第三次开入赣抚大地，捐助价值约160万元物资。金溪县侨联被人力资源社会保障部、中国侨联联合表彰为全国侨联系统先进集体，市侨联党组成员、专职副主席兼秘书长郑宇乐被中国侨联表彰为全国侨联系统先进个人，东乡区侨联兼职副主席、江西省润邦农业开发集团有限公司董事长向往被中国侨联、国务院侨办表彰为全国归侨侨眷先进个人。

【强化政治引领】 创新性地将对侨界人士的培训纳入市社会主义学院培训规划，对侨联干部、归侨侨眷、海外留学人员等进行专题培训，并于5月中下旬举办为期半个月的侨联干部主体培训班，深入学习习近平新时代中国特色社会主义思想和中共十九大精神，参观浙江嘉兴南湖红船、南湖革命纪念馆，举行重温入党誓词仪式，感悟“红船精神”丰富内涵；考察安吉县天荒坪镇余村、昌硕街道双一村，学习“两山”重要思想，进一步增强责任感、使命感。把“互联网+”作为侨联宣传信息、舆论引导、联谊维权工作的重要补充和手臂延伸。利用“抚州统一战线”微信公众号、“抚州侨联”“澳大利亚抚州同乡会”“赞比亚江西同乡会”等微信群及时发布有关抚州的最新社会要闻，传播涉侨政策和法律法规，发布侨联动态信息，收集侨界民意、回应侨界诉求，不断增强侨联吸引力和凝聚力，凝聚网络正能量，守好网络责任田。

【拓展联络联谊渠道】 加强与阿联酋各界的联系，聘任阿联酋知名侨领、阿联酋江西商会常务副会长王乐勇为海外委员，促成抚州市政府与苏尔坦·布·哈里发酋长办公室签署牡丹亭合作备忘录事宜，助推抚州文化“走出去”。加强与赞比亚各界的联系，邀请海外委员黄向高带领赞比亚卢萨卡省访问团参加抚州市2018年汤显戏剧节暨国际文化交流月活动，参加活动的代表团成员有：卢萨卡区行政长官戴维森.穆伦加、奇龙杜区行政长官阿尔弗雷德·哈蒙乔、琼谷韦区行政长官弗雷泽·姆松达、卢安瓜区行政长官诺格尼·莫约等一行8人，市委书记肖毅接见代表团一行。通过交流考察，密切抚州市与赞比亚各界的交流往来，扩大了抚州的影响力。加强与海外洪门的联系，市侨联协同市委统战部推动致公党中央、江西致公党支部以及南城县委、县政府组织开展的（洪门）海（境）外嘉宾（南城）爱国文化交流活动顺利开展。由加拿大、巴西、俄罗斯等国近30名海（境）外嘉宾组成的代表团到南城县考察参观建昌帮和盱江医学非遗展示馆，深化对南城洪门史学文化的了解，为推进抚州与海外洪门的经贸文化交流奠定基础。

【服务经济社会发展】 助力“双返双创”，相继引进在外创业企业家12批约50余人次到抚州考察参观，促成部分项目落地投产，如长鹰硬质金属有限公司投资近2亿元在东乡区建成投产；腾世优新能源有限公司在临川区租赁标准化厂房试产，已纳税100余万元，下一步将购买土地、扩大生产；李发清、李水清投资4.7亿元成立江西帝硕科技有限公司，已完成修建部分厂房，2019年初可正式投产；2017年引进抚州追越集团曾振凯投资的抚州美食城于2018年2月正式营业。做好社会公益事业，联系澳大利亚的魏基成“天籁列车”第三次开入赣抚大地，捐助200套助听器、2套语音教学仪，总价值约110万元；捐助冬衣1600件、棉被600余床，总价值约50万元，给困难群众和特殊学校的孩子们带去侨界的问候和温暖。

【基层组织建设】 鉴于各县区侨联人员编制大多在1~2名，难以开展实际工作，市侨联与市、县统战部门、编制部门沟通，与市委统战部联合下发文件，争取县区统战部门支持配合成立侨联组织，一方面可以借助统战部门联系广泛、人才荟萃的优势，共享统战、侨务资源，拓展侨联的联系覆盖面，更好发挥桥梁纽带作用；另一方面有效打破侨联人员少、工作难开展局面，优化了资源配置。至年底，全市有9个县区新建了侨联组织，有10个县区的侨联与统战部合署办公，宜黄、南丰、乐安等7个县侨联配备编制职数，其中东乡区侨联配备一个副科行政职数，金溪县侨联完成换届工作。

【扶贫攻坚】 做实做细“四进四联四帮”工作，选派年轻干部深入广昌县驿前镇横路村驻村扶贫，围绕贫困户脱贫“两不愁，三保障”目标和村基础设施建设、产业发展凝心聚力，2018年累计争取项目11个、资金200多万元，启动7个村小组的新农村建设工程，引导村民种植烟叶6.67公顷、白莲46.67公顷，为贫困户发放生产、生活物资折合6万余元。驻村干部坚持吃住在村，工作在村，与群众打成一片，密切与群众的血肉联系，《抚州日报》B1版专版头条刊发文章《精准扶贫暖人心，感恩帮扶送锦旗》进行报道；侨联领导多次深入挂点村调研督导脱贫攻坚，走访了解贫困户生产生活身体状况，为脱贫攻坚出谋划策。联系侨资企业抚州双菱磁性材料有限公司参与“百企帮百村”工作，挂点帮扶乐安县山砀镇草坑村，在该村建立生产车间，吸纳十余名贫困户就业。

（艾智全）

【市归国华侨联合会领导名录】
专职副主席、秘书长：郑宇乐
兼职副主席：黄德超　吴世伟
兼职副秘书长：林翠英

抚州市台胞台属联谊会

【概况】 2018年，抚州市台胞台属联谊会（以下简称市台联）在推动抚台民间交流交往、增进两岸同胞情感，促进对台招商引资、帮助台胞台属台企排忧解难方面做了大量工作。全年共接待到抚访问、旅游、考察的台胞28批300余人次，深入走访慰问困难台胞、台籍同胞、重点台属52户，扶助失学儿童3名，解决台胞子女升学、下岗再就业26件。

【台湾新华劳动党主席韩云洁参访抚州】 1月19日，应市台联邀请，台湾新华劳动党主席韩云洁一行5人赴抚州参观访问，市台办主任陈克胜会见参访团一行。参访团一行先后考察汤显祖纪念馆、高新区规划展示馆和市台协，对抚州的文化底蕴和人文景观有更深入的了解。

【抚州台籍同胞代表参加第十三届全国人民代表大会代表协商选举会议】 1月23日，台湾省出席第十三届全国人民代表大会代表协商选举会议在京开幕，全国台联党组书记、会长黄志贤作为协商选举会议召集人主持会议。抚州市台籍同胞乐雪琴作为江西省6名代表之一参加会议。

【举办春节返乡陆配回娘家座谈会】2月14日，市台联、临川区台办召开座谈会，与春节返乡的12名临川籍陆配代表叙亲情、话发展。代表们对家乡日新月异的发展变化感到骄傲和自豪，详细咨询投资的优惠政策，表示回到台湾后将积极宣传家乡，邀请更多台湾朋友赴抚参观考察、投资兴业，为建设更美的家乡做出贡献。

【香港台湾妇女协会会长欧阳珍女士回乡探亲祭祖】4月1日，香港台湾妇女协会会长、安行国际货运有限公司总经理欧阳珍女士及家人一行回到宜黄溯源祭祖。欧阳珍一行先到祖父欧阳琳墓地祭祖，并与宜黄亲属畅谈乡情往事和家乡建设情况。随后，参观考察华南虎广场、欧阳竟无故居、曹山寺等地。

【省台联会长徐友洪赴金溪县走访调研台资企业】7月19日，省台联会长徐友洪一行4人到金溪县台湾工业小区走访调研，并与台资企业相关负责人进行座谈，市台办副主任毛奇锋陪同调研。徐友洪要求，当地政府和各级台办要贯彻落实好省委关于开展优化营商环境的决策部署，帮助台资企业解决合理合法诉求，为台资企业健康发展保驾护航。

【台湾农业农村专家学者一行考察抚州秀美乡村建设】8月29日至30日，应市台联邀请，台湾美丽乡村发展协会理事长邱涌忠一行30余人先后深入抚州市东临新区灵谷峰秀美乡村建设示范带、宜黄县曹山景区、农禅小镇和资溪县大觉溪乡村旅游综合示范区、“纯净资溪·真相乡村”精品旅游带等地实地考察秀美乡村建设的经验和做法，并在新月畲族民俗村与村民展开互动交流。

【抚州市首张台湾居民居住证发放】9月12日，抚州市港澳台居民居住证首发仪式在荆公路派出所举行。市公安局、市台办等部门相关领导和部分台胞代表参加首发仪式。首批受理的12张港澳台居民居住证均由台胞申请。

【市台联会长周琪一行前往金溪县调研台联工作】10月18日，市台联会长周琪一行5人前往金溪县调研台联工作。调研组到正在重新装修的县台联会馆调研指导，并听取县台联会开展工作情况的汇报。周琪强调，台联会作为党和政府联系台胞台属的桥梁纽带，在抚台交流合作、参政议政、为台胞台属台商服务等方面要多下功夫，为两岸关系和平发展做出贡献。调研组还到金溪县台湾工业小区，考察台资企业江西宽年特种油墨有限公司。

【抚州市99岁去台老兵陈竹生回故乡认祖归宗】10月23—26日，99岁的去台老兵陈竹生携子女一行4人回到抚州市老家认祖归宗。此次寻亲活动得到“今日头条”和省、市台联的大力协助，是“两岸一家亲”的真实体现。

【市农商银行与市台协签署战略合作协议】12月18日，在市台联的多方联系下，市农商银行与市台协本着自愿、平等、互利、守信的原则，以共同发展和长期合作为目标，就融资授信业务、现金管理业务、经营性融资业务等达成共识，并签订战略合作协议。

（张　晋）

【市台胞台属联谊会领导名录】

会　　长：周　琪

常务副会长：游日辉　毛奇锋

副会长：李　萍　全跃龙

　　　　徐建平　杨露露

　　　　章伊萍　张　平

秘书长：艾志群

抚州市工商联

【概况】2018年，在市委、市政府的坚强领导下，在省工商联和市委统战部的指导下，市工商联以习近平新时代中国特色社会主义思想为引领，围绕全市中心工作，牢牢把握“两个健康”主题，履职尽责，主动作为，各项工作迈上新台阶。深化非公有制经济人士思想政治引领，开展以“不忘创业初心、接力改革伟业”为主题的理想信念教育实践活动，引导企业家们不忘创业初心，坚定发展信心。推动非公有制经济实现新发展，围绕非公有制经济发展中的热点和难点问题建言献策，提交议案20余件。围绕中心、服务大局，为抚州经济社会发展多方出力。动员市内外商会、民营企业捐资91.5万元帮助全市183名贫困大学生；全市共有441家企业（商会）结对帮扶681个村，投入资金10446万元，受益贫困人口30612人。发展商会组织，至年底全市共有外埠商会69家，异地商会14家，行业商会86家。市工商联被市委、市政府评为全市服务非公有制经济发展先进单位和2018年度全市高质量发展综合考核评价综合优秀市直单位。

【深化非公有制经济人士思想政治引领】狠抓政治理论学习。组织企业家聆听全国工商联第六联系调研组成员作的十九大精神宣讲报告，召开学习贯彻习近平总书记在民营企业座谈会上重要讲话精神座谈会，引导非公有制经济人士自觉践行“两个维护”，做到矢志不移听党话、坚定信念跟党走。深化理想信念教育。开展以“不忘创业初心、接力改革伟业”为主题的理想信念教育实践活动，组织企业家参加全市统一战线纪念“五一口号”发布70周年文艺会演，开展红色教育井冈行、诵读《红色家书》活动，观看《浴血广昌》，参观纪念改革开放40周年书画展，引导企业家们不忘创业初心，坚定发展信心。加强非公党建工作。成立市副食品百货行业商会党支部，举办党建知识、宪法知识专题讲座，组织商会党员赴市博物馆参观赣东烽火展，召开市直商会党建经验交流座谈会，指导市直商会开展特色党建活动，实现党的组织和党的工作“双覆盖”，推动党的决策部署在非公有制经济领域的贯彻落实。

【推动非公有制经济实现新发展】畅通政企沟通渠道。协助市委、市政府召开全市非公有制经济人士迎新春座谈会、促进非公有制经济发展大会、非公有制经济民间投资营商环境政策宣讲视频会，举办抚州市非公企业金融研讨会，与市税务局联合举办民营企业纳税人代表座谈会，在全市营造支持非公有制经济发展的浓厚氛围。踊跃建言献策。建立40家全国民营企业调查点，配合全国工商联开展智慧医疗健康养老和助推民营经济高质量发展调研，开展营商环境和民间投资政策落实情况评估调研。组织担任人大代表、政协委员的工商联会员围绕非公有制经济发展中的热点和难点问题建言献策，提交《大力发展我市绿色建材产业》《关于加强我市民营企业家培育，促进民营企业健康发展》等议案20余件。强化教育培训。举办“中国财税改革趋势及热点解读”“企业IPO及上市公司融资工作最新政策解读”两场专题讲座，组织30余名企业家赴深圳、东莞学习考察，配合市委统战部组织40余名企业家赴中央统战部苏州培训基地脱产学习，进一步提升民营企业家的综合素养。开展维权工作。配合省非公有制维权服务中心开展维权工作，引导全市非公企业注册省政策APP平台，代市委、市政府起草《关于设立非公有制企业维权服务中心进一步优化营商环境的方案》，聘请法律顾问，做好省维权中心交办的各项工作。

【服务经济社会平稳健康发展】市工商联秉承“主动作为，有为有位”的理念，围绕中心、服务大局，为抚州经济社会发展多方出力。参与脱贫攻坚行动。深入开展“百企帮百村”精准扶贫行动，组织企业赴挂点村走访慰问贫困户，开展助力教育信息化公益捐赠活动，动员市内外商会、民营企业捐资91.5万元帮助全市183名贫困大学生；鼓励引导民营企业产业扶贫，森鸿科技在湖南乡坪山村建立电子产业加工组装厂，江西广雅食品采取“公司＋合作社＋基地＋农户”的发展模式，带动贫困户脱贫致富，被全国工商联、国务院扶贫办评为全国“万企帮万村”精准扶贫行动先进民营企业。截至2018年年底，全市共有441家企业（商会）结对帮扶681个村，投入资金10446万元，受益贫困人口30612人。深入开展“双返双创”活动。召开2018年抚州市春季“双返双创”座谈会和“双返双创”活动推进会，依托外埠商会召开成立大会、换届大会、年会的契机，在北京、上海、惠州、广州、深圳等20余个城市举办“双返双创”座谈会，邀请贵州、温州、上海、厦门、北京、南昌等抚州商会组团到抚考察，为他们返乡投资牵线搭桥；成功引进一个总投资额为1.2亿元的年产660万件服装生产基地项目。举办知名商会抚州行活动。成功举办第三届全国知名商会原中央苏区（抚州乐安）行活动，筹集1230.19万元支持乐安扶贫工作，并邀请40多家商会的150余名企业家赴乐安等县参观考察，达到宣传推介抚州的目的。

【夯实工商联事业发展根基】2018年，全市商会组织建设稳步推进，为工商联事业创新发展打下坚实基础。工业园区工商联分会实现全覆盖。深入贯彻落实《关于推进全省工业园区设立工商联分会（企业商会协会）的指导意见》，成立抚州市工商联高新区分会。利用召开抚州市工商联高新区分会成立大会契机，对各县区成立工业园区工商联分会工作进行全面部署并指导、督促抓好组建工作，至年底，市县两级工商联均成立工业园区工商联分会，实现全覆盖目标。民间商会建设蓬勃发展。市委、市政府高度重视商会工作，市委书记肖毅、市长张鸿星亲临北京抚州企业商会成立大会，委派市领导出席惠州、贵州、温州、上海抚州商会成立大会，先后深入贵州、深圳、广东、厦门、宁波抚州商会考察调研，掀起外埠商会发展热潮。全市共有外埠商会69家，异地商会14家，行业商会86家。机关建设迈上新台阶。深入学习省、市作风建设工作会议及有关文件精神，大力整治“怕、慢、假、庸、散”方面存在的问题，持续深化干部作风建设，不断加强机关党的建设，进一步营造风清气正的工作氛围；扎实推进学习型、效能型、服务型机关建设，提高干部队伍的履职能力。

（曾进辉）

【市工商联领导名录】
主　席：戴晓文
党组书记、副主席：吴荼香
党组成员、副主席：熊瑞环
姚光辉
党组成员、副调研员、秘书长：
何建彩

抚州市文学艺术界联合会

【概况】抚州市文联有作家、书法家、美术家、摄影家、戏剧家、音乐家、舞蹈家、影视家、民间文艺家、文艺评论家等10个市级文艺家协会，11个县区文联组织，有协会会员4999人，其中省级会员932人，国家级会员93人。2018年，市文联贯彻落实《中共抚州市委关于繁荣发展社会主义文艺的实施意见》，围绕中心、服务大局，深入生活、扎根人民，开展各门类文学艺术活动。承办了江西省第三届汤显祖戏剧奖·优秀小戏小品曲艺大展，从103部原创现代小戏小品中遴选出22部开展为期3天的决赛；举办“名家写抚州”文学笔会，中国作家协会副主席高洪波等知名作家应邀到抚州采风创作；组织开展为期一个月的春节“红色文艺轻骑兵”走基层活动，为市民书写春联2万多副，为村民免费拍摄照片2000余张、赠送书籍 200 余册；承接中国舞协、中国摄协“深入生活 扎根人民”采风团深入抚州市采风创作活动；举办“‘不忘初心 筑梦前行’纪念改革开放 40 周年”谷雨诗会，100 多位省、市、县作家、诗人参加活动；编辑出版《永远的汤显祖》，举办“印象文昌里”中外油画写生艺术展，展出作品 40 余幅；举办“喜庆十九大 绘赞新抚州”美术作品展，展出精品百余件；举办“戏影文昌里·全国戏剧摄影”邀请展，展出精品力作 70 余幅；举办“一带一路”江西抚州——甘肃敦煌书画联展，展出两地书画家书法作品 84 幅、美术作品 48 幅；举办“一带一路”江西抚州·上海松江书法联展，展出两地书法家精品力作 103 幅；举办“赣籍开国将军百战图”创作展和“咏古百首诗书画展”；举办“最美歌舞颂军人”纪念建军 91 周年拥军文艺晚会。

【举办“名家写抚州”文学笔会】 中国作家协会副主席高洪波，中国作协全委会委员、湖北省作协副主席、鲁迅文学奖获得者陈应松，中国作协会员、山西省作协副主席、鲁迅文学奖获得者王祥夫，中国外文局资深编辑、著名作家野莽，中国作协全委会委员、广东省作协副主席、鲁迅文学奖获得者王十月等应邀到抚州采风创作。省文联主席叶青，省作协驻会副主席江子专程到南城陪同。文学笔会结束后，作家们围绕“抚州，一个有梦有戏的地方”主题进行散文创作，并在《人民日报》《北京文学》等全国重点文学媒体发表，传播抚州新形象，提升抚州知名度。

【中国舞协、中国摄协深入抚州采风创作】 中国舞协、中国摄协“深入生活 扎根人民”采风团深入抚州市采风创作。中国舞协主席冯双白、中国摄协主席李舸率“深入生活 扎根人民”艺术名家采风团一行 40 余人赴南丰创作采风，并举行采风创作研讨会，深入了解南丰的傩文化。央视《朝闻天下》进行重点报道。

【深化内部改革】 市文联按照《抚州市委全面深化改革 2018 年工作要点》和《抚州市群团改革总体方案》，组织开展改革工作调研，在与职能部门充分沟通后制定《市文联（市作协）深化改革方案》。深改方案分为总体要求、优化文联组织的基本职能、改革调整市文联及所属机构设置和人员配备、改革文联及所属文艺家协会运行机制、组织实施等 5 个部分。全面统筹改革各项工作，提出解决文联工作中存在问题的意见和建议，把文联组织真正建设成为覆盖面大、凝聚力强、温馨和谐的文艺工作者之家。

【创作成果】 2018 年，市文联编辑出版《永远的汤显祖》（上下册），长篇历史小说《汤显祖》。小小说《你是那个给我树苗的人吗》获第二届全国小小说征文评选二等奖。原创歌词《潮涌中国》获香港回归二十周年原创词曲征集“金紫荆奖”，并在《香港音乐文学报》发表；《脊梁》获 2018 全球华人音乐节词曲作品创作大赛银奖；摄影作品《困》获全球摄影网第二届“中国夜市”主题摄影大赛二等奖。2 位书法家作品入选全国第二届大字书法艺术展，2 位美术家作品入展血脉传承、不忘初心——江西美术家“深入生活、扎根人民”主题展，美术作品《在土地上》入选“美丽中国·纪念改革开放 40 周年——全国中国画作品展”，4 位美术家作品入选纪念改革开放四十周年全省现实题材美术作品展。

（杨如俊）

【市文联领导名录】
党组书记、主　席：甘少华
党组成员、副主席：梁　芳

抚州市残疾人联合会

【概况】 2018 年，抚州市残联紧扣中心，服务大局，创新思路，务实举措，各级残联组织为 418 位残疾人提供辅助器具及康复器材适配服务，为符合条件的残疾人发放燃油补贴资金 51.17 万元，为 15269 名持证残疾人提供精准康复服务，为 512 名患者实施眼部手术，减免相关费用。举办 18 场残疾人就业招聘会，帮助 389 名残疾人实现就业。落实惠残政策，为 27497 名贫困残疾人发放生活补贴，为 6824 名重度残疾人发放护理补贴，为 9141 名残疾人发放两项补贴。维护残疾人的合法权益，各级残联接待残疾人来访、来电、来信 900 余人次，为残疾人解决各种实际问题 260 余件。市残联被评为全市社会管理综合治理目标管理先进单位、人口计划生育先进单位、公共机构节能先进单位和省级精神文明先进单位。

【康复服务】 2018 年，全市各级残联组织为 418 位肢残、精神、智障等残疾人提供辅助器具及康复器材适配服务；为 1968 名符合条件的残疾人发放燃油补贴资金 51.17 万元；筹集资金 60.3 万元为 186 户贫困残疾人家庭完成无障碍环境改造；为 15269 名持证残疾人提供精准康复服务（服务率达 70%）。此外，市残联和抚州光明眼科医院在全市实施“助明康复扶贫活动”，为 1445 余名患者提供免费检查，为 512 名患者实施眼部手术，其中 350 余名白内障患者做复明手术，并减免相关费用，手术有效率 100%。

【教就扶贫】 各级残联组织采取市县联动、就近分片、课堂教学与现场指导相结合的办法，举办 18 场残疾人就业招聘会，帮助 389 名残疾人实现就业。在就业援助月中，实名制纳入年度培训计划残疾人数 1096 人，帮助残疾登记失业人员实现就业人数 691 人，其中国有企业吸纳就业人数 72 人，帮助残疾人享受专项扶持政策人数 857 人。全市购买公益性岗位 432 个，完成任务数的 116%；农家书屋安置残疾人管理员 1267 人，完成任务数的 109%；参加城乡残疾人职业技能培训 699 人，完成任务数的 110.9%。

落实惠残政策，抓好残疾人“两项补贴”。在现行标准下，残疾人“两项补贴”基本做到应保尽保。全年全市共为27497名贫困残疾人发放生活补贴，为6824名重度残疾人发放护理补贴，为9141名残疾人发放两项补贴。市级新增扶持18个市级扶贫基地，其中种养业户10个，种养业大户7个，种养业基地1个，扶持资金27万元。全市扶持县级扶贫基地87个，扶持资金88.4万元。临川区江西金山食用菌专业合作社的虎奶菇栽培新技术获得第三届“中国创翼”创业创新大赛全国决赛专项组二等奖。

【宣传文体】5月17日，在第二十八次全国助残日期间，市残联联合市人社局、临川区残联、六家康复机构、五家企业在市区羊城广场开展以“全面建成小康社会，残疾人一个也不能少”为主题的系列活动。11月28日，由中残联宣文部、省残联、市残联、宜黄县委县政府主办的“共享芬芳”中西部地区百县百场公益巡演活动走进宜黄，为该县人民分享一场精神文化盛宴。此外，还组织市内残疾人代表参加2018年江西省特奥田径、三人制聋人篮球比赛，获得个人立定跳远第1名、100米跑步第1名、800米跑步第三名的成绩；在中残联组织的“仁美”书画摄影大赛中，临川区一幅书法参赛作品入闱。

【组织建设】8月12—13日，召开抚州市第二届残疾人代表大会暨换届大会，共商全市残疾人事业发展大计。市领导张鸿星、黄晓波、刘海滨、谭小平、余建平、蔡青、郑友清等出席。市委书记肖毅，省残联党组成员、副理事长田颖汉出席并讲话。会议选举产生市残联第二届主席团成员和市残联新一届理事会班子，选举产生出席江西省残联第七次代表大会的代表。

【动态数据更新】开展残疾人动态数据更新工作，为确保数据准确无误，全市各级残联与相关部门协作配合，完成入户调查84806人，入户调查率92%。发放《动态更新工作手册》2400本、《残疾人调查表》9.5万份、《社区调查表》2400份，为上级制定残疾人政策提供准确有效的数据。

【维权保障】10月24—25日，根据市人大常委会《关于开展残疾人权益保障工作专题调研的通知》精神，围绕《中华人民共和国残疾人保障法》贯彻实施，深入开展残疾人权益保障工作专题调研，完善残疾人权益保障制度机制，推动残疾人事业稳步发展。全年全市各级残联接待残疾人来访、来电、来信900余人次，基本做到件件有落实，事事有回音，为残疾人解决各种实际问题260余件。

（杨国华）

【市残联领导名录】

党组书记：杨国伟

理 事 长：吴晓妮（任至6月）

王 彬（8月任）

党组成员、副理事长：

张文卫（任至6月）

周志军（8月任）

党组成员、副调研员：丁 涛

抚州市红十字会

【概况】2018年，抚州市红十字会发挥党和政府在人道领域联系群众的桥梁纽带作用，核心业务取得新突破。

“生命健康安全教育工程”被列入抚州市十三五规划纲要，应急救护培训和心理危机干预热线项目是市政府50件重大民生实事之一，列入市、县综治年度考核；联合市教育局举办全市“心理危机干预”志愿者公益培训班，培训200余名志愿者；与江西省心理援助与研究中心签订《幸福星心理援助热线公益合作协议书》，联合打造幸福星心理援助公益热线，为市民提供心理疏导服务；红十字会的三献工作（无偿献血、造血干细胞捐献、遗体器官捐献）被纳入各级文明单位年度评选考核内容和三城同创考核内容。

全面完成省红十字会的“三救三献”核心业务任务。全市完成“红十字救护员”持证培训8467人，占任务数的108.6%；开展普及性应急救护培训9.33万人次，占任务数的152%；培训应急救护师资25人。全市有106人分别获得“小天使基金”“光明天使基金”“生命光彩基金”资助，总救助金85.94万元。其中，24人获得小天使基金资助告知，13人获资助，共计45万元；88人获得光明天使资助，共计59391.32元；5人获得生命光彩基金救助，共计35万元；实现遗体及器官捐献15例（乐安、崇仁3例，宜黄、金溪2例，临川、东乡、广昌、南城各1例）；实现造血干细胞捐献2例（临川、南丰各1例）；完成造血干细胞采样188份，占任务数的216%；做好“中华骨髓库”志愿者回访人数1759人，占任务数的103.47%；开展博爱送万家活动，发放救助款物30万元。

人道资源动员有新突破。年内全市红十字会完成筹资630万元，完成任务数的105%。为打赢脱贫攻坚战，致力于内源扶贫、志智双扶，与市委“四进四联四帮”活动办、市扶贫办、市文明办在全市联合开展“人道资源大动员 精准救助大行动”公益活动；与市委统战部等八部门联合开展抚州市“百企帮百村”教育精准扶贫行动；在全社会开展“爱满赣抚·助力脱贫攻坚”专项捐赠倡议活动并在乐安县举办现场捐赠仪式；参与“99公益日网络一起捐”活动。

市红十字会被省红十字会评为2018年度设区市红会绩效管理工作达标单位、志愿服务工作先进单位，获江西省“99公益日”市本级红十字会网络众筹先进单位三等奖和“99公益日”线下场景优秀单位三等奖、江西省首届红十字志愿者趣味运动会优秀组织奖，市红十字会心灵阳光关爱中心、市红十字老年介护志愿者协会获“99公益日”网络众筹社会组织优秀奖。获评第十五届江西省文明单位。2018年度全市高质量发展综合考核评价中获综合优秀市直单位、绩效考核良好单位、公共机构节能工作考核优秀市直单位。

【召开市红十字会二届二次理事会】 3月28日，市红十字会召开第二届理事会第二次会议，传达市委书记肖毅对全市红十字工作的重要批示，颁发人道救助特别贡献奖、人道救助优秀组织奖，表彰2017年度红十字优秀志愿者和2017年度绩效管理工作先进单位和先进个人，审议通过理事会工作报告和红十字会2017年度捐赠收支情况报告，更换和增补理事、常务理事，选举副会长，聘请戴晓文为名誉副会长。市人大常委会副主任、市红十字会名誉副会长段院龙，市政府副市长、市红会会长蔡青，市政协副主席戴晓文等出席会议。

【基层组织建设】 按照《抚州市红会关于加强红十字基层组织建设的通知》《关于加强市直理事、会员单位红十字工作的指导意见》的要求，全市积极推动红十字基层组织建设。截至12月，全市有基层红十字会216个。南丰县红十字会召开第一次会员代表大会，完善理事会、常务理事会、监事会等管理机构；黎川、乐安县红十字会组建监事会事宜经县委常委会通过。

【组织宣传】 2018年全市红十字会系统在各类媒体上发表稿件548篇次，完成任务数342.5%；推选的市内造血干细胞捐献者黄龙获5月中国好人榜；健全完善市红十字会微博、微信公众号、网站，使"两微一网"的页面更美观、功能更强大、栏目更合理、内容更丰满；市红十字会造血干细胞工作站、市红十字会救助救护服务培训中心、市红十字老年介护志愿者协会、市红十字会心灵阳光关爱中心以及崇仁、乐安、南丰、黎川、临川等县区红十字会均建立微博、微信公众号，充分发挥新媒体的作用；编辑两期《博爱简讯》。年内，新组建市蓝豹救援队、市红十字雄鹰救援队，并在民政部门登记注册；加强红十字水上救援队、红十字心理救援队、蓝豹救援队、红十字雄鹰救援队、一路有你志愿队等专业团队建设，形成以红十字志愿者为主体、社会力量为补充的人道救援体系。同时，通过举办红十字知识、志愿者管理知识、应急救援知识、卫生健康知识、养老护理知识等专题培训班，提高救援队队员应急救护救援能力。全市在省红十字会网站共登记志愿者1061人，其中注册志愿者751人、骨干志愿者69人。组织黎川县社会综合福利院和临川区幸之福老年公寓申报中央专项彩票公益金支持失能老人养老服务项目，在崇仁、南城、临川、南丰、乐安及金安小区、爱心协会、高校、敬老院分别开展红十字养老服务知识普及培训，培训家庭志愿者1107人，举办3期老年介护"护理员"持证培训，培训专业"护理员"132人。市老年介护志愿者协会组织开展"浓浓敬老情、情暖老人心"志愿服务活动。6月20日，南丰县红十字会成立老年介护志愿者服务队，6月29日，乐安县红十字会成立夕阳红志愿服务队。

【文化建设】 市红十字会创新品牌特色，致力优秀传统文化建设。与教育部社区教育研究培训中心——家庭教育实验室联合承办"和谐家道传承"公益大讲堂系列活动；与深圳市幸福家家庭研究院联姻，成为深圳市"幸福家·家长成长中心"合作共建单位；在中小学发展红十字青少年并进行红十字生命健康安全教育课堂—拜师礼仪式；对家庭志愿者开展红十字精神与中华家道文化、红十字应急救护课程、中医家庭保健疗法、家庭老年介护技能、健康养生与心灵成长五大能力培训；由中国传统文化促进会主席团主席佛涛先生的弟子捐书，组织开展"幸福家·抚州·心灵读书会"《佛涛心语》读书活动。

【党风廉政建设】 市红十字会健全党组及机关党支部职责，规范管理运行机制。市委为红十字会增补党组成员，将市红十字会党组建设纳入市委管理，召开9次党组会议，研究全市红十字会系统事业发展和"三重一大"事项，并以会议纪要形式下发各有关单位及部门执行。红十字会也规范机关党支部建设，4月13日，召开党支部换届会议改选党支部书记及委员，对支部委员重新分工，使机关党支部工作走向规范管理。增强监委会、法律援助顾问和派驻纪检组督导等第三方监督制度，完善第三方督导监督作用。市卫健委派驻纪检监察组参加会党组会议，每年市审计局及会计事务所对捐赠专户和红十字项目专题审计，确保捐赠财物和公益项目合情合理合法，将捐赠收支情况在市红十字会网站上公示，增强公信力。扎牢制度笼子，以严格的制度规范各项工作落实。修改健全《2018年抚州市红会内部管理制度》，明确红十字会党组、机关党支部、办公室、救护赈济科行政会议暨工作例会、部门协商会议、监委会、法律援助顾问和派驻纪检组督导监督制度，坚持党建工作与业务工作两手抓，两手都要硬，每月根据制度出具岗位工作职责考评结果，并列出每人每月的负面清单，制定立行立改整改措施，有效规范内部管理运行机制。

（娄红玲　庄振才）

【市红十字会第二届领导名录】

名誉会长：肖　毅　张鸿星

名誉副会长：王宏安　段院龙　戴晓文

会　长：蔡　青

常务副会长：娄红玲

专职副会长：黄伟文

兼职副会长：杨瑞春　刘俊福　黄文祥　傅志红　周样兴　何儒辉　刘小奇　程细街

秘书长：孔　强

本栏编辑　汪　洋

军　事

抚州军分区

【概况】2018年，抚州军分区坚决贯彻落实中央军委、东部战区、军委国防动员部和省军区党委决策部署，瞄准“争先进位、进入第一方阵”目标，讲政治护核心，抓龙头重实效，盯主业促转型，打基础求规范，正风气立常态，重防范保底线，强党建带整体，各项工作在改革调整中有序展开、有力推进，全面建设形势平稳、向上向好。

突出维护核心举旗铸魂，思想政治根基不断夯实。围绕树牢“四个意识”、坚定“三个维护”学理论、抓教育、铸军魂。组织“传承红色基因、担当强军重任”主题教育4个专题学习，结合党委巡视、烈士纪念日等时机，参观红色旧址，缅怀革命先烈，重温入党誓词，开展向王继才和井冈山市人武部学习活动，引导全体人员坚定信仰、增强信心、笃定信念。抓好军委主席负责制和军委党的建设会议精神学习贯彻，纠治形式主义、官僚主义，组织以张阳、房峰辉案为反面教材专题教育，刀刃向己开展作风建设专项督查。坚持干部讲评，引导官兵职工自觉做到“五有”，正确把握“四个基本”，部队保持集中统一，纯洁巩固。全区营职编余干部坚守岗位，工作不松懈、精神不滑坡；军官转改文职后换装不松劲、工作标准不降低；部分职工积极参与机关业务工作，在征兵工作、宣传报道、后装保障等方面发挥重要作用。

聚焦服务打赢练兵备战，应急应战能力有新提升。牢记领袖“胜战”“本领”“价值”三问，贯彻军委开训动员令等指示精神，聚力纠治和平积弊，强化忧患意识、紧迫意识、实战意识，大抓练兵备战。坚持落实党委每季度专题议战议训制度，及时修订应对重大事变军事行动方案，组织骨干力量对抚州地区支援保障战役军团过境行动等作战问题进行理论研究，升级作战数据管理系统，更新完善兵要地志、关键岗位人员、重要目标信息等作战数据。常态组织值班检查，实时通报和处理问题，有序推进指挥信息系统升级改造，组织指挥平台业务骨干培训，全力构建“规范、稳定、配套、快捷”的战备常态保持体系，严密组织战备拉动。先后完成抗洪抢险、全省旅游产业发展大会、资溪漂流文化旅游节安保警戒、协助公安追捕逃犯等行动，以及森林灭火、支援保障部队过境和支援地方经济建设等任务，在维护稳定和抢险救灾方面发挥生力军和突击队作用。

适应改革调整融合发展，国防动员工作持续推进。适应调整改革后的新任务新要求，完成经济动员、信息动员、人武动员等9大类国防动员潜力数据采集录入和核实上报工作。按照改革任务调整部署民兵组织，成立市民兵应急营。围绕实现“一超、双增”目标，出台《贯彻落实〈江西省征兵工作条例〉的实施意见》，在抚州职业技术学院开展大学生预备兵员试点，组建“校园军梦团”，综合运用媒体平台宣传，进校园面对面宣讲，进村入户一对一精准动员等，圆满完成新兵征集任务，大学生比例达63.1%。推进军民融合发展，成立抚州市军民融合发展委员会，协调9家企业成功申报为省级军民融合企业，争创省级军民融合发展创新示范区，有序推进军民融合向纵深发展。通过新建和整修原有设施等方式，各单位推动民兵训练基地建设有力，南城县人武部“三个一线”建设先行试点工作有序推进。

注重落实制度浓厚氛围，党管武装和双拥共建成果丰富。市委常委专题议军会、武委会、党管武装暨国防动员工作会议等党管武装制度机制常态落实，国防教育“五进”“半年巡一线、两年巡一遍”的党委巡视、专武干部例会在基层轮流召开等做法常态坚持。双拥平台高效运行，人武部职工编制注册问题得到妥善解决；送立功喜报、走访慰问军人家庭、为新兵家长体检、哥哥参军弟妹进城择校、为军属协调处理事故赔偿等鲜活做法不断涌现，军人军属权益得到充分保障。广大官兵职工始终把拥政参建、扶贫帮困作为政治任务，参与精准扶贫、“三城同创”等活动。全区团以上领导干部与40名贫困学生结成帮扶对子，帮助243户849人实现脱贫，军分区机关和广昌县人武部结对的2个“十三五”贫困村如期脱贫摘帽。

着眼提质增效精抓细管，综合保障水平稳步提高。坚持党委集体理财管财各项制度，经费投入向战备训练倾斜，从严控制公务接待等行政消耗性开支。严格落实民兵武器仓库各项管理制度，武器装备管理更加安全规范。着力优化内部环境，引入社会化保障，调整机关营门岗哨，精细打理绿化美化，精致打造政治氛围，组织官兵职工健康体检，营造更加优质的人文环境。深化行业集中专项整治，按时完成停偿工作。

强化法治理念严管严治，安全发展基础更加巩固。坚持把安全管理工作作为党委工程、主官工程和保底工程，常议常抓，做到有分析、有部署、有检查、有通报讲评、有措施跟进。坚持每季专题安全形势分析，研究对策，部署任务，通过组织专项检查、安全工作大检查、随机抽查和突击检查等，常态化开展检查督导，保持狠抓安全不放松的强劲态势。加强安全教育训练，落实安全评估制度，用好在外人员跟踪管理"三定"和"五位一体监督"等机制，规范公车使用、驾驶私家车审批和管理，制度规定得到较好落实。结合"条令学习月"，开展"学条令、训队列、纠作风"活动，组织重特大安全事故风险评估。扎实开展"百日安全活动"。

围绕担当实干淬炼能力，党委自身建设得到加强。学习贯彻军委党的建设会议精神，召开党委常委会深入分析党建形势，研究对策措施，部署工作任务，加紧推进落实，全面加强军分区党的领导和党的建设。党委一班人常怀履行好改革后首届班子首任使命之忧，自觉学习习主席强军思想，做到带头维护核心、带头担当尽责、带头严格自律。两级党委认真履行管党治党主体责任和全面从严治党要求，第一时间传达学习中央军委、军委纪委、军委国防动员部制定的新规禁令和下发的警示案例，组织观看《浴火强军》专题教育片，确保党员干部始终保持警钟长鸣、头脑清醒，严守政治纪律政治规矩。通过过主题党日、上好党课、按时交纳党费、严格召开民主生活会等，党员干部全方位接受教育监督，强化党性锤炼。认真学习贯彻民主集中制原则，遵守《党委议事规则》，科学民主决策，按章依法办事，在提升使用、评功评奖、士官选改等敏感利益问题上，坚持公开公平公正，阳光操作。借助省军区基层风气监察联系点建设任务，摸索建立全域监察程序、方法、内容、网络和机制，确保监督执纪"四种形态"和防治基层"微腐败"落到实处，部队风正气顺。

（王登平　欧阳春　杨志峰）

【组织全省民兵情报信息、应急维稳专业干部骨干集训】 6月20—28日，军分区依托东乡区民兵训练基地，围绕军事地形学、观察与报知、擒敌技术、执勤基础等15个课目，组织全省民兵情报信息、应急维稳专业干部骨干集训，通过考核，总评成绩达到良好。

【防汛应急救援演练】 5月28日，军分区协调市防总在临川区展坪水库，围绕巡堤排险、封堵管涌、水上救援等课目，组织全市防汛应急救援演练，效果良好。

【空军对口支援民兵通信保障分队专业训练】 10月中旬，军分区在前期完成入队训练、共同基础训练的基础上，联合驻抚州空军某部共同组织对口保障军兵种民兵通信分队专业训练。集训按照"先理论、后操作，先技能训练、后课题演练"的方式，组织通信基础理论、电台基本操作、线路接续、500米收放线、识图用图、通信保障演练等内容训练，考核总评成绩达到良好以上。通过集训，提升对口保障空军民兵分队训练质效，走开对接联演联训路子，实现在未来作战联合支援保障无缝对接。

【召开市民兵应急营成立暨点验大会】 5月10日，军分区组织市民兵应急营成立暨点验大会，会议宣读民兵应急营干部任职命令，组织全体民兵宣誓和新入队民兵代表发言。民兵应急营成立暨点验大会在抚州军分区营区召开，军分区司令员封晓冰、政委李兰贵和市政府副市长肖承贵参加活动。

【民兵应急营干部骨干集训】 8月8—10日，军分区依托市委党校，组织市民兵应急营班以上干部骨干，围绕一次组织生活、一次政治教育、一次队列训练、一次实弹射击"四个一"内容，组织集中训练，有效提升各级干部骨干胜任本职岗位的能力素质。

【年度军事训练考核】 12月18—19日，军分区本级和东乡区人武部迎接省军区工作组年度军事训练考核，总评成绩优秀。12月28—29日，军分区分批集训各县区人武部现役干部和文职人员，围绕"理论、标图、体能"等课目，进行年度军事训练考核，通过考核，有效检验年度军事训练成效。

（廖　平）

【组织"条令学习月"活动】 2月至4月16日，军分区在全区官兵职工中开展"学条令、训队列、纠作风"活动。活动以习主席强军思想为指导，以条令条例和法规制度为依据，以"秩序正规、管理规范、设施完善、安全稳定"为目标，采取"统一领导、分级组织、上下联动、统分结合"的方法，紧扣"学、查、训、整"等环节，强化全体官兵职工依法从严治军意识。通过活动，全区四个秩序进一步正规，规范化管理水平进一步提高。

【迎接国防动员系统安全大检查】 4月下旬，根据省军区《关于贯彻落实军委国防动员部〈开展国防动员系统安全大检查的通知〉的意见》，军分区以重点领域安全管理、重难点问题整治为主要内容，采取全面自查与重点抽查、专项督查与综合检查、实地核查与现场纠治相结合的方法，在全区开展贯穿全年的安全大检查活动。

【重特大事故风险评估】 4—5月，为深入贯彻落实军委、军委国防动员部和省军区关于安全事故防范的指示精神，抚州军分区组织重、特大事故风险评估。采取上下联动、会审评估，剖析风险因素，研究措施办法，构建防范体系，评估分析军分区、人武部18类风险隐患点，共完成风险评估报告12份。通过对重特大安全风险进行"兜底式"

摸排评估，对季节性安全风险进行全方位分析研判，全面摸清重、特大安全隐患的分布、现状和潜在风险，为军分区建设全面发展营造良好环境。

【开展“贯彻落实新条令，塑造军队好样子”活动】 4月至年底，军分区持续开展“贯彻落实新条令，塑造军队好样子”活动。活动以条令学习宣贯、问题清查整治、全面依法抓建为重点内容，采取专题学习与授课辅导、理论考核与知识竞赛、对照整改与规范落实相结合的方法，抓实动员部署、专题学习、辅导培训、宣传引导、问题整治等环节，全区干部职工条令条例和法规意识增强。

【开展“百日安全活动”】 9月20日至年底，根据省军区《关于开展“百日安全活动”的通知》要求，军分区、人武部开展“百日安全活动”。活动围绕查纠隐患、全面防范，压实责任、传导压力开展，突出重大安全风险防控，紧盯17个安全管理关键要素，深化安全大检查工作成果。活动期间，军分区共组织安全普查2次，节日巡查1次，组织临机安全检查13次，下发问题清单3次，整改通知2次。

（王　伟）

【组织大学生征兵巡回宣讲】 5月28日，根据省征兵办统一部署安排，抚州市征兵办组织各县区人武部主官、分管征兵的工作人员在抚州职业技术学院开展大学生征兵巡回宣讲活动。活动主要围绕征兵政策宣讲、先进事迹汇报和现场兵役登记等内容展开。6月底前，市征兵办先后在驻抚州5所高校开展大学生征兵宣传活动。

【完善优抚优待措施】 2018年，军分区推动各级贯彻落实《江西省征兵工作条例》和抚州市《贯彻落实〈江西省征兵工作条例〉的实施意见》。全市义务兵优待金平均达到11843元/人·年，各县区义务兵优待金均达到标准要求，临川区14400元/人·年为最高，崇仁县10500元/人·年为最低。2017年全市符合安置条件的91名转业士官全部安置到全额拨款事业单位。协调地方党委政府制定完善优抚优待措施，①大学生入伍（含大一新生）优待金在应该享受的标准上统一提高30%；②大专毕业生入伍一次性奖励5000元，本科毕业生入伍一次性奖励1万元；③对应届高中毕业班班主任每动员1名大学新生入伍，奖励500~600元；④对基层武装部征集的贫困大学生，优先纳入扶贫对象，实施定点帮扶；⑤协调市民政局组织退役士兵专场招聘会，39家企业参会，提供262个岗位。八一期间，组织召开退役军人座谈会、文艺晚会；⑥协调市人社局推动组织大学毕业生退役士兵专场招聘会；⑦各县区在老兵退伍期间，普遍组织退役士兵座谈会，并提供退役士兵就业岗位；⑧春节期间，县区人武部会同民政局按照不低于1000元每人的标准，慰问当年入伍的义务兵家庭。

【规范基层武装建设】 一季度，抓好专武干部能力素质培训和教育管理，分批组织专武干部参加省级集中培训，结合专武干部军事训练考核，组织专武干部任职能力培训认证，提高一线工作能力。根据全国统一部署，换发专武干部新式服装。规范基层武装部建设，区分高校、乡（镇、街道）、民兵营（连）三个类别，研究制订不同建设规范，明确建设内容和标准。6月，把扶贫与扶武装融合起来抓，组织开展崇仁县郭圩乡武装部、陂下村民兵营建设试点，全面推开规范化建设，围绕“三室一库”（办公室、资料室、荣誉室或会议室，器材库）建设，形成“四个一”成果（一套建设规范、一套制度机制、一套图表册、一套方案计划）；民兵营达到“六个有”（有办公场所、有牌子、有连旗、有资料柜、有青年民兵之家、有规章制度）。8月，完成抚州职业技术学院武装工作试点。

【兵役服务站建设和运行】 5月，为贯彻落实省政府办公厅、省军区动员局《关于加强服务型兵役机关建设的意见》文件精神，扎实推进“五好三满意”服务型兵役机关建设落地见效，抚州完成“兵役服务站”建设，于6月中旬通过省征兵办检查验收并展开试运行。市本级在营区建立兵役服务站，在市行政服务中心开设接待咨询窗口；11个县区中，临川、东乡、黎川、南丰、崇仁、金溪等6个县区利用沿街停偿场所建立兵役服务站；南城、乐安、宜黄、资溪、广昌等5个县以人武部营院征兵办场所为主体建立兵役服务站，在县行政办事大厅开设接待咨询窗口。全市169个乡（镇、街道、场）建立兵役服务站，其中66个利用基层武装部现有办公场所建立，103个利用政府便民服务中心开设服务窗口。驻抚州5所高校全部结合校武装部建立兵役服务站。服务站运行后，征兵期间，全市各级各类兵役服务站接待网上咨询163人次、网上咨询类举报3人次，现地咨询2917人次，接待处理接兵部队人员关于征接兵问题及服务事项4人次。初步实现把兵役服务站“建出去”、将应征青年和家长“引进来”的建设目的，兵役服务站已经成为征兵宣传的前沿阵地，为完成年度兵役征集各项任务、推动服务型兵役机关建设提供强力支撑。

【预定新兵役前训练】 8月31日–9月6日，为贯彻国防部征兵办关于适时推开预定新兵役前训练工作的指示精神，军分区按照国防部和省征兵办《关于做好2017年征兵准备工作的通知》要求，采取统一计划、集中训练的方式，组织预定新兵进行基础性教育、适应性管理和体验式训练。围绕基础性教育、适应性管理、体验式训练三项内容，突出征兵政策法规、日常制度、内务秩序、队列训练、基础体能等重点内容的学习训练，尤其是加强部队适应性管理内容的训练。训练历时7天，共训预定新兵若干名。通过役前训练，使预定新兵提前适应军营生活，进一步筛选优质兵员，确保预定新兵顺利向军营生活过渡，为新兵入营后的思想稳定工作打下坚实的基础。

【开展国防动员潜力调查】 2月8日，抚州军分区组织市国动委“八办”人员，民政动员、卫生动员联络员和11个县区军事科长开展国防动员潜力调查联络员业务培训。培训期间，传达全省国防动员潜力调查联络员会议精神，总结2017年国防动员潜力工作，通报2017年工作存在的矛盾问题，部署新年度工作任务，会审2017年度部分动员潜力数据，并就如何抓好国防动员潜力工作进行辅导授课。8月，组织对部分数据进行调查核实和更新调整上报；11月，完成7大类26万余条动员数据调查核实，并参加全省国防动员潜力实力会审。

（王小明 王少启）

【贯彻落实军委主席负责制】 2018年，军分区及时组织学习中央军委《关于全面深入贯彻军委主席负责制的意见》，4月初，研究出台军分区贯彻落实意见的具体措施，以党委文件形式下发各单位执行。落实组织生活，加强党性修养和政治能力训练，不断强化忠诚核心、拥戴核心、维护核心的政治自觉。深入学习井冈山市人武部先进事迹，持续兴起学先进、当标兵、创佳绩的热潮，不断夯实官兵职工争当“新时代优秀国动人”的思想根基。对照军委国防动员部明确的整改内容。11月16日军分区专门召开党委常委会，结合自身实际，围绕6个方面25个问题逐个对照。同时，召开专题组织生活会，围绕全面深入贯彻军委主席负责制进行检查剖析，对思想和行为上的潜规陋习彻底进行大起底、大扫除，党委常委都以普通党员身份参加组织生活。各县区人武部在军分区查找问题的基础上，深入查找本单位存在的问题表现，两级均梳理出问题表现清单。11月28日，军分区召开常委会，听取机关各处关于整改落实情况汇报，研究军分区常态化整改落实措施，完善《军分区贯彻落实中央军委〈关于全面深入贯彻军委主席负责制的意见〉的具体措施》。

（廖 冰）

【开展“和平积弊大起底、大扫除”活动】 军分区采取理论学习、个人自查、对照检查、党委讨论、落实整改等方式，扎实开展“和平积弊大起底大扫除”活动。7月4日，军分区专题召开党委议战议训会，围绕“八查”，深入查找思维理念、工作导向、备战状态、担当精神、政策制度、工作作风等方面的问题差距，剖析原因教训，制定整改措施。7月26日，军分区召开党委七届七次全体会议，进一步查找问题，统一思想，部署下半年工作。通过引导各级深挖深查、全面起底，较好地清除“和平积弊”存在的思想盲区、心理空间、风气土壤和制度漏洞。

【清除“郭、徐、房、张”流毒影响】 2018年，军分区、人武部两级党委深入开展专题教育，清除“郭、徐、房、张”流毒影响。通过专题教育，大家一致认为对“郭、徐、房、张”腐败分子的查处表明党中央、习主席反腐败的意志决心坚定不移，正是因为有习主席这样的政治核心，才能带领军队浴火重生、砥砺奋进，迈向强军兴军新征程。都表示坚决拥护支持。大家充分认清中共中央铁腕反腐和没有禁区特区的彻底性，表态要彻底肃清流毒影响，认真反思对党忠诚是否有水分、在党为党是否有盲区、维护权威是否有断点，切实强化政治意识、大局意识、核心意识、看齐意识，不做政治上的“两面人”，以更严的要求、更严的举措、更严的纪律管束自己，自觉接受组织和群众的监督，做到不踩红线、守牢底线，在工作中要立足本职岗位，提升素质本领，听习主席指挥、对习主席负责、让习主席放心，为实现强军兴军目标做出自己应有的贡献。

（王根平）

【召开抚州市委人民武装委员会全体会议】 5月14日，抚州市委人民武装委员会全体会议在抚州军分区举行。市委副书记、市长、市委武委会主任张鸿星，市委常委、军分区政委李兰贵，军分区司令员封晓冰，市人大常委会副主任、总工会主席江玉兰，副市长肖承贵，军分区副司令员杨秀伟，以及市委武委会各成员单位主要负责人共24人参加会议。会议总结2017年全市人民武装工作，分析存在的问题，部署2018年工作任务。研究关于落实军分区、人武部职工编制、养老保险和纳入地方考评体系的问题。会议认为，2017年以来，全市人民武装工作，在省军区和市委、市政府的正确领导下，旗帜鲜明讲政治，聚焦打赢抓备战，坚持不懈打基础，从严从实改作风，各项任务圆满完成，全面建设呈现向上向好的良好势头。会议指出，全市人民武装工作各项任务的完成，得益于市委、市政府的坚强领导，得益于市直各部门和人民群众的大力支持，得益于各级军事部门和广大民兵的共同努力。但对照“走在前列、争创一流”的目标要求，还有不小差距。

会议明确，2018年是全面深入贯彻中共十九大精神的开局之年，全市人民武装工作要深入学习贯彻中共十九大精神，以习主席强军思想为引领，以中央军委、东部战区和军委国防动员部、省军区党委扩大会议精神为依据，围绕“走在前列、争创一流”目标，坚决维护核心，聚力动员备战，从严正风肃纪，全面夯实基础。要坚定举旗铸魂，大力加强思想政治建设；要不断夯实基础，巩固提高党管武装水平；要狠抓练兵备战，持续推进军事斗争准备；要积极适应转型，深入推进国防动员工作。会议强调，各级要积极适应新形势、新任务、新要求，突出工作重点、加大工作力度、强化工作举措，着力推动人民武装事业迈上新台阶。要认清形势，摆正位置；要齐抓共管，形成合力；要发挥优势，服务大局。

会议重点研究了职工待遇问题，会议决定，由各县区编委负责，统一在本县区民政局下设服务保障中心，将人武部职工编制纳入其中；由各县区人社局负责，为人武部职工办理机关事业单位工作人员养老保险登记；将人武部职工纳入地方年度考评体系，享受地方同类职工同等待遇。会议还研究全面停止有偿服务经济补偿、大学生预备兵员储备试点建设等5个问题。

（廖　平）

【纠治形式主义和官僚主义】根据军委纪委《关于印发〈纠正形式主义、官僚主义问题清单〉的通知》和省军区纪委赣纪〔2018〕28号通知精神，军分区采取群众提、自己找、集体议等方法，按照8个方面52个问题清单，逐条逐项分析梳理，查摆剖析问题，制定整改措施。通过查摆、整改，纠正形式主义、官僚主义，巩固发展正风肃纪反腐成果，以实际行动推动全面从严治党向纵深发展，为增强凝聚力战斗力、实现强军目标提供重要保证。

【召开党委扩大会议】1月17日，召开军分区党委七届六次全体会议。新交流任职的正团职干部、人武部相关人员和军分区机关干部列席会议。会上，李兰贵作党委工作报告，封晓冰讲话，东乡区、南丰县人武部作经验交流，大会进行了讨论发言。7月26日，召开军分区党委七届七次全体（扩大）会议，军分区机关干部列席会议。会上，李兰贵作党委工作报告，封晓冰讲话，大会进行了讨论发言。会议的主要任务是：深入贯彻中共十九大精神和上级党委扩大会议精神，以习近平新时代中国特色社会主义思想为根本指导，全面贯彻习近平强军思想，着眼开创新时代国防动员和军分区部队全面建设新局面，认真总结工作，全面部署任务，统一思想，凝聚意志，推动新年度工作落实落地。

【开展党委巡察活动】2018年，为营造军地共建、比学赶超的良好氛围，军分区借鉴地方每年组织项目巡视的做法，通过“半年巡一线，两年巡一遍”，对机关本级及下辖的11个县区人武部进行全面巡视。1月份组织巡视金溪、资溪和黎川3个县武装工作和国防教育基地建设情况，7月份组织巡视南城、南丰和广昌3个县武装工作。在巡视内容上，采取人武部推荐和军分区指定相结合，既看本级又看基层，既看硬件又看软件，既看亮点又看重点，并与红色传统教育结合、与推广试点做法结合、与推进信息化指挥平台运用结合，不断深化和拓展巡视功能，有力破解抓建武装工作动力不够足、眼界不够宽、县域发展不平衡等问题。通过巡视推动，变干部被动等靠依赖为主动想事干事，变单位满足于纵向比有进步为追求横向比有优势，变军事机关单打独斗为军地合力抓建，变点上经验做法为面上经验成果。干部职工的精神状态和部队建设面貌发生可喜变化，党管武装和部队建设整体水平显著提升。

【“三个一线”建设】军分区深入贯彻习主席“必须把‘三个一线’搞坚强”重要指示，贯彻军委国防动员部要求和省军区党委首长指示精神，按照“突出重点、解决难点、打造亮点”思路，抓军分区、人武部、乡镇武装部和村民兵营连四级“三个一线”建设。军分区成立“三个一线”抓建领导小组，确定南城县人武部作为建设试点单位，对照“一个指导手册、两个规范”落实“三个一线”建设有关内容，对照建设考评细则抓可看可学样板，以点带面，全面推开。按照“四个一”试点：一个展示现场，按照两个规范标准的各类展示现场，特别是各类库室、工作场所、生活场所的设置规范；一套试点资料，包括基本职责、基本制度、基本秩序的运行规范，各类登记统计；一部抓建录像片，介绍单位“三个一线”建设规范化情况；一个情况汇报，撰写试点建设汇报材料，介绍试点经验做法。进行3次方案计划会审，各项工作有序推进。

（廖　冰）

【打好脱贫攻坚战】军分区、人武部牢记习主席“永远不能忘记老区、永远不能忘记老区人民”的政治嘱托，把扶贫帮困、脱贫攻坚作为政治任务、感恩行动、反哺工程，坚持扶真贫、真扶贫。军分区拿出10万元，协调各类资金160余万元，建立帮扶项目17个，扶持特色产业8个，累计实现脱贫243户849人。军分区部队团以上领导与61家贫困户、40名贫困学生结成对子，派出医疗人员为其看病治病，帮助他们解决生活和学习上的困难。6月，军分区结对帮扶的崇仁县陂下村和广昌县人武部帮扶的贫困村，分别通过国家和省、市三级脱贫考核验收，正式宣布脱贫摘帽。

（王根平）

【落实全区职工编制注册】军分区党委首长高度重视全市职工编制注册问题，将解决职工编制注册列入武委会会议议题，主动向地方政府相关领导汇报当前全市职工基本情况和亟待解决事项。5月15日，中共抚州市委印发《中共抚州市委人民武装委员会全体会议纪要》，决定由各县区编委负责，统一在本县区民政局下设服务保障中心，落实好人武部职工编制注册登记；由各县区人社局负责，为人武部职工办理机关事业单位工作人员养老保障登记；将人武部职工纳入地方年度考评体系，享受地方同类职工同等待遇。经军分区、人武部积极与地方人社局、编委协调和推动，8月1日前，各县区全部完成人武部职工编制入册登记。

（余建胜）

【保障业务集训】5月24日，保障处组织军分区机关带人武部保障业务集训。保障处全体人员及各县区人武部保障业务人员参加集训。集训由保障处组织，对营房、卫勤、军事交通、装备、财务、军需等业务知识进行宣讲。通过集训，提升全区保障业务人员业务水平，为更好地开展工作打下基础。

【组织召开挂点社区“三城同创”工作调度会】10月10日，市委常委、军分区政委李兰贵深入青云街道电机社区组织召开“三城同创”工作调度会。会议聚焦电机社区“三城同创”工作进展情况及面临的矛盾问题和重难点问题，并就下一步工作任务进行明确。临川区人武部、市粮食局、抚州市联通公司、兴业银行抚州支行等帮创单位领导，市城管局包片领导、青云街道办事处书记和电机社区负责人及工作人员参加会议。李兰贵强调指出，各单位要认清“三城同创”工作的重大意义，明确相关责任，抓好工作落实，要加强团结协作，注意工作方法，全面推进“三城同创”工作。

【规范老营院管理】 12月14日，军分区司令员李进伟、副司令员杨秀伟带保障处工作人员对老营院及修械所日常管理进行调研，就家属区的管理工作以及房屋维修整治等问题现场办公，集中听取军分区集资楼住户代表意见。在办公现场，李进伟针对住户代表们反映的问题提出整改要求，制定整改措施，反映的问题得到妥善解决。

（李成斌）

【抚州军分区领导名录】

司 令 员：封晓冰（任至8月）

李进伟（8月任）

政治委员：李兰贵

副司令员：杨秀伟

武警部队

【概况】 中国人民武装警察部队抚州支队（简称抚州支队），于1983年1月1日重新组建，2018年1月1日改编。部队主要担负看守、守卫勤务和处置突发事件等任务。支队机关驻抚州市临川大道828号。

2018年是支队建设适应新体制、履行新使命的一年。各级认真学习领会习近平新时代中国特色社会主义思想和中共十九大精神，坚决贯彻武警部队和总队党委决策部署，探索编制体制调整后支队建设的新特点新规律，注重在统思想、强能力、抓规范、严管理、提士气、正风气上持续用力，部队建设呈现出向上向好、稳步加强的良好态势，支队连续两年被总队评为基层建设先进支队。

抓看齐砺忠诚，政治引领更加有力。把学习贯彻习近平强军思想作为首要任务，突出加强政治能力训练，狠抓党委中心组和基层官兵理论学习，理论武装走深走实。扎实开展两项重大教育，严密组织“和平积弊大起底大扫除”“红色基因代代传”工程，设置红色影视“蓄水池”“每日习语”，举办“请习主席放心”签名承诺、晋升授予警衔仪式和纪念改革开放40周年系列活动，部队践行“两个维护”更加坚定自觉。办好子女入学入托、困难官兵救济等暖心实事，激发官兵内在动力。两个季度“魔鬼周”训练新闻被央视《新闻30分》《军事报道》采编。参加总队影视专业兵比武，取得团体第三名。“四知三跟”活动做法被总队转发。支队被总队政治工作部评为“新闻宣传先进单位”。

抓中心强能力，练兵备战实现突破。严格落实党委议中心议训，坚持选人用人、表彰奖励向备战打仗聚焦，立起重心在战的指挥棒。高标准承办总队科技强勤建设试点，完成6个单位“智慧磐石”工程建设，扎实开展两个波次执勤教育整顿，组织联合隐患排查，有效治理执勤隐患，实现连续21年执勤安全无事故。严格落实“3+1”战备值班模式，建立市、县两级兵力需求对接机制，修订完善6大类作战勤务方案，常态组织检验性拉动，部队备战水平持续提升，圆满完成各类临时勤务。贯彻武警部队新大纲集训精神，大抓首长机关训练，持续补齐训练场地、教练员两个短板，组织开展“魔鬼周”极限训练、首届“军体之星”通讯赛和冬季大练兵等12批次群众性比武练兵活动，教导队被武警部队表彰为“一级教导队”，机动中队被总队评为“军事训练一级单位”，特战排在总队特战分队干部骨干比武竞赛中获得团体第二名，支队指挥员在总队全要素比武中取得团体第三名，支队长张硕木被总队评为优秀支队指挥员，特战排2名队员代表总队参加武警部队第二届“巅峰”特战比武，18名队员被总队参谋部评为“极限训练勇士”。

抓法治促正规，安全发展持续巩固。贯彻“南昌集训”精神，严密组织“学习贯彻新条令、塑造军队好样子”条令年活动，举办正规化管理试点，对落实情况进行专项检查，每月开展覆盖式查勤督导、录像通报，部队“五个秩序”更加正规。坚持严下先严上，从作风纪律、办公秩序、“五多”问题严起，从“工作督办”“清单在手”抓起，立起机关好样子。支队贯彻落实新条令集训精神主要做法被总队转发。严密组织枪弹装备点验，扎实抓好“安全大检查”“百日安全竞赛”活动，有效排查整改安全隐患。突出加强在外人员、车辆以及手机使用、计算机外联和营门管理，会同地方单位研制“在外人员管控平台”和“车辆动态定位管控系统”，支队实现连续6年安全无事故，被武警部队参谋部表彰为安全工作先进单位、暑期百日安全竞赛活动优胜单位。

抓基层打基础，部队底蕴稳步提升。始终按照习主席“四个坚持扭住”指示抓基层，以武警部队、总队党委1号文件为遵循，持续深化巩固武警部队新任支队主官抓建基层培训精神，落实党委常委包片、股队挂钩分类指导、精准帮建制度，组织6批次蹲队住班。着眼解决干部骨干不懂不会、能力不硬问题，广泛开展军政干部“双学双比双促进”活动，抓实新毕业学员、预提指挥士官集训和新兵训练，各级按纲抓建能力不断增强。坚持还权基层，充分尊重大队自主抓建，研究修订《基层按纲建队考评实施办法》，开展医疗、心理、法律服务下基层，各级创先争优积极性明显提升。执勤一大队被总队评为基层建设先进大队，执勤、抚州、金溪、机动、崇仁中队被总队评为基层建设先进（标兵）中队。

抓服务求效益，综合保障优化升级。落实总队保障处（部）长集训精神，健全完善运力支援、物资储备、医疗后送等军民融合应急协作机制，加强“一组三队”建设，组织20批次后勤专业兵培训轮训，参加总队比武取得团体第四名。推进基层基础设施建设，协调教导队土地置换，推动执勤一大队大队部、抚州中队新营区开工建设，黎川中队新营房规划设计，宜黄、崇仁、金溪、乐安、南丰中队营区改造。持续深化“1126”“6211”办伙模式，全面推行副食品超市配送，扎实开展军粮质量检查、每日菜品网上评比活动，伙食满意率进一步提升。严格落实经费预算安排，规范报批手续，推进军网商城采购，后勤依法管理水平有效提升。支队军械仓库被总队保障部评为红旗军械仓库，警勤中队被总队保障部评为红旗车分队，6名后装干部士官受到总队保障部表彰。

抓作风除积弊，风气建设成效明显。深入学习贯彻三级党的建设会议精神，隆重召开支队第一次党代会，对照“四个不纯”“七个弱化”问题，研究制定15条整改措施。严格落实组织生活制度，围绕“六个必须”开好党委民主生活会，严肃认真过好专题组织生活会，深入开展党的纪律教育，较真讲评基层党委（支部）班子，党的领导和党的建设全面加强。执勤中队党支部被总队党委表彰为先进基层党组织，3人被总队党委表彰为优秀共产党员（党务工作者）。大抓军委纪委基层风气监察联系点建设，2次举办基层风气监督员培训，组织党员干部赴江西省党风廉政教育中心、省军区廉政文化警示教育中心和井冈山中队参观见学，推进廉政文化环境建设，制作印发“两卡两册一报”，引导官兵树立家国情怀，崇德向善、遵纪守法。警勤中队士官朱人海拾金不昧展示新时代武警官兵的良好风尚。支队《家风家训手册》被军委纪委强军网转载。抓好总队党委巡察反馈问题线索核查整改，以“零容忍”态度纠治“微腐败”和不正之风，部队风气明显好转。

【加强安全保卫】 2月18日，应南丰县看守所商请，报请总队批准，抚州支队协助南丰县看守所圆满完成一起武装押解勤务。

2月22日–3月7日，应抚州市人民政府商请，报请总队批准，抚州支队圆满完成抚州市火车站春运勤务。全体执勤官兵巡逻备勤，始终做到动作正规、用语礼貌、态度和蔼，协同春运部门疏导发送旅客6万余人次，提供便民服务150余次，有效维护驻地火车站春运秩序。

2月26日–3月20日，为做好全国“两会”期间抚州市社会面安全防控工作，应抚州市政府商请，报请总队批准，抚州支队协同公安机关严密组织抚州火车站、赣东大道商业街等重要地段联勤武装巡逻勤务。

4月3日—4日，应江西省国家粮食和物资储备局673处商请，报请总队批准，抚州支队圆满完成江西省国家粮食和物资储备局673处火炸药短途武装押运勤务。

4月24日—5月3日、6月4日、7月5日、9月22日—24日、9月30日—10月7日、12月12日至年底，应抚州市政府商请，报请总队批准，抚州支队协同公安机关严密组织抚州火车站、赣东大道商业街等重要地段联勤武装巡逻勤务。

5月3日—4日，应抚州市看守所商请，报请总队批准，抚州支队协同抚州市看守所圆满完成在押人员的武装押解勤务。

11月1—10日，为全力做好“进博会”期间抚州市社会面安全稳定，根据市政府商请，经报请总队批准，抚州支队协同公安机关严密组织火车站、市政广场、马家山文化商贸广场等重要地段联勤武装巡逻勤务。

【开展军地共建】 8月1日上午，市委书记肖毅率慰问团一行，带着抚州市委、市政府和广大群众对人民子弟兵的深情厚谊，看望慰问武警抚州支队官兵，给全体官兵送上节日的问候和祝福。支队政委王健及在家党委成员陪同并座谈。

同日，为弘扬拥政爱民的优良传统，深入贯彻落实习主席对脱贫攻坚工作重要指示精神，抚州支队结合地方所需、群众所盼、部队所能，派出医疗小分队赴乐安县南村乡太平村开展拥政爱民义诊活动，受到当地群众的热烈欢迎和称赞。

同日晚，中共抚州市委宣传部、临川区委、民盟抚州市委会、抚州市采茶戏歌舞剧团等单位来到大山深处，与抚州支队执勤二大队执勤中队官兵同庆建军节，共叙双拥情。支队政委王健、民盟抚州市委会主委张克敏、国储673处张春荣等领导出席活动，支队机关干部、执勤二大队部分官兵及国储673处职工观看演出。

9月30日上午，为弘扬革命精神，缅怀烈士功绩，进一步激发广大官兵爱国热情，催生强军动力，抚州支队80名官兵代表参加市委、市政府组织的公祭活动。通过烈士公祭日活动，筑牢广大官兵的爱国主义思想根基，激发官兵英勇顽强、不怕牺牲的战斗精神。

（武警支队）

【抚州武警支队领导名录】

支 队 长：张硕木

政治委员：王　健

副支队长：张伟荣　潘行银

副政治委员：崔昌江

参 谋 长：胡　建

政治处主任：胡旭东

保障处处长：余传斌

人民防空

【概况】 2018年，全市人防工作在市委、市政府和抚州军分区的坚强领导和省办领导机关的正确指导下，始终聚焦核心使命，服务备战打仗，深化改革，攻坚克难，开拓创新，市本级完成省人防办下达结建任务221.69%；各县区合计完成结建任务302.91%，并实现市人防专业队工程零的突破。人防工程标识标牌设置工作突出，全省试点现场会在抚州召开。市人防办获第十五届江西省文明单位、2018年度全省人防目标管理考核优秀单位、全市公共机构节能工作考核优秀单位、全市社会治安综合治理目标管理优秀单位、全市绩效考核良好单位等殊荣。

【全省人防工程标识标牌设置现场会在抚州召开】 9月26日，省人防办在抚州召开全省人防工程标识标牌设置工作试点现场会。省人防办主任彭光华、副主任林显君和各设区市分管领导等40余人参加会议。会议现场观摩了公园懿品小区人防工程标识标牌设置情况，实地了解人防工程标识牌安装标准和要求，会议就进一步落实和推进人防工程标识标牌设置工作进行讨论和研究。

【创新人防宣传】 3月1日，市人防办带领临川区和高新区人防办在市文化广场开展以“关注民防、平安生活”为主题的人防集中宣传。市委常委、军分区政委李兰贵，国家人防杂志副总编吴本伟，省人防办综合处处长林承杰，市应急办副主任余克振等出席。宣传会上，开展了文艺会演、有奖竞答、装备展示、人防资料发放、咨询解答、公益短信群发、腰鼓队宣传、人防授课等各种活动。该次活动共发放宣传资料千余份，发送公益短信上万条，接受政策咨询和解答人防疑问500余人。5月12日，市人防办在市减灾委统一部署下，在市羊城广场举办人防文艺演出、校园人防竞赛、人防手抄报比赛和“人防杯”门球赛，展示人防装备和图板，发放人防读本，接受群众咨询，全方位、多角度宣传防空防灾知识。6月12日，市人防办副主任黄文如为市人民警察学校科所队长培训班干警讲授人民防空知识。同时安排人员到临川、金溪两地为干部培训班进行人防知识示范授课。

【举办人民防空警报试鸣活动并召开市人民防空指挥部联席会议】 9月18日，市人防办举行人民防空警报试鸣活动，并召开人防指挥部联席会议。会议听取副指挥长胡香兰对抚州市年度训练、新型人防专业队伍组建和人防指挥所建设情况作了汇报，听取了29家成员单位对人防训练、新型人防专业队伍组建和各县区人防机动指挥所建设的建议。会议讨论通过了为县区人防办配置人防机动指挥所的意见。结合警报试鸣活动，市人防办在临川区河东中心小学同步开展了“9·18”防空防灾应急疏散演练，800余名师生先后演练了疏散、隐蔽、消防灭火、医疗救护等课目。

【帮扶村成功脱贫】 年内，市人防办共召开11次党组会专题研究帮扶工作，到帮扶挂点村临川区荣山镇新安村走访调研22次；协调新农村建设项目资金90万用于村内亮化、绿化、道路硬化，从单位经费中拿出21万元用于危房改造、改水改厕、村卫生所装修改造。开展节日走访慰问4次，送上慰问资金、物品2万余元。帮扶挂点新安村1户4人退出贫困人口，检查验收顺利通过贫困村退出验收。

【人防易地建设费顺利通过市人大审计整改测评】 市人大财经委印发《关于开展2017年度市本级预算执行和其他财政收支审计查出问题整改督办工作方案》通知后，市人防办党组专项研究部署审计提出问题的整改方案，及时向各县区下发《关于抓紧整改落实人防易地建设费专项审计反映问题的督办通知》。随后成立两个专项督办工作组，各县区人防办审计整改事项进行督办。并要求各县区政府看好整改落实工作，实行一周一调度制度，对问题多、整改慢的县区展开攻坚克难，重点突破。11月，顺利通过市四届人大常委会第十五次会议满意度测评。

（人防办）

【市人防办（民防局）领导名录】

主　任（局　长）：胡香兰

副主任（副局长）：黄文如

汪金财（11月任）

本栏编辑　黄泽书

法 治

综 述

抚州市政法战线在奋力实现维护国家政治安全、确保社会大局稳定、促进社会公平正义、保障人民安居乐业的征程中，镌刻下奋斗的篇章。2018 年，全市矛盾调处化解工作扎实有效，仅市本级交通事故、医患纠纷、涉校涉教、婚姻家庭等八大调处平台共受理纠纷 558 件，调处成功 544 件，调处成功率 97.5%。

全市政法战线勇挑维稳重担，以维护稳定为天职，超前部署，精心组织，强化措施，各项安全保卫维护稳定工作有序开展，社会形势保持稳中向好的良好局面。深化法治建设，一户一位“法律明白人”培养工程全面推开，全市遴选“法律明白人”培养对象 644676 人，其中考核合格“法律明白人”400866 人，培养率 46.09%，是省委、省政府设定目标的 3.07 倍。深入推进扫黑除恶，成功侦破的宜黄“7·12”专案被列为全国扫黑办、公安部重点督办案件，立案侦办省公安厅督办的全省首例“套路贷”黑社会性质组织犯罪案件，打掉乐安县以元斌、元浪等人为首的恶势力团伙，全市纪检监察机关严肃查处党员干部涉黑涉恶问题，扫黑除恶专项斗争取得阶段性胜利；各级组织部门从严从实抓好村（社区）“两委”换届选举工作，持续做好整顿软弱涣散党组织工作，确保基层党组织建设不断巩固。做强智慧政法，有序规划建设“雪亮工程”，项目可研报告向上申报并获中央政法委、公安部等部门批复同意，全市监控点联网基本实现城市重点公共区域、主要道路节点全覆盖，治安卡口建设联网基本实现省、市、县际道路全覆盖。锻造政法铁军，公安系统聚焦公安民警的切身关切，将《人民警察抚恤优待办法》落到实处，不断提升民警职业风险保障水平；法检两院员额制改革取得实质性进展，人员分类定岗工作全面完成，85% 的司法人员配置到办案一线；检察院与监察委员会相关转隶改革圆满快速完成，实现“任务如期完成、队伍保持稳定、工作协调推进”的目标要求；党委政法委政治督察和纪律作风巡查全面启动，加强对政法干警的监督和管理，充分发挥督察巡查警示震慑作用，政法系统持续保持风清气正的良好氛围。

（吴文豪）

政法和综治工作

【概况】 2018 年，抚州市政法战线深入贯彻落实中央、全省政法工作会议和市委四届四次、五次全会精神，围绕年初全市政法工作会议确定的政法工作要点，抓住影响社会治安稳定的突出问题，始终保持对违法犯罪活动的严打高压态势，深入开展“四打击一追逃”专项行动，严厉打击“黑拐枪”“盗抢骗”“食药环”和非法集资、电信诈骗等突出违法犯罪行为。构建纵向到底、横向到边的矛盾排调网络体系，全市 158 个乡镇、1804 个村委会、175 个居委会全部按标准建立矛盾纠纷调处中心（站），村（社区）按网格划分配齐网格员 6870 名。积极在农村推广一户一位“法律明白人”，开展法律明白人专题培训 2070 场次，受训 6.8 万人。各项政法工作取得较好成效。

【维护社会稳定】 做好社会稳定矛盾问题集中摸排调研与滚动排查化解专项行动统筹部署，综合分析研判稳定形势，全面收集掌握、深度共享、精准推送各类涉稳信息。组织开展影响社会稳定矛盾问题摸排调研活动后，共梳理重大涉稳突出隐患 160 个，各地严格按照“属地管理，分级负责”的工作原则，坚持源头预防和稳控、化解相结合，坚持分类归口处理和属地化解稳控并重，经过市、县、乡、村四级不懈努力，全市排查出的主要涉稳问题均平稳可控。从案例点评、督查通报着手，狠抓社会稳定风险评估案例的卷宗质量，组织各县区及市直相关单位参与全省稳评精品案例评选活动。抚州市四眼井棚户区改造项目稳评卷宗，被省委维稳办评为 2017 年度全省十大稳评精品案例，并以维稳专刊的形式在全省推广。全市对各类重大事项进行社会稳定风险评估，做到应评尽评。凡经评估的重大事项，没有发生因稳评工作不到位而引发重大不稳定问题，有力服务和保障全市经济社会健康平稳发展。

【推进扫黑除恶专项斗争】 深入开展“四打击一追逃”专项行动，严厉打击“黑拐枪”“盗抢骗”“食药环”和非法集资、电信诈骗等突出违法犯罪行为。本着“黑恶必除、除恶务尽”的原则，严厉打击令群众深恶痛绝的农村“两委”及宗族恶势力犯罪。先后破获以临川区大岗镇下门村委会主任吴某清为首的聚众赌博案；打掉崇仁县六家桥以谭某孙等人为首的农村恶霸团伙；打掉高新区以丁某国为首的农村恶霸团伙。立案侦办省公安厅督办的全省首例“套路贷”黑社会性质组织犯罪案件，打掉乐安县以元斌、元浪等人为首的恶势力团伙，特别是大力侦办宜黄“7·12”案件，得到公安部和省委、省政府的充分肯定，省委书记刘奇作特别批示。以此为标志，全市扫黑除恶专项斗争取得阶段性胜利。

【创新“枫桥经验”】 全市9县2区和1个高新区、158个乡镇、1804个村委会、175个居委会全部按标准建立矛盾纠纷调处中心（站），配备3名以上专职调解人员，村（社区）按网格划分配齐网格员6870名，构建纵向到底、横向到边的矛盾排调网络体系。在负有行政调解职能的45个部门成立调解组织和矛盾纠纷排查调处中心，做到“五个到位”（组织到位、人员到位、场所到位、经费到位、制度到位）。实现市、县、乡、村四级调解组织全覆盖。全市成立9个行业性、专业性人民调解组织，实现有人员办事、有场所做事、有制度理事、有经费干事。市委、市政府出台《关于进一步完善矛盾纠纷多元化解机制的实施意见》，推动调解体系进一步向新型社会组织延伸，调解工作进一步向矛盾纠纷排查延伸，调解内容进一步向重点、热点、难点、焦点问题延伸，工作落实进一步向强化问责、问效延伸，各县区、158个乡镇（街道）全部建立“一站式”矛盾纠纷调解中心。在医患、交通事故、房屋与土地征收、婚姻家庭、环境污染、学校意外死亡、物业服务等重点领域先后建立八大专业性、行业性矛盾纠纷调解平台，依法及时化解行业矛盾纠纷，2018年，医患调处中心共受理纠纷62件，调处成功53件，调处成功率达85.8%；交通事故调处中心共受理纠纷95件，调处成功93件，调处成功率达97.9%。尤其是全省首个涉校涉教纠纷调处平台，为学校纠纷调解提供一条快捷、高效的新途径。年内，依法调解涉校涉教纠纷82件，走访学校、家长、学生30多次，写出建设性意见5篇，提前化解可能酿成的纠纷52起，筑起维护学校和谐稳定的“第一道防线”。

【推广一户一位“法律明白人”】 各地认真贯彻执行市委、市政府《关于在全市农村推广一户一位“法律明白人”工作的意见》，全面推广有序推进。确定用三年时间，实现全市各县区农村一户一位“法律明白人”培育率达到95%以上目标。抚州市各地摸底登记培养对象562725户，遴选法律明白人245891人，其中骨干“法律明白人”22628人、一般“法律明白人”223263人，开展法律明白人专题培训2070场次，受训6.8万人。组建“法律明白人”文艺小分队，利用圩日、农闲、春节返乡等时段，深入乡村开展送法进村活动；紧密联系当前社会现实和农村生产生活需要，整合资源编印《“法律明白人”宪法篇》《“法律明白人”婚姻家族篇》《“法律明白人”森林土地篇》《“法律明白人”交通安全篇》4本简易图文读本；整合政法综治维稳干部、律师及法律工作者等，组建一户一位“法律明白人”培训讲师团，采取县级集中培训、轮训等形式，面向“法律明白人”开展精准法律知识培训。采用村民自荐、组织遴选、考核上岗的方式确定“法律明白人”及其骨干。对确定为农村“法律明白人”培养对象及农村“法律明白人”骨干人选的，由乡镇分批组织任前法律知识培训和考核。经培训、考核合格的，由村委会登记造册、建档立卡，并颁发有关证书和徽章。为农村“法律明白人”搭建履职尽责平台，建立健全日常管理、考核奖惩等制度。强化正向激励，在农村“法律明白人”及其骨干队伍中发展和培养党员、村组干部，聘用网格信息员、人民调解员、人民陪审员，并在涉农贷款、技术帮扶予以支持。

【落实司法领域改革】 法院系统坚持改革裁判文书签署机制，制定法律文书签发规定。完善审判监督机制，充分发挥院庭长在合议庭“一岗双责”作用。推进以审判为中心的刑事诉讼制度改革，开展“三项规程”试行工作。推进生态环境资源案件审判改革，召开全市生态环境资源审判工作会议，建立完善生态环境资源审判相关机制。检察机关做好检察人员分类管理，检察人员全部分类定岗到位，办案组织组建到位，检察权运行到位，领导干部直接办案落实到位，85%的人力资源配置到办案一线。根据《关于加强法官检察官正规化专业化职业化建设，全面落实司法责任制的意见》中关于内设机构的规定，所有县区法院对照编制人员数量分别设置四至七个大部制机构，正式全面高效运转。公安机关坚持问题导向，持续深入推进新型警务管理体制改革，以省公安厅机关信息化警务（勤务）运行机制改革为契机，围绕“四个以”“五个强化”要求，充分发挥新型警务管理体制改革后常态合成作战、一警多能、一人多岗、情报研判中心等优势，进一步促进资源融合、人员优化、人岗相适，推动全市新型警务管理体制改革向纵深发展。司法机关深化社区矫正、律师、法律援助、公证等司法行政改革举措，巩固党政主要负责人履行推进法治建设第一责任改革成果，完成国家法律资格统一考试、司法鉴定及法律明白人培养工作改革任务，打通司法行政事业发展的各项通道，理顺体制，完善机制，各项改革成效显著。

【服务经济社会发展】 全市法院创新执法办案方式，强化审判科学管理，坚决落实“紧盯目标、确定基数、分解任务、狠抓落实”工作方法，审判执行质效有新的提升。攻坚“基本解决执行难”，完善执行联动机制、失信被执行人信用监督、警示和惩戒机制和社会化协同机制建设，在查人找物、联合惩戒、财产评估、社会救助、打击拒执犯罪等方面取得新进展，形成更强合力。检察机关贯彻落实“双赢多赢共赢”理念，争取党委和政府支持，市委办公室、市政府办公室联合印发《关于进一步加强和支持检察机关提起公益诉讼工作的实施意见》，6个县区先后出台文件加强和支持检察机关提起公益诉讼工作。提起的全省首例民事公益诉讼案件，入围第三届“江西十大法治事件”评选，被央视《今日说法两会特别节目》《人民日报》《检察日报》等多家媒体广泛报道；提起刑事附带民事公益诉讼6件，修复被损毁林地28.24公顷，督促收回被欠缴的土地出让金6.62亿余元。全市市、县、乡、村公共法律服务实体平台全面建成并投入使用，公共法律服务网络平台初步形成，“12348”热线平台改造升级，解决公共法律服务平台“有没有”的问题。

【表彰政法队伍先进】 4月，举行“人民满意的政法干警”评选活动发布仪式，以“不忘初心，守护平安”为主题，现场公布表彰公安、法院、检察、司法机关39位人民满意的政法干警，向各级领导和全市人民汇报抚州政法工作，向市民展示“有血性、有正气、有担当、有百姓”的政法干警风采。同时通过电视、报纸、微信、网络等多种渠道宣传，向社会展现抚州政法队伍忠诚于党和人民事业，牢记使命、忠实履职、顽强拼搏、无私奉献的赤诚之心，展示新时代抚州政法队伍新形象，提升队伍建设的能力水平。

【落实督察巡查机制】 出台《全市党委政法委政治督查和纪律作风巡查实施方案》和《关于开展2018年第一轮党委政法委政治督查和纪律作风巡查的通知》，规划用三年五个批次，对各县区政法各部门的督察与巡查实现全覆盖。第一轮的督察巡查从7—8月在各县区20个政法单位先行先试，聚焦全市各级政法机关贯彻落实上级党组织重大决策部署、执行党的政治纪律和政治规矩、转变执法司法作风等情况，解决市委《实施意见》中指明的12类问题，将发现的问题和意见反馈给被督察巡查单位，直指被督察巡查单位领导班子及个人存在的具体问题，特别是对一些苗头性、倾向性问题，及早发现、及早警醒，把教育防范做在前头，并拿出解决问题的指导性意见和建议，推动全面从严治警落到实处。各督察巡查组建立成果运用台账管理制度，逐一梳理问题清单，抓好整改落实，使督察巡查成果在报告、反馈、移交、督办、整改等各环节有据可查。同时，强化责任追究，以惩促治、以惩促防，对整改工作和移交事项办理不力的，进行严肃追责，充分发挥督察巡查警示震慑作用。

（吴文豪）

【市委政法委及综治办、610办、维稳办领导名录】

书　记：李建林

副书记：万　锦（兼综治办主任）

　　　　张员娇（兼610办主任）

　　　　欧　峰

秘书长：王　俊

610办副主任：曾克明

综治办副主任：王武辉　梁方球

维稳办副主任：胡嫚琳

法治政府建设

【概况】 2018年，抚州市出台《关于贯彻落实〈党政主要负责人履行推进法治建设第一责任人职责规定〉的实施办法》和《抚州市2018年法治政府建设工作要点》，有力保障全市各级党政主要负责人切实履行推进法治建设第一责任人职责，将建设法治政府摆在工作全局的重要位置，确立2018年推进法治政府建设25项工作任务，主要涉及政府职能转变、行政制度体系建设、科学民主决策、公正文明执法、行政权力运行、化解社会矛盾和政府工作人员法治能力提升7个方面，为全市法治政府建设指明方向，为经济社会发展提供法治保障。

【夯实法治建设基础】 将法治政府建设列为市政府重点工作督查事项，对各县区和36个市直部门法治政府建设开展情况进行综合督察并通报。建立法治政府建设考评机制，将法治政府建设工作纳入县区科学发展综合考评、市直单位绩效考评、全市综治考评、法治抚州建设考评范畴，发挥考核对法治政府建设的引领作用。落实市政府常务会议会前学法制度，全年安排6次学法。开展《抚州市住宅区物业管理条例》等法律法规的教育培训，全市1.35万余名副科级以上干部参加抚州市领导干部网上法律知识考试，取得良好成绩。

【深化审批制度改革】 取消行政权力事项162项，取消行政许可事项中介服务和证明材料66项，取消市本级证明事项284项，取消相关证照年审年检事项13项。市本级编制政务服务事项4818项，各县区编制政务服务事项51306项，整合51项证照为一证，先后公布“只跑一次”事项529项、“一次不跑”事项108项。全面推行“证照分离”制度改革，对第一批106项涉企行政审批事项实行“照后减证”，归集全市企业信息数据178万余条，建立市场监管、税务、社保等政府部门、司法机关、行业协会等联合参与的信息共享机制，对监管警示系统中被列入经营异常名录或严重违法企业名录的企业开展联合惩戒。推出市场主体二维码信用名片，创新“互联网＋二维码＋N种监管”事中事后监管模式，切实方便企业和群众办事。

【提高制度建设质量】 推进政府立法，先后出台《抚州市文明行为促进条例》《抚州市住宅区物业管理条例》《抚州市烟花爆竹销售燃放管理条例草案》《抚州市抚河流域水污染防治条例草案》《抚州市住宅专项维修资金》《抚州市生态文明建设促进办法》《抚州市户外广告设施和招牌设置管理办法》7个地方性法规。严格按照《江西省行政机关规范性文件制定程序规定》要求，审查市政府（含办公室）规范性文件草案98件，提出法律意见420余条，报备规范性文件26件。清理涉及设定证明事项的规范性文件43件；其中，修改规范性文件21件，废止规范性文件1件。对以市政府（含办公室）名义出台的涉及著名商标制度的规范性文件进行专项清理，废止2件，修改3件。废止涉及产权保护和民营经济发展的规范性文件17件，修改6件。

【推进科学民主决策】 严格落实《江西省县级以上人民政府重大行政决策合法性审查规定》，制定《抚州市重大招商引资项目合同示范文本》，加强对决策事项的法律论证。参与重大投资建设项目合同谈判26次，审查政府合同和非规范性文件草案195份，提出法律意见1200余条。全面落实法律顾问制度，实现法律顾问制度在全市行政机关全覆盖。推行公职律师制度，发挥政府法律人才在重大行政决策、政府立法、行政复议案件审理、政府合同审查、突发事件处置等工作中的参谋助手作用。

【规范行政权力运行】 印发《抚州市推行跨部门“双随机一公开”联合抽查工作实施方案》，推行跨部门“双随机一公开”联合抽查机制，推动“双随机一公开”行政执法监管，市、县两级完成“一单两库一细则一计划”的录入工作，向省监管平台录入检查事项7372项，检查对象13.7万个，检查人员1.3万人，录入双随机计划970个，开展双随机检查365次，录入检查结果2.1万次，行政执法案件3610个。探索综合行政执法体制改革，在广昌、金溪、崇仁三县开展城乡管理领域相对集中行政处罚权。印发《关于健全跨部门跨区域执法联动响应协作机制的意见（试行）》，健全跨部门跨区域执法联动响应协作机制。全面核查行政执法人员持证情况并对证件进行集中清理，实行动态管理。市本级新办行政执法证362个，注销行政执法证11个，市本级核发辅助行政执法证275个。组织开展《中华人民共和国行政处罚法》《中华人民共和国环境保护法》《中华人民共和国预算法》等专题执法检查，抽查行政执法卷宗35件。建立《抚州市人民政府重大决策出台前向市人大及其常委会报告制度》，全年共转办、督办市人大代表建议165件、政协提案283件，承办省人大代表建议21件，代表、委员满意率和基本满意率达到100%。深入贯彻《中华人民共和国政府信息公开条例》，全市主动公开信息3万条，依申请公开近2000条。

【依法化解矛盾纠纷】 狠抓行政复议规范化建设，市政府行政复议委员会全年共接待群众来访1030余人次，受理行政复议申请186件，审结183件，其中维持84件，驳回7件；撤销11件，责令履行12件，确认违法3件，变更3件；达成和解调解57件，和解率31.1%；作其他处理6件。着力构建第三方调解平台，全年市本级共受理行政调解案件27729件，调解成功26483件，调解成功率95.5%。各县区共受理行政调解案件13288件，调解成功13210件，调解成功率96.9%。全面落实行政机关负责人出庭应诉制度，依法履行法院生效裁判，及时反馈落实人民法院司法建议，自觉接受司法监督，推动全市依法行政与行政审判良性互动。全市行政机关发生行政诉讼案件320件，其中以市政府为被告的51件，比2017年增长11%，败诉2起。全市行政机关负责人出庭应诉率89%，同比提高3.5个百分点，10个县（区）行政机关负责人出庭应诉率达100%。

（游子明）

公 安

【概况】 2018年，抚州市各级公安机关以新型警务管理体制改革为抓手，以智慧公安建设为支撑，着力提升公安工作智能化、法治化、现代化、实战化水平，切实增强人民群众获得感、幸福感、安全感，营造安全稳固的政治环境、安定有序的社会环境、公平正义的法治环境、优质高效的服务环境。维护社会稳定，建立日周月情报会商研判机制，持续开展矛盾纠纷滚动排查化解工作，全面推广第三方调解制度，1—11月全市共调解各类矛盾纠纷4614起。开展“四打击一追逃”专项行动，打击“黑拐枪”“盗抢骗”“食药环”和非法集资、电信诈骗等突出违法犯罪行为，1—11月，全市共破各类刑事案件9784起，查处治安案件13547起，抓获犯罪嫌疑人7984人，年内共立命案16起，破案16起。同时还破获4起久侦未破的重大积案，震慑犯罪、稳控社会面。开展扫黑除恶，侦破宜黄“7·12”、乐安“4·07”专案和高新区“套路贷”等黑社会性质组织案件12起，摧毁恶势力犯罪集团41个，打掉恶势力犯罪团伙43个，刑拘各类涉黑恶违法犯罪人员2103名，破获各类涉黑恶违法犯罪案件965起。组织开展严重交通安全违法行为集中整治，市城区电动车、摩托车综合整治等专项行动，全市现场查处各类交通违法行为826786起，查处酒驾11343起，市城区涉及电动车、摩托车交通事故起数同比下降32%。大部制、大警种改革在抚州率先落地，在全省公安机关机构改革中抢占先机，贡献“抚州样板”。

【维护社会稳定】 建立日周月情报会商研判机制，完善情报信息归口制度，推动市、县、所三级情报信息研判体系建设，实现对不稳定因素、重点人员和重点群体分级分类管控调度，1—11月，全市共收集重要情报信息647条，预警化解各类不稳定因素及事件204起，发挥情报主导警务作用。树立国家安全意识，以情报信息和专项行动为主线，坚持主动进攻，严密防范、依法打击各种敌对势力的破坏活动。全面加强秘密力量建设，对国保工作阵地和涉稳重点人员逐一落实防范稳控措施。继续保持对“法轮功”“全能神”等邪教组织的高压态势，1—11月，全市共侦破“法轮功”邪教案件X起，抓获违法犯罪嫌疑人X人；破获“全能神”专案X起，抓获违法犯罪嫌疑人X人，全市没有发生政治性非法聚集活动。依托治安防控平台，健全完善四级涉稳监测机制和派出所晨会情报研判层报制度，定期分析研判辖区治安形势，排查整治治安风险隐患，持续开展矛盾纠纷滚动排查化解工作，全面推广第三方调解制度，1—11月，全市共调解各类矛盾纠纷4614起，把矛盾纠纷化解在基层。创新重点人员动态化管控模块，在全国“两会”、青岛上合峰会、全省旅发大会、世界VR大会等敏感时期将排查出的各类重点人员全部纳入系统进行实时监控预警，健全落实重点人员骨干分子“一人一档、一人一案、一人一专班”管控机制和肇事肇祸精神病人有奖监护措施，确保“底数清，情况明，不漏管，不脱管”，实现重要敏感时期抚州进京非访“零登记”“零滞留”“零回流”的工作目标。加强对网站、论坛、微博、QQ群、微信群等网络媒介的监控力度，共上报互联网信息3799条，发布网上引导舆情800余条，通过巡查执法公众号发布帖文898篇，开展12起网上舆情导控任务，维护网络环境安全。健全完善“日排查、周梳理、月研判”工作机制，搜集信息352条，摸排管控在抚州新疆籍关注人员247人，严格落实24小时“六见”要求，对涉恐重点人员做到100%管控到位。依托PGIS地图和4G执法纪录仪、天网、单兵图传、物联网定位、无人机等可视化信息化装备，实时监控大型活动安保执勤警力配置、现场人流和异常状况，做到可视化指挥、点对点调度，完成各项安保任务。

【打击刑事犯罪】 发挥侦查实战部打击效能，开展“四打击一追逃”专项行动，打击“黑拐枪”“盗抢骗”“食药环”和非法集资、电信诈骗等突出违法犯罪行为，1-11月，全市共破各类刑事案件9784起，同比上升7%，刑拘犯罪嫌疑人5784人，同比上升11%，抓获网上逃犯784人，同比上升11.2%。其中破获经济类案件184起，同比上升27.27%；破获“黄赌毒”案件1378起，同比上升26.5%。查处治安案件13547起，同比上升13.2%，抓获犯罪嫌疑人7984人，同比上升22.1%。依托“双百缉毒会战”，抓获毒品犯罪嫌疑人246人，同比上升42.11%，缴获各类毒品134.6千克，同比上升36.56%，侦破团伙案件27起，部目标案件2起，制毒及制毒前体案件2起。共立命案16起，破案16起，全市先后破获东乡“5.24”故意伤害致人死亡案、乐安“5.19”杀人、南丰“5.19”杀人案等一批命案。命案侦破率100%，陆续攻克爆炸抢劫一次死亡3人的南城“1989.6.25”命案积案、南丰“2005.1.24”魏某良杀人案、东乡“1996.6.9”万某平杀人案等4起久侦未破的重大积案，震慑犯罪，稳控社会面。

【扫黑除恶】 侦破宜黄“7.12”、乐安“4.07”专案和高新区“套路贷”等黑社会性质组织案件12起，摧毁恶势力犯罪集团41个，打掉恶势力犯罪团伙43个，刑拘各类涉黑恶违法犯罪人员2103名，破获各类涉黑恶违法犯罪案件965起；缴获作案枪支69支，查获涉案财物、资金1亿余元，缴获枪支弹药数和线索摸排数均为全省第一，破获黑社会性质组织案件数及恶势力犯罪团伙数排名全省第二，查封、扣押、冻结涉黑组织资金数全省第三，全市扫黑除恶工作稳居全省第一方阵。特别是攻克全省首个被中央扫黑办、公安部挂牌督办的“双督7.12涉黑案件”，抓获主犯及骨干在内的团伙成员131人，破获涉及6起命案在内的刑事案件136起，经济类案事件52起，治安案件45起。缴获各类枪支51支、子弹466发，查获涉案财物、资金1亿余元，该案的成功侦破，在全省乃至全国都有重大影响。

【社会治安防控管理】 推行“数据导巡”“图侦导巡”“警情导巡”，为所有巡逻车安装卫星定位装置和车载台，为巡逻民警配齐移动警务通、手持台等信息化装备，并依托PGIS地图、物联网定位、“钉钉APP”巡逻智能管理应用，实时掌握巡防警力分布、车辆轨迹并传输现场画面，实现对巡逻防控全流程监控、可视化调度和社会治安“一张图防控”。深化立体化、信息化、网格化治安防控模式，全市共科学设置30个网格防区，1550名专职巡逻警力，全天候开展滚动式实兵武装巡逻，每月开展一次围城武装盘查行动，积极构建1、3、5快速反应控制圈，实现“点、线、面”多层布警，做到时间上、空间上全面覆盖，街面见警率、盘查率、管事率大幅提升。1—11月，全市刑事案件立案数同比下降7%，全市可防性案件同比下降21.3%。市主城区可防性案件发案同比下降10.1%，社会治安持续平安稳定。紧盯群众反映强烈的治安突出问题，重拳整治全市娱乐场所、城乡结合部、小旅店、出租屋等治安重点地区、重点部位，不断净化社会环境。特别是市公安局治安防控部联合南丰县公安局，推进“清水蓝天”、打击整治食药环违法犯罪等专项行动，并在打击整治食药环违法犯罪专项行动中取得全省第一的优异成绩。

【公共安全管理】 先后组织开展全市严重交通安全违法行为集中整治，市城区电动车、摩托车综合整治等专项行动，全市现场查处各类交通违法行为826786起，同比上升279.47%，查处酒驾11343起，同比上升149.03%，市城区涉及电动车、摩托车交通事故起数同比下降32%。狠抓事故预防和源头治理，全市排查道路交通安全隐患1587处，交通四项指数同比分别下降。开展危爆物品安全大检查，全市检查民爆物品单位1000余家次，危险化学品使用企业300余家次，烟花爆竹企业1200余家次，公务用枪单位400余家次，下达安全隐患整改通知书102份，消除各类安全隐患；推进民爆物品信息管理系统建设，全市民爆物品管理信息系统“两证”通过网络服务平台审批核发率为86.2%，运输通报反馈率为86.8%，31家涉爆单位完成民爆视频监控系统建设并全部接入研判中心，采集爆破作业现场、车载视频及轨迹信息1000余条，实现公安机关对民爆物品储存、运输、使用等重点环节动态可视化监管。推进打击整治枪爆违法犯罪专项行动，全市公安机关共破获涉枪涉爆案件96起，处罚98人；收缴各类枪支576支，子弹19523发，管制刀具236把，易爆危险化学品1800余公斤，烟花爆竹1800余个。开展监所安全隐患专项排查整治工作，1–11月，全市关押各类违法犯罪人员17106人，同比增长24%，在羁押任务十分繁重的情况下，狠抓监所各项安全防范措施的落实，确保全市监所管理持续安全有序。

【公安改革势头强劲】 大部制、大警种改革在抚州公安率先落地，在全省公安机关机构改革中抢占先机，贡献“抚州样板”。紧扣“最多跑一次”或“一次不跑”目标，树牢“群众少跑腿，数据多跑路”理念，下放10项审批权限，大幅压缩群众办事时限，群众办事效率提升47%，办理群众各类业务服务同比增长29.7%，未出现审核审批超时和制证发证错误的情况。实现证件到期提醒服务，提供证件免费邮寄服务，开通24小时自助服务大厅，实行网上预约、周六办证，同时推进“互联网+便民利民服务”平台建设，打造网上网下一体化运作的行政服务体系，进一步拓宽办证渠道，简化申请手续，缩短审批时间，全市共受理审批各类办证业务113.3万余次，同比增长30.43%，共提供免费照相业务19.2万余人次，提供周末办证服务1100余人次，开通急事急办绿色通道服务242人次，群众短信回访满意率达98.23%，较前期上升1.23个百分点，受到群众的一致好评。创新从接处警环节到进入羁押场所的所有环节全流程、无盲区监督，全市公安执法更加规范。连续两年全省优劣质案件评选，抚州没有出现劣质案件，无执法过错责任追究案件、无行政诉讼败诉案件、无国家赔偿案件。

【规范执法质效】 执法规范部门开展中心工作专项督察，全力做好12389受理、核查群众举报投诉工作，依法维护公安民警合法权益，严格监督执纪，1–11月，共开展明察暗访158次，网上视频巡查32991次，检查基层单位4172余个次，发现和督促整改各类问题隐患628个，提出督察整改建议12条，责令纠正2起，下发督察法律文书37份，移送纪检部门2人，采取禁闭措施1人，保障政令警令畅通。

【智慧公安信息化】 “雪亮工程”有序推进，警务云二期建设完成，全市共完成一类监控点联网5813个，二三类监控点联网8152个，治安卡口建设联网数达到1288套，交警电警卡口联网数为168套，基本实现城市重点公共区域、主要道路节点全覆盖；开发上线运行技战法75个，6个移动警务APP应用入选全省公安优秀移动应用（排名全省第二），推出一大批本地化分析研判应用工具模块，为侦查破案、治安防控、服务群众、综合管理提供强有力的技术支撑。全面推广移动警务通、身份证阅读器、4G执法记录仪等移动终端设备的配备使用，全面提升智能终端数据采集装备配备率、嫌疑人采集率、数据完整性、数据总量。整合本地公安内部注册业务系统34个，通过省公安厅信息资源服务平台对接数据资源47类，整合数据总量35亿5700多万条，其中包含近1亿条社会资源数据，抚州公安大数据应用数据更加鲜活。市县两级科信部门开展信息化业务“大培训”，培养一大批信息化专业人才，增强民警的信息化意识，提升信息化应用能力。警综平台零登录占比同比下降21.92%，在全省排名大幅提升；通过警综访问业务系统人均访问次数同比上升19.6%，实现业务系统统一从警综平台登录，提高警综平台应用。全市移动警务终端应用率为90.2%，排名全省第三；零次应用率为5.37%，低于全省平均水平。抚州研发上线的APP活跃度普遍较高，均在7次应用以上，优于其他地市。视频图像应用操作总次数、人均应用操作总次数、零次应用民警占比数均排全省前三，应用率有较大提高。

（李琳娜）

典型案例

【7.12专案】 在侦办“7.12”宜黄陈辉民、陈辉发涉黑组织团伙案中，

南丰公安局专案组赴越南将涉案人员押解回国

市公安局深度调查、秘密取证，结合“统一经营、集中收网、全程指挥”的战法运用，通过异地用警、集中抓捕，实现对该涉黑团伙“一次收网、一网打尽”的完美收官，抓获主犯及骨干在内的团伙成员130人，缴获各类枪支51支，查获涉案金额1亿余元，破获涉及6起命案在内的各类刑事案件136起。该案成为全省首个被公安部挂牌督办的案件，得到省委书记刘奇，省委常委、政法委书记尹建业，副省长、公安厅厅长秦义，省政协副主席、市委书记肖毅等领导的批示肯定。

【破获“3·09”跨国特大网络赌博案】南丰县局抓获陈某华等15名犯罪嫌疑人，查扣大量用于作案的电脑、手机、银行卡、账本等物证，冻结涉赌资金1.8亿元，成功摧毁一个境外利用网络专门组织中国公民进行赌博活动的犯罪团伙，10月23日赴越南抓获7名网络赌博犯罪嫌疑人，开创全市、全省乃至全国治安部门打击网络赌博犯罪跨国抓捕的先河，省公安厅专门下发贺电表示祝贺。

（李琳娜）

【市公安局领导名录】

党委书记、局长：万　凯

党委副书记、常务副局长：罗会明

党委委员、副局长：周连生
杨建忠

党委委员、副局长、临川分局局长：
黄国平

党委委员、调研员：吴　平
王昌平

党委委员、政治部主任：周样兴

党委委员、市纪委驻市公安局纪检监察组组长：汪海鸥

党委委员、交警支队长：游　戎

消防救援

【概况】2018年，抚州消防支队以习近平新时代中国特色社会主义思想和中共十九大精神为指引，以“四句话总方针”为方向，以让党放心、让人民满意为标准，在“正气消防、幸福抚州”的引领下，紧紧围绕“两个稳定”目标，全面贯彻落实上级党委决策部署，直面消防改革转制这一政治大考、能力大考、作风大考和纪律大考，队伍内部和社会面消防安全形势持续稳定，全年“零举报、零信访、零事故”，全市消防工作和队伍建设呈现出作风正、战力强、防控实、发展快的良好势头。年内，支队下辖临川大队被公安部荣记三等功一次；南城中队中队长助理陈进龙被部消防局表彰为优秀共产党员，乐安大队获评全省五四红旗团支部，崇仁大队荣获江西省十大法治人物，南城中队中队长助理陈进龙家庭获评全省最美家庭，1名干部被省厅荣记三等功一次，1名干部被驻厅纪检组表彰为勤政廉政先进典型，4名队员荣登部消防局和总队改革期间先进典型人物专栏，2个集体被市委宣传部表彰为学雷锋示范点。

【火灾隐患排查整治】支队相继开展冬春火灾防控、春夏火灾防控、高层建筑、电气火灾、电动自行车、大型商业综合体、文博和文物建筑等消防安全专项治理，重点公示曝光一般性火灾隐患整改和重大火灾隐患挂牌督办，用强大舆论倒逼火灾隐患整改。督促整改11个重大火灾隐患。开展全市建设工程消防行政许可和备案工作、在建工程专项检查，严格查处违法行为。加强消防产品监管，严厉打击制售假冒伪劣消防产品违法行为。联合公安、市场和质监部门开展“3·15”消防产品打假专项行动。支队确定“试点先行，统筹推进”的工作方法，制定“智慧消防”建设方案，完成城市消防物联网监控平台建设，召开全市智慧消防现场会。加大消防监督执法力度。结合专项整治、重要节日和时期，加大消防安全隐患整治力度，严格“三真三实”刚性执法，消防安全环境进一步改善。全年全市检查单位34899家，督促整改火灾隐患85238处，临时查封224处，责令“三停”202家，罚款207.17万元，拘留14人。

【灭火战斗与应急救援】支队着眼实战，坚持“常思战、勤谋战、精研战、严备战、苦练战、能善战”思想，对标国家综合性应急救援“国家队”“主力军”职责定位，不断提升队伍实战能力。每月对市本级重点单位、重要场所、主要灾害事故类型开展“三随三实”实战拉动演练，坚持练体能带“装”、练技能带“水”、练战术带“火”。全年共开展市本级“三随三实”实战拉动演练12次，出动消防车104辆次、指战员630余人次。定期对基层开展“三随三实”实战拉动演练，并进行点评通报，进一步规范和提升基层“三随三实”实战拉动水平。全年开展辖区熟悉和实战演练100余次，开展熟悉演练单位1300余家。举行抗洪抢险救援实战部门联合拉动演练，检验全市队伍抗洪抢险实战能力。全年全市共接处警1776起，出动消防车3413辆次，出动指战员22563人次，抢救被困人员281人，疏散人员876人，抢救财产价值6979.8万元。圆满完成全国“两会”、全省旅发大会以及汤显祖戏剧节暨国际戏剧交流月等重要节点、重大活动的消防安保任务。

【经费保障与基础建设】抚州市政府将消防工作纳入党委、政府重要议事日程和社会管理综合治理范畴，推动公共消防设施建设与城镇经济社会建设同步实施，消防规划、经费保障及基础消防设施建设稳步推进。支队以推动“五个纳入”为抓手，狠抓规划落地落实工作，推进站点建设。2018年，在推动年度基建任务基础上（市本级“两个基地”，资溪、宜黄大队新营房建设），自我加压，新增4个大站（南城、南丰、东乡、宜黄二队）建设，资溪、宜黄大队、宜黄二队新营房已经投入使用，其他队站均正在室内精装修。此外，支队小型站建设“多点开花”，文昌路小型站已提前搬迁入住，文昌里、温泉景区、东临新区及各县区小型站正在有序推进。重点任务的推进，极大地鼓舞队伍士气，也奠定队伍建设和消防

事业发展的基础。在经费保障方面，全市共争取消防业务经费 7819.56 万元，其中基本支出经费 5526.5 万元，项目支出经费 2293.06 万元，实现经费全面稳步增长。

【消防工作社会化】 支队在全省率先启动“一警六员”实操实训工作，并作经验发言。培训考核 3.6 万余名准消防员，完成全市派出所、社区以及特巡警支队“一警六员”培训考核，常态化开展微型消防站长研讨交流活动。万象新城微型消防站成功扑灭初期火灾，避免 6000 平方米的商场付之一炬。乐安县牛田镇派出所民警成功处置居民楼火灾，挽救两条生命。全年成功扑灭 156 起初期火灾，灭早灭小优势作用发挥显著。创新宣传方式，联合交通银行抚州分行开展《江西消防条例》《抚州市住宅区物业管理条例》宣贯网络知识竞赛活动，2.6 万余名市民参加竞赛。支队拍摄电动车、商业综合体、住宅小区等 4 部消防宣传警示专题片。联合市公交总公司、抚州市长运有限公司举行全市消防公益广告投放启动仪式，电影院、KTV、小区楼宇电视、公共交通等场所同步播放消防公益广告，使消防知识深入百姓、深入人心。三是加强外媒宣传力度，报道火灾隐患整治、文物古建筑消防安全治理、智慧用电建设、“一警六员”实操实训以及灭火救援、队伍执勤训练等工作。特别是临川“孕妇消防车中产子”、东乡“执子之手”、资溪“最美托举”等救援被新华社、人民网、凤凰网等主流媒体广泛报道，网民关注点赞达千万以上。

（谢 桥）

【市消防支队领导名录】

支 队 长：刘 豪

政 委：彭旭辉（任至 7 月）

副支队长：陈招国

副 政 委：程绍论

参 谋 长：张小荣

政治处主任：杨晓辉（任至 7 月）

后勤处处长：程 克

防火处处长：王小雷（任至 7 月）

检 察

【概况】 2018 年，抚州市检察机关充分履行检察职能，着力服务发展大局，全力推进检察改革，坚决落实从严治检，各项工作取得新的进展。依法履行批捕起诉职能，全年共批捕各类刑事犯罪嫌疑人 2712 人，起诉 3367 人，同比分别上升 12.2% 和 5.2%。重点推进扫黑除恶专项斗争。制定扫黑除恶专项斗争实施方案，成立扫黑除恶专项斗争领导小组，组建专业化办案团队，建立挂牌督办、督查指导等机制，加强与其他职能部门的衔接与配合，形成打击黑恶势力犯罪合力。共批捕涉黑涉恶类案件 276 人，起诉 81 人，依法办理宜黄陈某民、陈某发等人涉黑团伙案，乐安元某二人等人涉黑团伙案，广昌蔡良宾等人涉黑团伙案等一批重大案件。强化对案件各环节的监督，对重大案件提前介入引导侦查 14 件，纠正漏捕 4 人。对 4 起与涉黑团伙案相关联的已生效错误判决提起再审抗诉。深挖黑恶势力“保护伞”，向纪委监委移送案件线索 27 件 37 人。同时坚守防止冤假错案底线，严格把握逮捕、起诉标准，对事实不清、证据不足案件退回补充侦查 811 件次，对不构成犯罪、证据不足的案件不批捕 390 人，不起诉 54 人；坚持宽严相济刑事政策，对犯罪情节轻微的案件，不批捕 158 人，不起诉 198 人。

【维护经济发展环境】 全市检察机关积极参与打击非法集资专项行动和互联网金融风险专项整治，批捕网络传销、电信网络诈骗、集资诈骗、非法吸收公众存款等涉众型经济犯罪 43 人，起诉 55 人。持续服务非公经济发展，出台《服务民营企业健康发展的十项举措》，深入企业开展法治讲座，深化“降成本、优环境”专项行动，帮助挂点企业解决流通资金及原料进口等实际困难。持续参与市场经济秩序整顿，依法打击各类破坏市场经济秩序犯罪，批捕 143 人，起诉 177 人。持续加强知识产权司法保护，依法批准逮捕假冒注册商标、假冒专利、侵犯商业秘密等涉及知识产权的犯罪 2 人，起诉 19 人。

【突出生态司法保护】 深入落实《关于充分发挥检察职能，服务抚州生态文明建设的意见》，严惩破坏生态环境资源的刑事犯罪，共批捕 89 人，起诉 197 人。持续开展破坏环境资源犯罪专项立案监督活动，重点监督中央环保督察组反馈的有关问题线索，共监督行政执法机关移送涉嫌生态环境领域刑事犯罪 12 件 14 人，监督公安机关立案 12 件 14 人。践行恢复性司法理念，与市中级人民法院、公安、林业等九部门联合签订《关于在办理破坏生态环境资源犯罪案件中实施生态修复的办法（试行）》，向行政执法机关发出生态修复建议 34 份，督促补植复绿 66.9 万株、恢复耕地 7.77 公顷、修复矿山 8 个。

【保障民生民利】 针对扶贫领域腐败和作风问题开展专项治理，起诉侵害群众利益职务犯罪 4 件 4 人。推动司法救助与精准脱贫衔接，为 7 名贫困刑事被害人或近亲属发放救助金 19.6 万元。扎实开展挂点扶贫村脱贫攻坚工作，严格落实驻村帮扶、结对帮困等机制，坚持吃住在村、工作在村，为扶贫点和群众解决实际困难，全市检察机关共组成 12 个连心小分队，派出 34 名检察干警参与驻村帮扶工作，市检察院连续 3 年被市委评为“四进四联四帮”活动先进单位。

【保障维护执法司法公正】 2018 年，共监督公安机关立案 25 件 29 人，监督撤案 19 件 27 人，纠正漏捕 69 人，纠正漏诉 53 人。建立健全量刑建议工作机制，加强个案抗前指导和逐案审查把关，依法提出抗诉 21 件。依法办理羁押必要性审查案件，202 人被变更强制措施。依法开展社区矫正检察监督，监督收监执行 4 人。深化财产刑执行专项检察活动，推动41件财产刑案件得到执行。不断强化民事行政检察职能。构建提出抗诉、提请抗诉、检察建议等多元化检察监督格局，年内，共受理民事行政诉讼申请监督案件126件，办结118件。其中，受理不服民事行政生效裁判、调解书监督案件72件，向市中级人民法院提出抗诉11件，提请省检察院抗诉5件，提出再审检察建议4件。提出抗诉案件中涉及虚假诉讼案件9件。受理民事行政审判程序监督案件12件，向法院提出检察建议11件；受理民事行政执行活动监督案件16件，向法院提出检察建议10件。与市中级人民法院共同制定《关于行政非诉执行监督专项活动的实施方案》，在全市范围内开展行政非诉执行监督专项活动，回应社会公众对“执行难”、“执行乱”问题的关切。

【推进司法改革】 两级检察机关结合自身实际，科学设置检察官办案组、独任检察官两种新型检察办案组织，完善检察官权力清单，明确检察长、检察委员会、检察官的职责权限；建立随机分案为主、指定分案为辅的分案轮案机制，促进办案均衡，减少人为因素对办案的影响；稳步推进基层检察院内设机构改革，实现扁平化管理；建立和完善监督制约、绩效考核、员额动态调控管理等机制，通过案件监督管理、质量评查、履职评价等方式，强化对检察权运行的监督。采取集中督查和重点督查相结合的方式，对全市检察机关司法责任制改革落实情况进行五轮督导，确保改革任务落到实处。

【履行公益诉讼职能】 主动向党委、人大、政府、政协报告和通报公益诉讼工作，宣传并落实“双赢多赢共赢”理念。市委、市政府和6个县区先后以“两办”名义下发加强和支持检察机关提起公益诉讼工作的文件。全市检察机关聚焦生态环境保护、食品药品监管、国有财产保护等领域开展专项监督活动4次，立案公益诉讼案件140件，办结139件。其中，向行政部门发出诉前检察建议134件，提起刑事附带民事公益诉讼5件，督促收回被欠缴的土地出让金5.34亿元，恢复被损毁的公益林地28.24公顷。市检察院提起的全省首例民事公益诉讼案件，被央视《今日说法“两会”特别节目》《人民日报》《检察日报》等多家媒体广泛报道；南城县检察院叫停违法电视医药广告、南丰县检察院督促“美团”整改的诉前检察建议，有力保障群众生命健康和“舌尖上”的安全，实现“办理一案、规范一片”的良好社会效果。

（廖光正）

【市检察院领导名录】

党组书记、检察长：宋智勇

党组成员、副检察长：刘重农　胡京华　高卫东

党组成员、派驻纪检监察组组长：黄国权

党组成员、政治部主任：陈志祥

检察委员会专职委员：傅壮伟　白　洋　何敬刚

法院

【概况】 2018年，抚州市法院受理案件39799件（含旧存），办结38033件，同比上升16.10%、13.40%，法定审限内结案率99.7%。其中，市中院受理2824件（含旧存），办结2710件，法定审限内结案率98.74%。维护社会平安稳定，全市法院审结一、二审刑事案件2574件（其中，市中院审结一、二审刑事案件341件），判处罪犯2791人，判处五年以上有期徒刑150人。依法审结“菜刀帮”等涉黑涉恶案件7件38人。审结职务犯罪案件29件45人，其中被告人原为处级干部的4人，依法审理监察委员会调查终结的案件29件。全市法院审结一、二审民商事案件20728件（其中，市中院审结一、二审民商事案件1404件），标的金额60.54亿元。通过“执转破”机制移送破产审查企业19家，审结破产案件32件。审结涉民营企业案件2841件。依法审理涉乡村案件，有2个案例入选江西八大服务和保障乡村振兴战略实施典型案例。全市法院审结一、二审行政案件817件（其中，市中院审结一、二审行政案件326件），审结国家赔偿案件10件，审查非诉行政执行案件84件，办理司法救助案件95件。推进行政机关负责人出庭应诉，出庭应诉率60.9%，其中临川区法院达97.03%。推动市直机关依法行政，南城县法院审结的市直机关行政案件败诉率降至3%。完善被执行人财产网络查控机制，基本实现主要财产形式查控全覆盖，查询银行存款8.6万次，冻结5927万元，查询工商信息2166次、保险信息9.3万次。全面实行网络司法拍卖，拍卖成交金额5.87亿元，溢价率19.38%，为当事人节省佣金2285万元。全市法院执结执行实施类案件13527件，办结执行异议、复议、监督等案件260件。

依法打击危害食品药品安全案件，审结4件5人。在全省率先实行涉生态环境资源民事、行政、刑事案件的“三合一”（或“二合一”）归口审判模式，全市法院审结生态环境资源案件153件（含公益诉讼6件），其中3个案件入选江西省环资审判十大典型案例。市中院审结全省首例由检察机关起诉的生态环境资源公益诉讼案件，央视《今日说法》两会特别节目“为了绿水青山”作专题报道。妥善审理教育、就业、医疗等涉民生案件，审结652件。关切“三农”权益司法保护，追回劳动报酬900万元。全市法院现场立案39003件，网上立案1858件，跨域立案1801件。推进“分调裁”机制改革，适用简易和速裁（轻刑快办）程序办理民事、刑事一审案件14370件，适用率63.87%，黎川县法院被确定为全省“分调裁”机制改革示范法院。创建全省首个“多元化解e中心”，为当事人提供足不出户、多部门参与的在线调解服务，诉前共化解民事纠纷352件，平均办结时间不到10日。开展人民法庭“全面双达标”

活动，先后投入建设费用1000余万元，年内有10个法庭通过第一批“全面双达标”考核，其中乐安县流坑法庭等4个法庭被评为全省示范法庭。乐安县法院在总结提升“法通村”成功经验基础上，与江西财经大学法学院共建乡村治理与纠纷解决研究中心，形成基层法院与高校共同参与乡村治理、纠纷解决新模式。

统筹推进司法责任制改革，新遴选员额法官13名。完善新型办案团队建设，县区法院普遍组建速裁团队。全市法院院庭长承办案件24975件，占全部案件数的63%。制定《院庭长监督管理职责暂行规定》，明确院庭长审判管理监督权责清单。推进内设机构改革，完成初步方案上报待批。开展庭前会议、排除非法证据、法庭调查“三项规程”试行工作，完善证人、鉴定人、侦查人员等出庭作证机制。开展刑事案件认罪认罚从宽制度改革试行工作，有效缩短办案时间。推进“收转发e中心”应用，累计接收材料6万余次，扫描材料60万余页，完成送达9万余次。开展“法官e助理”智能辅助办案平台试点，为法官增效赋能。以电子卷宗深度应用为基础，不断完善“微法院”服务功能。市中院在江西省互联网大会上展出智慧法院建设成果获得好评。加强审判流程、裁判文书、执行信息、庭审直播四大公开平台建设和应用，全市法院向当事人推送案件节点信息2.6万条，公开执行信息8785条，公开裁判文书4万余篇，庭审网络直播3053件次。首次入驻抖音、快手、知乎问答、澎湃问政等新媒体，向社会提供详尽权威的司法信息和方便快捷的司法服务，加强判例解读和法律宣传。

全市两级法院接受市委巡察、市委政法委政治督察和纪律作风巡查，扎实推进整改落实，整改经验和成果获市委巡察组充分肯定。坚持把正风反腐置于重中之重，落实全面从严治党“两个责任”，严格执行中央八项规定及其实施细则精神，贯彻全市领导干部警示教育会议精神，开展集中整治形式主义、官僚主义专项活动，着力整治执法办案中“怕、慢、假、庸、散”等5种突出问题，以务实高效作风赢得群众信任。贯彻《中国共产党纪律处分条例》，严肃监督执纪问责，支持派驻纪检监察组监督执纪，市中院了结违法违纪信访举报111件，其中谈话函询19件次，提醒谈话11人次，诫勉谈话3人，纪律处分3人。落实省法院队伍建设“1+N”系列文件，市中院培训干警120人次，选调220人次参加上级法院专业培训，全市法院7名干警被省法院授予高层次专门人才称号，市中院党组副书记、副院长胡嘉金撰写研究贿赂案件非法言词证据排除的专著出版发行。落实中办、国办《保护司法人员依法履行法定职责规定》，成立法官权益保障委员会，开展法院干警“关爱工程”。推出生态环境资源审判、行政案件相对集中管辖改革、“多元化解e中心”、家事审判方式和工作机制改革、乐安县“法通村”、法院文化建设等经验做法，有三项经验做法在《人民日报》上予以报道。全市法院49个集体、145名个人荣获市级以上表彰。其中，市中院荣获全国法院文化建设先进单位、全国法院审判管理优秀业务单位，临川区法院荣获全国维护妇女儿童权益先进集体，南丰县法院民一庭荣获全国法院家事审判工作先进集体，乐安县法院、金溪县法院荣获全省优秀法院。

坚持落实大会报告和专项报告制度，配合市人大常委会听取和审议深化司法体制改革工作情况专项报告，贯彻落实相关决议和审议意见。切实执行人大及其常委会各项决定、意见以及重大案件、重要事项、规范性文件报备报告制度。加强日常联络，全市法院邀请人大代表参加会议、旁听庭审、见证执行1082人次，走访人大代表724人次，受理人大信访转办件19件，人大代表意见建议全部办理完毕。完善与各民主党派、工商联、人民团体和无党派人士沟通协调机制，适时向党外人士通报法院工作情况，全市法院办理政协委员提案3件，走访政协委员581人次。配合检察机关履行监督职责，办理检察建议，审结抗诉案件32件。完善审判委员会工作规则，邀请检察长列席审判委员会会议。拓宽司法监督员和人民陪审员选任范围，聘请人大代表、政协委员、专家学者等担任司法监督员、人民陪审员，选任人民陪审员253人，人民陪审员参与案件审理7452件。健全新闻发言人制度，举办新闻发布会，主动接受舆论监督。

【举行全国文明单位授牌仪式】 1月11日，市委宣传部副部长、市文明办主任杨瑞春一行三人到抚州中院举行全国文明单位授牌仪式。院党组书记、院长赖彩明参加授牌仪式。

【审理全省首例由检察机关起诉的生态环境资源公益诉讼案件】 3月7日，央视一套播出的《今日说法》两会特别节目“为了绿水青山”，对江西首例由检察机关起诉的生态环境资源公益诉讼案件进行专题报道。该案件由抚州中院审理，入选江西省环资审判十起典型案例，引起强烈的社会反响。

【最高法院三巡调研组调研抚州法院工作】 7月26日，最高人民法院第三巡回法庭诉讼服务中心主任彭艳、分党组秘书蒋蔚一行深入抚州调研立案信访和诉讼服务工作，并进行座谈，省法院立案一庭庭长刘晓玲陪同。抚州中院党组书记、院长赖彩明参加座谈并发言。

【葛晓燕调研抚州两级法院工作】 9月5—8日，江西高院党组书记、院长葛晓燕深入抚州中院和临川、东乡、崇仁、黎川、金溪、宜黄、乐安县法院调研指导工作。省政协副主席、市委书记肖毅，市委副书记、市长张鸿星，副市长、金溪县委书记王成兵，抚州中院党组书记、院长赖彩明及有关区县党政领导先后陪同调研。

江西省高级人民法院领导到抚州调研指导工作

【市中级人民法院获评全国法院文化建设先进单位】 9月17日，最高人民法院印发《关于对全国法院文化建设先进单位予以表扬的通报》，授予抚州市中级人民法院全国法院文化建设先进单位称号。

【浙闽赣皖四省九地司法协作会议在抚州召开】 10月24日，浙闽赣皖四省九地人民法院第二届司法协作会议在抚州召开，围绕"生态文明与司法新作为"主题，就加强浙闽赣皖四省九地生态司法协作工作交出答卷。江西省高级人民法院审委会专职委员陈仁生出席会议并讲话，抚州市委常委、政法委书记李建林到会致辞，浙闽赣皖四省九地中院院长参加会议并作主旨演讲。

【参展江西省互联网大会】 11月16—17日，第四届江西省互联网大会在抚州召开，大会主题是"智慧江西、融合创新、绿色崛起"。抚州中院作为全省唯一一家参展法院携矛盾多元化解E调解、"微法院"等多项智慧法院建设成果亮相，向与会嘉宾展示"互联网+司法"的抚州精彩。

【市中级人民法院获评全国法院审判管理优秀业务单位】 12月18日，最高人民法院印发《关于公布第一届"全国法院审判管理优秀业务单位"和"全国法院审判管理优秀业务成果评选先进组织单位"名单的通知》，授予抚州市中级人民法院审管办"全国法院审判管理优秀业务单位"称号。

（饶辉华 艾佳威）

【市中级人民法院领导名录】

党组书记、院长：赖彩明
党组副书记、副院长：胡嘉金
党组成员、副院长：周建平
黄建华 鲍国华
党组成员、执行局局长：周建荣
党组成员、政治部主任：吴英龙
党组成员、纪检组组长：吴福海
审判委员会专职委员：王明华
姜益民

司法行政

【概况】 2018年，抚州市农村"一户一名"法律明白人培养工程成效显著。农村行政村"法律明白人"培养户数完成比达82.14%，行政村骨干"法律明白人"平均数达到5.22人，"法律明白人"参与法治宣传65789人次，化解矛盾纠纷3869件次，参与社会事务管理3678件次，引导法律服务6978件次，培养效果显著，社会作用明显，各项培养工作走在全省前列，得到省、市主要领导的充分肯定和多次批示。

全市"四级三大"公共法律服务体系初步形成。市、县、乡、村公共法律服务实体平台全面建成并投入使用，公共法律服务网络平台初步形成，"12348"热线平台改造升级，解决公共法律服务平台"有没有"的问题，其中建成市级平台1个、县级平台11个、乡级平台165个、村居平台1791个，村居平台覆盖率达91%；"12348"热线平台接听群众热线咨询847人次；60名律师、11家鉴定机构、12家公证机构、法律援助中心全部对接"12348江西法网"网络平台，为群众提供线上线下一站的公共法律服务；各县区社区矫正中心全部实现视频，联网。29家律所234名律师办理案件4000余件，2041个村居（社区）全部聘请法律顾问，11家鉴定机构办理案件9335件，12家公证机构办理案件18960件，12家法律援助机构办理法律援助案件3820件。

全市法治社会建设取得新成效。以宪法宣传为重点、以推进"七五"普法为抓手、以"五个一"法治文化建设为载体、以推进"谁执法谁普法"责任"一制四化"为落脚点，法治宣传氛围浓、法治效果好，广大群众逐步形成学法、守法、用法、尊法的良好态势，形成法治宣传天天做、月月做、大家齐抓共管的法治宣传大格局。全市开展专题宪法学习宣讲活动1700余场次，开展宪法法治文艺演出58场次；各县区建成法治文化主题公园11个，法治文化一条街11条，法治示范学校11所，创作法治微电影、法治动漫30余部，创作其他法治文艺作品160余部，市司法局组织拍摄的微电影《三十一》获全省政法"三微"优秀奖。

全市基层司法所规范化建设提速增效。以推进司法所规范化建设为抓手，提升司法所功能，全市统一标识牌、功能布局、形象展示，开展司法所分类创建标准，完成司法所规范化建设112个，其中一类司法所16个，二类司法所32个，三类司法所64个；推进司法所纵向联网工作，167司法所、167个乡镇公共法律服务工作站、11个县区社区矫正中心司法纵向业务网全部覆盖到位，覆盖率为100%，解决基层司法所“有人做事、有条件办事、有能力成事”的问题，司法所信息化水平不断提升。

扫黑除恶专项斗争扎实推进。加大扫黑除恶专题法治宣传，开展社区服刑人员和刑满释放人员两类重点人员排查，对重点人员做到底数清、思想清、去向清、就业清、现实表现清“五清”，严防6名带有政治污点和违法犯罪人员进入村委换届选班子，排查涉黑涉恶线索5条，其中1条被列入采用范围；加大扫黑除恶专项斗争法律服务力度，全市各律师事务所代理辩护21起涉黑涉恶的案件，3起案件已经进入开庭审理阶段，没有出现律师违法违规执业的情况；司法鉴定机构受理2起涉黑涉恶鉴定委托工作。

维护社会稳定取得新成效。深入开展社区矫正执法规范深化年活动，加大社区服刑人员日常监管力度，充分发挥“手机定位+手环定位”“指纹签到+人脸识别”等信息技术加强对社区服刑人员的监管，全市在册社区服刑人员共1732名，从监所接回刑释人员1375名，对5年内安置帮教期内的6400名刑释人员均建立档案，有效防止社区服刑人员和刑释人员出现脱管、漏管等现象。推进“新航驿站”一体化基地建设，各县区共完成8个双示范基地建设，组织20余批次1600余名社区服刑人员到基地集中教育学习劳动，为20余名刑满释放人员提供就业岗位平台。

深化“枫桥经验”取得新成效。贯彻落实司法部“坚持发展‘枫桥经验’实现矛盾不上交”试点工作推进会议精神，总结推广临川区“三农法治堂”、南城县“说事拉理”理事会、南丰县“和事佬”，乐安县“三老”理事会、宜黄县“夕阳红调解中心”、崇仁县“说事堂”等一批富有抚州地方特色的人民调解工作模式，发展枫桥经验，打造调解特色，全市共调解各类纠纷12036件，成功调解各类矛盾纠纷11667起，成功率达97%，有18个调解组织和54名人民调解员荣获司法部和司法厅表彰，其中临川区司法局获评全国人民调解工作先进集体，崇仁县的黄寿孙、东乡区的赵谦、南丰县的吴林泉、乐安县的王友祥4人获评全国人民调解工作先进个人。

【首次组织国家统一法律职业资格考试】 9月22日，抚州市司法局首次组织全国统一法律职业资格考试2018年的客观题（抚州考区）考务工作，客观题考试实行计算机化考试。抚州考区共有考生599人（其中抚州考生467人、鹰潭市考生132人），抚州考生通过客观题机考合格人数123人，合格率27%。配合做好全省南昌笔试工作，2018年抚州考生通过全国统一法律职业资格考试有90人，通过率19.27%。

【在全省率先成立律师行业党委】 4月28日，市司法局党组组建全省第一个市级律师行业党委并召开第一次党员大会，选举产生第一届律师行业党委书记、副书记及党委委员。6月底，乐安、宜黄、南城、东乡符合条件的全部成立律师行业党组织，其他县区全部建立党员活动联系制度，全市律师行业理顺领导体制，健全组织体系，把党的领导贯穿到律师工作的全过程、各方面，为律师行业健康发展、律师队伍健康成长提供坚强政治保证。

【抚州农村“法律明白人”培养工作经验在全省总结推广】 5月22日，省委、省政府召开全省“弘扬宪法精神 树立法治信仰”主题宪法宣传实践活动暨在全省农村开展法律明白人培养工程动员部署电视电话会，抚州市作为全省唯一一个农村“法律明白人”培养工作示范市在大会上作经验介绍发言，市委常委、政法委书记李建林代表抚州市委、市政府就抚州近年来推进农村“法律明白人”培养工作进行经验介绍，抚州农村“法律明白人”培养工作经验在全省总结推广。

【抚州2018年法治建设工作考评获全省第二】 2018年，法治抚州建设工作在政治引领有新气象、在服务中心有新作为、在创先争优有新亮点，《法治江西建设2018年工作总结》中，10处列举抚州法治建设先进做法，人民日报、今日说法两会特别节目、人民网等主流媒体宣传报道13次，在全国、全省性工作会议上作典型发言5次。被省委全面依法治省委员会评为“2018年度法治建设优秀单位”，在全省受表彰的7个设区市中位列第二。

（谢荣生）

【市司法局领导名录】

党组书记、局　长：徐建云

党组成员、副局长：徐来发

江木根

副局长：王　彬（任至6月）

党组成员、市纪委驻市司法局纪检组组长：罗根生

本栏编辑　熊梓良

农·林·水

综　述

2018年，抚州市围绕实现“农业提质增效、农村美丽宜居、农民持续增收”目标，以生态文明建设为统领，以推进农业供给侧结构性改革为主线，紧抓农业农村工作“五项”重点任务，全市农业农村发展呈现出“两稳、三新、四进”良好态势。

“两稳”：一是农业经济稳定增长。在复杂的经济形势下农业农村保持稳定向好的发展态势，2018年，全市农林牧渔业总产值343.5亿元，同比增长3.3%；农林牧渔业增加值207.2亿元，同比增长3.4%；农民可支配收入达14767元，同比增长8.9%，高于城镇居民收入0.4%。二是农业生产稳步发展。全市粮食播种面积41.83万公顷，同比增长1.7%；粮食总产达277.67万吨，同比增长2.6%，粮食生产实现“十五连丰”。全市水果产量达180.04万吨，其中柑橘类151.65万吨（南丰蜜橘142万吨）。全市蔬菜种植面积6.88万公顷，增长1.6%；蔬菜产量153.64万吨，增长1.2%。全市肉类总产量35.13万吨，增长0.11%。全市水产品总产量16.46万吨。

“三新”：一是现代农业有新进展。全市示范园核心区面积达1.03万公顷，累计投入资金37.8亿元，入园农业产业化龙头企业达150家，农民合作社385家，家庭农场157家，种养大户588家。19个省级现代农业示范园实现产值82.59亿元。农业龙头企业不断做强。全市规模以上龙头企业共计441家（其中市级龙头企业352家，省级85家，国家级4家），销售收入207.2亿，同比增长9.3%，出口创汇1.03亿美元，带动农户30.8万户。绿色农业品牌不断做响。全市新增“三品一标”认证农产品68个，达598个，其中，新增东乡甘蔗、黎川草菇、东乡萝卜3个地理标志农产品，达26个，占全省31.2%，新增数全省第一。南城县被评为农业农村部渔业健康养殖示范县，南城麻姑米被列入省政府重点培育与打造的稻米区域公用品牌，推荐崇仁麻鸡、广昌白莲作为区域公用品牌。推荐崇仁麻鸡、广昌白莲申报中国特色农产品优势区。农业产业化蓬勃发展。规模以上龙头企业销售收入207亿元，省级以上龙头企业出口创汇1.03亿美元，带动农户数30.8万户。创新农业经营体制机制，以“龙头企业＋专业合作社＋家庭农场＋农户”的农业产业化联合体模式，融入300多家企业，组建以中药材类，竹笋类，特色水产（龟鳖）类，白莲类，麻鸡（家禽）类，绿色、有机稻米类，蜜橘（特色果业）类，蔬菜类，食用菌类，白茶类等21个农业产业联合体，让企业抱团发展。南丰县被评为2018年全国农村一、二、三产业融合发展先导区创建县；广昌县盱江镇彭田村（广昌白莲）荣获全国“一村一品”示范村镇；崇仁麻鸡产业化联合体作为全国三个联合体典型代表之一，经验在全国推广。

二是农业基础设施有新改善。2017年高标准农田建设实际完成2.48公顷，超额0.17万公顷。2018年，3万公顷的高标准农田建设全部进入施工阶段。各县区示范园面积达1.80万公顷，其中设施农业面积0.15万公顷，标准化、规模化生产面积0.61万公顷。2018年，新增19个省级农业产业园，名列全省第三。全市11个县区设施农业已建成面积达2316.80公顷。设施条件配套到位，水、电、路等基础明显改善，设施农业经营水平进一步提升。

三是农村生态环境有新提升。聚焦农村基础设施和公共服务短板，高质量推进村庄整治建设，全面完成2739个新农村建设村点“七改三网”任务。将环境综合治理从成效明显的17条交通主干道沿线，加快向全市域一般村庄、边远村庄梯次推进，创造重点村庄“拆得彻底、清得干净、改得美观、管得规范”和一般村庄“干净、整洁、有序”的抚州模式；实现农村生活垃圾第三方治理全覆盖，8个县区实现城乡环卫一体化第三方治理；在12个乡镇集镇、100个村庄试点，探索出不同标准、不同技术的污水处理模式；完成70%的农村旱厕改造。打造一批生态优、环境美、风格雅的优美村落。全市各县区全部完成“三区”规划和地理标注，规模养猪场粪污治理配套设施率96.7%，居全省第一，被评为全省畜禽粪污综合利用优秀市。全市测土配方施肥面积47.15万公顷，覆盖率达92.3%；全市有机肥（堆肥＋商品有机肥）施用11.5万吨，应用面积达7.23万公顷，化肥利用率提高到42%。全市秸秆综合利用率93.95%，居全省前列。

“四进”：一是农村改革深入推进。根据全省的统一部署，组织全市各级部门有序开展农村集体资产清产核资工作。完成151个乡镇级、1501个村级、15922个组级的清产核资工作，完成率89.24%。在各县区选定26个村开展土地流转发展壮大农村集体经济试点。全市100%村委会和70%的村小组实现三资监管，监管总额19.11亿元。其中资产类9.47亿元，资源类5.66亿元，资金类3.98亿元。全市160个乡镇、1820个行政村、12713个村小组纳入三资监管系统，资产资源的电子化监管台账逐步完善。引导土地规范流转。全市土地流转面积11.64万公顷，其中出租（转包）8.42万公顷，入股0.58万公顷，互换0.52万公顷，转让0.63万公顷，其他方式1.50万公顷，土地流转合同签订率达到87%。

二是精准扶贫强力推进。全市实现1.91万贫困人口脱贫、68个贫困村退出，省政府批复同意广昌县退出贫困县，全市贫困户降至11443户27474人，贫困发生率由年初的1.3%下降至0.83%。乐安县基本达到退出条件。

三是新农村建设扎实推进。全市聚焦农村基础设施和公共服务短板，高质量推进2739个新农村建设村点的“七改三网”和“8+4”建设全面结束，农民的生产生活条件得到较大改善。全市共改路3355千米，改水117739户、改厕117810户。拆除破旧空心房、附属房、猪牛栏353.59万平方米，改沟1257.13千米，改塘1184口，清理陈年3.6万吨，植树93.54万株。全市共建成示范路、片区60个、综合示范村153个、美丽庭院3.81万个，打造临川灵谷峰、南城麻姑山、宜黄曹山寺等景村一体，资溪“真相乡村”、黎川农垦之旅等路村联动，资溪大觉溪、南城麻岭下、广昌姚西等产村融合的特色美丽示范带（区）。

四是农业标准化建设有力推进。按照“按标生产、环境治理、源头管控、安全创建”的原则，推进全国绿色有机农产品生产供应基地创建。省政府在抚州市召开全省绿色生态农业“十大行动”现场会。制定南丰蜜橘、广昌白莲等3项国家标准，广昌泽泻、南城淮山等35项地方标准；全市拥有国家级示范区14个，省级示范区19项。全市建成国家级水产健康养殖示范场47家，示范面积0.73万公顷；国家级畜禽养殖标准示范场16家，养殖规模11万头、400多万羽；国家级蔬菜茶叶水果标准园13家，其中南丰蜜橘示范园3.73万公顷、蔬菜标准园0.11万公顷。全市建立水稻、蔬菜、柑橘等主要农作物绿色防控示范区122个，示范面积1.60万公顷，发展植保专业化服务组织148家，水稻专业化防治面积达到15.33万公顷。

农　业

【概况】2018年，抚州市农业系统实施乡村振兴战略，稳步推进农村改革，深入开展脱贫攻坚，发展现代农业，着力培育新产业新业态，农村经济社会形势总体平稳，呈现“稳中有进、稳中向好”的发展态势。农业增加值增长4.1%；农村居民人均可支配收入14767元，增长8.9%。

粮食生产稳步增长。全市粮食播种面积41.83万公顷，同比增长1.7%；粮食总产277.67万吨，同比增长2.6%，粮食生产实现“十五连丰”。

经济作物稳中有增。全市水果产量达180.04万吨，其中柑橘类151.65万吨（南丰蜜橘142万吨），总产值31.66亿元，其中柑橘类27亿元。全市蔬菜种植面积6.87万公顷，增长1.6%；蔬菜产量153.64万吨，增长1.2%。茶叶产量0.28万吨，增长1.4%；棉花产量0.26万吨，增长0.7%；甘蔗产量18.36万吨，下降4.2%；油料产量5.45万吨，增长6.6%。新增中药材种植面积0.48万公顷，达2.67万公顷，增长36.5%。

畜禽渔业稳定发展。全市肉类总产量35.13万吨，增长0.11%。生猪出栏262万头，减少1%；生猪存栏146万头，较少3.09%；家禽出笼9480万羽，减少0.25%；家禽存笼2955万羽，增长6.11%。广昌、乐安出台政策扶持草地畜牧业，牛出栏5.6万头，增长3.42%；牛存栏25.51万头，增长15.22%。全市水产品总产量16.46万吨，下降3.1%，其中特种水产品产量6.9万吨，增长4.57%。全市新增稻渔综合种养面积0.41万公顷。全市龟鳖总产值20.1亿元，增长136%。出口鳗鱼创汇4500万美元。

【加快科技兴农步伐】农业发展的根本出路在科技创新，面对新的发展形势，2018年抚州加快农业科技兴农步伐，实施乡村振兴战略，提升自身科研创新能力，开展培育新型职业农民，推动抚州农业农村发展。

科研能力建设不断提升。稳步推进“抚州市现代农业科技园（太空农业示范园）”建设，一期投资4400多万元，建设以太空农业为核心，集种子研发、示范展示和采摘观光为一体太空农业高科技园。构建新型而特色的科研平台，承接科研项目。在现有11个科研平台的基础上，承接薯类作物新技术研究集成与示范、江西省主栽食用菌提质增效关键技术集成与示范、世行项目新品种新技术推广等外部课题。“稻—渔”综合种养智能信息化项目正在实施，引进一批地方特色及优质种猪资源，柑橘木虱监测站投入使用，设备设施正在逐步完善。开展太空农作物新品种引进与适应性试验，积极探索新型种养模式。从中国航天育种中心相继太空贝贝、宇椒8号等四大类8个太空蔬菜新品种，丰富抚州市太空蔬菜种类。通过野生菰与水稻等进行远缘分子杂交育种研究取得阶段性成果（菰稻），获得袁隆平院士的充分认可，并协作进行优质高产品种攻关工作。通过农业物联网技术展示中心的建设，将繁苗中心、精品农业展示园等相关内容进行展示，与省、市农业主管部门智慧农业平台无缝对接，基本实现实时监测、远程查询等基本功能。

加强农业科技推广队伍建设。建立科技创新试验示范基地。全市建立23个长期稳定的试验示范基地，每个示范基地落实试验示范品种、主推技术。培育农业科技示范户。遴选培育1万多名有文化有技术农户作为科技示范户。通过集中培训、分户指导、实地考察、观摩交流等方式，指导农业科技示范户推广应用新品种和新技术，让他们成为农村“乡土专家”。加强基层农技人员培训。利用“云上智农”微信APP、“农业科技网络书屋”组织农技人员学习提高业务能力。加强农技推广信息化建设。以“互联网+农技推广”为驱动，创新服务方式，推进信息化建设。

培育新型职业农民。在抚州首次成功举办省级新型职业农民培训班。培育“有文化、懂技术、会经营”的新型职业农民，有利解决农村“谁来种地”“怎样种地”的实际问题，促进现代农业可持续发展。全市共培育新型职业农民10334人，投入资金2343.55万元。

【现代农业高质量发展】 高标准农田项目区建设成绩斐然。2017年度高标准农田建设实际完成2.48万公顷，超额0.16万公顷。在全省2017年度高标准农田建设绩效考核前20名中，抚州市获奖总数居全省第一，其中广昌县获一等奖、南城县和乐安县获三等奖，宜黄县获绩效考核先进单位，实现市委、市政府要求高标准农田建设“走在全省前列”的目标。2018年3万公顷的高标准农田建设全部进入施工阶段。

现代农业示范园区建设成效明显。在全省第一个实现县区现代农业园区管委会机构全覆盖，建成11个现代农业示范园核心区和30多个独具特色的现代农业产业园、农旅体验园、田园综合体。新增7个省级农业产业园，达到26个。

农业产业化蓬勃发展。南丰县被评为2018年全国农村一、二、三产业融合发展先导区创建县；广昌县盱江镇彭田村（广昌白莲）荣获全国“一村一品”示范村镇；崇仁麻鸡产业化联合体作为全国三个联合体典型代表之一，经验在全国推广；抚州市临川金山生物科技有限公司在第三届“中国创翼”创业创新大赛全国总决赛荣获专项组全国第二名（全省唯一）；江西广雅食品有限公司荣获全国“万企帮万村”先进民营企业荣誉称号；江西致纯食品有限公司在第二届全国农村创业创新项目创意大赛总决赛中荣获成长组三等奖。全市新增6家省级龙头企业，达到85家，全省设区市新增数最多。争取农产品产地初加工补助项目资金650万元，农产品加工项目资金2200万元，全省最多；培育21个市级农业产业化示范联合体，吸纳400多家龙头企业、农民合作社和家庭农场抱团发展，推动农业产业结构产销升级。

【农业品牌创建全省前列】 全市新增“三品一标”认证农产品68个，达598个，其中新增东乡甘蔗、黎川草菇、东乡萝卜3个地理标志农产品，达26个，占全省31.2%。江西洪门实业集团有限公司以营业额8.5亿元入围2018农业产业化龙头企业500强排行榜，排全国第429名，全省第21名。南城县被评为农业农村部渔业健康养殖示范县，南城麻姑米被列入省政府重点培育与打造的稻米区域公用品牌，推荐崇仁麻鸡、广昌白莲作为区域公用品牌。在农业农村部主办的第十六届中国国际农产品交易会上，抚州市4个农产品获金奖，全省11个，占全省36.4%。其中，王桥花果芋获地标专区金奖（全省唯一），东乡绿壳蛋获农垦专区金奖（全省唯一），广昌白莲、崇仁麻鸡获综合展区金奖。

【开通江西省首列中俄友城果蔬班列】 11月28日上午，江西省首列中俄（抚州—彼尔姆）友城果蔬班列成功开行。此趟班列由中铁特货南昌分公司、世铁特货（北京）国际物流有限公司提供全程物流服务，列车编组共16车，装载有16个40中铁特货英尺冷藏集装箱，货物由抚州市蔬菜产业化联合体、江西省梦龙果业有限公司共同组织。其中蔬菜4个冷藏箱、南丰蜜橘12个冷藏箱，货物总价值78万美金。友城果蔬班列的开行，带动抚州更多的生态、绿色、有机的农产品走向国际市场，促进抚州农业转型升级，提高农产品的标准化和品牌化水平，有效推进农业供给侧结构性改革，达到农业经营主体增效和农民持续增收的良好效果。

【“两特一游”产业工程全面推进】 实施绿色有机稻米产业发展行动。新增绿色稻米种植基地1.80万公顷，达7.07万公顷；组建抚州市黎川有机稻米产业化联合体，打造抚州黎米特色品牌，新增抚州黎米种植基地0.20万公顷，达0.67万公顷。

实施绿色中药材产业发展行动。全市中药材种植面积2.67万公顷，新增中药材面积0.48万公顷，江西润邦药业有限公司在东乡区瑶圩、詹圩等地种植白花蛇舌草666.67公顷，江西国医研医药技术开发有限公司在黎川县潭溪乡和日峰镇栽种艾草面积100公顷，抚州市润通实业有限公司新建瓜蒌种植基地140公顷；

实施绿色出口蔬菜产业发展行动。全市落实对俄罗斯出口蔬菜基地9个，面积30.33公顷，其中临川区12.67公顷，分别为江西龙琴生态农业有限公司6.67公顷，抚州富鑫实业有限公司4公顷，抚州华宸农业发展有限公司2公顷；乐安县10.67公顷，分别为江西绿巨人农业科技有限公司5.33公顷，乐安县乐昌农业发展公司4公顷，乐安乐屿公司1.33公顷；南丰县百汇环境工程有限公司1公顷；黎川县海纳农业开发有限公司4公顷；南城县安蔬有限公司2公顷。

实施绿色草地畜牧业发展行动。全市形成畜牧业四大产业集群，形成以崇仁为中心的抚吉公路沿线崇仁麻鸡产业集群，全年家禽出笼7813万羽，其中崇仁麻鸡5890万羽；形成以南城、临川、金溪为重点县的蛋鸡产业集群，全年蛋产量44489吨，同比增加4.8%；形成以东乡、临川、南城、崇仁为重点县的外来品种猪产业集群，全年全市生猪出栏262万头，同比减少4%；以乐安、资溪、临川、黎川、崇仁、广昌为重点县的肉牛羊草地畜牧业产业集群，全年牛存栏16.4万头，同比增长1.83%，羊出栏31479头，同比增长8.45%。

实施绿色水产发展行动。结合高标准农田建设，因地制宜大力推广稻渔综合种养。以南丰为重点发展稻（莲）——鳖模式，南城、乐安、广昌为重点发展稻（莲）——鱼模式。编印《抚州市稻渔综合种养主要模式技术手册》，成立全市稻渔综合种养技术指导专家组，开展稻渔综合种养技术培训，建成以南丰县添鹏生态园、黎川县嘉冠科技农业发展有限公司、南城县万骆生态养殖专业合作社等一批规模大、起点高、效益好的稻渔综合种养示范基地。截至2018年年底，全市发展稻渔综合种养面积0.40万公顷。

【崇仁麻鸡入选中国第二批特色农产品优势区】 12月13日，农业农村部市场与信息化司与国家林业和草原局改革发展司联合发布《关于中国特色农产品优势区名单（第二批）的公示》，抚州市崇仁麻鸡成功入选。这是继2017年南丰蜜橘入选之后的第2个中国特色农产品优势区。此次中国特色农产品优势区创建和遴选工作由农业农村部、国家林业和草原局等九部门联合开展。经县市（垦区、林区）申请、省级推荐、部门初审、专家评审、征求意见等程序，抚州崇仁麻鸡成功入选中国特色农产品优势区。

崇仁麻鸡是优良地方鸡种，江西四大名鸡之一，也是独具特色的禽类种质资源。崇仁麻鸡年出栏量7000万羽以上，禽蛋年产量1.02万吨，年产值19.8亿元，带动农户2860户。已建立起从种鸡繁育、商品鸡养殖、鲜活鸡深加工到市场营销、技术综合服务、饲料兽药等物质保障为一体的产业化经营体系，形成“养、加、销”一条龙、“贸、工、牧”一体化生产格局。麻鸡产业品牌影响逐渐扩大，特色优势明显，产业大发展基础条件具备。

【南丰县入选2018年全国一、二、三产业融合发展先导区创建县】 10月22日，经过农业农村部专家评审，抚州市南丰县入选为全国农村一、二、三产业融合发展先导区创建县。为抚州全面推广农村一、二、三产业融合发展奠定基础。

农村产业融合发展先导区是指农村一、二、三产业融合发展中，部分县乡等行政区或某一产业集聚区，坚持产前产中产后有机衔接和一、二、三产业融合发展，已经形成相对成型、成熟的融合发展模式和全产业链条，产业价值链增值和区域品牌溢价效果初步显现，市场竞争已经由产品竞争上升到产业链竞争的新高度，并且其做法经验可复制、可推广，能够在全国发挥标杆引领和典型示范作用的区域。

【南城县评为全国渔业健康养殖示范县】 9月27日，由农业农村部有关专家组成的验收组，对南城县创建农业农村部渔业健康养殖示范县进行实地验收。经过全面审核、现场考察、逐条评价和充分讨论等程序，最终评分为88分，达到创建农业农村部渔业健康养殖示范县标准。抚州市自此有生态渔业“国字号”品牌。

【南城麻姑米获省级重点支持稻米区域公用品牌】 2018年，江西省组织实施全省稻米区域公用品牌建设。省财政下达创建专项资金2.55亿元，支持全省7个稻米区域公用品牌、2个绿色特色品牌建设，帮助“江西大米”走出江西、走向全国。抚州市推荐的南城麻姑米区域公用品牌一致获得专家好评，最终赢得省政府重点支持的稻米区域公用品牌。资金支持原则上每年安排3000万元左右，主要用于品牌设计宣传、体系建设补贴和技术支撑。

麻姑文化底蕴深厚，文化特色鲜明。麻姑米又名“冷水白”，古称“银珠米”。产于江西省抚州市南城县建昌镇麻姑山，已有千年种植历史。2018—2020年，全市每年发展优质稻米产业6.67万公顷，重点打造“抚州麻姑米”和“抚州黎米”2个稻米区域公用品牌，其中建立以南城县为核心，辐射临川、金溪、东乡和崇仁等周边县区，每年发展“抚州麻姑米”5万公顷以上。

【市农产品质量安全检验检测中心获得“双认证”】 市农产品质量安全检验检测中心通过资质认定及检测机构考核“双认证”，具备农产品农（兽）药残留及重金属定量检测项目132项。全年对市级以上龙头企业、合作社、家庭农场2~3次定量抽检，共检测594批次，为全市农产品质量安全提供准确的检测数据支撑。县级农检站项目全面验收，配备37名农产品质量安全专职检测人员，9名兼职检测人员，年检测能力达400批次以上。资溪县、金溪县全面完成乡镇农监站标准化建设，全市有61个乡镇农监站完成标准化改造，配备专职检测人员208名，村级协管员1820名。

【农业产品标准化建设】 按照“按标生产、环境治理、源头管控、安全创建”的原则，推进全国绿色有机农产品生产供应基地创建。省政府在抚州市召开全省绿色生态农业“十大行动”现场会。制定南丰蜜橘、广昌白莲等3项国家标准，广昌泽泻、南城淮山等35项地方标准；全市拥有国家级示范区14个，省级示范区19项。全市建成国家级水产健康养殖示范场47家，示范面积0.73万公顷；国家级畜禽养殖标准示范场16家，养殖规模11万头、400多万羽；国家级蔬菜茶叶水果标准园13家，其中南丰蜜橘示范园3.73万公顷、蔬菜标准园0.11万公顷。全市建立水稻、蔬菜、柑橘等主要农作物绿色防控示范区122个，示范面积1.60万公顷，发展植保专业化服务组织148家，水稻专业化防治面积达到15.33万公顷。

【抚州市被授予全省农产品质量安全监管先进市】 抚州市按照“依

法监管、全程监控、追根溯源、违法必查、查必到底”的原则，持续实施农药、“瘦肉精”、生鲜乳、兽用抗菌药、水产品、生猪屠宰、农资打假等七个专项治理行动。建立部门监管联席会议制度和联打联动机制，形成生产、运输、加工、销售等各环节齐抓共管的工作格局。2018年，被省农业厅授予全省农产品质量安全监管先进市，在全省质量兴农工作会议上作典型发言。

【农业综合执法行动效果显著】全市开展农资市场检查活动738个次，查处案件69起，结案54起，罚没款32万多元，挽回损失983万元，移送司法机关的销售假农药案已结案，1人受到刑事处罚。开展“中国渔政——亮剑2018”行动，重拳打击电、毒、炸鱼等非法捕捞行为，查获电鱼船只42艘，捣毁船上电鱼设备100多台套，没收肩背式升压电打鱼器500多副，有力遏制非法电鱼行为，保护水生生态环境。

【抚州农业产业化联合体在全国作典型发言】10月29日，农业农村部乡村产业发展司在河北省邯郸市举行农业产业化联合体观摩交流活动。抚州市崇仁麻鸡产业化联合体作为全国三个联合体典型代表之一，从推动特色产业优化升级、分工合作、完善机制三个方面作典型交流发言。崇仁麻鸡产业化联合体是2018年由崇仁县国品麻鸡有限公司牵头，其他麻鸡养殖公司、合作社及家庭农场共同参与组建的产业化联合体。在全省是唯一一家，全国共3家企业获此殊荣。

发展农业产业化联合体，对促进农村一、二、三产业融合发展，推动绿色食品业转型升级具有十分重要的意义。抚州市推进优势产业向优势区域集中，形成“一县一业”“一乡一特”“一村一品”的农业产业发展格局，培育出临川优质稻、南丰蜜橘、东乡生猪、崇仁麻鸡、广昌白莲、黎川食用菌、南丰甲鱼、宜黄制种、金溪香料、资溪白茶等十大省级特色农业产业集群。

【培育产业推动脱贫攻坚】“四轮驱动”推进精准扶贫。通过订单帮扶、股份合作、生产托管等龙头带贫模式，吸纳贫困户加入新型经营主体参与产业发展，实现村村有脱贫产业，户户有增收门路。全市155家农业产业化龙头企业带动贫困村125个，带动贫困户7672户，带动贫困人口20124人。有扶贫带动能力的农民专业合作社4102家，带动贫困村219个，带动贫困户40701户，带动贫困人口117228人。396家家庭农场带动贫困村105个，带动贫困户2154户，带动贫困人口6349人。3061个种养大户带动贫困村190个，带动贫困户6498户，带动贫困人口17163人。

政策支持推进精准扶贫。把推动农业产业结构调整与推进农业产业扶贫同部署，同督查、同考核，统一推进路径、责任分工，确保有条不紊推进。抚州市进一步推进高标准农田与贫困村农业产业扶贫相结合，覆盖53个乡镇，67个贫困村，5496户贫困户，4281.15公顷高标准农田。

科技培训推进精准扶贫。7月，全市农业系统抽调农业业务骨干80余人分成11个组深入各县区开展农业大讲堂下基层宣讲活动，采取贴近基层、贴近乡村、贴近农业、贴近农民的方式，对全市223个贫困村进行“点单式”“现场式”政策宣讲和农业技术指导。共发放强农惠农政策资料5000余册，对6000余人次基层干部、农民宣讲，增强贫困村、贫困户脱贫的决心。面向贫困户举办200期新型职业农民培训，累计为贫困人口提供新型职业农民等技能培训10671人。

【市农业局荣获全省重大动物疫病防控延伸绩效管理考核先进单位】2018年，市农业局组织各县区开展非洲猪瘟、高致病性禽流感等重大动物疫病防控工作，牛、羊、猪口蹄疫免疫密度达到100%；猪瘟免疫密度和高致病性禽流感免疫密度均达到100%；畜禽检疫率达到100%。在全省重大动物疫病防控延伸绩效管理考核评比中，抚州市农业局荣获先进单位。

【创建休闲农业与乡村旅游品牌】根据省农业厅办公室《关于开展2018年江西省休闲农业品牌创建工作的通知》文件，抚州市组织20余家休闲农业企业、新农村建设点、秀美乡村、和农民专业合作社进行申报。南丰罗俚石生态橘园、乐安小蓬莱风景区和资溪新月畲族等13个休闲农业示范点被评为江西省乡村旅游AAAA级景点；崇仁源野生态农庄被评为全国休闲农业与乡村旅游五星级企业；黎川船屋农业有限公司、东乡绿野生态农庄评为全国休闲农业与乡村旅游四星级企业。资溪稻田景观和广昌荷花景观被评为中国美丽田园。黎川县洲湖村、广昌县驿前村被评为中国美丽休闲乡村。南丰蜜橘栽培系统和广昌莲作文化被认定为中国重要农业文化遗产。

在全市实施休闲农业提质升级项目，其中提质升级江西美丽休闲乡村4个，五星级农家乐3个，四星级农家乐6个，三星级农家乐1个，十佳休闲农庄1个。全市新增各类休闲农业点25个，休闲农业规模经营企业已达445家，其中农家乐307户、休闲农庄56家、休闲农业园区63家、民俗村19家。从业人员3.3万余人，带动农户5.2万余户。休闲农业与乡村旅游年接待游客460万人次，旅游综合收入近50亿元。通过提质升级，培育出一批示范带动能力强的休闲农业企业，引领全市休闲农业健康发展。

【农业招商引资】2018年，全市新引进农业项目16个，合同金额58.96亿元，实际进资38亿元；其中，亿元以上的重大项目14个，占引进项目总数的87.5%。农业重大项目数量呈显著增长态势。

在农业招商引资方面，市政府出台《关于引进社会资本加快发展现代农业的实施意见》，在资金、用地、融资等方面给予优惠政策和发展措施。成功举办江西抚州（潍坊）现代农业产业招商推介会，共邀请客商160多名，现场签约农业合作项目12个，总额66亿余元。

【农业龙头企业参加全国比赛获得佳绩】 2018年抚州市3家农业龙头企业代表省农业厅在全国比赛中获得佳绩。10月15日，抚州市临川金山生物科技有限公司凭借虎奶菇栽培新技术，在第三届“中国创翼”创业创新大赛全国总决赛专项组中荣获全国第二名的好成绩。10月22日，江西广雅食品有限公司在2018全国“万企帮万村”精准扶贫行动先进民营企业表彰大会上荣获全国“万企帮万村”先进民营企业荣誉称号。11月13日，致纯食品有限公司代表江西参加第二届全国农村创业创新项目创意大赛总决赛中荣获成长组三等奖。

【一村一品工作进入全国第一方阵】 广昌县盱江镇彭田村（广昌白莲）被评为全国“一村一品”示范村镇。截至2018年年底，全市一村一品示范村镇共有6个，分别是南丰县桑田镇西源村（冠日裕丰甲鱼）、崇仁县孙坊镇庙上村（崇仁麻鸡）、资溪县嵩市镇高陂村（逸心白茶）、临川区连城乡下庄村（抚州西瓜）、黎川县华山镇洲湖村（白茶）和广昌县盱江镇彭田村（广昌白莲）。

【规范生猪定点屠宰】 明确目标落实责任。市政府与全市各县区政府签订畜禽屠宰监管责任书，明确责任目标，将畜禽屠宰监管工作纳入县、乡各级人民政府绩效考核范围。全市开展生猪定点屠宰资格审核清理工作，依法取缔10家经整改仍达不到要求的生猪定点屠宰企业，换发1家A证屠宰企业的屠宰证照，拟批准建设1家B类屠宰企业。二是联合执法加强监管。2018年，市农业局联合综治、公安、食药监（市场监管）等部门开展“扫雷行动”。全市共接受举报203起，查实152起；开展执法2720次，出动执法人员9709人次，开展联合执法178次；立案8件，涉案物品3头、0.39吨，货值1.25万元，罚没金额0.43万元，曝光案件4件；移送6件，追究刑责4人；清理小型屠宰场点10个，病害猪无害化处理1441.6头、302吨，屠宰环节瘦肉精监督抽检9.68万份，捣毁私屠滥宰窝点7个，屠宰领域“扫雷行动”成效显著。三是行政权力下放。11月11日，市政府作出《关于取消和调整一批行政权力事项的决定》，将“县（区）以下乡镇生猪定点屠宰厂（场）申请设立审查和竣工验收”下放至县区实施。生猪定点屠宰厂（场）申请设立审查和竣工验收的行政权力全部下放到县区。

（许　静）

【市农业局领导名录】

局　长：杨　皓

副局长：蔡晓东　熊瑞进

　　　　吴　辛　韩国辉

市纪委驻市农业局纪检组组长：

　　　　邹永丰

总农艺师：吴英权

市农机局局长：黄志辉

市农科所所长：孙　刚

市果业局局长：黄国锐

市畜牧兽医局局长：鄢华员

林　业

【概况】 2018年，抚州市林业系统按照年初制定的“牢牢把握抓林政资源管理就是打牢林业基础、抓营造林就是提高森林质量、抓防火防病虫害就是保障生态安全、抓产业发展就是壮大林业经济总量”的工作思路，凝心聚力、真抓实干，不断巩固生态优势。

营造林任务全面完成。按照10月营造林实绩统计数字，全市共完成人工造林7100公顷，占年度造林任务6800公顷的104%，其中防护林100公顷、油茶1600公顷；完成退化林修复面积8500公顷，其中省级低产低效林改造专项2000公顷；完成森林抚育面积3.01万公顷，其中完成中央财政森林抚育补贴面积800公顷；完成封山育林4100公顷，占省林业厅下达计划4000公顷的103%。

“美化、彩化、珍贵化”示范点建设圆满完成。以举办全省旅游产业发展大会为契机，投资近2500万元，在福银、抚吉—资光两条高速公路沿线山场打造“美化、彩化、珍贵化”旅游景观示范点11个。高速公路沿线绿化彩化工程于4月10日按期圆满完成，种植红枫、樱花、西府海棠、映山红、金合欢、碧桃等彩色树种和开花乔木1.6万余株，面积25.80公顷。此项工作受到省林业厅高度关注，《中国绿色时报》《江西日报》、江西广播电视台的记者，到抚州开展为期两天的实地报道和采访。10月底，全省造林绿化暨林下经济发展现场会在抚州召开。

抓好封山育林工作。全年全市封山育林105.25万公顷（除毛竹林及经济林外），占森林面积的87.6%，聘请封山育林护林员4675人。市林业局组织开展对各县区2017年度封山育林工作开展情况的考核工作。

稳步推进“林（山）长制”工作。以市委办、市政府办名义印发《关于进一步加强“山长制”工作的意见》，5月29日，在市人大四届第十二次会议上对“山长制”实施情况进行汇报。9月，市林业局向市人大常委会报告“山长制”工作整改和提升的做法，获得会议审议通过。抚州市在全省林长制工作现场推进会上作典型经验介绍。市林业局获评省级文明单位、全省2017—2018年度森林防火责任目标考核第二名、全省森林防火“平安春季行动”优秀组织奖、全市绩效良好单位、全市综治先进单位、全市公共节能结构节能工作先进单位。

【林业改革持续深入】 为巩固和扩大集体林权制度改革成果，加快现代林业发展提供保障，市政府办印发《关于完善集体林权制度的实施意见》。积极抓好林地流转工作，市林业局下发《林权流转管理服务体系实施方案》《关于进一步加强林权流转管理服务体系建设工作的通知》，金溪、南丰、乐安等省级试点县对照全省流转试点，初步形成的“四机制一模式”，进一步完善相关操作规程，其他县区参照省级试点县做法，开展林地经营权流转证制度的试点，全面完成林地流转市、县、乡、村四级服务体系建设的改革工作任务；强化林地承包经营纠纷调处，妥善处理林地承包经营纠纷；加强新型林业经营主体建设，发展专业大户、家庭林场，提升壮大农民林业合作社，发展资源培育型林业龙头企业；向省林业厅申报林地适度规模经营财政奖补项目，做好辖区内林地流转工作。

【林业三防扎实推进】 强化森林防火，在森林防火宣传月期间，市、县有关领导共发表电视讲话154次，出动宣传车6264车/次，圩集宣传9236次，散发宣传单29万份、宣传小册子5.2万本，翻印、张贴省“五个禁止”《通告》9万份，各地有线电视台播放《关于规范野外特殊用火管理的紧急通知》共249天，播放森林防火新闻164条，通过手机发送森林火险警示等信息83.6万条，更新宣传牌1093块，全年全市没有发生较大森林火灾。林业有害生物防控措施得力。去冬今春，全市除治枯死松树70余万株，涉及91个乡镇；松林受害面积3.33万公顷，林业部门共清理枯死松木5179株，各地把开展松墨天牛的诱杀作为后续除治阶段工作的重点，采取化学防治与生物防治等相结合的综合防治措施，全市注杆药剂防治2000支，人工施噻虫啉微胶囊粉剂1吨、释放花绒寄甲成虫68.26万头、卵卡3.37万张，挂设松墨天牛诱捕器1.22万台，设置诱木1.03万株，综合防治面积1.77万公顷。先后开展疫情春季普查、集中普查以及秋季普查，在松材线虫病秋季普查中共发现死亡马尾松10.31万株，各县区均有松材线虫病疫情发生，分布在56个乡镇，面积3500公顷，病死松树10.21万株，新增黎川、资溪、宜黄、崇仁、金溪、东乡6个疫区。林业专项行动整治到位。全市森林公安机关先后开展“严打生态犯罪、护航美丽抚州”“春雷2018”、严打整治暨“扫黑除恶”“2018绿剑行动”“缉枪治爆”等专项行动，保护森林资源安全，维护林区社会稳定。年内，共受理各类森林案件560起，其中森林刑事案件立173起，破案139起（其中非法占用农用地案47起，非法采伐毁坏珍贵树木案20起，野生动物刑事案件19起），在所破案件中有18起为重大案件；林业行政案件受理387起，查处375起；刑事拘留129人，逮捕60人，已判刑41人，行政处罚289人次；收缴木材1031.6立方米，收缴野生动物678只；收缴改装射钉枪4支、土铳3支；罚款795万余元。

【项目建设稳步推进】 三江湿地生态修复工程，完成行洪、水保、环评、节能、稳评、交通6项技术审批文件的编制。批复可研、初步设计和规划方案，完成施工图图审。办理建设项目选址意见书、建设用地规划许可证、建设用地批准书、建设工程规划许可证；办理抗震设防审批、绿化建设行政许可。抚州市植物园规划建设在市林科所辖区内，总投资9563万元，占地总面积89.61公顷。至年底，科研实验楼及配套设施附属楼主体工程、园区主路，行车架，廊架基础、东停车场碎石垫层、排水系统铺设及温室大棚基础均完工，原有树木移植1.26万株。

【加快林下经济发展】 9月28日，市政府办《关于大力推进林下经济发展的意见》提出：以林业香料、森林药材、森林食品、林下养殖、森林景观利用五大林下经济产业为重点，实现“四个五”的目标；即全市林下经济总面积达到33.33万公顷以上；林下经济综合产值新增50亿元，达到200亿元以上；重点培育扶持森林药材种植加工、香榧种植加工、竹材加工、林下养殖、森林旅游等5个年产值1亿元以上的林下经济龙头企业；林下经济受益农户50万人以上，使全市大多数山区林农实现“不砍树，能致富”的目标。年内，省级竹产业发展项目补助资金的毛竹林低改通过验收面积2555公顷、笋材两用林或笋用竹基地建设的验收面积36.87公顷、竹林经营道路建设的验收里程79.3千米，获得省级林业产业发展专项竹产业发展补助资金661.38万元。成功将芳樟和香榧种植纳入造林补贴项目，为崇仁县、临川区争取到森林药材种植补助面积共计160公顷，补助资金102万元；黎川县、临川区被列为科技示范基地，每个基地补助资金30万元。同时，组织有关县区向省林业厅申报2019年度资金补助项目，面积333.33公顷。金溪县政府办出台《金溪县中药材产业发展实施意见》，县财政每年安排财政预算300万元用于中药材基地基础设施建设、种植补贴、技术培训、技术服务、人才引进等。对达到一定规模的新增中药材种植基地，经验收成活率达80%以上的，县财政按照一年生每亩100元、多年生每亩200元的标准给予一次性补贴。各地结合实际，重点发展黄栀子、金银花、百合、丹参、香榧等森林药材品种，全市新增种植面积1909.39公顷，预计新增产值1145.4万元。至8月底，全市森林中药材种植面积为1.19万公顷，临川、金溪、黎川、乐安等4个县区面积超万亩，品种30余种，产值31926.35万元。全市培育重点森林药材种植企业7家，种植面积0.64万公顷，总产值约1.9亿元；向国家林业局申报2家国家级农民合作社（林业类）；组织龙头企业申报农产品地理标志产品和名牌产品，参加农产品展销会和森林产品博览会，不断提升品牌的知名度。2018年，全市新申报省级林业龙头企业12家，总数达81家，其中国家级2家，省级39家，市级40家。

【林业普法广泛进行】 组织全系统673人参加全省“百万网民学法律”知识竞赛和江西省国家工作人员分类学法网上考试，其中市本级140人，参考率100%，优秀率达90.3%以上。制定《抚州市林业局宣传贯彻〈江西省林木种子条例〉工作方案》，通过印制宣传资料、宣传标语等形式，多渠道向社会林木种子从业者宣传，提高《条例》普及率，营造良好的社会环境和舆论环境。

（徐嘉璐）

【市林业局领导名录】
党委书记、局　长：谭海波
党委委员、调研员：黄荣辉
党委委员、副局长：杨书斌
李新生　蔡林生
党委委员、总工程师：傅家科
党委委员、市林科所所长：陈　文
市林业产业发展管理局长：胡林如
市森林公安局政委：张　娥
正处长级干部：杨大进
调研员：傅　明　杜　坚

水　利

【概况】 2018年，市水利局紧扣市委、市政府“坚持一个指导、突出三项攻坚、打好四大升级战”工作要求，全力推进全市水利改革发展工作高质量发展，“一河五水”（河湖长制工作、水安全保障、水项目建管、水生态修复、水资源管理和水行政改革）六大提升工程建设取得新成效。

抚河流域生态保护与综合治理的成功做法，在央视《焦点访谈》播出。全省河（湖）长制工作现场培训会在抚州举办，全国首个砂场管理信息化系统在抚州市上线，抚河干流进行无人机巡河试点，成为全省首个无人机巡河市。国家发改委在抚州召开全国流域水环境综合治理与可持续发展试点工作交流现场会，智慧抚河信息化工程被列入重要项目展示。抚州市在全省年度建设资金绩效考核列前10名，县独占4席，崇仁县高中榜首；全省水利建设与管理现场推进会上，抚州作典型发言。千金陂申报“世界灌溉工程遗产”取得重大进展，有望实现世界性遗产申报成功零的突破。

【河湖长制“统全局、创示范”】问题整改。8月，抚州市在全省率先通过东乡河罗溪劣V类水断面治理省级验收。10月，全面停止抚河干流市城区和临川区段的采砂作业。包括汝水生态水厂二级保护区在内的4个入河排污口问题全面完成整改。完成抚河干流固废存放点的排查和整改。

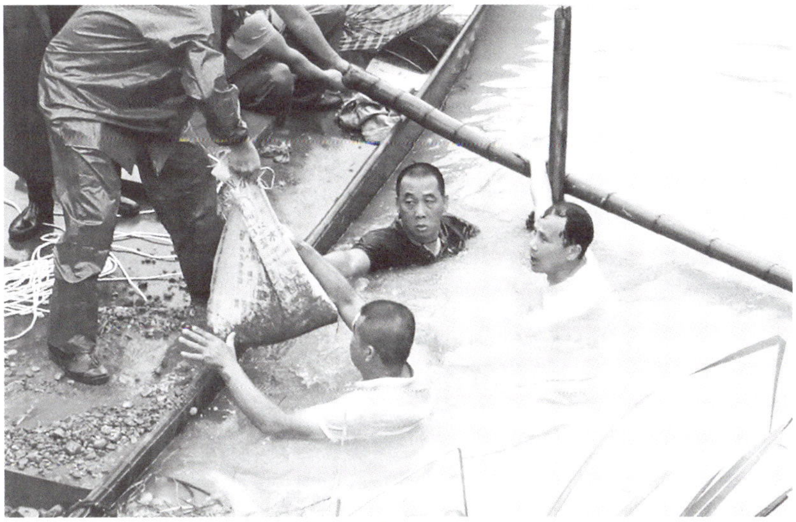

党员干部抗洪抢险

着力推进抚河流域生态环境五大板块的专项治理。4家纺织印染重点排污企业清洁化设备改造等26个环保督察、清河行动发现的专项问题已完成整改17个；30个禽畜养殖污染问题完成整改25个；人民公园黑臭水体及生活污水直排等11个问题完成整改6个；港口船舶污染应急建设规划进度缓慢等5个专项问题整改全面启动。市生活垃圾焚烧发电项目一期、二期工程新增完成投资3000余万元。开展两轮全市河道采砂专项整治，在第二轮集中整治过程中，查处各类涉砂案件219起，累计罚款超过100万元，处理80余人。

示范创建。凤岗河流域上游防洪工程全面启动，引廖济凤工程开工建设。抚河流域三江湿地生态修复工程加快推进；崇仁宝水河等7条县区示范流域基本成型；乐安鳌溪河治理等5条县区示范流域全面开工建设。

体系建设。市委、市政府出台《抚河流域生态环境专项整治工作方案》《抚州市湖长制工作方案》和《2018年全市河（湖）长制工作要点》。副市长徐国义任市河长办主任；全市117条河流“一河一策”和2个“一湖一策”实施方案全部编制完成；“智慧抚河”信息化平台基本建成。

亮点打造。宜黄县组建生态综合执法大队、东乡区推行生活垃圾城乡一体化处理和抚河流域排污权交易试点、广昌县加快生活污水处理改革、资溪县提升推广生态责任审计。乐安县林业炭汇项目签约成交，开创全省碳排量交易先河。

【防汛抗旱】 2018年全市平均降雨量1601毫米，比同期多年平均偏少一成，虽然降水总体上偏少，但入汛后仍遭遇5轮强降雨袭击；7月中旬至8月上旬，抚州连续高温晴热天气，全市各地不同程度受旱。市委书记、市长先后7次批示，要求全力打赢防汛抗旱硬仗。市水利部门紧紧围绕“一个中心、三个重点、五个确保”的防汛总体要求，做好各项防汛准备工作。严格落实防汛责任制。汛前调整充实各级防汛指挥机构，落实以行政首长负责制为核心的各项防汛责任制，制定批复各类水工程度汛方案，市重要防洪工程防汛责任人名单在《抚州日报》公示，接受社会监督。落实在建水工程度汛措施。各地在汛前逐项落实防汛责任，制定应急度汛预案、备好防汛抢险物资。建立完善水库巡查报汛制度和堤防安全管理制度，督促水库堤防安全管理员加强安全巡查报汛，并做好巡查记录，准确上报水情、工情，及时发现和处理存在的安全隐患。储备防汛物资和落实抢险队伍。各地筹措资金更新和补充防汛抢险物资，市本级筹措110万元购买防汛抢险装备物资。各县区分别组建200~400人的专业抢险队伍。5月28日，市防总联合抚州军分区在临川区展坪水库开展军地防汛抢险联合演练，提高防汛抢险应急救援能力。五是强化山洪地质灾害防御。编制完善防御预案，建立县、乡、村、组四级群测群防体系，汛前及时发放防灾避险明白卡，设置安全警示牌、避险转移路线、临时安置点等，使广大群众心中有数、主动预防。抓好暴雨洪水自动监测站点及山洪灾害预警设备维护管理。从2016年开始，各县区每年落实534.28万元用于972个水雨情自动监测站点、3123处山洪灾害预警广播站点运行维护管理，确保设备正常运行，为及时启动防汛预警响应、抓好水库防汛安全管理和调度发挥重要作用。强化防汛值守及会商研判。各级防汛机构加强防汛值班，加强预测预报，对每一次降雨过程进行会商分析、研判形势，及时发布信息，适时启动应急响应，督促各地做好防范，确保有备无患。强化抗旱水源调度。把保障城乡居民生活用水作为抗旱工作的首要任务，确保城乡居民用水安全；加强现有供水和蓄水设施的管理，抓好抗旱设施的维修养护；加强用水调度和管理，充分用好现有水源；视天气情况适时开展人工增雨作业。保障农业灌溉用水，尽最大努力减轻旱灾损失。

【水利工程建设与管理】 按照水利建设三年专项行动计划，继2017年全市水利建设攻坚年行动后，2018年开展水利建设提升年行动，计划总投资33亿元，实施12大类568项工程，2018年全市落实水利建设资金15.74亿元，其中省级以上水利投资6.04亿元，地方资金9.69亿元。累计完成15.07亿元，完成总投资进度95.70%。

重点工程强势推进。国家节水供水重大水利工程廖坊灌区二期工程，完成年度投资4.52亿元，占年度计划的92.30%，开工累计完成投资12.35亿元，占概算总投资12.89亿元的95.81%。抚河流域生态保护与综合治理第一批投资48亿元的PPP项目基本完工，河长制示范流域打造项目纵深推进。凤岗河下、中游段改造已经完成，上游防洪工程已开工；崇仁宝水河、南城乌珠河、资溪御龙湾、宜黄曹水河、东乡北港河等示范流域基本成型。

面上项目进展顺利。计划总投资18448万元，解决1.90万贫困人口饮水安全问题的296个农村饮水安全项目全部完工，投资完成率100%，受益人口达20.14万人，解决1.9万名贫困人口饮水安全问题；总投资580万元，2个项目的400公顷高效节水灌溉项目全部竣工；灾后水利薄弱环节新增中小河流治理项目21个，已开工9个；58千米万亩以上圩堤应急整治工程基本完工；151千米千亩以上圩堤应急整治工程已完成135千米；五河治理工程已开工3个、完工1个；129座小（2）型病险水库除险加固全面完工，走在全省前列。

全面推进水利工程标准化试点创建工作。全市有标准化管理试点工程27个，涉及各类水利工程，包括中小型水库（含山塘）18个、泵站1个、水闸1个、水电站2个、农村供水工程4个，堤防工程1个，均全面通过考核验收，达到创建目标，工程管理水平得到提升。特别是城西排涝站标准化管理试点已进入“智慧”管控时代。

【水生态修复】 全力做好突出问题整改。6类11项中央环保督察组和4类11项省审计厅2016—2017年长江经济带生态环境保护审计反馈问题，至年底完成销号的任务有11项，整改工作总体进展顺利；开展入河排污口专项排查整治并对全市规模以上入河排污口进行监督性监测，针对部分县区入河排污口进行现场督办；持续推动水库退养工作。全市1179座小（2）型以上水库，已承包的有1039座，退出承包养殖的有968座，退养率93.17%。加强水生态工程建设。及时赴水利部主动对接抚河流域生态保护及综合治理、东乡井山水库新建项目等工作，同时加大与省水利厅、市发改委对接力度，推进相关项目的前期工作；南丰、黎川、崇仁3县10座小水电增效扩容改造工程全面开工；三江湿地生态修复工程、汝水滨河公园建设工程等多处水生态景观工程建设全面启动。

【水资源管理】 全面抓好“三条红线”严控工作。2018年全市实际用水总量为23.21亿立方米，万元工业增加值用水量较2015年降低23.6%，万元GDP用水量较2015年降低23.1%，农业灌溉水有效利用系数达到0.514，省级及国家级江河水功能区水质控制达标率为100%，“三条红线”控制指标全面达标。加强监控能力建设。对47个省划重要江河湖泊水功能区、6个市主城区集中供水水源地，4个跨省、市界河断面开展水质检测，并按时编制发送《抚州市水资源质量月报》和《抚州市城区水资源质量旬报》，定期向社会公布水质监测结果。抓好县域节水型社会达标建设。东乡、乐安、临川、宜黄、南丰被列为全省第一批县域节水型社会达标建设县区。推进农业取水许可发证，办理大中型灌区取水许可14家。加大水资源费征收力度，足额按时征收洪门、廖坊水电厂及城区范围内的水资源管理及水资源费共计63.51万元。

【加大水行政改革力度】 各县区小型水利工程管理体制改革全面完成，落实工程有人管、有钱管、管到位；继市城区、临川、金溪、南城、宜黄等地实现“国进民退”后，除乐安、资溪和东乡3个河道砂石资源匮乏县区外，河道砂石政府统一经营管理体制在全市已全面建立。“放管服”改革一方面对权责清单进行动态调整，分别取消2项行政处罚事项、1项行政强制事项、1项行政奖励事项、2项其他审批权事项，合并3项审批事项。另一方面“最多跑一次”初步实行，1 项审批事项实现“一次不跑”，8 项实现“只跑一次”，极大地方便群众办事。农业水价综合改革，下发全市农业水价综合改革 2018 年度实施计划，选择南丰、临川开展先行先改试点，成立农业水价综合改革暨节水灌区工作领导小组，各县区农业水价综合改革工作考评。

【全力做好各项中心工作】 完成沙滩游乐园拆除、市本级应急工程橡胶坝五跨坝袋更换、汝水大道 4 个排污口截污以及孝义港清淤、换水、除臭工作。完成中央环保督查组交办的废弃砂场设备切割及清理，全力推进千金陂申报“世界灌溉工程遗产”等。同时做好水利扶贫、结对帮扶、“四进四联四帮”驻村帮扶以及支援少数民族帮扶工作，为帮扶挂点村争取各类资金 100 余万元，用于水利工程项目建设及走访慰问。

【党风政风建设】 在全市水利战线开展“进一步解放思想、深入调查研究、切实转变干部作风”活动，推进“五型”政府机关建设，聚焦“怕、慢、假、庸、散”等突出问题，进行彻底的大排查、大扫除、大整顿。“两学一做”专题教育常态化制度化，组织开展“红色传承 七一献礼”五个一主题活动（一次“红色家书”主题活动、一次作风建设调研报告评比、一次走访困难老党员、一次廉政教育、一次“七一”表彰）。全面开展扫黑除恶斗争，成立市水利局扫黑除恶专项斗争领导小组，设立扫黑除恶专项斗争办公室，结合水利工作实际，制定市水利局扫黑除恶专项斗争实施方案。共收集到群众举报线索 6 条，市扫黑办移交线索 1 条，省水利厅移交线索 1 条。经调查核实，已处理全部 8 条线索并形成情况说明上报。创新“线上线下”党风廉政教育形式，利用例会组织学习通报文件 30 余次，通过局网站、微信推送党风廉政建设信息 40 多条，组织观看廉政教育影片 8 次，针对“汪淦案”，组织开展“三会一书两公开”警示教育活动，全力打造“献身、负责、求实”的水利队伍。

（余黎琴）

【市水利局领导名录】

党委书记、局长：许萍乡

党委副书记、副局长：聂福仙

党委委员、副局长：李忠东

刘勤耕

党委委员、总工程师：黄永尧

党委委员、纪检组组长：程晓敏

市“河长制”办公室专职副主任：

饶才贵

副调研员：卢勇如

廖坊水利枢纽管理

【概况】 2018 年，廖坊水利枢纽管理局围绕市委、市政府加快绿色崛起、全面建成小康社会工作总体部署，按照建设“忠诚型创新型担当型服务型过硬型”政府机关要求，突出思想政治建设，落实从严治党主体责任，推进廖坊灌区二期工程项目建设，完成年度投资 4.52 亿元，占计划的 92.3%，达到水利部规定完成年度投资的 90% 以上投资任务。开工累计完成投资 12.52 亿元，占概算总投资 12.89 亿元的 97%。水利部领导、专家称“进度、质量总体可控，PPP 合作三方运作良好、有效”。湿地公园列入国家湿地公园试点建设范围，抓好了湿地公园实施方案编制，开展了确权划界工作，启动水库征用边界界桩界碑埋设。积极做好廖坊水库防汛度汛，抓好防汛物资储备，加强值班运行管理，防患于未然。

【廖坊灌区二期工程建设】 2018 年，中央下达抚州市廖坊灌区二期工程水利投资计划任务 4.90 亿元。廖坊水利枢纽管理局整合力量，科学布局，加快推进廖坊灌区二期工程建设工作。严格落实移民征迁工作属地管理原则，明确征迁工作主要责任人和具体责任人，签订资金任务双包干协议，简化资金拨付程序，保障移民征迁资金建设足额到位。在市委、市政府和县区政府及沿线乡镇的强力推动下，征地工作和国防光缆、供电、移动、电信、铁塔、广电网络、联通等障碍物搬迁工作圆满完成。制订 2018 年进度计划，分月落实，参建各方围绕目标，精心组织，连续作战，在控制工程渡王家渡槽施工中，5 个拱形漕身同时施工，卢前隧洞进出口两线作战，北楼隧洞开挖支洞，大大加快工程进度；市政府主要领导进行项目调度，分管领导先后召开 21 次工程现场推进会。针对上半年雨水多的实际，制定以建筑物为主，以地下为主，场外预制补充，主攻控制性工程的施工措施；参建各方不定期召开集中办公会，加强分工协作、信息互通、集中议事，实现快速审批并建立信息通报机制。年内完成年度投资 4.52 亿元，占计划的 92.3%，达到水利部规定完成年度投资的 90% 以上投资任务。开工累计完成投资 12.52 亿元，占概算总投资 12.89 亿元的 97%。在水利部第三次稽查时，领导与专家称“进度、质量总体可控，PPP 合作三方运作良好、有效”。

【廖坊国家湿地公园创建】 2017 年 12 月 27 日，国家林业局下发《关于同意河北蔚县壶流河等 64 处湿地开展国家湿地公园试点工作的通知》，批准廖坊国家湿地公园试点建设。廖坊水利枢纽管理局采取“五指并用”工作方法，全面开展湿地公园试点建设工作。成立湿地公园管理工作领导小组，按照《抚州廖坊国家湿地公园总体规划》，编制详细的实施方案并通过省林业专家评审。开展确权划界工作，市政府召开南城、金溪、临川三县区协调工作会议，成立确权划界工作领导小组，启动水库征用边界界桩界碑埋设、湿地公园门牌建设、村庄相邻区围墙围栏建设、宣传教育展示标识标牌建设工作，依法打击和清理廖坊水库周边非法侵占土地和破坏库区设施行为。争取到市政府拨付廖坊国家湿地公园建设启动资金 120 万元并启动招标工作。落实湿地公园 2018 年中央财政湿地保护与恢复补助项目资金，基本完成湿地保护与恢复补助项目的施工设计工作。

【水库、灌区安全防范调度】根据抗旱防汛工作总要求，廖坊水利枢纽管理局做好防范准备工作，重点抓好防汛物资储备，加强值班运行管理，严格按照省水利厅批复的度汛方案下达调度指令。成立防汛工作领导小组，组建防汛抢险队，严格执行局领导带班的防汛值班制度，分管领导均按照责任分工，下到一线指导工程巡查、险情处理、山洪地质灾害防御、监测预警等工作。开展枢纽工程汛前设备巡检、闸门试运行、坝区交通情况疏导、水情自动测报系统及通讯状况检测等工作，采购储备枢纽工程防汛物料，确保大坝运行设备的调试安全。进行灌区一期工程隐患排查，全线检查灌区内高边坡、深挖方及大回填方的边坡支护、防护、稳定等情况，制定泄水闸的排水控制方案，储备灌区一期工程防汛抢险物资，修复存在安全隐患的局部工程，确保度汛安全。专门召开灌区二期防汛工作会议，要求施工单位制定详细的在建工程度汛方案，施工监理加强一线巡查，各渠线负责人现场督察，防患于未然。

（章登文　王　颖）

【廖坊水利枢纽管理局领导名录】

局　　长：赖昌明
党组书记：罗祖伟
副 局 长：陈　霞　修胜良
　　　　　周　永
总工程师：吴国良

农业机械

【概况】2018年抚州市农机总动力稳步增长，全市新增农机动力11.12万千瓦，农机总动力达271.48万千瓦。新增各类补贴农机具5091台（套），其中微耕机2368台、谷物联合收割机973台、大中型拖拉机400台、谷物烘干机138台、植保无人飞机130台、水稻插秧机99台、水果打蜡机54台、水果分级机79台、病死畜禽无害化处理设备10台（套）、秸秆粉碎还田机15台、打（压）捆机13台。近年，在强农惠农政策支持下，随着农业现代化进程不断加快，抚州市农机装备结构正向高质量、多功能、低能耗和低成本方向发展，从传统的水稻耕种收"老三样"向秸秆机械化利用、高效植保和粮食烘干"新三样"突破，从粮食生产机械化领域向蔬菜瓜果、茶叶、水产、畜牧等机械化领域进军。此外，随着信息化发展，"互联网＋北斗＋农机"模式在农机领域的广泛推广运用，全市农业机械逐步向自动化、信息化、智能化融入。大中型农业机械保有量持续稳定增长，截至2018年年底，全市谷物联合收割机保有量11792台、大中型拖拉机保有量1935台、谷物烘干机保有量1498台、植保无人飞机386架、水稻插秧机1275台(乘坐式81台)，果蔬初加工机械3479台。

【农作物综合机械化水平提升】全年完成主要农作物机械耕整面积40.7万公顷，机械种植面积12.86万公顷，机械收获面积37.11万公顷。主要农作物耕种收综合机械化水平达72.92%，较2017年增幅1.38个百分点；水稻耕种收综合机械化水平达77.32%，增幅1个百分点，其中机耕水平97.37%，机收水平95.01%，机种水平32.91%，机械烘干水平36.9%。近年，水稻机械化种植一直制约全市水稻生产机械化进程，为突破该瓶颈，打通水稻全程机械化"最后一公里"，市农机局与崇仁县农机局从2005年起，带领崇仁县相山镇袁冬生等一批农机大户，经过不断摸索，2007年探索出简便易行的"本土化"育秧技术，加上崇仁县"一转三带"（以托管合同的方式促进土地流转，以师带徒领着农民学，以老带新做给农民看，以点带面引着农民干）的良好生产模式，该育秧技术迅速在崇仁县得到广泛使用，并取得明显成效。2012年3月，经农业部农机化工作调研组实地调研、核查，崇仁县以29.6%的机插水平，成为"江西机插第一县"。多年来，市农机局每年春耕春播生产时节在全市上下开展机插现场演示活动，演示会通过理论讲解和实地手把手地操练，培训推广"本土化"和工厂化育插秧技术，全市的水稻机械化种植水平也由2010年的5.2%提升到2018年的32.91%，年增幅3.4%。

【临川区被农业部授予水稻全程机械化集成试验示范基地】2018年，临川区再次获全国水稻全程机械化集成试验示范项目，全省唯一，也是继2017年后连续获得该项目。9月，临川区又获江西省水稻生产绿色机械化试验示范项目，同获该项目的还有东乡区和崇仁县。每个试点项目县奖补资金100万元，示范推广面积单季300公顷以上，辐射带动周边水稻作业面积900公顷以上。近年，抚州市为进一步补短板、强弱项，主攻水稻机械化生产薄弱环节，抓好农机项目建设，通过示范一批带动一片，不断提升工厂化育秧、水稻机插、水稻秸秆机械化粉碎还田等绿色环保机械化技术，有力促进全市农机化水平稳步提升。

【农机购置补贴】2018年抚州市实施中央财政农机购置补贴资金5649.3万元，拉动民间资金投入1.25亿元，受益农户4717户。全市农机购置补贴政策自实施至2018年已有15年，共实施中央、省农机购置补贴资金7.68亿元。2004年补贴资金仅10万元，2016年达9001.43万元，创历来之最。政策实施后，给全市农业生产带来巨大变化的同时，补贴方式也由以前的"差额购机、省级结算"转变为"自主购机、县级结算、直补到卡"，操作更加规范、高效、公开、透明；机具购置点也由以前的统一公布"补贴机具供货点"转变为"农机生产企业确定的补贴机具经销企业或生产企业直销"，加上农机部门"一站式"服务大厅的建立，农民购机、办理手续更加方便、快捷；补贴对象由以前的"农牧渔民、农场（林场）职工、直接从事农机作业的农业生产经营组织"转变为"从事农业生产的个人和农业生产经营组织”，政策辐射范围更加广泛；实施方案由以前的“一年一方案”转变为“三年一方案”，维护了政策的持续性及稳定性。多年中，市、县农机部门严格落实农机购置补贴政策，保障民生资金安全平稳运行。县区以政府文件形式制定《县级农机购置补贴实施方案》，成立由县领导牵头的县级农机购置补贴领导小组。市农机局与县区农机局每年签订《农机购置补贴责任状》。市、县区农机局通过电视、广播、报刊、网络等新闻媒体，加强政策宣传，做到家喻户晓。市农机局通过电话调查、实地督查等方式对全市农机购置补贴工作实施情况进行常态督导。补贴政策实施过程中，市、县区农机局每半月在农机化信息网站上向社会公布补贴资金实施及结算进度，及时公开政策咨询、投诉、质量投诉等监督电话，确保政策实施公开透明，接受群众和社会监督。

【秸秆机械化还田】 2018年9月，市政府出台《关于秸秆禁止焚烧和综合利用管理办法》，鼓励和引导本区域和跨区域收割作业机械配备秸秆粉碎装置，对2018年之前购买的联合收割机械必须加装秸秆粉碎装置，县区财政应给予购置资金50%的补贴；对实施秸秆机械化还田且符合江西省《机械化稻草还田技术规程》(DB36/T1041−2018)的农机手，每个乡镇给予10元/亩.季的作业补助。

【崇仁县被农业部授予全国“平安农机”示范县】 近年，抚州市坚持“安全第一，预防为主，综合治理”的方针，建立“政府负责、农机主抓、部门协作、群众参与”的农机安全监管长效机制，市、县区农机部门开展农机安全生产大检查、农机安全生产月、农机安全生产咨询日等活动，不断提升监管能力和服务水平。同时，深入开展“平安农机”创建活动，营造良好的农机安全生产氛围，促进全市农机安全生产发展形势持续向好，为实施乡村振兴战略和加快推进农业农村现代化提供安全稳定的发展环境。2018年崇仁县被农业农村部授予全国“平安农机”示范县荣誉称号，全省仅8个县获此殊荣，这是继临川区之后，抚州市连续两年获此殊荣。

（刘　军）

【市农业机械化管理局领导名录】

局　长：黄志辉

农业综合开发

【概况】 2018年，抚州市11个县区均有农业综合开发项目，农业综合开发实际到位中央财政资金15131万元，省财政配套资金5259.3万元，市财政配套资金583.6万元，全部投入农业综合开发土地治理项目、产业化经营项目和世界银行贷款可持续发展农业项目建设。

全市农业综合开发两批土地治理项目实际投入中央财政资金14288万元，省级财政配套资金5055.7万元，按要求市财政已配套资金574.3万元。两批常规土地治理项目建设涉及临川、崇仁、东乡、南城、南丰、宜黄、金溪、黎川、资溪9个县区，共治理农田1700公顷，治理生态小流域500公顷。共新增和改善灌溉面积1800公顷，新增和改善除涝面积500公顷，新增节水灌溉面积1000公顷；新增粮食生产能力418.48万千克。两批常规土地治理项目中，中低产田改造项目投入中央财政资金3139万元，省级财政配套资金658.5万元，市财政配套资金129.6万元。项目涉及临川、崇仁、东乡、南城、宜黄、金溪、黎川、资溪8个县区，治理农田1800公顷；小流域治理项目共投入中央财政资金624.5万元，省级配套资金98.9万元，市财政配套资金12.3万元，治理小流域500公顷，项目建设涉及南丰县、资溪县。

全市农业综合开发产业化经营项目建设实际投入中央财政资金752万元，省级财政配套资金119.6万元。主要用于扶持畜禽蜂、蔬菜等产业7个项目的建设；中央贴息资金主要用于6个农业项目生产贷款利息补贴。

【第一批土地治理项目资金计划获批】 6月，江西省财政厅批复，抚州市2018年度国家农业综合开发第一批资金土地治理项目计划中央财政资金673万元，省级财政配套资金242.2万元。建设项目涉及临川、东乡，开发任务为土地治理项目2个，开发面积500公顷。崇仁、金溪、宜黄、南丰4县第一批土地治理项目资金计划2018年12月报省备案同意，计划中央财政资金1591.5万元，开发面积0.06万公顷，治理小流域0.02万公顷。

【第一批农业综合开发产业化发展财政补助项目计划获批】 8月，江西省财政厅批复，抚州市2018年度第一批农业综合开发产业化发展财政补助项目计划中央财政资金232万元，省级财政配套资金83.52万元，补贴项目3个，主要涉及临川和东乡的龙头企业项目3个。崇仁县项目计划于11月报省备案同意，计划中央财政资金128万元，涉及龙头企业项目1个。南丰县项目计划于12月报省备案同意，计划中央财政资金84万元，涉及农民专业合作社1个。南丰县农业综合开发产业化发展贷款贴息项目计划，于12月报省备案同意，计划中央财政贴息资金128万元，贴息项目4个。

【第二批农业综合开发产业化发展财政补助项目计划获批】 12月，江西省财政厅批复，抚州市2018年度第二批农业综合开发产业化发展财政补助项目计划中央财政资金100万元，省级财政配套资金36万元，补贴项目2个，主要涉及南城、崇仁的龙头企业项目1个、农民专业合作社1个。

【第二批资金土地治理项目计划获批】 12月，江西省财政厅批复，抚州市2018年度国家农业综合开发第二批资金土地治理项目计划中央财政资金 1499 万元，省级财政配套资金 515.2 万元。建设项目涉及临川、东乡、崇仁、南城、金溪、宜黄、黎川、南丰、资溪等 9 个县区，开发任务为土地治理项目 7 个，开发面积 800 公顷；小流域治理项目 2 个，治理面积 300 公顷。

【世行贷款可持续发展农业项目获批】 4 月，江西省农业综合开发办公室、省财政厅批复，抚州市世界银行贷款可持续发展农业项目 2018 年度计划中央财政资金（世行贷款）91 万元，省级财政配套资金 83.7 万元。建设范围在金溪县；开发任务为建设高标准农田 100 公顷。

（王志文）

【市农业综合开发办领导名录】
主　任：祝友清

扶贫和移民工作

【概况】 2018 年，是深入打好精准脱贫攻坚战狠抓落实之年，是脱贫攻坚作风建设之年，抚州市扶贫和移民局落实国家、省、市脱贫攻坚总体部署，迅速行动，周密部署，以更实的作风和更硬的举措，不断巩固扩大脱贫攻坚成果，集中力量组织开展脱贫攻坚“春季攻势”“夏季整改”“秋冬会战”行动，推动各项工作取得明显成效，其中 7 月 29 日，省人民政府批复同意广昌县退出“贫困县”，全年实现 68 个贫困村退出，1.88 万贫困人口脱贫，乐安县达到退出条件。

【狠抓产业就业扶贫增加贫困群众收入】 健全完善县级扶贫产业连片开发资金整合机制，集中扶持特色优势扶贫主导产业做大做强做优；推广“一领办三参与”模式（致富能人带头领办，村党员干部主动参与、村民自愿参与、贫困户统筹参与）；充分发挥光伏发电的精准扶贫作用，全市已基本实现产业全覆盖。建立就业扶贫车间 587 个，吸纳 2324 名贫困劳动力实现家门口就业；开发就业扶贫专岗 5714 个，吸纳贫困劳动力 5633 人就业；对 15261 名农村贫困劳动力开展引导性就业创业培训。

【狠抓综合保障扶贫减少贫困群众支出】 实施健康扶贫“五道保障线”，市、县、乡三级医疗机构全面开展“先诊疗后付费”及“一站式”综合结算服务，确保贫困患者住院医疗费用自付比例控制在 10% 以内。实行学校和乡镇双负责教育扶贫机制，确保没有学生因贫辍学。2018 年全市资助建档立卡贫困家庭学生 34640 人，受助比例 100%，发放资助金 4555.2 万元。实施危房改造，完成 2123 户贫困，持续深入推进“十三五”易地扶贫搬迁，年内完成3985 人易地搬迁任务，搬迁入住贫困户均落实后续帮扶措施，群众生活有出路、脱贫有保障。

【队伍建设】 3 月，市委选派 13 名市直单位年轻干部到县区挂职任县区长扶贫助理，协助县区长抓好扶贫工作，强化各地扶贫工作队伍。出台《抚州市脱贫攻坚干部培训工作实施方案》，分类分级组织实施培训，实现扶贫干部全员培训、精准培训。一年中，举办 6 期脱贫攻坚专题培训班，累计培训达 1 万余人次。全市所有乡镇、村建立扶贫工作站（室），共有扶贫专干 2195 人。

【社会扶贫】 2018 年，中央、省在抚州定点扶贫单位投入帮扶资金 9119.14 万元；依托“四进四联四帮”平台，市、县区各定点扶贫单位整合各类帮扶资金及物资折款共计 27140.5 万元；通过“百企帮百村”、爱心人士捐助等各类形式投入帮扶资金 11259 万元；推广“中国社会扶贫网”，发布贫困户物品需求对接成功 124582 件，发布资金需求对接成功 4749 件；全年累计争取各类社会扶贫资金 47518.64 万元。

【移民工作】 做好大中型水库移民后期扶持直补发放和项目实施。全年全市预算总资金 25492.32 万元，其中直补资金 9949.84 万元，项目资金 15542.48 万元。项目资金已拨付 9038.43 万元，建成美丽移民村 158 个，完成项目 1072 个，项目完成率 60%。编制移民美丽家园建设三年规划，重点对大中型水库移民占本村 20% 以上人口的移民村组进行资金扶持。对大中型水库农村移民进行动态管理，净核减掉直补移民 1571 人，核减后全市有直补移民 167542 人，并按要求发放直补资金。

（吴晓东　汤　琦）

【市扶贫和移民局领导名录】
党组书记、局长：廖　燕
调研员：颜　武
党组成员、副局长：高仁贵
　　　　　　　　　夏亚非　尹黎珍

农业发展投资

【概况】 抚州市农业发展投资有限公司于 2018 年 6 月 6 日正式挂牌经营，为市政府批准的市属国有全资公司，注册资本金 2 亿元。公司股权结构为：市国有资产监督管理委员会认缴出资 1.2 亿元，持股比例 60%；市投资发展（集团）有限公司认缴出资 5000 万元，持股比例 25%；市文化旅游投资发展有限责任公司认缴出资 3000 万元，持股比例 15%。

公司经营范围：农村基础设施和农业产业化建设，现代农业示范（科技）园区基础设施投资开发建设；农业项目投资，土地开发投资，土地整理;农产品收购、加工、储存、销售；农产品流通、配送经营（快递业务除外）；投资管理（金融、证券、期货、保险等业务除外）；物业管理（凭资质经营）；运输代理（依法须经批准的项目，经相关部门批准后方可开展经营活动）。

2018 年 2 月 24 日，市委任命曾腊如为公司董事长，公司设有董事会和监事会、党支部委员会、审计委员会、投资决策委员会。内设机构有：综合办公室、战略规划部、产业发展部、资本运营部、计划财务部、投资审计部、资产管理部 7 个职能部门；有全资子公司 2 家（抚州市农投品牌营销策划公司、抚州市信宇贸易服务有限公司），有控股子公司 2 家（抚州市环宇农业科技有限公司、抚州市丰宇农业服务有限公司）。

公司围绕市委、市政府“科学发展、绿色崛起，全面建成小康新抚州”的战略目标，牢记支农、惠农、强农的企业使命，坚持稳中求进的工作基调，以乡村振兴战略为纲领，通过抓党建、建制度、严管理、强运营、求创新、重实效，努力开创工作新局面，项目建设初见成效。

【成立农投品牌营销策划有限公司】 12 月 7 日，公司注册成立全资子公司抚州市农投品牌营销策划有限公司，目的是以“区域公用品牌 + 企业产品品牌”的母子品牌战略为主线，发展“协会 + 公司 + 基地 + 合作社 + 农户”的全新模式，打造产品溯源化、品质认证化、生产基地化、加工现代化、品牌市场化、农旅融合化的产业全链条的区域公用品牌模式。

【抚州市现代农业科技示范园工程】 抚州市现代农业科技示范园系 2018 年市政府重点建设项目。项目位于东临新区湖南乡鹏溪村，定位以航天科技为支撑，以休闲农业、科技农业、创意农业为主导，打造集生态观光、休闲娱乐、科普教育、科技展示、示范种植等为一体的休闲农业科技示范园。项目分两期，已建好一期核心区，建设内容主要是温室大棚和室外景观，占地面积 9.96 公顷。

【抚州市信宇贸易有限公司】 成立抚州市信宇贸易有限公司（独资），旨在更好地服务“三农”，推动农业农村一、二、三产业融合发展，建立健全抚州农产品在国际国内农产品市场中的经营体系，提升抚州农产品品牌的影响力和知名度；变资源优势为经营优势，提高农民收入水平和农业效益；以农产品加工流通业的加快发展，推动农业生产和农村经济实现更好更快发展。

【抚州市环宇农业科技有限公司（控股）】 抚州市环宇农业科技公司（市农发投占股 51%、市农科所占股 49%）依托市现代农业科技示范园，主要负责现代农业科技示范园（大棚）生产经营管理。为全市农业新产品研发，提供科技支撑和示范作用。

【江西罗山峰生态科技有限公司】 江西罗山峰生态科技有限公司位于崇仁县三山乡，主营范围：野生土黑灵芝种植、中草药种植、农副产品（香菇、木耳）的销售等。“野生灵芝品种繁育及野外种植”获得国家新技术专利。该公司所种植的野生土黑灵芝在全国市场独一无二，市场占比大，有很好的发展前景。灵芝种植基地面积 773.33 公顷，食用菌（香菇、木耳）基地 73.33 公顷。该公司带动崇仁县 5 个合作社加入种植，共有 1600 多农户参与生产，其中贫困户近 200 户。为当地农民产业发展、产业扶贫起到非常好的效果，已在全县推广。

【“一带一路”建设及运输代理】 根据市政府 2018 年 66 号会议纪要规定，明确“由市农发投公司作为平台公司运作中欧班列，由平台公司与进出口企业、承运企业签订运输代理合同”。公司全力配合积极工作，促成 2018 年 11 月 28 日江西省首列中俄（抚州—彼尔姆）友城果蔬班列发车仪式在抚州北站举行，出口第一批货（蔬菜、南丰蜜橘），共 16 个 40 尺集装箱。

【其他项目】 1. 设立转贷金融服务公司和农业担保公司，解决涉农小微企业融资难、融资贵的问题。2. 与江西竹海农业发展有限公司合作，拟将雷竹产业打造成抚州实施乡村振兴战略的转型产业。3. 与江西香檀山茶业有限公司合作，充分利用资溪县得天独厚的生态环境资源优势，拟建设资溪白茶科技产业园。

（高懿人）

【市农业发展投资有限公司领导名录】

董事长：曾腊如（2 月任）

副总经理：周志奇（6 月任）

副总经理：余前新（8 月任）

本栏编辑　汪　洋

工　业

综述

2018年，抚州市规模以上工业增加值同比增长9.0%，列全省第五位；实现主营业务收入1452.8亿元，同比增长11%，增幅列全省第七位；实现利润总额93亿元，同比增长27.5%，增幅列全省第三位；实现工业税收54.6亿元，同比增长11.2%。全市累计实现工业用电量44.7亿千瓦时，同比增长13.5%，增幅列全省第一位。其中，全市规模以上工业增加值增幅连续6个季度保持全省第二，工业用电量增长连续16个月保持全省第一。

工业发展质量进一步提升。在新兴产业方面，成功举办江西省第四届互联网大会，与中科院共同组建抚州中科院数据研究院，推动创新链、产业链与资本链的联动创新；组建市数字经济投资发展有限公司，推动云计算、大数据、物联网、人工智能等新一代信息技术跨界融合；成立星河大数据产业公司，为大数据企业落户抚州创造良好条件；抚州高新区荣获江西省新型工业化产业基地（数字经济）称号，抚州数字经济发展有了更坚实的平台。在传统产业方面，实施重大技改"三百计划"，博雅生物通过不断技改，企业人均产值达到400万元，每吨血浆产出340万元，血液制品成为"全国单打冠军"。铜博科技当年洽谈、当年建设、当年投产，产能在国内居前3位。深入实施智能制造"千百十个"工程。全市应用智能制造技术和生产智能产品的企业有95家，使用智能制造设备672台（套），智能制造车间（生产线）31个，智能产品生产企业12家，省级智能制造示范基地1个。百亿企业培育步伐加快，创世纪超算、博雅欣和、金品铜科、海利科技、森鸿科技、铜博科技等一批企业正向百亿目标冲刺。

加大工业有效投入。2018年，工业固定资产投资同比增长12.1%，增速列全省第7位。工业技改固定资产投资同比增长54.6%，增速列全省第4位。技术改造投资额占工业固定资产投资额的35%，占全市投资比重的47.2%。项目推进力度加大，全年新开重点调度项目97个，开工率100%，续建项目102个，项目总投资918亿元，年底累计完成投资447亿元。年产20万辆SUV、商用车、新能源汽车产能的大乘汽车产业园经过13个月的紧张建设正式投产，创造"抚州速度"，引领抚州进入大工业时代。招商争资成效显著，先后在2018江西抚州（深圳）重点产业招商对接推介会、抚州（北京）新兴产业合作对接会上成功签约47个合作项目，签约资金431.7亿元。

创新驱动带动发展。抚州市先后与江西省科学院战略研究所等10多个科研院所、科技公司签订合作协议。2018年，全市796家规模以上企业与高校、科研院所启动科技合作，实现全覆盖；全市全部规模以上企业和高新技术企业主动开展校企合作，柔性引进高校科研院所人才1417人次，开发新产品284个，每年可创主营业务收入176.3亿元，利润13.9亿元。全市新增4家省级企业技术中心，至此抚州市有国家级企业技术中心2家，省级企业技术中心36家，省级企业技术中心总数居全省第三。争取省级科技创新、智能制造资金共计393万元，同比增长20.1%。江铃底盘成为全省唯一一家获批国家技术创新示范企业，并荣获全国机械工业质量奖。江西迪比科等58家企业82个新产品获2018年度江西省优秀新产品奖，获奖产品数占全省总数的38.9%，总数连续5年列全省第一。完成金溪香精香料区域品牌建设项目，启动黎川陶瓷区域品牌建设，获省工信厅100万元资金支持。抚州市以产业集群区域品牌建设为主导的创新能力建设活动，近三年来保持在全省领先，区域品牌建设平台项目数列全省第一。

园区承载力进一步增强。通过开展防范"地条钢"死灰复燃专项整治行动，形成市县区联动，上下合力，对全市重点监管企业进行全面巡查和重点抽查。建立抚州市地条钢监测平台，通过录入企业用电量和环比波动等关键数据，有效进行分析，对疑似有"地条钢"生产可能的企业进行有效监管，提高"地条钢"监管和处置效率。完善标准厂房建设考核细则，将标准厂房建设及入驻企业情况纳入《2018年工业考核计分办法》，占考核比重的15%。2018年，全市共完成标准厂房建设面积335.52万平方米，建设产业园31个，共有114家企业入驻，使用面积231.52万平方米，计划投资268.81亿元，实际进资107.15亿元。2018年，全市各工业开发区共盘活闲置土地449.29公顷，安置新落户企业75家。在全省“两率一度”考核申报工作中，东乡经开区、南城县工业园区获得2017年度全省“两率一度”先进工业园区称号。

信息化建设力度加大。抚州市在全省率先上线“生态云”平台，通过整合生态资源数据，打造市级生态文明大数据基础“资源池”。建成县乡村三级扶贫网络和信息平台，对全市现有4.3万贫困户致贫原因等进行统计分析，为精准扶贫提供更精确的数据支撑。启动智慧百乡千村医养服务工程，建成移动化、物联化、网络化智慧医疗健康服务体系，推广到全市842个村、104家乡镇卫生院、17家社区服务机构、13家县级医院，群众足不出户就能向专家远程问诊就医。拓展“我的抚州APP”，建立“绿宝”碳普惠公共服务平台，引导公众养成绿色生活风尚。拥有满足国际T3、国标A类标准，占地面积17.33公顷，有4700个标准机柜、约10万平方米应用中心的卓朗大数据中心。创世纪超算中心14万台服务器全面运行，第三期50万台服务器的超算中心已开工建设。将以此为基点，引进多家国内外知名的上下游数字经济企业落户抚州；曙光政务云计算中心投入运营；崇仁北斗变电工业互联网平台，为园区及企业发展提供规范化设计和智能装备研发；乐安威仕特汽车导航有限公司开发集GPS方案、车载导航、车联网及车载工业设计于一体的互联网应用，为乐安县打造一个全新产业。

营商环境进一步优化。2018年，市工信委落实领导挂点帮扶机制和省、市惠企政策，指导、帮助企业用好用活各项政策红利，持续减轻企业负担，增强企业发展后劲。推广应用省市精准帮扶APP平台，开展市县领导联系企业、挂点园区帮扶活动，促进现有企业释放产能。纵深推进“放管服”改革，推进“互联网+政务服务”，落实好“双随机、一公开”监管改革。深入项目建设一线，切实做好水、电、气等生产要素保障，打造政策最优、成本最低、服务最好、办事最快的“四最”营商环境，为工业转型升级提供强力支撑。主动引导企业家坚守实体经济，推动降本增效、更新换代，努力把企业品质提上去、品牌打出来，增强实体企业竞争力。

（市工信委）

工业创新投资

【概况】 抚州市工业与科技创新投资发展有限责任公司，是抚州市人民政府授权市国资委出资设立的国有独资公司，为抚州市政府直属独立法人单位。公司自2015年11月开始筹建，同年12月28日注册成立，2016年1月29日正式挂牌运营。注册资本3亿元，主要从事工业产业及配套项目的投资、建设、经营和管理，工业园区建设，国内贸易，科技投资、科技成果转化及平台建设。

2018年，公司完成投资10.49亿元，实现营业收入达11126.85万元，同比增长3332.07%，投资收益2377.28万元，同比增长137.11%。

【资产经营管理】 2018年，市工创投公司新增完成6宗资产划转，不动产资产达401宗，房产面积35.03万平方米，涉及土地182.67公顷，公益性资产涉及土地99.8公顷。启动对11家企业产权的经营权移交工作，抚州市盛华报废汽车回收（拆解）有限公司、抚州市国有资产经营有限责任公司2家已全部移交到位。完成24宗不动产评估备案（涉及土地22.97公顷），7宗共6.91公顷土地性质用途变更，补交土地出让金13456.55万元。至2018年年底，公司资产总额达43.22亿元。

【创新融资授信】 自成立后，市工创投公司融资授信总额为30.45亿元，公司根据资金需求实际提款11.86亿元，融资授信12.2亿元。截至2018年年底，公司直接债务余额9.75亿元（含子公司），或有债务余额15.5亿元。设立抚州市新能源动力电池基金，基金总规模4.5亿元，存续期5年，用于扶持江西迪比科有限公司新能源动力电池生产基地项目建设，已完成注资1.2亿元；与广昌、东乡、宜黄等县合作设立总规模达6亿元产业投资基金，为优质企业上市提供助力。

【发挥产业“造血”功能】 公司自成立至2018年年底，投资项目总数14个，项目投资总额48.12亿元，累计完成投资26.06亿元。主要通过资产入股、现金注资持股、供应链等方式促使公司产业“造血”功能突破。采取资产入股的抚州市城市云计算中心建设项目，项目总投资1.2亿元，市工创投公司占股23%。市城镇燃气建设运营项目，总投资4亿元，由市工创投公司以增资扩股的方式入股抚州华润燃气，持有30%的股权。采取股份合作的抚州温泉科技金融小镇建设项目，总投资30亿元，市工创投公司占股20%，共同出资设立的“抚州科技金融小镇建设发展股份有限公司”负责项目建设及运营。通过子公司国有资产经营管理公司出资2000万元与江西鑫盛组建抚州国联金融有限公司，公司占股40%。通过做供应链方式向江西金品铜科等企业提供扶持资金3亿元，及时解决多家公司资金周转困难问题，同时也保证资金安全。

（许 贤）

【市工创投公司领导名录】
董事长、总经理：黄火生
副总经理：高万昌 毛建平

支柱产业及骨干企业

【概况】 至2018年，抚州市初步形成机电汽车、食品加工、电子信息、化工建材、生物医药和有色金属加工业六大支柱产业。六大支柱产业完成主营业务收入1079.19亿元，同比增长15.4%；工业增加值同比增长11.4%；完成利润总额71.33亿元。

【生物医药】全市规模以上生物医药企业32户，完成主营业务收入59.6亿元。江西博雅生物制药股份有限公司实现营业收入9.03亿元。江西珍视明药业有限公司主营业务收入4.45亿元。江西银涛药业有限公司主营业务收入6.3亿元。

【电子信息】全市规模以上电子信息企业24家，主营业务收入38.3亿元。产品涵盖电子元件器件、半导体材料、电脑手机配套产品、家用电子电器、电线电缆和电池等类别，汇聚森科电子、赛华科技、迪比科电池、联益电子、德义半导体等一批科技水平较高的企业。江西森科实业股份有限公司完成主营收入5.4亿元，江西迪比科股份有限公司完成主营业务收入7.6亿元。

【机电汽车】全市规模以上机电汽车企业142户，完成主营业务收入288.7亿元。江铃底盘股份有限公司完成主营业务收入14.1亿元。江西大乘汽车有限公司完成主营业务收入14.7亿元。江西变电设备有限公司生产110KV及以下干式变压器、油浸式变压器、箱式变电站、高压互感器、计量器等高新技术产品，实现主营业务收入25.4亿元。

【食品加工】全市规模以上食品加工企业69户，完成主营业务收入83.3亿元。黎川恒兴食品完成主营业务收入8.8亿元，圣农食品公司实现主营业务收入10.3亿元。

【化工建材】全市规模以上化工建材企业204户，主营业务收入197.4亿元。添光钛业有限公司可年产金红石钛白粉5万吨，完成主营业务收入6.8亿元。

【有色金属加工】全市规模以上有色金属加工企业31户，完成主营业务收入411.7亿元。自立环保科技年产电解铜5万吨，实现主营业务收入41.3亿元；金品铜业年加工铜材6万吨，完成主营业务收入90.4亿元。

（市工信委）

特色产业与重点企业

【特色产业】抚州市共有10个特色产业集群，分别是国家级抚州高新区汽车及零部件产业、国家级抚州高新区生物医药产业、崇仁变电设备制造产业、金溪香料产业、东乡变性淀粉产业、黎川日用耐热陶瓷产业、南城及南丰农副食品加工产业、宜黄塑料制品产业、南城株良镇校具加工产业、临川有色金属加工产业。其中，省级重点产业集群5个（抚州高新区汽车及零部件、高新区电子信息、崇仁变电设备、金溪香料、黎川县陶瓷），5个省级重点产业集群实现主营业务收入577.57亿元。

【重点企业效益】2018年，抚州市龙头企业不断壮大，全市主营业务收入过10亿元的企业有11户。其中，过20亿元的企业6户（金品铜科90.4亿元、恒吉金属49.1亿元、自立环保科技41.3亿元、大唐抚州电厂39.2亿元、恒吉集团34.8亿元、江西变电设备25.4亿元），金品铜科成为全市首家主营业务收入突破90亿元的企业。

（市工信委）

木材工业

【概况】抚州市是江西省重点林业设区市，共有木竹加工企业288家，其中木材加工企业162家，竹材加工企业128家。林产工业产品门类齐全，主要有指接板、胶合板、中高密度纤维板、装饰板、竹地板、竹工艺品、天然香料、松香、松节油等，形成以人造板、香料、活性炭、木竹家具、木竹工艺品为主的林产工业产品加工体系，有力推动林产工业的结构调整和优化升级，林业步入快速发展轨道。至2018年，全市有国家级林业重点龙头企业2家，省级林业龙头企业51家，市级林业龙头企业40家。

2018年，全市林业总产值357.34亿元。第一产业产值169.52亿元，占总产值47.43%；第二产业产值93.28亿元，占总产值26.1%；第三产业产值94.54亿元，占总产值26.46%。

【木材加工】全市木材加工企业共生产人造板18.4万立方米，其中纤维板5300立方米，胶合板9.6万立方米，刨花板1.86万立方米，其他人造板6.49万立方米。全年全市进口木材2.68万立方米，推动全市木材加工企业的经营提档升级，促进产业建设转型。

【竹材加工】抚州市有毛竹林面积18.6万公顷，占林地面积14.2%，毛竹立竹量4.3亿株。毛竹资源主要分布在宜黄、资溪、乐安、崇仁和黎川。全市现有竹材加工企业128家左右，年设计消耗规模4000万株左右。2018年毛竹采伐数约3800万株,竹产业年产值48.97亿元，占林业总产值的13.7%；竹产业中第一产值25.57亿元，第二产业值14.16亿元,第三产业产值5.53亿元。

【林产化工】香精香料主要以金溪县产业集群为主，建立芳樟母本园和苗木繁育基地，涵盖芳樟、澳洲茶树、无患子等树种。主要生产樟、茴、桉、松、杉等12个类别，200多个产品，部分产品独具特色。天然芳樟醇，天然樟脑粉产量占据世界80%以上的份额，拥有全球市场定价话语权；二乙酸六异丁酸蔗糖酯填补国内市场空白；二氯月桂烯、二氢月桂烯醇、无患子植物精油等填补省内市场空白；开发松科、茴科、柏科等多个新产品。金溪县成为全省唯一的省级香料基地，全国最大的天然香料生产基地和原材料集散地，被国家工商总局认定为“华夏香都”。

【企业选介】大亚木业（江西）有限公司从欧洲配套引进一条全球最先进的木材加工设备，整条生产线采用自动控制和全过程监控。产品陆续通过ISO 9001：2008质量管理体系认证，ISO 14001:2004环境管理体系认证，中国环境标志产品认证，森林管理FSC-COC体系认证，美国加利福尼亚空气资源委员会CARB产品认证，日本大臣认证。人造板产品品质提高到E0级，通过世界最严格的F****级环保检测。

公司自成立后，相继获得高新技术企业、江西省100家重点企业、江西省优秀企业、全省资源综合利用优秀企业、全省节能先进企业、抚州市优秀企业等荣誉。公司生产的“DareGlobal”牌人造板获江西名牌产品、江西林产知名品牌等称号。

公司主要采用独立投资为主、合作造林为辅的经营模式进行投资与经营。分别在抚州、赣州、上饶、鹰潭等地市营建原料基地10466.67公顷，其中通过收购荒山植树造林建设的基地面积4040公顷；通过收购低产林改造建设的基地面积3500公顷；通过收购中龄林、近熟林进行培育建设的基地面积2926.67公顷。

江西南丰振宇实业集团有限公司 中国竹业龙头企业、企业产业化国家重点龙头企业和国家级高新技术企业，是江西省林业龙企业、江西省农业产业化“双十、双百、双千”工程中的“双十”企业、江西省农业龙头企业、江西省“一村一品”示范企业、江西省第一批创新型企业及江西省循环经济试点企业，是团中央“青年就业创业见习基地”和中国人民银行“景气调查定点企业”。企业占地面积约13.33公顷，建筑面积6.5万余平方米。

公司主营竹凉席、竹垫、竹地板（竹重纤维板）、竹家具、生态复合板等系列产品，品种规格300余个。产品远销英国、意大利、西班牙、美国、巴西、哥伦比亚、澳大利亚、印度、巴基斯坦、比利时、菲律宾、阿塞拜疆等100多个国家和中国台湾地区。

江西竺尚竹业有限公司 创建于2015年，由浙江大庄实业集团有限公司投资兴建，注册资金2000万元，是从事竹材开发与利用的创新型企业之一。坐落在资溪县毛竹集中加工区（高阜镇），总投资4000万元，占地13.33余公顷，总建筑面积7.21万平方米。主要产品是户外高性能竹基纤维复合材料，畅销欧洲、美洲、澳洲及国内市场，年平均销售收入2亿元，年平均利润4019.37万元，投资利润率达到20%左右。原材料主要采用资溪当地毛竹，自落户以来累计竹种植面积3333.33余公顷，带动周边农户种植毛竹1333.33余公顷，年使用量达450万根。

江西思派思香料化工有限公司 成立于2004年5月，坐落于金溪县工业园C区（云林路），占地面积12公顷，总资产2.1亿元，其中固定资产1316万元。建有自主研发机构——金溪县天然香料研究所。企业采取种植、研发、精深加工产业一体化经营模式，是国内天然香料生产重要骨干企业、国家林业局樟树工程技术研究中心重要参加单位、国家林业重点龙头企业；江西省高新技术企业、江西省农业产业化经营龙头企业、江西省林业龙头企业、江西省“专精特新”中小企业、江西省科技型中小微企业、江西省专业化小巨人企业；江西省工商局授予的“AAA重合同守信用单位”、银行信用AAA级单位；江西省香精香料协会会长单位、江西省中小企业协会副会长单位。企业通过ISO 9001和ISO 22000质量管理体系认证，是安全标准化二级企业；“思派思”商标评为江西省著名商标，产品获得欧盟授权的CE认证和犹太认证。

（市林业局）

电力工业

【概况】 2018年，国网抚州供电公司完成固定资产投资8.81亿元，110千伏及以上线路开工510.71千米、投产203.34千米，变电容量开工164万千伏安、投产82万千伏安。合并口径售电量完成85.12亿千瓦时，同比增长24.77%，增速位居省公司第一。综合线损率7.03%，同比下降1.5个百分点；概念收益16.46亿元，增长16.46%，增速位居省公司第一；主营业务收入47.73亿元，同比增加22.3%。

【安全生产】 2018年，国网抚州供电公司把安全放在各项工作首位，压实各级安全责任，编制285个岗位安全责任清单，推进强基固本保安全十项重点措施落地。强化“四不两直”现场安全稽查，成立市县两级稽查队伍，查处现场违章906起。以防人身为重点，开展“四防”等各类专项安全隐患排查，整改隐患和缺陷1170项。加强电网设备运维，狠抓“三跨”隐患治理，攻坚完成156处隐患。实现220千伏主变“零跳闸”、10千伏开关柜“零烧损”。推广就地型馈线自动化系统应用，建设成果获得国网公司肯定。滚动开展信息系统等级保护测评，确保网络与信息安全。强化电网运行风险预警管控，全力保障220千伏建昌变等28个改造项目，在特殊运行方式下电网安全稳定运行。连续两年被评为省公司安全生产先进单位。

【提质提效】 国网抚州供电公司落实属地化管理责任，提前2个月完成±800千伏雅中—江西直流特高压前期工作。深度参与江西省2018—2023年电网规划编制，73个110千伏及以上电网项目全部纳规。高质量完成市、县城区配电网目标网架规划，可研质量首次跃进省公司前列。开展项目前期工作，取得220千伏高新变等15个项目可研批复，220千伏乐安变等3个项目获得核准批复。加快推进110千伏徽上变等13个新（续）建工程进度，220千伏潭坊变等8个工程顺利投产。组建项目管理中心，实行项目片区管理，打造工程管理1小时覆盖圈。全面完成东乡“小康电示范县”和“电力风景线”示范工程建设，2018年配电网工程项目完工率达82%，进度排名全省第三。南丰仙人石台区新建工程获国网公司优质工程，实现“零突破”。

【经营管理】 国网抚州供电公司立足让企业“快接电、早用电、用好电”，制定园区电网专项规划，推行公司领导挂点服务机制，主动摸排企业用电需求290次，加快企业报装接电时间。推广电能替代，增售替代电量1.92亿千瓦时。2018年全社会用电量、工业用电量增速均排名全省第一。抓住全国开展扫黑除恶的契机，警电联合坚决整治临川、高新区等地多年未解决的20个高损台区，每月挽回电量损失20万千瓦时。强化电费回收管理，针对创世纪等高风险客户，严格落实“日结日清”防控措施，电费回收完成“双结零”。持续加强成本管控，工程审计审减资金369.65万元，清仓利库压减金额3815.67万元。提升业务承载能力，营业收入和利润分别同比提升30.51%、44.38%。

【提升服务】 国网抚州供电公司加大服务品牌宣传，举办“优化营商环境、助力小康社会”新闻发布会，出台“降成本、提服务、优环境”15项工作举措。加大与政府、企业、居民沟通力度，主动开展用电宣传走访，收集并整改用电问题167个。推行园区“电小二”服务模式，提出“只要您一个电话，剩下的事我们来办”的服务承诺，推进市政、民生重点工程，确保城区BRT工程、南城麻姑山、赣闽合作产业园等22个市重点电力设施迁改项目如期完成。做好光伏扶贫工作，累计并网容量19.56万千伏安。李俊敏扶贫先进事迹得到国家电网公司和江西省委、省政府主要领导批示肯定。成功应对高温、雨雪等恶劣天气影响，完成江西省旅游产业发展大会、汤显祖戏剧交流月、互联网大会等21项重大保电任务。

【改革工作】 国网抚州供电公司推进“两项机制、七项制度”落地，科学制定11项配套机制，健全责权对等的市县一体考核评价管理体系。在全省率先开展面向县公司员工招聘，打破身份壁垒，打通市县公司人才成长通道。推进“三项制度”改革，落实一线班组薪酬倾斜政策，推行冗缺员绩效奖核定，有效激发全员活力。修订班组积分标准，合理分配指标与工作量权重，实现“以分计酬”。实施集体企业瘦身健体，精简集体企业11户。全面完成职工家属区“两供一业”移交，按期接收975户南昌铁路局供电设施分离移交。完成公司本部107处非生产性不动产权证办理。

【队伍建设】 持续加强干部日常工作质量考核，按季开展干部履职评价，累计对30名评价末位的干部进行工作约谈。规范职员职级管理，加大市县干部交流力度。注重青年员工培养,深化“未来星”“师带徒”培养机制，2个集体获抚州市青年安全生产示范岗。关心关爱员工生活，全面落实离退休“两项政策”，丰富“文化养老”，组建老年大学供电分校，推进公司生产综合大楼建设。严格落实保密责任，强化信访源头治理和舆情监测处置，确保企业和谐稳定。2018年，公司荣获省公司企业文化建设工作先进单位等省公司及以上集体荣誉21项、个人荣誉49项，其中公司变电二次一班获得“国网公司一流班组”，临川上顿渡供电所获评国网五星级供电所，5个供电所获评省公司四星级供电所。

（吴志威）

【国网抚州供电公司领导名录】

党委副书记、总经理：周　宇
党委书记、副总经理：刘立灿
副总经理：董清源
　　詹瑞华（5月任）
　　姚　刚（12月任）
　　李新亮（任至5月）
　　胥竞华（任至12月）
纪委书记、工会主席：
　　江晨霞（5月任）
纪委书记：李用光（任至5月）
副总经理、总会计师：
　　杨　成（任至8月）

大唐发电

【概况】 2018年，江西大唐国际抚州发电有限责任公司完成发电量114.69亿千瓦时，发电设备平均利用小时5734小时，江西区域排名第一。完成主营业务收入39.18亿元，上缴税收1.34亿元。获得全国安康杯竞赛优胜单位、全国电力行业思想政治工作优秀单位、2018年度中国电力行业优质工程、电力金桥奖、市级文明单位等荣誉称号。1号机组获得2017年度全国1000MW机组可靠性优胜机组和全国火电机组能效对标“AAAA”级优胜机组荣誉称号。

【安全生产】 强化各级人员安全生产责任制的落实，保持安全管理高压态势。开展安全思想教育、隐患排查治理、危化品管理、风险防控机制、外包队伍管理、班组标准化建设和设备治理等工作，完成政治保电、防汛减灾、迎峰度夏等多项任务，安全生产保持稳定。

【节能减排】 以大机组竞赛为抓手，以指标“两上墙”为平台，全面开展对标管理，将对标分析结果不断应用在机组节能降耗潜力挖掘上。先后实施吹灰蒸汽优化、汽水系统阀门内漏改造、一次调频及协调控制系统优化等多项措施，供电煤耗、厂用电率等能耗指标得到不断优化。树立环保“红线”“底线”意识，强化运行设备管理，两台机组均实现超低排放。

【盈利攻坚】 面对综合电价持续下跌、煤炭价格持续高位等严峻形势，开展抢发电量和燃料保供控价工作，进行资金成本管控，实现发电利用小时保持区域第一，入厂标单涨幅有效遏制，单位容量可控费用保持大唐集团公司60万元以上等级火电机组先进水平，单位容量利润保持区域领先水平。

【科技创新】 坚持依靠科技进步推动企业发展，开展劳动竞赛、劳模创新室和职工代表巡视等主题活动，围绕生产经营等方面存在的重点难点，加大科技攻关力度和先进技术推广力度，形成科技创新成果35项，申请实用新型专利18项。

【队伍建设】围绕打造一流百万人才队伍目标，开展员工技术培训，狠抓技术调考，推进竞聘上岗常态化，加快优秀年轻干部的选拔培养，形成德勤绩能360度全方位多维度人才考评机制。公司2名员工荣获“中国大唐技术能手”称号，1人荣获抚州市“百名担当实干人物”。

【融入地方】参与抚州“三城同创”社区帮扶和党员进社区活动。组织开展“小课唐”品牌等志愿支教活动。开展以“提供清洁电力 点亮美好生活”为主题的企业开放日活动，加强公司与社会各界的良好互动。

（刘 俊）

【大唐国际抚州发电公司领导名录】

党委书记、总经理：姜兴永

纪委书记、工会主席：周 波

副总经理：王心波 胡楚勇

王永成

总工程师：申建东

国家电投集团江西电力有限公司廖坊水电厂

【概况】2018年，国家电投集团江西电力有限公司廖坊水电厂开展“三项制度改革”，建立职工能进能出、干部能上能下、工资收入能升能降的现代企业制度和激励机制，树立职工责任意识和竞争意识，实现以改革促管理促生产促稳定。全年发电量9700万千瓦时，盈利582.16万元，发电耗水率35.41立方米/千瓦时，厂用电率0.89%，设备平均利用小时1685小时，连续实现安全生产累计4307天。

【江西省能源局督查廖坊水电厂防汛工作】4月21日至22日，江西省能源局督查廖坊水电厂2018年电力企业防汛工作。督查组听取防汛工作汇报，深入了解防汛工作准备和水情监测等情况，察看发电机厂房、大坝、溢洪道、应急物资仓库等场所，查阅防汛工作方案、主要设备运行维护记录，对防汛工作给予充分肯定，提出整改意见和建议。廖坊水电厂按照江西省能源局督查组整改意见进行举一反三，全面完成整改要求，保证电力生产安全度汛。

【防汛工作准备】4月至9月，廖坊水电厂从立足防大汛抗大洪抢大险出发，未雨绸缪，确保防汛工作有备无患。调整防汛组织机构，层层落实责任，制定防汛方案，细化防汛任务，召开专题会分析预判防汛形势，储备抗洪抢险物资，严格值班制度，防汛人员24小时保持手机畅通。开展汛期安全大检查，重点检查防洪排水沟道、河道、低洼地带等部位，全面排查隐患，建立设备设施隐患台账。加大廖坊水库建筑物安全监管，密切关注气象预报和汛情监测，及时通报雨情水情，优化水库调度，降低发电耗水率。

【三项制度改革】2018年，廖坊水电厂根据江西公司统一部署，在全厂开展“三项制度改革”，调整生产值班模式，运行管理实行远程集控，生产现场保留少量值守人员。“三项制度改革”以2012年管控一体化改革建立的组织机构为基础，优化内部管理流程，理顺管理关系，厘清部门之间的管理界面。按照江西公司批复核定的机构设置及岗位职数，本着精干、高效、合理的原则，重新定编定岗定员，管理职级只降不升，定员职数只减不增，采取自下而上、双向选择、竞聘上岗、组织安排的顺序和方式进行，分步到位，落实按定员标准组织生产。对于既不选择岗位，也不参加竞聘上岗，在组织安排岗位后又不上岗的人员，划入人力资源储备中心按待岗集中培训。

【安健环(HSE)体系内审评价】8月16日至19日，廖坊水电厂依据国家电力投资集团公司《安健环管理评价标准》，按照每个单元和要素分工，以及PDCA闭环管理流程，采取查制度、台账、资料、走现场和职工访谈等形式，完成体系内审工作。同时，认真梳理内审问题，落实责任，限期整改，进一步细化体系建设，把检修技改和日常安全生产管理融入固化等提出新要求，确保安健环(HSE)体系有效运行和持续改进。

（任小六）

【国家电投集团江西电力有限公司廖坊水电厂领导名录】

党委书记、厂 长：胡益章

副 厂 长：李允星

纪委书记、工会主席：

熊亚萍(12月聘任)

总工程师：黄育敏(12月聘任)

本栏编辑 谷丽茜

工业园区·高新技术产业园区

综　述

2018年，抚州市共有12个工业园区，其中有省级工业园区10个、国家级开发区1个（抚州高新区）。全市工业园区开发面积50平方千米，园区内投产工业企业914家。工业园区完成主营业务收入1396.4亿元，比2017年增长10.58%。全市六大支柱产业主营业务收入1079.18亿元，其中化工建材197.45亿元、机电汽车288.69亿元、有色金属加工411.75亿元、食品工业83.31亿元、生物医药59.63亿元、电子信息38.35亿元。

【抚州高新技术产业开发区】 抚州高新技术产业开发区前身为抚州金巢经济开发区，创建于1992年8月，2015年2月经国务院正式批复升级为国家高新区。2018年，实现主营业务收入447.1亿元，比2017年增长12%。财政收入21.2亿元，增幅20%。规模以上工业企业总数147家，高新技术企业总数54家。工业用电量5亿千瓦小时，增长35%；完成外贸出口总额3.3亿美元。在全国169个国家高新区中，综合评价排名第100名。全市县域经济发展大巡察实现四连冠；荣获全省首个“新型工业化产业（数字经济）基地”、全市非公有制经济发展特别贡献奖等。

加快推进产业升级。一是开展招商引资。围绕龙头企业，聚焦重大项目，开展产业招商，引进亿元以上项目27个，特别是投资50亿元的超算中心三期项目、投资20亿元的联创3D曲面盖板项目等一批重大项目。二是加大龙头培育力度。实施“百千工程”，大乘汽车、博雅生物、金品铜科、海利科技等百亿培育企业加速冲刺。投资65亿元的大乘汽车科技产业园13个月即实现整车下线，创造汽车工业“抚州速度”。三是推进项目建设。坚持签约项目抓开工、开工项目抓投产、投产项目抓达标，加快推进项目建设。

强化科技引领支撑。一是创新能力不断增强。企业研发经费投入超过2.84亿元，占GDP比重1.68%，企业智能化改造项目投入5.33亿元。二是创新平台不断提升。国家级创新平台增至13个；省级创新平台增至38个，科技型中小企业总数达50家。三是校企合作不断深化。企业与高等院校、科研院所合作取得新突破，舒美特药业研发出具有独立知识产权的益生菌菌株，打破国外垄断；星辰药业研发出的维生素类新产品生产工艺处于国内先进水平。

深入推进产城融合。一是高标准修编规划。聚力绿色化、智慧化、服务化导向，进一步完善产业发展空间规划，构建“三区六园”格局。二是高速度建设平台。实施基础设施建设项目46个，新建续建道路工程40余千米，园区交通主动脉实现互融互通。三是高品位完善配套。仅用19个月建成的五星级标准凤凰开元名都大酒店，成为抚州城市新地标。安石小区、职工之家等一批社会功能项目配套跟进，整体品位进一步提升。

营商环境不断优化。深化放管服改革，深入推进“一窗式”改革，实现审批时间减少一半、九成事项只跑一次，发出全省首张“不见面审批”工商营业执照，人民网、《江西日报》、《抚州日报》等多家中央、省市主流媒体进行专题报道。

（洪县昌）

【江西抚北工业园区】 2018年，该园区平台设施日趋完善。第Ⅰ工业园区，完成高速下线及四海路东段人行道路改造工程以及各区间路破损、雨污管网修复，启动污水处理厂尾水管网工程建设，加大环境整治力度，园区形象明显提升；第Ⅱ工业园区，完成污水处理厂、110千伏变电站、巧姐妹水库护坡、自来水和天然气管网铺设、创新道路及工业大道路灯等工程建设，完成健康食品产业园和宝芝林项目用地46.67公顷土方平整、192公顷征地范围地面附着物的评估及补偿、大健康食品产业园才子驾校以南69公顷林地报批等工作，园区项目承载力得到进一步增强。

快速推进园区项目建设。截至2018年年底，园区新落户亿元以上项目21家，项目总投资67亿元，其中30亿元以上投资项目1家，引进项目主要涉及电子信息、生物医药、食品加工、有色金属等产业；园区建成试产项目10家，电子科技产业园、大健康食品产业园等重大项目全力推进，部分企业入驻。

经济效益平稳增长。园区实现主营业务收入157.4亿元、同比增长11.94%，实现工业用电量4.73亿千瓦时、同比增长11.56%，实现税金6.5亿元、同比增长16.9%。

其中，12 家有色金属加工企业实现主营业务收入 81.8 亿元，上缴税金 6.1 亿元，分别占园区比重为 52% 和 80.2%。全年纳税超过 100 万元企业 29 家，纳税超过 1000 万元以上 6 家，纳税超过亿元以上 2 家。

高效破解发展难题。一是通过“财园信贷通”“助保贷”等融资平台，进一步加大对实体经济金融支持力度，通过“财园信贷通”帮助 37 家企业融资 1.69 亿元，利用“助保贷”业务发放贷款 750 万元；二是落实招商引资有关优惠政策，累计为 50 户企业兑现发展扶持资金 2.96 亿元；三是采取整合、嫁接、重组等方式，进一步加大闲置低效工业用地清理力度，累计盘活土地 42.67 公顷。

加速推进标准厂房建设。电子科技产业园建成标准厂房 28 栋，累计建成厂房面积 46 万平方米，食品产业园建成厂房面积 11 万平方米。至 2018 年年底，2 个产业园部分厂房开始安装设备。

（魏会华　肖玲芬　黄　瑶）

【江西东乡经济开发区】 2018 年，该园区以打造全市核心增长极、建设“品质大东乡”为目标，实施工业强区战略，聚焦改革创新、招大引强、产业发展、项目建设、土地清理等中心工作，强力推动开发区各项工作取得实效。全年实现主营业务收入 204.78 亿元，实现税收 8.62 亿元，工业用电量 6.79 亿千瓦时，比 2017 年分别增长 18%、21.8%、17.39%，新增规模以上企业 15 家，总数达 112 家，清理闲置、低效工业用地 117.70 公顷。

工业项目建设稳步推进。年内，东乡经开区计划建设工业项目 23 个，总投资 60.35 亿元，其中竣工投产项目 14 个，基本建成项目 9 个。彭彩新材料、康柏农牧、天伊工艺等 5 个项目建成投产，明鑫鸿运新材料、华琪雨刮器、圣海衣架 3 个项目实现部分投产，国科健康生物医药产业园、回音必技改扩建等投资大、带动强的项目稳步推进。

产业发展不断集聚升级。将招商引资作为产业培育、转型升级、跨越发展的有力抓手。围绕主导产业，做足产业招商功课，聚焦生物医药、电子信息、新能源新材料三大主导产业，策应“双返双创”，成功引进投资 5 亿元的上海新久新能源甲醇汽油项目、投资 2.6 亿元的江西云帆环保建材汽车铝模项目、投资 1.3 亿元的深圳华煜智能家居项目、辰缘工艺品项目、苏州金源广智能模具架项目，杭州物联网、浙江中房金然纺织产业园等项目洽谈中，涉及主导产业、新兴产业、工业地产等多个类型。依托产业基础，写好龙头裂变文章，大力支持荣成机械、华琪橡塑、高信化工等有实力的企业实施内部裂变、增资扩股、技改扩建，有效推动雨帆 10 万吨燃料乙醇、荣成锻造铝、华琪雨刮器等大项目的落户，以点带面，壮大产业集群。淘汰落后企业，对“僵尸企业”或是闲置、低效用地，引进客商投资盘活，实现“零地招商”。通过腾笼换鸟引进国科健康医药产业园、江西云帆环保建材、彭彩新材料、赣旺化工、瀚岱新材料等新项目。

园区工业用地集约程度提升。牵头制定《关于清理闲置土地、低效工业用地的工作方案》，年初对园区闲置、低效工业用地开展全面排查，初步统计出投产企业有闲置用地 147.65 公顷，停产企业闲置用地 204.41 公顷，按照“加快进度、把握政策、分类清理”原则，展开园区低效闲置用地清理行动，共清理土地 117.70 公顷。利用清理土地资源，落户华煜智能家居、彭彩新材料、瀚岱新材料等 11 个新项目。

三大主导产业不断发展壮大。按照“3+X”产业发展思路，对生物医药、电子信息、新能源新材料三个主导产业进行科学部署、精准施力、精心培育。通过科学规划、腾笼换鸟、一企一策等方式优先保障主导产业用地；通过区工创投产业引导基金、财园信贷通、中小企业担保平台等途径，加大对主导产业融资支持力度。鼓励制药企业科技创新，对生化制药企业申报仿制药一致性评价通过的给予 200 万元资金奖励；引进集产学研功能为一体的国科健康综合医药产业园，进一步壮大生物医药产业链。2018 年，生物医药、电子信息、新能源新材料实现主营业务收入 22.1 亿元，同比增长 9.04%，上交税金 1.23 亿元，同比增长 47.88%。

重点骨干企业经营态势喜人。一是优先配置资源。在土地供应、用电用水、物流保障、办理手续方面优先满足需求。二是加大奖励力度。对企业科技创新和人才引进奖励扶持力度在普惠性奖励政策基础上上浮 30% 左右。三是鼓励企业上市。推动荣成机械、亿友药业等潜力型、科技型企业进入上市后备企业序列，全力协调施美药业由新三板转创业板上市。四是科技创新推动。全力推进创新驱动“5511”工程，引导企业加大研发投入、创建申报各类科技创新平台。年内，新增国家高新技术企业 13 家，累计 36 家，新增书源科技企业技术中心、工业设计中心，科诺生物“海智计划”工作站、工程技术研究中心，新增华宇科技、亿友药业 2 家两化整合示范企业等省级以上创新平台，企业科技创新能力显著增强。恒安、回音必、科伦、永冠、荣成等传统龙头呈现出爆发式增长，30 户重点企业全年实现主营业务收入 105.45 亿元，同比增长 47.2%；实现利润 4.49 亿元；上缴税金 6.2 亿元，分别占总量的 51.5%、52.2%、71.5%，对全区实体经济起到支撑作用。

绿色生态发展理念深入人心。出台《关于废水、废气、固废等环保督查问题专项整治行动实施方案》《关于进一步加强经开区企业环保监管顺利迎接中央环保督查“回头看”的通知》等文件；梳理出 24 家应当规范排污口及应安装污水自动监测设施的涉水排污企业，对整改任务落实到人，规定时间节点完成整改；列出 83 家涉气企业名单，根据挂点片区和规上企业情况进行任务分解；成立 3 个企业环保监管巡查组，深入企业全面排查全区涉水、涉气、涉固污染情况，严查偷排、漏排行为；开展环评大检查，对缺少环评手续非法生产的企业，联合环保局进行停产整顿。对园区租赁企业开展清查排查，整治厂中厂，对租赁企业严格规范管理，要求租赁企业通过区政府招商项目评审会后方可入园，促使租赁企业在产业规划、环保、安全等方面接受政府监督检查，全面纳入规范化管理。聘请上海专业检测清淤团队，对16000米污水主管网全面检测，对损坏处开挖修复，有效改善园区污水管网对接问题。

（陈思东）

【南城县工业园区】2018年，南城县继续按照“开放强区、工业立区、特色兴区”发展思路打造产业集群，形成电子信息、绿色食品、高档轻纺、中医药、校具等五大主导产业，以机械电子为首位产业，中医药、校具为主攻产业。进一步规范工业项目入园投资建设行为，切实加强入园企业节约、集约用地的管理，充分提高园区土地利用率。工业基础坚实，园区发展迅猛。加大实体经济帮扶力度，出台降成本、优环境45条，对77家重点企业安排县领导挂点帮扶。制定《中医药产业发展实施意见》，重点打造以广明实业、百神昌诺、建洪饮片为龙头的中医药产业，重振“建昌帮”。鼓励支持麻姑实业、博君生态农业、豪普高科等企业做好上市前期工作。规划建设800公顷河东工业园，完成征地446.67公顷，开发面积约400公顷，新建厂房50万平方米，新增平整土地19公顷。规划100公顷电子产业园、100公顷中医药产业园、100公顷校具产业园。与央企合作创新打造“智慧园区”服务平台，园区承载能力不断增强。获批省级工程技术研究中心4个、市级3个，国家级高新技术企业16家。全年，园区新引进5000万元以上工业项目24个，其中亿元以上项目12个、10亿元以上2个；新入园项目合同资金64.15亿元，实际到位资金13.62亿元。“财园信贷通”发放贷款3.51亿元。新增规模以上企业13户，总数达63户；园区入园企业总数达206家；工业增加值增幅为8.3%，主营业务收入141.1亿元，比2017年增长21.9%；实现利润7.3亿元，同比增长54.6%；工业实现税收4.8亿元，同比增长21.9%。

（熊春玲　吴云华）

【黎川县工业园区】2018年，该园区有落户企业193家，其中投产166家，规模以上企业45家，园区从业人员13000多人。主营业务收入50.3亿元，比2017年增长17.2%；园区企业完成税收2.84亿元，增长36.6%；用气量2496万立方米。园区被评为“省级工业园区循环化改造示范点”。

强化招商引资和项目建设。年内，园区招商引资新签约项目29个，总投资23.7亿元，批准建设用地54公顷。其中，陶瓷及陶瓷配套企业12家，总投资6.3亿元。新开工建设项目23家，其中陶瓷企业10家，其他企业13家，扩建企业4家。

规划与平台建设。园区共平整用地20公顷；铺设工业大道及泰伯路两侧路缘石2.3千米，铺设雨水管和污水管近500米，安装砌侧石2.7千米，对主干道共约13千米污水管网全面清理，设立明显标志。明确园区基础设施建设模式。梳理27个土方平整、道路管网和平台建设项目建设计划，项目包含道路管网建设8.67千米；土方工程占地面积237.01公顷，填挖方量约1600万平方米；边坡护磅工程总长度约7.03千米；27个项目通过EPC打包模式进行建设实施。加大闲置低效有地清理力度，清理闲置低效用地33.4公顷，收储闲置低效用地81.93公顷。

帮扶企业发展。开展“降成本、优环境”专项行动。促成园区企业与江西和惠配售电公司签订售电框架协议，降低企业用电成本60余万元；开展财园信贷通业务，共为45家企业发放贷款1.9亿元；通过现场招聘会，门户网站、微信平台、免费电视广告等方式帮助企业新招工人830余人；对企业科技创新、节能减排、纳税、规费缴纳和厂房建设等方面进行扶持，为69家企业兑现奖励补助资金2768万元；创新推出片区网格化管理改革试点，通过设立园区服务中心，集中为企业办理各项业务，对园区内的规模以上企业实行“企事代办”服务。

（过印光）

【南丰县工业园区】该园区前身为南丰县富溪工业园区，始建于1996年9月，江西省人民政府于2006年3月批准设立为省级开发区。经过20多年的建设发展，园区总体规划面积达1066.7公顷，已建成面积约540公顷，已使用面积480公顷，逐步形成以富溪工业园和黄金工业园为主，以城东工业板块、城北工业板块和罗溪工业板

黎川陶瓷产业蓬勃发展

块为辅的两园三板块工业格局。

至 2018 年年底，园区共有落户企业 115 户，其中投产企业 96 户、在建项目 19 个；规模以上工业企业 41 户。当年投入园区基础设施建设资金 1 亿元，建设并启动 220 千伏双回路变电站供电；新平整土地 28.67 公顷、铺设给排水管 167 米（总长达 5 万米）；铺设污水管网（道）1700 米（总长 25000 米）、铺设燃气管网 2000 米（总长 1 万米）；建成道路总长 2.2 万米，实现路网、管网、电网的无缝对接。园内有线电视、程控电话、光纤网络等通信设施进一步完善；园区学校、医院、银行网点、超市、公交站、住宅小区、快递公司等生产生活性服务配套设施一应俱全，进一步实现美化、亮化、净化、绿化目标。修订出台系列更具吸引力、调动力的投资优惠政策、服务措施，园区的营商、安商投资环境进一步改善，项目承载能力进一步提升。2018 年，项目签约资金 7 亿元，实际到位资金 4 亿元，实际利用外资 1713 万美元，省外投资 31.58 亿元；新增落户企业 10 户，当年开工建设项目（含续建项目）9 个。园内企业主营业务收入 45.3 亿元，增幅 38.77%；企业上缴税金 3.88 亿元，增幅 10.07%；出口创汇 5.2 亿元人民币；企业用电量达 6129 万千瓦小时，增幅 21.24；安置就业人员达 6700 人；全年累计降低企业税负、用水、用电等各种成本 5800 万元，为企业审批融资贷款 1.9 亿元，涉及企业 49 家，贷款总余额达 2.1 亿元。

工业园区有绿色食品企业 52 家（含蜜橘包装，规上 16 家）、生物医药企业 9 家（规上 3 家）、机械电子企业 15 家（规上 4 家）、化工建材企业 11 家以及其他新型企业 29 家，逐步形成“三大主导产业集群”，即以华夏五千年、橘花香食品、汇源食品、吉品果醋、橘娃食品等企业为龙头的绿色食品产业集群；以橘王药业、康缘橘都药业、弘帆药业、元瑞药业等企业为龙头的生物医药产业集群；以佰特励电子科技、佰仕通电子科技、迪芯能源、奥恒达电器等企业为龙头的电子信息产业集群。

（黄应国　李燕青）

【崇仁县工业园区】 2018 年，该县围绕经济高质量跨越式发展，抓重大产业项目建设、提升管理服务水平，精准发力，保持工业园区良好发展态势。工业园区规模以上工业企业 82 个，新增规上企业 10 户；完成生产总值 161.29 亿元；实现销售收入 160.37 亿元；完成工业增加值 39.21 亿元，比 2017 年增长 9.5 %；完成主营业务收入 150.96 亿元，增长 4.9%，占全县工业主营业务收入 92.1%，其中变电设备产业实现主营业务收入 105.8 亿元，占全县总量 64.4%，增长 8.5%；实缴税金 2.07 亿元，增长 16.5%；实现利润 9.70 亿元；年用电量 12105 万千瓦时，增长 18.44%；安置就业 12745 人，增长 0.43%。

项目建设持续快速推进，园区经济发展后劲增强。园区把承接和推进项目建设作为主抓手，抓紧、抓实。制定园区管委会副科级以上干部挂点项目、班子成员服务重点项目制度，实行日汇报、周汇总、月调度，紧盯时间节点，争时间、抢速度，确保赣东纺织退城进园、大晟节能、广泉中药材、铭源电气等 14 个项目落户、开工和建设，伊发电力新能源智能制造、赣东纺织退城进园、黄家医养融合、中元电子信息产业园、大晟节能、广泉中药材、铭源电气等 10 个重点工程有力有序推进。科技创新驱动持续发力，园区转型升级步伐加快。园区依托北斗变电大数据中心平台，建设变电设备智能终端智慧工厂，促进大数据和变电设备产业两化融合发展，提升变电设备产业智能制造水平；开展“国家级出口变电设备质量安全示范区”“全国中低压变电设备产业知名品牌创建示范区”两项创建，提升新动能；聘请中科院姚建铨院士为政府大部顾问，江西北斗变电科技有限公司院士工作站正式揭牌，加深与国内外资深专家联络，推动变电设备产业升级；积极融入“一带一路”，与赞比亚国家电网公司合作持续深化，首单明正集团 8500 万美元的地埋式变电项目正式签约落地卢萨卡省。

坚守绿色生态发展，园区生态环境持续改善。严守环境底线、严控环保红线，定期对园区企业开展环保大排查，排查废料存放、废水排放、废渣处理、废气监控，不留死角，不留盲点；修建 30 多千米污水管网，企业污水均进入污水主管；园区固体危废物由有资质单位统一收集、分类贮存、规范管理，集中处置。强化企业管理和帮扶，营造良好营商环境。制定出台《崇仁工业园区改革和创新发展的实施意见》（崇发〔2018〕24 号）；开展文明创建和环境整治专项行动，整合环保、安监等监管力量严禁无证污染企业生产经营，关停污染企业 2 家；强化土地集约化管理，清理闲置低效用地，盘活闲置低效土地 13.33 公顷；定期组织开展安全生产大检查；实施“保姆式服务”，全程参与项目立项、环评、证件执照办理、施工报建等环节；进行降成本优环境再宣传；解决企业融资难题，共为园区企业放贷 4 亿元，提供过桥资金扶持 5.33 亿元，发放产业基金近 8000 万元。

（杨文才）

【乐安工业园区】 2018 年，该工业园区围绕培育发展新产业、新经济，着力壮大主导产业，全力推进重点项目建设，加快园区转型升级和提质增效，园区经济社会呈现稳中向好发展态势。全年完成主营业务收入 16.76 亿元，比 2017 年增长 13.32%；工业增加值 4.7 亿元，增长 12.6%；实现税收 6820 万元。

提升项目承载力。首次采取 PPP 模式实施园区基础设施和配套设施建设，引进社会资金 5.3 亿元，建设 25 万平方米标准厂房和 2 座工业污水处理厂等，有效化解园区基础设施建设投入不足难题，基本完成厚发污水处理厂建设，为项目入驻提供有力支撑。推进前坪工业区南部组团三期工程，该项目占地

乐安工业园区内纺织车间

51.53公顷，总投资8000万元，项目完工后可新增工业用地33.33公顷。推进腾笼换鸟工程，着力处置“僵尸企业”，完成对丰林科技、厚德科技园有限公司和抚州黑五类食品有限公司等低效用地回购工作，盘活工业用地70.75公顷。

培育新产业新经济。推进产业向特色化、绿色化和高端化方向发展，在壮大原有绿色食品、轻纺鞋服、机械电子、生物医药4个传统主导产业基础上，努力培育新产业新经济，将电子信息（车联网、医联网）打造成首位产业，将新能源新材料、智能制造、中医药产业打造成主导产业，努力培育百亿产业集群。采取代建厂房的招商方式，缩短企业建设周期，分别引进掌护医疗、泓汀智能、众博辉科技、嘉源新材料、福莱特材料、隔膜新材料等项目。车联网产业预计年生产终端产品100万台，新建数据库能为5000万终端客户服务，营业额达1.5亿元，整个产业链年营业收入将超过2.6亿元，税收800万元以上。

全力夯实园区发展后劲。坚持产业招商，继续抢抓证监会对贫困地区开通IPO绿色通道的重大机遇，加大拟上市企业的引入力度，引进总投资4亿元生产锂电池正极材料的嘉源新材料项目、总投资10亿元的高馨中药材等10个项目。坚持项目挂点责任，加快项目建设。每个入园项目均安排一名县级领导、一个责任帮扶单位、一名园区干部、一套帮扶机制的责任帮扶制度。年内，促成酷电新能源、威仕特汽车导航、泓汀智能、涌盛纺织、炅真服饰等项目实现竣工投产，兴邦新能源、高馨药业、嘉源新材料、福莱特材料等项目调试设备，盈润机电完成主体钢构厂房建设。

合力优化企业营商环境。持续深入开展降成本优环境专项活动，有效减轻企业负担，支持企业创新发展，全年为企业减负1742万元。扶持企业做大做强，围绕创建政策最优、成本最低、服务最好、办事最快的“四最”营商环境，进一步完善园区企业税收激励机制，促进企业壮大规模、增加税收。帮助企业解决融资难题，运用“财园信贷通”和过桥基金解决企业融资难题，累计为32家企业发放贷款2.09亿元，为24家企业申请使用还贷周转金1.97亿元；开展“产业脱贫贷”，通过“产业脱贫贷”为21家企业解决贷款1.23亿元。

（袁加勤）

【宜黄工业园区】2018年，该工业园区主动适应新常态，应对新挑战，不断完善基础设施配套，强化招商引资，提升服务质量，优化发展环境，稳增长、助转型、促发展。

工业经济运行平稳，主要指标稳步增长。年内，园区有生产工业企业142家，其中规模以上企业84家，新增7家。实现主营业务收入85亿元，工业增加值累计增长10%，工业用电量3.5亿千瓦时，工业税金3亿元。

基础配套有序推进，承载能力逐步增强。一是完成续建工程杨树林三期土方工程、污水处理厂二期扩建土方工程和唐竹山土方工程等项目；丰C区土方工程120公顷完成招标。二是修建完成唐竹山路、华伟路、丰十路和丰十一路等4条道路，新增道路3000余米，启动工业二路道路修建。三是完成机械园10千伏供电线路、桃陂至机械园双回路两条10千伏线路、丰十路400米供电线路、谭坊220变电站出两路10千伏供电线路，有效保障丰B区和丰西区项目的建设和生产。四是启动丰B区四条路和丰西区三条路亮化工程，共设置太阳能路灯173盏；启动丰西区三条道路绿化工程，同时对工业一路绿化进行提升。五是建立园区公共交通与县城公共交通无缝对接交通体系，开通园区区间公交车，方便园区职工出行；完成园区消防站建设，启动丰B区多功能服务区项目；启动工业园区精工小镇环湖休闲公园工程。

招商引资强势突破，发展潜力蓄势待发。瞄准产业升级重点区域和项目实施精准招商，坚持把招商选资作为加快经济转型发展突破口，以塑料制品、汽车零部件、电子信息行业为主攻方向，成功引进方联塑业、艾美科技、申塑包装等优质项目，共签约项目37个，签约投资总额94.05亿元。其中，新签约正式项目28个，签约投资额79.45亿元，签约项目中亿元以上项目15个；新签约意向项目9个，签约意向投资总额14.6亿元。同时加快在建续建项目建设，申塑包装、艾美科技、方联塑业、铭升塑业、支点科创、聚力纺织等项目已试投产，广徐包装、锦日新纺织正在安装设备，金晟纤维、福利再生资源、明松新能源等项目正在基础建设。

产业集聚持续壮大，经济转型有效升级。一是用好《宜黄县鼓励科技创新奖励办法》，鼓励企业实施创新驱动战略，加大研发投入，转变增长方式，提高科技综合实力。洁美电材、侨富纺织、同源和纸塑、恒方塑业等15家企业启动技术改造扩建和技术创新，预计新增投入4.2亿元（包括扩建、改建和技改、设备购置），同比增长20.6%。新增高新技术企业7家（天戌药业、瑞一韵承、宏州塑业、昌佳安防、大裕棉纺、欧美佳型材、天美生物科技），园区现有国家高新技术企业11家。有院士工作站2家，其中省级院士工作站1家（惠农种业）、市级院士工作站1家（天美生物科技），新增省级技术中心1家（天戌药业省级技术中心），总数达2家。二是以助推发展为导向，提升服务企业水平。全年举办政银企相关座谈会3次，累计发放“财园通”贷款1.91亿元，为44家企业提供金融支撑。有37家企业获得过桥资金，发放金额1.27亿元。园投公司通过委托贷款金融供应链模式，为尚弘光伏公司运作1500万元、金程汽配3000万元、帝玛实业2000万元流动资金支持，助推企业做大做强。通过多方面举措，全年为企业减负约5500万元，工业企业每百元产值可降低成本1.98元。三是以集约利用为导向，加强土地综合管理。深挖土地利用潜力，盘活闲置土地，通过整体转让、政府收储、先租赁后收购、法院拍卖等方式，共盘活得尔机械、环球铜业、华格织带、正发实业、立众机械等9家“僵尸企业”，清理处置低效闲置用地28.76公顷。

（罗来福）

【江西金溪工业园区】 该工业园区为省级工业园区，总体规划面积18平方千米。2018年4月10日，城西生态高新区调区扩区获江西省环保厅批复，城北园区规划面积6平方千米，城西高新区规划面积12平方千米，形成城北工业园区和城西生态高新区一园两区格局。该工业园区先后被评为国家林下经济示范基地、国家林木香料生物产业基地、省级香料产业基地、是全省首批20个省级工业示范产业集群之一。形成以香料化工、光电子产业为工业支柱两大产业。至2018年年底，有入园企业138家，主营业务收入56.75亿元，工业增加值13.2亿元，上缴税金2.25亿元，用电量13649.3万千瓦时。

该县从建链、补链、丰链着手，打造香精香料孵化园，推动香精香料产业快速发展。园区有香料香精企业42家（生产企业28家），形成天然香料、天然等同与合成香料三大系列，樟、茴、桉、松、杉、柏、山苍子、香茅草、澳洲茶树、无患子、栀子等11个类别，樟脑粉、桉叶油、蓝桉油、松油醇等200多个产品，其中天然樟脑粉和天然芳樟醇产量分别居全球和全国第一，拥有市场定价话语权，成功注册“华夏香都”商标。同时，引进华尔盛香料、润香香料、凡生香料、润和香料、伏羲香精、丰兰香精、润香香料等大型香料香精企业落户工业区，丰富了产业链。

光电子产业为金溪主导产业。德巢光电子产业园是该县打造互补式上、下游光电子产品研发、设计、制造、销售为一体的现代化高科技产业园，以智能光电子元器件产品为中心辐射相关配套产业链，项目正式营运后，可安置近3000人就业，创税收近亿元。

（李山冕　曾　铭　陈　辉）

【资溪县工业园区】 该工业园区紧紧围绕“生态立县、旅游强县、绿色发展”战略，按照“工业围绕旅游出产品”发展思路和“工业低碳化”发展要求，培育绿色食品产业及木竹精深加工企业。工业园由高阜毛竹集中加工区、鹤城面包食品加工区、抚州飞地工业集中区组成，总体规划面积3.71平方千米，其中高阜毛竹集中加工区规划面积1.34平方千米，开发面积0.68平方千米；鹤城面包食品加工区规划面积1.67平方千米，开发土地面积1.34平方千米；抚州飞地工业集中区规划面积0.71平方千米，工业用地已填满。

2018年，按照“一园三区”布局，加速推进产业集聚，主动对接市高新区主攻产业发展，着力将珍展鞋业打造成哈森股份在国内最大的鞋业生产基地；实施资溪县高阜现代竹产业科技园区建设项目，配套全国最先进的供热技术，重点发展毛竹加工产业，一期66.67公顷开发“三通一平”等基础设施建设全面完工，平台建成后实现集中供热、集中排污处理、集中统一管理，竺尚竹业公司两条生产线投入生产，汉望竹业、新宇新能源、浙庆公司等入驻企业2018年年底实现投入生产；启动鹤城面包食品产业园的开发建设，实施“旅游+”产品战略，重点发展绿色（有机）食品及面包产业，高标准建设“中国资溪面包食品产业城”，一期66.67公顷启动开发建设，引进资溪面包科技发展股份有限公司、资溪费歌食品有限公司、面包综合食品厂、巧克力厂等项目落户，并进行规划完善、土地平整等基础设施建设，不断做大做强做实“资溪面包”原辅料加工及面包文化、旅游产业。引进鲍才胜食品有限公司、资溪面包科技发展股份有限公司、资溪费歌食品有限公司、面包综合食品厂、巧克力厂、竺尚竹业、定向重组竹集成材精深加工等项目，同时通过实施“退城退路进园”，引导汉望木业、浙庆工贸、兴宇新能源等企业产业升级，整体搬迁至竹产业科技园区，实际进资达6.82亿元。通过“腾笼换鸟”办法，对原抚州铭泰公司6公顷土地进行收储，引进江西鲍师傅面包食品有限公司；对原青云地板有限公司8公顷用地进行收储，拟改造成毛竹产业粗加工基地。主动做好中国面包产业网的跟踪服务企业工作，面包产业网平台自2016年12月运营上线，至2018年，平台入驻会员增至3054家，其中装修上传产品的会员有1853余家；平均日流量14099人次（独立的IP量），其中独立访客占1019，人均浏览页数2.44页。加大对圣农食品、华谊食品、珍展鞋业等重点企业的服务力度，推动企业做大做强，主动引导大庄、正大、强盛、汉望等4家搬迁企业落户、产业升级、做大做强，形成产业链；积极主动帮助企业降低融资成本，通过“财园信贷通”平台帮助企业融资11250万元，降低企业融资成本445.3万元。

2018年，园区共有企业40余

家，其中抚州飞地工业集中区重点发展鞋业及小家电等产业，有珍展鞋业、金的电器等10家企业，安排就业人员近1000人；高阜毛竹集中加工区重点发展竹木精深加工产业，有竺尚竹业、新云峰木业、汉望竹业、新宇新能源、浙庆公司等企业10家，安排就业人员1000余人；鹤城面包食品加工区企业重点发展绿色（有机）食品及面包产业，有圣农食品、华谊食品、新生命制药、面包科技、费歌食品等20家企业，安排人员2000余人。全年园区实现主营业务收入15.93亿元，同比增长26.53%；上缴税收8155万元，比2017年增长12.85%。

（资溪工业园）

【广昌县工业园区】 2018年，该工业园区紧紧围绕"工业强县、产业兴县、生态靓县"战略目标，以园区建设为中心，以招商引资为重点，以"优环境、降成本"为抓手，强力推进园区经济和各项事业稳步、健康、有序发展。

产城融合建设不断推进。同年，工业园区按照产城融合发展理念，完善基础设施建设，优化空间发展布局，注重生态环境保护，提升公共服务水平，完成排水、供水、供电、道路、绿化、亮化、通信等基础设施建设，配套服务功能逐步完善、提升，工业项目承载能力得到大力提升，产城融合工业园区打造初见成效。完成园区扩区一期项目幸福大道三支路道路工程、盱江镇清水村大屋下村小组预留地接莲爽大道盖板涵工程、10万平方米标准厂房场地基础建设工程、管委会新建车棚工程、志特公司前人行道绿化工程等13个项目的建设。完成小微企业创业园厂区配套附属工程、消防、生产、商业用水安装工程、入口标志、北侧围墙及物业用房装修工程、电子移动设备及保安房工程。城区道路园区段（改造）工程已近完成、园区职工之家工程预算审核已结束并转入招投标阶段，园区污水处理厂正式进入商业运营，运营状况良好。

招商引资项目顺利推进。2018年，园区充分发挥区位、平台、产业等资源优势开展各类招商活动，多次赴广东、江苏、浙江、福建等地有针对性地开展招商引资。新签约项目16个，其中总投资亿元以上项目2个，已投产项目5个；在建项目12个,其中新开工项目7个。

服务企业水平不断提高。一是探索实行"店小二"式服务模式，努力打造政策最优、成本最低、服务最好、办事最快的"四最"营商环境。二是破解企业招工难题，地毯式走访企业133家，搜集企业基本信息，了解企业需求，并录入企业信息库，做好企业用工需求信息的收集和发布，切实做好招工宣传工作。配合企业发放招工资料2000余份，协助企业免费投送招工广告12次。为企业举办企业招聘会两场；有效缓解园区企业用工压力。三是帮助企业解决融资困难，积极协调金融机构与企业对接，全年帮助37家企业办理1.9亿元"财园贷"。四是开展公租房清理工作，帮助企业解决员工入住难问题，在充分做好调查摸底、严格审查基础上，对公租房住户进行清理、再分配。

企业隐患排查和整治工作持续深入。年内，协调处理各类工人矛盾纠纷40余起，开展环境资源安全巡察工作，全面排查企业排水、排气、涉危、固废等相关环保情况，建立环保排查、整改台账，对存在问题企业责令整改、对逾期未整改企业会同相关部门要求其停产整顿。开展企业环保问题集中走访排查4次，重点企业巡察走访40余次，查处企业环保问题30余起，清理违规设立废品收购站2处，完成上级交办环保问题整改11项。与97家企业签订年度环境保护目标管理责任状，使园区各项环保工作逐渐实现制度化、规范化，环保形势趋于平稳。围绕"全国安全生产月"和"十大专项整治"活动，与园区各企业签订"安全生产责任状"，将安全生产责任具体落实到人。配合安监办检查企业110余家（次），帮企业清理整改安全隐患70余处。排查各类企业、仓库和小型加工厂近百家，排查各类隐患共计137处。按细中又细、全覆盖、无死角工作原则，"一个车间一个车间过、一个仓库不放过"，全面摸清、掌握企业"散、乱、小、污"情况，并将问题记录在册，下发整改通知书限期整改。

经济运行指标稳步增长。全年园区实现主营业务收入47.28亿元，比2017年增长21%；税金2.25亿元，增长19.3%。工业增加值增长8.3%；基础设施投入4.07亿元，增长11%；固定资产投资24.33亿元；用电量14930万千瓦时，增长19.5%。两大主导产业食品加工、新材料实现主营业务收入33.92亿元，增长28.5%；税金1.15亿元，增长26.3%。其中，食品加工产业1—12月实现主营业务收入21.37亿元，增长21.8%；税金5816.5万元，增长28.5%。新材料产业实现主营业务收入12.55亿元，增长41.7%；税金5671.4万元，增长29.4%。园区规模以上企业共计52家，其中新增企业18家。

（邱志强）

本栏编辑　饶国旺

交通运输

综　述

2018年，抚州市交通运输系统贯彻落实上级决策部署，坚持稳中求进总基调，牢固树立和贯彻落实新发展理念，抢抓黄金期机遇，年度各项目标任务圆满完成。

高速公路里程数占比全省前列。随着资光、船广、东昌3条高速公路2017年1月建成通车，抚州境内建成通车高速公路9条，通车总里程715千米，总公路里程数全省占比12.9%，位居全省前列（排赣州、宜春之后），三横四纵高速路网已成格局。另外，推动规划建设西外环高速，使东昌高速、福银高速和在建的东外环高速形成一个环形，届时抚州市将成为继南昌、九江之后第三个在市城区建成完整环形高速的设区市。

公路路域环境整治全省领先。创新举措，将高速公路沿线路域环境与农村环境综合治理进行有机结合，综合整治，成效显著。抚州市在全省公路路域环境及交通秩序综合整治现场会上做典型发言。

交通行业监管工作获部委表彰。在加强“两客一危”车辆的动态监控考核管理，探索建立第三方安全监管机制，扎实开展“道路运输平安年”活动中成效突出，市交通运输局被交通部、公安部、应急管理部联合评为全国“道路运输平安年”活动成绩突出管理机构。

县乡公路升级改造提速推进。为加快推进全市农村公路升级改造步伐，提出农村公路升级改造“五年计划，三年完成”的工作目标。经积极争取，全市农村公路县道升级改造、乡道双车道拓宽改造和建制村拓宽改造共有1362.6千米正申请建设计划，拟申请上级补助资金65641万元；安防工程1943.32千米正申请建设计划，拟申请上级补助资金19551.6万元；危桥38座正申请项目建设计划，拟申请上级补助资金1970万元。农村公路危桥项目库内危桥改造率达93.8%，剩下危桥已完成设计，在申请项目前期计划，已获上级补助资金24289万元，基本实现新增危桥数与改造数动态平衡。全市拥有国道1340.69千米，省道1268.81千米，县道2178.74千米，乡道4026.6千米，村道6120.8千米，专用公路101.97千米。公路永久性桥梁2365座、154008.84延米，其中特大桥4座、5333.5延米，大桥340座、88184.39延米，中桥739座、40159.59延米，小桥1282座、20331.36延米。

无车承运获全国试点。为推进供给侧结构性改革，促进物流业“降本增效”，抚州市全面推开无车承运物流试点工作。经过省运管局考核和交通运输部复核，江西正广通供应链管理有限公司成功入选全国229家无车承运人试点考核合格企业，并获得全省第一张无车承运道路运输经营许可证。

“四好”农村路获全省示点。农村“四好”公路建设卓有成效，2017年东乡区被评为“四好”农村路省级示范县，2018年成为镇村公交试点（全省5个），争取上级资金1200万元。

抚河通航有新突破。启动抚河复航，打通黄金水道。市交通运输局牵头项目梦湖—浒湾古镇（橡胶坝—浒湾段）水上旅游线路建设工程取得突破进展。省交通运输厅同意抚州港总体规划，省港航局首次批复市城区港区等5个客运码头岸线，市中心城区拟岘台码头开始运营，结束抚州市无客运码头使用岸线的历史，完善了城市交通体系，促进了旅游业发展。

道路运输安全形势平稳。2018年，全市道路客运经营业户44户，客运车辆1174辆，客运线路616条。拥有等级客运站64个，其中一级站2个，二级站14个，三级站2个，四级站2个，五级站44个。年完成客运量4020万人，旅客周转量168899万人千米。道路货物运输业户7517户，货运车辆35859辆，年完成货运量18196万吨，货物周转量5218190万吨千米。拥有机动车维修业户482户，汽车综合性能检测站15个，机动车驾驶员培训业户37户。拥有农村客运站1184个，等级站46个，农村客运班线430条，全市156个乡镇1805个行政村，共有在营农村客车706辆，通班车行政村1797个。年完成农村客运量2412万人，旅客周转量86833万人千米。全市水运企业22户，拥有船舶122艘，174654载重吨，51618千瓦，年完成水上货运量235.67万吨，周转量185655万吨千米。

党建工作成绩斐然。通过开展纪念中国共产党成立97周年暨“七一”表彰活动，授予市交通运输局机关党支部等3个单位为先进基层党组织；授予周建茂等14人为优秀共产党员；授予孙玉英等5人为优秀党务工作者等，引导全体干职工坚定理想信念，传承和弘扬党的优良传统和作风，不忘初心，砥砺前行。

2018年，抚州市交通运输局先后获得全国“道路运输平安年”活动成绩突出管理机构、全省交通运输工作先进单位、部队行动交通保障工作先进单位、承办全省旅游产业发展大会优秀集体等荣誉称号。

（市交通局）

地方交通管理

【概况】2018年，抚州交通基础设施建设成绩斐然，人民生产生活更加便捷，有力地促进当地经济社会和谐发展。全市建成高速公路9条，通车里程715千米，高速公路里程数全省占比12.9%，位居全省前列，三横四纵高速路网已成格局。拥有国道1340.69千米，省道1268.81千米，县道2178.74千米，乡道4026.6千米，村道6120.8千米，专用公路101.97千米。公路永久性桥梁2365座、154008.84延米，其中特大桥4座、5333.5延米，大桥340座、88184.39延米，中桥739座、40159.59延米，小桥1282座、20331.36延米。

【签订战略合作框架协议加强科技合作交流】11月9日，抚州市交通运输局与交通运输部科学研究院战略合作框架协议签约仪式在抚州举行。战略合作框架协议本着“立足长远、互惠互利、合作双赢、共同发展”原则，围绕抚州市“综合交通、智慧交通、绿色交通、平安交通”建设需求，充分发挥各自优势，加强交通运输领域科技合作与交流，加强产研结合、加快科技成果转化，拓展合作领域，深化合作内容，落实合作措施，共同推进交通基础设施建设快速发展，实现优势互补、资源互补、共创共赢。

【多渠道融资加快农村公路建设】“十三五”以后，市交通运输局抓住国家实施乡村振兴战略，加大基础设施建设力度和新农村建设的历史机遇，完善交通基础设施建设投融资模式，创新融资方式，拓宽融资渠道，全力推进农村公路畅通工程建设。2018年，全市6个县区签订EPC建设协议，1个县签订PPP协议，以县道升级和乡道双车道拓宽为主，项目建设资金25.03亿元，建设里程1026.86千米。

按照《抚州市农村公路三年规划建设实施意见》和县区经济发展要求，抚州市2017—2019年规划建设农村公路5353千米，需求建设资金97.2亿元，其中上级补助资金25.3亿元，尚缺资金71.9亿元。面对农村公路建设紧张的困难，2017年市政府要求利用三年时间对县道、乡道和建制村优选路线进行提升改造。县道按三级公路中高技术指标、乡道及建制村拓宽按四级公路标准改造，防护和排水工程、安防工程及公路绿化同步到位，市政府每年筹集1000万元资金用于奖励三年规划建设完成较好的县区。待三年规划实施完成后，全市农村公路技术状况将得到较大提升，县道三级公路比例将达到95%以上，乡道双车道比例将达80%以上，建制村优选路线双车道比例100%。此外，针对农村公路建设资金来源是上级补助和地方自筹，补助标准较低，只有贫困地区30千米以内县道升级改造按每千米160万元补助，其他建设项目上级补助资金不足工程造价的1/3的现状，全市通过EPC、PPP、PSL及银行贷款等多种方式筹措项目建设资金，拟筹集资金52.63亿元，2018年已落实资金36.93亿元，15.7亿元正在洽谈中。已签订EPC协议的有南城、金溪、宜黄、南丰、乐安和东乡等6个县区，共筹集资金21.33亿元；已签订PPP的有广昌县农村公路建设，筹集资金3.7亿元；正在进行EPC洽谈的有资溪县、乐安县和黎川县，拟筹集资金11亿元；PSL贷款到位8.9亿元；银行贷款7.7亿元，其中南城3亿元贷款已落实到位，临川和崇仁的4.7亿元贷款资料已提交给农发行待审批。

抚州市还借鉴兄弟地市经验，申请国家和省级交通部门的项目计划，2018年，共争取上级补助资金3.78亿元。动员和鼓励机关、企事业单位、社会团体、农村经营大户、企业及个人为农村公路建设捐资捐款。至2018年年底，“十三五”前3年全市交通运输部门共筹融资51.1亿元，较“十二五”全期增加43.4亿元，有效破解加快农村公路建设与资金紧张的矛盾，为农村公路畅通工程快速推进提供坚强保障。

【交通升级推进全域旅游向纵深发展】“四纵三横一联一环”高速及1.4万千米的公路支撑着抚州旅游及第三产业指标以两位数以上的速度增长。“十三五”以后，更是先后联通拟岘台、文昌里、三翁花园、灵谷峰、曹山寺、流坑、麻姑山、大觉山等数十个旅游景点景区公路，方便中外游客游览出行。2018年，抚州市提出建设抚河流域生态文化旅游公路。项目沿抚河两侧布设线位，途经市中心城区以及临川区（文昌里）、抚州高新区、东临新区、金溪县、南城县等县区的17个乡镇364个村庄，全长170余千米，总投资170多亿元（仅公路建设就有46亿元），串联9个AAA、AAAA景区，辐射1个AAAAA景区，沿岸快速车流和慢行游相得益彰，共同构建“快慢”结合的公路旅游系统，力创江西第一条旅游公路示范工程及全国旅游公路示范工程。

借助交通的快速发展，抚州以山水旅游为主体，促进乡村旅游、文化旅游、温泉旅游、休闲旅游、红色旅游快速健康发展和融合发展，城市变化日新月异，旅游品质持续提升，年游客接待量屡创新高。2018年，抚州市共接待游客1370万人次，实现旅游综合收入125.5亿元，同比分别增长40%和42%。

【梨温高速东乡收费站启用移动支付平台】1月1日，东乡区梨温高速收费站启用移动支付平台。这种“移动支付”就是打开手机支付宝二维码，经过现场自动监测系统，可直接显示车辆缴费金额，车主只需一键点击就可以完成缴费。支付宝缴费功能的开通，可使车辆最快3秒钟完成缴费，大大提高车道通行效率。

【抚州市升级智能交通系统迎全省互联网大会】 11月16—17日，第四届江西省互联网大会在抚州召开，抚州市交通运输局为提升交通服务水平，做好交通运输保障工作，改善市民出行体验，为大会的顺利召开提供应景的智能化、绿色化交通解决方案。

智能公交站牌系统，提供一站式APP服务。在公交优先发展战略和“互联网+”概念的驱动下，市交通运输局寻求公共交通与互联网的深度融合。基于交通云平台的智能公交站牌系统，面向市民出行提供一站式APP服务，借助GIS、GPS、物联网、业务数据等多种类、大规模、实时交通大数据，实时提供公交数量及相应具体位置，为市民便捷出行提供保障。在抚州市区出行只需携带一部手机，通过站牌可以查看公交的具体位置，还可用支付宝扫码代替刷卡，出行非常方便。

公共自行车智能租赁系统，倡导绿色文明出行。漫步抚州街头，整齐划一的公共自行车成为靓丽风景线。以绿色化、便捷化为主要特色的公共自行车租赁系统，着眼于最后一公里的交通需求，以互联网+公共自行车租赁模式提升服务水平。通过APP扫码即可自动解锁，实现自行车便捷租赁，方便市民交通出行，极大舒缓交通拥堵，成为城市道路中的一张靓丽名片。

此外，新能源汽车的大力推广，为抚州打造良好的绿色交通业态，营造一个清洁、自然、舒适、宜居的城市环境。

【文昌公交首末站开工兴建】 8月1日，抚州市文昌公交首末站重点工程开工兴建，项目位于文昌大道与昌抚公路交接处，占地面积11333.33平方米，总建筑面积2481平方米。建设工程包括维修车间、车辆清洗台、公厕及垃圾中转站、门卫及相关配套设施，总投资约1400万元。该项目建成后可进一步完善城市公交体系，改善居民出行条件，提高公交运营效率。

（陈根玲）

【市交通运输局领导名录】

党委书记、局　长：丁国华

党委委员、副局长：王爱民

罗　维　陈　峰

梁明昌　华河辉

党委委员、市纪委驻市交通运输局纪检组组长：胡　怡

党委委员：徐相生

公路建设与管理

【概况】 2018年，抚州市公路部门履行建养管职责，推进各项工作，保持良好发展态势。市公路局获得全省治超工作先进单位、全市综合优秀市直单位、绩效管理工作优秀单位等称号。G322宜黄黄陂至乐安鳌溪新建工程获得全市重点项目建设优秀项目二等奖。

项目建设稳步推进。在建项目顺利推进实施并完成，G322宜黄黄陂至乐安鳌溪公路改造工程于6月完成，G316资溪花山界至南城黄狮渡除资溪县城区路段外年底已完成。“十三五”后3年计划实施升级改造项目共10个，项目前期工作基本完成。开展品质工程创建活动，狠抓过程管理、细节控制和试验检测，质量管理水平不断提高。所有在建的公路建养项目，均接受省交通运输厅组织的质量安全大检查，没有发现重大质量安全隐患。

养护管理稳步提升。为迎接全省旅发大会在抚州市召开，优质高效完成市城区金巢大道4条道路白改黑、G206南城金山口至原收费站路面改建、资溪县沙苑至大觉山路面大中修、灵谷峰景区道路改造等路面改建。狠抓公路日常养护管理，坚持精细化、标准化和特色化养护，全市普通国省干线公路优良路率78.8%，平均PQI值（路面结构综合使用性能指标）达到84.8。新建黎川龙安、南丰荷田岗服务区，临川云山、乐安龚坊、崇仁罗陂岗养护中心等道班。购置清扫车12辆，龙马养护车56辆，职工生产生活条件得到改善。

依法治路稳中有为。强化超限超载治理，全市累计出动治超执法人员13.8万人次，检测涉嫌车辆166.9万辆次，查处违法超限超载车辆9796辆次，卸载货物5.74万吨，切割非法改装车辆221辆，交警记分5803分，连续3年将超限超载率控制在1%以内，抚州市治超工作连续3年全省排名第一。强化路域环境整治，持续开展公路平交道口、非公路标牌设置、违章建筑、占道经营、乱堆乱放和路面抛洒整治活动，路容路貌明显改观。抚州市在全省路域环境及交通秩序综合整治现场会上作典型发言。

安全形势稳中向好。共实施安全隐患整治347.7千米/35条路段，处治路面破损、坑槽860处，处治路基塌方、滑坡等地质灾害81处，整治平交道口、渠化2936处，整治桥梁安全隐患33座，整治隧道隐患1座，增设排水设施114.4千米，增设波形护栏2029处，增设标志标牌14638块。实现安全责任事故为“零”目标。

企业经营稳中提质。市交建投公司发挥融资平台作用，运作抚州机场、抚河流域生态文化旅游路、西外环高速公路、236国道改建、纬十三路等项目建设。赣东路桥集团积极拓展公路、房建、市政、交通附属工程等业务，完成产值18.23亿元；博信监理公司、赣东公路设计院分别完成产值2650万元、2828万元；恒通路桥、崇仁智达、东乡赣东、广昌中川、宜黄亿嘉等二级施工企业发展势头良好。

（赖春芳　李水生）

【出台《普通国省干线公路路网命名编号调整工作实施细则》】 6月3日，出台《抚州市普通国省干线公路路网命名编号调整工作实施细则》，确保2019年4月底前普通国省干线公路网命名编号调整工作完成。此次公路网命名编号调整工作主要包括公路交通标志调整、里程

桩号传递、相关数据更新等。调整工作期间，市公路局委托专业设计单位对新增或命名编号发生变化的路线进行命名编号调整设计，统筹设计普通国省干线公路平交道口安全隐患整治调整方案。

在工程施工中，市公路部门严格按照批复的工程设计组织施工，完成普通国省干线公路交通标志调整、里程桩号传递，同步完成与其他路网相互关联的交通标志调整工作，并对实施命名编号调整的路线进行效果评估，根据路网运行情况优化完善相关交通标志。结合公路网命名编号调整工作，同步实时完成相应的公路数据库、公路出行信息服务网和电子地图等调整更新工作。完成调整工作后，全市普通国省干线公路将达到“四个一”目标，即：构建一个统一规范、清晰完善的公路网标识体系；形成一套技术先进、经济适用的公路交通标志设置和改造关键技术；建成一张满足社会公众出行新需求的公路信息服务立体网络；营造一个安全高效便捷的公路交通出行环境。

【整治公路安全隐患保障出行安全】为降低交通事故发生率，抚州市启动公路安全隐患整治工程。该工程由抚州市交通建设投资集团有限公司作为业主单位，预算总投资14215万元，于1月7日开工建设，建设内容主要包括公路交通标志、标线、防护设施、视线诱导及警示设施、减速带、减速路等，建设里程为1354千米，同年8月完工。

该公司还承接一批2018年市重点建设项目，包括中国·戏都抚河流域生态文化旅游公路、抚州机场、西外环高速公路、G236国道改线及梦湖西岸纬十二路、纬十三路等。

（陈根玲）

【G316资溪花山界至南城黄狮渡公路改建工程完工】该路线起于G316国道资溪县与福建光泽县的省界处（花山界），途经资溪县鹤城镇、高阜镇、嵩市镇、高田乡，终于南城县沙洲镇的黄狮渡，全长49.28千米，有小桥100米/5座，中桥389米/9座，大桥265米/2座；隧道1855米/3道。总投资64609.61万元，其中建安费49890.57万元，按二级公路水泥砼路面改建。2016年11月16日开工，2018年12月26日完工。

（夏春花　李水生）

【G322宜黄黄陂至乐安鳌溪段（宜黄境内）新建工程完工】该路线起于宜黄县黄陂镇，途经黄陂镇的黄泥村、霍源村、田西村、西源林场、西源村，终点接于乐安县谷岗乡板岭村附近，全长13.05千米，有桥梁2347米/5座，其中大桥计4座，中桥1座；小型构造物52道；宜乐隧道长1188米。按二级公路沥青混凝土路面建设，总投资34206.5万元。2016年9月8日开工，2018年12月28完工。

【G322宜黄黄陂至乐安鳌溪（乐安境内）新建工程及升级改造项目完工】该路线起于乐安县谷岗乡，途经板岭、里坑、山下、四青、店元、下罗排、丁元水库，终点接于鳌溪镇。全长27.03千米，有中桥176米/3座，大桥106米/1座，隧道1502米/2道。按二级公路沥青混凝土路面建设，总投资48339.06万元。2016年6月30日开工，2018年9月完工。

【S227乐安招携至潼灌段公路改建工程开工】6月30日该工程开工建设。路线起于原省道222宋水线增田至招携段（已改建）的招携镇以南的新街，途经招携镇新街、青里村，金竹畲族乡的下严坑、徐庄村等，终点位于乐安县与宁都县交界处。全长21.53千米，其中长链10.65米、短链1.48米，有中桥99米/2座，大桥1158.4米/8座。按二级公路沥青混凝土路面建设，总投资37484.7万元。

（夏春花）

【Y528乐安县招携至高望公路（招携绕镇段）改建工程开工】经乐安县政府批准，10月10日开工建设，设计为新线起点与S222宋水线垂直相交，沿既有道路北侧布线，在满足交通部颁标准的基础上，尽量使路线与地形、地物协调，尽可能少拆迁建筑物，最大限度地降低对自然环境的影响，同时符合招携镇的整体规划。路线全长1.21千米，路基宽10米，路面宽8.5米。公路等级为二级公路，设计速度60千米/小时，双向双车道，采用水泥混凝土路面，预计2019年10月竣工。工程总造价667.09万元，其中建安费386.25万元。

（芦　斐）

【G206罗家桥危桥拆除重建】该桥位于南城县境内，桥梁中心桩号1627.88，全长19延米，全宽12米，技术等级二级，设计荷载等级公路Ⅱ级。2017年3月10日下达开工计划，2018年2月28日完工，总投资187万元。

【G316黄狮渡桥危桥拆除重建】该桥位于南城县境内，桥梁中心桩号517.51，全长107.08米，全宽12米，技术等级二级，设计荷载等级公路Ⅰ级。2017年3月29日开工建设，2018年12月31日完工，总投资704万元。

【G322茶亭桥危桥拆除重建】该桥位于黎川县境内，桥梁中心桩号13.52，全长64.30延米，全宽9米，技术等级三级，设计荷载等级汽车–15级。2017年3月10日计划下达后开工，2018年2月28日完工，总投资231万元。

【G322龙安桥危桥拆除重建】该桥位于黎川县境内，桥梁中心桩号49.20，全长69.1延米，全宽8.5米，技术等级二级，设计荷载等级汽车–15级。2017年3月10日计划下达后开工，2018年1月16日完工，总投资270万元。

（赖春芳）

【G206内块塘桥危桥拆除重建】该桥位于南城县境内，桥梁中心桩号G206国道K1735+178，全长19.04延米，桥梁全宽12米，为钢筋混凝土空心板梁桥。10月18日开工，预计2019年1月底完工，总投资208万元。

【S312许坊桥危桥拆除重建】 该桥位于崇仁县境内，桥梁中心桩号312省道K119+902，重建桥梁全长37.04延米，全宽10.5米，为预应力钢筋混凝土空心板梁桥。11月16日开工建设，预计2019年1月底完工，总投资164万元。

（谢金波）

【G206威汕线上堡二桥危桥重建】 该桥位于G206威汕线广昌境内K1834+020处，新建后的桥梁全长21.04米，全宽为15米，上部采用预制板，下部构造桥台采用薄壁台，基础均采用钻孔灌注桩基础，设计荷载公路–I级，设计洪水频率1/50。2017年9月11日开工，12月29日完工，中标价137.7万元。

（谢克强）

【临川区才子大桥开工建设】3月28日，临川区上顿渡才子大桥正式开钻打桩，标志着该大桥进入全面施工阶段。这是继该区上顿渡大桥、龙津大桥之后，新建的第三座大桥。

该桥位于临川区才子大道，横跨宜黄河，位于S208线（新抚八线）临川大桥下游820米、龙津大桥上游880米处。由西向东布设，西接河西片区中洲路，东接河东片区中兴路，全长1160米，是上顿渡城区桥面最宽的大桥，其中桥梁长约548米，桥面宽28米。引道长612米，其中西岸引道长221米，东岸引道长391米。按景观桥设计标准，桥下为拱桥，桥面建设观景台、休闲亭等仿古建筑。主桥为双向四车道以及人行道和观景道路。才子大桥建成对加快推进上顿渡城区一河两岸建设，拉大城区框架，提升城区形象和城市品位有重要意义。

（危月辉）

【G316资南公路庙子坳隧道贯通】 1月15日，G316资南公路项目关键性控制工程——庙子坳隧道比预计时间提前贯通。该隧道是G316资溪花山界至南城黄狮渡公路改建工程项目3座隧道之一，全长443米，净宽10米，净高5米，洞身内轮廓半径5.25米，为单洞双向通行隧道。全隧Ⅴ级围岩112米，占隧道全长25.3%；Ⅵ级围岩242米，占隧道全长54.6%；Ⅲ级围岩89米，占隧道全长20.1%。

（范　平　黄珊珊）

【G206威汕线金溪境内陆坊至下肖段灾毁重建完工】 该工程全长13.95千米，总投资7540万元。1月1日开工，6月1日完工。

（赖春芳　李水生）

【G236芜汕线临川区境内大修完工】 G236芜汕线原为S208石宁线。该工程桩号533.11—535.73，里程2.63千米，路面宽度9米，按二级公路平原微丘区施工，总投资2107万元。6月1日开工，12月31日完工。

（赖春芳）

【市公路局领导名录】

局　　长：苏建国

党委书记：王晓鹏（任至2月）

党委委员、副局长：曾明水

何华春

党委委员、总工程师：曹细春

党委委员、副局长：刘其昌

副调研员：袁宗平

潘觉民（任至7月）

刘林平

【市交通建设投资有限公司领导名录】

董事长、总经理：吴仉华

高速公路路政管理

【概况】 2018年，抚州高速公路路政管理支队围绕执法规范化、队伍军事化、业务精细化、管理标准化，转变管理理念，夯实管理基础，提升管理水平，确保高速公路安全畅通。全年巡查9800人次，巡查53万千米，发现影响行车安全的路面坑槽、隔离栅破损3000余处，均下发修复告知书。受理并经总队审批行政许可16件；大件运输并联许可51件，其中已发证42件，审批中4件，撤销5件。监管清障施救行为580起，发放服务监督卡580张，无一例有效投诉。

【综合整治扫雷清零行动】 为加强对路域环境及交通秩序综合整治和“大排查、大扫雷”活动，支队成立领导小组，印制《抚州高速公路路域环境及交通综合整治工作实施方案》和《抚州高速公路路政管理支队安全隐患整改督办工作方案》，出动宣传车600辆次，出动宣传人员1500人次，每周一次在管辖路段收费站、服务区、沿线主要乡镇集市开展广播宣传；利用巡查车辆显示屏发布路域环境、交通秩序综合整治和“大排查、大扫雷”活动情况；制作55条宣传横幅悬挂在人群密集路口、路段、公共场所、办公场所，着力营造浓厚氛围。印制4400份宣传单和3143份《抚州市人民政府关于加强国省道及高速公路路政管理的通告》，发至辖区高速公路沿线学校、工厂、社区、小区居民和驾驶员，在醒目位置张贴通告，鼓励群众举报各类侵害路权行为，强化沿线群众爱路护路意识。全面排查涉路管线类设施393处，建筑、堆积类设施416处，高速交警部门设施422处，隔离栅（刺铁丝网）破损、中央隔离栅开口1542处，路面坑槽36处，边坡、护坡损坏22处，其他违法设施58处，建筑控制区外可视范围内有碍观瞻设施256处，其中墓地33处，构筑物（含铁皮棚）226处，及时反馈移交涉及路段经营管理单位和其他相关单位整治。

针对活动中遇到的难点问题，路政、交警、养护、地方政府开展联合行动，动用民工360多人次，投入拆除设备5台次，运输车辆30辆次，清除建筑控制区违法非公路标牌20余块、条幅5处；清除桥（涵）下堆积物580处3000余立方米；拆除违法搭建物、构筑物6处近1000平方米，清理公路用地范围种植物44处。协助高速交警部门开展路面执法，全支队共计出动执法人员160余人次，检查各类社会车辆360余辆，劝阻违法上路行人310人次，自行车、摩托车58辆次。

针对活动中发现的20处重大安全隐患，支队领导班子成员每人负责5处进行挂牌督办，完成整治13处；剩余7处中3处涉及路段经营管理单位的全部纳入2019年养护专项维修计划，其余4处重大安全隐患，由市政府办公室转请属地县区政府会同高速路政部门依据相关法律法规及时处置到位，彻底消除了安全隐患。

【公路执法服务大走访】 活动自2017年9月30日开始，至2018年8月31日结束，支队路政执法服务大走访活动工作领导小组搞好宣传动员，营造“三服务两监督”良好氛围。结合日常巡查工作，向行人、司机宣传有关政策法规；在辖区公路各重点路段、运输企业发放宣传单600余份；利用信息报道等媒介广泛宣传报道，营造活动氛围。支队、大队每月联合辖区高速交警部门开展一至两次走访重点货运企业，主动了解企业的愿望和诉求，改进和提升服务质量。支队共派出执法人员走进企业200人次，执法车辆100辆次，走访56家物流运输企业。清理大型违法广告16处，小型标志牌35块，张贴类广告22处、宣传横幅19条。

【“三基三化”建设】 5月23日，支队在南丰县召开“三基三化”建设现场会，制定工作方案、进度表，促进各项工作顺利开展。结合支队目标管理考评和大队绩效考核方案，根据大队人员结构、岗位职责，科学合理设置执法岗位，做到岗位职责详细清晰；根据人员年龄结构、岗位设置开展有针对性的业务学习培训，提升路政执法理论水平和实际操作能力；搞好基础设施建设，做好大队房屋维修和标志标牌更新，配备体育休闲娱乐设施，为基层干部职工创造良好的办公生活环境。严格按照第六大队已验收通过的部办标准，建设各大队大厅背景墙、门楼、会议室、标志标牌、LED显示屏、监控、阅览室、健身房等。

【公务用车改革】 5月29日，江西总队车改会议后，制定《抚州高速公路路政管理支队公务车改革实施方案》。明确支队现有车辆39辆，保留28辆，取消11辆。支队机关19人，保留3辆一般公务用车，10个大队总计145人，管辖里程总计671.8千米，保留25辆特殊业务用车。对取消车辆粘贴封条，封存在临川区汤显祖大道南昌青云汽车有限公司停车场。车改后，全支队公务交通总支出为456.19万元，较改革前节约支出48.27万元；改革后保留司勤人员27人，减少10人，节约开支89.3万元。

【第七大队倾情帮扶暖人心】 自2017年7月始，抚州高速路政支队第七大队对广昌县盱江镇赤岸村开展精准扶贫，针对贫困户的实际情况，制定“一户一策”帮扶措施。村民遇到难题就会主动找帮扶干部帮忙。从复印身份证、填写扶贫申请材料，到教贫困户使用手机、电脑等，帮扶干部均第一时间帮其解决，成为村民眼中的“亲人”和“好帮手”。曾良贵是赤岸村古池小组的贫困户，2018年打算种植烤烟，但在春耕临近时，购买烟苗和化肥的钱迟迟没有着落。了解情况后，驻村帮扶干部及时与广昌县农商银行联系，为其成功申请到5万元小额贷款。烟苗下田时，由于量大忙不过来，大队领导又带领帮扶干部到田间地头，捋起袖子，挽起裤脚，帮其栽种烟苗。曾良贵紧紧地拉住帮扶干部的手，感动地说：“真是太谢谢你们了，我家今年脱贫有希望了。”

为推进秀美乡村建设，改善赤岸村的人居环境，第七大队驻村帮扶干部全力配合镇、村干部，向农户做足做细拆除土坯危房和危房改建工作。通过逐户实地测量，准确记录每家每户土坯房和危房相关数字，确保无一户提出异议。然后请来挖掘机，拆除土坯房。帮扶干部起早贪黑，现场指挥，帮助清理垃圾、平整路面、粉刷墙面、改造屋顶隔热层等，两个月共清理垃圾100余吨，平整路面1.5千米。如今，该村面貌已焕然一新。4月16日，《江西日报》刊登题为《倾情帮扶暖人心——抚州高速公路路政管理支队七大队帮扶纪实》的专题报道。交通运输部网站、中国江西网也进行跟踪报道。

【联勤联动保畅通】 2018年，支队开展安全生产月宣传活动，深入高速公路沿线村庄、涵洞、服务区等，悬挂安全生产宣传标语18条，张贴安全生产标语100多张，散发宣传资料1000余份，宣传安全生产法律法规、安全常识。汛期，各路政大队联合辖区高速交警、养护部门对隔离栅、路面坑道、桥梁、涵洞、急弯、陡坡、易积水等事故多发路段进行安全隐患排查。组织开展内部应急救援演练外，联合高速交警、清障施救、养护和管理单位，开展高速养护和施工作业现场安全生产检查16次，召开联勤联动联席会8次，参与重大事故应急演练4次。强化24小时“三级”值班制度，设立安全生产和应急管理非常设机构，保障应急状态下各级单位领导到现场督导。重大节日、军事演习和恶劣天气期间，成立应急保障队伍，加强上路巡查力度，提前调度好清障施救车辆，防患于未然。应对雨雪冰冻天气，增派巡查人员，加大对事故多发路段巡查强度，对管辖区路段的防护栏、隔离栅等可能存在的道路通行安全隐患进行全方位的排查，减少事故的发生。

（全永生）

【抚州高速公路路政管理支队领导名录】

支 队 长：艾志茂

党委书记：付世春

副支队长：卢森生

纪委书记兼工会主席：李 涛

公路运输与安全生产

【概况】2018年，抚州市有道路客运经营业户44户；客运车辆1174辆，26690客位；客运线路616条，其中跨省67条，跨地（市）65条，跨县54条，县内430条；拥有等级客运站64个，其中一级站2个，二级站14个，三级站2个，四级站2个，五级站44个。全市客运线路平均日发5240班次，年完成客运量4020万人，旅客周转量168899万人千米。道路货物运输业户7517户，货运车辆35859辆，456554吨位，年完成货运量18196万吨，货物周转量5218190万吨千米。拥有机动车维修业482户，汽车综合性能检测站15个，机动车驾驶员培训业37户，其中一级15户，二级20户，三级1户，道路运输驾驶员从业资质培训1户。拥有农村客运站1184个，等级站46个，农村客运班线430条。全市156个乡镇1805个行政村，共有在营农村客车706辆，座位12987个，通班车行政村1797个。年完成农村客运量2412万人，旅客周转量86833万人千米。

【BRT公交开通试运行】抚州BRT(快速公交系统)工程于2017年7月15日动工兴建，2018年12月28日开通试运行。

抚州BRT工程是亚行贷款抚州市城市基础设施综合改善项目四个子项目之一，自2011年启动后，经反复论证，于2014年9月完成可行性研究报告，2016年12月完成设计工作，经过全球招投标，确定福建路港集团为施工单位。项目全长约13.5千米，贯穿整个抚州新老城区，路线为：新剪子口—文昌大道—赣东大桥—赣东大道—环城南路—玉茗大道—迎宾大道—赣东大道—站前大道—火车站，呈弓字形走廊，走廊全线设置路中BRT专用道，布设22座中央岛式站台，平均站间距610米。

BRT项目建设内容主要包括：BRT车站修建、车道的修建、运营管理系统相关设备的购置、BRT车站处扩宽改造及升级改造、自行车道、人行车道修建和升级改造、交叉口渠化、管线及绿化迁移、其他道路配套设施等，项目总投资约3.5亿元(含BRT线路5.5千米道路大中修)。

抚州快速公交（BRT）试运行，共采购湖南中车时代电动汽车股份有限公司生产的大容量公交(BRT)车辆90辆，其中10.5米车辆40辆，12米车辆42辆，18米铰接式车辆8辆。这些车辆全部投放到B1路、B2路、B7路、B9、B11路、B31路、B33路、B36路、BG1路共9条公交线运行。

（陈根玲）

【长运公司运输生产平稳】2018年，抚州长运公司有员工965人，其中全日制用工468人，非全日制用工137人，派遣制用工360人。拥有车辆728辆，其中客车354辆、公交车225辆、出租车149辆；更新车辆51辆，其中22辆为新能源客车，运行于乐安县城至乐安工业区城际公交2辆、崇仁至抚州城际公交4辆、东乡县城公交8辆、乐安县城公交6辆、崇仁城乡公交2辆。客运分公司10辆、崇仁分公司1辆、乐安分公司1辆、南丰分公司7辆、黎川分公司2辆、广昌分公司8辆。

公司有客运线路195条、日均发班次3808个，客运班线通达粤、琼、闽、浙、沪、湘五省一市和省内所有地级市，县乡班线基本覆盖全市所有乡镇。跨省线路55条、跨市区线路53条、县际线路36条、县内线路51条，里程总长7.82万千米。

全年完成客运量1786.80万人次，比2017年增加18.8%，完成客运周转量66634.50万人千米，比2017年减少1.99%；实现售票收入16463.12万元，完成预算的95.88%，比2017年减少434.55万元，减幅为2.57%。8月，抚州长运获得江西省企业家联合协会、江西省企业家协会颁发的“2017年度江西省优秀企业”称号。

【抚州长运在改革中探索转型新路子】“十三五”以后，面对高铁、民航的高速扩张和私家车的普及，以及整体经济下行、油价上涨、经营成本增大的严峻经营环境，抚州长运公司按照“强基础、调结构、保稳定、促发展”的经营原则，把握企业转型升级发展正确方向，围绕江西长运客运、物流与旅游“三业并举、互联互通、协同发展”战略方针布局，稳步发展，经受住高铁冲击的严峻考验，全体员工迎难而上。2018年，先后完成崇仁至抚州、黎川至南城、宜黄至抚州、南城至抚州4条城际公交班线改造工作；开通乐安县城至厚发工业园区的通勤车；收购崇仁至孙坊、白露农村客运班线，实现城乡公交化改造；完成金溪县城至琉璃、陈坊的城乡公交一体化改造，同时完成金溪县内70%农村客运班线车辆的收购。城际、城乡公交化改造成功，拓展公司业务新领域，开创企业转型新路子。全年完成客运量1786.80万人次，比2017年增加18.8%。

（抚州长运）

【客运中心投入运营】5月19日，位于抚州火车站旁的抚州客运中心投入运营，至此，抚州市实现动车与汽车客运的无缝对接，市民出行更加方便快捷。

抚州客运中心按照客运一级站标准进行建设，是一家集道路客运、车辆检测、车辆修理、车辆清洗、加油、充电桩等功能于一体的综合型客运站。项目总投资1.5亿元，设计服务能力为年平均日旅客发送量1.6万人次，占地面积6.02公顷，总建筑面积39544.37平方米，包括客运站、车辆检测站、汽车维修中心、加油站等，建有大型客车专用停车位168个，小车停车位195个。

抚州客运中心启用后，老城区的客运站照常运营。从原来的发车站点开出的抚州至金溪、崇仁、东乡城际公交为1路，从抚州客运中心发往上述三地的城际公交改为2路。包括这三条城际公交，抚州客运中心日发班线40条。为方便旅客转乘，客运中心站开通联网售票功能，旅客可以在中心站进行一站式购买抚州地区所有车站班次车票。

抚州客运中心投入运营后，满足抚州市城乡居民出行需求，缓解中心城区交通拥堵现状，完善道路运输服务功能，对推动全市客运事业的发展，繁荣城乡经济，促进社会发展具有十分重要的意义。

（陈根玲）

【抚州开通城区至崇仁城际公交】从1月1日起，往返于抚州城区和崇仁县两地的城际公交正式运营，同日，抚州至崇仁的往返道路班线客车停运。

为方便抚州城区、崇仁县两地群众出行，2017年抚州市明确将抚州至崇仁开通公交纳入市中心城区公共交通发展三年计划中，决定对抚州至崇仁班线实行公交化改造，开通抚州城区至崇仁县公交线路。经过多方协调，该城际公交线路如期开通运营。抚州城区至崇仁城际共有2条公交线，即公交1号线和2号线，票价分为5元、10元两种(以源野山庄为界)，全程票价10元。

公交1号线起始站点为抚州客运总站，终点站为崇仁汽车站，线路全长50千米，途经抚州客运总站、阳光城、市人民医院、临川一中新校区东门、临川二中、朱山路口、曹坊路口、源野山庄、六家桥、崇仁汽车站。每日运行时间为5：30—19：30，每10至15分钟发一班，每日发送90个班次；公交2号线起始站点为崇仁汽车站，终点站为抚州火车站，线路全长48千米，途经崇仁汽车站、六家桥、源野山庄、曹坊路口、朱山路口、抚州火车站。每日运行时间为7：30—19：30，每日发送6个班次。

【公交旅游1路试运营】6月16日起，抚州市公交旅游1路（文昌里至仙盖山）旅游公交线路试运营。该旅游线路单程28千米，实行一票制，票价3元/人次。途经主要站点：文昌里（中洲堤路正觉寺、牡丹亭）—华润万家(大公路店)—长途汽车站（赣东大道）—王安石纪念馆—汤显祖大剧院—市行政中心—三翁花园(北门)—仙盖山(回程按原线返回)。

该条线路的运营，为市中心城区、商务区和风景区，增添一条沟通联系的纽带，抚州人出行游玩更加方便。

【宜黄县城至曹山寺开通公交专线】经过长时间实地考察及全面调研后，宜黄县到曹山寺旅游公交专线于12月1日正式开通。该县购置5辆全新的新能源公交车从县城出发，专线开往曹山寺旅游景区。

曹山寺景区是宜黄县首家国家AAAA级旅游风景区，位于宜黄县城西曹山之中，距县城18千米。该旅游公交专线途径官仓前、黄陂桥、仙洞等，全程约20分钟。辐射周边各个乡镇村落，为沿线村民出行带来方便。该条公交车票设置每人每次3元，也可用手机扫描支付车费。

【抚州市发出全省首张“无车承运”道路运输经营许可证】3月20日，临川区文昌桥公路运输管理所向江西正广通供应链管理有限公司签发全省首张“无车承运”道路运输经营许可证，标志着抚州市“互联网+物流”迈出关键一步。

江西正广通供应链管理有限公司是抚州市在交通运输领域招商引资的重点企业，2017年通过交通运输部无车承运人试点考核，是交通运输部认定的江西省两家“无车承运”试点货运物流企业之一。该企业依托互联网技术，通过管理和组织模式的创新，打造“互联网+供应链+实体物流”平台，推动货运物流行业转型升级，已聚合1323个加盟商，整合全国1760余家物流企业，签订运输合同客户1.3万余家，平台货运车辆31894辆次。2017年发运车次近60万次，发运总量600万吨，实现营收超10亿元。

（陈根玲）

【抚州佳斌现代物流园有限公司落户金溪】该项目坐落于金溪县下肖原光伏产业园，占地面积12公顷，投资总额2亿元，于2018年年初开工、预计2020年年初竣工。

该公司致力于发展智慧物流产业集群，基于成熟的物流运输网络，打造集运输配送、现代仓储、展览展销为一体的现代化综合物流驿站和重卡货运智慧物流平台。截至2018年年底，该项目已完成物流园区的整体图纸规划，土地、建设相关部分手续的审批，占用土地的平整，主体办公楼第一层建设施工。同时于2018年2月依据GB/T19680-2013国家标准，被中国物流与采购联合会评估为AAAA级物流企业。

项目建成后，将打破传统物流行业的经营模式，创新式的运用大数据、云计算、物联网实现将物流大数据和移动互联网、移动智能终端贯穿于一体的O2O物流业务平台，充分整合线下业务和线上资源，有效利用线下已有实体业务规模优势，重点开发线上互联网流量导入，进而利用线上网络资源反向推动线下业务规模的不断扩大。

【金溪客运枢纽站一期工程竣工投入使用】为提高金溪县道路旅客运输效能，缓解城区交通压力，协调整合客运资源，引导城市综合交通中长期发展，2015年8月，金溪县政府与江西抚州长运公司签署《金溪县客运枢纽站建设合同》。约定抚州长运按二级枢纽站标准建设集客运、公交、维修、办公等功能为一体客运枢纽站。项目工程位于金溪县白马路与园湖北路交叉口地段(县总工会北侧)，规划设计总用地2.67公顷，建筑占地面积26666.6平方米，建筑总面积7709.3平方米，综合楼总建筑面积5817.01平方米。项目工程分为二期建设，一期工程2016年8月动工，2018年5月投入使用，投资金额2688.94万元。项目工程建成运营后，实现以公路客运、城市公交、城际公交、农村客运、出租车等综合运输一体化为特征的客运枢纽站。对于群众日常出行、县中心城区功能提升、深化城乡统筹和区域统筹等具有重要的现实意义。

（金溪交通局）

【南城县开通城乡公交】9月，南城县政府第19次县长办公会批复江西耀通公共客运有限责任公司，同意开通县城至各乡镇、行政村公交。同年12月，该公司将9辆中通牌纯电动公交车投入县城至岳口公交延伸线使用，票价暂按原价的70%收取。

（王素红）

【公交总公司划转移交市投资发展（集团）有限公司】6月22日，抚州市公交总公司正式划转交接给市投资发展（集团）有限公司。划转后，市交通运输局继续行使行业管理职能，市投资发展（集团）公司对市公交总公司人、财、物等行使管理职能，市公交总公司人员原身份不变。

市公交总公司成立于1965年，是一个国有公益性公共交通企业，2018年有职工500余人，公交车330多辆，公交线路24条，线路总长320多千米。所有公交线路均实现无人售票，并开通公交智能IC卡、卫星定位报站系统、电子自动考勤系统，公交线路在城区规划区内实现基本覆盖。

抚州市投资发展（集团）公司是抚州市龙头国有企业，公司总资产460亿元，净资产约270亿元，公司在2015年被列入全国城投类100强企业，集团公司下有全资（控股）子公司10家。市公交总公司划入市投资（集团）公司管理，既有利于市投资（集团）公司做强做优，提高综合实力和抗风险能力，又有助于市公交总公司、供水公司依托市投资（集团）公司的资本优势，进一步发展壮大，提高企业运行质量和资源配置率。

【公交总公司组建首支女子公交车队】为迎接全省旅发大会在抚州市召开，提升抚州市公交企业形象，发挥窗口服务行业优势，抚州公交总公司决定成立的首个女子公交车队，从5月1日起在高铁1路公交线路上线运行。抚州市公交总公司共有160多名女司机，公司从中选出服务技术好、表现突出的36人组成女子公交车队。这支女子公交车队年龄最大的46岁，最小的28岁，省党代表、省劳动模范万玉峰任该女子车队第一任队长。高铁1路公交线路共有27辆纯电动公交车上线运营，线路全长13.5千米，途经新老城区，沿线客流量大，路面状况复杂。温馨的环境、统一的着装、甜甜的微笑和周到的服务，是新组建的首支公交女子车队的服务标准。

【道路客运车辆4G视频安装圆满完成】7月27日，随着抚州长运有限公司最后一辆客车的4G视频安装结束，标志着抚州市4G视频安装工作圆满完成。

道路客运车辆4G视频实时监控设备安装工作，是2018年江西省道路运输行业的一项重要工作。为确保安装工作顺利完成，市运管处多次召开安装平台公司、客运企业、运管部门调度会，敲定各县完成安装工作时间，确保7月28日前全面结束全市安装工作；每天关注并督促工作进展，安排专人负责日报报送，倒排工期，保证协调到位，计划完成到位；对不安装客车进行清理，按照各级运管部门的职责，督促企业对僵尸车加快办理报停报废及注销手续，确保道路运政系统车辆数据与安装总数一致。截至7月27日，全市1153辆客车4G实时视频全部安装到位，标志着抚州市的客车实时监控管理能力由单一的超速报警管理升级为驾驶员行为实时动态管理，极大提升全市道路客运的安全管理水平。

【高考期间考生免费乘坐市区公交车】6月7—8日，抚州市考生持准考证可免费乘坐市公交总公司所属线路所有公交车，这是抚州市公交总公司连续6年推出“爱心送考”免费搭乘公交车活动。抚州市公交总公司制定一系列措施，高考期间增加途经高考考点线路的运力，重点加密上午7—9点、下午1点30分至3点等时段的公交车车次，缩短车辆发车间隔时间，确保考生按时到达考场。此外，高考期间公交车驾驶员将严格遵守相关规定，当遇到考生快迟到等特殊情况时，如考生前往考场途中，在确保安全的前提下，提供就近下车服务，特别是在考点周围禁鸣喇叭。

【千余辆私家车参与“爱心助考”】5月25日上午9时，由抚州市广播电视台、市公安局交警支队、市公路运输管理处主办，95.5交通音乐广播、市城区出租汽车行业协会、抚州车友会联合承办的第十四届“爱心助考”活动在抚州万达广场启动。1000多辆私家车、150多辆出租车通过“抚州交通音乐广播”报名，加盟爱心高考车队，为高考的莘莘学子献出一份爱心。

2018年，抚州市参加普通高校招生考试的考生共30164人（不含高职单招已录取的1646人），在全市各县区设立17个考点，其中临川区6个、东乡区2个、其他县各1个，共1076个考场。已报名参加“爱心助考”的车辆将在6月7—9日全国普通高考期间，无偿接送考生，为考生提供交通便利。爱心车辆贴着统一的爱心标志与其他社会车辆进行区别。考试期间，考生凭准考证免费乘坐爱心送考车辆。

【万玉峰入选江西“最美道路运输人”】1月22日，在2018年全省道路运输工作会上，省公路运输管理局对抚州市公交总公司驾驶员、9路公交车车队长万玉峰等十位江西“最美道路运输人”进行表彰。由省公路运输管路局等单位主办的“寻找身边的感动·最美道路运输人”推选活动于2017年7月19日正式启动。经过全系统认真推选，30位来自全省各地的“最美道路运输人”候选人接受公众投票。投票页面访问量超百万。最终，万玉峰等十位“最美道路运输人”脱颖而出。

万玉峰是抚州市公交总公司女驾驶员、9路公交车车队长。2015

年获全省劳动模范称号，2017年被评为抚州市“第二批岗位学雷锋标兵”。万玉峰身材纤弱，容貌秀气，车技好。她开的9路公交车虽然车况较差，但总保持着窗明椅净、微笑服务。

（陈根玲）

【市公路运输管理处领导名录】

处　长：徐相生

【抚州长运有限公司领导名录】

董 事 长：胡维泉（任至12月）
　　　　　王建仁（12月任）
党委书记：叶宜民（任至12月）
　　　　　王建仁（12月任）
总 经 理：肖良芝（12月任）
副总经理：肖良芝（任至12月）
　　　　　杨　军（任至12月）
　　　　　黄　晟（10月任）
　　　　　杨平明（12月任）
财务总监：涂志农
纪委书记：张振国（任至12月）
　　　　　杨　军（12月任）

水路运输与安全管理

【概况】 抚州辖区共有航道851千米，其中六级航道542.5千米，七级航道62千米，八级航道246.5千米，部分航道实行区间性通航。2018年，全市有渡口26道，其中10道渡口已名存实亡，实际运行渡口中有10道为标准化渡口。全市水运企业22户，有船企业10户，分别是：抚州市长江实业集团有限公司、安达航运有限公司、盛达航运有限公司、玉茗航运有限公司、腾华航运有限公司、海鹰船务有限公司、鑫辉船务有限公司、远东船务有限公司等。另有水路游客运输企业1家，为抚州市文化旅游投资发展责任有限公司所有。其中，沿海3户，内河7户，拥有船舶122艘，174654载重吨，51618千瓦，年完成水上货运量235.67万吨，周转量185655万吨千米。

全市注册登记证书有限期船舶共计109艘，其中旅游客船4艘，油化船41艘，普通干货船60艘，采砂船2艘，工程船2艘。因抚河航道闭塞，交通阻断，无货船在辖区内载货运行。

【严把船员证照关】 2018年，市港航分局签发船员证书160余本，利用船员办证时间采集指纹信息280余人次，组织270余名船员参加基本安全培训考试，抚州船员持证率显著提高，辖区注册船员数增加到1300人，增长率16.6%，抚州船员“软实力”显著增强，全市水上运输持续安全无事故。

【抚河夜游展美景】 5月7—8日，第五届江西省旅游产业发展大会在抚州召开。为展示抚河生态文明建设成果，抚州市政府建设示范旅游航道，推出抚河夜游项目。夜游项目从拟岘台码头上起航，沿着抚河下行，经抚河大桥、文昌桥、赣东大桥，直至橡胶坝，观赏两岸灯光秀美景。

为保障航道安全、畅通、高效，水运管理部门以定期巡航巡查的方式，密切关注航道的水位变化，做好日常检查维护，坚持航标日测制度，及时检修功能障碍，通航标志始终处于良好运行状态。

（港航局）

【抚河航道复航正式启动】 2018年，市交通运输局牵头项目梦湖至浒湾古镇（橡胶坝至浒湾段）水上旅游线路建设工程取得突破性进展，标志着抚州市打通黄金水道，恢复抚州航道通航工程正式启动。省交通运输厅同意抚州港总体规划，省港航局首次批复抚州市城区港区等5个客运码头岸线，市中心城区拟岘台码头开始运营，结束抚州市无客运码头使用岸线的历史，促进了旅游业发展，城市交通体系进一步完善。

（陈根玲）

【抚州港航局（地方海事局、船检局）领导名录】

局　　长：陈凤春
党委书记：吴冬香

铁路运输

【概况】 2018年，抚州市境内拥有铁路5条计337.7千米，其中沪昆铁路过境东乡区23千米，鹰厦铁路过境资溪县30.3千米，向乐铁路伸入临川区、崇仁县、乐安县92.8千米，向莆铁路过境抚州158千米，沪昆铁路杭南长客运专线（简称“杭长客专”）过境东乡区33.6千米。

【抚州市与江西省铁投集团举行项目对接会】 3月15日，抚州市与江西省铁投集团在汝水森林宾馆举行项目对接会。省政协副主席、抚州市委书记肖毅，省铁路投资集团公司董事长、党委书记熊燕斌出席并讲话；省铁路投资集团公司副总经理、党委委员傅江斌，铁四院院长助理王长法，市委常委、市委秘书长谭小平出席。副市长肖承贵主持会议。

肖毅希望省铁投集团进一步加大工作力度，加快推进昌抚城际铁路、市主城区到东乡区的城际铁路、吉抚武温铁路和南丰至瑞金城际铁路等项目前期工作进度，选择合适的投融资模式，争取项目早日立项并开工建设；进一步加强对抚州通用机场建设的指导和帮助，大力推动通用航空产业发展，与周边机场实现差异化发展。熊燕斌指出，抚州交通建设要不断创新思路和举措，加大市主城区和各县区的内部联通，做到“内联抚州，外联枢纽”，不断增强抚州交通区位优势；要紧紧抓住发展机遇，抢占先机，进一步细化、优化、实化通用机场建设规划，大力推进通用机场建设，积极发展综合交通设施。

【首趟抚州至汉堡中欧班列开行】 8月16日上午9时，伴随着一声清脆的汽笛声，满载41个集装箱中欧国际货运班列从“汤显祖故里”抚州驶出前往德国汉堡。这是继俄罗斯莫斯科之后，抚州又一条直达欧洲的新线路。

此趟班列装载的均为40英尺

首趟抚州至汉堡中欧班列开行

中欧班列专用集装箱，货物均为抚州本地企业生产的运动器材和运动服饰，总货值约350万美元。该趟班列从满洲里出境，途经俄罗斯莫斯科、波兰华沙、德国柏林，全程运行1.6万千米，17天左右到达德国汉堡，比海运节省时间28天左右，大幅提高运输时效、降低企业综合成本。

抚州至汉堡中欧班列为江西增加一条快捷的国际铁路货运大通道。铁路部门计划在年内开行抚州出口俄罗斯蔬菜班列和进口俄罗斯木材中欧班列，实现中欧班列双向常态化运行。

【江西省首列中俄友城果蔬班列开行】 11月28日上午，江西省首列中俄（抚州—彼得堡）友城果蔬班列发车仪式在抚州北站举行。省外办副主任胡志扬、省农业农村厅副厅长邓贤贵出席并致辞；抚州市副市长肖承贵宣布发车，副市长徐国义致辞，市政协副主席、临川区委书记胡领高出席。

徐国义在致辞中表示，开通中俄友城班列是对丝绸之路文明历史的传承与延续，又是对新时代发展方向的开拓创新。抚州将以此次班列开行为契机，更加主动融入“一带一路”建设，努力打造“一带一路”重要节点城市。同时，不断提高农产品标准化、品牌化水平，大力推动更多生态绿色有机农产品走向世界，带动抚州供给侧结构性改革，促进农业增效，农民增收。

【抚州火车站开展消防应急演练活动】 6月4日，抚州火车站候车室“突发”紧急状况，候车室左侧卫生间附近向外冒出滚滚浓烟，见状，抚州火车站派出所民警和车站职工快速反应立即疏散旅客……这是抚州火车站进行的消防应急演练。

为防止夏季火灾事故的发生，抚州火车站派出所组织车站职工开展消防安全教育培训及演练活动。在消防安全教育培训会上，授课人结合典型火灾事故案例，对火灾分类、发展阶段、逃生技能、自救措施、紧急疏散注意事项以及灭火器的正确使用方法等进行详细讲解。在消防演练中，车站职工结合车站实际进行火灾扑灭及逃生应急演练，并实际操作消防栓、消防水袋和灭火器的使用方法。

【崇仁县开展爱路护路宣传】 4月1日起，崇仁县铁路交通护路办联合教育部门、铁路公安派出所、沿线乡镇公安派出所、沿线乡镇护路办等单位，组成宣传队伍深入沿线各中小学校、集贸市场、自然村组，广泛开展铁路安全及爱路护路宣传月活动。活动中，护路办工作人员向在校学生授课，广泛宣传铁路安全常识和法律知识，不断增强中小学生的安全意识和法律意识。同时在县人民广场向广大市民散发爱路护路宣传单、展示护路图片及展板。宣传月活动中，铁路交通护路办、公安民警授课18场次、组织图展8场次，散发宣传册120套、宣传单1.6万份。

（陈根玲）

本栏编辑 陈志平

信息产业

综　述

2018年，抚州市紧紧围绕“优政、惠民、兴业”目标，以建设新型“智慧抚州”为主线，以完善信息基础设施、构建信息惠民体系、推进城市智慧管理、培育融合创新生态为重点，以信息化助推“放管服”改革，推动政务服务便民化，形成制度保障体系不断建全、信息基础设施初具规模、资源整合共享取得进展、基础应用建设稳步开展、数字经济产业逐步发展的新局面。

强化顶层设计，健全完善信息化制度建设。开展数字经济顶层规划设计调研。与中科院下属的高地知库信息咨询有限公司合作，重点围绕信息基础设施、制造业数字化、服务业数字化、农业数字化、政务数字化等领域规划建设目标，研究制定抚州市数字经济产业发展总体规划。修订《抚州市信息化建设项目管理办法》。强化市县两级信息化统筹规划、管理，建立全市共建共享、集约整合的信息化发展机制，以提高项目建设水平和资金使用效率。下发《抚州市政务信息资源共享实施细则》，明确各部门在全市政务信息资源共享工作中的工作职责和角色定位，同时制定政务信息资源共享9项标准，明确数据对接的技术标准。

搭建发展平台，培育壮大数字经济产业。成立抚州市大数据产业发展领导小组。领导小组由市政府主要领导任组长，分管领导任副组长，领导小组成员由相关部门和公司的负责人组成，协调解决大数据产业发展问题，指导、推动企业在抚州开展大数据业务等相关工作。成立抚州中科院数据研究院。联合中科院大学人工智能学院，于2018年9月27日共同组建抚州中科院数据研究院（简称研究院），充分发挥中科院在大数据、云计算、人工智能、区块链、先进计算等新经济产业技术的资源优势，推动创新链、产业链与资本链的联动创新，提高抚州科技创新能力。组建抚州市数字经济投资发展有限公司。按照现代企业制度的要求，由抚州市工业与科技创新投资发展有限公司出资5000万元，于2018年10月成立抚州市数字经济投资发展有限公司，作为抚州市数字经济产业的资金运作平台，推动全市数字经济产业发展，推进信息化与实体经济的深度融合。与九次方大数据公司合作，于2018年10月成立抚州市星河大数据产业公司，通过发挥九次方大数据产业链和贵阳大数据交易所行业会员优势，吸引更多大数据企业到抚落户，进一步做大做强抚州市数字经济产业。

（信息办）

【市工信委领导名录】

党委书记、主　任：伍旭鸿

党委委员、副主任：张　健

曾永亮　吴鉴铭

罗亚军　洪之旭（挂职）

党委委员、市企业发展办主任：

李　凌

党委委员、总经济师：罗冬华

党委委员、市政务信息办主任：

侯智军

基础建设和技术应用

2018年，市工信委与中科院共同组建抚州中科院数据研究院，推动创新链、产业链与资本链的联动创新；组建市数字经济投资发展有限公司，推动云计算、大数据、物联网、人工智能等新一代信息技术跨界融合；成立星河大数据产业公司，为大数据企业落户抚州创造了良好条件；抚州高新区荣获“江西省新型工业化产业基地（数字经济）”称号，抚州数字经济发展有了更坚实的平台。

信息化建设步伐加快，工业发展新动能增强。以互联网共享提升行政效能。在全省率先上线“生态云”平台，通过整合生态资源数据，打造抚州市生态文明大数据基础“资源池”。建成县乡村三级扶贫网络和信息平台，对全市现有4.3万贫困户致贫原因等进行统计分析，精准扶贫有了更精确的数据支撑。以互联网技术增进民生福祉。启动智慧百乡千村医养服务工程，建成移动化、物联化、网络化智慧医疗健康服务体系，已推广到全市842个村、104家乡镇卫生院、17家社区服务机构、13家县级医院，群众足不出户就能向专家远程问诊就医。拓展“我的抚州APP”，建立“绿宝”碳普惠公共服务平台，引导公众养成绿色生活风尚。以互联网应用激发产业活力。满足国际T3、国标A类标准的卓朗大数据中心，占地面积17.33公顷，4700个标准机柜，约10万平方米的应用中心；创世纪超算中心14万台服务器全面运行，第二期50万台服务器的超算中心已开工建设，并将以此为基点，引进多家国内外知名的上下游数字经济企业落户抚州；曙光政务云计算中心投入运营；崇仁北斗变电工业互联网平台，为园区及企业发展提供规范化设计和智能装备研发；乐安威仕特汽车导航有限公司开发了集GPS方案、车载导航、车联网及车载工业设计于一体的互联网应用，为革命老区、国家贫困县乐安县打造一个全新产业。

（信息办）

政务信息化

【概况】 2018年，抚州市推进云网建设。实施政务外网线路改造，进一步提升政务外网统一互联网出口承载能力，完成政务外网“乡乡通”工程的扩容改造，有211家市直单位接入政务外网。截至年底，利用政务网视频会议共保障各类会议187次。抚州中科曙光云计算中心完成76家单位业务迁入并运行，平台上已经承载大数据服务平台、生态云平台、OA协同办公系统、市级人口健康信息平台等135项业务系统。同时，崇仁、东乡、资溪、宜黄、临川等县区以及高新区也有业务部署到云平台，充分发挥集约化的效益。市本级部署在政务外网的各类业务系统基本完成整合，新增的各类专网的业务系统在政策法规允许的情况下，也全部依托政务云平台进行建设。在由工信部主办的“2018可信云大会”上顺利通过政务云综合水平评估和可信政务云评估，该次评审结果全国仅评出四家，并作为优秀案例入选“中国政务云发展白皮书”。

【推进数据资源整合共享】 2018年，抚州市建设的市县一体化大数据服务平台已整合全市62家单位，超过5亿条数据，初步建立人口、法人、空间地理和宏观经济四大基础资源库。利用大数据服务平台，针对重点应用领域开展大数据分析应用，建立贫困人口精准识别比对模型，通过对贫困人口及户籍相关的家庭成员是否拥有商品房、不动产、小汽车等情况进行排查，筛选出部分疑似违规领取低保金或扶贫资金的人员名单，供市民政局和市扶贫移民局进行核查。同时，针对数据共享情况进行梳理，起草通报材料初稿，准备对未完成数据资源共享的单位进行通报。针对群众办事堵点问题，开发多个应用核查程序，供各行政审批单位查询使用。建立项目验收环节数据共享一票否决制。严格执行信息化项目管理办法，在项目验收环节要求建设单位必须共享数据，否则不予验收。实现集约化办公。建立全市电子政务协同办公系统（OA系统），实现市、县区、乡（镇、街办）三级高效协同办公，同时整合大数据服务平台等多个业务系统，切实提高党政机关工作效率和服务水平。

【推进“互联网＋政务服务”，提升信息惠民服务水平】 2018年，抚州市公共信用信息平台上线运行，参与信息归集的单位达55个，共归集信用信息9100万条，涵盖全市个人信息512万余条、企业（个体）信息16万余条，单位信息4800余条和社会组织信息1700余条，包括失信被执行人、A级纳税人等联合奖惩信息，以及拖欠贷款、拖欠农民工工资企业、表彰奖励、公民道德、扶持政策等各类信息，实现公共信用信息的交换共享。当年抚州市在江西省首届公共信用信息平台和信用网站观摩评比中获得全省第一的好成绩，作为全省唯一设区市参加国家发改委举办的全国信用信息平台和信用网站建设观摩评比，获得84.4分，在第一城市组16个地市中排名第7。电子证照系统上线。完成与省级电子证照的对接。完成与抚州市网上审批系统、高新区“一窗式”综合服务平台、抚州市不动产登记系统技术对接工作，用户单位可以通过上述三个系统同步签发电子证照。推进“一窗式”综合服务平台建设。市政务服务网“一窗式”综合服务平台11月搭建完成，与通用审批系统、投资项目审批监管平台、抚州市大数据服务平台和政务服务网（抚州分厅）完成对接。在抚州高新区试点“一窗式”综合服务平台对接工作，实现不动产权登记证的电子证照同步签发。完善“我的抚州”APP。开展全面升级改版工作，形成“我的抚州”APP3.0版本。累计对接30余家主要民生单位，实现功能点90余项，涵盖信息发布、政务公开、医疗卫生、就业服务、安全保障等方面。截至年底，APP实名注册用户约17.78万人，下载安装量超过150万人次，日均活跃用户数约为1.5万人左右，并在2018中国政府信息化大会上荣获案例创新奖。

【再次成功举办全省互联网大会】 11月16—17日，2018（第四届）

2018（第四届）江西省互联网大会启动

江西省互联网大会在抚州市召开，取得圆满成功。这是继2017年成功举办第三届江西省互联网大会之后，再次在抚州市举办的集互联网和通信技术应用、新技术交流、新成果展示、新产品体验为一体的全省性盛会。该次大会与以往不同，最大的亮点是成功邀请省委政法委、南昌市、新余市、吉安市、上饶市、赣州市、九江市、鹰潭市、宜春市、赣江新区等省直单位和兄弟设区市参展，通过对标对表、比学赶超，实现共同发展的目的，推动抚州市互联网产业发展。在该次互联网产业招商对接会上，签约18个项目，涉及电子信息、电子商务、现代物流、信息传输和计算机软件、校具产业等行业，投资企业来自全国各地，签约金额达103亿元。

【政企强强联手推动成果落地】2018年，抚州市先后与网易、思源、浪潮、华为、联想、国网信通、九次方、江苏运时8家互联网企业和移动、联通、铁塔3家运营商以及兰州环境能源交易中心签订14个战略合作协议或合作备忘录，通过深化政企合作，促进全市数字经济产业发展。

（信息办）

网信工作

【概况】2018年，抚州市委网信办严格按照“建设好互联网、管理好互联网、利用好互联网”的要求，统筹协调各成员单位，扎实推进全市网络安全和信息化工作，较好完成各项工作任务。

坚持正面宣传，加大网络内容建设力度。做好庆祝改革开放40周年网上宣传工作，对各县区、市直新闻网站有关改革开放40周年活动网上宣传引导进行工作安排，在抚州新闻网、魅力抚州APP开设“壮阔东方潮 奋进新时代——庆祝改革开放40年”专题；围绕市委、市政府中心工作，组织市属新闻网站开设“三城同创”“扫黑除恶在行动”等30多个专栏专题。邀请组织中央网站、省新闻网站抚州频道、大型商业网站、市属新闻网站及新媒体积极做好“2018年全省旅发大会”“2018汤显祖戏剧节暨国际戏剧交流月”“第四届江西省互联网大会”等重要活动的宣传，其中央视、新华社、人民网、今日头条、凤凰网、腾讯、新浪等全国34家媒体平台，对“汤显祖戏剧节暨国际戏剧交流月开幕式”进行联动直播，总观看人数达2200万多万人次；组织市属网络媒体对“习近平发表重要讲话”“全国两会”“网络中国节”等重要时间节点和重大活动进行重点网上宣传，在抚州新闻网、魅力抚州客户端开设专题45个，集纳新闻报道3657条，制作H5、短视频等新媒体形式的作品96件。

【加强网络管理，营造清朗网络空间】2018年，市网信办会同相关单位开展一系列多部门联合专项整治行动，组织各县区网信办和市直各媒体开展10余个网络乱象专项整治行动，查封关闭2个违法违规网站，并对17家网站进行整治；做好网络舆情监控和处置工作，每个工作日形成网络舆情日报，报市委、市政府，遇重大敏感舆情，及时以专报形式上报，确保第一时间发现、第一时间研判、第一时间报送、第一时间处置、第一时间发声。2018年，市委网信办积极指导相关部门做好重大突发事件的处置工作，妥善处置10余起敏感舆情，没有出现被持续炒作的网络舆情事件。

【强化责任意识，筑牢网络安全防线】2018年，召开全市网络安全和信息化工作会议，传达全国、全省网络安全和信息化工作会议精神，总结中共十八大以来全市网络安全和信息化工作，部署当前和今后一段时期全市网络安全和信息化工作；开展关键信息基础设施网络安全检查，会同市公安局、国安局等单位在全市范围内开展网络安全执法检查工作，对全市能源、水利、金融、公共服务、电子政务等重要行业和领域开展梳理排查工作，对20家重点行业和领域、重要政务系统进行技术检测，出具《重点系统技术检测报告》，对检测中发现的问题提出相应的解决方案；开展抚州市第五届“国家网络安全宣传周”活动，共制作图文展板220余块，发放相关宣传资料9万余份，推送手机短信230万条，市属各媒体、各单位和各县区官微做好网络安全宣传周专题宣传工作，其中抚州新闻网精心制作“国家网络安全宣传周”专题，有效提高公众的网络安全风险防范意识，提高网络安全防护水平；妥善处置网络安全事件。全年通过网络安全巡查，共发现6家单位网站出现网站内容被篡改、被植入博彩广告、遭受后门攻击等情况，市委网信办在监测发现有关问题后，第一时间通知涉事单位，并指导涉事单位及时修复网络安全漏洞、稳妥处置应对，有效阻止事态影响的进一步扩大，并在事后督促涉事单位进行网络安全整改，吸取教训，扎实筑牢本单位的网络安全防火墙。

（吴雪峰）

【市网信办领导名录】
专职副主任：吴雪峰

邮政管理

【概况】2018年，抚州市邮政业全面贯彻习近平新时代中国特色社会主义思想和中共十九大精神，牢固树立新发展理念，落实“打通上下游、拓展产业链、画大同心圆、构建生态圈”发展新思路，在新征程上有新作为。全市邮政业业务收入收入突破6亿元，业务总量超9亿元，快递业务量达到2700万件，全市邮政业在新时代迈上新台阶。

【行业发展态势快速良好】2018年，全市邮政业业务收入（不包括邮政储蓄银行直接营业收入）达到6.28亿元，同比增长15.56%；业务总量达到9.29亿元，同比增长

26.27%。其中，快递业务量完成2753.63万件，同比增长38.12%，快递业务收入完成2.63亿元，同比增长33.46%。截至年底，全市共计有法人快递企业123家，其中2018年新增4家，分支机构185家，303处快递服务末端网点完成备案。邮政普遍服务和快递服务满意度稳中有升，消费者申诉处理满意率逐步提高，邮政业在抚州经济社会发展中的作用不断增强。

【行业发展环境不断改善】 快递三轮车辆通行更便利，市邮政管理局、市交警支队、市城管局等部门联合出台《关于规范我市快递专用电动三轮车管理的实施意见》，对快递专用电动三轮车采取“统一标识、统一编号、统一管理”的方式进行管理。邮政普遍服务更便捷，建立12个国际邮件办理网点，邮政蓝海物流园邮件处理中心投入运行，邮件日处理能力大大提高。“信息化”邮政不断发展，邮政普服网点全面实现电子化，投递质量监管系统投入使用，智能快递箱组不断增加，末端投递服务水平不断提高。邮政电商融合发展出成果对接各县区特色农产品，推广“寄递＋农特产品＋农户”模式，打造“快递＋南丰蜜橘”“快递＋乐安竹荪”“快递＋南城米粉”等品牌项目，其中南丰蜜橘、南城米粉年邮件快件量均达到130万件，支撑全市农产品销售收入2亿元。邮政电商迅速发展，建成邮政邮乐购商超站点704个，截至2018年年底，邮乐购等邮政电商平台上线销售金溪蜜梨、广昌白莲等农副产品111款，线上交易11.9万笔，线上线下交易额1034.74万元。

【行业服务能力明显增强】 全市邮政支局所共有206个，其中农村地区支局所156个，实现“乡乡设所”。拥有邮路51条，邮路总长度（单程）5293千米，邮政投递能力不断提升，全市1808个建制村全部直接通邮，实现“村村通邮”和县及县以上城市党政机关《人民日报》等主要党报当日见报。邮政综合便民服务平台推进，建设便民服务站575个，为群众提供代售车票、代办证件、代交水电费、车牌证照代办等服务。全市快递法人企业123家，备案分支机构172个，备案末端网点312个，实现快递网点乡镇全覆盖。全省快递企业运输网路126条，单程网路里程15463.5千米。全市初步建成县乡村三级农村邮政快递配送体系，行业服务农村电商、带动农民增收和促进农村发展的能力明显增强。

【行业安全水平提升，寄递渠道平稳运行】 寄递安全主体责任有力落实。全市企业建立健全安全生产内部管控机制，全市邮政业共计设置安全管理机构1家，295家法人企业及分支机构配备专兼职安全管理人员，建立完善安全生产管理制度，邮政企业在行业安全领域发挥了带头示范作用，按照“八有”和“五个一”的要求，全面落实企业法定代表人作为第一责任人的法定责任和全员安全生产责任制。各企业开展安全生产自查自纠工作800多次，排查各类安全隐患120多处。“三项制度”严格执行。全市邮政快递企业进一步加强实名收寄工作，全面推广应用实名收寄信息系统，加强协议客户实名收寄管理，落实散件客户实名收寄要求，全市邮件快件实名率超过99%；收寄验视制度得到进一步落实，全市邮政快递企业健全完善物品拒收登记制度、痕迹化管理制度，拒收疑似违禁物品31件；邮政快递企业加大资金投入购置安检设备，全市邮政快递企业配置安检机达4台，重要时期定向邮件快件实现100%过机安检，确保寄递渠道安全。专项整治行动有序开展。在全市邮政业组织开展涉枪涉爆、反恐禁毒、扫黄打非、易爆危化学品、安全生产大检查、安全整治月等专项整治行动，市邮政管理局与市公安、国安等部门建立信息报送机制、联合执法机制，全方位构建寄递安全保障网。在春节、中秋、国庆前后以及两会、“上合”峰会、“中非合作论坛”北京峰会、汤显祖戏剧节等重要特殊时期，开展专项安全保障行动，确保行业安全稳定。

（陈春华）

开展邮政业禁毒知识专题培训

【市邮政管理局领导名录】
党组书记、局长：梁明昌

邮　政

【概况】 2018年，抚州邮政按照“保持品质发展定力，聚焦创新转型升级，全面建设幸福新抚邮”的工作思路，不断“转方式、调结构、提品质、增效益”，打造抚州邮政崭新生态体系，有力促进地方的经济建设和社会发展。建成邮乐购加盟合作站点1587个，上线销售农副产品111款，线上交易11.9万笔，线上线下交易额1034.74万元，对接和扶植产业合作社34个，销售额2700万元，带动2800余户贫困户增收。全面开发农村快递市场和散件揽收市场，99个农村分支机构自办网点开通快递包裹收寄功能。全面推进损益核算，网点收入同比增长7.65%，利润同比增长5.51%。开发抚州邮政大数据平台，运用数据10万余条。乐安邮政电商运营中心接待省委常委、常务副省长毛伟明现场视察。

【“1+5”站点建设显成效】 2018年，全市实现“四个惠及”（站主、扶贫户、各专业、配送端），打造“邮、客、商、民”利益多赢共同体。截至年底，共建成邮乐购加盟合作站点1587个，其中邮乐购商超站点704个，扶贫站点199个，批销站点168个，便民服务站575个。全市上线销售农副产品111款，线上交易11.9万笔，线上线下交易额1034.74万元，打造广昌白莲、金溪蜜梨、南丰蜜橘等知名农产品。对接和扶植产业合作社34个，销售额2700万元，带动2800余户贫困户增收。

【寄递改革显优势】 按照省邮政公司部署，积极稳妥推进寄递翼改革，市、县寄递事业部相继成立，邮递人员、机构、运营组织基本划拨调整到位，生产作业流程、揽投站点、网运资源逐步优化整合到位。通过“转方式、调结构、提品质、增效益”，重大标件大项目取得突破，司法项目、警邮项目和赣服务通政务+项目得到快速发展。全面开发农村快递市场和散件揽收市场，99个农村分支机构自办网点开通快递包裹收寄功能。

【改革创新打造“抚邮优势”】 全面推进损益核算。全市142个金融推行损益核算，网点收入同比增长7.65%，利润同比增长5.51%，利润率达到58.73%，特别是市本营业网点，利润率由32.6%上升到49.2%。数据应用取得突破。组建一支以数据分析、数据策划为主的队伍，开发抚州邮政大数据平台，与江西邮政大数据平台形成功能互补，全年运用数据10万余条，有效推进业务的发展。“双创”热情持续高涨。全市年申报双创项目50个，所有申报项目全部落地实施。同时，开展“主题点子”征集活动，全市动员率达到100%，员工人均积分为11.35分，共发布点子522条。

【服务能力彰显“抚邮特色”】 电商扶贫工作得到省市领导的充分肯定和社会各界的广泛关注。省委常委、常务副省长毛伟明视察乐安邮政电商运营中心后，给予肯定与鼓励；副省长吴晓军多次考察抚州电商扶贫工作，对“邮乐购”扶贫站点充分认可；江西工人报、抚州日报等市级以上主流媒体报道20余次。异业协作取得可喜成绩。开展移动、电信合作的对接工作。以提升烟草商户网上结算率为切入点的“烟邮”合作取得突破，临川试点一周烟草商户网上结算率提升30%以上。服务能力进一步增强。践行“人民邮政为人民”的服务宗旨，履行央企政治责任和社会责任，认真做好普遍服务和特殊服务，出台《抚州邮政提升普遍服务特殊服务水平，拓展便民公益服务三年行动计划（2018—2020）》。全市43个农村手工网点全面实现电子化，邮政汇兑和包裹等普服业务均实现现场办理。机要全年无通信失密、丢损事故，保密、安全、服务质量全红，在2018年全省机要通信服务质量评比中荣获三等奖。

【基础能力进一步增强】 2018年完成19个网点（其中包含8个普服网点）的改造，新建1个仓储项目。新增运输及揽投车辆4辆，管理车辆1辆，新增投递电动三轮车38辆。大力推行改善客户用邮和改善员工生产生活的“双改善”工作。全面整治网点用电线路，解决线路老化、承载负荷低等问题；全面改造网点营业环境，对面积狭小、环境较差的进行升级改造。同时，落实“四个全面”（为全市所有网点全面配全了生活用品，冰箱、洗衣机等；打造宽敞、明亮、温馨的员工食堂；全面完善住宿环境，以“十全室美”标准进行配置，对有条件的实现“一舍一卫”，实现员工“拎包入住”）要求，各网点“职工小家”建设已初具规模，基本解决员工吃、住、生产、生活难题。

（王明明）

【市邮政公司领导名录】

党委书记、总经理：张　华

副总经理、工会主席：李捷平

副总经理：芮义标

副总经理、纪委书记：

张　华（任至6月）

电　信

【概况】 2018年，中国电信抚州分公司在市委、市政府的坚强领导和支持关爱下，在集团、省公司的战略指引及精准指导下，“坚持党建统领，聚焦三化转型，强攻新七大工程”，聚焦发展主航道，以五抓五强一表率为抓手，不断进位赶超，全面完成年度目标，获得2018年度全国文明单位（通过复评），集团“翼起跨越”客户经营第一名，2018年度全省经营发展铜奖（全省第4名），广昌分公司获得全省优胜奖，宜黄、南丰、东乡获得提升奖，均实现了历史性突破。宗强劳模工作室获得江西省总工会授予的江西省劳模创新工作室。

2018年抚州分公司全业务收入完成超过5亿元，增幅列全省第3；上缴税收2000多万元，完成投资1.3亿元。移动用户到达55万户，宽带用户到达37万户，电信电视用户到达33万户。

【贯彻网络强国战略，加快精品网建设】 2018年抚州分公司安排投资立项总体规模1.3亿元，进一步完善了无线、宽带精品网的覆盖与支撑能力。开展光网质量提升专项工作。完成江西省电信公司下达OLT上行双物理路由改造和老旧OLT退网年度工作目标。县乡光网实现万兆上行全覆盖，提升了农村光网互联接入能力。完成OLT组播下移部署，提升了ITV业务体验感知。完成城区10G EPON/xGPON OLT千兆能力覆盖，提升城区FTTH千兆接入能力。提高端到端的管理和应用，强化资源动态管理，楼宇资源信息、房间信息关联到小区楼栋准确率达到95%以上，快速支撑业务开通。进一步夯实"一石两翼"基础。通信保障能力持续提高。节假日及全国大型会议期间确保通信畅通，完成江西省旅游发展大会、江西省第四节互联网大会、汤显祖戏剧节等重要会务通信保障任务。完成抚州市东外环高速建设，市区BRT快速公交改造施工均做好服务支撑。持续推进移动网VoLTE业务优化，有力支撑新业务的应用推广；推进NB网络专项优化，为下一代物联网建设做好网络保障；扎实推进IPRAN成环，集约预警、动态滴管扩容，保障客户感知。

【勇挑央企担当，让通信安全惠民】积极落实提速降费政策，加大流量不清零、语音及流量漫游费取消的宣传，大力发展畅享套餐，加快老用户迁转，有效降低用户的传统通信费用支出，满足群众日益增长的通信需求。履行网络信息安全第一责任人职责，所有新入网用户均进行实名认证，落实三级审核制度。抓好网络安全漏洞常态化监测，发现互联网暴露面195个，整改完成192个，整改率98.5%；清理电信自用公网地址600余个，占100%。完成《中国电信光传送网江西省抚州市本地传送网业务系统》定级备案工作。

【履行社会责任，扎实开展扶贫攻坚】主动担当国家扶贫及帮创工作。由党委书记、总经理担任扶贫攻坚小组组长，从业务、网络、信息化等方面牵头细化扶贫方案。公司领导多次深入挂点帮扶贫困村广昌县驿前镇横路村进行扶贫攻坚指导，看望慰问贫困户，助力国家级贫困县成功脱贫摘帽。下拨扶贫专项经费20多万元给县区分公司开展扶贫工作，网络扶贫投资上千万元，完成乐安山区20户以上深度贫困村（自然村）的无线及有线网络覆盖。结对抚州市中心城区石马巷社区开展帮创活动，发动全体党员到社区报到，为"三城同创"活动提供有力保障。

【全面依法治企，推进企业改革发展】完成规章制度的自查、核查、审定三个阶段的清理工作，确保各项规章制度形成和实施依法合规，同时举一反三对合同进行自查。严格按照"三重一大"党内民主集中制执行。印发《关于抚州分公司精简会议提升决策效率的通知》，明确市县公司总经理办公会议事清单。对用户投诉、校园营销、小区排他进驻、实名制、合作商代理商经营等风险集中领域重点监管，在共建共享、民资引入、光纤入户等重点领域强化规章制度的规范执行。深入开展防范打击通讯信息诈骗工作，严格执行有关反垄断、反不正当竞争、知识产权等国家法律法规和行业监管政策规定，严禁"三强"。加强对重大合作、重大项目的风险管控，为划小承包等创新运营模式提供法律保障。加强企业内控管理，增强工程建设、采购、对外合作等重点领域的风险管控，严格执行《招投标法》、《招投标法实施条例》及集团公司相关管理制度。

【推动企业有效益的规模发展】深刻领会省公司工作会精神，以江西省电信公司"11866"三年战略目标为引领，制定抚州分公司"5205636"的年度目标，分工协作，共同推进企业有效益的规模发展。实施进攻战略，打赢移动格局战，牢牢把握发展方向，坚持融合进攻，强化活动组织管控，通过高目标牵引开展春雷行动、暑促营销、秋促活动以及阶段冲刺赛、短程赛、专项活动等一系列主题营销活动，做到"季季有主题、月月有竞赛、周周有奖励、天天有目标"。用发展来凝聚员工思想，不断打消各级经营单元小富即安、小进即满的思想，克服畏难、厌战情绪，以五级划小，五厅五部晋级PK等调动一线的主观能动性，共同加快移动业务的规模发展。以五级划小承包筑牢宽带生死战攻防体系，积极开展第二部宽带加装及单转融专项活动，落实"提速降费"政策；坚持存量维系向存量经营转变。强力推进五级包区，使其成为公司极具活力的基础细胞，成为宽带保存激增的新阵地、新堡垒。强力推进云网融合，巧用泛酒店完美联盟，促进宽带ITV量收双发展。坚持价值经营，不打价格战，结合云网通产品在中小企业专业市场积极宣传新智慧企业套餐。

【党建持续提升，凝心聚力保发展】以习近平新时代中国特色社会主义思想为指导，开展党的十九大精神"大学习大宣传大落实"活动。以专题学习讨论、答题竞赛、主题演讲等活动创新学习方式，党员干部参加率100%，十九大精神进班组、到基层，入脑入心。9月、10月组织两期共120多人在瑞金举办党的十九大精神体验式学习，县区分公司支部也借鉴开展。党员固定日活动使党员队伍在思想上进一步升华，纯洁性和先进性进一步提高。班子按月开展中心组学习，开好"肃清苏荣遗毒案"及"巡察整改"两个专题民主生活会，开展了严肃的批评与自我批评。推进党员积分管理，将社会帮扶及营销发展纳入积分体系，做到每月有考核、每月有公示。以支部标准化建设与授牌推动支部达标，规范支部台账，提升支部基础管理水平，标准化支部已达19个。各党支部下沉到营业部进行双节营销帮扶，帮扶达1100余人次，支部的战斗堡垒作用和党员的先锋模范作用进一步彰显。开展为期50天的政治巡察自查自纠。针对巡察中发现的问题，清单式落实到责任部门和责任人，逐一对账销号，持续整改。通过建章立制，完善流程，形成长效规范管理，党风廉政建设“一岗双责”得到了进一步夯实。自6月1日启动以“整作风、强队伍、促双优”为主题的作风整顿活动以后，通过作风问题调查和讨论、开展主题书法比赛、下发整风令和督办单等方式，作风整顿活动得到广泛支持，劳动纪律进一步加强，文件与会议同比下降20%，倒三角支撑更加主动，部门协同意识明显增强，对基层的操作指导更具体，攻坚克难的毅力更坚定。

（朱欢明）

【中国电信抚州分公司领导名录】

党委书记、总经理：郭贵玉

移动通信

【概况】 2018年，抚州移动坚持以习近平新时代中国特色社会主义思想和中共十九大精神为指导，全面落实市委、市政府决策部署，坚持新发展理念，继续保持平稳较快的发展势头。加快信息基础设施建设，全年累计投资2.4亿元打造4G无线信息高速公路，全市4G基站突破7000个，部署NB-IoT基站500余个，4G网络实现市区、县城、乡镇、重点景区、交通干线全覆盖和100%行政村覆盖。积极落实国家“宽带中国”战略要求，全市宽带信息点已近150万个。运营收入累计完成近13亿元，增幅达到10%。移动通话用户数达200万户，移动市场份额达75%;4G客户突破130万,宽带客户突破45万户，宽带两比份额超过56%,牢牢保持区域市场主导地位。

【助力社会信息化建设】 2018年，抚州移动与市政府共同推进抚政通政务平台建设落地，服务全市3万多名政府工作人员，助推政务工作转型升级。落实“03专项”行动，与政府共同推进试点示范工作，全面提升城市智慧运营水平。协助省、市工信委成功举办全省“企业上云”启动及政策宣传贯彻会议，共计投入200万元企业上云专项资金，帮助144家企业上云。参与江西省第四届互联网大会，助力抚州“互联网+”不断迈出新步伐、取得新成果。参与全市雪亮工程建设，投资近5000万元，累计完成近3000个监控点位建设。利用自身大数据、物联网、移动互联网、云计算等优势，实施“互联网+党建”云平台，实现“党的工作网络信息化管理”，提升政府社会管理和公共服务能力。参与教育城域网建设，充分履行社会责任，帮助扩大受益群体，“江西省智慧互动课堂教育云资源平台”已汇聚近1000万条资源，为全市近25万名师生和近30万名家长提供免费在线教育服务。

【基础设施不断完善】 全年累计投资2.4亿元，加快信息基础设施建设，全力打造4G无线信息高速公路，全市4G基站突破7000个，部署NB-IoT基站500余个，4G网络实现市区、县城、乡镇、重点景区、交通干线全覆盖和100%行政村覆盖。积极落实国家“宽带中国”战略要求，全市宽带信息点已近150万个，加快光纤宽带网络提速升级，具备千兆入小区、百兆入户的能力；加快集团专线预覆盖建设，实现千兆专线快速开通，完成全市3000余个集团单位资源全覆盖。

【提速降费扎实推进】 推出流量降费多项举措，流量单价比2017年降幅60%以上。投入近2亿元资金，市县联动，深入推进“信息惠民，全民4G”活动，覆盖140个乡镇，开展活动2256场，累计换机突破8万只。与市委农工部联合发文，打造600个“宽带电视村”，开展宽带电视团购活动，全年为抚州市用户节省82万元宽带费用。推出“818”全民宽带免费活动，打造社区宽服站，实现宽带安装、维护、售后一条龙服务。全面推行集团单位及中小企业专线提速降费活动，专线带宽可提速至千兆，实现专线平均单价下降50%。

【扶贫帮建尽职尽责】 全系统共派出26名责任心强的驻村干部对12个村进行帮扶，开展走访贫困户送温暖、宽带覆盖缩小数字鸿沟、牵手贫困户结对子、捐款等活动。开展网络扶贫，累计投入专项扶贫资金560余万元，完成乐安县金竹畲族乡金竹村等贫困点扶贫帮建任务200余个。开展资费扶贫，针对贫困户推出优惠的资费套餐，全年累计节约话费19万元。探索电商扶贫,依托“和我信”资源平台和手机客户规模，提供线上平台服务与运营，扩大社会影响力。

【服务质量保持领先】 2018年，市移动公司始终坚持“客户为根、服务为本”，狠抓服务质量提升，积极开展“总经理接待日”“感恩于心、服务于行”等便民服务，倾听客户声音，不断提升产品满意度，切实解决群众反映的热点难点问题，努力为客户提供优质、高效、便捷的通信服务。扎实落地电话用户身份信息登记工作，积极配合公安部门严厉打击电信诈骗，全力保护客户的利益。全年客户满意度保持全省前列和行业第一，是江西省唯一一家获得通信行业用户满意企业称号的单位。

（万安飞）

【市移动通信公司领导名录】

党委书记、总经理：张辉霞

副总经理：熊冲平　刘　欣

　　　　　徐莉敏

联合通信

【概况】 中国联合网络通信有限公司抚州市分公司（以下简称“抚州联通”）是抚州市三大全业务通信运营商之一。2018年，建成覆盖全市，能够满足语音、数据、图像、视频等业务需求的现代化智能通信网络。公司下设11个县区分公司和2个城区营销中心，在全市设有700多个形象统一的营销网点，服务网络遍布全市。

公司的固定资产投资规模达到9亿元，基站数量2000余座，移动通信用户、固定电话、宽带互联网用户逾40万户。

借助联通混改契机，积极整合资源助力抚州智慧城市建设，促成省联通与市政府签订抚州数字经济发展合作备忘录，将在阿里云城市大脑、政务、大数据等方面开展深度合作；成功推动联通教育大数据实验室和教育大数据落户抚州；承建抚州林科所智慧苗圃项目、抚州市红灯笼单灯控制项目、市本级及各县区教育城域网，助力全市信息化工作快速推进。

【创新发展，打造全渠道互联网化】全面开展广触点、轻触点的新型渠道布局。线下轻触点从无到有，渠道互联网化初见规模。传统渠道固本稳盘，O2O线上线下一体化运营转型初见成效。强化家庭融合业务发展，初步建立“用户全生命周期”维系体系。

【聚焦互联网+，助力智慧城市建设】抚州联通在继续深耕智慧农业，主动开展业务和技术升级迭代的基础上，借助联通混改契机，积极整合资源助力抚州智慧城市建设，取得不俗成效。战略合作方面：促成省联通与市政府签订抚州数字经济发展合作备忘录，双方将在阿里云城市大脑、政务、大数据等方面开展深度合作；成功推动联通教育大数据实验室和教育大数据落户抚州。物联网应用方面：全省首批苗圃信息化试点建设项目——抚州林科所智慧苗圃项目由抚州联通承建。全市首个路灯物联网项目——抚州市红灯笼单灯控制项目由抚州联通承建，也是物联网和LORA技术在抚州市智慧城市建设上的新应用。工业互联网方面：江西联通联合19家全国及本地互联网企业发起江西工业互联网产业联盟，深度参与顶层设计，承建江西省工业云平台，打造首个工业大数据、首个智慧工厂及首个数字车间示范应用点。教育信息化方面：江西联通承建全省教育云视频会议系统，抚州联通以此为基础积极参与市本级及各县区教育城域网的建设和规划，助力全市教育信息化工作快速推进。

【坚持市场导向，逐步铸造网络创新运营和支撑能力】坚持市场导向，通过大数据精准投资，有效提升网络能力，新建4G基站“低效能占比”和“满足三年投资回收占比”两项指标均排名全省第二名。圆满完成全省旅发大会、汤显祖国际戏剧节、江西省第四届互联网大会等重大通信保障任务。强化营账受理触点嵌入，实现宽带码上装、微信公众号、沃受理APP下单，实现互联网化受理。推出随沃行、经营小管家，实现互联网化办公，整体简化工单处理流程，提升互联网化支撑能力。打造线上自助服务体系，实施互联网全触点服务，互联网服务渗透率从18.9%提升至27.9%。落实服务问题标本兼治，TOP30问题解决率达到85%。同时启动全生命周期互联网化存量经营体系建设，丰富线上手段和异业权益，持续提升用户价值。聚焦“投申诉、重点问题攻坚、触点服务提升、关键流程改造”全面提升客户感知。

【坚持党建引领，激发发展动能】体系化推进党建“5+2”工作部署，打造“党建工作提升年”成效显著。细化分解中共十九大精神任务台账，落实党委中心组学习全覆盖、干部学习全覆盖、党员学习全覆盖，常态化开展“党委书记讲党课”活动，构建党建工作新格局，全年市分公司党委中心组集中开展理论学习达12次。以省、市、县三级“支部联创”结对子活动为抓手，体系化开展主题党日活动，每月开展1次主题党日活动，支部联创结对子3个，全市统一支部联创6次。深入开展精准扶贫成效显著，开展产业扶贫、项目扶贫、资金扶贫等举措，市公司本部对口扶贫的金溪县合市镇大耿村已实现提前脱贫摘帽，同时助力广昌、乐安脱贫。弘扬企业文化，将企业文化与督办工作、激励考核、争先创优相结合，形成文化自觉。通过企务公开发布会、总经理在线活动等方式与一线面对面，让一线深度了解公司情况、参与经营。

（万　英）

【市联通公司领导名录】
党委书记、总经理：何昌盛
副总经理：李建福　廖　俊
纪检组组长：孔　红

本栏编辑　吴主平

贸　易

综　述

2018年，抚州市实现社会消费品零售总额544.14亿元，同比增长10.6%；进出口总值141.33亿元人民币，同比增长5.8%，其中出口总值131.08亿元人民币，同比增长1.2%；进口总值10.25亿元人民币，同比增长151.2%。实际利用外资5.18亿美元，同比增长10.24%；全市新引进并已开工2000万元以上项目431个，其中亿元以上项目205个，当年2000万元以上项目实际进资522.45亿元。与此同时，进一步加快发展内贸流通现代化步伐，全市商务经济持续健康发展。

（龚　岐）

国内贸易

【概况】 2018年，抚州市努力争取市场体系建设项目，进一步加快内贸流通现代化步伐。一是努力争取市场体系建设项目。已申报的黎川古城明清老街、金源一品状元街等两个第六批“江西省特色商业街”正在公示中；推荐江西正广通供应链管理有限公司为供应链创新与应用试点企业；黎川、广昌、南城、乐安、南丰等5县被评为国家级电子商务进农村综合试点县，获得中央财政扶持资金8500万元。江西供销（广昌）农商物流大市场、抚州农产品（冷链）交易中心为2018年流通领域重点合作项目。已申报的县乡农贸市场项目，获得省级财政扶持资金245万元。二是组织企业参加上海中军集团销售对接会、第十一届绿色食品博览会、上饶美食节等一系列相关展销会展，促进抚州地方产品销售。三是推优推特工作有新突破。4月，抚州市商务局与江西航空有限公司正式签订航媒宣传推介合作协议，江西致纯食品股份有限公司、江西博君生态农业开发有限公司生产的“莲爽”莲子汁和“桔旺南丰蜜橘果醋饮料”及资溪“鲍师傅面包”正式进入江西航空有限公司班机进行推广销售。四是积极开展申报城乡配送试点工作。抚州市成功入选为2018省级城乡高效配送试点城市。

【做好电商扶贫】 2018年，抚州市加强与知名电商平台企业对接联系，做好电商扶贫工作。一是与京东、阿里巴巴平台深化合作。争取到京东集团对抚州的实质性投资合作意向，草拟与京东集团战略合作框架协议及抚州京东医药江西总部项目协议书。二是加大力度推介优势特色产品及企业。推荐南城育佳、黎川兰冉家具入驻京东自营和企业购平台，兰冉家具月销量增长十倍以上。广昌冠莲、广昌水之缘、广昌夏优莲、南城向东和乐安广雅等5家企业天猫店入驻阿里巴巴兴农扶贫频道。通过整合资源，各县区农村电商相关配套设施不断完善。年内，全市建成的1422个电商站点（含邮政、农业、村淘、供销等网点）分布在1032个行政村，实现农产品销售额10274.51万元。

【加强行业监管】 2018年，抚州市强化监管，加强成品油市场和典当、拍卖等行业的管理，开展商务领域安全生产大检查，打击侵犯知识产权和制售假冒伪劣商品，促进行业健康有序发展。

（龚　岐）

对外贸易

【概况】 2018年，抚州市对外贸易呈现稳步增长的态势。进出口总额141.33亿元人民币（下同），比2017年的133.56亿元，增长5.80%。出口总额131.08亿元，比2017年的129.48亿元，增长1.25%。进口总额10.25亿元，比2017年的4.08亿元增长151.22%。为扩大本地生产企业出口，从9月中旬开始，在全市范围部署“两转”百日攻坚行动，助力企业发展。为企业争取到国家、省级外经贸发展扶持资金466万元，引导企业产品结构调整和设备更新换代，提高出口产品竞争力。每年由市财政预算安排400万元支持外贸企业扩大出口规模、开拓国际市场、优化出口结构、加快培育外贸新业态、促进外贸高质量发展，各县区同步配套设立不少于200万的外贸发展引导专项资金，用于支持本地生产型出口企业和“两转”工作。

【组织企业参加首届进口博览会】 2018年，抚州市根据进口博览会工作要求，组织市内企业参加首届进口博览会，完成省交易团布置的采购商邀请、组织采购工作，全市共有72家企业111名采购商到会观展、采购，21家企业达成意向成交，其中佰仕通等5家企业参加江西省现场配套签约活动。

【引导企业开拓市场】 抚州市积极关注中美贸易摩擦，指导市内外贸企业开拓新兴市场，规避风险。及时向外贸企业通报信息，对生产尚未纳入开征关税清单产品的企业，帮助其透彻掌握美国出口市场的法律法规和贸易规则，提高对贸易政策走向的预见能力和把控能力，组织企业参加俄罗斯、东盟、“一带一路”沿线等新兴市场的展会，应对贸易摩擦。年内，还组织12家纺织服装企业组团参加华交会、17家企业参加广交会等境内展会，引导30余家企业参加境外专业展览会，继续开拓对中东、非洲、拉美等新兴市场的出口，特别是加大对“一带一路”沿线国家和地区市场的开拓力度，确保全市外贸出口持续健康发展。

【出口商品结构】 2018年，抚州市外贸企业初级产品出口额67215.65万元人民币，占出口总额的5.1%；工业制成品出口额1243571.21万元人民币，占出口总额的94.9%。

2018年抚州市出口额前10位商品情况表

表20-1　　单位：万元人民币

商品名称	出口金额	占出口总额比重	商品名称	出口金额	占出口总额比重
电机、电气设备	143146.24	10.92%	塑料及其制品	68798.35	5.25%
家具	96409.52	7.36%	机械器具及零件	61980.36	4.73%
钢铁制品	86019.56	6.56%	针织、服装	48790.14	3.72%
玩具	80268.35	6.12%	石料	43909.39	3.35%
陶瓷产品	71291.89	5.44%	皮革制品	42163.03	3.22%

【进口商品结构】 2018年，抚州市外贸企业初级产品进口额624.65万元人民币，占进口总额的0.61%；工业制成品进口额10186.29万元人民币，占进口总额的99.39%。

2018年抚州市进口额前10位商品情况表

表20-2　　单位：万元人民币

商品名称	进口金额	占出口总额比重	商品名称	出口金额	占出口总额比重
贵金属	58110.84	56.70%	精密仪器及附件	1366.73	1.33%
铜及制品	16023.05	15.63%	生皮及皮革	652.18	0.64%
机械及器件	12184.69	11.89%	电机设备及零件	527.29	0.51%
矿砂	5843.00	5.70%	玩具及零件	403.47	0.39%
木浆、回收（废碎）纸	5177.89	5.05%	谷物、食品原料	377.81	0.37%

【出口商品市场】 2018年，抚州市出口商品销往192个国家（地区）。主要出口市场见下表（按出口额从大到小排列）：

2018年抚州市前9位出口市场情况表

表20-3　　单位：万元人民币

国别（地区）	出口金额	占出口总额比重	国别（地区）	出口金额	占出口总额比重
美国	211794.64	16.16%	日本	43725.39	3.34%
韩国	72499.26	5.53%	泰国	38335.98	2.92%
印度	66955.94	5.11%	荷兰	37906.67	2.89%
德国	51818.01	3.95%	马来西亚	37433.15	2.86%
菲律宾	48574.11	3.71%			

【进口商品市场】2018年，抚州市的进口商品来自37个国家（地区）。主要进口市场见下表。

2018年抚州市前9位进口市场情况表

表20-4　　单位：万美元

国别（地区）	进口金额	占进口总额比重	国别（地区）	进口金额	占进口总额比重
南非	33522.32	32.71%	日本	3851.43	3.76%
马来西亚	7339.77	7.16%	美国	1503.84	1.47%
智利	5725.05	5.59%	肯尼亚	1368.81	1.34%
韩国	5059.6	4.94%	菲律宾	1165.52	1.14%
莫桑比克	4434.06	4.33%			

【对外经济合作】2018年，抚州市推动企业“走出去”，引导明正电器、志特建筑模板、变电设备企业赴外考察洽谈投资。中阳建设在赞比亚投资建设3万公顷现代生态农业园；明正电器与赞比亚卢萨卡省签订8500万美元地埋式变压设备采购协议；志特建筑模板在新加坡、马来西亚逐步扩大市场份额，并首次进入阿联酋迪拜销售。

【口岸平台】2018年2月原江西出入境检验检疫局抚州办事处正式开检运行，12月正式成立抚州海关，抚州海西综合物流园铁路专用线项目完成施工图会审。同年，开行了出口体育用品、运动服饰抚州至汉堡中欧班列和江西省首列中俄友城（抚州—彼尔姆）果蔬班列。国际贸易“单一窗口”标准版报关、报检覆盖率均达到100%，大幅提升外贸企业的通关效率。引进江西金控外贸出口一千通入驻，为出口企业打造第三方服务平台。

（龚　岐）

【市商务局领导名录】

党委书记、局　长：
　　易光亮（任至2月）
　　胡会华（2月任）

党委委员、副局长：
　　尧水平　裴民强
　　郭　俊　胡　勇

党委委员、市纪委驻市商务局纪检监察组组长：张　兵

党委委员、总经济师：刘洪宇

供销合作

【概况】2018年，全市有基层供销社总数为163个，实现乡镇全覆盖，其中综合型示范基层社总数达到28个。全市供销系统以全面深化供销合作社综合改革为主线，充分发挥系统特色优势，在服务乡村振兴和现代农业发展、助力脱贫攻坚中积极作为，规范建设惠农服务中心，建成围绕农业生产的“耕、种、管、收、加、贮”等产前、产中、产后环节，为农户提供测土配方、智能配肥、病虫害统防统治、农机作业、代贮藏代加工、农技培训等服务的惠农服务中心11个。强化土地托管服务，有效解决农民种田成本高、收益低的问题，解决打工顾不上种地，种地又耽误挣钱的现实矛盾。全系统托管土地2.10万公顷，每亩年增收近300元；土地流转服务面积0.11万公顷，统防统治、配方施肥、农机服务面积0.81万公顷，设立标准化庄稼医院230个，建立农村综合服务社1297个。完善农合联体系建设，领办创办农民合作社437个。聚力发展供销电子商务，全系统融入中国“供销e家”一张网。南城、东乡、南丰、广昌、黎川5个县区电商公司连通入驻“供销e家”电商平台。广昌县供销电商公司承接的电子商务进农村乡村站点及物流配送项目建设获商务部优秀评价，并在2018年全国供销合作社电商扶贫专题培训班上作典型经验介绍。抚州市供销社在全省供销系统年度综合业绩考核中，由2017年度“二等奖”上升为“一等奖”，进入全省“第一方阵”，综合排名列第四位。

【融入乡村振兴】　市供销社与江西家尚嘉商超供应链信息管理有限公司开展合作，在临川、金溪城区及8个乡镇开设11家供销合作社家尚嘉精品超市。同时，选取同乡镇的一个行政村开展“村社共建”，实施“一二三四五”工程，深度融入乡村振兴。为每个“共建村”培养一名大学生送至江西旅游商贸职业学院学习，有4名贫困学生免费报名入学。与抚州市第二人民医院开展合作，每年为“共建村”帮扶两名因病致贫的贫困户。评选3名敬老爱亲先进榜样，并奖励600元超市购物卡。利用传统节日为80岁以上老人送去慰问物资，走访1000余人次。从超市产生的利润中每年安排5万元以上用于扶持“共建村”的产业发展，已对挂点帮扶的员陂村和荆公路街办穆堂路社区实施产业帮扶工作。日用消费品网络建设有力改善乡镇购物环境，便利农村居民生活，赢得周边农民口碑，提升供销社知名度和影响力，实现经济效益和社会效益的双丰收。

【精准扶贫】争取扶贫移民局项目资金5万元用于解决挂点村基础设施建设资金缺口；配合市政协在扶贫挂点村举行市政协企业家委员产业扶贫捐款仪式，共筹资10万元

用于产业扶贫；年底投入5万元帮扶资金，发展壮大集体经济。市供销社领导班子多次深入扶贫挂点村开展走访慰问活动，春节前夕为35户贫困户送去各类慰问物资及现金1.5万余元；端午、中秋、重阳期间，联系家尚嘉有限公司前往挂点村开展公益活动，为18位80岁以上老人送去节日慰问物资，还为21户贫困户发放160元过节费。

【农资供应】 春耕期间，全市供销系统及时分析市场行情，提前谋划，统筹协调，储备各类化肥2.85万余吨，确保农资供应不断档、不脱销。此外，还积极配合市委、市政府做好防汛应急抢险物资储备工作，储备各类化肥农药800余吨。

【化解历史遗留问题】 春节前夕，争取财政解困资金6.5万元和工会资金11万元用于解决困难职工医疗救助和基本生活保障。为避免愈发高昂的改制成本，经市政府常务会研究决定，年内正式启动市供销社直属3个企业的改制工作，完成对3个未改制企业的资产进行全面调查和梳理，副市长蔡青多次组织有关部门召开企业改制工作协调会。

（高匡印）

【市供销社领导名录】
党委书记、主　任：杨金耀
党委委员、副主任：吴秀英
曾庆华
张叔信（2月任）
副调研员：孔咏春（6月任）

粮油贸易

【概况】 2018年，抚州市粮食局把握“高位谋事、精准发力、敢于担当、跨越发展”十六字总要求，领导班子带领全局干部职工，勤勉任职、勤奋履责，保持敢为人先、创新创业的良好状态，凝聚发展粮食事业的初心和干劲，全年收购稻谷98万吨，全市没有出现“卖粮难”，没有出现重金属超标粮，实现国有粮食企业和其他重点企业收购双增长，国家惠农政策得到落实，种粮农民利益得到保障。全面开展储粮安全普查，大力推广科学保粮，局属两库氮气气调准低温储粮绿色生态储粮技术运用全面铺开。组织开展粮食质量调查、品质测报和原粮卫生调查，全年完成检测样品379份，组织完成稻谷采样180份，向社会出具检测报告50份，努力保障老百姓舌尖上安全。严格落实“双随机一公开”监管机制，对全市粮食库存进行动态监管和专项执法检查，切实守住数量真实、质量良好、储粮安全的底线。高标准完成粮食安全省长责任制考核，排名全省第一，在全国交流会上典型发言。

【粮食项目建设进展快】 狠抓仓储设施建设，着力推进扩容升级，信息化平台建设稳步推进。稻谷烘干项目建设全面完成并投产使用，崇仁中心粮库“智慧粮食”示范库以及抚州国储库“花园式粮库”的愿景已经变为现实。军粮供应保障大楼竣工，全省军粮供应创新发展培训会在抚州市召开。总投资5000万元的军民融合军粮区域配送中心项目（第一批）获批。集现代化仓储物流、粮食加工转化、互联网交易三大功能的粮食产业物流园项目前期规划设计工作启动。跑项争资再创新高，2018年争取资金9087万元，创历史之最。

【产业发展大幅提升】 一是统筹布局产业一体化发展。实施“优质粮食工程”，临川区“中国好粮油示范县”项目，南城、南丰、金溪、崇仁、乐安5县18个粮食产后服务体系建设项目，广昌县粮油质量检测体系建设项目均获批。二是以市场需求为导向，稳步推进“三步走”战略，成功举办“四省九市”粮食经济协作四届六次会议，粮食产销合作业务触角延伸至福建、广东、浙江等多个省市，业务模式从“供需合作”向“供应链合作”转变，为搭建产销区之间建立形式多样、长期稳定的粮食产销合作关系及保障区域性粮食安全打下基础。三是采取“企业＋合作社＋农户”的模式开展有机稻试点种植，实现从产业链末端获取微利到创建自有粮油品牌“抚粮庄”，再到“产购加销”一体化发展的大步前进，打造从田间地头到餐桌的粮食全产业链，提高粮食产业经济附加值。

【行业改革不断深化】 一是深化国企改革，有序推进局属4家企业进行公司制改革及企业公车改革，指导企业建立现代企业制度，促进国有资产的合理流动和优化配置，激发企业发展活力。市粮油实业公司、市粮油综合服务公司2家企业的改革工作基本完成。二是深化“放管服”改革，全面完成市本级粮食收购资格许可权力下放，事项移交至临川区、高新区进行属地管理。三是切实推进粮食行业诚信体系建设，将粮食企业诚信经营纳入社会监督机制，深入推进依法管粮和监管创新，全面提升社会化监管水平。

（黄道梅）

【市粮食局领导名录】
党委书记、局　长：王国荣
党委委员、副局长：翁福达
陈　君（2017年2月起援疆）
龚国如
副局长：李　明（挂职）

烟草专卖

【概况】 2018年，抚州烟草系统围绕“创新求突破、打好攻坚战、建设优秀商业企业”的总体目标，以创建优秀商业企业为引领，强化使命责任担当，树牢“四个一”工作理念，强党建、转作风、严规范、打基础，各项工作取得成效。全年实现税利9.03亿元，下降19.9%，其中，卷烟税利8.53亿元，下降0.78%；卷烟销售8.94万箱，下降6.8%；“金圣”烟销售2.81万箱，增长12.72%；省产烟销售3.77万箱，占比42.17%，同比提升2.33%。

【专卖管理】 2018年，全市烟草系统突出市场全方位监管，强化多部门联合执法，加大涉烟违法行为打击力度，始终保持卷烟市场管控高压态势。一是打私打假力度持续加大。全年查获各类涉烟违法违规案件2693起，同比增长46.75%，查处5万元以上大要案件99起，同比增长39%；查获各类违法违规卷烟2277.9件，同比下降5.1%，查处非法烟叶30464千克，同比增长328.65%，上缴罚没款116.88万元。破获国际网络案件2起，省标网络案件3起，判刑24人、逮捕1人、拘留31人。二是大户专项治理初见成效。专题部署“二次批发、左右价格、扰乱市场”违法违规大户治理工作，制定货源调整管理办法和乱码、串码整治方案，约谈大户177户、停减供货源14户、停业整顿75户、取缔经营资格39户、注销4户，转化守法户197户。三是许可证管理不断加强。推进《提高全市系统持证率水平》项目研究，全年新办理烟草专卖零售许可证2584户，持证率3.62‰，同比提升0.22‰。四是自律小组建设积极推进。坚持成熟一个推广一个的原则，不断推进零售户自律小组建设，建立高质量、高标准、高效能的自律小组225个，参与卷烟零售户5373户，参与率43%。五是普法宣传工作不断深入。结合“法律六进”活动，加强烟草专卖法律法规宣传，营造良好的执法外部环境。全年向社会公众开展法制宣传60余次，发放宣传资料1万余份。文明吸烟环境建设被纳入抚州市创建全国文明城市总体规划。

【卷烟营销】 2018年，全市卷烟单条均价145.24元，同比增加14.33元，单箱增加3582.5元，增长10.94元，增幅排名全省第一。其中，“金圣”烟单箱销售额32718元，同比增加1817元，高出全省平均水平291元，同比增长5.88%。投入100万元用于营销网建基础工作考核，客户经理下沉网格、上门实地走访得到全面落实。网上结算率由21%提升至97%。稳步推进微信订货、积分商城、直营店消费体验、线上客户群组建设等新零售工作。

【品牌培育】 全市卷烟品牌文化深入网格、烟站。开发喜宴市场1200场，投入烟柜1100个、烟架2000个，品牌陈列条件得到改善。“金圣”品牌宣传消费氛围更加浓厚，全年“金圣（吉品）”销售3700箱，同比增长53.81%，全省排名第四，临川区“金圣（吉品）”过千箱目标顺利达成。

【烟叶生产】 2018年，抚州烟草系统以生态特征优化布局，聚焦技术落实，攻坚市场销售，助力烟农增收，扎实推进烟叶生产。一是优化布局措施得力。全力争取政府支持，严控规模优布局，全市种植烟叶0.37万公顷，收购烟叶13.87万担，人均劳动效率590.2担，超出省烟草局考核基数（460担）28.3%，优化控减种烟县2个、种烟乡镇33个、种烟村315个。二是生产经营成效明显。狠抓烟叶体系宣传贯彻，强化生产阶段考核，技术落实是近年最到位的一年。加强收购规范管理，突出“高纯适限”和“成熟度”两个关键指标，实行分县备货、对口调拨，有效化解等级结构矛盾，成功实现烟叶“零库存”目标，烟叶收购、调拨、经营进度均为全省最快，烟叶质量得到工业高度认可，顺利跻身山东中烟“中支将军”的卷烟配方。同时，加强与工业沟通协调，争取工业鼎力支持，努力消化历史库存烟叶，有效解决2017年6.25万担烟叶，2016年剩余7万担烟叶正在落实调拨手续。三是基础设施稳步推进。2016年度烟叶基础设施项目顺利通过国家局抽检，完成行业投资1.76亿元。2017年度项目完成烟水烟路项目投资6178.01万元、农机存放设施407.26万元、新农村建设援建资金1787万元，烟区生产生活条件不断改善。四是烟农增收有序拓展。搭建合作社促农增收平台，推进育苗大棚、密集烤房、烟草农机、基本烟田等综合利用，实现多元经营增收1892万元，亩均增收344元，户均增收8483元，助力56户贫困烟农脱贫。乐安县金农合作社“华盖山珍”品牌正在申报商标注册。

【规范经营】 市烟草局把严格规范摆在一切经营管理工作的首位，以源头治理、大户治理、案件倒查为抓手，严查不规范经营行为，严处相关责任人员，全市烟草系统规范意识不断增强。过程监管不断加强。每天通报卷烟外流动向和数据，每周监管内部IP地址订货、相同IP地址订货、雷同订单、修改订单及货款结算异常情况。全年清理虚拟客户77户，筛查一卡多结银行卡136张，核实备案信息431条，减少委托代订协议户1132户。执纪问责持续强化。市烟草局党组与各单位主要负责人签订《卷烟规范经营承诺书》，重申不规范经营“零容忍”要求。推进案件倒查机制和规范经营“一案双查”，坚决运用“四种形态”严肃执纪问责，查处东乡、南城两起不规范经营案件，对23名相关人员进行撤职、记过、警告、降低岗位等级、诫勉谈话以及经济处罚等处理。全市共问责293人次，处罚金额9.4万元。通过以上措施，全年卷烟外流总量排名从上半年的全省第2降至第5，“金圣”烟外流从上半年全省第1降至第5；特别是下半年卷烟外流3488条，占全年外流总量1.86万条的18.7%，“金圣”烟外流863条，占全年外流总量5632条的15.32%。

【夯实基础管理】 下大力气抓基础管理，为持续健康发展提供重要支撑。一是精益管理持续改善。全年工程类项目较年初预算减少投资2576.33万元，采购类资产较预算减少投入590.09万元；三项费用（剔除省烟草局同意扣除的辞退人员成本880万元）同比减少427万元，同比下降1.68%，业务招待费同比下降69.23%、办公费下降10.36%、差旅费下降3.74%、水电费下降12.96%、书报费下降20%。利用APP卷烟送货到户签到功能，送货到户签到率达96.7%，采用纸滑拖卷烟卸货入库，大幅提升卷烟入库效率。二是创新能力持续提升。全市烟草系统科技项目立项12项，开展QC小组活动17项、烟叶田间试验46项，获得省烟草局科技进步三等奖1项、省烟草局QC成果发布三等奖2个、优秀奖2个，获得实用新型专利4项，公开发表科技论文30余篇。新能源烤房、烟草青枯病菌快速检测试纸、防治青枯病生物菌剂等创新成果得到积极转化。黎川县烟草局获得“2018年度全国烤烟品种优秀实验单位”。三是队伍建设持续加强。加强“双技”人才聘任管理，选送优秀人才参加技能竞赛和技能鉴定，获得全省烟草系统专卖技能竞赛团体第三名，1人获得全省烟草系统首届“金圣”杯纸滑拖联运工作叉车比赛三等奖，1人获得全国“烟草行业技术能手”，1人获得全省“烟草技能能手”，3人获得全省烟草系统十佳优秀客户经理，1人获得十佳优秀稽查员。狠抓干部员工教育培训，开展各类培训105项。四是规范管理持续深入。落实“应招尽招”“真招实招”工作要求，严格项目决策“三关三审”制，全年实施采购项目61个，其中公开招标项目占比91.8%。加强办事公开民主管理，全年公开信息1498条。全市27处未办理权证的房产已有16处完成办理。

（郑琼珊）

【市烟草专卖局（公司）领导名录】

党组书记、局长（经理）：
肖红武（4月任）
副 经 理：熊体科（任至5月）
万应发（任至3月）
周华凤
饶 盛（12月任）
纪检组长：舒 鹏（3月任）
副 局 长：邓 雄

食盐经营

【概况】 2018年，江西省抚州江盐华康盐业有限公司面对盐业体制改革的局面，坚持稳中求进的工作总基调，在抢抓机遇中乘势而上，在攻坚克难中砥砺前行，在从严治党中凝心聚力，团结带领干部职工紧盯目标，努力拼搏，开创“经营开发再创新高、企业管理持续进步、经济效益稳中向好、安全质量平稳有序、品牌形象大幅提升、职工精神面貌焕然一新”的良好局面。全年市盐业公司购进各类盐产品9878.63吨，其中小包装食盐8299.08吨，多品种盐4329.32吨，大包装食盐1364.55吨，工业盐190吨，饲料添加剂25吨；全年计划销售各类盐产品9539吨，实际完成10311.13吨，完成年计划的108.09%，其中小包装盐计划7509吨，实际完成8430.12吨，完成年计划的112.27%，普通小包装实际完成4075.57吨，多品种盐实际完成4354.55吨；非盐销售实现81.9万元，其中酒类销售78.2万元，食用油销售2.7万元，其他销售1万元。

【依规管理】 市盐业公司（盐务局）履行国家赋予的食盐专营监管职责，以保障消费者身体健康和防治碘缺乏危害为己任，在监管中抓重点、补短板、强弱项，建立和完善全方位、多层次、立体化的食盐监管格局。全年共查处违法违规盐产品463.77吨，公安立案5起，刑事拘留8人。具体工作中，一是加大盐业法规和科学补碘知识的宣传力度。市盐务局拓宽宣传渠道，创新宣传理念，运用新闻媒体，开展大规模的宣传活动，市有关职能部门也支持配合盐务局展开宣传，使群众特别是农民群众对碘缺乏危害有新的认识。二是开展食盐市场集中整治。健全完善“政府主导、部门协作、群众参与”的盐政执法机制，完善全市食盐市场领导机构，各成员单位积极支持配合盐务局严厉打击盐业违法行为，形成“大盐政”管理工作格局；加强盐政档案管理，曝光盐业不法行为，做到打建结合、打防结合，掌握市场主动权，发挥国营盐企的主渠道作用，用正宗合格的碘盐占领市场，让不法盐品失去生存空间。三是加强盐业市场营销网络建设。在黎川、南丰、资溪、金溪等地成立食盐配送部（盐务分局），加大考核力度，通过营销网络，将合格碘盐送到千家万户，确保城乡碘盐覆盖率、村（居）民户碘盐合格率均达96%以上。与此同时，加大对小工业盐单位服务力度。由于小工业用盐企业量大、面广、规模小，管理难度大，市公司要求各基层单位开展送盐到门，实行全天候、全年候、全过程、全方位“四全”服务，建立小工业盐用户档案数据库，对小工业盐用户实行动态跟踪管理、服务，定期、不定期走访用户，保障合理供给，以防止小工业盐返销食盐市场。

【建设食盐物流配送中心】 抚州区域食盐物流配送中心项目进展总体顺利，该项目计划总投资1300万元。2018年项目计划投资669万元，实际完成投资218.37万元，项目开工以后累计完成投资849.35万元。该项目经江西省盐业集团公司赣盐资字〔2013〕221号批准，建设项目主要包括：配送中心大楼3000平方米、食盐仓库和非盐产品仓库4200平方米，院内道路硬化和排水管网等工程。该工程建设于2016年10月正式施工建设。至2018年年底，配送中心办公楼和中心仓库开始试运行。

（饶一帆）

【江西省抚州江盐华康盐业有限公司领导名录】

总支书记、总经理：
虞烈钢（任至2月）
张溪清（2月任）
总支委员、副总经理：
黄腾文 彭敏峰
吴鲁江

石油经营

【概况】 2018年，中石化抚州分公司完成成品油销售总量45.05万吨，同比增长4.09%。其中，零售量39.21万吨，同比增长3.6%；直分销5.84万吨，同比增长7.79%；天然气销售258万立方米；非油品营业额1.71亿元，同比增长17.65%；主营业务收入33.21亿元，实现报表利润2182万元，上缴税金3031万元；确保全年未发生上报等级事故、无人员进京上访和无负面舆情。被省石油公司评为安全环保生产先进单位称号；连续10年荣获江西省劳动保障诚信等级AAA级单位。

【提高经营总量】 面对新变化新挑战，中石化抚州分公司全力以赴开展市场攻坚战，提高成品油经营总量。一是以客户为中心，提供迎来送往的标准化服务和各类增值服务，客户满意度和忠诚度进一步增强。二是贴近市场，强化考核，充分拓展市场。召开客户座谈会，促进客户回流；实行六联管理，激发员工销售热情。三是多元经营，非油业务快速发展。围绕易捷十周年主题，开展“10·10易享节”，易捷品牌知名度进一步提升。引进涵颖广告公司入驻便利店，与洋丰化肥、飞凡电子等业务合作，拓宽销售渠道。

【提升管理水平】 中石化抚州分公司稳步推进“三项制度改革”，进一步提升管理水平。一是优化岗位设置，精简组织机构。分公司机关部室瘦身为7个，机关人员由72人减员为60人，严格控制在省公司下达范围内。通过开展“人人成为经营者”模式改革，进行“县区公司大前台、机关小后台”建设，明晰市、县区公司功能定位。二是优化人事结构，实行竞聘上岗。科级干部文化程度均为大专以上，平均年龄42岁，较好地解决干部年龄结构断层、接续不上的状况，实现干部能上能下。机关员工开展双向选择竞聘，结合人岗匹配度分析，员工根据个人意愿报名意向科室，科室负责人挑选心仪员工，达到优中选优，双方满意的目标。三是优化薪酬分配，实现多劳多得。制定《抚州石油分公司同工同酬实施方案》，突出效益为导向，做到增量薪酬由按人头数量改为按人均劳效分配，引导基层自主控制用工、优化用工、精简用工，提高劳动效率和收入水平。四是优化成本管理，实现降本减费。通过制定增量增收、推价增收、资源优化、降本减费、财税政策争取和管理挖潜等6项创效工作清单，全面形成成本倒逼机制，实现优化过程控制。全年累计对外协议支出同比减少1.43%，车辆费同比减少24.27%，租赁费同比减少7.34%。

【夯实安全环保基础】 中石化抚州分公司以“识别大风险、消除大隐患、杜绝大事故”为主线，严抓现场直接作业环节和承包商安全管理。对全区117座加油（气）站、白露山油库进行全覆盖式自查自改，整改率达到100%；开展“我为安全作诊断”活动；制定并印发《抚州石油分公司安全环保风险清单及评估报告》。持续推进库站7S现场安全标准化建设，库站环境更加整洁，工作流程更加规范。严格把控数质量红线，强化油品入库计量管理，执行超耗赔付制度，加油站损溢率（剔除清罐及填充管线损耗）同比下降0.27‰。迎接中国石化集团公司设备、7S大检查、年度HSSE大检查，检查成绩排名靠前。年底，全面完成“国六”油品置换工作，践行“每一滴油都是承诺”，助力蓝天保卫战。

【加快网络发展】 网点建设始终是企业发展的“生命工程”。2018年，中石化抚州分公司新增加油站3座。加快轻资产发展，“他有我营”取得突破。将轻资产发展作为工作重点。加快双层罐改造，确保施工安全。严格落实“加油（气）站三年只改一次”“两个统筹”工作要求，合理安排并优化各类停业改造项目，约定工期，严格考核。

【加速党建经营融合】 中石化抚州分公司完善特色党建工作体系，加强基层党组织标准化建设，推动全面从严治党落地见效。一是强班子带队伍，着力发挥党委政治核心作用。落实班子“合心、合力、合拍”的三合理念，提升干部员工破题解题能力。坚持以“德才兼备、以德为先、业绩突出、群众公认、组织认可”的选人用人原则，实现三个“打破”：打破员工身份限制，打破优秀员工的年龄限制（干满一届3年），打破干部能上不能下铁饭碗，营造干部提拔“比人品、比才干、比业绩、比贡献”的良好氛围。二是夯基础创品牌，促进党建经营融合。将基层支部作为主抓重点，建立“12345+X”的基层党建工作做法。始终坚持围绕中心，服务大局，将党建工作与经营工作深度融合，推动企业持续向好发展。面对206国道封闭施工的不良局面，班子成员多次带队深入基层开展调研，直面问题，寻求对策，零售同比增长3.6%。三是重廉洁树形象，强化党风廉政建设。注重正向引导与负面警示教育相结合，通过逐级签订《党风廉政建设责任书》、开展送廉洁党课到基层等，加强全过程监督，开展多轮次经营管理风险排查和隐患整治工作，引导党员干部带头树正气，扬清风。四是融群团保稳定，着力提升企业凝聚力。坚持党建带工建，党建带团建，将群团工作纳入党建工作总体部署，充分发挥群团组织效能，围绕“青年成才，岗位建功”和“快乐工作，幸福石化”两个目标，开展“走基层，访万家”“家文化”“师带徒”“群团兴趣小组”“趣味运动会”等一系列活动，激发员工创造力。同时，组建骨干宣传团队，号召大家将镜头聚焦基层一线、聚焦先进典型人物和事迹、聚焦特色经验和做法，让企业文化真正的“活”起来、“动”起来。

（邹晨曦）

【中石化抚州分公司领导名录】

党委副书记、经理：

余　谦（任至5月）

王　涛（5月任）

党委书记、副经理：吴昌华

副经理：　王建平　严佩圣

本栏编辑　汪　洋

市场建设·招商引资

综　述

2018年，抚州市实现社会消费品零售总额544.14亿元，同比增长10.6%；进出口总值141.33亿元人民币，同比增长5.8%，其中出口总值131.08亿元人民币，同比增长1.2%；进口总值10.25亿元人民币，同比增长151.2%；实际利用外资5.18亿美元，同比增长10.24%；新引进并已开工2000万元以上项目431个，其中亿元以上项目205个，当年2000万元以上项目实际进资522.45亿元。与此同时，加快发展内贸流通现代化步伐，全市商务经济保持持续健康的发展态势。

（龚　岐）

商品市场

2018年，抚州市社会消费品零售总额544.14亿元，增长10.6%。分城乡看：城镇消费品市场实现零售额460.23亿元，增长10.5%；乡村消费品市场实现零售额83.91亿元，增长11.1%。分行业看，批发和零售业是社会消费品零售市场的主导力量，实现零售额501.55亿元，增长10.5%，占全市社会消费品零售总额的92.2%；住宿和餐饮业零售额42.59亿元，增长11.2%。

限额以上批发和零售业零售额中，粮油、食品、饮料、烟酒类同比增长0.2%；石油及制品类同比增长18.4%；汽车类同比增长9.3%。

（龚　岐）

电子商务

2018年，抚州市加强与知名电子商务平台企业对接联系，扎实做好电商扶贫工作。一是与京东、阿里巴巴平台深化合作。争取到京东集团对抚州市的实质性投资合作意向，草拟与京东集团战略合作框架协议及抚州京东医药江西总部项目协议书。二是加大力度推介优势特色产品及企业。推荐南城育佳、黎川兰冉家具入驻京东自营和企业购平台，兰冉家具月销量增长十倍以上。广昌冠莲、广昌水之缘、广昌夏优莲、南城向东和乐安广雅等5家企业天猫店入驻阿里巴巴兴农扶贫频道。三是做好电商扶贫工作。通过整合各部门资源，各县区农村电商相关配套设施不断完善。至2018年12月底，全市建成的1422个电商站点（含邮政、农业、村淘、供销等网点）分布在1032个行政村，实现农产品销售额10274.51万元。

（龚　岐）

文化市场

【概况】 2018年，抚州市文化市场管理工作坚持以规范市场秩序和综合治理相结合，以开展集中行动和专项治理为抓手，以“双随机、一公开”为监督约束手段，以警示名单、黑名单和红名单为基本制度，构建守信激励、失信惩戒和协同监管机制，同时狠抓队伍建设，促进执法能力提升，推进网络执法监管及网络大案要案的查处，构建规范高效的行业监管新格局。

【加强市场监管】 全力抓好“春节”、全国“两会”等重大敏感时间节点和节假日期间文化市场专项执法检查和安全检查，全年共出动执法人员26541人次，检查各类文化经营场所8780家次；收缴盗版及非法出版制品5.6万余册（盘）；查办各类文化市场案件270件。取缔无证经营书刊、音像制品店、游商、地摊19家。受理举报、投诉53起，做到件件有结果，事事有回复，查处完结率100%。

【开展法律法规宣传教育】 4·26知识产权宣传日期间，开展形式多样宣传教育活动，发放宣传资料2万余份。在“扫黄打非·护苗2018”专项行动中，联合教育、新华发行集团等部门组织开展“三个一百”自选动作，向全市少年儿童推荐100余种优秀少儿出版物，在市县区新华书店设立优秀少儿出版物专柜，邀请国内著名儿童文学作家分别在临川、东乡、南丰、金溪等中小学校开展“书香校园、正版生活、绿色阅读”公益讲座，参与近2万人次，发放“绿书签”3万余张。

【“扫黄打非”工作进基层】 全力构建“扫黄打非”乡镇村全覆盖工作格局，2018年已建立1873家基层工作站，全面完成全市基层工作站建设任务。

【打击网上网下侵权盗版】 2018年，全市公开销毁盗版及非法音像制品2万余张、其他各类非法出版物3万余册。“10·11”网络侵权案专案被国家四部委挂牌督办，由于案情特别重大,按照“两法衔接”，依法移送公安机关立案作刑事打击。完成抚州“某小说网”传播淫秽色情网络小说案——“12·10”专案的移送工作，并配合市公安局治安部门、黎川县公安局做好该案的后续查处等工作。

【技术监管和移动执法应用】作为全省的示范和标杆，抚州市网吧技术监管工作始终走在全省前沿，通过采取“人脸识别”和“远程巡查”等技术手段，实现对网吧未成年人上网、人证不符等违法或不规范的经营行为进行有效管控,实现以“技防”代替“人防”和人防与技防相结合的全方位立体监管措施，为省文化厅推进网吧技术监管工作提供“抚州经验”。同时，为提高依法行政效能，改善文化综合执法队伍日常检查、勘察等移动执法工作条件,抚州市率先在全省完成“文化市场移动执法系统”的推广应用工作。

【提高执法队伍综合素质】为切实提高全市文化市场综合执法人员的综合素质和执法水平，提升办案质量，自5月始，组织开展为期100天的全市文化市场综合执法人员“岗位大练兵、技能大竞赛”活动。抚州市选拔优秀选手参加文化和旅游部组织的第二届全国文化市场综合执法岗位练兵技能竞赛复赛、决赛活动，荣获团体第三名和优秀组织奖、移动执法及网络案件办理第三名等，参赛队员潘亚辉以98分的成绩获全省政策法规个人第二名；在参加由文化和旅游部组织的全国文化市场综合执法人员政策法规随机抽考中，抚州市以平均分87.6的成绩获全省第一。

【深化文化综合执法交流协作】分别于7月中旬、8月中旬和9月底，组织举办三期文化市场综合执法对口交流协作活动，邀请协作区内云南省文山州、红河州和福建省漳州市文化市场综合执法业务骨干到抚，开展联合交叉执法检查、案卷评查、以案施训、案例研讨等一系列对口交流协作活动；联合鹰潭市支队，共同举办“赣闽滇”三省三市两州文化市场综合执法培训班。年内，抚州市抽调选派文化综合执法人员53人次，参加由协作区举办的对口交流协作活动，达到“优势互补、资源共享、互帮互学、互利共赢”的目的。

（周书纬）

人力资源市场

【概况】2018年，抚州市人力资源市场以促进就业创业为重点，防失业、稳就业、促创业，确保全市就业规模持续增长。全年城镇新增就业人数4.29万人，就业困难人员实现就业4400人，新增转移农村劳动力6.15万人，城镇登记失业率3.27%，较省控制目标低1.23个百分点，保持在较低水平。

【服务园区企业用工】通过举办现场招聘、送岗下乡、网上招聘等多种形式帮助企业招工，全年共为园区企业招聘员工3.58万人，全市工业园区现有职工人数12.99万人，较2017年同期增加8200人，较好满足园区企业用工需求。

【就业援助月】开展以“就业帮扶，真情相助,不让一个困难群众掉队”为主题的就业援助活动，帮扶就业困难人员实现就业。活动期间，全市组织就业援助专场招聘会32场次，提供适合就业困难人员岗位3000余个，帮助421名援助对象实现就业,公益性岗位安置就业困难人员192人，帮助就业困难人员落实各项补贴资金221万余元。

【开展“春风行动”】开展以“促进转移就业，支持返乡创业，助力增收脱贫”为重点内容的春风行动。活动期间，组织专场招聘会183场（次），参与招聘的企业共637家，提供岗位数4万余个，实现县区就地就近转移就业6543人，其中建档立卡贫困劳动力转移就业498人；实现县外省内转移就业3503人，其中建档立卡贫困劳动力转移就业213人；实现省外转移就业3174人，其中建档立卡贫困劳动力转移就业144人。

【开展应届未就业高校毕业生实名制调查】依托街道、乡镇劳动保障服务平台，对人社部、省人社厅提供公共就业人才服务机构登记的3551名2018年离校未就业高校毕业生开展实名制调查，并将调查的个人信息录入就业信息系统实行动态管理，通过开展就业服务帮助应届离校高校毕业生实现就业3144人，2018届离校未就业高校毕业生调查就业率88.5%。

【就业精准扶贫】对人社系统15902名本地未脱贫贫困劳动力开展精准帮扶，帮助实现就业12887人，未脱贫贫困劳动力就业率达81%；建立扶贫车间406个，吸纳建档立卡贫困劳动力就业1595人；开发就业扶贫专岗，吸纳建档立卡贫困劳动力6294人；针对15977名农村贫困劳动力开展针对性的技能培训、创业培训和引导性培训。

【创建充分就业社区】采取定性与定量的方式，将充分就业指标体系转化为年度就业工作完成情况、组织机构建设、规章制度建设、工作人员考评、人力资源信息调查、技能培训、公益性岗位开发、就业困难人员精细化帮扶、城乡劳动力就业率、政策落实情况等10个具体考核指标，推进街道（乡镇）、社区（村）充分就业创建工作。2017年金溪县秀谷镇金山社区被评为第四批国家级充分就业社区，截至2018年年底，全市共有42个社区（村）被评为市级“充分就业社区”，7个社区被评为省级“充分就业星级社区”，2个社区被评为国家级“充分就业社区”。

【推进创业促就业】全年新增创业贷款担保基金900万元，新增发放创业担保贷款10.74亿元，其中扶持个人创业6.66亿元，占当期发放贷款总量的62.04%；扶持劳动密集型小企业4.08亿元，占当期发放贷款总量的37.96%，通过创业担保贷款直接扶持个人创业8500人次，带动就业3.31万人次。

【率先启动失业保险服务e平台】3月12日，江西省失业保险服务e平台上线启动仪式在抚州市举行。失业保险服务e平台是为推进全省失业保险信息化建设，秉承“把麻烦留给自己，将方便提供群众”的理念，充分利用互联网、大数据和移动通信等技术积极开发的全国首家集失业保险金申领，技能提升补贴，稳岗补贴为一体的失业保险网上经办平台，涵盖企业服务平台、个人服务平台。2018年全市共有354家企业注册并使用e平台办理业务，有66家企业成功在平台申请稳岗补贴，有367名领金人员以个人身份注册并申请失业金待遇。

【确保失业人员基本生活】按照“待遇审核标准化、待遇发放有序化”原则，及时做好失业保险待遇核定工作，实现失业保险发放准确率达100%。提高失业保险金发放标准，12月，失业保险金发放标准分别从850元、900元提高至1180元和1260元，涨幅达40%。全年共为2096名失业人员发放失业金1293.71万元，代缴职工医保355.76万元，为708名失业人员发放物价补贴1.06万元。

【落实降费率政策】对所有参保单位和个人继续实行降低失业保险费率政策，进一步减轻企业和个人负担，全年减收企业失业保险费1860万元，惠及参保职工近10万余人。

【援企稳岗护航】加大失业保险费返还力度和幅度，严格按照《关于做好失业保险稳岗补贴工作的通知》（赣人社字〔2017〕399号）文件落实好援企稳岗补贴政策减轻企业负担，促进企业稳定岗位，从源头上减少失业，推动企业健康发展。全年为173家企业拨付失业保险稳岗补贴440.3万元，惠及职工2.09万人。

【落实参保职工提升技能补贴政策】发挥失业保险预防失业和促进就业的作用，全年为81名取得技术等级证书职发放技能提升补贴12.25万元。

（方志斌）

赣东人才市场

【概况】2018年，江西赣东人才市场（抚州市人才服务中心）充分利用省级人才市场优势，开发和合理配置人才资源，为全市经济和社会发展提供人才保障和智力支持，在为企、事业单位招聘人才、人才择业、高校毕业生就业、企业人才咨询及流动人员人事档案管理。完善抚州人才网站“档案查询”板块，录入查询比例100%。新接收高校毕业生、各类人才档案2251份；开具档案接收函件及相关证明材料625件；提供档案查借阅、政审服务300人次；档案材料整理归档3177份。办理档案材料及人事关系转出1163件。录入档案管理系统及抚州人才网档案信息共计8301条。市人才中心现有档案14785份。

【“只跑一次”落实到位】出台《抚州市人才服务中心“只跑一次”服务事项（试行）》，参与“减证便民”，确保办事群众“只跑一次”甚至“一次不跑”，同时做到即来即办、即办即结，在保障服务质量的同时让办事群众感受到窗口服务人员最大的热情。

【搭建人才招聘公益平台】全年举办各类型招聘会22场，共732家企业参会，提供就业岗位2.05万余个。其中，5—9月，在万象新城广场举办5场“人才夜市”招聘活动。7月开始，每月增加举办一场行业专场招聘会。走出去、进校园搭建各类专场招聘平台3场。5月19日，精心挑选17家企业组团参加“2018江西高校毕业生促进赣南苏区振兴公益招聘大会”，共提供就业岗位330个；6月11日，精挑细选83家用人单位提供1800个符合应届毕业生的就业岗位赴抚州职业技术学院毕业生双选会；9月25日，15家用人单位参加东华理工学校高职组织的双选会，共提供就业岗位200余个。定期在月初发布急需紧缺人才目录。通过收集各类企业真实有效的空岗信息，重点筛选急需紧缺人才岗位，每月同步在省人才市场发布。借助人才中心微信公众号、市人社局大厅、人才大厦一楼招聘墙向社会发布，为用人单位和求职者搭建平台。全年发布急需紧缺人才目录12次，发布企业71家，发布就业岗位1230个。完善信息网络平台。充分利用新媒体扩大影响力，提高微信公众号的信息发布频率和质量。“抚州人才服务”微信公众号关注人数5671人，推送信息299条。

【创新人才培养方式】会同市建设局在天津大学举办江西省抚州市2018年建筑业高管专题研修班。市内建筑业企业负责人、高管，市、县区建筑行业管理人员共62人参加为期5天的培训。2012—2017年，全市建筑业累计上缴税金87.18亿元；2018年1—9月，全市建筑业完成税收14.6亿元，同比增长57.9%；至2018年年底，全市有特级建筑施工企业1家，一级建筑施工企业42家，二级建筑施工企业94家。

【打造温馨型流动党员服务站】完善流动党员花名册和管理档案，及时转移进出党员组织关系。每季度集中给每位党员打一次电话，详细掌握了解外出党员思想、工作和生活状态；及时传达党务、政务及抚州发展动态等内容，给流动党员邮寄党徽、党员活动证、党章和学习材料。开通短信平台，建立流动党员QQ群和微信群，方便中心支部与流动党员的管理沟通；通过微信群，组织大家学习；通过每月党员固定活动日，为流动党员过政治生日，发放政治生日卡。制定《抚州市人才服务中心党支部流动党员管理办法（试行）》《抚州市人才服务中心党支部党费收缴及管理办法（试行）》等规章制度。严格按照规定接转流动党员组织关系。党员组织关系接转实行专人负责，对符合要求的转入党员，及时将组织关系落实到相应党支部，为转入党员“安家”。不断优化组织关系接转制度，完善工作程序和方法，规范党员组织关系接转凭证、接转流程，明确职责，严格审核标准，认真搞好跟踪联系服务，严把督促检查关。

（饶申毅）

土地市场

【概况】 2018年，抚州市国土资源系统围绕市委突出“三项攻坚”、打好“四大升级战”的工作重点，切实保障工业用地需求，加强房地产用地管理和调控，强化保障性住房用地供应。全市共出让成交土地287宗，涉及土地面积974.85公顷，总成交价179.55亿元。其中，住宅用地97宗，面积326.76公顷，成交价139.73亿元，商服用地38宗，面积102.75公顷，成交价31.33亿元，公共管理与公共服务用地10宗，面积13.02公顷，成交价2536万元，工矿仓储用地140宗，面积530.01公顷，成交价7.87亿元，其他土地2宗，面积2.31公顷，成交价3627万元。

【保障性住房用地供应】 贯彻落实国务院及国土资源部相关文件精神，依据国土资源部《国有建设用地供应计划编制规范》，各县区编制2018年度国有建设用地和住房用地供应计划。2018年，全市供应保障性住房用地62.26公顷。

【土地出让收入】 2018年，全市依法依规出让成交国有建设用地使用权287宗，涉及土地面积974.85公顷，总成交价179.55亿元。其中，住宅用地97宗，面积326.76公顷，成交价139.73亿元。总成交价同比增长71%，住宅用地成交价同比增长80.81%。市本级出让成交国有建设用地使用权17宗，涉及土地面积105.77公顷，总成交价36.39亿元。其中，住宅14宗，面积92.15公顷，成交价36.11亿元。总成交价同比增长86.25%，住宅用地成交价同比增长120.62%。

（杨黎军）

房地产市场

2018年，抚州市房管部门贯彻落实市委、市政府决策部署，以推进全面从严治党，强班子、带队伍、正风气、促工作为主线，围绕“住有所居”目标，凝心聚力，攻坚克难，有序有力推进房管各项工作。全市房地产市场总体情况向好，运行平稳。

商品房预售面积相对增长，全市商品房预售许可面积542.56万平方米，同比增长20.3%；预售投资明显增长，全市商品房预售许可投资额212.70亿元，同比增长43.23%；房产税收明显增长，全市房地产行业完成税收46.4亿元，同比增长49.1%。

商品房销售价格相对平稳，全市商品住房销售备案均价5860元/平方米（市中心城区商品房住宅销售备案均价6486/平方米），同比增长20.23%，在省住建厅对抚州市指导价控制线6215元/平方米范围内；住宅库存去化周期保持平稳，截至11月底，全市商品住宅库存263.51万平方米，去化时间7.4个月，商品住宅库存和去化周期相对平稳。

全市商品房销售备案面积514.44万平方米，同比减少1.81%；其中住宅销售备案面积433.53万平方米，同比减少4.04%。

招商引资

【概况】 2018年，抚州市商务局围绕全市六大主导产业和六大新兴产业，引进一批产业集中度、关联度高的项目。全市新签约10亿元以上项目25个，新引进并开工10亿元以上重大项目26个。在新引进的项目中，六大主导产业占比不断提高。抚州高新区围绕新一代信息技术、汽车及零部件，崇仁县围绕变电设备，黎川县围绕家具和工业陶瓷，金溪县围绕香精香料等特色产业，引进一批产业链节点企业等。全市产业规模不断壮大，产业集聚效应越来越突出。

【专题招商】 在北京、厦门、深圳、香港等地共参加或举办赣京绿色金融合作推介会、赣港经贸合作交流会、2018江西抚州（深圳）重点产业招商对接推介会、2018江西（抚州）互联网产业招商对接会、抚州中医药大健康产业招商对接会等15场专题招商活动，累计共签约合作项目169个，投资总额1084.82亿元。首次在国外举行2018抚州（迪拜）招商推介会，签署在迪拜建设牡丹亭等4个合作备忘录及战略合作协议。

【高位推动招商引资】 领导带头率先招商。市委、市政府主要领导亲自带队赴沿海地区考察企业，促成一批重大项目的落地。开展专业招商。全市共组建36支招商小分队，均由县级干部带队进行驻点招商、精准招商。利用汤显祖国际戏剧节、江西互联网大会、全国中医药文化大会等节会的契机，开展专题招商和“双返双创”活动。借助国家级、省级平台招商。首届进博会、世界VR大会、第五届绿发会均有项目上台签约。

【对外经济合作】 引导明正电器、志特建筑模板、变电设备企业赴外考察洽谈投资。中阳建设在赞比亚投资建设3万公顷现代生态农业园；明正电器与赞比亚卢萨卡省签署8500万美元地埋式变压设备采购协议；志特建筑模板在新加坡、马来西亚逐步扩大市场份额，并首次进入阿联酋迪拜销售。

（龚　岐）

本栏编辑　黄泽书

财政税收

财政管理

【概况】 2018年，抚州市财政局围绕市委、市政府决策部署，凝心聚力、勇于担当、主动作为、开拓进取，把握“稳增长、促改革、调结构、优生态、惠民生、防风险”工作总基调，以提高经济发展质量和效益为中心，全力推动各项财政工作提质增效。全市各级财政部门始终坚持把做大财政“蛋糕”作为第一位的工作目标，助推经济提质增效。收入实现量与质双提升。突出表现为“四个上台阶”和“两个百分比提高”。“四个上台阶”即：全市财政收入总量跃上200亿元台阶，为200.7亿元；市本级财政总收入登上30亿元台阶，为34亿元，市本级一般公共预算收入21.11亿元、高新区财政总收入21.15亿元，均登上20亿元；全市争取上级各类转移支付资金首次突破200亿元大关，为201.6亿元。“两个百分比提高”即：全市税收收入占财政总收入的比重达到84.9%，较2017年提高2.2个百分点，税收占比全省排位第四，继续保持在全省第一方阵；全市争取上级新增均衡性财力转移支付5.86亿元，占全省增量转移支付补助的19.5%，较2017年又提高1.2个百分点。同时，通过近几年努力，全市各县区财政收入水分基本消化完毕，为全市经济社会良好发展提供强有力支撑。

【服务发展】 2018年，市财政局发挥财政职能，降成本优环境，夯实财源基础。一是落实减税降费政策，采取措施推进国家降低增值税、企业所得税优惠、个人所得税以及其他减税降费政策落地，持续优化支持实体经济发展的财税政策环境，全市各种税收减免优惠47.5亿元。二是加强对实体企业的金融扶持，通过“财园信贷通”发放贷款27亿元，惠及企业618户；“过桥贷款”帮助中小微企业贷款新增“搭桥”373次，搭桥资金25.7亿元；“惠农信贷通”累计为9846户新型经营主体发放支农贷款48.7亿元，期末贷款余额13亿元，有效缓解企业融资难、融资贵问题。三是发挥产业引导基金“四两拨千斤”作用，不断扶持实体企业做强做大。由市金控公司通过委托贷款累计投放重点企业、产业扶持资金4.5亿元，有效支持县区经济发展。

【民生福祉改善】 2018年，全市财政支出上400亿元台阶，为404.3亿元，其中全市十三项民生支出326.69亿元，同比增长13.3%，占公共财政预算支出的比重80.8%，人民群众的获得感和幸福感进一步增强。一是扎实推进脱贫攻坚。全市财政预算安排财政专项扶贫资金3.64亿元，较2017年增长36.67%，其中市本级财政专项扶贫资金投入8870万元，较2017年增长142.48%，全市整合财政涉农扶贫资金规模10.84亿元，整合率99.98%，财政涉农扶贫资金完成支出10.4亿元，支出率95.9%。二是筹措各类财政配套资金39亿元，集中办好涉及群众切身利益的50件实事。拨付托底资金3178万元，建立贫困人员第五道保障线，保障建档立贫困人员住院医疗费用报销比例90%以上；安排经费1.04亿元推进市直公立医院改革，较2017年增长200%。三是稳步推进生态建设。全市节能环保支出14.5亿元，增长28.1%。市本级财政安排流域生态补偿等经费1.68亿元；同时，争取生态功能区转移支付等资金5.61亿元，促进生态文明先行示范市建设。

【风险防控】 2018年，市财政局在全市开展地方政府债务清理清查工作，摸清债务底数，制定《抚州市债务风险化解方案》。争取置换债券资金，年内，全市置换债券资金15.81亿元，其中市本级（含高新区）置换债券资金12.6亿元，节约利息4800万元，助力棚改、城市建设工作推进。完善举债制度，制定下发《关于进一步规范地方政府举债行为防范化解财政金融风险的通知》等文件，通过一系列组合拳，进一步规范举债行为，守住不发生系统性风险的底线。

【财政监管】 2018年，市财政局加强日常监督。先后在全市范围内开展违反中央八项规定精神，违规公务消费支出专项治理、单位个人往来借款专项治理和乡镇小金库专项治理行动等突出问题检查，检查发现各类违规资金4659万元，其中违反公务消费支出3886.90万元，重点检查和抽查发现乡镇“小金库”108个，涉及金额426.38万元，清理单位涉及个人往来的暂付款492.41万元，均已责令有关单位整改。严格“三公”经费的管理，全市本级“三公”经费在前两年大幅下降的基础上，再度同比下降7.1%。开展待评审项目“去库存”活动。化解积压项目，全市财政部门完成工程预、结算项目评审共计10301项，较2017年增长34%；累计送审金额204亿元，较2017年增长31%；审定金额176亿元，较2017年增长30%；审减金额28亿元，较2017年增长33%；综合审减率为14%，较2017年增加1个百分点。规范政府采购，全市政府采购资金145.38亿元，涉及项目4631个，较采购预算资金147.87亿元，节约2.49亿元，（不含单一来源采购）节约率4.15%，有效地节约财政资金。五是推进预算绩效管理。全市对1831个项目，25.28亿元资金进行绩效评价，其中市本级对污水处理运行费、市公安警务改革等三个专项约1亿元开展重点项目绩效评价，提高资金使用效益。

【财政改革】2018年，市财政局深化财政体制改革，出台《抚州市人民政府关于推进市与县区财政事权和支出责任划分改革的实施方案》《关于确立东临新区财政管理体制的实施意见》。创新财政票据管理方式，在全省率先实施非税收入收缴电子一体化管理改革，并得到上级财政部门的充分肯定。实现政府非税收入全流程一体化、集中式控制，电子化收缴，智能化监控，全面提升政府非税收入收缴管理水平。稳步推进国库集中支付电子化改革和授权支付改革，从基础上筑牢资金安全防线，从根本上提升行政效率，提高财政信息化管理水平和工作效率。

（吴振兴）

【市财政局领导名录】
党组书记、局长：伍　鹏
党组成员、投融资管理中心主任：陆中和
党组成员、农业开发办主任：祝友清
党组成员、副局长：刘武奎　龚升平　黄文祥
副局长：夏小青
党组成员、国库支付局长：敖亚明
党组成员、非税管理局长：艾文茂
党组成员、总会计师：王永林
市投融资中心副主任：涂时昌

税　收

【概况】2018年，抚州市税务局坚持国税地税征管体制改革与税收中心工作两手抓、两不误、两促进，开拓事合人合力合心合税收新境界，展现服务经济社会发展税收新作为，构建优化高效统一的税收新体系，全面推进税收治理向高质量发展。聚焦主业“靶心”，征管举措求实、序时调度求稳、风险防范求优，税收收入平稳增长。高扬改革“旌旗”，国税地税征管体制改革蹄疾步稳，环境保护税、个人所得税等税制改革压茬铺开，征管体系日益高效。强化服务“后盾”，精准施策惠税户、精准发力去繁琐、精准帮扶纾苦困，营商环境持续优化。把准队伍“航舵”，正面能量的枝蔓进一步生长、税务英才的渠道进一步拓宽、内部管理的线头进一步理顺，干事氛围昂扬向上。绩效考评排全省税务系统第四，被评为绩效管理先进单位。

2018年，市税务局严格执行预算确定的税收计划，使税收增长与经济发展彼此协调，确保零水分、零异常、零风险。加强目标管理和动态调度，采取10余项挖潜堵漏举措，推动税收收入稳中有增。提高出口货物退（免）税预警分析和虚开、虚抵风险应对精准度，重拳出击涉税违法，立案查处税收稽查案件177户，查处9起涉案金额7.3亿元的虚开串案，惩处广昌“菜刀帮”涉黑案中税收犯罪案件。全市组织财政口径税收收入170.48亿元（其中，办理出口退税4.28亿元，增加4900万元，同比增长12.9%），较2017年同期增长12.2%，占财政总收入的84.9%，实现量质齐升；代征基金（费）收入6.07亿元，同比增长15.2%。

【机构改出新效能】2018年，全市税务系统坚持国税地税征管体制改革与税收工作“两不误、两促进”，有序打好新税务机构挂牌、制定落实“三定”规定、社会保险费和非税收入征管职责划转三场主攻战。新机构组建后，设置所属机构27个，较改革前精减14个；下辖12个县级税务局，设置所属机构231个，较改革前精减115个，机构扁平化程度增强，征管力量由分散用力变成统筹发力，征管手段由单一行为到综合施策，执法标准得到统一、服务资源实现整合，人财物成本大幅降低，治理效能明显提升。市委书记肖毅多次明确表示支持改革并为新机构揭牌，社会保险费和非税收入征管职责划转工作被列为市委、市政府2018年改革重点工作任务，人民网、新华网等媒体近百次关注改革工作。

【站位跃向新高度】2018年，市税务局自觉从发展全局角度研判情况，提出决策参考，获市委书记肖毅、市长张鸿星等批示8次，省委《今日信息汇要》采用信息4篇、推荐1篇上报中办，1篇扶贫调研文章被省税务局、国家税务总局推荐到国务院扶贫办参评。报送关于民营企业发展难题的政务信息获省委书记刘奇和省委常委、统战部部长陈兴超批示，多篇调研报告在税务总局《税务规划》《征管科技动态》、市社科联《决策参考》等刊登。自觉从助推经济社会角度精准施策、想招出力，被省委、省政府评为“全省服务非公有制经济发展先进单位”。落实各项税收优惠政策，减免各税47.5亿元，4377户纳税人从降低增值税率政策中获益，小型微利企业优惠惠及4287户企业，享受研发费用加计扣除政策的企业户数较2017年增长228.57%；持续调研测算，推动省局将香叶粗油等八类产品纳入农产品增值税进项税额核定扣除范围，为香料行业年均节约税收成本3600万元以上。

【服务优至新层次】2018年，市税务局优化税收营商环境，制定20

项80条便利化措施，“实体办税服务厅+自助办税服务厅+银行及邮政网点办税服务场所”的分布式不打烊服务网络持续完善。开展民营企业大调研大走访活动，召开座谈会23场、走访民营企业362户、收集民营企业纳税人问题及意见166个。完善守信激励和失信惩戒，帮助183户A、B级纳税人获得“银税互动”低利率信用贷款3.45亿。实行“最多跑一次”“一次不跑”改革，网上办税率超过80%，发票“网上申请、邮政配送”覆盖比例达77%。改进新办纳税人首次申领发票、税务注销等服务，市城区和金溪等7个县区不动产登记及所涉房屋交易、税费缴纳业务可“一窗受理，内部流转，并行办理”，让税户少跑路、少资料、少等待。抚州市的浙江、江苏、福建商会及市企业家协会等均高度评价税务部门优化营商环境及深化机构改革成效。

【党建提升新水平】 2018年，市税务局坚持和加强党对税收工作的全面领导，党组全部改设党委，新设13个机关党委、2个党总支、118个党支部和12个团组织、13个工会、13个妇委会。完善落实主体责任和监督责任的制度体系和运行机制，探索结对非公组织、安排在职党员前往居住社区报到、兄弟单位双联双创、建立基层党建工作联系点等“税务+”党建联学共建模式，获全省首届党务技能大赛优秀奖，获评市直机关党的工作目标考核“优秀单位”，2个县级局被命名为“全省系统基层党建工作示范点”。举办中共十九大精神宣讲报告会和轮训班20余场次，开展“传承红色文化、铸就红色堡垒、共建红色家园”主题活动，发动党员参加“我是党员我来干、我是党员我争先”活动，市直机关工委书记鄢新员一行现场观摩并充分肯定。推进作风建设，印发纪律规矩类文件17个，制定18条机关工作人员日常行为“负面清单”，开展违规操办“谢师宴”“升学宴”等专项整治活动做法在中央纪委国家监委网站刊发。

【税务展现新风貌】 2018年，全系统获国家级荣誉4个，省部级荣誉7项，市厅级荣誉30余件。致力改革发展，被评为全国环境保护税改革工作先进集体，获省委、省政府“全省服务非公有制经济发展先进单位”荣誉称号；精耕纳税服务，连获全国学雷锋示范点、全国工人先锋号、全国三八红旗手等荣誉；担当社会责任，离休老同志王师被评为敬业奉献类“中国好人”并以拳拳之心支持税务机构改革，脱贫攻坚国家考核第三方评估组组长称赞“产业扶贫搞得好，老百姓得到实惠”；规范后勤管理，接受国家机关事务管理局验收，被评为全国公共机构节能型示范单位；深化税务文化建设，获市红十字会“人道救助优秀组织奖”，被评为“四进四联四帮”先进单位，1名干部获评全市首届“最美时代青年”；激发奋发向上活力，选派队伍参加全国办税技能竞赛，在决赛中获团体组A组二等奖，总成绩排名全国第四。

（徐菊兰）

【市国家税务局领导名录（任至6月）】

党委书记、局　长：曾长根
党委委员、副局长：隋照强
　谢润斌　陈龙水
　葛开珍　车　勇
党委委员、纪检组长：戴来贵
市国税局稽查局局长：
　杨武高（任至9月）

【市地方税务局领导名录（任至6月）】

党委书记、局　长：付和平
党委委员、调研员：喻洪光
党委副书记、副局长：刘建明
党委委员、副局长：穆　华
　黄　磊　吴江华
　徐晤明
党委委员、总经济师：陈文清
党委委员、纪检组长：徐晤明
市地税局稽查局局长：
　骆小云（任至9月）

【市国家税务局、地方税务局联合党委领导名录（6—10月）】

党委书记：付和平
党委副书记：
　曾长根（正处长级）
　刘建明
党委委员：喻洪光　隋照强
　谢润斌　陈龙水
　穆　华　葛开珍
　车　勇　黄　磊
　吴江华　陈文清
　徐晤明
党委委员、纪检组组长：戴来贵

【市税务局领导名录（行政职务6月任，党委职务10月任）】

党委书记、局长：　付和平
党委副书记、副局长：
　曾长根（正处长级）
　刘建明
党委委员、副局长：
　喻洪光　隋照强
　谢润斌　陈龙水
　穆　华　葛开珍
　车　勇　黄　磊
　吴江华　陈文清
　徐晤明
党委委员、纪检组组长：戴来贵
稽查局局长：杨武高（9月任）
第二稽查局局长：
　骆小云（9月任）

本栏编辑　鄢春琴

金融·保险

综　述

2018年，抚州市金融系统紧紧围绕省委“创新引领、绿色崛起、担当实干、兴赣富民”工作方针以及市委、市政府“一个坚持、三项重点、四个排头兵”工作重点，不断加大金融投入，扎实推进金融改革创新，全面提升金融服务实体经济水平，全市金融业实现平稳较快发展。

金融服务体系更加健全。2018年温州农商行在南城和东乡两县区各设立一家村镇银行，全市银行业金融机构达到24家，村镇银行实现县域全覆盖。安信证券抚州营业部顺利开业，全市证券营业部达到11家。江西联合股权交易中心在抚州市设立抚州分中心。南城县民间融资服务中心获批开业。高新区工科融资担保注册资本金增资到3亿元，启动注册资本金为10亿元的金控融资担保集团的组建工作。

信贷投放力度持续加大。截至2018年年底，全市银行业金融机构本外币各项存款余额2071.3亿元，较年初增加166.4亿元，同比少增92.85亿元，较年初增长8.74%，高于全省平均水平0.27个百分点，增速位居全省第四；本外币各项贷款余额1609.05亿元，较年初增加240.18亿元，同比多增3.11亿元，较年初增长17.55%，低于全省平均水平0.47个百分点，增速位居全省第七。因政府债务整治，市级相关投融资运营公司和相关县区提前归还各项贷款12.62亿元。10家尚未在抚州市设立分支机构的省级银行业金融机构在抚州市投资余额为188.79亿元，较年初新增53.51亿元,增长40.05%。三项贷款相加，2018年全市实际新增贷款306.31亿元。全市民营中小微企业贷款余额617.25亿元，占全市贷款余额41.23%，同比增加52.13亿元；全市小贷公司新发放贷款410.26万笔，新发放贷款49.68亿元，融资性担保机构累计为9783户民营企业提供担保贷款72.65亿元。

金融改革工作稳步推进。2018年全市政府性倒贷机制实现县域全覆盖，基金总规模达到2.92亿元，累计帮扶企业1075户，累计帮扶金额88.52亿元。投资30亿元的温泉科技金融小镇一期工程即将完工，有几十家科技金融企业及上市公司表达入驻意向。互联网产业园项目正在制定规划方案。建成科技金融综合服务平台并试运行。成功举办江西省第四届互联网大会科技金融分论坛并取得较好反响。此外，崇仁金融便利店正式设立，“变电设备产业政银担”信贷产品试点推出。在崇仁、乐安、南丰三县启动蚂蚁金服农村普惠金融试点工作。高新区新引入建设银行、农业银行设立分支机构，“一站式”投融资信息服务平台试运行。

金融精准扶贫深入实施。2018年先后制定《抚州市关于推进扶贫产业保险工作的实施意见》和《抚州市产业扶贫信贷通工作方案》，加大对贫困地区特色优势产业、转移就业、异地搬迁、生态保护、教育、医疗等脱贫工程建设的信贷投入，全市精准扶贫贷款余额为105.23亿元，同比增加62.74亿元，增长176.12%。推广实施返贫责任保险，对已脱贫的贫困户由县区财政出资购买保险，贫困户由于疾病、突发意外事故或自然灾害等因素造成返贫，由保险公司按合同约定负责赔偿，为贫困户脱贫构筑一道有效的安全屏障。推广实施扶贫产业保险，由各地帮助贫困户购买农业保险，对建档立卡贫困户发展产业因自然灾害、意外事故、病虫害等原因造成的损失予以补偿，降低贫困户发展产业的风险。

直接融资取得较大突破。制定出台《抚州市人民政府关于加快推进企业上市（挂牌）的实施意见》，从税收返还、财政奖励等方面鼓励企业加快上市挂牌，其中拟对境内首发上市企业财政奖励1100万元，奖励标准跻身全省设区市首位。志特新材与施美制药正在江西证监局辅导备案，全市重点拟上市挂牌企业增至16家，一般后备企业增至64家，全市新三板挂牌企业增至12家，在江西联合股权交易中心挂牌展示企业增至423家。全市实现直接融资78.05亿元，列全省第五位。其中，博雅生物定增10亿元成功发行，新三板挂牌企业增发0.18亿元；市投资（集团）公司新发行4.5亿元短期融资券和15亿元的二期中期票据，全市同业存单完成36.4亿元；崇仁县发行10亿元城投专项债；区域股权市场企业发行私募可转债1.97亿元。另外，金溪7亿元乡村旅游专项债正在待审，南城10亿元城投专项债成功批复。推动乐安与广州证券合作，成功启动扶贫专项债发行前期工作。

保险业平稳健康发展。全市保险机构主体共有24家，其中财险公司11家，寿险公司13家。截至2018年12月末，全市实现保费收入41.07亿元，同比增长4.47%。其中，财产险公司实现保费收入16.91亿元，同比增长20.21%，全省占比6.3%，增速排名全省第一；人身险公司实现保费收入24.16亿元，同比下降4.3%，全省占比5%，增速排名全省第八。

金融生态环境不断优化。先后制定下发《抚州市涉众型经济案件矛盾化解维稳工作方案》和《非法集资涉稳问题集中摸排调研专项行动方案》，举行市县联动、多部门参与的非法集资集中宣传日，及时接入省"赣金鹰眼"非法集资监测预警平台，做到非法集资风险早发现、早介入、早处置，全市非法集资实现零发案率。配合经侦、工商等部门，对全市小贷、典当、资产管理、投资等类金融机构开展风险现场排查活动，先后妥善处置于都金泰电子公司金融诈骗事件、浙江租赁公司与金溪质押车使用人打架纠纷事件、"黄宫绣"中药材交易致投资人亏损事件以及海峡交易所前期客户投资亏损事件。开展网络小贷公司业务风险专项整治工作和P2P整治验收工作，5家网络小贷公司正在按要求整改，2家P2P公司已经停业并将业务余额清零，风险完全可控，全市未发生区域性和系统性金融风险。

（傅晶宇）

【市金融办领导名录】

主　任：刘龙飞

副主任：王文丽

中国人民银行抚州市中心支行

【概况】 2018年，人民银行抚州市中心支行认真学习贯彻中共十九大、全国金融工作会议、中央经济工作会议、上级行工作会议精神和各项决策部署及工作要求，提高政治站位，切实履行央行职责，扎实推进金融改革，不断强化内部管理，辖区内金融运行平稳，各项工作取得较好的成效。抚州市中心支行被评为全市社会治安综合治理目标管理优秀单位、综合优秀市直单位和绩效管理工作优秀单位；女职委工作在总行工会女职工委员会委员培训班上作现场交流，1人被授予总行"优秀共青团员"称号，参加上级行业务竞赛获团体二等奖2次、三等奖2次，个人二等奖2人次、三等奖3人次，1人代表江西参加全国外汇管理系统非现场检查竞赛荣获二等奖，1人代表武汉分行参加总行比赛分获朗诵类和演唱类第一名。

【科学实践"双支柱"调控管理】 指导法人机构开展宏观审慎评估，实现MPA评估无C档，全辖区14家法人机构2家评为A档、12家评为B档。引导法人机构改善经营性指标，合理安排信贷投放，截至11月末，辖区内法人金融机构新增投放58.02亿元，保障区域合理信贷需求。重点核查信贷政策支持再贷款和再贴现管理，截至11月末，全市人民银行支农再贷款余额14.7亿元，扶贫再贷款余额19.3亿元，支小再贷款余额13.88亿元，再贴现余额0.25亿元。在宜春市中心支行对抚州市开展的支小、支农和扶贫再贷款交叉专项核查中，首次实现辖区内人民银行再贷款资金管理零问题反映。总结PSL政策效果评估实战经验，对国开行江西省分行检查的经验做法在全省货币政策工具运用座谈会上现场交流，经验材料在《金融参考》2018年1期刊登。推动辖区20家法人金融机构全部参与2018年度法人金融机构合格审慎评估，修改完善《抚州市市场利率定价自律机制工作指引》，落实季度联席会议制度。辖内法人金融机构负债管理渠道进一步拓宽。抚州农商行1—10月累计发行同业存单36.4亿元，累计发行大额存单2.17亿元。

【全面提升普惠金融工作水平】 实施金融服务乡村振兴战略。制定并推动市政府出台《关于金融服务乡村振兴战略的实施意见》，实施贯彻好"信贷增量、机构扩面、服务提质"三大行动，加大涉农贷款投入，积极发放中长期贷款，支持农业节水工程、高标准农田建设、供水、供电、通信、道路等基础设施建设，合理有效满足家庭农场、专业大户、农民专业合作社、农业产业化龙头企业等新型农业经营主体的信贷需求。截至三季度末，全市涉农贷款余额958.6亿元，较年初增加141.68亿元，增长17.3%。进一步推进金融精准扶贫。制定出台《2018年抚州市金融扶贫"三大工程"实施方案》，组织召开抚州市金融助推精准扶贫工作推进会、全市银行业金融机构服务小微企业和金融精准扶贫工作推进会，明确各金融机构扶贫工作任务和目标。截至三季度末，全市金融精准扶贫贷款余额92.81亿元，比年初增加18.53亿元，增长24.95%，高出全省平均增速2.68个百分点。比2017年同期增加58.36亿元，同比增长169.40%，高出全省同比增速3倍多。推动政策性风险补偿措施落实到位。指导各县区支行强化与地方政府的沟通协调，进一步增强财政部门对金融扶贫政策性风险补偿重视和支持力度，推动各级政府认真落实《江西省产业扶贫贴息办法》文件要求，建立健全金融扶贫财政贴息制度。截至11月末，全市已设立金融扶贫风险补偿基金规模16391.48万元，实现县区全覆盖。东乡区支行金融精准扶贫对接"四个一"工程的经验做法分别在2018年2月26日《金融时报》、9月29日《中国网》、2月28日"江西省扶贫和移民办公室"官网上推介。深入推进普惠金融服务站建设。印发《抚州市"农村普惠金融服务站"创建实施方案》，成立由"一把手"任组长的创建工作领导小组，组织召开2次领导小组会、3次服务站创建工作专题会和1次创建工作现场推进会，5月份率先实现全省各设区市省级（深度）贫困村服务站全覆盖。出台《党支部与农村普惠金融服务站联创、联建"结对子”工作制度》，在落实“金融为民”中不断探索基层央行党建与履职融合的新模式。截至三季度末，全市服务站共配备POS、VTM机具223台，人民币鉴别仪、电子显示屏、电脑、打印机等机具399台，开展交易查询类业务6.73万笔、金额699.02万元；通过服务站发放贷款73笔、金额545万元；受理人民币鉴别和兑残咨询639笔、提供维权咨询410次，协助建立农村信用档案4679户；开展金融知识宣传教育398次、发放宣传单6.26万册；开展农村电商代购代销业务0.93万笔、金额23.6万元。推动“金惠工程”试点工作，2018年4月获中国金融教育基金会批准的广昌县农村金融知识教育“金惠工程”项目正在如火如荼地开展。

【优化小微企业金融服务体系】 建立小微企业融资服务长效机制，督促辖区内村镇制定小微企业融资监测专项制度，按月上报监测表，进一步强化对小微企业融资满意度的调查与监测。制定出台《2018年抚州市应收账款专项行动实施方案》，积极推广小微企业应收账款融资模式。截至11月末，全市应收账款融资系统共发生18笔业务，成交金额39.9亿元。降低企业融资成本，下调支小再贷款利率0.5个百分点，引导辖区法人金融机构小微企业贷款加权平均利率由7.88%下降到7.51%。国有银行小微企业贷款利率全面下调，平均下降幅度超过0.6个基点。创新大数据支撑信用信贷产品，相继创新推广小微企业简式贷、小微快贷、网络循环贷、诚商信贷通、税贷通等一系列新型信贷产品，有力缓解小微企业融资难的问题。截至11月末，全市普惠口径小微企业贷款（不含票据贴现）余额217.95亿元，比年初增加49.6亿元，增长28.7%。继续推广“财园信贷通”和“财政惠农信贷通”，充分发挥财政资金对小微融资的保障和撬动作用。1—10月，全市累计发放“财园信贷通”贷款551户、金额24亿元；累计发放“惠农信贷通”贷款46.99亿元，受益新型经营主体达到9388家。开展小微企业金融政策落实专项督查，选择宜黄县、南丰县50户小微企业开展问卷调查，深入东乡区、金溪县召开座谈会，倒逼金融机构创新符合小微企业特色的信贷产品。扎实开展小微企业金融服务宣传，落实“万名干部进万企”小微企业帮扶活动，配合南昌中支在崇仁县工业园区开展“降成本、优环境”调研走访活动，现场为4户企业解决实际问题，收集企业贷款需求3.3亿元并与相关金融机构进行对接，取得明显帮扶成果。

【保障金融市场健康有序发展】 一步改善跨境人民币业务发展环境。1—11月，全市跨境人民币实际收付量4.2亿元，其中实际收入3.4亿元，实际支出0.8亿元。进一步推广多渠道融资方式，引入南昌浦发银行、光大银行等债券承销机构，建立与企业“一对一”的辅导培育机制，推动全市直接融资工作取得明显突破。截至11月末，抚州市城投公司发行中期票据12亿元、超短融4.5亿元和定向债务融资工具3亿元，崇仁县城市投资公司发行崇仁城投债10亿元；全市“新三板”挂牌企业达到12家，在上海Q板或E板挂牌企业达到10家，全市在江西联合股权交易中心挂牌展示企业总数达到413家。

【全面推进中小企业和农村信用体系建设】 强化与扶贫移民局、统计局、乡镇政府的对接，拓展数据归集，已为辖区内51.08万户农户建立信用档案。按照“政府主导、人行牵头、各方参与、服务社会”的原则，全面推进农村信用创建活动，至11月末，全市评选出50个信用乡镇、572个信用村，7.65万个信用户，其中1.70万个信用贫困户，实现农村信用创建县域行政村、建档立卡贫困户的全覆盖。截至三季度末，全市农户信用贷款余额42.78亿元，同比增长42.59%。配合南昌中支开展农村信用体系建设现场督查。组织开展“3·15”“6·14信用记录关爱日”暨《征信业管理条例》颁布五周年大型征信宣传活动，对辖区内商业银行开展征信知识专题系列培训，组织征信知识进校园宣传，广泛开展征信宣传与诚信文化教育活动。

【加强风险监测】 继续做好辖区内20家地方法人银行机构风险监测月报报送工作，密切关注重要指标数据超过监管标准的法人银行机构，督促其做好不良贷款处置工作，及时向不良率较高的机构发出风险预警提示函，使风险关口前移。按季度监测全市非法人银行机构经营情况。按照属地管理的原则，建立投保机构主监管人制度，对每家地方法人金融机构确定一名主监管人，落实监管责任。推动重点企业金融风险早期识别，通过对辖区内50家重点监测企业生产经营情况持续不断的风险监测分析，增加对辖区金融机构与其股东企业之间关联业务监测的针对性，及时发现风险苗头。积极推动抚州“四社”市场退出工作，建立“四社”资产处置跟踪监测分析季报制度和处置工作进展旬报制度，督促清算组按照南昌中支要求分批归还金融稳定再贷款。

【加强金融监管】 将辖区内13家市级银行金融机构2017年度执行人民银行政策法规及管理规定情况评价结果向被评价单位反馈，并向市政府、被评价单位上级主管部门进行通报，将评价为C、D等的金融机构列为重点监督对象。强化重大事项报告制度，截至11月末，全市人民银行系统受理各类重大事项报告104件。加强互联网金融的监督管理和风险防范，与市金融办、银监局、工商局、公安局等相关部门协作，走访及现场核查临川金巢金融和东方融信2家网络贷款机构，进一步优化抚州市互联网金融生态环境。依法开展执法检查，中心支行全年开展征信管理、调查统计、存款准备金、跨境人民币、人民币管理、反洗钱、支付结算、金融消保、代理国库业务执法检查9次，检查金融机构网点40家，对发现问题的5家机构负责人进行约谈，对1家机构违反反洗钱法有关行为罚款8万元。加强支付业务凭证审核，强化ACS系统运用与升级，切实维护支付结算秩序，2018年辖区内ACS系统共处理各类核算业务4.32万笔，交易金额1580.04亿元。健全警银快速联动机制，协作防范和打击电信网络诈骗，全年协助破获电信诈骗类案件197起，查处违法犯罪人员50名，铲除窝点5个，打掉团伙6个；“反诈中心”止付银行账号2983个，冻结银行账号4698个，成功返还被骗资金59.09万元。加强反洗钱监管，按时开展反洗钱年度报告监管活动，对62家开业满一自然年以上的市辖金融机构及县辖法人金融机构开展反洗钱分类评级，开展书面和电话质询，做好重点可疑交易报告工作，年度内共接收、移送、报告4起重点可疑交易线索，东乡区一涉毒洗钱罪案例有望在年底前宣判。配合扫黑除恶专项斗争，成立中支配合扫黑除恶专项斗争领导小组，建立会商机制、部门联动机制和台账制度，督促辖内金融机构强化对涉嫌黑恶势力洗钱活动有关可疑交易的监测。

【加强外汇监管】 采取“定向随机”方式，对2家银行开展银行外汇业务合规性专项检查，对存在的国际收支错申报、漏申报等问题，依法对银行进行处罚，并要求其整改。开展外汇业务专项核查，对2家银行开展经常项目外汇业务专项核查，共核查业务3844笔、金额2.15亿美元，核查发现问题笔数6笔、金额3.53万美元；对3家银行开展资本项目外汇业务专项核查，核查业务笔数9笔、金额3918万美元；对辖内银行外商直接投资义务登记及投资资本金入账业务进行非现场核查。严厉查处外汇违规案件，对中国银行抚州市分行、建设银行南丰支行、农业银行抚州分行3家机构外汇违规行为给予罚款共20万元。创新设计制作《外汇检查办案手册》，在全国外汇检查系统首次建立标准化和便捷化的办案程序操作指引，为外汇检查提供指导，获外管局江西分局副局长郭云喜批示肯定，经总局管检司同意在外管总局门户网站发布，供全国学习借鉴。

【加强内控管理】 组织实施离任、预算管理、依法行政、安全保卫管理、附属单位（招待所）、基建专项审计和窗口服务、金融精准扶贫绩效审计调查等项目14个，投入现场工作日714人·天，发现问题129个，切实加强内部审计监督。对辖区内县支行开展20余次会计辅导检查，实地了解、督促东乡及黎川支行大型维修实施进度，编制会计制度电子手册，加强会计财务监督。对全行资产开展清理盘查，共清理出闲置不动产1.8万平方米、账面原值1693.76万元，处置资产834.25万元，加强了固定资产管理。严格落实集中采购项目预算，开展集中采购风险排查，优质完成集中采购任务，全年完成总行集采项目5项（次）、总采购额度23.25万元，组织本级集采项目3个、总采购金额59.97万元，节约率为9%，节约采购资金5.55万元。建立涵盖安全管理、案件防控、安全生产、反恐怖等内容的安全保卫制度体系，签订安全管理责任书，实行安全责任清单制；推进守卫值班室标准化建设，严格规范安全保卫专网管理，全方位加强守卫、押运和枪弹安全管理，确保安全保卫工作零事故、零案件。加强应急管理，对抚州市金融机构突发事件、投保机构存款保险风险处置、调统业务、反恐怖袭击、发行库守卫、货币押运、消防安全等应急预案进行修订完善，并先后组织金融突发事件、调统业务、ACS和账户管理系统、库房防汛、机关办公场所反恐怖袭击、消防应急处置等应急演练，全市人民银行系统持续平安运行。

【落实存款保险各项工作】 稳步做好存款保险各项工作，确保各项数据准确无误、投保机构及时、准确缴纳保费，在此基础上有序推进风险差别费率工作。选择崇仁、南城农商行，黎川抚商村镇银行、乐安洪都村镇银行4家机构开展保费基数和费率现场核查。稳步推进央行金融机构评级工作，每季度对辖区内20家法人银行业金融机构的风险状况作出科学、合理的评价，全面了解辖区法人银行机构经营管理情况。组织黎川、资溪、乐安农商行和南丰桔都村镇银行自下而上开展偿付能力敏感性压力测试和流动性风险压力测试，使央行和参试行对金融机构经营管理状况有更直观的掌握。积极探索推动东乡防范金融风险“两集中一快速”模式试点，更新《抚州市金融机构突发事件应急预案》并在辖区崇仁县开展了一次金融突发事件应急演练，提高金融突发事件的应对处置效率。

【深入推进“两权”抵押贷款试点】 在金溪召开2018年试点工作推进会，分解2018年贷款投放目标，将试点工作与高标准农田建设、金融扶贫工作协调推进，重点满足具有扶贫带动效果的新型农业经营主体信贷需求。截至11月末，金溪县“两权”抵押贷款余额达3.63亿元，较年初新增1.39亿元，当年累计发放贷款445笔，金额1.76亿元。该试点在全省“两权”抵押贷款试点工作中期评估中荣获农地县第一名，工作经验总结材料《“五个率先”打造“金溪模式”》获市领导书面肯定；金溪农商银行“农村承包土地经营权抵押贷款”，在6月举办的全国“第九届服务小微及三农百佳金融产品”评选活动中，获全国“服务三农五十佳金融产品”；编撰的《金融创新唤醒沉睡土地——金溪县农村承包土地的经营权抵押贷款试点情况报告》（书号ISBN 978-7-5049-9382-3）一书2018年1月由中国金融出版社出版发行。

【积极实施新金融统计制度】 制定《抚州市金融统计数据质量管理暂行办法》，及时完成数据集中系统初始化、结转数及各批次数据的报送工作。市政府批转《加强抚州市金融业综合统计的管理意见》，推动成立全市金融业综合统计领导小组，使全市金融业综合统计工作得到强化。推进抚州市绿色信贷专项统计工作，已统计绿色信贷专项数据12个季度，收集和整理全市“绿色金融发展案例”12篇，于三季度开始试行对20家地方法人机构进行绿色信贷业绩评价，参与起草的《关于加快抚州市绿色金融发展的实施意见》并以抚府发〔2018〕20号文件转发施行。撰写的《绿色金融工具在江西省绿色崛起中的运用研究》课题被南昌中支评为2017年全省人民银行重点课题一等奖、《绿色金融评介与统计监管研究》在2018年《金融与经济》第11期上发表；《立足生态拓富路——人行江西省乐安县支行引导金融机构支持绿色经济发展》被《金融时报》2018年6月19日采用；继续编辑《2018年抚州市绿色金融发展报告》，助推抚州绿色金融发展。截至三季度末，全市绿色信贷余额176.14亿，占本外币信贷余额的11.19%，较年初增加48.01亿元，增长37.4%。

【优化企业开户服务】 推进辖区内账户实名制管理，落实个人银行账户分类管理制度，全辖区存量人民币单位银行结算账户7.03万户，存量人民币个人银行结算账户1654.18万户。制作《一次性告知服务清单》和开户服务流程图，加速普及账户基本知识；指导各银行机构建立优化企业开户服务的内部管理制度，设置小微企业开户绿色通道，主动对接工商部门方便三证合一信息共享，提升企业开户效率。银行主动搭建与工商企业信息共享平台。印发《抚州市辖内银行业金融机构优化企业开户服务评估工作方案》，建立评估监督机制，走访检查辖内22家商业银行和4家人民银行县支行，对发现问题发出督导意见书、提出限期整改要求。

【建设移动支付便民工程】 组织召开抚州市移动支付便民工程实施推进会，明确“抚州市公交金融IC卡及银联云闪付环境项目联合共建实施方案”及“抚州市移动支付便民工程用户营销方案”，并组织各银行机构对抚州市高校、医院、公共事业缴费、商圈、街区、菜场等8大方面移动支付便民工程场景建设进行补充和修改完善。抽调辖内14家银行机构人员对市级6个大商圈的POS机具进行联合核查。召开移动支付便民工程实施工作督导会，举办“智慧城市 智慧公交”抚州公交银联移动支付、云闪付及金融IC卡启动仪式，加快推进本辖区移动支付便民工程工作。2018年以来，闪付交易735.23万笔、交易总金额498.22亿元，非接交易174.04万笔、交易总金额107.38亿元；抚州市获中国绿色交通优秀城市荣誉称号。

【规范国库和货币发行管理与服务】 准确、安全、高效地完成国库收支业务，截至11月底，全辖区国库部门共完成预算收入386.73亿元，同比增长36.12%；办理预算支出业务599.43亿元，同比增长15.46%；预算收入退付32.10亿元，同比增长38.36%；更正调库9.92亿元，同比下降51.73%；做好国债发行与兑付工作，全年共发行国债18期，金额1.32亿元，同比上升3.03%。加强市场货币流通的预警监测，及时掌握发行基金库存结构变化的动态；打造“蒙学堂”精品课，先后在12所学校开课，授课100余课时，教授3000余名学生，发放6000余份教材、资料，形成银校联合反假长效机制；构建多级联动反假货币机制，1—11月，收缴假币2.16万张184.63万元，同比分别减少4.2%、2.44%；强化残损人民币回收管理，提高人民币整洁度；做实做细小面额现金供应三项制度，优化流通人民币券别结构；搭建硬币调剂中心，推进硬币自循环。帮助抚州市公共交通总公司解决大量积压硬币的做法，获公交公司高度赞赏，并向中支赠送锦旗和感谢信。

【营造良好涉外经济环境】 完善事前、事中、事后管理全覆盖的“出口不收汇”综合治理机制。事前，对供货出口企业上门开展政策宣传，动员其转回辖区内出口，对贸易型企业进出口名录登记严把真实性审核关口，劝退买单出口企业。事中，加强与商务部门沟通协调，控制出口不收汇规模。事后，对出口不收汇企业采取约谈、降低、注销名录、向海关通报情况等管理措施，打击买单出口行为。同时，推动银企对接，切实促进“外汇降成本”，动员银行在出口收结汇方面给予企业便利和优惠，督促银行落实好全口径跨境融资宏观审慎管理政策，为更多中资企业提供境外低成本融资机会。助力企业参与“一带一路”项目建设。与商务、税务等部门联合走访辖区内有境外投资意向企业，深入了解情况，宣传政策；在政策框架内制订便利化措施，从政策咨询指导、业务办理、投资购付汇等方面给予优先支持；建立“一带一路”重点企业库，逐户递送“走出去”服务卡，实行跟踪服务。2018年以来，抚州市境外投资增资额合计1219万美元，均为重点企业库企业。

【优化服务促进贸易投资便利化】 在服务窗口公示外汇行政审批项目内容和办事程序、设置业务办理意见箱，推行“一站式”窗口服务；创建“走出去”企业外汇业务交流微信群接受咨询，严格规范依法行政行为，增强外汇政策法规的透明度。2018年为企业办理货物贸易外汇收支名录登记业务108笔，名录变更业务12笔，名录注销业务7笔，为银行办理结售汇业务市场准入备案2家、金融机构标识码申领2家，均于当日办结，比法定办结时限缩短19个工作日。加强与企业联系，先后对4家进出口企业和6家境外投资企业进行实地走访，采取“听”为主、“讲”为辅的方式，面对面倾听企业的外汇业务需求和相关建议，有针对性地给予企业外汇政策指导。圆满完成直接投资存量权益登记。2018年，全市应进行2017年度FDI存量权益申报企业99家、ODI存量权益申报企业8家。完成FDI存量权益企业 89 家，申报率为 89.90%，完成 ODI 存量权益申报企业 8 家，申报率为 100%。

（汤　煜）

【市人民银行领导名录】
行　　长：杜正琦
副 行 长：徐冬华　杨发根
　　　　　夏享福
纪委书记：王建平（任至 5 月）
　　　　　文　涛（9 月任）
工会主任：王建平（5 月任）
行长助理：车　浩（3 月任）

中国银行保险监管会抚州监管分局

【概况】 2018 年，抚州银保监分局以中共十九大精神为指导，深入贯彻落实银保监系统和市委、市政府的工作要求，圆满完成各项工作任务。全市银行业稳健运行，各项存、贷款较年初分别增长 8.47%、17.54%；不良贷款率 2.13%，较年初下降 0.17 个百分点；全年实现利润 25.54 亿元，同比多增 1.25 亿元。分局上下风清气正，无违规违纪无举报。分局被省银保监系统评为 2017 年度文明单位、2018 年度考核优秀单位、纪检监察工作先进单位；分局团委荣获银保监会"2016—2017 年度系统五四红旗团委"称号。

【守牢底线，打好金融风险防控攻坚战】 重拳整治银行业市场乱象。督促机构自查整改，扎实开展督促指导及现场检查，严格落实处罚要求，没收违法所得 0.81 万元，处罚 275 万元。有效管控信用风险。在摸清全市银行业信贷资产信用风险基础上，组织开展非信贷资产信用风险专项排查与督查；加强对房地产和平台贷款风险管控。截至年底，房地产贷款不良率仅为 0.11%，平台贷款不良率为零。盯防重点机构风险。高违规暴露机构对 2017 年以后市场乱象查实的问题整改 97.56%。建立流动性风险直接监测点，截至年底，全辖农村中小银行流动性比例均达监管要求。高压强化案件风险防控。组织辖区内银行业机构签订案防承诺书，分局领导带队督导机构案防工作。督促各机构严格落实监管措施，加大风险信息处置力度。成立扫黑除恶专项工作领导小组，强化推动扫黑除恶专项斗争深入开展。密切关注其他风险。强化声誉风险管理，做好舆情监测，开展营业场所销售行为检查，出台分局银行业消费者投诉处理实施细则。全年受理各类金融消费者投诉 48 件，满意率 100%。加强信息科技风险管控，开展辖内法人机构软件正版化巡查。切实防范外部风险，开展非法集资风险排查、宣传教育，完善非法集资监测点建设，实现市县两级全覆盖，配合市政府做好 P2P 网贷机构风险防控。

【落实责任，提升服务实体经济水平】 打好金融扶贫攻坚战，聚焦扶贫领域作风整治。年底，全市银行业各类扶贫贷款较年初增长 27.74%。认真做好扶贫领域作风问题专项治理，对自查和排查发现的问题督促相关机构限期整改，整改率 100%。加大支农支小支绿力度，年底全市银行业机构涉农贷款增速 16.44%，实现持续增长的目标。小微企业贷款完成"两增"目标。开展小微企业贷款利率监测，辖内各机构全年因利率下降让利金额 1.37 亿元。

【强化督促，规范公司治理及股权管理】 督促辖内法人机构就"两会一层"风控责任落实情况和成效，对照 2018 年整治银行业市场乱象工作进行重点评估，督促各机构完善公司章程，规范"两会一层"履职；组织辖区内法人机构就股东股权内容开展自查，并进行督查。督促各农村中小银行认真落实银保监会商业银行股权管理新规。指导做好 13 家法人机构利润分配预案审核及股金分红工作。对农发行存在异地非持牌机构等问题进行清查、约谈，督促整改。

【顺应形势，提升监管质效】 严格"四单"制度，通过监管意见书、监管提示、约见谈话等手段，加强数据治理。年内，针对非现场监管数据质量管理中存在的问题及异常变化情况，发出非现场监管事项提示单 3 份，警告单 3 份。对辖内农商行数据质量情况开展全面评价，并将评价结果纳入年度监管评级体系；将 EAST 系统应用于深化整治银行业市场乱象现场检查、非信贷资产信用风险排查等现场检查中。

（付　莉）

【银保监会抚州监管分局领导名录】
局　长：王来平（任至 3 月）
副局长：刘　岩　曹保华
纪委书记：李　洪

中国农业发展银行抚州市分行

【概况】 2018 年，农发行抚州市分行深入学习贯彻习近平新时代中国特色社会主义思想，全面落实中共十九大精神，紧紧围绕总行"一二三四五六"的总体发展战略，坚持"守正创新、守善发展"发展理念，认真践行"发展第一、党建引领、管理科学、氛围和谐"的发展思路，既坚持一张蓝图绘到底，又结合新政策新任务新要求，一手抓从严管党治行，一手抓业务快速发展，各项中心业务呈现稳健发展态势。年底全行各项贷款余额 189.66 亿元，比年初净增 43.63 亿元，增幅 29.88%。各项存款余额 63.45 亿元，比年初增加 10.28 亿元，增幅为 19.33%；全年实现账面利润 2.40 亿元，同比下降 0.19 亿元；人均利润 106.30 万元，同比增加 11.50 万元。不良贷款余额 830 万元，较年初减少 790 万元。

【坚持"夯根基"，聚集保障国家粮食安全】 截至年底，粮棉油贷款余额 45.11 亿元，比年初增加 1.64 亿元，增长 3.77%。一是坚持凝心聚智。深入开展"不忘初心、守住主业、勇于担当"大讨论活动和学习贯彻钱文挥行长在秋粮收购信贷会议讲话活动，就如何拿出粮食信贷“看家本领”，做好粮食产业改革“压舱石”以及如何顺应粮食市场化改革进行大讨论。坚持顺应市场化改革的工作方向。加强对总行及省行粮棉油信贷工作会议精神的学习和贯彻，破除政策性收储业务的路径依赖，对全市范围内的涉粮企业进行调查摸底、分类排队和及时上报，进一步加快优质客户群的建设步伐。坚持做好最低收购价粮食收购工作。2018年累计发放最低收购价粮食贷6.17亿元，同比多放1.94亿元，累计收购早稻2.15亿千克，晚稻4350万千克（含代赣州收储4400万千克），同比多收5550万千克。坚持做好其他粮食贷款工作。全年发放中储粮贷款6600万元，支持中储粮轮换收购7250万千克，发放县级储备粮轮换收购1800万元，收购早晚稻1000万千克，发放粮食龙头加工及购销贸易贷款1.07亿元，收购早晚稻1950万千克。坚持做好粮食价差亏损挂账工作。严格按照上级行下发的挂账实施细则，与中储粮直属库共同做好挂账工作，认定早稻、晚稻出库数量共32997万千克，精准认定价差亏损占贷2.9亿元，去库存和挂账的每一个环节都有据可依，确保数量价格、成本、占贷无争议，价差亏损挂账工作圆满完成。

【坚持“补短板”，聚焦服务脱贫攻坚做到四个突出】 突出政策支持。积极落实上级行的各项扶贫政策，推进各项工作、各种资源、各方力量向服务脱贫攻坚聚合。优先申报扶贫贷款规模，确保扶贫贷款及时投放、早见成效。突出国定贫困县支持。全年全行累计对广昌、乐安两个国定贫困县投放贷款6.71亿元，两县贷款余额23.19亿元，较年初增长5.71亿元，增速32.68%，高出全市贷款平均增速2.8个百分点。突出创新支持。第一是创新扶贫贷款方式，申报南丰县扶贫批发贷款1亿元，第二是配合总行召开对南丰县产业扶贫招商会，共计达成26户企业与南丰县签订投资合作协议，对接意向金额37.1亿元。突出人财物支持。抚州既有总行对口支援县，又有省行挂点扶贫村，为配合好定点扶贫工作，全行按照驻村第一书记和驻村工作队的有关要求，选派政治素质强、专业水平高、作风过硬的干部到定点扶贫村驻点专司扶贫，不再安排其他业务，让驻村人员真正定下心来扶贫。同时，累计直接捐赠各挂点村资金和物资价值172万元，并广泛发动全辖机构积极向贫困地区购买农产品，全年累计采购贫困户农产品逾3万元。

【坚持“抓重点”，聚焦服务乡村振兴】 全力支持棚户区改造，全行把支持棚户区改造作为业务重点。从时机上抢抓棚改政策“窗口期”，市县联动实行高层营销。从组织建立协调机制，定期召开协调会并进行通报，从流程上，进一步优化申贷、办贷流程，协调信贷规模到位。全年全行累计申报审批棚改项目8个，金额48.2亿元；投放贷款22亿元，占全市棚改市场份额超过68.1%。全力支持农村基础设施建设贷款。截至12月末，全年共支持水利项目3个，发放贷款4.7亿元；农业示范园区项目3个，发放贷款7.5亿元；整体城镇化等其他基础设施项目6个，发放贷款16.37亿元。其中2018年度共审批9个项目，审批金额共计12.35亿元，当年发放5.28亿元。

【坚持“破瓶颈”，聚焦低成本资金营销】 围绕“考核”做文章。健全激励约束机制，重新制订《抚州市分行筹措支农资金存款营销考核暂行办法》，将具体任务压实到各支行各部门，明确机构及部门相关责任，与季绩效、年绩效及年度评先挂钩，层层传导压力。围绕“效益”做文章。充分挖掘各类资源，特别是狠抓下游企业开户结算。全行开展中长期贷款项目下游企业开户情况摸底调查，力争项目账户应开尽开，将信贷资源的增存效用发挥到最好。围绕“优势”做文章。充分利用全行对地方建设的贡献优势，紧抓地方政府拓宽发债融资渠道的有利时机，积极做好地方债、城投债、企业债等各类发债资金的营销工作。充分利用农业政策性银行的优势，主动对接地方政府和财政部门，积极吸收财政涉农补贴、财政招投标及整合等各类财政低成本资金。截至年底，全行存款余额63.45亿元，较年初增长10.28亿元。

【“四融合”落实党建引领发展】 党建与绩效考核融合。制定考核目标与量化指标。修订《2018年抚州市分行基层党支部党建工作量化考核实施细则》，将党建工作与业务工作同部署、同考核，推动基层党组织建设科学化、规范化。党建与扶贫工作融合。结合省委“怕慢假庸散”和总行扶贫领域问题整改活动，以督查促进扶贫作风整治，上下半年各开展一次扶贫领域作风问题检查，从7个方面、21个问题、84个检查内容对全行扶贫工作开展全方位“体检”，重点查找金融扶贫和驻村扶贫领域“怕慢假庸散”问题和“形式主义、官僚主义”问题，狠抓作风顽疾整治，并以此为契机，进一步从制度机制层面固化专项治理成果，促进扶贫作风治理长效建设。党建与创先争优融合。在“七一”前夕，通过考核评比，表彰在业务发展、内控管理等方面表现优异的3个基层党组织，19名优秀共产党员和3名优秀党务工作者。

【“三共建”促进党建业务交流】 开展南北共建。辖区内南丰县支行党支部与辽宁省盘锦市大洼区支行党开展党建共建活动；开展银银共建。市分行党委与建行抚州市分行党委及辖区内各党支部开展党建共建活动；开展银企共建。市分行营业部党支部与抚州国家粮食储备库第一党支部开展党建对接。通过多种形式的党建对接，全行与对接行在党建引领、业务发展等方面进行深入交流，达到以共建促党建、以党建促业务、以业务强党建的效果。

【“三规范”夯实党建基础工作】 规范“三会一课”制度。辖区内各支部共召开200余次支部会、300

余次党小组会、160余次党员大会、班子成员上党课60余次；规范“党员主题日”活动。每月固定一天，组织党员集中学习、听党课、谈思想、讲工作、开展民主议事和志愿服务等，使之成为支部党员学习日、党员议事日、党员奉献日，形成全行党组织生活的“生物钟”。规范基层党组织管理工作。对基层党组织不健全的，按照组织程序及时增补党支部委员，同时明确党内分工。

【“两加强”营造浓厚党建氛围】 加强党建集中工作落实力度。根据省分行党委组织部党建集中提升工作要求，结合全行实际制定《抚州市分行党建集中提升实施方案》。在示范党支部召开推动党建集中提升工作现场会，对党建集中提升工作进行布置、督促，要求辖内各党支部对照工作方案和手册要求，以示范党支部为标杆，全面开展党建集中提升工作，各县支行党支部列出问题清单，制订提升计划，逐项明确具体措施、责任人和完成时限。加强提升整体党建氛围。辖区内各县支行在办公桌摆放统一定制的岗位桌牌，亮身份、亮职责、亮承诺，在办公室摆放统一定制的专业工作和党风廉政图文格言，在楼梯走廊和办公楼院挂放统一定制的党建图文格言，在不同的功能区域结合党建图文格言加挂发展文化、合规文化、家园文化和地方优秀传统文化图文格言，在营业大厅等显目位置设立宣讲中央最新有关重要精神、上级行党委贯彻中央精神决策部署的具体措施意见的宣传栏。

【工团活动丰富多彩】 开展“庆元宵”趣味活动。为喜迎元宵佳节的到来，丰富职工的文化生活，全行开展“庆元宵”趣味活动，进一步激发职工的团队意识和合作能力，增强职工群众的体质和健身意识，活跃职工身心。开展女职工乒乓球比赛。此次活动以“团结、健康、快乐”为主旨，行内女职工们既放松心情、舒展筋骨，又充分展示自我，提升自信。开展登山比赛。为营造健康积极的生活方式，提升凝聚力，加深员工之间的交流，增进同事之间的情谊，全行分夏季和冬季开展2次登山活动。开办习近平总书记“7·2”讲话精神及共青团十八大精神专题辅导讲座。召集全市30岁及以下青年员工集中进行讲座辅导，使青年员工深刻领会“习近平总书记7·2重要讲话精神”。

【走访慰问温暖人心】 全行坚持重视困难员工的生活保障问题，实现帮困工作有重点、全覆盖、不遗漏、重服务，做到分类统计、分级帮扶。全年慰问困难职工16人次、金额1.62万元，看望退休老干部22人次。各县区支行也分别对困难职工慰问。

（王天文）

【农发行抚州市分行领导名录】
党委书记、行　长：孙　凯
党委副书记、副行长：刘小明
纪委书记、副行长：余建宁
党委委员、副行长：胡超文

中国工商银行抚州分行

【概况】 2018年，工商银行抚州分行认真贯彻落实总行、省行各项工作部署，积极践行“奋斗+落实”的工作精神，坚持“一手强力拉伸发展指标，一手狠抓基础管理”的总体经营思路，实现各项业务全面发展，各项工作齐头并进，全行继续保持良好发展态势。全年各项存款较年初增加34.17亿元，各项贷款较年初增加18.21亿元，均创历史新高；全行实现净利润4.34亿元，中间业务收入2.03亿元，是全省效益指标完成最好的分行之一；不良贷款实现双降，不良贷款较年初下降3226万元，不良率0.39%，较年初下降0.28%。管理机制体制得到进一步完善，全行平稳运行，实现无大案要案、无重大事故、无外部案件的“三无”目标。

【渠道建设水平领先，提升服务水平】 市工行建立健全上下联动、融合并行、运作流畅的网点建设流程，全行所有支行基本完成装修改造，网点环境焕然一新，提升工商银行在当地的口碑，为全行的可持续发展奠定基础。抓社保卡发卡获客，年内，社保卡发卡获客34.56万户，在民生关注的重点领域积极履行大行责任。抓外派营销拓展新增客户，全年累计外派336次，累计办理业务量14916笔，实现坐商向行商的转变。

【紧盯市场支持实体经济】 紧盯市场和政策变化，主动营销民生类、幸福产业类、政府类、上市公司类项目，积极抓住实施政府项目和标准厂房建设的契机，进一步拉长公司大中型信贷短板，全年营销储备17个项目，其中7个项目通过审批，金额10.9亿元。在市行领导的共同参与下，相关业务人员组成项目团队，提前介入营销，尽快完成尽调，尽早结束审批流程，尽早放款落地，创造20天项目落地纪录。全年已成功落地医院、社保、中储粮、城投、临川棚户区改造、高新区标准厂房建设等项目。

【“大零售发展”形成经验】 市工行结合自身发展实际明确大零售的发展战略定位，经过几年的实施，坚持走中高端客户与全量客户拓展并行的路线取得良好成效，以客户为中心的经营理念深入人心，坐商向行商的转变在全行形成共识，考核机制充分发挥引领推动作用。“五个坚持”的“抚州经验”得到总行、省行高度认可。

【党建引领发展】 市工行领导以专题党课的形式进行十九大精神宣讲，确保宣传贯彻工作落到实处。高质量发展党员，全年新增党员15名，创历史之最。在全行牢固树立“严管就是厚爱”的思想，6月，抚州分行领导班子、机关助理以上全部管理人员40余人赴市纪委“清风苑”廉政教育基地开展廉洁从业教育。12月，市工行班子率全行各党支部书记赴弋阳方志敏纪念馆和上饶集中营开展红色文化教育，促使管理干部带头遵守廉洁纪律、工作纪律和生活纪律。进一步强化干部队伍建设和管理，从2015年起连续三年在省行“一报告、两评议”测评中位居第一名。

【加强内部管理】 以《关于加强运行管理工作的实施意见》为指导，运营基础得到全面夯实，运营风险分级保持全省领先，实现连续6个季度无D、E类高风险网点。强化内控案防工作，先后6次召开会议进行推动部署，确保履职责任年取得实效。六易其稿制定案防形势分析会议实施细则，有效提升案防分析会质量。强化人本文化建设。制定《关于为基层员工办好十件实事的实施意见》细则30条，组织做好特困员工救助和困难员工春节走访慰问工作，继续开展“温馨家园、健康快乐”主题活动，为员工出实招、办实事。

（苗信伦）

【市工行领导名录】

行　长：陈红根

副行长：高卫超　徐农学
　　　　万里霞（11月任）

纪委书记：邵　斌

中国农业银行抚州分行

【概况】 2018年，农业银行抚州分行认真落实总分行年初、年中工作会议精神和各项决策部署，各项业务实现持续健康发展。全行人民币各项存款余额239.47亿元（含保本理财），较年初增加21.72亿元，人民币各项贷款余额177.52亿元，较年初增加25.01亿元，实现营业收入7.9亿元，实现中间业务收入1.43亿元，实现净利润3.51亿元，不良贷款余额1437万元，不良率0.08%，不良贷款余额和不良率保持“双降”。

【扩户提质抓存款】 对公客户快速壮大。以“扩户提质”为主线，大力实施“保、抢、挖”营销策略，着力形成“机构类客户为核心、大客户为重点、中小企业为基础”的多层次客户结构，荣获全省对公扩户提质五年规划2018年考核全省第一名。个人客户有效增长。制订《抚州分行2018年客户分层管理考核办法》，落实管户考核，突出产品、情感、增值三个维度，精细化管理客户，提升客户体验感和价值贡献度。全年全行个人加权贵宾客户63722户，净增5611户。

【做多做小增贷款】 按季制定基础贷款营销竞赛方案，主抓“惠农e贷”“网捷贷”等基础贷款产品营销，积极对接政府部门，批量获取客户信息，推动贷款线上运作，提升客户服务体验。2018年，全行“惠农e贷”贷款余额3.73亿元，全省排名第二；“网捷贷”贷款余额4.17亿元，净增3.81亿元，全省排名第一。全行央行降准口径小微企业法人客户95户，净增62户，贷款余额2.4亿元，净增1.22亿元，全省排名第三，实现户数及余额的翻倍增长。

【重点产品促中收】 分期业务实现新突破。成功举办820汽车节、国庆车展专项活动，全年实现分期交易额9.69亿元，同比增加1.06亿元，全省排名第一。国际业务取得新进展。成立国际业务团队，积极对接海关，加强对“走出去”企业金融需求的调查研究，国际业务快速发展。保险业务释放新动能。围绕“保份额、促转型”的工作重心，积极推动“农新合作”专项营销活动，实现期缴保费530万元，成为全省第一个完成计划的二级分行。

【党建做实功求实效】 始终把学习贯彻落实习近平新时代中国特色社会主义思想和党的十九大精神作为首要政治任务，教育引导各级党员干部树牢“四个意识”，增强“四个自信”，坚定“两个维护”。开展“不忘初心、牢记使命”主题教育、诵读《红色家书》、“七一”先进事迹报告会等一系列党员集体活动，举办基层党支部书记、学习贯彻党的十九大精神、营业网点党务工作者培训班，全行广大党员干部的思想境界得到提升，抓党建工作的能力得到提高，基层党组织的领导力和凝聚力不断增强。

【机制建设出实招强管理】 管理方式推陈出新。推行客户经理绩效改革，实行营销和风险管理岗位分离，实施“营业网点第一主任”管理模式，激发经营活力。过程管理破旧立新。在全行建立通报、监测、调度、约谈等过程管理机制，明确每季、每月、每旬、每周的工作安排，实行清单销号管理，强化工作督办制度，提升工作效率和质量。人文关怀温暖舒心。坚持以人为本培育家园文化，大力推进“职工之家”建设，认真落实关爱员工“六件事”，使员工的获得感、归属感和幸福感进一步增强。

【在从严治行上动真格控风险】 主动抓好市场乱象整治。强化组织，压实责任，全面梳理存在的突出问题和风险隐患，狠抓整改落实，规范经营行为。扎实开展“两治理一落实”专项活动。强化信贷真实性治理和财务合规问题整治，确保所有问题纠正到位、风险管控到位、责任追究到位。认真落实“查教结合学案例、筑牢风险促发展”警示教育。通过集中学习、撰写心得体会、征文比赛、案例宣讲等多种形式，形成“我的合规我负责，别人的合规我有责”的良好氛围。

（饶淑微）

【市农行领导名录】

行　长：许小勇

副行长：王国庆
　　　　梁高岗（任至9月）
　　　　刘九贤　易　凯
　　　　游任翔（8月任）

纪委书记：王国庆

中国银行抚州市分行

【概况】 2018年，中国银行抚州市分行积极践行总行建设新时代全球一流银行的发展战略，贯彻落实省分行各项工作部署，按照市分行“营销突破年”的定位，变中求胜，稳中求进，精准发力，争创一流，开启抚州分行高质量发展的良好局面。全辖区人民币存款日均余额134.21亿元，日均新增9.71亿元，各项贷款余额90.09亿元，不良率0.6%，资产质量稳定优良。

【支持重大项目和基础设施建设】抚州中行积极策应抚州市委、市政府贯彻新发展理念，加快建设具有创新力和竞争力的现代经济体系的战略布局，重点支持抚州市重点项目和优势产业发展。“十三五”以来，累计向电力生产、新能源汽车、电子信息、生物医药、桥梁公路等重点支柱产业提供授信支持超80亿元，有力支持一批龙头企业发展，促进优势产业集群做优做强。2018年，抚州中行持续加大对生物医药、民生以及基础设施的贷款投放力度，加大对中建五局综合管廊PPP项目、博雅生物、银涛药业、市文旅投寻梦牡丹亭等10余个总计达15亿元的市重点项目，助力抚州城市建设和经济发展。

【助力中小微企业做大做强】以抚州市工业强市战略为引领，以加快产业升级、培育产业龙头、做优产业平台为主导，致力于将抚州中行打造为当地普惠金融服务窗口的新名片。截至年底，抚州中行小微企业贷款当年累计发放4.94亿元，贷款余额达5.6亿元，小微企业贷款同比增速高于各项贷款同比增速26.69个百分点。作为同业中率先提出中小企业批量信贷的金融机构，批量解决优质外贸、优质纳税、创贷通、烟草经营贷等50余户小微企业融资难题，贷款平均利率持续降低，为中小微企业经营发展插上金融的翅膀。

【服务外向型经济发展】2018年，分行主动策应抚州市经济发展脉搏，着力加大对外向型企业金融服务力度，推动外向型企业金融服务的转型创新，为当地开放型经济的成长注入生机与活力。抚州中行在抚州地区的跨境人民币结算量每年约3亿元，贸易融资、保函交易量每年超过2亿元。与此同时积极联动海外分行，充分发挥中国银行国际化优势，为全市招商引资工作提供配套金融服务，拓宽企业融资渠道，助推企业“走出去”。

【普惠金融助力精准扶贫】积极推进涉农金融服务特色产品，创新产业扶贫贷，打造科技平台服务模式，加大ATM站点、商户POS装机、社区银行网点等普惠金融基础设施铺设，进一步加大精准扶贫对接力度，助力脱贫攻坚，全面支持农村经济发展。

（陶佳丽）

【市中行领导名录】
党委书记、行长：刘瑞明
纪委书记：游　京（1月任）
副 行 长：熊宁鑫　王　菁
　　　　　熊诗群　王　晖

中国建设银行抚州市分行

【概况】2018年，建行抚州市分行认真贯彻落实中共十九大会议精神，按照市委、市政府决策部署，以服务全市发展战略、支持实体经济为己任，坚持稳中求进总基调，贯彻落实发展新理念，主动适应发展新常态，保持了稳定健康发展。存款新增24亿元，贷款新增33.47亿元，新增存贷比139.46%，当地大银行同业第一；不良贷款余额3408万元，不良贷款率0.2%，资产质量实现双降，当地银行同业最优；实现地方纳税3220万元；保持全年安全无事故，无非正常上访。

【提升实体经济服务能力】建行抚州市分行结合抚州市经济发展战略，加大对中小学教育、文化旅游、秀美乡村、绿色环保和新型城镇化建设等领域重大项目的支持。提升“三农”和小微企业服务水平，为特色小镇、新型农业经营主体、农村电商、休闲农业、乡村旅游等新业态提供有效支持。2018年累计投放信贷资金44.07亿元，获得抚州市人民政府2018年度“金融机构支持地方经济建设优秀单位”荣誉称号。

【扎实做好金融扶贫工作】2018年，建行抚州市分行积极承担国有大行的社会责任。按照市委、市政府统一安排，建行抚州市分行及各县支行均承担定点扶贫任务，定点扶贫村12个，选派12名责任心强的同志开展驻村定点扶贫工作：一是向国家贫困县广昌县发放光伏扶贫贷款2000万元，通过光伏扶贫脱贫总人口1558户，3164人，占广昌县总贫困人口的30.29%。二是向12个定点扶贫村投入150万元专项扶贫资金，为建档立卡贫困人口发放消费贷款6500万元。三是向广昌县人民医院捐赠一辆“母亲健康快车”救护车，价值20万元。四是通过开展“资助贫困高中生成长计划”，资助临川一中和抚州一中共20名贫困高中生就学。五是在全市乡镇设立200余个“裕农通”助农取款点，让贫困户享受便利、快捷的金融服务。

【优化经营管理】建行抚州市分行持续优化经营管理，提前完成资溪支行筹建及顺利开业，填补江西境内县域最后一个建行设点工作；完成市城区东华、新区、建昌支行的全新改造，打造靓丽、时尚、前沿、科技的崭新网点形象，为业务发展助威助力。通过两年渠道建设，全行网点改造率近100%，新理念、新布局、新设计、新功能的建行网点，不仅领跑同业，也深得社会各界好评。

【优化管理队伍】2018年，建行抚州市分行党委坚持注重品行、崇尚实干、突出实绩、重视基层、清正廉洁、群众公认的正确选人用人导向。坚持价值凭业绩体现，业绩用数据说话，市场看份额、系统看排名、发展看速度。加大年轻干部培养力度，向省分行推荐了“158人才”80人，通过公开竞聘选拔挂职锻炼人员3人，建立年轻干部培养“导师制”，强化导师考核，引导全行进一步强化人才意识，激发人才培养活力。

【丰富企业文化】 充分发挥各级工青团妇等组织的作用，举办春游踏青活动、晨操比赛、拓展训练、网点微信名片设计大赛等各类有益员工身心健康的文体活动，表彰最美员工家属，不断提升员工获得感幸福感。提高员工体检费用，春节期间安排网点分批歇业等关爱员工措施，更加激发了员工干事创业的激情。

【增强内控管理】 强化安全教育和应急演练，员工防范意识和应急处置能力不断增强。持续开展“每日一题，每月一练，每季一考”的安全教育、演练活动，实现安全营运，未发生案件和重大责任事故，获得抚州市2018年度全市综合考核评价金融系统第一名、抚州市2018年度“社会治安综合治理目标管理优秀单位”等荣誉称号。

【加强党建工作】 加强党建引领，深入开展“两学一做”常态化制度化学习教育，全行党员的党章党规意识进一步增强。认真推进党的十九大精神学习宣传贯彻工作，压实“两个责任”，落实“一岗双责”，全行党建和党风廉政建设取得明显成效。在建行银行总行开展全行基层党建工作专题片观摩交流活动中获得一等奖。

（吴志辉）

【市建行领导名录】

行　长：饶会东

副行长：吴念辉　李　芳

黄鹤敏　刘淑娟

周启开

吴　海（任至12月）

抚州农商银行

【概况】 抚州农商银行紧跟省信用联社决策部署，紧盯全行发展大局，紧扣高质量发展主线，坚决打好“四大攻坚战役”，统筹落实稳增长、调结构、促转型、防风险、强党建五大工作任务，推动高质量发展实现良好开端。在2018年度业务经营绩效考评排名中，抚州农商银行居全省市级农商银行第二，创历史最好成绩，荣获“业务经营绩效考评优秀单位”，跻身全省系统“第一方阵”。

截至年底，全行资产总额239.20亿元，较年初增加21.41亿元，增长9.83%。其中，各项贷款余额179.73亿元，剔除核销因素，实际较年初增加19.54亿元，增长12.18%。负债总额219.08亿元，较年初增加20.66亿元，增长10.41%。其中，各项存款余额193.93亿元，较年初增加12.84亿元，增长7.09%。市场占有持续高于同业，存、贷款总量市场份额分别为29.72%、31.52%，市域最大金融机构的“龙头”地位持续稳固。

【经营质效持续向好】 各项收入稳步增长，经营效益不断提升。按同口径比较，剔除减值贷款利息收入及多提取拨备因素，全年实现各项收入13.28亿元，同比增长2.38%。拨备前利润6.06亿元，同比增长8.32%。净利润2.29亿元，同比增长32.95%。成本收入比30.80%，优于全省平均水平1.7个百分点。全年累计缴纳各项税费1.47亿元，同比增加0.24亿元，其中缴纳企业所得税0.72亿元。

【结构调整持续推进】 2018年，该行资产、负债、收入、渠道结构均发生积极变化。单户1000万元以上(含)贷款占比较年初下降5.51个百分点，单户500万元、100万元以下贷款占比同比分别提高3.73个、1.95个百分点，增量分别占新增贷款的70%、40%，新增贷款结构调整取得实效；低成本存款日均余额占比较年初提高0.51个百分点；业务替代率达77.77%，较年初上升10.02个百分点。

【社会贡献持续提升】 2018年，在存贷比长期高达90%以上高位运行的情况下，积极引进市外资金支持地方经济发展。再贷款额度连续两年居全省农商银行系统首位，全年累放各项贷款232.10亿元，累放涉农贷款168.34亿元，余额较年初增长10.87%；累放小微企业贷款102.78亿元，余额较年初增长10.88%，实现涉农贷款持续增加、小微贷款“两增两控”目标，“三通”贷款、精准扶贫贷款和各类创新创业民生贷款市场份额均居市域金融机构前列。

【新兴业务持续提速】 2018年，该行电子银行业务与主营业务不断融合，互联网金融产品客户突破7万户，信用卡发卡量、用信总额、中间业务收入均列全省第一。积极推广“校园通”“社区通”“银医通”等业务，成功入驻学校48所、社区9个、医院3个。“百福通”商户拓展、商户激活率列全省市级农商行第二，荣获百福通聚合支付营销推广工作先进单位。特别是在文昌里实现入驻商户全覆盖，得到市委书记点赞。9月份，成功办理首笔汽车信用卡分期业务。

【风险指标持续优化】 截至年底，资本充足率14.25%，较年初上升0.08个百分点，优于监管标准3.75个百分点；拨备覆盖率168.69%，较年初上升3.96个百分点，优于监管标准18.69个百分点。不良贷款率4.79%，严格控制在5%的监管范围内，同口径较年初下降2.35个百分点。累计计提贷款损失准备3.73亿元，贷款损失准备余额14.53亿元。

【作风建设持续加强】 2018年，该行通过全面加强党的建设，严格落实“两个责任”和“一岗双责”，深入开展“双转双提双争”及“转作风、正行风、促发展”系列专项活动，持续深化作风集中整治、机关效能建设及“6S”职场管理，在全行上下营造风清气正的良好局面，员工精神面貌和工作作风大有改观，干事创业的发展氛围更加浓厚。

（揭志伟）

【抚州农商银行领导名录】

党委书记、董事长：苏海东

党委副书记、行长：黄勇明

党委委员：胡水龙

党委委员、副行长：徐平岸

黎筱琴

党委委员、纪委书记、监事长：

李　群

中国邮政储蓄银行抚州市分行

【概况】 2018年，中国邮政储蓄银行抚州分行不忘初心、锐意进取、砥砺奋进，出色地完成全年各项工作任务，延续自2014年始的“跨越式”稳健向好发展态势。截至年底，各项贷款余额127亿元，贷款当地市场占有率为7.89%，列全省第三位。其中，个人贷款余额110亿元，当地市场占有率为12.4%，列全省第三位。当年各项贷款净增22亿元，列全市各大国有商业银行第三位；贷款增速21%，列全市各大国有商业银行第二位。黎川、资溪2个支行贷款规模列当地各大国有商业银行第一位，东乡、金溪、崇仁3个支行贷款规模列当地各大国有商业银行第二位；南城、崇仁、南丰、乐安4个支行贷款规模均至少赶超当地一家以上国有大型商业银行。年底各项存款余额232亿元、列全市各大国有商业银行第三位，当地市场占有率为11.2%、列全省第三位。

【经济效益超预期】 2018年，全行收入完成预算的106%、列全省第五位；利润完成预算的111%、列全省第四位。年末，收入利润率达56.45%，连续三年列全省第一位；人均经济增加值列全省三位；经济资本回报率列全省第四位。截至年底，逾期贷款为1429万元、逾期率为0.11%，不良贷款金额为1249万元、不良贷款率为0.1%，“两额”“两率”继续保持在全省邮储银行最优水平和全市同业优秀水平。同时，在2014—2017年连续四年荣获“全省经营绩效考核优胜单位”的基础上，当年全行经营绩效考核打分列全省第五位，继续跻身全省“第一方阵”。东乡区支行进入全省“十强县”行列，临川区支行、黎川县支行进入全省“十优县”行列。

【助力精准扶贫】 截至年底，全分行金融精准扶贫贷款余额1亿元，年净增6714万元，完成全年计划的133%，增速为33%。其中，产业扶贫贷款户数3笔、净增3600万元，个人精准扶贫贷款户数224户、余额6731万元。与此同时，定点帮扶工作有序开展，全行定点扶贫点达16个，参与定点扶贫人员累计达98人次，累计投入资金40.26万元，引入扶贫项目惠及311户贫困户，帮助126户共346人脱贫，帮助2个贫困村摘帽。2018年，还分别对临川区龙溪镇梅溪村、荣山镇傅家村及高新区3户困难家庭进行帮扶。

【合规建设显实效】 2018年，市行制定下发《中国邮政储蓄银行抚州市分行2018年度贷款逾期管理考核办法》《中国邮政储蓄银行抚州市分行2018年度风险政策与风险限额方案》，开展一级支行机构风险评价工作；持续落实“四四管理法”。按季开展资产风险分类工作，开展房地产、土地和资产评估公司年度准入及重检工作；通过司法清收、自主清收、委托清收等方式对不良贷款进行处置和资产保全。年初，市分行与各单位主要负责人签订2018年度案件防控责任书，按季度召开案防领导小组会议，落实案防制度建设；每月就网点日常检查、反洗钱等工作召开邮银联席会议。深入开展网点日常检查、专项检查工作和整体接管式检查，组织开展案件防控、反洗钱等培训活动。当年在“内控提升”活动中获得先进，并荣获全省“内控合规知识竞赛”团体二等奖，在人民银行抚州中心支行举办的“普及金融知识·共筑和谐环境”金融知识竞赛中荣获优胜奖。

【案防管理】 与市邮政公司联合成立“市场乱象整治工作”领导小组，邮银双方全面协调推进各领域乱象整治工作，并组织乱象整治培训，实现邮银全面对接。牢固树立大安全工作理念，强化在安全教育培训、安全检查、消防管理、应急预案演练等方面的统一管理；组织开展安全管理不规范行为整治活动、消防安全知识网络学习活动、“两节送安全”活动、“晨会案例一分钟”活动、警银面对面活动，派员代表省分行参加总行“安全伴我行”主题辩论赛活动荣获优胜单位，通过系列活动进一步夯实安全管理基础，提升安全意识，确保全分行全年无任何安全事故。2018年度获评“全市综治管理优秀单位”。

【企业管理上台阶】 按照“强管理、建机制、提能力”的发展思路，从机构、人员、薪酬福利和基础管理等方面，全面加强人力资源管理工作。推进小企业金融部和三农金融事业部制改革。将20名新进大学生员工充实到一线并实行导师制，为每位大学生配备专业导师；选派1名干部到乐安县金融办挂职锻炼，派驻1名干部到抚州市银行业协会任职；145名员工实现职级晋升，对73名员工进行专业技术职务聘任或续聘。深化基础管理，全年举办各类培训296期，参与员工32451人次，参与人数达100%；全面落实岗位轮换、员工思想行为排查、强制休假、亲属回避制度、出入境管理等工作。财务管理更“精”、预算管理精确、利率管控精准、日常工作精细。授信管理更“实”。实行平行作业机制，对大额或风险程度复杂的小企业业务，审查审批人员提前介入，将风险防控关口前移；落实审查审批定期通报制度；严格征信管理，高效完成征信合规自评试评（A级）工作。运营管理更“细”。全面加强现金管理、备付金管理和假币治理。

【基建工程进展顺利】 市县营运大楼和网点改造工程有条不紊地进行。市分行综合营运大楼完成装修招标，南城县支行综合营运大楼顺利搬迁营业，南丰县支行营运用房购置请示方案报送省分行；南城盱江大道支行、金溪秀谷西大道支行、崇仁马安镇支行、广昌支行营业部及广昌路支行全面完成装修改造并投入使用；资溪建设路支行装修项目获省分行准入并完成平面设计。“职工之家”“职工小家”建设全面完成，合格率均达到100%。2018年，金溪县支行荣获省总工会“全省模范职工之家”称号，黎川县支行、广昌县支行获得全省邮储银行“先进职工之家”荣誉称号。

【品牌形象日益彰显】 2018年，市行协办第九届“邮储银行杯”环鄱阳湖国际自行车大赛抚州·梦湖站赛事；继续深化与市农工部、市再就业局、市公积金中心、市旅发委等政府部门合作；联合市总工会推动“赣工贷”落地。与中国铁塔股份有限公司抚州分公司签订全面战略合作协议，与抚州和盛资产管理公司签订合作协议，与省信用担保公司、省农业担保公司加强合作，各县区支行全面加强与各级党委政府及相关部门的合作。以唱响“邮行声音”、讲好“邮行故事”为主线，定期向党政领导汇报发展成效，突出的发展成绩继续获得抚州市委书记肖毅等各级领导24次批示表扬，以及人民网、央广网等各级媒体2200篇次的点赞报道。10余篇信息还被江西省人民政府网站政务动态公开转载报道；《支付宝作为新型国际结算方式的多角度分析》《浅谈新形势下如何实现金融良性循环健康发展》论文荣获江西省金融学会“改革开放四十周年金融创新与发展”主题征文比赛三等奖。

【党建工作】 高标准高质量落实“三会一课”、民主生活会、组织生活会和民主评议党员制度，召开两次专题民主生活会和巡视整改专题民主生活会；坚决贯彻“三个第一时间”学习机制，积极开展“大学习、大讨论、大落实”活动；召开建党97周年纪念会议，开展“我是党员我来讲，我是党员我来干，我是党员我争先”主题活动、“不忘初心、牢记使命”演讲及征文活动、“学习十九大·知史遵规”知识竞赛活动、“红色家书”诵读等10余项党建活动；组织党员到甘祖昌干部学院接受党性教育、邀请党校老师对十九大精神进行辅导培训，组织党员前往红色教育基地、廉政教育基地开展现场教学。党建论文《关于新时代加强邮储银行青年员工培养的实践和思考》荣获总行三等奖、省分行二等奖。

【群团工作】 开展“青春有约·你我同行”青年联谊活动、“与子邂逅·相悦成友”诗词比赛等活动，组织观看《厉害了，我的国》党建纪录片；围绕高质量为员工办好“十件实事”，推行“工会·家”文化，做到“八送”。全面贯彻落实市委、市政府“三城同创”战略部署，与抚州梦湖社区开展结对帮扶；积极开展“学雷锋”志愿活动，深入推进“文明单位”“青年文明号”创建工作。2018年，市分行及辖内临川、东乡、崇仁、乐安、广昌、黎川、南城、金溪和资溪9个县区支行被评为抚州市第九届文明单位，市分行营业部还被评为全市青年文明号。

（付炜博）

【市邮储银行领导名录】
党委书记、行长：彭华彬
副行长：何晓琴　黄家亮
　　　　吴志英　刘　民（3月任）
纪委书记：何晓琴（兼）
工会主席：何晓琴（兼任至8月）
　　　　　刘　民（8月兼任）

九江银行抚州分行

【概况】 2018年，九江银行抚州分行有在职员工241人，较2017年增加7人；有对外营业网点12家、社区支行网点数9家。2018年是九江银行赴港上市的振奋之年，九江银行抚州分行全行员工戮力同心，认真贯彻落实各项工作部署，紧扣“以客户为中心，实干拓存款；以快活为特色，创新出效率；为实现资产过3000亿、存款超2000亿而继续奋斗”的发展目标，始终坚持以审慎经营为中心，不断完善各项规章制度，强化内部经营管理，狠抓条线考核贯彻落实，确保各项业务健康、稳健、安全运行。当年九江银行抚州分行本外币各项存款首次突破100亿元大关、首次荣获“全市金融机构支持地方经济建设一等奖”，并获全市银行业金融机构执行人民银行政策和管理规定“综合评价A级单位”、社会治安综合治理目标管理优秀单位、多家支行获2018年度抚州银行业网点金融服务满意度测评五星网点等荣誉和奖励，较好地树立九江银行的品牌形象，极大地支持了抚州市经济发展。

截至年底，抚州分行资产总额为98.05亿元，比年初增长2.25亿元，增幅达2.35%；各项本外币存款余额达96.33亿元，比年初净增1.51亿元，增幅达1.6%；各项存款占抚州地区的市场份额为4.65%。信贷结构明显优化，全年各项贷款余额53.52亿元，较年初新增15.51亿元，增幅为40.84%；资产业务投放有序，全年累计发放贷款39.12亿元，其中个人贷款7.30亿元，公司贷款31.82亿元；其他各项业务发展平稳，银行承兑汇票业务：全年累计开立承兑汇票金额4906.41万元，累计解付承兑汇票3316.25万元；全年实现理财销售40.14亿元；全年新开借记卡41906张；全年新开金融IC卡14777张；新开贷记卡3082张；贸易金融业务办理：贸易金融业务结算量达8268.46万美元，同期同比增长20.7%。分行授信1000万以下小微企业贷款余额17.02亿元，完成户数4837户，较好地完成“两增两控”任务指标。

【强化内控管理机制】 加强信贷管理，提高信贷资产质量。2018年，作为银行业金融机构的深化市场乱象工作整治年，分行组织开展涵盖全口径政府类授信、个人贷款类、公司贷款类、产业基金等20

余个检查项目，以及各条线全面合规检查暨深化银行业市场乱象专项整治工作、制定系列“回头看”持续检查工作实施方案等自查工作。加大排查力度，严控新增不良风险。通过排查，掌握授信业务风险点，密切监控分行风险暴露情况。分行于每日查询监控台账，对新增预警信息进行识别，加大贷款的逾期监测，及时预警风险，第一时间下发风险提示单至授信人员，督促经办机构进行贷后检查和必要的催收处置工作。

【提升服务管理水平】 随着近年金融消费者对自身权益保护工作的认知程度的加深，为让越来越多的金融消费者懂得如何维护自身利益，2018年年初，分行将此项工作作为考核项之一计入分行各分支机构年终考核中，并在每季经营管理工作会及每月行长办公会上对该部分工作做好详细工作安排。同时，此项工作由各分支机构负责人主抓金融消费者权益保护工作，并建立好完整的金融消费者投诉处理流程。在实际工作中，分行重视对客户的服务，坚持做好优质化服务工作，以“微笑服务”为契机，为抚州市民树立好九江银行的良好金融业机构形象。分行指派专人每月通过调阅监控、现场检查等方式对各营业网点的规范化服务情况进行例行检查并及时通报。

【推广零售业务】 为促使分行上下提高认识，树立信心，组织开展全方位的形象宣传活动，加大各渠道宣传力度，有效提升分行的社会形象，积极动员分行员工抓住有利时机，加强金融服务，为分行业务发展打下坚实的基础。2018年，分行组织开展“暖阳2018·客户拓展”高端客户回馈活动、庆“六一”儿童节亲子活动、举办“赢在高考，成九梦想”主题的百县百讲高考志愿填报公益讲座活动、“金秋2018”收单商户拓展营销活动、“九银杯”广场舞大赛等活动。加快电子银行推广力度，进一步提升客户体验感。2018年，分行进一步加大电子渠道的推广应用，进一步提升电子银行的使用率和替代率。

【助力普惠金融】 聚焦专营部门，持续做强“三农”特色业务，加快推动转型发展着力点。3月14日，分行成立普惠金融部，将普惠金融业务的发展提升至业务转型的重要层面，继续围绕支持“小微”“三农”“双创”等领域，在专业化、特色化上下功夫，积极布局，努力打造出具有九银特色的普惠金融模式。多策并举，不断优化创新，深耕小微金融，积极开展小微金融服务模式的探索与实践。年内，聚焦“智慧富农贷”和“一县一品”两个重点板块，搭建两个有效线上惠农平台。优化“一县一品”特色产业，构筑小微金融服务新模式。通过优化“桔时贷”产品，开发多样化的“三农”金融服务产品，推动信贷资金流向农村。同时，设置“三农”金融业务专属通道，提升业务内部审批效率；积极搭建业务渠道，扩大“三农”金融服务范围。加大精准扶贫支持力度，持续抓好专项治理。2018年，5家下设支行驻点帮扶贫困村，分别为南丰支行驻点白舍镇罗坊村、广昌支行驻点甘竹镇坪上村、资溪支行驻点马头镇斗垣村、东乡支行驻点詹圩镇下马村、乐安支行驻点鳌溪镇咸口村。分别派出一名专员加入“连心”小分队，长期驻点帮扶贫困村。驻点员工深入群众，了解实情，到村组、农户、田间地头查看实况，开展调查研究，耐心询问家庭情况，认真倾听贫困群众诉求，准确摸清困难群众的“家底”，摸清农村经济工作发展中的重点、热点、难点，找准切入点，制定帮扶工作计划，力争从根源上解决农户问题。

【提升服务质效】 设定风险容忍度，加大信贷扶持力度。面对经济发展“新常态”，及时转变工作思路，对小微经济体设定一定的风险容忍度，给分支机构以充足的时间处理及化解逾期贷款，转变支行对小微经济体的慎贷思维，以增大小微经济体信贷投放力度。此外，针对小微企业授信开通绿色审批通道，提高小微企业贷款申贷效率。“两增两控”，盯任务。为进一步提高分行各机构对“两增业务”营销的紧迫感，召开解读会，专项布置考核任务并指导如何高效完成；按周通报，提高紧迫感；设立专项奖励，激发完成动力；部门合力，攻坚克难，分行各部门联动开展业务营销指导，有效提升客户经理的业务素养，同时提高分行两增业务的审批效率。

【党风廉政建设】 分行党委以高度的政治责任感，认真研究和部署全年任务，强化责任分解，细化工作措施，确保各项经营目标任务落实。贯彻落实全面从严治党要求，强化基层党内监督，分行纪律检查委员会对部分分支机构进行全面巡察，包含廉洁自律、纪律执行、员工强制休假、员工家访、员工行为排查、业务合规检查等监督检查，践行从严治行向纵深发展。加强廉政教育学习。开展“庆‘七一’缅怀革命先烈”纪念活动，开展电影党课学习2次，创建“党员示范岗”活动，开展党团员文明劝导活动，开展党员社区报到活动，开展《红色家书》朗诵活动，春节下乡调研一次。与此同时，分行党委积极开展每月主题党日，每月制定学习内容，积极参加总行学习，防止思想信念模糊动摇。

【企业文化建设】 2018年，九江银行抚州分行组织培训10期，参加总行脱产培训25期，受训人员覆盖率达到100%。同时，作为人才培养基地，为总行输送分行领导干部1名。在总行组织的各条线脱产培训考核中，9人获得前20%奖励，6名新员工获得“优秀学员”称号。分行员工获得总行中高级人才奖励中高级证书1人，中级证书2人。分行努力构建员工福利体系，把员工的职业发展、培训培养等职业生涯相关的福利和员工衣食住行息息相关的生活福利等都纳入福利体系，从小处着手，解决员工真正关心的身边事、具体事。如每年定期的家访行动、员工生日福利、每季家园文化活动、防暑补贴、降温补贴等，通过一系列关爱员工的举措，不断构建“尊重 关爱 分享”的家园理念。为进一步弘扬家园文化，强化分行与员工家属的交流沟通，实现以“小家促大家 以大家带小家”的和谐发展，持续践行员工家访谈心制，本着了解情况、沟通思想、正面引导、凝聚力量、全面覆盖、分级负责的原则，通过家访、约访、个别谈心和集体谈心的方式，听取意见建议。“尊重、关爱、分享”是九江银行的家园文化，为使全行员工融入九江银行家庭，组织开展迎新年登山比赛、妇女节观影活动、“青年大学习”五四主题团日、辩论赛、无偿献血、党课观影活动、警示教育学习、足球比赛、篮球比赛、分行九周年行庆晚会、“感恩一日捐”慈善募捐、新员工素拓等。

【履行社会责任】 为将九江银行“立足于地方经济、立足于中小企业、立足于市民百姓”的市场定位延伸化，将服务半径扩大化。2018年，分行于春节前夕走访困难党员、消费者权益保护宣传、防范非法集资、各类金融知识普及宣传、高端客户回馈活动、“九银杯”全民广场舞大赛、“七一”纪念革命先烈、“八一”走访、银企对接会、人行金融知识竞赛等各类服务宣传活动。既提升九江银行在抚州地区的知名度和美誉度，又为抚州市民普及金融知识，形成银行业公众教育的长效机制。

（谢　思）

【九江银行抚州分行领导名录】

行　长：许　操

副行长：邱　乐　李　群

行领导：常贵阳　朱　芳

上饶银行抚州分行

【概况】 2018年，上饶银行抚州分行全面贯彻落实中共十九大、中央经济工作会议、中国人民银行工作会议及全国银行业监督管理工作会议等精神，紧紧围绕总行“把合规经营作为管理工作的头等主线，坚持稳中求进工作总基调，坚持以发展质量和效益为中心”的发展思路，坚持依法合规经营，着力防范化解各类风险，不断提升服务实体经济的质效，在抚州市金融市场上树立良好的企业形象，社会影响力不断扩大，各项业务实现稳步协调发展。截至年底，分行各项存款时点余额42.54亿元，各项存款日均余额44.68亿元，较年初新增7.13亿元，增幅18.99%。各项贷款余额32.53亿元，较年初新增4.25亿元，增幅15.03%。发行金融IC卡94763张，较年初新增11468张；开立对公网上综合服务平台604户，较年初新增123户；签约掌易行14350户，较年初新增3775户；佟掌柜收单商户共计2859户；理财销售额共计14.95亿元；微理财销售额共计12.92亿元。

【抓营销促发展】 分行着力抓住营销旺季，抢占储蓄市场。3月末，分行个人存款时点较年初新增4.85亿元，日均较年初新增3.81亿元。分行创新营销思路，坚持多元化营销形式，不断扩大基础客户群体；充分发挥产品优势，增进与客户的互动交流；依托政府重点项目撬动储蓄存款新的增长点；拓宽营销渠道，扩大对公规模。加强与政府及相关部门密切合作，推动政府财政性存款发展；努力做好存量对公客户维护工作，确保存量对公存款稳步增长；加大对财政非税收入账户的开立营销工作及公共资源交易中心的跟进力度；积极参加政银企对接活动，增进与当地各类商会、协会等公共组织的交流与合作，进一步拓展分行潜在对公存款客户资源；优化存款结构，降低负债成本。积极营销活期存款。12月末，分行存款账户数共计13.16万户，较年初新增13637户；各项活期存款日均余额21.26亿元，占分行各项存款日均余额的47.58%，较年初提升2.36个百分点；活期存款日均较年初新增4.27亿元，占分行各项新增日均存款的59.89%；进一步优化存款结构。12月末，分行各项定期存款占比为52.42%，较2017年同期下降2.36个百分点，存款定活比结构进一步改善。

【服务实体经济】 分行坚持服务中小企业，服务地方实体经济市场定位。2018年，分行对抚州市重点政府投资项目加大信贷支持力度：对乐安县文旅发展投资有限公司授信固定资产贷款2亿元；认购1亿元抚州市交通建设投资集团有限公司可转私募债；支持金溪县天门岭景区建设融资项目，总授信额度3亿元。同时明确信贷投放领域，重点支持本地特色优势行业。12月末，分行贷款投放前五大行业分别为：文化、体育和娱乐业5.35亿元；制造业3.80亿元；建筑业3.47亿元；水利、环境和公共设施管理业2.74亿元；租赁和商务服务业2.58亿元。前五大行业贷款余额共计17.94亿元，占各项贷款余额的55.15%；落实国家政策，积极服务小微。分行简化小微贷款办理手续，提升服务质量和效率；降低客户融资成本，丰富贷款担保方式；优化企业开户流程，代办企业注册业务；践行普惠金融。分行积极响应国家绿色金融政策号召，引导各支行大力发展绿色信贷业务，重点支持本地龙头旅游企业、节能环保企业、小水电等绿色行业；同时制定扶贫贷款专项考核办法，大力发展本区域精准扶贫贷款业务。

【突破行业应用】 分行深耕收单支付，突破行业应用。通过划分商圈，落实商圈商户，不断提升本行佟掌柜收单业务市场影响力。按商户密集度指标，共划分为抚州万达、万象新城、凤凰城、硕丰樱花大道、赣东大道等多个商圈，并指导各支行成立营销小队开展有针对性的目标营销，取得显著效果；紧盯辖区内连锁行业优质商户，开展部门联合营销，实现行业应用新突破。及时抓住抚州市连锁药店行业龙头江西五洲华民康大药房连锁有限公司收银系统升级改造的契机，与该公司签订战略合作协议，将该公司的收银系统与佟掌柜收单系统实现对接；对接外部系统，提供科技支持。完成房管局商品房预售资金监管系统对接及调试工作，为分行营销开发商预售资金提供便利条件；成功上线银联公交支付系统；成功对接住房公积金系统，使分行具备办理公积金委托贷款的硬件条件；根据人民银行及财政局的工作部署，按时按质完成阶段性工作，配合银联公司开展各项营销活动。

【健全各项管理制度】 不断规范电子银行业务操作流程，修订完善分行电子银行业务条线相关规章制度，补齐业务发展短板。先后制定《上饶银行抚州分行2018年电子银行业务考核办法》《上饶银行抚州分行2018年中间业务考核管理办法》《上饶银行抚州分行电子银行科技业务检查管理办法》及《上饶银行抚州分行电子银行科技业务检查指引》等文件；不断健全财务管理，完善会计制度，修改制定《上饶银行抚州分行会计制度汇编》《上饶银行抚州分行2018年会计基础工作考核办法》《上饶银行抚州分行会计业务授权管理实施细则》《上饶银行抚州分行会计业务印章管理办法实施细则》《上饶银行抚州分行银企对账管理实施细则》《上饶银行抚州分行新员工上岗会计业务考核细则》《上饶银行抚州分行差错分类明细》等会计制度，进一步划分各项差错归属类别，加强分行会计基础工作，规范业务操作流程。

【加大风险管控力度】 分行进一步深化整治市场乱象，切实巩固前期专项治理成果，促进各项业务合规稳健发展，组织开展深市场乱象整治“上查下”工作，要求各支行认真整改，坚持边查边改，同时严格按照总行规定对相关人员进行问责。结合两次深化市场乱象整治工作，分行还组织开展信贷业务检查工作，切实开展全面自查工作，不断完善分行信贷管理制度；进一步强化员工行为排查，建立员工行为排查常态化机制。将员工行为排查融入日常经营管理中，重点抓好对基层网点、关键岗位和关键环节的人员日常管理和风险排查工作，形成员工行为排查定期报告制度；开展涉嫌非法集资风险专项排查活动。重点排查疑似非法集资资金交易信息、从业人员的异常行为，消除非法集资风险隐患，及时控制潜在风险苗头，逐步建立健全非法集资综合治理长效机制。

【加强内控管理】 夯实内控管理基石，坚持合规稳健经营。分行开展安全综合大检查。对各支行在应急演练、钱箱押运、监控管理、自助银行机具安全、消防安全、安检登记、案件防范能力等方面的情况开展综合检查；加强消防安全保护。落实抚州市消防户籍化管理要求，每日在消防支队平台报送分行对消防设施设备、营业场所、办公区域及公共区域的巡查情况。

【践行社会责任】 分行认真落实抚州市防汛抗旱总指挥部的各项防汛工作要求，对防汛责任段进行巡视，在人力、物力上给予支持；分行接受抚州市第一季度14项卫生创建评审工作，包括组织管理制度、单位环境卫生和设施、食堂卫生等方面，获得检查组好评与肯定；按照市委防范和处理邪教办统一部署开展无邪教“七创”系列活动，采取贴近生活、贴近群众的宣传方式大力引导群众，弘扬科学精神，认清邪教本质。

【党务建设】 强化党建引领作用，厉行从严治党治行。2018年，分行深入贯彻“两学一做”主题，扎实推动党建工作深入开展，积极组织开展组织生活会、民主生活会、电教片教育、党员谈心谈话等交流活动，进一步提升全体党员的党性修养和思想认识。召开分行党务工作及推进会议，制定党总支工作要点；组织“五个好、五带头”党组织和党员公开承诺活动；参与党务培训学习；参加总行党委关于《红色家书》朗读竞赛活动；组织参与党章党规考试；组织“向党的生日献礼”学习教育活动。分行党总支始终坚持将“三会一课”制度、民主生活会、党员活动日等活动常态化、机制化。同时，加强红色理论学习，集中采购党务书刊《红色家书》，进一步夯实党建工作的文化底蕴，激发员工的学习充电意识。

（上饶行）

【上饶银行抚州分行领导名录】

行　长：曹　平

副行长：张卫国　徐慧艳

　　　　方伟健（任至6月）

行长助理：何　流（7月任）

中国人寿保险股份有限公司抚州分公司

【概况】 2018年，中国人寿抚州分公司认真贯彻落实市委、市政府的各项决策部署，根据省分公司工作部署，结合抚州实际，紧紧围绕“加速转型升级、加快改革创新、加强队伍建设、努力开创抚州国寿‘快速崛起、充满活力、富有魅力’新局面”为目标，坚定信念，毫不退缩，积极应对形势变化，抢抓发展机遇，砥砺奋进，保持经营大局的稳定，全力实现公司高质量发展。公司在抚州县区设有12个营业机构，并在41个乡镇设立营销服务部，占据着抚州市30%的寿险市场份额，引领抚州寿险市场。公司向个人及团体提供人寿、年金、健康和意外伤害保险产品，涵盖生存、养老养生、疾病、医疗、身故、残疾等多种保障范围，全面满足客户的人身保险领域的保险保障和投资理财需求。截至年底，中国人寿在抚州累计拥有超过22万份有效的个人和团体寿险保单、年金合同及长期健康险保单，有效承保人数超过49万人次，充分发挥保险“社会稳定器”功能。年内实现总保费收入6.44亿元，总体保费规模继续保持市场主导地位。作为抚州社会组织的一员，中国人寿深入服务当地社会，切实履行国有企业政治责任、经济责任和社会责任，为完善多层次社会保障体系、改善民生、促进地方经济发展做出新的贡献。在全市2018年度综治责任单位社会治安综合治理目标管理考评中荣获先进单位。

【持续开展增值服务】 中国人寿抚州分公司围绕服务品牌建设开展一系列增值服务项目："少儿绘画赛""健跑700""三月女王节""盛世传家、寻爱母亲节""国寿大讲堂公益巡讲"、健康讲座、VIP客户专题讲座、酒会、户外活动等，为客户提供多项保险"基础+增值"服务模式，深受广大客户的一致良好反馈。

【保险职能再提升】 2018年，市公司认真履行保险和社会责任，上缴税款830.81万元，比2017年增长20%。发展计划生育系列保险：2018年累计承保1.68万人次，由政府出资，为农村0~6周岁独生子女和二女不再生育家庭的第二个孩子办理健康平安保险。普及学生平安保险：为解决学生和家庭因遭受意外及疾病给家庭带来的经济困难，同时在一定程度上给学校和社会消除不稳定因素，为社会的和谐和安定尽了一份责任，2018年承保近60万人次的学生平安保险。加大商业养老保险和企业年金：随着我国老龄化社会的到来，养老问题日益严峻，企业年金制度越来越受到政府部门和广大职工、企业的重视，公司提供多样化的商业养老与健康保险产品与服务，有效减轻财政负担，缓解政府压力，尽快扩大社会保障覆盖面和健全保障体系发挥积极作用。助力"三农"发展：公司在农村设立农村营销服务部，579名农网营销人员服务各乡镇群众，方便农民群众的投保和理赔。普及农村百姓保险面，让更多的人得到保障，有效发挥保险"社会稳定器"的作用。解决农村就业问题：充分发挥机构网络健全优势，进一步健全完善"三农"保险服务网络，持续推动农村营销服务部建设，更好地服务社会主义新农村建设，2018年实现新增2039人到中国人寿就业或再就业，为实现农村富余劳动力转移和完善农村社会保障体系发挥更加积极的作用。

【积极参与脱贫攻坚战】 2018年，中国人寿抚州分公司按总公司、省公司扶贫工作要求，统筹力量，增强全系统责任感使命感，投入大量人力、物力加大扶贫攻坚力度，全市人寿系统向挂点帮扶贫困村累计派出挂点帮扶干部32人，其中第一书记4人，定点帮扶的贫困村建档立卡贫困户203户。另外，免除贫困学生的学生平安保险保费11.23万元，承担风险保额3.79亿元，惠及贫困学生2263人。当年公司继续做好精准扶贫大病补充医疗保险服务，收取保费177.72万元，赔付贫困户医疗补偿给付案件4407件，给付医疗补偿金额1429.95万元。

【支持地方发展护航实体经济】 2018年，抚州分公司坚定不移走"高质量发展"战略道路，坚持服务实体经济，助力夯实国计民生发展根基；坚持保险保障初心，切实发挥风险管理核心功能，突出保险业的责任价值。当年中国人寿江西省分公司培训中心和档案中心项目落地抚州，投资额达1.47亿元。当年实现意外险保费2269.73万元，意外险赔付率为40.5%。为各企业承保意外险、员福计划保费收入约1000万元，提供约50亿元风险保额，惠及超1万名企业员工。通过意外险业务有效为企业转移经营风险，发挥经济补偿功能，有效防灾减损，为实体经济提供风险保障，助力实体经济发展。

【利用科技力量提升服务】 公司为更好地服务社会、履行责任，不断健全保险服务体系，充分应用科技国寿，提升运营服务效率。2018年，全市无纸化投保的推广率达82%，位居全省第一，保全作业e化率达90.06%，位居全省第二。秉承"专业、真诚、感动、超越"的服务理念，力求通过"热诚、规范、准确、便捷"的服务，回报广大客户多年以来的支持与信赖。当年理赔服务时效0.91天，支付时效83.16天，同比提速30天，保全时效均在1天内，同比提升0.21天。以服务和谐社会建设为出发点，充分发挥保险促进改革、保障经济、稳定社会、造福人民的重要功能，进一步提升服务，把党和国家的优惠政策通过保险，送到每个客户手中。

（徐　伟）

【中国人寿抚州分公司领导名录】
党委书记、总经理：严济锋
纪委书记：周晓东
总经理助理：邵百强

中国人民财产保险股份有限公司抚州市分公司

【概况】 2018年，市分公司深入贯彻落实中共十九大、十九届二中、三中全会和中央经济工作会议精神，紧紧围绕"跨十亿"的经营目标，以集团公司"3411战略工程"为指引，聚焦"发展持续、效益稳健、服务领先、队伍优秀、风险可控"五大主题，取得业务平稳发展、效益明显提高、服务有效改善、基础更加扎实的良好经营业绩。当年实现保费收入10.09亿元，同比增加2.18亿元，同比增长27.51%；市场份额达到59.7%，同比上升3.4个百分点，继续保持抚州市财险市场龙头地位。

【三农保险深入推进】 2018年，市分公司按照"政府引导、市场运作、自主经营、协同推进"的要求，以政策性农险为基础、商业性农险为补充，加强与财政、农业、林业、烟草等部门合作，落实一县多种特色农业保险，深化三农服务体系建设，不断提高农业保险保障水平。年内，农业保险保费收入14141万元，提供农业保险风险保障86.20亿元。全年主要承保了水稻21.85万公顷，涉及农户14.94万户；林木86万公顷，涉及农户16.71万户；生猪137万头，涉及农户1636户；

烟叶0.37万公顷，涉及农户2230户等。全年理赔支出11698万元，受益农户49966户，进一步体现该司作为国有保险公司在服务三农发展、助力脱贫攻坚、融入社会治理、保障民生工程等多个领域主动发挥保险功能和作用，受到各级政府和广大群众的广泛好评。

【精准扶贫成效显著】 市分公司贯彻落实抚州市政府召开的“四进四联四帮”及精准扶贫攻坚动员大会精神，积极探索“保险＋扶贫”模式，在政策性农业保险、地方特色产业保险、支农融资等保险扶贫方面快速对接，首创贫困人口脱贫后返贫责任保险、深度贫困村综合扶贫保险，放大保险扶贫效应，助力全市脱贫攻坚工作。派出扶贫干部40名，其中派驻村干部13人，包括驻村第一书记3名。扶贫驻点涉及全市11个县区共13个行政村，派驻时间每月普遍在20天以上，扶贫工作涉及贫困户帮扶、产业扶贫、特色农业扶贫、教育扶贫等工作。自2002年人保集团公司挂点扶贫乐安县开始，配合乐安县委、县政府推动一大批民生项目落地，如支持160万元作为南村乡200户贫困户入股乐昌生态农业观光采摘园资金，支持39.48万元建设湖溪中心小学运动场所，支持60万元成功申报“乐安花猪”地理标志，支持35.91万元用于罗陂乡中华优秀传统文化教育基地建设，支持130万元分别对流坑景区和稠溪移民新村基础设施建设等，赢得当地群众的广泛赞誉。2018年，公司充分发挥专业优势，大力发展普惠金融，推动省分公司和乐安县政府签订“政融保”合作协议，“政融保”项目已向乐安两家农业龙头企业发放1000万元融资贷款，帮助企业扩大再生产，有效带动当地3045户贫困户实现增收。

【服务品质有效提升】 2018年，市分公司持续打造“心服务”品牌，深化卓越理赔服务工程，推出26项车险理赔服务便民新举措，心服务站服务客户180余人次，开展承保理赔满意度回访和投诉专项治理行动，整改服务流程问题18条，处罚涉及服务问题28人次，客户投诉服务评价得分92.71分，总体评价AA，全省排第五，客户体验持续改善。创新开展“警保联动”服务，建立覆盖全市15所“警保”便民服务站，“警保联动”快速处理事故1516起。全面开通“车驾管”服务，推出家用车6年以下年检及6年以上代办年检服务项目；积极推进车友服务中心、车友E站建设，不断拓宽服务的深度和广度。继续推进“品牌＋”战略，利用“5·18客户节”“金融知识宣传月”等，持续开展送保险宣传进社区、进企业、进农村等活动，保险服务能力不断提升。

【队伍建设明显增强】 管理队伍实现进一步年轻化，选拔任用一批创新意识强、有干劲的优秀青年干部。2018年，市分公司重点从打破“论资排辈”入手，以绩效考评为指引，通过考核、竞争上岗等形式，提任及交流调整的区县级机构班子成员及市分公司本部部门管理岗人员共34人次，提拔进入基层班子11人次。同时，在落实省公司关于年轻干部培养计划的基础上，进一步完善后备人才梯队建设，建立健全县区机构见习经理制度和后备干部培养培训机制。在培养过程中，按照综合化、递进式培养锻炼要求，有计划地组织安排有潜力的后备人才到基层公司不同岗位磨炼，压担子，促成长。

【党建工作全面加强】 2018年，市分公司坚持按照“党要管党、从严治党”的要求，认真履行党建工作主体责任，召开全市系统纪检监察工作会议，成立党风廉政建设责任制工作领导小组，与基层公司签订党建工作责任书，落实一岗双责。组织开展习近平新时代中国特色社会主义思想和中共十九大精神学习，坚持“围绕发展抓党建、抓好党建促发展”，制定十九大精神学习方案和计划，完善并严格执行“三重一大”制度和党委议事规则，进一步推动党建工作全面加强。依托党建协调委员会平台，强化双方在党建和业务中的互动和合作，实现产代健寿337万，同比增长266.07%，增长率全省第一。开展“讲学习、重担当、作表率”解放思想大讨论活动，强化机关作风建设，全面增强干部员工的服务意识、学习意识、创新意识、合规意识和纪律意识。

（章小云）

【人保财险抚州市分司领导名录】

党委书记、总经理：吴志华

副总经理：熊钿华　李志敏

　　　　　朱建平（任至12月）

纪委书记：熊钿华（兼）

工会主席：李志敏（兼）

总经理助理：徐　沁(8月任)

本栏编辑　吴主平

经济管理与监督

综合管理与宏观调控

【概况】2018年，抚州市推进产业转型升级，经济社会发展提质增效。实施创新驱动战略，高质量发展硬实力持续增强。统筹城乡发展，区域协调开放水平不断提升。创新绿色发展，生态文明先行示范市建设加快推进。深化各项改革，发展活力动力加速释放。加强民生保障，人民生活水平稳步提高。

经济社会发展提质增效。以供给侧结构性改革为主线，以科技创新为动力，积极培育新动能，产业结构持续优化。三次产业结构由2017年的15.5：41.9：42.6调整为14.4：40.9：44.6，现代服务业占比持续提升。

农业现代化稳中调优。现代农业示范园区建设步伐加快，全市19个农业产业园被评定为省级现代农业产业园，占全省13%，实现产值82.59亿元。设施农业建成面积2316.80公顷，完成高标准农田建设2.48万公顷。农业品牌建设取得突破，新增"三品一标"认证农产品112个，总数达603个。

现代工业稳中有升。深入推进重大技改"三百计划"，全市工业技改投资增长55.8%。启动实施智能制造"千百十个"计划，全市应用智能制造技术的企业达95家，使用智能制造设备562台（套），智能制造车间（生产线）24个，智能产品生产企业7家。积极推进标准厂房建设，建成标准厂房181.72万平方米。博雅生物、金品铜科、海利不锈钢、铜博科技、创世纪超算中心、迪比科动力电池、自立环保科技、大乘汽车等重点企业向百亿企业目标迈进。其中，总投资65亿元拥有20万辆整车产能的大乘汽车产业园项目仅用13个月即建成竣工投产，首批大乘汽车G60S正式投产下线，标志着抚州大工业时代的来临。

现代服务业稳中加快。金融业运行稳健，全市金融机构本外币各项存、贷款余额分别为2011.9亿元、1600.7亿元，较年初分别增长7.01%、16.94%。房地产业稳中趋缓，全市商品房销售面积481.43万平方米，同比减少0.3%；销售额296.69亿元，同比增长19.15%；销售备案均价5850元/平方米，同比增长20.84%。文化旅游业发展升级，全市文化产业主营业务收入、文化产业增加值分别增长19.6%、19.4%；全市接待游客总人数、旅游总收入分别增长34%和35%。2018全省旅发大会在抚成功举办，抚州市获评为全省旅游产业发展先进设区市；新增抚州市三翁花园等6个国家AAAA景区；黎川国医研中医药健康旅游示范基地被列为首批国家中医药健康旅游示范基地创建单位。

【重大项目建设稳中提质】全市共安排重点建设项目316项（含67项抚河流域子项目），年度计划投资557.1亿元，全年完成投资486.1亿元，占年度投资计划87.3%，比2017年同期提高13.5个百分点。108个省大中型项目，完成投资381.29亿元；90个省市县三级联动推进新开工重大项目，完成投资112.29亿元。全市当年2000万元以上项目实际进资439.8亿元，增长9.8%。大乘汽车、创世纪超算中心、亲和源老年公寓、高新区科创园等项目顺利推进，市中心城区燃气管网改扩建、市老旧城区改造等项目完工或基本完工，广吉高速、东外环高速等项目即将通车运行，市垃圾焚烧发电厂投产试运行。

【创新驱动高质量发展】把创新作为引领全市经济社会发展的第一动力，加快实施创新驱动战略，发展效益质量不断提升。科技研发投入快速提升。全年完成全社会研发投入13.68亿元，增长35.4%，科技进步贡献率达57%。新增高新技术企业104家，高新企业总数达239家，较2017年增长77%。高新技术产业增加值增长12.6%，战略性新兴产业增加值增长9.5%，占规模以上企业工业增加值分别为31.9%和16.8%；在全省科学技术奖励大会上，抚州4个项目获科学技术进步奖一等奖，列全省第一。

创新平台建设步伐加快。新增22家国家知识产权示范企业，3家省级科技协同创新体，新增数量列全省第一；新增9家省级工程技术研究中心；博雅生物企业技术中心入选国家企业技术中心拟认定名单，江铃底盘成为全省唯一一家获批国家技术创新示范企业并荣获全国机械工业质量奖，自立环保等45家企业59个新产品获省级优秀新产品奖，连续3年获奖数列全省第一。772家规模以上工业企业与157所高校及科研院所签订合作协议，实现全覆盖。抚州高新区跃进全国高新区百强。

新兴产业蓬勃发展。数字经济快速发展，制定抚州数字经济产业发展总体规划，组建市数字经济投资发展有限公司，成立星河大数据产业公司，抚州高新区获批“江西省新型工业化产业基地（数字经济）”，举办第四届全省互联网大会。卓朗大数据中心获得省和国家数据运营许可证；曙光政务云计算中心投入运营。南丰县被列为国家级电子商务进农村综合试点县。中阳研砼装配式建筑生产基地一期项目全面建成，玉茗远大装配式建筑生产基地开工建设。

“双返双创”活动深入开展。持续推进“双返双创”活动，抓好一揽子人才新政策的落实，柔性引进人才增至1337人次。组建院士工作站13家，新聘请院士、科技领军人物26名作为市政府科技顾问。抚州高新区、广明集团获批为江西省首批“双创”示范基地。

【统筹城乡发展，提升区域协调开放水平】 统筹推进新型城镇化建设和乡村振兴战略，加快城乡融合发展，持续加大对外双向开放，区域经济发展取得明显成效。新型城镇化加快推进。东乡区增设金峰街道办事处。设立东临新区，启动《东临新区产业发展规划》《东临新区空间发展规划》编制，东华理工大学新校区、抚州影视小镇、灵谷峰特色小镇、航空小镇、世行贷款医养结合示范等重大招商引资项目积极推进。南城县株良镇、南丰县龟甲生态小镇、宜黄县曹山宝积寺农禅小镇被列入江西省第二批特色小镇创建名单，“城市双修”规划及相关项目设计初步方案编制完成。

乡村振兴战略稳步实施。统筹制定《关于实施乡村振兴战略的意见》等一批涉农政策文件，全面规划乡村振兴的时间表、路线图。全面开展绿色生态农业十大行动，化肥使用量持续降低；全面完成划定畜禽养殖禁养区、限养区、可养区的“三区”规划和地理标注工作，全市畜禽粪污综合利用率达93%。“两特一游”产业工程全面推进，新增绿色稻米种植基地1.80万公顷，新增中药材种植面积0.61万公顷。全市新增各类休闲农业点25个，休闲农业规模经营企业达445家，休闲农业与乡村旅游年接待游客460万人次，旅游综合收入近50亿元。

对外开放不断扩大。全面融入“一带一路”建设，与俄罗斯彼尔姆边疆区丘索沃伊地区建立友好城市关系。全力打造“大南昌都市圈”重要支撑城市，加快推进昌抚合作对接，昌抚合作示范区先后引入昌抚牡丹田园综合体、华宸现代农业、态何源立体种养等一批重大项目。海西综合物流园项目加快推进，向莆铁路集装箱货物运输到发量达5200个标准箱；抚州海关正式批复设立，江西出入境检验检疫局抚州办事处开检运行，填补抚州市无检验检疫机构的空白。全市国际贸易“单一窗口”标准版报关、报检覆盖率均达到100%。

【生态文明先行示范市建设】 坚持以生态文明建设引领全市经济社会发展，在保护中开发、在开发中保护的生态发展理念深入人心。全力推进重大生态项目建设。抚河流域生态保护及综合治理二期工程开工建设；廖坊灌区二期工程累计完成投资12.03亿元，占总投资的93.28%。三江湿地生态修复工程、汝水滨河公园建设工程等水生态景观工程建设全面启动。

全面开展环境污染防治。机动车尾气排放监管平台建成并实现在线监控，烟花爆竹燃放专项整治行动成效显著，在全市城市建成区内全面禁止燃放烟花爆竹，PM2.5浓度等空气指标明显下降。全市117条河流“一河一策”实施方案全部编制完成，全市47个水功能区水质全部达标，新增“人放天养”水库524座，饮用水水质达标率100%，完成消灭劣V类水目标任务。农村环境整治扩面提质，全市城乡环卫一体化第三方治理实现基本覆盖。

加快创新完善生态制度体系。与中科院生态环境研究中心签订战略合作协议，共同探索推进生态产品价值实现机制试点，编制完成试点方案初稿，初步核算全市生态产品价值为3274.27亿元。抚河流域水环境综合治理与可持续发展试点进展顺利，全国流域水环境综合治理与可持续发展试点现场会在抚州市召开。《抚州市严守生态保护红线的实施意见（试行）》《抚州市生态文明先行示范区标准化建设方案》等制度文件印发实施。

有序推动绿色低碳创建。抚河沿岸36个生态村镇示范点中32个基本建成，沿岸人居生态环境显著改善。东乡区、黎川县、南丰县、金溪县被列入第三批省级生态文明示范县，宜黄县桃陂镇戈坪村被列入省级农村低碳社区试点。碳普惠公共服务平台（绿宝）注册人数达17万，累计产生低碳积分434万分。加大新能源公交车投入，开通支付宝、云闪付扫码乘车业务，市民出行更加低碳环保。

【各项改革促发展活力动力加速释放】 贯彻落实中央和省委全面深化改革部署要求，统筹推进各项改革任务，一些重点领域和关键环节改革取得积极进展。社会发展环境持续优化。大力推进“放管服”改革，全面实施“41证合一”，实现企业“一照一码走天下”，高新区发出全省首张“不见面审批”营业执照；梳理完成市本级两批次“一次不跑”和“只跑一次”政务服务事项637项，有效打通便民服务“最后一公里”。出台《关于进一步优化营商环境的实施意见》《关于深入推进降成本优环境专项行动的意见》等文件，持续加大金融定向帮扶力度，扩大电力直接交易规模，帮助企业进一步减低成本减轻负担。

财税金融体制改革稳步推进。市国、地税正式合并，国家税务总局抚州市税务局挂牌成立，实现税收业务“一厅通办”。安信证券抚州营业部顺利开业，江西联合股权交易中心在抚州市设立分中心，南城县民间融资服务中心获批开业。市投资（集团）公司新发行4.5亿元短期融资券和12亿元中期票据。

全市新三板挂牌企业增至12家。全市政府性倒贷机制实现县域全覆盖，基金总规模达到2.92亿元，累计帮扶企业1019户，累计帮扶金额83.67亿元。金溪县“两权”抵押贷款试点在全省中期评估中荣获农地县第一名。

【社会信用体系建设】 抚州市在全省首届公共信用信息平台和信用网站观摩评比中荣获第一名，并代表全省参加全国观摩评比，受到国家发改委领导和专家组高度肯定。创新推出市场主体二维码信用名片，“互联网+二维码+信用监管”模式成为信用监管“江西样板”。年底，抚州市在全国262个地级城市信用监测排名为89名，比2017年年底提前155名，列江西省第2位。

【国资国企改革】 江铃集团轻型汽车有限公司混合所有制改革基本完成，江铃轻汽有限公司正式更名为江西大乘汽车有限公司。市属28家全民所有制企业全面启动公司制改制。进一步甄别梳理市属存量国有资产，经营性国有资产集中统一监管持续推进，全市六大投资企业新增资产总额达387.5亿元。

【加强民生保障】 2018年，全市财政用于教育、科技、社会保障、医疗卫生等民生支出总量326.69亿元，增长13.3%，占公共预算支出比重达80.8%。脱贫攻坚全力推进。深入实施十大重点扶贫工程，开展“春季攻势”“夏季整改”和“秋冬会战”行动，广昌县“脱贫摘帽”退出贫困县序列，全市68个贫困村退出，1.88万贫困人口脱贫。充分发挥光伏发电精准扶贫作用，基本实现产业全覆盖。实施健康扶贫“五道保障线”，全市贫困患者住院医疗费用自付比例仅5.69%。实施危房改造和易地扶贫搬迁，完成2123户贫困群众危房改造，4005名建档立卡贫困户易地搬迁入住。

就业创业形势稳中向好。全市新增就业人数3.78万人，新增转移农村劳动力5.57万人，新增发放创业担保贷款9.17亿元，完成全年目标任务。全年为园区企业定向培训员工2.6万人。全市新开业个体工商户21737户、新开业私营企业8612户，同比分别增长14.39%、20.92%。

社会保障工作扎实推进。全市城乡居民养老、医疗保险参保人数分别为154.3万人、358.46万人，均完成全年目标任务。对原有指纹认证系统实行网络版改造，养老金资格认证实现网络化、人性化和智能化。全市棚户区改造新开工19594套，全面完成全年目标任务。

【社会事业蓬勃发展】 高考成绩继续保持领先，43人录取北大、清华。第二届中医药文化大会在抚州市召开，“建昌帮”中药展示馆、盱江医学馆建成运营。成功引进中科院中科慧康、上海亲和源等知名养老企业，获评全国居家和社区养老服务改革试点市。加快推进智慧百乡千村医养服务工程，推广到全市842个村、104家乡镇卫生院、17家社区服务机构、13家县级医院，群众足不出户就能向专家远程问诊就医。举办2018年汤显祖戏剧节暨国际戏剧交流月活动，《寻梦牡丹亭》大型实景演出项目在2018全省旅发大会上成功试演。与八一制片厂合作拍摄的首部弘扬抚州红色文化的代表作《浴血广昌》在全国院线公映。抚州市被列为省级历史文化名城。

（黄道梅）

【市发改委领导名录】

党组书记、主　任：帅歌柳

党组成员、副主任：

傅志红（任至9月）

彭　钢　徐辉祥

伍湖辉

党组成员、市苏区办专职副主任：

陈　伟

党组成员、总经济师：李建光

市重点项目办主任：徐春发

国有资产管理

【概况】 抚州市坚持稳中求进工作总基调，坚持新发展理念，坚持高质量跨越式发展首要战略，坚持以供给侧结构性改革为主线，不断完善国有资产管理体制，夯实国有资产管理基础，积极推进国资国企改革，提升国有资产运营效率。

至2018年末，全市全资、控股及参股国有企业（不含金融企业，下同）共计142户，资产总额1284.9亿元，首次跨入全省千亿设区市行列，负债总额575.7亿元、国有资本及权益总额705.9亿元，分别同比增长26.5%、44.8%、14.4%，资产负债率44.8%，国有资本保值增值率101%。市本级全资、控股及参股国有企业（不含金融企业，下同）共计106户，资产总额692.6亿元，负债总额324.7亿元、国有资本及权益总额364.6亿元、分别同比增长29%、48.5%、15%，资产负债率46.9%，国有资本保值增值率101.6%。市国资委监管企业10户，其下属全资、参、控股子公司64户，合计74户，资产总额652亿元，负债总额294.1亿元、国有资本及权益总额354.3亿元、分别同比增长29.4%、50.6%、15.4%，分别占全市的50.7%、51.1%、50.2%，资产负债率45.1%，国有资本保值增值率101.6%。

至2018年年末，全市地方国有金融企业12户，资产总额16.38亿元，比2017年增加5.93亿元，负债总额5.51亿元，所有者权益12.2亿元，国有资本享有权益总额12.2亿元。市级国有金融企业3户，资产总额9.49亿元，负债总额4.48亿元，所有者权益6.35亿元，国有资本享有权益总额6.35亿元。县级国有金融企业9户，资产总额6.89亿元，负债总额1.04亿元，所有者权益5.85亿元，国有资本享有权益总额5.85亿元。

至2018年年末，市属各投资运营公司取得存量资产的土地320.80公顷、房屋164万平方米。

【行政事业性国有资产增加】 至2018年末，全市行政事业单位国有资产总额323.28亿元。全市行政事业单位独立编制机构数3392个，编制总人数98052人，年末在职人员95381人，离退休人员17380人，其他人员5003人，资产总额323.28亿元，比2017年增加22.58亿元，负债总额62.41亿元，净资产260.87亿元。其中，行政单位资产总额116.63亿元，事业单位资产总额206.65亿元。市级行政事业单位独立编制机构数370个，编制总人数13689人，年末在职人员12030人，离退休人员2921人，其他人员726人，资产总额67.34亿元，比2017年增加4800万元，负债总额16.83亿元，净资产50.51亿元。其中，行政单位资产总额21.42亿元，事业单位资产总额45.92亿元。市本级88家行政事业单位管理的经营性房产128.67万平方米，2018年总租金收入6620.87万元。市级以下行政事业单位独立编制机构数3022个，编制总人数84363人，年末在职人员83351人，离退休人员14459人，其他人员4277人，资产总额255.94亿元，比2017年增加22.1亿元，负债总额45.58亿元，净资产210.36亿元。其中，行政单位资产总额95.21亿元，事业单位资产总额160.73亿元。

【国有自然资源资产明晰】 土地资源。全市土地总面积1.88万平方千米，2018年度土地利用现状变更调查数据中各地类分别为：耕地34.26万公顷，占18.23%，同比增加0.11%；园地8.34万公顷，占4.43%，同比减少0.49%；林地119.57万公顷，占63.61%，同比减少0.07%；草地3.56万公顷，占1.89%，同比减少0.82%；城镇村及工矿用地8.22万公顷，占4.37%，同比增加1.06%；交通运输用地2.66万公顷，占1.41%，同比增加0.91%；水域及水利设施用地9.11万公顷，占4.85%，同比减少0.11%；其他土地2.27万公顷，占1.21%，同比增加0.83%。

矿产资源。全市主要矿产大中型矿床所占资源比例较大，矿产资源在空间分布上有北富铜金，西集铀钨，东聚饰面用花岗岩、石墨，南产长石、锂、硅藻土的资源分布格局。相山铀矿是全国重要的铀矿基地，东乡铜矿是全省六大铜矿之一，金溪有望成为全省石墨烯战略新兴产业跨越发展的资源基地。全市共查明的矿产有32种，主要包括铀、铜、钨、钼、铋、钒、铁、铅、锌、金、铌、钽、锂、石墨、硫铁矿、高岭土、水泥用灰岩、长石、萤石、重晶石、石英、饰面用花岗岩、硅藻土、珍珠岩、建筑用石料等矿产资源，其中铀矿、石墨、重晶石、硅藻土、饰面用辉绿岩5种矿产保有资源储量居全省首位；钒、珍珠岩、长石、陶粒用黏土4种矿产保有资源储量居全省第二位；铜、玻璃用脉石英2种矿产保有资源储量居全省第三位。对全市矿业经济贡献较大的矿产主要是铜矿、有饰面用花岗岩、水泥用灰岩、高岭土、陶瓷土、建筑用石料等矿产。至2018年年底，全市主要金属矿保有资源储量（金属量）：铜9.16万吨、钒8.68万吨、铅12.49万吨、锌17.04万吨、钨14.64万吨，金7.39千克；主要非金属矿保有资源储量（矿石量）情况：水泥用灰岩12762.41万吨、饰面用花岗岩1528.42万立方米、硫铁矿987.1万吨、石墨337万吨(矿物量)、重晶石98.04万吨、硅藻土131.57万吨、饰面用辉绿岩82.06万立方米、珍珠岩471.64万吨、长石778.84万吨、高岭土529.32万吨、玻璃用脉石英274.02万吨。铜、钨、铅、锌品质石墨、水泥用灰岩等6种主要矿产资源保有量情况：铜同比减少3118吨、钨同比增加239吨、铅同比减少863.62吨、锌同比减少1548.31吨、晶质石墨同比增长66.2万吨、水泥用灰岩同比减少57.87万吨。

水资源。全市水资源总量为125.89亿立方米，外省（福建省）流入抚州市的水量1.97亿立方米，抚州市流出至相邻市区的水量119.55亿立方米。地表水资源量为125.87亿立方米，地下水资源量29.10亿立方米，大部分与地表水重复，不重复计算仅0.02亿立方米。

森林资源。全市国有林地面积11.96万公顷，活立木蓄积总量870.47万立方米，毛竹株数1863.04万株。

【国资监管指向更加精准】 国有资本布局投向更加清晰。年内组建成立市农发投公司，按照企业不同的功能定位初步形成"五投一控"的国有资本投资运营体系。以新发展理念为引领，推动市属出资监管企业成为城市基础设施、文化旅游项目建设和新兴产业的投资主体；稳步推进企业市场化转型，推动整合重组聚焦主业延伸产业链，提高发展质量和效益。

推动投资运营公司实体化转型改革，市投资公司自营收入同比增长较快，重组同鑫建筑公司，收回安达混凝土公司经营权，投入生产运营；市工创投公司通过供应链贸易做大经营性收入和经营现金流；按照"成熟一个、推进一个"的原则稳妥推进，组建混合所有制企业抚州国联金融公司、抚州市同鑫建设工程有限公司、江西泰和水环境科技发展有限公司等企业。推进全民所有制企业公司制改革，在市文旅投等企业开展现代企业制度改革试点，推进劳动人事分配三项制度改革，健全完善内部管理制度。

国有企业风险防范更加到位。通过设置资产负债率警戒线严格控制不得超过70%，并规定债务风险较高的企业原则上不得因投资推高企业负债率水平，防范化解市属国有企业债务风险。防范市属出资监管企业的融资风险，明确规定对企业采用债券、债务融资工具等方式进行的融资，除规定的费用外，不得以任何方式向第三方支付手续费、咨询费等费用。严格控制市属出资监管企业的投资风险，规定市属出资监管企业的年度投资计划必须报市国资委备案，非主业投资不得超过年度投资计划的10%，市外投资必须报市国资委审核批复。

对市属国有企业负责人进行

经营业绩考核，根据企业功能定位实现分类目标考核。完善国有资本预算制度，2018年度市国资委监管企业上缴国有资本经营收益1.1亿元；规范国有企业资产租赁、拍卖、报废及处置程序，下发有关国有产权管理内控及出租管理等文件，完成资产出租、报废处置评估备案工作。

【市公交总公司、市供水公司划转移交市投资公司】 6月22日上午，市公交总公司、市供水公司划转移交仪式在市行政中心会议室举行，市公交总公司、供水公司是市优质国有资产，两家公司的经营性资产总量较大、收入较高。市投资发展（集团）公司是市属龙头国有企业，有很强的投融资能力，在全市经济社会发展中发挥着重要作用。为加强国有资产的优化重组，整合做强，提高综合实力和抗风险能力，4月，市政府决定将市公交总公司、供水公司划转到市投资（集团）公司管理。既有利于市投资（集团）公司做强做优，提高综合实力和抗风险能力，又有助于市公交总公司、供水公司依托市投资（集团）公司的资本优势，进一步发展壮大，提高企业运行质量和资源配置率。

市公交总公司成立于1965年，是国有公益性公共交通企业，现有职工500余人，公交车330多辆，公交线路24条，线路总长320多千米。所有公交线路均实现无人售票，并开通公交智能IC卡、卫星定位报站系统、电子自动考勤系统，公交线路在城区规划区内实现基本覆盖。

市供水公司原名为抚州市自来水厂，始建于1959年，1960年建成供水，2000年更名为市供水公司，是独立法人国有企业，主要负责市中心城区的制水、供水、售水等工作，同时负责对市中心城区供水设施进行维修、维护和办理客户报装等方面的工作。公司现有职工298名，有汝水生态水厂、钟岭水厂、抚北水厂等3个制水厂，总供水能力为22万立方米/日。

（黎辉华）

【市国资委领导名录】

党工委书记、主　任：黄有盛

党工委委员、副主任：纪　远

汤胜生

安全生产监管

【概况】 抚州市牢固树立安全发展理念，以防范遏制重特大事故为重点，突出重点行业，在全市重点领域组织开展安全生产专项整治，坚持打非治违，严格监管执法，健全长效机制，开展九大专项整治行动，排查隐患6.76万条，挂牌督办隐患143条，全部整改到位。取缔关闭非法企业28家，实施联合惩戒企业52家，约谈1127家，通报71家，问责52人。全市108家烟花爆竹生产企业退出106家。工矿商贸领域共发生事故5起，死亡6人，未发生一次死亡3人以上的较大生产安全事故。

【强化安全生产】 年初，市安委会对各成员单位下达安全生产目标管理责任书，按照“三个必须”要求，落实部门监管责任。4月，市政府调整安委会组成人员名单，市长任主任，各副市长任副主任；市安委会下设12个专业委员会，由分管副市长任第一主任，高位推进安全生产工作。持续开展“五个一”活动和企业主要负责人安全生产承诺活动。隐患排查信息系统的上线运行，综合运用行政执法、问责约谈、“红黑榜”管理等手段，加强诚信体系建设，强化企业主体责任落实，提升安全责任、管理、投入、培训和应急救援“五到位”水平。与此同时，强化属地监管责任的落实，严格按中办、国办《地方党政领导干部安全生产责任制规定》落实，全面巩固安全生产责任领导责任体系。6月，全市11个县区政府和高新区管委会实现由担任本级党委常委或党工委委员的领导干部分管安全生产工作。各地结合实际出台具体的实施办法，不断压实属地监管责任。

【专项整治行动】 为纵深推进安全风险辨识和查找隐患，各县区、市安委会有关成员单位按照责任分工，对各行业领域开展全面安全生产大排查，查找风险和隐患。在九大专项整治行动中，排查隐患67587条，整改67587条；其中重大隐患143条，整改143条。挂牌督办隐患143条，整改143条，取缔关闭非法企业28家，实施联合惩戒企业52家，约谈1127家，通报71家，问责52人。全面推进风险分级管控措施。各地、各牵头部门制定风险分级的管控措施，建立一图、一牌、三清单4814套，根据四色图制作安全风险告知牌和风险管控责任清单、风险管控措施清单、应急处置措施清单；同时对员工进行风险管控相关知识培训，提高员工风险管控能力和水平。10月8日，市政府印发《抚州市烟花爆竹生产企业整体退出工作方案》，决定在全市范围内开展烟花爆竹生产企业关闭退出工作。对于自愿申报退出的企业，县区财政给予一定的资金奖补。至年底，全市108家烟花爆竹生产企业，退出106家。

【夯实安全基础】 为使“双百示范工程”创建真正成为提升企业本质安全的有效载体，市安监局根据省里统一部署，选择百家标准化示范企业、百家风险管控示范企业开展创建工作。2018年，全市确定153家风险管控示范企业和141家标准化示范企业作为创建对象，并总结经验、逐步推广。通过国家安监总局作业场所职业病危害申报与备案管理系统进行网上申报企业总数达1069家，较2017年增长19家。引进一体化监管模式，共检查企业188家，在检查企业安全生产的同时检查职业卫生，在开展安全培训的同时培训职业病防治知识。为加强企业应急管理执法检查，强化应急预案管理和培训演练，全市各地举办各类型预案演习117场（次），参演人数6000多人次。重点督促做好较大事故和一般事故应急处置的评估工作，不断优化应急预案体系，健全完善各类应急预案，市本级备案121份，较好地完善预案备案程序。10月11日，在江西省第二届安全生产监察执法现场比武活动中，抚州市安监局代表队勇夺第一。

（饶丽花）

【市安监局领导名录】

党组书记、局　长：邹节华

党组成员、副局长：李剑平

　周晓健　傅亮平　黄国华

党组成员、总工程师：罗友保

价格管理

【概况】 2018年，抚州市贯彻落实省委、省政府《关于加快推进价格机制改革的实施意见》及《2018江西省价格工作要点》精神，扎实推进价格改革，按照“减、放、改”总体要求，保持价格总水平基本稳定。重新核定市中心城区综合配气价格，14个建制镇完成阶梯水价、农业综合水价改革。调整砂石销售价格，清理规范转供电环节加价行为，启动社会保障与物价指数挂钩联动机制，确保社保人员生活水平不受价格因素影响。

【价格改革】 重新核定市中心城区综合配气价格为0.77元/立方米。承接下放交通客运票价收费管理权限，与市交通客运管理部门、长运公司对接，放开与高铁并行的客运票价，除客运代理费、售票服务费、车辆安全例行检查服务费、旅客站务费、客运班车逾重行李托运费之外的其他汽车客运站服务收费，实行市场调节价。完成14个具备实施条件的建制镇实行阶梯水价改革、农业综合水价改革任务。

6月13日，调整砂价。外销砂价参照南昌、鹰潭、上饶等周边地区终端价格确定拍卖底价。市本级、临川区、金溪县砂石销售价格统一调整为65元/立方米。10月1日，取消原先的采砂场劳务承包管理模式，改由赣抚公司聘用工人自主采砂生产。砂价与周边地市均价进行并轨，按照南昌、上饶和鹰潭3市当期砂石市场平均价格的90%，确定抚州市主城区砂石销售价格。从10月1日起，市主城区砂石销售价格按80元/吨执行，价格原则上每两个月调整一次。城区居民用砂，可到赣抚公司平价砂配送点，或打包购买由赣抚公司统一配送至住宅区楼下；农村居民用砂，经所在乡镇政府出具核实意见后，按市场价进行购买，事后再由当地县区政府委托乡镇政府，对超过65元/吨的溢价部分给予全额补贴。

【减负降费】 全面贯彻落实省发改委3次降低一般工商业用电价格政策（共降0.0805元/千瓦时），清理规范转供电环节加价行为，督促市电力公司清退2015年以来收取的临时接电费687万余元。分步停征免征和降低13项行政事业性收费，每年预计可减轻企业和社会负担3000余万元。根据上游管道天然气价格调整情况，及时调整市中心城区工商用户天然气销售价格。

【化解价费矛盾】 出租车协会要求提高出租车运价，市物价工作部门及时开展价格调查，完善燃油联动机制与出租车价格政策。与市直有关部门联合，协调解决二手车交易中心提高收费标准等群体性上访事件。年内，市本级接受价格举报咨询374件，其中咨询324件、投诉50件，全部办结。调解涉及价格纠纷金额或退款26466元。

2月，联合民政、财政、人社、城调等相关单位，在全市启动社会保障与物价指数挂钩联动机制，为城镇优抚、低保、特困、失业保险人员、农村优抚、低保、特困人员130708人发放临时价格补贴2374452元，确保全市社会保障人员生活水平不受价格因素影响。

加强日常市场价格巡查，确保春节及全国“两会”期间市场价格稳定，进一步规范医疗服务、车站等公共场所明码标价行为，对存在的问题现场进行告诫和提醒。开展电力、供水、供气、电信领域、涉企收费、殡葬管理行业、商品房销售价格行为等重点专项检查，通过罚款、收缴非法所得、告诫等价格行政执法手段，维护群众、企业合法价格权益。

【价格认定】 价格认证中心开展以涉嫌刑事案件、行政事项、价格争议纠纷调解、价格认定为重点的复核624件，认定总金额44637万元。对7个县区、96户调查户进行早、晚籼稻、油菜籽、棉花、烤烟、柑橘、规模生猪、桑蚕茧8个品种进行常规调查，提高上报数据质量，获评全国农产品成本调查工作优秀集体。

（叶　盛）

国土资源管理

【概况】 2018年，抚州市国土资源管理部门围绕市委突出“三项攻坚”、打好“四大升级战”的工作重点，坚持“服务发展、保护资源、维护权益”的工作要求，坚守国土资源保护红线，规范服务管理深入改革创新，各项工作稳妥有序推进，为全市经济社会持续健康发展提供有力支撑。全市供应国有建设用地2362.06公顷，盘活存量土地122.12公顷。报批使用新增建设用地指标1106.12公顷。审核上报农用地转用及土地征收95批次，总面积为1056.45公顷。供应保障性住房用地62.26公顷。出让土地287宗、涉及土地面积974.85公顷，总成交价179.55亿元。

【实行严格的耕地保护制度】 层层签订耕地保护责任状，实行市、县、乡、村四级责任制度，明确耕地保护的任务和责任主体，顺利通过省政府对市政府2017年耕地保护责任目标考核。国土、林业、财政等部门协调配合，采取砍伐或移植等手段全面落实全市绿色通道占用永久基本农田整改工作。

【土地节约集约利用】 严格控制建设用地增量，积极盘活存量土地。对新建项目，凡是有存量建设用地可利用的都首先使用现有存量建设用地。对确实需要新增加建设用地的，必须符合土地利用总体规划、年度用地计划。加快对已批土地的征收和供应，完成前期开发配套，形成供地条件。年内，全市供应国有建设用地 2362.06 公顷。加强建设用地事前、事中、事后监管，利用监管系统对出让公告、出让合同中约定的交地时间、开竣工时间、出让金交付以及建设项目投资强度、容积率、建筑密度、绿化率等控制指标实施动态跟踪管理，强化批后监管。开展 2017 年度全市单位 GDP 建设用地下降目标评估工作，2017 年全市单位 GDP 建设用地为 90.70 公顷 / 亿元，同比下降 6.67%。开展城市建设用地集约利用更新评价工作。实施建设用地区位调整，盘活批而未征土地。年内，全市共上报区位调整 11 批次，盘活存量土地 122.12 公顷，确保新增建设用地能够及时有效利用。

【土地开发整理和高标准农田建设】 省国土资源厅下达抚州市 2018 年度补充耕地任务 933.33 公顷（水田 533.33 公顷），实际完成补充耕地面积 1045.19 公顷（水田 558.46 公顷）。其中土地开发项目补充耕地面积 887.49 公顷（补充水田 355.25 公顷），高标准农田补充耕地面积 157.70 公顷（补充水田 140.99 公顷），旱地改水田面积 62.22 公顷，确保全市建设用地顺利报批，落实耕地占补平衡。

【地质矿山环境治理】 对全市矿山开展全面调查，及时完成市本级和各县区矿山地质环境恢复和综合治理规划。7 月，自然资源部通过遥感影像核对全省新增矿山环境恢复治理面积，抚州市 2018 年新增面积 117.67 公顷，排名全省第二。市政府委托中国瑞林工程技术有限公司编制《江西省抚州市废弃矿山生态环境治理工程实施方案》，确定全市废弃矿山共 462 个，需治理恢复面积为 11.16 平方千米，治理所需费用约 18 亿元。同时，加快保证金制度改革，推进矿山地质环境治理恢复保证金转变为矿山地质环境治理恢复基金，全市在建在采的省级发证矿山共 33 个，均设立基金账户，省级发证矿山缴纳保证金的共 31 个，共缴纳保证金 2154.24 万元。

【土地经营管理】 省国土厅下达抚州市 2018 年新增建设用地计划 802.67 公顷（含省国土厅奖励 8 公顷），至年底，报批使用新增建设用地指标 1106.12 公顷。对 33 个建设项目用地选址进行审查，出具规划审查意见，提高集约节约用地。做好增减挂钩审核工作，共申报城乡建设用地增减挂钩项目拆旧区面积 423.06 公顷。

2018 年，全市共审核上报农用地转用及土地征收 95 批次，总面积为 1056.45 公顷，其中报省政府审批 46 批次，面积 844.35 公顷；市政府审批 49 批次，面积 212.10 公顷。贯彻落实国家房地产调控政策，全市供应保障性住房用地 62.26 公顷。

全市共消化批而未用土地 1818.26 公顷，剩余批而未用面积 3870.93 公顷，批而未用率下降到 30.45%，批而未用土地消化周期下降到 4.14 年。完善工业用地出让制度，出台鼓励盘活闲置地优惠政策，完善矿山地质环境恢复治理保证金政策，缩短采矿权价款滞纳金计算期限，共为企业降低成本 2943.56 万元。

年内，全市共出让土地 287 宗、涉及土地面积 974.85 公顷，总成交价 179.55 亿元。市本级共出让土地 17 宗、涉及土地面积 105.77 公顷，总成交价 36.4 亿元。市本级办理土地出让手续 27 宗，颁发建设用地批准书 30 宗。市本级共收取土地出让金 27.16 亿元，其中收取往年欠款 4.32 亿元。

【不动产登记】 年内，全市不动产登记窗口累计发放不动产登记证书 123574 本，不动产登记证明 92248 张。不动产数据整合成果全部通过初步汇交和市级核查，市本级（含高新区）、临川区、南城县、金溪县通过省级验收。全面推动不动产登记“一窗受理”，所有县区都实现交易登记“一窗受理”，实现办理不动产登记“最多跑一次”。

【国土、农房调查、登记】 启动第三次全国国土调查工作，各县区都成立土地调查领导小组，制定土地调查实施方案、技术方案和工作方案，落实调查经费，完成国土调查作业单位招投标，并将招标情况填报录入江西省第三次全国国土调查工作进度管理系统。部分已接到国家和省级影像图斑的县区开始先行试点工作。

农村房屋外业调查工作在 2018 年初全面铺开，8 月底全部完成，共调查农村房屋 1307864 幢。成果资料公示，开展县级自检和市级复检，报省级质检验收。

进行农垦国有土地使用权确权登记发证。全市共有农垦国有土地面积 2.64 万公顷，至年底确权登记发证面积 2.54 万公顷，发证率 96.39%。

全市宅基地管理试点工作取得阶段性成果。确定宅基地管理试点村 594 个，涉及农户 15696 户、58695 人，共拆除空心房及附房 71.31 万平方米。

【地质灾害防治】 全市共有地质灾害隐患点 1738 处，威胁群众 5783 户 2.5 万人，潜在经济损失 6.69 亿元。年内，共发布气象地灾预警信息 75 次、2.6 万条；举行宣传活动 132 次、发放宣传资料 5.43 万份，接待咨询 3.78 万人次，培训 16 期 801 人。在乐安县开展全省地灾应急演练；开展地质灾害督查巡查 2407 批次、10962 人次、4947 隐患点次。全市共建立监测点 1738 个，落实监测员 1683 人，发放防灾避险明白卡 5687 份，树立地灾危险警示牌 1579 个，建立临时地灾避让点 1257 处。快速有效地应急处置 26 起灾情险情，因灾转移 540 个隐患点、5523 人次，无人员伤亡。通过搬迁减少 98 个隐患点，解除 793 人受地质灾害威胁，通过自筹资金治理减少 36 个隐患点，解除 722 人受地灾威胁。

（杨黎军）

【市国土资源局领导名录】
党组书记、局　长：
罗光华（兼省国土资源厅副巡视员）
党组成员、副局长：喻仁建
　　　　桂吉芳　徐桂荣
党组成员、纪检组组长：吴军华
党组成员、不动产登记中心主任：
　　　　周平田
总规划师：夏雪明

市场监督管理

【概况】 2018年，抚州市市场秩序和质量标准监管、食品和药品监管取得成效，服务经济社会发展。至年底，全市各类市场主体155433户，全市新开业个体工商户24261户、私营企业9455户、农民专业合作社861户，新增加从业人员137319人，分别比2017年同期增长17.22%、20.60%、1.2%、19.04%。

【深化商事制度改革】 在市场准入上做“减法”。按照“能放则放、应放尽放”的原则，全面落实企业登记注册登记全程电子化、企业简易注销、“多证合一”“外资企业登记一网通办”“证照分离”和工业产品生产许可证审批改革，大幅减少涉企证照种类。4月，探索推出“审批不见面，一次都不跑”办照新模式，通过“事前网上申请，事中在线审批，事后快递送达”，让经营者在家里可以拿到营业执照。“多证合一”改革，国家市场监管总局整合证照事项24项，省工商局整合证照事项39项，全市整合证照事项51项。9月，把企业办理注册登记压缩为1个工作日，材料齐全当场办结，实现企业注册开办3个工作日完成，比国务院规定的企业开办时间8.5天、省政府的5天分别提速5.5天和2天。形成市场准入“零门槛”“零障碍”“零收费”。

【严格事中事后监管】 充分发挥企业信用监管警示系统效用，归集各类数据187万余条，对全市152859万余户市场主体进行分类监管，有违法记录的企业用黄、橙、红3种颜色警示，正常企业用绿色标示。对列入异常名录和黑名单库的企业，在银行贷款、政府采购、招投标等方面进行限制，把“一处失信、处处受限”落到实处。2017年企业年报公示率居全省第五，个体工商户年报公示率居全省第二，农专社年报公示率居全省第四。有效减少全市经营者被列入经营异常名录的风险，提升全市市场主体活跃度。出台《抚州市市场和质量监督管理局诚信“红黑名单”管理办法》《抚州市市场和质量监督管理局申请移出经营异常名录企业行政约谈制度》等系列事中事后监管文件，推进“互联网+二维码+信用监管”模式。全市设立示范区12个，悬挂二维码信用名牌1600多个，实现二维码诚信示范区全市全覆盖。联合税务、商务等部门开展“双随机抽查”，开启部门联合惩戒新模式。吊销“僵尸”企业1423户，累计办理各类市场主体简易注销38941户。

【加强市场服务】 开展“千名干部进千企”“服务零距离、质量零缺陷”等服务活动，“问计于企、问需于企”，强化调研，化解难题。积极主动为企业和创业群体提供各类行政指导服务1820件，帮助企业向银行借贷21.5亿元。深化“互联网+政务服务”，推进群众和企业办事网上申请、网上提交、网上受理、网上审核、网上反馈、网上办结，实现审批智能化、服务自动化、办事移动化，让“百姓少跑腿、信息多跑路”。开展“星级文明诚信个体工商户创评活动”暨“诚商信贷通”“个升企”“小个专”非公经济组织党建等工作，全市共有8204户个体工商户参与创评，累计放贷12.87亿元；办理“个升企”742户，超额完成省定（360户）任务206.1%、市定（500户）任务148.4%。

【加强质量强市建设】 建立完善质量强市高位推动机制、宣传引导机制、质量服务机制，形成“党委领导、政府主导、部门联合、企业主责、社会参与”质量工作新格局。开展2017年质量竞争力指数指标数据调查工作，主要企业质量管理体系认证率达到74.27%，同比提升12.91个百分比，高于全省平均水平（64.29%）9.98个百分比。开展开放试验室、“质量月”等活动，发放各类宣传资料2万余份。开办商标、质量、认证等各类培训班，培训企业法人、技术骨干1600余人次。推进实施企业产品和服务标准自我声明公开制度。至年底，全市有113家企业在服务平台上公开613项标准，涵盖1106种产品。加大检验检测机构建设力度，经国家质检总局批准立项的江西省中低压输变电产品质量监督检验中心项目建设有序推进，江西省陶瓷质量监督检验中心项目在申报。

【实施品牌战略】 加大全市企业和产品参评重大质量奖项、江西名牌申报。2018年，成功申报“江西名牌”20个，列全省第六。博雅生物制药集团股份有限公司和江西志特新材料股份有限公司获“苏浙皖赣沪名牌产品”奖，崇仁县工业园区通过国家质检总局的“全国变压器产业知名品牌创建示范区”建设的核查，成为全省年度内唯一批准筹建的示范区。实施“传统文化+优势产业+商标品牌”模式，推进全市商标品牌战略。确定“王安石”“汤显祖”“牡丹亭”等与临川文化相关联文字的商标215件，有160个商标获国家商标局核准注册。深入企业开展专题调研活动12次，帮助企业注册商标。年内全市新申请注册商标6143件，实际注册商标4308件，分别比2017年增长21.67%和159.9%；全市商标有效注册量达16224件，比2017年增长45.09%。

【东乡萝卜获国家认证】 8月底，农业部农产品质量安全中心在北京组织召开2018年第二次农产品地理标志登记专家评审会。评审会对东乡萝卜品质特色、产地环境、生产方式、人文历史、产品知名度、产业发展前景等多方面进行审核，一致同意通过。至此，抚州市农产品地理标志登记保护产品达26个，占全省总数的31.7%。分别是崇仁麻鸡、南城麻姑仙枣、黎川茶树菇、东乡绿壳蛋鸡、广昌白莲、金溪蜜梨、南丰蜜橘、南城淮山、临川虎奶菇、乐安竹笋、洪门鳙鱼、广昌泽泻、抚州西瓜、洪门鸡蛋、黎川香榧、乐安花猪、临川金银花、东乡白花蛇舌草、抚州水蕹、王桥花果芋、南城麻姑茶、黎川黎米、占圩红薯、黎川草菇、东乡甘蔗和东乡萝卜。

农产品地理标志，是指标示农产品来源于特定地域，产品品质和相关特征主要取决于自然生态环境和历史人文因素，并以地域名称冠名的特有农产品标志。抚州市作为传统农业大市，自然资源多样、生态环境独特、人文历史悠久、农特产品独一无二、一县一品特征明显，这些特色农业资源不仅是大自然的馈赠，更是珍贵的历史遗产，蕴藏着巨大的经济、社会和文化价值。

【标准引领绿色发展】 围绕抚州市生态文明先行示范制度建设，积极打造生态文明标准化“抚州样板”。10月，《抚河流域生态文明示范村建设指南》《抚河流域河道生态建设管理规范》《赣派传统村落保护与利用》3项地方标准经省市场监管局确定立项，《抚河流域生态健康评估技术指南》完善后再重新申报立项。广昌县、宜黄县成功启动“国家有机产品认证示范区”项目建设（全省5个）；继续推进《金溪美丽乡村标准化示范区》《崇仁麻鸡国家级生态农业标准化综合示范区》《宜黄杂交水稻国家级农业标准化综合示范区》建设。2018年，全市标准化示范区达到33个，其中国家级示范区14个、省级示范区19个。《广昌白莲》《黄栀子干果》《淮山》《金银花》等14项农业地方标准正式由省市场监管局批准发布。

【中医药战略创新发展】 充分发挥自身优势，全力推进食品医药产业升级转型。做好“建昌帮”传承跟进工作，挖掘整理“建昌帮”特色炮制技术，增加“炆制”生产范围，对企业申报资料进行初审合格上报省局。引进江西春岚药业有限公司、盱江药业有限公司2家中药饮片生产企业落户抚州市。申报中草药《艾草生产加工技术规程》等12项地方标准，12月，《黎川县艾草中医药综合标准化试点》《建昌帮古法炮制综合标准化试点》2项试点项目获省市场监督管理局批准，全省共有10项中医药标准化试点项目，抚州市是唯一获批2项的地级市。

【把好食品安全关】 分别组织开展瓶（桶）装饮用水生产环节专项整治、酒类专项整治行动、食用油市场专项清查、校园及周边“五毛食品”专项整治、网络食品经营专项整治、餐具清洗消毒专项行动、化学原料药生产企业专项检查等专项整治活动，严厉查处掺假造假、冒牌欺诈、篡改翻新等违法违规行为，深挖严打潜规则问题，切实消除风险隐患，坚决防止重大安全事件发生。全市共结案245起，罚没款总计186.01万元。全市共完成食品（保健食品）监督抽检4743批次，不合格批次128批次，不合格率为2.7%；风险监测抽检280批次，未发现问题食品。重大活动食品安全保障零事故。6月，全省一流的地市级食品检验机构——市食品检验检测实验楼附属工程完工，7月27日市食品检验大楼正式揭牌。

【发放食品小作坊登记证】 5月，全市完成食品小作坊摸底统计和登记证发放工作，全市共有食品小作坊509家，未获得登记证的食品小作坊不得生产销售。食品小作坊是指有固定生产加工场所、生产加工条件简单、从业人员少、生产加工规模小，从事食品生产加工的个体经营者。认定标准：生产加工场所面积150平方米以下、年销售额200万元以下、从业人员7人以下。食品小作坊必须取得小作坊登记证方可从事加工销售活动，登记证有效期为3年。食品小作坊主要分布在城乡结合部和广大乡镇农村，点多面广，从业人员文化水平大多偏低。

为规范食品小作坊的生产加工行为，根据省食安办要求，2018年5月1日前全市要全部完成辖区内食品小作坊的清理摸排和登记证发放工作，未获得登记证的食品小作坊一律不得生产销售。抚州市按照“规范提升一批，治理整顿一批，关停取缔一批”的要求，对全市食品小作坊数量、分布及生产状况进行全面摸底及档案登记。同时做好指导帮扶工作，市食药监局制定公开小作坊登记证发放流程、小作坊登记证现场核查要求等服务指南，方便作坊业主的办理。各地结合本地实际研究制定发证计划，创建一批示范点，逐渐以点带面，加快推进食品小作坊登记证发放工作。还加强证后监管力度，督促食品小作坊建立健全相关质量管理制度及记录，确保其持续保持发证时的生产条件。同时不定期开展产品抽检，对抽检不合格者依法严厉处罚，及时消除风险隐患。

【防范药品安全风险】 全市共完成药品检品1467批、药品抽验1409批，不合格37批，不合格率2.63%。加强不良反应监测，共收到ADR报告4101例。对市疾病预防控制中心、市管医疗机构疫苗等200余家疾控机构和接种单位的购入、储存、运输、使用情况和疫苗质量管理制度执行情况进行检查。助推药企科技发展和品种提升，有10家企业与20多所院校、科研机构有合作。市政府出台《关于落实江西省仿制药质量和疗效一致性评价工作实施方案的意见》，全市有3家企业5个品种开展一致性评价工作，其中2个品种完成参比制剂备案，3个品种签订合作开发合同。1月18日，全省药品创新研发座谈会在抚州召开，邀请中国工程院院士、博雅生物集团首席科学家陈芬儿作专题讲座，全省20多家药品生产企业参会，提高全市药品生产企业新药研发积极性。

【特种设备安全】 制定《抚州市2018年特种设备安全专项整治行动工作方案》，对全市现有的特种设备使用单位1686家、特种设备16327台进行全面清查。累计排查企业2386家次，共计排查隐患5364条，其中重大隐患59条，整改隐患5236条，其中重大隐患59条全部整改完成；辨识风险3363处，采取管控措施3865条，实际受控风险点总数3329处，11条重大风险全部受控；全市特种设备安全工作保持平稳态势，没有发生特种设备安全事故，也未出现重大负面影响的特种设备事件。开展电梯质量安全监管改革工作，推进建设电梯应急救援平台等工作。联合相关单位开展多轮次的燃煤锅炉能效检查行动，检查锅炉184台，强制淘汰燃煤锅炉78台，督促企业完成燃煤锅炉改造生物质锅炉42台。全年特种设备运行良好，无重特大事故发生。

【产品质量安全】 开展各类市场专项整治和执法办案。制定抚州市2018年市级产品质量安全重点监督目录和2018年全市27类产品监督抽查检验计划，共完成产品检验1173批次。针对预拌混凝土产品质量不合格率呈大幅上升趋势，加大对企业掺杂使假行为的打击力度，有效提升建筑市场质量。保障强检计量器具检定，强检器具占器具总量的98%以上；深入推进“质监利剑”“农资打假下乡”“双打”红盾护农、成品油市场等行动，全市市监部门共出动执法人数12186人次，立案1164件，案值2571.5万元，没收金额595.9万元，罚款金额1635.2万元，挽回经济损失1695万元。

【消费者权益保护】 3月，开展“品质消费 美好生活”年主题宣传活动，与抚州电视台联合拍摄《今日关注——“3·15”在行动》系列片，印制宣传展板115块，发放各类宣传资料1.52万份，出动各类车辆232台次，参加宣传工作人员320人次，接待市民咨询2000人次，受理消费者投诉300人次。开展创建放心消费示范店工作，全年共授牌151家创建放心消费示范店，涉及家电、百货、服装等行业。充分发挥12315投诉举报平台感知市场秩序状况与消费者呼声的“窗口”作用，加强对12315平台的数据分析工作，在相关媒体发布《投诉举报分析报告》4次。全年受理各类投诉举报咨询14728件，其中投诉2872件，举报312件，咨询11544件；投诉举报办结率达97%，调解成功率95%，为消费者挽回经济损失234.8万元。

（黎国华）

【市市场和质量监督管理局领导名录】

党委书记、局　长：谢克侵

党委委员、副局长：刘　忠

陈建平　李国新

尤立成

【市食品药品监督管理局领导名录】

党组书记、局　长：蓝师龙

党组成员、副局长：戴寿昌

黄少卿　方翰林

雷满春

党组成员、食品药品总监：姜　苇

统计管理

【概况】 2018年，抚州市统计部门围绕“科学统计、服务发展”，精心组织实施各项普查工作，做好统计服务，撰写统计分析专报80篇、统计信息680篇。精心编辑《改革开放四十年的抚州》大型统计资料书、《统计月报》《经济发展情况分析手册》及各种统计“衍生产品”，为党政领导和社会各层提供多样化统计信息服务。

【经济普查】 把经济普查工作作为政府一项重要工作，进一步完善统计数据采集机制，建立宏观经济统计数据库，实现各专业数据的及时报送、动态修订和实时共享。每月及时收集、整理主要经济指标数据，形成月度“主要经济指标通报表”，为领导决策当好参谋。加大对经济运行的监测力度，加强预测预判，及时反映经济运行情况，提出对策建议。围绕重大决策部署，跟踪分析经济运行中的热点、难点、重点问题，深入研究。在市政府每季度召开的经济形势分析会上，市统计局就经济运行情况作主题汇报。获得市委、市政府领导批示，提出的建议被吸收采纳。

精心编辑《改革开放四十年的抚州》大型统计资料书，顺应经济社会发展需要，编印各种统计“衍生产品”，为党政领导和社会各层提供多样化统计信息服务。编印的《统计月报》《经济发展情况分析手册》等，方便实用。“两会”召开之际，及时推出“两会”统计专刊资料。统计新闻发布工作逐步走向制度化、常态化。年内，举办5场大型新闻发布会，先后接受抚州日报、抚州广播电视台、抚州全媒体等媒体专访10次，扩大“抚州统计”微信公众号发布、宣传力度。

【改革创新】 适应、把握、引领经济发展新常态的要求，推进统计改革创新。总结、完善自然资源资产负债表编制工作经验，优化报表制度，设立《林业资源补充资料》报表，减轻基层工作强度，提前完成市级技术报告编制工作，为全省编制自然资源资产负债表、打造生态文明示范区提供经验。争取到省级试点，进一步完善抚州市绿色发展评价指标体系。提前谋划，联合部门，全面收集指标数据，认真测算绿色发展指数，深入开展数据分析，发现问题，提出意见建议。撰写2篇统计专报。在完成GDP统一核算改革的基础上，探索绿色GDP核算改革，初步建立抚州市绿色GDP核算体系，制定抚州市GDP绿色核算制度，开展测算工作，形成初步结果。对接国家统计局抚州调查队，联合召开培训会，做好交接，确保工作衔接。承接规模以下工业、小微建筑业、限下批零住餐、规下企业创新调查、规下服务业、小微固定资产投资等7项调查队业务工作。

（黄志平）

【市统计局领导名录】
局　　长：陶雪华
副 局 长：唐永文　黄福荣
总统计师：刘志华

统计调查

【概况】 国家统计局抚州调查队的基本职责是完成国家统计局和国家统计局江西调查总队布置的常规统计调查任务，同时完成地方委托的统计调查工作，为政府决策和社会需求提供反映抚州社会经济运行状况的重要数据。调查方式以抽样调查为主。2018年，抚州调查队主要组织开展以下常规调查和重大国情国力调查工作：一是组织实施城乡住户一体化调查，包括城镇住户家庭和农村住户家庭的基本情况、收入、支出、消费、投资、生产等调查。二是组织实施居民消费价格调查，包括居民消费品和服务项目的价格调查。三是组织实施生产投资价格调查，包括工业生产者价格调查、固定资产投资价格调查。四是组织实施企业采购经理调查、粮食产量调查、畜禽监测调查等。以上调查为国家和地方政府研究分析城市和农村居民收入分配、消费需求、城乡贫困及社会保障问题提供基层调查数据；为国家编制流通消费价格指数包括居民消费价格指数和商品零售价格指数，分析研究价格变动对社会生产和居民生活的影响、城乡市场流通状况、制定经济政策、进行宏观调控提供基层调查数据；为编制国家和江西制造业采购经理指数，加强对国民经济活动的监测和预警能力，为国家和全省宏观调控及企业经营提供参考依据和咨询建议。

【地方政府和部门委托的调查】 2018年，抚州调查队还受地方政府和部门委托组织开展全市贫困村退出预评估调查及抚州市脱贫攻坚成效考核调查，为抚州市脱贫攻坚工作收集情况和意见建议，全面查找工作中的薄弱环节及存在的问题，为政府制定脱贫攻坚政策、改进工作方法、实施精准扶贫提供详细数据支撑。

抚州调查队重点加强对CPI、PPI调查数据的跟踪监测与预警分析，两个价格的调查数据多次被市政府有关文件材料采用。

（杨家顺）

【抚州调查队领导名录】
党组书记、队　长：何　勇
党组成员、副队长：董卫平
　　　　　　　　　周平光
党组成员、纪检组长：花志兴

审计监督

【概况】 2018年，抚州市审计机关组织实施审计（调查）项目1378个，查出问题金额189.45亿元，审计发现非金额计量问题597个；审计缴款或追回退回资金0.99亿元；审计核减投资额16716.55万元；向纪委监委、司法等部门移送问题线索67件，80人受到党纪政纪处分，91人被约谈、诫勉谈话。出具审计报告和专项审计调查报告937篇，审计提出建议1193条，促进被审计单位建立、健全规章制度80项；提交审计信息89篇。

【国家重大政策措施落实情况跟踪审计】 完成2018年稳增长等政策措施落实情况跟踪审计。通过审计，揭示和查处部分县未完成农村危房改造任务、部分安居工程专项资金管理使用不合规、资金拨付不及时、部分单位安居工程专项资金统筹管理不到位等问题。

【财政审计】 完成对市本级2017年度财政预算执行和市供销合作社、市科技局2016—2017年度预算执行及决算草案审计。审计发现各类违纪违规问题金额16.64亿元。选派审计人员36人次配合市人大财经委针对审计发现问题整改落实情况进行督办。

市审计局与市财政局组成12个检查组，对市直政府系统49个部门共159个独立核算单位开展专项治理检查工作。通过检查共发现违反中央八项规定精神、违反公务消费支出、私设“小金库”和账外账等违纪违规问题6089.72万元。针对专项治理检查发现的问题，各单位通过多种方式全面整改。

【经济责任审计】 全市共完成77位领导干部经济责任审计，其中任中审计30位、离任审计47位。审计查出违规问题金额2643万元、管理不规范问题金额2261万元。

【领导干部自然资源资产审计】 完成对广昌县政府主要领导自然资源资产审计。各县区审计局按照年初的审计计划和当地组织部门的委托做好领导干部的自然资源资产审计。

【固定资产投资审计】 全市完成审计的工程结（决）算项目1148个，在财政或重点办等部门结算审核的基础上，为政府核减投资额16716.55万元。针对审计发现的建设资金核算不规范、多计工程量、高套定额以及原材料价格虚高等问题，各建设单位按照有关规定完善建设手续，规范建设管理和会计核算。

【民生资金（项目）审计】 开展保障性安居工程审计。查出各类违纪违规问题金额3.43亿元。东乡、广昌、乐安等6县区向当地纪委监察委移送案件线索12起，涉及问题金额90.43万元，36人受到党内严重警告、党内警告或行政警告等党纪政纪处分，对2人采取诫勉谈话和谈话提醒等组织措施。组织各县区审计局对11个县区2017年度扶贫资金开展同级审。共查出各类违规问题金额1.3亿元；促进相关县区政府和部门出台政策8项。审计指出问题后，各相关单位整改。

【金融审计】 根据省审计厅统一部署，市审计局开展抚州、崇仁、南城、南丰4家农商银行2017年度资产负债损益情况的审计。审计发现各类违纪违规问题金额133.06亿元，并向临川区纪委监委移送案件线索1件。

【外资运用审计】 市审计局配合省审计厅完成金溪县世行可持续发展农业项目贷款、南丰县世行贷款城镇发展示范项目（南丰特大桥）等4个审计项目。审计发现部分县区配套资金到位、滞留贷款项目资金、违规提前退还履约保证金等问题1690.32万元。

【专项资金审计】 根据省审计厅统一部署，开展设区市中心城区民生保障资金和惠民项目专项审计调查。从市、县两级抽调25名审计干部参与，派出10名业务骨干配合省审计厅对上饶市本级及信州区民生资金专项审计调查，派出1个审计组负责赣州市南康区专项审计调查。抚州市审计局赴南康区审计组共查出违规问题金额10.86亿元，向南康区纪委监委及公安机关移送案件线索52起，38人受到党纪政处分，76人被约谈、诫勉谈话或作书面检查。

【内部审计】 市本级设有内部审计的机构共计20家单位，其中具有独立的内审机构的单位有3家，未设立独立内审机构但明确了履行内部审计职责的内设机构的单位有17家。2018年，全市内审机构共审计领导干部经济责任审计8个，信息化建设项目审计13个，执法活动财物专项审计9个，财务收支审计7个，基本建设和采购项目审计82个，审计发现违规金额2142万元，审计减少损失浪费资金853.6万元，提出审计意见建议132条。

（管大平）

【市审计局领导名录】

党组书记、局　长：魏建平

党组成员、副局长：刘冰冰

李兆龙　万高峰

杨心灵

党组成员、总审计师：陈国华

海关管理

【概况】 2018年2月26日，原江西出入境检验检疫局抚州办事处挂牌开检，实现检验检疫机构在全省所有地市全覆盖。3月，十三届全国人大一次会议审议通过《深化党和国家机构改革方案》，其中明确“将国家质量监督检验检疫总局的出入境检验检疫管理职责和队伍划入海关总署”。根据海关总署机构改革领导小组统一部署，4月20日江西出入境检验检疫局抚州办事处转隶至南昌海关。12月14日，海关总署印发南昌海关职能配置、内设机构和人员编制规定，明确设立抚州海关。抚州海关为正处级，功能类型为属地型海关，由南昌海关直接领导，负责抚州市辖区内海关各类管理工作。内设办公室、综合业务科、查检科3个科室，核定行政编制15个，在编人员12名。抚州海关业务种类包括企业注册、货物通关、加工贸易、减免税等业务，其中以食品、农产品、香精香料等产品出口监管为主，如对南丰蜜桔和龟鳖、金溪香精香料等产品的出口前申报监管。

【发展沿革】 2013年1月，国家质检总局批准设立江西出入境检验检疫局抚州办事处。2015年11月，项目开工建设。2018年2月，江西出入境检验检疫局抚州办事处正式开检。抚州出入境检验检疫机构的建设与发展，见证了抚州外向型经济快速发展的历程。2013年，抚州市进出口总额为79.82亿元，2017年达133.56亿元，增长67.3%。2018年，全市有稳定实绩的出口企业共300家，其中生产型企业180家，南丰蜜桔、金溪香料、临川机电、宜黄塑料、崇仁纺织服装、黎川日用陶瓷和制伞、抚州高新汽配等产品销往130多个国家及地区，抚州在全省对外开放大格局中的地位更加凸显。江西出入境检验检疫局抚州办事处的正式开检运行，对加快抚州开放步伐、改善抚州投资环境，将产生重大而深远的影响。

【通关提效率、降成本】 优化检验检疫流程，实施企业分类管理，组织专家研判应对国外技术性贸易壁垒，宣传落实原产地优惠政策，实行无纸化、24小时预约、以重点监控替代现场抽样送检等便利措施，实现出口蜜桔“随报随检随放”。自2018年10月8日首批出口后，监管保障南丰蜜桔

江西出入境检验检疫局抚州办事处挂牌开检

出口8.18万吨，货值9770万美元，压缩检验检疫时长近60%，为出口企业节省商务成本和减免关税近1000万元。

【保障国门安全】 全关人员集中学习中央、总署有关打击“洋垃圾”等文件精神，研究制定《抚州海关固废监管措施》《抚州海关进口废物原料突发事件应急处置预案》，规范监管流程，提升监管效率，落实监管责任。派员参加进口废物原料属性鉴别暨进口商品查（检）验专题培训，提升监管人员业务技能。

为预防和控制非洲猪瘟疫情传入抚州，海关成立以主要负责人为组长的防控领导小组，召开防控非洲猪瘟专项工作会议，开展非洲猪瘟防控业务培训，了解非洲猪瘟症状、疫情形势及防控要点等内容，对防控方法和处置措施进行讨论。建立非洲猪瘟防控档案，联合市畜牧兽医局共同开展抚州全境非洲猪瘟疫情监测，时刻关注疫情防控形势。

为进一步掌握抚州检疫性实蝇和病媒生物发生情况，保障国门生物安全，并为全国农产品出口高端市场解禁提供数据支持，开展检疫性实蝇和口岸病媒生物监测。根据技术指南严格落实布点、检查、换药计划，在超大果业基地、梦龙果业基地、鸿远果业基地布设诱捕器55个，8个月监测期内监测到检疫性实蝇2839头。在南丰监管区采用鼠笼法和二氧化碳灯诱法开展病媒生物监测，监测捕获鼠类3只、蚊类30只，经鉴定均为国内常见物种，未发现输入性病媒生物。

【保障进出口商品质量和食品安全】 年内，抚州海关主要办理的出口商品是南丰蜜橘。为确保出口农产品质量安全，组织专家收集和研究消费国柑橘技术性贸易措施，指导企业按消费国标准和要求进行生产，在蜜橘种植和加工期间联合南丰县政府持续开展出口蜜橘农药残留、重金属等有毒有害物质安全风险监控，抽取南丰蜜橘监控样品42个，检测农药残留700余项次，合格率99%，未发生一起国外退货或索赔事件。按照总关要求，受理1批55吨西红柿出口俄罗斯业务，进行质量安全风险分析，并对供货种植基地进行有毒有害物质风险监控，确保该批西红柿顺利输俄。围绕“尚德守法，食品安全让生活更美好”宣传主题，开展进口食品安全社区行宣传活动，发放宣传册200本，接受群众咨询45人次。

【完成柑橘应对国外技术性贸易措施的对策研究】 中国是柑橘生产大国，种植面积和产量均居世界第一，但柑橘鲜果出口量仅占产量的2.09%，远低于全球柑橘主产国鲜果出口量占产量11%的平均水平，出口量与产量比例不协调，严重制约柑橘产业的可持续发展，特别是在当前全球经济复苏乏力的情况下，部分国家狭隘的贸易保护主义抬头，频繁通过限制中国产品进口为本国产业提供保护，除传统的关税、反倾销反补贴调查等措施外，还不断颁布新技术法规，扩大管制范围，增加检验检疫项目，提高准入门槛，形成技术性贸易壁垒，“四处碰壁”情况在中国柑橘出口贸易中尤为突出，中国出口柑橘90%以上的只能出口至东南亚、中亚、原独联体国家等欠发达地区。

南丰蜜橘作为抚州乃至全省全国特色农产品，年出口量占全国柑橘出口量三分之一强。为破除壁垒扩大出口，抚州海关承担《我国柑橘应对国外技术性贸易措施的对策研究》项目，通过收集并分析美国、日本、欧盟、印度尼西亚、墨西哥、秘鲁、泰国、智利等主要贸易对象为代表的国家所制定的进口柑橘技术性贸易措施，提出应对对策来协调或制衡技术贸易壁垒，达到市场解禁或扩大出口的目的。

抚州海关还组织技术力量对抚州十大特色产业进行深入调研，摸清2017年抚州辖区十大出口产品对外贸易数据，分析阻碍出口的技术性贸易措施和制约因素，提出相应的对策和建议。

（曾　辉）

【抚州海关领导名录】

关　长：王柏青（12月任）

副关长：黄　河（主持工作，任至12月）

刘　凯（12月任）

杨华荣　江望锦（任至12月）

本栏编辑　吴根茂

城乡建设与管理

综　述

2018年，抚州市建设局在市委、市政府的坚强领导和省住建厅具体指导及大力支持下，围绕“建设幸福新抚州”发展目标，按照“高位谋势、精准发力、敢于担当、科学发展”工作总要求，加快新型城镇化建设，提升城市品位，打造建筑强市。

民生服务能力有提升。日供水10万吨的汝水生态水厂运行良好，全面保障市中心城区供水，中心城区水质综合合格率达100%。市中心城区供水应急水源工程、钟岭水厂取水泵站迁建工程、城南新区供水管网工程、文昌城区供水管网工程等四个抚河流域生态保护及综合治理项目加快建设，钟岭水厂取水泵站迁建工程建设基本完工。管道天然气建设进一步推进，基本满足市中心城区近1.54万户管道天然气用户需求。市本级污水处理厂提标改造和污泥处理处置建设项目正在办理相关手续。推进“厕所革命”建设，完成“厕所革命”实施方案。按照上级部门要求，推进鄱阳湖敏感区域（黎川县）城镇污水处理厂的提标改造建设。为进一步完善城市功能，提升城市品质，牵头拟定《抚州市城市功能与品质提升三年行动方案(2019—2021年)》，提高城市综合承载能力，努力打造美丽江西“抚州样板”。

建筑业发展有突破。建筑业继续保持较好发展态势，全市企业数量总数742家，特级企业1家，一级企业总数42家，二级企业96家，三级企业603家；全年完成建筑业总产值428.45亿元，同比增长5.4%；其中本地完成产值245.38亿元，同比增长12.5%，省外产值183.07亿元；新签合同额385.44亿元；建筑业税收17.77亿元，同比增长41.1%。企业走出去成果进一步扩大，中阳建设集团首次独立中标埃塞俄比亚国家储备粮库项目，合同额4000万美元。成功收购占地3000公顷的赞比亚DVR农业公司，规划打造中赞国际现代生态农业产业园项目。装配式建筑发展加快推进，中阳研砼装配式建筑生产基地一期项目已全面建成，玉茗远大装配式建筑生产基地建成投产。市政府研究出台《抚州市人民政府关于促进建筑业持续健康发展的实施意见》，着力加强建筑行业管理和推动建筑改革不断深入；研究出台《抚州市推进投资建设项目审批提速增效工作方案》，全面优化审批流程，实行一窗受理、一套材料报审、一张网审批、一单督办、统一发证，探索实施承诺告知、多图联审制度，有效缩短审批时间；出台《关于加快绿色建筑发展的实施意见》，发展绿色建筑，要求到2020年，全市绿色建筑占新建建筑比例不低于50%。通过实施装配式建筑，全面加大绿色建材的推广应用，同时推进建筑垃圾资源化处理项目的落地，加快形成抚州市绿色建筑产业。

建筑市场监管有力度。市建设局加强市本级招投标监管，规范招投标主体行为，架构全新的招投标管理体系。贯彻落实《江西省人民政府办公厅关于促进建筑业持续健康发展的实施意见》精神，建立统一开放，公平公正的招投标市场秩序，向政府建议停止在房建和市政工程招标投标活动中实行信用承包商管理制度，所有房建和市政工程施工招标均采用电子化招标。强化对招标项目的招标备案资料审核，市本级开标的项目保持招投标“零投诉”。加强工程建设招标代理机构监管，规范招标代理机构的行为，使招投标活动得以依法依规进行。加强专家日常管理，设置考评表格，对在评标过程中违法违规的专家及时记录，及时按照《抚州市建设工程评标专家“黑名单”制度（试行）》处理。强化对施工现场的质量监督和市场行为执法检查，推动企业争先创优。三次对县区、市中心城区在建工程进行建筑工程质量安全大检查，共检查在建工地169个，下发隐患整改通知书146份，对24个质量较差的工程予以全市通报批评，为市旅发大会及汤显祖国际艺术节胜利召开营造安全稳定的社会环境。针对市中心城区存在的部分建设工地扬尘污染治理工作不到位情况，采取切实可行的措施，部署市中心城区建筑施工现场扬尘污染防治专项整治行动，取得较好成效。开展建设工程质量提升行动、安全生产清零行动和安全生产月活动，促进全市建筑施工安全质量管理水平提升。

（吴　强）

【市建设局领导名录】
党委书记、局长：张冲林（任至9月）
党委委员、副局长：曾恭麟

郭向阳
胡林高（任至1月）
肖复星
党委委员、市纪委驻市建设局纪检组组长：刘国平
总工程师：吴文宇（3月任）

城市规划

【概况】2018年，抚州市城市总规基本编制完成，并按照省住建厅要求，将城市总体规划的规划期限调整至2035年。控制性详细规划《抚州市抚北城区控制性详细规划》（含海西物流园控制性详细规划，抚北工业园控制性详细规划，抚北镇区控制性详细规划）、《高新区东一区控制详细规划》《赣闽产业园核心区控制性详细规划》等处于编制过程中。启动编制抚州市东临新区空间发展规划及核心区控制性详细规划，完成《抚州市东临新区空间发展规划》初步成果编制。温泉生态文明示范区各类规划及文昌里历史街区修建性详细规划基本编制完成。

编制完成《抚州市历史文化名城保护规划》《抚州市城市排水（雨水）防涝设施规划》《抚州市临川主城区给水专项规划》《抚州市中心城区教育布点专项规划》《抚州市中心城区通信基站专项规划》《抚州市荆公路、州学岭历史文化街区保护规划》《抚州市消防专项规划》《抚州市地下空间利用规划》《抚州市电力设施专项规划》等9个专项规划，其中《抚州市历史文化名城保护规划》《抚州市城市排水（雨水）防涝设施规划》《抚州市荆公路、州学岭历史文化街区保护规划》《抚州市消防专项规划》取得市政府批复。《抚州市中心城区燃气专项规划》《抚州市中心城区社区专项规划》《抚州市综合交通专项规划》正在编制中。

城市双修规划取得阶段性进展。完成“城市双修”规划及相关项目设计（5个城市出入口的提升改造设计和2条道路的两侧灯光照明设计）初步方案；初步确定涉及文化复兴、生态景观及民生提升的八大重点示范工程，提出打造交通出行改善、社区品质提升、基础设施改造和城市风貌提升四大民生系统总体思路；围绕抚州市生态文明建设及“三城同创”等工作要求，梳理出涉及六大重点示范项目和四大系统提升共计71个子项目的“城市双修”（2018—2020年）项目库。

【强化服务规范管理】2018年，市规划局推进“放管服”改革，制定完善“三证一书”发证管理制度，优化审批程序，缩短办事时限，工作效率和服务水平得到提升。起草《关于加强对参与市中心城区市政府投资项目设计单位管理的通知》《关于加强市中心城区工业项目规划管理工作的通知》。为确保项目尽快开工建设，市中心城区规划委员会专家组召开26次会议，对75个重大规划、建设项目方案进行评审；市中心城区规划委员会召开5次会议，对互联网创业园选址方案、抚州市旅游集散中心设计方案、温泉景区安置小区设计方案、润达才子温泉小镇设计方案、汝水家园（人才公寓）设计方案等39个议题进行研究和审议。年内，市规划局核发《建设项目选址意见书》69宗，许可用地面积610.8万平方米；《建设用地规划许可证》55宗，许可用地面积453.8万平方米；《建设工程规划许可证》98宗，其中房地产项目47宗，公建34宗，市政11宗，工业6宗，许可总建筑面积413.7万平方米；《建设项目规划条件核实合格证》（规划验收）71宗，验收总建筑面积254.7万平方米。

【申创国家历史文化名城】4月，抚州市被正式列为省级历史文化名城。为申创国家历史文化名城，年内，市规划局制定出台《抚州市申报国家历史文化名城攻坚行动（2018—2019年）重点任务分解时间表》和《抚州市申报国家历史文化名城攻坚行动（2018—2019年）问题整改表》。印发《关于进一步加强历史文化名镇名村和传统村落保护发展工作的意见》，起草《关于加强非物质文化遗产保护工作的实施意见》《关于进一步加强文物工作的实施意见》《抚州市传统建筑保护条例》《文昌里历史文化街区和历史建筑保护条例》和《抚州市红色文化遗址保护条例》且被列入人大常委会（2019—2021）立法调研项目库。公布第二批历史建筑（共46处），并完成挂牌工作。新增的义门巷、延陵路街区已通过省级历史文化街区考察组评估论证，同意申报省级历史文化街区。文昌里管委会和市文旅投公司按照历史文化名城及历史文化街区保护规划加快推进汤家山、汝东园、州学岭和荆公路历史文化街区的保护和建设项目。

（市规划局）

【市城市规划局领导名录】
局　　长：何　明
党组书记：乐小红
党组成员、调研员：李金龙
调研员：李　凌
党组成员、市纪委驻市规划局纪检组长：李晓君
党组成员、副局长：周福生
聂　华
总规划师：余庆华

城市建设

【供水管理】2018年，抚州市建设局加大供水监管力度，强化“水源水”到“龙头水”全过程水质管理，抓好生活饮用水水源污染监测防范工作，确保水源地水质合格率100%。按国家有关技术标准，加强水源基础数据分析和水质信息公布工作，方便广大市民掌握水质安全信息，保障用水安全。推进市中心城区供水应急水源工程、钟岭水厂取水泵站迁建工程、城南新区供水管网工程、文昌城区供水管网工程等四个抚河流域生态保护及综合治理项目建设。市中心城区供水应急水源输水管线铺设完成4500余米，并将钟岭水厂、汝水生态水厂原水输水管对接。

【污水处理监管】2018年，市建设局加大对全市污水处理设施建设

运行监管力度，每月不定期对市污水处理厂处理水量、安全生产、污水处理设施建设和运行管理存在的问题进行现场指导和督查。1—11月，全市污水处理总量为9721.01万吨，市中心城区处理生活污水量为3744.41万吨，达到设计规模的98.2%，出水水质达标排放。全市污水处理厂所产生的污泥经脱水后用于园林绿化、制砖或拉至垃圾填埋场填埋。按照上级部门要求，推进鄱阳湖敏感区域（黎川县）城镇污水处理厂的提标改造建设。9月，为提高抚州市污水处理水平，市政府分管领导对洪城水业南昌环保有限公司及抚州分公司的污水处理负责人进行约谈并要求对存在的问题进行整改。年底，市本级污水处理厂提标改造和污泥处理处置建设项目开始办理相关手续。

【燃气安全】 督促抚州华润燃气有限公司加大对老城区管网改造力度，完善燃气城市输入管网，推进西津大道调压站建设工作，至年底已基本完成新建调压站及配套2千米DE315中压管网建设。管道天然气建设进一步推进，市中心城区已发展用户近1.97万户，完成安装1.73万户，其中居民用户1.71万户、工商业用户142户；铺设管网114.92千米，完成西律大道调压站及配套2千米DE315中压管网、汽车加气站建设，基本满足市中心城区管道天然气用户需求。落实安全生产责任制，在元旦、春节、五一、全国“两会”、端午等节假日和重大活动期间组织安全生产大检查，发现问题即责令限期整改。对市中心城区、县区燃气安全进行隐患排查及梳理建档工作，有26家燃气企业建立一图、一牌、三清单制度，向宜黄、资溪两县下发整改督办通知书，使安全生产工作落到实处。加强燃气安全宣传教育，采用上街区、进社区、办专栏等形式，多渠道、全方位地开展安全用气宣传活动。强化燃气企业安全保卫实战经验，加强应急预案演练，提高处置突发事件能力。组织抚州华润燃气有限公司进行“户燃气突发事件燃气泄漏应急抢修抢险演练”。做好天然气供储销体系建设和天然气供应突发事件应急管理，编制《抚州市中心城区天然气保供应急预案》。

（吴　强）

村镇规划与建设

【农村危房改造】 2018年，抚州市建设局督促指导各县区接受2017年度农村危房改造绩效考核省级交叉验收和填写《住房安全再落实工程调度统计表》，同时对吉安、宜春11个县区的农村危房改造工作开展绩效考核。根据《江西省2018年农村危房改造春季攻势行动方案》要求，督促指导各县（区）建设局加强与扶贫、民政、残联等部门的沟通协作，全市《“农村四类对象”存量危房台账》全部完成复核并按时上报省住建厅。全年全市农村危房改造任务3471户及计划退出贫困村四类对象改造计划389户均已完成。

【传统村落保护】 2018年，抚州市计划实施传统村落保护项目52个，总投资5910.53万元，中央和省级财政补助资金2900万元，市县配套资金3002.93万元。至年底，乐安县流坑村、金溪县竹桥村、广昌县驿前村已完成传统村落保护项目48个，在建项目4个，实际完成投资4691.32万元，使用中央和省级财政补助资金2867.12万元。根据《关于开展传统村落保护项目实施情况工作的通知》要求，市建设局会同市财政局等四个部门开展传统村落项目实施情况的市级验收，组织3个验收组对抚州市2014年获得中央补助资金、2015年获得省级补助资金的传统村落进行检查。在此基础上，省验收组对传统村落保护项目实施情况进行抽查，并下发《全省传统村落保护项目实施情况通报》，金溪县竹桥村的工作得到肯定。已公示的第五批中国传统村落名录中，江西省共有168个村落入围，抚州市有65个村落榜上有名，居各设区市第一位。至2018年年底抚州市中国传统村落总数达96个。

【建设生态文明先行示范区】 2018年，为全面推进生态文明先行示范区建设，按照省政府统一安排部署，抚州市12个省百强中心镇完成污水处理设施及配套管网建设，处理规模累计2800吨/日，配套建设污水管网49.19千米。为确保省百强中心镇生活污水处理设施正常运行，市建设局多次采取明察暗访的方式，督促指导各县区加强监管，各乡镇抓好处理设施的运行和配套管网建设。在此基础上，东乡区14个乡镇（场）启动17座镇区生活污水处理设施及管网建设，总投资8034.7万元，污水处理总规模为1.29万吨/日，配套污水管网56.35千米，处理工艺采用兼氧膜生物反应器（FMBR）专利技术，大大提升污水处理质量和效率。2018年底，17座乡镇生活污水处理设施和配套管网均完成建设，投入试运行。

（吴　强）

重点工程建设

【项目计划情况】《抚州市2018年重点建设项目计划》共列入项目283项（建成投产项目64项、续建项目65项、计划新开工项目131项、预备项目23项），包括市直（含中央、省属、跨县区）、高新区项目和县区项目两大部分。项目总投资1682.2亿元，2018年计划投资643亿元，较2017年分别提高32%、62%、84%。

市直、高新区项目：2018年计划项目共计172项（建成投产项目32项、续建项目33项、计划新开工项目84项、预备项目23项）。项目总投资1204.2亿元，2018年计划投资435.8亿元。实施项目149项（预备除外），分为五大类：一是基础设施项目44项（建成投产13项、续建项目4项、计划新开工27项），该类项目总投资

160.9 亿元，较 2017 年提高 26%；2018 计划投资 62.4 亿元，较 2017 年提高 8%。二是产业项目 31 项（建成投产 6 项、续建项目 11 项、计划新开工 14 项），该类项目总投资 665.1 亿元，较 2017 年提高 46%；2018 年计划投资 236.4 亿元，较 2017 年提高 93%。

三是社会事业项目 30 项（建成投产 6 项、续建项目 11 项、计划新开工 13 项），该类项目总投资 187.2 亿元，较 2017 年提高 178%；2018 年计划投资 66.2 亿元，较 2017 年提高 109%。四是民生项目 30 项（建成投产 4 项、续建项目 5 项、计划新开工 21 项），该类项目总投资 96.7 亿元，较 2017 年提高 96.7%；2018 年计划投资 34 亿元，较 2017 年提高 34%。

五是生态环保项目 14 项（建成投产 3 项、续建项目 2 项、计划新开工 9 项），该类项目总投资 94.2 亿元，较 2017 年提高 94.2%；2018 年计划投资 36.9 亿元，较 2017 年提高 64%。

县区项目：2018 年计划实施项目共 111 项（建成投产项目 32 项、续建项目 32 项、计划新开工项目 47 项）。项目总投资 478 亿元，2018 年计划投资 207.2 亿元。分为五大类：一是基础设施项目 21 项（建成投产 4 项、续建项目 8 项、计划新开工 9 项），该类项目总投资 77.6 亿元，较 2017 年提高 64%；2018 年计划投资 33.3 亿元，较 2017 年提高 77%。

二是产业项目 45 项（建成投产 17 项、续建项目 12 项、计划新开工 16 项），该类项目总投资 247.3 亿元，较 2017 年提高 46%；2018 年计划投资 105.7 亿元，较 2017 年提高 75%。三是社会事业项目 28 项（建成投产 7 项、续建项目 8 项、计划新开工 13 项），该类项目总投资 110.2 亿元，较 2017 年提高 226%；2018 年计划投资 45.4 亿元，较 2017 年提高 305%。

四是民生项目 8 项（建成投产 2 项、续建项目 4 项、计划新开工 2 项），该类项目总投资 21.6 亿元，较 2017 年提高 24%；2018 年计划投资 9.3 亿元，较 2017 年提高 12%。五是生态环保项目 9 项（建成投产 2 项、计划新开工 7 项），该类项目总投资 21.3 亿元，较 2017 年提高 566%，2018 年计划投资 13.5 亿元，较 2017 年提高 744%。

【项目完成情况】 2018 年，经市委、市政府批准，调整后全市共安排重点建设项目 316 项（含 67 项抚河流域子项目），其中计划建成项目 67 项，续建项目 85 项，计划新开工项目 132 项，预备项目 32 项。项目总投资 1535.6 亿元，年度投资计划 557.1 亿元。全年累计完成投资 486.1 亿元，占年度投资计划 87.3%，比 2017 年同期增长 13.5 %；其中，计划建成项目累计完成投资 170.2 亿元，占年度计划 100.5 %；续建项目累计完成投资 199.9 亿元，占年度计划 101.7%；计划新开工 132 项项目中已开工建设 89 项，项目开工率 67.4%，累计完成投资 116.0 亿元，占年度计划 59.4%；未开工项目 43 项，其中市直及高新区项目 26 个，县区项目 17 个；已基本完工项目 84 项，其中，市直及高新区项目 34 个，县区项目 50 个。分属地看，具体包括两大部分：

市直、高新区部分，2018 年计划实施项目共 135 项（含 13 项抚河流域子项目），其中计划建成项目 32 项，续建项目 39 项，计划新开工项目 64 项。项目总投资 995.8 亿元，年度投资计划 334 亿元。全年累计完成投资 286.9 亿元，占年度投资计划 85.9%，比 2017 年同期提高 11.4%。其中，计划建成项目累计完成投资 118.7 亿元，占年度投资计划 99.8%；续建项目累计完成投资 129.9 亿元，占年度投资计划 111.0%；64 项计划新开工项目中已开工 38 项，累计完成投资 38.2 亿元，占年度投资计划 39.0%。

县区部分，2018 年计划实施项目共 149 项（含 54 项抚河流域子项目），其中，计划建成项目 35 项，续建项目 46 项，计划新开工项目 68 项。项目总投资 539.8 亿元，年度投资计划 223.1 亿元。全年累计完成投资 199.2 亿元，占年度投资计划 89.3%，比 2017 年同期提高 19.2%。其中，计划建成项目累计完成投资 51.4 亿元，占年度投资计划 102.0%；续建项目累计完成投资 70.1 亿元，占年度投资计划 89.6%；68 项计划新开工项目中已开工 51 项，累计完成投资 77.7 亿元，占年度投资计划 80.1%。

在 2018 年市重点项目计划中，抚河流域生态保护及综合治理工程共分 67 个子项目实施（其中一期工程 32 个、二期工程 35 个），项目总投资 143.5 亿元，年计划投资 50.0 亿元。全年累计完成投资 25.2 亿元，占年度投资计划 50.4%，尚有 22 项没有开工。其中，抚河一期 PPP 项目，全年累计完成投资 9.4 亿元，占年度投资计划 47.4%，至 2018 年年底，还有 7 项没有开工，开工率为 78.1%；抚河二期项目全年累计完成投资 15.8 亿元，占年度投资计划 52.5%，至 2018 年年底，还有 15 项没有开工，开工率为 57.1%。

（乐国平）

建筑业

【概况】 2018 年，抚州市完成建筑业总产值 428.45 亿元，同比增长 5.4%；其中本地完成产值 245.38 亿元，同比增长 12.5%，省外产值 183.07 亿元；新签合同额 385.44 亿元；建筑业税收 17.77 亿元，同比增长 41.1%。

【走出去方面显成效】 8 月初，省委常委、统战部部长陈兴超访非期间，率团考察中阳建设集团参建的中赞国际现代生态农业产业园项目，并出席收购协议签字仪式，随后出席中阳建设集团与埃塞 OVID 建设公司战略合作暨埃塞国家粮食战略储备库工程施工合同签约仪式。由中阳建设集团合作实施的赞比亚钦萨利综合医院、埃塞俄比亚情报大楼、埃塞俄比亚社会保障大楼等项目均已开工，吉布提教师住房、卢萨卡综合商业广场等项目也在稳步推进中。年内，19 个发展中国家中国援助项目管理及金融服务官员研修班的56名成员专程到中阳建设集团参观考察。

【打造绿色建筑产业】 2018年，市政府出台《关于加快绿色建筑发展的实施意见》，要求到2020年全市绿色建筑占新建建筑比例不低于50%。通过实施装配式建筑，加大绿色建材的推广应用。市建设局推进建筑垃圾资源化处理项目落地，加快形成抚州市绿色建筑产业，完成住建部2017年度建筑节能、绿色建筑与装配式建筑实施情况专项检查工作，受到好评。

【推进装配式建筑发展】 至2018年底，中阳研砼装配式建筑生产基地一期项目已全面建成，二期建设正在筹划。玉茗远大装配式建筑生产基地开工建设，厂房钢结构主体完成50%。市建设局促成中建钢构有限公司与抚州恒强达建筑科技有限公司达成合作，推进全市钢结构装配式建筑发展，文昌里、科技金融小镇、南城县、南丰县实施一批钢结构装配式建筑项目。全市第一个混凝土结构装配式建筑项目康复中心项目开始基础施工，一批市政府确定要实施的装配式建筑项目已开始前期设计。中阳建设集团与江西省建材工业科研设计院共同主编的江西省工程建设标准《装配整体式混凝土住宅设计标准》《江西省装配整体式混凝土住宅预制构件制作与质量验收技术标准》正式发布。2018年市重点建设项目中的部分装配式建筑项目已进行前期工程总承包招标准备，市建设局牵头组织市财政局、市造价站等有关人员赴上海、长沙等地对装配式建筑计价等情况进行专题调研，为提高专业技术人员具体实施装配式建筑项目能力，组织市建筑勘察设计院、建筑综合管理站、中阳研砼、玉茗远大等有关单位和企业技术负责人参加省人社厅组织的装配式建筑高级研修班。

（吴　强）

房地产业

【概况】 2018年，抚州市房管局围绕“住有所居”目标，凝心聚力，攻坚克难，有序有力推进房管各项工作。年内，省政府下达抚州市棚户区改造任务数为19594套。其中，城棚19224套（市中心城区4753套、县区14471套），国有垦区370套，截至10月底，已按时间节点全面完成任务。2017—2018年度，市中心城区10个棚改项目（实际征迁户数3049户）完成签约3036户，签约率、腾房率、拆除率均在99%以上。2018—2019年度，市中心城区12个棚改项目，实际征迁户数2482户，已完成签约1612户，签约率64.94%。

【重点项目建设】 由市房管局牵头负责的孝桥安置房、钟岭佳园安置房、汝水花园、祥瑞佳园、文昌佳苑东区、孝桥安置房二期、西津华庭等7个市重点项目中，钟岭佳园安置房基本竣工，孝桥安置房已完成主体，汝水花园、祥瑞佳园、孝桥安置房二期3个项目已经开工，文昌佳苑东区项目已完成挂网招投标，西津华庭正在抓紧征地和办理相关手续。

【房产市场平稳向好】 2018年，全市房地产市场总体情况向好，运行平稳，主要表现为“三增两平一减”：一是商品房预售面积相对增长。全市商品房预售许可面积542.56万平方米，同比增长20.3%。二是预售投资明显增长。全市商品房预售许可投资额212.70亿元，同比增长43.23%。三是房产税收明显增长。全市房地产行业完成税收46.4亿元，同比增长49.1%。四是商品房销售价格相对平稳。全市商品住房销售备案均价5860元/平方米（市中心城区商品房住宅销售备案均价6486元/平方米），同比增长20.23%，在省住建厅指导价控制线6215元/平方米范围内。五是住宅库存去化周期保持平稳。截至11月底，全市商品住宅库存263.51万平方米，去化时间7.4个月，商品住宅库存和去化周期相对平稳。六是商品房销售面积相对减少。全市商品房销售备案面积514.44万平方米，同比减少1.81%；其中，住宅销售备案面积433.53万平方米，同比减少4.04%。

【住房租赁市场活跃】 建成集住房租赁信息、房屋租赁网上备案信息和监管系统为一体的住房租赁服务平台。2018年年底，住房租赁平台发布房源182套，租赁企业1家，中介机构15家。加快推进房源建设，象山花园2号楼125间酒店式公寓完成装修工程50%，原电机厂宿舍66套房屋装修改造成社会租赁住房房源完成2套样板房装修，文昌佳园90套社会租赁住房完成挂网招投标，揭暄家园项目386套社会租赁住房完成方案设计和项目备案，348套人才公寓住房完成挂网招投标。

【保障性住房管理有序】 截至10月底，全市分配保障性住房55077套（公租房27378套、廉租房27699套），分配率95.38%。其中，中心城区分配16886套（公租房7586套，廉租房9100套），分配率99.15%，超额完成省政府下达的2013年年底以前政府投资的公租房到2017年年底分配率要达到90%，2014年年底以前政府投资的公租房到2017年年底分配率要达到85%，2018年公租房整体分配比例达到90%以上的目标任务。2018年，全市累计发放租赁补贴户数为3240户、7918人，发放金额415.802万元。2017年12月至2018年3月，市审计部门对全市保障性安居工程计划、投资、建设、分配、运营等情况进行跟踪审计，发现问题153个，涉及房管部门81个（市本级4个）。截至2018年10月底，153个问题全部整改到位。2018年全市保障房管理全面实现省、市、县三级联网对接和信息互联互通，市中心城区12个保障房小区后续管理进一步加强。

【跑项争资显成效】 2018年，全市共争取棚改融资授信91.12亿元(县区70.52亿元、市本级20.6亿元)；争取省政府棚改专项债券发行31.7亿元（中心城区5.28亿元）；争取中央财政城镇保障性安居工程专项资金2.26亿元(市本级0.95亿元)；争取保障性安居工程棚户区改造项目配套设施建设中央预算内资金2.27亿元（市本级1.059亿元）。

（市房管局办公室）

【市房管局领导名录】
党组书记、局　长：邹裕明
党组成员、副局长：陈　菁
　　　　　　　　　黎　明
调 研 员：吴国平
党组成员、房改办主任：危转安
总工程师：肖　敏
副调研员：邓洪文

城市管理

【概况】 2018年，抚州市城管执法局继续按照“一年树形象、两年创品牌、三年争一流”的总体工作目标，持续深化“7315”工作机制，以深入推进全面从严治党为抓手，以深入推进城市执法体制改革为动力，以城市创建活动为载体，以推进重点工程项目建设和提高城管执法水平为重点，改进工作作风，打造“五型”城管，进一步增强工作主动性、创造性和自觉性，城管执法各项工作进展顺利。

【重点市政工程建设】 2018年，完成赣东大道人行道及路灯LED节能改造工程；促进市交通畅通工程扫尾完善；完成涉及429户征迁任务的红石嘴棚改工程和环城北路西延伸段建设工程；年投资8000多万元的生活垃圾焚烧发电一期工程竣工投产，年度投资1亿元生活垃圾焚烧发电二期工程，已完成9000万元投资。

【开展环境污染清爽行动】 2018年，市城管局持续开展户外广告拆除、垃圾死角清理、占道经营、车辆乱停乱、火车站广场秩序、“六车”整治、“洗城”行动等专项治理工作，拆除各类广告2229处，总面积1.93万平方米；清理卫生死角219处，计184吨；“六车”整治拆除改装三轮车篷布285辆，整治乱停乱放和占道行为1044起，清理“僵尸车”327辆。查处333起违规运输及污染案件，罚款127.76万元，有406辆渣土运输车辆实行全密闭改装和升级换代，全部安装GPS轨迹定位系统且纳入数字城管信息平台管理；累计查纠违规渣土车辆500余起、暂扣车辆190余台。督促清洗污染城市道路16.65万余平方米，责令265家施工工地停工整改，下达限期整改通知书496份；对市中心城区893家餐饮店进行摸底，督促指导安装油烟机448家，立案查处13家，停业整顿17家，取缔流动烧烤摊25家。牵头组织开展市建成区烟花爆竹禁限燃放工作，形成市10个一级网格，66个二级网格以及66个物业小区的层构体制，将网格化监管常态化。通过开展“拂晓”整治行动，先后解决二纺、抚临路、伍家巷、晏殊大道等长久遗留的露天菜场问题，对伍家巷进行全面改造。

【提升城市功能品质】 组织修复机非道路2.3万余平方米、人行道8000余平方米，更换各类井盖2800余块，维修疏通市民反映的问题下水道4726米，更换井座600余座，硬化通道1800余平方米；维修路灯1.3万余盏，市中心城区主干道装灯率100%，路灯亮灯率99%。在管理上创新，彩绘700多个各类箱涵，刷新1万多平方米老旧墙体；在人行道较宽的地段施划非机动车停放线1万多米，安装隔离柱500多根；对迎宾大道、玉茗大道延伸段、赣东大道延伸段、文昌大道、汝水大道、金巢大道等主干道标志性建筑及行道树进行夜景亮化。

【信访解决民众诉求】 2018年，市城管局受理涉及城市管理各类信访问题1686件，其中12345平台及市政府门户网站投诉1246件，问政抚州214件，省长手机转来投诉75件，省住建厅3件、市委督查室18件、市信访局23件、市委民声通道室38件、市政府督查室转办信访问题13件，接待并处理群众到访56件（次），数字城管12319热线共受理公众来电3094件，立案2923件，结案2663件，结案率91.11%。

（黄　琪）

【市城管局领导名录】
党委书记、局　长：尚江黎
党委委员、副局长：周平星
党委委员、副局长：戴建毅
副调研员：高文辉
正处级干部：徐有生（3月退休）

城市园林

【概况】 2018年，抚州市“三大指标”均超过国家生态园林城市标准，建成区新增绿地面积13.83万平方米，其中新增公园绿地1.79万平方米；绿地率42.36%（含东乡区，下同），绿化覆盖率46.18%，人均公园绿地面积16.35平方米。市园林局指导金溪县创建国家园林县城，通过省住建厅专家评审并上报住建部；完成抚州市中心城区迎接国家园林城市复检的各项准备工作；组织参评省级园林小区、园林化单位、景观路、文明公园。

【“两会两节”绿化景观增光添彩】 2018年，为迎接全省旅发大会、汤显祖戏剧节、全国中医药大会、全省互联网大会的召开，市园林局对城市主干道及重要节点、绿化带进行绿化提升和花化、彩化、亮化工作。全年共补植乔木5476株、色块苗131.26万株、草花600.1万株，新增立体花架58个、立体绿雕2座，进一步提升景观效果。对城区4条主干道绿化带实施亮化工程，按时在旅发大会前亮灯。

【全力抓好重点项目】 2018年，在重点项目工作中，完成市总部经济商业街整体景观工程、中心城区园林基础设施维修工程、文昌桥头绿地提升工程和文昌桥码头园林基础设施维修工程、惠泉路等城区道路绿化提升工程、抚河公园河滩树木景观种植工程、城区主干道绿化景观亮化工程等城市绿化建设项目，同时汝水滨河公园建设工程的各项前期工作已完成，抚北东路市农行市工行棚户区拆迁改造基本完成。在中心城区启动城市绿化“增花添彩”工程，对城区“六园六带多节点”籽播花卉种植进行整体规划。其中，7月播种12万平方米，12月完成20万平方米。

【跑项争资有成效】 2018年，市园林局完成凤岗河国家湿地公园2018年中央财政湿地补助金项目规划编制工作，争取到该项目国家补助资金200万元。与临川区招商局共同引进成都佳味香餐饮管理有限公司，在抚北工业园区投资2.5亿元兴办企业生产项目，已实际进资5000万元。开展赣东花卉苗木市场项目招商工作。

【省级风景名胜区全省排名第一】 市园林局相继指导南城麻姑山、乐安流坑省级风景名胜区完成国家级风景名胜区资源调查评估报告、风光宣传片制作以及国家级风景名胜区申报工作，总体规划大纲等待专家评审。指导完成黎川船屋、崇仁相山、乐安大华山省级风景名胜区总体规划编制工作，并顺利通过省住建设厅专家评审。截至2018年，全市共有9家省级风景名胜区。

【“放管服”改革】 2018年，市园林局按照“应放尽放”原则，进一步梳理下放审批事项，对保留的审批事项，全面完成省政务服务事项清单和行政许可标准化办事指南编制工作，办事大厅园林窗口遵循“便民、高效、廉洁、规范”的服务宗旨，实行“一次性告知制”“限时办结制”“容缺受理”“延时服务”“预约服务”和“廉政告知书”制度，推行“最多跑一次”“一次不跑”审批改革，着力解决困扰企业和群众的“奇葩证明、循环证明、重复证明、推责证明”等问题。办理事项、政策法规、办理结果均在网上公告、公示。

【三城同创】 2018年，按照抚州市创建国家文明城市、全国卫生城市、国家历史名城“三城同创”工作要求，市园林局制订创建方案，加强城市园林绿化管护、志愿者服务、古树名木调查登记及保护管理等各项工作。帮助文明创建小区进行树木修剪、小区绿化维护。牵头帮助公园创建文明社区，制定共建方案，开展整治活动。

（莫建荣）

【市园林绿化局领导名录】

党组书记、局长：邹小华（6月任）

党组副书记、副局长：

邹小华（主持全面工作，任至5月）

党组成员、副局长：吴素辉

付和平　胥保华

蔡志勇（11月任）

党组成员、纪检组长：吴桃金

城市投资发展

【概况】 2018年，抚州市投资发展（集团）有限公司履行市本级城市基础设施投融资和建设主体职责，签订融资合同或获得批复金额共计68亿元，负责工程建设项目30余个，覆盖市政道路，交通、民生保障房、公共事业等多个领域。

【便捷公共交通】 快速大容量公交（BRT）系统工程于2018年12月28日开始试运营。该项目从新剪子口至火车站，南北走向，贯穿抚州市区南北区域。BRT的开通让市民出行更加便利，通过BRT项目建设，大气、现代化的公交站台，路灯和标志牌等设施，成为城区一道靓丽风景，有效提升城市品质。新建的中洲大桥项目将有效加强老城区与新城区的联系，改善交通条件。

【完善道路建设】 2018年，基本完成市规划四路道路及桥梁工程，开工建设总部经济道路路网及其配套设施建设工程、玉茗大道延伸段地下综合管廊工程、燕归路及地下综合管廊工程、纬二路及地下综合管廊工程等城市道路基础设施项目，进一步完善新城区道路网络，构建通畅的交通体系。

【优化城区环境】 2018年，凤岗河改造工程竣工验收。自2006年至2018年先后完成凤岗河梦湖、凤岗河一期、凤岗河二期建设。该项目的建设，为改善城市面貌，打造人水和谐共生的现代城市理想生态景观网络起到重要作用。新开工的市植物园工程项目有利于提升城市品位。

【加强住房保障】 2018年，市城投公司投资建设的仙溪安置点安置地工程项目已完成，祝家安置地（一期）建设工程项目、小圩安置地工程项目进展顺利，有效解决新城区项目建设拆迁户住房安置问题。抚州市老年公寓二期（康复中心）项目有序推进，失智失能老年养护楼完成主体验收，抚州市社会福利中心儿童楼完成基础工作。

【助推公共事业】 2018年，抚州职业技术学院建设（扩建）项目建设有序推进，主要建设内容有学生公寓2栋、公共实训中心1栋，室内综合体育馆1座，以及其他附属工程。抚州市示范性综合实践基地项目建设工程、市公交枢纽工程项目基本完成，市监管中心等项目建设持续推进。

（伍文君）

【市投资（集团）公司领导名录】

党委书记、董事长、总经理：

许小敏

党委委员、副总经理：徐金星

党委委员、副总经理：刘海泉

邱彪军　陈　鹏

党委委员、纪委书记：

万福兴（10月任）

副处级干部：徐建义

本栏编辑　谷丽茜

环境保护·防灾减灾

综　述

2018年，抚州市生态环境系统扛起生态环境保护政治责任，按照新时代、新征程、新使命和新目标要求，以满足人民对优美生态环境需要为目标，以改善环境质量为核心，以解决突出环境问题为重点，打好污染防治攻坚战，全市生态环境质量得到进一步改善提升。

服务全市经济社会建设发展大局。落实《抚州市招商引资项目准入管理负面清单》，2018年市本级审批行政许可项目104个，其中审批环境影响评价文件63个、发放排污许可证41个。对列入负面清单的项目不予审批，对沿海省市淘汰的项目如陶瓷、印染、线路板、牛蛙养殖、生猪养殖、矿山开发等项目严格把关，在转入前事先进行沟通和指导，防止引入高能耗、高排放项目。2018年，退回、不予审批建设项目环评文件26个。委托江西省环科院开展生态保护红线、环境质量底线、资源利用上线和环境准入负面清单“三线一单”编制工作，构建分区环境管控体系。下放审批权限。下放给抚州高新区除化工以外的环评文件审批权限，对市环保局审批的环评文件评估下放至县区环保局审批；对市政府重大工程项目、跑项争资需出具环保手续的项目实行环保审批“绿色通道”，加快环评审批速度，缩短审批时间，提高办事效率。开展“政务服务+互联网”工作，制定《抚州市环境保护局行政许可标准体系》，规范行政审批行为，明确行政审批流程，编制政务服务事项清单，更新权力清单和责任清单。

推进生态示范创建工作发展。把生态示范创建工作纳入对县区环保工作目标管理考评内容，强化生态文明创建，推动生态建设升级。生态环境优势不断提升。全市生态环境状况为优。生态系统保持稳定，森林覆盖率66.1%，有各类国家级、省级自然保护区、风景名胜区、森林公园、湿地公园和其他生态功能区等52处，占全市国土总面积16.9%。生态保护红线面积占国土面积27.3%；资溪县被授予第一批国家级生态文明示范县；创建国家级生态乡镇16个、省级生态县2个、省级生态乡镇79个、省级生态村102个、市级生态村616个。其中，2018年新创建省级生态乡镇8个、省级生态村9个，市级生态村21个。开展生态文明创建。推荐资溪县创建“绿水青山就是金山银山”省级实践创新基地，广昌创建省级生态县通过指标测评，对省级生态村黎川日峰镇十里村、南丰桑田镇茅坞下进行回头看；对申报省级生态乡镇、生态村进行验收。划定生态保护红线。全市生态保护红线面积占国土面积的比例为27.28%，全省排名第五。市政府出台《抚州市严守生态保护红线实施意见（试行）》，在全省设区市尚属首次。推进抚河流域水污染防治，制定《抚州市抚河流域水污染防治条例》。

提升全市环境质量。开展蓝天、碧水、净土保卫战，污染防治工作成效明显。在蓝天保卫战方面：制定出台《2018年抚州市大气污染防治攻坚战实施方案》，以“控煤、减排、管车、降尘、禁烧、治油烟”为工作重点。开展机动车尾气超标排放专项整治。市财政安排146万元建设抚州市机动车尾气检测监管平台，全市19家机动车尾气检测机构39条检测线全部与监管平台联网；在市城区安装黑烟车抓拍系统，对市城区的柴油货车进行抓拍；对全市机动车检验机构开展全覆盖的执法检查，对东乡宏达车辆检测有限公司出具虚假检验报告行为罚款11万元人民币。开展工业企业大气污染整治。淘汰燃煤小锅炉64台，完成7个重点行业大气污染治理项目，对有机化工、医药、塑料制品、表面涂装、包装印刷等五大行业169家企业开展挥发性有机物的调查和综合整治；对全市188家砖瓦窑、35家预拌混凝土和4家水泥粉磨企业开展专项整治，整改到位41家，关闭137家，未完成整改49家。开展城区扬尘整治。对市城区84个工地开展专项检查，下发整改通知约200份，对4个施工工地处罚12万元；开展渣土运输污染整治，新购和改装337辆全密闭渣土运输车，查纠违规渣土车辆500余起、暂扣车辆190台，立案300余起，立案罚款100多万元。开展餐饮油烟整治。对市城区130家餐饮场所下达责令整改书，处罚13家，罚款30万元。开展中心城区烟花爆竹禁放。在2017年市城区建成区内禁限放烟花爆竹基础上，2018年在市城区全面禁止燃放烟花爆竹。印发《中共抚州市委办公室 抚州市人民政府办公室关于在城市建成区和重点场所禁止燃放烟花爆竹的紧急通知》，全面部署禁止燃放烟花爆竹工作，建立以街办为单元的10个一级网格，以社区为单元的66个二级网格，落实各级网格的责任单位和责任人，加大巡视排查和重点时段夜查。行动开展以后，全市公安机关共查处违规燃放烟花爆竹案件130起，行政罚款109人，行政拘留20人，处罚金额51200元。在夏秋季水稻收割期间，组织有关人员对各地秸秆禁烧工作进行检查、督查，对发现的问题进行通报，发送通报12期，秸秆焚烧比2017年明显减少。碧水保卫战方面：制订出台《2018年抚州市水污染防治工作计划》，重点推进工业污染、农业污染、生活污染治理，饮用水水源地整治和消灭劣V类水。建立水质通报制度，每月定期通报断面水质情况，对水质下降、《水十条》重点工作进行通报检查。在东乡北港河增设2个监测点位，监测频次从5月开始，由每月2次增加到每星期1次；对东乡和金溪排放废水的企业加强执法检查，对超标排污的金溪城镇污水处理厂、金溪工业园区污水处理厂、江西华宇香料有限公司、江西兴旺肉业联合加工有限公司进行处罚；建立东乡北港河水污染防治联防联控制度，推动东乡、金溪和临川加强北港河水污染协同整治，形成治水合力，8月份通过省河长办组织的验收。加强饮用水源保护。对全市16个集中式饮用水水源开展环境状况调查评估，对220家乡镇及以下服务人口大于1000人的集中式饮用水水源开展基础信息调查；推进市、县级饮用水源地规范化建设，完成饮用水水源保护区划定56个，每季度公布饮用水水源、供水厂出水和用户水龙头水质。开展2018年县级集中式饮用水水源地环境问题专项整治，排查出饮用水水源地存在的环境问题30个，已全部完成整改。推动工业园区污水处理设施建设。全市11个省级及以上工业园区全部建成污水处理厂，处理规模达到11.12万吨/日。其中，乐安县因园区内企业不多、排水量少，采用金达莱一体化废水处理设施。继续推进工业园区环境保护突出问题专项整治，安装在线监控企业138家，在线监控设施145套。其中，工矿企业105家，生活污水处理厂12家，工业污水处理厂11家，垃圾填埋厂10家。开展农村环境综合整治。完成55个农村环境综合整治项目。开展地下油罐更新改造。完成239家加油站845个地下油罐更新改造工作。净土保卫战方面：制订出台《2018年抚州市土壤污染防治工作计划》，开展源头预防，强化土壤污染管控和修复，管控农用地和城市建设用地土壤环境风险，土壤污染防治工作扎实推进。全市土壤环境风险安全可控，未发生土壤污染环境事故。

持续提升环境执法水平。成立抚河流域执法队伍，保持环保执法高压态势。2018年，全市环保部门出动执法人员10800余人次，排查企业3930多家次，责令整改985家次，责令停止生产整改133家，关停取缔77家，对187家存在环境违法行为的企业实施行政处罚，罚款937.8万元。利用新环保法及其配套办法查处环境违法案件95件。其中，实施按日处罚案件1件；实施查封扣押案件18件；实施限产、停产整治案件33件；移送公安部门实施行政拘留案件41件，拘留41人；移送涉嫌环境污染犯罪案件2件，刑事拘留1人。组建生态环境保护综合执法主力军，加大生态执法力度，先后查处非法电鱼、网鱼、非法猎捕野生动物、非法收购野生动物、盗伐、滥伐林木、非法采挖矿产等案件102起，处罚121人，刑事拘留2人，取保候审4人，其中移送公安机关侦办的刑事案件6起，会同公安机关办理污染环境案1起，移送公安机关处理的治安案件6起。收缴电鱼和捕猎工具355套，上缴各类罚没款10万余元。

推进农村生活污水治理。全市各行政村只有189个建制村已建成生活污水处理设施。年内，为改变该种现状，广昌县投资2亿元，对全县11个乡镇和重点村124个点的污水进行收集处理，项目建成后，基本可实现农村生活污水治理全覆盖；东乡县投资9000万元，在14乡镇(场)建设17个生活污水理厂，处理规模1.29万立方米/天；乐安县投资18046万元，整县推进农村生活污水治理建设项目，项目总服务人口约6.25万人，总设计规模为6250m/d，该项目计划于2019年开工，于2021年完工。

加强水质自动监测站建设。在各方共同努力下，南丰超坊水质自动监测站提前完成建设，得到省厅监测处好评，且被评为国家首批最美水站，在全省第一个完成水站建设任务。

加强环境保护宣传。2018年第47个世界环境日期间，市环保局结合环保督察、问题整改等内容，在抚州日报、抚州电视台、多媒体中心等各类媒体集中发表宣传文章。在抚州日报以环境执法、环境质量和污染源普查为主要内容刊登专版进行环保宣传。利用政府网站、环保局网站及两微平台进行大量宣传，累计发表宣传稿件30余篇。通过新闻发布会形式，邀请市内及驻抚州机构共14家媒体参加生态环境保护工作的新闻发布。联合市文明办、抚州高新区环保局、临川区知联会、供电公司、铁塔公司工作人员和环保志愿者在羊城广场举行“世界环境日”户外宣传活动，开展环保科普，让公众了解环保、支持环保、参与环保。

（吴光辉）

【市环保局领导名录】

局　　长：邓长明

副 局 长：黄达友　丁　文

　　　　　黄元孙

总工程师：夏斯峰

环境监测

【地表水质量监测】2018年，抚州市地表水水质优良，水质指数为3.9064，全省排名第四。抚河流域21个监测断面水质达到或优于国家《地表水环境质量标准》（GB3838-2002）Ⅲ类标准的比例为95.2%。

市城区饮用水水源水质为优。汝水生态水厂、钟岭水厂和抚北水厂水源水质全部达到《地表水环境质量标准》（GB3838-2002）II类标准，比国家要求的III类水质提升一个类别，达标率100%；县级集中式饮用水水源水质为优良，12个县级集中式饮用水水源水质全部达到或优于国家《地表水环境质量标准》（GB3838-2002）Ⅲ类标准，达标率100%。

地表水水质状况总体优良。国家考核和省级考核地表水断面水质达到优良（达到或优于Ⅲ类标准）比例均为100%。综合全年地表水监测数据按断面年均值法进行评价可得，全年市辖区抚河地表水12个监测断面和地表水县界12个监测断面所有监测项目均达到或优于国家《地表水环境质量标准》（GB3838-2002）Ⅲ类水质标准，水质状况为优良。根据国家总站制定的河流水质评价有关技术规定，抚河水质Ⅰ～Ⅲ类水质比例≥90%，全年抚河水质状况为优良，县界断面水质状况总体为优良。市城区南区、荆公路、抚北和钟岭四水厂水源地水质21项基本项目、5项补充项目和33项优选特定项目的检测指标均达到国家《地表水环境质量标准》（GB3838-2002）Ⅱ类水质标准，水质达标率为100%，符合城镇集中式饮用水源地水质的要求。8月，四水厂水源地完成1次109项全分析监测，所有监测项目均达到国家《地表水环境质量标准》Ⅱ类水质标准，全年市区四水厂水源地水质状况为优。11个县区集中式饮用水源地水质监测数据均达到或优于国家《地表水环境质量标准》（GB3838-2002）Ⅲ类水质标准，各县区饮用水源地水质状况为优良。

【城市空气质量监测】 2018年，市中心城区空气质量优良天数比例为88.5%，比2017年的85.6%提高2.9个百分点。其中，优良天数为323天，轻度污染天数为40天，中度污染天数为2天；轻、中度污染天数比2017年减少8天，重度污染天数比2017年减少3天。PM2.5年均浓度为36.6微克/立方米，比2017年年均浓度47微克/立方米下降10.4微克/立方米，下降率22%；PM10、SO_2、NO_2、O_3、CO年均浓度分别为59微克/立方米、14微克/立方米、18微克/立方米、95微克/立方米、0.855毫克/立方米，全部达到国家空气质量二级标准，同比分别下降5微克/立方米、1微克/立方米、1微克/立方米、41微克/立方米、0.465毫克/立方米。县（区）空气质量为优。除临川区外，全市其他县（区）和高新区空气质量全部达到国家空气质量二级标准。在全省110个县区和高新区中排名中，抚州市有6个县位列前10名。PM2.5年均浓度资溪为14微克/立方米，排名第1位；南城为17微克/立方米，排名第2位；广昌为18微克/立方米，排名第3位；黎川为20微克/立方米，排名第7位；南丰为21微克/立方米，排名第9位；宜黄为21微克/立方米，排名第10位；崇仁为25微克/立方米，排名第17位；东乡为26微克/立方米，排名第23位；乐安为29微克/立方米，排名第34位；金溪为31微克/立方米，排名第45位；高新区为33微克/立方米，排名第54位；临川区为37微克/立方米，排名第76位。

【市城区声环境质量监测】 市城区声环境质量为良好。区域声环境平均等效声级56.1分贝（标准60dB），城市道路交通噪声平均等效声级62.8分贝（标准70dB），主城区各类功能区声环境质量昼间和夜间达标率100%。

（吴光辉）

污染防治

【土壤污染治理】 2018年，抚州市环保局配合省环保厅完成全市144个农用地土壤采样工作，对136家重点行业企业用地开展信息采集和风险筛查。开展农用地分类管理。制订《抚州市耕地土壤环境质量类别划分工作计划（2018年—2020年）》，对全市耕地土壤环境质量类别划定工作进行部署；制订《抚州市受污染耕地安全利用、治理与修复、种植结构调整2018年工作计划》，在南城县开展受污染耕地安全利用试验；在金溪县开展污染耕地治理与修复试点和重度污染耕地种植结构调整试点。建立污染地块名录，排查出11块疑似污染地块并全部纳入全国污染地块管理系统，市、县二级环保、规划、国土部门全部激活污染地块管理系统共享账号。公布2018年危险废物重点监管企业90家，土壤污染重点监管企业44家。市政府与各县区政府签订土壤污染防治目标责任书，各县区政府与44家重点行业企业签订土壤污染防治责任书。建立土壤污染防治协调工作机制。

【固体废物管理】 开展2018年“清废”行动，排查出66个固体废物违规堆放问题，全部整治到位；开展工业固体废物堆存场所整治，排查出工业企业固体废物堆存138处，无主场所3处，按整治方案责令整治；开展涉镉等重金属重点行业企业排查整治，对农用地镉等重金属超标5千米范围内的企业开展排查，排查点位115个；开展全口径涉重金属企业排查，建立64家全口径涉重金属企业排查清单。推动市危险废物处置中心建设，该项目落户金溪，建成后可对全市产生的危险废物就近进行处置。

【水质监测管理】 每月坚持对地表水环境质量状况进行1次监测，监测项目包括：水温、pH值、溶解氧、高锰酸盐指数、化学需氧量、生化需氧量、氨氮、总氮、总磷、砷、汞、镉、铅、铜、锌、硒、六价铬、挥发酚、总氰化物、石油类、氟化物、阴离子表面活性剂、硫化物、粪大肠菌群等24项；对城市饮用水源地的汝水生态水厂、钟岭水厂取水口、荆公水厂取水口、南区水厂取水口和抚北水厂取水口的水质每月监测1次，监测项目包括：水温、pH值、溶解氧、高锰酸盐指数、生化需氧量、氨氮、挥发酚、砷、氰化物、汞、镉、铅、铜、锌、六价铬、石油类、高锰酸盐指数、总氮、总磷、氟化物、硫酸盐、氯化物、铁、锰、硝酸盐、硒、阴离子表面活性剂、硫化物、粪大肠菌群及33项优选特定项目等共62项；加强对在市城区内布设的市站、血防站、采茶剧院和医学分院、桐源党溪设立的各空气自动监测评价点进行监测，监测项目分别为SO_2、NO_2、PM10、PM2.5、CO、O_3等6项，监测频率为每日24小时，每月不间断，全年12个月监测，其中重点对市城区内布设的市环境监测站和南大医学分院监测点进行监测，做到逢雨必测，遇连续降水时，每一天的雨水收集为1个样本，监测内容为全指标分析，降水量、pH值、电导率、SO42-、NO3-、F-、Cl-、NH4+、K+、Na+、Ca2+、Mg2+12项。

【噪声污染监测】 在市城区和抚北镇区域范围内，按照500米×500米的网络距离设置区域噪声监测点位102个，覆盖城市52万人口。在市主要交通路段设置交通噪声监测点位50个，覆盖道路总长度69.5千米，将市城区划分为1类、2类、3类、4类四个功能区，每个功能区设置的代表性测点个数分别为2个、5个、2个、1个。区域环境噪声每年监测1次，测量时间一般为秋季，监测时段为昼间；道路交通噪声每年监测1次，测量时间一般为秋季或冬季，监测时段为昼间；功能区噪声每季度昼夜各监测1次，测量时间为每季度的第二个月，每次监测24小时。

【辐射安全监管】 2018年，市环保局按照环保部《辐射安全与防护监督检查技术程序》，对辖区内的放射源、非密封放射性物质等核技术利用单位的辐射环境安全情况进行全面检查，检查涉源单位X家，密封性放射源X枚，检查覆盖率达100%。对检查中发现的辐射环境安全隐患，立即责令限期整改。全部X枚密封性放射源已全部处于安全使用状态。组织各（县）区环保局检查射线装置企业53家，共涉及射线装置196台。重点检查射线装置工作场所防护设施管理制度落实情况等情况，下达整改通知书25份，督促企事业单位及时整改，消除安全隐患。严把项目审批和行政许可关，全年共审批110千伏输变电项目环境影响报告表10个，发放（延续）《辐射安全许可证》26个。成立抚州市环保局核与辐射事故应急领导小组，修订发布《抚州市辐射环境事故应急预案》（2018），编写《2018年抚州市辐射事故应急演练方案》。年底，开展1次辐射环境事故应急桌面推演。全年共处理3起辐射污染信访纠纷，信访投诉办结率100%。

（市环保局）

生态保护

【概述】 2018年，抚州市生态环境状况为优。生态系统保持稳定，森林覆盖率66.1%，有各类国家级、省级自然保护区、风景名胜区、森林公园、湿地公园和其他生态功能区等52处，占全市国土总面积16.9%。生态保护红线面积占国土面积27.3%；资溪县被授予第一批国家级生态文明示范县；创建国家级生态乡镇16个、省级生态县2个、省级乡镇79个、省级生态村102个、市级生态村616个。其中，2018年新创建省级生态乡镇8个、省级生态村9个，市级生态村21个。

【生态文明创建】 推荐资溪县创建“绿水青山就是金山银山”省级实践创新基地，广昌创建省级生态县通过指标测评，对省级生态村黎川日峰镇十里村、南丰桑田镇茅坞下进行回头看，对申报省级生态乡镇、生态村进行验收。

【规范生态保护红线】 划定生态保护红线，全市生态保护红线面积占国土面积的比例为27.28%，全省排名第五。市政府出台《抚州市严守生态保护红线实施意见（试行）》，在全省设区市尚属首次。

【自然保护区监管】 开展“绿盾2018”抚州市自然保护区监督检查专项行动，将“绿盾2017”自然保护区自查中尚未完成整改的17个问题列入行动中，继续进行整改。专项行动自查发现新增问题2个，均为2018年遥感发现的问题。广昌抚河源自然保护区新增问题1个，为年内遥感监测的23处点位，2处为采（探）矿点，1处为工棚，已整改到位，其他为当地农民生产生活设施，由当地政府加强监管，不得扩大，维持现状。黎川岩泉自然保护区新增问题1个，为遥感发现的新增普通道路，经核实该道路位于缓冲区及核心区，为林区便道，权属樟村乡东港村，拟阻断并恢复植被。

（吴光辉）

气象工作

【概况】 2018年，抚州市气象局坚持“政治业务深度融合，软硬实力同步提升”理念，提升气象服务和保障地方经济社会发展能力，全年向市委、市政府及相关部门报送相关决策服务材料61期，全市气象部门发布预警信号143次，其中道路结冰预警信号4次，大雾预警信号26次，雷电预警信号69次，暴雨预警17次，公众免费接收气象预警短信140余万人次，未发生因气象灾害造成的重大伤亡事件。持续做好春运、春播、夏收、秋种及中考、高考等关键时期的天气发布和防御建议，全年召开新闻发布会5次。制作《全省旅游产业发展大会天气专报》22期，《强对流天气与雨情通报》1期，累计服务40万余人次，为市委、市政府及相关县区提供决策预报服务2万余人次。建立综合生态监测网，实施抚州全域旅游和沿抚河岸36个生态村镇示范点旅游气象保障服务工作。打造局县合作模式，与南丰县政府签订“共同推进生态文明建设气象保障合作协议”,共推“宜居南丰”“宜游南丰”建设；助推资溪县人民政府成功申报“中国天然氧吧”。市气象局获12个地厅级以上集体奖，30人次获地厅级以上个人奖。

【气象现代化】 2018年，突发事件预警信息发布平台率先在全省建成并投入使用。市气象防灾减灾中心被市政府纳入重点项目统一调度，已完成招标工作。气象科技园主体工程完成建设。建成全省唯一的风云4号卫星地面接收站。打造的地面观测无人值守技术，获全省气象部门创新工作优秀奖。

【防灾减灾】 全年全市共开展人工增雨抗旱作业199次，发射人影火箭弹424枚，累积增加平均雨量106.8毫米。其中，5月下旬广昌县出现较明显干旱，全县水稻、白莲等农作物受灾严重，农村656户2613人存在不同程度饮水困难，市县两级气象部门通过开展集群式、大范围的昼夜作业，使当地旱情得以解除。市气象局广泛开展“四进”（进农村、进校园、进社区、进企业）主题活动，围绕“3·23”世界气象日、“5·12”防灾减灾日、“送科技下乡”开展科普活动30余场次，发放宣传手册2400余份；打造“首席预报员进校园”气象科普品牌，举办活动12次，累计为超过4000人次的学生传播气象科普知识。按照“十有”标准推进气象灾害防御体系建设，抚州市气象灾害防御指挥部及办公室发文30次，编制简报8期。

（左丽萍）

【市气象局领导名录】

局　长：计福建

副局长：吴建明　蒋鑫生

纪检组长：周永辉

水文工作

【概况】 2018年，抚州市年平均降雨量为1607毫米，比多年平均偏少9.6%。其中，1—3月，全市平均降雨量244毫米，比多年同期均值偏少149毫米；4—6月，全市平均降雨量为529毫米，比多年同期均值偏少296毫米；7—9月，全市平均降雨量为474毫米；10—12月,全市平均降雨量为354毫米，比多年同期均值偏多155毫米。降雨主要集中在资溪、金溪、临川、东乡，县区平均降雨量以东部资溪县1775毫米为最大，金溪县1609毫米为次大；南部南城县1329毫米最小，乐安县1444毫米次小。2月、3月、4月、6月、8月降雨量偏少，1月、5月、7月、9月、10月、11月降雨量偏多，汛期共出现2次较强的降雨过程，主要分布在6月中下旬和7月上旬。

3—4月，降雨天数较多，年平均明显偏少，降雨量约偏少5成；而7月上旬，降雨量较多年平均偏多4.6倍；7月中旬至9月上旬，实施人工降雨，但无明显效果，各县区出现轻度至中度干旱。局部短历时暴雨集中，如：7月6日14—16时，东乡县马圩站2小时降雨量达110.5毫米；7月6日，全市日平均降雨量136毫米，为历史罕见。

7月中旬后，降雨量偏少，各河水位较低，廖家湾、娄家村、沙子岭、南丰、双田、南城、公溪、牛田等站出现历史最低水位。

【雨水情信息报送】 全年市水文局向省水文局发送实时报汛信息2.6万余份；在暴雨来临前，根据可能出现的暴雨量级，分别对11个水文（位）站进行洪水预估预报4次；对暴雨中心区域的站及时作业预报和发布洪水预报件24份31站次，向社会公众发布3次洪水蓝色预警;向各级领导发送雨水情短信、微信9.2万余条；传送雨水情快件、旬月报等400余份,《雨水情呈阅件》12期。及时、准确的雨水情信息，为领导科学决策防汛抢险救灾赢得时间,全市安全转移群众6.43万人，减少直接经济损失1.46亿元。

【中小河流水文监测系统建设】 水文基础设施一期（2015—2017年）项目建设任务已全部完成，江西省中小河流水文监测系统建设工程抚州水文巡测基地建设项目工程11月9日完工并通过验收。

【水资源监测】 2018年，在全市范围内开展河流水体、主城区供水水源地、重点河段、重点水功能区等水质监测，对市、县界河断面水质水量进行动态监测。定期编制《抚州市水资源质量简报》《抚州市城区水资源质量旬报》反映水质状况，每月中旬在《抚州日报》上向社会公布。

【应对突发性水事件】 4月，对抚河临水部分水功能区总磷超标事件，及时启动Ⅳ级响应，迅速开展现场检测，共向省水文局和市县有关部门发送水资源监测简报7期。7月，东乡区马圩镇圩堤决口，市水文局组织技术骨干第一时间赶赴现场，抢测决口水位、流量、流速等水文监测数据，并利用无人机航拍决口图片，为封堵决口提供第一手数据。8月，廖家湾测流断面发现蓝藻聚集，迅速对蓝藻聚集区进行跟踪监测，监测蓝藻聚集浓度及影响水质情况，重点加强对饮用水水源地的影响监测，直至蓝藻聚集消除，保障取用水安全。

【水资源调查与评价】 2018年，市水文局完成《2017年抚州市水资源公报》和2017年《江西水资源调查评价》抚州市部分成果上报工作，完成江西省第三次全国水资源调查评价工作，完成水资源国控一期抚州辖区所有取用水户站点多媒体信息采集工作，完成2016年《抚州市自然资产负债表——水资源存量与变动表》的编制。各项水资源的论证与评价，为各级水行政主管部门科学决策提供技术支撑。

（市水文局）

【市水文局领导名录】

局　长：田承伟

副局长：杨海保　梅中秋

徐满全　刘明荣

防震减灾

【概况】 抚州市处在江西东西向构造体系的赣中东西构造带，分别有宜黄—宁都—定南断裂带、乐安—于都—龙南断裂带、永丰—抚州断裂带、萍乡—东乡—广丰断裂带、抚河北西向断裂带五条断裂带经过。

历史上发生大小地震25次，其中最大地震4.0级，集中发生在16世纪、19世纪、20世纪。20世纪90年代以后，全市地震发生情况：1990年11月7日，宜黄和广昌分别发生2.1级和2.3级地震；1993年6月25日，抚州发生3.0级地震；1994年7月15日资溪发生3.2级地震；1999年4月15日，乐安发生4.0级地震。

【监测预报】 2018年，市防震减灾局开展监测预报工作。加强地震监测台站管理，对省市共建的南城、乐安地震数字遥测台进行管理完善，建立设备检修保养计划。通过定期和极端天气期间对台站设施的巡查、观测环境的整治、配合省地震局技术人员对设备进行更新等措施，保障抚州市测震台监测仪器设备安全正常运转，确保监测资料连续可靠。全面梳理“三网一员”网络体系、对各县（区）的防震减灾助理员、地震宏观观测点进行梳理统计和核实，确定全市防震减灾助理员192名，地震宏观观测点32个。为优化宏观观测点的布局、丰富宏观观测项目种类，在原基础上新增宏观观测点12个。根据省地震局统一部署，做好各县区地震速报和预警工程实施的前期工作，对各基本站和一般站的选址进行实地勘察和坐标数据采集，做好各建设用地的土地划拨和协调，并将相关数据报省地震局。为配套全市地震速报和预警工程，与市铁塔公司和商谈合作协议，就资源共享和互联互通签订意向性合作协议。根据全省震情会商制度，定期开展抚州市及周边地区的震情会商工作，编制《赣南及邻区2018年下半年地震趋势分析报告》《赣南及邻区2019年年度地震趋势分析报告》，提出较为明确的震情趋势会商意见。

防震减灾科普知识进校园

【震害防御】 2018年，全市防震减灾部门开展防震减灾宣传活动。“5·12”活动周期间，以报纸、电视、短信、微博等为载体，进校园、进社区、进机关，对防震减灾科普知识进行全方位宣传教育。在东华理工学院南区、市行政中心、老步步高广场、马家山广场、羊城广场和沃尔玛等地方悬挂防震减灾宣传横幅，利用短信群发平台向广大市民发送抗震设防要求监管宣传短信共10余条，扩大宣传覆盖面。按照“放、管、服”改革要求及市委、市政府有关工作部署，制定《抚州市防震减灾局行政许可标准化清单》《抚州市防震减灾局政务服务事项清单》，提高行政效能、规范权力运行流程，实现行政许可标准化管理。2018年年初，市政府下文将《抚州市建设工程抗震设防要求监督管理办法》的制定列入年度政府规章类的重点调研项目，由市防震减灾局牵头经调研和集体讨论研究后，形成初稿上送市政府法制办审查。

【应急救援】 在崇仁师范学校抚州校区和大唐发电有限公司进行各类实地演练和桌面推演，通过演练，提高在校师生和企业员工防震减灾意识和应急避险自救技能。

（市防震减灾局）

【市防震减灾局领导名录】

局　长：李伟才

副局长：吴华根

本栏编辑　黄泽书

教育 · 体育

综述

2018年年底，抚州市有各级各类学校1852所，其中普通高校3所，成人中等专业学校12所，普通中学228所（高中37所，初中191所），职业高中18所，小学683所，幼儿园897所，特殊教育学校11所。有各级各类学校在校生752785人，其中小学在校生348271人，初中在校生174590人，高中在校生81664人，幼儿园在园儿童115438人，职高在校生6788人。全市教职工总数（含高校、职高、幼儿园）有教职工49123人，其中专任教师45114人。

办学条件日益改善。2018年，抚州市共投资53.9亿元，安排教育重点项目48个，其中市中心城区14个。高新实验学校、阳光城和名仕家园配建学校投入使用，市示范性综合实践基地建设室内装修基本完工。南丰县安排8.48亿元用于化解“大班额”，新增学位13660个。用以改善义务教育薄弱学校基本办学条件的“改薄”工程全面完成，累计投资26.4亿元。制定出台《市中心城区中小学及幼儿园布局规划》，确定到2021年，投入23.71亿元新建、改扩建33所中小学校。

教育投入大幅增长。全市教育经费总投入78亿元，比2017年增加近6亿元，同比增长8.3%。全市公共财政教育投入67亿元，比2017年增加近5亿元，同比增长8%。全市各级各类学校投入校建资金6.2亿元，其中薄弱学校改造资金1.6亿元，改善普通高中办学条件资金5139万元，特殊教育补助资金202万元，支持学前教育发展资金1亿多元，义务教育均衡发展资金4224万元，义务教育中央预算内投资5215万元，校舍安全保障资金4486万元，改善义务教育办学条件专项资金761.96万元，全国义务教育发展基本均衡一次性补助资金1800万元，改扩建幼儿园资金5861万元，消除义务教育学校大班额专项资金7025万元，民办教育补助资金112万元，中央财政支持学前教育发展资金217.7万元。

教育改革不断深化。市教育局拟定《关于深化教育体制机制改革的实施意见》《关于全面加强新时代教师队伍建设改革的实施意见》《抚州市高中阶段学校考试招生制度改革实施方案》等文件，加强改革指导。率先核定教职工编制，动态调整2000多个；在南丰试点教师“县管校聘”改革；1650名校长教师交流轮岗，建立教育联盟110多个；“五名工程”、示范性学校带动作用明显。13.6万名学生参加全样本测评，综合评价改革成果融入招考改革和教学日常。临川教育集团三所实验学校自聘教师320多名，12名毕业生分别被北京大学、清华大学录取。44项改革课题开花结果，《抚州教育综合改革文集》正式发行。

教育民生全覆盖。2018年，落实“四个统一”和“两免一补”全覆盖，推进城乡教育一体发展。南丰县顺利通过均衡发展国家复查，东乡、南城、南丰、广昌在全省党政履职考评中获得优秀，金溪被评为省级中小学挂牌督导创新县。2708人通过划片招生、电脑派位就读市属公办学校，市区保育院首次采用电脑派位招生475人，各县区严格落实就近入学政策。发放各类资助金1.09亿元，惠及7.3万学生，34640名建档立卡学生全面享受资助；对义务教育阶段建档立卡学生实行“零收费”，免除各类费用共计500万元；45名建档立卡学生降分录取抚州幼专。乐安、广昌279所学校实施营养改善计划，37618名学生受益；出台《第二期特殊教育提升计划》，建立890多个“留守儿童之家”“留守儿童俱乐部”；落实进城务工人员随迁子女入学政策。

队伍建设不断加强。2018年，抚州市共选聘教师1710名，安排177名“音、体、美”专业大学生赴农村边远小学支教。宜黄等四县76名教师参加“银龄讲学计划”。选派620名校长教师赴市外深造，1200名乡村教师参加集中培训。举办全市中小学校长（园长）和心理咨询师、综合实践等各类培训班，教师素质不断提升。落实各类津补贴和公积金、医保、体检等待遇；投入116万元采购生活设施3200余套，用以改善农村学校生活条件。开通绿色通道，900多名教师回原籍任教。150多名教师受益于“三区”人才支持计划。江昭奇、黄文龙被评为“感动江西”教育人物，受到省领导接见。16名教师被评为省特级教师，210人被评为市优秀教师和教育工作者，16人主动参加援疆工作。6名优秀教师赴各县区开展巡回报告，6000多名教师现场聆听。

品牌影响日益扩大。2018年，16万人次到抚州研学，全省推进会和全国论坛相继在抚州举行，新浪、网易等主流媒体密集报道。举办“茶香中国”采茶戏进校园活动和“戏曲广播体操”比赛。市直学校戏曲社团、临川四小采茶戏传习所受到表扬。云南澄江、黑龙江大庆、广东阳江、佛山和上海、浙江、福建等地先后派员赴抚州考察学习；《中国教育报》、中国江西网、省教育台等媒体对才乡教育进行宣传。与英国斯特拉福德区、芬兰罗瓦涅米市及清华大学、北京大学、赣南师范大学等地校签订教育交流合作协议，教育品牌在对外开放中不断提升。

（李　凡）

【市教育局领导名录】

党委副书记、局长：吴建发

党委书记：邹润发（任至6月）

党委委员、副局长：吴广平

饶　宁　黄志刚

刘小奇（2月任）

朱　剑（10月任）

党委委员、市纪委驻市教育局纪检组组长：潘金明

基础教育

【开展“一乡一园”建设摸底】经摸底统计，至2018年3月，全市各乡镇建成并交付使用的乡镇中心幼儿园50所；竣工在进行装修、可在2018年秋季招生的乡镇中心幼儿园20所；已安排项目资金的乡镇中心幼儿园64所；尚无建设规划方案的乡镇中心幼儿园19所。

【征集幼儿本土资源开发与利用案例】开发各地最具特色的自然或生活资源，利用资源开展幼儿园教育活动，共收到全市各级各类幼儿园作品70篇，评出一等奖12篇、二等奖28篇、三等奖30篇。

【幼儿园结对帮扶】4月19日，市教育局下发《关于组织实施幼儿园结对帮扶工程的通知》，在全市范围内实施省级示范幼儿园和市级一类幼儿园结对帮扶乡镇公办中心幼儿园、城区薄弱幼儿园工程，在实施目标、帮扶方式、帮扶措施等方面开展帮扶，进一步扩大全市优质教育资源覆盖面，提升学前教育质量和水平。

【学前教育宣传月】5月20日，市教育局组织省级示范园园长、部分县区幼教专干赴上饶参加全省学前教育宣传月启动仪式和论坛活动，向省基教处推荐15篇优秀巡讲会稿件、分享会稿件、教师先进事迹访谈脚本。南丰县莱溪小学幼儿园季敏超、抚州市保育院饶宇的先进事迹被江西省教育电视台采访录播，在全省宣传报道。

【全市幼儿园园长家园共育专题培训】5月23日，全市各级各类幼儿园园长近200人参加家园共育专题培训，根据自身实际寻找适合本园做好家园共育工作新途径、新方法，以期实现家园教育同步，营造幼儿健康成长教育生态。

【省级示范园评估复评推荐】市教育局推荐南城县幼儿园参加省级示范园评估，抚州市汇嘉幼儿园、南丰县世纪星幼儿园接受省级示范园复评。

【做好中小学生德育工作】市教育局组织开展“书香浸润·助我成长”主题读书活动、品读临川文化系列活动、“牢记时代使命书写人生华章”主题教育、五好小公民主题教育、“扬传统美德树文明新风”主题教育、组织广大学生观看电影《浴血广昌》等一系列活动，提升广大中小学生基本素质、良好品德，促进青少年学生健康成长。

【推进研学实践教育】开发以“品读临川文化、热爱家乡抚州”为主题的研学课程体系，研发104个模块、37套课程，评选出55个“抚州市中小学生研学实践教育基地”。2018年全国中小学研学实践教育论坛和全省中小学生研学实践教育推进会在抚州举行，16万名学生到抚州进行研学实践。

【组织开展科技大赛】全市青少年积极参加，有235幅科幻画、45个青少年科技创新、科技实践、科技辅导员创新成果、科技创意项目参加市级评比，其中15幅科幻画、21个项目参加第33届江西省青少年科技创新大赛，3幅科幻画、6个创新和创意项目获省一等奖，并推选参加全国比赛。

【“红色、绿色、古色”文化教育】收集主题征文、古诗文诵读作品531部，择优推荐210部作品参与省级评选；组织开展第一届中小学

全国中小学综合实践活动（研学实践教育）论坛在抚州召开

生古诗文大赛，全市共58名中小学生参加比赛，择优推选25名选手参与省级比赛，其中5人获一等奖，6人获二等奖，14人获三等奖。

【集中整治校外培训机构】 2018年，市教育局大力开展校外培训机构集中整治，对全市636家培训机构进行摸底排查，完成整治203家。

【严格执行招生政策】 全面取消公办学校高中择校，临川教育集团高中均衡招生计划进一步向农村生源学校倾斜，录取时严格按照招生计划，根据考生志愿按照录取批次在规定招生时间段有序录取。2018年，全市普通高中录取28656人（其中公办高中录取23883人，民办高中录取4773人）。

【高考成绩保持领先】 2018年，抚州市被清华大学、北京大学录取43人（临川教育集团34人，其中抚州一中5人、临川一中24人、临川二中5人），全省被清华大学、北京大学录取196人，抚州市录取率为21.94%；被中国科技大学少年班、香港中文大学录取各1人；空军招飞录取7人，民航招飞录取5人。全市一本录取4400人，录取率为13.83%；本科录取13673人，录取率为42.98%；本科、专科共录取26559人，总录取率为83.49%。

【特殊教育课堂教学改革】 市教育局组织开展全市特教学校“教学交流”活动，临川、南城等地特教名师赴金溪等地送教下乡；组织教师参加特殊教育学校义务教育课程标准国家级培训；与市发改委、民政局、财政局等七部门联合印发《抚州市第二期特殊教育提升计划》。

（李　凡）

2018年抚州市普通高考被清华大学、北京大学录取考生名单

表27-1

姓名	成绩	院校	专业	毕业学校
马亦骁	687	北京大学	计算机类	东乡一中
王梓渊	683	北京大学医学部	临床医学（八年制）	东乡一中
曾凯峰	698	北京大学	理科试验班类	抚州一中
黄　铖	678	北京大学医学部	临床医学（五年制）	抚州一中
郑龙韬	678	北京大学医学部	临床医学（五年制）	抚州一中
李　涛	680	北京大学医学部	临床医学（五年制）	抚州一中
谢雨潇	特招	清华大学	丘成桐数学英才班	抚州一中
邓建宇	661	北京大学医学部	英语（五年）	乐安二中
邱家福	661	清华大学	土木工程	黎川二中
冯天夏	672	清华大学	理科试验班类	黎川二中
黄昌盛	684	北京大学医学部	临床医学（八年制）	黎川一中
王劭聪	696	清华大学	理科试验班类（新雅书院）	黎川一中
蔡家豪	712	北京大学	化学类	临川二中
刘　超	685	北京大学	电子信息类	临川二中
李泽华	684	清华大学	工科试验班类	临川二中
吴意强	675	北京大学医学部	药学（六年制）	临川二中实验学校
黄　磊	689	清华大学	工科试验班类	临川二中实验学校
陈奕轩	683	北京大学	城乡规划	临川一中
黄若怡	689	北京大学	化学类	临川一中
刘鑫辰	683	北京大学医学部	临床医学（八年制）	临川一中
何俊辉	688	清华大学	理科试验班类	临川一中

续上表：

姓名	成绩	院校	专业	毕业学校
曾锦鸿	689	清华大学	工科试验班类	临川一中
邱子煜	688	清华大学	工科试验班类	临川一中
邱宇宸	690	清华大学	土木类	临川一中
许穆风	688	清华大学	理科试验班类	临川一中
李修贤	661	北京大学	公共管理类	临川一中
余亿冉	658	清华大学	文科试验班类	临川一中
朱望宁	680	北京大学	生物科学类	临川一中实验学校
张恺璇	692	北京大学	数学类	临川一中实验学校
颜　昆	690	北京大学	经济学类	临川一中实验学校
江林安	692	北京大学	工商管理类	临川一中实验学校
张　珊	678	北京大学医学部	预防医学（七年制）	临川一中实验学校
饶颖婷	675	北京大学医学部	预防医学（七年制）	临川一中实验学校
吴吉宇	676	北京大学医学部	临床医学（五年制）	临川一中实验学校
徐泽昊	682	北京大学医学部	基础医学（八年制）	临川一中实验学校
何宇燊	682	北京大学医学部	临床医学（五年制）	临川一中实验学校
周　帅	689	清华大学	理科试验班类	临川一中实验学校
方　麟	694	清华大学	计算机类	临川一中实验学校
彭可人	643	北京大学	考古学	临川一中实验学校
陈仕玥	662	北京大学	国际政治	临川一中实验学校
刘　茗	662	北京大学	中国语言文学类	临川一中实验学校
熊哲文	677	清华大学	工科试验班类	南城一中
吴犇寅	688	清华大学	电子信息类	南城一中

2018年抚州市高中学生竞赛情况

表27-2　一、高中生物竞赛省一等奖

序号	姓　名	学校名称	所在年级	成绩	获奖等级
1	廖嘉巍	宜黄一中	高二	54.45	一等奖
2	潘　诚	临川一中实验学校	高二	54.40	一等奖
3	龚姝懿	金溪一中	高二	54.18	一等奖
4	谢　杰	临川第一中学	高二	54.00	一等奖
5	涂思成	临川第一中学	高二	53.94	一等奖
6	严天赐	南城一中	高二	53.66	一等奖
7	姜雨星	临川第一中学	高二	53.63	一等奖
8	董文峰	乐安县第一中学	高二	53.47	一等奖

续上表：

序号	姓 名	学校名称	所在年级	成绩	获奖等级
9	封兆欣	南丰县第一中学	高二	53.36	一等奖
10	占 一	临川第一中学	高二	53.01	一等奖

表 27-3　　二、高中生物竞赛国家级奖

序号	姓 名	学校名称	所在年级	成绩	获奖等级
1	李 哲	临川第二中学	高二	63.34	二等奖
2	周世杰	临川第二中学	高二	62.81	二等奖
3	武 强	临川第二中学	高二	60.63	二等奖
4	马毅恒	临川第一中学	高二	60.49	二等奖
5	徐治荃	临川一中实验学校	高二	60.00	二等奖
6	张沁芝	黎川县第二中学	高二	59.52	二等奖
7	曾天平	乐安县第一中学	高二	57.90	三等奖
8	吴 桐	南城一中	高二	56.37	三等奖
9	吴奥轩	资溪一中	高二	56.32	三等奖
10	廖丽姿	崇仁一中	高二	56.08	三等奖
11	章晨宇	临川第一中学	高二	55.99	三等奖
12	王逸轩	临川一中实验学校	高二	55.98	三等奖
13	范旸骐	临川第二中学	高二	55.60	三等奖
14	王璟鹏	临川第一中学	高二	55.59	三等奖
15	吴俊博	临川第一中学	高二	55.38	三等奖
16	邹宸语	临川第一中学	高二	55.36	三等奖
17	周名昊	临川一中实验学校	高二	55.35	三等奖
18	黄 维	临川第二中学	高一	55.20	三等奖
19	桂宇杰	资溪一中	高二	54.57	三等奖
20	刘振宇	广昌县第一中学	高二	54.52	三等奖

表 27-4　　三、高中数学竞赛省一等奖

序号	学校名称	姓 名	年级	复赛成绩
1	临川一中	甘乔尹	高二	128
2	临川一中	唐文昊	高一	124
3	临川一中	吴宸昊	高二	120
4	临川一中	谢 杰	高二	127
5	临川二中	刘 强	高二	117

职业技术教育与成人教育

【教育质量提升】 2018 年，抚州市实施江西省中等职业教育质量提升“123”工程，临川现代教育学校被列为江西省高水平中等职业学校建设项目，临川现代教育学校汽车运用与维修、资溪县职业中学旅游服务与管理、金溪县中等职业学校现代信息技术服务、东乡机电中等专业学校数控技术应用 4 个专业入选为江西省中等职业学校特色专业群，16 名教师被评为江西省中等职业学校“技术技能名师”。

【产教融合发展情况调研】 2018 年，市教育局开展为期 2 个月的产教融合调研，形成《我市职业教育产教融合发展现状和对策》调研报

告，梳理存在困难和问题，提出应对措施。

【以赛促学】 为提升职校学生技能，激发学生学习热情，市教育局组织开展全市中等职业学校技能竞赛和“文明风采”竞赛活动，选拔推荐49名学生参加2018年江西省职业院校技能大赛，涉及赛项19个；资溪县职业中学代表江西省队参加全国中职组网络布线和酒店服务2个项目的比赛，邱文俊、万希文、郑林健等4人在网络布线比赛中获团体赛二等奖，张若彤在酒店服务赛项中获个人三等奖。抚州市在江西省第九届中等职业学校“文明风采”竞赛活动中，获得一等奖4个，二等奖14个，三等奖5个，以全省排名第二的成绩获得组织奖。组织举办全市中等职业学校信息化教学大赛，共产生一等奖4个、二等奖6个、三等奖10个，选拔推荐12名老师参加2018年江西省职业教育信息化教学大赛，获得省二等奖4个，三等奖1个。

【职业教育技能培训】 2018年，市教育局为待业青年、农村贫困劳动力、转业退伍军人以及新型职业农民等1531人开展技能培训，其中涉农794人，涉贫737人。与159家园区企业建立合作关系，博雅班、大觉山班、戏曲班定向培养结出硕果。

（李　凡）

学校后勤与产业管理

【实践场所建设】 市教育局制定下发《关于开展2018年抚州市农村学校劳动实践示范基地评选活动的通知》，经过县区推荐，市级实地查看、现场评审，评选出18个农村学校劳动实践示范基地，其中省级示范基地3个，市级示范基地15个。

【提升服务水平】 市教育局严格执行省、市政府部门规定，通过定期、不定期检查的方式，对提供学生（空白）作业本企业生产的产品进行抽样送检，对检验不合格的产品立即召回汇款，将企业列入“黑名单”，不再使其进入学生（空白）作业本市场。加强全市中小学生校服管理。严格按照《关于进一步加强中小学生校服管理工作的意见》等文件要求，推进各县区学生校服通过统一招标的方式，公平、公开、公正地遴选出信誉好、实力雄厚的校服企业，先后2次开展抽样送检工作，合格率达100%。

【构建平安校园】 市教育局重点抓好教育保险宣传、教育保险承保、教育保险理赔和学校安全事故预防等工作，开展保险知识进校园活动，利用报纸、网络、广播、电视和手机等平台，组织学生学习安全防范知识和保险知识，提高学生自我安全保护意识。妥善解决市实验学校、临川一中、临川三中等学校多起棘手保险理赔案件。成功举办抚州市教育行业风险管理培训班，邀请保险专家现场讲解最新保险法律法规和理赔程序、具体标准等，提高教育行业风险管理干部的综合素质和理论修养。优化学生意外伤害保险方案，将意外死亡保障从4万元提高到8万~10万元，对4万元以上理赔金额案件采取跟踪服务，保障学生及家长合法权益。

【学生食品安全】 2018年，市教育局制定校园食品安全“护校行动”方案，要求各地各校自查自纠。广泛开展宣传教育，利用广播站、宣传栏、黑板报等阵地，将食品安全作为重点宣传内容，提高学生食品安全意识。与食品药品监督部门组成联合督查组，对广昌、乐安、南丰、南城、临川、高新区等地，组织开展学生集中用餐工作专项督查，下达整改意见书12份，发现学校食品安全风险隐患20处，全部限期整改到位。

（李　凡）

东华理工大学

【概况】 东华理工大学（原华东地质学院），简称东华理工，创办于1956年，是中国核工业第一所高等学校，是江西省人民政府与国家国防科技工业局、自然资源部、中国核工业集团公司共建的具有地学和核科学特色，以理工为主，经、管、文、法、教、艺兼备的多科性大学，是教育部“卓越工程师教育培养计划”试点高校、教育部“111计划”入选高校、“中西部高校基础能力建设工程”支持高校、“新工科”研究与实践项目入选高校、全国国防教育特色学校，是中国人民海军士官选拔培训基地，中国核工业集团公司人才培养基地。被誉为“中国核地学人才摇篮”和“世界原子能事业的宝贵财富”。

学校有南昌、抚州两个校区，校园总面积166.67公顷，在校学生3万余人。设有地球科学学院、地球物理与测控技术学院、水资源与环境工程学院、测绘工程学院、化学生物与材料科学学院、核科学与工程学院、机械与电子工程学院、信息工程学院、理学院、土木与建筑工程学院、软件学院、经济与管理学院、文法学院、外国语学院、抚州师范学院、马克思主义学院、体育学院、艺术学院、研究生院、国防教育学院、国防科技学院（核能学院）、创新创业教育学院（人工智能学院）、国际教育学院、高等职业技术学院、继续教育学院等20余个教学单位。

2018年，学校有1个博士后科研流动站，1个博士后科研工作站，1个院士工作站，1个博士学位授权一级学科，19个硕士学位授权一级学科，11种硕士专业学位授权类别。现有68个本科专业，其中54个本科专业面向全国招生，拥有国家级特色专业、国家卓越工程师教育培养计划专业、中外合作办学项目，具有来华留学生招收资格。拥有“十三五”国家国防特色学科5个，“十三五”江西省高校一流学科3个，教育部卓越工程师教育培养计划工程硕士领域3个。资源勘查工程、勘查技术与工程、测绘工程3个专业通过工程教育论证，进入全球工程教育“第一方阵”。

学校由国家最高科学技术奖获得者、中国工程院院士钱七虎担任名誉校长，有教职员工2800余人，其中专任教师1600余人，教授、副教授600余人。教师中有中国科学院、中国工程院双聘院士，国家杰出青年科学基金项目入选者，国家级“新世纪百千万人才工程”人选，教育部新世纪优秀人才，全国优秀教师，国务院特殊津贴获得者，江西“新世纪百千万人才工程”人选，江西省“双千计划”人选，赣鄱英才555工程人选，江西省“井冈学者”，江西省“教学名师奖”获得者，江西省主要学科学术与技术带头人、江西省特殊津贴获得者等一批学术领军人才。学校聘请诺贝尔奖获得者、美国科学院院士、俄罗斯科学院院士、俄罗斯总统顾问等200余名国内外知名专家、学者为学校的兼职或客座教授。

拥有放射性地质国家级实验教学示范中心、国家级虚拟仿真实验项目、国家级精品在线开放课程等高水平教学资源和国家级“本科教学工程”大学生校外实践教育基地。拥有省级教学团队7个，省级人才培养模式创新实验区3个，获批硕士、本科层次“卓越工程师教育培养计划”学科领域（专业）国家级10个。形成核燃料循环系统9个特色优势学科群，核地学及涉核相关学科所形成的人才培养和科学研究体系；拥有国家核资源与环境领域首个国家重点实验室“核资源与环境”国家重点实验室、江西省唯一一个国际联合研究中心“质谱科学与仪器”国际联合研究中心，以及“放射性地质”国家级实验教学示范中心、“放射性地质与勘探技术”国防重点学科实验室、国际原子能机构参比实验室在内的19个国家及省部级高水平科研平台；拥有教育部首批“全国高校黄大年式教师团队”1个，教育部科技处创新团队1个，自然资源部科技创新团队1个，国家国防科技创新团队1个，江西省科技创新团队6个。2018年，科研经费27175万元。

学校坚持开放办学，与美国、加拿大等20多个国家的高校、科研院所建立校际交流和学术联系。积极参与“一带一路”建设、“金砖国家”创新行动计划，与俄罗斯联邦卫生部建立长期科技合作关系，成立江西省首个海外离岸研究中心“质谱科学与仪器俄罗斯研发中心”。与柬埔寨农业部对接，实现科技成果境外转化。同时与印度、巴西、俄罗斯联合开展国际科研项目。引进外国高端专家服务学校教学和科研，获批科技部“发展中国家杰出青年科学家”（国际杰青）计划、江西省首个“国家学科创新引智计划”，3位外国专家获得“中国政府友谊奖”。开展国际学生培养工作，来华留学生教育覆盖本、硕、博三个教育层次。接受外籍博士进站工作，2017年，江西省首位外籍博士后从学校地质资源与地质工程博士后流动站出站并留校工作。学校是国际原子能机构技术合作项目（TC）承担单位和免费咨询专家派出单位，承担国际原子能机构铀矿地质技术人员培训任务。

【育人机制】 学校出台《关于建设高水平本科教育，全面提高人才培养能力的实施意见》，推进一流本科教育建设工作；印发《高水平教学成果培育实施办法》《教学团队遴选与管理办法》《国家级教学名师培育工程管理办法》，推进教学团队建设、教学名师培养和教学成果培育；实施《课程思政教学改革试点方案》，把思想政治工作贯穿教育教学全过程；适应高等教育发展新常态，全面修订2018版本科人才培养方案，形成“办学特色与社会需求相融合、素质教育与核心价值观相融合、创新创业教育与专业教育相融合、个性化培养与质量标准相融合、实践教育与协同育人相结合”为主导的人才培养机制，构建“学生中心、产出导向、持续改进”的人才培养体系，建立通识教育、专业教育、实践创新、多元化与复合人才培养有机融合的课程体系，全面推进素质教育和专门人才培养。

【教学成果】 2018年，学校国家级教学项目实现突破，“工业CT成像虚拟仿真实验”“多学科交叉融合的地学工程人才培养模式探索与实践”项目分获教育部首批虚拟仿真实验教学项目（全省唯一）、“新工科”研究与实践项目；教育科学“十三五”规划项目再创新高，获批23项，其中重点项目5项；国家级课程取得零的突破，《中国文化概论（英）》获批国家精品在线开放课程；教学水平获得认可，柳和生等5位教授分别入选新一届教育部高等学校教学指导委员会；邹自力教授获得测绘地理信息职业教育教学成果奖一等奖。

【招生就业】 2018年，学校新增第一批（重点）本科批次招生省份3个，一本招生省份达26个，占招生省份76.5%；各省一本专业招生数大幅提升，贵州省新增10个、四川省新增10个、甘肃省新增5个、江西省新增2个。研究生招生规模进一步扩大，博士研究生录取比例提升38%，硕士研究生录取比例提升10%。就业创业工作取得新进展。本科毕业生总体签约率上升0.15个百分点，达到91.13%，列全省本科院校第4位；考研录取率达到15.54%，创历史新高。研究生初次就业率提升至96.91%，位居全省前列。积极引导毕业生留赣服务，省内就业比例29.6%。

【创新创业】 学校以“挑战杯”全国大学生系列科技学术竞赛、“创青春”全国大学生创业大赛、国家级创新创业项目为龙头，以数学建模、地质技能大赛等学科竞赛平台为基础，打造完善的大学生创新创业教育体系。获批教育部国家级大学生创新创业训练计划项目30项，各类赛事荣获国际奖5项、国家奖119项、省级奖352项。涌现一批优秀创新创业典型，地控学院青年教师刘军荣获江西省向上向善创新创业类好青年；校友周子聪获江西省青年创业风云人物称号，阮莉雯、李火亮获江西省青年创业风云人物提名奖；朱志翔等5人入选首届南昌高新区“创业之星”。

【文化育人】 学校充分挖掘、凝练、传承、弘扬“核军工文化”精神，实施“六个一”工程，打造核新讲坛等校园思政教育主阵地，推进课堂思政化，优化思政课堂，加强大学生思想政治和人文素质教育；推进“学校主导、学院支持、学生参与”的“三走”课外体育活动；围绕科普提智、帮扶提志、调研提质三大方面开展社会实践，青春绘梦志愿服务团、“普法宣讲”团队入选全国重点团队，赴云南怒江的“萤火虫”团队、“推普脱贫”团队入选2018年“推普脱贫攻坚”全国大学生暑期社会实践专项活动团队。《红色家书》手绘视频创新网络文化受到省委书记刘奇批示点赞，并被新华网、凤凰网等主流媒体报道；作品《戈壁红柳 核能先锋》获教育部新时代教师风采公益广告全国优胜作品奖。

【师德建设】 学校制定《关于加强和改进新时代教师思想政治工作的实施办法》《建立健全师德建设长效机制的实施方案》等系列制度，进一步完善新时代师德建设长效机制，推进学校师德师风建设工作常态化、长效化，营造风清气正的教育生态；加大对违反师德师风问题的惩处力度，对查实的问题严肃处理；师德榜样周义朋老师获评第二届“感动江西教育年度人物”。学校持续开展向周义朋老师学习活动，强化教书育人、立德树人效果。

【强化师资】 学校持续面向海内外公开招聘高层次人才。2018年，有包括“年度欧洲华人十大科技领军人才”、国家“青年千人”、“教育部新世纪优秀人才”、重点大学博士生导师和海外优秀人才等高端人才在内的13人赴校到岗工作。出台《东华理工大学人才引进实施办法》《外籍博士人才引进实施意见》等方案，明确目标任务、重点领域和优先次序，提升人才工作的精准性和针对性，为人才引进工作提供政策保障。年内，引进博士160多名，人才引进的数量与质量均有较大突破。制定《东华理工大学“青年人才托举工程”实施办法（试行）》，加强青年人才队伍建设，提供科研经费支持、人才津贴奖励和科研平台保障，落实“领军人才培育计划”，夯实领军人才队伍基础。人才效应作用明显。2018年，入选首批省“双千计划”引进类项目12个，入选院士后备人选支持计划2人；新增享受国务院特殊津贴1人、享受江西省政府特殊津贴2人，省“百千万人才工程”3人；入选江西省井冈学者奖励计划青年项目7人、二级教授1人。

【平台建设】 2018年，获批省部共建核资源与环境国家重点实验室，实现学校国家重点实验室历史性突破，为中国核资源与环境领域唯一的国家级平台；核技术应用教育部工程中心顺利通过教育部项目验收。汤彬教授团队入选国家自然资源部高层次创新型科技人才培养工程，是年内江西高校唯一入选团队。

【科研品质】 2018年，学校获批57项国家自然科学基金项目，立项数量创历史新高，位列全省第4；国家社会科学基金获批7项、位列全省第5；教育部人文社会科学研究项目获批5项；首次获批金砖国家科技创新框架计划合作项目、国家社科基金后期资助项目与“高校示范马克思主义学院和优秀教学科研团队”项目；郭福生教授团队荣获中国地质调查局地质科技奖一等奖，聂逢君教授团队荣获国防科学技术进步奖二等奖；自然指数位列全国133位，全省第4。

【学科建设】 2018年，学校制定《一流学科建设管理办法》《一流学科建设经费管理办法》《学科建设委员会章程》《省级一流学科建设经费方案》等制度，编制一流学科建设方案实施细则，推动一流学科有序实施；重点建设、重点培育、特色发展、分类加强校级特色一流学科建设，形成对省一流学科建设的补充与支撑，夯实学科基础；获批国防特色学科6530万元项目建设经费，完成服务国家特殊需求博士人才培养项目验收。

【成果转化】 2018年，学校进一步完善成果转化激励政策与制度，提升大学科技园科技服务内涵；“直接质谱与精准诊断国际转化研究中心”落户赣江新区，助推赣江新区生物医药产业的升级，为赣江新区驱动创新创业平台建设和新兴产业集聚起到示范和引领作用。其中，专利转让13项，成果转化效益预计可达上亿元。

【社会服务】 学校定点帮扶崇仁县航埠镇徐家村，实现脱贫摘帽。30余名教师深入地方企业开展科技帮扶工作，帮扶企业59家，为企业降低成本550余万元，创造经济效益8000余万元。成立江西生态文明制度研究院，助力江西生态文明建设，影响辐射全省乃至全国。完成891名中小学乡村教师国家级培训任务，为抚州市汤显祖戏剧节暨国际戏剧交流月、打造“中国戏都”做出重要贡献。承办中铀公司2018年国际化经营人才英语交流能力提升培训班。

【校友合作】 成立学校教育发展基金会，设立校友奖助学金；邀请校友回母校参加科技成果推介会，共同深入探索人才培养、科研合作、成果转化等合作新模式，实现互惠共赢；自2018年开始，在应届毕业生中选聘班级校友联络员，共聘任校友联络员168名，培养一批校友工作骨干，联络沟通平台得到进一步完善。

【国际合作】 响应国家“一带一路”战略，与柬埔寨、土耳其、印度、巴基斯坦、尼泊尔、哈萨克斯坦、吉尔吉斯斯坦、南非、保加利亚等国家的高校及科研机构签署合作备忘录，加强与“金砖国家网络大学”成员的科技合作。与俄罗斯联邦卫生部在质谱科学领域开展深入合作，中俄质谱科学与仪器研发中心（一带一路联合实验室）筹建工作全面启动，孙春兰副总理调研质谱中心俄罗斯分中心俄方共建单位。与柬埔寨合作，落实新能源领域的“把光明带到农村项目”，推动共建“中柬太阳能技术转移中心”。与俄罗斯、乌兹别克斯坦在铀矿采冶和高放废物处置等领域的研究取得显著成果。新增国外合作高校9所，其中美国和吉尔吉斯斯坦各3所，南非、巴基斯坦、土耳其各1所。接待美国、日本、荷兰、爱尔兰、泰国、尼泊尔等国家的高等院校到校访问，与尼泊尔特里布汶大学筹划联合申办孔子学院工作深入推进，校际合作与访问成效显现。师生境外研修不断加大，2018年，申请公派出国留学项目12人，国家公派出国外语培训30余人次；赴捷克短期专项培训15人；依托科研项目选派青年教师到法国、爱尔兰等高校、科研机构进行科研交流；选拔教师到爱尔兰阿斯隆理工学院、都柏林理工学院学习国外高校教学实践优秀经验。教师出国进修培训、科研及国际会议共计96人次，学生境外研修层次丰富，覆盖本科生及研究生。引智工作再创佳绩。俄罗斯籍教授康斯坦丁·琴晋荣获中国政府“友谊奖”，成为江西省2018年唯一获此殊荣的专家；获批江西省“双千计划”外专项目3项。国际原子能机构技术合作稳步加强。举办国际原子能机构（IAEA）“高放废物地质处置库黏土岩场址筛选选与评价”技术合作项目研讨会，促进和加快我国黏土岩处置库场址筛选与评价的研究。获批新一轮技术合作项目1项。

【资源配备】 4号教学楼主体完成，实验大楼开工建设，国防科技大楼改扩建基本完成，智慧化校园建设全面铺开，两地多校区资源整合有序推进。南昌、抚州两地校区完成多项绿化、美化工程，提升校园景观效果。图书馆实现暑期全天候开放。引进座位管理系统，有效解决学生学习座位占位问题。完成校园一卡通系统升级工作，在省内高校率先全面推出校园虚拟卡，方便师生学习生活。关心关爱离退休老同志，新建抚州市第一个室内门球馆，成立抚州老年大学东华理工大学分校，离退休工作走在江西省高校前列。

（郑　纲）

【东华理工大学领导名录】

名誉校长：钱七虎

党委书记：徐跃进（任至3月）
　　　　　柳和生（8月任）

党委副书记、校长：
　　　　　柳和生（任至8月）

党委副书记：刘紫春

副 校 长：孙占学　汤　彬
　　　　　郭福生　陈晓勇
　　　　　聂逢君　李德平
　　　　　陈焕文

纪委书记：万继锋

南昌大学抚州医学院

【概况】 南昌大学抚州医学院是南昌大学医学教育的组成部分，是培养医学专门应用型人才的教学型学院。占地面积38.67公顷，建筑面积25万平方米，全日制在校生8600多人。

学院拥有本科（第二批次）和专科两个层次的教育体系。本科设临床医学、护理学、医学影像学、口腔医学、医学检验技术、药学等6个专业；专科设临床医学、护理、口腔医学、全科、麻醉、影像、检验、药学等9个专业。其中，护理是华东六省一市开办最早、省内外影响较大的专业，临床医学是江西省首批示范专业，口腔医学是学院特色专业。

学院图书馆建筑面积1.36万平方米，阅览座位2000余个，纸质藏书32万余册，电子图书110余万册，全面共享南昌大学及抚州市图书馆电子资源，开放中国期刊网、万方数据知识服务平台和维普中文科技期刊等43种中文数据库，引进EI、ISTP、SCI、SPRINGER、ELSEVIER、PQDD等数据库70余种外文数据库。

学院有两栋现代化实验大楼，建筑面积共6万多平方米；设有口腔医学实验教学中心、美康医学检验实验教学中心，有各类实验室260余个，布局合理，设备齐全。

学院有抚州市第一人民医院（南昌大学第五附属医院）等6所附属医院，并有1所三级附属医院（南昌大学抚州医学院附属医院）正在建设之中。在全国各地建立150多家实习基地，充分满足各级、各专业学生的实践教学需求。

学院基于自身力量并依托校本部、校企合作和社会力量，建立一支素质精良、严谨求实的师资队伍和科研团队。共有362名专任教师，其中博士32人，硕士158人，博士和硕士研究生占教师总数的52%；副高以上专业技术职称的教师占教师总数67%。学院教师在国内外学术杂志上发表论文千余篇，编写和出版教科书及论著170余部，完成省级以上科研项目50余项。

【就业质量稳步提升】 自2000年始，学院“专升本”录取率一直位列省内同类院校之首；历年护士资格考试通过率均在98%以上，远远领先于省内同类院校；根据省毕业生就业指导中心数据统计数据，学院2018年一次性就业人数2156人，就业率96.55%，毕业生就业形势良好，就业质量稳步提升；2019届本科毕业生中有26人享受硕士研究生推免政策，共115人顺利考取硕士研究生，考研录取人数占本科毕业生总人数的28.19%，为历史新高。

【加强德育教育】 针对医学教育普遍存在的重医学专业知识、轻人文素养倾向，学院建立“知行合一”德育教育模式，通过国学经典诵读、校园志愿服务和素质拓展活动，完善学生人格和心智。经过多年摸索和实践，校园志愿服务和素质拓展活动已成为学院的办学特色和文化传统。学生通过课程学习和实践活动陶冶情操，学会沟通，培养职业精神，感受人格养成和精神成人的过程，为就业和发展做好准备。

【管理模式特色鲜明】 2005年，学院推行ISO 9001:2000质量管理体系并成为国内首家获得整体认证的公立高等医学院校。该体系经过多年的运行实践和逐步完善，已形成具有学院特色鲜明的“三个体系一个平台”管理模式，较大程度上降低管理成本，减少管理层级，提高学院的整体管理水平和管理效能。

（抚州医学院）

【南昌大学抚州医学院领导名录】

党委书记：何　琴

党委副书记、院长：姚祖才

党委副书记、纪委书记：邹敏辉

副院长：李小鹏　　李淑雯

党委委员、副院长：李东明　邱亚雨

党委委员、组织人事办公室主任、附属医院管理办公室主任：邓晓敏

党委委员、学生处处长、团委书记：张　丽

党委委员、党委（院长）办公室主任：饶泽昌

江西中医药高等专科学校

【概况】 江西中医药高等专科学校创建于1986年，是全国8所中医药高等专科学校之一，国家中医药管理局重点建设的新型特色高等院校。学校有新老两个校区，老校区位于抚州市中心城区，新校区位于抚州高新区，共占地70.02公顷（含新增校园土地面积40.45公顷），有附属医院1所。至2018年年末，在校生1.1万余人。校园绿化面积6.67公顷，校内山水亭湖，花草树木交相辉映，是环境优美的园林校园和生态校园。

学校坚持中国特色社会主义的办学方向，牢记“教书育人、立德树人”的根本使命，以科学化、规范化的特色管理，努力营造和谐、稳定、安全的校园环境。先后获得全国卫生文明建设先进集体、全国卫生系统先进集体、全国中医药继续教育先进集体、全国节约型公共机构示范单位、江西省文明单位、江西省高校平安校园示范学校、江西省园林单位、全省教育系统“规范管理年”“创新发展年”活动先进集体、江西省高等学校节约型校园建设先进单位、江西省依法治校示范校、首届中国网民最尊敬的（江西）十大高校、江西省普通高校毕业生就业工作评估优秀单位、全省高校就业工作先进集体、全省征兵工作先进单位、全省高校党建工作优秀单位、江西省情教育教学先进单位、抚州市文明单位、抚州市社会管理综合治理目标管理先进单位等荣誉。国家级、省部级、地市级等领导曾多次到学校视察，给予充分肯定。

【“建院升本”稳步推进】 抚州市委、市政府为学校升本工作多次召开协调会、调度会、现场办公会，现场解决新校区扩建工程项目和征迁工作中存在的问题。新校区扩建设计方案已在市中心城区规划委员会第三十二次会议上整体通过。新增土地上的拆迁工作接近尾声。学校召开多次建院升本工作推进协调会（调度会），就新校区扩建工程规划设计方案的完善、资金筹措、项目推进等事项进行专题研究。内涵建设同步推进，“建院升本”步伐加快进行。

【人才培养特色】 学校以建设“国内有影响、省内有优势、办学有特色、学生有作为”的新型中医药高专为定位，以培养面向医药卫生、保健康复行业产业的应用型高素质人才为目标，逐步形成以中医药高等专科学历教育为主，以高等职业教育、继续教育和社会培训为辅的办学体系。学校教育主体由“三系”（医疗系、药学系、护理系）“四部”（思想政治理论课教学部、医学基础部、公共与社会科学部、成教部）组成，共开设20个专业（方向），形成中医医疗、康复保健、药学、护理四大专业群。

至2018年，学校有2个中央财政重点建设专业、1个中央财政重点支持建设实训中心、3个省级人才培养创新实验区、1个省财政重点支持建设实训中心、4个省级优秀教学团队、5个省级特色专业、7门省级精品课程和2门省级精品共享课程，4门课程入选国家职业教育专业教学资源库。学校先后取得“七个一”的好成绩：招生增幅在全国同类院校第一方阵，学生技能大赛获全国团体一等奖，全国同类院校中唯一获得国家自然科学基金课题立项，全国同类院校以及江西唯一获得国家级医学流派建设基地立项，就业率连续6年在全省医药类高职高专院校中排名第一，学校获专利数在同类院校中排名靠前，全国中医药高职高专教材编写名列同类院校前列。有3个国家级基地（国家级执业中医师考试基地、农村中医药骨干人才培训基地以及全国中医传统流派建设基地），1个教育部、财政部支持建设的药物工程实验室，1个省级中医药文化传播基地，1个市级建昌帮工程中心（博士工作站），1个省级优势特色专业（中药学）。

【招生就业】 2018年，停止高职和单独招生，扩大专科招生，录取到校3214人（其中大专2244人，保留入学资格46人，南昌卫校924人），在校生1.1万人，生源结构、质量得到优化提升。举办11场专场招聘会，256家用人单位为

3367名毕业生提供6521个就业岗位，就业岗位与专业对口率在90%以上。毕业生初次就业率90.14%，年末就业率96.19%，毕业生留赣率66%，高于全省高校毕业生留赣留抚平均水平20个百分点。举办贫困家庭毕业生就业帮扶专场招聘会，开展贫困家庭学生“一对一”就业帮扶，117名“建档立卡”贫困家庭毕业生就业，江西卫视对此作专题报道，省教育厅评估小组到校开展就业工作评估时给予充分肯定和高度赞扬。开办推拿保健和美容2个体验馆，在第二届中医药文化大会期间获得与会代表一致好评。重点打造仙盖山中药种植园、文昌里盱江医学建昌帮中医药文化体验馆、南城县建昌帮药业等校外创新创业实践基地。市科技局授予“抚州众创空间”和“抚州市优势科技创新团队”荣誉称号。

【师资队伍】 学校坚持“请大师、引贤才、育新人、重双师”的人才强校战略，着力打造高素质、高技能的“双师”型教师队伍。坚持“不求所有、但为所用”原则，与多家医院及医药企业建立人才共享机制，聘请医疗行业知名专家为专业带头人，建立一支临床经验丰富的兼职教师队伍。2018年，设立高端人才引进专项资金1000万元，引进高素质人才32人，其中留美归国博士1人，全日制硕士研究生18人，师资建设步伐不断加快。开展“柔性引才”，聘请“建昌帮”第七代传人上官贤为客座教授。2018年，共有教授29人（其中二级教授2人，三级教授3人），副教授43人，“双师型”教师占比达72.5%，研究生以上学历教师占比达36%以上，有国家级名老中医1人，博士生导师2人、硕士生导师4人，江西省名中医6人，享受国务院津贴专家1人、省政府津贴专家2人、市政府特殊津贴专家7人，江西省百千万人才5人，江西省高校中青年骨干教师12人，江西省高校教学名师3人，江西省模范教师1人；有省级优秀教学团队5个。先后3次组织近300人次参加在苏州大学、复旦大学举办的综合能力提升培训班。

【教学研究】 2018年申报39项科研项目，其中省级12项、厅级7项、市级20项；结题15项，其中省级3项、厅级1项、市级11项，共发表论文105篇。申请国家专利8项，已授权6项，授权专利总数增至15项。组织开展教改课题研究，2项中医药行业、6项省级和19项校级课题获立项。组织参加国家卫健委高职高专医疗美容技术和康复治疗技术专业“十三五”规划教材的编写工作，担任2门课程主编任务和9门课程副主编任务，在全国中医药高职高专院校处于领先地位。坚持“以赛促教、以赛促学”，组织参加国家、省市系列教学技能比赛活动，学校师生屡获佳绩：在全国中医大学生临床能力大赛中获得高职组团体三等奖；在全国职业院校中药传统技能赛中获得三等奖；在第二届全国卫生职业院校医学美容技术专业技能大赛中获得两个单项二等奖及团体三等奖；在江西省职业院校技能大赛（高职组）中药传统技能竞赛中分获二等奖及三等奖；在江西省职业院校技能大赛护理技能竞赛中获得个人全能第二名；在江西省职业院校技能大赛高职组护理技能赛中获一等奖；在江西省第六届高校辅导员素质能力大赛中有2位教师分别获得二等奖和三等奖；在全省高校公共安全教育骨干教师教学能力展示活动中有1位教师获得一等奖。

【校园文化】 按照“让学生成为德才兼备全面发展的人才”的培养思路，以立德树人为根本，以社会主义核心价值观为引领，以江西省“三色文化”（红色、绿色、古色）教育活动为依托，以学校“三元文化”（大学文化、临川文化、中医药文化）特色积淀为基础，通过校园文化建设结合学校“大思政”教育格局的构建，开展以“明礼、崇德、敬业”为主题的“三创三评三养成四大讲堂”学生文化养成教育活动，从校园、班级、寝室三级层面着手，培养学生的文明行为、人文素养和职业精神，全面提升学生综合素质，“以文化人、以文育人”。开展12期“四大讲堂”等系列活动，4000余名学生参加，江西教育网、大江网、抚州日报对此进行集中报道。开展建团96周年系列纪念活动、国家安全日宣传教育活动、安全法制宣传教育月活动等校园文化活动。组织800余名师生参加市汤显祖戏剧节暨国际戏剧交流月活动，完成6个大型节目演出任务，彰显师生良好素质和形象，学校获得该活动先进单位荣誉称号，74名师生获得先进个人荣誉称号。承办第二届中医药文化大会展览馆布展、盱江医学文化论坛、暖场演出三大任务，得到市政府和与会代表的充分肯定。与芝山社区结对共建，组织党员到社区报到，为社区提供志愿服务活动。

【校园安全】 学校投入28万元升级改造老校区技防体系，更换高清监控探头60多个，为有效预防校园侵害案件和灾害事故等提供技术保障；在宿舍防盗窗安装逃生窗的基础上安装逃生锁；开展“反邪教、防溺水、防诈骗”等19个方面安全教育；开展消防安全专项整治工作，注重消防设施维护保养日常化；在新老校区建设校园快递超市，规范校园快递服务；充分利用教育厅学校安全工作平台，设立11名网格巡检员，及时登记、整改、核销安全隐患。2018年，学校再次被省教育厅授予“全省高校平安校园示范学校”荣誉称号，被市综治委授予“全市社会治安综合治理目标管理先进单位”荣誉称号。

【合作交流】 充分发挥学校优势，贯彻市委、市政府重大决策，提升对地方经济社会发展的贡献度。主动融入地方中医药产业和大健康产业发展大局。继续开设“盱江医学”和“建昌帮药业”试点班，加强与建昌帮药业有限公司合作，为市企业、产业发展培养急需人才。加强“天施康”班管理，增设中药鉴定技术、中药炮制技术课程。持续加强校地、校企合作。先后与金溪及南城县人民政府、临川区文昌里历史文化街区、临川区仙盖山中医药产业园及江西金泰医药包装材料有限公司签订校地、校企合作协议。继续加大对外培训力度。为市卫计委举办3期盱江医学高级研修班，学员240人；与市民政局合办中医养老护理培训班2期，学员160人；与临川区卫计委、高新区社会事业局合办3期共1000多人参训的基层医生培训班；为期一年的市基层卫生人才（全科医生、盱江医学传承）能力提升培训班（第一批）正式开班，学员76人。参加志愿服务活动，推进文明创建常态化。帮助成立江下村养殖专业合作社、江下股份经济合作联社，贫困户年度分红资金近4.65万元。学校产业扶贫和就业扶贫工作被作为特色亮点在抚州市广泛宣传，为全市其他乡镇提供参考。参与全省旅游发展大会，第二届中医药文化大会和汤显祖戏剧节活动，积极提供服务，投入160万元，新建文昌里历史文化街区盱江医学建昌帮中医药文化体验馆和新校区盱江医学建昌帮展示馆（一馆三区），得到上级领导和参观人员的好评，得到市委市政府充分肯定。

（戚中美）

【江西中医药高等专科学校领导名录】

党委书记：黄文贤
校　　长：胡志方
党委副书记：梁茂华
党委委员、副校长：陈建章
副校长：涂国卿
党委委员、副校长：卢　萍
　　　　　　　　　曾金贵
党委委员、纪委书记：王　砥
党委委员：刘良福　梅国荣

抚州广播电视大学

【概况】 抚州广播电视大学是由抚州市人民政府举办，以系统办学为依托，以现代信息技术为支撑，服务全民终身学习的新型大学。抚州广播电视大学创建于1979年，开始为抚州地区电大工作站。1984年经省人民政府批准，正式成立江西广播电视大学抚州地区分校。1990年，抚州地区行署决定将抚州地区分校和抚州地区教育学院（筹）合并，成立抚州地区高等职业技术教育中心，实行三块牌子，一套人马，合署办公。2000年7月，经省政府同意，正式更名为抚州广播电视大学。抚州广播电视大学、抚州市高等职业技术教育中心为两块牌子、一套人马，是抚州市市属成人高等院校。是以教育部直属高校——国家开放大学为主体的中国广播电视大学系统的组成部分，经江西省人民政府批准创办，属国民教育系列。

学校采用系统运作的教学管理模式，以适合从业人员学习需求的专业和课程为内容，以整合优化的学习资源为基础，以天网、地网、人网合一的学习环境为支撑，以学习者自主学习为主要方式，以严格而有弹性的过程管理为保障，培养留得住、用得上的应用型高等专门人才。根据教育部规定，电大采用“宽进严出”的招生政策，国家开放大学本科的注册对象为具有国民教育系列相同或相近专业高等专科（含专科）以上学历者（其中本科护理学专业招生对象限于护理学专科毕业、持有护士执业资格证书的在职在岗卫生技术人员）；专科教育的注册对象为具有高中、职高、中专、技校及以上学历者（其中护理学、药学专业招生对象限于中专毕业、专业对口的在职在岗卫生技术人员，报读护理学专业的学生必须持有护士执业资格证书）。符合以上条件的学生经资格审查合格后即可免试入学和注册学习有关课程。学生注册后必须严格按照各专业培养方案完成各教学环节的学习任务，通过国家开放大学统一组织的形成性考核和课程考试，取得规定的学分，根据教育部有关要求，二年制专科、专科起点本科专业最短学习年限为两年半。符合毕业要求的，颁发国家承认的专科或本科学历毕业证书，教育部给予毕业证书电子注册，可在中国高等教育学生信息网（www.chsi.com.cn）查询，欧美等150余个国家和地区承认，有“国际学历绿卡”之称。本科学生达到授予学位的标准并符合有关规定要求，可获得国家开放大学授予的学位证书。学生在校期间可按评优条件参加江西电大优秀学员和国家开放大学优秀毕业生评选，学习成绩优秀的学员可以申请国家开放大学奖学金。

2018年，学校被评为全市“文明校园”、综治优秀单位、公共节能优秀单位、计划生育优秀单位。

【教学基础设施】 学校校园占地面积2.67公顷，校舍建筑面积1.3万平方米，学校拥有较为先进的多媒体教学设施和教学实验手段。结合开放教育、远程教育特点，注重现代远程教育设施投入，有计算机网络教室6个，可以进行双向视频会议、网上教学互动的多媒体多功能教室1个，云教室一间，联网48座和60座语音室各1个、财会模拟实验室1个；电大系统移动图书馆有电子图书200万册；组建100兆校园网，学生可以充分利用国家开放大学学习网和奥鹏远程教育学习平台，自主开展网上学习；全校有电脑220台，投影仪12台，电子白板5个；教职工均配置台式和手提电脑，实现办公自动化、教学网络化。

【专业设置】 2018年，学校办学类型和专业层次主要有：1.电大开放教育。本科开设专业有金融学、法学、汉语言文学（师范方向）、计算机科学与技术、土木工程、护理学、工商管理、会计学、行政管理、学前教育（学前教师教育方向）、公共事业管理（学校管理方向）等；专科开设专业有金融管理、法律事务、护理、行政管理、公共事务管理（学校及社会教育管理方向）、工商企业管理、会计、小学教育、学前教育、汉语言文学、英语（师资培养方向）、建设工程管理、工程造价、水利水电工程管理、计算机信息管理、药学、物业管理、社会工作、园艺技术（都市园艺方向）等。2. 助力计划。开设专业有计算机信息管理、物流管理、汽车营销与服务、城市轨道交通运营管理、应用化工技术。3. "一村一名大学生工程"。本科开设专业有园艺，专科开设专业有园艺技术、畜牧兽医、农业经济管理、行政管理（村镇管理方向）、工商企业管理（乡镇企业管理方向）、休闲农业。4. 与名牌大学合作本专科学历教育。与中国医科大学合作，开设的本、专科专业有护理学、药学；与中国石油大学（华东）合作，开设的本、专科专业有机电工程一体化、电气工程及自动化等。

【师资建设】 学校拥有一批具有高、中级职称，政治思想、业务素质较好的专、兼职教师队伍，有在岗教职工 36 人，其中正高职称 1 人、副高职称 10 人、中级职称 11 人、初级职称 5 人。其中，专职教师 27 名，获教师系列职称者 20 人。为适应事业发展，外聘 11 名特聘教授及 84 名高素质兼职教师（其中高级职称 53 人、中级职称 25 人）。深入研究开放教育、远程教育人才培养模式，加强与国内名牌高校合作，开展教学创新，着力实施以"劝学、导学、助学、督学"为主的教学改革；完善网上学习平台，丰富学习资源，实施"人性化""个性化"教学，为学生提供及时、全面、体贴、高效的学习支持服务；坚持教学科研一体化，广泛开展"听课评课""优质课"比赛和教学研讨会等活动，不断提高教学水平。学校的专职教师有较丰富的教学经验并积极开展教研活动。2018 年，学校教师在省级及以上刊物发表科研论文 1 篇，完成省级课题 1 个、市级课题 1 个，6 名教职工被江西广播电视大学评为先进个人。

为筑牢师德师风根基，强化新时代龚全珍师德教育工作，举行践行《江西省广播电视大学系统师德公约》签名承诺、争当"新时代龚全珍式好教师"活动。

【系统建设】 学校高度重视系统建设，建有 10 个县电大工作站，在东乡县委党校、宜黄县委党校、广昌县委党校设有三个电大教学点，形成覆盖全市各县区的远程教育办学网络和教学组织系统。全市电大系统坚持面向基层、面向行业、面向社区、面向农村办学，为适应实践教学环节的需要，在临川区人民法院、国泰君安证券抚州营业部、临川区东馆镇站上村、临川龙鑫生态养殖有限公司、抚州市林科所等单位建立校外实践基地 21 个。

【多渠道办学】 为拓展生源，扩大办学规模，学校不断改善办学基础条件、拓展办学专业，成立以党委书记、校长为组长的招生领导小组，根据实际情况，适时召开招生动员会、培训会、分析会等，加强与各方面沟通，为招生工作正常开展铺平道路。同时，学校强化激励，建立奖惩机制。通过制定招生方案，将任务分到处（室）、分到个人，未完成任务的处室和个人年度考核不能评为优秀，对完成任务好的职工予以表彰奖励，将招生实绩与年终奖金分配挂钩。促使完成任务较好的教职工主动帮助完成任务有困难的教职工，强化团队合作精神。通过全体教职工的共同努力，招生工作有突破性进展。2018 年，学校招收本、专科新生 2949 名，其中招收江西省"一村一名大学生工程"学生 480 名。截至年底，在校生总数 7000 人。年内，学校开展职业技能、岗位、普通话等各类培训 800 余人次。35 名学员分别荣获国家开放大学优秀毕业生、江西电大优秀学员、江西电大"一村一"优秀毕业生称号。

【社会效益】 学校党委、行政以开放教育为主体，学历教育与非学历教育并举，提升学校综合办学实力。学校招生、教学和管理等业务工作得到长足发展。办学以来，学校已培训近 3 万名"留得住、用得上、干得好"的新型高等应用人才；2012 年实施"一村一名大学生工程"以后，累计招收学员 3826 人，毕业 2307 人，他们都成为乡村振兴、新农村建设、脱贫攻坚中有知识、懂管理、用得上、留得住的"土专家""田秀才"。学校影响日益扩大，电大品牌深入人心。学校发挥信息技术和系统办学优势，服务学习型社会，搭建终身学习"立交桥"，成为抚州市终身教育体系和学习型社会的重要支柱，向建成"全市成人学历教育名校、职业技能培训基地、继续教育和远程教育中心"方向迈进。

（胡淑云）

【抚州广播电视大学（高等职业技术教育中心）领导名录】

党委书记：谢晓宇

党委副书记、校长（主任）：龚晓辉

党委委员、副校长（副主任）：吴文新

谢雪平

韩学军

党委委员、纪委书记：周　鼎

抚州幼儿师范高等专科学校

【概况】 抚州幼儿师范高等专科学校（前身为东华理工大学行知分院、崇仁师范学校）是经江西省人民政府批准、教育部备案的一所培养大专层次小学和幼儿园师资的公办师范类专科学校。自建校起，学校始终高扬师范教育旗帜，秉承"团结、勤奋、务实、创新"的优良校风，形成"以人为本、面向社会"的办学思想和"以生为本、全面发展"的育人思想，已累计为社会培养输送 2 万余名毕业生，培训中小学校校长、中小学各科骨干教师 4200 余人次。

学校总占地面积 62.67 余公顷，其中位于抚州教育园区（王安石大道东延伸路）的新校区占地 41.33 余公顷；位于崇仁县校区占地 21.33 余公顷。学校总建筑面积约 28 万平方米。

学校本科以上学历专任教师 206 名，其中教授 1 名、教授级讲师 2 名、高级讲师 47 名。具有研究生学历教师 78 名，博士 2 人，省特级教师2人。学校开设学前教育、小学教育、语文教育、艺术教育、科学教育、现代教育技术等6个专业，主要招收高中毕业起点三年制大专及初中毕业起点五年一贯制大专定向师范生和部分非定向师范生。2018年,在籍大专生3152人。

学校现拥有纸质图书24.73万册，电子图书100余万册，中外文期刊397种；拥有现代电子图书管理系统和计算机网络服务体系，建有相匹配的电子阅览室，可使用省高校文献信息资源保障系统“超星数字化图书馆”等教育资源；拥有固定的校内外教学实践基地、教学技能训练场所；建有标准化的大剧院、钢琴房400多间、实验实训室48个、附属小学1所，校外教学实习实训基地52个。

【教育教学】 教师张建华在2018年第三届北京鼓乐节比赛中，获马林巴演奏银奖；胡蜀、刘武华两名教师原创作品《橘乡娃》在2018年江西省“唱响中国梦”原创少儿文艺优秀作品网上视频大赛中获一等奖，是抚州市唯一参赛作品；艾秀颖、余春雪在江西省第一届职业院校技能大赛之弹拨乐器竞赛中，分别获二等奖、三等奖；周蓉蓉、陈梦婷、宁雁宇和赵殊雯等4名学生在江西省职业院校技能大赛中获团体赛三等奖；6名学生在江西省教育厅主办的第八届“艺德杯”大中小学师生艺术作品征集活动中获得较好成绩；学校制作的《配乐诗朗诵〈乡村定向生之歌〉》在全国中小学校园影视评选中获二等奖；学生曾琴在全国第五届大学生艺术展演活动中获绘画一等奖；学生李恬在老师刘亚勋指导下的美术作品《婺源人家》被评为优秀作品，成功入选第十届江西省青年美术作品展。2018年，在“大学大美，青春无毒”江西省大学生禁毒知识竞赛活动中，学校获“全省禁毒工作先进学校”称号。

【思想建设】 学校以文明实践中心为平台，围绕学习贯彻习近平新时代中国特色社会主义思想和中共十九大精神这个主线，精心设计学习菜单，逐步形成以“学思想、读红书、讲红色故事、强使命”为主题的学习法。邀请江西省教育厅原巡视员、江西省高校思想政治理论课教学指导委员会主任委员周金堂到校作《认真学习贯彻党的十九大精神、习近平新时代教育思想，努力办好人民满意教育》专题报告；组织师生观看《厉害了,我的国》《浴血广昌》《信仰者》等爱国影片；组织师生学习习近平总书记在北京大学师生座谈会、纪念马克思200周年诞辰大会、庆祝改革开放40周年大会、全国宣传思想工作会议以及全国教育大会上的重要讲话精神；由学校宣传部门牵头，师生自行摄制的《生是为中国,死是为中国——刘伯坚家书节选》作品，获邀参加抚州市“诵读红色家书讴歌伟大时代”文艺演出活动以及“回望峥嵘读初心——江西高校‘诵读红色家书讲述英烈故事’巡演（抚州站）”活动，深受好评；开展“学习新思想，千万师生同上一堂课活动”等，抓好高校师生思想政治工作。

【社会实践】 学校在2017年度全国大中专学生暑期实践新媒体公益传播评选表彰活动中，通过与全国600余所高校逾8000多个团队和项目角逐，获得包括优秀志愿者（6人）、优秀团队、优秀项目、优秀指导老师（2人）、优秀组织、优秀报道、最美中国发现等七个奖项。在“青春大学习奋斗新时代”第三届全国大中专学生“三下乡”暑期社会实践公益传播力展示活动中，获优秀实践团队奖，吴志刚获“优秀实践教师奖”，《情暖童心——七彩假期》获“优秀实践传播奖”，何伊梅、乐书赢、胡文蔚获“优秀实践个人奖”。组织740名师生参加抚州市2018年汤显祖戏剧节暨国际戏剧交流月活动，其中160人分别参加七个主舞台节目的伴舞，300人分别参加三个巡游方队，280位师生参与志愿者活动。

【招生就业】 2018年招生人数1647人，其中五年制大专724人（定向生579人），三年制大专923人。通过实施专题式就业指导课程教学、日常指导等就业指导方式，对学生进行全方位就业指导，拓宽就业渠道，搭建就业平台，构建就业网络，学生就业率在全省同类学校名列前茅。年内，学校毕业生共1628人，初次就业1568人，就业率96.3%。

【抚州幼儿师范高等专科学校领导名录】

党委副书记、校长：万晓定

党委委员、副校长：杨福毅

汪伟跃

徐武生

许细华

党委委员、工会主席：朱彦保

抚州职业技术学院

【概况】 抚州职业技术学院是2003年6月经江西省人民政府批准、教育部备案，在原江西省重点中专抚州经贸学校和抚州农校的基础上，融入抚州文艺学校资源，且于2007年经抚州市人民政府批准，整合全国重点技校江西机械电子技工学校、抚州市技工学校而组建成的一所集理工、经贸、生物、艺术为一体，以培养高级应用型技术及管理人才为主的公办全日制普通高等专科学校。

学院占地面积62.73公顷，建筑面积26万平方米，在校全日制学生9000余人，成人教育学生820人。学院现有教职工486人(不含离退休138人)，其中专任教师372人,正教授18人,副教授78人，双师型教师172人。

学院设机电工程分院、艺术分院、经济管理分院、旅游分院、信息工程分院、商务分院、汽车工程分院7个教学单位，另设基础教学部、思政部、继续教育分院3个教辅机构，党群机构6个、行政机构11个，内设机构合计27个。开设了数控技术应用（江铃班）、工业机器人、汽车检测与维修（上海大众班、新奇特汽车班）、计算机应用、会计、导游、空中乘务、音乐表演（学前教育方向）、电子商务等30个专业。

学院拥有培训楼、综合实训楼、教学楼、实训楼、艺术楼、演奏厅、食堂、公寓、篮球场、足球场、排球场等完备的办学设施，另有语音室、学术报告中心、思政教学研练室、数控、机电一体化、汽修、财会、音乐表演等各类实训实验场所41个，建成全省一流的电子商务实训中心一个，拥有30个教学机房，配置计算机1500余台，并建有校园网，200多个教室全部实现多媒体教学，图书馆藏书30万册，电子图书4000GB。

【教学科研】 学院注重内涵质量建设，通过推进各项改革，质量内涵得以大幅度提升。深入推进学分制改革。组织20余人赴浙江工业职业技术学院交流学习学分制教学改革，借鉴经验出台《学院学分制实施方案》《学院教学运行组织体系方案（修订）》《学生学籍管理规定（修订）》《学院学分制管理办法》等5个实施意见，确定学分制教学计划及课程学分、专业群平台课程和学生选择具体专业的原则性意见及要求，进一步推进学分制改革，学分制教学模式在2018级高职新生开始实施。加大力度推进人才培养与引进。为适应市场需求，优化整合传统专业，发展面向新兴产业的相关专业和新兴交叉专业，使学院专业结构更趋合理，完成2019年三年高职、五年制大专、中高职衔接后两年专业拟招生申报及专业设置备案，共备案专业66个（含专业方向），其中各分院新增三年制高职专业14个。积极推进科研项目出新成效。完善《学院科研项目资金管理办法》《学院科研工作奖励办法》《学院教学单位科研工作考核制度》，严抓课题立项、中期检查及结题等管理工作，2018年度立项教育厅科技项目2项、教育厅人文社科课题2项、省教育规划课题1项、省级教改课题3项。2项教育厅人文社科课题顺利通过结题；学院“莲子固体饮料”和“发酵南安板鸭”2项科技成果项目入选2018年高校科技成果对接展示会省教育厅官方宣传报道并被推介。

【师资建设】 通过邀请清华大学教授张学政到院授课，组织23名青年骨干教师和学科带头人赴清华大学进行业务培训，提高教师业务能力。坚持柔性与刚性双管齐下，出台引进高层次人才暂行办法，以解决住房、提供高薪等方式建立引进高精尖人才长效机制。2018年共引进教师19人，其中新招录11人、高素质人才5人、新调入人员3人。申报完成38个事业单位高素质引进招聘计划。对接落实与俄罗斯彼尔姆市芭蕾舞艺术学院签订互派教师交流合作项目，聘任2名俄籍舞蹈教师。开展形式多样的技能竞赛。举办全院第二届教师信息化教学比赛暨首届移动教学大赛、全院性示范教学公开课及录制3门精品在线开放课程等创新手段，开展学院职教活动周、技能大赛、创业大赛、青年教师基本功大赛、学科带头人及骨干教师评选等教学活动，不断促进教学质量提升。

【学院管理】 规范学生日常管理。制定并实施《学院禁烟控烟管理办法》《学院学生着装及行为文明规定》《关于加强校园公共场所卫生管理的规定》，举办文明班级评选，加强学生日常行为规范教育；开展安全主题班会教育，提升学生安全保护意识；出台《学生临时困难补助管理办法》，使更多学生得到困难补助；加强学生资助管理，确保资助工作的政策性、公平性，2018年度资助总学生数1455人，总资助资金451.95万元；对各班级心理委员进行心理培训，通过一系列心理健康知识、校园心理情景剧等比赛活动，普及心理健康教育知识，加强学生心理健康教育，提高学生心理素质。

强化校外实习管理。修订《学院校外实习教学管理暂行规定》，明确校外实习管理原则、校外实习大纲与计划、校外实习组织实施与检查步骤、成绩考核考核方式及校外实习指导教师工作量管理等，进一步强化校外实习安全管理。

优化绩效分配管理。制定《学院2018年度绩效管理工作实施方案》，出台新修订的《2018年绩效工资实施办法》，使绩效分配有章可循；增加学院绩效总量，由2017年年初的1116.7万元增加到2018年的1525.3万元，由2017年年初的人均3.2万元提高到2018年的人均4.6万元，切实提高教职员工工资福利待遇，提升教职员工幸福感。

强化校园安全管理。制定《校外实习安全应急预案》《校内停车管理办法》《网络安全应急预案》等制度；购买教职工和学生人身医疗或意外保险，降低学院安全风险；建立“日巡查”及“日报告”制度，学院保安工作实施全面社会化管理，安全防范体系日趋完善；加强与长岭派出所、兄弟院校保卫处的沟通和联系，建立有效的协调配合机制，确保校园平安和谐。

精细化其他各项管理。实行班子“每周碰头会”和每月工作调度机制、处室分院每周工作报送制度，坚持每周教学督导“微信晒情况”制度等，加强学院班子和各部门日常管理；出台《学院财政专项资金管理办法》，配备专职会计，开展财务审计，加强财务管理；制定和完善《物资采购验收专家库管理办法》《维修装饰和基础建设工程校内公开招标采购管理办法》《学院公务用车管理补充办法》等，建立健全后勤、三公管理等规章制度，扎紧制度篱藩，从源头上规范管理。

【党建工作】 2018年，学院党委严格按照习近平总书记“把抓好党建作为最大的政绩”的指示要求，年初出台《学院切实改进工作作风的实施意见》，加强作风整改，根据作风整治中存在的问题，出台《首问责任制》《按时办结制》《服务承诺制》《责任追究制》4项管理制度。党委书记作《以作风建设为抓手，全面落实从严治党“两个责任”》党课报告，增强党员干部的党性认识。

巩固文化宣传阵地。出台《学院校园网络管理方案》《抚州职业技术学院舆论宣传管理工作方案》等一系列管理制度，严格落实举办讲座、报告会、论坛、研讨会等一会一报告审批制度；加强校园网、广播站、电子屏、橱窗等宣传管理；成立由分院学工科长、班主任（或辅导员）、学生会干部等组成的“网络舆情三员”工作队伍，加强网络舆情监测监管；实施思政“研练”教学模式，丰富思政课堂教学内容和形式；推动思政党建融合发展，立足专业，将“立德树人”理念与党建、专业教学有机融合，提升党建工作的社会影响力。旅游分院党支部融入不坑游客、微笑服务教育，推进支部“党建+景区优质服务”项目，机电分院党支部在专业教学中融入一丝不苟、精准细致教育，推进“党建+高新区技能人才培养服务”项目；艺术分院党支部创建“创客坊”，推动“党建+商品油画人才服务”项目，“创客坊”工作室在全省旅发大会展示上受到省委书记、省长刘奇高度评价。组织广大党员教师赴井冈山、韶山等地接受革命传统教育；举办《红色家书》诵读大赛，观看《浴血广昌》电影，传承红色基因；举办“师生共庆十九大、不忘初心跟党走”歌咏比赛以及党史讲座、党章党规知识竞答演讲比赛等各类主题教育活动12场次。

以党建带团建，以团建促党建，开展“主题团日”“河水清”志愿者保护母亲河及“校区共建”关爱留守儿童爱心支教活动；每月开展全院“走下网络、走出宿舍、走向操场”三走体育活动；举办首届魅力团支书风采大赛和学院第三届社团文化艺术节活动；组织开展学院第八期大学生骨干培训、大学生暑期三下乡、助力抚州“三城同创”以及“我为抚职添光彩”演讲比赛、“纪念改革开放四十周年”摄影等活动，提升师生的思想素养。

【服务地方】 学院坚持“立足高新区，服务抚州市”的办学理念，加大与抚州各行业的合作力度，举全院之力服务抚州地方发展。组织1080名师生参与汤显祖戏剧节暨国际戏剧交流月活动，承担开幕式活动5个节目的演出任务；先后派出1300多名志愿者为全省旅发大会、全省互联网大会等全市重大活动提供志愿服务和礼仪服务；开展国防教育，年内共有143名大学生应征入伍，超额完成大学生应征入伍指标，排在全省高校前列；选派3名“精兵强将”脱岗驻村帮扶，投入专项扶贫资金10余万元，推进产业扶贫、电商扶贫、教育扶贫，扶贫工作取得优异成绩，学院被评为全市扶贫工作先进集体，在全市扶贫工作会议上作典型发言。助力戏都传承人才培养工作，继续开设戏曲班，定向培养抚州地方戏曲人才60人，中国教育电视台《少年工匠》栏目以《别样戏曲梦》专题报道学院戏曲班办学工作；继续开设油画班，为黎川油画城定向培养油画人才30余人；继续开设导游班，为抚州旅游事业输送专门人才近40名；加强学前教育人才培养，为抚州市幼儿教育行业输送优质毕业生400余人；加大继续教育培训工作服务力度，承接市委组织部、市教育局、市农业局等单位及社会团体的培训5000余人次。

【合作办学】 与彼尔姆市芭蕾舞艺术学校签订的教育交流合作协议，开拓国际合作交流；与北京中祥行业科技股份合作有限公司、江西大乘汽车公司、京东电商学院等签订校企合作协议，拓宽学生校外实习及就业渠道；年内与市人社局、高新区联合举办“政、校、企”合作的专场招聘会，达成合作企业85家，促成初步就业意向800多人，并组织近1000名学生赴高新区跟岗及顶岗实习，取得高技能人才培养与企业赢利的双丰收。

【校园面貌】 2018年，学院加强基础设施和校园文化建设，校园软硬环境得到极大改观。推进1.96亿元校改扩建工程，年内，学员宿舍和食堂建设项目（公共实训中心A栋）及9~10栋学生公寓工程交付并投入使用；南广场绿化工程基本完工，完成绿化面积约3900平方米；人工湖建设项目完工；宿舍“清凉工程”全力推进，学生宿舍全部安装空调；二期教工用房工程全面启动；学院节能示范工程成效明显，学院人均用水下降14.01%、人均用电下降17.20%、人均用油下降26.96%、人均用气下降21.05%，“全国公共节能示范单位”创建顺利通过省级和国家专家组验收。打造抚职“匠才教育”文化，完成学院校园文化的总体设计，全面启动校园文化建设一期工程，同时着手编撰校史。

【业绩亮点】 2018年度，被评为抚州市社会治安综合治理目标管理优秀单位、抚州市公共节能工作优秀单位、抚州市第二届文明校园、计划生育工作抚州市直优秀单位、全市年终综合考评市直优秀单位、抚州市绩效管理工作优良单位；服务全省旅发大会、汤显祖戏剧节活动获表彰。省级层面，获全省高校公共安全教育骨干教师教学能力展示活动一等奖、江西省全省辅导员说课比赛二等奖、职业院校教师信息化教学大赛二等奖；学生在江西省第九届中等职业学校“文明风采”竞赛获多个一等奖、在2018年江西省职业技能客服信息类竞赛和艺术专业（弹拨乐器演奏）技能大赛（中职组）中分别获得一等奖；《创客坊》项目在“赣江新区杯”江西省第四届大学生创业公开课总决赛中获三等奖；互联网+创新创业项目在全省第四届大学生互联网+创新创业大赛获三等奖；学院在2018年度江西省高校安全稳定工作考评中被评为示范单位。国家层面，全国公共节能示范创建通过国家专家组验收；被评为国防教育特色校；学生参加全国第二届职业院校华唐杯客服信息技能大赛获一等奖。还有一批教师、学生在各类竞赛活动中获奖，一批先进个人在省、市级评比活动中受表彰。

（黄　超）

【抚州职业技术学院领导名录】

党委书记：徐有田

院　　长：刘　胜
副 院 长：范慧玲　洪德良
　　　　　徐安庆
纪委书记：黄德明

体　育

【概况】2018年，抚州市体育事业得到较大发展。组织开展各类体育比赛或展示活动，带动近30万人次参与。争取场地资金1000多万元，新建凤岗河体育公园、崇仁球类馆、黎川全民健身中心和广场、金溪体育公园、东乡室内游泳馆等场地。全市有城市社区健身路径202条，社区多功能场地2个，城市社区体育设施覆盖率达85%；乡镇农体工程87个，行政村农民体育健身工程1128个，乡镇、行政村全民健身设施覆盖率达63%。全市13个单位、9名个人获得2014—2017年度全省群众体育先进单位和先进个人荣誉。竞技体育有新突破，各项赛事中连创佳绩。组团组队参加省第十五届运动会3个组别36个项目竞技比赛，夺得奖牌79枚，金牌数比第十四届省运会翻一番，参加国内外大赛中，获得世界冠军4次，亚洲冠军8次，全国冠军10次。体育产业发展有大跨越，体育品牌不断做大做强。

【省运会金牌翻番】抚州市组团组队参加省第十五届运动会3个组别36个项目的竞技体育比赛，共夺得金牌28枚、银牌18枚、铜牌33枚，对照第十四届省运会（金牌10枚、银牌16枚、铜牌20枚），实现金牌翻一番的目标。抚州市代表团被大会评为体育道德风尚奖代表团。另派出327名运动员、教练员、工作人员参加20个群众比赛项目，共获得金牌63枚，银牌56枚，铜牌30枚，金牌排位列全省第四。

【开展健身指导】2018年，选派8人参加国家级社会体育指导员培训；举办各级社会体育指导员培训14次，共培训805人次。至年底，全市各级社会体育指导员达5230人。

【国际赛事连创佳绩】2018年，在国内外大赛中，徐灿、胡晨、李勐凡、黄志勇、黄婷、尧佳乐、程灵芝等抚州籍运动员共获得世界冠军4次，亚洲冠军8次，全国冠军10次。市委、市政府向获得冠军的运动员及培养单位发去贺信表示祝贺。

【其他赛事活动频繁】年内抚州市组队参加省青少年锦标赛16个项目，达优50人，达良66人，武术散打获团体总分第三名，摔跤获团体总分第四名，举重、皮划艇获团体总分第五名，射击获团体总分第六名。组队参加省第四届阳光体育大会，踢毽队获银牌，拔河队获铜牌，校园定向获第四名，篮球获第八名，代表队团体总分获三等奖。市体育局组织全市11个县区参加百县田径、篮球、足球运动会，临川区田径获三等奖，东乡区篮球获一等奖，南丰县篮球获二等奖，临川区和资溪县足球获三等奖。

【体育管理规范】加强运动员注册管理，完成781名参加全省年度青少年锦标赛及省运会运动员在省体育局的注册、确认工作。强化运动员日常训练、教学、生活、参赛的管理，不断提高运动员运动、文化水平和综合素质。拓宽运动员出路，与抚州职业技术学院、临川一中、二中达成合作协议，为运动员争取更多成材途径。向省运动队输送集训、试训队员19人，为运动员的后续培养提供良好平台。9月，依法全面收回抚州市体育中心经营权。制定《抚州市体育局体育场馆免费低收费资金使用管理绩效考核办法》，使资金使用更加科学化、合理化、规范化。

【跑项争资有成效】两个县区三个项目获得2018年中央预算内公共体育普及工程资金694万元。8个有条件的县区体育场馆获得省级免费低收费对社会开放的资金补助243.1万元。

【大力开展品牌创建】抚州中德体育用品公有限公司成功成为抚州市第一家省级体育产业示范单位，并开通中欧货运集装箱班列。资溪大觉山景区、抚州源野山庄获得省级体育示范单位荣誉。资溪县大觉山景区漂流项目已通过两轮专家评审，有望获批全国体育产业示范项目。全国“围棋之乡”已完成申报。

【体彩销售历史纪录】2018年，抚州市体育彩票销售额达到6亿元，是上级下达目标任务的2.3倍，打破抚州体育彩票销售历史纪录。

【电子竞技比赛举行】7月7—8日，江西省第十五届运动会群众比赛项目抚州赛区电子竞技选拔赛在硕丰中心举行。该次选拔赛由抚州市体育局、抚州市体育总会主办，抚州市电子竞技协会承办，来自全市的12支代表队参加比赛。经过两天四轮十八场激烈角逐，最终临川区一队、汪汪队、临川区二队获得前三名。

【中国围棋甲级联赛（抚州站）比赛】7月16日，华为手机杯中国围棋甲级联赛江西四特酒队主场对阵杭州苏泊尔队比赛在抚州市开赛，是围甲第9次登陆抚州。双方主帅捉对厮杀，辜梓豪九段对战连笑九段，棋手唐奕以及围棋江西四特酒队教练李康对该场比赛挂盘讲解，最后，双方2∶2战平，但因主帅这盘棋辜梓豪输给连笑，最后江西队积1分，杭州队积2分。国家围棋协会对此该比赛非常重视，主席林建超亲临指导。江西四特酒队领队、江西省原副省长洪礼和到抚州督阵。

【抚州市全民健身技能展示大会】8月8日，2018年“健康中国行律动赣鄱地”启动仪式暨抚州市全民健身技能展示大会在市体育休闲广场举行，吸引10支展示队伍及社会各界健身爱好者约千人参加。该次活动由市体育局、市体育总会、市卫计委主办，市全民健身活动中心、市健康教育所、体育彩票抚州分中心、市社会体育指导员协会承办，设有柔力球、健身操、太极单刀、跆拳道、舞龙舞狮等多个展演项目。仪式最后，为10支展示队伍颁发“优秀展示奖”。

【环鄱阳湖国际自行车大赛（抚州梦湖站）比赛】 9月19日上午，由江西省政府主办的2018第九届“邮储银行杯”环鄱阳湖国际自行车大赛第七赛段（抚州站）比赛在梦湖景区开赛。来自中国、法国、意大利、美国等30多个国家和地区的22支车队200余名专业运动员参赛。选手从市文化广场出发先骑行9千米后再沿梦湖畔骑行18圈，在全程共117千米的赛道上展开角逐。最终芬兰米捷亚CCN车队的罗伊·伊弗明以2小时35分59秒夺得该赛段冠军。

【抚州市围棋锦标赛开赛】 10月13日，由抚州市体育局、抚州市体育总会主办，江西省体育彩票管理中心支持，抚州市围棋协会、抚州众智围棋文化发展有限公司承办，抚州市文昌里历史文化街区管理委员会协办的2018年“百千万工程”“中国体育彩票杯”抚州市第五届围棋锦标赛在文昌里玉隆万寿宫举行。比赛为个人赛，分嘉宾组、公开组、儿童棋王组，各县（区）、市直单位的15支代表队110余名运动员参加比赛，14日下午举行颁奖仪式。

【抚州首届汽车越野场地赛】 2018江西汽车越野联赛抚州站暨“汤显祖杯”中国抚州首届汽车越野场地赛，由江西省体育局、抚州市人民政府、抚州市赣东国际汽车城主办，江西省汽摩协会、抚州市体育局、抚州市体育总会、抚州市旅发委承办。比赛分专业组、公开组、量产组、UTV组、巾帼女子组5个组别，赛道障碍有高土坡、连续起伏路、涉水坑。北京、广东、山西、黑龙江、内蒙古等20个省、市、自治区的百余支车队200余名车手170辆车辆参赛，其中包括多名曾取得过全国汽车场地越野锦标赛年度冠军车手。云大森机电车队赵向前、抚州市汽摩协会车队周元福和旭赛车队乔旭包揽专业组前三。

【江西省第十五届运动会群众比赛项目（社会部）马术比赛】 11月1日，江西省第十五届运动会群众比赛项目（社会部）马术比赛在抚州市宜黄县阳光马术基地开幕。该次马术比赛是首次列入省运会的赛事，由江西省人民政府主办，江西省体育局、抚州市人民政府承办，江西省体育总会秘书处、抚州市体育局、宜黄县人民政府协办，宜黄县阳光马术俱乐部协助。比赛为期3天，设有快步地杆、场地障碍和盛装舞步等项目。6个设区市代表队，近200运动员、教练员、裁判员及相关人员参加。在场地障碍赛中，抚州市代表队的黄磊荣获第一名，抚州市、南昌市、景德镇市代表队获团体前三名。

【江西省互联网大会人工智能围棋展示及人机大战活动】 2018（第四届）江西省互联网大会人工智能围棋展示活动及人机大战，分别于11月16—17日在抚州市文化广场举行。

16日，举行的两项棋迷体验活动分别是人工智能机器手体验和“星阵”一对五多面打指导棋，数百名棋迷与人工智能在棋盘上进行厮杀。“星阵”是继AlphaGo之后又一强大的人工智能围棋程序，是中国最领先、世界排名第二的人工智能围棋程序。

17日上午，世界冠军时越九段在与人工智能机器手进行约半小时的表演赛后，进行正式的人机大战。清华大学博士、星阵围棋文化传播有限公司董事长金淬将时越的招数输入电脑，由远在北京的“星阵”后台进行计算，再由金淬代替落子。该场人机大战持续两个多小时，最终“星阵”在让先并倒贴8目半的情况下，以2目半的微弱优势战胜时越。该次人机大战由围甲民生银行北京队领队乔婷五段及陕西围棋协会主席、围甲民生银行北京队主教练李云生三段同步讲解。

（市体育局）

【市体育局领导名录】

局　　长：李建明

党组书记：熊远定

党组成员、副局长：陈建铭

2018年抚州市开展体育项目、在训人数和教练员、运动员配备情况

表27-5　　单位：人

项　目	在训人数	教练员配备情况	项　目	在训人数	教练员配备情况
拳　击	10	1	跆拳道	211	5
摔　跤	120	3	田　径	213	8
乒乓球	140	5	武术套路	20	3
羽毛球	160	6	网　球	10	2
射　击	18	1	武术散打	50	2
皮划艇	37	2	足　球	280	8
举　重	100	9	幼儿体操	40	2
游　泳	40	1	篮　球	201	6

2018年抚州市运动员参加国际、国内比赛成绩

表 27-6

姓　名	项　目	赛事名称	成　绩	比赛时间	比赛地点
程灵芝	女子1000米单人划艇（跨界）	全国皮划艇静水冠军赛（春季）	第一名	3月26日	湖北鄂州红莲湖
	女子500米单人划艇（跨界）	全国皮划艇静水冠军赛（春季）	第一名	3月26日	
	女子200米单人划艇（跨界）	全国皮划艇静水冠军赛（春季）	第一名	3月27日	
	女子单人划艇（跨界）三项全能	全国皮划艇静水冠军赛（春季）	第一名	3月27日	
	女子2000米划艇	第七届划艇世界杯赛	第六名	5月14至15日	匈牙利赛格德
黄　婷	女子举重63公斤级	全国女子举重锦标赛	挺举133公斤季军、抓举105公斤第四名，总成绩238公斤季军	4月10至15日	浙江江山
	女子举重64公斤级	全国女子举重冠军赛	挺举130公斤季军、抓举106公斤，总成绩236公斤亚军	8月30至9月2日	陕西宝鸡
胡　晨	女子12人TBR200米	第18届亚运会龙舟赛	56.161秒金牌	8月25日	印度尼西亚雅加达
		第18届亚运会龙舟赛	银牌	8月27日	印度尼西亚雅加达
程灵芝	女子单人划艇	全国皮划艇静水锦标赛	200米、500米两枚金牌1000米银牌	9月13日	山东临沂沂河
胡　晨	22人标准龙和12人小龙舟	第十三届亚洲龙舟锦标赛	6枚金牌	11月23日	广东佛山顺德
	22人混合龙舟和12人小龙舟	第三届国际龙舟联合会世界杯龙舟赛	4金1银	10月21日	重庆合川
饶鑫生	男子u17.85公斤级	全国u1817举重冠军赛	挺举149公斤、抓举116公斤，总成绩265公斤三项第一名	8月16–19日	江苏无锡
黄　婷	女子64公斤级	世界举重大奖赛	挺举127公斤、抓举105公斤，总成绩232公斤三枚金牌（打破三项世界青年纪录）	12月19–23日	卡塔尔多哈

本栏编辑　谷丽茜

文化艺术·旅游·新闻出版管理

综　述

2018 年，抚州市文化广播电视新闻出版局围绕工作目标，突出重点、狠抓落实，多项工作取得成绩。国家一级演员吴岚以盱河高腔登上 2018 迎新年戏曲晚会；汤显祖戏剧节暨国际戏剧交流月活动再次唱响“汤显祖文化品牌”；承办 2018 年“茶香中国”首届全国采茶戏汇演、江西省首届文昌里非遗大展演活动；连续第二年入选中国文化竞争力十佳城市，是全省唯一入选城市；金溪县吴泉辉被评为全国文物系统先进工作者，也是全省唯一一个；抚州市玉茗堂文玩产业孵化基地、黎川油画产业园入选文化和旅游部文化产业司《文化产业项目手册（2018 年度）》，全省仅 14 个项目入选，抚州市有两项；电影《浴血广昌》获中宣部 2018 年度中央文化产业发展专项资金和省新闻出版广电局 50 万元的支持；抚州市获得省数字文化创意设计项目扶持资金 70 万元；抚州市、金溪县、南丰县被列为省级历史文化名城；1 人就读文化和旅游部戏曲编剧高级研修班；小戏《戏痴》通过文化和旅游部 2018 戏曲剧本孵化计划第一次专家评审，全省只有 4 部，也是抚州市首次；广场舞《咱们工人有力量》获“舞动中国——2018 全国广场舞联赛”全国团体一等奖。

（周书纬）

【市文化广电新闻出版旅游局领导名录】

党委副书记、局　长：谭玉英

党委书记：谭海斌

党委委员、副局长：彭晓建

胡德勇　陈高赞

陈宁广

花宜抚（任至 9 月）

周夏明（任至 9 月）

党委委员、市纪委监委驻市文广新局纪检组组长：余慧英

艺术创作和演出

【概况】 2018 年，抚州市艺术创作以改革开放 40 周年为抓手，深入贯彻落实习近平总书记在文艺工作座谈会和中国文联十大的重要讲话精神，重视艺术创作规划，积极主动地融入经济社会发展大局，不断推动艺术创作和演出，全市艺术创作工作取得新成就。

【汤显祖文化品牌焕发活力】 9 月 28 日到 11 月中旬，由江西省人民政府、中国人民对外友好协会、中国戏剧家协会主办，抚州市人民政府、江西省文化厅、江西省外事侨务办公室、江西省戏剧家协会承办的 2018 年汤显祖戏剧节暨国际戏剧交流月取得圆满成功，共举办汤显祖戏剧节暨国际戏剧交流月开幕式和戏剧巡演、中外经典剧目展演、“茶香中国”首届全国采茶戏汇演、江西省文昌里首届非遗大展演、驻华使馆文化官员中国文化行、江西省第三届汤显祖戏曲奖·“小戏小品曲艺”大展以及群众性文化活动等，实现“经典、创新、多元、活力”，突出“国际化、大众化、市场化”，吸引汤加、斯洛伐克、赞比亚、西班牙、英国、俄罗斯等“一带一路”沿线国家驻华外交使节、官员等 186 名外宾参加，赢得中外媒体、中外嘉宾及广大网民的点赞，进一步擦亮汤显祖戏剧文化品牌，推动中华文化走出去，向世界讲好中国故事。

【“茶香中国”首届全国采茶戏汇演魅力绽放】 为传承和弘扬中华优

民众在万寿宫观看采茶戏演出

秀传统文化，在省文化厅的悉心指导和市委、市政府的高度重视下，9月29日至11月14日，由文化和旅游部艺术司、中共江西省委宣传部、江西省文化厅、抚州市人民政府共同主办的2018年“茶香中国”首届全国采茶戏汇演9月29日在抚州开幕，该次活动共汇集江西、安徽、福建、湖北、湖南、广东、广西、贵州8个省（自治区）的44个院团、54个剧目（其中大戏14部、小戏40部），并开展采茶戏传承与发展学术交流研讨会、“戏曲进校园”、戏曲采风等活动，呈现出规格高、覆盖广、规模大、内容多等特色，扩大采茶戏的影响力，加强各地采茶戏文化交流与合作。

【盱河高腔登上央视新年戏曲晚会】1月1日晚，央视1套、2套、4套、11套播出2018年新年戏曲晚会，经7次遴选后，抚州市文化艺术发展中心国家一级演员吴岚采用盱河高腔的主要曲牌“山坡羊”演唱的《汤翁乡韵》闪亮登场。党和国家领导人习近平、李克强、张德江、俞正声、张高丽、栗战书、汪洋、王沪宁、赵乐际、韩正等领导观看演出。该晚会是中共十九大胜利召开后的第一场专题晚会，也是新一届中共中央领导集体出席观看的戏曲晚会。

【抚州采茶戏经典唱段录制启动】2018年，抚州市艺术创作研究所启动抚州采茶戏经典唱段拍摄录制工作，制定工作方案，选定40首拍摄、录制经典唱段曲目和抚州采茶戏经典唱段演唱人员。11月，正式展开排练、拍摄、录制工作。

【《戏痴》入选文化和旅游部戏曲剧本孵化计划】2018年，由抚州市文化馆徐盛华创作的现实题材小戏剧本《戏痴》，成功入选文化和旅游部2018年戏曲剧本孵化计划项目，全省共入选4部，抚州市首次入选。

【复排、新创采茶小戏《县官下乡》】为参加2018年“茶香中国”首届全国采茶戏汇演，由临川区抚州采茶戏传习所复排两部传统经典采茶小戏《县官下乡》《王妈妈爱鸡》，其中《县官下乡》于9月29日晚在开幕式上亮相，该剧曾获全国十一届群星奖金奖。

【持续开展地方戏曲人才培养工作】按照市委办、市政府办印制的《抚州市地方戏曲人才队伍建设实施方案》精神，9月，抚州地方戏曲传承班面向全市应届初中毕业生继续招生，共招收表演和器乐专业52名学生。

【文化交流日趋活跃】2018年，全市对外文化交流不断深入，文化“走出去”的活动内容更丰富、范围更广泛。盱河高腔·乡音版《牡丹亭》先后在北京大学、清华大学和北京保利剧院、南昌巡演，并受邀参加2018年第八届广州艺术节演出；《牡丹亭·游园》折子戏赴美国斯坦福大学和马克思的故乡德国特里尔市参加展演。黎川油画应邀参加俄罗斯彼尔姆边疆区油画展，并在韩国首尔中国文化中心举办“中国黎川精品油画展”；9月，汤显祖纪念馆在福州林则徐纪念馆举办“东方戏圣汤显祖”文化展，2018春雨工程“汤显祖故里·江西抚州非物质文化遗产展”走进吉林长春。

（周书纬）

社会文化

【概况】2018年，抚州市文化广电新闻出版系统以建设中国特色的现代公共文化服务体系为中心，加强组织领导，充分调动社会各方面的积极性，狠抓文化基础设施建设，广泛开展各种群众性文化活动，丰富群众业余文化生活，提高干部群众的思想道德素质和健康水平。

【文化惠民活动丰富多彩】2018年，汤显祖戏剧节暨国际戏剧交流月活动前后，抚州市组织戏曲广播操比赛、戏剧进校园、全市广场舞展演、“为了庄严的承诺”优秀小戏小品曲艺选拔赛等系列群众性文化活动，在体育休闲广场、梦园、玉茗广场、汤显祖纪念馆等8个露天剧场免费演出760余场戏。

【提升公共文化服务水平】2018年，抚州市公共文化建设获专项资金3544.3万元，贫困地区革命老区行政村基层综合性文化服务中心建设获奖补资金1245万元。全市乡镇（街道）综合文化站建设达96.3%，达标建设70%；村（社区）基层综合性文化服务中心建设达84.8%，达标建设80.8%。

【全面实施无线数字化覆盖工程】2018年，全市10个县级以上无线发射台（站）实现12套中央电视节目加1套省级电视节目无线数字信号的播出，6个发射台按省局要求播出市、县2套电视节目，其余4个发射台正在接入本地节目光缆。

【万人经典诵读】4月23日，“全民阅读 书香抚州”启动仪式暨“4·23”世界读书日万人经典诵读活动在抚州名人雕塑园北广场举行，著名语言艺术家虹云、北京电视台著名主持人李文文带领近万人现场朗诵儒学经典《礼运·大同篇》《弟子规》《千字文》等国学经典。

（周书纬）

临川文化研究与开发

【概况】2018年，抚州市加强临川文化的研究与开发，特别是非物质文化遗产保护和利用工作成果丰硕，宜黄禾杠舞获得2018年度国家非物质文化遗产专项补助资金45万元，乐安傩舞获得2019年度抢救性补助资金80万元，黎川舞白狮获得2019年度国家级非物质文化遗产保护专项补助50万元。

【出台《抚州市加强非物质文化遗产保护的实施意见》】 2018年，为认真贯彻落实《江西省非物质文化遗产条例》，在省人大、市人大悉心指导下，抚州市制定出台《抚州市加强非物质文化遗产保护的实施意见》。

【举办首届文昌里非遗大展演】 9月27—30日，由江西省文化厅和抚州市人民政府主办，江西省非物质文化遗产研究保护中心、市文广新局、市文昌里历史文化街区管委会承办的江西省首届文昌里非遗展在文昌里举办，集中展示抚州市外各设区市非遗展演项目9个，抚州市各县区非物质文化遗产传统表演类项目27个，各设区市非物质文化遗产展示项目36个，涉及传统舞蹈、传统美术、传统技艺等六大类，是一次集中展示江西省非物质文化遗产项目保护成果和丰富非物质文化遗产资源的盛会。开幕式当天，中央电视台中文国际频道、《中国新闻》、中国江西网等10多家媒体进行报道。

【抚州“非遗”文化走出去】 盱河高腔登上2018迎新年戏曲晚会；乐安蛋雕、南丰傩雕赴马克思的故乡德国特里尔市，参加中德共同举办的“遇见中国——纪念马克思诞辰200周年系列文化展”。南丰傩班参加省文化厅在日本东京中国文化中心举办的“欢乐春节”江西省文化年开幕式。

【黎川油画之乡获评省级民间文化艺术之乡】 为推动民间文化艺术的发展和繁荣，丰富群众的文化生活，黎川县利用“油画”为抓手，充分展示黎川县的历史文化底蕴，开展文化交流活动。2018年，江西省组织开展“江西省民间文化艺术之乡”命名工作，经申报、专家评审及省文化和旅游厅审核，黎川县油画之乡被命名为2018—2020年度“江西省民间文化艺术之乡”。

【举办“全民阅读·书香抚州”暨“诵读红色家书”演讲比赛】 2018年7月30日，“全民阅读·书香抚州”暨“诵读红色家书”全市演讲比赛在抚州市电视台演播厅开赛。经过激烈角逐，选拔出2位选手作为抚州市代表队参加全省“我荐赣版书”演讲决赛，并荣获三等奖和优秀奖。

（周书纬）

文化市场

【概况】 2018年，抚州市文化市场管理工作坚持以规范市场秩序和综合治理相结合，以开展集中行动和专项治理为抓手，以“双随机、一公开”为监督约束手段，以警示名单、黑名单和红名单为基本制度，构建守信激励、失信惩戒和协同监管机制，同时狠抓队伍建设，促进执法能力进一步提升，努力推进网络执法监管及网络大案要案的查处，构建规范高效的行业监管新格局。

【市场监管效能提升】 全力抓好“春节”、全国“两会”等重大敏感时间节点和节假日期间文化市场专项执法检查和安全检查，全年共出动执法人员26541人次，检查各类文化经营场所8780家次；收缴盗版及非法出版制品56000余册（盘）；查办各类文化市场案件270件。取缔无证经营书刊、音像制品店、游商、地摊19家。受理举报、投诉53起，做到件件有结果，事事有回复，查处完结率100%。

【开展文化市场法律法规宣传教育】 “4·26知识产权宣传日”期间，开展形式多样宣传教育活动，发放宣传资料2万余份。在“扫黄打非·护苗2018”专项行动，市局联合教育、新华发行集团等部门组织开展“三个一百”自选动作，向全市少年儿童推荐100余种优秀少儿出版物，在市县（区）新华书店设立优秀少儿出版物专柜，邀请到国内著名儿童文学作家分别在临川、东乡、南丰、金溪等中小学校开展“书香校园、正版生活、绿色阅读”公益讲座，参与近2万人次，发放“绿书签”3万余张。

【推进“扫黄打非”工作进基层】 全力构建“扫黄打非”乡镇村全覆盖工作格局，2018年，建立1873家基层工作站，全面完成全市基层工作站建设任务。

【严厉打击网上网下侵权盗版】 2018年，全市公开销毁盗版及非法音像制品2万余张、其他各类非法出版物3万余册。“10·11”网络侵权案专案被国家四部委挂牌督办，由于案情特别重大，按照“两法衔接”，依法移送公安机关立案作刑事打击。完成抚州“某小说网”传播淫秽色情网络小说案——“12.10”专案的移送工作，并主动配合市公

文昌里历史文化街区

安局治安部门、黎川县公安局做好该案的后续查处等工作。2名执法人员荣获中宣部、国家版权局授予的“2017年度查处侵权盗版案件有功个人三等奖”，有效地维护了全市政治稳定、意识形态安全和文化安全。

【全面推进技术监管和移动执法应用】 作为全省的示范和标杆，抚州市网吧技术监管工作始终走在全省前沿，通过采取“人脸识别”和“远程巡查”等技术手段，实现对网吧未成年人上网、人证不符等违法或不规范的经营行为进行有效管控，实现以“技防”代替“人防”和人防与技防相结合的全方位立体监管措施，为省厅推进网吧技术监管工作奠定“抚州经验”。同时，为提高依法行政效能，改善文化综合执法队伍日常检查、勘察等移动执法工作条件，抚州市在全省率先完成“文化市场移动执法系统”的推广应用工作。

【提高执法队伍综合素质】 为切实提高全市文化市场综合执法人员的综合素质和执法水平，全面提升办案质量。从5月起，组织开展为期100天的全市文化市场综合执法人员“岗位大练兵、技能大竞赛”活动。抚州市选拔优秀选手参加文化和旅游部组织的第二届全国文化市场综合执法岗位练兵技能竞赛复赛、决赛活动，荣获团体第三名和优秀组织奖、移动执法及网络案件办理第三名等，参赛队员潘亚辉以98分的好成绩获全省政策法规个人第二名；在参加由文化和旅游部组织的全国文化市场综合执法人员政策法规随机抽考中，抚州市以平均分87.6的成绩获全省第一。

【深化文化综合执法交流协作】 2018年，分别于7月中旬、8月中旬和9月底，组织举办三期文化市场综合执法对口交流协作活动，邀请协作区内云南省文山州、红河州和福建省漳州市文化市场综合执法业务骨干赴抚州，开展联合交叉执法检查、案卷评查、以案施训、案例研讨等一系列对口交流协作活动；于年底前，联合鹰潭市支队，共同举办一期“赣闽滇”三省三市两州文化市场综合执法培训班。全年共抽调选派抚州市文化综合执法人员53人次，参加由协作区举办的对口交流协作活动，达到“优势互补、资源共享、互帮互学、互利共赢”的目的。

（周书纬）

图书馆藏

【概况】 抚州市有公共图书馆12个，总藏书量150.793万余册。2018年，办理借书证9.1万余个，接待读者190.9万人次，书刊外借166万余册次。年内，全市各图书馆秉承“传承文明，服务社会”的服务宗旨，坚持“读者第一，服务至上”的服务理念，深入贯彻落实图书馆免费开放精神，组织实施全民阅读系列推广活动，充分发挥图书馆的文化和社会教育职能，为抚州市构建现代公共文化服务体系、推进社会主义文化强国建设、提高全民道德素质、丰富人民精神文化生活等方面发挥积极作用。在2018江西图书馆年会上，抚州市图书馆被评为2018年公共数字文化服务先进单位；抚州市图书馆、临川区图书馆被评为2018年江西省古籍保护工作先进单位；抚州市图书馆、黎川县图书馆被评为第八届“读好书”活动先进单位；金溪县图书馆、南城县图书馆被评为2018年全民阅读先进单位。

【公共图书馆评估定级成绩喜人】 8月13日，文化和旅游部公布第六次全国县级以上公共图书馆评估定级结果，抚州市图书馆、金溪县图书馆、崇仁县图书馆被评为一级图书馆，宜黄县图书馆、黎川县图书馆、南城县图书馆、南丰县图书馆被评为二级图书馆，乐安县图书馆、广昌县图书馆、资溪县图书馆被评为三级图书馆。市县两级图书馆总分馆制建设完成59个。

【图书“七进”服务惠及全民】 抚州市图书馆积极推进分馆和流通站的网络化、标准化、规范化建设，坚持开展全民阅读进军营、社区、家庭、学校、企业、机关、农村“七进”活动。全市共建有抚州市第一人民医院、抚州市机关事务管理局、抚州市政法委、抚州市江铃底盘股份有限公司、抚州市临川区第五中学、抚州市临川区西大街办事处营上巷社区、抚州市东乡区王桥镇菱塘村等分馆26家。2018年，合计借还图书10.27万册次，累计接待读者13.61万人次，让读者享受到与在市图书馆同质同等的服务。重点打造市第一人民医院图书馆分馆，与市图书馆实行通借通还，为分馆标准化建设积累经验。

【数字阅读让读者乐享知识】 抚州市图书馆利用移动图书馆、微信图书馆和网站每月向读者推荐新书，开展一系列线上读者服务活动，移动图书馆、微信图书馆访问量共计达到150余万次。在开展“小蝌蚪游书海绘本阅读”“月亮姐姐讲故事”“涂涂画画”“多彩手工坊”等优秀品牌少儿活动同时，在线诵读、知识视界在线有奖竞赛等数字图书馆线上活动吸引少儿读者踊跃参与。

【建设全民阅读网上数字平台】 根据市改革办要求，2018年，抚州市文广新局深入实施全民阅读网上平台建设工作，建设“书香抚州·抚州市全民阅读网上数字平台”。

【为“两会”提供信息咨询“云端服务”】 1月8—11日，市图书馆将传统咨询手段与现代信息技术相结合，为人大代表、政协委员们提供适时、便利、快捷的信息咨询“云端服务”，并免费派发自主编写、印制的《2018年“两会”信息专题资料》。

（周书纬）

文物博物

【概况】 2018年，根据市委、市政府的要求和省文化厅、文物局的部署，抚州市围绕全市文物中心工作，在宣传教育、服务提升、博物馆建设、社教活动、文物安全等方面大力推进，建立健全市、县、乡、村四级文物保护管理网络，落实文物安全责任，完善文物保护单位基础性工作，较好完成年度文物工作目标任务。

【加强城乡开发建设中历史文化遗产保护工作】 为弘扬和传承优秀传统文化，进一步加强全市历史文化遗产保护工作，加快文化强市建设步伐，以市政府名义印发《关于切实加强城乡开发建设中历史文化遗产保护工作的通知》（抚府办发〔2018〕71号），确保在城乡开发建设中历史文化遗产不被破坏、拆除、倒卖、盗窃，促进文化遗产保护工作走上保护、开发、利用、发展、保护的健康良性发展之路。

【进一步完善博物馆场馆建设】 为完善文博基础设施，实现国家“十三五”规划和《关于加快文化强省建设的实施意见》中提出的县县有博物馆的目标，抚州市新建戏曲博物馆，新建崇仁、临川等博物馆，重建广昌县博物馆。南丰县博物馆为迎接曾巩诞辰1000周年进行陈展提升改造。

【推进博物馆免费对外开放】 2018年，抚州市推出《洪门追源》特展等11项临展，汤显祖纪念馆积极“走出去”，在福州林则徐纪念馆举办“东方戏圣汤显祖”文化展。全市11个实行免费开放的博物馆、纪念馆以及抚州玉隆万寿宫共免费接待观众200多万人次，接待学校研学旅行等团体参观400多批次。

【积极创建历史文化名城】 为维护历史文化遗产的真实性和完整性，保持和延续其传统格局和历史风貌，抚州市开展历史文化名城的申报与历史街区的保护工作。2018年，抚州市与金溪县、南丰县被评为省级历史文化名城，并且启动抚州市申报国家历史文化名城的工作。全市65个传统古村被列入第五批中国传统村落名录，国家级传统古村落增至96个。抚州市省级历史街区已有12条，街区保护规划正在编制中。

【做好革命旧址的保护利用工作】 继续做好赣南等中央苏区革命旧址维修工作，共实施革命旧址保护项目124个，维修资金2.1亿元。在革命旧址维修的基础上，建设布展黎川闽赣省苏维埃政府旧址陈列、南丰康都会议旧址陈列、广昌沙子岭毛泽东旧居陈列、宜黄东陂红一方面军总部会议旧址陈列等各类革命纪念馆、陈列室18个；开辟金溪左坊红一方面军司令部旧址、乐安大湖坪红一方面军整编旧址等红色旅游区，初步形成红色旅游发展的框架。

【开展第六批省级文物保护单位基础性保护工作】 3月9日，江西省人民政府公布第六批江西省文物保护单位（赣府发〔2018〕14号文），市文昌桥、河埠周家民居等73处文物名列其中。全市文物部门在文件公布后立即开展第六批省级文物保护单位基础性保护工作，确立保护责任人、树立保护标志牌、划定保护范围和建设控制地带、建立保护纪录档案。

新闻出版管理

【概况】 2018年，抚州市文广新局开展新闻出版版权宣传、版权登记及执法、世界读书日宣传和农家书屋及机关正版软件等工作，取得明显成效。

【开展版权宣传】 以“倡导创新文化，尊重知识产权”为主题，在4月26日“世界知识产权日”，市文广新局（版权局）联合市知识产权局深入园区企业，围绕知识产权保护、版权保护和登记工作召开座谈会进行宣传。同时，全市各县（区）共销毁侵权盗版及非法出版物3万余册（张）。

【加强版权执法】 2018年，市文广新局把打击侵权盗版作为执法工作重点，办理3起侵权盗版案件，2名执法业务骨干荣获国家版权局授予的“2017年度查处侵权盗版案件有功个人三等奖”，实现抚州市网络文化领域执法新突破。

【完成记者站清理整顿及记者证办理工作】 2018年，抚州市文广新局为江西日报驻抚记者站、中国江西网驻抚记者站等5家记者站进行登记换证工作，为抚州日报、抚州广播电视台等全市14家新闻媒体记者进行记者证年检换证。

【全力推进全市软件正版化工作】 为加强推进政府机关使用正版软件工作的组织领导，2018年，抚州市文广新局对全市机关单位的软件正版化工作开展核查、督查，同时会同市国资委开展全市国资委监管企业软件正版化工作。

【农家书屋出版物补充更新情况】 2018年，为全市1808家农家书屋更新补充图书（含音像制品）15万余册，码洋340余万元，开展2018春节农家书屋惠民活动及“我的书屋我的梦”农家书屋征文等各种活动。

（周书纬）

文化产业

【概况】 2018年，抚州市文化产业主营业务收入460亿元，同比增长19.6%；实现文化产业增加值74.6亿元，同比增长19.4%。文化产业单位2358家，同比增长14.9%。

【数字文创产业发展突飞猛进】 将现代科技与文化产业相融合，不断产生新的文化产业的形态和种类，2018年，抚州市开发临川四梦文创灯项目、源野山庄红色文化VR体验馆建设项目、抚州天势文创孵化平台项目、抚州玉茗堂文玩艺术品产业孵化基地上手交易平台建设项目、三翁（戏曲）小镇一期项目等多个文创项目，获得2018年江西省数字文化创意设计项目扶持资金70万元。

【文化创意项目取得突破】 为推动文化创意产业发展，经多方努力，争取上级支持，2018年，抚州市玉茗堂文玩产业孵化基地、黎川油画产业园入选文化和旅游部文化产业司《文化产业项目手册（2018年度）》，江西省仅14个项目入选。

（周书纬）

抚州市社会科学界联合会

【概况】 2018年，市社科联团结带领全市广大社科工作者围绕中心、服务大局，敢于担当，勇于作为，扎实工作，在理论武装、成果转化、社科普及、学术交流、机构改革、社团管理等方面辛勤耕耘，各项工作取得新成效。

社科讲座内容丰富。社科普及宣传周期间，全市社科系统集中举办18场次社科知识讲座，市社科联举办3场专题学术报告会，分别是：中国社科院新媒体研究中心副主任黄楚新主讲《当前我国媒体融合发展状况、问题及趋势》，东华理工大学教授黄建荣主讲《汤显祖“临川四梦”的文学经典意义》，市教育局原教研室主任邓高平主讲《抚州教育长久繁盛的秘诀》；抚州汤显祖国际研究中心在北京大学举办《汤显祖与江右文化》文化讲座；市产业经济研究院举办《抚州市经济发展历史及展望》《抚州市商业网点规划》专题讲座。临川区社联依托“临川文化大讲堂”举办《王安石的改革精神》学术报告会；黎川县社科联举办《励志的乡贤——李觏》文化讲座；南丰县曾巩纪念馆举办曾巩文化讲座等。12月，市金融学会邀请华中科技大学教授欧阳红兵主讲《科技金融改革与创新》学术报告会。这些讲座分别邀请本地及省内外知名专家学者围绕抚州市历史文化、社会经济、教育改革、政策宣讲等内容，进机关、进学校、进社区、进乡镇开展广泛宣传，深受干部群众、学校师生的欢迎。

科普宣传形式多样。10月30—11月6日，全市社科界围绕庆祝改革开放40周年的主题，先后开展文艺演出、知识竞赛、书画摄影展览、图书下乡、专家咨询等42场次多种形式的科普宣传活动。

学术活动交流频繁。11月2日，主办王安石学术思想研讨会，东华理工大学、江西中医药高专、市外侨办、市文史馆、王安石纪念馆等单位的专家学者40余人齐聚一堂，对王安石学术思想、改革精神、历史地位及对当代价值等方面进行深入探讨交流，《抚州日报》11月21日和28日两个版面登载12位专家学者的研究成果。10月24—26日，市社科联党组成员、副调研员罗伽禄受邀参加在贵州举办的“2018中国·贵阳（修文）第六届国际阳明文化节暨龙场论坛”。开展红色革命文化研究交流。市社科联作为江西省苏区精神研究会会员单位和全市中央苏区红色文化挖掘研究保护利用工作成员单位，多次参加省市红色文化挖掘研究交流工作会议，组织开展中央苏区闽赣省等课题研究，发掘红色资源、红色传统的时代价值。金溪县社联承接“周建屏将军事迹展”布展策划、文化挖掘等工作。此外，市社科联先后接待韩国高丽大学哲学系教授李承焕、美国哈佛大学美术史与建筑史系教授汪悦进、中国社科院世界历史研究所副所长饶望京和江西省社科院《企业经济》编辑部主编、研究员李小玉等到抚州开展文化产业调研等，通过学术交流扩大抚州市社科工作的影响力。

【深化社科联机构改革】 按照中央、省、市有关群团改革精神，推进社科联改革工作。先后通过集中座谈、上门走访等形式开展改革调研工作，紧扣“保持和增强政治性、先进性、群众性，去除机关化、行政化、贵族化、娱乐化”总体要求，以着力破解制约基层社联发展的突出问题，促进新时代全市社会科学工作的繁荣发展为目的，制定机构改革方案。为深入贯彻落实习近平总书记在哲学社会科学工作座谈会上的重要讲话和中央、省委出台的有关文件精神，市社科联协助市委起草《中共抚州市委关于繁荣发展新时代抚州哲学社会科学的意见》，该文件从坚持马克思主义的指导地位，加强学科、学术和话语体系建设，加强党对哲学社会科学工作的领导和人才队伍建设等六个方面加以论述，对进一步推动新时代抚州哲学社会科学繁荣发展具有重要意义。12月18日，机构改革方案和《意见》经市委全面深化改革领导小组第21次会议审议通过。

【编印《决策参考》】 2018年市社科联编印《决策参考》专报4期，得到市委领导3次批示。第一期《把好脉祛病“开方”树品牌重振“药帮”——南城县中药材产业化发展的思考》获得市委书记肖毅的批示；第三期《“三权分置”视域下农村土地股份合作社发展的调查与思考——以金溪县陆坊乡桥上村为例》获得市委书记肖毅和副市长徐国义的批示。乐安县、南丰县和江西中医药高专、市委党校等单位向《决策参考》报送调研论文。7月，金溪县社科联的《弘扬传统特色文化，助推金溪旅游发展——古村镇保护开发利用“金溪模式”的调查及对策研究》被评为2016—2017年年度全市优秀调研成果。市社科联印发《市社联〈决策参考〉应用对策研究优秀成果奖励办法（试行）》，进一步鼓励和引导更多的社科工作者加强应用对策研究，为抚州经济社会发展提供高质量的理论支撑和智力服务。

【规划课题取得新突破】 启动抚州市2018年社科规划地区基金项目招标。《抚州日报》5月29日发布课题公开招标的公告，最终确定《以汤显祖文化为抓手与突破口，促进抚州文化事业与文化产业大发展》《盱江医家养生思想及方法的挖掘与应用研究》《抚州市抚河流域水污染防治制度研究》《抚州高校弘扬地方传统文化研究》《“供给侧改革”视域下抚州市体育产业发展现状与对策研究》5项课题，分别由东华理工大学、抚州市汤显祖研究中心、江西中医药高等专科学校等单位中标，并通过省社科规划办的立项，每项课题均给予5000元的项目资助。社科规划课题立项创新高。市社科规划课题共批准立项100项，其中重点项目10项、一般项目90项，每项立项课题均给予500~1000元的项目资助，创全市社科规划年度立项课题质量和数量的新高。全年完成省市级规划课题结项25项。

年内，加大省市级对在研课题的跟踪服务管理。先后有《大数据时代基层电大现代远程教育发展问题研究》《基层哲学社会科学创新中的信息化建设研究》《医学生生命责任意识缺失的现状及“多层渗透”培养策略研究》《体育赛事对抚州市体育旅游影响研究——以“2016大觉山半程马拉松赛”为例》等4项课题一次性通过省社科规划办审核结项。市级规划课题如《抚州传统村落文化保护与旅游开发研究》《抚州市城镇化进程中征地补偿费用问题研究》等21项通过审核结项。

【临川文化研究成果丰硕】 一是历史名人研究成果丰硕。年内，江西教育出版社出版的《曾巩文化读本》（小、初、高）四册，由市社科联党组书记、主席陈菊莲和党组成员罗伽禄任执行副主编，其中罗伽禄参与编撰初中、高中版，并在12月25日受邀参加《曾巩文化读本》新书发布仪式；抚州电视台“抚州文化大讲堂”栏目分别制作播出罗伽禄主讲的《一代名儒李觏》（十讲）和方亚伟主讲的《翰墨千秋话抚州》（十讲）。二是向中国知网推荐学术研究成果。11月，市社科联向中国知网推荐的《纪念罗汝芳诞辰500周年学术研讨会论文集》《抚州社会科学——抚州市第四次优秀社科成果专辑》等178篇论文被全文收录，推动了抚州地方文化研究成果的广泛应用和有效转化。此外，9月，由方亚伟编撰的《抚州历代书画人文大观》入选“第七届江西省优秀社科普及读物”，是临川文化研究成果在省级平台上的一次重大推介；崇仁县、乐安县向省社科联报送《一城古韵半城水》《至德崇仁》《赣文化第一村——流坑》等研究成果。

【社科管理规范】 县区社联组织力量增强。年内，各县区均进行社联群团改革，配齐配强工作人员，其中临川、东乡、南城、乐安等4个县区社联主席由县委宣传部副部长兼任。各县区学会组织不断壮大、社团活动丰富多彩，金溪县社联主席童盛和获得“江西省优秀社科普及工作者”。推进市属学会服务管理。7月，市直机关工委批复《市社科联关于调整抚州市社科联下属社会组织党支部的请示》，同意成立市社科学会（研究会）联合党支部，规范社团管理和党建工作。市社科联领导深入市老年体育科学学会、市“义门陈”文化研究会、市金融学会等学会指导开展各类讲坛、讲座、报告会等社科普及宣传活动，对市农耕文化学会等社团重点扶助，激活社科学术团体作用，提高社科团体的学术创新力、团队凝聚力、社会影响力。

【基地建设】 近年，省社科联为推进社科普及工作的创新发展，在全省范围内连续开展四批江西省社科普及基地申报工作。年内，市社科联推荐的王安石纪念馆获得“江西省优秀社科普及宣传基地”称号，并获得1万元奖励。10月，南城县图书馆获得第四批江西省社科普及宣传基地。至此，抚州市拥有江西省社会科学普及宣传基地5家，分别是汤显祖纪念馆、南丰县曾巩纪念馆、乐安县流坑古村、南城县盱江书院、南城县图书馆，进入全省省级社科普及基地建设工作的第一方阵。此外，王安石纪念馆、曾巩纪念馆、南城县图书馆在社科普及宣传周活动中组织开展社科普及活动，分别获得7000元经费资助。

【2018年度省级社科规划地区基金项目立项名单】

1.《以汤显祖文化为抓手与突破口，促进抚州文化事业与文化产业大发展》 吴凤雏

2.《盱江医家养生思想及方法的挖掘与应用研究》 涂国卿

3.《抚州市抚河流域水污染防治制度研究》 朱志权

4.《抚州高校弘扬地方传统文化研究》 杨　勇

5.《“供给侧改革”视域下抚州市体育产业发展现状与对策研究》 李　博

（方亚伟）

【市社科联领导名录】

主　　席：陈菊莲

副调研员：罗伽禄

电影发行放映

【概况】 2018年，全市电影和各类演艺演出票房收入达1.2亿元，同比增长15%；电影相关产业总收入达3.2亿元，其中票房达8000余万元，全省排名第五。影院建设同比增幅12%，影厅发展同比增幅14%。

【电影《浴血广昌》获得多方支持】 8月1日，电影《浴血广昌》在全国院线正式上映。同时，该电影获中宣部2018年度中央文化产业发展专项资金400万元和江西省新闻出版广电局50万元的支持。

（周书纬）

温泉景区

【概况】 温泉景区坐落在温泉镇青莲山南麓，辖青莲山、桐山、温泉、杨源、六岭、翁坪6个行政村，43个村小组、29个自然村，12000余人，有中共党员354名。总面积为32平方千米，耕地面积733.33公顷，山地面积1733.33公顷。境内有小（1）型水库3座，小（2）型水库2座。根据市委、市政府的决定，临川温泉景区管委会于2012年2月成立，为临川区政府副处级派出机构，在区委、区政府领导下的一级政府管

理机构，具备政府应具备的所有职能。辖区内条管派驻部门有温泉景区国土所（2013年成立）、青莲山派出所(2016年4月经省公安厅批准成立）。根据市委常委会研究的意见，市编委于2017年11月13日下发《关于将临川温泉景区管理委员会上收市管的通知》（抚编发〔2017〕166号），正式将临川区政府所属的临川温泉景区管理委员会上收为市级管理，为市政府直属副处级派出机构。2018年已实质性上收市管，投资公司并入市文旅投。

【特色小镇建设】 温泉景区在核心区域规划六个主题特色小镇。已完成一期建设的三翁（戏曲）小镇是温泉景区六大特色小镇之一，同时也是抚州市2017年重点打造特色小镇之一。项目总占地89.11公顷，分二期实施，一期占地17.49公顷，共分为四个功能区域，分别为入口区、中心湖区、茶苑戏趣区、芳雅湖畔区，全园以“三翁”及其戏曲作品为文化背景和创作元素，以梦幻主义的手法经过艺术提炼表现东西方戏曲文化，营造兼具东西方特色的文化景观公园。二期已修改规划并重新招商。

科技金融小镇。该项目总面积为252.33公顷，用地规划控制在80~86.67公顷，一期主要打造海峡交易所、小镇客厅、宴会配套区、客房配套区、商业步行街、合院办公区及山地办公区等七大功能区，已经基本建成。二期和三期主要建设高端金融商务园区，国际金融管理学院等。

文创小镇。规划占地32.33公顷，一是江西贯博公司预计9.33公顷，主要是以古玩及文化艺术创作类为主题，项目规划建设方案正等待市自然资源局审批。二是中国动漫集团有限公司，预计约17.60公顷，已于市政府签订合作框架协议，在进行规划方案设计。

温泉小镇。该小镇占地约107.67公顷的温泉小镇。一期项目展示厅、接待中心已经对外开放，泡池、酒店基本完成主体工程，在进行装修工程，预计2020年春节前试营业。

中医药养生养老小镇。小镇规划面积约166.67公顷。已经与江西博能实业集团签订合作协议，该小镇充分利景区温泉养生养老元素，再结合景区山水生态资源，打造成一个医养结合的养生养老小镇。

绿茵小镇。规划占地约100公顷。与恒大集团签订合作协议，结合抚州教育品牌打造含9年义务制之外的小学、高中、职高等国际学校，办成有运动和戏曲等主题类的名牌学校。

除规划的六个主题特色小镇外，还有几个项目在建设中。一是总投资2.2亿元的崇寿禅院项目，大雄宝殿、天王殿、山门殿、瞓钟鼓楼、法堂主体工程基本完成。二是安置房建设。景区新村安置房和山下村安置房已完成所有主体建设，预计2020年春节前交付使用。三是李家榨生态公墓建设，建成墓穴2200个，陆续在投入使用。四是青莲山水库公路完成。

【土地征地储备工作】 为夯实发展基础，积极与上级国土部门汇报衔接，对景区的土地进行调规。截至年底，共征收土地487.31公顷，报批184.96公顷。

【民生工程建设】 按照区委“转作风、做民事、促稳定、保发展”的精神，切实关注民生，做实民事，维护群众合法权益，引导群众依法信访合理诉求。大力开展精准扶贫，全面落实精准扶贫政策，至2018年年底，景区共精准识别贫困户96户310人并实现全部脱贫；大力整治“两违”建筑，共查处“两违”建设412起，有效遏制景区内违法建设行为。同时，严厉打击一切违规的农业开发行为，确保项目建设顺利进行。开展环境卫生整治，还原优美整洁的生活环境；落实失地农民养老保险政策，实现失地农民养老保险全覆盖；加大社会主义新农村建设力度；维护社会和谐稳定，开展扫黑除恶宣传，严厉打击一切不法行为，营造安定的社会环境。借助临川区温泉镇的工作平台，积极开展辖区范围内民政、计生、农林水利、新农保、新农合等社会事务性工作，严格按照上级要求落实到位。

（郑茂才）

【临川温泉景区主要领导名录】
党工委书记：刘俊福（10月任）
管委会主任：胡小勇（2月任）

旅游管理

【全省旅游产业发展大会召开】 5月7—8日，省委、省政府在抚州召开全省旅游产业发展大会。省委书记、省长刘奇出席大会并为2019年全省旅发大会承办地宜春市授旗。刘奇强调，要以习近平新时代中国特色社会主义思想为指导，深入贯彻落实习近平总书记对江西工作重要要求，把握新时代旅游发展新机遇，主动适应旅游消费新需要，充分发挥旅游资源特色优势，增强优质旅游供给，创建全域旅游品牌，加快推动全省旅游业实现高质量发展，让国内外游客在江西尽情享受山水休闲之旅、返璞初心之旅、诗意乡愁之旅。省领导姚增科、殷美根、朱虹、肖毅出席，吴忠琼主持。抚州市委副书记、市长张鸿星作大会发言；市人大常委会副主任、广昌县委书记许爱军，副市长徐国义，副市长、金溪县委书记王成兵等参加会议。会议表彰2017年度旅游产业发展先进单位，抚州市和赣州市、上饶市被授予“2017年度全省旅游产业发展先进市”荣誉称号；黎川县、资溪县、南城县获得“2017年度全省旅游产业发展先进县”称号；市文化旅游投资发展有限责任公司、大觉山景区集团有限责任公司获得“2017年度全省优秀旅游企业集团”称号。

【开启智慧旅游新体验市游客集散中心基本建设完工】 2018年，市游客集散中心可为游客提供旅游咨询、购物用餐、预订车票酒店、挑选心仪的旅游目的地等一站式贴心服务，截至2018年年底，该中心基本建设完工，各项设备正在作进一步调试。近年，抚州市大力推进全域旅游发展，市游客集散中心作为重点建设项目，对抚州打造体验式全域旅游目的地具有积极意义。集散中心位于三翁花园西面，占地面积4500平方米，集整合资源和服务游客于一体，包括游客接待前台（含旅游咨询、票务、信息发布、投诉受理、导游服务等）、智慧旅游体验馆、购物中心、旅游资源和旅游产品展示区、游客休息区、购物区、团餐区、导游服务中心、会议室、办公区、监控室、投诉室、公共厕所、停车场等。该中心通过运用互联网大数据、APP软件、AR和VR智能设备，结合完善的基础设施，全面覆盖游客游前、游中、游后的各项需求，为游客提供更准、更近、更高效的服务，让游客在抚州游得省心、安心、放心。

【全力推进旅游厕所革命】 市委、市政府高度重视旅游厕所革命，将其作为提升服务水平、改善旅游环境的重要抓手，高位推动，全力推进，取得较好成效。全市旅游系统坚持全域旅游理念，大力提升旅游厕所建设和管理服务水平，建设"无障碍卫生间""第三卫生间"，解决特殊游客如厕不便的问题；建设绿色生态卫生间，让旅游厕所既绿色环保又有高颜值；推动旅游厕所开放，通过资源共享解决群众如厕难题。自2015年始，全市新建、改建旅游厕所360座，其中A级旅游厕所105座、AA级旅游厕所140座、AAA级厕所115座，覆盖全市主要景区、旅游道路沿线、乡村旅游经营点、街道、广场、公园、步行街、游客集散地等区域。抚州市在对重要旅游景区、街区、游客集散地、乡村旅游点现有厕所分布位置和数量进行全面摸底的基础上，对全市旅游厕所进行规划布局，明确市区、景区、道路沿线厕所设置标准。同时，在旅游厕所建设中融入当地历史文化，与周边地理环境相协调，造型典雅，别具风格，自成一景。广昌中国莲花景区和乐安金竹飞瀑景区挖掘自身特色，按照国家AAA级旅游厕所标准，打造具有浓郁明清古建筑特色和畲族风情的旅游厕所，并成为游客拍照留念的胜景。AAA级旅游厕所数量稳步增加，厕所内挂钩、纸盒、感应水龙头、梳妆镜、洗手液、烘干机、节水冲洗器等实用设备一应俱全；配备"第三卫生间"，方便特殊人群使用；安排专人负责日常管理，管理制度上墙公示。与此同时，注重提升旅游厕所质量，对旅游厕所建设标准提出明确要求：AAAA、AAAAA级景区旅游厕所不得低于AAA级标准；AAA级景区旅游厕所不得低于AA级标准；AA级及以下景区和农家乐旅游厕所不得低于A级标准，并将旅游厕所革命与乡村旅游示范村、旅游名镇名村等创建工作同部署、同推动、同检查、同验收，对旅游厕所不达标的实行"一票否决制"。此外，新建旅游厕所充分利用"生物处理、除臭杀菌、互联网+"等新技术，做到功能齐全、经济适用、绿色环保。

【文昌里再现昔日胜景】 作为抚州旅游和文化的亮点工程、造福群众的民心工程，文昌里改造工程一直备受社会瞩目。经过近3年时间的大手笔改造后，文昌里历史文化街区古街于4月29日开始对外迎接游客，市民携家带口、三五成群，从四面八方汇聚而至，人山人海的场景，显现出超高的人气。文昌里，这个临川老城曾经最繁华的商业街区，以华丽的身姿再现当年的盛景。在此，可赏千年古韵，品临川文化。古街两边，传统特色美食、传统手工艺品、旅游纪念品、非遗文化、特色民宿、创意工坊等业态丰富多彩，令人目不暇接。此外，还有谢灵运纪念馆、契约文书馆、文昌里美术馆等，传统与现代在这里交相辉映，灿烂的临川文化，引得众多市民和游客流连忘返。

【灵谷峰景区改造完工】 2018年，为将灵谷峰景区打造成为抚州市民休闲游玩胜地，临川区委、区政府将灵谷峰景区改造作为全区重点民生工程，投入资金6亿元，围绕"江南名山，孝道灵谷"主题，以乐家村为核心，拓展小镇的综合旅游度假服务区；以灵谷峰为核心，拓展文旅休闲文化旅游风景区；以梅岗村为核心，拓展启智修学的才子灵谷修学区；以遗矿坑为核心，拓展极限运动的户外激情体验区。形成山上秀美人文景观，结合山下的山水、农田、果园等休闲生态空间，融入文化创意主题，打造休闲型文化旅游集聚区。以国家AAAA级景区标准对景区旅游交通、游览系统、旅游安全、旅游购物、接待能力等方面进行全面提升改造，至年底，市区至灵谷峰景区沿途的18千米道路及道路两旁的楼房和环境焕然一新，房屋立面改造、景区管网、景区新停车场竣工，景区商业中心庙街和游客接待中心对游客开放，山上的石门关、撒酒泉、退心石、棋坪石、南北井、牛牯石、洗墨池、文印峰、瀑布泉、驻云亭等景观改造全部完成。

【临川仙盖山景区打造乡村AAAAA级景点】 临川仙盖山景区投资49亿元，位于临川区河埠乡斯和村封家村小组，占地面积0.67万公顷，其中核心区域0.07万公顷，是市重点建设项目。该项目于2017年3月份开工，至2018年年底，核心区域景点建设基本完成，已建成中医药产业园、仙药馆、手工坊、美食一条街、24套异国风情住宿区、农耕博物馆、竞技钓鱼场、观景平台及游客服务中心等，动物园、彩虹谷、游乐园、研学营地、冰雪世界、名贵水果林等在建设中。为进一步提升景区档次，吸引更多游客，仙盖山景区请旅游业内专家现场全程指导，按照AAAAA级乡村旅游点的标准整体推进景区建设。

（张芹琴）

本栏编辑 吴主平

新闻媒体

广播电视

【概况】 2018年，抚州市广播电视系统围绕全市中心工作开展内外宣传，确保播出安全，拓展经营创收，超额完成既定的目标任务。市广播电视台多项作品在全国和全省获奖，其中广播类1件作品入选中国广播影视奖（政府奖），2件作品获江西新闻奖一等奖，4件作品获江西广播电视奖一等奖。电视类作品《感受竹桥》获第六届全国市县电视台推优展播电视专题一等奖，作品《1.65公里》荣获全省第二届微作品评选活动优秀奖。

【主题性新闻宣传】 2018年，播出广播新闻3672条，电视新闻3696条。开设《在习近平新时代中国特色社会主义思想指引下——新时代新作为新篇章》《脱贫攻坚在路上》《幸福家园 秀美乡村》《喜迎全省旅发大会 打造抚州文化名城》《扫黑除恶在行动》《记录新时代》《作风建设在路上》《学习贯彻落实省委十四届六次全会精神》《走进连心村 三年看变化》《抚州我们来了》《新时代的奋斗者》《降成本优环境》《聚焦环境保护督察“回头看”》《三城同创》等43个栏目，全方位展示抚州干部群众干事创业的精神面貌。

【省外宣传】 2018年，抚州在中央电视台上稿271条，其中在中央台《新闻联播》播出39条，其他栏目播出232条；在江西省电视台《江西新闻联播》上稿481条，单条85条，其中单条头条9条，综合头条22条。在中央电视台上稿总数列江西省地市台排名第三，其中在中央电视台《新闻联播》上稿总数排名第五；在江西省电视台《江西新闻联播》上稿总数排名第四。在中央人民广播电台《新闻和报纸摘要》上稿21条，在江西省广播电台上稿3389条，其中头条28条，列江西省广播电台上稿总数排名第五。

【重大活动宣传】 2018年抚州广播电视台共录制、直播大型活动20场。一是春节、中秋期间，市电视台配合中央电视台《传奇中国节·春节》《传奇中国节·中秋》节目开展两次抚州直播连线节目，播出时间分别为16分钟和14分钟，观看人数近4000万人。二是在江西省旅游产业发展大会活动中，市电视台承担5个县区参观路线的导播、讲解工作，派出播音员、主持人6名，出动导播车两部。三是在汤显祖戏剧节暨国际戏剧交流月活动中，增加英国、西班牙、中国抚州“三地”连线直播，在全国地市台属罕见，为抚州市电视台首次。

【专题类栏目宣传】 2018年播出52期《我们身边的好党员》专栏，其中《连心进行时》26期。《抚州城管》《畅行抚州》栏目分别播出52期。《抚州文化大讲堂》栏目播出包括王安石、汤显祖、陆象山、李觏、抚州先烈、麻姑山等系列节目106期。制作、摄制《全市政法系统反腐败教育警示录》《2018汤显祖纪念活动》《全省互联网大会》《全省绿博会》《2018年“四进四联四帮”工作汇报片》《智慧城市抚州经验》等专题片、汇报片10部。按照市纪委、市监委的指示，根据市委改进干部作风活动要求，电视台完成32期《作风建设面对面》电视访谈专题栏目录制、播出。办好《城市随身听》《健康书场》等自办广播栏目，增加音乐欣赏类栏目《音乐巴士》、文史类栏目《针锋相对》和新闻类栏目《新闻茶馆》。

【新媒体宣传】 抚州广播电视台主动适应媒体传播环境和受众需求变化，发展微信公众号、新闻客户端等新媒体。4月25日，策划推出六期“抚州，以最美姿态欢迎您！”新闻报道，网友反响强烈，积极留言互动，粉丝量增加万余人；5月8日，原创首推《视频看！省委书记刘奇如何点赞抚州！！》，点击量超过2万次，策划推出《抚州最美主播“靓”像》系列，《美文诵读——读一篇红色家书》主播朗诵系列以及《走进连心村——3年看变化》专栏；开通“抖音”官方公众号，进行网络直播。此外，还对2018汤显祖戏剧节暨国际戏剧交流月开幕式进行直播、在除夕与央视共同报道抚州人民过大年。

【播出安全】 2018年，中央广播电视节目无线数字化覆盖工程完成建设，抚州12个台站开通发射地面数字电视信号，群众只要通过接收天线就可免费收看中央台12套数字电视节目和省、市、县各1套当地数字电视节目。“春节”“两会”“上合组织峰会”“中非峰会”“十一”等重要保障期的安全播出工作稳定有序，全市广播电视台站没有重大安全播出事故发生。申报抚州八三一台新增调频频率99.8MHz（江西广播电视台农村频率）、89.5MHz（江西广播电视台文艺音乐频率），调整抚州广播电视台交通音乐广播95.5MHz，扩大上述调频广播覆盖范围。

（詹翰林）

【抚州广播电视台领导名录】
台　　长：吴乐明
党委书记：邱秀兰
总 编 辑：袁志鸿

抚州日报

【概况】2018年，抚州日报社发挥主渠道、主阵地的作用，围绕市委、市政府“科学发展 绿色崛起”战略部署，弘扬主旋律，传播正能量，增强影响力，为宣传中共十九大精神、纪念改革开放40周年、全省旅发大会、汤显祖国际戏剧节、第二届中国中医药文化大会等开辟专栏，出特刊，进行多层面、高密度报道。围绕打好扶贫攻坚战、推动工业强攻战、扫黑除恶和全市“三城同创”“环境保护”等重大活动开辟专栏。积极推进报网融合，形成抚州日报、微信公众号、手机报、微博、客户端、抖音、直播平台、网站等多个媒介、媒体，为全面建成小康新抚州提供强有力的舆论支撑。

【重大活动宣传报道】作为全市的主流媒体，抚州日报社除完成日常宣传报道工作外，在围绕市委、市政府中心工作、重要部署、重大活动进行报道。为宣传中共十九大精神，先后开辟《在习近平新时代中国特色社会主义思想指引下——新时代 新作为 新篇章》《新时代、新担当、新作为》《新时代的奋斗者》《不忘初心跟党走》等专栏；为纪念改革开放40周年，开辟《壮阔东方潮 奋进新时代》专栏，在B版设《纪念改革开放40周年·印记》专栏，增出《今日抚州》特刊，推出系列专题报道或特别报道，全方位、立体化地展示抚州40年波澜壮阔的历史进程和辉煌成就，在舆论宣传上始终做到有重点、有热点、有亮点，有角度、有力度、有高度，发挥主流媒体的主阵地、主导权作用；在全省旅发大会、汤显祖国际戏剧节、第二届中国中医药文化大会召开期间，抚州日报社开辟专栏，出特刊，进行多层面、高密度、图文并茂式深度报道或系列报道、连版式报道，共发稿100多篇。

【特色宣传】2018年，是打好扶贫攻坚战的关键年，抚州日报社开辟《打赢精准脱贫攻坚战》栏目，发稿200多篇。保留《降成本 优环境》栏目，持续深入地推动工业强攻战。为使“绿水青山就是金山银山”发展理念深入人心，抚州日报社除开辟《保护环境 功在千秋》《环境保护“回头看”》《小桥·流水·人家》《整治交通违法行为——共建幸福美好家园》等栏目外，还与市发改委共同策划开辟《美丽江西——抚州样板》专栏，多角度深入报道全市保护环境、建设秀美抚州取得的成就，共刊登保护生态的文章近200篇。

【自选新闻】2018年，抚州日报社在完成重大活动报道的同时，想方设法做好新闻策划，在自选动作上出彩，先后开辟《“连心”小分队那些贴心事》《走进“连心村”三年看变化》栏目，深入报道“四进四联四帮”精准扶贫工作中的鲜活故事。在栏目《记者蹲在贫困村》中，充分报道全市扶贫工作取得的成绩。

为配合全国扫黑除恶和全市“三城同创”“环境保护”等重大活动，抚州日报社开辟专栏《扫黑除恶在行动》《“三城同创”志愿者在行动》《环境保护督察“回头看”》《转作风 强素质 优环境》《抚州新风》《品读红色家书——坚定理想信念》《抚州“百名担当实干人物”风采录》，并且策划增加《“啄木鸟”行动》专栏，全方位报道“三城同创”“环境保护”工作和成绩。此外，推进报网融合，新媒体增加抖音、直播，形成抚州日报、微信公众号、手机报、微博、客户端、抖音、直播平台、网站等多个媒介、媒体，产生立体规模宣传效应，成为抚州强大的舆论场，弘扬主旋律、传播正能量，主导抚州舆情，引导抚州舆情。

【队伍建设】2018年，抚州日报社在完成重大报道任务的同时，利用党委会、支部会、党员大会、党员固定日活动、民主生活会，深入学习习近平新闻思想，强化政治家办报理念，提高政治鉴别能力；采取授课等形式，增强采编人员的新闻职业道德观和业务水平，防止以稿谋私、假新闻和新闻责任事故的发生。为促使采编新人迅速成长，专门安排年轻编辑、记者深入扶贫村采风锻炼；采取“传帮带”的形式，由报社领导和部室负责人带年轻编辑、记者深入基层采风，采写出一批有热度、有深度、接地气的新闻作品，锻造一支政治坚定、业务精通、作风过硬的新闻采编队伍。

【拓展经营】2018年，抚州日报社在社会广告业务滑坡的情况下锐意改革，在全面整顿的基础上，实施广告招拍挂，完善内部系列管理措施，使广告收入趋于稳定。出版发行在巩固政府兜底的前提下，采取上门抓订户，保持发行量的稳步上升。一手抓印刷车间质量效益，一手抓安全生产，实现收支平衡，全年无重大安全事故发生。

（谢　焘）

【抚州日报社领导名录】
党委书记、社长：黄小明
总 编 辑：何建江
副总编辑：黄萍萍　黄乐程

抚州市全媒体中心（临川晚报社）

【概况】2018年，抚州市全媒体中心牢记职责使命，坚持正确舆论导向，守正创新，加快媒体融合发展，构建全媒体传播格局，做大做强党媒党端，占领抚州新媒体阵地，牢牢掌握舆论场主动权和主导权，讲好抚州好故事，传播抚州好声音，展示抚州新形象，使主流媒体具有强大传播力、引导力、影响力、公信力。

1月，在江西省移动新媒体综合传播力评比中，抚州市全媒体中心入选江西省移动新媒体综合传播力设区市三强；在第四届清博盛典上，“抚州发布”微信公众号凭借优异的传播力和影响力脱颖而出，荣获2018地方发布传播力奖；在由澎湃新闻主办的2018政务传播大会上，“抚州发布”澎湃问政号荣获2018最佳政务传播——地市奖；在2018年的政务抖音运营工作中，“抚州发布”被评为全国最具区域影响力政务抖音号。

在由中国晚报工作者协会主办的“2018年度赵超构新闻奖评选”中，临川晚报刊发的《149个马拉松献给自己70岁生日》荣获一等奖，《行走在大山深处的独臂村医》荣获二等奖，《我到国博看“自己”系列报道》荣获三等奖；在首届中国晚协融媒体奖融媒体奖评选中，抚州市全媒体中心开设的《乡贤》短视频栏目荣获新媒体品牌栏目三等奖；在第21届江西报刊网络新闻奖评选中，抚州市全媒体中心选送的“2018年汤显祖戏剧节开幕直播”获得媒体融合类移动直播三等奖；《乡贤》短视频栏目获得媒体融合类品牌栏目三等奖。

抚州市全媒体中心的迅速崛起，受到各地宣传舆论、新闻传播界的广泛关注。6月22日，美国西伊利诺依州大学新闻学教授唐勇至抚州考察调研。赣州市委宣传部、景德镇市委宣传部、九江市委宣传部、鹰潭市委宣传部、德兴市委宣传部以及长沙晚报传媒集团、浙江甲秀网络科技有限公司等部门纷纷派人组团到该中心进行考察调研，学习取经，交流合作。

【守正创新】 2018年，抚州市全媒体中心晚报编辑部围绕市委、市政府的中心工作，突出重点，做好宣传报道工作。5月，全省旅游发展大会在抚州举行，晚报在会前开设“喜迎旅发大会”专栏，对大会的召开进行预热；会议召开期间，晚报连续两天推出两个整版的“全省旅游产业发展大会”特别报道；第二届中医药文化大会、江西省互联网大会分别于10月、11月在抚州举行，晚报为此专门开设“聚焦中医药文化大会”“聚焦互联网大会”栏目，及时报道大会盛况；汤显祖戏剧节暨国际戏剧交流月活动是全市重头戏，晚报在活动开幕前就开设专栏对该活动进行大量报道，刊发稿件数十篇（幅），对大会的盛况进行全方位的报道。环境保护是2018年全市的工作重点，晚报先后于6月、7月、12月在三版推出“环保督察回头看”专栏，刊发稿件60余篇（幅）。为做好脱贫攻坚宣传工作，8月，市全媒体中心派出记者深入贫困村，并在晚报三版开辟专栏“记者蹲点扶贫村”，刊发《急！急！急！云雾里生长的330亩资溪辣椒滞销，急需你援手！》《抚州这名大学生去了妈妈驻村扶贫的小村，眼前的一切……》等扶贫村见闻稿件8篇，产生较大影响。此外，在抚州市全媒体中心成立一周年之际，晚报编辑部精心策划，推出8个整版的《从纸出发 迈向云端》纪念特刊。

在守正的同时，晚报适应新形势下的报业发展，不断转型、创新，开设“教育周刊”“文化周刊”“阅读周刊”“小记者周刊”四大板块，做强抚州文化教育品牌，尽可能地为读者提供各类教育文化等方面的资讯和服务。在服务读者方面寻突破，不少新闻在报纸链接二维码，读者通过手机扫描就可观看视频，使新闻在报纸上以图、文、视屏等形式立体化呈现，方便读者“悦读”。

【融合传播】 随着移动互联网迅猛发展，媒体生态发生巨变。2018年抚州市全媒体中心进入新的发展时代，拥有报纸、微信、微博、客户端、网站等5种媒介16个媒体平台，实现新闻一次采集、多次生成、多元传播、全方位覆盖，新闻生产流程进一步优化。在“抚州发布”微信公众号、“魅力抚州”客户端等新媒体推送的只有图文的产品中，加入视频、音频、动图、H5等新技术新手段，实现新闻作品的融合创新，提升传播效果。

针对媒体视频化转型、网民碎片化阅读的传播新趋势，抚州市全媒体中心以短视频作为创新的突破口，全年共推送各类小视频200多个。配合全省旅游产业发展大会制作音乐MV《告白抚州》；配合全省作风建设会议，制作反映干部作风整治的小视频《抚州戏精吐槽窗口服务》；针对暑期学生溺水事件，配合市教育局宣传制作短视频《防溺水“三字经”》；配合党员干部诵读红色家书活动，拍摄创意小视频《三“人”同诵红色家书》等。视频紧密结合市委、市政府的中心工作，抓住热点话题，精心构思，产生良好反响。2018年，抚州市全媒体中心响应市委、市政府发出的“抚商返乡创业、才子返乡创新”的号召，着力打造《乡贤》品牌栏目。栏目结合新媒体的短视频形式，专访在科技、教育、文化、艺术、公益、创业等领域的抚州籍优秀代表人物，通过“新乡贤”的正面形象弘扬社会正能量，同时通过他们的乡愁情感，吸引更多才子返乡支持家乡的发展建设。

2018年，抚州市全媒体中心共做直播170余场。2月15日，抚州市全媒体中心推出的直播《大年三十进警营》，演播大厅与消防大队现场连线，市委书记肖毅与现场主持人实时连线，进行对话，开创直播新模式。6月3日，全媒体中心视频直播课堂《才乡学堂》正式开讲，先后推出《北大清华学子与小记者面对面》《昔日抚州小记者 今朝留法硕士 黎一民分享学习成长经历》等视频直播公开课。9月28日，在汤显祖戏剧节开幕式之际，抚州市全媒体中心与新华社现场云、人民日报、央视移动新闻网、今日头条、凤凰卫视等全国30多个知名新媒体直播平台联动直播，观看人数达2200万人。2018年的全省互联网大会，实现39个平台联动直播。东南西北中，全国各地媒体直播平台聚焦抚州，才乡的知名度再度跃升。

【占领新媒体阵地】 2018年，抚州市全媒体中心按照习近平总书记指示精神，因势而谋，应势而动，顺势而为，加快推动媒体融合发展，强化党媒党端在全媒体时代转型的“阵地意识”，做大做强党媒党端，占领新媒体阵地。“抚州发布”微信公众号在内容上深耕，同时利用音频、视频、VR、动漫、H5等各种新媒体技术进行融合创新，推送的《重磅！市委书记力推这条高铁！你最期盼经过抚州哪儿？》《今天的文昌里，是世界的文昌里！》等20余篇稿件，阅读量达10万以上，粉丝量增至45万人次，在激烈的网络新媒体竞争中脱颖而出，成为全市粉丝量最多、阅读量最高、影响力最大的微信公众号，抢占新媒体高地，成为抚州新媒体的主流，在全省设区市排名第一；“魅力抚州”客户端不断丰富客户端内容，采取“内容+活动”的模式吸引大批用户入驻客户端。其中，策划的“诵读红色家书”活动得到全市各级部门的踊跃参与，活动页面阅读数近734万人次，点赞人次总数103万。至年底，“魅力抚州”客户端发稿3.8万余篇，总点击量达6亿多次，用户人数突破60万，成为抚州新媒体的主力军。为此，“魅力抚州”客户端充分发挥主流媒体作用，准确及时发布新闻消息，全市重大事件基本上实现首发，同时也为其他媒体提供新闻信息来源，牢牢掌握舆论场主动权和主导权。在2018年江西地方移动媒体综合传播指数排行中，抚州新媒体指数全年12个月排名均稳居第一。该客户端《问政抚州》平台自6月上线至12月26日，网民留言2399条，各部门回复2349条，回复率达97%，在疏导公众情绪、回应社会关切、化解社会矛盾、搭建政府与人民群众良性互动平台上取得较好成效。

（黄小球）

【抚州市全媒体中心领导名录】

主任（总编辑）：范　强

副总编辑：王小强　胥志勇

陈细勤　饶建明

图书发行

【概况】 2018年，江西新华发行集团抚州市分公司贯彻落实中文天地出版传媒股份有限公司和江西新华集团公司部署，坚持稳中求进，加大改革创新力度，以中共十九大精神为指引，改进工作作风，强化管理，为实现社会效益、经济效益双丰收奋力拼搏。全市各分公司实现销售收入4.06亿元、利润5666万元，基本完成上级下达的任务指标。

教材教辅发行是市分公司的主营业务，也是工作的重中之重。2018年，为保障“课前到书、人手一册”的政治任务，全市各分公司协调沟通，营造外部营商环境。在具体的发行工作中，市分公司细化发行操作标准，出台相应的发行制度大纲，对全市发行人员的工作态度和工作效率都做出相应规定，并要求全市各分公司根据当地实际情况遵照执行，提高发行效率，保障发行服务的优质、高效，3个月内回款率实现100%。全市教材教辅再创新高，比2017年增长近10%，实现销售码洋3.4亿余元，市本级完成销售码洋3500万元，比2017年增长10%左右，完成全年销售任务。

2018年，市分公司立足抚州市教育现状，开拓教辅延伸业务，推出《品读临川文化》地方性文化读本，发行总额450多万元。为增加图书的教育附加值，市分公司联合市教委、市文广新局、市社科联、团市委等部门在全市范围内共同举办“品读临川文化”经典诵读活动，并开展“品读临川文化”系列征文竞赛，为弘扬抚州传统文化，发掘抚州地域文化做出应有的贡献，同时企业获得经济效益。制定严格的教辅工作市场化运作规范，将相关佐证材料档案化，同时，做好全市教辅的科学调研工作，力求将教辅使用的反馈信息，形成材料纳入到教辅推介工作当中；重视教辅信访工作，切实掌握家长、学校的教辅信访信息。

【一般图书销售】 2018年，市分公司做好政治读物销售工作，其中《习近平新时代中国特色社会主义三十讲》完成销售码洋近290万元，《红色家书》发行100多万元；《新时代面对面》《习近平治国理政》第二卷、《回望峥嵘读初心——发生在江西红土地上的100个经典革命故事》等政治读物为全市党员干部的政治学习提供精神食粮。该优质政治读物的发行，筑牢“新华书店”国家意识形态的工作阵地。

依托全民阅读，开展护苗活动，促进一般图书的销售。2018年，市分公司以活动为平台，以图书为载体，全方位融合资源，打造全民阅读示范基地，举办各项活动500余场，取得一定社会效益，各地一般图书销售也得到增长。作为新华书店推广全民阅读龙头品牌的护苗活动，在2018年形成常态化。截至年底，南城、宜黄、乐安、金溪、东乡、南丰、黎川、资溪等县区相继开展活动，共完成8场护苗活动，实现销售码洋近60万元。护苗行动的开展，不仅在全市撒下“阅读的种子”，也为学生带来“阅读的快乐”。

为做好一般图书销售工作，市分公司完善软硬件设施。门市部陈旧，基础设施落后，是制约市分公司发展的主要因素。2018年为改善办公环境，市分公司申报大楼重建立项，同时，组建店外销售团队，构建激励机制，营造良好软件环境，建立大客户服务机制，分工负责，将机关图书采购、公司图书采购的客户分门别类，开展对口服务。

【招投标工作】 全市农家书屋招投标成功中标。2018年，为保证全市9县2区不丢标，市分公司和相关职能部门沟通，采取全市打包统一采购的办法，做好做足招投标准备工作，成功中标，彰显国有文化企业的实力和担当。崇仁师范学校作为全市唯一的师范类中专，升格为抚州幼儿专科学校，为取得该校大中专教材的采购权，市分公司在充分做好市场调研的前提下，打出亲情牌、感情牌、人情牌，取得招标方的认可，为招投标工作打下坚实基础，获得该校春秋两季的教材采购权，实现大中专教材销售码洋300余万元。馆配图书采购取得突破。2018年，获得中共抚州市委党校馆配图书和培训用书的指定采购资格。市分公司协调沟通，用服务打动校方，获得认可，双方签订采购合作协议，全年完成采购额10余万元。

【创新教育服务方式】 2018年，市分公司深度参与教研活动，实现业务关系的健康“生长”。通过组织开展系列教研活动，新华书店直接融入教师的日常工作当中，成为“利益共同体”，从单纯的供求关系转变成有共同目标的“朋友关系”，为开拓业务奠定坚实的感情基础，构建书店和教育部门的双赢局面。11月，组织部分校长参加第七届全国小学国学经典课堂教学高峰论坛活动，由市教学研究室下发文件，组织9县2区重要学校的主要领导参加，通过该活动，新华书店在全市教育系统获得良好口碑，拉近新华书店与学校之间的距离。组织开展“新华教育大讲坛”活动。针对教师职业教育需求，市分公司专门成立“新华教育大讲坛”交流平台，引进国内优质教育资源，打造推出当地教育名师，发挥桥梁纽带作用，让名师聚集在新华，让新华为名师服务，为当地教育的发展做出贡献。2018年，市分公司联合南城县分公司、乐安县分公司、金溪县分公司开展四期“新华教育大讲坛”活动，收到一定成效。

【全民阅读活动】 4月23日，由市委、市政府主办，市委宣传部、市文广新局、市教育局、江西新华发行集团有限公司抚州市分公司、市图书馆、市图书馆学会承办的2018年“全民阅读书香抚州”启动仪式暨“4·23世界读书日”万人诵读经典活动在市名人雕塑广场举行。市委常委、宣传部部长傅云，副市长徐国义出席启动仪式，市委有关部门、市直有关单位及大、中、小学生代表、市民代表近万人参加该活动，取得良好阅读推广效果，为全市近400万人民植入“阅读”理念。此外，临川区全民阅读活动基地授牌于临川区分公司新开门店，重新装修的临川区分公司中心门市功能齐全，吸引读者走进书店，亲近阅读。为弘扬抚州地域文化，挖掘全市优秀传统文化，培养全市中小学生乡土情怀，市分公司借助唐宋八大家——曾巩1000周年诞辰之际，联合多家单位推出《品读临川文化》系列读本之《曾巩文化读本》。

【“网上书城”建设】 布局网上书城是全市年度工作任务之一。2018年，市分公司在微信公众号上作有益尝试，发挥表率作用，南城县分公司盘活社会资源，创新合作方式，与当地社会最大的移动互联网公司“南城之窗”达成合作，创建“新华书城”，实现新业态自主探索。通过该媒体平台，南城县分公司近50场活动得到及时的正面宣传，提升新华书店的社会地位和品牌效益。

【公益活动】 2018年，市分公司以教育扶贫的方式帮扶全市每一位建档立卡的贫困学生。据不完全统计，全市共计捐助贫困学生1万余人，捐助扶贫资金近1000万元。在精准扶贫工作中，全市新华书店系统共派出“第一书记”11名，连心小分队成员近50名，协调帮扶资金近200万元。南城县分公司扶贫工作业绩突出，抚州市电视台跟踪报道。此外，在志愿服务、文明城市创建、新农村建设等社会公益工作方面，市分公司精心组织并参与，全力以赴，投入大量人力物力财力，树立良好企业形象。

（王光远）

【江西新华社发行集团抚州市分公司领导名录】

经　理：方新富

副经理：张　文　吴胜茂　邱智如

本栏编辑　范蔚萍

科技·卫生

科学技术

【概况】2018年，抚州市实施科技创新驱动发展战略，深化科技体制改革。研发投入稳步提升，被江西省创新驱动“5511”工程推进小组授予2017年度加大全社会研发投入攻坚行动优秀设区市荣誉称号；科技企业快速壮大，新增国家级高新技术企业104家，增加77%，高新技术产业增加值增长12.6%；科技平台大幅增长，新增国家级平台载体2个、省级平台载体25个；重大科技成果实现历史性突破，抚州市获省级科学技术进步奖7项，其中一等奖5项，位列全省设区市第一。

【全社会科研投入增大】全市2017年度填报有R&D活动（research and development，指在科学技术领域，为增加知识总量以及运用这些知识去创造新的应用进行的系统的创造性活动，包括基础研究、应用研究、试验发展3类活动。可译为“研究与开发”“研究与发展”“研究与试验性发展”）的单位数达291家，较2016年增长42%，企业R&D经费支出8.6亿元，较2016年增长38.4%；全社会研发投入10.1亿元，较2016年增长35.1%，占GDP比重值为0.79%，较2016年提高0.17个百分点。

【培育科技型企业】新增高新技术企业104家，总量达239家，较2017年增长77%；开展科技型中小企业评价，培育国家级科技型中小企业236家，是目标任务的107.3%；瞪羚企业（瞪羚是一种善于跳跃和奔跑的羚羊，业界通常将高成长中小企业形象地称为“瞪羚企业”。一个地区的“瞪羚企业”数量越多，表明这一地区的创新活力越强、发展速度越快）上榜企业达到10家，总数在全省排名第三。

【搭建科技创新平台】2018年，全市新增国家级平台载体2个、省级平台载体25个、市级平台载体35个、市级创新团队14个。分别为国家级星创天地1个、国家级企业技术中心1个，省级协同创新体3个、省级工程技术研究中心9个、省级科技企业孵化器1个、省级众创空间2个、省级企业技术中心4个、省级创新型县（市、区）建设试点1个、省级创新型乡镇建设试点5个，市级工程技术研究中心21个、市级众创空间5个、市级星创天地9个、市级优势科技创新团队14个。

2018年，分别由康舒陶瓷、舒美特药业、伊发电力牵头组建的3家省级科技协同创新体成功获批，新增数量列全省各设区市第一。新获批组建9家省级工程技术研究中心，新增数量全省排名第二，同比增长50%。

【科技成果转移转化】全市有5个项目获省科学技术进步奖一等奖（其中作为第一完成人2项），位列全省设区市第一。此外，还获得2项三等奖，总获奖数7项，重大科技成果实现历史性突破。

江西珍视明药业、江西科伦药业有限公司等16家企业参加科技成果在线对接会，征集到技术需求11项、成果转让7项，对接会上实现技术对接8次，产生意向2次，有效地促了进科技成果转化。博雅生物制药集团股份有限公司、江西鑫台铭智能科技有限公司、江西迪比科股份有限公司等11家企业、14项高新技术成果参加第二十届中国国际高新技术成果交易会。

【科技合作】市政府与中科院国科控股、苏州大学、深圳机器人研究院、美国休斯敦医学院、阿里巴巴、浪潮等30余家国内高校、科研院所、大型企业建立科技合作关系，聘请26名院士、科技领军人才为科技顾问。全市有796家规模以上工业企业与188所高校、科研院所签订合作协议，完成率达到100%，实现全覆盖。各县区政府共聘请科技顾问47人，县区、直单位与94所高校、科研院所、智库开展科技合作项目。71家市直单位与92所高校、科研院所（智库）签订合作协议或开展项目（课题）合作。1月17日，市政府与中科院生态环境研究中心在汝水森林宾馆签订战略合作框架协议；10月25日，市政府与赣南师范大学签订全面战略合作签约仪式；11月15日，市政府与中科院软件中心、曙光信息产业股份有限公司以及省科学院签署共建“中科院抚州大数据研发及产业发展基地合作协议，为抚州市大数据产业高质量发展搭建高层次科研平台。

组建“才子智库”，汇集抚州籍在外地技术专家、省科技评审专家作为市科技专家库专家，提升全市专家库人才规模及专业水准。科诺生物胡祥入选国家“科技创新创业人才”，成为抚州市第二个入选的人才；南城县博君生态朱博入选省主要学科学术和技术带头人。

【优化科技创新政策环境】 市委、市政府出台《关于印发抚州市深入推行科技特派员制度实施方案的通知》《抚州市科技特派员管理办（试行）》《关于印发抚州市推进创新型城市建设实施方案(2018—2020年)的通知》《抚州市建设国家知识产权试点城市专利技术产业化特色主题工作方案》《抚州市知识产权战略纲要》等文件，优化创新环境，提升知识产权创造、运用、管理和保护能力，推动科技与经济深度融合发展，助力乡村振兴，全力支持高新区创建鄱阳湖国家自主创新示范区，推进创新型市县建设。

【调整科技局内设机构职能】 为适应新时代科技创新需求，经市编办批复同意，市科技局机关内设业务科室更名及职能调整，由原先的高新技术发展及产业化科、农村与社会发展科和科技成果与技术市场科分别更名为创新发展科、技术创新科和协同创新科。完善市科技项目服务中心内设科室及职能，充实专利行政执法支队工作职能。

【加大科技创新考核权重】 将研发投入、高企培育、科技合作、科技平台、专利创造等科技创新核心指标，纳入到市、县区高质量发展综合考评及市直单位绩效体系。市、县区高质量发展综合考评总分200分，科技创新分值为8分，占总分4%，占工业发展35分的22.86%；市直单位绩效考评总分60分，科技创新分值为2分，占总分3.3%。并且明确科技创新考评由市科技局负责。

【改革科技创新奖励制度】 出台《抚州市科技创新奖励办法》，在全省率先实施科技奖励制度改革，每年评选一批优秀科技创新企业、科研事业单位、优秀科技创新团队、优秀发明专利，激励自主创新，并在科技项目上给予优选与支持，充分调动广大科技工作者的积极性和创造性。

【富民强县工程】 引进33个省级科技特派团270名省科技特派员，选派100名市、县科技特派员，深入农村基层开展科技创新创业和科技服务活动，培育壮大科技富民产业。共建立各类省级科技特派团工作站14个和产业技术服务基地16个，市级科技特派员工作站12个。5月9日，省委书记刘奇深入南丰县调研，特别了解了南丰水产科技特派团工作情况，对抚州市科技人员深入基层第一线积极发挥作用表示赞赏，希望扎实做好科技惠农工作。11月8—9日，科技部委派专家组就江西省“三区”科技人员专项工作开展调研，重点赴抚州市调研南丰、金溪科技特派员工作。

【国家知识产权试点城市建设】 6月28日，国务院知识产权战略实施工作部际联席会议办公室下发《关于表彰国家知识产权战略实施工作先进集体和先进个人的决定》，确定抚州市知识产权局为国家知识产权战略实施先进集体。

2018年，全市新增国家知识产权示范（优势）企业22家，拥有32家国家知识产权示范（优势）企业，新增及拥有量均列全省第一。年内，全市专利申请量6911件，全省位列第六，同比增长23.08%。其中，发明621件，同比增长32.69%；实用新型5094件，同比增长37.75%；外观设计1196件。全市专利授权量4565件，全省位列第四，同比增长61.94%。其中，发明118件，同比增长9.26%；实用新型3628件，同比增长136.81%；外观设计819件。成立江西省专利信息服务中心抚州分中心和江西省专利信息服务中心南城工作站。

（董娟隽）

【市科技局领导名录】
党组书记、局长：顾胜和
党组成员、副局长：胡汉华
史晓全
党组成员、市科技项目服务中心主任：曾爱民

卫 生

【概况】 2018年，抚州市聚焦全面深化医药卫生体制改革重点，立足解决群众看病就医难题，推动“医疗、医保、医药”三方联动改革。各项改革进展平稳有序，一些重点领域和关键环节取得突破性进展，卫生、计生、民生工程扎实推进，医疗卫生机构服务能力持续提升，主要计划生育工作指标圆满完成，改革红利得到进一步释放。

年内，全市有卫生计生机构2298所，其中医院50所（综合性医院32所，中医院12所，中西医结合医院1所，专科医院5所），社区服务机构30所，乡镇卫生院177所，村卫生计生服务室1802所，诊所、医务室172所，门诊部1所，疾病预防控制机构12所，专科疾病防治机构7所，妇幼保健机构12所，卫生监督所12所，采供血机构1所，计划生育技术机构3所，其他机构18所。全市医疗机构床位总数为14819张，每千人拥有床位数为3.66张；有卫技人员15866人，其中执业医师（助理）5854人，每千人拥有1.45人；注册护士6855人，每千人拥有1.69人。全年无偿献血23638人次，无偿献血量为38783U（1U全血指200毫升全血，1U红细胞指由200毫升全血制备的红细胞、1U血浆指100毫升血浆，单采血小板每人份按10U计算），供应临床供血总量为37980.5U。全市孕产妇死亡率控制在10.45/10万以下，孕产妇系统管理率达到91.50%，3岁以下儿童系统管理率达89.61%，新生儿两病筛查率77.69%。

【公立医院可持续发展】 组建由政府主要领导任主任的市、县级医管委。加大政府对卫生的投入力度，全面落实公立医院“6+1”补助政策，

仅市本级4家公立医院，2018年财政预算较2017年度增加5253万元，增长126%。创新人员备案管理制，按公立医院实际开放床位数不低于1 ∶ 1.3的比例，合理核定全市公立医院岗位总数11689个，较原核定的6486个编制数增加5201个岗位数，增加率80.2%，对核定的岗位总人数，按现行财政补助水平安排财政补助，2018年财政补助额达到2.51亿元，岗均补助额为2.19万元。根据核定的岗位总数，重新核定职称职数10596个，其中正高363个、副高1171个，较原核定数分别增加118个、506个，增幅为51.8%、43.2%。落实“两个允许”政策，公立医院年人均收入较改革前增加40%以上，有力调动医务人员参与政策改革的积极性。2018年考察招录66名高素质、紧缺型人才，招聘专业人才301人。

【卫生健康服务】 市本级财政统筹安排资金，推动支持市人民医院做强做大，推动市立医院独立建院。建设市立医院门急诊大楼、市妇女儿童医院、市急救中心、市疾控中心检验大楼、市中心血站等卫生重点项目，优化改善区域中心卫生服务体系。综合考虑区域隶属关系、人口分布、地理位置等因素，推进医联体建设，将服务区域划分为若干个网格，每个网格由一个医疗集团、县域医共体负责，推进肿瘤、心脑血管等重大疾病以及儿科、麻醉科等短缺资源学科联盟建设。

举办2018年抚州生命健康科学国际高峰论坛，邀请美国德克萨斯华裔医学高级学者访问团成员，“两院”院士，国内著名生命科学、医药、医学专家及企业代表到抚州共商生命健康科学发展之路。邀请抚州籍在外专家返乡，为家乡百姓解决疑难病症，开展义诊、查房、带教、讲座等活动，全市有十余家市、县二级以上医疗机构与北上广优质医院建立结对合作关系。

【智慧医疗建设】 2018年，智慧百乡千村健康医养扶贫工程更加成熟，覆盖市本级和7个县区986个村卫生室、120个乡镇卫生院、24个社区卫生服务机构、15个县级医院、13个居委会和1个市级三甲医院，培训1813名村医，为村民提供各种智慧医疗服务320万项次。8月，抚州市智慧百乡千村健康医养扶贫工程在全省卫生计生系统贯彻省委十四届六次全体（扩大）会议上作经验介绍。工程开展后，新华社、中央电视台、人民政协报、中国经济报、中国家庭报、江西日报、江西广播电视台等国家、省级媒体多次进行集中采访报道，甘肃、青海、河南等地到抚州市考察学习，全国工商联4月份到抚州市专门开展调研和考察。市级全民健康信息平台实现省市县三级平台互联互通，在全市范围内1766家市县乡村四级医疗卫生机构实现医疗信息共享调阅、分级诊疗、家庭医生签约等功能建设及应用。仅用40天就在全省率先以市为单位实现基层医疗机构医保就诊直报，荣获2018年江西省卫生信息化推进“十佳”优秀奖。在2018年全省卫生计生规划与信息工作会议上，抚州市卫计委作工作经验介绍。

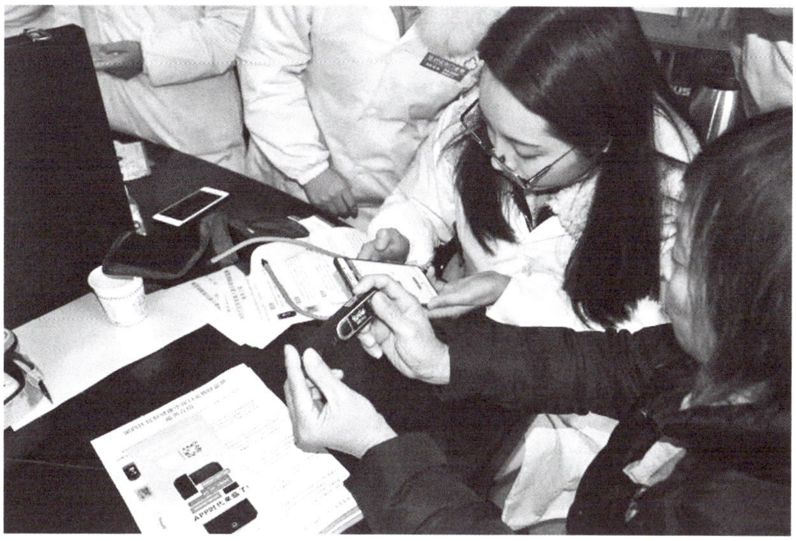

抚州市智慧百乡千村健康医养扶贫工程进入三元楼社区

【改善群众看病就医体验】 以“人民至高无上，患者是我亲友”为原则加强行业监管。组建肿瘤性疾病、神经外科、消化内科、口腔和儿科等10个专业质量控制中心。整合资源，引进第三方区域检验、影像、体检中心，为实现全市医疗质量同质化打实基础。抚州市第一人民医院与北京黄晓军团队合作打造血液病中心，抚州市妇幼保健院和上海管阳太团队合作打造神经内科重点学科。8月，举办首个抚州“中国医师节”，活动期间进行抚州市医学会换届，选举产生第七届理事会，并开展“临床技能大比武”、廉洁诚信行医宣誓、慰问在岗医师、医学科技和中医药成果展、书画作品展、首个“中国医师节”表彰大会等系列活动，在全市营造出良好的“尊医重卫”氛围。

【减轻群众就医负担】 全市217家定点医疗机构全面实施“三免四减半”政策，共设置扶贫病床982张，实行统一标识，占总床位的8.43%。各级各类基层医疗卫生机构为建档立卡贫困人口提供家庭医生签约服务，贫困人口家庭医生签约人数为153386人，家庭签约及履约率为100%。重病兜底保障救治2226人，救治进度100%。在全省率先出台补充保险实施细则，由政府出资为贫困群众购买重大疾病医疗补充保险。在全市范围内推行医保门诊统筹制度，参保人员在基层定点医疗机构发生的门诊医疗费用，不设起付线，按68%的比例报销，在辖区内二级中医院中医治疗按40%的比例报销，建档立卡贫困户报销比例分别提高10个百分点。

全国第二届中医药文化大会在抚州召开

【推进医养结合】 全市153个医养结合项目、1.4万余张医养结合床位建设稳步推进，196所养老机构全部与就近的医疗机构签订合作协议。立足实际，利用县区自然生态资源完好的森林植被，与中医中药文化有机结合。临川区建设AAAA级仙盖山健康养生养老旅游基地，在温泉景区建设中医药健康养老小镇，推进临川区金山寺焕新安养老院，宜黄县曹山寺医养结合型+禅养+旅游+中医药健康养生养老建设。亲和源养护中心护理院完成主体工程建设，临川区上顿渡镇、南丰县琴城镇被工信部、民政部和国家卫健委确定为第二批智慧健康养老试点示范镇。2018年年底上报的《抚州市推进医养结合面临的主要困难问题和建议》再次得到国务院领导批示和肯定，并被国务院办公厅《专报信息》采用。

【实施中医药强市发展战略】 围绕振兴"盱江医学""建昌帮"中医药品牌，不断挖掘"盱江医学"流派学术思想和民间中医诊疗技术和方药，加大传承人才培养。在道地中药材种植基地建设上重点发展临川区、南城县、金溪县、崇仁县以黄栀子、车前子、茱萸子、枳壳为主的"三子一壳"中药材，全市中药材种植面积达到2.66万公顷，比2017年增加0.52万公顷。全省首个热敏灸特色小镇在资溪高阜镇揭牌，抚州市中医院等8家医疗机构成为江西省中医康复（热敏灸）联盟单位。2018年抚州隆重举办全国第二届中医药文化大会，大会期间共签约中医药企业13家，签约资金60.5亿元，临川仙盖山中医药产业园与上海施明失眠专科医院共同开展仙盖山中医药康养基地建设，黎川国医研中医药健康旅游基地与中国中医科学院合作开展博士工作站和全国首个县级中医远程医疗点建设。国务院副总理孙春兰在抚州报送的中医药工作材料上作出批示，给予充分肯定。

【公共卫生保障】 2018年，基本公共卫生服务补助经费提高到55元/人。全市共建立居民电子健康档案325.79万份，65岁以上老年人健康管理26.58万人，0～6岁儿童健康管理4.68万人，孕产妇早孕建册4.64万人，高血压患者规范管理18.53万人，2型糖尿病患者规范管理5万人，严重精神障碍患者规范管理1.39万人，结核病患者健康管理人数2300人。全市重性精神病免费救治6754例，完成全省任务数的118.39%；白内障复明免费手术6821例，完成全省任务数的324.35%；儿童先心病救治183例，完成全省任务数的103.98%；儿童白血病救治29例，完成全省任务数的362.5%；尿毒症免费血透救治4139例，完成全省任务数的336.78%；乳腺癌免费手术14例，完成全省任务数的127.27%；宫颈癌免费手术14例，完成全省任务数的280%。

【疾控保障】 将卫生应急队伍重新调整为综合紧急医学救援队、传染病防控队（突发/救灾/寄生虫）、中毒事件卫生应急救援队、突发公共卫生事件执法监督队、心理干预队、卫生应急宣传和健康教育队等6类8支，参照《卫生应急队伍装备参考目录》配备统一服装。7月，组织开展规模大、项目全的全市卫生应急演练暨市级卫生应急队伍授旗活动，全市14支医疗卫生队伍共200余人参加。规范结核病分级诊疗工作，在全省率先完成结核病门诊从疾控中心剥离任务。及时有效处置"长春长生"疫苗事件，严格落实国家、省级工作部署，指定专人负责，坚持日报告和零报告制度。崇仁县筹备创建国家慢性病综合防控示范区，参加国家第三届"万步有约"职业人群健走激励大奖赛活动，被评为全国优秀健走示范区。

【妇幼健康服务】 通过建立县级孕产妇、儿童集中系统管理中心、推广应用妇幼保健中医药适宜技术以及加强妇幼健康服务质量监管等创新举措，不断提升妇幼保健管理水平和发展能力。农村妇女"两癌"检查项目覆盖全市所有县区，完成农村妇女宫颈癌检查4.3万人，完成乳腺癌检查1.6万人。继续实施增补叶酸预防神经管缺陷项目，服用叶酸人数37947人，叶酸服用依从人数30804人，依从率达到81.18%。

【国家卫生城市创建】 出台《开展非法小广告专项整治实施方案》《城中村及城乡结合部综合整治方案》《抚州市中心城区违规饲养家禽、家畜专项整治的方案》等工作方案，市委、市政府下发《抚州市"三城同创"领导包片挂点工作方案》，各级各部门职责更加清晰。市创国卫指挥部各有关部门和广大市民一同参与创建工作，安排执法人员督促沿街店面落实"门前三包"制度、对露天菜市场、占道经营、违章搭建等行为进行综合整治，进店入户宣传“门前三包”工作的重要意义，提高市民对“门前三包”工作的知晓率和参与率；配合市文明办对非法小广告开展整治行动，掀起全民整治环境卫生、共建文明和谐家园的热潮；千名社区党员针对脏乱差、违规种菜、养鸡、乱搭乱建等地开展集中整治。2018年12月4日，抚州市顺利通过省卫健委复审，省爱卫会重新命名抚州市为江西省卫生城市。2018年12月底，资溪县通过省爱卫会综合评审，被正式命名为江西省卫生县城。

（刘　勇　章贤群）

人口和计划生育

【概况】 2018年，抚州市坚持计划生育基本国策，扎实稳妥推进全面两孩政策，改革完善计划生育服务管理。年内，全市出生4.92万人，人口出生率为12.2‰，出生人口性别比为113，出生政策符合率为89.57%。其中，一孩出生1.83万人，二孩出生2.4万人，多孩出生6900人，出生二孩率比实施全面两孩政策前提高5.97个百分点，全市主要计划生育工作指标圆满完成，实施全面两孩政策效果明显，生育秩序平稳有序。

2018年，抚州市被国家命名为全国幸福家庭活动示范市。在全国生育状况抽样调查工作中，抚州市卫计委、临川区卫计委、资溪县卫计委被评为全国优秀单位，3人被评为全国优秀个人，抚州高新区社会事业局、南丰县卫计委被评为省级优秀单位，8人被评为省级优秀个人。东乡区被省卫计委列为农村留守儿童健康关爱试点县，抚州高新区被国家计生协列为全国青春健康家长沟通之道示范项目点。9月，宜黄县卫计委、抚州高新区社会事业局被国家卫健委评为全国流动人口动态监测调查优秀单位，抚州市苏德媛、黎川周小亮、临川卢小芳3名调查员（督导员）被国家卫健委评为全国流动人口动态监测调查优秀个人。

【落实全面两孩政策配套措施】 认真执行计划生育奖励假制度和配偶陪产假制度，把用人单位落实制度情况纳入计划生育工作评先“一票否决”指标。加快推进母婴设施建设，全市53家二级以上医院，完成母婴室建设46家。AAAA级以上旅游景区均设立第三卫生间，内设相关母婴设施。人流量、建设面积达到要求的大型商业中心、火车站、汽车站基本设有母婴室。

【完善出生人口监测预警机制】 围绕全市全面两孩政策贯彻落实情况，及时开展全面两孩政策实施效果评估，科学分析人口发展形势，综合评估全市全面两孩政策实施效果，为全市经济社会发展提供决策依据。继续抓好出生人口信息核查工作，通过开展住院分娩信息比对核查，全市对73904条出生医学证明信息进行审核修正。2018年，出生信息入库及时率77.78%，工作协查反馈出生信息及时处理率99.53%，系统协查处理及时率99.75%。

全市2018年生育登记（审批）网上受理一、二孩生育登记服务共3.33万例，办结率99.98%，及时办结率为99.28%。受理再生育服务登记1159例，办结率为99.48%，及时办结率为99.65%。当年生育登记覆盖率为78.26%，群众生育登记服务满意率99.32%。

【妇幼健康服务能力建设】 各级妇幼健康服务机构通过国债建设项目、争取地方财政支持等方式，对妇幼健康服务基础设施建设进行新建和升级改造。市妇幼保健院住院大楼封顶，金溪县妇幼保健大楼落成，其他县区的升级改造项目正在进行。采用“五色管理”对孕产妇进行妊娠风险评估管理，明确市、县两级危重孕产妇和新生儿救治中心，组建抚州市产科和新生儿科质控中心，建立完善市级产科和新生儿科质控专家库，确保高危重症能够早发现、早干预、早治疗。

东乡、金溪、资溪、南城、广昌、乐安、临川7个县区实现“一站式婚育服务”。加强出生缺陷综合防治，2018年，全市免费婚前医学检查34661人，婚检率73.27%。将避孕药具发放融入“智慧健康医养扶贫工程”和“家庭医生签约服务平台”，建立药具微信群“一对一发放”新型服务模式，提高避孕药具易得性和优得性。健全计划生育特殊家庭信息档案，落实联系人制度、就医“绿色通道”和家庭医生签约服务三个全覆盖。

（刘　勇　章贤群）

【市卫计委领导名录】

党委副书记、主任：祝文渊
党委书记：廖金平
党委委员、副主任：汤祖继
　　　　　　　　　曾小芬　阙德康
党委委员、调研员：许跃宗
党委委员、市纪委驻市卫计委
纪检监察组组长：周三才
市计生协会专职副会长：周小磊
市爱卫会专职副主任：陈祖祯

本栏编辑　吴根茂

民　政

综　述

抚州市民政系统深入践行“民政为民、民政爱民”工作理念，从提升工作质量、深化民政改革、加强能力建设着手，主动将民政工作融入经济社会发展大局，推进各项民政事业较快发展。2018年，抚州市成功争取到全国居家和社区养老服务改革试点，成为江西省第二个集三个国家养老试点于一身的城市。市救助管理站被纳入民政部救助管理机构流浪乞讨人员人脸识别试点单位。

坚持弱有所扶，兜底保障精准有力。一是民政对象获得感持续增强。2018年抚州市争取到上级各类民政补助资金10.8亿元，较2017年增长9.8%。民生工程民政指标全面落实，保障标准持续提标，城乡低保保障标准分别提高到580元和340元，城乡低保人均月补差水平分别提高到380元和255元。开展全市城乡低保专项治理工作，建立城乡低保分类管理制度，做到应退尽退、应保尽保。二是城镇脱困工作全面启动。率先在全省落实城镇脱贫解困专项工作经费，市财政安排市本级城镇脱贫解困专项工作经费100万元，公开招聘专职工作人员4名。出台《抚州市加大城镇贫困群众脱贫解困力度的实施意见》，印发《抚州市城镇支出型贫困低收入家庭认定操作规程（试行）的通知》，对6.9万名城镇困难群众进行调查摸底，城镇贫困群众脱贫解困工作全面启动。三是家庭经济状况核对工作积极推进。全市在实现户籍、车辆、房产等八类信息在线反馈基础上，下发《抚州市社会救助家庭银行存款等金融资产信息核对操作办法》，推进社会救助家庭银行存款等金融资产信息核对工作。全年全市通过居民家庭经济状况核对系统，共复核3.6万户11.9万人，审批通过0.9万户2.3万人，发出核查信息预警0.7万户0.78万人。四是儿童关爱保护和慈善工作扎实推进。开展孤弃儿童养育大排查，推进农村留守儿童“合力监护、相伴成长”关爱保护专项行动。强化儿童工作队伍能力建设，举办全市未成年人关爱保护实务暨社会组织能力提升培训班，全市2226名乡镇督导员及村居儿童主任信息被录入全国村居儿童主任管理系统。引导慈善力量参与脱贫攻坚，每年安排1000万元慈善资金，全面启动“善行抚州、助力扶贫”慈善扶贫专项行动，着力实施慈善“四季沐爱”工程。

激发内生动力，改革试点成效突显。一是养老服务改革不断深化。抚州市获中央财政居家和社区养老服务试点补助资金2790万元。出台《关于全面放开养老服务市场提升养老院服务质量的实施办法》。高标准引进上海亲和源、湖南普亲、中科院中科慧康等知名品牌企业。采取公建民营模式，临川区引进湖南普亲，开展专业化、规范化的失能半失能老年人长期照护服务，填补抚州市失能老人照护服务空白。促进医养融合发展，全市168所公办养老院采取医院入驻、签订医养合作协议或自建卫生室等模式，基本实现养老服务与医疗服务全面对接。开展养老服务质量专项行动，完成全市197家养老机构内部管理、安全管理、入住对象、从业人员及房屋等信息收集和录入工作。抚州市养老服务工作继续走在全省前列，2019年全省民政工作会议作典型发言。二是绿色殡葬改革平稳推进。市委、市政府主要领导高度重视，多次就殡葬改革工作作出批示指示，且多次召开全市殡葬改革大会进行动员和调度。2018年，全市火化率提升至62.19%，居全省第四。殡葬设施项目建设加快推进。全市新（改、扩）建县级殡仪馆8个，其中在建7个，投入资金1.7亿元。计划建设公益性墓地2034处，建成率86.3%。全市5项基本殡葬服务全部免费，散埋乱葬坟墓整治工作积极推进。清明期间，市、县区公墓区内全面实现“禁燃鞭炮、禁烧祭品”目标。三是社区建设试点持续加力。出台《抚州市2018年农村社区建设试点工作实施方案》，全市完成农村社区建设试点50余个，其中9个社区获第三批全省农村建设试点示范社区命名，进一步推动试点工作向质量型转变、服务型提升。实施绿色社区创建活动，全市创建绿色社区示范点34个，其中20个社区被命名为全省“绿色社区 美丽家园”示范社区。

秉承共建共治共享，基层治理创新推进。一是专项事务管理有序推进。稳妥有序完成第十届村（社区）“两委”换届选举，组织开展新任村（居）主任和村（居）务监督委员会主任培训。结合扫黑除恶专项斗争行动，对重点难点村（社区）和干扰村（社区）“两委”换届选举工作案件线索开展摸排。推进行政区划调整，完成东乡区增设金峰街道办事处和临川区展坪撤乡设镇。全市完成4.1万条地名普查任务，对市城区一批道路进行命名，完成6000余块道路命名标志设置和市、县、乡三级80条界线联检任务。二是社会组织登记管理工作稳步加强。出台《关于深化社会组织管理制度改革促进社会组织健康有序发展的实施意见》，开展社会团体会费清理规范工作，重点对行业协会商会涉企收费进行清理规范。推动行业协会商会与行政机关脱钩，市本级行政协会商会脱钩工作全面完成。三是民政人才队伍建设持续发力。举办全市首期社会工作者再教育培训班，培训专业社工110余人。联合综治、教育等12个部门在全省较早出台《关于做好社会工作专业岗位开发、示范实训点建设及社工人才激励保障工作的通知》，落实社区社工职业津贴。深入开展志愿服务网上注册活动，截至2018年12月，全市在全国志愿服务信息系统注册人数突破24.58万余人，志愿团体14个。市慈善义工总队招募义工千余人，搭建了一支长效稳定的志愿服务队伍。

（吴晓红　曹　刚）

社会救助

【概况】 2018年，抚州市全面落实民政兜底保障脱贫政策，开展城乡低保领域专项治理，全面启动城镇困难群众脱贫解困工作，采取“五种”方式促进精准识别，为保障城乡困难群众基本生活、维护社会和谐稳定、促进社会公平正义起到重要作用。

【社会救助兜底保障脱贫】 成立市民政局社会保障扶贫工作领导小组，下发《市民政局关于领导挂点县（区）扶贫攻坚工作的通知》，与县区民政部门签订脱贫攻坚责任书，与科室负责人签订责任状，层层落实责任分工，有效地促进工作的较好落实。落实专项治理。2018年民政部门全面开展脱贫攻坚“春季攻势”“夏季整改”和“秋冬冲刺”行动，下发专项行动方案，通过加强日常督促指导，定期调度各地工作情况，确保工作扎实推进。同时，民政部门联合扶贫、纪检部门在全市开展城乡低保专项治理活动，全市专项治理范围从农村低保扩展到城市低保。加强整改落实。对照中央、省、市各类巡视巡察以及督查发现民政领域脱贫攻坚存在问题，先后开展脱贫攻坚中形式主义、官僚主义突出问题立行立改、民政系统扶贫领域作风问题专项治理整改和扶贫领域巡察问题整改等一系列整改工作。

【实施城镇贫困群众脱贫解困】 市委、市政府出台《抚州市加大城镇贫困群众脱贫解困力度的实施意见》，市政府办公室印发《抚州市城镇支出型贫困低收入家庭认定操作规程（试行）的通知》以及出台城镇脱贫解困领导小组主要职责、议事规则、成员单位工作职责以及考核办法等文件。市民政、工会、人社、教体、卫健、医保、住建等9个部门均根据自身职责制定城镇贫困群众脱贫解困专项工作实施办法。抚州市在全省率先落实城镇脱贫解困专项工作经费，市财政每年安排市本级城镇脱贫解困专项工作经费100万元。举办全市城镇贫困群众脱贫解困工作业务培训班，对各县区民政、工会、人社、教育、房管、卫健等部门近120余名工作人员进行业务培训。

【抓好贫困群众精准识别】 一是完善以入户调查、民主评议、张榜公示、乡镇审核、县区审批为主的传统审查制度，建立低保分类管理制度，将低保对象分为A、B、C三类分类施保。制定低保申请受理、入户核查、民主评议、公开公示、动态管理、近亲属备案等13类规范性文书表格。二是对居民家庭经济状况核对实现工商、税务、车辆、房屋、存款、公积金、社保等10余项的信息化查询。通过核对平台，全年全市共核查对象3.8万户12.6万人，审批通过9000户2.3万人，核查信息预警7300户8200人。三是以抚州建设智慧城市为契机，借助市政府大数据服务云平台，全面调取相关部门信息数据，在全市范围内对贫困群众的收入财产信息进行比对，最大限度地实现精准识别。四是出台《抚州市社会救助家庭银行存款等金融资产信息核对操作办法（试行）》，与农业银行、工商银行、农商银行、临川浦发村镇银行签订金融资产信息查询合作协议，与市本级13家银行机构开展信息查询，明确查询内容和查询方式。五是尝试通过政府出资向社会购买服务等方式，引进第三方机构对贫困群众进行精准评估。东乡区财政出资18万元，由区民政局与宜春市壹点市场研究咨询有限公司签订精准帮扶清查入户调研项目，对该区城镇贫困人员进行精准评估。

【提升特困供养人员管理服务水平】 市财政每年安排1000万元专项补助资金，继续实施敬老院达标建设。广昌县借助中央统战部对口扶持，争取捐助资金1700万元，建成4所三星级敬老院。金溪县民政局与卫健委合作，全面开展医养融合乡镇医生入驻敬老院，县财政前期拨付80万元用于试点敬老院改造和设备采购工作。东乡区和高新区财政落实特困人员照料护理专项经费，实行按季发放，每季复核一次，保证特困人员失能、半失能照料护理经费及时足额发放到位。湖南普亲养老院承接临川和东乡两家公办社会福利院，临川普亲收住35位失能失智老人，东乡普亲收住19位失能失智老人、16位三无残障孤儿。东乡区政府补贴60万元资金用于普亲养老设施升级改造。

（吴　琦）

社会福利

【概况】 2018年，抚州市坚持“党委领导、政府主导、部门协作、社会参与”的养老发展思路，以推动养老服务业高质量跨越式发展为目标，不断创新体制机制，抓好特色健康养老产业发展，着力打造养老服务体系建设“抚州样板”。

【养老产业招商】 抚州市亲和源老年公寓项目完成项目投资2.3亿元，占年度计划投资比105%。同时，依托良好的生态资源和优质温泉资源，引入中瑞元海开发有限责任公司，打造抚州健康养生养老小镇。南城县引入久久祥和康养有限公司，兴建集护理、康复、颐养和休闲为一体南城康养中心，项目总投资约2亿元，设计床位500张。乐安、崇仁、临川等县区也在积极引入社会力量参与养老服务体系建设。

【养老项目建设】 市福利中心老年公寓二期项目完成失能失智楼的主体建设和部分装饰工程，康复中心项目已完成招标，正在实施基础建设。崇仁社会福利中心、东乡社会福利中心开展实施长期照护改造工程。启动临川区秋溪敬老院，金溪县黄通乡、石门乡、浒湾镇、陆坊乡敬老院和黎川县湖坊乡敬老院等13个项目升级改造，新建床位870张，投资3000万元。

【居家养老】 2018年3月，抚州市积极申报全国第三批居家养老服务改革试点单位，经过不懈努力，被民政部、财政部列入试点地区名单，并获得中央财政改革试点补助资金2790万元。依据改革试点要求，出台抚州市居家和社区养老服务改革试点实施方案。至年底，全市有居家养老服务设施392家，农村留守老人关爱设施763个。

【医养结合】 2018年全市168所公办养老院均采取医院入驻、签订医养合作协议或自建卫生室等模式开展医养结合。市老年公寓二期康复中心完成招标，项目总投资6260万元，建设护理床位200张。金溪县投入80万元用于秀谷、琅琚、左坊、合市、琉璃、陈坊敬老院医务室改造和采购基本设备，并为试点敬老院聘请专职医师。黎川县社会综合福利院引进南京如松医疗管理有限公司开设医疗站。

【信息化建设】 2018年抚州市在开发高龄老人补贴信息管理平台的基础上，运用蚂蚁金服研发的FACEID人脸识别技术+静默认证技术，被互联网大会组委会作为“互联网+政务”典型案例，连续在江西省互联网大会进行展示，受到与会领导和专家的高度评价，高龄补贴申报系统大大简化老年人申请补贴流程，利用其独有的活体验证技术，做到精准认证、便捷高效，提升人民群众的满意度。

【专业人才建设】 为培养高素质、专业化的养老护理员队伍，提升养老服务质量，抚州市采取政府购买服务方式，依托湖南普亲学院专业化的培训师资力量，为全市226名护理员提供全面专业的服务技能培训，通过手把手指导，让护理员在实践中提升理论水平和护理操作能力，进一步夯实乡镇敬老院为老服务基础。

【福彩事业】 围绕“新思维、新渠道、新业主、新模式、新技术、新彩民”的思路和路径，全市福彩市场管理能力和操作水平显著提高，公益形象和品牌效益显著提升，全年累计销售福利彩票3.55亿元，同比增长15.5%，先后在宜黄、崇仁、资溪、东乡、南丰、广昌等县区开展以“福彩公益行——走进X地”为主题的公益资助活动，资助金额18万元，165名困难群众获益。

（余育勤）

慈善事业

【概况】 2018年，抚州慈善大力开展“善行抚州 助力扶贫”慈善扶贫专项工程，助力脱贫攻坚。慈善总会共募集款物1710万元。情倾弱势群体，举办孤贫儿童夏令营，全市28名贫孤、留守儿童参加；资助生活困难的驻抚现役军人家属5.5万元；开展“情暖万家”项目，走访慰问全市656户低保户、建档立卡贫困户、阳光班学子，发放慰问金36.5万元和价值7.57万元大米和食用油；实施成人大病救助项目，资助62人，支出75.6万元；慈善爱心超市发放物资价值39.6万元，救助1319户。

【打造“四季沐爱”慈善新品牌】 启动“善行抚州 助力扶贫”慈善扶贫专项工程，每年安排1000万元从产业、教育、健康、养老四个方面，具体对应组织推动实施“春雨”“夏虹”“秋露”“冬阳”四季沐爱扶贫工程。

“春雨”项目采取公益创投的形式做慈善，市慈善总会向乐安县恒源食品有限公司注入资金100万元，使用期2年，企业每年支付红利10万元，到期还本。总会将该20万元红利用于建设乐安县招携镇东炉村村级合作社帮扶平台，助力20户建档立卡贫困户从事苦参种植，脱贫致富。

“夏虹”教育扶贫项目，建立600万元“夏虹”教育扶贫基金，惠及抚州一中、临川一中、临川二中、崇仁一中、乐安一中、乐安二中6所学校2018–2020级630名贫困学子，2018年共资助贫困学子210名，金额66.68万元。

“秋露”健康扶贫项目，向43名建档立卡贫困户大病人员发放救助金28.8万元，为大病患者保障生活质量、延续生命发挥重要作用。

“冬阳”助老扶贫项目，在全市36个敬老院开展冬阳项目，慈善总会予以立项金额136万元，通过购买社会组织服务，每周开展各项文化娱乐活动，解决“老有所乐”。

【提升抚州慈善新形象】 顺应“互联网+公益”的发展趋势，开辟“抚州慈善”网页和“抚州市慈善总会”微信公众号。出版《抚州慈善》报，营造抚州慈爱为荣，崇德向善的城市氛围。

（黄　云）

殡葬改革

【概况】 抚州市以深化改革为动力，以提升服务为目标，深入推进绿色殡葬工作，加强殡葬设施、殡葬服务体系和绿色殡葬建设。各县区均将新（改、扩）建殡仪馆纳入重点规划，年内完成新建项目1个、即将完工新建项目1个、即将开工新建项目2个，6个改（扩）建项目基本完成。全市新增吊唁厅（守灵房）50余间、殡仪车10余辆，火化炉升级改造基本到位，设施设备完全能够满足需要。计划建设城乡公益性骨灰堂（公墓）2058处，建成1773处，完成率86.15%。资溪县完成9个乡镇级公益性公墓建设，增加生态墓9800穴。临川区建成1742个村级公益性公墓。

【高位推动殡葬改革】 市委、市政府主要领导多次作出批示指示，仅2018年下半年，市政府就召开殡葬改革各类专门会议18次，市政府分管领导多次带队深入县区、乡镇调研督导殡葬改革工作。市委办、市政府办印发《抚州市殡葬改革工作实施办法》，成立专门的领导小组，形成"党委领导、政府负责、部门协作、社会参与、法治保障"的体制机制。市纪委、市委组织部联合下发《关于充分发挥党员干部带头作用全面推进殡葬改革事业发展的通知》，强化党员干部带头作用，全面落实"两报告一承诺"制度。各县区积极行动，均成立高规格领导小组，出台殡改方案，层层签订责任状，压实责任。采取出动宣传车、悬挂横幅、印发宣传单、张贴通告等方式，利用微信公众号、宣传栏、网站等平台，全方位、多角度宣传殡葬改革政策。设立微信群，全面落实"每月一调度、每季一通报、半年一小结"的要求，及时通报殡改情况。从2018年10月开始，所有县区火化率达到100%，全年平均火化率为62.19%，较2017年增长21%。

【资金保障有力】 市级财政安排600万元用于殡葬奖补和工作经费。各县区追加安排县级20万~40万元、乡镇5万~10万元的殡改经费；按人口每人2元至4元标准安排红白理事会和殡改信息员的奖补经费，按回收棺木每副1600元至2200元不等，迁移平坟每座900元至1200元不等安排补助资金；对遗体接运、暂存、火化，骨灰寄存、普通骨灰盒等5项基本殡葬服务实行殡仪馆直接核免，部分县区还增加免费使用吊唁厅、生态墓穴等项目。

【整治行动推进平稳】 全面摸清村（居）民家中棺木及棺木店（点）棺木数量，对棺木店依法关停，引导村民主动上交棺木，落实补偿金。全市棺木回收处置率达80%。坚决杜绝"三沿六区"出现新坟和大墓、豪华墓、活人墓现象。每个行政村（自然村）建立红白理事会，完善村规民约，充分发挥红白理事会作用，落实误工补贴，积极指导规范村（居）民办丧。

（王 燕）

婚 姻

【概况】 2018年，全市共办理婚姻登记53129对，其中结婚登记30795对，离婚登记7839对，补办登记13848对。婚姻登记处证件准确率及登记合格率100%。所有县区均完成中华人民共和国成立以来纸质婚姻档案信息补录工作。

【临川加强婚姻登记处硬件建设】 临川区按照"打造AAAA，争创AAAAA"的标准，启动新婚姻登记处建设，面积扩大至600平方米，年初正式投入使用，婚姻登记水平全面提升。

【全省婚姻登记员培训班在临川举办】 11月，全省婚姻登记员培训班在临川区举办，培训学员现场观摩临川区婚姻登记处建设，对该区婚姻登记处高标准建设予以肯定。

【实施婚姻登记信息共享】 为落实《中华人民共和国婚姻法》《婚姻登记条例》等法律法规精神以及《国务院关于建立完善守信联合激励和失信联合惩戒制度加快推进社会诚信建设的指导意见》等文件要求，民政部门联合社会信用体系建设工作联席会议办公室，加大对婚姻登记领域严重失信行为的惩戒力度，依托公共信息平台，向有关部门提供婚姻登记严重失信当事人相关信息，依法依规对婚姻登记严重失信当事人实施联合惩戒。

（王 燕）

社会组织管理

【概况】 全市共登记社会组织1821家，涉及城乡文化、教育、科技、卫生、体育、工农商等多个领域。市本级登记社会组织373家，其中2018年登记14家。

【社会组织体制改革】 市委办、市政府办印发《抚州市行业协会商会与行政机关脱钩实施方案》，联合发改委等单位对市级52家行业协会商会启动脱钩工作，其中35家纳入脱钩范围，脱钩时注销3家，剩余32家脱钩任务基本完成。

【行业协会商会专项检查】 至2018年底，全市6个行业协会商会按要求降低会费标准，减少会费档次，为企业减负30余万元；5名公职人员退出兼职并退回兼职报酬10余万元；注销3家行业协会。同时，按照市委组织部印发的《抚州市市管干部社会组织兼职管理暂行办法》要求，对公职人员在社会组织尤其是行业协会商会兼职进一步规范。

【社会组织日常管理】 民政部门联合公安部门在全市范围内开展整治非法社会组织专项行动。强化社会组织年检工作，其结果在"抚州民政网""抚州民政微信公众号"等媒体平台公示。对未参加年检的社会组织，将其纳入社会组织异常活动名单。

【社会组织公益创投】 继续抓好市本级和南城县的社会组织孵化基地公益创投项目。积极引导社会组织参与脱贫攻坚。其中，市慈善总会建立“抚州市慈善总会扶贫专项基金”，在全市开展“善行抚州 助力扶贫”慈善扶贫专项工程，投入资金333.8万元。

【指导社会组织党建】 2018年对民政局所属及直接登记的17个社会组织，通过单建和联合建的方式批复成立3个党支部，并提供办公用房给6个社会组织共享党支部活动场所，组织开展对所管理的3个社会组织党建工作进行专项检查。

（何 影）

基层政权和社区建设

【概况】 2018年，抚州市以政策落实为基准、以规范建设为重点、以示范试点为抓手，着力夯实基层政权、完善社区治理、加强区划地名和边界管理，各项工作得到创新发展和有效落实。

【第十届村（社区）“两委”换届选举圆满完成】 市民政局根据《抚州市村（社区）党组织和第十届村（居）民委员会换届选举工作实施方案》，培训市、县、乡三级换届业务骨干8300余人次，着力抓好宣传、摸底整顿、资格联审、督导检查，共选举产生村（居）民委员会2037个，其中村民委员会1828个，居民委员会209个，村委会委员6326人，居委会委员928人。村民委员会“自荐直选”和社区居委会直接选举比例均高出往届，完成两项比例扩面和提升，为城乡基层组织建设完善提供坚实保障。

【村（居）协商民主规范化建设】 全市各村（社区）均成立协商民主理事会，制订协商议事章程，商定村（居）民公约，覆盖率达100%。指导村（居）民委员会建立完善村（居）务监督委员会，全面落实“四议两公开”制度，做到党务村务居务财务阳光公开透明，实现民主协商规范化、制度化、常态化。10月17—19日，举办全市村（居）主任暨村（居）务监督委员会主任培训会，对新任村（居）民委员会主任和村（居）务监督委员会主任110余人进行岗前培训，着力打造一支懂农业（社区）、爱农村（城市）、爱农民（居民）的村（居）干部队伍，有力地巩固了基层政权稳定。

【提升城乡社区治理水平】 按照中央、省关于加强和完善城乡社区治理要求，落实市委、市政府《关于加强和完善城乡社区治理的实施意见》，通过精准补齐短板，推动基层社区治理改革创新发展。持续推进农村社区建设试点，印发《抚州市2018年农村社区建设试点工作实施方案》，各地共选点布点50余个，围绕基础设施、平台建设、环境治理、服务保障等方面加强试点工作。临川区腾桥镇白沙村社区、东乡区虎圩乡陈桥村社区等9个社区被命名为第三批全省农村建设试点示范社区。

【绿色社区创建】 下发《关于做好2017—2018年度“绿色社区 美丽家园”创建申报工作的通知》，制定《抚州市“绿色社区 美丽家园”创建活动指标》，突显地方特色，全市共申报绿色社区示范创建点34个，临川区六水桥街道环北社区、南丰白舍镇中合村等20个社区被命名为全省“绿色社区 美丽家园”示范社区，进一步推动抚州市城乡社区治理工作向质量型转变、服务型提升。

（陈 娜 周 帆）

区划、地名和边界管理

【概况】 2018年，完成东乡区增设金峰街道办事处、临川区展坪撤乡设镇等工作，进一步优化区域资源配置，发挥城镇集聚和辐射带动作用，助力乡镇社会经济发展。组织各县区开展地名成果转化工作，印发《抚州市第二次全国地名普查成果转化实施方案》，组织开展第三轮地名普查成果验收工作，完成4.1万条地名普查验收审核。开展中国地名大词典江西卷的编撰，形成近12万字地名大词典江西卷，编制出版抚州市行政区划图和城区图“两图”任务，加强地名优秀文化宣传，完成红色地名故事采集100余个，组织拍摄地名微视频、微电影近30余部。完成地名规划编制初稿，市、县两级完成道路地名标志设置6000余块，规范了城乡道路标志设置。

【边界管理】 印制《关于做好2018年度行政区域界线联合检查工作的通知》，指导县区积极有序开展边界联检工作，完成市、县、乡三级联检任务80条。对照省民政厅《关于开展2018年全省行政区域界线档案异地交叉检查工作的通知》要求，组织各县区开展边界档案整理。为提高界线档案层级和达到入档案馆要求，市民政局还聘请专业公司承接档案整理工作，建立完善电子化界线管理档案和界线档案目录，确保档案管理标准规范到位。

（陈 娜 周 帆）

【市民政局领导名录】
党组书记、局　长：傅志雄
党组成员、副局长：何儒辉
赵　明（任至7月）
党组成员、老龄委办专职副主任：
涂建国
党组成员、副局长：邹　华
张文卫（7月任）
王东华

本栏编辑　陈志平

县区概况

综　述

抚州市位于江西省东部，管辖临川区、东乡区、南城县、黎川县、南丰县、崇仁县、乐安县、宜黄县、金溪县、资溪县、广昌县9县2区和抚州高新技术产业开发区、东临新区，总面积1.88万平方千米，其中市中心城区建成区面积95.85平方千米（含东乡区），城镇化率49.81%。耕地面积24.53万公顷，林业用地面积132.40万公顷。2018年末常住人口404.72万人。2018年全市实现国内生产总值1382.40亿元，比2017年增长8.0%。其中第一产业增加值199.28亿元，增长3.1%；第二产业增加值566亿元，增长8.0%；第三产业增加值617.12亿元，增长10.1%。三次产业比14.4：41.0：44.6。规模以上工业增加值增长9.0%；外贸出口总额131.08亿元，增长1.2%。财政总收入200.70亿元，增长9.3%。其中，税收收入170.47亿元，增长12.2%；公共财政预算收入124.21亿元，增长3.3%。公共财政预算支出404.21亿元，增长13.8%。粮食生产实现"十五连丰"，粮食总产量达277.67万吨，增长2.6%。全部工业增加值424.94亿元，增长8.5%，占GDP比重30.7%。规模以上工业总产值1520.10亿元，增长13.6%。固定资产投资增长10.7%。进出口总值141.33亿元，增长5.8%。实际利用外商直接投资3.85亿美元，增长9.0%。全市共接待游客5350万人次，实现旅游收入486亿元。年末全市金融机构人民币各项存款余额2067.27亿元，比2017年末增长8.8%。城镇居民人均可支配收入31976元，增长8.5%；农村居民人均可支配收入14767元，增长8.9%。城镇居民人均消费性支出为18362元，增长8.1%；农村居民人均生活消费支出9484元，增长9.9%。

（饶国旺）

临川区

【概况】 位于抚州市中北部，是市委、市政府所在地。2018年4月，湖南乡、七里岗乡、太阳镇和七里岗垦殖场划入东临新区管辖后，临川区管辖6乡17镇1个垦殖场和5个街道办事处，总面积约2126平方千米，其中城区面积约85.3平方千米，耕地面积6.1万公顷，有林面积8.68万公顷，森林覆盖率44.28%，中心城区人均公共绿地面积14.69平方米，城区绿化率45.81%。总人口112.61万人，其中城镇人口63.06万人、农村人口49.55万人，城镇化率56.0%，人口自然增长率7.77‰。2018年实现国内生产总值429.67亿元，比2017年增长7.9%。其中，第一产业增加值44.69亿元，增长2.8%；第二产业增加值195.29亿元，增长8.0%；第三产业增加值189.69亿元，增长9.1%。一、二、三产业比11.8：48.5：39.7。工业总产值178.2亿元，增长16.3%。规模以上工业增加值增长9.0%。主要工业产品有水泥142.6万吨、十种有色金属70291.4吨（其中精炼铜52480吨）、人造板25.1万立方米、化学农药474.6吨、饲料199728.2吨。主要农产品粮食产量51.84万吨、油料1.14万吨、生猪出栏49.97万头、禽蛋产量1.22万吨、水产品2.01万吨、水果产量6.44万吨。固定资产投资287.87亿元、增长11.2%，实际利用外资5220万美元、增长11%。财政总收入23.66亿元、增长4.6%，税收占财政总收入的比重87.5%；地方财政收入14.55亿元，下降6.9%。社会消费品零售总额196.88亿元，增长10.5%；城镇居民人均可支配收入39150元，增长8.5%；农民人均纯收入18033元，增长9.1%。

主要矿产资源有金、银、地热和重金石等。地方特产有西瓜、莱梗、柑橘、柿子、甘蔗、灯芯草等。主要旅游景点有抚州名人雕塑园、王安石纪念馆、汤显祖纪念馆、汝水森林公园、金山寺、圣约瑟大教堂、文昌里历史文化街区、人民公园汤墓、仙盖山农业示范园、温泉度假村、正觉寺、灵谷峰景区、梦湖、梦岛、梦山（仙桂峰）、安石公园等。

说明：总面积、国内生产总值、社会消费品零售总额等包含抚州高新技术开发区及东临新区。

【产业全面升级】 2018年临川区产业全面升级，其中第一产业实现规模以上工业企业主营业务收入180亿元，比2017年增长11.2%；工业税收7.4亿元，增长26.8%；工业用电总量6.6亿千瓦时，增长15.8%；建筑施工企业完成建筑安装总产值230亿元，增长12%；实现本地建筑业税收3.8亿元，增长

44%。第二产业现有农业产业化龙头企业67家，省级龙头企业18家；发展农民专业合作社1091家，其中国家级示范社5家、省级示范社14家，农户入社率70%，发放财政“惠农信贷通”资金1.8亿元。优质粮食、中药材、蔬菜、畜禽、水产、瓜果、花卉等七大特色产业，产值58亿元，占全区农业总产值79%。建成智能温室大棚6万平方米、生产大棚10万平方米，种植露天蔬菜西兰花66.67公顷，栽种牡丹20万株，成功创建省级现代农业示范园。全区“三品一标”总数达122个，被评为全省农业农村工作综合先进县（区）；灵谷峰景区成功创评国家AAAA级景区；仙盖山农业示范园成功创评江西省AAAAA级乡村旅游示范点。成立“梦之旅”旅游公司，推出4条市内旅游精品路线，开通2条直达景区旅游公交线路。建成高质量民宿100套。全年旅游接待人数730.2万人次，增长29.8%；实现旅游综合收入78.3亿元，增长29.9%；农村电商实现销售收入11亿元、增长22%。

【招商引资】 2018年，临川区采取“轻资产、重资本”招商模式精准发力，选派精兵强将组建成4支驻外专业招商队伍，主要到“长三角”“珠三角”、海西经济区等经济发达地区开展驻点招商，每月在外招商不少于15天，每月考核评比并通报招商成绩。全年共签约引进项目65个，其中20亿元以上项目5个，亿元以上项目32个，实际进资63亿元，增长14.5%；全力争取国家、省、市对临川区支持，全年累计向上争取各类资金21.14亿元；紧紧围绕“健康食品、生物医药”两个领域，实施招大引强战略，通过优化园区产业结构，发展绿色型经济，大批健康产业项目相继落户临川区。成功引进创新大健康食品、牡丹田园综合体、香港宝芝林生物、盱江药业、佳味香食品、仙盖山益生菌、金山生物等亿元以上健康产业项目10个，其中30亿元以上项目3个，健康产业项目投资总额达100亿元以上。

【助力返乡创业】 临川区大力开展城乡环境综合整治和“清河行动”，让山更绿、水更清、天更蓝。对返乡发展生态项目的，无论项目大小，均从荒山租赁、金融信贷、创业服务等方面进行帮扶。成立返乡生态项目指导服务中心，在区内32个基层劳动保障平台设立服务窗口，为各生态项目提供咨询、登记办证等一站式服务。区财政及担保公司每年安排3000多万元小额贷款担保基金，帮助返乡人士实现生态创业梦想。2018年，共引进返乡创业项目78个，总投资92.4亿元，带动3000多人就业。

【着力扫黑除恶】 临川区坚定“有黑必扫、有恶必除、有伞必打、有腐必反、有乱必治”决心，紧盯重点领域、重点人员，深挖彻查“保护伞”，强化综合治理，有的放矢、精准打击，营造安全稳定社会环境。2018年，成功侦破“1211罗湖镇聚众斗殴案”，摧毁以江某为首，长期盘踞罗湖镇为非作歹、称霸一方恶势力犯罪团伙；收集涉黑涉恶相关问题线索462条，清理查处一批党员干部涉黑涉恶问题；先后对5138名“两委”候选人进行联审复审，取消53名不符合资格条件候选人资格和4人当选资格，抓获涉恶类村“两委”班子5人、公职人员22人、党员干部29人；立涉黑案件1起，摧毁恶势力团伙12个，破获涉恶类刑事案件165起，刑拘395人，逮捕223人，抓捕逃犯114人。

【打造绿色生态】 临川区围绕“转作风、做民事、促稳定、保发展”的工作思路，一方面通过三大保卫战加强环境保护工作，另一方面加大城区园林绿化景观工程建设，致力将临川打造成为生态宜居城市。环境保护工作方面：一是开展“蓝天”保卫战，专项治理城区禁放烟花爆竹、燃煤锅炉整治、关停取缔砖瓦黏土企业、“地条钢”非法生产等，关闭“小散乱污”企业13家，责令整改197家；二是开展“碧水”保卫战，专项整治城区饮用水水源地环境问题，全区214家小Ⅱ型以上水库签订退出承包养殖合同，实现“人放天养”，关闭禁养区内规模化养殖场78家，同时启动生活污水处理厂和抚北工业污水处理厂扩容提标改造前期工作，完成污水管网建设3.2千米；三是开展“净土”保卫战。规范管理固体废物，规范危险废物收集、储存、处置行为，加快推进抚北工业园区下游土壤综合治理修复项目和农业土壤修复试点项目。2018年，城区空气PM2.5和PM10日平均浓度均较2017年降低10%以上，空气优良天数增加31天，优良率93%，城区集中式饮用水水源地水质达标率100%，地表水出境考核断面水质稳定在Ⅲ类以上。公共绿地建设方面：投入资金400多万元，提升改造河滨公园2.6万平方米公共绿地。近年，临川区投入城市绿化景观建设资金3000多万元，上顿渡城区增加绿化面积3万平方米，绿地率41%，人均公园绿地面积10.12平方米。

【“牡丹亭—白浒窑国际诗歌与艺术展”在英国剑桥开幕】 2018年8月10日，由英国保护濒临消失的世界基金会、剑桥康河出版社主办，抚州市外事侨务办公室、抚州市文广新局、白浒窑手工陶瓷工艺传习所协办的“牡丹亭—白浒窑国际诗歌与艺术展”在英国剑桥大学国王学院开幕，临川白浒窑非遗传承人张志刚运用传统工艺柴烧的30件作品在剑桥迈克豪斯艺术厅展出，吸引众多英国艺术爱好者参观。临川区政府响应和落实“一带一路”战略构想，通过陶瓷文化搭建人文交流的桥梁，加快白浒窑非遗项目转型升级。

（魏会华　肖玲芬　黄　川）

【临川区主要领导名录】

市政协副主席、区委书记：胡领高
区人大常委会主任：吴茂发
区　　长：董东明
区政协主席：江瑞庆

东乡区

【概况】 位于江西省东部、抚州市北部，素有赣东门户之称。介于北纬28° 02′ ~ 28° 30′、东经116° 20′ ~ 116° 51′之间。辖8镇4乡1个街办2个垦殖场1个生态林场，总面积约1270平方千米，其中城区面积25.6平方千米。耕地面积2.73万公顷（不含东临新区），林地面积6.22万公顷，有林面积5.37万公顷，森林覆盖率46.1%、城区绿化率43.31%。城镇化率52.26%。2018年年末户籍总人口483382人，其中非农业人口（户籍）274156人；人口自然增长率8.07‰。实现国内生产总值156.58亿元，比2017年增长8.6%。其中第一产业增加值21.61亿元，增长3.2%；第二产业增加值71.50亿元，增长8.8%；第三产业增加值63.48亿元，增长11.1%。财政总收入25.15亿元，增长7.29%，税收占财政总收入84.67%；地方财政收入15.48亿元；财政总支出45.06亿元，增长13.09%。工业总产值205.96亿元，增长18.56%；规模以上工业增加值增长9.4%；全社会固定资产投资165.57亿元，增长11.0%。主要工业产品有医药、妇婴卫生用品、农业机械、汽车零配件、大米等。农业总产值（不含东临新区）34.61亿元，增长3.3%。粮食总产量（不含东临新区）31.64万吨，增长1.01%。主要农产品有稻谷、生猪，稻谷全年产量（不含东临新区）30.74万吨；全年生猪出栏105.15万头，生猪存栏63.18万头。城市污水处理率96.28%。社会消费品零售总额73.80亿元，增长11.0%；出口总额11.94亿元；实际利用外商投资4059万美元，增长12.06%；城乡居民年末储蓄余额137.02亿元，增长10.39%；金融机构贷款年末余额160.12亿元，增长18.47%；城镇居民人均可支配收入34992元，增长8.63%；农村居民人均可支配收入17294元，增长8.8%；城镇居民人均消费支出20450元，增长7.12%；农村居民人均消费支出11215元，增长8.23%。

主要矿产资源有铜、铁、铅、锌、金、煤、瓷土等。主要旅游景点有黎圩上池村王安石故里、黎圩省级历史文化名村浯溪、“龙山师水”石刻、“雄岚峰”古观、“金峰”虎岩泉、舒同博物馆，佛岭“吉和塔”、西隐禅寺、佛岭国际书法公园，珀玕弄里艾家红军烈士墓以及烈士纪念塔等。

【增设金峰街道办事处】 1月8日，经江西省民政厅批复，东乡区增设金峰街道办事处，管辖东铜、东景、东化、芙蓉等12个居委会。5月30日，东乡区金峰街道正式揭牌授印。金峰街道办事处是东乡区设立的首个街道办事处，对于进一步优化城市布局和行政区划结构，促进城区人流、物流、信息流迅速聚集，加快城市化进程，合理配置资源与生产力，提升区域经济竞争力，加快新型工业化、信息化、城镇化、农业现代化进程，推进城区建设步伐具有重大意义。

【鼓励扶持企业科技创新】 东乡区采取措施鼓励科技创新，助推工业经济高质量发展。以入围国家知识产权强县区工程示范县区为契机，启动实施创新成长型企业发展计划，鼓励和扶持企业自主创新，2018年全区专利申请量995件，比2017年增长31.8%；授权量574件，增长5.3%。发挥企业、高校和科研机构的各自优势开展产学研合作，推进50家企业与16家省内外高校、科研院所建立“技术联盟”。坚持人才优先的发展战略，对主导产业急需引进的紧缺人才，实行“一事一策”的办法给予特殊支持，全年柔性引进国家万人、计划人才、博士等高层次人才89人，2人分别入选科技部“人才推进计划”和省“双千计划”重大人才工程。

【打造电商产业新高地】 东乡区实施电商人才培育工程，通过委托第三方开设电商培训班、建立人才培育基地等方式，为青年创业者提供学习实践基地。推进阿里村淘、京东帮、村邮乐购农村e邮、益农社以及供销e家项目建设，有效解决村民电商交易“最后一公里”难题。同时，举办电商沙龙、高峰论坛及电商节、网货节等活动，帮助电商企业抱团发展。加大对电子商务产业在用地指标、供水供电、金融信贷、财政税收等方面的支持力度，每年安排100万元以上专项资金用于电商站点建设、奖励扶持、电商平台建设等事项。2018年，全区共有个人及企业网店1500余家，电商从业人员4000多人，快递发单量约1.2万件/天，比2017年增长80%。

【农村产权制度改革】 7月12日东乡区政府下发《东乡区稳步推进农村集体产权制度改革实施方案》，成立东乡区农村集体产权制度改革领导小组，稳步推进农村产权制度改革。按照“清资产、定成员、量股份、创实体、建机制”思路，逐步构建归属清晰、权能完善、流转顺畅、保护严格的农村集体产权制度，保护和发展农民作为农村集体经济组织成员的合法权益，建立符合市场经济要求的集体经济运行新机制，形成有效维护农村集体经济组织成员权利治理体系。选择珀玕乡、虎圩乡、王桥镇作为全区整乡推进改革的试点乡镇，其他乡镇（街道、场）各选择3个村试点逐步推进，至年底，全区基本完成农村集体资产清产核资工作。有两个村（珀玕乡北庄村、小璜镇孙圳村）成立股份经济联合社，3个村小组（珀玕乡北庄村风耳科组、小璜镇孙圳村祥苑组、虎圩乡陈桥村下谢组）成立股份经济合作社。

【东乡一医药企业研发国家级新药品取得新突破】 1月3日，中国医学科学院药物研究所两位专家博士在东乡经济开发区江西亿友药业有限公司生产车间，现场指导放样中试生产儿童化痰止咳国家级药物。江西亿友药业是一家高新技术企业，投资3000万元进行科技创新和新药研发，与中国医学科学院、杭州百诚医药科技股份有限公司等国内高等院校科研单位进行深度合作，开发国家级新药2个，其品种列入全国“十三五”重大品种专项计划之中，并有1种原料药填补了中国医药行业一项空白。

【脱贫攻坚成效显著】 2018年，东乡区贯彻落实中央关于“精准扶贫、精准脱贫”工作方略，充分发挥资源优势，脱贫攻坚取得显著成效。高度重视脱贫攻坚工作，区委、区政府主动承担起脱贫攻坚主体责任，强化组织领导，科学谋划推进，严格督查问责，形成扶贫工作强大合力。坚持精准识别、精准施策，做到底数清、档案实、施策准，为打赢脱贫攻坚战夯实基础。围绕“两不愁、三保障”标准，在全面落实各项扶贫政策基础上，重点解决贫困户增收难、就业难、看病难、安居难、子女就学难等实际困难，为实现贫困户稳定脱贫、打赢脱贫攻坚战奠定坚实基础。大额投入，扎实推进，确保扶贫项目资金阳光运行，至12月10日，区本级投入财政专项扶贫资金4266.54万元，较2017年同期增长50.21%；实施扶贫项目600多个。至2018年12月31日，全区有建档立卡贫困户3001户6989人，其中已脱贫1621户3669人，未脱贫1380户3320人。瑶圩乡文溪村、珀玕乡北庄村、马圩镇桥西村、王桥镇菱塘村、小璜镇洋湖村、岗上积镇（2018年4月18日，该镇整体划入东临新区管辖）东源村6个省级贫困村均实现退出摘帽。

【优化发展环境】 东乡区持续深入推进“降低企业成本、优化发展环境”专项行动，大力实施助企扶企政策措施。成立降低企业成本优化发展环境专项行动领导小组，负责统筹推进全区“降成本优环境”相关工作。构建“区级政策+部门举措”政策框架，形成企业看得懂、用得上的政策体系。采取积极政策，降低企业经营成本，发挥“财园信贷通”“财政惠农信贷通”等融资平台作用，缓解企业融资困难。构建“清”“亲”新型政商关系，帮扶企业发展，协助企业破解各类生产经营难题。清理针对民间资本准入不合理限制，促进民间投资发展。2018年6月，东乡区被评为“2018浙商（省外）最佳投资城市”，成为全国6个获此殊荣的县级城市之一。在省工商联、江西日报社联合举办的第三届十佳营商环境县（市、区）推选活动中，荣获第三届十佳营商环境县（市、区）称号。

【创建“东乡智慧党建”平台】 2月，东乡区委组织部在试点基础上，着力创建“东乡智慧党建”信息系统。建立PC端和手机APP系统等智慧党建平台，按照一个党组织一个终端、一名党员一个登录账号，建立全面联网的党组织和党员编号管理系统，以一个标准、一种流程和一套制度推进党建工作，实现全区所有党支部、上线党员网上开展组织活动、在线查询、认证管理等。全年登录“智慧党建”系统的党员11814人，占党员总数的68%；通过系统开展活动868次、在线学习总学习时长6500.97小时、上报思想汇报和心得体会548份、聊天交流9089人，次数高达10万次。“东乡智慧党建”平台创建，实现东乡区党建工作数字化运作，智慧化管理，打造全市“智慧党建”东乡样板。7月12日，全市智慧党建工作现场会在东乡区召开。

【推进绿色殡葬改革】 2018年，东乡区按照省、市部署有序推进绿色殡葬改革。制定《东乡区关于深化绿色殡葬改革实施方案》，成立深化殡葬改革领导小组，召开全区绿色殡葬改革工作动员大会，全面启动绿色殡葬改革工作。充分利用电视、微信公众号、悬挂横幅等方式，广泛宣传绿色殡葬改革的意义、政策法规。推行文明绿色殡葬。把殡葬移风易俗、文明治丧作为精神文明建设的重要内容，纳入文明单位和文明村镇评选。全区采取公墓+骨灰堂+吊唁堂模式，按照符合城乡总体规划和土地利用总体规划要求，根据“三沿六区”坟墓整治搬迁数量、6%的预测人口死亡率和20年使用年限，在每个乡镇规划建设1座公益性公墓、1个骨灰堂、1个吊唁堂，全方位满足群众多样化、多层次殡葬服务需求。全区公益性公墓建设总投资6000万元。投资300万元对殡仪馆6个吊唁堂厅升级改造，新建家庭式守灵厅1个。区财政每年投入300万元，实行火化、接运、骨灰盒、冰棺及吊唁厅三天、一年骨灰寄存六项免费政策，可为每户丧属免去1200元丧葬费用。同时对整治范围内坟墓搬迁补偿每座1000元，并免费提供墓穴。

【拓展服务职工新模式】 东乡区以服务为抓手，积极建设“互联网+工会”平台，拓展服务职工新模式。一是业务上网，即通过微信公众号、微信交流群和“六站一服务”工会管理系统，实现建会、入会、会员资料管理网络化，已录入185家企业建会资料，1.6万名工会会员信息。二是资讯上网，形成“互联网+公众号+手机报+交流群”相结合的工会新闻传播机制。三是服务与阵地上网，在建立线上平台的同时，改进线下服务窗口工作模式和方法，实现工会业务线上线下相结合。共投入资金118.6万元，扎实开展“建家、强家、暖家”行动，建立高标准“职工之家”示范点20个、爱心驿站3个。

【佛岭国际公园被评为国家AAAA级旅游景区】 东乡区佛岭国际公园位于城东南2千米处，面积1333.3公顷，规划面积786.7公顷，其中水域面积41.3公顷。该公园始建于2011年9月，总投资10亿元，建成“一园五区”，即佛教景观区、书法文化区、休闲娱乐区、总部经济区和生态观光区。2015年10月开园。2018年9月，佛岭国际公园被评为国家AAAA级旅游景区。

【王新年荣获农村电商致富带头人称号】 9月29日，由商务部中国国际电子商务中心指导，中国农村电子商务大会组委会发起和组织的“2018中国农村电商致富带头人”评选活动名单公布，东乡区荆公农产品合作社理事长王新年名列其中。荆公农产品合作社通过“互联网+合作社+农户”模式，带领合作社入社村民76户，与合作社产生劳务、农产品交易超过500户，农产品网上年交易额近500万元。

【东乡书法文化交流月活动开幕】 11月23日，“2018年中国东乡书法文化”交流月活动在区书法文化艺术中心开幕。省文联党组成员、副主席鄢平原，中国书协副主席、省文联副主席、省书协主席毛国典等来自全国各地的书法名家、书法爱好者和嘉宾共180余人参加开幕式并参观书法作品展。巡展作品涵盖舒同的革命与翰墨生涯、舒同之子舒安的书画作品，以及全国书法名家作品130余幅。举办“千名师生书法展演”，各界人士挥毫泼墨创作题词作品近60幅。在东乡国际大酒店举办“2019东乡重点产业招商推介会”，邀请客商约110人，签约项目29个，合同金额165.5亿元。此次活动集文化弘扬、学术研讨、投资洽谈于一体，以书法为媒、促进东乡经济与文化相互交融。

【传承弘扬优良好家风】 东乡区深挖资源，传承经典，通过深入挖掘、调查研究、查找文献资料、走访相关人员等方式，整理王安石、舒同、王震等一批东乡历史名人“优秀传统家规家训”资料，设立若干富有特色的“家风家训”示范点，继承和弘扬优秀传统经典文化。通过网络、电视、微信、报刊、户外宣传栏、廉政文化墙等媒介，加大对东乡历史名人家规家训及修身齐家治国故事的宣传力度。开展“当代好家风故事”征文比赛、干部家属参加“廉内助”活动、“孝满东乡”评选等活动，重家风、传良习。

（陈思东　饶裕民）

【东乡区主要领导名录】

区 委 书 记：李茂荣

区人大常委会主任：姚英华

区　　　长：曾　春

区政协主席：杨卫国

南城县

【概况】 位于抚州市中部，辖10镇2乡。总面积1713平方千米，其中耕地面积2.51万公顷，林地面积11.17万公顷、森林覆盖率62.5%。城区建成面积16.9平方千米，城区绿化率53.5%。总人口34.4万人，其中城镇人口11.35万人，人口自然增长率6.7‰。2018年实现国内生产总值132.86亿元，比2017增长8.4%。其中第一产业增加值17.43亿元，增长2.4%；第二产业增加值50.99亿元，增长8.7%；第三产业增加值64.44亿元，增长10.2%。一、二、三产业比13.1 ∶ 38.4 ∶ 48.5。财政总收入16.45亿元，增长7.7%；税收收入14.4亿元，增长15.6%，占财政总收入比重87.5%;地方财政收入9.87亿元，增长2.0%；支出29.92亿元，增长20.4%。工业总产值248亿元，比2017年增长6.3%。工业增加值43.68亿元，增长9.0%。主要工业产品水泥102万吨、饮料1.36万吨。农业总产值29.93亿元，比2017年增长3.2%。主要农产品粮食总产量26.96万吨、水产品产量3.92万吨、水果总产量11.23万吨、柑橘产量11.83万吨、稻谷总产量25.52万吨。万元GDP能耗0.36吨标煤，二氧化硫排放总量0.16万吨、削减率10.2%，城市污水处理率90.4%。社会消费品零售总额49.64亿元，增长10.9%；实际利用外资4809万美元，增长12.5%；出口总额14.41亿元，增长0.3%。城镇居民人均可支配收入34072元，增长8.8%；农村居民人均可支配收入16783元，增长9.2%。城乡居民年末储蓄余额97.73亿元，增长12.5%。

主要矿产资源有金、铁、硫铁、花岗石、煤、稀土、紫砂陶土、铀等。地方特产有麻姑米、麻姑米粉干、麻姑茶、麻姑酒、麻姑仙枣、麻姑茶油、池蝶蚌、五黑鸡、南城黑猪、鳜鱼、淮山系列产品等。主要旅游景区景点有醉仙湖、麻姑山、从姑山、毕姑山、祥岗山、登高公园、滨水公园、双江公园、盱江书院、麻源三谷、太平湖、沸珠泉（天下第三泉）、潮音洞、明益王府遗址、明益王墓葬群、唐代宝方寺、南宋太平桥、活水亭桥、明代万年桥、聚星塔等。地方特产有麻姑米、麻姑米粉干、麻姑茶、麻姑酒、麻姑仙枣、麻姑茶油、池蝶蚌、南城黑猪、鳜鱼、淮山系列产品等。

【启动“智慧乡村”建设】 8月25日，南城县万坊镇政府与景德镇兆谷云计算信息技术有限公司正式签署“智慧万坊”合作协议，标志着该县“智慧乡村”建设迎来新起点。南城县在破解治安管理被动应付这一难题闯出一条新路，采取在主干道及各重点区域安装摄像装置，并将画面引入“云平台”综合控制中心进行实时监控；偏远村、主行路等监控难问题，通过综合信息平台的VR功能启动无人机；依托“生态云”综合信息平台，将党员、贫困户、养殖户、留守儿童等相关人员的基本情况，经营或居住地址等数据，全部录入到综合信息平台；破解乡镇点多面广、多头管理、资源分散等难题，制定“党建+网格员”制度，全面推进以人居为主、划地为格、责任到人单元网格管理模式。按照“一格一员、综合履职”的原则，将乡镇相关领导、村委会委员、普通党员划分为二、三、四级网格员，捕捉和掌握网格内的不稳定因素信息、安全隐患、社情民意等，并且每天定时将巡查情况上传至综合信息平台，进行分析汇总，着力将问题化解在萌芽中。其中，万坊镇896名党员中有215人主动认领网格员岗位，已排查不稳定信息56条，为群众解决实际问题196件，调解群众纠纷97起。

【立足当地产业促扶贫】 南城县立足本地实际，以培强“国字号”校具产业、壮优“建昌帮”中医药产业、做大分布式光伏发电产业为核心，大力实施产业扶贫，提升县域经济发展总体实力。坚持政府引导、农民主体、民企帮扶、社会参与，实现政府扶贫、社会扶贫和贫困群众自力更生脱贫有机结合。采取“一帮一”“一帮多”“多帮一”等形式，组织校具企业与贫困户签订《精准扶贫行动协议书》，加大对贫困户实用技能培训力度，安排贫困户就近就业，并积极参与赈灾、敬老、助学、扶弱等活动。利用生物资源丰富、生态环境良好独特优势，把中药材产业作为精准脱贫战略性产业，大力实施“建昌帮”中医药重振计划。中医药产业示范园区通过“企业 + 合作社 + 基地 + 农户”等模式，带动周边农户 800 户 3200 人参与中药材种植，其中 230 户贫困户 760 人实现脱贫。坚持把做大分布式光伏产业作为实施精准扶贫、精准脱贫一项重要举措，成立光伏产业扶贫工作领导小组。投资 700 万元，在全县 10 个贫困村成立光伏产业专业合作社，新建 10 个村级光伏电站，惠及贫困户 217 户 669 人。积极引导制衣、制鞋、盘香、食品加工、校具生产等初级加工企业到乡镇设置扶贫车间十余个，近百贫困户实现劳动脱贫。做活产业扶贫大文章，通过“党建 +”引领、“就业 +”引导、“宜业 +”引路，将扶贫车间建到百姓家门口，形成产业与扶贫“同频共振”，既做优做强产业，又带动贫困户奔向富裕路。开展就业培训 12 期，培训校具产业“金蓝领”工人 600 余人，其中建档立卡贫困对象 260 余人，培训上岗后，月平均工资达到 3000 元以上。

【非遗展示馆建成】 南城县全面提升县域景区品质，展示麻姑文化魅力，营造优质旅游环境，打造麻姑山旅游发展新名片——南城县非遗展示馆。2018 年建成，总投资 1000 万元，总建筑面积 1800 余平方米，主要展示和保护该县建昌帮中药炮制工艺和麻姑酒酿造技艺两项省级非物质文化遗产。麻姑酒起源于汉代，兴于唐宋，盛于明清，已有两千多年的酿造历史。1915 年在南洋国际赛酒会上荣获银质奖章，2013 年麻姑酒酿造技艺被列入江西省非物质文化遗产名录。发祥于南城县的“建昌帮”，至今已有 1700 多年历史，是南方古药帮和中药炮制重要流派之一，以擅长传统饮片加工炮制、药材集散交易著称，与“樟树帮”合称为“江西帮”而成为全国 13 个大药帮之一。药界至今仍有“药不到樟树不齐，药不过建昌不灵”之说。2008 年“建昌帮”药业被列入江西省非物质文化遗产名录，“建昌帮”中药饮片炮制技艺正在申报国家级非物质文化遗产名录。旴江医学成为中国古代四大地方医学流派，旴江流域医学名医辈出，著作丰富，影响深远，有史可考的旴江医家有 250 多人，在江西历史十大名医中占 7 位，其中清朝临床高手谢星焕为南城人。

【挖掘地标品牌优势价值】 南城县按照“申报一个产品，带动一个产业，致富一方百姓”思路，依托麻姑茶、麻姑仙枣、洪门鸡蛋、洪门鳙鱼等优势农业资源注册地标产品，制定《地理标志品牌使用管理办法》，对地标产品实行统一贴标管理，鼓励农业龙头企业使用地理专用标志开展名牌创建、开发名牌产品。加快标准化基地建设，采取“公司 + 基地 + 协会 + 农户”的产业化经营模式，坚持规模化、标准化生产，避免盲目扩张，全力保障地标产品质量。提升地标产品附加值，南城县坚持推动地标产品实现科研、生产、贸易一体化产业化。通过推广“地标产品＋龙头企业＋农户＋市场”新型产业化经营模式，延伸地标产品产业链条，推动特色产业集群发展。至 2018 年年底，全县建立各类地标产品标准示范区 46 个，其中特色产业精品农业园 22 个，标准化种植、养殖面积 6700 公顷。麻姑仙枣种植面积 800 公顷，形成上唐、万坊、株良等 10 多个枣业种植基地，辐射带动农户 600 多户；“洪门鳙鱼”地标产品鲜活优质鳙鱼成功申报国家地理标志产品，实现增值，出水后几小时即可进入香港、上海等城市大型超市和农贸市场，价格每斤提高 4 至 5 元。

【多举措推进空气质量有效提升】 南城县确立“环保优先、生态立县”理念，“既要金色 GDP，更要绿色 GDP”，把良好生态环境作为实现自身绿色崛起、科学跨越生态资本，城区环境空气质量常年稳定在优良，优良率达 100%。2018 年 3 月，南城县跻身“2018 百佳深呼吸小城入围名单”；5 月份空气质量综合考核中，综合排名位列全省县（市、区）第一；6 月，江西省环保厅举行新闻发布会，公布对全省共 110 个县区 5 月份空气质量以 PM2.5 浓度综合考核进行排名，综合排名列全省第一。2017 年后，该县有 20 多个不符合生态功能区要求的项目被拒之门外。全力打好产业升级“主动仗”，新材料、新能源、电子信息、绿色食品、机械装备等特色新兴产业异军突起，一批批高新技术企业落地生根，22 家企业通过省级清洁生产审核验收，形成生物医药、新型材料等 5 条循环经济产业带；9 家企业被评为省级高新技术企业；全县工业企业获得专利授权 96 项，累计开发省级以上新产品 22 个。强化源头控制，为项目招引套上“紧箍咒”，加大执法监管力度，坚决实行对“环境污染”零容忍，对属于国家明令禁止的落后产能一律取缔淘汰；对群众反映强烈、社会影响恶劣环境污染问题，实行挂牌督办；对挂牌或查处整改后又出现回潮和污染反弹的，一律责令停产或关闭。扩大公众参与，推动标本兼治，构建起“政府主导、部门联动、全民参与”大气污染工作“群防群控群治”新格局。加大电动公交投放力度、出台更严格烟花爆竹燃放管理规定、实施扬尘污染控制、推动高污染燃料锅炉换代、抓好秸秆禁烧、对露天烧烤餐饮油烟进行整治等一系列“组合拳”换来全县的风清气洁、蓝天碧水。2018 年共安排减排项目 10 个，关停企业4家。是年上半年，全县接待国内外游客量达256万人次，同比增长30.2%；实现旅游综合收入22.4亿元，同比增长31.6%。

【发展优质麻姑米产业】 2018年，南城县麻姑米被江西省纳入专项支持全省7个稻米区域公用品牌、2个绿色特色品牌建设。麻姑米又名“冷水白”，古称“银珠米”，产于南城县麻姑山，已有1000多年的种植历史，宋时即为贡米。作为全国名贵大米，1959年麻姑米被选为展品，在印度举办的世界农业博览会上展出。该县已形成以麻姑米粉为龙头、以南源米粉等为龙身龙尾的产业集群，高、中、低档以及特色米粉均有生产，全县米粉年产值近10亿元。该县7个乡镇建设和培育绿色稻谷种植基地2700公顷。江西麻姑实业集团有限公司生产的麻姑品牌大米、米粉为“江西省著名商标”“中国绿色食品A级认证”产品，获得国家级、省级多项荣誉和认证，取得8项关键技术并获颁国家专利。4月，抚州市出台《关于大力发展“二特一游”产业工程推进农业结构调整指导性意见》，重点打造麻姑绿色大米产业园，到2020年力争产业园销售收入达50亿元以上，对接新型农业经营主体3000家以上，落实订单面积5万公顷以上，培育2到3家核心企业，打造具有抚州特色的大米区域品牌。加强麻姑米品牌培育工作力度，设立麻姑米品牌建设工作领导小组，形成各职能部门共同参与的工作协调机制。发挥第三方机构的专业优势，制定《南城县中长期麻姑米品牌发展规划》，合理实施品牌扩张和延伸。引导企业加大科技创新力度，加快开发核心技术，努力形成自主知识产权和自主品牌。积极推行质量、环境、职业健康与安全等体系认证。抓住当前国家大力扶持现代农业发展、推进新农村建设的良好机遇，认真研究政策，积极主动与上级业务主管部门沟通配合，争取更多的优惠政策和项目支持。不断完善产业区供水、供电、道路、通信、仓储物流、垃圾污水处理等基础设施，建设标准高、带动能力强的优质麻姑米生产基地，进一步加强市场标准建设。开展麻姑大米产品技术服务和推广，完善麻姑大米、麻姑米粉等标准，完善麻姑大米等追溯体系，积极申报麻姑大米农产品地理标志。

【生态文明建设】 2018年，南城县强控源头治污、铁心硬手治水、全力以赴治乱、发展绿色生态产业。强控源头治污。严格贯彻落实中央环保督察反馈意见，建立完善环境执法联动机制，保持环境执法高压态势。推动工业污染防治，完善污染物在线监控平台，24小时实时监控重点企业“三废”排放，坚决对环保不达标的企业进行关闭整顿处理。推进大气污染防治工作，建立12个空气自动监测站，实现园区内空气污染物监控全覆盖。推广使用“江西省危险废物监管平台”，将危险废物产生企业、危废经营企业纳入平台，并对辖区内盱江河、黎滩河两岸500米和高速、国省道两边100米范围内的固体废物进行全面排查整治。铁心硬手治水。重点开展鄱阳库汉综合治理工程，关闭辖区内沿河所有排污口，拆除、关闭盱江、抚河、黎滩河沿岸100米范围内59户养殖场。对39座水质不达标水库全部退租退养，78座达标水库实行人放天养。推进养殖污染治理，禁养区内坚决关闭或搬迁养殖场，养殖区内大力推广鸡舍干湿分离、异位发酵床等养殖污染处理方式，全县已改造升级鸡舍116家，涉及蛋鸡100多万羽。洪门水库生态环境保护项目进度加快，洪门水库渔业治理项目二期正在稳步实施。全力以赴治乱。纵深推进农村环境综合治理，重点整治乡村“乱搭乱建”“乱种乱养”“乱堆乱放”等，共拆除空心房、破旧房2.79万平方米，拆除砖瓦厂3个共计面积6800平方米，拆除高炮广告牌5个；拆除和改造养殖场3.3万平方米。对全县城镇规划区外的行政村及交通沿线48个村庄进行规划修编，编制《南城县农村建房图集》，完善农民建房审批程序。大力推行城乡环卫“全域一体化”第三方治理，实行市场化运作，环卫公司已正式入驻并开始运营。同时，稳步实施“秀美乡村、和谐宜居”新农村建设，全面启动328个新农村点建设工作。好生态配“绿”产业。从乡村到城市，一批绿色环保型产业项目在南城生根发芽，良好的生态正在为其进一步发展打开广阔空间。履行环保“审批把关”和“一票否决权”职责，坚持“三不批”原则，即：不符合国家产业政策的项目不批，污染严重、资源浪费严重的项目不批，只有经济效益而无环境效益的项目不批，确保新上项目符合国家产业政策和环境容量。同时把保护环境与服务经济发展紧密结合起来，对已投产达效的项目，鼓励企业技术改造升级，进行污染治理，实现污染物达标排放；对实现达标排放的企业，在排污费征收、环保资金申报、企业环境信用等级考核评定等方面给予优先照顾；对准备落地项目主动上门、关口前移、提前介入、全程跟踪服务，实现环境保护与经济发展双赢。全县先后关停20多家企业，重新布局10多家投资上亿元的环保节能型大项目。

【发展建昌药业】 南城县因地制宜，围绕打造“十亿企业、百亿产业”的中医药产业目标，着力实施“建昌帮”中医药重振计划，推动中医药产业实现高质量、跨越式发展。科学施策谋划新思路。规划建设中医药产业园、中药材专业交易市场、中药材电子商务交易中心和区域性中药材检测中心，打造中药材种植基地、中药饮片生产基地和中成药制造基地。专业化推进、项目化带动、科研化引领。成立中医药产业发展推进领导小组，全面统筹协调中医药产业发展工作。成功引进一批中医药企业，可生产各类中药饮片和中成药产品600余种，拥有活血止痛胶囊、蛇胆川贝液等具有独立知识产权的畅销中成药品牌。充分发挥中医药企业在科技创新中的主体作用，鼓励和引导企业对接高等院校、科研机构，深入开展产学研合作，加快科研成果转化。着力在技术扶持、人才培养等方面加大力度，促进中医药产业朝着现代化、标准化“快车道”前行。2018 年 1—7 月，全县规模以上中医药企业实现产值 14.2 亿元，同比增长 13.7%。转型升级构筑新格局。南城中药材线下交易和线上交易的并驾齐驱促进企业网络销售额不断增长。规划建设 40 万平方米中药材专业市场，为南城及抚州的中药材加工上下游企业提供大宗商品网上交易、网上资金结算、线下仓储服务、物流服务，并提供质检、交易担保、金融融资等各项增值服务，打造极具地方特色的中医药产品电子商务示范基地。实施转型升级战略，中医药产业发展明显成效。拥有规模以上中药材加工企业 14 家，形成龙头企业引领，集种植、生产、加工、销售、科研一体化的中医药产业发展新格局。产业融合探索新模式。“企业能赚钱、农户能脱贫、风险能防范。”，该县采取“政府（合作社）+ 龙头企业 + 贫困户”模式，通过土地流转、企业经营、多方受益的方式运作，受益于中药材种植的贫困户有 2671 户、8085 人，分别占全县贫困户、贫困人数的 93.3%、93.2%，每户贫困家庭在中药材种植方面纯收入达 3000 元。以中医药文化为核心内容，依托“建昌帮”文化资源优势，促进“建昌帮”文化与麻姑长寿文化、洪门养生文化深度融合，打造中医药文化创意产品。同时，在麻姑山入景公路、武冈山公园、丰德线等处集中连片种植中药材，形成一批既有经济效益，又有旅游价值的中药材景观带。进一步凸显“洞天福地，养生南城”的理念，开辟“建昌帮”特色小镇、麻姑山、洪门湖一体化的特色养生旅游线路。

【做活旅游文章】 2018 年，南城县以第五届江西省旅游产业大会在抚州召开为契机，着力提升麻姑山旅游景区功能，抓好相关配套项目建设，全力建好山下区域的入景公路、生态停车场、景区门楼、游客服务中心、麻姑酒展示馆、“建昌帮”中药展示馆、盱江医学馆等项目；山上区域的双龙湖、仙都广场、麻姑塑像等项目，以及西外环线沥青路面改造、上山公路沿线观景亭、游步道等项目，景区硬件得到很大提升，并荣获承办全省旅游产业发展大会突出贡献集体奖。在硬件设施提升的同时，麻姑山旅游景区积极顺应旅游市场需求，5 月 19 日正式开始市场化运营模式。麻姑酒展示馆、“建昌帮”中药展示馆、盱江医学馆以及游客景区上山换乘车站进入市场化运营。每个双休日，在仙都广场都有采茶戏《麻姑献寿》演出活动，吸引众多游客前来观赏。此外，该县政府与粤港创投集团控股有限公司成功签署麻姑山旅游景区投资合作协议，粤港创投集团 4 年内投资 12 亿元打造麻姑山旅游景区，为麻姑山旅游景区的转型升级和创新发展注入新动力。针对洪门湖景区原开发商投入不足，开发滞后的情况，依法依规从原开发商手中收回洪门湖景区经营权，1 月与新开发商正式签订协议，终止景区长达 10 年粗放式经营管理，从而盘活闲置旅游资源。此外，该县累计投入 1.5 亿元，用于洪门湖水面渔网拆除及湖区渔业生态环境治理和周边流域畜禽粪便资源化利用项目，为洪门湖的招商引资及开发打下坚实基础。围绕全域旅游发展理念，按照“洞天福地、养生南城”目标定位，以“两河”（盱江、黎滩河）为主轴，以“一山一水”（麻姑山、洪门湖）为两翼，以聚星塔、万年桥、名镇名村、古村古迹为重要补充，将县内分散的景区、景点，串点成线，连线成片，着力打造多主题、分时段精品线路。同时，借助交通区位优势，着力与武夷山、龙虎山、大觉山等周边知名旅游景点对接，推动“一日游”向“多日游”延伸、“单次游”向“多次游”转变，不断提高全县旅游的知名度和美誉度，带动旅游人气快速提升。规划以麻姑山旅游景区、麻岭下生态示范村、王府古城等两条精品旅游线路。进一步突出“养生南城”旅游理念，着力推动将麻姑山旅游景区、建昌帮医药展示馆、盱江医学馆、盱江书院等景点，融入抚州生态休闲二日游、国学禅养二日游和才子研学二日游等旅游线路中。“山呼水应”做活旅游文章。全年接待国内外游客量达 256 万人（次），同比增长 30.2%；旅游综合收入达 22.4 亿元，同比增长 31.6%。

【获评“农业农村部渔业健康养殖示范县”】 2018 年南城县顺利通过农业农村部验收组考核验收，成为抚州市首个“农业农村部渔业健康养殖示范县”。该县大力推广健康养殖新技术、新方式，推进现代渔业园区和渔业生产组织化建设，渔业健康养殖成效显著。全县水产养殖面积已达 7600 公顷，水产品产量 4.54 万吨，其中特种水产品 1.13 万吨，产值 7.38 亿元，渔业产值占农业总产值 23.8%，渔民人均纯收入达 12483 元。该县拥有认定有机、绿色、无公害水产品产地面积共 6647.46 公顷，认证有机、绿色、无公害水产品共 15 个，年产量 4017 吨。

（熊春玲　吴云华）

【南城县主要领导名录】
县委书记：王小林
县人大常委会主任：陈胜堂
县　　长：汪华辉
县政协主席：过初良

黎川县

【概况】 位于抚州市东南部，介于北纬 26° 59′ ~ 27° 35′，东经 116° 42′ ~ 117° 10′之间。辖 8 乡 7 镇、1 个企业集团和 1 个垦殖场。总面积 1728.56 平方千米，其中城区面积 9.47 平方千米，城区绿地率 39.66 %。耕地面积 1.59 万公顷，林地面积 13.2 万公顷，森林覆盖率 68.65 %，常住人口 23.76 万人，其中城镇人口 12.49 万人，人口自然增长率 7.13‰。2018 年实现国内生产总值 72.57 亿元，比 2017 年增长 6.77%。其中第一产业增加值 10.66 亿元，增长 − 1.84%；

第二产业增加值27.9亿元，增长1.19%；第三产业增加值34亿元，增长15.16%；一、二、三产业比14.7 ：38.4 ：46.9。规模以上工业增加值增长20.16%。全年固定资产投资累计完成投资额增长10.5%。主要工业产品有日用瓷、服装等，年产量分别为56338万件、201万件。农业总产值18.83亿元，增长3.5%。主要农产品有粮食总产量15.60万吨，烟叶种植面积1026.67公顷，水产养殖4.37万公顷，生猪出栏113357头，生猪存栏58364头，家禽出笼675.9万羽，存笼167.2万羽。财政总收入10.83亿元，增长0.7%，税收占财政总收入比重82.18 %；地方财政收入7.23亿元，增长-3.5 %；地方财政支出24.03亿元，增长3.5 %。万元GDP能耗为0.359吨标煤，二氧化硫排放总量185.71吨、削减率21.95%，氮氧化物排放量77.46吨，削减率29.47%，城市污水处理率为90.5%。城镇居民人均可支配收入28124元，农村居民人均可支配收入13918元，分别增长8.4%和8.6%。乡居民年末储蓄余额65.83亿元，增长7.31%。2018年，财政用于民生支出达20.17亿元，占财政总支出的83.9%，城镇新增就业2574人，就业率达97.2 %。

主要矿产资源有极具工业开采价值的瓷土、石英石、高岭土、钨、铜、铝等。地方特产有食用菌、日用瓷、工艺瓷、烤烟、香榧等。主要旅游景点有“红色”闽赣省委、省苏维埃政府、省军区旧址，第五次反“围剿”团村、洵口、资福桥等战斗旧址；“古色”福山寺、禄山寺、寿昌寺、禧山寺和江西第一屋——洲湖船形古宅108间、县城十里明清古街；“绿色”岩泉国家森林公园、龙头寨水库、玉湖景区、洲湖原始次森林等。

【工业经济强劲增长】2018年，黎川县拓展新思路，实施新举措，促进工业经济发展。产业规模壮大。全年新增规模以上企业8家。九州——苏泊尔基地投入使用，环球陶瓷三期主体完工；新增投产陶瓷及配套企业8家，总数达89家。黎川日用耐热陶瓷区域品牌列入省级建设项目。创新能力增强。陶瓷产学研基地攻克耐热陶瓷原料关键技术，锂辉石用量降低50%；康舒陶瓷、环球陶瓷获评国家知识产权优势企业，九州陶瓷入选全省科技创新示范企业和省专业化小巨人企业，帮企陶瓷被评为全省制造业单项冠军培育企业；京尚实业联合国家陶瓷检测重点实验室成功研发全国首个陶瓷炒锅企业标准，铭川科技水性树脂及水性合成革项目填补省内空白；康舒陶瓷牵头组建的江西陶大科技协同创新公司获批省级科技协同创新体；环球陶瓷获批省级日用耐热陶瓷工程技术研究中心和日用陶瓷工业设计中心入选江西省第二批军民融合企业；日峰镇被列为全省首批创新型乡（镇）建设试点。新增国家高新技术企业6家，总数达18家；规上企业科技投入增长29.4%，R&D指数达到0.61%。发展环境优化。降成本优环境专项行动累计为企业减负1.4亿元。建成陶瓷科技创新园标准厂房11.3万平方米；园区综合整治强力推进，清理低效闲置用地33.4公顷，收储土地82公顷消化批而未用土地40公顷；黎川工业园区入选省级工业园区循环改造试点。引智工程深入实施，设立500万元人才发展专项基金，引进“双千计划”人才2名；新增市级人才工作示范点2家，总数达5家。引进江西银行，强化金融支撑。获评全省促进非公有制经济发展先进县。

【农业产业化持续发力】2018年，黎川县大力实施农业产业化发展工程，在农业科技创新、农产品加工业转型升级上持续发力，现代农业产业化体系建设取得明显成效。完成高标准农田建设986.67公顷、土地开发项目27个，新增耕地140公顷。香榧、中药材、烤烟、优质稻等特色产业加快发展，香榧种植规模达0.17万公顷；艾草新增种植140公顷；烟叶均价和上等烟均价均居全市第一，被列为全省核心烟区；黎米优质稻订单面积1333.33公顷。出口蔬菜基地等设施农业初具规模，首批3吨西红柿搭乘中俄班列销往俄罗斯。聚龙湾渔业、德胜果蔬、船屋白茶、五圆科农优质稻等产业园被评为省级现代农业示范园。“黎川草菇”“黎川白茶”通过国家农产品地理标志认证。船屋茶业茶油专业合作社被评为全省先进农民合作社。

【第三产业健康平稳发展】2018年，黎川县把第三产业作为促进产业结构优化升级，推动经济社会转型跨越发展的着力点，采取有效措施，加快发展第三产业，第三产业呈现健康平稳发展态势。旅游再添动力。与中旅风景、中惠旅等知名旅游公司合作，启动全域旅游顶层设计，推进聚龙湾提升项目。同胜九曲东黎文化旅游度假区一期基本建成；古城景区业态不断完善，被评为中国传统建筑文化旅游目的地、江西省特色商业街和抚州市中小学研学旅行实践教育基地；聚龙湾渔乐园获评省级AAAA级乡村旅游示范点。该县被评为全省旅游产业发展先进县。黎川油画三度走出国门；联合中国网库公司打造油画产业电子商务基地，在抚州文昌里历史街区设立展示窗口，央视先后两次专题报道，油画品牌影响力不断提高。电商物流释放潜力，启动中国供销e家黎川云仓项目，建成供销e家黎川电商平台，电子商务进农村综合示范项目通过国家中期绩效考核评价，全年实现电商交易额15.6亿元，增长35.6%。

【社会事业全面进步】2018年，黎川县不断完善政府社会管理和公共服务职能、统筹经济社会协调发展，推进社会事业全面进步。教育事业均衡发展，“一乡一园”“全面改薄”等工程深入推进，九年一贯制学校完成选址和设计，职业中专通过省级达标验收；高考再创佳绩，4人被清华、北大录取，实现历史突破。卫生事业加快发展，人民医院提升改造、乡镇卫生院标准化建设基本完成，全县首个医疗共同体组建；全国基层中医药工作先进单位通过复审，承接全国第二届中医药文化大会现场视察。文化事业持续繁荣，新增孔庙、张恨水旧居、妙法寺等省级文物保护单位8处，中田村入选中国传统村落，地方文化研究会完成《古韵黎川》《黎川民俗》等书籍初稿编撰，樟溪“板凳龙”亮相央视《新闻联播》。县图书馆被评为全国公共二级图书馆，“文化＋帮教”进“高墙”做法在全市推广。举办首届“中国农民丰收节”庆祝活动，并在央视专题播报；黎川春晚、谷雨歌会、国学经典诵读大赛、古城民俗表演等文化活动广受群众欢迎。

【黎川县举办首个“中国农民丰收节”】 9月22日，黎川县举办首个“中国农民丰收节”活动，活动包括秋分祭祀、花车巡游、趣味运动会、文艺演出、农产品展示五个主题。县主要领导，各界群众代表在张恨水广场集会，共同祭拜中华农耕文明的始祖后稷，庆祝该县首个“中国农民丰收节”。以“农民丰收”为主题的6辆花车及乡镇组织的运动方阵沿着主要街道进行巡游。此外，还举行广场舞大赛、打谷比赛、抱羊过河、水上拔河、泥地障碍赛跑、田埂接力推车、徒手摸鱼等多个趣味运动比赛及各类文艺演出。央视新闻移动网、央视新闻客户端、今日头条等媒体平台进行现场直播，央视CCTV-13《新闻直播间》连续两次播发黎川欢庆农民丰收节主题新闻。光明日报、经济日报等中央主流媒体及江西日报、江西广播电视台等省级主流媒体在第一时间报道活动盛况。

【“中国·黎川文化扶贫论坛”在黎川举办】 3月11日，中国·黎川文化扶贫论坛在黎川举行。文化部恭王府博物馆党委副书记、纪委书记杨仲怡，以及国务院发展研究中心、国家行政学院、中国城市规划学会、中国文联民间文艺协会、省旅发委、省文化厅、江西师范大学的专家学者，腾讯公司、京东集团相关负责人出席。论坛分“扶贫经验与实践”“理论与探讨”两部分举行，紧紧围绕黎川文化扶贫工作，把脉现状问题，交流经验做法，畅谈创新思想，寻找合作契机，共同为黎川文化扶贫的未来发展出谋划策。杨仲怡就“传统的非物质文化遗产如何转化为生产力推动传统文化产业的振兴和发展”，介绍文化部通过帮扶山西省忻州市开创传统工艺工作站，“活化”当地非遗传统手工技艺的成功经验，为黎川传统文化振兴提供借鉴。国务院发展研究中心副研究员、东方文化与城市发展研究所副所长黄斌通过两次对黎川的实地调研，对黎川文化扶贫的做法和经验进行总结梳理，并结合当前文化扶贫面临的问题和挑战，详细描述黎川文化旅游产业的规划设想。围绕文化扶贫经验、挑战和展望举行圆桌论坛，交流互动。本届论坛还为对黎川文化扶贫做出贡献的专家、学者颁发“文化扶贫大使”荣誉证书。

【黎川古城景区再获一项国家级荣誉】 黎川古城景区，东起县城磨市街头，西至古城墙南门口，长约1.8千米。区域面积1.2平方千米，是江西省内保存最完好的明清古街之一。2018年3月中旬，由中国民族建筑研究会专家委员会主任、原住建部外事司、科技司司长李先逵专家组一行5人到黎川古城，就黎川古城申报“中国传统建筑文化旅游目的地”进行考察评定。专家们经过实地考察、听取古城历史发展情况汇报和科学论证，给出黎川古城历史悠久、风格独特，物质文化遗产和非物质文化遗产丰富、底蕴深厚，黎川古城保护改造理念先进、管理措施到位，交通服务设施完善、旅游产业前景广阔等4点意见，同意授予黎川古城第七批“中国传统建筑文化旅游目的地”称号。这是黎川古城景区继2016年入选“江西省历史文化街区”“江西省旅游风情小镇”、2017年被评为国家AAAA级景区之后，2018年首季创下的又一块金字招牌。

（过印光）

【黎川县主要领导名录】

县委书记：聂仕雄

县人大常委会主任：顾　波

县　　长：江志坚

县政协主席：徐小明（任至1月）

章劲松（1月任）

南丰县

【概况】 位于抚州市南部，介于北纬26°51′～27°21′、东经116°09′～116°45′之间。辖7镇5乡1场，总面积1920平方千米，其中城区建成面积14.5平方千米，城区绿化覆盖率43.4%。有耕地面积1.79万公顷、林地面积15.09万公顷，森林覆盖率达77.58%。总人口31.63万人，其中城区人口13.83万人，人口自然增长率7.31‰。2018年实现国内生产总值132亿元，比2017年增长7.6%。其中，第一产业增加值31.6亿元，增长3.5%；第二产业增加值36.2亿元，增长8.2%；第三产业增加值64.2亿元，增长9.6%。一、二、三产业比23.9∶27.5∶48.6。财政总收入12.9亿元，增长3.8%，税收占财政总收入比重86.6%；地方财政收入8亿元，下降0.4%；地方财政支出28.70亿元，增长9.84%。工业增加值29.97亿元，增长8.9%。规模以上工业总产值38.25亿元，增长44%，外贸出口总值1.67亿元，占GDP8.34%。实际利用外商投资3501万美元，其中省外投资37.45亿元。主要工业产品有中成药158吨、锂离子电池3491万只、商品混凝土26.52万立方米、葡萄酒8238千升、铝材3557吨。农业总产值54.68亿元，增长3.6%，粮食总产量17.37万吨，主要农产品有南丰蜜橘135万吨、稻谷17.1万吨、蔬菜13.2万吨、西瓜4万吨、生猪（出栏）6.74万头。万元GDP能耗0.32吨标煤，城市污水处理率93.5%。城镇居民人均可支配收入32377元，增加2454元；农民人均可支配收入21774元，增加1645元。城乡居民年末储蓄余额81.3亿元，增长17.4%。城镇新增就业3438人，新增转移农村劳动力5672人。

主要矿产资源有瓷土、石灰石、铁、银、钨、锰、稀土、钾、黏土、矿泉水、辉绿岩、石英石等。地方特产有南丰蜜橘、南丰腌菜、甲鱼、豆腐皮、泥炉等。主要旅游景区景点："国家森林公园"军峰山，"国家湿地公园"傩湖，"国家非物质文化遗产"南丰跳傩传承地石邮古傩山庄；国家AAAA级景区橘文化旅游产业集聚区，国家AAA级景区观必上乐园、潭湖生态养生岛、国安风情园、曾巩文化园、戈镰石（仙人洞）、康都会议旧址、田东苏维埃政府旧址、橘都沁温泉，国家AA级景区南台寺；省AAAA级乡村旅游点南湾农庄、前湖庄园、罗俚石蜜橘生态园、国礼园，省AAA级乡村旅游点泸溪橘村、洗马桥庄园、竹林人家、茅坞下新村、茶亭生态园、月亮湾山庄、一碗茶农庄、吉嘉庄园、全然生态园、石耳岗新村、梅林新村、榨源新村、望天新村、中和新村、九联新村；南丰古城（地藏寺、寿昌寺）、洽湾船形古镇及白舍宋元古窑遗址等。

【促进民生】 2018年，南丰县真抓实干补短板、惠民生，聚焦"三大战役"促进民生工作高质量。打好精准脱贫攻坚战。把脱贫攻坚作为最大的民生工程，突出精准识别、精准帮扶、精准施策、精准退出，抓牢抓实产业扶贫、就业扶贫、教育扶贫、健康扶贫等专项扶贫，实现2458户8053人脱贫，贫困发生率下降至1.45%，全县12个贫困村已退出10个。打好民生事业大会战。完成民生8项重点支出22.5亿元，占公共预算支出81.8%，构建起完备的社会保障和民生救助体系；启动城区饮水工程、养老中心、殡仪馆扩建等一大批民生项目；深入开展"扫黑除恶"专项斗争，成功侦破公安部督办的"4·02"组织他人偷越国（边）境犯罪案件和"3·09"特大网络赌博专案，得到公安部的高度肯定；推进教育均衡发展和健康南丰建设，中小学校"大班额"问题得到有效解决，顺利通过国家义务教育基本均衡县复查；在全市首创双向实时问诊模式，智慧百乡千村医养服务项目取得良好成效。年内，全县农村居民人均可支配收入突破2.1万元，连续9年全省第一。打好文化强县升级战。围绕唱响"五个千年文化"品牌，加大南丰古城的保护与开发，加快曾巩文化园二期、白舍窑遗址公园、县文化艺术中心等重点文化项目建设，筹备2019年纪念曾巩诞辰1000周年活动，南丰蜜橘栽培系统被认定为中国重要农业文化遗产，与北京舞蹈学院共同研创作品《傩情》惊艳敦煌"一带一路"文化交流演出并在中东欧五国巡演，成功创建省级历史文化名城。

【脱贫攻坚】 南丰县坚持开展"春季攻势""夏季整改""秋季会战"专项行动，多措并举凝聚脱贫攻坚合力。一是贫困对象再精准。按照"应纳尽纳、应扶尽扶"的要求，在全县范围内开展建档立卡"查漏补缺"工作。2018年新识别贫困户39户125人。二是产业扶贫再推进。按照"村有扶贫产业、户有增收门路"的目标，构建产业扶贫大格局，通过土地流转、入股分红等形式因地制宜打造各类种养扶贫示范基地28个、扶贫合作社100多家，吸纳贫困户3000余人。三是就业扶贫再强化。对贫困人口劳动力进行就业技能培训，组织企业深入乡镇和贫困村开展用工对接活动，培训农村贫困劳动力1500人，发展就业扶贫车间19间，提供就业岗位2300个，同时发展电商扶贫，建立各类电商服务站点213个，实现农产品销售2112.67万元，带动贫困户310户，每户增收3327元。四是教育扶贫再完善。按照属地管理和年龄段管理相结合原则，进行跟踪管理，并建立教育扶贫督查制度，完善错漏补救机制，累计资助建档立卡贫困户受教育子女3697人次，共发放资助金343.45万元。五是易地搬迁再落实。强化集中安置，采取政府统规统建等方式，确保搬迁贫困户入住不超标，同时落实搬迁贫困户后续帮扶措施，确保逐步能脱贫致富，全年易地搬迁建档立卡贫困户人口167人，并落实后续帮扶措施。

【入选全国农村一、二、三产业融合发展先导区创建名单】 12月12日，农业农村部公布2018年全国农村一、二、三产业融合发展先导区创建名单，江西省共有6个县区入选，南丰县榜上有名，成为抚州市唯一入选的县区。

农村三次产业融合发展先导区，坚持产前产中产后有机衔接和三次产业融合发展，形成相对成型、成熟的融合发展模式和全产业链条，产业价值链增值和区域品牌溢价效果已初步显现，市场竞争由产品竞争上升到产业链竞争的新高度，其做法经验可复制、可推广，能够在全国发挥标杆引领和典型示范作用的区域。南丰县是以蜜橘为主导产业的农业县，该次成功入选，将对全县农业产业发展和农村繁荣产生巨大的推进作用。

【发展绿色生态农业】 南丰县坚持生态优先、绿色发展的理念，积极探索绿水青山向金山银山有效转化之路，努力实现绿水青山和金山银山的有机统一。一方面依托蜜橘、甲鱼、白莲等主导产业，加快推进蜜橘精品园建设，发展生态蜜橘种植，实施稻鳖混养、莲鳖混养模式，发展生态甲鱼养殖、生态白莲种植。另一方面，根据本地实际因地制宜引进有机稻、甜茶、美人茭、桑葚、蓝莓、"三花"鹅、藏香猪、野鸭、竹鼠等特色种养项目，利用橘园、山地、林间空地开展特色种养，并按照"做大产业建龙头、做大龙头促产业"的思路，重点引进、建设和培育一批生态农业产业化龙头企业，努力开发立体式绿色农业产业链，扩大生态种养覆盖面，引导农民走绿色生态农业发展道路。2018年全县有建成生态农业园区20多个，培养林下经济组织25个，新建生态精品橘园45个、面积560公顷，稻鳖种养基地33公顷，中药材基地200公顷，稻鱼基地15公顷，无公害瓜果蔬菜基地35公顷，吸引全县4万多名农民从事生态农业开发。

【实施蜜橘精品示范园“四三三工程”】 为推动以南丰蜜橘为主的特色果业生产组织化、规模化、标准化，提高鲜果品质，扎实推进“以果业为根本、以旅游为亮点”精品橘园建设。从2018年开始南丰县用3年时间规划启动并完成100个精品橘园建设，其中，2018年至少建立40个精品橘园，2019年、2020年分别建立30个。同时，制定《2018年南丰县蜜橘产业生产发展实施意见》，要求精品橘园严格按交通便利、集中连片6.67公顷以上、基础设施条件较好、树势健壮、树体基本一致、丰产稳产、无严重病虫害及检疫性病虫害、园相园貌较好等标准，由乡镇组织申报，县蜜橘产业局审核，最后由县蜜橘产业发展领导小组予以确认。县政府对精品橘园建设采取奖补政策予以扶持，按每亩最高400元标准在年终考核后直接予以奖补。2018年南丰县共建设南丰蜜橘标准化精品示范园43个，示范面积554.10公顷。

蜜橘精品示范园内全面施行三大工程，一是基础设施提升。全县95%的精品园进行基础设施完善，主要包括道路改造、沟渠完善、坡壁水平带改造、网络电力设施完善、肥水一体化建设等方面，其中有5个精品橘园完成肥水一体化设施建设，建设总面积88公顷。在所有精品橘园中安装监控设备，与县蜜橘产业局监控平台联网组成一套物联网监控系统，并指导精品橘园园主在手机上安装物联网监控APP，让园主做到对自己园内情况的实时掌控。二是标准化技术集成。在橘园内全面推行品种良种化、树体独立化、树势中庸化、植保绿色化、施肥配方化、水分均衡化、栽培省力化、采摘完熟化等品质提升技术措施。重点抓好增施有机肥。采取有机肥+配方肥或水肥一体化施肥模式，改正以往撒肥施肥习惯为沟施或穴施，年施菜枯饼肥200千克/亩，有机肥400千克/亩。树体改造以大枝修剪为主，全县精品示范园共进行大枝修剪2次，修剪量大于20%，使树体高度控制在2.5~3米，形成通风透光、立体结果的优质丰产树形；对部分需品种更换的橘园，按成片改造标准，高接与园内成熟期一致的品种。此外，抓好病虫害绿色防控，在冬季清园的基础上，全年药剂防治8–9次，按每2公顷一台标准安装太阳能杀虫灯，结合太阳能杀虫灯、黄板等防治粉虱、蚧类、蛾类等害虫，切实将农药残留降到最低程度，确保精品园果品质量安全。实施生态栽培，实行生草栽培，全年不用除草剂，只在杂草过于茂盛时采取人工割草，过宽行间种植绿肥种子14.9吨，绿肥示范应用面积660公顷。三是制度建设。建立农事记录制度。将精品橘园清园、修剪、喷药、施肥等日常农事管理记录在案。完善质量追溯体系。审核30余家企业合作社加入南丰蜜橘质量追溯体系，并指导他们利用南丰蜜橘质量追溯平台上传农事生产记录，做好南丰蜜橘质量追溯工作，使消费者通过手机二维码扫描能够全面了解产品生产管理全过程。

经过一年建设，精品橘园果园园相、果实品质较以往及周边果园有明显提高，销售价格也比周边果园高出0.4元/千克以上，项目通过政府补助小钱带动园主投入大钱，达到提升精品蜜橘品质的目的。

【全省农业局局长座谈会在南丰召开】 8月28日，江西省农业局局长座谈会在南丰召开。省农业厅党委书记江枝英等省农业厅领导、各设区市农业局局长出席座谈会；抚州市委常委、副市长刘苍牧，南丰县委副书记、县长乐启文出席会议并分别致辞。

会议强调，各级农业部门要深入贯彻落实习近平总书记对江西“三农”工作要求，坚持问题导向，抓紧解决农业发展不平衡不充分问题，加快补齐发展短板；坚持高规格设计、高强度监管、高效益利用，不断扩大规模、提高质量、优化服务、增加效益。要大力打造绿色基地，生产绿色产品，唱响绿色品牌；全力培育龙头企业、全面提升农产品精深加工智能化水平。要加快完善种业创新、种业繁育和种业监管体系，提高种业信息分析与服务水平；扎实推进农村集体产权制度、农村土地制度和农垦改革，切实增强农垦发展的内生动力、发展活力和整体实力。

参会人员深入南丰观必上休闲农业点、橘花香食品有限公司、莲鳖混养基地、现代农业示范园等地参观。

【中国农发行助推南丰县产业扶贫招商引资对接推进会召开】 9月21日，中国农业发展银行助推南丰产业扶贫招商引资对接推进会在南丰国安假日酒店举行。中国农发行党委委员、副行长、扶贫金融事业部常务副总裁鲍建安出席会议并讲话；抚州市委副书记、市长张鸿星出席会议并致辞；南丰县委书记吴自胜主持会议；县委副书记、县长乐启文介绍产业扶贫招商引资情况。国家农发行总行机关、部分省市分行领导和来自全国13个省的相关企业代表参加推进会。

会上举行项目签约仪式，签订《南丰县政策性金融扶贫实验示范区备忘录》。双方将加强合作，合力建设南丰县政策性金融扶贫实验示范区；26家企业有意落户南丰，签订意向金额37.14亿元，涉及项目25个，项目涉及龟鳖、蜜橘等农副产品的生产加工，以及休闲农业、乡村旅游、冷链物流等领域，都是多方重点支持发展的大产业，也是带动贫困群众脱贫致富的好产业，具有良好的发展基础和广阔市场空间。

该县系中国农发行定点扶贫县。自2013年始，该行发挥好自身优势，依托国家第三批中央单位援赣政策的指引，按照农发行总行“凡是有利于南丰老百姓脱贫致富的事都愿意干、凡是有利于南丰长远发展的项目都愿意支持”的指示精神，聚焦关键领域，开展信贷支持，加大对扶贫项目建设的扶持资金投放。自2016年始，共审批中长期贷款项目7个，审批和过会待批金额总计29.15亿元，累计投放中长期贷款13亿元。

【中国（南丰）生态板产业发展研讨会举行】 1月18日，中国（南丰）生态板产业发展研讨会暨振宇集团首条16万立方米生态板投产仪式在江西振宇实业有限公司举行，中国林业产业联合会副会长兼秘书长王满、江西省林业产业联合会会长王琅及全国各林业协会、金融界、企业界共百余人出席仪式，南丰县委书记吴自胜出席并致辞。

会上，国家林业局原总工程师封加平、国家林业局木材行业管理办公室原主任孙建分别为振宇集团授予“中国林业产业诚信企业品牌万里行”旗和“绿色环保家居生态板生产基地”牌。

振宇集团建于2000年12月，是中国竹业龙头企业、农业产业化国家重点龙头企业和国家级高新技术企业，公司主营竹凉席、竹垫、竹地板等系列产品，品种规格300多个，产品不仅畅销全国各大中小城市，还远销英国、美国、意大利、西班牙等国家和地区，已成为中国竹制品行业中的佼佼者。该公司近两年投资2.11亿元，新增生态板（胶合板、细木工板）和户外重竹纤维地板生产线，解决用工300多人，年主营业务收入2亿元以上。

【纪录片《遇见·橘子红了》在南丰举行首映式】 11月9日，由中视火鹤携手中国优质农产品开发服务协会、南丰县委县政府联合出品的全球首部橘文化主题的旅行美食真人秀纪录片《遇见·橘子红了》在南丰举行首映仪式。原农业部党组成员、中央纪委驻农业部纪检组原组长朱保成，市委常委、宣传部部长傅云，省广播电视局副局长白文松，省广播电视台副台长龚荣生出席首映式；南丰县委书记吴自胜致辞；中视火鹤文化传媒有限公司董事长江烈毅、《遇见·橘子红了》制片人戴小连、导演邱靖和参与该片拍摄的南丰当地故事主人公以及新华社、人民网等媒体记者参加仪式。

《遇见·橘子红了》以国际视野，从橘子原产地中国的视角，采用真人纪行的体验方式，以旅行、美食为主线，轻松、充满活力的手法讲述一对美食达人，为实现人生梦想，沿着丝绸之路，前往江西南丰、日本歌山、土耳其博德鲁姆，以及西班牙瓦伦西亚，探访各地特色的橘子文化和橘子美食，讲述原产于中国南丰的橘子，如何通过一带一路，传播到世界各地，并且深刻地影响着当地的文化发展及人们的生活。影片还融入南丰深厚的历史文化元素。该片于2018年11月12—15日22：09连续4天在央视九套纪录频道播出。

【抚州市首届中国农民丰收节活动在南丰举行】 9月19日，以“赣抚粮仓庆丰收 秀美抚州展丰采”为主题的抚州市庆首届“中国农民丰收节”活动在南丰县太和镇举行，省农业厅副厅长刘光华致辞，市委常委、纪委书记刘海滨宣布活动开始。

该活动通过南丰傩舞、金溪手摇狮、独轮车推稻谷、箩筐挑红薯等系列活动将抚州特有的农耕文化、传统民俗文化集中展示，庆祝丰收。全市各地800多位农民齐聚南丰同台竞技，进行趣味农耕项目技能大比拼，以轻松有趣的方式共同庆祝首个属于自己的节日。

“中国农民丰收节”是第一个在国家层面专门为农民朋友设立的节日．市委、市政府紧紧把握欢庆丰收的主线，坚持农民为主体，深入挖掘优秀传统农耕文化所蕴含的思想观念、人文精神，努力向全省展示抚州农业形象、乡村美丽风景、农民美好生活，讲好抚州农业故事、传播抚州农业声音。

【南丰县旅游综合收入突破35亿元】 南丰县从建立管理体系、丰富旅游产品、完善服务设施、推进智慧旅游、营造创建氛围等方面入手，扎实有序地推进全域旅游创建系列工作，在全省14个创建县考评中名列第八，列入2018年江西省全域旅游示范区创建县名单。2018年该县进一步完善和提升一批“橘园游”示范项目，高标准建设洽湾船形古镇、莱溪九联新村、白舍中和新村、南建线景观廊道等旅游重点项目，围绕“橘园游”宣传推介，先后赴南昌、长沙、武汉、福州、厦门、杭州、苏州等9个重点城市宣传推介南丰旅游，举办第五届“橘园游”、2018跨年旅游美食嘉年华等系列活动，并在央视等主流媒体投放《遇见·橘子红了》宣传片，展示县域独特风貌，吸引八方游客纷至沓来。2018年，全县共接待游客432.3万人次，实现旅游综合收入35.42亿元，同比分别增长10.28%、12.09%。

【智慧医疗远程在线问诊惠民】 10月，南丰县智慧医疗远程在线问诊系统建成并投入使用。

此前，该县利用智慧医疗平台为群众开展远程医疗服务，大多采用“延时”问诊方式，时间长，效率低，平台远程问诊优势得不到体现。自8月起，南丰县正式启动智慧医疗远程在线问诊系统建设，在县、乡、村建立三级智慧医疗服务管理子平台199个，确保智慧医疗APP全覆盖。全县项目平台注册人数达40152人，监测人数28514人，监测项次322186次。整合县人民医院、县中医院的医疗资源，选调优秀医师组成在线问诊服务团队，在县智慧医疗指挥调度中心接受群众的在线集中问诊，通过南丰智慧医疗APP开展“即时在线集中问诊”，实现主动服务。实时的画面和语音功能，使问诊的群众和村医与上级医师实现面对面沟通，真正实现远程问诊的针对性和有效性。智慧医疗远程在线问诊平台覆盖全县所有的乡镇卫生院和150个村级卫生所，使平台上的所有医生均能在线观看诊疗过程，实现专家对村医“手把手”指导。全县通过项目平台为村民建立档案6228份，共提供服务384人次，涉及病种23类。该平台的开通，搭建起城乡医疗的高速公路，县及县级以上级医院的

(优质)医疗资源能够让农村的百姓共享，从而解决农村医疗资源短缺，群众看病难的实际问题。

【南丰入选省级文化历史名城】 5月，江西省政府官网公布省级文化历史名城目录，南丰县成功入选。南丰历史文化悠久、地方文化特色鲜明、名人辈出，具有深厚的历史文化底蕴；南丰古城格局保存完整，现存历史文化遗存众多且集中连片，街巷肌理清晰，并保存有重要的近代史迹，具有较突出的地域文化特色。

【南丰县检察院被授予全国模范检察院称号】 12月6日，全国检察机关第九次“双先”评选表彰结果公布，全国共有38个检察院入选，南丰县人民检察院被评为全国模范检察院，成为江西省唯一入选的检察院，也是抚州市检察机关首次被评为全国模范检察院。

近年，南丰县人民检察院围绕中心工作，找准检察工作服务大局、保障大局的切入点、着力点，加强生态检察工作，策应南丰全域旅游示范区建设，积极参与社会治安综合治理，深入学校、社区、乡镇，延伸检察触角，有力地促进社会和谐稳定。同时该院牢牢把握改革正确方向，全面落实司法责任制，各项改革始终走在抚州市基层检察院前列，通过员额检察官遴选、检察官办案责任制、内设机构改革等一系列司法责任制改革措施，显著提升办案质效和司法公信力，为全县经济社会发展提供有力司法保障。该院先后被评为江西省检察机关十佳基层检察院、江西省先进基层检察院、全国先进基层检察院。

全国模范检察院由人社部和最高人民检察院联合表彰，是检察系统的最高集体荣誉，每5年评选一次。

【县法院民事审判第一庭获全国法院家事审判工作先进集体称号】 7月，在最高人民法院公布的全国100个家事审判工作先进集体名单中，南丰县人民法院民事审判第一庭榜上有名，是抚州市唯一获此殊荣的法院。

该县法院在家事审判改革工作中积极探索与地方文化传统相适应的家事审判理念和方式，坚持多元化原则，形成多元化家事纠纷化解机制；同时全面试行预立案登记、庭前约谈、家事调查等制度，并将庭审模式以不公开为常态，庭审过程由对抗转变为修复，庭审环境由严肃转变为温情，将傩文化、橘文化引入家事审判中，积极营造以和为美的氛围，精心打造地域文化浓厚的家事审判文化长廊、设置家事圆桌法庭、会客厅调解室、心理疏导室等，打造出温情的庭审环境。

两年中，该庭共审结家事案件414件，调撤314件，调撤率为76%，较试点前2年提升8.5%，诉前调解成功率80%。

【太和镇入选全国农业产业强镇示范建设名单】 8月，农业部、财政部联合开展2018年农业产业强镇示范建设的通知，全国254个乡镇成功入闱，南丰县太和镇榜上有名，是抚州市唯一入选的乡镇。

太和镇物产丰富、特色鲜明，以南丰蜜橘、甲鱼、白莲为主导产业。尤其是甲鱼产业已经形成较大规模，共养殖甲鱼2万亩，产值突破20亿元，被国家渔业协会授予中国龟鳖良种第一镇称号，并成功入选江西省第二批特色小镇创建名单。

【全省首个甲鱼品质安全追溯体系在南丰建成】 5月，江西省首个甲鱼品质安全追溯体系在南丰建成并投入使用，是江西省对水产品品质安全追溯的一个有力探索。

为实现甲鱼品质的可追溯，从2017年年底开始，省农业厅筹建甲鱼品质可追溯体系，投入资金100多万元，在南丰福园水产品有限公司和美孙甲鱼养殖基地启动甲鱼品质安全追溯体系试点建设。消费者通过扫描甲鱼身上的追溯码，就可知道甲鱼从养殖、加工到销售三个环节的具体信息，便于消费者买到放心的甲鱼产品；通过互联网，也能向省农业厅实时传送甲鱼养殖过程画面，对甲鱼生产进行全程监控和跟踪，确保甲鱼质量安全。

【琴湖公园被授予省级湿地公园】 11月，2018年江西省湿地保护管理工作会议在南昌举行。会议对2017年省政府批准设立的12处省级湿地公园进行授牌，南丰县琴湖公园位列其中。

南丰琴湖省级湿地公园，沿盱江向南至曾巩大桥，北至南建大桥，面积195.52公顷，湿地面积170.10公顷。包括区域内盱江以及周边的林地、河流、溪流、泛滥地、沼泽等其他森林生态系统。近年，该县以盱江两岸为依托、以琴湖湿地生态系统为主体、以流域综合管理为手段，保护湿地生态系统结构和功能的完整性，生物多样性以及湿地资源的可持性。充分发挥湿地生态系统的服务功能，切实改善县城生态环境，提升城市文化品位。

【全省第二届安全生产监察执法现场比武在南丰举行】 10月11日，江西省第二届安全生产监察执法现场比武活动在南丰举行，全省11支代表队参加比赛。省安监局副局长张贤义讲话。

该次执法比武结合日常监管执法实际，通过资料查验、现场检查和文书制作三个环节全面考校安监执法人员的综合执法能力，较为全面地检验各代表队执法人员的执法理论功底、发现问题能力和办理案件水平。经过紧张激烈的角逐，最终由抚州市代表队、鹰潭市代表队、九江市代表队分获一、二、三等奖。

【南丰附小入选全国中小学优秀文化艺术传承学校】 6月，南丰县教师进修学校附属小学被教育部认定为全国中小学优秀文化艺术传承学校。

该县素有“傩舞之乡”的美称，南丰傩自汉初开始，至今已有2000多年历史，古朴雄健的南丰傩舞被誉为中国古代舞蹈的活化石，2006年被列入首批国家级非物质文化遗产，多次走出国门“舞”

向世界。南丰附小为策应文化艺术传承学校的创建，从南丰傩舞的舞蹈形态、音乐形态、道具、服饰等方面开展艺术传承教学活动，对南丰傩舞的艺术形态进行综合分析，开发南丰傩舞课程资源，并实现傩舞从舞蹈原生态到课堂教学再到舞台表演的艺术传承。2013年，南丰附小编排的原创少儿歌曲节目《我跟阿公学跳傩》获全省“唱响中国梦”电视大赛一等奖;2015年，该校选送的傩舞舞蹈节目《开天辟地》在全省第六届中小学艺术展演中获二等奖。该校以课程教学为基础，以实践活动为载体，以成果展示为助推，将县域优秀傩文化传承融入学校美育改革中，全面提升学校美育质量，增强学生传承中华优秀传统文化的责任感和使命感。

【子固小学入选全国青少年校园篮球特色学校】 12月，教育部办公厅公布1942所全国青少年校园篮球特色学校名单，江西有100所学校入选,南丰县子固小学榜上有名。近年，该校在逐步完善篮球场地等硬件设施的同时，注重篮球教学软实力的提升，不仅使篮球与教学教研挂钩，规定篮球课每学期开足一定课时，学生期末进行篮球技能考核，还要求篮球教师在所任教的班级着重进行篮球教学，从中物色、训练一批有着篮球天赋的学生，定期进行较专业化的训练，并在合适的时间与机会下与校外机构进行比赛来提高学生的篮球专项能力。在参加首届全市中小学生篮球赛中，县子固小学脱颖而出，获得第一名好成绩。

（黄应国　李燕青）

【南丰县主要领导名录】

县委书记：吴自胜

县人大常委会主任：段云来

县　　长：乐启文

县政协主席：邓　军

崇仁县

【概况】 位于抚州市西部，北纬27° 25′ 18″ ~ 27° 56′ 20″，东经115° 49′ ~ 116° 17′ 30″。辖8乡7镇，总面积1520平方千米。耕地面积26007公顷，有林面积89671.74公顷，森林覆盖率为61.45%。总人口361187人，其中城镇人口162209人，人口自然增长率8.45‰，有蒙古族、回族、苗族、彝族、壮族、布依族、朝鲜族、满族、土家族、黎族、仡佬族、畲族等少数民族358人。2018年实现国内生产总值116.53亿元，比2017年增长7.7%。其中第一产业增加值24.47亿元，增长3.4%;第二产业增加值42.64亿元，增长8.2%;第三产业增加值49.42亿元，增长10.9%。一、二、三产业比分别为21 ∶ 37 ∶ 42。规模以上工业增加值增长9.5%；工业用电量12105万度，增长18.4%；外贸出口12.5亿元。固定资产投资增长10.5%；实际利用外商投资4508万美元。主要工业产品有互感器60892台，变压器599.4万千伏安，服装466.6万件，铜材25120吨，电动手提式工具427021台（均为规模以上工业企业的产量）。农业总产值41.21亿元。粮食总产量27万吨。主要农业产品有麻鸡出栏8050万只，棉花1013吨，油料1.87万吨，蔬菜16.78万吨，烟叶531吨。财政收入11.89亿元，增长5.5%；财政支出31.54亿元，增长11.0%。城镇居民人均可支配收入29024元，增长8.2%；农民人均可支配收入17574元，增长8.7%。金融机构年末储蓄余额141.16亿元，增长9.4%；社会消费品零售总额33.53亿元，增长10.6%。

主要矿产资源有原煤、石灰石、花岗石、钨、瓷土、石莹沙等。主要旅游景点有虎毛山风景旅游区、华山寺、龙济寺、观音岩、相山、相山石塔、汤溪宝塔、乐史墓、老虎港等。地方特产有麻鸡及其产品、蝎王酒、乌鱼块、变压器、互感器、铝合金锭、电动工具、机制纸、原煤等。

【北京崇仁商会成立】 7月16日下午，北京崇仁企业商会成立大会在北京举行，选举产生首届商会领导班子。北京崇仁企业商会将秉承“崇礼、聚贤、众诚、致远”的办会宗旨，进一步凝聚在京崇仁乡友力量，为会员搭建起联络乡情、学习互助、投资创业和回报家乡的良好平台，积极宣传推介崇仁，推动崇仁与北京及全国各地的资本与资源对接、商贸交流与合作，并组织会员回乡投资兴业，为首都和家乡的经济发展、社会繁荣做出新的更大贡献。北京崇仁企业商会现有会员单位175家，涉及房地产、物流、水电投资等行业。

【崇仁获全省首批创新型建设试点县称号】 12月，崇仁县被批准为全省首批创新型建设试点县，在全市是唯一一个。该县重视通过创新促进工农业产业发展，一是出台政策支撑创新发展，先后出台《关于加快推进创新驱动发展战略、建设创新型崇仁的实施意见》等8个文件。二是壮大科技创新人才队伍。出台人才引进实施办法，加强人才队伍建设。全县有高级专业技术人员640人，赣鄱英才555工程领军人才1人，省突出贡献1人，享受市政府特殊津贴专家2人。企业共引进各类人才1620人，其中专家23人、行业领军1人。三是不断提升科技合作水平。县政府、县直22个单位、78家规模以上企业均与高等院校、科研院所建立合作关系，共建研发机构13家。四是不断增强创新平台载体。全县有公办科研机构3家，拥有省级工程技术研究中心4家、企业技术中心7家、工程研究中心1家、省属科研院1家（江西省变电设备研究院），有省级科技协同创新体1个、市级众创空间1家，另外建有北斗变电大数据中心、变电智能装备研发中心、变电产业孵化器和院士工作站等。五是高新技术产业发展迅速，拥有高新技术企业18家，科技型中小企业21家。六是知识产权工作成果丰硕。近年，全县专利申请量、专利授权量呈大幅度增长态势，先后拥有国家级知识产权试点企业4家、省级6家、市级10家，申报并通过江西省知识产权富民强县工程验收，被评为专利工作进步十强县。七是不断完善科技服务体系。出台扶持政策，开展知识产权质押等金融创新工作，推动企业上市挂牌等。崇仁变电设备产业在全省一枝独秀，生产企业最多、产业链配套最全、科技创新优势明显、产品型号规格最全；崇仁麻鸡产业在国内知名度高，形成“养、加、销”“贸、工、牧”一体化生产格局，产业规模位居全省前三、全国前列。

【举办第二届中部地区变电设备产业高峰论坛】 11月3日，第二届中部地区变电设备产业高峰论坛在抚州举行。国内外500余名专家、学者、企业界嘉宾等参加，中央电视台国际频道刘欣主持开幕式。会上，县委书记程新飞，全国工商联五金机电商会会长、亿联控股集团董事长严立淼分别致辞；江西省工信委副主任刘煜，全国工商联副秘书长、机关党委副书记、人事部部长郭孟谦，中国商业联合会党委书记、会长姜明，抚州市委副书记、市长张鸿星先后讲话。随后，崇仁县人民政府对龚建国、张萌等7名人才集中聘任，中科院院士姚建铨受聘为崇仁县政府高级顾问；江西省变电设备行业协会加入全国工商联五金机电商会；崇仁县人民政府分别与全国工商联五金机电商会、中国葛洲坝集团国际工程有限公司签署战略合作框架协议。最后，8位嘉宾共同启动论坛。论坛以对接“一带一路”“两化融合”升级为主题，包括开幕式、主论坛报告会、分论坛报告会、与会嘉宾崇仁行、第三次中国五金机电行业精英圆桌会议、江西省变电设备行业协会年会等议程，重点围绕变电设备产业创新引领、智能升级、融入全球等话题，通过行业资深专家深度解读、主题演讲、产业报告等形式展开，是一次致力于推动变电设备行业协同发展，提升变电设备产业影响力和知名度的产业盛会。崇仁县是江西变电设备产业基地，变电产品全省市场占有率达80%以上，配电变压器全国市场覆盖率同行第三。

【崇仁麻鸡产业化联合体在全国研讨会上介绍经验】 10月29日，崇仁麻鸡产业化联合体在全国试点工作座谈研讨会上介绍经验，为全国3个之一、全省唯一。3月，由省级龙头企业崇仁县国品麻鸡发展有限公司牵头组合成麻鸡产业化联合体，麻鸡产业初显成效。一是抱团发展聚人心，推动特色产业优化升级。打通生产、加工、销售等环节，实现产业链上各主体之间优势互补。二是分工合作显身手，实现三大主体优势互补。龙头企业统一制定生产规划和生产标准，发挥龙头企业品牌渠道优势，发挥企业统一管理优势；农民合作社实行统一服务，每月初为养殖户及家庭农场安排养殖计划，养殖中制定疫病免疫程序、药物预防计划并落实，出栏期协调销售各环节工作；家庭农场按要求进行标准化生产。三是完善机制享收益，促进利益联结更加紧密。建立交易联结、生产要素联结、互助联结“三项机制”，使三方联系更加紧密，形成了利益共享、风险共担的命运共同体。联合体的发展实现三方共赢，联结更加紧密，建立标准示范养殖基地12个，养殖崇仁麻鸡500万羽以上，逐步形成生产与加工、科研与产业、企业与农户相衔接配套的上下游产业格局；半年销售崇仁麻鸡2500万羽，增加销售收入5.2亿元，户均增收4万余元。崇仁是中国麻鸡之乡，崇仁麻鸡是中国优良地方鸡种，江西四大名鸡之一。

【崇仁荣获全国平安农机示范县称号】 崇仁县荣获农业农村部授予的2018年度全国“平安农机”示范县称号。该县高度重视农机化工作，大力开展水稻机插秧、粮食烘干设备的技术推广；积极开展送科技下乡活动；做好农机春耕、双抢、秋收冬种工作；完善农机信息收集和发布制度，指导农机跨县作业；建立健全农机产品质量投诉和监管理机制，落实农机产品三包服务承诺制；开展农机技术教育培训；培育新型服务组织，强化农机社会化服务；打击违法违规行为，法制化建设得到加强。2017年，举办水稻机插秧演示会3次；安装大型粮食烘干设备100台（套）；在春耕、双抢及秋收冬种中投入农机1万余台次；设立跨县作业服务点4个；举办各类农机技术培训28期，培训2920人；新培育农机合作社4个，达15个。农机工作实现跨越式发展，到2018年年初，全县农机总动力60.30万千瓦；机耕面积8.17万公顷，机耕水平98%；机收面积7.67万公顷，机收水平92.09%；机插（播）面积2.50万公顷，机插（播）水平30%；水稻耕种收综合机械化水平75.83%。

【崇仁获批筹建“全国知名品牌创建示范区”】 5月，崇仁县工业园区获国家有关部委同意筹建“全国中低压变电设备产业知名品牌创建示范区”。该县重点抓好变电设备主导产业，紧紧抓住国内超高压输电网、配电网改造与新能源发电配电产业大发展的良好机遇，通过引进人才、与科研院校合作等措施，以智能制造为抓手，加快变电设备产业转型升级和智能化改造步伐，升级拓展产业链。已拥有生产变压器、互感器等规模以上企业50多家，配套企业70多家，自主开发变电产品35大系列2000多种规格，成为江西省变电设备生产企业最多、产品最全的“单打冠军”，产业集聚效应显著。崇仁县先后获江西省变电设备产业制造基地、国家新型工业化产业示范基地、江西省出口变电设备质量安全示范区等称号。县变电设备产业被誉为“省工业示范产业集群”“第三批全国产业集群区域品牌建设试点产业”，有国家级高新技术企业7家、国家知识产权优势企业3家，有江西省变电设备工程技术研究中心3个、省级企业技术中心6个，有中国驰名商标1个、中国名牌产品1个、江西省著名商标8个、江西省名牌产品8个等。

【崇仁县消防大队荣获江西省十大法治人物（集体）称号】 11月1日，崇仁县消防大队被授予第七届江西十大法治人物（集体）。崇仁县消防大队始建后，依法履职担当，甘当为民先锋，在人民群众最需要的时候，闯刀山下火海，救民于水火，助民于危难；“心系百姓，服务社会”成为队训，成立全国首个“119”联动青年志愿者服务站，将志愿服务向执法监督和灭火救援等领域全面延伸，成为真正意义上的“青年先锋”。大队先后获全国百个优秀青年志愿者服务集体、全国青年文明号等国家级荣誉15次、全省先进基层党组织等省级荣誉71次和集体二等功一次、集体三等功5次。还先后涌现出“全国特别关注消防员”胡庆松、江西省首届十大“雷锋哥（姐）”李帅、全省“十佳消防卫士”葛新生等一大批先进典型。

【崇仁麻鸡入选中国第二批特色农产品优势区】 12月，崇仁麻鸡被农业农村部、国家林业和草原局授予中国第二批特色农产品优势区，为全省2个之一，是继2017年南丰蜜橘入选首批中国特色农产品优势区之后的第2个产品。崇仁麻鸡是中国优良地方鸡种，江西四大名鸡之一，是该县独具特色的禽类种质资源。已建立起从种鸡繁育、商品鸡养殖、鲜活鸡深加工到市场营销，以及技术综合服务和饲料、兽药等物质保障的一整套产业化经营体系，形成“养、加、销”一条龙，“贸、工、牧”一体化生产格局，产业规模位居全省前三、全国前列。麻鸡产业品牌影响逐渐扩大，在国内外有较高知名度，有自己的专属品牌LOGO标志及吉祥物，特色优势明显，产业大发展基础条件具备。2018年，全县饲养麻鸡8500万只，产值19.8亿元，带动农户2860户；有麻鸡生产龙头企业4家，其中省级龙头企业3家，有麻鸡生产专业合作社22家，其中国家级1家，省级1家。崇仁麻鸡先后获中国名牌农产品、国家地理标志产品、国家级无公害农产品等称号，并通过国家级农产品地理标志品牌认定；崇仁县因此被农业部命名为“中国麻鸡之乡”。

【首个院士工作站成立】 12月11日，北斗变电院士工作站正式揭牌。北斗变电院士工作站团队由中国科学院院士姚建铨领衔的科技人才组成，主要从事北斗变电智能终端产品研发、智慧工厂智能化建设部署研发和工业互联网大数据平台建设研发，通过智能技术+变电设备产业，以推动崇仁县变电设备产业转型升级、实现新跨越，从而使崇仁实现高质量、跨越式发展。崇仁县变电设备产业经历半个世纪的发展，从无到有、从小到大，已经成为全国三大输配电产业基地之一，是壮大县域发展的重要抓手。中科院院士姚建铨是中国著名激光与非线性光学专家，现任中国光学学会激光专业委员会副主任、中国电子学会物联网专家委员会副主任、天津市激光学会副理事长、天津大学现代光学仪器研究所副所长、美国光学学会及SPIE会员、南加州大学激光中心客座高级研究员等职。姚建铨院士发展了高功率倍频激光理论，他发明的双轴晶体最佳相位匹配的精确计算理论，被国际学术界称为“姚技术”“姚方法”，并广泛应用。

（杨文才）

【崇仁县主要领导名录】

县委书记：程新飞

县　　长：周国华

县人大常委会主任：龙雪荣

县政协主席：高自辉

乐安县

【概况】 位于抚州市西南部，介于北纬26° 50～27° 45′、东经115° 36′～116° 10′之间。东邻崇仁，宜黄连宁都，西南接永丰，北毗丰城，西北靠新干，全境南北长85千米，东西宽47.5千米，辖9镇7乡（含1个农林垦殖场）。总面积2412.59平方千米，其中城区面积11.49平方千米，有耕地面积3.18万公顷，林地面积18.39万公顷，森林覆盖率70.39%、城区绿化率41.1%。常住人口358194人，其中城区人口或非农业人口153235人、乡村人口204959人，人口自然增长率7.02‰。2018年实现国内生产总值68.15亿元，比2017年增长8.5%。其中，第一产业增加值10.63亿元，增长2.9%；第二产业增加值22.65亿元，增长6.3%；第三产业增加值34.87亿元，增长12.3%。一、二、三产业比15.6：33.2：51.2。工业总产值47.34亿元，增长7.5%。规模以上工业增加值8.6%。农业总产值18.25亿元，增长3.07%。主要农产品粮食303150吨、油料1581吨、烟叶2241吨、茶叶产量43吨，家禽出笼180.76万羽、肉类总产量13941吨、水产品7480吨。财政总收入8.68亿元，增长15.3%，税收占财政总收入的比重86.2%；地方财政收入5.56亿元，增长12.2%；地方财政支出31.83亿元，增长17.7%。单位GDP能耗：0.3218吨标准煤/万元、城市污水处理率87%。固定资产投资53.29亿元，增长11.1%，实际利用外商投资3502万美元。城镇居民人均可支配收入24290元，增长8.6%；农村居民人均纯收入9800元，增长11.4%。城乡居民年末储蓄余额114.42亿元，增长9.19%。

主要矿产资源有花岗岩、萤石矿、钨矿等。地方特产有竹笋、霉豆腐、茶油、蘑菇等。主要旅游景点有胡耀邦祖籍地浯塘村，全国重点文物保护单位、首批中国历史文化名村、董必武祖籍地“千古第一村”流坑村，全国罕见第一古樟林，山势巍峨、奇峰独秀、素称“江南绝顶三峰”的大华山，气势恢宏兼有庐山瀑布之秀美和黄果树瀑布之雄奇的金竹26处的瀑布群，民族英雄文天祥幼时读书的石桥古寺，著名的明代董裕墓，红军第四次反“围剿”战役旧址——登仙桥，以及毛泽东、周恩来、邓小平旧居等红色、绿色、古色的旅游资源。

【流坑村入选全国生态文化村】 中国生态文化协会公布2018年度全国生态文化村荣誉称号名单，乐安县牛田镇流坑村成功入选，是此次江西省入选的6个村之一。流坑古村系全国重点文物保护单位、全国首批历史文化名村，被列为国家首批非物质文化遗产，以其历史上昌盛的科举文化、保存完整的古建筑群，融于自然的山村环境、别具一格的村落布局、精美绝伦的建筑装饰闻名于世。流坑古村代表了江西赣式民居的典型风格和特点，堪称中国古民居文化缩影，有“千古第一村”之称。村中现存各类建筑遗址260处，其中明代19处，包括状元楼、翰林楼文馆等文化建筑。近年，流坑村以优美的生态环境和深厚的文化底蕴为基础，将旅游开发与新农村建设和乡村振兴相结合，积极争创国家AAAAA级景区，全力打造集农村风貌展示、乡村田园休闲和传统文化体验等功能于一体的特色旅游村。

【首次发现罕见南方红豆杉变种——黄豆杉】 2018年，乐安县境内发现一株结有黄色果实的野生南方红豆杉。经江西省农业大学植物分类与植物资源专家初步鉴定，该株结黄色果实的红豆杉为国家一级保护植物南方红豆杉的变异品种——黄豆杉，在全省亦属首次发现。作为世界珍稀濒危物种、国家一级重点保护植物，现存的野生红豆杉已是凤毛麟角，而黄豆杉更是属于稀中之稀、珍中之珍。

【公共自行车正式投入使用】 乐安县积极倡导绿色出行，2月5日始在县城主干道路、办事中心、市民公园、学校等人流量比较大的地方和其他交通集散点，投放1200余辆公共自行车，标志着乐安县紧随时代步伐开始迎来公共自行车时代。

【脱贫攻坚】 2018年，乐安县减贫3031户9728人，贫困村全部退出，贫困发生率降至0.84%，达到脱贫退出条件。产业直补累计落实5535户，发放补贴资金3979.26万元；务工奖补累计落实15085人，发放补贴1362.68万元。发放扶贫小额信贷3.72亿元，惠及贫困户11493户，扶贫小额信贷户贷比达86.7%。启动“政融保”“深贫保”“普惠金融+智慧县域”金融扶贫。创建扶贫车间46个，吸纳贫困户就业459人。开展“光伏扶贫全覆盖”专项行动，发放光伏扶贫分红2957万元，“十三五”贫困户每年可享受3000元左右的稳定收益，140个贫困村每年将获得4万元以上的村集体经济收入。解决安全住房问题，全年就地拆旧建新1446户、交钥匙工程1423户，就地维修加固2845户，易地扶贫搬迁788户。积极推进健康扶贫，“先诊疗后付费”“一站式”结算、住院“绿色通道”全面实施，贫困患者住院医疗自付费用不高于10%。消除义务教育阶段学生因贫辍学。实施“大村长”工作机制，开展周六“脱贫摘帽攻坚日”活动，全面提升脱贫攻坚的组织力和执行力。

【全省首个“深贫保”项目落地乐安】 11月5日，中国人民保险集团定点扶贫点——乐安县金竹畲族乡大通村、半坪村和水口村3个深度贫困村250户贫困户率先参加“深贫保”项目。该项目是全省首个落地的深度贫困村综合扶贫保险项目，为深度贫困村贫困户的畜牧、作物、林木、种养设施、财产及人身意外等方面提供综合保障3000万元以上，增强当地贫困户抗风险能力，为深度贫困村的贫困户脱贫攻坚撑起“保护伞”。

【金竹飞瀑景区被批准为国家AAAA级景区】 9月10日，江西省旅游资源规划开发质量评定委员会发布公告，乐安金竹飞瀑景区批准为国家AAAA级旅游景区。景区位于乐安县南部金竹畲族乡，距县城70余千米，占地面积60多平方千米，平均海拔1000多米，荣获过江西百景称号，享有“千尺飞瀑群”美誉，2014年被评为国家级AAA景区；景区原始森林风貌保存完美，植被覆盖率90%，森林覆盖率达85.5%。

【金竹畲族乡被认定为江西省旅游风情小镇】 10月30日，江西省旅游资源规划开发质量评定委员会公告，乐安县金竹畲族乡被认定为江西省旅游风情小镇。金竹畲族乡位于乐安县南端，距离县城50千米，是江西省第七个少数民族乡之一，也是抚州市唯一的少数民族乡。平均海拔高度620米，属华南气候与华中气候过渡地带，气候温和，冬暖夏凉，年平均气温17℃，夏季平均气温25℃，是旅游、休闲、避暑的好胜地。至今还保留冬至街、婚嫁、丧礼习俗等畲族文化遗产。毛泽东、朱德等老一辈革命家曾在此进行革命活动。该乡风景秀丽，风光旖旎，民风淳朴，旅游资源十分丰富，被誉为“江西百景”“抚州十佳美景”和国家AAAA景区的金竹飞瀑景区就坐落在该乡境内。

【红色文化读物《乐安民国风云》出版】 10月，由乐安县退休干部缪凤翔编写的红色文化读物《乐安民国风云》一书由中国青年出版社出版，全书18.7万字，以人物、事件为经，时间为纬，以翔实的史料、丰富的细节，将一个个人物和故事串联起来，全面生动地展示乐安民国时期风云变幻的历史画卷。

【农村生活污水治理】 2018年，乐安县总投资约为1.8亿元的整县推进农村生活污水治理暨配套管网建设工程项目。山砀镇杏坊村、龚坊镇炉下村、牛田镇流坑村、公溪镇公溪村等7个村的污水治理工程经竣工验收已进入正常运行期；金竹畲族乡严杭村、湖溪乡甘泉村、戴坊镇横江村、万崇镇坪背村等6个村的污水治理工程正在建设中或即将竣工验收；招携镇、增田镇、谷岗乡、罗陂乡、南村乡等12个乡镇的集镇生活污水处理及水南村一组、望仙村街上组、东山村、水溪村等7个2000人以上自然村生活污水处理暨配套管网建设，项目方正进行前期工程准备。

【推行环卫工作市场化】 为全面实现城乡生活垃圾治理一体化，环卫工作不再由政府包揽，而放权对外承包。2018 年 1 月，乐安县将城乡生活垃圾处理一体化建设与服务采用 PPP 方式统一对外发包，福建龙马环卫装备股份有限公司通过公开招标形式竞得该项目。乐安县每天乡村日产垃圾量约为 197 吨，此次服务外包范围为县城乡生活垃圾处理一体化建设项目服务范围覆盖辖区内所有生活垃圾清扫、保洁与收集（不含已由物业公司管理的居民小区），并转运至县无害化垃圾填埋场。合作期为 15 年，分为两期，第一期对各乡镇环卫保洁工作进行全面接管，第二期乡镇环卫保洁由公司托管运行后再将这一模式在县城推广。从 2018 年 3 月开始乐安县各乡镇环卫工作，均由龙马公司负责运营。10 月 1 日起，龙马环卫正式接手乐安县城区环卫清扫保洁服务。

【谷岗乡发现红军时期“列宁室”】 2018 年，乐安县发现红军时期“列宁室”，位于火嵊村管德绵宅，该宅始建于清末，砖木结构。宅内二楼为红军“列宁室”，室内木板墙壁上依次写有“列宁室”“健全列宁室的工作”“执行共产党政治主张”“推翻国民党统治，建立苏维埃政权”等红色标语，每条标语旁边还有“彻底粉碎敌人四次围剿”“打到南昌九江去”“全部消灭蒋介石的主力”等小标语。标语落款为“红军 XXII64D”，即罗马字红 22 军 64 师。“列宁室”是第二次国内革命战争时期，在革命根据地各组织内建立的一种俱乐部，旨在组织干部战士学习马列主义，开展政治讨论，向群众宣传革命道理。乐安县文物部门已将管德绵宅列为县级文物保护单位并进行保护。

（袁加勤）

【乐安县主要领导名录】

县委书记：彭银贵

县人大常委会主任：张乐明

县　　长：吴宜文

县政协主席：李以庚

宜黄县

【概况】 位于抚州市中南部，介于北纬 27° 03′ ~ 27° 43′、东经 116° 01′ ~ 116° 28′之间。辖 8 镇、4 乡、1 个工业园区、2 个垦殖场，总面积 1944.2 平方千米，其中耕地面积 1.96 万公顷，林业用地面积 15.64 万公顷，森林覆盖率 76.45%。总人口（公安年报数）23.72 万人，其中城镇人口 9.31 万人，人口自然增长率 8.17‰。2018 年，实现国内生产总值 72.68 亿元，比 2017 年增长 8%。其中，第一产业增加值 9.54 亿元，增长 3.1%；第二产业增加值 33.65 亿元，增长 8.4%；第三产业增加值 29.49 亿元，增长 9.4%，一、二、三产业比为 13.1 ∶ 46.3 ∶ 40.6。工业增加值 30 亿元，增长 8.7%，其中规模以上工业增加值增长 9.2%。全年工业用电量累计 3.86 亿千瓦时，增长 16.26%。新增规模以上工业企业 10 家，总数达 80 家。主要工业产品有色金属 2400 吨、机制纸及纸板 4.36 万吨、化学药品原药 1300 吨、塑料 1.19 万吨。农业总产值 15.51 亿元，增长 3.3%，粮食总产量 15.51 万吨。主要农产品有稻谷 13.66 万吨、油料 1879 吨、烟叶 954 吨、蔬菜 8.44 万吨、水果 5321 吨。固定资产投资增长 10.8%，实际利用外商投资 3502 万美元，出口总额完成 1.04 亿美元，社会消费品零售总额 22.15 亿元，增长 10.7%。财政总收入 10.15 亿元，增长 1.51%，税收占财政总收入比重 83.01%；公共财政预算收入 6.56 亿元，下降 6.51%；财政支出 22.31 亿元，增长 11.97%。城镇居民人均可支配收入 27043 元，增长 8.3%；农村居民人均可支配收入 14097 元，增长 9%。城乡居民年末储蓄余额 59.96 亿元，比 2017 年增长 10.64%。城镇化率达到 40.16%，增长 1.74%。

主要旅游景点有曹山宝积寺、卓望山森林公园、百花洲公园、百鹭洲湿地公园、水北公园、谭纶文化公园、棠阴古镇、中秋文化小镇、万花道观光园、太极岩、山前竹海、黄陂战役遗址、东陂战役遗址、神岗大雄关战役遗址、军峰山、观音湖、白槎民俗文化村、戈坪生态村、帘前生态休闲村等风景区。主要矿产资源有钨、铁、金、银、铜等 32 种矿藏资源。地方主要特产有红薯粉丝、豆腐乳、水煮笋、黑木耳、板栗、百合粉、白茶、白莲、斗米壶水酒等。

【承办全国第二届中医文化大会曹山分论坛】 10 月 29 日，全国各地中医专家、健康领域企业代表及相关领导 120 余人齐聚宜黄县曹山，参加主题为“医养相结合老年健康美好生活”的第二届中医药文化大会——宜黄·曹山中医药文化论坛，近距离地感受大美曹山、人文曹山、康养曹山。论坛上，专家学者分别就《针灸推拿对于老年人睡眠健康的治疗思路》《全国养老形势的解析与发展模式》《颈椎病的预防与保健》为题进行演讲。专家学者还围绕“老年人心脑血管的保护、盱江医学的文化基石、美丽乡村的老年健康中医事业、老年人心理健康的现状与未来”等多个议题，共商中医药事业发展。在对话环节，以“如何从身与心全方面促进养老健康化”为题展开精彩论述。参加第二届中医药文化大会的嘉宾先后参观九制黄精工艺展示、曹山百草园展馆、曹山文创街区宫绣堂、曹山禅医馆、曹洞佛学院中医养生养护等。近年，宜黄县依托优越的生态环境、深厚的中医药文化，探索发展医养相结合的健康养老模式。通过曹山这一龙头，全力打造集旅游观光、休闲度假、医养康养为一体的健康养生旅游。此后，宜黄县将以该次论坛举办为契机，开展修身养性的禅养、中医结合的康养，在曹山景区建设医养、禅养、康养馆，提供中医药养生、养颜、诊疗等互动、义诊服务，全力承办好 2019 年全市旅游产业发展大会暨宜黄首届康养文化旅游节。

【曹山景区成为省级低碳旅游示范景区、水利风景区】 10 月 22 日和 11 月 13 日，江西省发改委、省水利厅先后公布曹山景区为省第二批低碳旅游示范景区、省水利风景区。宜黄县紧扣新时代，贯彻新理念，着力依托山水禀赋和文化资源优势，聚焦人文美、生态美、城乡美，大力发展全域旅游，描绘出“风景宜黄”的秀美画卷，打造出纯美的旅游风景、优美的生态风景、精美城乡风景、和谐的人文风景。2017年12月，曹山景区被评定为国家AAAA级旅游景区，基础设施日益完善，沿线新增35家农家乐、民宿等旅游业态，在这里，可聆听自然，亦可感知禅意，山石树木，水榭雕花，匠心独运，浑然天成。曹山景区远景目标是打造成为健康养生示范区、国际慢生活体验区，推进全域旅游，使游客尽心体会旅游、生态、文化、康养融合发展给心灵带来的美妙感受。

【承办省第十五届运动会群众项目马术比赛】 11月1日，江西省第十五届运动会群众比赛项目(社会部)马术比赛在宜黄县阳光马术基地开幕。此次马术比赛是首次列入省运会的项目，由省政府主办，省体育局、抚州市人民政府承办，省体育总会秘书处、市体育局、县人民政府协办，县阳光马术俱乐部协助。2015年在省体育局支持下，宜黄马术俱乐部获批马术与管理专业办学资质，联合县职教中心办学，成立江西省唯一一家马术专业培训基地。本次赛事从11月1~3日为期3天，比赛项目有场地障碍和盛装舞步两部分，6个设区市代表队的运动员、教练员、裁判员及相关人员近200人参加比赛。经过3天激烈的角逐，抚州马术代表队获得团体总分第一名，并摘得24金8银13铜，此成绩让抚州在马术界名声大噪。

【参加第十一届中国绿色食品博览会获丰收】 11月30日至12月3日，第十一届中国绿色食品博览会在南昌举行。宜黄县精心筹备，择优选送梨溪镇嘉宇种养殖家庭农场、江西裕望农业开发有限公司、宜黄军峰贤秀、山边田农业发展有限公司4家绿色生态企业的绿色生态农产品参展。红薯粉丝、九制野生黄精、豆腐乳等十余种特色农产品格外走俏，三川一品和梨溪嘉宇两家企业分获特等奖和一等奖。

【国内主流媒体聚焦宜黄新时代好人发布】 11月6日，宜黄县在宜黄戏大剧院举行2018年“新时代宜黄好人”发布暨表彰仪式，共有145位身边好人入榜。抚州市委常委、宣传部长傅云出席并按下启动球。活动现场，新华网、凤凰网、抚州市全媒体中心进行直播，人民网、中国江西网、信息日报、抚州日报等多家中央、省、市级主流媒体集中报道，让社会感受宜黄榜样力量。为弘扬社会主义核心价值观和中华民族优秀文化，营造崇德向善、孝老敬亲、争做好人的浓厚氛围，宜黄县大力推进精神文明建设进程，把弘扬优秀传统文化作为涵养社会主义核心价值观的重要源泉，先后开展“孝心满戏乡”“崇德向善最美宜黄人”“最美家庭”等各类精神文明建设先进典型评选表彰活动，全县共有5人入闱中国好人榜、2人当选中国好人、9人当选江西好人，全县累计评选出各类典型人物300余人，在全社会营造百善孝为先和孝老爱亲的良好氛围，市民思想道德素质和城市文明程度不断提升。

【宜黄院士工作站取得新成绩】 12月11日，抚州市院士工作站、“海智计划”工作站集中授牌暨工作推进会在抚州汝水森林宾馆举行，宜黄县荣获“一升一增”的好成绩，江西惠农种业市级院士工作站成功升级为省级院士工作站，新增江西天美生物科技有限公司为市级院士工作站。江西惠农种业院士工作站的升级，大大提升宜黄县种业高层次人才平台和载体建设，将助推企业培育科技创新团队，集聚创新资源，突破关键技术制约，推动产学研更紧密合作，夯实杂交水稻制种在全省乃至全国的领先地位。新增的江西天美生物科技有限公司市级院士工作站将借助以中国工程院院士蒋剑春为核心的生物质能源、活性炭制备研究方面的专家团队及国家林产化学工程技术研究中心强大的科研力量，不断提升企业自主研发能力和核心竞争力以实现企业新的跨越。

【近百家媒体推介《江山多娇·宜黄》】 12月15日，江西二套都市频道进行《江山多娇·宜黄》的90分钟大直播。大直播以生态为主线，沿宜黄河而行，带领观众跟随明代伟大旅行家徐霞客的足迹，走一走、品一品、住一住，一起感受这幅名叫《山清水秀鱼儿欢》秀美画卷的意境，把风景如画的生态幸福宜黄展现在全国全省人民面前。新华社客户端、央视新闻、江西网络广播电视台、赣鄱云、江西都市频道微信公众号、新浪微博、今日头条、百度百家号等全国近百家媒体对宜黄大直播同步推介。2018年，宜黄县贯彻落实习近平总书记生态文明思想，践行“绿水青山就是金山银山”的理念，以生态文明理念引领经济社会发展，传承好一方文化，保护好一片青山，守护好一河清水，呵护好一方生灵，努力打造生态文明建设“宜黄样板”，走出一条绿色高质量发展之路。该县已成为国家重点生态功能区、省级生态县、全省第二批生态文明先行示范县、全省第二批绿色低碳试点县，成功纳入全面禁捕长江流域水生物保护区名录，先后创建4个国家级生态乡镇、11个省级生态乡镇、15个省级生态村和43个市级生态村。

【重点项目集中开工】9月14日，宜黄县重点项目集中开工仪式在县工业园区举行。此次集中开工的项目共有45个，总投资81.51亿元。项目包括工业、农业、文化旅游业、城市基础设施建设，其中工业项目29个、农业项目1个、文化旅游业项目4个、城市基础设施建设11个。重点项目建设是经济社会发展的强劲引擎和重要支撑，推进重点项目建设是稳增长、调结构、补短板、惠民生的重大举措，是推进供给侧结构性改革、构建现代化经济体系、落实共享发展理念的重要抓手，是经济社会发展的重中之重。

【扫黑除恶专项斗争警示教育】宜黄县为从扫黑除恶专项斗争的反腐案例中汲取教训，教育广大党员干部"知敬畏，存畏惧、守底线"，采取多种形式开展扫黑除恶专项斗争警示教育活动，进一步筑牢广大党员干部的思想道德防线，推进全县政治生态好转。召开廉政教育专题会。该县扫黑除恶专项斗争警示教育坚持从领导干部自身抓起，自11月中旬始，县委通过召开党政领导班子党风廉政建设专题民主生活会，研究党风廉政建设和反腐败工作，要求各级领导班子成员汲取"7·12"腐败案例的教训，主动适应全面从严治党新常态，始终把加强学习作为首要任务，不断提升理论修养，强化宗旨观念和服务意识。为充分发挥典型案例的警示教育作用，组织全县副科级以上党员干部观看全市警示教育会议的现场直播；12月21日，在大剧院召开由村级以上党员干部参加的全县警示教育大会，要求全体与会人员以案为鉴，始终把纪律和规矩挺在前面，严格执行中央八项规定，严守六大纪律，以实际行动共同推进全县扫黑除恶专项斗争向纵深发展；12月上旬，组织县直单位和各乡镇党员干部参观"7·12"专案成果展。

【宜黄禾杠舞多次获奖】9月16日，由国家体育总局体操运动管理中心、全国排舞广场舞推广中心、武汉市体育局、武汉市江夏区人民政府主办的"与军运同行"2018年"舞动中国——广场舞联赛"总决赛在江夏体育馆圆满落幕，宜黄禾杠舞获特等奖、最佳创意奖。10月22日，在西安举办的"非遗·中国——2018全国民族文艺汇演"中，国家级非遗项目《宜黄禾杠舞》再获特等奖。宜黄禾杠舞流传于宜黄县河东一带，是山区人民世世代代在山上砍樵柴时利用禾杠和柴刀打着节拍进行歌舞而发展起来的一种传统民俗舞蹈，音乐节奏明快，悦耳动听，舞蹈生动活泼，流传至今已有600多年的历史，2014年入选第四批国家级非物质文化遗产名录。近年，该县投入专项资金，由专业人员将全套禾杠舞动作示意图、乐谱、山歌、文字资料和各种演出录像资料整理成册。举办多期禾杠舞培训班，组织民间艺人参加文艺调演、到各乡镇巡演，在县、乡、村推广普及"禾杠舞"，宜黄禾杠舞已成为该县的广场舞。

【孙国华入选"中国好人榜"】8月，宜黄县二都镇山前村村民孙国华入选"中国好人榜"。2005年，孙国华的母亲因病去世，父亲又突然病倒，他返乡成为父亲的"专职护工"，此后，一直是村民们眼中的"孝顺仔"。

（罗来福）

【宜黄县主要领导名录】

县委书记：姚飞翔

县人大常委会主任：罗建顺

县长：叶峰

县政协主席：谢光明

金溪县

【概况】位于江西省东部，北纬27°41′～28°06′，东经116°27′～117°03′之间。辖8镇5乡，总面积1358平方千米。有林面积6.61万公顷，森林覆盖率57.2%。总人口30.6万人，其中城镇人口12.7万人，人口出生率为14.18‰，自然增长率7.19‰。2018年实现国内生产总值90.46亿元，比2017年增长7.5%。其中，第一产业实现增加值为13.08亿元，增长3.2%；第二产业实现增加值为33亿元，增长7.9%；第三产业完成增加值44.38亿元，增长8.6%。一、二、三产业比14.46∶36.48∶49.06。规模以上工业企业60家，工业主营业务收入完成55.47亿元，增长-18%；工业用电量1.84亿千瓦时，增长8.5%；工业增加值29.35亿元，增长8.7%。主要农产品粮食总产量33.18万吨、蔬菜及食用菌产量12.86万吨、茶叶总产量1983吨、水果总产量10.38万吨、生猪（出栏）18.8万头。地方财政收入6.89亿元，增长-9%；财政总收入10.75亿元，增长0.1%；全年财政支出25.22亿元，增长1.4%。固定资产投资113.97亿元，增长11.9%。出口创汇3.8亿美元，实际利用外资3371万美元。二氧化硫排放量130.32吨、削减率4.6%，氮氧化物排放量81.59吨、消减率9.51%。社会消费品零售总额30.79亿元，增长10.9%；城镇居民人均可支配收入30237元，增长8.4%；农村居民人均可支配收入14875元，增长8.5%。年末全县金融机构各项存款余额112亿元、增长8.65%，贷款余额104亿元、增长27.5%，存贷比93.26%，比2017年提升13个百分点。

主要矿产资源有石墨、铜、铅、锌、铁、高岭土、膨润土、建筑用石料、建筑用砂石、砖瓦黏土等。地方特产有藕丝糖、浒湾油面、方河米粉、金橘饼、蚕丝棉被、花炮等。主要旅游景区景点有后龚红一方面军司令部旧址、金溪战役纪念碑、陆九渊墓、仰山书院、白马峰、翠云山、竹桥古村、东源古村、疏山寺等。

【文旅产业提速发展】2018年，金溪县圆满承办省市旅游产业发展大会，成功创建省级历史文化名城；18个中国传统村落获得中央财政补贴。顺利启动"拯救老屋行动"整县推进项目，对13个中国传统村落进行申报维修。竹桥古村被井冈山干部学院确立为校外现场教学点。全年旅游接待人次达380万人，旅游综合收入近14亿元，比2017年增长22%。12月10日，住建部公示第五批拟列入中国传统村落名录的村落名单，该县左坊镇后龚村、琉璃乡下宋村、陆坊乡桥上村等21个村落入选。12月17日，住建部公示第七批中国历史文化名镇名村名单，该县合市镇游垫村、合市镇全坊村、琅琚镇疏口村、陈坊积乡岐山村等4个村落入选。

【徐坊村获评全国民主法治示范村】7月13日，全国第七批“全国民主法治示范村”名单出炉，金溪县秀谷镇徐坊村获评此称号。该村在村民理事会的带领下建设家乡，提升村民法治观念和法律意识，切实改变村民的生活和精神面貌。通过设立综治工作协会、妇女禁赌协会、安置帮教小组、治安中心户长等制度，实行目标管理，层层签订责任状，具体负责普法工作的实施，确保普法教育和依法治理工作规范化和制度化。抓好村两级干部的法制培训工作，同时抓好青少年学生和农民群众的法制宣传教育，确保全员知法。在工作中注重合力，团结村、队干部，开展安全生产法的宣传，妇女权益保护法的宣传，预防青少年犯罪的法制教育工作，老年权益保护法的宣传教育等。将五五普法工作同平安村创建工程等有机结合起来，互动促进。

【金溪企业荣获省科学技术进步一等奖】8月31日，江西省政府下发《关于2017年度江西省科学技术奖励的决定》，金溪国家级林业龙头企业江西天香林业开发有限公司在“江西特色植物萜类资源高值化利用关键技术与应用”项目研究上取得重大突破，获得省科学技术进步一等奖。该企业实行规范化管理，不断加大科技创新力度，注重产品质量和品牌建设，先后开发种植纯种芳樟3333.33公顷。金溪县大力开展示范基地培育，优先推广先进的适用技术和发展模式，通过以点带面的示范带动作用，促进广大农民积极发展林下经济，有效地带动林农增收，推动该县林业产业的发展。该县当年还首次被评为全省专利工作十强县。

【推行乡镇民生实事项目人大代表票决制】金溪县充分发挥人大职能作用，扎实抓好民主法制领域涉及人大改革工作任务的落实，稳步推进“创新开展乡镇民生实事项目人大代表票决制试点”，圆满完成改革预期目标任务。乡镇民生实事项目人大代表票决制工作于2018年3月初在秀谷、陆坊、琅琚3个乡镇先行试点，7月，县委研究出台《关于全面推行乡镇民生实事项目人大代表票决制的意见》，在全县各乡镇全面推行票决制工作，初步探索出一条代表票决重大事项、丰富代表大会内容、激发代表履职热情的新路子。改革工作成效明显，得到全国、省、市人大常委会领导的肯定和基层群众代表的一致好评。

【香谷小镇入选省旅游风情小镇】10月30日，江西省旅发委发布公告，金溪县香谷小镇入选2018年江西省旅游风情小镇。金溪县依托蓬勃发展的香料香精产业，以“香产业、香文化、香生态”为主题，建设集听香、闻香、观香、识香、制香以及书画、古琴、沙画、旗袍、汉服等多种特色文化体验于一体的香谷小镇，是全国首个香料香精特色小镇。小镇坚持“芳香产业＋古香文化＋清香生态”的建设理念，按照“四大功能”“八大业态”开始谋划建设。香谷小镇分香谷小镇核心板块、生态旅游服务板块和特色小镇外部基地三大板块。其中，香谷小镇核心板块占地23.33公顷，分休闲娱乐区、香文化展示区、香料香精企业汇集区三大区域，是金溪对外宣传的新窗口、招商引资的重要平台、产业总部的聚集地、工业旅游的示范区。

【金溪获批省级生态文明示范县】金溪县大力推进生态文明建设，获批省级生态文明示范县。该县积极开展“城市双修”示范，实施环境卫生城乡一体化，各乡镇的农村生活垃圾均实现日产日清，垃圾清扫、保洁覆盖率和清运率实现100%。7座建制镇中转站全部启用，垃圾二次转运站建设完成。推进“厕所革命”，实现农村无害化卫生厕所全覆盖。扎实开展畜禽养殖企业污染整治。对禁养区及双陈河流域沿岸两侧，关停或搬迁企业共32家。对全县18个集镇和景区实施生活污水治理工程，琅琚文家、秀谷肖科、香谷小镇、陆坊4个污水处理站已建成投入使用，8个贫困村、琉璃蒲塘村及对桥集镇已开工建设。扎实推进农业面源污染治理，全面启动土壤详查，对污染耕地进行种植业结构调整与治理修复。

【特色林果业助力“生态脱贫”】2018年，金溪县坚持“政府引导、政策扶持、典型示范、群众参与、产业化经营”的工作思路，采取“公司（合作社）+基地＋农户（贫困户）”的模式，着力发展蜜橘、蜜梨、芳樟、黄栀子、无患子等特色林果业，带动农户增收致富。县财政每年安排1000万元专项开发资金，对成功创建省级、国家级林果业标准化生产示范基地的企业或个人给予补贴，分别一次性给予3万元、10万元奖励；对示范基地林果业产品荣获省名牌产品或著名商标称号的，一次性给予2万元奖励，获评中国名牌、中国驰名商标的，一次性给予10万元奖励。全县已建成蜜梨、蜜橘、芳樟、黄栀子、无患子等无公害林果业基地100多家，总面积4万公顷；黄栀子、蜜梨两大产品荣获国家原产地域保护产品称号。金溪蜜梨在全国优质早熟梨鉴评会上获得一等奖，被列入全国农业重大技术协同推广示范基地。

【全省旅发大会金溪分会场活动】5月7日，全省旅游产业发展大会金溪分会场活动如期举行。与会人员先后参观香谷小镇、茶文化园，沿着肖望旅游公路赴竹桥古村。从村口一直到村尾，村民身着古装，做着古事，表演古戏，令人仿佛一下子穿越到古代。该村以明朝万历年为背景，植入万历年间余老铁菜刀铺、公和堂药铺、油面坊、举人还乡等情境元素，以村民生产、生活为主题，真实还原历史场景，营造身临其境的穿越时空的氛围。与会人员行走于古村石板幽巷，观赏当地民间艺人的舞龙、手摇狮、马步灯、蚌壳舞等民俗文化表演；游览一米菜园、陶罐园、竹主题园等景点，感受古村独特的人文气息；踱进养心茶吧、书华茶咖、老照相馆、养正书吧、活字工坊等特色古宅，体味古村浓浓的古韵乡愁。

【万花道田园综合体获评省级现代农业示范园】3月，金溪县万花道田园综合体被江西省农业厅认定为省级现代农业示范园。“万花道”田园综合体项目中心区面积333.33公顷，涉及陆坊乡上李村、下李村、桥上村等多个村组，总投资约5亿元，分三期建设。项目以“珍稀优质苗木种植”为核心，以满足新时代的城市美化、秀美乡村建设和高速沿线、高铁沿线彩化美化为需求；以景观花海为看点，拉动观光旅游产业发展；涵盖众多业态，融观赏性和体验性于一体，真正将美丽资源转换为美丽经济。

【“拯救老屋行动”整县推进项目正式启动】3月18日，金溪县“拯救老屋行动”整县推进项目启动暨开工仪式在合市镇游垫古村举行。全国政协委员、文化部原副部长、国家文物局原局长、中国文物保护基金会理事长励小捷出席仪式并讲话。“拯救老屋行动”整县推进项目是由财政部、国家文物局资助开展，中国文物保护基金会全程管理的传统村落保护公益民生项目，金溪县成为全国三个“拯救老屋行动”整县推进项目实施县之一。此外，该县检察院充分发挥检察职能在“拯救老屋行动”中的作用，在全县23个中国传统村落、2个江西历史文化名村（镇）设立“文化检察工作站”。实行“1+1”法律服务，即1名检察官对接1名当地文保员，深入古村落开展法律宣传，举办知识讲座，进行大走访，调查、摸底古建筑保护现状，收集、掌握第一手资料，提供检察保护。对损毁、破坏古村落一般民事行为，及时介入，释理说法，恢复原状；对情节严重，构成刑事犯罪的，坚决打击，决不手软。刘某盗卖古建筑构建罪一案，经该院提起公诉，犯罪嫌疑人被依法严惩。

（李山冕　曾　铭）

【金溪县主要领导名录】
县委书记：王成兵
县人大常委会主任：王树标
县　　长：高连珠
县政协主席：刘文波

资溪县

【概况】位于抚州市东部，介于北纬27° 28′ ~ 27° 55′、东经116° 46′ ~ 117° 55′之间。辖5镇2乡5场，总面积1251平方千米，其中城区建成面积15平方千米，耕地面积0.63万公顷，有林面积10.19万公顷，森林覆盖率87.3%。2018年总人口11.59万人，人口自然增长率6.09‰。2018年实现国内生产总值41.2亿元，比2017年增长7.8%。其中第一产业增加值4.14亿元，增长3.20%；第二产业增加值16.25亿元，增长5.90%；第三产业增加值20.76亿元，增长10.70%。一、二、三产业比10.07 ∶ 39.48 ∶ 50.45。工业总产值11.66亿元，增长6.90%。主要工业产品有鸡肉食品、竹地板、细木工艺板等。规模以上工业企业增加值增长8.70%，主营业务收入15.50亿元，其中江西圣农食品有限公司主营业务收入10.68亿元，占全县规模以上工业主营业务收入的68.90%。实际利用外商投资2704万美元。农业总产值6.92亿元，增长3.08%。主要农产品粮食总产量6.68万吨、烟叶产量267吨、白茶产量67吨、水果产量485吨、西瓜产量1868吨，生猪（出栏）3.27万头、家禽（出栏）12.7万只。固定资产投资23.94亿元，增长10.10%。财政总收入5.37亿元，增长4%，其中税收收入4.73亿元，占财政总收入88%；公共财政预算收入3.07亿元；财政总支出13.65亿元，增长18.25%。城镇居民人均可支配收入26035元，增长8.90%；农村居民人均可支配收入13762元，增长8.90%。金融机构各项存款余额51.98亿元，增长2.98%，其中个人储蓄存款余额39.19亿元，增长4.73%；金融机构各项贷款余额36.03亿元，增长10.96%。社会消费品零售总额12.33亿元，增长9.6%。用于教育科技、社会保障和就业、医疗卫生、节能环保、农林水、城乡民社区、住房保障等涉及公共政策与民生方面财政支出11.3亿元，增长18.7%。全县新增城镇就业2350人，新增转移农村劳动力3439人，发放担保贷款8000余万元。投资近3000万元改善办学条件，全县高考录取率达88.9%，其中本科录取率30.7%，成为全国义务教育均衡发展基本均衡县。养老保险参保人数达6.5万人，基本医疗保险参保人数超10万人。

主要矿产资源有铜、铁、磁铁、铀、钨、花岗石、萤石、瓷土、稀土等。地方特产有面包、白茶、玉兰片、竹荪、鳗鱼、草莓等。主要旅游景区景点有大觉山旅游区、九龙湖景区、大觉溪田园综合体、御龙湾景区、真相乡村旅游带、马头山原始森林、尚莲清凉山庄、狮子山度假村、方家山龙潭瀑布群、北宋大思想家李觏故里、泰伯公园、泰伯楼、中央苏区纪念馆、田园书院和百越文化村等，其中马头山林区为国家级自然保护区，清凉山为国家森林公园，大觉山景区为国家AAAAA级旅游景区，御龙湾国际旅游度假区为国家AAAA级景区，大觉溪为全省首个“省级乡村旅游综合发展示范区”，真相乡村为“省AAAAA级乡村旅游点”。

【承办省、市旅游产业发展大会】5月7—8日，江西省旅游产业发展大会在资溪县召开。大会由省委、省政府主办，江西省旅游发展委员会、抚州市委、市政府承办。省委书记、省长刘奇出席讲话，并为2019年旅发大会承办地宜春市授旗。省领导姚增科、殷美根、朱虹、肖毅出席，副省长吴忠琼主持会议。与会代表现场考察抚州市重点旅游项目。会上，对2017年度旅游产业发展先进单位进行表彰并颁牌。部分设区市及省外办党组书记、主任赵慧，资溪县委书记吴建华进行大会交流发言。2019年全省旅发大会承办地——宜春市委书记颜赣辉作表态发言。大会期间，举办“江西风景独好”——2018江西旅游推介会、驻华使节参访活动、外国媒体记者江西行活动、境内外旅行商合作座谈会、全域旅游江西经验调研采风活动、2018资溪面包国际旅游文化节等活动，有10余个旅行团1500余名旅客及600余名国内外嘉宾到资溪面包广场、大觉山、大觉溪等地旅游。该次会议突出专业性、实效性和国际性等特点，会议邀请全国22个省市的旅发委（旅游局）赴资溪参观交流，全国各省旅行社、国内重点媒体至资溪踩线、采风、报道，组织全省旅游推介会、户外实景演出、精品旅游线路产品深度体验等活动，邀请驻华使节、国际友人、国外及境外重点旅游机构、著名旅游网站有关人员到江西省参观、对接旅游产品购销，积极开拓海外市场。5月26日，抚州市承办全省旅游产业发展大会总结会暨全市旅游产业推动大会在资溪大觉山举行，市委书记肖毅、市长张和平等市领导出席会议。

【资溪获评全国森林旅游示范县】 资溪县围绕创建全国生态旅游胜地的目标，树立“全景资溪、全域旅游”发展理念，按照“整合资源、打造龙头、塑造品牌、做强产业”的思路，邀请国内旅游规划界知名团队进一步完善细化《资溪县生态旅游发展总体规划》，围绕“三线十景”，因山亮景、借水造势，全力塑造“纯净资溪”旅游品牌。该县自然生态保存完好，森林旅游资源极为丰富，被誉为“天然氧吧”。2016年入选首批国家全域旅游示范区创建单位，被认定为2018年江西省全域旅游示范区。2018年12月16—18日，国家林业和草原局主办的2018中国森林旅游节在广州举行，资溪县获全国森林旅游示范县称号。

【“世界最长蛋糕”吉尼斯世界纪录诞生】 5月7日，由江西省旅发委、抚州市政府主办的第三届资溪面包国际旅游文化节在资溪举行，省政协党组书记、主席姚增科出席，副省长吴忠琼宣布活动开幕，省政协副主席、抚州市委书记肖毅出席。在面包文化广场，由160名蛋糕师在用钢架搭建的临时帆布棚内用鸡蛋4.56万个、白砂糖912千克、面粉1026千克等蛋糕面糊配料，耗时6个小时完成的龙造型、名为“神龙”的蛋糕，创下吉尼斯世界纪录。该蛋糕总长约为3189米、宽8厘米、高10厘米，成型总重量超过8吨。同时举行“万人同庆生”活动，共享美味资溪蛋糕。

【真相乡村旅游带入选江西省AAAAA级乡村旅游点】 2016年始，资溪县挖掘乌石镇民俗风情和文化资源，打造“一谷四人家”景点，即“核心·野狼谷”和“古韵陈坊·老表人家”“古朴草坪·公社人家”“古远新月·畲乡人家”“古幽长源·山里人家”，一村一景连缀而成“真相乡村”旅游风光带，规划区面积50平方千米，是一个集个性化村落体验、田园农事参与、乡野食宿感知、明清文化品鉴等为一体的乡村旅游景点。野狼谷项目规划面积133.33公顷，总投资约1.6亿元，涵盖狼文化展示、狼驯养参观、狼精神拓展、狼生存探索、狼图腾解密等内容。古韵陈坊·老表人家依山而筑，枕水而建，该村污水管网、房屋外立面改造、游步道建设全部完成，建有魏若虚纪念馆、古戏台广场、旅游公厕、景观文化墙等。古朴草坪·公社人家充分利用20世纪六七十年代公社时期遗留的旧建筑集群，还原公社商店、邮电所、食堂等当年场景，开辟公社历史陈列馆，建成知青广场、知青博物馆、知青点居住宿舍，兼有供游客体验田间农活以及公社大食堂用餐活动等项目。古远新月·畲乡人家以“赏畲族文化、感畲族风情、观畲族文艺”为主题，辟有山门牌坊通道、畲族民居、山哈庙、山哈广场、酒肆歌吧、卖场及祭拜区。逢农历三月三及八月初一举行盛大文化节庆活动。古幽长源·山里人家原汁原味展现村落古朴风貌，计划与陈坊北毗邻的鹤城镇下长兴村首尾连缀，使“一谷四人家”完整展现，让游客沉浸乡愁，融入乡情。该风光带月均接待游客量1.5万人次。2018年12月入选江西省AAAAA级乡旅游点。

【大觉溪旅游评为全省首个“省级乡村旅游综合发展示范区”】 2018年，资溪县投资2亿余元打造大觉溪田园综合体项目，总覆盖面积约40平方千米，东西两端连接大觉山景区和资溪高速出入口，以7.3千米的大觉溪水为纽带，串联起周边3个行政村14个自然村，按点、线、面相结合的方式，将一条曲动的田园风光带通过一系列景观节点连接展开，建有景观绿道、5个旅游驿站、3个旅游公厕、4个亲水平台、9个生态景观坝、14个精品村、面包文化广场、游客服务中心等景点景观，将农民变成田园综合体的参与者、经营者、受益者，实现乡村变美、村民变富，带动集体经济发展，成为资溪乡村振兴战略示范项目。被中国井冈山干部学院列为践行“两山”理念现场教学点。5月，大觉溪成为全省首个“省级乡村旅游综合发展示范区”。

【建成全省首个竹科技产业园】 8月27日，资溪现代竹产业科技园举行开园仪式，为全省首个专业毛竹全产业链科技园。资溪有毛竹林3.67万公顷，占全县总面积近30%，毛竹总蓄积量约8000万根，每年自采毛竹约1200万根，是“中国特色竹乡”和江西省重点毛竹产区之一。全县有毛竹企业30余家，主要生产户外重组竹、竹拉丝、竹制品及竹工艺品等。周边的金溪、南城、黎川、贵溪、光泽、邵武等地毛竹资源亦较丰富，可利用面积超13.33万公顷，每年毛竹产量超3000万根。竹产业科技园位于高阜镇，规划总面积133.33公顷，以发展竹精深加工产业为主的低碳经济孵化创新、生产加工基地。实行低碳、环保、统一供热模式。该园一期工程土地平整基本到位，管网、路网、绿化亮化等在施工，配套全国最先进的供热技术，实现园区企业集中供热，污水统一处理，达到千亩产业园无烟囱、零排放要求。以大庄为龙头的在建5家企业主要产品为户外竹地板、展开板、竹家具、竹食品签、竹炭等。同年

11月26日，由江西省竹产业协会和资溪县人民政府主办的江西竹产业创新转型经验交流会在资溪召开，并与江西安竹科技有限公司签订总投资约1亿元的项目。

【资溪获评全省森林防火工作先进单位】 10月，资溪县被省政府评为“2016—2018年度全省森林防火工作先进单位”。近年，该县始终把林区平安、生态优势巩固放在首位，尤其是突出森林防火工作，坚持责任与宣传并举、管控与建设并重的方针，打响打好全县森林防火攻坚战，确保多年无火灾，更没有发生人员伤亡事故。一是确保责任落实到位。实行行政首长负责制，县、乡、村层层签订《森林防火责任书》。落实县领导包乡、乡领导和干职工包村的领导责任制。落实村干部和护林员责任，村干部包组、护林员包山头地块，县林业局和护林员签订林木管护责任书，制定考核办法，考核结果与工资挂钩，并在年终组织考核。二是确保宣传教育到位。开展森林防火宣传月和平安春季行动等一系列宣传教育活动，通过电视、广播、短信、微信、悬挂横幅、张贴标语等形式，营造浓厚的森林防火氛围，主要做到“三个相结合”（定点宣传与流动宣传相结合、重点宣传与社会宣传相结合、长效宣传与临时宣传相结合），累计清洁维修固定宣传牌150余块，悬挂大型横幅20余条，刷写标语2000余条，发送手机防火提醒短信10余万条，发放《致全县农民朋友森林防火工作的一封信》《禁火令》、森林防火倡议书、宣传年画等宣传品5万余份，组织宣传车巡回宣传100余次，播放森林防火专题宣传片、森林防火通告和宣传标语70余次。三是确保火源管控到位。严格执行野外用火管理制度，县政府下发《森林防火禁火令》《关于禁止露天焚烧农作物秸秆和垃圾的通告》等文件，在清明、冬至期间派出县森林消防专业队、公安局、森林公安局、城管大队、纪检等单位在墓地集中地区进行值守，开展以鲜花换纸钱活动，确保不发生火灾。四是确保队伍建设到位。建立县乡村各级扑火队伍，全县有森林消防专业队1支、半专业队13支、村级应急扑火队70支，聘请护林员270余人。各级扑火队伍制度齐全，管理规范、扑火物质充足。

【大觉山景区获中国森林体验基地称号】 资溪大觉山国家AAAAA级景区森林覆盖率高达98%，分为东、西两大片区。东区以2万公顷原始森林为中心，拥有各类植物1498种，并有40余种一、二级国家名贵保护动植物，被专家誉为“天然氧吧、动植物基因库”。大觉山景区是一个集原始森林体验、养生、体育、休闲、观光、佛教、科技为一体的综合性景区。景区内山峦葱郁峻拔，有独轨观光、高山湖泊、森林云海、蜿蜒小溪、小桥流水、千丈云海及银河瀑布等原始森林景色。大觉山漂流为“亚洲第一漂”，漂流总长3.6千米、最高落差接近200米，途经一峪、三弯、六潭、九瀑等，异常惊险刺激，被称为“点燃生命激情，尽享自然精华”。该景区在2018年3月27日召开的2018中国森林休闲与健康高峰论坛中，获中国森林体验基地称号。

【举办第三届资溪白茶文化节】 3月16日，“资溪白茶开采日”暨“品有机白茶·游纯净资溪”新闻发布会在南昌鹿鼎茶城举行，原江西省茶业联合会常务副会长赵沙鸥，江西省茶叶协会会长黄光辉及资溪县相关负责人出席发布会，人民网、江西日报、新华网、江西广播电视台等40余家中央、省级主流新闻媒体和多家旅行社、茶企参加活动，揭开第三届资溪县白茶节序幕。2018资溪白茶文化节注重与生态旅游结合，时间长达一个月，期间举办百名茶商游茶山活动月、“资溪白茶”有机茶王评比争霸赛、2018年资溪白茶文化节开幕式、“邂逅资溪”杯最美茶人摄影大赛等系列活动。

（帅建忠 谢金凤）

【资溪县主要领导名录】

县委书记：吴建华

县人大常委会主任：王 锋

县 长：黄智迅

县政协主席：万 鸣

广昌县

【概况】 位于抚州南端，介于北纬26°30′～26°59′，东经116°6′～116°34′之间。辖6镇5乡1场，总面积1612平方千米，其中城区建成面积9.3平方千米，城区绿化覆盖率47.5%。耕地面积19843.53公顷，有林地面积10.09万公顷，森林覆盖率68.55%。总人口25.20万人，其中城镇人口10.79万人，乡村人口14.41万人，人口自然增长率8.66‰。2018年实现国内生产总值69.55亿元，比2017年增长8.8%，其中第一产业增加值11.45亿元，增长3.5%；第二产业增加值26.53亿元，增长8.3%；第三产业增加值31.57亿元，增长11.8%。一、二、三产业比16.4∶38.2∶45.4。规模以上工业企业增加值比2017年增长9.3%。主要工业产品有服装334.1万件、布匹9445.9万米、鞋类417.9万件、水钻3965.6万包；食品精加工4190.5吨、荷叶茶290吨、莲子汁195万件；机械产品314.8万件、烤房设备180万套、大棚20个、莲子剥壳去皮一体机310万台；锂电池2595.3万件、电子配件5612.8万件；全社会发电量7365万千瓦时。农业总产值19.66亿元，比2017年增长3.6%。主要农产品有稻谷、通芯白莲、烟叶。粮食总产量11.8万吨、通芯白莲总产量0.66万吨、烟叶总产量3.556万担、生猪（出栏）52702万头。固定资产投资70.5亿元，增长10.9%。财政总收入9.32亿元，增长7%，税收占财政总收入的比重88.13%；公共财政预算收入5.60亿元，增长7.26%；支出29.10亿元，增长18.51%。万元GDP能耗0.2442吨标煤、比2017年下降2.9%，二氧化硫排放总量168.6吨、比2017年下降14.3%，氮氧化物排放量23吨、下降20.8%，城市污水集中处理率91.08%、增长2.25%。农村居民人均可支配收入10399元，增加1035元；城镇居民人均可支配收入26511元，增加2122元；城乡居民年末储蓄余额105.09亿元，增长6.15%。社会保障和就业支出2.81亿元，增长27.94 %。民生支出达21.84亿元，增长27.12%，占一般公共财政预算支出的75.04%。城镇就业率96.8%。

主要矿产资源有瓷土（高岭土）、稀土、硅藻土、萤石、长石、石英及金属钨、铜等，其中硅藻土储量2700万吨，是全国四大矿点之一；瓷土蕴藏量达2亿~3亿吨，其质量可与景德镇南港、三宝莲媲美。地方特产有通芯白莲、晒烟、烤烟、泽泻、香菇、茶树菇、茶油等。主要旅游景点有百里莲花带、中国莲花景区、香花湾、青龙湖、摩崖石刻、抚（河）源飞瀑、恐龙化石、千年古刹定心寺、明代古寺龙凤岩青雨寺、驿前明清建筑群、雁塔公园、义军抗清营寨、莲花科技博览园、毛泽东故居、《减字木兰花·广昌路上》雕塑公园、广昌战斗指挥部旧址、红军高虎脑阻击战遗址等。

【茶薪菇产业成为脱贫攻坚一大支柱产业】 广昌县重点扶持发展白莲、烤烟、肉牛、茶薪菇、果蔬等本土特色种养业，各项产业蓬勃发展。该县将茶树菇产业作为精准脱贫的助力产业，从小额贷款、技术培训、规模标准化生产等方面予以扶持，越来越多的贫困户通过种植茶薪菇走上脱贫致富之路。2018年，全县有一定规模茶薪菇生产经营企业13家、专业生产合作社11家、茶薪菇民间科研机构1家，有茶薪菇种植户2960户，种植茶薪菇筒约2.3亿筒，生产干菇约6900吨，年总产值5.5亿元。全县有509户贫困户从事茶薪菇生产，菇农人均年增收3600元，茶薪菇产业成为农民增收致富奔小康的新型支柱产业。

【投资4亿元的一站式家居建材交易中心落户广昌】 随着经济社会的发展，建材行业发展迅猛。专业建材市场的缺乏，导致广昌县建材业处于零散无序经营的状态，既不利于广大人民群众购物消费，也制约该行业的发展。建设一家专业建材市场成为政府、商家和市民的共同心愿。经过招商引资，中国房地产百强、中国商业地产公司品牌价值10强的上亿集团投资4亿元在该县建设亿丰商贸博览城项目。该项目占地面积约10公顷，总建筑面积10万平方米，项目集交易展示、商务办公、网上交易、仓储加工及物流服务等功能于一体，涵盖家具家居、陶瓷卫浴、木门橱柜、窗帘布艺、灯饰壁纸、板材型材等众多家居建材业态，建成后将成为该县乃至周边县市规模最大、档次最高、环境最优、品类最齐全的一站式家居建材交易中心。预计年交易额将达到10亿元，每年实现税收2000万元，提供就业岗位1500个。

【举行“联慈医疗扶贫工程示范县”授牌暨健康扶贫设备与资金捐赠仪式】 3月12日，中国扶贫开发协会在广昌县举行“联慈医疗扶贫工程示范县”授牌仪式，原卫生部副部长、卫生部健康教育首席专家、中国医师协会会长殷大奎，中国扶贫开发协会顾问、发展中国论坛副主席、联合国开发计划署中国政府专家林嘉騋，中国扶贫开发协会副会长、联慈医疗扶贫工程执行主任邱德利，抚州市委常委、统战部部长韦萍，云南省医疗扶贫基金会理事长张红发，抚州市人大常委会副主任、广昌县委书记许爱军，县长欧阳巧文等出席授牌暨捐赠仪式。广昌是原中央苏区县和国家贫困县，全县建档立卡贫困户中，因病致贫的比例近30%。该次广昌县达成与中国扶贫开发协会联慈医疗扶贫工程合作，极大提升医疗服务能力和水平。仪式上，中国扶贫开发协会向该县授予“联慈医疗扶贫工程示范县”牌，现场捐赠价值3213万元的医疗设备，并为50户建档立卡贫困户发放25万元健康扶贫资金。

【全省首例非法生产制毒物品污染环境刑事附带民事公益诉讼案开庭】 4月18日，广昌县人民检察院起诉陈某明、万某平等八名被告非法生产制毒物品刑事附带民事公益诉讼案在广昌县人民法院开庭审理。8名被告将承担非法生产制毒物品破坏生态环境的刑事责任和消除污染危害的民事责任。该案是2018年3月2日“两高”《关于检察公益诉讼案件适用法律若干问题的解释》公布实施后，基层检察机关以“公益诉讼起诉人”身份提起的刑事附带民事公益诉讼。2017年3月，陈某明、万某平等8人在县工业园区凯思德能源有限公司寻租一处场地生产“溴水”(溴代苯丙酮)，对生态环境造成污染；3月17日下午，该县公安机关根据举报依法查封制毒原料生产现场及179.03千克“溴水”，公安民警现场取证时因吸入受污染空气，引发中毒反应当场晕倒，被送往医院住院治疗。经环保部门勘查，现场收缴的64.91吨原料、配剂、废水、残渣等均属《国家危险废物名录》中的危险废物；10月24日，该案被移送至县检察院审查起诉，检察机关立即启动生态案件调查机制，联合公安机关，对危险品进行安全处置，建议环保部门对现场环境进行监测，待判决生效后，联合公安、环保，共同寻找有处理资质的公司，对现场遗留的危险废物进行无害化处理。2018年3月22日，县人民检察院对陈某明、万某平等人非法生产制毒物品一案提起刑事附带民事公益诉讼。在开庭审理现场，作为“公益诉讼起诉人”的检察官及主审法官告诉记者，该案不仅要让被告承担非法生产制毒物品的刑事责任，还要让被告承担消除污染危害的民事责任。庭审中，几位被告对生产制毒物品侵害污染环境的事实予以承认，表示愿意接受法律的判决。

【广昌县新增9处省级文物保护单位】 3月9日，江西省人民政府公布第六批省级文物保护单位名单，广昌县9处文物点新增为江西省第六批文物保护单位。至此，该县共有全国重点文物保护单位1处，省级文物保护单位13处19个点，市级文物保护单位6处，县级文物保护单位53处。新增的9处省级文保单位涵盖面广、种类多样，有古建筑3处，即雯峰书院、金鳌鱼民居、奉先思孝祠；近现代重要史迹及代表性建筑6处，即下关中革军委会议旧址、高虎脑战斗遗址群、驿前大跃进壁画、尖峰红一军团指挥部旧址、罗家堡红九军团指挥部旧址、驿前镇红四军指挥部旧址。此次省级文保单位的公布，对于强化该县文物保护、弘扬历史文化具有重要意义。

【"神州大舞台"走进"魅力广昌"暨最美莲乡人颁奖晚会举行】 7月13日晚，"神州大舞台"走进"魅力广昌"暨最美莲乡人颁奖晚会在县体育中心举行。市委常委、宣传部部长傅云，省纪委驻省委统战部纪检组组长廖元柱，省文明办专职副主任邬定忠，市人大常委会副主任谢祖鹏，市人大常委会副主任、县委书记许爱军，市政府副市长徐国义，市政协副主席刘忠华，以及欧阳巧文、张文贵、李广文、揭秉华等在家的县四套班子领导出席晚会，并为获奖的十名最美莲乡人颁奖。张文贵代表县委、县政府向晚会致辞，并宣布晚会启动。颁奖晚会在舞蹈《广昌路上》中拉开帷幕，脱口秀、歌伴舞、相声、情景剧、器乐演奏等丰富多彩的节目让观众目不暇接。其中，著名歌唱家蒋大为、相声演员奇志、张玮的演出更是让全场热情高涨，掌声不断。颁奖晚会中，最打动人心的环节是"最美莲乡人"的短片播放，讲述每一位"最美莲乡人"在平凡的岗位上和生活中做出的一个个不平凡的事迹，展现他们倡导文明、爱岗敬业、助人为乐、孝老爱亲、诚实守信等优秀品质。

【做优做强白莲品牌】 广昌县依托当地白莲产业优势，以"科技兴莲"为途径，不断加大白莲品种改良和选优力度，先后组建成立全国首家白莲科学研究所、县白莲产业发展局、县白莲质量安全检验检测中心等科研及管理平台，并与中科院、武汉大学、南昌大学等一批高等院校、科研院所合作攻关科研项目。截至2018年，开展5次白莲航天育种和离子注入育种、杂交育种等科研项目，选育出以"太空莲36号"为代表的太空莲系列新品种。广昌的"太空莲"良种除供应本地莲田外，每年还向全国莲子产区输出种苗8000多万株，累计推广面积上千万亩，创经济效益600多亿元。

【中国莲花景区列入《农业农村部推介发布100个休闲农业和乡村旅游精品景点线路》】 9月20日，农业农村部网站公布《农业农村部推介发布100个休闲农业和乡村旅游精品景点线路》，其中江西4个精品景点线路上榜，广昌县中国莲花景区榜上有名。中国莲花景区位于该县南部驿前镇境内，距济广高速鹰瑞段赤水出口21千米，206国道穿境而过。景区主要由中国莲花第一村——姚西和明清古建筑群——驿前莲花古镇两部分组成。此次农业农村部公布的百个精品景点线路特色突出、业态多样、功能齐全、设施完善，类型包括现代智慧农场、休闲观光农园、四季花海、共享农庄、农业公园等，是城乡居民望山看水忆乡愁的好去处，代表近年各地推进休闲农业和乡村旅游快速发展的阶段性成果。中国莲花景区的上榜，标志着该县旅游产业逐步走向成熟化，为"美丽莲乡·幸福广昌"的经济发展添上浓墨重彩的一笔。

【广昌首例人体器官无偿捐献成功】 11月2日，广昌县塘坊镇大株村现役军人赖枫作出决定，将父亲器官捐献给急需就诊的人，其父成为该县首例人体器官无偿捐献成功者。10月30日，赖先生不幸遭遇车祸，虽经县人民医院全力抢救，仍处于临床脑死亡状态，43岁的生命无法挽回。医生经过综合检查认定赖先生符合人体器官捐献标准，县红十字会工作人员第一时间赶到县人民医院与家属进行沟通。赖先生的长子赖枫在东部战区驻江苏部队服役，在得知父亲出事的消息后匆匆赶回老家。在红十字会工作人员的耐心解释下，他对人体器官捐献工作有了一定的了解，他和母亲及亲友商量后，做出一个大义之举：大家一致同意捐献赖先生有用的器官，以帮助更多病患者。赖枫和家人在省、县红十字会工作人员的陪同下，签下人体器官捐献登记表，和母亲一起进入重症监护室，向父亲做最后的道别。

【广昌"菜刀帮"涉黑案终审宣判】 11月8日，广昌县"菜刀帮"蔡某宾等人涉黑案在抚州市中级人民法院进行二审公开宣判，这是扫黑除恶专项斗争开展以后，抚州中院审结的首起重大涉黑案件。抚州中院认为，蔡某宾组织领导人数众多、层级明晰、骨干成员基本固定的较稳定的犯罪组织，通过非法垄断广昌砂场、石场等行业，实施一系列违法犯罪行为，攫取巨额非法利益，在一定区域或者行业内形成非法控制或重大影响，严重破坏经济、社会生活秩序。以蔡某宾为首的犯罪组织具备黑社会性质组织的组织特征、经济特征、行为特征和危害性特征，依法应当认定为黑社会性质组织。对蔡某宾等16名上诉人、原审被告人，原审认定事实清楚，证据确凿、充分，量刑适当，审判程序合法，依法予以维持。对陈某等4名上诉人、原审被告人，因原审未充分考虑到未成年人、从犯等量刑情节，依法予以改判。据此，法院以组织、领导黑社会性质组织罪、聚众斗殴罪、寻衅滋事罪、故意伤害罪、敲诈勒索罪、非法拘禁罪、放火罪、强迫交易罪、虚开发票罪、妨害公务罪等数罪并罚，判处"菜刀帮"组织领导者蔡某宾有期徒刑十七年，剥夺政治权利三年，并处没收个人全部财产。对余某远、饶某福、陈某波、张某锋、张某富、赵某锋等6名积极参加者以参加黑社会性质组织罪等数罪并罚判处十二年至四年有期徒刑，并处罚金；对熊某龙、陈某、吴某平、曾某、黄某军、廖某泉等6名其他参加者以参加黑社会性质组织罪等数罪并罚判处有期徒刑三年十个月至二年，并处罚金；对刘某行等其余7名同案犯以聚众斗殴罪、非法拘禁罪、寻衅滋事罪数罪并罚，判处有期徒刑二年至一年三个月。

【广昌传统莲作文化系统入选国家级重要主题展】 11月23日，由农业农村部指导、中国农业博物馆主办的“中国重要农业文化遗产主题展”在北京中国农业博物馆开展。共有91项重要农业文化遗产首次全面展示，其中广昌传统莲作文化系统入选。中国重要农业文化遗产是指人类与其所处环境长期协同发展中，创造并传承至今的独特的农业生产系统，这些系统具有丰富的农业生物多样性、传统知识与技术体系和独特的生态与文化景观等，对全国农业文化传承、农业可持续发展和农业功能拓展具有重要的科学价值和实践意义。广昌白莲已有1300多年种植历史，历代莲农依托县域独特的生态环境与光热资源，从事通心白莲的种植与加工，延续至今形成人与自然和谐发展的独特广昌白莲耕作文化。与莲相关的莲花糍粑、莲花雕刻、莲神太子庙会、莲花灯会等生产生活习俗也得以兴盛、发展和传承。千年的文化底蕴，孕育、造就丰富多彩的广昌莲文化，它具有中国重要农业文化遗产的特征与标准和较高的历史文化价值与物种基因利用价值，具有永恒保护意义。

（钟立新　陆小梦）

【广昌县主要领导名录】

市人大常委会副主任、县委书记：许爱军

县人大常委会主任：李广文

县　　长：欧阳巧文

县政协主席：揭秉华

抚州高新技术产业开发区

【概况】 位于抚州市城南、新城区，前身为抚州金巢经济开发区，创建于1992年8月。2015年2月，经国务院正式批复晋升为国家高新区。下辖1镇2街道和29个村（居）委会，辖区面积158.6平方千米，人口15万人。2005年，国家核准开发面积13.33平方千米，2013年省政府扩区调区后批准开发面积21.49平方千米，已开发面积约20平方千米。2015年省政府批准在抚州高新区设立赣闽合作示范区，开发面积为21.9平方千米。2018年实现国内生产总值192.5亿元，比2017年增长11.67%。其中第一产业增加值2.7亿元，增长2.58%；第二产业增加值143.7亿元，增长10.25%，第三产业增加值46.1亿元，增长18.57%；一、二、三产业比1.4 ∶ 74.6 ∶ 23.9。有规模以上工业企业147家，累计完成工业增加值109.65亿元，比2017年增长8%。全社会固定资产投入110.14亿元，比2017年增长10.46%；完成财政总收入21.2亿元、增长20%；完成外贸出口总额3.3亿美元；实际利用外资8030万美元，同比增长13.7%；工业用电量达到5亿千瓦时，同比增长35%；完成外贸出口总额3.3亿美元。主要农业产品粮食2.5万吨、肉类总产量1701吨、生猪出栏7650头、家禽出笼16.9万羽、禽蛋产量397吨、水产品产量880吨等。城镇新增就业2397人，新增转移农村劳动力2845人。

【综合排名跻身全国百强】 抚州高新区2018年在全国169家高新区（含苏州工业园区）中综合评价排名第100名，较2017年度前进9名，是全省国家高新区进位最快的高新区，创造连续三年争先进位佳绩。

【获批国家创新型产业集群试点】 1月，科技部火炬中心下发《科技部关于开展第三批创新型产业集群试点的通知》，将抚州生物医药产业集群确立为创新型产业集群试点（全省第二家）。生物医药创新型产业集群是抚州高新区重点产业，拥有规模以上医药工业企业37家，其中国家高新技术企业8家；拥有省级技术中心4个，建有院士工作站和博士后工作站各1个。

【入选首批省级“双创”示范基地】 2月，江西省发改委评选出全省首批20家省级双创示范基地，其中区域类8个，高校和科研院所类6个，以及企业类6个，抚州高新区成功入选，成为首批省级“双创”示范基地。是该高新区荣获省级生物产业基地和省级汽车零部件产业基地、全省首批省级开发区、生态工业园区和全省首个金融支持实体经济省级示范区后获得的又一个省级示范基地。

【江西最大锂离子电池铜箔生产基地铜博科技正式投产】 4月8日，抚州高新区由广东客商投资15亿元的江西铜博科技有限公司正式投试产，64条生产线全部选用日本、韩国等知名厂商的自动化先进装备，采用低温溶铜技术生产6～105微米高精超薄电子铜箔；主要客户群体是比亚迪、广州鹏辉、金安国纪等上市企业。投产达标后，可实现年产能2万吨，产能位居同行业江西第一，全国第三，成为江西最大锂离子电池铜箔生产基地。

【重大项目集中开工】 9月30日，抚州高新区34个重大项目举行集中开工仪式，总投资达286.2亿元。此次开工项目投资规模大、科技含量高、产业集聚度高、发展前景好。

【荣获非公有制经济发展特别贡献奖】 10月10日，抚州高新区荣获非公有制经济发展特别贡献奖，是抚州市唯一获得此奖单位。回音必制药、赛华科技、积裕实业等3家高新区企业荣获优秀非公有制企业称号。

【江西海利30万吨不锈钢冷轧板项目正式投产】 11月23日，江西海利年产30万吨不锈钢冷轧板项目正式投产，是海利科技继10万吨不锈钢管材项目、5万吨不锈钢磨砂板项目投产后，年产30万吨冷轧板项目竣工投产，形成不锈钢一条龙全产业链。

【江西大乘汽车科技产业园竣工投产整车下线】 12月29日，江西大乘汽车科技产业园竣工投产暨整车下线仪式在抚州高新区举行。该项目以“智能制造、绿色发展”的理念，坚持创新驱动、产业升级，仅用时13个月、共395天的建设，就实现产业园的投产与整车下线，创造出令业内瞩目的“抚州速度”，对提升制造业整体水平、带动相关配套产业发展，带动地方经济发展具有重要意义。

（洪县昌）

【高新技术产业开发区主要领导名录】

党工委书记：邱建国

管委会主任：曾月兴

东临新区

【概况】 东临新区位于抚州市东部，地处临川、东乡、金溪三县区交界处，南邻抚州市中心城区隔抚河相望、北连东乡区、东毗金溪县、西倚临川区。全区总面积226平方公里，下辖湖南乡、七里岗乡、太阳镇、岗上积镇、七里岗垦殖场、红亮垦殖场6个乡镇场和国家AAAA级景区灵谷峰景区，总人口13.15万人。作为刚刚成立的一个新区，东临新区正处于打基础的阶段，辖区内现在还没有城市建成区，没有工业园区。行政中心暂设在七里岗乡辖区。东临新区是目前江西省在市一级设立的行政区划最大的新区。

2017年11月16日，江西省机构编制委员会办公室关于设立抚州市东临新区管理委员会的批复，同意设立抚州市东临新区管理委员会，为抚州市人民政府正处级派出机构；12月28日，抚州市委常委会议审议了《关于成立中国共产党抚州市东临新区工作委员会的请示》等事项。

2018年1月3日抚州市委四届四次全会，及1月8日《2018年抚州市人民政府工作报告》，提出将东临新区打造成为抚州高新技术企业聚集区、战略性新兴产业样板区、生态文明和经济发展融合区；2月12日，东临新区党政领导班子正式到任；4月18日，东临新区与临川区、东乡区举行管理权交接备忘录签署仪式并正式挂牌成立；10月29日，东临新区所属单位统一揭牌。

2018年6月10日，东临新区召开第一次全区领导干部大会，围绕贯彻落实市委、市政府的战略决策，认真谋划新区发展定位及目标，初步明确新区发展定位为打造全省现代生态智慧宜居新城和全市创新驱动发展引领区、产城融合发展示范区、开放合作发展先行区、智慧共享发展试验区等“一城四区”；明确发展目标是“三年打基础，五年出新貌，十年大发展”，力争到2020年，新区全面完成总体规划、核心起步区规划、组团发展详细规划、产业发展规划，全面启动并基本完成15平方千米至20平方千米征地拆迁工作；到2022年全面完成核心起步区的基础设施建设并完成部分重点项目建设，组团经济初具规模；到2027年核心区基本建成东临新区城市雏形。

10月27日，抚州市政府召开专题会议，审议东临新区空间发展规划，并提出进一步完善的要求。按照抚州市委、市政府的要求，抚州市规划局、东临新区管理委员会，会同规划编制单位进一步修改完善形成《抚州市东临新区空间发展规划》评审稿。

新区挂牌成立以来，按照市委、市政府决策部署，扎实推进基本规划、基础工作、基层建设“三基”工作，较好完成各项目标任务。

【新区党政领导班子正式到任】 2018年2月12日，东临新区党政领导班子正式到任。组建新区机关党总支和成立了2个党支部，实现机关党内政治生活正常化。出台《抚州市东临新区村级班子和村干部管理暂行办法》，深入推进干部作风建设。坚持把正确选人用人作为导向。一是坚持德才兼备、以德为先的标准，配合市委组织部面向全省公开选拔4名正科级部门负责人，从市直机关、周边县区及各乡镇（场）选调12名优秀科级干部，充实新区中坚力量。二是坚持崇尚实干、群众公认导向，大力选拔有能力、有干劲、有魄力干部，做到放宽视野、眼睛向下，特别关注长期扎根奋斗在基层一线干部，通过从优秀乡镇（场）事业编制人员、优秀村干部和大学生村官“三方面人员”人员中选拔4名优秀同志进入乡镇领导班子，真正让有为者有位。三是坚持公平公开公正的原则，配合市人社局面向社会公开招聘21名年轻干部，优化新区干部队伍结构。同时经过严格把关、层层选拔，按照《东临新区聘用制工作人员管理办法》有关要求，招聘54名区直机关工作人员，20名辅警，提高选人用人的公信度和干部群众满意度。

坚持把提升能力素养作为关键。一是着眼掌握专业知识，重点抓好干部专业化培养，全年分类别、分领域举办干部专业培训班20余次，不断提升新区干部抓经济建设知识储备。二是着眼提升专业能力，重点抓好人岗相适、人尽其才，立足新区发展需要，深入弘扬“工匠”精神，以领导班子的亲力亲为、率先垂范，着力建设素质优良、结构合理、业务精通的干部队伍，影响和带动全区上下形成浓厚的干事创业氛围。三是着眼政策激励导向，坚持“严管”与“厚爱”相结合，研究出台乡镇（场）、区直部门目标管理考评、借用干部考评、聘用人员考评等政策办法，探索建立容错纠错机制，不断激发干部活力，为干事创业者撑腰鼓劲，引导干部履职尽责、精益求精，心无旁骛抓发展。

【东临新区正式挂牌成立】 4月18日，东临新区正式挂牌成立。东临新区管委会分别与临川区政府、东乡区政府签署《临川区湖南乡、七里岗乡、太阳镇、七里岗垦殖场、灵谷峰景区管理权交接备忘录》和《东乡区岗上积镇、红亮垦殖场管理权交接备忘录》，省政协副主席、抚州市委书记肖毅出席挂牌仪式并讲话。10月29日，东临新区所属单位统一揭牌，各乡镇（场）下属事业单位、行政村和居委会，各中小学、各卫生院均完成门牌更换工作。新区管理权有序交接，按照“移交得了，接管得住，管理得好”的原则要求，新区干部人事、财政资产、社会事务等各项事务交接工作有序推进；国土、市场监管、税务、消防分支机构均已派驻工作组，公安分局已由市编办批复，待市公安局配备人员。

【毛伟明考察调研东临新区规划建设】 12月29日，江西省委常委、常务副省长毛伟明考察调研东临新区规划建设并召开座谈会。毛伟明要求，新区建设发展要争创“三个一流”：要树立一流的发展理念，按照新发展理念和省委二十字方针，尤其要把创新发展、绿色发展、开放发展作为新区发展的重中之重；要建设一流的管理队伍，一定要按照集聚优秀、高端、复合型人才的发展要求，在体制机制、办事效率、服务质量上领先；要用好用活大量社会人才、社会资源，促使新区机制体制高效运转；要提供一流营商环境，新区一定要“五型政府”建设，打造政策最优、成本最低、服务最好、办事最快“四最”发展环境，真正使大项目落地，大客商集聚。

【高质量完成基本规划】 东临新区紧紧围绕抚州市委、市政府建设“抚州高新技术企业聚集区、战略性新兴产业样板区、生态文明和经济发展融合区”的发展目标和建设高铁经济新区的发展定位，坚持高标准推进新区规划。由中国国际工程咨询公司牵头的产业规划编制，国家规划设计总院上海分院牵头的总体规划编制已经过多轮探讨会商，市委、市政府主要领导先后主持召开征求意见座谈会。“两项规划”均已进入专家评审阶段。

【高效率推进基础工作】 随着东临新区党政领导班子正式到任、新区正式挂牌成立及新区管理权有序交接，东临新区按照市委、市政府的决策部署，扎实推进各项工作。一是“三大攻坚战”扎实推进。紧紧围绕贯彻落实中央、省、市关于防范地方政府债务风险与高质量发展的相关要求，积极稳妥推进新区融资平台搭建，成立抚州东临开发有限公司并积极开展融资工作。对新区所有国有资产资源进行调查摸底及登记，制定《关于做实做优区属国有企业资产工作方案》，清理可盘活可注入平台公司国有资产资源约17亿元，已融资到位资金约7000万元，在谈融资资金约6亿元。紧紧围绕中央环保督察回头看交办信访件、省环保督察和市“长江经济带共抓大保护”专项执法检查问题整改为重点，关闭“小散乱污”企业17家，退养、关停养猪场4家，对15家存在环境污染隐患的企业下达整改决定书，深刻践行绿色发展理念，着力改善全区生态环境。紧紧围绕精准脱贫攻坚任务，紧扣“两不愁、三保障”目标，顺利完成全区“211户532人贫困人口脱贫、1个贫困村退出”年度计划。二是以“三拆四清”为主的农村环境整治成效显著。新区共拆除危旧空心房、猪牛栏、附属房、露天厕所和旱厕、乱搭乱建、院墙等约100万平方米，清理水沟16万米、塘泥12.1万吨、路障2500余处、乱堆乱放3300余处。三是烟花鞭炮生产企业停产、小型水库清库、砖瓦窑厂拆除“三项退出”高效推进。全面完成57家烟花鞭炮企业退出、23家黏土砖瓦窑拆除和31座小型水库清库，同时加强生态环境保护，退养、关停畜禽养殖场14家，关闭“小散乱污”企业26家，对4家商品混凝土搅拌站开展了扬尘污染专项整治。四是全面加强土地资源管控。严厉打击“两违”行为，新区成立以来，集中处理“两违”1703户，拆除“两违”建筑13起，建筑面积920平方米。对金桥华府、东临美墅、祥智实业的违法用地进行调查核实，关闭辖区内3家不符合生产条件的采石场，有效遏制土地建设违法违规行为。五是绿色殡葬改革深入落实。辖区内14家棺木店均关停，840副棺木全部收缴，火化率达100%。

【招商引资工作有效开展】 2018年，东临新区大力开展招商引资。一是围绕核心起步区基础设施建设，与中国化学工程集团、山东高速、江西高速、中国华冶科工、中国二冶等企业进行深度对接。二是推进灵谷峰特色小镇、抚州凤凰影视文化小镇、新加坡生态智慧园区、龙达集团总部经济等一批重点项目。三是围绕新区产业发展规划，积极“走出去、请进来”，赴北京、浙江、上海、深圳等地开展招商考察推介活动24批次，学习其他地区的先进经验和优秀做法，推介新区发展优势；接洽来访客商265批次1248人，其中绿地、恒大、中电建等世界500强企业8家，大型国有企业16家，外企1家，民营企业铭普光磁、亿利资源、东方园林、傲农集团等A板上市企业20家。

【社会保持和谐稳定】 东临新区扎实推进扫黑除恶专项工作。与临川区公安局协同推进，成功侦破付员梅、龚文发等嫌疑人强迫交易案，邹春泉、危志志、许志鹏、赵子意等人寻衅滋事案，七里岗乡新殿村“11·15”强迫交易案等要案。专项斗争开展以来，共办理涉黑恶势力刑事案件8起，其中2起为涉恶团伙案件，逮捕起诉犯罪嫌疑人11人，刑拘35人，抓捕逃犯11人，教育57人，取得阶段性成效。信访维稳工作保持较好局面，全年未出现重大信访事件。

【积极推动乡风文明建设】东临新区共发布道德“红黑榜”432期，其中红榜544人，黑榜221人，湖南乡灵谷峰村评为第六届全省文明村镇开展“身边好人榜”“道德模范”推选活动，2人入选“抚州好人榜”，1人入选“中国好人榜”。

（黄华兴）

【东临新区领导名录】

党工委书记：

易光亮（2月12日任）

管委会主任：

艾鹏华（2月12日任）

本栏编辑　饶国旺

人 物

2018年新任市领导

刘海滨 男，汉族，1964年10月出生，江西省上饶人，1981年10月参加工作，中共党员。江西师范大学政法学院思想政治专业毕业，在职教育大学法学学士学位。1981年10月至1984年3月，江西省军区独立团四营十连战士；1984年3月至12月，武警南昌指挥学校学员；1984年12月至1987年7月，武警江西省总队二支队警通中队排长；1987年7月至1988年3月，武警江西省总队二支队警通中队副中队长；1988年3月至1993年10月，江西省公安厅警卫处副连职参谋；1993年10月至1995年10月，江西省公安厅警卫处副科长（正营职）；1995年10月至1997年12月，江西省公安厅警卫处科长（副团职）（其间：1994年1月至1995年12月，辽宁刊授党校理论版经济管理专业大专班学习）；1997年12月至1999年3月，江西省公安厅警卫处一处处长（正团职）；1999年3月至2002年12月，江西省公安厅警卫局后勤装备处处长（其间1998年9月至2000年7月，江西师范大学政法学院思想政治专业学习）；2002年12月至2005年5月，江西省公安厅警卫局后勤处处长（副师职）；2005年5月至2008年12月，江西省南昌市公安局副局长（正县级）、党委副书记；2008年12月至2009年12月，江西省公安厅治安警察总队政委（副厅级，试用期一年）；2009年12月至2010年3月，江西省公安厅治安警察总队政委；2010年3月至5月，江西省国家安全厅党委委员；2010年5月至2014年5月，江西省国家安全厅副厅长、党委委员；2014年5月至7月，宜春市委常委；2014年7月至2016年9月，宜春市委常委、政法委书记；2016年9月至2018年1月，抚州市委常委、纪委书记。2018年1月任抚州市委常委、纪委书记，市监察委主任。

谭小平 男，汉族，江西省南丰县人，1965年7月出生，1986年7月参加工作，1985年12月加入中国共产党，江西农业大学植保系植保专业毕业，大学农学学士。1982年9月至1986年7月，江西农业大学植保系植保专业学习；1986年7月至1988年5月，江西省南丰县莱溪乡政府干部；1988年5月至1991年2月，南丰县委对台办干事；1991年2月至1992年10月，南丰县委办秘书；1992年10月至1995年3月，南丰县政府办副主任；1995年3月至1998年4月，南丰县东坪乡党委副书记、乡长；1998年4月至2001年5月，南丰县白舍镇党委书记、人大主席；2001年5月至2002年2月，江西省东乡县委常委、组织部长（其间：1999年9月至2001年7月江西财经大学证券投资分析系统计专业研究生课程班学习）；2002年2月至7月，抚州市委组织员办主任；2002年7月至2005年9月，抚州市委组织部副部长；2005年9月至2006年5月，抚州市委组织部副部长、市委先进性教育办公室主任（正县级）；2006年5月至11月，江西省金溪县委副书记、县政府代县长；2006年11月至2011年5月，金溪县委副书记、县政府县长；2011年5月至2014年1月，金溪县委书记；2014年1月至2015年9月，东乡县委书记；2015年9月至2016年8月，抚州市委常委、临川区委书记；2016年8月至9月，抚州市委常委；2016年9月至10月，抚州市委常委、秘书长；2016年10月至2018年11月，抚州市委常委、秘书长，市直属工委第一书记。2018年11月，任抚州市委常委、秘书长、市政府党组副书记、副市长，抚州行政学院院长，市直属工委第一书记。

刘苍牧 男，1966年6月出生，汉族，广西北流人，1988年8月参加工作，中共党员，桂林电子工业学院计算机系计算机及应用专业毕业，大学工学学士，高级工程师。1984年9月至1988年8月，桂林电子工业学院计算机系计算机及应用专业本科学习；1988年8月至1994年5月，中国人民保险公司广西桂林分公司计财科科员；1994年5月至1996年9月，中国人民保险公司广

西桂林分公司电脑科副科长（主持工作）、科长；1996年9月至1999年2月，中保财产保险有限公司广西分公司电脑处处长助理、副处长；1999年2月至2000年4月，中国人民保险公司广西分公司信息技术处副处长（主持工作）；2000年4月至2003年9月，中国人民保险公司广西分公司信息技术处处长；2003年9月至2010年1月，中国人民财产保险股份有限公司广西分公司信息技术部总经理；2010年1月至11月，中国人民财产保险股份有限公司广西分公司理赔管理部、法律部、合规部总经理；2010年11月至2013年1月，中国人民财产保险股份有限公司信息技术部灾备中心副主任（部门总经理助理级）；2013年1月至2015年3月，中国人民财产保险股份有限公司信息技术部灾备中心副主任（部门副总经理级）；2015年3月至2018年4月，中国人民财产保险股份有限公司信息技术部副总经理（2015年6月，兼任互联网保险技术研发中心主任）。2018年4月，任中共江西省抚州市委常委，市人民政府副市长（挂职两年）。

张　朋　男，汉族，甘肃文县人，1973年6月出生，1996年7月参加工作，中共党员，山西财经学院会计学专业毕业，大学管理学学士，会计师。1992年9月至1996年7月，山西财经学院会计学专业大学本科学生；1996年7月至2001年6月，甘肃省电力公司兰州电力修造长会计、副科长；2001年6月至2003年9月，甘肃省电力公司财务部主任助理、主任会计师；2003年9月至2005年5月，甘南州电力公司副总经理；2005年5月至2008年11月，西北电网有限公司财务部主任师、副主任；2008年11月至2011年4月，西北电网有限公司审计部主任；2011年4月至2012年12月，国家电网公司西北分部审计处处长[其间，2012年4月至12月,国家电网公司运营监测（控）中心综合处处长（挂职）]；2012年12月至2014年1月，国家电网公司国家电网运营监测（控）中心综合处处长；2014年1月至2016年1月，国家电网公司国家电网运营监测（控）中心综合处处长、一级职员；2016年1月至2018年4月，国家电网公司国家电网运营监测(控)中心副主任。2018年4月，任中共江西省抚州市委常委，市人民政府副市长（挂职两年）。

胡领高　男，汉族，江西东乡詹圩人，1961年2月出生，1976年7月参加工作，中共党员，江西省东乡共大农学专业毕业，在职中央党校函授学院法律专业大学本科学历。1974年9月至1976年7月，江西省东乡共大农学专业学习；1976年7月至1979年3月，东乡共大驾驶员；1979年3月至1984年3月，东乡县职业技术学校驾驶员；1984年3月至1988年4月，东乡县职业技术学校农场场长；1988年4月至1997年11月，东乡县兽药厂厂长（其间：1989年8月至1992年6月，中央党校函授学院大专班党政专业学习；1992年5月被吸收为国家干部，1994年5月享受正科级待遇）；1997年11月至2002年3月，东乡县政府副县长（其间：1999年8月至2001年，中央党校函授学院本科班法律专业学习）；2002年3月至2003年1月，东乡县委副书记、红星企业集团党委书记、总经理；2003年1月至2006年6月，东乡县委副书记；2006年6月至2007年3月，东乡县委常委、县政府常务副县长；2007年3月至4月，东乡县委副书记、县长候选人；2007年4月至2011年5月，东乡县委副书记、县政府县长；2011年5月至2016年7月，南城县委书记；2016年7月至2018年1月，抚州市临川区委书记。2018年1月，任政协江西省抚州市委员会党组成员、副主席，临川区委书记。

2018年新增享受省政府以上特殊津贴人员

表33-1

姓　名	工作单位	特殊津贴类别	授予时间	授予部门
朱　博	江西博君生态农业开发有限公司	享受国务院特殊津贴	2018年	国务院
卜臣民	江西江铃底盘股份有限公司	享受国务院特殊津贴	2018年	国务院
梁小明	博雅生物制药集团股份有限公司	享受省政府特殊津贴	2018年	江西省人民政府
黄志元	江西珍视明药业有限公司	享受省政府特殊津贴	2018年	江西省人民政府

（封　瑾）

2018年评定的正高级专业技术职称人员

表33-2

姓　名	工作单位	资格名称	专　业	授予时间	授予单位
罗习奇	抚州市第一中学	中小学正高级教师	物理	2018.12.26	省职称工作办公室
王文彬	抚州市第一中学	中小学正高级教师	数学	2018.12.26	省职称工作办公室
李彩霞	临川第一中学	中小学正高级教师	化学	2018.12.26	省职称工作办公室
黄志彬	临川第二中学	中小学正高级教师	数学	2018.12.26	省职称工作办公室
封红英	临川第三中学	中小学正高级教师	化学	2018.12.26	省职称工作办公室
李　勇	南城县第一中学	中小学正高级教师	语文	2018.12.26	省职称工作办公室
郭小华	黎川县第二小学	中小学正高级教师	数学	2018.12.26	省职称工作办公室
聂应才	南丰县第一中学	中小学正高级教师	物理	2018.12.26	省职称工作办公室
李晓宁	南丰县第一中学	中小学正高级教师	语文	2018.12.26	省职称工作办公室
吴美华	南丰县子固小学	中小学正高级教师	语文	2018.12.26	省职称工作办公室
陈永华	崇仁县第一中学	中小学正高级教师	数学	2018.12.26	省职称工作办公室
刘　云	抚州市第一人民医院	主任医师（省市类）	呼吸内科	2018.12.27	省职称工作办公室
王晓敏	抚州市疾病预防控制中心	主任技师（省市类）	微生物检验技术	2018.12.27	省职称工作办公室
甘建华	临川区人民医院	主任医师（县区类）	口腔内科	2018.12.27	省职称工作办公室
游必初	临川区第一人民医院	主任医师（县区类）	神经外科	2018.12.27	省职称工作办公室
邓惠春	巴山镇卫生院	主任中医师（乡镇类）	中医内科	2018.12.27	省职称工作办公室
陈乐民	乐安县人民医院	主任医师（县区类）	眼科	2018.12.27	省职称工作办公室
曾国华	乐安县人民医院	主任中医师（县区类）	中医骨伤科	2018.12.27	省职称工作办公室
董丽娜	乐安县人民医院	主任护师（县区类）	外科护理	2018.12.27	省职称工作办公室
陈文红	乐安县人民医院	主任护师（县区类）	外科护理	2018.12.27	省职称工作办公室
姜建平	金溪县人民医院	主任医师（县区类）	传染病	2018.12.27	省职称工作办公室
张　柏	金溪县人民医院	主任医师（县区类）	骨科	2018.12.27	省职称工作办公室
龚茨平	金溪县中医院	主任医师（县区类）	心血管内科	2018.12.27	省职称工作办公室
付宝珊	金溪县中医院	主任医师（县区类）	骨科	2018.12.27	省职称工作办公室
左万江	金溪县中医院	主任医师（县区类）	小儿内科	2018.12.27	省职称工作办公室
邹月慧	金溪县中医院	主任护师（县区类）	外科护理	2018.12.27	省职称工作办公室
李朝阳	抚州市东乡区人民医院	主任医师（县区类）	骨科	2018.12.27	省职称工作办公室
李宇平	抚州市东乡区人民医院	主任医师（县区类）	眼科	2018.12.27	省职称工作办公室
熊演亮	广昌县人民医院	主任医师（县区类）	骨科	2018.12.27	省职称工作办公室
刘经明	广昌县人民医院	主任医师（县区类）	放射医学	2018.12.27	省职称工作办公室

（封 瑾）

本栏编辑　饶国旺

主要统计资料

2018年抚州市土地面积与乡镇名称

表34-1

县区别	土地面积（平方千米）	乡镇名称
抚州市	18798	
临川区	2126	青云街道办事处　六水桥街道办事处　文昌街道办事　荆公路街道办事处　西大街街道办事处　抚北镇　上顿渡镇　唱凯镇　温泉镇　高坪镇　腾桥镇　龙溪镇　孝桥镇　罗针镇　云山镇　罗湖镇　大岗镇　青泥镇　秋溪镇　东馆镇　荣山镇　展坪镇　河埠乡　茅排乡　鹏田乡　连城乡　嵩湖乡　桐源乡
东乡区	1268	金峰街道办事处　孝岗镇　小璜镇　圩上桥镇　马圩镇　詹圩镇　杨桥殿镇　王桥镇　黎圩镇　珀干乡　邓家乡　虎圩乡　瑶圩乡
南城县	1713	建昌镇　上唐镇　洪门镇　株良镇　里塔镇　龙湖镇　沙洲镇　新丰街镇　万坊镇　徐家镇　浔溪乡　天井源乡
黎川县	1709	日峰镇　宏村镇　洵口镇　熊村镇　德胜镇　龙安镇　华山镇　潭溪乡　荷源乡　厚村乡　湖坊乡　中田乡　樟溪乡　西城乡　社苹乡
南丰县	1913	琴城镇　太和镇　白舍镇　洽湾镇　桑田镇　市山镇　紫霄镇　三溪乡　东坪乡　莱溪乡　太源乡　傅坊乡
崇仁县	1520	巴山镇　相山镇　航埠镇　孙坊镇　河上镇　礼陂镇　马鞍镇　石庄乡　六家桥乡　白路乡　三山乡　白陂乡　桃源乡　许坊乡　郭圩乡
乐安县	2411	鳌溪镇　公溪镇　戴坊镇　牛田镇　招携镇　龚坊镇　山砀镇　增田镇　万崇镇　湖溪乡　罗陂乡　湖坪乡　金竹畲族乡　南村乡　谷岗乡　大马头乡
宜黄县	1937	凤岗镇　棠阴镇　黄陂镇　东陂镇　梨溪镇　二都镇　中港镇　桃陂镇　新丰乡　神冈乡　圳口乡　南源乡
金溪县	1353	秀谷镇　浒湾镇　双塘镇　何源镇　合市镇　琅琚镇　左坊镇　对桥镇　黄通乡　陆坊乡　陈坊积乡　琉璃乡　石门乡
资溪县	1248	鹤城镇　马头山镇　高阜镇　嵩市镇　乌石镇　高田乡　石峡乡
广昌县	1603	盱江镇　头陂镇　赤水镇　驿前镇　甘竹镇　塘坊镇　千善乡　水南圩乡　长桥乡　杨溪乡　尖峰乡
高新区		城西街道办事处　钟岭街道办事处　崇岗镇
东临新区		太阳镇　岗上积镇　湖南乡　七里岗乡

说明：高新区和东临新区土地面积分别计入临川区和东乡区。

抚州市生产总值及构成

表 34-2　　单位　万元

指　标	2017 年	2018 年	增长 (%)	2018 年生产总值 构成 (%)
总　计	12772712	13824038	8.0	100
第一产业	1984277	1992823	3.1	14.4
农林牧渔业	2073674	2071826	3.4	15.0
第二产业	5352138	5659986	8.0	41.0
工业	4112405	4249362	8.5	30.8
建筑业	1219733	1410624	5.9	10.2
第三产业	5436297	6171229	10.1	44.6
交通运输、仓储和邮政业	805302	867541	6.7	6.3
批发和零售业	636131	672654	4.7	4.9
批发业	361999	376953	3.1	2.7
零售业	274132	295701	6.8	2.1
住宿和餐饮业	301942	327513	5.6	2.4
住宿业	36408	38423	4.8	0.3
餐饮业	265534	289090	5.7	2.1
金融保险业	427554	469348	5.3	3.4
房地产业	807568	897365	4.7	6.5
其他营利性服务业	915153	1121677	18.7	8.1
非营利性服务业	1473250	1736128	11.7	12.6

抚州市国民

表 34-3

指　标	单 位	1978 年	1980 年	1985 年	1990 年	1995 年	2000 年
一、年末总人口（抽样调查）	万人				335.22	358.52	366.40
年平均人口（抽样调查）	万人	279.52			331.20	356.29	364.80
年末总人口（公安人口）	万人	282.50	288.09	300.94	326.91	340.85	360.49
#农业人口	万人	242.78	244.96	252.31	270.59	274.61	285.49
二、年末社会从业人数	万人	101.80	104.06	138.10	155.54	174.60	175.60
#职工人数	万人	17.57	18.77	23.63	25.87	27.89	22.39
三、生产总值	亿元	7.66	9.45	16.79	33.52	84.87	139.13
第一产业	亿元	4.00	5.28	9.48	19.10	40.22	49.15
第二产业	亿元	2.24	2.67	4.69	7.58	25.90	51.92
第三产业	亿元	1.42	1.50	2.62	6.84	18.75	38.06
四、农　业							
1.农业牧渔业总产值	万元	129386	161478	252326	333149	483116	550169
农业产值	万元	99501	120375	171618	202910	242140	303852
林业产值	万元	10242	17093	29085	39361	51664	53878
牧业产值	万元	18902	21560	46916	82653	164579	138019
渔业产值	万元	741	2450	4707	8225	24733	54420
农林牧渔服务业产值	万元						
2.主要农产品产量							
粮　食	万吨	124.04	146.73	194.19	216.34	209.17	192.58
棉　花	吨	1541	1651	1107	1930	5928	4974
甘　蔗	万吨	4.87	6.02	17.05	17.19	41.07	37.20
花　生	吨	1104.9	1221.4	2199.5	7810	34668	37613
茶　叶	吨	173	260	394	634	753	626
水　果	万吨	0.62	0.91	2.56	4.83	3.57	6.36
#柑 桔	万吨	0.45	0.78	2.27	4.46	2.67	4.38
水产品	万吨	0.33	0.63	1.32	2.29	5.22	8.95
生猪年末存栏	万头	113.58	115.29	144.11	183.59	237.18	164.42
生猪当年出栏	万头	53.36	61.99	88.75	167.20	311.15	227.81

说明：① 1993 年 --2008 年 GDP 数据按 2008 年经济普查数据平滑调整（下同）。

②根据《国家统计局关于布置 2007 年统计年报和 2008 年定期统计报表制度的通知》的要求，江西省取消了“农林牧渔业总产值和商品产值”中按 1990 年不变价格计算的总产值，所以本书中“农林牧渔业总产值”从 2007 年和开始为按当年价格计算的数据。

经济主要指标

2010 年	2013 年	2014 年	2015 年	2016 年	2017 年	2018 年
391.66	396.24	397.66	399.28	401.08	403.10	404.72
390.49	395.56	396.95	398.47	400.18	402.09	403.91
405.91	419.58	427.50	428.76	431.03	430.61	432.10
307.73	315.42	327.92	275.36	289.54	275.13	265.78
208.71	218.63	221.89	224.64	227.13	229.13	230.30
20.08	34.36	35.72	35.03	35.10	33.69	30.16
630.01	940.64	1036.77	1105.14	1215.79	1277.27	1382.40
119.84	163.48	173.73	181.81	221.36	198.43	199.28
314.47	489.02	534.88	549.30	516.78	535.21	566.00
195.70	288.14	328.16	374.02	477.65	543.63	617.12
2193137	2962389	3131351	3283167	3350276	3349380	3435320
1232744	1711992	1835592	1991916	1952194	1976741	2065508
113145	137443	138793	156543	227170	250091	270648
615122	806427	817166	758684	764373	678246	631069
188203	248824	272578	310392	278034	306153	310853
43923	57703	67222	65632	128505	138149	157242
226.90	263.78	268.98	271.90	270.71	270.60	277.67
4142	3685	3513	3065	3122	2593	2611
18.98	20.14	20.03	20.95	20.19	19.17	18.36
34556	36602	36972	38964	39366	39770	34389
2500	2619	2534	2573	2562	2790	2828
82.20	159.93	157.17	182.21	155.65	178.27	180.04
76.43	153.72	150.68	175.47	147.94	170.11	171.95
15.50	17.56	18.47	19.38	19.65	16.87	16.34
166.04	140.87	142.94	137.78	126.93	135.17	137.28
281.12	275.91	301.57	288.24	274.00	269.83	262.97

续上表：

指　标	单 位	1978 年	1980 年	1985 年	1990 年	1995 年	2000 年
五、工　业							
1. 工业总产值	万元	79661	98615	154811	262624	540391	1151228
轻工业产值	万元	39392	56678	95142	134933	293858	694214
重工业产值	万元	20629	21993	36203	92854	203237	402328
2. 主要工业产品产量							
布	万米	3355	5140	4946	5534	6526	4503
饮料酒	千升	2354	3161	9622	16680	19379	33324
机制纸及纸板	吨	4846.12	7549	18600	15828	61769	
水　泥	万吨	4.33	5.24	12.08	13.3	25.6	53.3
3. 工业企业财务指标							
主营业务收入	万元						485558
利润总额	万元	3177	6266	7706	8686	18174	5753
六、运输、邮电							
1. 货物周转量	万吨公里	6926	12164	9132	86235	87456	210708
2. 旅客周转量	万人公里	14352	23077	50002	91867	107549	180678
七、国内外贸易							
1. 社会消费品零售总额	万元	25520	35137	71239	122785	335727	636049
2. 实际利用外资	万美元			345	45	728	3327

说明：工业总产值 1978 年 –2000 年按 1990 年不变价、新口径计算，2001 年 –2018 年为规模以上工业总产值按当年价计算。

经济主要指标

2010 年	2013 年	2014 年	2015 年	2016 年	2017 年	2018 年
7364518	10283391	12479053	14641030	15645654	16944583	16913089
3060681	4327288	5165396	6054209	6495828	7179682	6256422
4303837	5956103	7313657	8586821	9149826	9764901	10656667
7649	20884	18095	25243	19567	24623	20164
332283	191401	270970	277469	218179	169450	150446
79502	163847	130436	148067	180677	196873	175014
122.6	245.3	231.2	257.9	258.2	263.0	195.4
7316815	10151818	12453535	14733639	15399844	16485699	14489789
309114	401398	755154	888079	948208	1053512	854667
2986087	3871683	4646644	3848190	4194997	4368170	4762947
234321	281553	288141	228972	184288	182717	179418
2307167	3022508	3414562	3794962	4303478	4802681	5376602
15160	19625	22089	25104	29313	32373	35309

续上表：

指　标	单 位	1978 年	1980 年	1985 年	1990 年	1995 年	2000 年
八、固定资产投资额							
固定资产投资	万元	1811	4444	10483	25006	96307	231967
#房地产开发投资	万元				1512	8099	23790
九、财　政							
财政总收入	亿元	0.64	0.95	1.26	2.61	6.16	8.76
公共财政预算支出	亿元	0.71	0.9975	2.05	3.47	6.59	13.27
十、教育卫生							
普通中学校数	所	280	283	244	249	246	248
普通中学在校学生	万人	15.06	15.58	14.44	17.51	18.29	23.03
小学生在校学生	万人	52.97	56.44	51.17	41.25	39.4	39.01
卫生机构数	个	487	519	520	531	501	302
卫生技术人员	人	5702	6378	8483	9161	9262	11850
#医生	人	2607	2732	3543	4093	4149	4506
病床数	张	5164	5757	6360	6511	6170	6857
#医院病床数	张	4920	5482	6087	6251	5551	4970
十一、人民生活							
全部职工年平均工资	元	519	655.37	878.16	1585	3649	6094
#国有单位	元	518.69	675.36	921.19	1640	3798	6299
集体所有单位	元	472	586.73	768.24	1239	2823	4681
城镇居民人均年可支配收入	元	206	244	535	999	2774	5006
人民币住户存款余额	万元	3610	8962	33196	125825	491749	1002499
农村居民人均可支配收入	元	132	196.26	389.13	729	1608	2155

经济主要指标

2010 年	2013 年	2014 年	2015 年	2016 年	2017 年	2018 年
4798700	7915961	9392481	10996711	12513001	14014109	–
746339	813592	988831	1100013	1115713	1191047	1434602
74.01	130.59	150.07	165.18	171.62	183.64	200.70
139.45	227.67	255.79	294.30	312.34	355.26	404.21
213	212	218	221	221	222	228
25.46	23.09	23.08	23.35	22.84	23.70	25.63
40.7	34.29	34.10	34.92	35.26	35.14	34.83
2282	2313	2310	2323	2334	2280	2297
10887	12349	13068	13292	14376	15243	15866
4202	4720	4980	4872	5308	5528	5854
9419	9676	10318	10583	11973	13389	14799
4956	6819	7352	7682	8774	10006	11028
21426	40011	44832	48975	54060	59542	62764
22964	37229	42507	49007	58580	66691	71597
17551	27327	32519	42172	52883	53440	55365
14445	20835	23101	25065	27195	29463	31976
4363029	7300573	8378951	9426320	10603220	11858249	13036929
5848	9059	10410	11441	12447	13563	14767

主要年份生产总值

表 34-4　　单位：万元

年　份	生产总值	第一产业	第二产业	第三产业	人均生产总值(元)
1978	76600	39962	22427	14211	274
1980	94541	52800	26700	15041	330
1985	167900	94800	46900	26200	560
1990	335153	190989	75748	68416	1035
1995	848770	402188	258962	187621	2382
1998	1287982	482832	468293	336857	3147
1999	1337819	495973	486090	355756	3234
2000	1391336	494524	519172	386040	3814
2001	1507831	511431	578535	417866	4096
2002	1658814	534860	666385	457569	4465
2003	1872403	535922	800511	535970	5003
2004	2270043	652101	875111	742831	6028
2005	2620040	701902	1058610	859528	6916
2006	3135607	746922	1388934	999751	8230
2007	3679225	800905	1719429	1158891	9602
2008	4340532	963536	2085900	1294606	11233
2009	5029103	1092340	2377582	1559181	12960
2010	6300124	1198396	3144701	1957027	16134
2011	7425067	1368900	3956089	2100078	18907
2012	8250400	1519973	4359294	2371133	20922
2013 年	9406413	1634797	4890218	2881398	23780
2014	10367713	1737371	5348925	3281417	26119
2015	11051377	1818144	5493022	3740211	27735
2016	12157898	2213639	5167765	4776494	30259
2017	12772712	1984277	5352138	5436297	31766
2018	13824038	1992823	5659986	6171229	34226

说明：1998 年—2013 年 GDP 数据按 2013 年经济普查基础数据重新核算。

2018年抚州市规模以上工业企业单位数、总产值和增加值

表 34-5　　单位：万元

指　标	企业单位数（个）	工业总产值	比上年增长（%）	工业增加值同比增长（%）
总　计	817	15201015.8	13.6	9.0
一、按登记注册类型分				
国有企业	3	12995.6	−29.4	−34.4
股份合作企业	2	4431.3	−24.1	−23.9
股份制企业	770	14224131.4	14.9	10.0
外商及港澳台商投资企业	34	908578.8	−0.4	−0.2
其他企业	8	50878.7	−22.8	−22.6
二、按轻、重工业分				
轻工业	445	5366133.6	4.1	1.2
重工业	372	9834882.2	19.5	14.2
三、按企业规模分				
大中型企业	76	4783005.9	9.0	3.4
小型企业	741	10418009.9	15.8	12.7
四、按工业行业分				
黑色金属矿采选业	1	2258.3	−12.9	−13.0
有色金属矿采选业	3	42610.6	3.1	−2.6
非金属矿采选业	4	7792.8	50.0	37.6
农副食品加工业	46	569527.8	4.5	4.0
食品制造业	16	191643.9	11.8	10.6
酒、饮料和精制茶制造业	7	68071.8	−20.3	−16.8
纺织业	58	740156.5	−2.7	−7.6
纺织服装、服饰业	45	331526.1	1.8	−0.8
皮革、毛皮、羽毛及其制品和制鞋业	18	237483.5	30.8	35.5
木材加工和木、竹、藤、棕、草制品业	24	216558.2	−14.8	−21.1
家具制造业	13	157716.4	21.2	18.1
造纸和纸制品业	22	279851.8	−0.1	−6.2

2018 年抚州市主

表 34–6

产品名称	单位	抚州市	临川区	东乡县	南城县	黎川县
铜金属含量	吨	1877		1877		
铅金属含量	吨	4866		4866		
锌金属含量	吨	9432		9432		
萤石	吨	21834			21834	
大米	吨	238197	6010	42552	108435	
饲料	吨	480084	199728	175763	104593	
精制食用植物油	吨	7178		7178		
冷冻水产品	吨	4850				4850
膨化食品	吨	1972		1972		
饲料添加剂	吨	2022		2022		
饮料酒	千升	77787	395			
饮料	吨	19871			13634	
精制茶	吨	351			351	
纱	吨	68253		50526		
布	万米	19701	1258		3525	
苎麻布（含苎麻≥ 55%）	万米	270				
蚕丝	吨	475				
蚕丝及交织机织物（含蚕丝≥ 50%）	万米	112		112		
化纤长丝机织物	万米	16211			11514	
服装	万件	1191		88		102

要工业产品产量

南丰县	崇仁县	乐安县	宜黄县	金溪县	资溪县	广昌县	高新区
	63000			18200			
8238							69154
6237							
	6773						10954
						13074	1845
	270						
		412		63			
				4697			
	467			182		353	

续上表：

产品名称	单位	抚州市	临川区	东乡县	南城县	黎川县
鞋	万双	1268			591	
人造板	立方米	605339	251075		290240	31506
家具	件	4527885			4519578	
机制纸及纸板（外购原纸加工除外）	吨	110428	44291		22506	
纸制品	吨	68521	8848		59673	
农用氮、磷、钾化学肥料（折纯）	吨	24761		24761		
化学农药原药（折有效成分100%）	吨	1597	475	1122		
初级形态塑料	吨	39229			39229	
化学试剂	吨	6114		3606		591
化学药品原药	吨	1986				
中成药	吨	4600	418	2165	1264	
化学纤维	吨	14360		14360		
塑料制品	吨	198793		9717	116073	30417
硅酸盐水泥熟料	吨	1594937			1594937	
水泥	吨	2565524	1426199		1020039	
商品混凝土	立方米	1605132	414921	250700	273051	
砖	万块	6445				
夹层玻璃	平方米	940				
玻璃纤维纱	吨	6855				

南丰县	崇仁县	乐安县	宜黄县	金溪县	资溪县	广昌县	高新区
						677	
				32518			
	8307						
			43631				
				1917			
			1344	642			
159		454					141
30651			11935				
	119286						
265218	196175					205067	
6445							
						940	
				6855			

抚州市主要农作物产量

表 34-7　　单位：吨

指　标	2017 年	2018 年	2018 年比 2017 年	
			增长数	增长 (%)
一、粮食作物	2706010	2776713	70703	2.6
(一) 谷 物	2601517	2665152	63635	2.4
其中：秋收谷物		1706515	1706515	
1. 稻 谷	2598190	2659650	61460	2.4
(1) 早 稻	919079	958637	39558	4.3
(2) 中稻及一季晚稻	549273	529200	–20073	–3.7
(3) 双季晚稻	1129839	1171813	41974	3.7
2. 玉　米	3149	5502	2353	74.7
(二) 豆 类	33727	34392	665	2.0
1. 大 豆	31225	30187	–1038	–3.3
2. 绿 豆	1161	2016	855	73.6
3. 红小豆		30	30	
4. 蚕豌豆		2082	2082	
5. 其他杂豆		77	77	
(三) 薯类 (折粮计算)	70765	77169	6404	9.0
其中：马铃薯	15149	7751	–7398	–48.8
红 薯	55616	69067	13451	24.2
二、油料作物	60173	54500	–5673	–9.4

续上表：

指　标	2017 年	2018 年	2018 年比 2017 年	
			增长数	增长（%）
1. 花 生	39770	34389	-5381	-13.5
2. 油菜籽	19155	19410	255	1.3
3. 芝 麻	1248	701	-547	-43.8
三、棉 花	2593	2611	18	0.7
四、麻 类	15	11	-4	-26.7
其中：苎 麻		11	11	
五、甘 蔗	191711	183570	-8141	-4.2
六、烟叶类	16317	10223	-6094	-37.3
其中：烤 烟	15949	8864	-7085	-44.4
七、药材类	20118		-20118	-100.0
八、蔬菜类（含菜用瓜）	1494372	1511930	17558	1.2
九、瓜果类	652991	624254	-28737	-4.4
其中：西 瓜	529965	534742	4777	0.9
甜 瓜	25113	21461	-3652	-14.5
草 莓	2248	2422	174	7.7
其他瓜果		65629	65629	
十、其他农作物				
其中：莲 子	10013	10991	978	9.8
青饲料	98768	100376	1608	1.6

抚州市农林牧渔业总产值
（按现行价格计算）

表 34–8　　单位：万元

指　标	2017 年	2018 年	2018 年比 2017 年	
			增加数	增长 (%)
农林牧渔业总产值	3349380	3435320	85940	2.6
一、农业产值	1976741	2065508	88767	4.5
（一）谷物及其他作物	947845	999966	52121	5.5
1. 谷物	699458	732571	33113	4.7
其中：稻　谷	695842	730021	34179	4.9
玉　米	2415	2550	135	5.6
2. 薯类	24999	27490	2491	10.0
其中：马铃薯	2207	1958	–249	–11.3
3. 油料	38859	42000	3141	8.1
其中：花　生	22466	25007	2541	11.3
油菜籽	14043	15398	1355	9.6
4. 豆类	21829	23388	1559	7.1
其中：大　豆	18034	19506	1472	8.2
5. 棉花	3888	3954	66	1.7
6. 生麻	120	1	–119	–99.2
7. 糖类	32514	35288	2774	8.5
8. 烟草	33965	22071	–11894	–35.0
9. 其他农作物	92213	113203	20990	22.8
其中：饲料作物	3412	3428	16	0.5
（二）蔬菜、食用菌及花卉盆景园艺产品	444052	466834	22782	5.1
1. 蔬菜（含菜用瓜）	343564	359097	15533	4.5
2. 食用菌	46945	48987	2042	4.3
3. 花　卉	10380	11548	1168	11.3

续上表：

指　标	2017年	2018年	2018年比2017年	
			增加数	增长(%)
4. 盆景园艺	43163	47202	4039	9.4
(三)水果、坚果、茶、饮料和香料	554633	568563	13930	2.5
1. 水果	545938	559339	13401	2.5
其中：梨	20476	21324	848	4.1
柑　橘	416284	416129	-155	0.0
2. 坚果	2007	2185	178	8.9
其中：板　栗	1872	1897	25	1.3
3. 茶　叶	6688	7039	351	5.2
(四)中草药材	30211	30145	-66	-0.2
二、林业产值	250091	270648	20557	8.2
(一)林木的培育和种植	67467	69713	2246	3.3
1. 育种育苗	12669	13062	393	3.1
2. 造　林	23221	24587	1366	5.9
3. 抚育和管理	31577	32064	487	1.5
(二)竹木采运	100046	110851	10805	10.8
其中：村及村以下	49833	41366	-8467	-17.0
(三)林产品	82578	90084	7506	9.1
三、牧业产值	678246	631069	-47177	-7.0
(一)牲畜饲养	78682	52828	-25854	-32.9
1. 牛的饲养	58347	34131	-24216	-41.5
2. 羊的饲养	6419	5184	-1235	-19.2

续上表：

指　标	2017 年	2018 年	2018 年比 2017 年	
			增加数	增长 (%)
3. 其他牲畜饲养	6781	6410	–371	–5.5
4. 奶产品	4818	5086	268	5.6
其中：牛奶	4818	5086	268	5.6
5 . 其他牲畜副产品	2317	2017	–300	–12.9
(二) 猪的饲养	408292	372184	–36108	–8.8
(三) 家禽的饲养	175661	190709	15048	8.6
1. 肉　禽	137635	153005	15370	11.2
2. 禽　蛋	38026	37704	–322	–0.8
(四) 狩猎和捕捉动物	2672	2641	–31	–1.2
(五) 其他畜牧业	12940	12707	–233	–1.8
其中 : 蚕茧	2355	2284	–71	–3.0
兔	210	223	13	6.2
四、渔业产值	306153	310853	4700	1.5
其中 : 养　殖	285022	287733	2711	1.0
(一) 鱼　类	208660	213552	4892	2.3
(二) 虾蟹类	14363	14507	144	1.0
(三) 贝　类	4518	4795	277	6.1
(四) 其　他	78612	77999	–613	–0.8
五、农林牧渔服务业产值	138149	157242	19093	13.8

抚州市畜牧业生产情况

表 34-9

指　标	单位	2017 年	2018 年	2018 年比 2017 年	
				增加数	增长 (%)
一、畜禽存栏					
1. 猪存栏	头	1351704	1372810	21106	1.6
其中：能繁殖母猪	头	125932	123697	–2235	–1.8
2. 牛存栏	头	161842	165493	3651	2.3
其中：肉　牛	头		138050	138050	
奶　牛	头		3627	3627	
其中：能繁殖母牛	头		87823	87823	
3. 羊存栏	只	31900	31202	–698	–2.2
4. 兔存栏	只		34105	34105	
5. 家　禽	百只	239758	247428	7670	3.2
二、畜禽出栏					
1. 猪出栏	头	2698305	2629658	–68647	–2.5
2. 牛出栏	头	37892	41237	3345	8.8
3. 羊出栏	只	41306	41479	173	0.4
4. 兔出栏	只		52691	52691	
5. 家禽出栏	百只	756952	781360	24408	3.2
三、畜禽产品产量					
1. 肉类总产量	吨	326853	325769	–1084	–0.3
猪肉	吨	219900	214721	–5179	–2.4
牛肉	吨	4500	4886	386	8.6
羊肉	吨	659	668	9	1.4
兔肉	吨	113	113		
禽肉	吨	101300	105000	3700	3.7
其它肉产量	吨	381	381		
2. 禽蛋	吨	39478	40845	1367	3.5
3. 牛奶	吨		11732	11732	
4. 养蜂箱数	箱		20456	20456	
蜂蜜产量	吨		600	600	

抚州市渔业生产情况

表 34–10

指 标	单位	2017 年	2018 年	2018 年比 2017 年	
				增加数	增长 (%)
一、水产品产量	吨	168658	163430	–5228	–3.1
（一）捕捞产量	吨	8257	7908	–349	–4.2
鱼 类	吨	6913	6611	–302	–4.4
虾蟹类	吨	260	256	–4	–1.5
贝 类	吨	944	908	–36	–3.8
其他类	吨	140	133	–7	–5.0
（二）养殖产量	吨	160401	155522	–4879	–3.0
1. 按养殖品种分类					
鱼 类	吨	132115	126268	–5847	–4.4
虾蟹类	吨	3281	3167	–114	–3.5
贝 类	吨	2036	2398	362	17.8
其他类	吨	22969	23689	720	3.1
2. 按养殖类型分类					
池 塘	吨	87312	95074	7762	8.9
河 沟	吨	1843	1494	–349	–18.9
水 库	吨	65769	54044	–11725	–17.8
其 他	吨	5477	4910	–567	–10.4
二、水产品养殖面积	亩	516076	522561	6485	1.3
（一）池塘养殖	亩	170956	184803	13847	8.1
（二）河沟养殖	亩	8516	9051	535	6.3
（三）水库养殖	亩	330493	322500	–7993	–2.4
（四）其他养殖	亩	6111	6207	96	1.6
附记：稻田养鱼面积	亩	59436	56419	–3017	–5.1

抚州市全社会固定资产投资

表 34-11

单位：%，为同比增速

指　标	2014 年	2015 年	2016 年	2017 年	2018 年
一、投资完成额	18.7	17.1	13.8	12.0	10.7
住宅	25.0	8.5	14.4	1.6	21.2
1. 按登记注册类型分					
内资	19.8	17.7	13.1	12.4	10.8
国有	55.0	23.8	32	11.7	2.7
集体	-77.9	-62.6	50.9	5.5	-82.5
股份合作	-21.3	-48.8	10.6	56.0	-26.7
联营	360.9	-55.5	-100		
有限责任公司	19.2	8.0	7.3	6.9	-22.9
股份有限公司	-21.7	-13.9	21.7	-23.1	-22.5
私营个体	20.4	27.1	-0.3	22.7	-3.4
其他内资	-45.1	16.1	76.7	-0.5	-36.0
港、澳、台投资	-22.8	-42.8	199.9	36.4	-68.5
外商投资	-69.3	-99.8	283.3	-77.3	723.1
2. 按构成分					
建筑安装工程	29.8	18.5	7.2	17.8	7.8
设备、工器具购置	-10.4	11.2	27.5	3.0	17.4
其他费用	-4.5	13.5	49.5	-12.0	26.7
3. 按建设性质分					
新建	23.0	16.3	17.7	5.2	3.2
扩建	12.7	18.5	-1.7	10.5	7.9
改建和技术改造	-1.7	48.8	-11.4	154.5	79.6
4. 按产业分					
第一产业	7.4	32.3	77.6	-18.3	24.1
第二产业	9.8	15.4	0.7	14.7	9.9
工业	9.6	14.2	1.8	14.6	12.1
第三产业	36.3	18.2	26.4	13.2	10.2
5. 按行业分					
农、林、牧、渔业	13.3	45.0	50.4	-6.2	24.1
采矿业	-18.7	46.9	-6.9	-26.0	-76.3
制造业	6.3	12.7	-2.7	17.0	27.1
电力、燃气及水的生产和供应业	91.5	20.2	49.2	8.0	-55.4

续上表：

指　标	2014 年	2015 年	2016 年	2017 年	2018 年
建筑业		802.6	-76.8	-4.6	-100.0
交通运输　仓储和邮政业	67.5	26.6	-29.4	-2.7	-5.1
信息传输　计算机服务和软件业			-71.9	1368.6	-11.2
批发和零售业	27.1	74.2	92.2	-4.8	-42.6
住宿和餐饮业	24.6	42.9	-47.4	-16.8	9.2
金融业		143.3	19.3	-25.6	-100.0
房地产业	34.2	1.8	28.8	-8.9	21.6
租赁和商务服务业	-40.7	3.7	779.2	-38.0	-36.1
科学研究　技术服务和地质勘查业	5.0	310.7	-27.5	116.3	548.9
水利　环境和公共设施管理业	40.1	3.9	36.7	73.5	50.9
居民服务和其他服务业	194.8	244.2	88.8	-44.8	-55.2
教育	0.3	-16.3	11.8	21.5	18.9
卫生　社会保障和社会福利业	14.3	80.7	26.8	92.1	-42.3
文化　体育和娱乐业	26.7	14.1	47.8	2.9	3.6
公共管理和社会组织	65.3	38.0	36.6	2.9	-72.9
二、资金来源合计	17.3	12.8	9.7	10.3	
本年资金来源	17.0	13.4	11.1	9.0	-4.1
国家预算内资金	6.2	-13.4	159.9	24.0	-43.7
国内贷款	-28.9	47.2	162.9	-41.8	-25.1
利用外资	-78.6	-86.3	4687.2	-31.7	22.4
自筹资金	21.0	14.3	5.8	6.5	-2.2
其他资金	18.4	11.5	-17.6	38.2	-42.1
三、新增固定资产	65.4	26.7	-39.3	53.6	-36.9
四、房屋建筑施工面积	5.3	-3.7	15.4	1.8	10.5
#住宅	5.1	6.3	6.3	14.9	10.0
房屋建筑竣工面积	43.2	-30.4	-4.0	5.6	-38.6
#住宅	30.3	-19.3	-41.3	55.5	-33.7

说明：从 2011 年起，固定资产投资项目统计起点由过去的计划投资 50 万元及以上提高到计划投资 500 万元及以上，本表均为计划投资 500 万元及以上固定资产投资，不含跨设区市中央项目和 500 万元以下项目等其他投资。

抚州市金融机构信贷收支情况

表 34–12

单位：万元

指　标	2017 年	2018 年	比上年增长 (%)
一、各项存款	19048983	20713026	8.7
住户存款	11858249	13067371	10.2
1. 活期存款	4589534	4915658	7.1
2. 定期及其他存款	7268715	8151713	12.1
非金融企业存款	3774079	4087233	8.3
广义政府存款	3402997	3553080	4.4
财政性存款	244930	318508	30.0
机关团体存款	3158067	3234573	2.4
非银行业金融机构存款	9801	737	–92.5
境外存款	3857	4604	19.4
二、各项贷款	13688762	16090547	17.5
1、住户贷款	7465788	8877324	18.9
（1）短期贷款	2606644	3097866	18.8
（2）中长期贷款	4859144	5779459	18.9
2、非金融企业及机关团体贷款	6222949	7213223	15.9
（1）短期贷款	2204310	2389019	8.4
（2）中长期贷款	3520268	4211551	19.6
（3）票据融资	478424	603476	26.1
（4）各项垫款	19946	9176	–54.0
3、境外贷款	25		

抚州市财政收入

表 34–13　　单位：万元

指　标	2017 年	2018 年	比上年增长 (%)
财政总收入	1836405	2006982	9.3
公共财政预算收入	1201926	1242082	3.3
增值税	330472	393904	19.2
营业税	6748	1670	–75.3
企业所得税	69108	90475	30.9
个人所得税	19947	26947	35.1
资源税	6795	8928	31.4
城市维护建设税	54307	60306	11.0
房产税	18668	19114	2.4
印花税	10339	12160	17.6
城镇土地使用税	50600	45865	–9.4
土地增值税	71572	99907	39.6
车船税	8029	9078	13.1
耕地占用税	103765	36302	–65.0
契税	126735	130388	2.9
烟叶税	7451	3658	–50.9
非税收入	317390	302284	–4.8
专项收入	44688	45706	2.3
行政性收费收入	172113	133072	–22.7
罚没收入	53472	73026	36.6
国有资源（资产）有偿使用收入	34578	38300	10.8
其他收入	4681	4684	0.1

抚州市财政支出

表 34-14

单位：万元

指 标	2016 年	2017 年	比上年增长 (%)
公共财政预算支出	3123357	3552632	13.7
一般公共服务	266984	324502	21.5
国防	5345	4631	-13.4
公共安全	146627	172463	17.6
教育	571351	622552	9.0
科学技术	55699	78134	40.3
文化体育与传媒	53415	54870	2.7
社会保障和就业	416055	508147	22.1
医疗卫生与计划生育	338904	408649	20.6
节能环保	87722	113440	29.3
城乡社区事务	149076	239515	60.7
农林水	469331	556976	18.7
交通运输	89301	117688	31.8
商业服务业等	45921	40942	-10.8
其他支出	35072	15999	-54.4

2018年抚州市各级各类学校基本情况

表34-15 单位：人

指　标	学校数(所)	班级（个）	上学年初在校学生数	毕业生数	实际招生数	本学年初在校学生数	在校学生本学年比上学年	
							增减数	增减（%）
普通中学	228		236970	72251	90503	256254	19284	8.1
高　中	37	1397	77410	24521	27753	81664	4254	5.5
初　中	191	3503	159560	47730	62750	174590	15030	9.4
职业高中	18		5573	1337	2788	6788	1215	21.8
小　学	683	10683	351386	61988	56780	348271	–3115	–0.9
幼儿园	897	4688	109624	43811	47286	115438	5814	5.3
特殊教育学校	11	110	2398	369	448	2601	203	8.5

2018年抚州市各级各类学校教师基本情况

表34-16 单位：人

指　标	上学年初教职工数	专任教师	本学年初教职工数	专任教师	本学年比上学年增减	专任教师
普通中学	15088	14615	16133	15693	1045	1078
高　中	4005	3879	4019	3909	14	30
初　中	11083	10736	12114	11784	1031	1048
职业高中	602	522	634	542	32	20
小　学	20678	20576	20839	20762	161	186
幼儿园	8560	5914	9844	6681	1284	767
特殊教育学校	76	72	93	87	17	15

本栏编辑　饶国旺